Windows 10 Tout en 1

POUR LES NULS

Windows 10 Tout en 1 pour les Nuls

Woody Leonhard

FIRST
Interactive

Windows 10 Tout en 1 pour les Nuls

Titre de l'édition originale : *Windows® 10 All-In-One For Dummies®*

Collection dirigée par Jean-Pierre Cano
Traduction : Philip Escartin et Daniel Rougé
Mise en page : maged

Edition française publiée en accord avec Wiley Publishing, Inc.
© Éditions First, un département d'Édi8, 2015
Éditions First, un département d'Édi8
12 avenue d'Italie
75013 Paris
Tél. : 01 44 16 09 00
Fax : 01 44 16 09 01
E-mail : firstinfo@efirst.com
Web : www.editionsfirst.fr
ISBN : 978-2-7540-8034-7
Dépôt légal : 4e trimestre 2015

Imprimé en Italie par La Tipografica Varese Srl, Via Cherso 2, 21100 VARESE

Sommaire

Introduction

L'histoire de Windows 8/8.1, c'est celle d'un vrai cauchemar. Mais Microsoft s'est réveillé. La firme de Redmond s'est séparée de l'essentiel de l'équipe qui avait versée le poison dans le bouillon du soir, a nettoyé la maison, et a repris l'affaire là où elle n'aurait jamais dû s'interrompre. Windows 10 est un tout nouveau jour. En revanche, que ce soit *votre* nouveau jour avec Windows est bien entendu une autre histoire.

Windows 10 ressemble un peu à Windows 7, et un petit peu aussi à Windows 8.1. Il ne fonctionne comme aucun des deux, mais pour les centaines de milliers d'utilisateurs de Windows dans le monde, il ressemble à nouveau à Windows…

Si vous n'avez pas encore plongé dans le grand bain de Windows 10, je vous conseille d'y aller en douceur. Microsoft travaille en permanence, et travaille dur, pour améliorer le produit et résoudre les problèmes. Le Windows 10 que vous pouvez connaître aujourd'hui changera vraisemblablement au fil du temps (et même des mois), et vous trouverez que la dernière version est la meilleure. Donc avant d'installer Windows 10, prenez le temps de compter jusqu'à… 10.

Pour la plupart des utilisateurs de Windows 8 ou 8.1, la question ne se pose en fait même pas. Certes, vous pouvez par exemple regretter la disparation de Windows Media Center, ou le nouveau comportement de OneDrive, ou encore avoir du mal à vous adapter à la nouvelle interface. Mais au final, pour faire court et simple, Windows 10 est ce que Windows 8.1 aurait dû être dès le départ.

D'un autre côté, les utilisateurs de Windows 7 ont moins de raisons de passer à Windows 10. Il y a évidemment des changements et des évolutions très bénéfiques. Ainsi, Microsoft s'est enfin décidé à jeter Internet Explorer dans les orties (enfin, presque), et à construire un tout nouveau navigateur, plus sécurisé et plus simple, appelé Edge. Au lieu des anciens gadgets (d'ailleurs abandonnés depuis déjà pas mal de temps), Windows 10 offre une infrastructure complète pour les applications dites auparavant Metro, ou en vignettes, et désignées aujourd'hui sous le terme d'applications Universelles Windows. D'autre part, Windows 10 reconnaît comme il se doit tous les nouveaux matériels, en particulier les écrans tactiles ou encore les stylets. Il y a aussi un Gestionnaire des tâches et un Explorateur de fichiers améliorés, de même qu'une bonne douzaine d'autres utilitaires système.

Tout cela est-il suffisant pour convaincre les utilisateurs patentés de Windows 7 de franchir le Rubicon ? Probablement pas. Mais il est clair en même temps que le futur appartient à Windows 10.

Pour résumé ce propos, disons que, si vous voulez un *meilleur* Windows, vous devriez passer à Windows 10.

Ce livre n'est pas le manuel que Microsoft a oublié de faire. C'est plutôt celui qu'il n'aurait pas voulu voir imprimer. Je ne vais pas être convié à un apéritif dinatoire dans les locaux de Microsoft, pas plus que je n'ai à m'excuser pour ce qui ne va pas bien dans Windows 10 (en espérant que les défauts de jeunesse seront réparés dans les meilleurs délais). Mon but est de vous faire découvrir les parties les plus importantes de Windows, de vous donner des conseils que j'espère utiles, d'attirer votre attention sur des points délicats, et de vous éviter tout désastre.

D'ailleurs, vous trouverez parfois dans ce livre des passages bienveillants à l'égard de concurrents connus et reconnus, y compris pour la qualité de leurs productions (vous devinez de qui je veux parler sans qu'il soit nécessaire d'aligner un longue liste de noms). Chacun peut trouver sa place dans votre arsenal informatisé et communicant, et tout le monde se trouve imbriqué d'une manière ou d'une autre dans nos modes de vie actuels. Y compris Windows.

Comme ce livre couvre de très nombreux sujets, j'espère aussi vous faire gagner de l'argent en vous épargnant le besoin de démultiplier votre bibliothèque. Ne me dites pas merci, c'est tout naturel.

À propos de ce livre

Comme tout ouvrage de la collection Pour les Nuls qui se respecte, ce livre est d'abord conçu pour être accessible à tous, y compris votre grand-mère qui vient de se lancer dans l'aventure. Bien sûr, le voyage se poursuivra aussi vers des terres un peu plus avancées afin que vous puissiez tirer le maximum de Windows au quotidien.

Le point de départ sera le nouveau menu Démarrer, et c'est en fait à la fois nécessaire et suffisant pour plein d'utilisateurs. Comme je présuppose que vous ne connaissez pas encore Windows, ce sujet sera traité de fond en comble, y compris si vous utilisez un écran tactile au lieu d'une souris (ou l'inverse).

Nous découvrirons ensuite le bureau et toute sa richesse.

Bien entendu, tout ce qui pourrait relever d'un langage un peu trop technique sera réduit au strict minimum. L'objectif, c'est bien « Windows 10 pour tous ». Dans le même temps, j'attirerai votre attention sur les problèmes que vous pourriez rencontrer, je vous montrerai les panneaux de signalisation que vous devez connaître, et je m'efforcerai de vous aider dans toute la mesure du possible.

Que vous vouliez par exemple gérer plusieurs comptes de messagerie, personnaliser votre menu Démarrer, ou encore partager vos photos avec vos amis sur OneDrive, ce livre est fait pour vous. En fait, je devrais plutôt dire « ces dix livres ». En effet, je l'ai découpé en dix livrets, chacun traitant d'un grand sujet pour que vous puissiez plus facilement y piocher ce dont vous avez besoin.

En bref, ce livre devrait être votre première référence, avant même de consulter l'aide en ligne de Microsoft. Et il y a à cela une raison majeure : l'aide de Windows a été écrite par des centaines, si ce n'est des milliers, de personnes au fil des années. Certaines références sont passées d'âge, mais elles continuent à être présentes. D'autres sont périmées parce la technologie a beaucoup évolué. Comme souvent, vous n'obtenez la réponse que si vous savez formuler la question avec précision, ce qui implique que vous savez déjà à peu près ce que sera la réponse…

Microsoft essaie de vendre l'idée selon laquelle Windows 10 est capable de fonctionner sur n'importe quel système (ordinateur de bureau ou portable, tablette, smartphone, gigantesque serveur, réfrigérateur ou autre). Dans un sens, c'est vrai, et Microsoft peut apposer le logo Windows 10 partout où il veut. Mais par ailleurs, les choses sont bien plus compliquées que cela. En particulier, la version de Windows 10 Mobile a du mal à atterrir, du moins au moment où ce livre est écrit, en particulier face à la concurrence.

Quelques suppositions un peu folles

En fait, je ne suppose absolument rien vous concernant. Si ce n'est que vous êtes raisonnablement intelligent, suffisamment bien informé, et capable de distinguer le bon du mauvais. Mais, après tout, c'est ce pour quoi vous avez choisi ce livre, non ?

D'accord. Je vous flatte un peu. En fait, voici la vraie vérité : si vous n'avez jamais utilisé Windows, demandez à votre entourage (vos enfants, c'est encore mieux) de vous apprendre quatre choses :

- À jouer avec vos doigts (si vous avez un écran tactile) ou avec une souris (dans le cas contraire). La plupart des jeux que vous trouverez dans votre menu Démarrer ou sur Windows Store fonctionnent ainsi. Sinon, contentez-vous de la collection de solitaires de Windows.

- À ouvrir l'Explorateur de fichiers.
- À vous promener sur le Web.
- À arrêter Windows (voici déjà un bon conseil : vous tapez ou cliquez sur le bouton Démarrer, en bas et à gauche du bureau, et vous choisissez Marche/Arrêt, puis Arrêter).

Et c'est à peu près tout. Si vous savez comment jouer, vous savez aussi comment allumer votre ordinateur, vous connecter si nécessaire, comment toucher et faire glisser et ainsi de suite. Si vous savez ouvrir l'Explorateur de fichiers, vous savez comment cliquer sur une icône dans la barre des tâches. Si vous savez comment lancer Microsoft Edge, vous êtes bien parti pour surfer sur le Web. Et si vous savez que vous avez besoin du menu Démarrer, vous êtes bien parti pour réussir votre examen de passage à Windows 10.

Et tout cela débute par le Livret 1, Chapitre 1.

Ce que vous n'avez pas à lire

Tout au long de ce livre, je vais m'efforcer de faire la distinction entre ce qui est à lire « éventuellement », et ce qui est à lire « obligatoirement ». Si vous voulez en apprendre plus sur tel ou tel sujet, fiez-vous aux parties essentielles du texte. Vous pourrez également éviter les encadrés, sauf si quelque chose chez eux vous attire.

D'un autre côté, si vous avez déjà une certaine connaissance d'un sujet, mais que vous voulez vous en assurer davantage, consulter les paragraphes marqués d'une icône. Vous ne devriez pas perdre votre temps.

Comment ce livre est organisé

Vous allez trouver ici dix livrets, chacun étant orienté vers un type de sujet spécifique. Bien entendu, vous ne devez jamais hésiter à vous référer à l'index du livre, ou à sa table des matières.

Par essence, ce livre vous permet d'obtenir un maximum (ou un minimum, selon la façon dont vous le prenez) d'informations à tout moment.

Voici une rapide description des dix livrets de cet ouvrage et de ce qu'ils contiennent :

- **Livret I, Démarrer avec Windows 10 :** Vous découvrirez ici les pour et les contre de Windows 10. Que vous débutiez, ou que vous pratiquiez

Windows depuis des années, vous allez découvrir des tas de choses que vous n'avez pas encore vues. C'est le point de départ du grand voyage.

- **Livret II, Personnaliser Windows :** Ce livret vous présente le terrain de jeu de Windows, en pointant ce que vous pouvez faire, ce que vous devriez faire, et où vous risqueriez de tomber dans un terrier de renard. Il vous montre comment mettre à votre service les écrans d'accueil et de connexion de Windows, comment ajouter de nouveaux utilisateurs, comment tirer parti de la synchronisation dans le nuage Internet de vos réglages Windows, et comment mieux vous protéger. Il y a des choses que Microsoft n'aimerait pas que vous sachiez, et il y a surtout des choses que vous n'aimeriez pas que Microsoft sache sur vous.
- **Livret III, Travailler avec le bureau :** Du nouveau menu Démarrer aux bureaux multiples, en passant par Cortana, et bien d'autres sujets encore, c'est ce que vous avez *vraiment* besoin de lire, car vous allez vivre longtemps avec le bureau de Windows 10.
- **Livret IV, À la poursuite des applications Universelles Windows :** Ce livret vous présente les dernières applications spécialement développées par Microsoft pour Windows 10. Elles sont gratuites, bien présentées, et parfois aussi frustrantes quand elles ne font pas ce que vous voulez. Vous apprendrez donc ici à les soumettre à votre volonté.
- **Livret V, Un monde à découvrir avec Windows 10 :** Vous découvrirez ici Microsoft Edge, le tout nouveau navigateur Web de Windows 10. Mais Windows vous en propose bien d'autres pour que vous puissiez vivre dans un monde connecté : Skype, des applications pour suivre l'actualité, les finances, mais aussi pour ajouter de nouvelles applications, et ainsi de suite.
- **Livret VI, Windows (Live) Essentials et le Lecteur Windows Media :** Si vous débarquez dans ce monde interconnecté, apprenez ici de quoi il s'agit. Et si vous êtes déjà branché, voyez ce que Windows 10 va vous apporter de plus.
- **Livret VII, Contrôler votre système :** En passant par la nouvelle application Paramètres et l'ancien Panneau de configuration, ce livret couvre de multiples aspects du travail avec Windows. Vous y trouverez de nombreuses astuces, et parfois, je dois l'avouer, des choses un peu plus techniques.
- **Livret VIII, Maintenir Windows 10 :** Je vous expliquerai ici comment restaurer, réparer ou réinitialiser votre ordinateur en utilisant les outils que Microsoft vous propose, et même parfois qu'il cache. Je vous montrerai aussi comment utiliser les programmes et les outils intégrés à Windows 10, y compris pour ne jamais perdre de données grâce à l'Historique des fichiers. C'est facile et très important. Ce livret reviendra également sur OneDrive et le stockage en ligne.

- **Livret IX, Sécuriser Windows 10 :** Nous irons plus loin ici que les habituelles recommandations sur l'utilisation de Windows Defender et du pare-feu. Je vous parlerai de la plus grande faille de tous les systèmes Windows en termes de vulnérabilité : la personne qui est derrière le clavier. Et je vous montrerai comment mieux prendre soin de vous-même face aux méchants qui vous veulent du mal.
- **Livret X, Plus loin avec Windows 10 :** Vous allez ouvrir la fenêtre pour observer le monde extérieur. Comment, par exemple, faire dialoguer ensemble votre iPad et votre PC ? Que pouvez-vous faire avec un iPhone ? Et comment les tablettes et les smartphones sous Android arrivent-ils à prendre leur place dans ce tableau ? Oui, vous découvrirez tout cela, et plus encore, dans ce livret.

Vous voyez. Je vous avais bien dit que c'était le livre que Microsoft n'aurait pas voulu voir publier…

Conventions

Les conventions typographiques utilisées dans ce livre sont réduites au maximum afin de s'en tenir uniquement à l'indispensable :

- Certains termes du jargon, mais pas techniques, sont mis en *italique*. C'est juste pour attirer votre regard.
- Si je veux que vous tapiez quelque chose, je l'indique en **caractères gras**. Exemple : « Tapez **William Gates** dans le champ de texte Nom ». Enfin, vous voyez le genre.
- Les adresses de messagerie ou Web sont signalées par l'emploi d'une police de caractères de type ancienne machine à écrire, comme ceci : `contact@pourlesnuls.fr` ou encore `www.pourlesnuls.fr`. En fait, dans ce genre d'adresse, vous pouvez utiliser aussi bien des majuscules que des minuscules. Cela n'a aucune importance. `WWW.PourLesNuls.Fr`, c'est bon aussi, juste moins pratique à taper.
- Par principe, et même si Windows les cache par défaut, je précise toujours *l'extension* dans les noms de fichiers, autrement dit le point et les trois ou quatre lettres qui le suivent, comme dans .docx pour un document Word, .exe qui signale un programme exécutable, et ainsi de suite. C'est plus clair et cela évite parfois de commettre des erreurs.

Icônes

Les icônes placées en marge signalent un point particulier qui mérite (ou non) votre attention. Les voici :

C'est un petit truc, une astuce ou bien encore un raccourci pour vous faire gagner du temps.

Là, ce sont mes petits trucs à moi, quand j'ai envie de me faire plaisir (et à vous aussi).

Vous n'avez pas besoin de mémoriser l'information signalée par cette icône, mais vous devriez essayer de vous souvenir qu'elle renvoie à quelque chose qu'il serait éventuellement utile de se rappeler.

Attention ! Achtung ! Voilà quelque chose de potentiellement dangereux, qui pourrait bien vous brûler les doigts. Et croyez bien que si je vous en parle, c'est parce je me suis déjà fait avoir !

D'accord, je suis un *geek*, comme on dit. Je l'avoue. Et, parfois, il faut quand même que je vous donne quelques informations un peu plus techniques. Le moins possible, certes. Mais il est difficile d'échapper à tout. Et vous n'êtes pas du tout obligé de lire ces paragraphes.

Et maintenant ?

Voilà. C'est l'heure pour vous d'ouvrir grand ce livre.

Ou plutôt d'ouvrir si vous le souhaitez n'importe lequel des dix livrets qui le composent en fonction de vos besoins, de vos connaissances, ou de votre curiosité.

C'est votre ordinateur (ou votre tablette), et c'est désormais votre Windows.

Bonne lecture et bon Windows 10 !

Livret I

Démarrer avec Windows 10

Chapitre 1

Windows 10 pour les débutants

Dans ce chapitre :

- Le petit guide rapide du débutant
- Matériel, c'est dur – et le logiciel aussi
- La place de choix de Windows
- Les mots doux de l'informatique
- Le Web, c'est quoi exactement ?
- Acheter un ordinateur sous Windows 10

Tout le monde a été débutant. Passage obligé, moi aussi.

Si vous n'avez jamais utilisé de version antérieure de Windows, vous avez bien de la chance, car vous n'aurez pas à remettre en question tout ce que vous avez appris. Windows 10 est en effet complètement différent de toutes les versions précédentes du système d'exploitation de Microsoft. C'est un *melting-pot* de Windows 7, et de Windows 8 et 8.1, le tout passé au blender, celui-ci étant réglé à sa vitesse maximale, le pur jus ainsi produit étant généreusement répandu sur votre écran d'ordinateur.

Si vous avez entendu dire que Windows 8 était un échec cuisant échec, vous ne connaissez que la partie imprimable de l'histoire. En forçant maladroitement les amoureux de la souris à s'adapter à une approche tactile, Windows 8 s'était aliéné aussi bien les fans du toucher-glisser que ceux de la souris, et a laissé tout le monde (mis à part quelques inconditionnels) hurler de douleur.

Windows 10 offre une nouvelle approche, plus sympathique et plus souple, aux 1,7 milliard d'utilisateurs qui ont déjà vu le bureau de Windows et qui savent (plus ou moins) se battre avec lui. Oui, c'est vrai, Windows 10, contient toujours ces tuiles, ou pavés comme vous préférez, style smartphone ou tablette, mais elles sont loin d'être aussi intrusives, ou aussi effrayantes, que vous pourriez le penser.

Vous êtes donc assis devant votre ordinateur, et cette chose appelée Windows 10 vous fait face. Si ce n'est que l'écran que Microsoft appelle *écran de verrouillage* (voir la Figure 1.1) ne mentionne ni Windows 10 en particulier, ni même Windows en général. En fait, cet écran ne signale rien de bien particulier, si ce n'est la date et l'heure, avec peut-être quelques petites icônes en supplément afin de vous informer que vous êtes bien connecté à Internet, ou encore qu'un certain nombre de nouveaux messages vous attendent.

Figure 1.1 : L'écran de verrouillage de Windows 10. L'image peut être différente, mais la fonction reste la même.

Vous pourriez être tenté de regarder inlassablement cette somptueuse illustration, mais croyez-moi, il vaut mieux balayer l'écran du bout du doigt, cliquer dessus pour accéder à l'écran d'accueil, ou bien appuyer sur n'importe quelle touche de votre clavier. Si plusieurs comptes ont été définis sur votre ordinateur, l'écran de verrouillage cédera la place à un écran d'ouverture de session semblable à celui de la Figure 1.2. En revanche, si vous êtes le seul utilisateur de votre ordinateur, un seul compte d'utilisateur sera disponible.

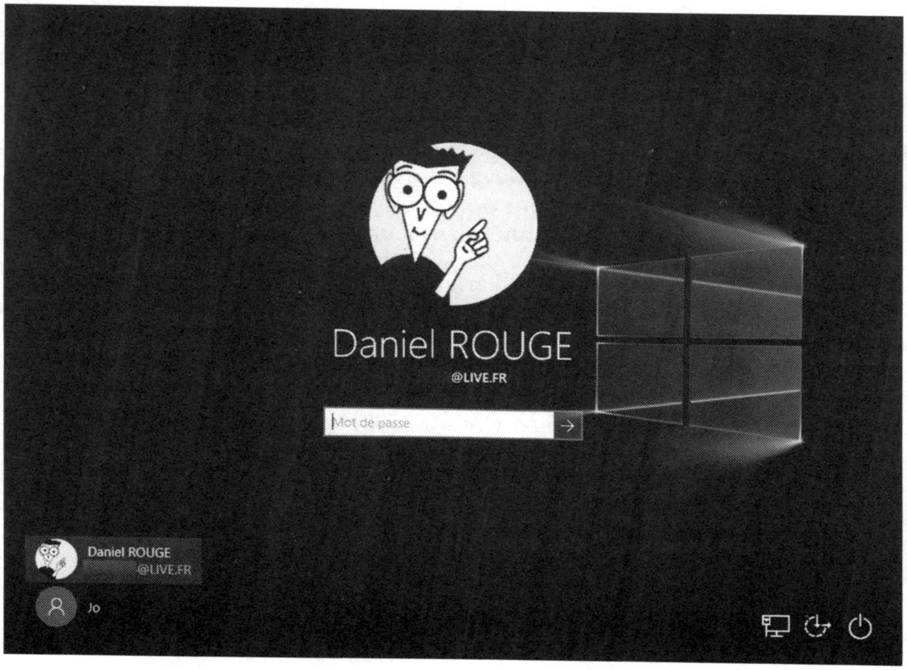

Figure 1.2 : L'écran d'ouverture de session (ou de connexion) de Windows 10.

Le plus étrange reste que cet écran de connexion, c'est-à-dire d'ouverture de votre session Windows, ne dit pas une seule seconde : « Merci de vous connecter », ou bien « Bienvenue dans le monde merveilleux de Windows 10 », ou encore « Eh, toi, là, connecte-toi ! Sinon tu risques de t'ennuyer à regarder cet écran ! » Il montre une image, qui peut être la photo de la personne à qui appartient l'ordinateur, et un champ de saisie d'un mot de passe. Pourquoi devriez-vous donc éventuellement cliquer sur l'image (ou avatar) ? Que faire si vous ne voyez pas de vignette concernant votre compte d'utilisateur ? Pouvez-vous éviter cet écran de connexion pour consulter immédiatement vos e-mails ?

Ce sont de bonnes questions. Vous avez raison de les poser.

Windows 10 concourt pour le grand prix du programme d'ordinateur le plus puissant jamais réalisé. Son développement a coûté beaucoup plus d'argent et accaparé le savoir-faire de beaucoup plus d'ingénieurs en informatique que n'importe quel autre programme d'ordinateur avant lui. Du moins, depuis l'invention des ordinateurs (nous ne disposons pas des chiffres pour la période antérieure). De ce fait, pourquoi est-il si contraignant à utiliser ? Pourquoi ce système ne fait-il pas immédiatement ce que vous souhaitez réaliser avec un PC ? Et par-dessus tout, pourquoi avez-vous besoin de Windows ?

Un jour prochain, je vous le promets, vous sortirez l'ordinateur de sa boîte, vous le brancherez, vous l'allumerez, et vous pourrez lire votre courrier – bang, bang, bang, en dix secondes chronomètre en main. Pour le moment, vous devez vivre avec la réalité informatique qui fait que votre ordinateur est déjà dépassé quand vous le sortez de son emballage, que votre logiciel est si compliqué que vous devez vous battre avec lui, et que vous pouvez parfois croire que votre connexion Internet est en fait une colonie de tortues qui transportent vos données sur leur dos.

Si vous n'êtes pas familiarisé avec Windows, et que vous faites partie de ces utilisateurs qui pensent que cliquer sur le mauvais bouton risque de provoquer une guerre nucléaire totale, vous êtes tombé sur le bon chapitre. En effet, il va vous guider sur la voie de la sagesse informatique afin de démythifier le monstre PC. Vous comprendrez comment mieux acheter un ordinateur tournant sous Windows 10, et apprécierez d'autant mieux les limites du système d'exploitation qui équipe votre ordinateur. Il vous aidera aussi à communiquer avec les types qui prennent un air méprisant face aux débutants, que vous vous adressiez à la boutique qui vous a vendu l'ordinateur, au voisin du dessous, ou encore à votre progéniture de huit ans, trop occupée avec les devoirs d'informatique qu'on lui donne à faire dans sa classe, la plus branchée du quartier.

Matériel et logiciel

Un ordinateur est composé de deux éléments : le matériel et le logiciel. Le *matériel*, c'est tout ce qui peut se toucher : l'écran, la souris, un disque dur, un DVD (ce machin rond, brillant d'un côté), et ainsi de suite. Donc votre cafetière, c'est aussi du matériel. Le *logiciel*, c'est tout le reste : les applications qui servent à échanger du courrier sur l'Internet, à visiter des sites, à regarder les photos et les vidéos des dernières vacances, à écouter de la musique, *etc.* Un programme comme Word de la suite bureautique Microsoft Office est donc un logiciel spécialisé dans le traitement de texte. D'ailleurs, tant qu'il reste dans mon ordinateur, le texte de ce chapitre est simplement formé de suites de 0 et de 1. C'est du logiciel. Par contre, le livre que vous lisez en ce moment est bien un objet physique. C'est donc du matériel. Vous saisissez la différence ?

Windows 10 est un logiciel. Il est immatériel. Vous ne pouvez pas le toucher. Votre PC, lui, est du matériel. Vous pouvez le toucher, le tâter et le laisser tomber par terre, mais ce n'est pas recommandé. Le PC est l'œuvre de multiples fabricants et autres assembleurs. Ainsi, vous trouverez des PC de marque Lenovo, Dell, Acer, Asus, ou encore Toshiba. En revanche, il n'y a qu'un seul

Windows 10, et son éditeur unique est Microsoft (même si Microsoft fabrique aussi du matériel, comme les tablettes Surface, des smartphones ou encore des souris et des claviers, mais c'est un autre domaine).

Lorsque vous avez acheté votre ordinateur, vous avez également acheté la licence d'utilisation de Windows (en fait, pour une seule copie de Windows sur un seul ordinateur). Le constructeur du PC reverse des droits à Microsoft pour pouvoir vendre l'ordinateur avec Windows. Même si vous achetez par exemple votre PC chez Dell, et même si c'est au support technique de Dell que vous vous adressez si vous avez un problème avec Windows, celui-ci vient de chez Microsoft et de nulle part ailleurs.

N'OUBLIEZ PAS

La plupart des logiciels, Windows 10 y compris, vous demandent d'accepter les conditions d'utilisation posées par l'éditeur. Ils appellent souvent cela un EULA (pour *End User Licence Agreement*). Celui de Windows est à peu près aussi long que la muraille de Chine. De toute manière, vous n'avez pas vraiment le choix. Si vous refusez, Windows ne démarrera même pas…

Pourquoi un PC doit-il tourner sous Windows ?

Oui, pourquoi ? Eh bien, il n'est pas obligé de le faire.

Votre PC est un tas de ferraille et d'électronique. Pour qu'il puisse avoir quelque utilité, il a besoin d'un logiciel qui en prenne le contrôle et permette d'effectuer toutes les tâches que l'on est en droit d'attendre d'un si bel outil. Ce fabuleux logiciel porte le doux nom de *système d'exploitation*.

Sans système d'exploitation, l'ordinateur est à peine plus loquace qu'une huître. Allumez-le, et il affiche un déprimant message d'erreur `Non-system disk error` (erreur, disque non-système) ou, s'il est en de meilleures dispositions, `Insert system disk and press any key when ready` (insérer un disque système et appuyez sur une touche quelconque quand vous être prêt). Pour qu'il fasse plus que cela, il lui faut un système d'exploitation.

N'OUBLIEZ PAS

Windows n'est pas le seul système d'exploitation. Il en existe beaucoup d'autres. Les plus répandus sont :

- **Mac OS :** Apple a fait un grand pas en avant en adoptant pour ses Mac des processeurs fabriqués par Intel. Si vous ne savez pas utiliser Windows, ou si vous ne possédez pas de PC, vous pouvez envisager d'investir dans un Mac. C'est alors une question de budget et de philosophie informatique. Un Mac coûte plus cher qu'un PC à performances équivalentes et, surtout, il n'évoluera pas comme sait si bien le faire le PC.

Si vous investissez dans un MacBook Air ou un MacBook Pro, vous pourrez assez facilement y faire fonctionner Windows 10. Certaines personnes considèrent que l'environnement de Windows 10 est plus convivial sur Mac. Pour réaliser ce tour de force, vous avez besoin simplement d'un utilitaire gratuit appelé BootCamp, et qui est peut-être déjà préinstallé sur le Mac.

- **Linux :** Apparu depuis une vingtaine d'années, Linux est une option envisageable pour les petits ordinateurs Internet évoqués à la fin de ce chapitre. Si vous comptez n'utiliser l'ordinateur que pour visiter des sites Internet et échanger du courrier électronique, Linux fera parfaitement l'affaire. Grâce à des programmes gratuits comme Libre Office (`www.libreoffice.org`) ou des programmes distants comme les Google Apps et Google Drive (`drive.google.com`), vous pourrez même faire du traitement de texte, créer des feuilles de calcul et des présentations, gérer des contacts et des calendriers, sans qu'il vous en coûte un sou. La logithèque de Linux n'est peut-être pas aussi bien fournie que celle de Windows, mais elle couvre l'essentiel des besoins.

- **Chrome OS :** Les « Chromebooks » bon marché ont rempli pendant assez longtemps les rayons des nombreux vendeurs, et ce pour de bonnes raisons. Si vous voulez simplement surfer sur le Web, écrire des e-mails ou encore composer des documents simples (et faire des tas d'autres choses utiles), Chrome OS est tout ce qu'il vous faut. Les Chromebooks, qui utilisent par définition le système d'exploitation Chrome OS, ne sont pas capables d'exécuter des programmes Windows, comme Microsoft Office ou Photoshop. Cela étant posé, ils sont à peu près à l'abri des virus, et ont très peu de problèmes de maintenance. On ne peut pas dire la même chose à propos de Windows. C'est d'ailleurs pourquoi vous avez besoin d'un livre contenant des centaines et des centaines de pages pour utiliser Windows ! Bien sûr, vous avez besoin d'une connexion Internet active pour effectuer la plupart des tâches avec un Chromebook. Pour autant, cette connexion n'est pas toujours indispensable, y compris avec nombre d'applications Google.

  Chrome OS est basé sur Linux, et il ressemble de près au navigateur Web Chrome de Google. Il y a bien certaines différences, mais, en général, il vous donne l'impression de travailler avec Chrome.

  Pour des amis ou des membres de ma famille qui n'ont pas de besoins particuliers, je n'hésite pratiquement jamais à recommander l'achat d'un Chromebook. Ce type d'ordinateur est plus simple à utiliser, et très fiable.

Dans le domaine des tablettes, iOS et Android règnent quasiment en maître, avec pour le premier les iPhone et les iPad, et pour le second une tripotée de fabricants. Windows 10 ne leur fait pas d'ombre, bien que Microsoft ait tenté de s'imposer vis-à-vis de l'iPad avec sa tablette Surface fonctionnant sous feu Windows RT (voir l'encadré « Adieu, Windows RT »).

Adieu, Windows RT

Du temps de Windows 8, Microsoft avait concocté une autre mouture de Windows baptisée Windows RT. Les nouveaux ordinateurs portables RT étaient petits, légers, bon marché et leur batterie avait une longue autonomie. Ils étaient aussi équipés d'un étonnant écran tactile.

Plusieurs constructeurs avaient tenté de proposer des machines Windows RT, mais, au bout du compte, seul Microsoft avait réussi à en vendre plus qu'un conteneur. La tablette Surface originale de Microsoft (renommée un peu plus tard Surface RT) et son successeur, la Surface 2, exécutaient Windows RT. Mais ce fut un échec commercial.

Quel était le problème avec Windows RT ? En fait, ce n'était pas Windows. Il ne permettait en effet pas d'exécuter des programmes Windows. Curieux, non ? Essayez d'expliquer cela à un utilisateur lambda. Microsoft s'était vraiment tiré une balle dans le pied en appelant ce nouveau système d'exploitation « Windows RT ».

C'est pourquoi Microsoft a fini par tuer son petit canard boiteux. D'accord, les gens de Redmond (c'est là où se trouve le siège de Microsoft), promettent qu'il y aura une mise à jour pour que les tablettes Surface et Surface 2 puissent exécuter Windows 10. Quand ? Un jour.

Personnellement, cela ne me donne pas envie de retenir mon souffle. Si vous avez acheté ce genre de matériel, désolé. Vous avez choisi une mauvaise solution. Et c'est sans espoir.

Microsoft a développé une autre branche de Windows spécialement destinée aux smartphones et aux tablettes, en particulier celles dont la taille d'écran ne dépasse pas 8 pouces. Ils l'ont appelée Windows 10 Mobile (voyez l'encadré correspondant). C'est en fait une sorte de compromis entre Windows Phone 8 et Windows RT, tirant son pedigree des deux.

ATTENTION !

L'essentiel de ce livre ne concerne pas Windows 10 Mobile, même si certaines fonctionnalités de Windows 10 s'y appliquent aussi. L'aspect est différent, l'approche est différente, la manière dont vous interagissez avec les choses est différente. En fait, la plupart des détails sont différents. Il y a cependant certains rapprochements dans les applications dites universelles qui peuvent s'exécuter aussi bien sous Windows 10 que Windows 10 Mobile. D'ailleurs, dans la plupart des cas, les vignettes qui permettent d'accéder à ces applications sont les mêmes.

Quel est le choix des consommateurs ? Il est difficile d'évaluer le parc de PC tournant sous Windows par rapport aux Mac et aux PC sous Linux. Selon la société Net Applications, qui publie des chiffres sur l'informatique, la part de marché de Windows serait de plus de 90 %, celle du Mac d'un peu plus de 5 % et Linux ramasserait les miettes (ces chiffres, souvent contestés, ne tiennent pas compte des équipements mobiles sous iOS et Android). La Figure 1.3 montre une capture d'écran du site Net Applications au second trimestre 2015.

Windows 10 Mobile

Généralement, les appareils dont l'écran ne dépasse pas une taille de 8 pouces sont capables de fonctionner avec l'autre type de Windows, dénommé Windows 10 Mobile. D'accord, tout cela risque d'être un peu confus. Il y a aussi des machines plus petites capables d'exécuter le « vrai » Windows 10, et des machines plus grandes fonctionnant sous Windows 10 Mobile. L'argument principal est à peu près celui-ci : si vous n'avez pas besoin d'utiliser un bureau du style de Windows 7, pourquoi payer pour cela. Windows 10 est fait pour la souris. Windows 10 Mobile s'en tient au monde des tuiles (ou des pavés, ou encore des vignettes, au choix), et il aime qu'on le tapote avec le doigt.

Croyez-moi : utiliser le bureau de Windows sur un écran de moins de 7 pouces nécessite l'emploi d'un petit stylet, ou encore d'enfiler un chapeau pointu au bout de vos doigts…

Ce livre parle de Windows 10. Même si certains sujets s'appliquent aussi à Windows 10 Mobile, il y a tout de même pas mal de différences. Du moins, pour l'instant.

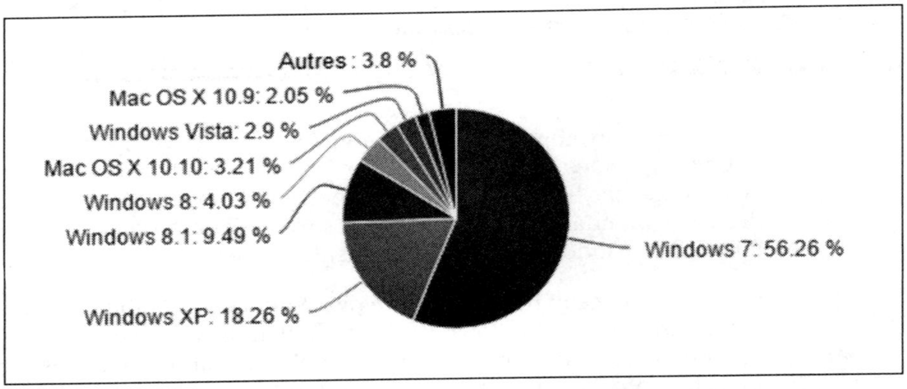

Figure 1.3 : Les parts de marché de Windows et de Mac OS, au deuxième trimestre 2015.

Oui, vous avez bien lu. Ces chiffres révèlent une part de marché très modeste pour Windows 8. Le vainqueur, du moins avant l'arrivée de Windows 10, est incontestablement Windows 7. Ce qui n'est pas une surprise… À noter l'étonnant parc encore installé de PC sous ce bon vieux Windows XP, même si Microsoft a arrêté de le supporter. Cela s'explique notamment par les nombreuses copies pirates qui circulent en Asie. Depuis fin 2011, il se vend d'ailleurs plus de PC en Chine qu'aux États-Unis.

Si on s'intéresse aux tablettes et aux appareils mobiles, les chiffres changent complètement. Toujours selon Net Applications, iOS (iPod, iPad et iPhone) représentait au second trimestre 2015 42 % des ventes dans cette catégorie, tandis qu'Android se situait à 37 %. Les autres, qu'il s'agisse de BlackBerry, Windows, Symbian, Java ME ou encore Kindle, se partageant les restes du festin.

Le kit de survie de la terminologie

Comme certains termes apparaissent fréquemment, cela vaut la peine de les retenir, ou du moins de savoir d'où ils viennent. Vous ne serez ainsi pas pris de court quand vous aurez une tâche particulière à accomplir.

Commençons par quelques termes qui veulent tous dire la même chose. Un *logiciel* est en fait un *programme* informatique que Windows appelle désormais une *application*, ou encore une *app*. Pourquoi tous ces avatars ? Mystère... Dans le temps, Microsoft appelait ses logiciels *programmes* pour se démarquer d'Apple qui appelait les siens *applications*. Bref, tout ça, c'est du pareil au même.

Windows, le *système d'exploitation*, est avant tout un programme informatique. Il en va de même pour tous les jeux, Microsoft Office, Google Chrome, un lecteur vidéo, comme de tous les virus dont vous avez entendu parler, ou encore des fameux économiseurs d'écran dans lesquels les poissons tropicaux ont l'air plus vrais que nature.

En bon et pur français, un programme, c'est un *logiciel*.

Il existe un type particulier de logiciel appelé *pilote*. Il permet à l'ordinateur de reconnaître du matériel qui a été connecté : un écran, une souris, une imprimante... Une grande quantité de pilotes est livrée avec Windows, même si Microsoft ne les a pas tous concoctés. D'autres pilotes sont fournis avec le matériel que vous achetez, généralement sur un CD. Ou alors, vous pouvez les télécharger depuis l'Internet.

Si Windows contient de nombreux pilotes, et s'il sait aller la plupart du temps chercher comme un grand ce qui lui manque sur l'Internet, il ne faut pas oublier que les constructeurs peuvent proposer de meilleurs pilotes. Mais ce n'est pas non plus une généralité.

À propos de matériel, sachez que lui aussi a un nom bizarre en informatique. La souris, l'écran, l'imprimante et autres objets sont des *périphériques*. Les prises auxquelles ces périphériques sont branchés sur l'ordinateur s'appellent des *ports*. C'est ainsi que vous trouverez des *ports* USB, HDMI, Ethernet, *etc.*

Quand vous voulez utiliser une application, vous la *démarrez*. Ou à la rigueur, vous l'*ouvrez*, ou vous la *chargez*, ou vous l'*exécutez*. Et quand vous avez fini de l'utiliser, vous la *quittez*.

Quand le programme ne fonctionne plus – eh oui, cela arrive –, il se *bloque*. Ou *il ne répond plus*. Mais généralement, on dit plutôt qu'il *plante*. Un *plantage* de l'ordinateur est rare, mais pas exceptionnel. Le plus angoissant, c'est lorsque Windows affiche tout d'un coup un écran tout bleu. On l'appelle d'ailleurs l'*écran bleu de la mort*. Terrifiant, mais pas forcément tragique. Redémarrer l'ordinateur règle le plus souvent le problème. D'ailleurs, celui-ci est en règle générale provoqué non pas par Windows, mais par un logiciel pas très bien fini, ou, pire, par un des composants du *hardware*, du matériel. Pas de panique, c'est quand même très rare.

Un *bogue* est un dysfonctionnement. Le terme vient de l'anglais *bug*, « bestiole ». L'histoire est archiconnue : à la fin des années 1940, un énorme ordinateur Mark II s'arrêta de fonctionner. Le responsable n'était ni un composant électronique ni la programmation, mais un papillon de nuit, sans doute un phalène, qui était allé s'électrocuter dans un relais. La technicienne qui découvrit la panne, la contre-amirale Grace Hopper, colla consciencieusement le responsable – le *bug* – dans son journal de maintenance à la date du 9 septembre 1947, comme le montre la Figure 1.4.

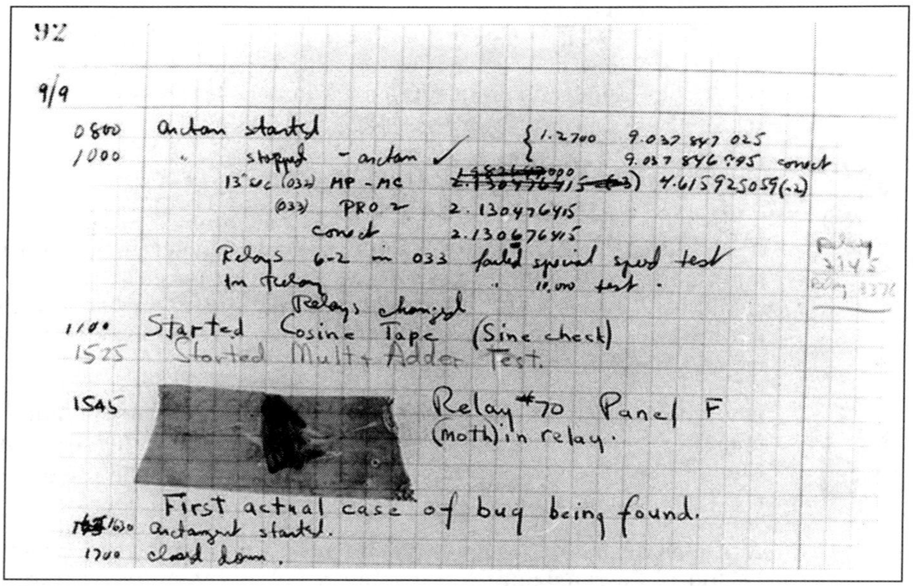

Figure 1.4 : Le premier bogue – bug en anglais – fut un malheureux papillon de nuit.

Venons-en à l'Internet et aux réseaux. Les Anglo-saxons ont bien de la chance, car dans leur idiome, ils ont deux termes, *downloading* et *uploading*, là où nous autres Français, nous en avons paresseusement un seul : *téléchargement*. Or, il se trouve que le téléchargement peut se faire dans deux sens : en voie descendante lorsque vous téléchargez des données de l'Internet vers votre ordinateur, et en voie montante lorsque vous envoyez des données de l'ordinateur vers l'Internet. En quoi est-ce important ? Eh bien, si vous êtes connecté à l'Internet par l'ADSL, le débit est beaucoup plus élevé en voie descendante qu'en voie montante.

Lorsque plusieurs ordinateurs communiquent entre eux, ils sont en *réseau.* La connexion peut être faite par un câble (liaison Ethernet) ou par radio, sans fil (connexion Wi-Fi). Au cœur du réseau se trouve un *routeur,* que l'on appelle communément une *box* (Bbox de Bouygues, Freebox de Free, Livebox d'Orange, Box de SFR, *etc.*). La box est branchée soit au réseau téléphonique, soit à un réseau par câble.

Il existe diverses connexions sans fil. Le Wi-Fi est celle utilisée chez soi, ou dans divers lieux publics comme les aéroports, les gares, les cafés, ou même dans des jardins publics. L'autre connexion sans fil est celle de la téléphonie mobile, qui couvre la plupart du territoire français : EDGE, ou le H+ et la 3G, ainsi que la 4G, et bientôt (peut-être) la 5G.

Vous pouvez également vous connecter à Internet par le câble (avec *numericable* notamment), le satellite, et par la fibre optique. La plupart des fournisseurs d'accès ADSL proposent une solution de connexion en fibre optique dès lors que votre domicile est éligible, c'est-à-dire que la fibre optique y est disponible. Cette fibre optique est plus rapide que les lignes téléphoniques classiques ou que le câble, car le débit est à la fois élevé et constant. Quel que soit le nombre de personnes connectées en même temps que vous, aucun ralentissement ne sera ressenti.

Un mot sur les virus. La distinction entre *virus, vers* et *chevaux de Troie* devient de plus en plus floue. Ce sont des programmes malveillants, installés à votre insu, qui se dupliquent pour saturer la mémoire de l'ordinateur ou pour s'attaquer au disque dur, ou encore pour se servir de votre machine pour attaquer vos amis, votre famille, vos relations de travail, ou même de parfaits inconnus. Les *espiogiciels* essaient de collecter des informations, notamment des mots de passe, et de les communiquer à des pirates. Les *chevaux de Troie* tentent de faciliter l'accès de votre ordinateur aux pirates, ou d'en faire un *ordinateur zombie* qui relaiera des millions de courriers indésirables, toujours à votre insu (sauf que vous remarquerez de suspicieuses lenteurs de votre ordinateur surmené par la surcharge de travail). Tout ça, c'est rien que des *pourriciels !*

Le courrier indésirable fait aussi partie des nuisances de l'Internet. On l'appelle aussi *spam*, un terme utilisé dans un célèbre sketch des Monty Python. C'est aussi une sorte de brouet pas très ragoûtant (*Spice Potatoes And Meat,* « patates épicées et viande »). Bref, de la cochonnerie.

Les plus terribles de ces terribles virus sont les *rootkits*. Ils s'infiltrent partout tout en se modifiant eux-mêmes pour se rendre indétectables. Voilà qui fait froid dans le dos.

Il y a d'autres termes à découvrir, mais pour débuter, ce n'est déjà pas si mal...

C'est quoi, exactement, le Web ?

Le Web est la partie grand public de l'Internet. À vrai dire, en France, le mot Web n'est utilisé que par les allumés de haute technologie. Le commun des mortels parle d'Internet : on va sur l'Internet, ou bien sur Internet.

Bon d'accord, mais c'est quoi exactement Internet ? Cette section répond à cette question brûlante.

En fait, l'Internet a été créé au milieu des années 1960 sous la forme d'une sorte d'exercice de style chaperonné par la société Rand, le Massachusetts Institute of Technology (MIT) et le National Physical Laboratory en Angleterre. Il s'agissait d'échanger des données entre des ordinateurs. Ces recherches ont rapidement évolué en projet militaire sous l'égide de l'ARPA (*Advanced Research Project Agency*) dépendant du département de la Défense américain. À cette époque héroïque, seul du texte brut était échangé.

À la fin des années 1960, l'ARPA avait relié quatre ordinateurs situés à Stanford et à Santa Barbara, ainsi que dans l'Utah. En 1971, ils étaient au nombre de 18. En 1975, un réseau nommé ARPANET fut créé. À la fin juin 2014, selon le site `http://internetworldstats.com`, il y avait un peu plus de 3 milliards d'internautes dans le monde.

Aujourd'hui, le nombre d'ordinateurs connectés à Internet est si élevé que le système d'adressage a atteint ses limites, exactement comme nous l'avons connu pour le téléphone classique dont les numéros à 4 puis à 6 chiffres ont fini par manquer. Le système actuel est nommé *IPv4*. Il peut gérer environ 4 milliards d'adresses. La version appelée *IPv6* est capable d'en prendre en charge 340,000,000,000,000,000,000,000,000,000,000,000,000.

NOTE TECHNIQUE

Pourquoi les statistiques sur Internet sont-elles si rares ? Pour deux raisons principales :

- La terminologie utilisée ne permet pas d'obtenir des statistiques précises. Qu'entendons-nous par *x* ordinateurs connectés à Internet ? S'agit-il du nombre d'ordinateurs qui sont connectés à un instant *t* ? S'agit-il des différentes adresses en activité ? Ou bien du nombre d'ordinateurs qui peuvent potentiellement se connecter ? Enfin, envisageons-nous le nombre d'ordinateurs connectés un jour, une semaine, ou un mois précis ?
- La seconde raison tient au fait qu'Internet se développe si rapidement que tout chiffre publié est très vite obsolète.

Dans l'antre de l'Internet

Selon certains observateurs, l'Internet fonctionne aussi bien parce qu'il était censé résister à une attaque nucléaire. Ceux qui firent de l'Internet ce qu'il est aujourd'hui étaient motivés par des desseins moins belliqueux, et même carrément libertaires. Pour eux, l'Internet était d'abord, et est toujours, un moyen de communication.

Pour autant que je sache, l'Internet fonctionne si bien parce que ceux qui en ont établi les bases étaient des génies. Leur idée originale d'il y a un demi-siècle a connu bien des avatars, mais il en reste quelque chose. Voici ce qu'ils avaient stipulé :

- **Aucun ordinateur ne devait être à lui seul le cœur du réseau :** Tous les ordinateurs reliés entre eux devaient fonctionner sur un pied d'égalité (bien que, pour paraphraser George Orwell ou le regretté Coluche, certains fussent plus égaux que d'autres). Ces ordinateurs s'échangeaient les données comme des patates chaudes : sitôt arrivées, elles étaient examinées puis aussitôt envoyées ailleurs. Il n'y avait pas besoin de superordinateurs pour gérer tout cela : récupérer, regarder, et renvoyer. Telle était leur philosophie.

- **Division des données en paquets de taille fixe :** Que les données soient un message aussi simple que « salut à toi » ou une photographie hyperdétaillée de la galaxie d'Andromède, les données sont scindées en paquets acheminés vers l'ordinateur approprié. Ce dernier assemble tous les paquets et notifie à l'ordinateur expéditeur que toutes les données lui sont bien parvenues.

- **Acheminement rapide de chaque paquet :** Lorsque l'ordinateur A situé à Paris envoie des données à l'ordinateur B situé à Marseille, ces données utiliseront la voie la plus rapide, même si certaines transitent par Strasbourg et d'autres par Rennes.

En suivant ces trois règles, l'Internet devrait être protégé en permanence. Si un rat grignote une ligne de téléphone, un ordinateur situé derrière cette partie du réseau va automatiquement commencer à renvoyer tous ces paquets sur une autre ligne de téléphone. Et si la société Déchets and Co, située à Velizy, région parisienne, tombe en rade, les ordinateurs qui envoyaient des données *via* les serveurs de Déchets & Co peuvent se connecter à d'autres systèmes. En règle générale, tout cela se fait sans douleur et très rapidement, même si les techniques utilisées de manière interne par l'Internet (amusant, non ?) grincent parfois des dents.

Les gros ordinateurs qui relaient les données, appelés *serveurs,* sont interconnectés par des lignes de communication à très gros débit formant l'infrastructure de l'Internet (ce que l'on appelle son épine dorsale, ou *backbone*). Que vous vous connectiez à l'Internet de chez vous ou depuis une grosse entreprise, vous devez d'abord vous connecter à l'un de ces serveurs, plus précisément à celui géré par le Fournisseur d'Accès Internet (FAI) auquel vous êtes abonné. Celui-ci loue de la bande passante auprès des câblo-opérateurs et des sociétés possédant les satellites de communication.

Et le Web, c'est quoi, en fait ?

Les gens confondent le *World Wide Web* (www) ou « toile d'araignée mondiale » et l'Internet, qui sont aussi différents que le fromage ou le dessert dans le menu d'un restaurant.

La « toile », ou plus exactement le Web, doit son existence à Tim Berners-Lee, un chercheur du CERN (Conseil européen pour la recherche nucléaire) situé à Genève, en Suisse. En 1990, il présenta un moyen de stocker et de relier de l'information sur l'Internet de telle manière qu'il suffisait d'un clic pour aller d'un endroit – une page Web – à un autre endroit : une autre page Web. Aujourd'hui, nul ne saurait dire avec exactitude combien il existe de pages Web. Google en a indexé plus de 50 milliards. Mais d'autres en estiment la quantité à des milliards de milliards…

À l'instar de l'Internet, le Web doit beaucoup de sa réussite au génie de ceux qui l'inventèrent. En voici les règles fondamentales :

- Les pages Web stockées sur l'Internet sont identifiées par une adresse comme `http://www.pourlesnuls.com`. La partie principale de cette adresse, `pourlesnuls.com`, est le *nom de domaine*. À de rares exceptions près, vous pouvez accéder à un site en tapant simplement son nom de domaine et en appuyant sur la touche Entrée. Aucune différence n'est faite entre les majuscules et les minuscules, et le caractère de soulignement (_) est différent du tiret (-). Les caractères accentués ne sont pas utilisables. Il existe actuellement 140 millions de noms de domaines en `.com`,`.net`,`.org`,`.info`,`.biz`, *etc.* Il existe d'autres suffixes (et ceux-ci se multiplient en permanence). Chaque pays a le sien : `.fr` pour la France, `.be` pour la Belgique, `.ch` pour la Confédération helvétique, `.qc.ca` pour le Québec, *etc.*
- Les pages Web sont écrites en langage HTML (*HyperText Markup Language,* « langage à balises hypertextes »). Les balises en question sont des sortes de codes de mise en forme. De nombreux logiciels permettent de créer facilement des pages HTML. D'accord, certains d'entre eux n'existent même plus.
- Un logiciel appelé « navigateur Web » est nécessaire pour lire les pages Web. Il convertit le langage HTML en pages jolies à regarder. Le navigateur Web qui était auparavant livré avec Windows s'appelait Internet Explorer. Certes, il est toujours présent dans Windows 10 (quoi qu'un peu caché dans les Accessoires du menu Démarrer), mais Microsoft vous

propose maintenant un tout nouveau navigateur : Edge. Pour la plupart des gens, Edge est plus simple, plus sûr et plus efficace qu'Internet Explorer. Pour autant, il en existe d'autres, gratuits, comme Firefox (`www.mozilla.org`) ou Chrome (`www.google.fr/intl/fr/chrome/browser/`). Vous pouvez même utiliser les trois à la fois. Si Edge et Internet Explorer font partie de Windows 10, Firefox et Chrome (ou d'autres, comme Opera ou Delphin Browser) peuvent parfaitement cohabiter avec le navigateur Web de Microsoft.

Vous trouverez parfois, à la place du terme « adresse Web » ou « adresse Internet », les initiales URL (*Uniform Resource Locator,* « adresse de ressource unifiée »). Les emplacements sur lesquels vous cliquez pour passer d'une page Web à une autre sont des *liens hypertextes,* que tout le monde appelle des *liens,* et c'est très bien ainsi.

Qui paye pour tout cela ?

C'est la question à cent euros. Une fois que vous avez payé votre abonnement mensuel auprès de votre FAI (Bouygues Télécom, Free, Orange, SFR...), votre navigation sur l'Internet est gratuite.

N'OUBLIEZ PAS

Le prix d'Edge et d'Internet Explorer est compris dans celui de Windows. Mais les autres navigateurs, comme Firefox, Google Chrome et ainsi de suite sont eux aussi gratuits. Mais comme le gratuit a son prix, Microsoft, tout comme Google, font tout pour savoir ce que vous faites en ligne, le but premier étant de vous proposer des hordes de publicités dites ciblées, et de vous inciter à cliquer dessus (et bien sûr à dépenser vos précieux deniers). D'un autre côté, Firefox ne joue pas à ce jeu.

La plupart des sites Web ne sont pas payants. Ils se rémunèrent de la manière suivante :

- **La publicité :** Google a fait fortune avec, mais ce n'était pas gagné d'avance...
- **L'affichage de bannières publicitaires :** Les petits sites affichent de la publicité et sont payés au clic.
- **Des partenariats :** Les petits sites peuvent s'associer à un programme partenarial. Lorsqu'un client clique sur la publicité affichée sur le site, et qu'il achète auprès du site partenaire, ce dernier lui verse une commission.
- **La réduction des coûts d'exploitation :** Par exemple, les opérations bancaires effectuées par Internet coûtent moins cher que celles réalisées à un guichet, car il n'y a pas de charges salariales.

- **L'accroissement de la visibilité de la société :** Un site Web est une forme de publicité qui favorise les achats.
- **L'accroissement de la zone de chalandise :** N'importe quel agent immobilier vous le confirmera.

Certains sites ne sont accessibles que par abonnement. C'est le cas des journaux, notamment, qui offrent un accès libre aux gros titres et au début des articles, seuls les abonnés pouvant les lire en totalité.

Acheter un ordinateur pour Windows 10

Acheter un ordinateur n'est jamais sans risque : vous vous faites baratiner par le vendeur qui vous emberlificote dans un pompeux langage technique et vous vous retrouvez avec une vieille babasse obsolète avant même de l'avoir déballée, payée deux fois trop cher. Cela peut arriver à tout le monde.

Vous serez irrémédiablement attiré par les spécifications techniques de la machine auxquelles, je vous rassure tout de suite, vous ne comprendrez absolument rien, pas plus que vous n'oserez faire état de votre ignorance face à un vendeur qui vous les assènera comme des évidences absolues. En effet, qu'évoqueront pour vous 7200 rpm, SATA 3 Gbps, ou bien encore eSATA ? Pas grand-chose, je le crains. Et, au fait, c'est quoi la différence entre ROM et RAM ?

Rassurez-vous, personne ne peut être compétent dans tous les domaines en général et en informatique en particulier.

N'OUBLIEZ PAS

Voici ce qu'il faut savoir pour acheter un PC capable de recevoir Windows 10 :

- **Avez-vous besoin d'un écran tactile ?**

  Si vous pensez ne jamais utiliser les vignettes du menu Démarrer de Windows 10, car vous avez investi dans un PC pour travailler sur son bureau, l'écran tactile ne vous sera d'aucune utilité. En fait, utiliser en même temps la souris et un écran tactile est bien plus souvent une source de désagréments qu'un plaisir.

  À moins d'avoir des doigts pointus, ou de pouvoir se servir d'un stylet, l'utilisation de certains programmes sur un écran tactile peut être une expérience traumatisante. Il vaut mieux s'en tenir aux applications qui sont spécifiquement conçues pour cela.

- **Si vous désirez utiliser ce bon vieux bureau style Windows 7, optez pour un écran de grande qualité, un clavier solide et une souris confortable.**

Autrement dit, n'achetez par un ordinateur par Internet sans connaître le toucher du clavier, la prise en main de la souris et la réaction de vos yeux.

- **La résolution de l'écran doit être d'au moins 1366 x 768 pixels. C'est le minimum pour afficher toutes les fonctionnalités de Windows.**

  Un écran tactile n'est pas un prérequis pour utiliser les vignettes des applications dites universelles de Windows 10. Croyez-moi : il est en fait autrement plus confortable d'utiliser ce type d'écran qu'une souris pour accéder à leurs vignettes. Balayer avec un doigt est facile. Le faire avec une souris est autrement plus compliqué.

  TRUC

  Rien ne vaut l'essai de Windows 10 dans le cas d'un ordinateur à écran tactile. Les mains et les doigts ont en effet des conformations très différentes d'un individu à un autre. Ce qui conviendra à de grosses paluches velues ne conviendra peut-être pas à de sveltes mimines féminines, et inversement. Voyez plus loin la section, « La tablette à écran tactile ».

- **Fini, le disque dur !**

  Autant que possible, achetez un ordinateur équipé d'un composant SSD (*Solid State Drive*) à la place du disque dur système (le fameux `C:`), et aussi un disque dur externe de grande capacité (il suffit généralement de le brancher sur un port USB de l'ordinateur). Nous en reparlerons à la section « Disques durs et lecteurs », un peu plus loin.

  TRUC

  Quelle capacité faut-il prévoir pour le disque dur ? À moins de posséder une quantité phénoménale de photos, de vidéos ou de morceaux de musique, 1 téraoctet devrait amplement suffire. Cela représente 1 024 gigaoctets, ou plus d'un million de mégaoctets. Un disque dur de 1 To contient facilement un millier de films en qualité standard. Sachez que l'ensemble de l'immense Bibliothèque du Congrès, aux États-Unis, tient sur environ dix téraoctets.

  Si vous envisagez l'achat d'un ordinateur portable ou d'un ultra-portable, achetez en même temps un disque dur externe de 1 To ou plus. Il vous servira, soyez-en sûr.

  Et, de surcroît, vous pouvez toujours stocker le surplus sur un nuage Internet grâce à OneDrive, Dropbox, Google Drive ou autres (votre fournisseur d'accès Internet devrait aussi vous proposer gratuitement ce type de service). Nous y reviendrons dans le Livret VIII, Chapitre 1.

- **Tout le reste que le vendeur voudrait vous fourguer sera superflu.**

  N'OUBLIEZ PAS

  Si vous voulez vraiment faire des dépenses somptuaires, optez pour une connexion Internet à débit encore plus élevé et achetez un fauteuil de bureau plus confortable. Vous en aurez plus besoin que d'un ordinateur accessoirement plus gros ou plus rapide.

Le boîtier de l'ordinateur

Le boîtier d'un ordinateur de bureau est ce que l'on appelle une *unité centrale,* ou parfois *tour* à cause de sa forme verticale (voir la Figure 1.5). Il contient le cœur de l'ordinateur : le *microprocesseur.* Personnellement, je préfère nommer ce boîtier « le PC », car c'est finalement bien de cela qu'il s'agit.

Document Dell

Figure 1.5 : La classique configuration d'un PC.

L'unité centrale contient bon nombre de pièces et sans doute pas mal de poussière. L'élément principal est la carte mère, qui est en fait un circuit imprimé d'assez grande taille. Plusieurs composants se trouvent dessus :

- **Le microprocesseur (ou CPU) :** C'est là que sont exécutés tous les calculs informatiques. Il est sans doute fabriqué par Intel ou AMD et il contient des millions et des millions de transistors microscopiques. Il est impossible de comparer finement deux microprocesseurs provenant de deux « fondeurs » différents. D'accord, un Intel i7 est normalement plus rapide qu'un i5, et le i3 est le plus lent de la famille. Mais, à moins que vous ne vous lanciez dans des jeux vidéo intensivement graphiques, que vous réalisiez vos propres montages vidéo ou audio, ou encore que vous vouliez calculer le déficit de l'État poste par poste, le CPU ne compte en réalité pas tant que cela. Pour lire des vidéos sur YouTube, par exemple, vous n'avez pas besoin d'un microprocesseur particulièrement puissant.

- **Les barrettes de mémoire vive et les emplacements pour en recevoir d'autres :** La mémoire vive contient les données en cours d'utilisation. Elle est exprimée en gigaoctets et en mégaoctets. Bien que Windows 10 se contente de 512 mégaoctets – j'ai essayé –, Microsoft recommande un minimum de 1, voire 2 Go. Mais si vous voulez que l'ordinateur ne rame pas laborieusement, optez plutôt pour 4 Go ou plus (c'est la norme de nos jours). La plupart des ordinateurs peuvent recevoir de la mémoire supplémentaire. En rajouter rend l'ordinateur plus réactif, surtout avec des logiciels « lourds » comme Office, InDesign ou Photoshop. Si vous laissez Outlook ouvert en permanence tout en utilisant d'autres logiciels, 4 Go ne seront pas de trop. Cette quantité de mémoire est d'ailleurs devenue un standard dans l'industrie informatique. Il y a donc peu de risque pour que vous achetiez un ordinateur ne contenant pas au moins 4 Go de mémoire vive. Et plus, c'est encore mieux.

- **Le composant vidéo :** La plupart des cartes mères sont équipées d'un remarquable composant vidéo. Si vous tenez à obtenir des performances graphiques très élevées, achetez une carte vidéo que vous insérerez dans l'un des emplacements libres. Les cartes mères possèdent plusieurs connecteurs au format PCI, permettant même de recevoir deux cartes vidéo en même temps pour des performances encore plus élevées. Nous y reviendrons plus loin dans ce chapitre.

- **Les connecteurs d'expansion :** Les ordinateurs portables n'en possèdent pas, ou très peu. Les ordinateurs de bureau en ont plusieurs. Il en existe de deux sortes : PCI et PCI-Express (ou PCIe, ou PCI-E). La plupart des connecteurs sont au format PCI, mais les cartes exigeant des débits élevés, comme les cartes vidéo, exigent des connecteurs PCIe. Les cartes PCI ne peuvent pas être insérées dans des connecteurs PCIe et inversement. Ces dernières existent en quatre tailles, avec des encoches et des connecteurs disposés différemment. La carte PCIe 1x est la plus compacte, la carte PCIe 4x, peu courante, est beaucoup plus longue et la carte PCIe 8x l'est un peu plus. La carte PCIe 16x est un peu plus longue que l'ancien connecteur PCI désormais obsolète. La plupart des cartes vidéo sont au format PCIe 16x.

  Si vous achetez l'écran à part de l'ordinateur, assurez-vous que les prises vidéo sont compatibles. Les détails suivent d'ici peu.

- **Les ports USB (*Universal Serial Bus,* « bus série universel ») :** Un port USB est une prise rectangulaire. Assurez-vous que l'ordinateur en possède suffisamment. Deux, c'est un minimum. Quatre ou plus, c'est mieux. Nous en reparlerons également dans ce chapitre.

- **Plein d'autres trucs et machins :** Pas vraiment indispensables...

Voici quelques recommandations du genre « fais pas ci, fais pas ça » :

- Ne vous laissez pas convaincre par le vendeur d'ouvrir votre PC pour installer un processeur plus performant. Un processeur i7 n'est pas beaucoup plus rapide qu'un processeur i5, une cadence de 3 gigahertz ne mouline pas beaucoup plus vite qu'une cadence de 2,4 GHz, et un processeur dual-quadri-cœur-turbo à double arbre à cames en tête n'ira pas beaucoup plus vite que votre bon vieux processeur d'origine.
- Si 4 Go de mémoire vive sont déjà installés, n'attendez pas une augmentation significative des performances en ajoutant des barrettes de mémoire supplémentaires (à moins que vous laissiez Chrome avec 25 onglets ouverts en permanence, ou bien que vous regardiez plusieurs films en Full HD à la fois).
- En revanche, si la carte vidéo est vieillissante, optez pour une carte équipée de 1 Go ou plus de mémoire vidéo. Elles ne sont pas si chères et Windows 10 saura en tirer parti.
- Plutôt que de rafistoler un PC avec des bouts de ficelles, économisez pour en acheter un nouveau et donnez le vieux à quelqu'un qui en a besoin.

TRUC

Si vous décidez d'ajouter de la mémoire, demandez à la boutique qui vous vend les barrettes de les installer. C'est simple, rapide et facile. L'avantage, pour vous, est que si une barrette est défectueuse, ou si elle s'enclenche mal, ce sera au vendeur de la remplacer.

La tablette à écran tactile

Bien que les tablettes à écran tactile existent depuis plus de dix ans, c'est seulement avec l'apparition de l'iPad d'Apple, en 2010, qu'elles ont véritablement connu le succès. Et depuis, tous les fabricants de matériel tournant sous Windows ont eu envie de prendre le train en marche. Même Microsoft s'y est mis avec la tablette Surface.

Les anciennes tablettes sous Windows fonctionnaient avec un *stylet,* et peu de logiciels tiraient parti de l'écran tactile. L'iPad a changé tout cela.

NOTE TECHNIQUE

En fait, il n'est pas très juste de comparer une tablette bien pourvue en fonctionnalités, tournant sous Windows 10, avec un iPad. Leurs usages sont différents et ils visent différents marchés. La tablette Windows 10 peut faire bien plus que l'iPad, mais cela a un prix : l'iPad l'emporte haut la main en termes de légèreté, de dégagement de chaleur, d'autonomie de la batterie et de prix. L'écran de l'iPad est supérieur à celui des tablettes Windows, son appareil photo est meilleur, *etc.* Mais il n'est pas possible d'exécuter des applications Windows sur un iPad. Même si vous pouvez connecter celui-ci à un ordinateur sous Windows.

Si vous souhaitez faire l'acquisition d'une tablette tactile, pesez le pour et le contre. Quel système d'exploitation (Windows, iOS ou Android) ? Quelle taille et quelle résolution d'écran ? Quelles applications allez-vous vouloir utiliser ? Avez-vous besoin d'un stylet, ou vos doigts suffisent-ils ? Aurez-vous besoin d'associer un clavier physique à la tablette ? Autant de questions à se poser avant l'achat, et qui peuvent se résumer en deux interrogations : quel usage et à quel prix ? Il n'y a que vous qui puissiez répondre.

Cela étant posé, si un Chromebook, un Notebook, un iPad ou une tablette Android, répondent parfaitement à vos besoins, il n'y a aucune raison de dépenser un tas d'argent pour une tablette sous Windows 10. Absolument aucune.

Voici cependant quelques recommandations si vous comptez acheter une tablette sous Windows 10 :

- **Assurez-vous d'avoir bien compris la différence entre une tablette Intel/AMD et une tablette ARM.** Si vous tenez à utiliser le « vrai » Windows 10 – par opposition à Windows 10 Mobile –, vous devez vous en tenir aux tablettes Intel ou AMD (parfois appelées « tablettes x86 ou x64 », ou encore « tablettes 32 bits ou 64 bits »). Les autres, de type ARM (même si c'est Intel ou AMD qui fabriquent leur microprocesseur), ne peuvent exécuter que la version mobile de Windows 10.

  Profitons-en pour rappeler que ce livre traite exclusivement de Windows 10, pas de Windows 10 Mobile.

- **Renseignez-vous sur le poids, le dégagement de chaleur, et l'autonomie de la batterie.** Les tablettes à écran tactile sont censées être transportées avec soi, mais pas trimballées comme une enclume, ni chauffer comme un fer à repasser, ni être équipées d'un ventilateur qui fait un bruit d'enfer.

- **Assurez-vous que l'écran est « multi-touch ».** Certains constructeurs réduisent les coûts en fabriquant des tablettes dont l'écran ne répond qu'à un ou deux points de toucher. Vous en avez besoin d'au moins quatre pour utiliser Windows 10, et dix points ne sauraient nuire. Plus il y en a, mieux c'est.

- **La résolution de l'écran doit être d'au moins 1366 x 768 pixels.** L'écran et ses vignettes s'accommodent mal d'une résolution trop faible. Vos doigts et vos yeux aussi.

- **Choisissez une tablette à stockage SSD (*Solid State Drive*).** En plus d'être beaucoup plus rapides qu'un disque dur, ses composants sont légers et ne chauffent pas. Ne vous souciez pas de la capacité de stockage de la tablette. Beaucoup d'utilisateurs placent leurs données dans le « nuage » avec, par exemple, OneDrive ou Google Drive. Reportez-vous au Livret VIII, Chapitre 1.
- **Essayez avant d'acheter.** L'écran doit réagir correctement à votre toucher tout en étant agréable à lire. Ce n'est pas toujours évident.
- **Assurez-vous de la possibilité de la renvoyer.** Si vous avez l'habitude d'un véritable clavier et d'une véritable souris, il se peut que vous ne vous fassiez pas au clavier virtuel et aux gestes sur l'écran tactile d'une tablette.

Le monde des tablettes va évidemment évoluer. Nous n'en sommes qu'au début de l'aventure.

Les écrans

Qu'ils soient à diodes électroluminescentes, à cristaux liquides ou à plasma, les écrans plats n'ont plus rien à voir avec les écrans cathodiques d'antan. Ce dernier fonctionnait par balayage de lignes, et d'une ligne à l'autre, les couleurs changeaient parfois, ce qui pouvait donner des teintes un peu bizarres. L'image était plaisante, mais pas très fine.

En revanche, les écrans plats ne fonctionnent pas par balayage de lignes, mais en « allumant » des *pixels* (des sortes de points, si vous préférez) localisés par multiplexage. Chaque pixel peut prendre une couleur qui est beaucoup plus précise et stable que sur un tube cathodique.

Plus la résolution d'un écran est élevée, plus il compte de pixels. Aujourd'hui, les écrans panoramiques de 1650 x 1050 pixels ou de 1920 x 1080 pixels se sont banalisés. Un cran au-dessus, une résolution de 2560 x 1440 permet d'afficher sans aucun problème deux documents l'un à côté de l'autre (par contre, il vaut mieux avoir une bonne carte vidéo pour prendre en charge autant de pixels). Et ne parlons même pas de la 4K (c'est-à-dire 3840 x 2160 pixels ou un peu plus). D'accord, la généralisation du 4K n'est pas encore pour demain, même si les technologies sont capables dès maintenant d'aller encore plus loin.

Bien entendu, une résolution élevée offre un plus grand confort et ouvre de nouvelles possibilités. Cependant, cette qualité à un double prix : celui du moniteur, et celui d'une carte vidéo capable de gérer dans de bonnes conditions une telle résolution. Entre rêve et réalité, la différence ne tient dans ce domaine (comme dans bien d'autres) qu'au budget dont vous disposez.

L'affichage est pris en charge par un composant vidéo, le *processeur graphique,* présent sur la carte vidéo, ou serti à même la carte mère de l'ordinateur. C'est lui qui mouline les pixels, vous permettant de faire visuellement la différence entre un monstre intergalactique et une friteuse sans huile. Pour admirer Windows 10 dans toute sa splendeur, une mémoire vidéo d'au moins 1 Go – ou mieux, 2 Go, voire davantage – est conseillée.

À l'instar des téléviseurs, la taille d'un écran d'ordinateur est mesurée en diagonale. Et comme pour les téléviseurs, le meilleur moyen de comparer leur qualité dans une boutique est de les regarder côte à côte, en affichant de préférence de délicats dégradés du noir au blanc. Si un dégradé présente un effet de bande, ou si les noirs manquent de profondeur, c'est mauvais signe.

Disques durs et lecteurs

La mémoire vive ne conserve les données que temporairement. Dès que vous éteignez l'ordinateur, elles disparaissent. Pour conserver le travail en cours et y revenir plus tard, vous devez l'enregistrer dans une mémoire de masse, c'est-à-dire un disque ou, de plus en plus, dans le « nuage », c'est-à-dire sur l'Internet, dans un autre ordinateur, quelque part à Pétaouchnock.

Voici les différents types de disques et de lecteurs :

- **Les cartes mémoire SD, xD, CF :** Beaucoup d'ordinateurs, et même certaines tablettes, sont équipés d'un lecteur de cartes mémoire. La carte SD (*Secure Digital*) est la plus utilisée par les appareils photo (voir la Figure 1.6) et même quelques téléphones. Les cartes MicroSD sont elles aussi des cartes mémoire, mais de plus petite taille.

  TRUC

  Longtemps après la disparition des disquettes, beaucoup d'ordinateurs de bureau sont encore équipés du rack permettant de recevoir un lecteur de disquettes. Pourquoi ne pas utiliser cet emplacement pour y loger un lecteur de cartes mémoire multifonction ? De la sorte, il suffit par exemple d'extraire la carte mémoire de l'appareil photo, de l'insérer dans le lecteur de cartes SD, xD ou CF (CompactFlash) et de transférer les photos. C'est rapide et cela évite de brancher l'appareil photo directement à l'ordinateur et de le laisser allumé pendant toute la durée de la copie des photos.

- **Le disque dur :** Sa technologie évolue rapidement. Les classiques disques durs à plateaux rotatifs (ou HDD) sont peu à peu remplacés par des composants SSD (*Solid State Drive*), sans aucune pièce mobile. Il existe aussi des *disques hybrides* qui mêlent plateaux rotatifs et SSD. Chaque technologie a ses avantages et ses inconvénients. Le traditionnel disque dur est parfait, mais sur les tablettes et les ordinateurs portables, le SSD réagit à la vitesse de l'éclair. Reportez-vous au Livret VIII, Chapitre 5 pour savoir comment installer un SSD et gérer les fichiers.

Document Scandisk

Figure 1.6 : Une carte mémoire MicroSD peut s'insérer dans un adaptateur au format SD.

Les SSD ont aussi des problèmes

Bien que j'adore mes SSD et que je ne voudrais plus du disque dur rotatif, ils ne sont pas parfaits.

Du fait de l'absence de pièces mobiles, ils semblent plus fiables que les disques durs. Mais quand un disque dur est mal en point, vous l'entendez grincer, couiner ou gronder. Par contre, un SSD meurt d'un seul coup et en silence.

Quand un disque dur est mort, il reste une chance de récupérer ses données en faisant appel à un service spécialisé et horriblement onéreux. Un SSD mort vous laisse dans la panade.

Un SSD gère lui-même son espace de stockage. Il élimine les données obsolètes et réorganise les autres. Mais après quelques semaines, mois ou années d'usage, il ralentit. La gestion des fichiers finit par être très lourde pour lui.

Enfin, le logiciel qui régit le SSD doit être extrêmement fiable. Ses pistes et secteurs ne sont pas organisés séquentiellement comme sur les plateaux d'un disque dur. Ils jouent tout le temps à saute-mouton et c'est à leur microprogramme interne de se tenir au courant de l'organisation toujours changeante des données.

Le SSD est si rapide qu'après l'avoir essayé, vous ne voudrez plus d'un disque dur à plateaux. Il est parfait comme disque de travail, pour un démarrage ultrarapide de Windows, mais il est horriblement onéreux pour le stockage des photos, des vidéos ou du son. Le SSD supplantera sans doute le disque dur un jour ou l'autre, mais des efforts devront être faits au niveau du prix. Le SSD consomme peu d'énergie et chauffe peu. L'absence de pièces mobiles le rend moins vulnérable aux chocs.

Les disques hybrides ont droit à la fois aux avantages et aux défauts des disques durs et des SSD. Les disques durs ont longtemps eu un *cache,* une mémoire tampon dans laquelle transitent les données en attente d'écriture ou de lecture. Dans un disque hybride, c'est un composant SSD qui tient lieu de tampon.

Si votre budget le permet, optez pour le SSD comme disque système – celui contenant Windows –, plus un disque dur de grande capacité pour le stockage des photos, des vidéos et/ou du son, et faites l'acquisition d'un autre disque, qui peut être interne ou externe, réservé à l'Historique des fichiers décrit dans le Livret VIII, Chapitre 1.

Pour une protection totale contre une panne de disque dur, utilisez trois disques : un SSD et deux disques durs, internes ou externes, reliés par un câble USB ou eSATA, puis exécutez la fonction Espaces de stockage (voir le Livret VII, Chapitre 4).

- **Lecteur de CD, de DVD, de disque Blu-ray :** Un CD-ROM contient environ 700 Mo de données, un DVD en contient 4,3 Go, soit six fois plus. Un DVD double-couche peut en contenir le double, soit environ 8 Go. Quant au disque Blu-Ray, il peut contenir jusqu'à 50 Go, soit six fois plus qu'un DVD double-couche. À vos calculettes !

  À moins que vous ne teniez à graver un film en haute définition sur un seul disque, 50 Go, c'est vraiment plus qu'il n'en faut. Le prix d'un lecteur-graveur de disques Blu-ray peut être très élevé. Un lecteur-graveur de DVD-RW double-couche convient à la plupart des utilisateurs de Windows 10. Si installer un nouveau lecteur dans l'ordinateur vous épouvante, achetez un modèle externe.

- **Clé USB :** Elle est commode pour transporter des données d'un ordinateur à un autre, ou les emporter avec soi (voir la Figure 1.7). Leur contenu peut même être lu par certains téléviseurs ou lecteurs de DVD de salon.

  Insérez une clé USB dans un port USB de l'ordinateur, et Windows 10 la reconnaît aussitôt comme unité de stockage externe rapide, portable et incroyablement facile à utiliser. N'achetez que des clés USB bon marché. La plupart des « fonctionnalités » des clés sophistiquées ne sont que de la poudre aux yeux.

Document Kingston

Figure 1.7 : Une clé USB (hors de prix) de 1 To.

Et l'USB 3 ? Il a eu du mal à démarrer, mais ça y est ! On commence à voir des disques durs externes, des lecteurs de cartes mémoire et autres appareils à cette nouvelle norme. Mais attention : pour en bénéficier, les ports USB de votre ordinateur doivent eux aussi être de type USB 3 (et vous devez avoir un câble adapté). Sinon, les échanges de données s'effectuent en USB 2, nettement moins rapide.

Cette liste n'est pas exhaustive, car de nouvelles possibilités de stockage apparaissent chaque jour.

Les connecteurs du PC

Votre ordinateur se connecte au monde extérieur par quantité de connecteurs et de câbles. Voici les plus courants :

- **Le câble USB :** Il possède à une extrémité une prise plate appelée *USB A,* et à l'autre extrémité une prise dont la section ressemble à un « D », appelée *USB B.* Pour certains appareils, elle est remplacée par des prises beaucoup plus petites appelées *mini USB* ou *Micro USB.* Les deux ont la même forme, mais pas la même taille (voir la Figure 1.8).

Figure 1.8 : Les câbles USB les plus courants : USB B, Mini USB et Micro USB.

Un connecteur USB 2 accepte tous les équipements et périphériques. Mais la vitesse de transfert de ceux qui sont au standard USB 3, notamment les disques durs externes, sera plus élevée à condition que l'ordinateur soit équipé d'un port USB 3 et que le câble de liaison supporte de telles vitesses.

Le connecteur USB est le choix idéal pour la plupart des périphériques : souris, disque dur externe, imprimante, scanner, téléphone, smartphone, appareil photo...

Si tous les ports USB de votre ordinateur sont occupés, utilisez un répartiteur. Il s'agit d'un boîtier possédant généralement de deux à sept ports USB supplémentaires. Branchez-le et utilisez l'alimentation électrique livrée avec.

- **Le câble réseau :** Appelé aussi « câble Ethernet », il se reconnaît à son connecteur RJ-45 que montre la Figure 1.9. Selon sa qualité, il est estampillé CAT-5 (catégorie 5) ou CAT-6 (catégorie 6), ces derniers étant réputés plus rapides que les catégories inférieures. Une extrémité est branchée à la carte réseau de l'ordinateur, l'autre à une box Internet, à un routeur ou à un commutateur de réseau (voir la Figure 1.10) permettant de relier plusieurs ordinateurs par des câbles Ethernet.

Document CablesToGo.com

Figure 1.9 : Des connecteurs réseau RJ-45 de catégorie CAT-6.

- **Souris et clavier :** Ils peuvent être reliés à l'ordinateur par un câble USB, mais beaucoup de ces périphériques sont à présent sans fil et communiquent par radio (la connexion infrarouge a été abandonnée).

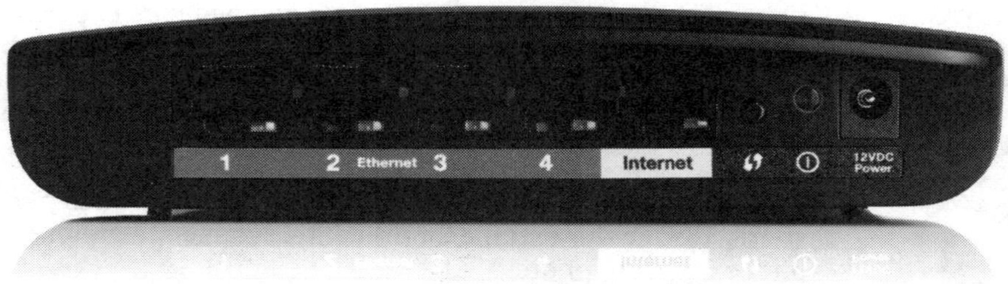

Document Linksys

Figure 1.10 : Un répartiteur (hub) ou commutateur de réseau.

- **Connecteurs DVI-D et HDMI :** Bien que le connecteur D-SUB (VGA) à 15 broches soit encore utilisé, la plupart des connexions vidéo actuelles sont effectuées *via* une prise HDMI (voir la Figure 1.11) permettant de les connecter à un écran, un téléviseur ou un vidéoprojecteur. Sur des PC un peu plus anciens, on trouve encore des connecteurs au format appelé DVI-D (voir la Figure 1.12) Enfin, certains ordinateurs plus haut de gamme possèdent un connecteur DisplayPort (comme sur un Mac !), réputé être encore plus rapide.

Document CablesToGo.com

Figure 1.11 : Le câble HDMI achemine les signaux audio et vidéo.

NOTE TECHNIQUE

Pour brancher votre PC sur votre TV, vérifiez qu'elle est équipée de la bonne prise et que vous possédez le bon câble.

Les câbles série à 9 broches et parallèles Centronics à 25 broches ont fait leur temps. Ils ne servent plus à rien.

Document CablesToGo.com

Figure 1.12 : Les câbles DVI-D fonctionnent bien, mais ils sont plus gros que le HDMI, et ils ne transmettent pas le son.

- **Bluetooth :** C'est une connexion sans fil sur une courte distance, utilisée en particulier sur tous les smartphones modernes. Autrefois, Bluetooth était compliqué à configurer et à faire fonctionner. Mais les derniers standards ont grandement facilité les choses.

Vidéo, son et autres médias

Sauf si vous utilisez une tablette, il est probable que vous exécutiez Windows 10 sur un ordinateur équipé de deux à quatre prises audio – de classiques jacks – qui ont chacune un usage particulier. Voici à quoi elles servent :

- **Line In (entrée ligne) :** Cette prise, usuellement bleue, sert à acheminer dans l'ordinateur un signal audio généralement amplifié. Ce signal peut provenir d'un tuner radio ou télé, d'un lecteur de CD ou de cassettes, d'une guitare électrique ou de tout autre appareil produisant des signaux audio.
- **Mic In (entrée micro) :** Cette prise (normalement rose) reçoit les signaux non amplifiés d'un microphone ou de certaines guitares électriques. Il est possible de brancher dans la prise Mic In un équipement

destiné à la prise Line In, mais vous n'obtiendrez qu'un son monophonique (et non stéréo) et vous devrez réduire considérablement le volume pour ne pas subir d'affreuses distorsions du son, car l'amplificateur intégré à l'ordinateur augmente l'intensité de tous les signaux déjà amplifiés.

- **Line Out (sortie ligne) :** Sortie stéréo, généralement de couleur verte. Branchez-y un casque, des écouteurs ou de petites enceintes pour ordinateurs. Si vous n'utilisez pas de jacks bizarroïdes, comme la prise SPDIF de Sony-Philips, cette sortie Line Out vous fournira le meilleur son. Et si vous voulez connecter une vraie chaîne sur votre PC, sachez que c'est là que vient se connecter l'enceinte centrale.
- **Rear Surround Out (sortie *surround* arrière) :** Cette prise noire n'est pas très utilisée. Elle ne l'est que si vous possédez des enceintes arrière indépendantes. La plupart de ceux qui possèdent un système *home cinema* le branchent sur la sortie Line Out qui régit alors les enceintes arrière. Ou alors, ils branchent l'ordinateur au téléviseur par un câble HDMI. Si votre ordinateur est capable de produire un son complètement *surround*, et que vous avec un amplificateur externe pour gérer tout ce petit monde, vous obtiendrez de meilleurs résultats avec la présente prise noire.

NOTE TECHNIQUE

Nombre d'ordinateurs de bureau possèdent deux prises supplémentaires pour le son. La prise orange se charge du caisson de graves, et la grise (ou marron) est destinée aux enceintes latérales. Là encore, vous aurez besoin d'intercaler un amplificateur entre les prises et vos enceintes.

Les ordinateurs portables ne sont généralement équipés que de deux jacks : la prise rose Mic In et la prise verte Line Out. C'est suffisant pour utiliser un ensemble casque-microphone. Les enceintes doivent être branchées à la prise verte.

Les tablettes disposent normalement d'une prise de type Line Out afin d'y brancher un casque. Le son est généralement de bonne qualité (ou d'assez bonne qualité).

Des cartes audio perfectionnées peuvent être équipées de sorties Dolby DTS ou THX 5.1. Ce chiffre n'est pas celui d'une version, mais indique que la carte gère des enceintes devant à droite, devant au milieu, devant à gauche, latéralement à gauche et à droite, et en plus un caisson de basses. La configuration 7.1 comprend en outre deux enceintes *surround* arrière. Cette débauche de matériel produit un son d'enfer, de quoi épouvanter les voisins.

TRUC

Les fabricants d'ordinateurs insistent volontiers sur les performances audio de leurs produits. En fait, n'importe quel ordinateur peut être connecté à une chaîne stéréo et produire un très bon son. Reliez simplement la sortie Line Out de l'ordinateur à l'entrée Aux In de la chaîne Hi-Fi ou du *home cinema* et le tour est joué.

Netbooks et ultrabooks

Les netbooks sont de petits ordinateurs portables aux capacités limitées, destinés principalement aux activités sur l'Internet (visite de sites, échange de courrier, vidéophonie...). L'avènement des tablettes, notamment de l'iPad, leur a porté un coup sévère.

Les ultrabooks – terme inventé par la société Intel – sont des ordinateurs portables très minces, équipés d'une batterie assurant jusqu'à cinq d'heures d'autonomie, qui sortent de veille en quelques secondes. Ils sont comparables, en termes de performances, à un iPad, mais ils ne se vendent pas très bien. Windows 10 leur redonnera peut-être une nouvelle chance. C'est du moins l'espoir d'Intel.

En résumé, si vous recherchez une nouvelle machine, le mieux à faire est de rendre visite à votre boutique préférée (ou même à plusieurs). Vous laissez-vous tenter par une de ces petites merveilles portables ? Déciderez-vous que ce qu'il vous faut, c'est un solide PC de bureau au design des années 90, avec son clavier mécanique et trois moniteurs de la taille d'un terrain de football ? Ou plus simplement, opterez-vous pour un modèle de milieu de gamme, suffisamment performant pour vos besoins, dont la fiabilité n'est plus à démontrer, et dont le prix reste raisonnable (sachant qu'il est forcément techniquement dépassé avant même que vous n'ayez posé vos yeux dessus) ? La décision vous appartient, et votre choix n'engage en aucun cas ma responsabilité !

Chapitre 2

Windows 10 pour les anciens de Windows

Dans ce chapitre :

- Quoi de neuf par rapport à Windows XP, Vista, Windows 7, et Windows 8/8.1 ?
- Découvrir les nouvelles interfaces
- À la découverte du nouveau Windows
- Avez-vous réellement besoin de Windows 10 ?

Si vous faites partie des 1,7 milliard (environ) de personnes qui, sur cette planète, se sont déjà coltiné Windows 8/8.1, Windows 7, Windows Vista ou Windows XP, vous risquez un choc.

Bien que Windows 10 puisse sembler plus ou moins familier aux utilisateurs de longue date du fameux bureau, les détails sont très différents. Et si vous avez longuement grogné face à l'interface de type Metro de Windows 8.1 (ou de Windows 8), vous allez avoir une agréable surprise.

Une brève histoire de Windows 10

Pardonnez-moi cette digression.

Microsoft a failli tuer Windows (et toute l'industrie du PC avec) en sortant cette abomination qu'était Windows 8. Fort heureusement, il y avait d'autres forces au travail – l'ascension des systèmes mobiles et des écrans tactiles, l'apparition de matériels plus petits et moins chers, de meilleurs Apple, et des tas d'autres nouveautés passionnantes. Mais, à mon avis, et je le partage avec la plupart des spécialistes, le facteur numéro un du déclin de Windows fut Windows 8.

Nous avons vu les ventes de PC chuter. Une fois que les utilisateurs de Windows XP ont remplacé leurs machines du fait de l'arrêt du support par Microsoft de ce système d'exploitation, les ventes sont descendues encore plus bas. Rapidement. À l'époque, Steve Ballmer, le dirigeant d'alors de Microsoft, prédisait que Windows 8 serait installé sur 400 millions de PC dans l'année suivant sa sortie. En réalité, le chiffre réel fut plutôt la moitié de cela, et peut-être même encore moins. Les gens normaux, comme vous et moi, firent tout pour éviter Windows 8 et pour s'en tenir à Windows 7, qui donnait satisfaction à pratiquement tout le monde.

Windows 8.1 représentait une tentative de Microsoft pour combattre le mal en permettant de démarrer sur le bureau, et non plus sur l'horrible page de pavés qui dégoûtait l'immense majorité des utilisateurs.

L'équipe d'ingénieurs de Microsoft qui voulait à tout prix nous faire avaler de force l'expérience Metro de Windows 8 était aussi responsable, quelque temps auparavant, de l'introduction du ruban dans l'interface de Microsoft Office. Nombre d'entre nous, les vieux de la vieille, grommelions à l'époque sur cette affaire de ruban, en demandant à Microsoft d'offrir au moins une alternative pour pouvoir travailler avec l'ancienne interface. En vain. Office 2007 est sorti avec son ruban, et toutes les versions qui ont suivi ont également été « rubanifiées ». Et c'est là où se situe le point clé : Office 2007 s'est vendu comme des petits pains, malgré ce ruban, et son succès se compte toujours en milliards de dollars.

Résultat : l'équipe en charge de l'interface d'Office se figura qu'elle savait ce que voulaient les utilisateurs, et que les vieux ronchons tapaient simplement du bout de leur canne en mâchouillant leur bouillie.

La presque totalité de cette fameuse équipe fut transplantée, pratiquement telle quelle, dans la sphère en charge de Windows 8. Ces ingénieurs y virent l'opportunité de transformer l'interface de Windows, et c'est ce qu'ils firent, malgré les multiples objections formulées par ailleurs. À mon avis, ils pensaient reproduire le coup du ruban Office, avec le même succès. Mais ce ne fut pas du tout le cas. Windows 8 est, incontestablement, le plus grand désastre logiciel de toute l'histoire de Microsoft.

Pratiquement toute l'équipe en charge de Windows 8 (y compris certaines personnes expérimentées et pleines de talent) quitta Microsoft peu de temps après la sortie de cette catastrophique version. Boum, firent-ils en tombant. Et leur patron, Steve Ballmer, les suivit. Le bruit de sa chute étant d'ailleurs très largement amorti par le paquet d'actions qu'il détient, et qui en font le premier actionnaire individuel de Microsoft.

À leur place est arrivée une toute nouvelle génération, élevée dans les nuages (Internet, bien sûr), mais capable d'entendre raison. L'actuel responsable du développement de Windows, Terry Myerson, avait auparavant été en charge de celui de Windows Phone, et avant cela de Windows Exchange Server. Et, le nouveau grand patron, Satya Natella, sait non seulement tout sur l'informatique dématérialisée, mais en plus il a inventé des tas de choses chez Microsoft.

Cela étant dit, le marché traditionnel du PC, autrement dit la chasse gardée de Microsoft, s'est largement réduit. Son soleil semblant plus près du couchant que du zénith. Ou, plus simplement, le roi n'est plus le roi, et les prétendants au trône, qu'ils s'appellent iPhone, iPad, MacBook, Galaxy Tab ou encore Chromebook, sont nombreux. Et leurs dents sont très longues. Mais, peut-être que Windows 10, et seulement peut-être, redonnera un second souffle aux vétérans de la classe 30 (eh oui, la sortie de Windows 1, c'était il y a 30 ans, en novembre 1985).

Quoi qu'il en soit, à la fin de l'histoire, nous avons enfin retrouvé un vrai menu Démarrer (certes très largement modifié) pour travailler dans de bonnes conditions, comme l'illustre la Figure 2.1.

Les différents types de programmes Windows (pardon, les apps)

Windows 10 exécute deux types très différents de programmes. Permettez-moi d'en revenir aux bases.

Les programmes d'ordinateur (appelez-les logiciels, applications ou même *apps*, si vous voulez) que vous et moi connaissons fonctionnent en interagissant avec un système d'exploitation. Depuis l'aube de Windows, les programmes pour PC ont communiqué avec ce système d'exploitation *via* un ensemble spécifique d'outils, que l'on appelle aussi *routines*, formant une API (pour *Application Program Interfaces*, ou interfaces de programmation d'application) collectivement et collégialement connu sous le nom de Win32. À de rares exceptions près, les programmes de bureau de Windows, autrement dit ceux que vous utilisez quotidiennement, se servent des API Win32 pour collaborer avec Windows.

En juin 2011, dans une conférence qui se tenait en Californie, Steve Sinofsky et Julie Larson-Green firent leur première démonstration de Windows 8. Lors de cette démonstration, ils présentèrent les nouvelles applications « immersives » (le style que Microsoft avait appelé Metro) qui interagissaient avec

Figure 2.1 : Le nouveau menu Démarrer devrait sembler plus ou moins familier à tous les utilisateurs expérimentés de Windows.

Windows d'une manière très différente. Ces nouvelles « routines » furent dénommées Windows Runtime, ou plus communément Windows RT.

Microsoft commença à appeler les applications basées sur WindowsRT « immersives » ou encore « « plein écran ». Et comme seuls les imbéciles ne changent pas d'avis, la dénomination de Windows RT changea au fil des saisons : « Modern UI », puis « Windows 8 », « Windows Store App », « New User Interface », « Microsoft Design Language », « Microsoft Style Design » et plus récemment « Modern » et « Universal ». Inutile de tenter de traduire cette vague de nom. La vérité, c'est que la plupart d'entre nous continuent à employer le nom de code interne donné par Microsoft : Metro. Mais, pour la commodité du propos et minimiser les risques (réels) de confusion, j'utiliserai dans ce livre le terme « application Universelle Windows ».

Pas de panique. Tous ces noms désignent la même chose, autrement dit des applications Universelles Windows, qui sont basées sur l'API WinRT.

Ces applications Universelles (d'accord, elles sont forcément Windows) ont de nombreuses autres caractéristiques. En particulier, elles répondent à un type de technologie appelé « sandbox » par les pros. Sandbox, c'est littéralement un bac à sable. L'idée est de les placer dans une sorte de cocon logiciel qui les isole du monde extérieur afin de rendre le travail des virus beaucoup plus difficile. Ces applications peuvent aussi être facilement interrompues, ce qui permet de réduire la consommation d'énergie et d'améliorer la fiabilité du système : si une application Universelle Windows plante, il est à peu près impossible qu'elle réussisse à geler la machine. Et ce n'est qu'une partie de la question.

Windows 8 et 8.1 (ainsi que Server 2012) prennent en charge l'API WinRT. Pour faire simple, les applications Universelles Windows s'exécutent du côté « Metro » de Windows 8, pas sur le bureau. Et les processeurs de type ARM, que l'on trouve sur de nombreux appareils portables, sont aussi capables d'exécuter l'API WinRT.

N'OUBLIEZ PAS

Sous Windows 10, les applications Universelles Windows fonctionnent dans leur propre « bac à sable », celle-ci étant posée sur le bureau. Par exemple, l'application Météo, illustrée sur la Figure 2.2, est bel et bien une application Universelle Windows.

Figure 2.2 : La météo de Windows 10 est une application Universelle Windows. Elle est donc basée sur l'API WinRT. Comme telle, elle a une apparence spécifique.

Tous les autres programmes Windows, ceux que vous connaissez depuis l'éternité, sont maintenant appelés des applications de Bureau Windows. Subtil, non ? Après tout, si Apple a choisi d'appeler ses programmes des *apps*, histoire de faire branché, pourquoi Microsoft ne pourrait-il pas avoir sa propre dénomination ? D'un point de vue technique, ces applications de Bureau Windows (les programmes, donc) sont basées sur l'API Win32.

Comme il y a des différences considérables entre les deux types d'applications, pardon programmes, ou l'inverse, voici quelques notions peut-être pas si inutiles que cela :

- **Les applications de Bureau Windows sont appelées à se raréfier.** Certes, ce n'est pas demain que Microsoft va les abandonner. Mais, à l'exception de quelques programmes réellement sophistiqués, ou encore répondant à des besoins spécifiques, les applications traditionnelles commencent à être considérées comme étant juste bonnes à être envoyées au musée.
- **Les applications Universelles Windows, celles qui sont basées sur l'API WinRT, sont le futur.** Par exemple, Microsoft a démonté ce bon vieux Internet Explorer, et l'a transformé en une application Universelle Windows appelée Microsoft Edge. D'ailleurs, le père de Windows travaille aussi dur pour transformer la célèbre suite Office en une série d'applications Universelles Windows. Bien entendu, cette version n'aura pas autant de fonctionnalités que ses prédécesseurs, mais, après tout, est-ce si grave que cela, Docteur ?
- **Toutes les applications, qu'elles soient de bureau ou dites Universelles, commencent à se ressembler.** Les développeurs de programmes veulent que vous regardiez ce qu'ils ont à vous proposer et que vous vous disiez « Ah, oh, eh, ça, c'est une super nouvelle version ».
- **En réalité, les applications Universelles Windows sont meilleures.** Ne tirez pas sur moi. Je ne suis que le messager. Maintenant que nous pouvons exécuter ces applications Universelles Windows directement sur le bureau (et en plus, leurs fenêtres peuvent être redimensionnées), l'API WinRT sous-jacente enfonce la vieille API Win32. Ces applications ne se piquent pas leurs jouets, puisque chacune est censée rester dans son propre bac à sable, et du coup elles ne plantent pas Windows, pas plus qu'elles ne doivent se colleter avec toute la misère du monde en général, et les erreurs générées par les autres applications en particulier.

Avant de poursuivre votre route, il est temps de regarder d'un peu plus près le système et d'en apprendre plus sur ces nouveaux pavés/tuiles/vignettes, bref ces applications Universelles Windows.

Voici donc un petit tour d'horizon de ce qui change, et de ce qui reste pareil, afin de vous aider à mieux répondre à la grande question du jour : ai-je vraiment besoin de Windows 10 ?

Comment est-ce que tout cela a commencé ?

Microsoft s'est lancé dans les tablettes il y a plus de dix ans sans parvenir à séduire le consommateur. Apple a commencé à en vendre il y a seulement cinq ans et a immédiatement cartonné. Microsoft tente à présent de nouveau sa chance.

Il y a une grande différence entre les approches d'Apple et de Microsoft. Apple était parti d'iOS, un système d'exploitation destiné à la téléphonie, pour en faire le système d'exploitation de la tablette la plus vendue au monde. La différence entre l'iOS 8 d'un iPhone et l'iOS 8 d'un iPad est très faible. Une application écrite pour l'un fonctionne en général sur l'autre, le changement le plus notable étant la taille de l'écran. En revanche, le système d'exploitation des ordinateurs, OS X, est complètement différent. Il a été conçu et optimisé pour les ordinateurs Mac. Apple modifie peu à peu sa programmation, de sorte qu'iOS et OS X tendent à se ressembler et à fonctionner ensemble. Ils n'en sont pas moins fondamentalement différents, même si, à l'origine, iOS était né du noyau Darwin de Mac OS.

Lorsque Windows 7 fut achevé, Steve Sinovsky et son équipe optèrent pour une nouvelle approche complètement différente. Alors que les ingénieurs de chez Microsoft poussaient leur logiciel de téléphonie vers le haut, eux décidèrent de tirer vers le bas leur système d'exploitation pour ordinateurs (le fait que le logiciel de téléphonie avait été très mal accueilli explique sans doute en partie cela). Windows 8 et 8.1 furent le résultat de cette décision. Leur conception était hybride, avec une partie « écran tactile » et une partie « clavier/souris ». Les deux ne s'excluant d'ailleurs pas. La souris est utilisable sur l'écran d'accueil et ses vignettes, et le classique Bureau est parfaitement « digital » puisqu'il réagit au doigt. Mais l'approche est différente, la conception est différente et l'intention est différente.

Windows 10 en revient aux fondamentaux du menu Démarrer, et il essaie de pousser le même concept encore plus loin, vers les smartphones Windows. Du coup, Microsoft sera capable de clamer que Windows se retrouve partout, du plus modeste smartphone jusqu'aux gigantesques stations de travail, et même aux fermes de serveurs. Mais faire tourner Windows sur tous ces équipements est quand même une autre affaire.

Quoi de neuf pour les anciens de Windows XP ?

Si vous utilisez toujours Windows XP et que vous envisagez de passer à Windows 10, c'est sans doute parce que votre bon vieil ordinateur sous XP a rendu l'âme, et que vous n'échapperez pas à Windows 10 en rachetant un nouveau PC. Il est aussi possible que votre neveu Victor vous demande quelques conseils, en tant que spécialiste de l'informatique de la famille.

J'ai raison, pas raison ? Et bien sachez qu'à l'heure où ce livre est écrit, près de 25 % de toutes les utilisations de Windows en ligne proviennent de PC sous

Windows XP. Oui, vous avez bien lu. Même si Windows 7 reste le système dominant, XP est vivant, et bien vivant.

Si vous envisagez de faire le grand saut de XP vers Windows 10, et que vous n'avez qu'un clavier à votre disposition (donc pas d'écran tactile), un véritable parcours du combattant vous attend, ainsi que quelques bonnes séances de psychothérapie :

- Vous devez apprendre les subtilités des applications Universelles Windows, esquissées dans la prochaine section « Quoi de neuf pour les victimes de Windows Vista et Windows 7 ? »
- Vous devez effectuer la transition de Windows XP vers Windows 7, car le bureau de Windows 10 ressemble tout de même beaucoup à ce dernier.

Vous êtes sûr de vouloir sauter le pas ? Lisez l'encadré à propos du Mac...

Cela dit, si vous voulez passer directement à Windows 10, et faire fi des étapes intermédiaires que sont Vista et 7, ou de la diversion que constitue Windows 8/8.1, attendez-vous à un changement radical. Radical, mais bénéfique.

Et un Mac, ça ne serait pas plus simple ?

Pour les utilisateurs de Windows XP, il serait sans doute plus facile et plus gratifiant de passer au Mac plutôt que de migrer vers Windows 10. Microsoft n'apprécierait pas ce conseil qui n'est pourtant pas sans intérêt (pas personnel, je vous l'assure).

Les utilisateurs de XP sont en effet confrontés à deux problèmes : l'apprentissage du bureau hérité de Windows 7 d'un côté, et celui des vignettes des applications Universelles Windows et/ou du style Metro. De plus, à performances égales, un Mac est plus cher qu'un PC. Le Mac s'inscrit toutefois dans un écosystème intéressant, facile à maîtriser, qui comprend aussi l'iPhone, l'iPad, la boutique virtuelle App Store, l'application iTunes, le nuage iCloud, le boîtier Apple TV, *etc.* Tous ces éléments fonctionnement conjointement sans que vous n'ayez rien à faire, ou presque. Le Mac a toujours été connu pour sa facilité d'emploi, et aussi son très beau design, tant au niveau du matériel que des interfaces. Vous découvrirez même des similitudes surprenantes entre Windows XP et Mac OS X.

D'accord, les Mac ont aussi des écrans bleus de la mort et des virus. C'est vrai, les Mac ont des tas de problèmes. Oui, vous devrez peut-être trouver une boutique Apple pour obtenir de l'aide. Et c'est vraisemblablement une des raisons pour lesquelles les quelques boutiques Microsoft semblent si vides. Bon. Après tout, c'est une affaire de goût et de budget, n'est-ce pas ?

Des performances accrues

Windows 10 (et avant lui Windows 7 et Windows 8.1) n'est pas très exigeant au niveau du matériel. Je sais que c'est un peu dur à croire, mais dès lors que le PC est équipé d'une carte vidéo un peu performante et d'au moins 1 gigaoctet de mémoire vive, remplacer Windows XP par Windows 10 accélérera votre ordinateur, et améliorera considérablement votre expérience informatique.

Une carte vidéo est peu onéreuse et facile à changer sur un ordinateur de bureau. Et il en va de même pour la mémoire vive. J'ai fait l'expérience des dizaines de fois. Et je peux vous assurer que le passage de XP à Windows 10 est un vrai plaisir. En revanche, c'est impossible sur un ordinateur portable, car le composant vidéo est soudé sur la carte mère.

Une meilleure vidéo

Windows 10 n'offre plus l'interface Aero qui avait tant plu sur Windows Vista et 7, mais quelques-unes de ses fonctionnalités ont été conservées.

Tirez une fenêtre vers un bord latéral et elle est aussitôt agrandie à la moitié de la taille de l'écran. Cette fonctionnalité est parfois pratique pour faire glisser des éléments d'une fenêtre vers une autre. Vous pouvez d'ailleurs disposer de cette manière deux fenêtres d'applications côté à côte, voire même quatre si la résolution de votre écran le permet.

Windows 10 montre des vignettes des programmes ouverts lorsque le pointeur de la souris survole une icône dans la barre des tâches (voir la Figure 2.3).

Les performances vidéo sont notamment améliorées. Si une séquence vidéo est saccadée lorsque vous la visionnez sous Windows XP, elle ne le sera probablement plus sous Windows 10.

Un meilleur navigateur

Si Internet Explorer est toujours présent dans Windows 10, il y est bien caché. Avec un peu de chance, vous ne le remarquerez jamais. Il est vieux, pas fiable, incroyablement stupide et bourré de « fonctions » justes bonnes à être contaminées (du genre ActiveX, COM et autres, sans même parler des barres d'outils plus qu'intrusives et des dysfonctionnements à répétition). La meilleure vocation que puisse avoir Internet Explorer, c'est de mourir de sa belle mort, surtout si l'on songe aux millions et millions de machines qu'il a servi à infecter.

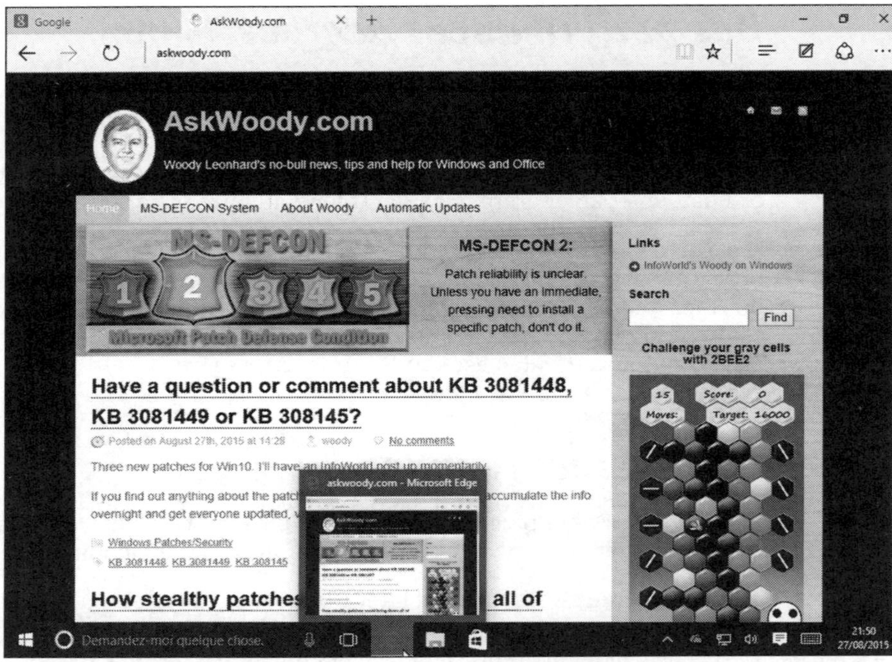

Figure 2.3 : L'onglet de Microsoft Edge ouvert est affiché en miniature lorsque vous positionnez le pointeur de la souris sur l'icône de l'application localisée sur la barre des tâches (d'accord, un peu de promo pour mon site ne me fera pas de mal).

À la place d'Internet Explorer, Windows 10 propose maintenant un tout nouveau navigateur Web, plus léger, plus rapide, plus fiable, conforme aux standards, sans toutes ces vieilleries ringardes : Microsoft Edge. Microsoft a construit Edge sur les fondations posées par les applications Universelles Windows, autrement dit une application qui joue dans son propre bac à sable tout en s'affichant dans une fenêtre redimensionnable sur le bureau. Son développement a demandé beaucoup de travail à Microsoft, mais le résultat final en valait la peine.

Si vous vivez dans la crainte d'une infection due à Internet Explorer et/ou que vous haïssez ses correctifs massifs et à répétition, Microsoft Edge devrait vous apporter un véritable bol d'air.

Cortana

Apple a Siri, et Google a Google Now. Et maintenant, Microsoft a Cortana, la version maison d'un assistant personnel vocal doté de plein d'intelligence artificielle (voir la Figure 2.4). Contrairement à Siri et à Google Now, par contre,

Cortana prend en charge toutes les fonctions de recherche de Windows. Il (ou plutôt elle) a donc davantage de potentiel que ses cousins tout aussi intelligents artificiellement parlant, ceux-ci ayant deux visages tandis que Cortana vous regarde droit dans les yeux. Dans le même temps, Cortana veut vraiment, vraiment, analyser tout ce qui se trouve sur votre ordinateur, maintenant et à jamais. Oui, Cortana veut faire tout son possible pour vous aider, mon cher.

Figure 2.4 : Cortana s'assoit, vous regarde et vous écoute, attendant de pouvoir vous aider. Cela peut vous rendre sceptique, ou vous effrayer, ou même les deux.

Je vous en dirai plus sur Cortana dans ce livre, puisque je lui dédie un chapitre entier (voyez le Livret III, Chapitre 5). Mais, à l'usage des fans de Windows XP qui pourraient être intimidés par cette espèce de droïde, voici quelques explications complémentaires.

Voyez-vous, Cortana a une histoire.

Vers 2001, Microsoft avait sorti un jeu appelé Halo. Dans ce jeu, vous, le joueur, aviez le rôle d'un commandant en chef, un soldat moitié humain, moitié cyber, connu sous le nom de Master Chief Petty Officer John-117. Et Cortana faisait partie de vous. Il s'agissait d'une intelligence artificielle implantée sous une forme neuronale dans votre armure. Après avoir sauvé le Capitaine Keyes, Cortana et le Master Chief se rendaient dans une salle de cartographie appelée Silent Cartographer… bon, vous voyez l'idée. Cortana a un caractère à la fois doux et terrifiant, elle est bien sûr omnisciente, bref tout le caractère de Windows 10.

Autres améliorations

Beaucoup d'autres fonctionnalités, moins sexy que Cortana, mais cependant utiles, donnent nettement l'avantage à Windows 10, comparé à Windows XP. Il s'agit notamment de :

- **La barre des tâches :** Beaucoup d'utilisateurs de Windows XP ne jurent que par la barre de lancement rapide. Mais la barre des tâches en fait au moins autant, comme l'illustre la Figure 2.1, plus haut dans ce chapitre.
- **Une sauvegarde digne de ce nom :** La sauvegarde n'était pas évidente dans Windows XP. C'était un peu mieux dans Windows 7, et c'est vraiment facile sous Windows 10 grâce à la fonction d'Historique des fichiers (voir le Livret VIII, Chapitre 1).
- **Une zone de notifications moins encombrée :** Windows XP laissait n'importe quel programme installer des icônes dans la barre de notifications, à côté de l'horloge. Windows 10 limite considérablement leur nombre, tout en permettant de les afficher toutes, si vous le désirez. D'un autre côté, les notifications sont supposées s'afficher dans un volet particulier, à droite de l'écran. Voyez à ce sujet le Livret II, Chapitre 3.
- **Le support d'un second écran :** Sous Windows XP, des fabricants de cartes vidéo installaient des pilotes permettant de gérer deux écrans. Sous Windows 10, cette fonction est d'une simplicité presque biblique.
- **Les groupes résidentiels :** À l'instar de Windows 7, Windows 10 permet de réunir tous les PC dans un environnement sûr et de les faire échanger des données assez facilement.
- **La mise en réseau sans fil facile :** Créer un réseau sans fil sous Windows XP est ardu. Sous Windows 10, cela se fait presque tout seul.
- **Les recherches :** Sous Windows XP, chercher autre chose qu'un fichier par son nom exigeait l'installation de modules gourmands en puissance de calcul qui ralentissaient l'ordinateur. Dans Windows 10, les outils de recherche sont intégrés au système lui-même et ils sont rapides.

Sur le front de la sécurité, Windows 10 se situe à des années-lumière de XP. De la protection contre les rootkits jusqu'à la navigation en eaux calmes, il y a un gigantesque pont entre les deux. Sur le plan de la sécurité, XP est un désastre (et, d'ailleurs, Microsoft n'en assure plus le support). À l'inverse, Windows 10 est relativement (mais bien sûr pas complètement) impénétrable.

Bien que Windows 10 ne soit pas le XP de vos rêves, il est remarquablement facile à utiliser et contient quantité de nouvelles fonctionnalités fort séduisantes.

Quoi de neuf pour les victimes de Windows Vista et Windows 7 ?

Tout ce qui fonctionne sous Windows 7, 8 et 8.1, et presque tout ce qui fonctionne sous Vista, fonctionnera aussi sous Windows 10, qu'il s'agisse de programmes, d'équipements, de pilotes, d'utilitaires ou n'importe quoi d'autre.

C'est une bonne nouvelle, car tous ces éléments doivent cohabiter en bonne intelligence sur le bureau. Et c'est en particulier le cas des « anciennes » applications de bureau et des nouvelles applications Universelles Windows basées sur l'API WinRT.

Pour préciser les choses, voyons rapidement les changements les plus importants entre Windows 7 et Windows 10.

Windows 10 et son nouveau menu Démarrer

Si vous avez déjà installé Windows 10, vous avez donc aussi déjà les vignettes (ou pavés, ou tuiles) qui apparaissent sur la droite du menu Démarrer (voir la Figure 2.5).

Si vous passez directement de Windows 7 à Windows 10, sans passer par la case Départ et par Windows 8 ou 8.1, ces vignettes représentent sans doute le plus grand défi que vous ayez à relever. Elles sont différentes, et pourtant elles sont à bien des égards familières.

Vous vous rappelez des gadgets de Windows 7 ? En fait, ils avaient fait leurs débuts dans Vista. Nombre d'utilisateurs s'en servaient pour afficher par exemple une horloge sur leur bureau. D'autres utilisaient le gadget CPU, ou encore le gadget Météo. Moi aussi.

Dans Windows 10, vous retrouvez une disposition qui rappelle plus ou moins celle de Windows 7, mais ses « gadgets » sont fantastiquement bons. Microsoft a refait toute la plomberie de Windows pour supporter ces nouveaux gadgets. Il les appelle maintenant des « applications Universelles Windows », celles dont je vous ai parlé plus haut dans ce chapitre.

Ces nouveaux gadgets/applications Universelles Windows s'exécutent sur le bureau dans des fenêtres redimensionnables. Ils/elles sont capables de faire des choses fantastiques. Par exemple, Microsoft Edge est nettement supérieur à Internet Explorer, même s'il n'a pas encore toutes ses dorures. Internet Explorer est donc mis sur la touche, et Edge (qui est donc un gadget/application Universelle Windows) devient le nouveau navigateur par défaut.

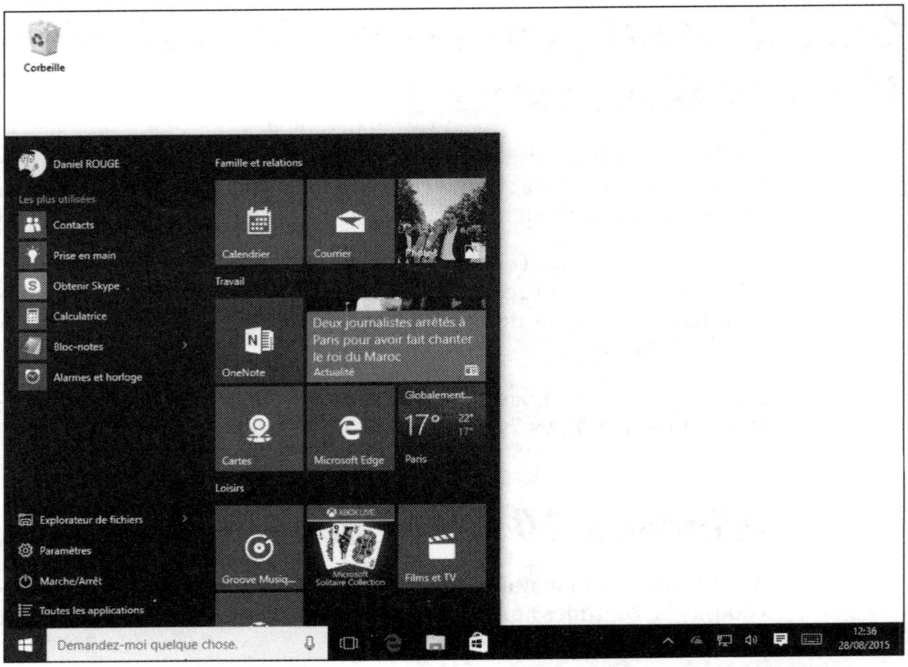

Figure 2.5 : Le bureau de Windows 10 (mon éditeur, soucieux d'économiser l'encre, m'a demandé de mettre un fond blanc).

Ce sont précisément ces gadgets/applications Universelles Windows que vous retrouvez sur la droite du menu Démarrer de Windows 10.

Globalement, du point de vue de Windows 7, le bureau de Windows 10 ressemble plus ou moins à ce que vous connaissiez déjà. Windows 10 a échappé à l'écran d'accueil de style Metro qui avait plombé la confiance des utilisateurs dans Windows 8/8.1. D'ailleurs, ce style n'a même plus lieu d'être, puisque les gadgets (ou apps Metro, ou applications Universelles Windows) prennent maintenant leur indépendance et s'exécutent sur le bureau dans des fenêtres redimensionnables.

Dans Windows 10, vous pouvez à tout instant basculer entre le traditionnel mode de fonctionnement à la souris, et le mode tactile, appelé mode Tablette. Ce dernier propose des vignettes plus grandes, ouvre les gadgets en plein écran, et il masque la plupart des textes. Changer de mode se fait en deux clics. Et si vous débranchez ou rebranchez par exemple votre clavier, Windows 10 vous demandera si vous voulez commuter les modes d'affichage.

Microsoft joue gagnant/gagnant dans cette affaire : les programmeurs qui écrivent des applications pour ces nouveaux gadgets n'ont plus à se préoccuper du fait qu'elles peuvent être exécutées aussi bien sur un PC que sur une tablette Windows 10 sans clavier, sur un smartphone Windows, ou même sur une Xbox. Enfin, c'est la théorie. Il reste à voir ce que cela va donner en pratique.

Pour trouver de nouveaux gadgets/applications Universelles Windows, Microsoft n'offre qu'une seule porte d'entrée : Windows Store. De cette manière, du moins normalement, ces applications devraient être totalement vérifiées, vaccinées contre les virus, et globalement en bonne forme avant que vous ne les installiez.

Quoi de neuf sur le bureau ?

Vous remarquerez plusieurs améliorations sur le bureau inspiré de celui de Windows 7. Par exemple, quand vous effectuez plusieurs copies de fichiers en même temps, Windows 10 indique l'avancement de tous les transferts dans une seule et même fenêtre.

Un tout nouveau et bien meilleur gestionnaire des tâches révèle tout ce qui se passe en coulisses dans l'ordinateur (voir la Figure 2.6). Il permet entre autres de savoir quels sont les programmes démarrés automatiquement avec Windows et de les arrêter. Nous y reviendrons au Livret VIII, Chapitre 5.

L'*Explorateur de fichiers,* appelé auparavant Explorateur Windows, est à présent doté d'un ruban (voir Livret VI, Chapitre 1). Il possède de nouveau un bouton permettant de remonter d'un niveau dans l'arborescence des dossiers. Il avait disparu depuis Windows XP où il apparaissait pour la dernière fois. Rien que pour cela, je l'apprécie vraiment. L'Explorateur de fichiers offre de plus le support natif des fichiers ISO.

Tiens, jetons un coup d'œil du côté de l'iPad… pardon, d'une autre tablette. Comme son illustre concurrent, Windows 10 offre maintenant une fonction de restauration rapide du système. En fait, l'option Réinitialiser ce PC propose deux versions : Supprimer tout efface tout ce qui se trouve sur le disque principal (`C:`) puis réinstalle Windows 10, tandis que Conservez mes fichiers effectue une réinstallation, mais sans effacer vos données, certains réglages et les applications chargées sur Windows Store. Par contre, vos programmes de bureau disparaissent. Voyez à ce sujet le Livret VIII, Chapitre 2.

TRUC

Les *espaces de stockage* réclament au moins deux disques durs disponibles, non compris celui que vous utilisez pour démarrer votre PC. Si vous avez cette possibilité (ou cette chance), Windows 10 vous offre en permanence une double sauvegarde de tout. Si un des disques durs vient à mourir, vous le débranchez, vous le remplacez par un disque tout neuf, vous allez boire un café, et vous êtes reparti comme si rien ne s'était passé. Si vous manquez d'espace sur un disque, vous en rajoutez un autre dans le PC, ou vous connectez un disque externe USB, et Windows 10 se débrouille avec tout cela. Cette fonctionnalité plutôt magique est apparue dans Windows Home Server,

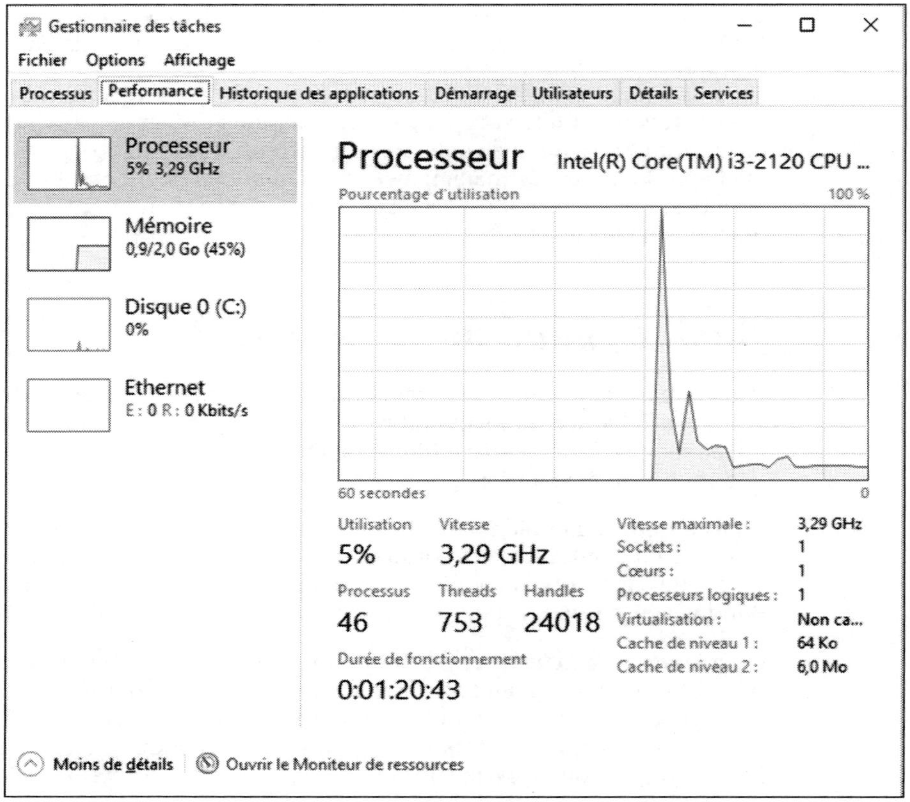

Figure 2.6 : Le nouveau Gestionnaire des tâches a été grandement amélioré.

mais elle est maintenant plus fiable et plus efficace. Pour en savoir plus sur les espaces de stockage, voyez le Livret VII, Chapitre 4.

La sauvegarde a grandement été améliorée grâce à la fonction *Historique des fichiers* qui rappelle la fonction Time Machine des Mac. Windows 7 était déjà capable de restaurer les versions antérieures de fichiers de données. Windows 10 offre la même fonctionnalité, mais d'une manière beaucoup plus élégante, comme vous le découvrirez dans le Livret VIII, Chapitre 1. Malheureusement, Windows 10 ne permet pas de créer des copies intégrales de disques tout entiers. Pour cela, il faut (du moins si vous en avez vraiment besoin) en passer par un logiciel tiers, comme celui d'Acronis.

Les options d'alimentation ont également évolué de manière significative. Par exemple, elles permettent maintenant à Windows de redémarrer bien plus rapidement. Pour tout savoir sur cette question, voyez le Livret VI, Chapitre 1.

NOTE TECHNIQUE

Si vous avez toujours rêvé d'exécuter une machine virtuelle dans Windows, sachez que Windows 10 contient *Hyper-V.* C'est une fonction assez ésotérique, mais fort commode (et gratuite) lorsque vous désirez exécuter deux exemplaires d'un même système d'exploitation sur un même ordinateur. Vous devez pour cela disposer d'une version 64 bits de Windows 10 Professionnel (ou Entreprise) avec au moins 4 gigaoctets de mémoire vive (voyez le Livret I, Chapitre 3).

Quoi de neuf pour les utilisateurs de Windows 8 et 8.1 ?

Vous plaisantez ?

Si vous avez Windows 8.1, ne réfléchissez pas trop longtemps avant de sauter le pas vers Windows 10. Et si vous en êtes resté à Windows 8, ne perdez pas une seconde. Laissez tomber tout le reste, et précipitez-vous sur le Livret I, Chapitre 4 de ce livre pour suivre les instructions que je vous donne afin d'installer Windows 10.

D'accord, je vous force un peu la main. Après tout, si vous êtes un grand fan du style Metro de Windows 8/8.1 et de sa page d'accueil, Windows 10 risque de vous décevoir, du moins au début. Il n'y a plus de barre des charmes, la barre des tâches occupe toujours le bas de l'écran, les applications Metro ne sont plus complètement « immersives » car elles ont des barres de titre, et le mode Tablette de Windows 10 n'est pas exactement comparable au côté Metro de Windows 8.

Par contre, si vous êtes un adapte, même modéré, de la souris, ou du versant Bureau de Windows 8/8.1, il est absolument évident pour moi que vous serez bien plus satisfait avec Windows 10.

Voici ce que vous allez notamment trouver de nouveau en passant de Windows 8/8.1 à Windows 10 :

- Le menu Démarrer. Mais est-ce que je dois en dire plus ?
- Des tas de nouvelles fonctionnalités (j'y reviens dans la prochaine section), et bien d'autres petites améliorations qui facilitent l'existence. Même en mode Tablette, vous trouverez toutes sortes de choses qui vous feront aimer Windows 10.
- Les applications Universelles Windows sont non seulement mises à jour, mais aussi grandement améliorées.

- OneDrive est désormais incorporé à Windows. Vous n'avez plus besoin d'installer une application supplémentaire.

D'un autre côté, OneDrive ne fonctionne plus dans Windows 10 comme il le faisait dans Windows 8/8.1. Avec Windows 8.1, les fichiers envoyés vers le nuage OneDrive n'étaient pas automatiquement synchronisés et conservés dans la machine. Au lieu de cela, de petits fichiers d'aperçus servaient en quelque sorte de raccourcis et ils donnaient l'impression d'être les « vrais » fichiers. Si vous cliquez dans l'Explorateur sur un tel « conteneur » OneDrive sort du bois et il télécharge rapidement le document pour vous le transmettre, ou le transmettre au programme qui en a besoin.

Si vous êtes déconnecté du nuage lorsque vous voulez ouvrir un fichier stocké tout là-haut, il y a évidemment un problème. Apparemment, le fichier semble bien être présent dans votre ordinateur, mais il n'y est pas.

Mais il y a aussi d'autres problèmes. Si vous avez un trillion de photos sur OneDrive, et que celui-ci est synchronisé avec un disque dur d'assez faible capacité sous Windows 8.1, tous ces « raccourcis » peuvent finir par saturer complètement le disque.

Windows 10 change complètement tout ceci en rendant le processus de synchronisation plus sophistiqué, éliminant au passage ces anciens « raccourcis ». De nombreuses personnes n'apprécient pas ce nouveau comportement. Mais, selon mon expérience, c'est la seule fonction significative qui peut être réellement perturbante lors du passage de Windows 8.1 à Windows 10.

Windows 10 est, pour une grande part, ce que Windows 8 aurait toujours dû être. Si les types de chez Microsoft avaient écouté ses utilisateurs expérimentés, Windows 8 n'aurait jamais vu le jour.

Quoi de neuf en général ?

Permettez-moi de vous proposer un petit tour d'horizon des nouvelles fonctionnalités de Windows 10. Il y en a en fait beaucoup, et elles concernent tous les utilisateurs des versions précédentes du système d'exploitation de Microsoft.

Le menu Démarrer

À moins que vous n'ayez vécu ces derniers temps sur une autre planète Windows, vous savez que Windows 10 a un tout nouveau menu Démarrer, avec des entrées plus ou moins dans le style de Windows 7 sur la gauche, et d'autres entrées sur la droite, dans le style des vignettes de Windows 8.

Plusieurs figures de ce chapitre vous ont montré ce nouveau menu Démarrer. Sur la Figure 2.7, vous pouvez voir le menu Démarrer une fois que vous avez cliqué sur le bouton Toutes les applications (celui qui se trouve tout en bas du menu Démarrer).

Figure 2.7 : La partie gauche du menu Démarrer liste toutes les applications installées sur le PC.

Le menu Démarrer propose quelques options de personnalisation. Par exemple, vous pouvez faire glisser des entrées en haut et à gauche du menu, ou encore d'autres entrées dans la partie droite du menu, ce qui les transforme en vignettes. Ces vignettes, à droite du menu Démarrer, peuvent être redimensionnées selon une taille Petite, Moyenne (c'est le cas de la plupart des vignettes de la figure), Large (comme pour la vignette Actualité de la figure) ou Grande. À chaque fois, la taille de la vignette est divisée ou multipliée par un facteur de 2 ou 4. Vous avez aussi la possibilité de faire glisser ces vignettes vers un autre emplacement, de les regrouper ou de les dégrouper, et de donner un nom personnalisé à ces groupes.

TRUC

Le menu Démarrer peut être redimensionné, mais dans des limites assez rigides. Ainsi, un agrandissement vertical se fera par petits incréments, tandis qu'un agrandissement horizontal ne se fera que par groupes entiers de vignettes. Autrement dit, la largeur d'un groupe étant fixée à trois vignettes, c'est ce multiplicateur qui déterminera la taille du menu. De plus, il est aussi possible de faire glisser des vignettes sur le bureau afin de créer des raccourcis permettant d'accéder directement à telle ou telle application.

Bien qu'il soit possible de vider manuellement la partie droite du menu Démarrer (vous cliquez droit sur une vignette, et vous choisissez l'option Supprimer du menu Démarrer), elle ne peut pas compter moins d'une rangée. C'est d'ailleurs logique, puisque cela vous permet de punaiser plus tard facilement de nouvelles vignettes.

En mode Tablette, la présentation change notablement, même si de nombreuses options restent identiques (voir la Figure 2.8).

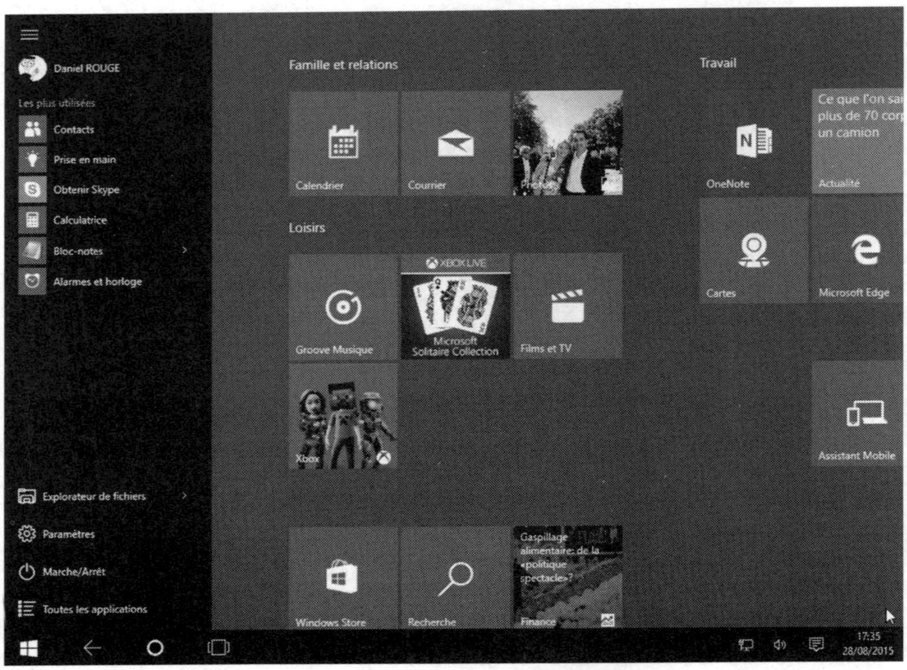

Figure 2.8 : En mode Tablette, vous retrouvez votre menu Démarrer en cliquant sur les trois barres affichées en haut et à gauche de l'écran (c'est ce que j'appelle souvent le hamburger).

La personnalisation du menu Démarrer est expliquée dans le Livret III, Chapitre 2, et le travail en mode Tablette est décrit dans le Livret II, Chapitre 1.

Microsoft Edge

Longtemps retardé (et, pour une bonne part d'entre nous, une réelle surprise), Microsoft Edge, illustré sur la Figure 2.9, a finalement plumé l'albatros qu'est Internet Explorer. Edge est un tout nouveau navigateur, simple mais efficace, consciencieusement conforme aux standards, rapide et prêt à afficher n'importe quel site Web, quel qu'il soit et où il soit. Il pourrait bien permettre à Microsoft de reprendre son rang dans la course des navigateurs, rang qu'il avait perdu au fil de la dernière décennie.

Figure 2.9 : Finalement, Edge permet de couper le cordon avec Internet Explorer… si vous le voulez.

N'OUBLIEZ PAS

Edge ne remplace pas Internet Explorer. D'ailleurs, celui-ci est toujours présent dans Windows 10, mais bien caché au milieu des accessoires. Mais il est maintenant le navigateur par défaut, ce qui lui permet de gagner une place d'honneur sur la barre des tâches (et de figurer également en bonne position dans la partie droite du menu Démarrer). Internet Explorer continue d'utiliser l'ancien moteur de rendu graphique Trident, tandis qu'Edge, comment dire, c'est Edge. Cela le rend plus rapide, plus léger et mieux à même de jouer en douceur avec des sites conçus plus spécifiquement pour Chrome et Firefox.

Edge est une application Universelle Windows. Il s'exécute donc dans sa propre fenêtre de bureau, comme toutes les autres applications Universelles Windows basées sur WinRT. Internet Explorer reste de son côté une application de bureau traditionnelle. Est-ce que vous iriez comparer une DS3 avec une 2CV de 1955 (vous pouvez bien entendu choisir un autre constructeur et des modèles différents) ?

Adobe Flash Player peut être activé ou désactivé *via* un simple commutateur dans les paramètres. Edge possède également un mode de lecture qui facilite la consultation sur de petits écrans. Vous pouvez également annoter des pages Web, ou encore enregistrer celles-ci en tant que fichiers PDF.

Là où Internet Explorer a été fréquemment infecté par des programmes Flash et des fichiers PDF trafiqués, Edge est relativement immunisé. Et toutes les saletés traînées par Internet Explorer sont désormais du passé.

D'un autre côté, Edge prend en charge les extensions du type Google Chrome, qui elles aussi jouent dans leur propre bac à sable, ce qui permet de les maintenir isolées. Finis les compléments d'Internet Explorer ! Il était grand temps.

Notez également qu'Edge utilise les capacités de Cortana en tant qu'assistant vocal et droïde de recherche.

Vous en apprendrez plus sur Microsoft Edge dans le Livret V, Chapitre 1.

Cortana

Certes, les partisans d'Apple vous donneront des tas et des tas de bonnes raisons pour préférer Siri, tandis que ceux de Google vanteront la supériorité de Google Now. Bien entendu, le clan des partisans de Cortana, de leur côté, vous dira que c'est elle qui a gagné la course. Et ce n'est pas faux, puisque Cortana est aussi en charge de la fonction de recherche de Windows, ce qui lui donne un avantage sur ses cousins.

Cortana occupe le champ de recherche qui se trouve à droite du bouton du menu Démarrer (voir la Figure 2.10). Elle apparaît également lorsque vous cliquez sur la vignette Recherche, dans la partie droite du menu Démarrer. Cortana ne peut fonctionner que si vous êtes connecté à l'Internet, et ses interventions sont sévèrement limitées si vous n'utilisez pas un compte Microsoft. Vous pouvez contrôler certains aspects de l'intrusion de Cortana dans votre quotidien en cliquant sur son bouton d'options (les trois barres, ou le hamburger), en haut et à gauche de sa fenêtre.

N'oubliez pas que tout, absolument tout, y compris les recherches que vous effectuez sur votre propre ordinateur, est envoyé par Cortana aux gigantesques bases de données de Microsoft, là-bas, loin dans les nuages. Le carnet de notes de Cortana, comme Microsoft l'appelle gentiment, peut être désactivé, et ses entrées supprimées manuellement. Mais attendez-vous à une vive réaction de Microsoft…

Plus Cortana collecte d'informations sur vous, et plus elle s'améliore (en réalité, elle surveille tout ce que vous faites). Mais d'un autre côté, tout cela sert aussi à Microsoft pour améliorer son assistante artificiellement intelligente.

Microsoft est en train de porter Cortana sur iOS (pour les iPhone et les iPad) et sur Android. À défaut d'être une nécessité, c'est un épisode de plus dans la bataille (commerciale) sans merci que tout ce beau monde se livre. Et non, vous ne pourrez pas utiliser conjointement Google Search et Cortana.

Figure 2.10 : Cortana sait tout, voit tout, entend tout et recherche partout.

Nous reviendrons sur Cortana dans le Livret III, Chapitre 5.

Windows, ses bureaux virtuels et l'affichage des tâches

Windows a eu des bureaux virtuels (ou multiples) depuis XP. Mais, avant Windows 10, vous deviez pour cela installer un logiciel tierce partie pour pouvoir en profiter. Windows 10 implémente directement ces bureaux virtuels, ce qui fait qu'il est facile de les utiliser et qu'ils sont donc bien plus utiles (voir la Figure 2.11).

Ne vous laissez pas abuser par la terminologie : bureaux virtuels ou bureaux multiples, c'est exactement la même chose. Si vous voulez avoir l'air branché, vous pouvez dire que vous optimisez vos bureaux virtuels, mais les gens qui

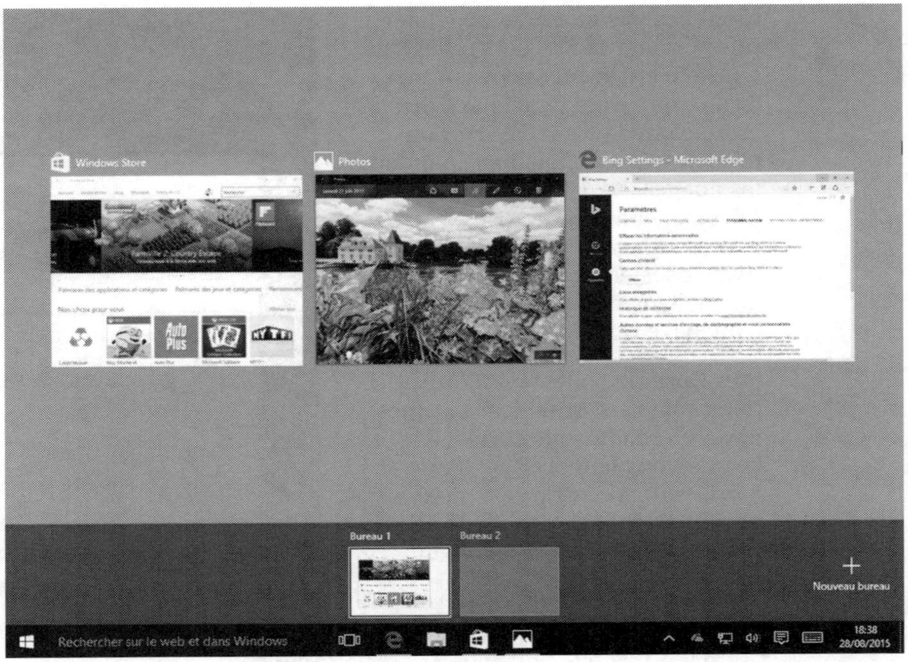

Figure 2.11 : L'Affichage des tâches affiche tous les bureaux virtuels que vous avez configurés.

sont dans le secret comprendront tout de suite que vous passez simplement d'un bureau multiple à un autre.

N'OUBLIEZ PAS

Les bureaux virtuels sont très pratiques si vous êtes adepte du multitâche. Vous pourriez par exemple en créer un pour gérer votre courrier, votre agenda, et autres choses du quotidien, et un autre pour vos projets en cours. Et un nouveau projet vous tombe dessus ? Vous ajoutez tout simplement un bureau virtuel supplémentaire pour ne pas le mélanger avec le reste. C'est une bonne méthode pour mieux vous organiser dans la vie courante.

Pour créer un nouveau bureau, il vous suffit de cliquer sur le bouton Affichage des tâches, juste à droite de Cortana (vous pouvez aussi appuyer simultanément sur les touches Windows, Ctrl et D, mais c'est quand même moins pratique). Cliquez ou tapez ensuite sur le signe « + » affiché en bas et à droite de l'écran. Il est possible de transférer une fenêtre d'un bureau à un autre en cliquant droit sur sa vignette d'aperçu et en choisissant dans le menu qui s'affiche l'option Déplacer vers (vous pouvez aussi faire glisser une des fenêtres miniatures d'un bureau vers un autre, en bas de l'écran). La combinaison Alt + Tab joue le même rôle que par le passé. Autrement dit, elle vous permet d'alterner entre les applications ouvertes. Et cliquer sur l'icône d'une application dans la barre des tâches ranime le programme qui lui est associé, quel que soit le bureau virtuel auquel il est rattaché.

Vous en apprendrez plus sur les bureaux multiples dans le Livret III, Chapitre 4.

Une sécurité améliorée

Pline l'Ancien disait : « Même quand les chiens dorment, les oies veillent. », par allusion aux oies sacrées du Capitole qui avaient alerté les Romains d'une attaque des Gaulois.

Si l'on en croit Pline l'Ancien, Windows 10 a dû être une oie dans une vie antérieure.

Avec Windows 8, les oies du Capitole s'appelaient *Windows Defender*. Présent aussi dans les versions antérieures, il protégeait déjà l'ordinateur des logiciels malveillants. Cette protection antivirus, antiprogramme espion, anti à peu près tout, est toujours intégrée à Windows 10. Et, à l'instar de Jules César à défaut d'être peut-être le premier dans son village, il n'est pas forcément le second à Rome.

Microsoft encourage les fabricants d'ordinateurs à utiliser la procédure de démarrage *UEFI* plutôt que l'antique BIOS. L'UEFI n'est pas une fonctionnalité de Windows, mais elle est requise pour tous les ordinateurs arborant le logo Windows 10. Il peut en effet protéger des *rootkits* – des logiciels malfaisants ouvrant l'accès à l'ordinateur – en exigeant des signatures numériques pour tous les systèmes d'exploitation qui sont chargés (voyez à ce sujet le Livret IX, Chapitre 3).

Autres applications Universelles Windows

Microsoft a donné à la plupart de ses applications intégrées une nouvelle jeunesse, et ce lifting était plus qu'indispensable.

Courrier et **Calendrier**, contrairement à leurs analogues sous Windows 8.1, fonctionnent. Vous ne vous sentez plus comme le type de 48 kilos qui veut jouer au foot sur la plage contre les champions du coin lorsque vous les utilisez. J'avoue que, personnellement, je me sers de Google Agenda et de Gmail. Mais la nouvelle application Courrier de Windows 10 est parfaitement satisfaisante. Je traite de Courrier et de Calendrier (mais il s'agit en fait de deux faces d'une seule et même application) dans le Livret IV, Chapitre 1.

Contacts est le surgeon d'une application pour les Windows Phone. Elle n'en fait d'ailleurs pas plus. J'y reviendrai dans le Livret IV, Chapitre 2.

Musique est morte, vive **Groove Musique** ! Certes, cela a pris presque la moitié d'une décennie pour que Microsoft arrive à mettre sur pied un service de diffusion musicale (le fameux *streaming*) à peu près décent. J'y reviendrai dans le Livret IV, Chapitre 6.

La nouvelle application **Photos** est assez nulle. Si vous voulez faire autre chose avec vos photos que de les regarder, voire de supprimer quelques yeux rouges de temps en temps, il vaut mieux vous tourner vers une alternative gratuite. Vous pouvez par exemple essayer Google Photos (`www.photos.google.com`). Cela étant dit, j'y reviendrai tout de même dans le Livret IV, Chapitre 3.

L'application **Météo** donne plus d'informations sur le temps et moins de blabla inutile que son ancêtre sous Windows 8.1. Je des applications Bing dans le Livret V, Chapitre 3.

Même **Windows Store** a été grandement amélioré. Nous ferons le tour du propriétaire dans le Livret V, Chapitre 4.

Ce que vous perdez...

La version de **OneDrive** fournie avec Windows 10 ne fonctionne plus du tout comme elle le faisait sous Windows 8/8.1. Pour plus d'explications sur ce phénomène, reportez-vous plus haut à la section « Quoi de neuf pour les anciens de Windows XP ? ». Et si vous venez directement de Windows 7, ne vous inquiétez pas. Vous n'avez jamais su ce que vous manquiez.

ATTENTION !

Bien que Microsoft évite d'en faire état, le fait est que les programmes Windows Live ont disparu. Windows Live, c'est fini. Windows 8.1 a eu sa peau, et Windows 10 a remis une couche de béton sur sa tombe. Si vous avez installé des applications Windows Live dans une version antérieure – XP, Vista ou 7 –, elles seront encore disponibles après la mise à jour, mais ce sont des produits que Microsoft ne suivra plus.

Pour quelle raison ? Tout simplement parce que les applications Universelles/Metro de Windows 10 reprennent la plupart des fonctionnalités de Windows Live. La preuve :

- **Windows Live ID :** Connu aussi antérieurement sous les noms de Microsoft Wallet, Microsoft Passport, .NET Passport, Microsoft Passport Network..., il opère à présent depuis le site Compte Windows Live (un peu confus, non ?) et est renommé « Votre *compte Microsoft* ».
- **Windows Live OneDrive :** Aujourd'hui, c'est tout simplement OneDrive. Et ses sous-fifres (comme Live Mesh, Windows Live Sync et Windows Live FolderShare) sont directement intégrés dans OneDrive, même si Microsoft a laissé tomber le transfert entre PC. La seule manière mainte-

nant de synchroniser des fichiers, c'est d'en passer par le nuage OneDrive.

- **Windows Live Mail :** Ce logiciel de messagerie est passé par pertes et profits, car Windows 10 est doté de sa propre application Courrier. Idem pour **Windows Live Calendar**, remplacé par l'autre pendant de l'application Courrier, désormais appelée Calendrier.
- **Windows Live Contacts :** Il est remplacé par l'application Contacts, tout simplement.
- **La Galerie de photos Windows :** Elle est remplacée par l'application Universelle Windows Photos.
- **Windows Live Messenger :** Terminé ! Cette application de messagerie instantanée a été remplacée par Skype, ou par Facebook selon vos préférences. J'y reviendrai dans le Livret V, Chapitre 2.

Les applications Live ne sont pas les seules à être passées à la trappe. D'anciens programmes, comme le Lecteur Windows Media, ont été supplantés.

N'OUBLIEZ PAS

Certains trouvent que l'élimination du complément Acrobat Reader de Microsoft Edge est une mauvaise idée. Je ne suis pas d'accord. Après tout, les compléments ActiveX d'Internet Explorer, c'était bien pire. Et Acrobat Reader (la version DC est bien meilleure) est tout de même un standard mondial. Éliminer Flash, d'accord, et d'ailleurs certains navigateurs n'en veulent même plus. Mais faut-il pour autant jeter tous les bébés avec l'eau du bain ?

D'autres éléments ont disparu comme :

- **ClearType :** Cette fonction de lissage des caractères typographiques est sans effet sur les vignettes des applications Universelles Windows. Pour autant, le bureau classique de Windows ne la méprise pas.

  ATTENTION !

  Cette fonction n'a rien à voir avec la technologie ClearType HD de Microsoft, un terme de marketing pour les écrans des tablettes Surface. Je me demande bien pourquoi Microsoft utilise le même terme pour ces deux usages.
- **Flip3D :** Également à la trappe. Rarement utilisée, la combinaison de touches Windows + Tab, notamment sous Vista, montrait un joli rendu 3D des fenêtres des programmes ouverts et permettait de passer de l'une à l'autre.

Avez-vous besoin de Windows 10 ?

D'accord. Avec tout ce que j'ai écrit depuis le début de ce chapitre, vous pourriez penser que je suis un inconditionnel de Windows 10. Et peut-être même que je suis payé par Microsoft.

Tout est faux.

J'ai participé à des sessions de développement de Windows 10 depuis pratiquement un an (je veux dire avant la sortie officielle de Windows 10). Et je l'ai vraiment aimé. Et je vous parle de quelqu'un qui passe environ 16 heures par jour, sept jours sur sept, devant son écran (en fait, ses écrans). Ma souris et mon clavier sont bien souvent mes meilleurs amis. C'est pourquoi je peux me permettre de vous dire que Windows 10 est un *grand* système d'exploitation, et qu'en particulier Windows 8 ou 8.1 sont tout simplement relégués au rayon des vieilleries inutiles.

En d'autres termes, si vous utilisez un clavier et une souris avec Windows 8 ou 8.1, vous *devriez* passer à Windows 10. C'est aussi simple que cela.

En réalité, et pour être totalement honnête, passer de la version de bureau de Windows 10 à sa version pour tablette, n'est pas aussi simple que ce que Microsoft voudrait faire croire. Par expérience, je préfère ChromeOS, qui est plus simple, moins sujet aux infections et moins demandeur de mises à jour.

Pour autant, si vous souhaitez installer des applications Universelles Windows, par exemple parce que vous ne les trouvez que sur Windows Store, ou si on vous a offert une tablette Surface, ou si vous ne connaissez que la version Bureau de votre PC, Windows 10 est sans aucun doute le meilleur choix que vous puissiez faire.

Une chose est sûre. Windows 10 n'est pas une version recyclée de Windows 8. En sautant une problématique version 9, Microsoft a fait un grand pas dans la bonne direction. Une direction susceptible de convenir aussi bien aux vieux utilisateurs du bureau (comme moi) qu'aux nouveaux utilisateurs des machines tactiles (comme moi aussi).

En d'autres termes, je ne me suis jamais senti aussi à l'aise avec un produit Microsoft depuis la première version de Windows 7. Et, croyez-moi, je sais de quoi je parle…

Chapitre 3

Quelle version de Windows 10 ?

Dans ce chapitre :

- De fausses rumeurs sur Windows 10
- Les diverses versions de Windows 10
- Préciser vos choix
- 32 bits ou 64 bits ?

Je dois dès maintenant faire le lit de deux rumeurs. La première, c'est que Windows 10 n'est pas gratuit. Et la seconde, c'est que ce n'est pas la dernière version de Windows.

En fait, tout ce que vous avez pu lire de ci et de là est faux. Voici la vérité :

- Si vous possédez déjà une copie légale de Windows 7, 8 ou 8.1, la mise à jour vers Windows 10 est gratuite, du moins dans l'année qui suit la mise officielle sur le marché de Windows (donc postérieurement au 19 juillet 2015). Et si vous en êtes resté (malheureux que vous êtes !) à Windows 8, vous devrez au préalable effectuer une mise à jour vers Windows 8.1.

  A contrario, si vous achetez un nouveau PC, vous devrez acheter Windows 10. Et si Windows 10 est déjà installé sur ce nouveau PC, son constructeur aura (vraisemblablement) déjà payé une licence à Microsoft pour que vous ayez le droit d'utiliser Windows 10.

- Il se peut que Microsoft abandonne son système de numérotation (et donc, dans le futur que Windows 10 devienne tout simplement « Windows »). Cela étant dit, il y aura toujours de nouveaux numéros de versions. Le « 10 », c'est juste un truc marketing, quel que soit l'avenir de Windows.

Si vous n'avez pas encore acheté Windows 10, vous éviterez quelques misères et économiserez des sous en achetant d'emblée la bonne version. Idem si vous vous interrogez sur le choix entre une version 32 bits ou 64 bits.

Le grand 10, c'est au choix

Windows 10 est proposé en six éditions majeures, non compris le nombre de sous-éditions mineures, et trois d'entre elles sont proposées aussi bien en 32 bits qu'en 64 bits. Au total, cela fait donc neuf versions possibles.

D'accord, la plupart des gens sont concernés uniquement par deux éditions, ce qui devrait considérablement restreindre votre champ de recherche. De surcroît, c'est votre ordinateur, et non pas vous, qui vous indiquera s'il veut une version 32 ou 64 bits (mon ordinateur portable ne reconnaît que le 32 bits, tandis que mon ordinateur de bureau ne veut rien savoir en dehors du 64 bits, et pourtant les deux fonctionnent parfaitement sous Windows 10).

Bon. Essayons d'y voir un peu plus clair.

- **Windows Famille :** Cette version s'adresse aux utilisateurs non professionnels. Elle est parfaite pour la plupart des usages, à moins que vous n'ayez réellement besoin des fonctionnalités spécifiques à la version professionnelle. Cette version est livrée en 96 langues, de l'afrikaans au yoruba en passant par des idiomes plus répandus, dont le français, l'anglais, *etc.* Bref, c'est la version dont vous avez vraiment besoin. Et son prix défie toute concurrence (du moins jusqu'au 28 ou 29 juillet 2016).
- **Windows 10 Professionnel :** En plus des fonctionnalités propres à la version dite familiale grand public, celle-ci offre la possibilité de connecter l'ordinateur à un réseau d'entreprise, et la possibilité aussi de chiffrer les données avec BitLocker (voir l'encadré « BitLocker et le chiffrage du système de fichier », plus loin dans ce chapitre). Il comprend aussi la machine virtuelle Hyper-V ainsi qu'une fonction de bureau à distance.
- **Windows 10 Entreprise :** Cette version est réservée à de grandes entreprises. Ma maison d'édition en est une. Moi pas, ni vous. Si vous n'avez pas l'intention de payer pour des dizaines, des centaines ou des milliers de licences d'un seul coup, vous oublierez probablement jusqu'à son nom.

- **Windows 10 Éducation :** C'est comme Windows 10 Entreprise, mais uniquement réservé aux écoles (les grandes, de préférence) *via* un système de licence spécifique.

Ces quatre éditions fonctionnent uniquement sur des processeurs Intel ou AMD. Il s'agit donc de Windows « traditionnel ».

TRUC

Le lecteur Windows Media, votre lecteur de musique et de DVD favori (?), n'apparaît plus dans Windows 10. Du moins facilement. Demandez à Cortana de le retrouver, et peut-être le retrouvera-t-elle (sinon, voyez dans le menu Démarrer l'option Toutes les applications). Sinon, faites-vous plaisir en vous offrant une clé Chromecast, une box Android, ou tout simplement un câble HDMI pour relier votre PC à votre chaîne *home cinema*.

Il existe deux autres versions qui exécutent uniquement des applications Universelles Windows. Je répète : **Ces versions exécutent uniquement des applications Universelles Windows.** Compris ? Elles sont destinées aux smartphones sous Windows et aux tablettes, également sous Windows, dont la diagonale d'écran ne dépasse pas 8 pouces (sinon, un Windows classique sera parfait). Voici les options dont vous disposez dans ce cas :

- **Windows 10 Mobile :** Vraisemblablement, ce nom vous fait penser à « Windows Phone ». Certes, ce Windows pour les smartphones a bien évolué, et il fonctionne sur de petites tablettes, mais son cœur reste connecté à la téléphonie. Comme il ne possède pas le bureau de Windows, et qu'il ne peut pas exécuter des applications dédiées à celui-ci, Windows 10 Mobile est capable de fonctionner sur des machines ou des ordinateurs moins puissants, qu'ils soient basés sur un processeur Intel ou AMD.
- **Windows 10 Mobile Entreprise :** Il ajoute des fonctionnalités supplémentaires à la version Mobile standard. Bien entendu, il n'a d'intérêt que pour des entreprises importantes qui ont une flotte de téléphones à gérer.

Ce livre traite des versions Famille et Professionnel de Windows 10. Pour l'essentiel, son contenu s'applique aussi aux versions Entreprise et Éducation. Et seule une petite partie de ce contenu vaut également pour Windows 10 Mobile et Windows 10 Mobile Entreprise.

TRUC

Avant de vous arracher les cheveux pour essayer de déterminer la version dont vous avez besoin, ou quelle édition vous devriez acheter pour l'ordinateur de la Tante Adèle, sachez que le choix est beaucoup plus facile à faire que vous ne le pensez. J'y reviendrai un peu plus loin dans ce chapitre. Par contre, si vous vous dites qu'il serait pas mal de partir du bas pour progresser plus tard, passez directement à la section qui suit.

Acheter d'emblée la bonne version

Est-il possible d'acheter la version grand public puis de passer ensuite à la version professionnelle ? La réponse est « oui » et en plus, ce n'est pas très compliqué.

N'OUBLIEZ PAS

Microsoft a conçu les versions de Windows dans un seul but : maximiser ses profits. Si vous voulez donc passer d'une version Famille à la version Professionnel (la seule possibilité pour les personnes individuelles), vous devrez acheter le pack de mise à niveau vers Windows 10 Professionnel.

La mise à niveau est facile et peu onéreuse, mais pas aussi bon marché qu'en achetant d'emblée la bonne version. Voilà pourquoi il est important de choisir dès le début le bon Windows pour ne pas gaspiller vos sous.

Restreindre les choix

D'emblée, vous pouvez rejeter deux des éditions de bureau de Windows 10, et tout ce qui est dit Mobile :

- **Windows 10 Entreprise :** À moins que vous ne soyez en charge du parc informatique d'une grande entreprise, cette version ne vous concerne absolument pas. Et si vous être ce dirigeant, vous savez ce que vous avez à faire. Je ne vais pas vous servir à grand-chose.
- **Windows 10 Éducation :** Non, vous n'allez pas acheter cette version pour votre grand fils qui rentre au collège. Elle concerne des établissements d'enseignement d'une certaine taille, et même les étudiants ou leurs professeurs devront s'adresser aux services centraux de leur université pour savoir ce qu'ils peuvent avoir ou non.
- **Windows 10 Mobile :** Si cette version vous concerne, c'est que vous envisagez d'acheter un smartphone ou une tablette sous Windows. Dans ce cas, elle est déjà installée sur l'appareil. Terminé. La question est résolue.
- **Windows 10 Mobile Entreprise :** On parle ici d'une vraie flotte de téléphones, pas d'un seul téléphone tombé dans la vraie flotte…

Au final, cela ne vous laisse plus grand choix, à moins que vous n'ayez quelques besoins criants :

- **Connexion au réseau d'une entreprise :** Si la société dans laquelle vous travaillez ne vous fournit pas une copie de Windows 10 Entreprise, vous devrez acheter vous-même la version Professionnel.

- **Jouer le rôle de l'hôte dans une interaction avec l'Accès bureau à distance :** Cette fonctionnalité n'est pas disponible dans la version Famille.

  Se faire assister à distance est une autre question, et toutes les versions de Windows le permettent (voyez à ce sujet le Livret VII, Chapitre 2).

  En fait, il n'est même pas sûr que la question se pose vraiment. De nombreux professionnels trouvent que LogMeIn, qui est une alternative puissante pour l'accès à distance, fait tout ce dont ils ont besoin, et qu'il le fait bien. LogMeIn vous permet d'accéder à votre PC personnel ou professionnel et de le contrôler depuis n'importe quel endroit, à condition bien entendu de pouvoir disposer d'une connexion (rapide) à l'Internet. Si le sujet vous intéresse, voyez le site `www.logmein.com`.

- **Sécuriser vos données :** Si vous avez besoin de protéger vos précieuses données des regards indiscrets ou en cas de vol, commencez par déterminer si vous avez besoin du système d'encryptage de fichiers (ou EFS), de BitLocker ou des deux (voyez l'encadré « BitLocker et le chiffrage du système de fichier »). La version Professionnel de Windows 10 contient les deux. Évidemment, la version Famille n'est pas concernée. La famille, c'est la confiance, non ?

BitLocker et le chiffrage du système de fichier

La fonction EFS (*Encrypting File System,* « chiffrage du système de fichier ») sert à chiffrer un fichier ou un groupe de fichiers. Elle démarre en même temps que Windows, ce qui signifie qu'elle peut laisser des traces d'elle-même et que les données en cours de chiffrage dans des emplacements temporaires de Windows peuvent être interceptées par des logiciels malveillants. Comme les répertoires de Windows ne sont pas chiffrés par la fonction EFS, les pirates susceptibles d'y accéder peuvent les atteindre et tenter une attaque. Des outils faciles à trouver permettent de « craquer » un EFS, après quoi le pirate peut redémarrer l'ordinateur dont les défenses ont été brisées. C'est pourquoi l'EFS ne saurait protéger le disque dur d'un ordinateur volé. Or, Windows fonctionne sous EFS depuis la lointaine époque de Windows 2000.

Apparu dans Windows Vista, BitLocker a depuis été amélioré. Il démarre avant même Windows et fonctionne ensuite en arrière-plan de celui-ci. La partition de Windows sur un disque dur protégé par BitLocker est entièrement chiffrée, de sorte que les pirates désireux d'accéder au système de fichier ne peuvent pas le trouver.

EFS et BitLocker sont des technologies complémentaires. BitLocker procure une protection brute, de type « tout ou rien » pour la totalité du disque, tandis qu'EFS permet de chiffrer des fichiers isolés ou des groupes de fichiers. Utilisés conjointement, ils peuvent être assez difficiles à craquer.

BitLocker To Go est une protection de style BitLocker destinée à protéger les disques durs externes.

- **Exécuter Hyper-V :** Certaines personnes peuvent avoir besoin d'exécuter des *machines virtuelles* depuis Windows 10. Supposons que vous avez absolument besoin de lancer un vieux, vieux, programme conçu pour Windows XP, exécuter Hyper-V avec une copie légale de XP peut être le meilleur choix. Pour la plupart des gens cependant, les machines virtuelles sont un jouet amusant ou intéressant, mais pas plus. D'autre part, il existe des solutions gratuites, notamment celle d'Oracle, VirtualBox (`www.virtualbox.org`).

32 bits ou 64 bits

Après avoir choisi votre version de Windows 10, vous devez décider si vous installerez la version 32 bits ou 64 bits. Cela vaut d'ailleurs pour tous les « parfums » de Windows : Famille, Professionnel, Entreprise ou Éducation.

Bien que les versions 32 et 64 bits soient identiques, leur fonctionnement l'est moins. La majorité des PC utilisent actuellement la version 64 bits de Windows pour de bonnes raisons :

- **Les performances :** La version 32 bits de Windows connaît des limites en termes de quantité de mémoire vive, ou RAM (*Random Access Memory,* « mémoire à accès aléatoire »). Elle ne pourra en gérer que 3,4 à 3,5 gigaoctets. Si l'ordinateur est équipé de 4 Go de mémoire vive, une partie est gaspillée, car inutilisée.

  NOTE TECHNIQUE

  La version 64 bits de Windows 10 est capable de gérer beaucoup plus que 4 Go de mémoire vive. Vraiment beaucoup plus. Le fait de savoir si vous avez besoin d'une énorme quantité de mémoire est une autre question. Disons que, pour la plupart d'entre nous, 4 Go, c'est bien. Pour des tâches intensives, comme le traitement vidéo, 6 ou 8 Go c'est encore mieux.

  N'OUBLIEZ PAS

  Les programmes sont devenus très volumineux et Windows ne fait pas exception à la règle. Il est certes capable de simuler de la mémoire vive supplémentaire en la prélevant sur le disque dur, mais cet artifice n'en ralentit pas moins l'ordinateur.

- **La sécurité :** C'est l'une des meilleures raisons d'utiliser la version 64 bits, car Microsoft l'a renforcée sur les pilotes des ordinateurs 64 bits, ce qui n'est pas possible dans les environnements codés sur 32 bits.

ATTENTION !

Un problème épineux se pose pour Windows 64 bits : les pilotes. Beaucoup de matériels anciens ne fonctionnent tout simplement pas avec cette version de Windows, et la plupart des fabricants estiment qu'il n'est pas du tout rentable, pour eux, de développer des pilotes pour leurs anciens équipements. Ils préfèrent que leurs clients (donc vous) rachètent du matériel plus récent.

Au niveau des logiciels, c'est d'ailleurs ainsi que cela se passe. La version 64 bits d'Office 2010 était notoirement connue pour toutes sortes de problèmes. Il était préférable de s'en tenir à la version 32 bits, mais sur un ordinateur 64 bits. D'autres logiciels sont incapables d'exploiter les avantages du 64 bits. Tout n'est pas rose en ce bas monde...

Maintenant que vous connaissez les avantages et les inconvénients, un autre point doit être pris en considération, et pas des moindres : quelle version votre PC acceptera-t-il ? Pour exécuter la version de Windows codée sur 64 bits, votre ordinateur doit pouvoir exécuter des opérations codées sur 64 bits. Les ordinateurs achetés après 2005 sont presque tous à 64 bits. Par exemple, j'ai un ordinateur portable qui, à plus de six plus de 6 ans, fonctionne parfaitement, mais qui ne sait rien du monde des 64 bits. Et le Windows 10 qui y est installé fonctionne sans aucun souci.

N'OUBLIEZ PAS

Si vous avez du vieux matériel – imprimante, scanner, modem USB, *etc.* –, il vaut mieux vous en tenir à la version 32 bits de Windows. Il est peu probable que vous subissiez ses contraintes si votre ordinateur est vieillissant. En revanche, si vous renouvelez votre matériel et que vous comptez utiliser longtemps encore votre ordinateur, il est recommandé d'installer la version 64 bits.

Au fait, c'est quoi, votre version actuelle ?

Après tout, vous n'êtes pas forcé de tout savoir, et la question est plutôt légitime. En fait, ce n'est pas très difficile à déterminer :

- Si vous fulminez chaque fois que le pointeur de souris atterrit en bas et à gauche de l'écran, et que vous vous retrouvez devant une pleine page de vignettes sans rien avoir demandé, pas de doute : vous avez le bonheur d'utiliser Windows 8, 8.1, RT ou RT 8.1.
- Si le menu Démarrer affiche non pas une sorte de drapeau blanc, mais un gros rond coloré, vous n'avez pas franchi le cap de Windows 8, ce dont je vous félicite. Vous aurez bien entendu le droit de passer directement à Windows 10.
- Pour en savoir plus dans ce cas, cliquez sur le bouton Démarrer, et choisissez Panneau de configuration. Cliquez ensuite sur Système et sécurité, puis Système. Vous allez voir s'afficher un écran d'informations du style de celui illustré sur la Figure 3.1.

  La même procédure s'applique à Windows Vista et XP. Et, en fait, elle vaut aussi pour Windows 8/8.1. Vous y retrouvez en effet le Panneau de configuration en cliquant *droit* sur leur menu Démarrer.

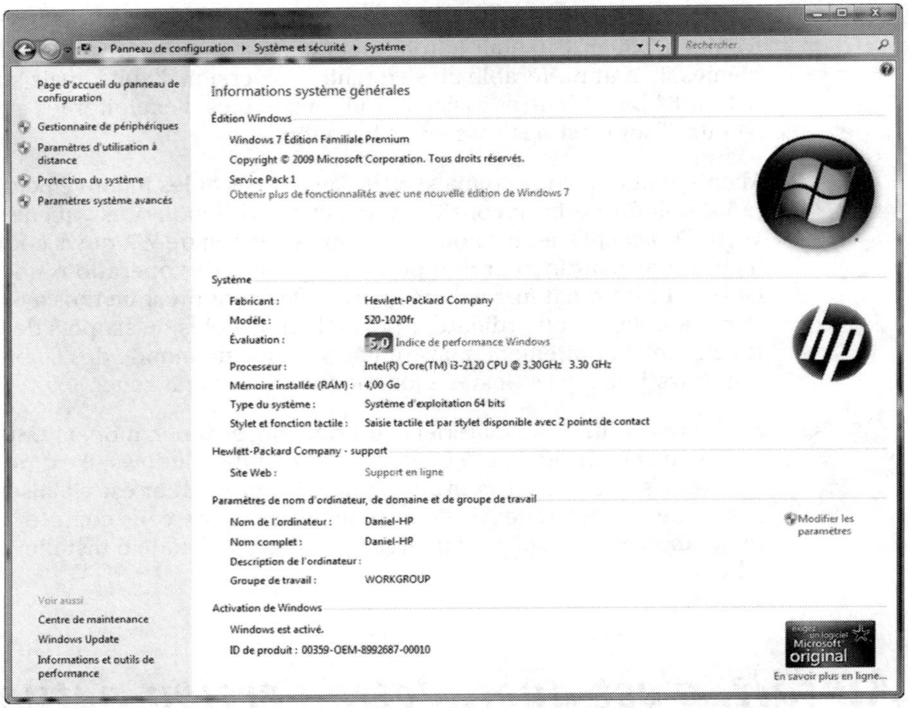

Figure 3.1 : Cet écran nous apprend que le système d'exploitation installé est Windows Édition Familiale Premium, avec le Service Pack 1, en version 64 bits.

Si vous constatez que vous utilisez une version 64 bits, vous devriez vous en tenir là lors du passage à Windows 10. Si l'écran vous dit 32 bits, il reste à savoir si votre ordinateur est tout de même capable d'exécuter la version 64 bits de Windows (sinon, vous n'aurez bien sûr même pas le choix). Pour le savoir, vous pouvez par exemple rendre visite à la page `www.grc.com/securable.htm`. C'est gratuit, mais tout en anglais.

Chapitre 4

Mettre à niveau ou faire une installation toute neuve ?

Dans ce Chapitre :

- Déterminer si la mise à niveau est envisageable
- Passer à Windows 10 en ligne
- Installer Windows 10 depuis un DVD
- Supprimer tout le superflu d'un nouveau PC
- Que faire si Windows tombe en panne ?

J'ai fait des installations et des mises à jour de Windows depuis des décennies (enfin *quelques* décennies). Par expérience, je sais combien tout cela peut être fastidieux, difficile, et trop souvent impossible. Mais, depuis quelques années, la situation s'est nettement améliorée, et je dois reconnaître que passer de Windows 8 ou 8.1, et même de Windows 7, à Windows 10 est beaucoup plus simple et efficace que par le passé.

Cela étant dit, votre PC est-il capable de faire la transition vers Windows 10 ? *A priori*, la réponse est oui. C'est ce que je vais essayer de vous montrer dans ce chapitre, tout en vous expliquant ce qu'il y a d'important à savoir sur les mises à jour, qu'elles se fassent en ligne ou à partir d'un DVD, comment aussi créer un DVD de sauvegarde, et ce qu'il faut faire si votre PC semble à l'article de la mort.

Au passage, je vous indiquerai comment nettoyer un nouveau PC de toutes ces choses inutiles qu'un constructeur peut y placer. Même si je trouve plutôt honteux que Microsoft laisse ainsi « pourrir » des machines toutes neuves pour d'assez évidentes raisons financières…

Une fois que Windows 10 sera (ou est déjà) installé sur votre ordinateur, il n'y a pas de raisons particulières pour que vous ayez à le réinstaller. En effet, il existe aujourd'hui des techniques qui permettent tout simplement de réinitialiser ou de restaurer le PC, comme cela est expliqué au Livret VIII, Chapitre 2.

Avez-vous droit à une mise à niveau gratuite ?

Si votre ordinateur tourne sous Windows 7 Service Pack 1, ou sous Windows 8.1 en version Update (également connue sous le doux nom de KB2919355), vous pourrez facilement installer Windows 10 par-dessus votre ancien système grâce aux vertus de la mise au jour automatisée proposée par Microsoft.

Si vous effectuez cette mise à niveau avant le 29 juillet 2016, tout cela sera gratuit et vous disposerez de toute l'assistance de Microsoft *via* ses correctifs (ou *patches*) de sécurité ou de maintenance « pour le reste de la durée de vie de votre machine ».

N'hésitez pas à effectuer une mise à niveau vers Windows 10. Tout d'abord, c'est gratuit, du moins pour l'instant. Ensuite, la procédure est longue, mais elle s'effectue dans d'excellentes conditions. Et, enfin et surtout, vous retrouvez ensuite votre machine en grande forme et où tous vos programmes, toutes vos applications ainsi que vos réglages de Windows sont conservés sans aucune modification.

Vous êtes sous Windows 7 et vous ne savez pas si le fameux Pack 1 est installé ? Dans ce cas, cliquez sur le bouton Démarrer, puis sur Panneau de configuration et Système et sécurité. Cliquez ensuite sur le lien Système. Vous allez alors voir s'afficher différentes informations sur votre système. Si le Service Pack 1, est bien installé, vous allez le voir en haut de la fenêtre (voir la Figure 4.1).

Et avec Windows 8.1 ? Vous devez avoir installé ce que Microsoft appelait à l'époque la version Update 1. Reportez-vous à l'écran d'accueil (quelle abomination !) et regardez dans le coin supérieur droit. Si vous voyez une icône pour arrêter l'ordinateur ainsi qu'une autre pour effectuer des recherches, vous avez gagné (voir la Figure 4.2).

Dans le cas où vous auriez Windows 7 sans le Service Pack 1, ou Windows 8 sans Windows 8.1, ou encore Windows 8.1 sans sa version Update, rien n'est encore perdu. Vous devrez cependant procéder aux mises à jour nécessaires.

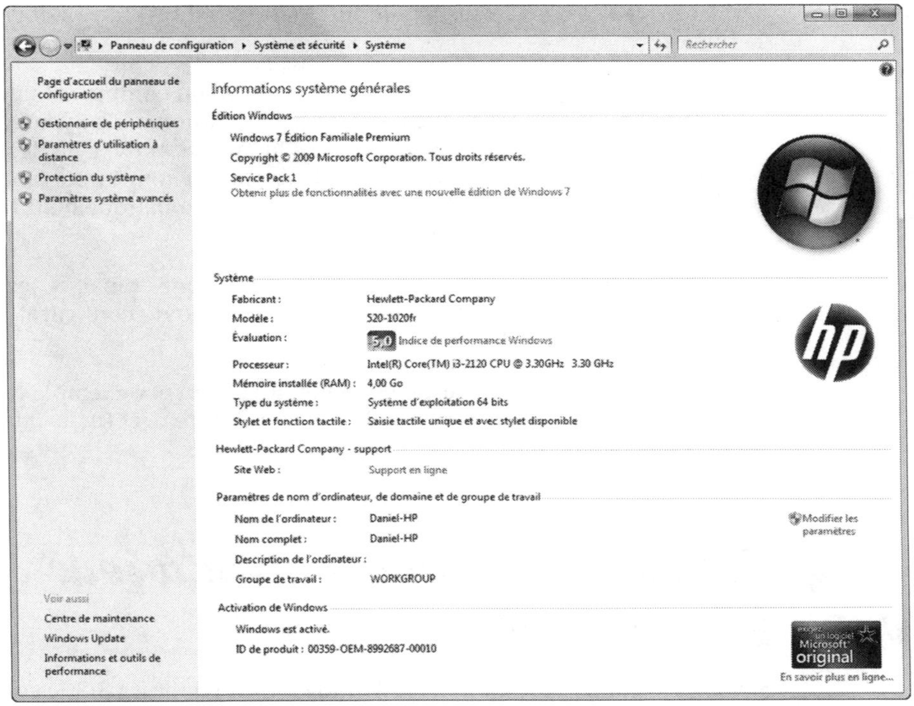

Figure 4.1 : Sans le service Pack 1, pas de salut pour passer de Windows 7 à Windows 10.

Figure 4.2 : La présence de ces icônes indique que vous êtes éligible pour un passage gratuit vers Windows 10.

Dans le premier cas, le Service Pack 1 existe depuis pas mal de temps, et très peu de gens ont connu des problèmes avec cette version. Par contre, passer à Windows 8.1 Update n'a pas toujours rencontré le même assentiment.

Mais, dans tous les cas, vous allez devoir expliquer à votre système qu'il *doit* accepter pour que vous pussiez disposer d'une *meilleure* version de Windows.

Dans tous les cas, les mises à jour automatiques de Windows doivent être activées :

- Sous **Windows 7**, en vous connectant avec un compte Administrateur, cliquez sur Démarrer, Panneau de configuration, puis Système et sécurité. Sous le lien Windows Update, cliquez sur Activer ou désactiver la mise à jour automatique. Dans la liste Mises à jour importantes, sélectionnez l'option Installer les mises à jour automatiquement (recommandé). Cliquez sur OK pour terminer.
- Sous **Windows 8 ou 8.1**, cliquez droit (ou tapez et maintenez enfoncé) sur le bouton Démarrer et choisissez Panneau de configuration. Poursuivez comme pour Windows 7.

Laissez votre ordinateur tourné le temps qu'il faut (par exemple toute une nuit). Quand vous revenez devant lui, il devrait être prêt (mais il faudra le redémarrer une ou deux fois).

Ce qu'il vous faut pour mettre à jour votre bon vieux PC

Si vous exécutez Windows Vista, Windows 7 ou Windows 8/8.1, vous pouvez presque certainement effectuer le grand saut vers Windows 10. Et votre PC fonctionnera probablement mieux et plus vite (avec Vista, c'est certain).

Officiellement, vous pouvez (pas *devez*, mais bien *pouvez*) procéder à la mise à niveau si votre PC répond à ces prérequis :

- **1 gigahertz ou plus :** C'est la cadence du processeur Intel ou AMD.
- **1 gigaoctet de mémoire vive, ou RAM :** C'est la quantité de mémoire requise pour la version 32 bits. **2 Go** pour la version 64 bits. (Pour mieux comprendre cette notion, consultez le Livret I, Chapitre 3.)
- **16 Go** d'espace libre sur le disque dur. C'est bien sûr uniquement pour Windows. Il en faudra beaucoup plus pour les logiciels et pour les fichiers que vous créerez.
- Une carte graphique compatible **DirectX 9** avec le pilote WDDM 1.0 ou supérieur. Toutes les cartes vidéo fabriquées ces cinq dernières années correspondent à ces exigences.

La question plus délicate de savoir si vous *devez* procéder à la mise à niveau m'amène à des considérations d'ordre quasiment métaphysique :

- **Vous avez un ordinateur à écran tactile :** Vous devez absolument opter pour Windows 10. Il est grand temps d'oublier cette horrible chose qu'était Windows 8.1, et le presque aussi horrible Windows 8.1.
- **Vous utilisez un clavier et une souris et l'écran tactile n'est pas à l'ordre du jour :** Vous n'avez réellement à opter pour Windows 10 que si vous êtes tenté par ses nouvelles fonctionnalités mentionnées au Livret I, Chapitre 2, ou bien encore si l'appel de Windows Store vous semble irrésistible. Sinon, vous pouvez parfaitement vous en tenir à votre Windows 7 que vous maîtrisez sur le bout des doigts.

NOTE TECHNIQUE

J'utilise personnellement Windows 10 sur une tablette, et j'en suis ravi. Je possède également un système informatique de bureau sur lequel Windows 10 fonctionne en permanence (mais j'avoue avoir installé Windows sur mon MacBook grâce au logiciel Bootcamp, et du coup OS X n'est jamais très loin).

Vous voulez vraiment changer de PC ?

Si vous envisagez l'achat d'un nouveau PC, faites une pause et respirez profondément. Est-ce que vous êtes vraiment, vraiment sûr de vouloir acheter un nouveau PC ?

Je sais bien que c'est une hérésie décrire cela dans un livre consacré à Windows 10, mais c'est la vérité. La plupart des choses que la plupart des gens font la plupart du temps sont parfaitement réalisables avec une tablette Android ou un iPad, avec le cas échéant une souris et un clavier connectés. Et les nouveaux Chromebooks filent comme le vent.

Toutes ces alternatives sont faciles à utiliser, et aucune n'est infectée comme Windows peut l'être. De loin. Par contre, si vous avez des programmes qui s'exécutent uniquement sous Windows, vous n'avez pas le choix.

Avant de sortir votre portefeuille, jetez un coup d'œil à droite et à gauche. Vous pourriez bien être surpris.

Choisir le procédé de mise à niveau

La mise à niveau vers Windows 10 à partir de Windows 7 SP1 ou Windows 8.1 en version Update peut être effectuée de trois manières :

TRUC

- **Vous pouvez télécharger la mise à niveau sur l'Internet.** C'est la procédure que je recommande pratiquement à tout le monde, dès lors que vous disposez d'une copie légale (que Microsoft appelle *genuine*) de Windows 7 ou 8.1. Votre installation de Windows sera elle aussi totalement légale, « genuine », et Microsoft garde la trace de votre mise à niveau, grâce à quoi vous pourrez réinstaller Windows 10 ailleurs dans le cas où votre système viendrait à vous lâcher.

- **Vous pouvez télécharger un fichier image (également appelé fichier ISO) qui vous permet de créer un DVD ou une clé USB d'installation.** Démarrez à partir de ce DVD ou de cette clé USB, et c'est parti. Avec Windows 8.1, il est même possible d'exécuter le fichier d'installation de Windows 10 directement depuis le bureau.
- **Vous pouvez acheter une boîte contenant un DVD, et même deux, l'un avec la version 32 bits, l'autre avec la version 64 bits.** Cette installation est beaucoup plus laborieuse, car il faut insérer le DVD adéquat, saisir la clé du produit, définir le partitionnement du disque dur puis lancer la procédure d'activation de Windows. Dans ce cas, autant se tourner vers l'achat d'une clé USB d'installation de Windows 10. C'est plus joli, moins encombrant, et c'est même parfois la seule manière d'installer Windows 10 sur un PC un peu âgé.

  Si vous devez installer Windows 8.1 sur un disque dur vierge – celui d'un nouvel ordinateur –, ou dans une machine virtuelle, ou l'installer en plus d'un système d'exploitation déjà existant, l'installation à partir du DVD s'impose.

Que vous procédiez à la mise à niveau depuis l'Internet ou à l'aide d'un DVD, Windows 10 impose quelques restrictions :

- **Windows Media Center.** Non, même s'il faisait partie de votre panoplie précédente, vous n'y aurez pas droit. En fait, Microsoft laisse tomber son Media Center pour se tourner vers des solutions plus « connectées ». Si vous y tenez absolument, il faudra le payer. Mais il n'est même pas certain que ce produit continue à exister.

  En fait, Windows 10 laisse le sujet totalement de côté. Essayez par exemple d'insérer un film sur DVD dans le lecteur de votre ordinateur. Que se passe-t-il ? Rien ! Windows 10 ne possède même plus de lecteur de DVD ! La diffusion par Internet est passée par là. Conclusion : téléchargez et installez un bon lecteur multimédia gratuit, comme VLC (une création française…).
- **Si vous avez l'habitude d'utiliser OneDrive avec Windows 8.1, vous allez détester la nouvelle méthode d'accès à vos fichiers.** OneDrive est traité plus en détail dans le Livret VI, Chapitre 4 et le Livret VIII, Chapitre 1, mais la vérité oblige à dire que vous allez galérer un certain temps pour retrouver vos fichiers, sauf à suivre une série d'étapes (ou un parcours d'obstacles, si vous voulez) pour y arriver.
- **Mise à niveau depuis Windows 7 SP1 ou Windows 8.1 Update.** Vous pouvez choisir de conserver les programmes, certains de vos para-

mètres (l'arrière-plan du bureau, les favoris et l'historique d'Internet Explorer) et vos données, c'est-à-dire tout le contenu de vos dossiers, y compris les dossiers Documents, Bureau et Téléchargements. Si des éléments se trouvent en dehors de ces emplacements, vous ne pouvez pas être certain de tous les retrouver après la mise à niveau.

Vous devez bien sûr toujours, toujours et toujours sauvegarder vos données avant de procéder à une mise à niveau.

Pour être franc, la mise à niveau de mon portable sous Windows 8.1 *via* la procédure automatisée de Microsoft s'est effectuée en douceur, sans aucune perte de données ni de logiciel. J'ai juste eu l'impression à la fin que j'avais un nouveau bureau, et c'est tout.

- **Mise à niveau depuis Windows Vista ou XP.** Ici, les choses sont claires. Vous devez procéder à une installation pleine et entière de Windows 10. Pas de mise à niveau, pas de conservation des données ou des programmes. Rien. Vous redémarrez avec une machine toute neuve (mais bien sûr, elle aura toujours l'âge de ses artères électroniques).
- **Migration de la version 32 bits vers la version 64 bits de Windows 10.** Tous les paramètres et logiciels seront supprimés, exactement comme pour une installation depuis XP ou Vista.

Voyons de plus près comment la mise à niveau est menée.

Mettre à niveau Windows 7 SP1 ou Windows 8.1 Update en ligne

À moins que vous n'ayez une copie piratée de Windows (quoi que Microsoft, soucieux de voir Windows 10 s'installer partout, soit prêt à fermer les yeux), c'est la meilleure manière de procéder. Sauf bien sûr si votre connexion Internet date d'un temps que tous ceux qui ont l'ADSL avec un bon débit, ou mieux encore le câble ou la fibre, ont oublié depuis belle lurette…

Dans ce cas, normalement, un petit drapeau devrait avoir fait son apparition sur la droite de votre barre des tâches. Cliquez dessus, et vous allez voir apparaître la fenêtre illustrée sur la Figure 4.3.

Cliquez simplement sur cette icône et laissez-vous guider en cliquant sur les flèches (avoir une adresse, et donc un compte Microsoft, ce n'est pas une obligation, mais c'est bien mieux). À la fin de la procédure, qui est très simple et très rapide, votre mise à niveau sera réservée.

Un de ces jours, si ce n'est pas déjà fait, Microsoft vous préviendra qu'il est prêt à effectuer la mise à niveau et vous proposera même de choisir le jour et l'heure qui vous convient le mieux. Le moment venu, la procédure se mettra

Figure 4.3 : La mise à niveau normale vers Windows 10 débute ici.

en marche, ce qui implique un énorme téléchargement, une belle dose de patience et quelques redémarrages.

Pour savoir où vous en êtes, et le cas échéant si votre PC est compatible avec Windows 10, vous pouvez vous servir du vérificateur de mise à niveau en suivant ces étapes :

1. **L'icône « Obtenir Windows 10 » étant présente sur votre barre des tâches, cliquez *droit* dessus (ou cliquez et maintenez enfoncé). Dans le menu qui s'affiche, cliquez sur l'option Vérifier votre statut de mise à niveau.**

   Vous devriez voir une fenêtre semblable à celle qui est illustrée sur la Figure 4.4.

   Si vous avez bien suivi toutes les étapes pour demander votre mise à niveau gratuite, et y compris saisi une adresse de messagerie pour êtes prévenu de l'arrivée du nouveau-né, la fenêtre devrait indiquer que votre mise à niveau est réservée et que vous n'avez plus rien d'autre à faire que d'attendre.

2. **Cliquez sur le bouton du menu (les trois barres en haut et à gauche de la fenêtre). Dans le volet qui s'affiche, choisissez l'option Vérifier la compatibilité de votre PC.**

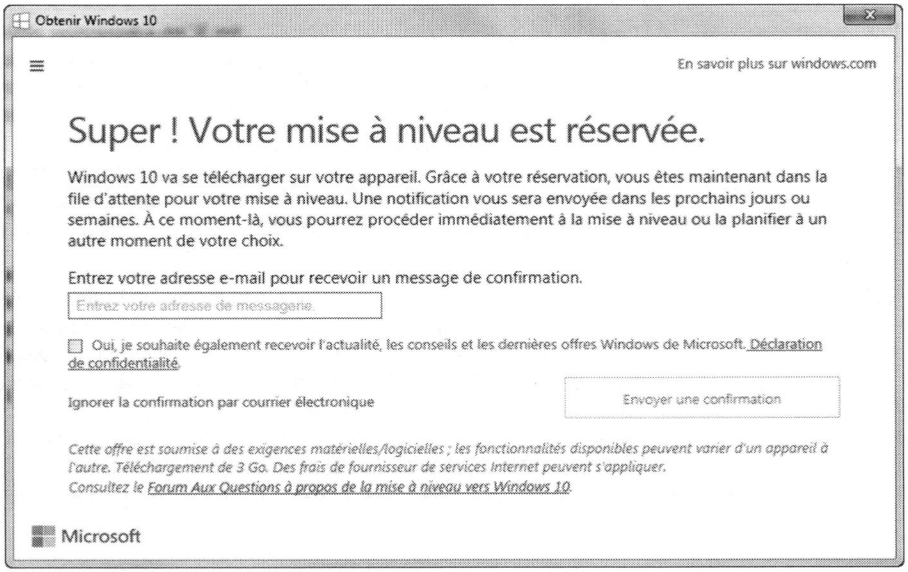

Figure 4.4 : Vérifiez le statut de mise à niveau vers Windows 10.

Après quelques instants, vous allez obtenir un rapport signalant les bons et les mauvais points. Si le rapport est favorable (à défaut d'être parfait), la mise à niveau ne devrait pas poser de problèmes.

À un certain moment, l'installateur vous demandera peut-être ce que vous voulez conserver (normalement, il devrait *tout* conserver sans avoir à vous poser la question). Voyez le Tableau 4.1 pour des explications plus détaillées.

Tableau 4.1 : Choisissez ce que vous voulez conserver.

Vos choix	Ce qu'ils signifient
Paramètres Windows	Certains de vos réglages Windows survivront à la mise à niveau : vos comptes d'utilisateur et vos mots de passe, l'arrière-plan de votre bureau, vos favoris et votre historique Internet Explorer, et encore certains paramètres de l'Explorateur de fichiers. Par contre, d'autres réglages Windows ne seront pas forcément conservés.
Fichiers Personnels	Cela concerne spécifiquement le contenu du dossier Utilisateurs (Documents, Images, Bureau, Vidéos, *etc.*). Par contre, il n'est pas totalement assuré que des données que vous auriez placées dans d'autres dossiers passeront le cap de la transition.

Vos choix	Ce qu'ils signifient
Applications	Le processus de mise à niveau conserve tous les programmes et les applications qui sont identifiés, y compris par l'installateur. Microsoft a les références de centaines de milliers de programmes et de pilotes. Mais cela ne signifie pas qu'il sait tout sur tout. De plus, certains programmes, notamment des utilitaires système, ne sont tout simplement pas compatibles avec Windows 10. Ces problèmes devraient apparaître dans le rapport du vérificateur de mise à niveau.
Rien	Cela signifie que vous procédez à une installation intégrale. Celle-ci déplace plusieurs dossiers du système (Windows, Programmes, Program Files (x86), Utilisateurs et ProgramData) vers un nouveau dossier appelé windows.old. En revanche, les fichiers originaux sont remplacés lors de la mise à niveau. **Attention :** Si vous utilisez un système doté d'une reconnaissance biométrique ou par mot de passe, tout cela doit être noté et sauvegardé avant toute mise à niveau. En effet, ces données ne survivront pas à la procédure.

Pour le reste, l'essentiel de ce que vous avez à faire, c'est… d'attendre. Microsoft vous conseille de bien vous caler dans votre fauteuil et de vous détendre, mais je pense que c'est le moment d'aller déjeuner, ou bien de partir faire un footing, bref de vous lancer dans une activité qui vous prendra environ une heure, le temps que la petite roue atteigne les 100 % (voir la Figure 4.5).

Installer Windows 10 depuis un DVD ou une clé USB

Si vous voulez effectuer une mise à niveau vers Windows 10 depuis Windows 7 SP1 ou Windows 8.1 Upgrade, et que vous voulez conserver intacts vos données et vos programmes, je vous recommande très fortement de suivre la procédure en ligne décrite dans la section précédente. Tant que vous en restez à une version 32 bits, si c'est ce que vous aviez déjà, ou à une version 64 bits, si vous n'en changez pas, l'installation en ligne devrait fonctionner parfaitement.

D'un autre côté, si vous voulez (ou devez) faire un grand nettoyage dans votre ordinateur et que vous préférez installer un Windows 10 tout neuf, il va vous falloir démarrer à partir d'un DVD ou d'une clé USB contenant une image du système. C'est la procédure qui est décrite dans cette section.

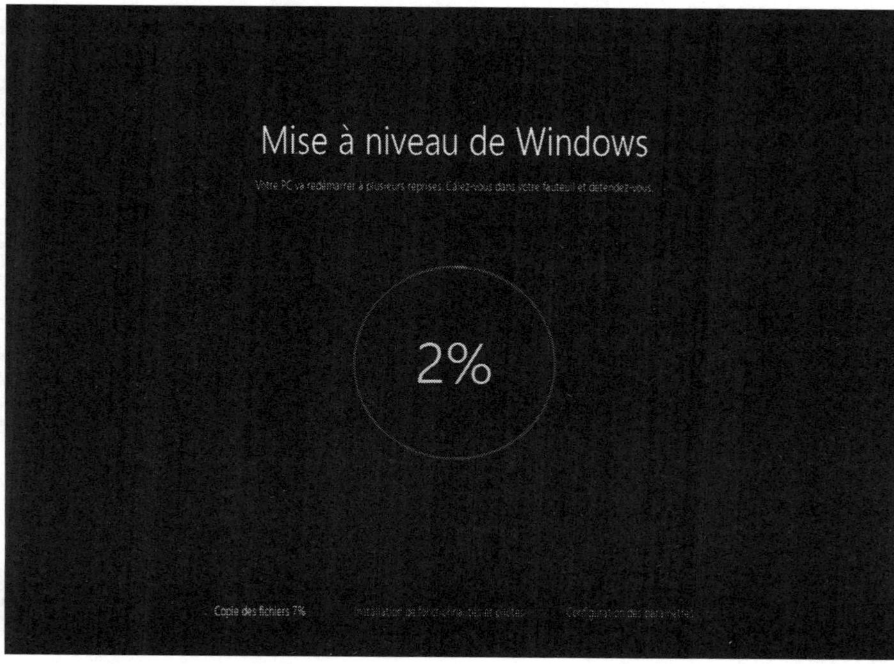

Figure 4.5 : La mise à niveau vers Windows 10 peut être longue, très longue.

ATTENTION !

On ne dira jamais assez que vous devez commencer par faire une sauvegarde de *toutes* vos données, écrire *tous* vos mots de passe (vous brûlerez le papier plus tard), avoir à portée de main *tous* vos CD et DVD d'installation de vos programmes (ou une copie sur un disque dur externe lorsque c'est possible), et faire également une seconde copie de sauvegarde, juste au cas où. Ce n'est qu'après tout cela que vous allez pouvoir envisager d'installer Windows 10.

Il est possible que vous ayez obtenu un DVD ou une clé USB contenant tout ce qu'il faut pour installer Windows 10. Si vous avez téléchargé un fichier ISO, suivez les instructions données dans l'encadré « Créer un fichier ISO utilisable ».

TRUC

Vous êtes impatient ? Rendez-vous sur le site de Microsoft à l'adresse `www.microsoft.com/fr-fr/software-download/windows10ISO` (une recherche sur le critère **Windows 10 ISO** vous y mènera directement). Connectez-vous avez vos identifiants Microsoft (c'est indispensable), puis téléchargez l'outil (32 bits ou 64 bits selon vos besoins) qui va faire l'essentiel du travail à votre place (voir la Figure 4.6).

Avec en main un DVD ou une clé USB « bootable », comme on dit, vous devez demander à votre ordinateur qu'il démarre à partir de ce dispositif, et non de votre disque dur principal.

Créer un fichier ISO utilisable

Certaines personnes reçoivent leur exemplaire de Windows 10 sous la forme d'un seul fichier dont l'extension est .iso. Un fichier ISO est la version compressée d'une image de DVD. Il peut être utilisé sur une clé USB ou un DVD autoexécutables.

Le plus simple consiste à télécharger la version gratuite d'un utilitaire appelé Daemon Tools. Celui-ci est capable d'ouvrir un fichier ISO comme s'il s'agissait par exemple d'un DVD quelconque. Il apparaît comme toutes les autres unités de disque dans l'Explorateur de fichiers. Il suffit ensuite de copier le contenu de ce disque virtuel vers une clé USB vide (utilisez une clé ayant une capacité d'au moins 8 Go, 4 Go ne sont pas suffisants), ou encore de demander à graver un DVD (une seule face devrait suffire).

Lorsque c'est fait, vous pouvez poursuivre la procédure (vous n'avez pas oublié vos sauvegardes, de noter vos mots de passe et de préparer tout ce qu'il faut pour réinstaller vos programmes, n'est-ce pas ?).

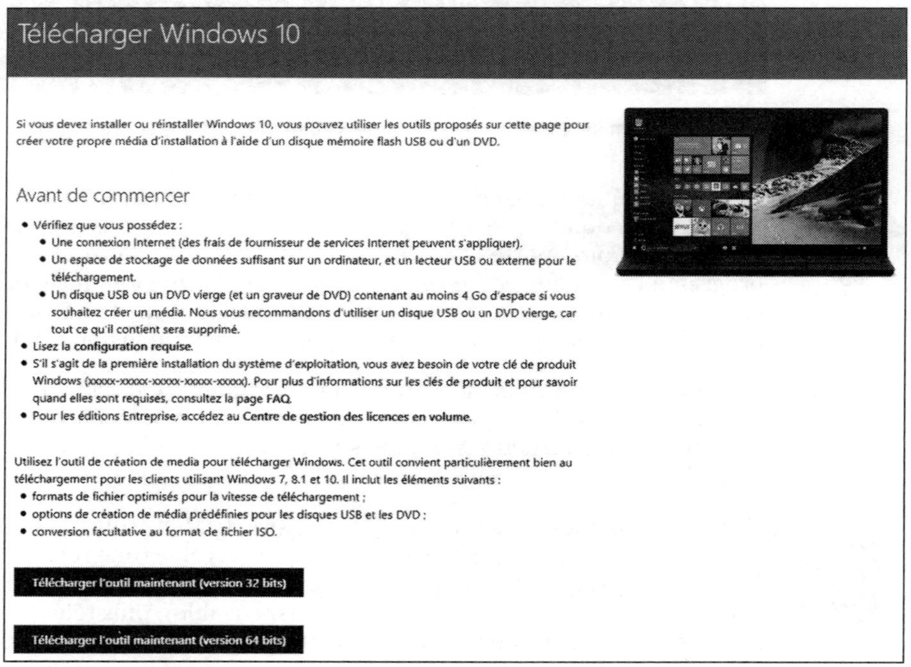

Figure 4.6 : Windows 10 peut aussi être téléchargé directement sur le site de Microsoft.

Voici comment les choses vont se passer. Enfin, devraient se passer. Suivez le guide :

1. **Votre ancien Windows étant actif, insérez votre disque d'installation dans votre lecteur de DVD ou un port USB selon ce que vous avez choisi.**

2. **Demandez à arrêter le système (depuis le menu Démarrer sous Windows 7, ou depuis l'écran d'accueil sous Windows 8/8.1).**

   Si Windows vous propose de s'installer de lui-même, cliquez sur le bouton Annuler.

3. **Éteignez votre PC, attendez au moins une minute (le temps que la machine commence à se refroidir, et surtout que ses mémoires soient complètement vidées). Rallumez ensuite l'ordinateur.**

   Si le PC peut démarrer (*booter*) à partir d'un DVD ou d'une clé USB, vous devriez voir s'afficher à l'écran un message vous proposant d'appuyer sur une touche quelconque (*any key* en anglais) pour commencer, ou bien d'appuyer sur la touche Échap pour choisir le dispositif de démarrage.

4. **Appuyez sur la touche demandée.**

   Si vous ne voyez pas ce genre de message, c'est certainement que ce mode est désactivé dans le BIOS (le micrologiciel qui sert à faire démarrer l'ordinateur). Voyez ce qu'en dit la documentation livrée avec votre ordinateur (s'il y en a une), essayez de jeter un coup d'œil sur le site du constructeur en y effectuant une recherche du style **boot sequence**, ou **change boot sequence** (apprêtez-vous à mettre votre anglais à niveau). Le mieux, c'est quand même de demander à un *technogourou* de votre connaissance de s'occuper à votre place de toutes ces choses sordides.

5. **En supposant que tout aille bien jusqu'ici, vous devriez bientôt voir s'afficher le premier écran d'installation de Windows 10. Il vous demande de choisir votre langue, question que vous devriez facilement comprendre puisque les textes sont déjà en français… Cliquez simplement sur le bouton Suivant.**

6. **Choisissez Installer (et non Réparer), puis entrez votre clé de produit (il doit y avoir une étiquette avec ce code sur l'emballage du DVD ou de la clé USB, ou quelque chose de ce genre).**

   Windows devrait maintenant vous demander quel type d'installation vous voulez effectuer (voir la Figure 4.7).

7. **pour tout effacer et (re)partir du bon pied, cliquez sur l'option Personnalisé : Installer uniquement Windows (avancé).**

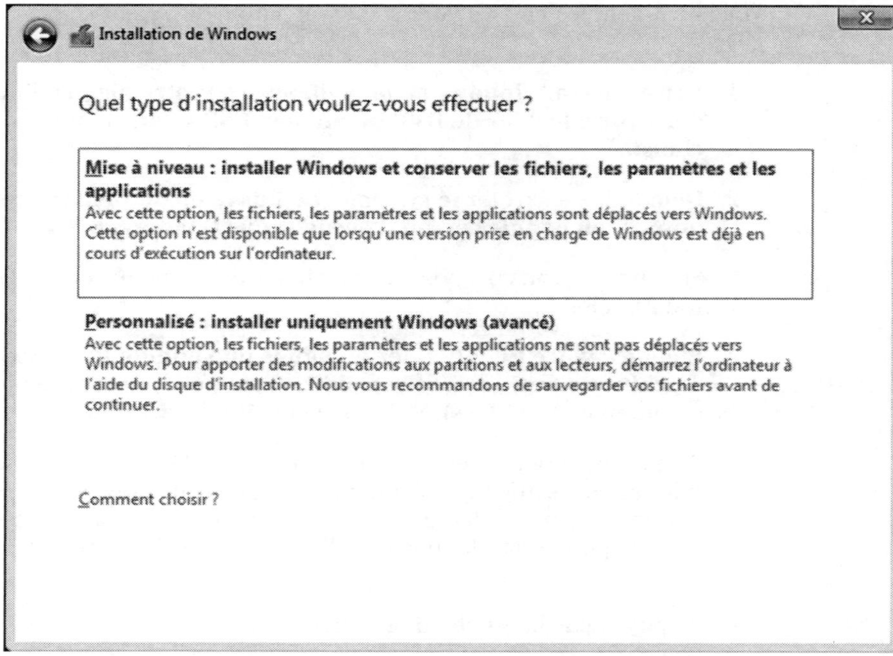

Figure 4.7 : Pour une installation propre, choisissez l'option Personnalisé.

Le programme vous demande maintenant d'indiquer où Windows 10 doit être installé, pour le cas où vous disposeriez de plusieurs partitions et/ou disques accessibles (voir la Figure 4.8).

Pour les besoins de la démonstration, et afin de ne pas nettoyer totalement un de mes ordinateurs, l'installation est réalisée à l'intérieur d'une « machine virtuelle » créée avec le programme gratuit VirtualBox d'Oracle. C'est un très bon moyen de procéder à des essais en mobilisant simplement un morceau de disque dur et une certaine quantité de mémoire.

8. **Si plusieurs unités de disque sont proposées dans la liste du haut, cliquez sur le nom de celle que vous voulez utiliser. Vous pouvez aussi cliquer sur les autres puis sur le bouton Supprimer, histoire de ne pas vous tromper. Quand vous êtes sûr de vous, cliquez sur le bouton Suivant.**

   Vous n'avez plus qu'à faire preuve d'une certaine dose de patience pendant que Windows 10 s'installe et redémarre deux ou trois fois votre machine.

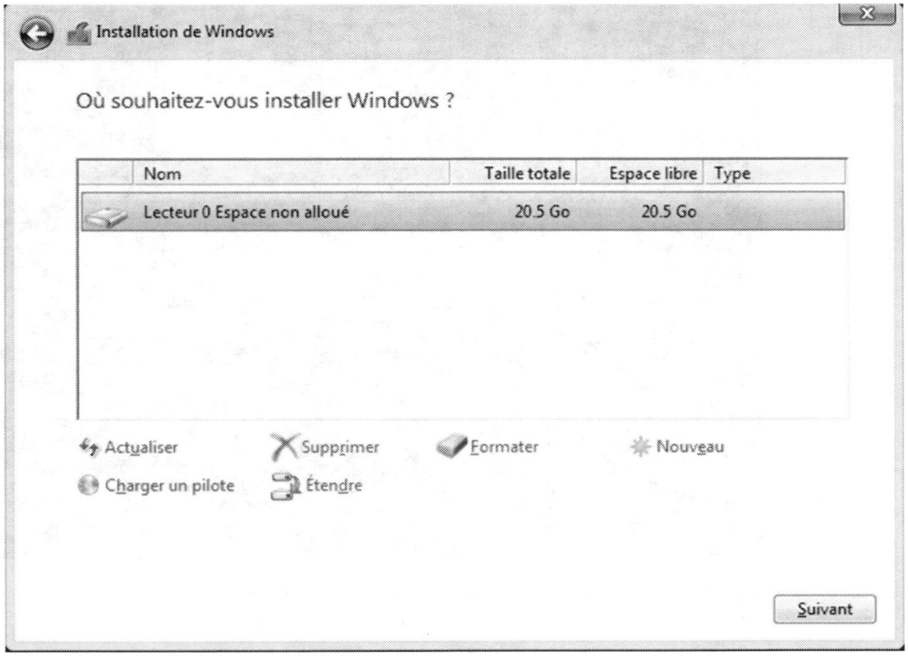

Figure 4.8 : Où installer Windows ?

Si vous avez dû modifier (ou faire modifier) certains paramètres du BIOS pour que votre PC accepte de démarrer à partir d'un DVD ou d'une clé USB, ne vous éloignez pas trop vite. Vous pouvez en effet vous retrouver dans une situation un peu étrange où, lorsque l'installateur redémarre la machine, celle-ci se met à attendre patiemment que vous lui disiez avec quoi elle doit *booter* (rien à voir avec Jeanne d'Arc). Dans ce cas, retirez simplement le DVD ou la clé USB, et relancez manuellement l'ordinateur. L'installateur va ensuite reprendre son cours normal.

Une fois l'installation des fichiers terminée, vous allez pouvoir commencer à personnaliser votre copie de Windows.

9. **Windows va vous demander de préciser le mode d'installation (voir la Figure 4.9). Si vous faites confiance à Microsoft, cliquez sur Utiliser la configuration rapide. Si vous me faites confiance, choisissez plutôt Paramètres de personnalisation.**

   Si vous optez comme moi pour une personnalisation des paramètres, vous allez voir se succéder deux écrans qui vont vous poser plusieurs questions :

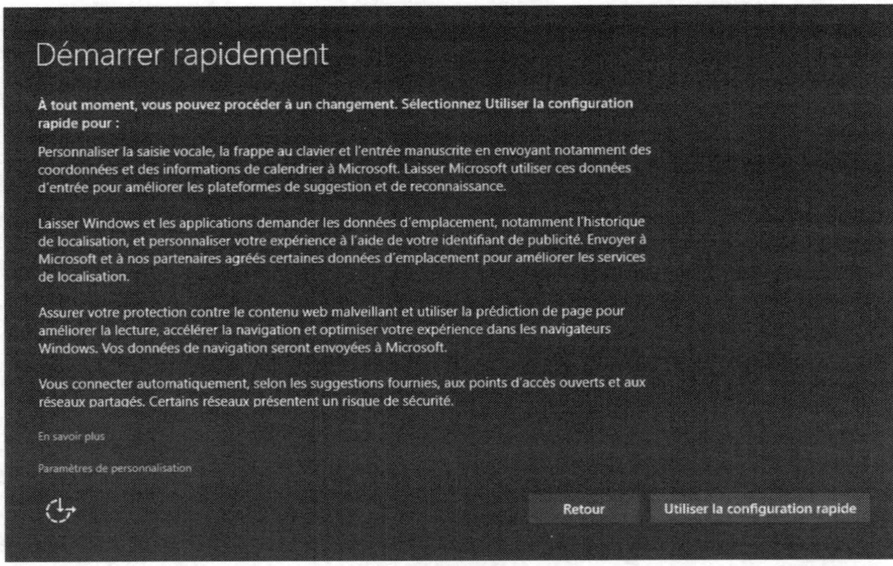

Figure 4.9 : Je vous suggère de choisir l'option Paramètres de personnalisation, celle qui est en petits caractères à gauche de l'écran.

- Dans le premier écran, je désactive le plus possible d'options, sauf si je veux utiliser Cortana (voir la Figure 4.10). Malheureusement, Cortana a besoin d'accéder à mes contacts et à mon agenda, de même qu'à ma position. Bien entendu, je n'ai pas l'intention de laisser les applications se servir de mes identifiants pour me pourrir encore plus l'existence.
- Dans l'écran suivant, j'active le filtre SmartScreen, même si je sais parfaitement que j'accepte ainsi d'envoyer toute une partie de mon historique de navigation à Microsoft (voir la Figure 4.11). Par contre, je n'utilise pas la prédiction des pages, car cette fraction de seconde peut-être gagnée ne vaut pas d'aider Microsoft à récupérer toutes mes données de navigation. De plus, je ne suis en aucun cas persuadé que mes contacts aient tous un réseau parfaitement sécurisé. Quant à l'envoi de rapports à Microsoft, j'y suis obligé de par ma profession…
- Une fois qu'il a fini de digérer vos options, Windows va vous demander si vous êtes une personne (Moi) ou une organisation (voir la Figure 4.12).

  Ne vous leurrez pas. C'est une question clé. Si vous répondez par Mon organisation, Windows va vous demander de vous connecter au réseau de celle-ci et de tout configurer pour que vous puissiez

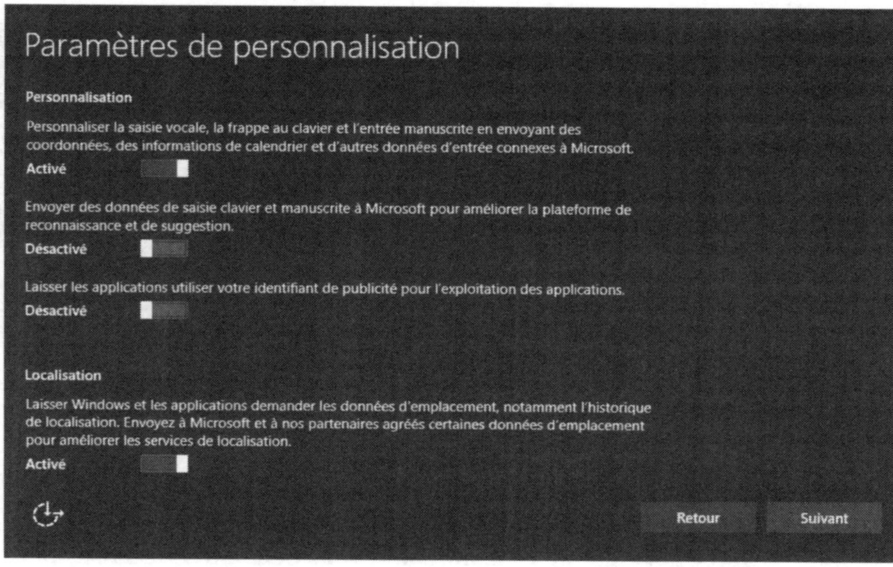

Figure 4.10 : Voici comment je réagis au premier écran de personnalisation.

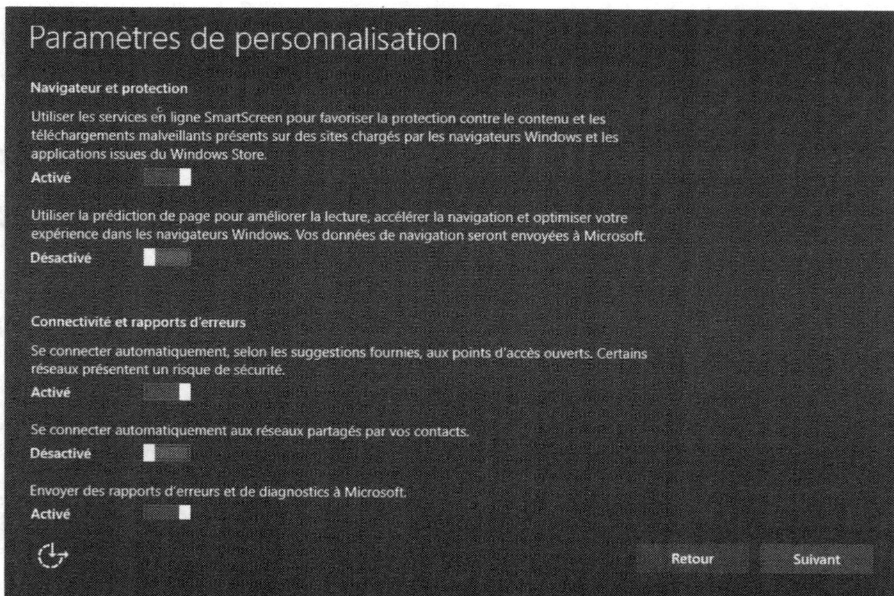

Figure 4.11 : Voici mes choix pour la seconde série de questions liées à la vie privée.

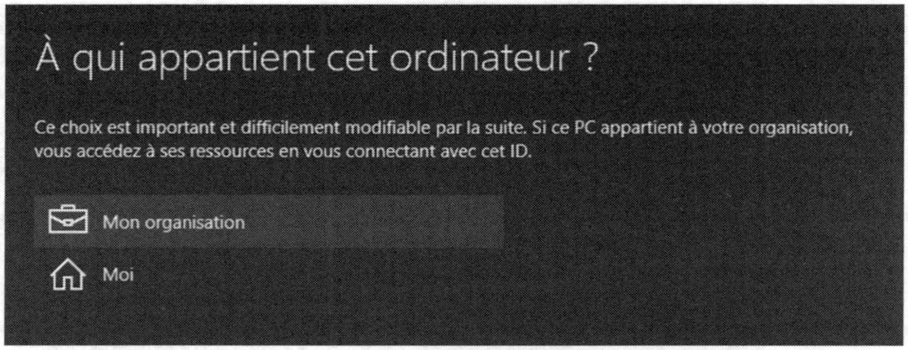

Figure 4.12 : C'est une question clé pour la configuration des parties internes de Windows.

utiliser normalement ce réseau. Comme je suis moi, et uniquement moi, je choisis donc la deuxième option.

10. **L'installateur va maintenant vous demander de saisir un compte et un mot de passe Microsoft, comme l'illustre la Figure 4.13. Répondez comme vous l'entendez.**

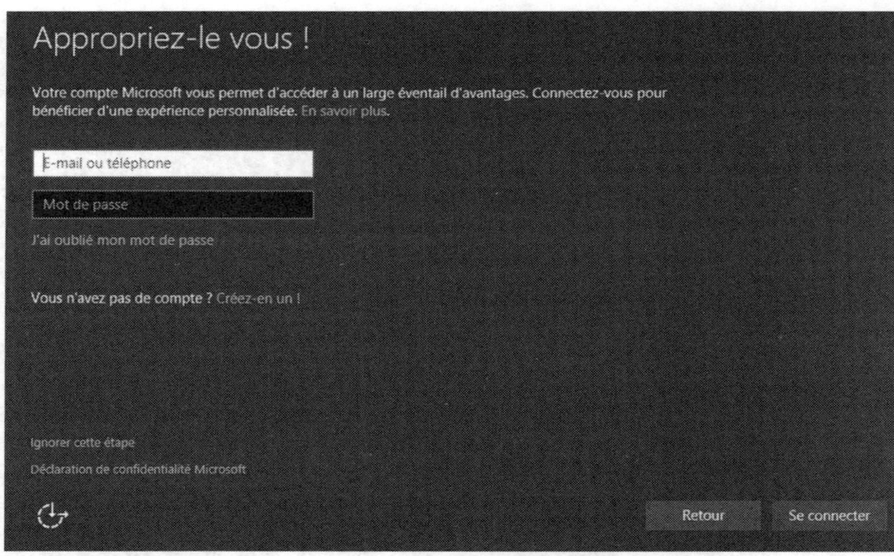

Figure 4.13 : Ne vous laissez pas tyranniser sous prétexte que Microsoft vous demande de saisir un compte Microsoft.

Comment forcer Microsoft à utiliser un compte local

Il se peut que vous tourniez en rond en essayant de faire accepter un compte local par l'installateur, alors que celui-ci vous propose uniquement d'entrer (ou de créer) un compte Microsoft. Mais voici un petit truc pour s'en sortir.

Comme vous ne voyez aucune autre solution que d'ignorer cette étape (mais ce n'est que partie remise, croyez-moi), saisissez simplement n'importe quelle adresse de messagerie dans le premier champ ainsi qu'un mot de passe très quelconque dans le second. L'installateur va aller vérifier tout cela, et revenir vous dire que ce compte est invalide. Mais, arrivé là, il montre aussi un lien pour entrer un compte local. Cliquez dessus, sans oublier pour autant que Microsoft veut vraiment, vraiment, que vous vous connectiez avec un compte de chez lui pour qu'il puisse améliorer votre expérience d'utilisateur. Enfin, de consommateur.

Ne vous laissez pas impressionner. Entrez comme nom ce qui vous plaît. Si vous voulez utiliser un compte Microsoft, allez-y. Si vous n'en avez pas encore un, mais que vous voulez passer tout de suite sous les fourches caudines de Microsoft, cliquez sur le lien Créer-en un ! C'est gratuit. Et si vous souhaitez en rester à un compte local, cliquez sur Ignorer cette étape, ou voyez l'encadré « Comment forcer Microsoft à utiliser un compte local ».

N'OUBLIEZ PAS

Dans le Livret II, Chapitre 4, vous trouverez une discussion sur le pour ou le contre des comptes Microsoft. Pour l'instant, il suffit de dire qu'il n'y a pas de bonne ou de mauvaise réponse. Cependant, si vous créez un compte Microsoft et que vous l'utilisez exclusivement pour Windows 10, vous n'échangerez que peu de choses de votre vie privée au regard des bénéfices que vous pourrez en tirer.

11. **Il vous reste encore à donner un nom à votre installation, de manière à ce que Windows 10 sache comment vous appeler (voir la Figure 4.14). Vous pouvez, et même devriez définir aussi à ce stade un mot de passe que vous devez confirmer.**

TRUC

Si vous souhaitez aussi définir une indication pour le cas où vous oublieriez votre mot de passe, ne donnez pas pour autant une information liée à votre vie réelle. Il n'y a rien de plus facile pour un pirate que de farfouiller un peu pour trouver les prénoms de vos enfants, leurs dates de naissance, et même le petit nom du poisson rouge. Inventez quelque chose. Et ce n'est pas plus difficile à retenir…

12. **Il se peut que Windows vous demande ensuite si vous voulez configurer un compte OneDrive. En fait, si vous avez saisi votre compte Microsoft, Windows sait déjà que vous avez un compte OneDrive. Cliquez simplement sur Suivant.**

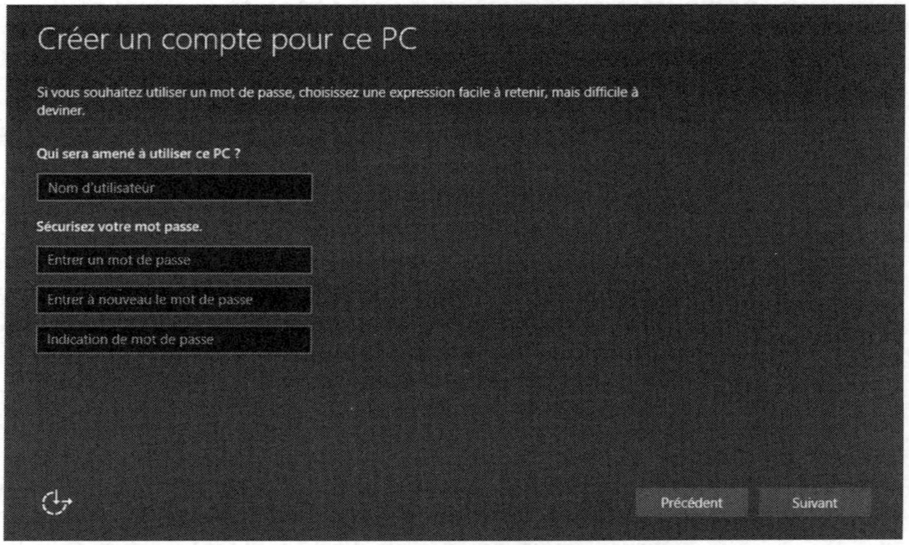

Figure 4.14 : Donnez-vous un nom et définissez un mot de passe, car on n'est jamais sûr de rien.

13. **Windows va mouliner encore quelques minutes. À la fin, le bureau de Windows 10 apparaît dans toute sa splendeur microsoftienne. Vous avez terminé.**

    Bien entendu, et même si Microsoft joue la carte de la « coolitude », la patience doit rester votre première vertu (voir la Figure 4.15).

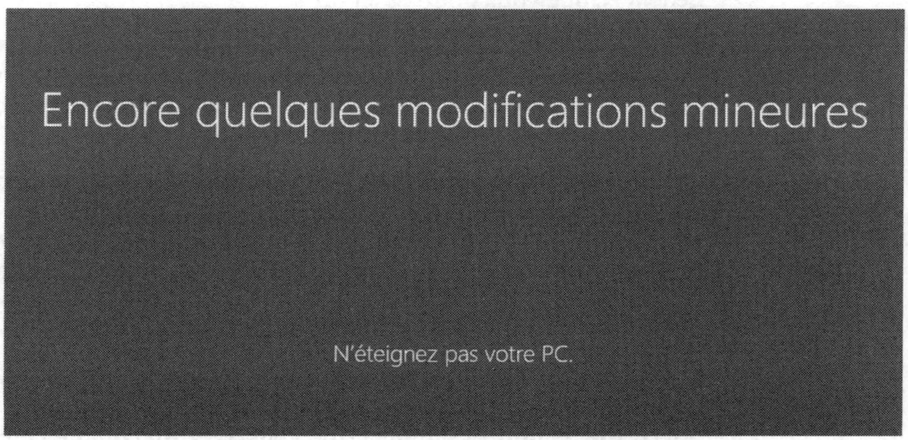

Figure 4.15 : C'est presque fini !

N'OUBLIEZ PAS

Dans le cas d'une mise à jour du système, que ce soit en ligne ou à partir d'un DVD ou d'une clé USB, l'installateur crée un dossier appelé windows.old dans lequel il place tout un tas de choses provenant de votre ancienne installation. Quand vous aurez un peu fait le tour de Windows, et à condition que vous soyez sûr qu'il n'y ait rien à récupérer dans windows.old, vous pourrez supprimer ce dossier.

Débarrasser un nouveau PC de toutes ses scories

Un nouveau PC est souvent livré avec une grande quantité de programmes en version d'essai (souvent à 30 jours). Par exemple, il n'est pas rare de disposer d'un antivirus Norton McAfee, ou d'une version temporaire de WinDVD, j'en passe et des meilleurs.

Au bout de la période d'évaluation qui peut aller de 30 à 90 jours, un message vous invite à acheter la licence du programme. Vous n'êtes pas du tout obligé d'y procéder. Peut-être préférerez-vous un autre antivirus ou un autre lecteur multimédia.

L'idéal est de vous débarrasser de ces logiciels dès que vous disposez d'une alternative. En effet, ne supprimez pas un programme de sécurité Internet proposé gratuitement pendant 30 jours si vous n'en avez pas un autre à lui substituer.

De plus, de nombreux constructeurs intègrent de petites applications censées faciliter votre vie informatique comme un catalogueur de photos, un optimiseur de performances, *etc.* Toutes ces petites attentions finissent par occuper un espace disque conséquent.

Quelle est la méthode la plus simple pour s'en débarrasser ? Installez un Windows 10 en provenance directe de Microsoft, comme expliqué dans ce chapitre ! Ce sera sans doute aussi rapide, et vous n'aurez pas à vous fatiguer pour éliminer toutes ces scories inutiles.

Une méthode plus classique consiste à identifier vous-même ces petits programmes *via* la boîte de dialogue de désinstallation de programmes de Windows 10. Mais il est encore un peu tôt pour en parler.

TRUC

Cette technique risque d'être fastidieuse. Pour faciliter l'identification de programmes inutiles, téléchargez le petit programme gratuit PC Decrapifier que vous trouverez sur des sites comme `01Net.com` ou `Clubic.com`, voire directement à l'adresse `www.pcdecrapifier.com`. Il détectera tous les logiciels superflus et vous invitera à les supprimer de votre ordinateur.

Que faire si Windows tombe en panne ?

Windows n'est pas invincible. Il peut lui arriver des misères, comme tomber en panne, empêchant l'ordinateur de démarrer. Que faire dans ce cas ? Voici quelques pistes :

TRUC

- **Windows était livré avec l'ordinateur :** L'ordinateur est sous garantie. C'est légalement au vendeur, en France – et non à Microsoft ou à quelque pygmée de la brousse –, de le remettre en état. Il n'est pas même question qu'il vous tourne en bourrique par des suggestions plus ou moins techniques. Il doit vous rendre un ordinateur qui fonctionne. Point.
- **Vous avez procédé à une mise à niveau depuis Windows 7 SP1 ou Windows 8.1 Update et l'installation ne s'est pas déroulée comme prévu :** Une réinstallation à partir de zéro s'impose. Voyez pour cela la section « Installer Windows 10 depuis un DVD ou une clé USB », plus haut dans ce chapitre. Procédez à une installation complète personnalisée.
- **Vous avez procédé à une installation complète, mais Windows continue à faire le mort :** Vous avez toute ma sympathie. Vous devriez peut-être installer la dernière version du BIOS proposée par le constructeur (mieux vaut demander à votre *technogourou* favori de le faire). Ou pas… Essayez d'aller voir sur des forums ce qui se dit là-dessus (vous devez évidemment pouvoir vous connecter avec une autre machine). Et si tout échoue, il faut savoir admettre la défaite : réinstallez votre ancien système d'exploitation.

La vie est trop courte…

Livret II

Personnaliser Windows

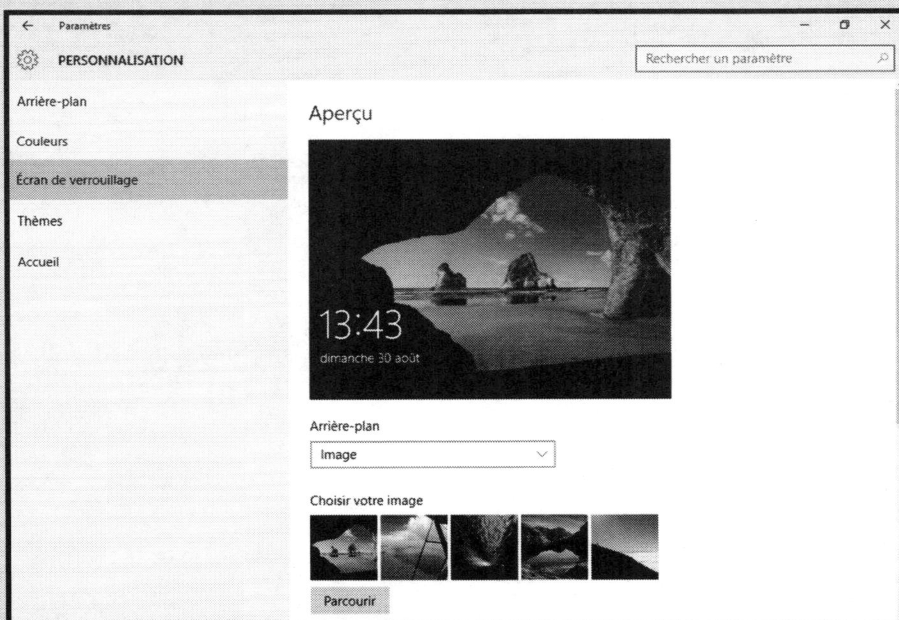

Chapitre 1

Prendre Windows en main

Dans ce chapitre :

- Naviguer avec vos doigts ou avec la souris
- Passer d'une application à une autre
- Aller là où aucune souris n'est encore allée

Vous êtes prêt à vous mouiller les pieds, mais pas encore à faire le grand plongeon ? Parfait. Vous êtes au bon endroit.

Si vous êtes un utilisateur expérimenté de Windows 7 ou de XP, vous allez trouver dans Windows 10 des choses qui vont vous sembler familières, et d'autres qui semblent tout droit sorties d'un iPhone. Et si vous êtes un utilisateur expérimenté de Windows 8.1, je vous salue bien bas et vous invite à rejoindre un nouveau Windows, bien plus sympathique et amical.

N'OUBLIEZ PAS

L'un des « pontes » de Microsoft, Hal Berenson, le disait très bien : « Les utilisateurs rejettent de plus en plus les anciennes expériences aussi bien dans leur vie personnelle qu'au travail. Pour les moins de 20 ans et quelques, l'expérience actuelle que représente le bureau de Windows est aussi attirante que l'idée d'aller en consultation chez un dentiste du XIXe siècle. »

Certes, Windows 10 ressemble quelque peu au cabinet de ce dentiste du XIXe siècle. Mais, sous le boisseau, les transformations sont radicales.

À mon avis, 90 % de ce que font 80 % des utilisateurs d'ordinateurs peut être aussi bien fait avec une tablette ou un Chromebook. Alors, pourquoi s'ennuyer à faire tourner Windows sur un tas de ferraille et d'électronique aussi lourd qu'une enclume et qui plante régulièrement ? À moins d'être un accro de l'écran figé et de la souris rétive, il vaut mieux passer à quelque chose de nouveau et de plus attrayant. Et, en réalité, Windows 10 *est* nouveau et *est* attrayant.

Dans ce chapitre, je vais vous montrer les bons côtés de l'ancienne partie de Windows et de son nouveau versant « Universel ». Si vous connaissiez déjà ce système d'exploitation, vous réconcilierez vos doigts avec sa nouvelle interface. Vous verrez, ce n'est pas très compliqué.

Réellement.

Vous découvrirez aussi qu'il est possible de commander Windows avec les doigts ou avec la fourchette, pardon la souris. Et je vous donnerai en passant quelques conseils pas forcément tous si évidents que cela pour tirer le meilleur parti de vos épousailles avec le bel (ou la bête).

Docteur Windows et Mister 10

De mon point de vue, les gens qui découvrent Windows 10 se répartissent immanquablement dans l'un de ces cinq groupes, le pourcentage le plus élevé se trouvant dans le premier :

- Les personnes déjà à l'aise avec Windows, habituées au clavier et à la souris (plus de 1,4 milliard de personnes ont utilisé Windows).
- Les personnes connaissant Windows, mais intéressées par l'écran tactile.
- Les réfugiés de Windows 8 qui espèrent et prient pour que Windows 10 ne les désoriente pas trop.
- Ceux qui n'ont jamais utilisé Windows et qui préfèrent l'écran tactile.
- Les personnes qui ne connaissent pas Windows, mais qui voudraient visiter l'antique cabinet de dentiste du XIXe siècle.

NOTE TECHNIQUE

Si vous appartenez au dernier groupe, vous devrez apprendre à utiliser ces appareils désuets que sont le clavier et la souris. Cela me rappelle ce type qui avait pris une souris pour un microphone et tentait de parler à l'ordinateur. Heureusement pour lui, il n'avait pas prononcé la phrase fatidique : « Hey, Cortana ! ».

Les deux faces de l'interface

Vous savez à présent que le menu Démarrer de Windows 10 a deux visages. Ils sont destinés à travailler ensemble. Mais le juge de paix dans tout cela, c'est vous (et moi aussi).

Toucher ou cliquer ? Papier ou plastique ? Fromage ou dessert ?

Beaucoup de gens m'ont demandé si cela valait la peine d'opter pour un écran tactile sous Windows. Ma réponse est oui.

J'avais essayé la vieille interface Windows à stylet des premières tablettes Windows apparues à l'époque de Windows XP. J'avais détesté, à tel point qu'en voyant quelqu'un avec un iPad, j'éprouvais quelque commisération pour lui.

Puis j'ai essayé l'iPad et j'ai découvert combien mes petits doigts agiles étaient efficaces. C'était formidable. Et quand mon fils âgé de 18 mois passa quelques heures à jouer avec l'écran, et à s'en servir avec virtuosité, je fus conquis. L'interface de type « toucher effleurer » est incroyablement facile à maîtriser.

L'interface tactile de Windows 10 n'est pas aussi élégante que celle de l'iPad. Eh oui... La principale différence est que Windows 10 intègre un tas de fonctions que l'iPad ignore (je pense notamment au clic droit). Mais pour quantité de tâches quotidiennes, comme visiter des sites Internet, jeter un coup d'œil au courrier, faire défiler les messages de Twitter, aller sur Facebook, lire les informations, s'informer des cours de la Bourse, et bien d'autres choses, l'interface tactile est autrement plus agréable que la souris et le clavier.

J'ai trois ordinateurs sur mon bureau : un classique ordinateur de bureau tournant sous Windows 8.1, un autre avec Windows 10. Le troisième est une tablette sous Windows 10 avec un clavier portable. À votre avis, quand je veux rapidement jeter un coup d'œil à quelque chose, lequel des trois j'utilise ?

Sur la partie gauche du menu Démarrer, illustré sur la Figure 1.1, vous pouvez voir la partie dudit menu qui est censée ressembler au menu Démarrer de Windows 7 (ou Vista, ou XP ou encore 95). À droite du menu, vous trouvez un tas de vignettes (ou tuiles, ou pavés) dont certaines affichant des informations réputées être utiles.

Bien que la partie gauche du menu Démarrer soit supposée rassurer les utilisateurs des anciennes versions de Windows, il n'a en réalité pratiquement plus rien à voir avec ses prédécesseurs. L'ancien menu Démarrer a été totalement refondu et remplacé par cette nouvelle liste de liens.

TRUC

Ce changement est à la fois bon et pas bon. D'un côté, il est nettement plus puissant que par le passé. Voilà pour le bon côté des choses. Pour ce qui concerne le côté obscur de la force, il n'est pas possible de le personnaliser aussi facilement, ni aussi complètement, que ce qui était possible avec Windows 7.

Venons à la partie droite du menu Démarrer. Elle contient un océan de vignettes. Contrairement aux icônes d'un iPad, d'un iPhone ou d'une tablette

Figure 1.1 : Un menu Démarrer typique de Windows 10.

Samsung, par exemple, ces vignettes (enfin, certaines) sont dotées d'une forme d'intelligence leur permettant d'afficher des informations sans que vous ayez besoin d'ouvrir les applications correspondantes. Vous pouvez de cette manière savoir combien de messages vous attendent, et qui a envoyé le dernier, savoir le temps qu'il fait (vous êtes tellement absorbé par ce livre que vous avez oublié de regarder par la fenêtre), consulter la dernière dépêche d'agence (elle vous apprend que le monde va mal), ou encore un résultat sportif méritant l'acclamation des foules en délire, mais aussi voir défiler les photos de votre album, et ainsi de suite.

Cela étant posé, c'est à vous de déterminer ce que vous voulez voir ou non, et comment vous voulez le voir. En effet, ces vignettes peuvent être redimensionnées, déplacées, enlevées, disposées dans des groupes que vous personnalisez à votre manière, et ce à l'infini (ou presque).

NOTE TECHNIQUE

J'ai tendance à penser que les vignettes du menu Démarrer sont les dignes descendantes des gadgets de Windows 7. Ces gadgets permettaient eux aussi d'afficher des informations utiles sur leur fronton. Microsoft les avait bannis avant de lancer Windows 8, essentiellement pour des questions de sécurité.

Les vignettes du menu Démarrer de Windows 10 n'ont pas de problèmes de sécurité. Et l'infrastructure qui a remplacé l'esprit des gadgets a conduit Windows à un bien meilleur niveau, entièrement revu.

Commuter le mode Tablette

Démarrer votre ordinateur si ce n'est pas encore fait. Je vous attends.

Vous regardez bien le bureau de Windows, n'est-ce pas ? Si vous utilisez un clavier et une souris, vous êtes forcément face au bureau. Si votre machine est seulement tactile, vous devriez déjà être en mode Tablette.

Il est l'heure de marcher vers la rive sauvage. En fait, elle est juste à côté. Cliquez sur le bouton des notifications, sur la droite de la barre des tâches. Le volet (ou *centre*) des notifications va s'afficher. Le bas de ce volet propose une série de boutons (voir la Figure 1.2). Il vous suffit de cliquer sur le bouton qui indique mode Tablette pour activer l'ami des doigts (voir la Figure 1.3).

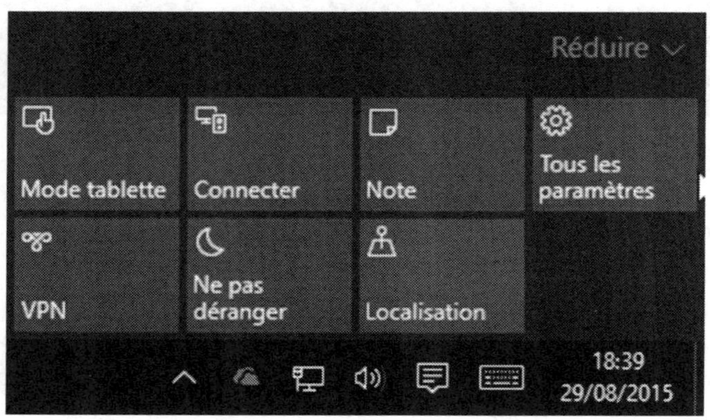

Figure 1.2 : Le mode Tablette est accessible depuis le volet des notifications.

TRUC

La version longue consiste à ouvrir l'application Paramètres depuis le menu Démarrer, puis à choisir successivement Système et Mode tablette dans le volet de gauche. Il ne vous reste plus qu'à jouer de la glissière Désactivé/Activé.

Ne paniquez pas. Vous voyez la petite icône bardée de trois traits horizontaux, en haut et à gauche de l'écran ? Les matheux la compareront à une équivalence. D'autres songeront à un hamburger. Pour d'autres encore, ces traits n'évoquent rien de particulier. En fait, il s'agit d'une sorte de signal, dont la conception dans les ateliers de Xerox date d'une trentaine d'années (et qui tend de nos jours à devenir plus ou moins universelle). Ce signal est censé déclencher en vous une réaction pavlovienne : « Tiens, voilà un menu ! ».

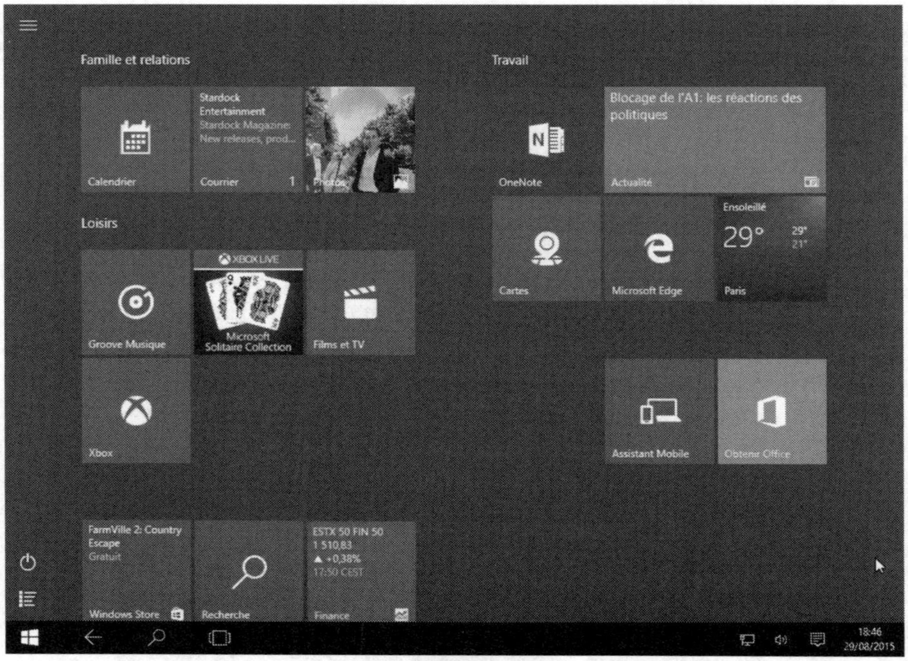

Figure 1.3 : Le mode Tablette est l'ami des amateurs de tactile.

Touchez ce bouton, ou cliquez dessus, et vous retrouvez votre menu Démarrer (voir la Figure 1.4).

Pour revenir au bureau traditionnel, il vous suffit de reprendre la démarche initiale : volet des notifications, et bouton Mode Tablette. Celui-ci redevient grisé, et vous voilà de retour au point de départ. Ce qui est probablement ce que vous vouliez.

Bien que le mode Tablette soit conçu pour les personnes qui se servent d'un écran tactile, et pas d'une souris, aucune loi ne vous interdit de choisir le style d'affichage qui vous convient le mieux. Et vous pouvez à tout moment basculer entre l'un et l'autre (d'ailleurs, la souris fonctionne parfaitement en mode Tablette, mais les doigts ont plus de mal à se frayer un chemin dans le mode Bureau).

Naviguer sur le bureau

Que vous utilisiez une souris, un trackball ou vos doigts, le bureau de Windows est votre point d'entrée numéro un dans la bête elle-même.

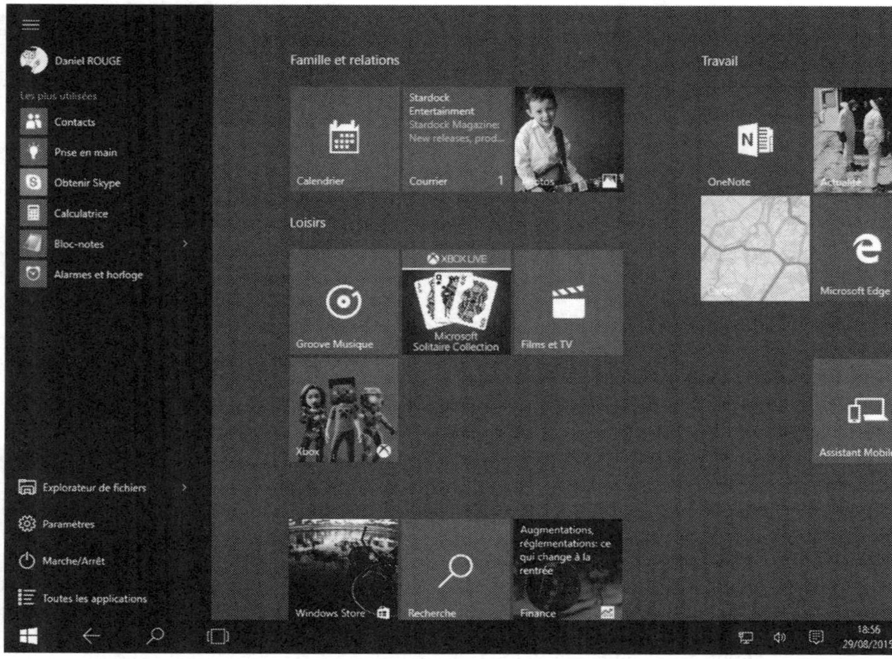

Figure 1.4 : Le menu Démarrer est également présent dans le mode Tablette.

Voici une petite visite guidée que vous pourrez suivre au doigt (et à l'œil) ou avec la souris selon vos préférences :

Dans ce qui suit, et pour faire plus simple, quand j'écrirai « cliquez », comprenez que je veux dire « cliquez ou touchez ». Le bouton de la souris et le bout de votre doigt, c'est le même concept, finalement.

1. **Cliquez sur le bouton Démarrer.**

   Le menu Démarrer va s'afficher (reportez-vous à la Figure 1.1).

2. **Cliquez sur la vignette Courrier, à droite du menu Démarrer.**

   Vous devrez peut-être ajouter un nouveau compte, mais tôt ou tard vous verrez s'afficher un ou plusieurs messages (voir la Figure 1.5).

   Nous retrouverons en détail l'application Courrier dans le Livret IV, Chapitre 1.

3. **Observez de plus près la fenêtre de l'application Courrier.**

   Comme toutes les autres fenêtres de Windows (ou presque), celle de l'application Courrier peut être redimensionnée en cliquant sur un de

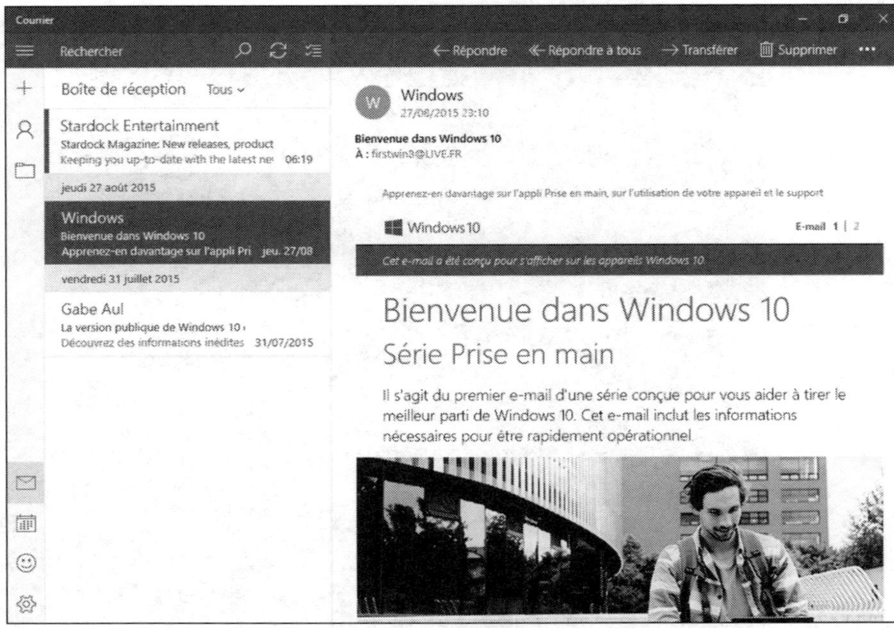

Figure 1.5 : L'application est représentative des nouvelles applications « Universelles » Windows.

ses bords et en le faisant glisser. Il est aussi possible de la déplacer en cliquant sur sa barre de titre (le bandeau qui se trouve en haut de la fenêtre) et en la faisant également glisser. Et, comme toute fenêtre qui se respecte, elle affiche sur la droite de sa barre de titre trois boutons servant à la replier dans la barre des tâches, l'agrandir sur la totalité du bureau, et enfin à refermer l'application.

Tout cela peut vous sembler évident si vous venez de Windows 7 ou d'une version encore plus ancienne. Mais, pour les utilisateurs de Windows 8/8.1, il peut sembler étrange que la vignette d'une application « Metro » ouvre autant de portes dans sa fenêtre.

4. **Sur la barre des tâches, cliquez sur le bouton Affichage des tâches, à droite du champ de recherche (Cortana, en somme). Ce bouton ressemble à une sorte de table au milieu de deux chaises.**

   Le bureau se grise et votre application Courrier se transforme en une vignette colorée sur votre écran.

5. **En bas et à droite de l'écran, cliquez sur le bouton « + » Nouveau bureau.**

Windows crée un nouveau bureau vide qu'il vous montre dans le mode Affichage des tâches (voir la Figure 1.6).

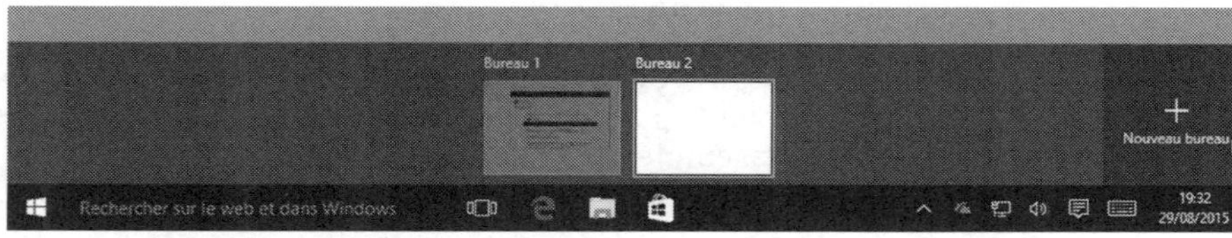

Figure 1.6 : Windows 10 vous permet de multiplier les bureaux.

Remarquez que l'application Courrier apparaît dans le Bureau 1, mais que le nouveau Bureau 2 est vide, à l'exception du moins d'une représentation miniature de votre papier peint.

6. **Cliquez sur la vignette qui indique Bureau 2. Cliquez ensuite sur le bouton Démarrer, puis sur la vignette de l'application Météo. Finalement, cliquez sur l'icône Affichage des tâches pour revenir à son écran.**

   Vous constatez maintenant que l'application Courrier est attachée au Bureau 1, tandis que Météo est associée au Bureau 2. De plus, celui-ci est grisé et il affiche une vue en réduction de l'application Météo (voir la Figure 1.7).

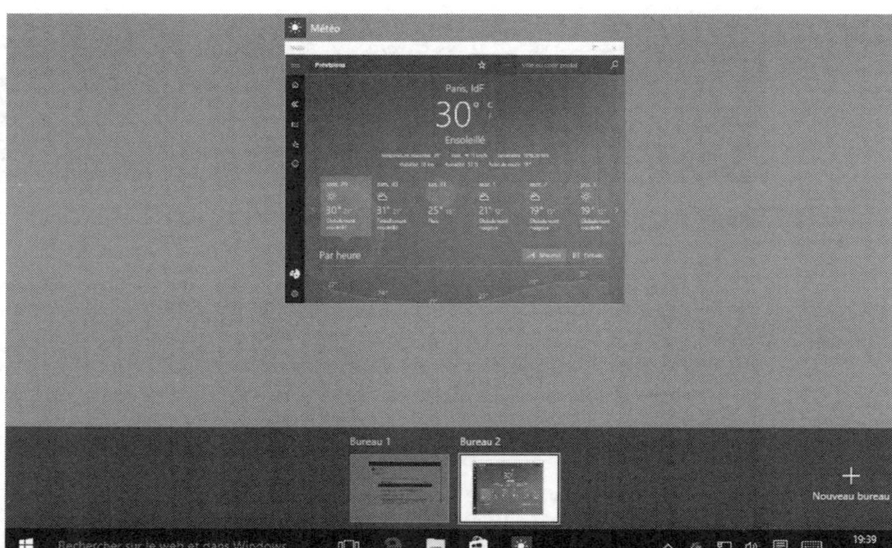

Figure 1.7 : Deux bureaux, chacun avec ses propres applications.

7. Maintenant, cliquez droit sur l'aperçu de l'application Météo (ou maintenez-le enfoncé avec le doigt). Un menu va s'afficher. Choisissez l'option Déplacer vers, puis Bureau 1. Cliquez ensuite sur la vignette Bureau 1, en bas de l'écran.

Vous venez de créer avec grand succès un second bureau, puis vous avez déplacé une application active d'un bureau vers un autre. Le résultat devrait ressembler à l'illustration de la Figure 1.8.

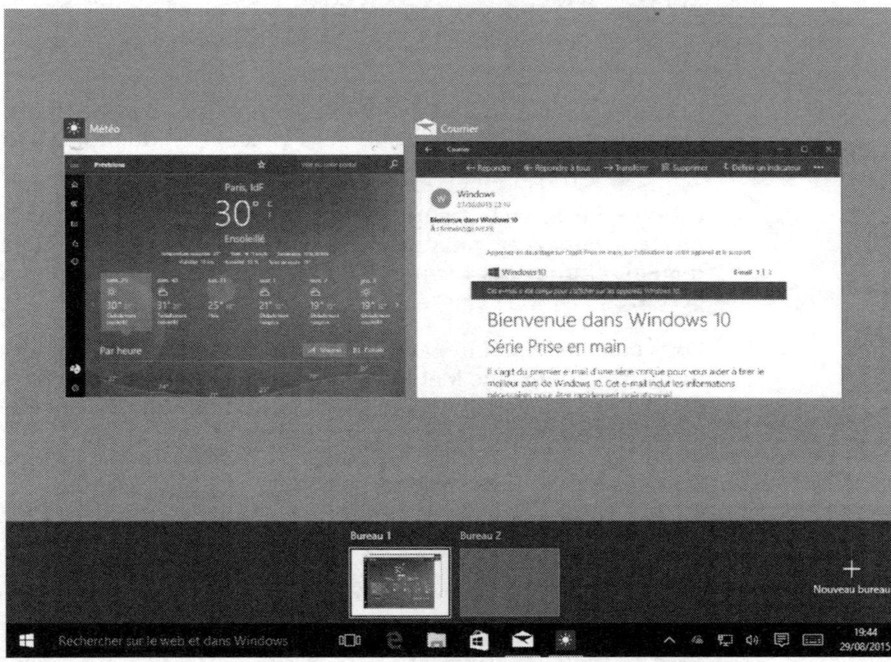

Figure 1.8 : Les deux applications sont maintenant rattachées au Bureau 1.

Cette brève introduction à l'Affichage des tâches et aux bureaux multiples sera développée dans le Livret III, Chapitre 4.

8. Refermez les applications Courrier et Météo. Ouvrez à nouveau le menu Démarrer, et cliquez cette fois sur Toutes les applications.

Windows affiche une liste alphabétique de toutes vos applications.

9. Faites défiler la liste pour localiser la rubrique Accessoires Windows (ce qui devrait aller vite). Parmi tous les accessoires proposés, choisissez Paint.

Windows Paint apparaît, comme au bon vieux temps (voir la Figure 1.9).

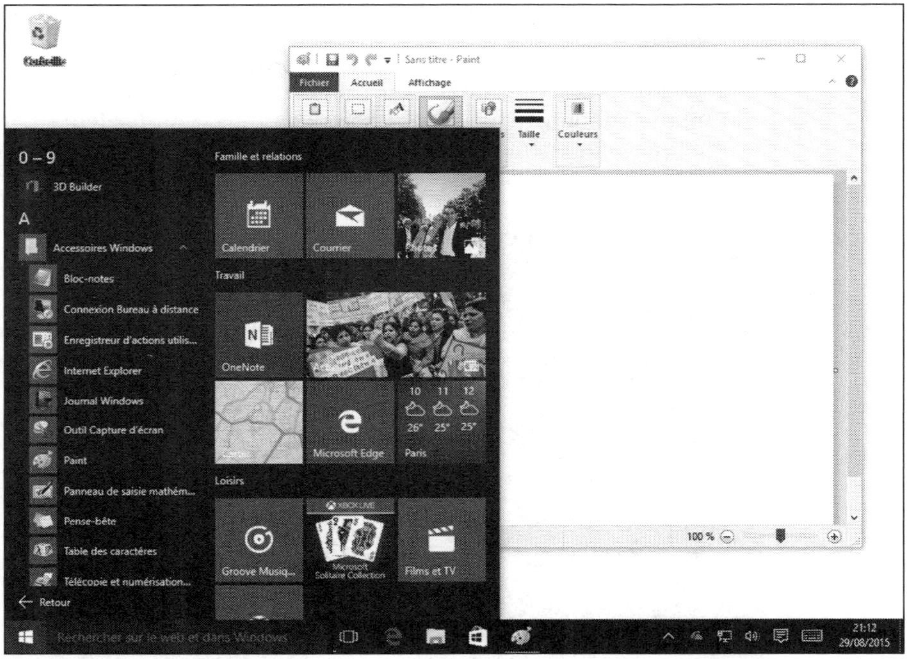

Figure 1.9 : La liste Toutes les applications est longue, mais nécessaire.

Remarquez que la liste Toutes les applications du menu Démarrer comporte très peu de groupes du genre Accessoires Windows. Lorsque vous installez de nouveaux programmes, ils peuvent ajouter leur propre liste déroulante dans la liste, exactement comme pour les Accessoires Windows. Mais, le plus souvent, ils se contentent d'ajouter une icône dans le menu. Si vous installez un programme appelé par exemple WuzzWiz, vous devrez certainement faire défiler toute la liste des applications jusqu'au bout.

Notez également que le programme que vous venez d'ouvrir, Paint, possède sa propre icône dans la barre des tâches. Celle-ci est soulignée d'un trait pour indiquer que l'application est active. Si vous voulez que cette icône reste en permanence sur la barre des tâches, cliquez droit dessus. Dans le menu qui s'affiche, cliquez sur Épingler à la barre des tâches. Cela vous évitera parfois d'avoir à parcourir toute la série des applications rien que pour retrouver un programme que vous utilisez couramment.

10. **Refermez Paint. Ouvrez une nouvelle fois et dans le menu Démarrer cliquez sur Toutes les applications. Cliquez maintenant sur une des**

lettres de l'alphabet, par exemple le A au-dessus de Accessoires Windows.

Windows va vous montrer un index dans un style de répertoire téléphonique de toutes vos entrées d'applications (voir la Figure 1.10). Si vous cliquez par exemple sur *P*, vous êtes immédiatement transporté dans la partie des applications dont le nom commence par cette lettre.

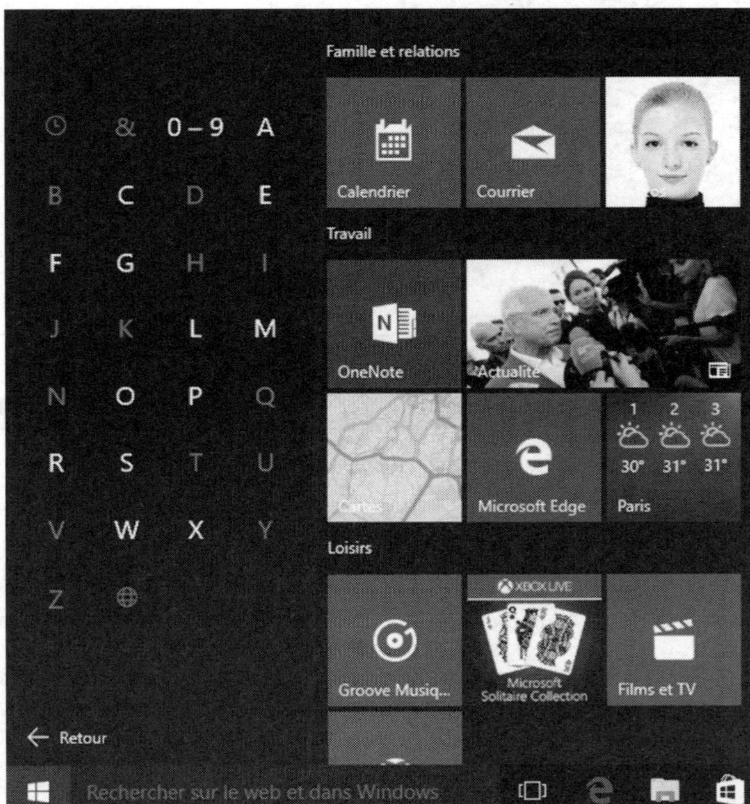

Figure 1.10 : La liste Toutes les applications a un index.

N'OUBLIEZ PAS

Si une entrée de l'index reste grisée, cela signifie tout simplement qu'aucune des applications installées sur votre PC ne commence par cette lettre.

11. **Intéressons-nous maintenant à d'autres applications Universelles Windows importantes. En bas de l'écran, cliquez sur l'icône qui représente un *e* bleu plus ou moins tarabiscoté. Il rappelle d'ailleurs**

l'ancien logo d'Internet Explorer, sans doute pour ne pas trop vous dépayser.

Vous êtes immédiatement transporté dans Microsoft Edge, le nouveau navigateur Internet de Windows. Edge est illustré sur la Figure 1.11.

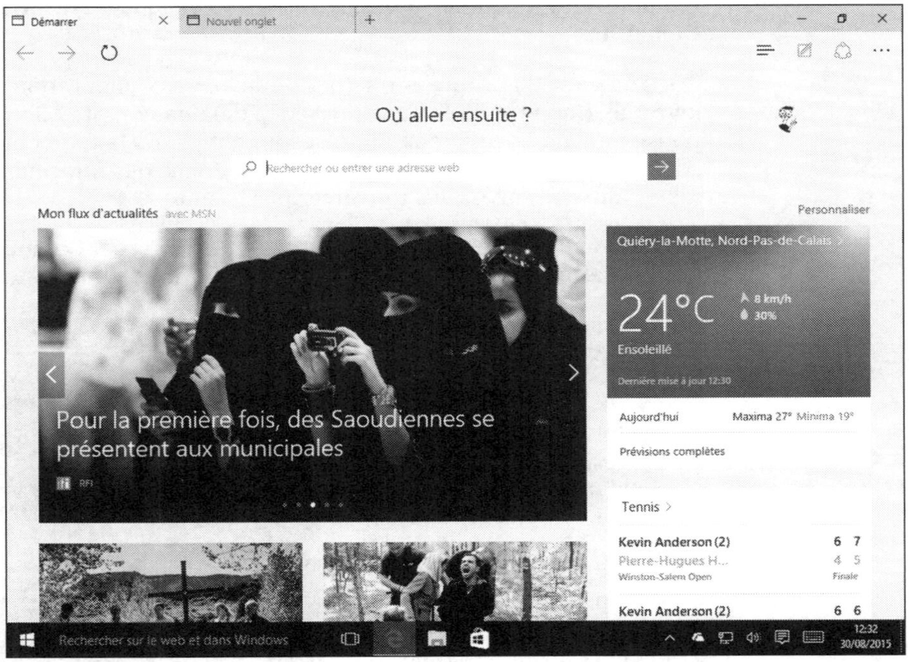

Figure 1.11 : Edge est le nouveau navigateur Web de Microsoft.

Si vous voulez vraiment, vraiment, vraiment, utiliser Internet Explorer, je ne peux pas vous le cacher plus longtemps : il est toujours présent. Vous le trouverez dans les Accessoires Windows de la liste Toutes les applications du menu Démarrer, pas loin de Paint, découvert lors de l'Étape 9.

En première analyse, cela signifie que Microsoft a décidé de laisser tomber Internet Explorer. Et c'est une bonne nouvelle, tellement Internet Explorer provoquait de problèmes. D'ailleurs, le nombre de ceux qui persistaient à l'utiliser s'était réduit comme peau de chagrin. Avec Edge, Microsoft peut prétendre relancer la concurrence avec Google Chrome et Firefox. Ce sont d'excellents navigateurs que je continue quand même à recommander.

Amusez-vous un peu avec Edge. Tapez quelque chose dans sa barre d'adresse. Cliquez sur le signe « + », en haut de la fenêtre, pour ajouter un nouvel onglet. Cliquez sur plusieurs liens. Vous remarquez ? Eh oui, Edge fonctionne comme tout autre navigateur. Même s'il n'est pas bourré de fonctionnalités, c'est un bon navigateur pour les traversées quotidiennes. Vous le découvrirez en détail dans le Livret V, Chapitre 1.

12. **Si vous n'avez pas encore fait connaissance avec Cortana, c'est le moment. Cliquez dans la barre de recherche, juste à droite du bouton Démarrer.**

    Cortana va vous proposer quelques étapes de configuration (voyez le Livret III, Chapitre 5). Si vous possédez déjà un compte Microsoft, cette phase ne devrait pas vous prendre longtemps. En fait, un compte Microsoft est indispensable pour que Cortana stocke des informations personnelles afin de pouvoir les retrouver par la suite.

13. **Quand vous avez cliqué, tapez ou dictez au micro « Bonjour, Cortana ». Faites une petite pause, puis dites « Chante-moi une chanson ».**

    Et la magie opère… Cortana se met à chanter *À la claire fontaine* (voir la Figure 1.12).

    Je n'ai aucune idée de l'étendue du répertoire de Cortana. Mais si vous êtes d'ores et déjà curieux de vous faire une idée de l'étendue de ses connaissances, vous pouvez faire un petit tour sur le Web en tapant comme critère « Cortana questions » (avec Google, c'est mieux…).

14. **Voilà qui termine ce petit tour du propriétaire. Il y a bien entendu bien plus à découvrir. Nous n'avons fait que gratter légèrement la peau, et Windows 10 a le cuir très épais.**

    Allez, vous avez le droit de souffler un peu.

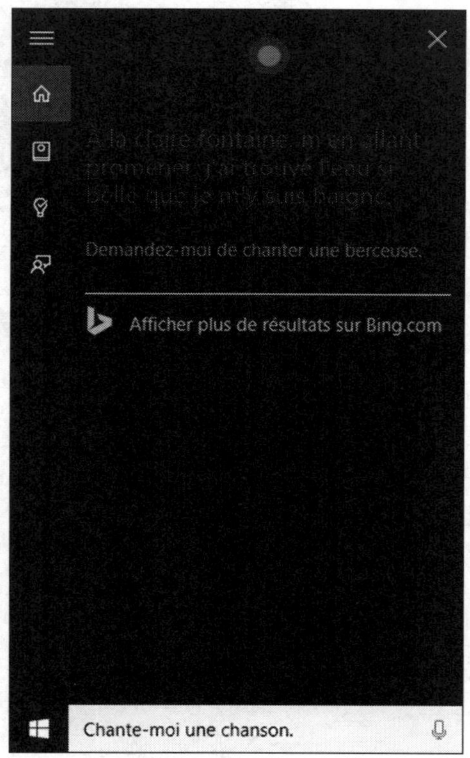

Figure 1.12 : Bonjour, Cortana. Chante-moi une chanson !

Les raccourcis clavier

Windows 10 est truffé d'innombrables raccourcis clavier. Personnellement, je déteste utiliser la plupart d'entre eux, mais il faut reconnaître que certains sont très utiles.

Il est difficile de les mémoriser tous, mais voici cependant ceux que tout le monde devrait connaître. Ils existent depuis belle lurette dans les versions antérieures de Windows :

- **Ctrl + C :** Copie l'élément sélectionné et le place dans le Presse-papiers. Sur un écran tactile, la même opération est faisable dans la plupart des applications en touchant continûment. Choisissez ensuite Copier.
- **Ctrl + X :** Coupe l'élément sélectionné (autrement dit, il le copie puis le supprime) et le place dans le Presse-papiers. Sur un écran tactile, touchez continûment et choisissez Couper.
- **Ctrl + V :** Colle le contenu du Presse-papiers à l'emplacement du curseur. Sur un écran tactile, touchez continûment et choisissez Coller.
- **Ctrl + A :** Sélectionne tout, bien que cette notion de « tout » soit assez vague. Des applications font un autre usage de ce raccourci. Toucher continûment propose l'option Tout sélectionner.
- **Ctrl + Z :** Annule la dernière action. Peu d'applications tactiles proposent une alternative à ce raccourci. Vous trouverez généralement une commande Annuler sur le ruban.
- Lors d'une saisie, les raccourcis **Ctrl + G, Ctrl + I** et **Ctrl + S** activent le gras, l'italique et le soulignement (N.d.T. : sur certaines applications, les raccourcis anglais ont été conservés pour le gras et le soulignement : Ctrl + B, comme *bold,* et Ctrl + U, comme *underline*). Répétez le même raccourci pour revenir à l'écriture normale.

En plus des raccourcis clavier remontant à la nuit des temps (de Windows), vous pourrez aussi utiliser ceux-ci :

- **Touche Windows (Win en raccourci) :** Elle affiche le menu Démarrer.
- **Win + D :** Bascule directement de l'application active vers le bureau, et réciproquement.
- **Alt + Tab :** Fait passer d'un programme ouvert à un autre. Avec la variante **Win + Tab**, le bureau est considéré comme un programme.
- **Ctrl + Alt + Suppr. :** Fait apparaître un écran proposant de verrouiller l'ordinateur (voir le Livret II, Chapitre 2), de changer d'utilisateur (Livret II, Chapitre 4), ou de démarrer le nouveau Gestionnaire des

tâches amélioré (Livret VIII, Chapitre 5).

Vous pouvez également cliquer droit sur le menu Démarrer, ou appuyer sur la combinaison Win + X pour afficher un menu rempli d'options que seuls quelques rares techniciens sont capables de maîtriser en totalité (voir la Figure 1.13).

Voici deux raccourcis qui peuvent également vous faciliter la vie (ou pas) :

- **Win + C :** Demande à Cortana de vous écouter.
- **Win + L :** Bascule immédiatement vers l'écran de verrouillage.

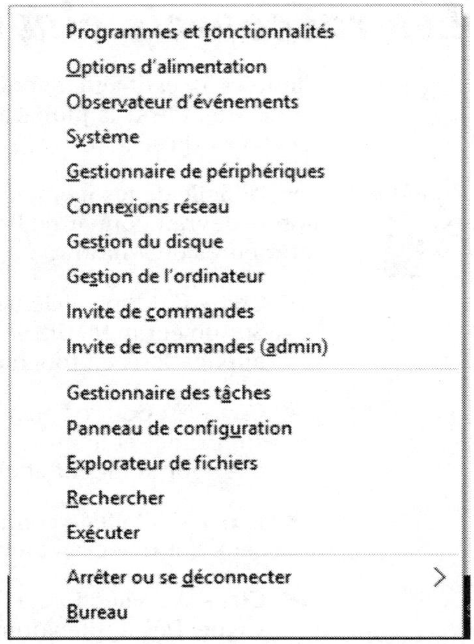

Figure 1.13 : Ce menu vous fait pénétrer dans les entrailles de Windows.

Chapitre 2

Changer les écrans de verrouillage et de connexion

Dans ce chapitre :

- Personnaliser l'écran de verrouillage
- Afficher des applications sur l'écran de verrouillage
- Modifier la méthode de connexion
- Définir un mot de passe image ou un code PIN
- Empêcher toute connexion

Windows vous oblige à franchir trois obstacles avant que vous ne puissiez commencer à utiliser l'ordinateur (ou à jouer) :

1. Vous devez franchir *l'écran de verrouillage.* Semblable dans son principe à l'écran de verrouillage d'un smartphone ou d'un iPad, ou d'une Surface, il est censé empêcher l'ordinateur de démarrer inopinément.

2. Si plusieurs comptes d'utilisateurs ont été créés (disons si plusieurs personnes sont susceptibles d'utiliser le même ordinateur), il faut en choisir un. Nous y reviendrons au Livret II, Chapitre 4.

3. Si un mot de passe a été défini pour le compte, il faut le saisir. Windows autorise différents types de mots de passe, ce qui est particulièrement utile avec une tablette à écran tactile ou sur le petit écran d'un smart-

phone. Mais le principe reste le même : à moins d'avoir créé un compte dépourvu de mot de passe, vous devrez confirmer votre identité.

Ce n'est qu'après ces formalités que vous accédez à l'écran d'accueil et, de là, à toutes les richesses de Windows. Voyons à présent comment personnaliser l'écran de verrouillage et les moyens de se connecter selon vos désirs.

L'écran de verrouillage

Lorsque vous démarrez l'ordinateur, ou si vous n'y touchez pas pendant un moment, vous voyez s'afficher l'écran de verrouillage, comme celui qui est illustré sur la Figure 2.1.

Figure 2.1 : L'écran de verrouillage de Windows 10.

Vous franchissez l'écran de verrouillage de l'une des manières suivantes :

- en effleurant l'écran tactile ;
- en faisant bouger la souris ;
- en appuyant sur une touche du clavier.

Nous verrons d'ici peu qu'il est possible de changer l'écran de verrouillage et de personnaliser les vignettes d'utilisateurs dans l'écran de connexion.

Écrans de verrouillage personnalisés

Windows 10 affiche un écran différent pour chacun des comptes d'utilisateurs de l'ordinateur, et permet de personnaliser cet écran.

Lorsque vous verrouillez l'ordinateur – en cliquant sur votre nom d'utilisateur en haut et à gauche du menu Démarrer, et en choisissant Verrouiller dans le menu –, Windows utilise l'écran de verrouillage associé à votre compte. Dès que vous cliquez sur cet écran, ou si vous l'effleurez, l'écran de connexion apparaît, et vous devez ressaisir votre mot de passe (si vous en avez défini un, bien sûr). Le choix du compte d'utilisateur ne vous est pas proposé.

En revanche, si au lieu de choisir Verrouiller dans le menu Démarrer, vous cliquez sur Se déconnecter, Windows réagit assez différemment. Il affiche cette fois les vignettes de chacun des utilisateurs dans l'écran de connexion. Vous devrez choisir l'un des comptes d'utilisateurs (et dans ce cas, taper le mot de passe qui lui est associé si vous le connaissez).

Bref, lorsque vous changez l'écran de verrouillage, vous ne modifiez que lui. L'aspect de l'écran de connexion, lui, ne change pas.

Personnaliser l'écran de verrouillage

Il est très facile de choisir une autre image pour l'écran de verrouillage (voyez l'encadré « Écrans de verrouillage personnalisés » pour quelques informations complémentaires).

Voici comment procéder :

1. **Cliquez ou tapez sur le bouton Démarrer, puis sur Paramètres. Dans la fenêtre qui s'ouvre, choisissez Personnalisation.**

2. **Dans le volet de gauche, sélectionnez l'option Écran de verrouillage.**

   L'aperçu de l'écran de verrouillage apparaît (voir la Figure 2.2).

3. **Si l'une des images proposées sous l'actuel écran de verrouillage vous séduit, cliquez dessus pour l'utiliser. Si vous préférez appliquer une de vos photos, cliquez sur le bouton Parcourir situé sous ces aperçus.**

   Cliquer sur le bouton Parcourir ouvre la bibliothèque Images, mais dans la version Explorateur de fichiers de l'écran d'accueil.

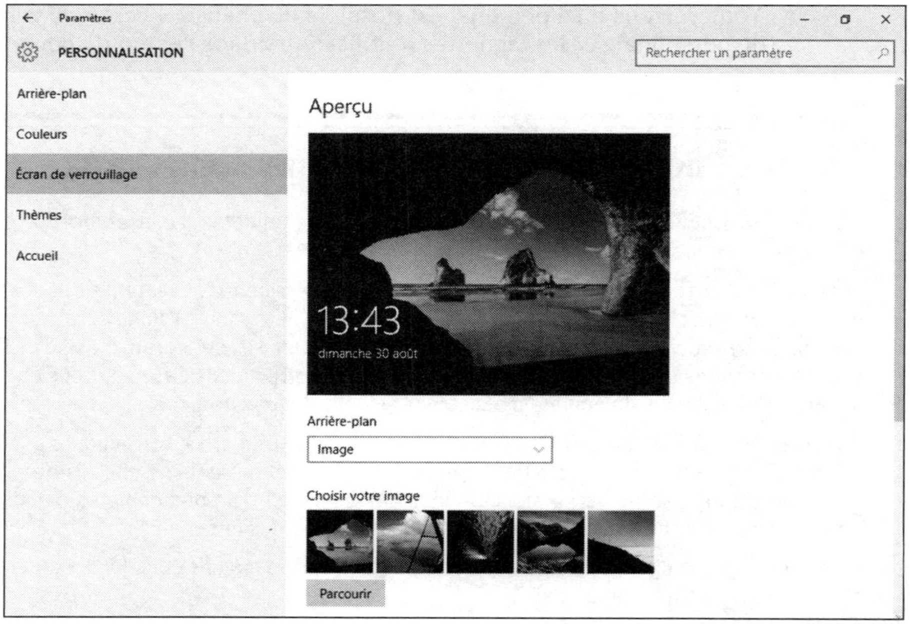

Figure 2.2 : C'est ici que vous changez votre écran de verrouillage.

4. **Si vous avez choisi une de vos photos dans le sélecteur de fichiers, cliquez sur le bouton Choisir cette image situé dans la partie inférieure droite de l'écran.**

   C'est tout.

La liste Arrière-plan vous propose une autre option, Diaporama. Cette option est associée aux albums de l'application Universelle Windows Photos (voir le Livret IV, Chapitre 3), mais vous pouvez aussi choisir votre propre dossier d'images comme source du diaporama. Dans ce cas, cliquez sur le lien qui indique Paramètres avancés du diaporama. Voyez si le dossier appelé Pellicule du PC ou de OneDrive est activé, si les images doivent être assez grandes pour remplir tout l'écran, et quelques autres options.

Pour tester votre nouvel écran d'accueil, le plus simple est d'ouvrir le menu Démarrer, puis de toucher ou cliquer sur votre nom d'utilisateur, en haut et à gauche du menu, et enfin de choisir Verrouiller.

Pour basculer rapidement vers l'écran de verrouillage, exécutez le raccourci clavier Win + L. (Pensez à L comme *Lock* qui signifie « Verrouillage » en anglais.)

Ajouter et retirer des applications sur l'écran de verrouillage

Les *badges* sont les petites icônes affichées en bas de l'écran de verrouillage. Elles indiquent au premier coup d'œil le nombre de messages non lus, le niveau de la batterie sur un appareil portable, et d'autres informations utiles avant même d'avoir activé une connexion. Le type de connexion Internet – Wi-Fi ou Ethernet – est également indiqué par un badge. Sur un ordinateur portable, vous y verrez également une icône qui vous informe du niveau d'autonomie de la batterie.

Windows permet de choisir les badges à afficher. Pourquoi ne pas les afficher tous, vous demandez-vous peut-être ?

C'est une bonne question. Il se trouve que les programmes dotés d'un badge actualisent régulièrement leurs informations, généralement toutes les 15 minutes. Or, lorsqu'un badge est affiché, l'application à laquelle il est associé doit sortir de veille à intervalles réguliers afin de récupérer les données et de les mettre à jour sur l'écran de verrouillage. Afficher tous les badges drainerait inévitablement la batterie plus rapidement.

Conclusion : si votre ordinateur fonctionne sur la batterie, évitez d'afficher plus de badges que nécessaire. Mais s'il est alimenté par le secteur, vous pouvez afficher autant de badges que vous en avez envie.

Voici comment choisir et activer les badges :

1. **Ouvrez le menu Démarrer, puis choisissez Paramètres.**

2. **Dans la fenêtre Paramètres, cliquez sur Personnalisation, puis sélectionnez dans le volet de gauche Écran de verrouillage. Faites défiler la partie droite de la fenêtre vers le bas.**

   TRUC

   En bas de l'écran, vous devriez voir apparaître deux rangées d'icônes grisées.

   La première rangée contient un unique badge particulier chargé de montrer une certaine information sur l'écran de verrouillage. Par défaut, il s'agit de la date et de l'heure, comme l'illustre la Figure 2.1. Cette application est conçue de manière à occuper une place nettement repérable lors du démarrage de Windows (pour le cas où vous auriez perdu la notion du temps).

   La seconde rangée de sept icônes vous offre la possibilité d'ajouter autant de badges en bas de l'écran de verrouillage. Ces badges apparaîtront dans l'ordre défini, de la gauche vers la droite en commençant par la position qui se trouve sous l'horloge. En théorie (quoique cela ne marche pas toujours), vous avez donc toute latitude pour définir ce que vous voulez ou non afficher sur l'écran de verrouillage.

3. **Touchez ou cliquez sur l'une des icônes de badge et, dans le menu local qui apparaît, choisissez l'icône de l'application qui s'affichera sur l'écran de verrouillage (voir la Figure 2.3).**

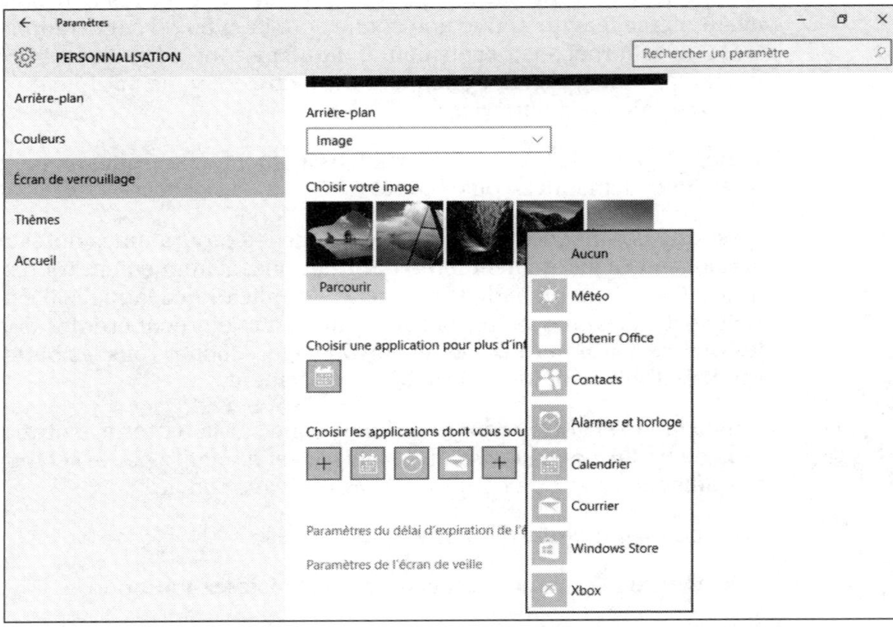

Figure 2.3 : Choisissez les badges des applications que vous voulez afficher sur l'écran de verrouillage.

Si vous ne désirez pas afficher de badge, cliquez simplement sur Aucun, en haut de la liste des applications.

Une application doit avoir été conçue tout spécialement pour afficher des informations sur l'écran de verrouillage. Quand vous installerez des applications supplémentaires, certaines pourront figurer spontanément dans la liste visible sur la Figure 2.3.

Un badge inutilisé est identifié par le signe « plus ». *De facto*, aucune application n'y apparaît. Par conséquent, pour ajouter un badge d'application, cliquez sur l'un de ces signes plus, et choisissez l'application qu'il devra ainsi représenter.

4. **Cliquez sur les icônes des badges qui vous intéressent, et choisissez l'application que vous voulez voir apparaître sur votre écran de verrouillage.**

   Vous avez terminé. Vous pouvez refermer la fenêtre Paramètres.

Pour voir vos badges, cliquez sur le bouton Démarrer. Ensuite, touchez ou cliquez sur votre nom d'utilisateur, en haut et à gauche du menu, puis choisissez Verrouiller. Je vous rappelle qu'une autre technique consiste à exécuter le raccourci clavier Ctrl + L.

TRUC

Si le résultat ne vous convient pas, repartez tout simplement de l'Étape 1 pour modifier vos choix.

S'identifier pour se connecter

Voyons maintenant comment s'identifier par une image mot de passe ou un code confidentiel (PIN), afin de sécuriser l'accès à votre ordinateur. Je vous montrerai également comment vous pouvez outrepasser totalement la phase d'identification, si du moins vous êtes sûr que personne d'autre que vous ne peut se servir de votre ordinateur.

Configurer un mot de passe image

Si vous configurez un compte d'utilisateur comme expliqué plus loin dans le Livret II, Chapitre 4, et que ce compte est protégé par un mot de passe conventionnel, vous pouvez utiliser un mot de passe image.

C'est très facile.

Un *mot de passe image* est créé en deux temps : le choix d'une image – n'importe laquelle, une photo, un dessin... – et l'indication de la figure qu'il faut tracer dessus avec le doigt ou avec la souris, comme des touchers ou des clics, des cercles ou des lignes droites. Pour vous connecter au compte, vous aurez le choix entre saisir le mot de passe ou tracer les figures imposées (imposées par vous, évidemment).

Prenons l'exemple illustré sur la Figure 2.4. Tiens, il y une photo de mon épouse dans le dossier. Dessiner ses lunettes serait plutôt une bonne idée (d'accord, n'importe quel pirate un peu futé aurait la même idée, c'est juste pour les besoins de la démonstration).

Le mot de passe image est très plaisant. Que vous utilisiez la souris ou le doigt, quelques tracés sur une photo sont plus faciles à retenir que `C1mOt2passE`.

Figure 2.4 : Chercher une photo sur le PC pour créer un mot de passe image.

Voici quelques suggestions de Microsoft pour renforcer l'efficacité d'un mot de passe image :

- **Choisissez une photo contenant de nombreux points d'intérêt.** S'ils sont peu nombreux, le choix sera très limité et les chances de les trouver plus grandes.
- **Ne vous limitez pas à des touchers ou à des clics.** Mêlez un toucher, un cercle et une ligne, par exemple. Mais ne compliquez pas trop les choses quand même, sinon vous risqueriez d'oublier le motif…
- **N'allez pas toujours de la gauche vers la droite.** Les lignes peuvent être tracées horizontalement ou verticalement, dans un sens ou dans un autre. Un cercle peut être tracé dans le sens horaire ou antihoraire.
- **Ne laissez personne regarder comment vous tracez les figures.** La grande faiblesse d'un mot de passe image, comparé à un mot de passe au clavier, et qu'il est facile de voir ce qui est tracé à l'écran.
- **Nettoyez l'écran.** Un esprit tordu peut tenter de deviner ce que vous avez dessiné sur un écran tactile en recherchant les traces de doigt. Si vous n'avez pas la possibilité de nettoyer l'écran maintenant, ajoutez des traces de doigts aléatoires afin de leurrer quelqu'un qui examinerait l'écran.

Voici comment configurer un mot de passe image :

1. **Une nouvelle fois, ouvrez le menu Démarrer puis l'application Paramètres. Choisissez maintenant l'option Comptes.**

2. **Dans le volet de gauche, activez la ligne Options de connexion.**

   La page de configuration des options de connexion apparaît (voir la Figure 2.5).

Figure 2.5 : Les paramètres de mot de passe de votre compte.

3. **Dans la section Mot de passe image, cliquez sur Ajouter.**

   Windows demande de confirmer l'actuel mot de passe (si, bien entendu, vous en avez défini un).

   Un mot de passe saisi au clavier est obligatoire (le champ de saisie ne peut rester vierge). Autrement, Windows démarrerait la session sans demander aucun mot de passe, qu'il soit textuel ou graphique.

4. **Tapez le mot de passe, puis touchez ou cliquez sur OK.**

   Windows vous demande de choisir une image.

5. **Touchez ou cliquez sur le bouton Choisir une image. Sélectionnez une image contenant suffisamment d'éléments intéressants pour le mot de passe image, puis touchez ou cliquez sur le bouton Ouvrir.**

   Si la photo n'est pas aux mêmes proportions que l'écran, vous pouvez la faire glisser pour la cadrer à votre convenance.

6. **Une fois votre recadrage éventuel effectué, touchez ou cliquez sur le bouton Utiliser cette image.**

   Windows vous invite à effectuer les gestes pour le traçage (voir la Figure 2.6).

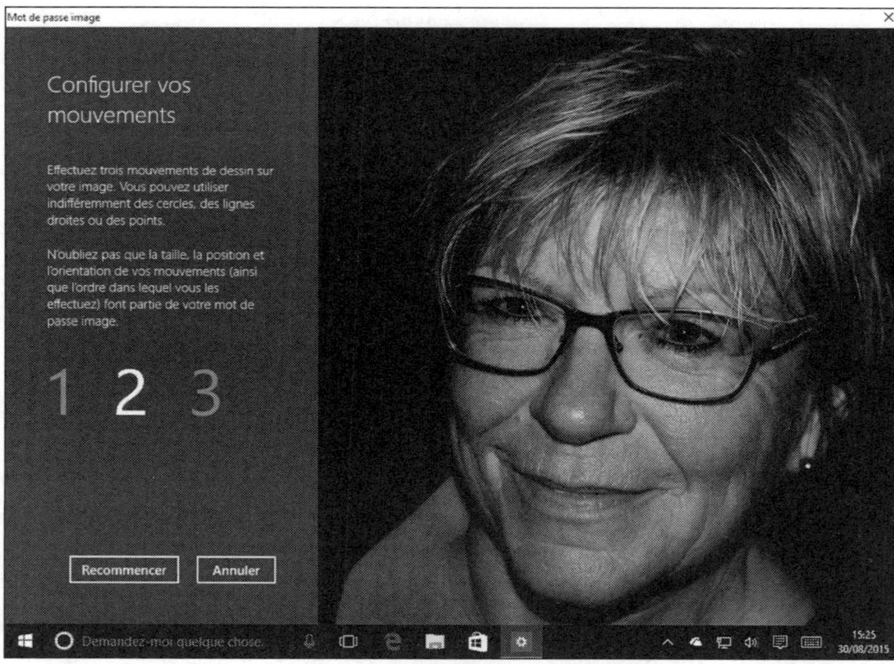

Figure 2.6 : Tracez ici les points, traits et cercles formant le mot de passe image.

7. **Windows vous invite ensuite à répéter les gestes. Dès qu'ils coïncident avec ceux effectués lors de l'Étape 6, tapotez ou cliquez sur Terminer.**

   C'est là que vous vous rendez compte à quel point le tracé des figures peut être précis.

8. **Cliquez sur le bouton Terminer.**

   Le mot de passe image est opérationnel.

9. **Revenez au menu Démarrer, tapez ou cliquez sur votre image, choisissez verrouiller, et assurez-vous que vous pouvez reproduire la gestuelle.**

N'OUBLIEZ PAS

Si le mot de passe image ne fonctionne pas, vous pouvez toujours utiliser le mot de passe au clavier.

Définir un code PIN

Le code PIN en question est un code à quatre chiffres comparable au code PIN utilisé en téléphonie ou pour votre carte bancaire.

ATTENTION !

Utiliser un même code confidentiel ou code PIN sur différents appareils est risqué. Il est plus sûr de définir un code différent pour chacun d'eux. C'est la sagesse même, non ?

L'avantage d'un code PIN sur toute autre méthode est qu'il est court et facile à mémoriser. D'un point de vue technique, le plus important est que ce code PIN est stocké uniquement sur votre ordinateur. Il est lié à celui-ci, et vous n'avez pas trop à craindre qu'il se retrouve dans une base de données pirate, ou volé avec le numéro de votre carte bancaire. Quant à la NSA, c'est une autre affaire…

La création d'un code PIN est facile :

1. **Une nouvelle fois, ouvrez le menu Démarrer puis l'application Paramètres. Choisissez maintenant l'option Comptes.**

2. **Dans le volet de gauche, activez la ligne Options de connexion.**

   La page de configuration des options de connexion apparaît (reportez-vous à la Figure 2.5).

3. **Dans la section Code PIN, cliquez sur Ajouter.**

   Windows vous demande de confirmer votre mot de passe. Vous devez le saisir au clavier (le mot de passe image n'est pas utilisable).

4. **Saisissez votre mot de passe textuel, puis touchez ou cliquez sur le bouton OK.**

   Windows vous demande de saisir un code confidentiel, puis de le confirmer (voir la Figure 2.7). En général, ce genre de code comporte quatre chiffres, mais vous pouvez en ajouter davantage. Évidemment, une combinaison du genre **123456** n'est *vraiment* pas une bonne idée !

5. **Saisissez le code confidentiel, saisissez-le de nouveau pour confirmation, puis touchez ou cliquez sur OK.**

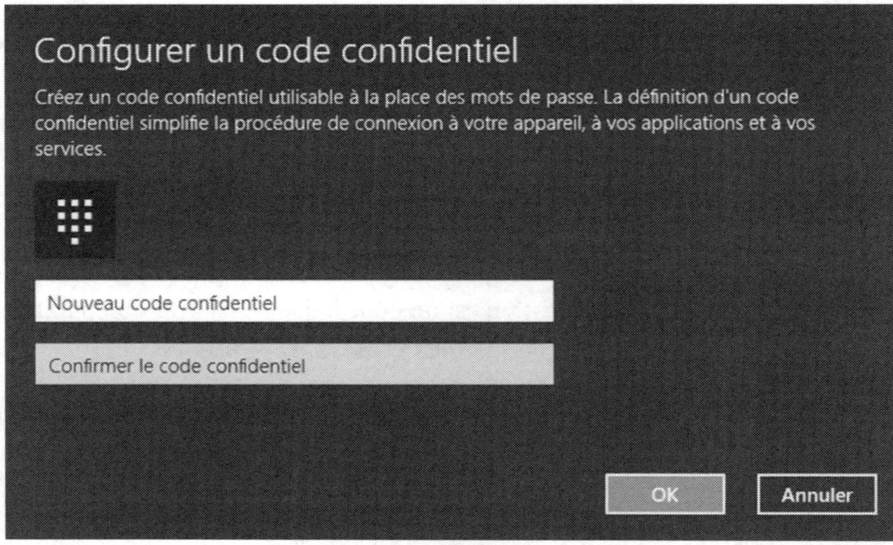

Figure 2.7 : Définir un code PIN, c'est très facile.

Ces protections à l'aide de caractères ou de chiffres sont loin de procurer une sécurité absolue. La fin des mots de passe classiques n'est peut-être pas si loin que cela. Après, vient le temps de l'identification biométrique, qui nécessite du matériel spécialisé pour reconnaître l'iris, les empreintes, le visage, l'ADN et que sais-je encore. Microsoft s'est préparé en concevant un environnement matériel spécialisé qu'il appelle Windows Hello. D'accord, pour vous et moi, ce n'est pas pour demain. Cependant, votre matériel est peut-être déjà prêt pour ce bond dans le futur. Normalement, si c'est le cas, un nouveau lien devrait apparaître dans la page Options de connexion des Paramètres une fois que vous avez créé un code PIN.

Se dispenser de mot de passe

Vous disposez à présent de trois manières commodes pour vous identifier auprès de Windows : le classique mot de passe saisi au clavier, le mot de passe image et sa gestuelle, et le code PIN comparable à celui d'un téléphone ou d'une carte bancaire.

Et si vous ne voulez aucun mot de passe parce que vous estimez qu'il est inutile, que votre ordinateur est totalement sécurisé, ou parce que vous ne voulez pas être ennuyé par ce genre de formalité ?

Dès lors que votre compte est de type Local, c'est facile. Il vous suffit de supprimer le mot de passe et de laisser le champ de saisie vide. Suivez les étapes proposées dans le Livret II, Chapitre 4, mais laissez le champ Nouveau mot de passe vide (le bouton Modifier le mot de passe est visible sur la Figure 2.5, plus haut dans ce chapitre).

Un compte Microsoft n'accepte pas que le champ Mot de passe soit vide. Mais un compte Local, si.

Si votre mot de passe est vide, vous accédez directement au bureau après avoir cliqué sur l'icône de votre compte d'utilisateur dans l'écran d'accueil.

Si un seul et unique compte existe, et si ce compte ne possède pas de mot de passe, vous passez immédiatement de l'écran de verrouillage au bureau.

Chapitre 3

Windows et ses notifications

Dans ce chapitre :

- C'est quoi, le Centre de notifications ?
- Le Centre de notifications et ses options
- Les différents types de notifications
- Que pouvez-vous faire avec les notifications

Si vous avez déjà utilisé un smartphone ou une tablette, vous devez avoir une idée de ce que sont les notifications. Chacun gère la chose à sa manière et sous des formes différentes, mais le concept est le même. Vous êtes averti de quelque chose, vous regardez de quoi il s'agit, et vous décidez de la suite des événements (exemple : supprimer cette ennuyeuse notification publicitaire).

Dans Windows 7, ces notifications étaient plutôt rares et disparaissaient rapidement (généralement, elles provenaient de programmes qui vous proposaient de les mettre à jour, ou encore de Windows qui vous signalait un problème). Avec Windows 8/8.1, il y en avait bien plus, mais elles ne duraient pas non plus longtemps. Et si elles commençaient à s'empiler, elles pouvaient rapidement squatter toute la partie droite de l'écran.

Finalement, Windows 10 nous propose un volet unique dans lequel il affiche les notifications que vous recevez. Ou du moins certaines d'entre elles. Parfois. Un peu comme les premiers smartphones, si vous voyez ce que je veux dire.

C'est quoi, le Centre de notifications ?

D'accord, Microsoft ne l'appelle pas toujours Centre de notifications, ce qui est pourtant l'appellation communément admise un peu partout (Barre des notifications, c'est bien aussi). Les types de chez Microsoft aiment bien Centre de maintenance (c'est d'ailleurs l'appellation que l'on trouve dans les paramètres, mais ce n'est pas très cohérent). Donc, va pour le Centre de notifications.

Le Centre de notifications n'a rien à voir avec le Centre de maintenance apparu avec Windows 7. Celui-ci existe toujours (sous l'appellation Sécurité et maintenance), mais il concerne essentiellement le propre fonctionnement de Windows, et au passage votre sécurité.

En fait, je vous parle ici d'un vrai Centre de notifications. Cliquez sur l'icône qui ressemble un peu à une bulle de B.D., vers la droite de la barre des tâches, et vous allez voir s'afficher les notifications qui vous ont été envoyées (voir la Figure 3.1).

En haut du volet qui s'affiche, Windows rassemble les notifications diverses et variées qui vous sont destinées (mais pas toutes). En bas, vous pouvez voir des boutons en plus ou moins grand nombre qui donnent accès à divers réglages.

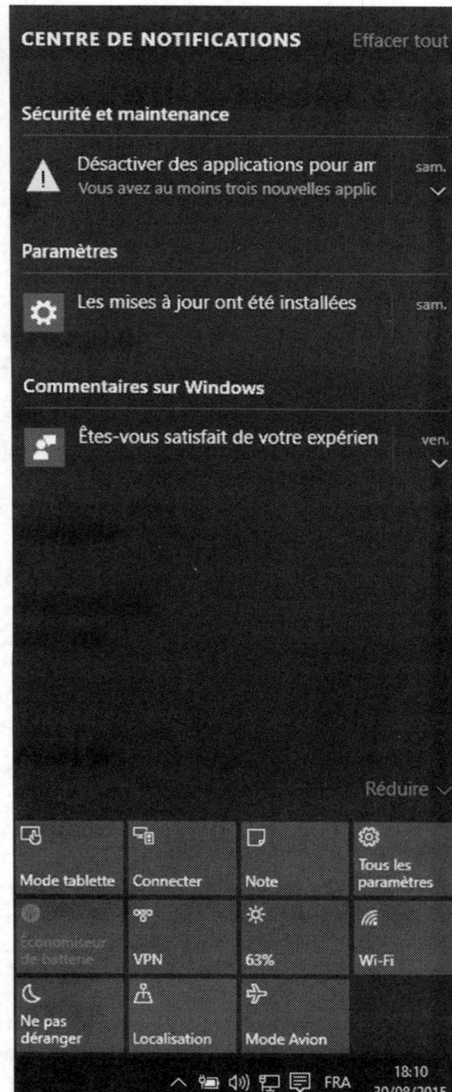

Figure 3.1 : Windows 10 et les notifications.

C'est quoi, exactement, une notification ?

Historiquement, Windows a toujours été capable de traiter toutes sortes de notifications. Il peut s'agir d'icônes qui clignotent sur la barre des tâches, ou qui se cachent dans ce qui s'appelait la Zone de notifications (près de l'horloge, à droite de la barre des tâches) pour afficher sournoisement des bulles diverses et variées, voire même des boîtes de dialogue totalement intempestives, parfois même capables de bloquer le système. Avec Windows 8/8.1, les choses se sont un peu calmées et organisées, voire même disciplinées.

Ces nouvelles notifications, politiquement beaucoup plus correctes, sont les messages que vous recevez quand Windows 10 ou un de ses programmes veut attirer votre attention. Elles se répartissent pour l'essentiel en trois grands groupes :

- Des panneaux rectangulaires apparaissant en haut et à droite de l'écran, contenant quelques lignes de texte comme : `Cliquez pour sélectionner l'action à exécuter avec Images` ou `Activer ou désactiver le partage`. C'est typiquement le cas si vous insérez une clé USB ou un nouveau DVD dans votre lecteur.

  Ces notifications, souvent appelées *toasts*, sont un élément important de la face Universelle de Windows. Ce nom est bien choisi : ces notifications jaillissent comme des morceaux de baguette d'un grille-pain, et vous devez les attraper au passage avant qu'elles ne retombent.

- Les notifications toasts peuvent être affichées sur l'écran de verrouillage. C'est plus commode que sur le bureau, car elles sont ainsi lisibles, même lorsque Windows est en veille. Mais elles drainent la batterie des appareils portables.

- Elles peuvent émettre un son. J'en frémis d'avance.

Google, par exemple, joue comme d'habitude son propre jeu. Il a donc construit son propre système qui est géré directement dans le navigateur. Ainsi, si vous recevez un message Gmail, il vous suffit de cliquer sur la notation qui apparaît dans le coin inférieur droit de la fenêtre pour le consulter (d'accord, il faut être assez rapide). Ces notifications sont donc totalement internes à Google Chrome, et Windows ni ne les voit ni ne les contrôle. Un jour, peut-être, arriveront-ils à se mettre d'accord pour le plus grand bonheur des utilisateurs.

Travailler avec les notifications

Dans le meilleur des mondes, les notifications de Windows 10 fonctionneraient comme celles de Google Chrome, mais en mieux. Cliquer sur une notification et se trouver transporté vers une description, un réglage, un message, des explications, la meilleure recette de mojito, les numéros gagnants du prochain loto… Le rêve, quoi.

La réalité est toute autre, et il faut bien reconnaître qu'à ce jour la plupart des notifications n'offrent pas grand intérêt. Parfois, oui. Souvent, non.

Si vous remarquez qu'un certain programme vous envoie des notifications dont vous n'avez rien à faire, Windows vous permet assez facilement de les désactiver. Inversement, il est aussi possible de choisir les applications autorisées à émettre des notifications, et celles qui devront réprimer leurs borborygmes.

Voici comment désactiver des notifications :

1. **Tapez ou cliquez sur le bouton Démarrer, puis sur Paramètres et enfin Système.**
2. **Dans le volet de gauche, cliquez sur Notifications et actions.**

   Le volet des actions rapides et des notifications apparaît sur la droite de la fenêtre (voir la Figure 3.2).
3. **Désactivez toutes les notifications en basculant le commutateur qui indique Afficher les notifications d'application.**
4. **Si vous voulez juste faire taire une certaine application, faites glisser la fenêtre vers le bas pour la localiser, puis son commutateur vers la gauche pour le désactiver.**
5. **Voyez dans les autres réglages ce qui pourrait vous intéresser ou pas (les conseils sur Windows, je m'en passe très bien, et je déteste être ennuyé lorsque je fais une présentation).**
6. **Refermez la fenêtre. Vous avez terminé.**

Configurer les actions rapides

Vous avez pu constater la présence en bas du volet du Centre de notifications d'une série de boutons. Sur la Figure 3.1, par exemple, il y en a onze.

Vous avez un (petit) contrôle sur ces boutons. Voyons ce que vous pouvez en faire :

1. **Tapez ou cliquez sur le bouton Démarrer, puis sur Paramètres et enfin Système.**
2. **Dans le volet de gauche, cliquez sur Notifications et actions.**

   Le volet des actions rapides et des notifications apparaît sur la droite de la fenêtre (reportez-vous à la Figure 3.2).

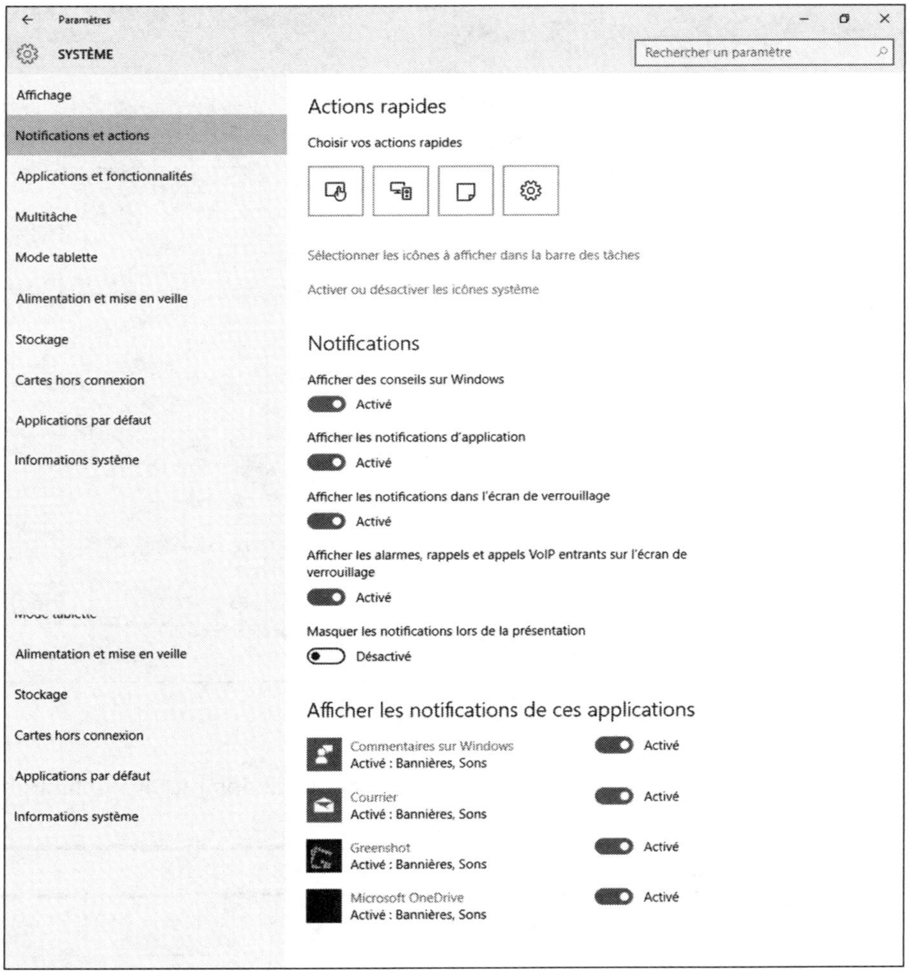

Figure 3.2 : C'est ici que vous activez ou désactivez les notifications.

3. **Dans la section Actions rapides, cliquez sur un des quatre boutons proposés.**

   Les choix dont vous pouvez disposer (mais il peut y en avoir d'autres) sont montrés sur la Figure 3.3.

4. **Choisissez l'icône que vous voulez ajouter en bas du volet des notifications.**

   Je n'ai aucune idée de l'endroit ou Windows dissimule les autres icônes.

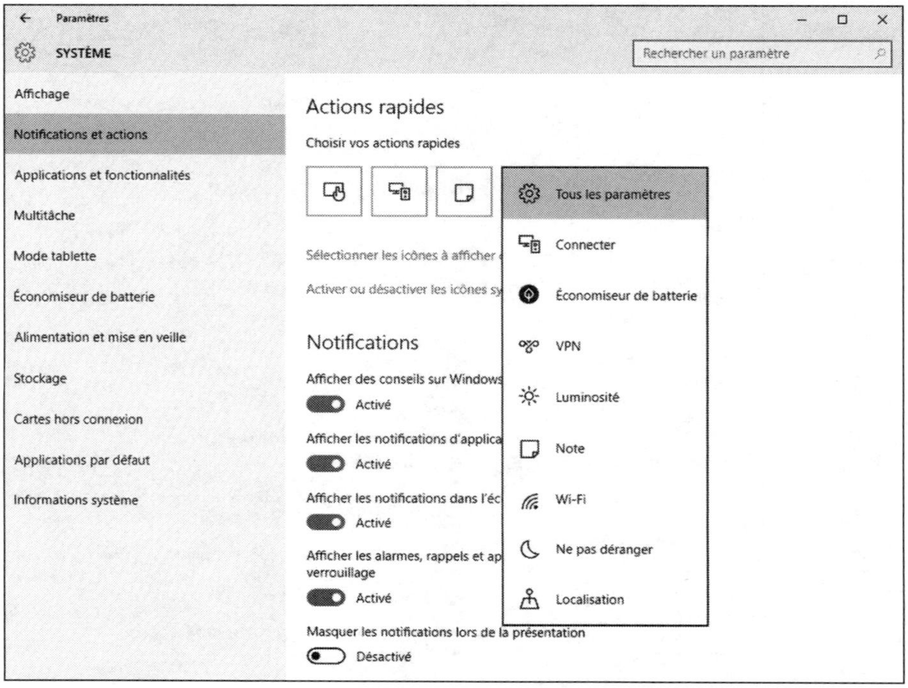

Figure 3.3 : Définir les actions dites rapides.

Le Tableau 3.1 explique le rôle de chaque action rapide configurable.

Tableau 3.1 : Les actions rapides de Windows 10.

Icône	Ce qu'elle fait
Mode Tablette	Active ou désactive le mode Tablette.
Luminosité (100 %)	Ajuste la luminosité de l'écran par pas de 25 %.
Connecter	Recherche des affichages ou autres appareils sans fil, en particulier des systèmes audio et télévisuels compatibles Miracast.
Tous les paramètres	Ouvre l'application Paramètres.
Économiseur de batterie	Permet de choisir entre deux modes d'économie de la batterie en diminuant la luminosité de l'affichage. Cette fonction est désactivée si l'ordinateur est branché sur le secteur.
VPN	Pour créer une connexion à un réseau privé virtuel, ou se connecter à un réseau existant.

Icône	Ce qu'elle fait
Bluetooth	Active ou désactive le Bluetooth.
Verrouillage de l'orientation	Empêche l'écran de passer du mode Portrait au mode Paysage, et inversement.
Wi-Fi	Active ou désactive le Wi-Fi. Cette icône ne permet pas de choisir une connexion.
Localisation	Active ou désactive la localisation de l'appareil dans le volet Emplacement de la rubrique Confidentialité des paramètres.
Mode Avion	Active ou désactive toutes les communications sans fil. Voyez ce qu'en dit l'application Paramètres, rubrique Réseau et Internet, option Mode Avion.
Ne pas déranger	C'est sans doute pour ne pas être… dérangé.

Chapitre 4

Contrôler les utilisateurs

Dans ce chapitre :

- Choisir un type de compte
- Le pour et le contre des comptes Microsoft
- Ajouter un nouvel utilisateur
- Modifier un compte
- Passer d'un compte d'utilisateur à un autre

Selon Microsoft, 70 % des utilisateurs de PC n'ont qu'un seul compte d'utilisateur. Étonnant, non ? Cela signifie que 70 % des ordinateurs sous Windows fonctionnent en permanence à leur niveau de sécurité le plus permissif, tout le temps. Cela signifie aussi que le petit dernier, qui connaît l'informatique mieux que ses tables de multiplication, peut installer facilement le vieil Antivirus 2009 – un pourriciel notoire – et planter toute la famille en deux clics : « Désolé, la pub disait qu'il fallait absolument que je l'installe et qu'à 50 euros l'abonnement trimestriel, c'était une affaire. Je ne savais pas que c'était une telle daube. »

Bien que beaucoup de PC ne soient utilisés que par une seule personne, je suis enclin à penser que beaucoup de gens évitent de créer un compte par utilisateur tout simplement parce que cette procédure les intimide. Or, ce n'est pas si compliqué et vous en découvrirez ici les tenants et les aboutissants.

Même si vous êtes le seul et l'unique utilisateur de l'ordinateur, vous devriez configurer un second compte d'utilisateur. Cela peut parfois être utile en cas de problème avec le compte principal.

Si votre ordinateur fonctionne sous Windows 10 Professionnel ou Entreprise et qu'il est connecté à un grand réseau d'entreprise – un *domaine,* en jargon technique –, vous ne disposez que de peu de contrôle, voire aucun, sur qui a le droit d'y créer un compte d'utilisateur, ni sur ce qu'il peut faire par la suite. C'est une bonne chose, en théorie du moins, car l'administrateur de réseau se doit d'assurer la sécurité informatique et d'empêcher quiconque d'accéder à des données sensibles, comme la comptabilité. Mais des problèmes peuvent surgir lorsque vous devez installer un programme et que votre compte d'utilisateur ne possède pas toutes les fonctionnalités nécessaires. Si l'ordinateur est rattaché à un domaine, vous serez obligé de demander à l'administrateur de vous octroyer ces droits.

Le contenu de ce chapitre ne concerne que les PC connectés à un petit réseau ou non connectés. Sinon, vous devrez payer le tarif officiel : pizza, bière, plus un sourire peuvent aider.

Windows 10 a deux points d'entrée différents pour le contrôle des comptes d'utilisateurs. Pour des tâches simples, comme créer un nouveau compte ou définir un mot de passe image, par exemple, la commande Paramètres du menu Démarrer suffira. En revanche, pour aller plus loin, vous devrez vous colleter avec le Panneau de contrôle style Windows 7. Dans ce chapitre, je vous montrerai comment utiliser les deux.

Le contrôle du compte d'utilisateur est un élément sécuritaire qui n'est lié qu'incidemment à ces comptes. Nous y reviendrons dans le Livret IX, Chapitre 3.

Pourquoi vous avez besoin de comptes d'utilisateurs distincts

Windows a été conçu selon le principe qu'à un moment ou à un autre, plusieurs personnes utiliseront le même ordinateur. Or, toutes sortes de problèmes peuvent se poser lorsque plusieurs utilisateurs se succèdent sur un PC. J'avais configuré un écran super, avec les icônes judicieusement disposées de façon à les trouver rapidement, quand mon fils s'est pointé et a désorganisé tout cela en un rien de temps. Il a aussi installé sa liste de lecture de morceaux de musique pour ados et supprimé, dans la foulée, ma liste de lecture des plus beaux morceaux de Grateful Dead. Partager un PC, c'est bien pire que de partager la télécommande du téléviseur.

Windows agit en faveur de la paix dans les ménages – et même dans les bureaux – en permettant à chacun de se connecter à un compte d'utilisateur qui lui est propre. Vous signalez à Windows qui vous êtes et il ouvre la porte de votre espace privé.

Disposer de paramètres personnels qui sont activés chaque fois que vous vous connectez à Windows ne garantit pas une sécurité absolue. À moins que votre ordinateur soit asservi à un vaste réseau de domaine Active Directory, vos paramètres peuvent être chamboulés et vos fichiers supprimés, si quelqu'un d'autre ayant accès à votre ordinateur ou au réseau s'en donne les moyens. Mais si tant est que vous soyez raisonnablement prudent et si vous appliquez les conseils prodigués dans ce chapitre, la sécurité de Windows fera efficacement son travail.

Si quelqu'un d'autre peut prendre le contrôle de votre ordinateur, cet ordinateur n'est plus le vôtre. Cela peut être calamiteux si quelqu'un vous pique l'ordinateur portable, ou si l'équipe de nettoyage s'amuse avec après les heures de travail, ou si un fouineur s'introduit dans votre bureau. À moins d'utiliser BitLocker – livré seulement avec Windows 10 Pro –, n'importe qui étant capable de redémarrer votre ordinateur pourrait voir ce qu'il y a dedans, modifier ou supprimer vos fichiers ou bien encore introduire un virus. Comment cela ? Dans bien des cas, un malfaisant peut outrepasser Windows et démarrer l'ordinateur avec un autre système d'exploitation. Avec Windows qui est mis hors jeu, mettre la pagaille dans un PC n'est finalement pas très difficile.

Choisir le type de compte

Quand vous configurez des comptes d'utilisateur, vous êtes toujours en proie à un dilemme : le type de compte que vous choisissez limite sévèrement ce que vous pouvez faire.

À moins d'être reliés à un vaste réseau d'entreprise, les comptes d'utilisateurs peuvent généralement être divisés en deux groupes : ceux qui ont des droits et ceux qui n'en ont pas. Ceux qui ont des droits sont des *comptes Administrateur*. Ceux qui n'en ont pas sont des *comptes Standard*.

C'est quoi, un compte Standard ?

Un utilisateur bénéficiant d'un compte Standard peut effectuer les quelques tâches suivantes :

- Exécuter des programmes installés dans l'ordinateur, y compris des programmes se trouvant sur une clé USB.
- Utiliser les périphériques (matériels) branchés à l'ordinateur.

- Créer, regarder, enregistrer, modifier et utiliser les documents, les photos et les sons stockés dans les dossiers (ou plutôt ses propres dossiers) Documents, Images et Musique, ainsi que dans les dossiers Public.
- Si votre ordinateur est connecté à un groupe résidentiel (voir le Livret VII, Chapitre 5), un utilisateur standard peut aussi créer, regarder, enregistrer, modifier et utiliser n'importe quel fichier présent dans les dossiers Public de chacun des ordinateurs du groupe résidentiel. Il peut aussi accéder à n'importe quel dossier partagé de l'un des ordinateurs du groupe.
- Changer son mot de passe, ou décider de ne plus en utiliser pour son compte. Il peut aussi créer un mot de passe image ou un code PIN (ou bien encore utiliser Windows Hello si votre ordinateur est compatible avec ce genre d'identification biométrique, comme dans les films).
- Passer d'un compte Local à un compte Microsoft. Nous y reviendrons plus loin dans ce chapitre.
- Changer la photo à côté de son nom, dans l'écran de connexion et dans le menu Démarrer du bureau, changer l'arrière-plan du Bureau, redimensionner la barre d'outils Windows, ajouter des éléments sur le bureau et dans la barre des tâches (ou encore dans le menu Démarrer), et procéder à toutes les petites modifications qui n'affectent pas les autres comptes d'utilisateurs.

Dans la plupart des cas, un utilisateur standard peut modifier des paramètres affectant la totalité de l'ordinateur, installer des programmes, *etc.*, mais seulement s'il peut fournir le nom d'utilisateur et le mot de passe d'un compte Administrateur.

Les comptes pour enfants

Microsoft permet de créer un compte spécial réservé aux enfants qui utilisent l'ordinateur de leurs parents ou qui le partagent avec leurs frères et sœurs. Ce type de compte ressemble à un compte standard, à cette différence près qu'un contrôle parental y est automatiquement appliqué. Ainsi, les parents définiront les sites Web auxquels l'enfant pourra accéder ainsi que les plages horaires d'utilisation du PC.

Le problème est qu'un compte pour enfant nécessite une adresse mail puisque c'est cette adresse qui est utilisée comme nom d'utilisateur des comptes sous Windows 10. Or, est-il judicieux de créer une adresse mail Microsoft pour vos enfants qu'ils pourront alors utiliser depuis n'importe quel autre ordinateur ? Je conseille donc de créer un compte standard pour votre enfant, c'est-à-dire depuis votre compte d'administrateur, et que vous convertirez plus tard en compte d'enfant depuis les paramètres de Windows 10. Ainsi, la question de créer un compte Microsoft pour votre enfant ne se posera pas.

Un utilisateur standard ne peut même pas modifier l'heure sur l'horloge. C'est dire combien il est limité.

Il existe un type particulier, encore plus limité, du compte standard : c'est le compte enfant. Comme son nom l'indique, un compte enfant peut être contrôlé à partir d'un compte administrateur ou standard. Voyez à ce sujet l'encadré « Les comptes pour enfants ».

Le compte Administrateur, c'est quoi ?

Une personne connectée avec un compte Administrateur peut presque tout faire, quand elle le veut et comme elle le veut (presque, car certains dossiers restent inaccessibles, même pour les administrateurs ; et lever toutes les restrictions est loin d'être facile). Un administrateur peut même changer le mot de passe de compte local de quelqu'un d'autre, un point intéressant qui mérite d'être retenu.

Quand vous démarrez Windows avec un compte Standard et que vous vous trouvez par mégarde face à un virus, un ver ou tout autre programme informatique véreux, les dommages sont généralement limités. Le logiciel malfaisant peut effacer des fichiers dans le dossier Documents, voire dans les dossiers Public, mais pas plus. Enfin, généralement... Sauf s'il a été astucieusement programmé, le virus ne peut pas s'installer de lui-même dans l'ordinateur. Il ne peut donc pas s'exécuter à répétition, ni donc se répliquer à droite et à gauche. Dur, dur pour le virus.

Le titulaire d'un compte Administrateur peut accéder à tous les fichiers des autres utilisateurs. Si vous croyez qu'avoir défini un mot de passe pour votre compte vous prémunit que nul n'accède à la feuille de calcul « top secret » planquée dans l'un de vos dossiers, détrompez-vous. Elle est à la portée de n'importe quel administrateur (il peut y en avoir plusieurs). En revanche, un utilisateur standard ne peut accéder qu'à ses propres fichiers.

Compte Standard ou Administrateur, lequel choisir ?

Sur un PC neuf, l'unique compte d'utilisateur est toujours un compte Administrateur. Si vous avez vous-même installé Windows sur un PC, le compte créé lors du processus d'installation est également un compte Administrateur.

En revanche, quand vous créez de nouveaux comptes, ces comptes sont d'office des comptes Standard, et c'est très bien ainsi.

Les comptes Administrateur et les comptes Standard ne sont pas coulés dans le bronze. En fait, Windows permet de changer l'un en l'autre si les circonstances l'exigent. Exemples :

- Un utilisateur standard a besoin d'exécuter une action réservée aux comptes Administrateur. Windows demande de fournir le nom et le mot de passe d'un administrateur (voir la Figure 4.1).

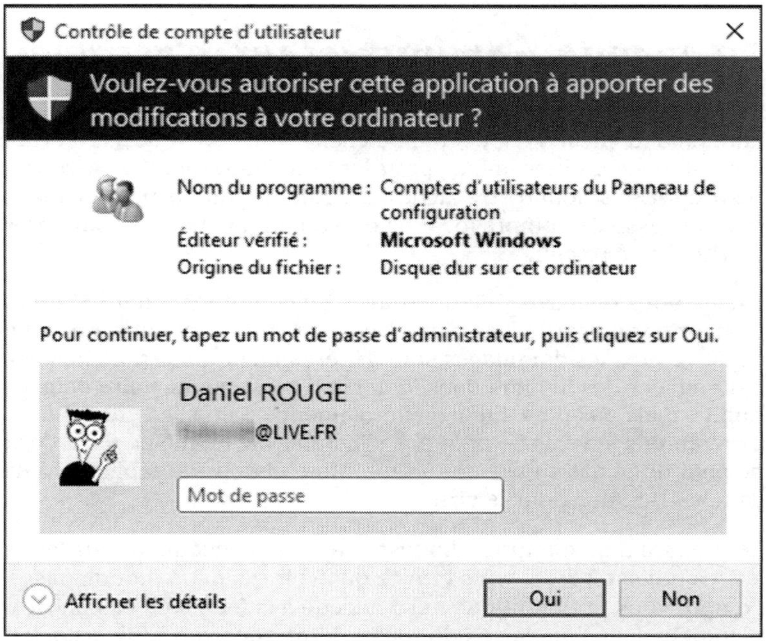

Figure 4.1 : Windows demande l'autorisation avant d'exécuter une tâche réservée à un administrateur.

Si la personne connectée avec un compte Standard sélectionne un compte Administrateur qui n'est pas protégé par un mot de passe, le seul fait de cliquer sur le bouton Oui autorise l'exécution du programme.

- Même lorsque vous êtes connecté avec un compte Administrateur, Windows se comporte normalement comme s'il s'agissait d'un compte Standard et, dans certains cas, il met une autre barrière lorsque vous démarrez un programme capable de modifier *substantiellement* – le mot est faible – l'ordinateur. Vous êtes confronté au même obstacle lorsque vous tentez d'accéder à des dossiers qui ne sont pas explicitement partagés, comme le montre la Figure 4.2. Cet obstacle supplémentaire empêche les programmes destructeurs de s'introduire dans l'ordinateur

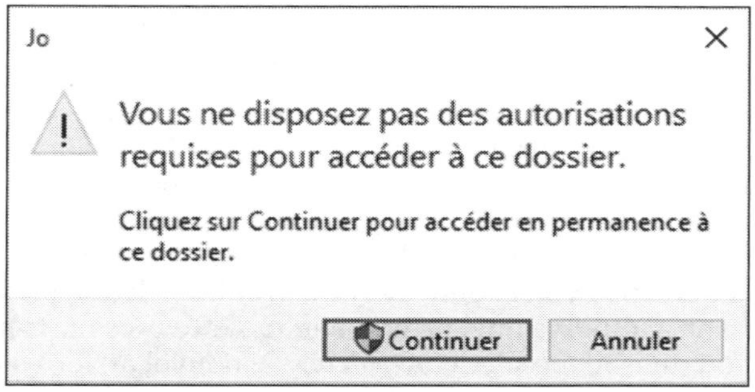

Figure 4.2 : Windows barre le passage lorsque vous essayez d'accéder au dossier d'un autre utilisateur.

et de s'exécuter avec un compte Administrateur, et de le saccager à votre insu (mais pas de votre plein gré).

TRUC

La plupart des experts recommandent d'utiliser un compte Standard pour les activités quotidiennes et de n'utiliser un compte Administrateur que si vous devez installer un logiciel ou accéder à des fichiers en dehors de la zone partagée. La plupart des experts n'appliquent pas leurs propres conseils. C'est le fameux syndrome du « faites ce que je dis mais pas ce que je fais ».

N'OUBLIEZ PAS

J'avais l'habitude de recommander aux gens de « faire comme je dis » et de créer des comptes Administrateur pour ceux qui savent se servir de l'ordinateur. Mais les temps ont changé et Windows aussi. Il est rare à présent que vous ayez véritablement besoin d'un compte Administrateur pour accomplir les tâches quotidiennes (à une exception près : vous ne pouvez créer de nouveaux comptes d'utilisateurs qu'à partir d'un compte Administrateur). Pour cette raison, j'ai décidé qu'il valait mieux réserver le compte Administrateur pour les cas exceptionnels, et créer des comptes Standard pour vous et toutes les autres personnes utilisant l'ordinateur.

Le pour et le contre des comptes Microsoft

En plus des comptes Administrateur et Standard (ou Enfants, qui sont un sous-ensemble des comptes Standard), Microsoft en a concocté deux autres : le *compte Microsoft* et le *compte Local*. Vous pouvez avoir dans l'ordinateur un compte Administrateur qui est, soit un compte Microsoft, soit un compte Local, et un compte Standard qui peut lui aussi être l'un ou l'autre.

Voici les différences élémentaires :

- **Compte Microsoft :** Il est enregistré auprès de Microsoft. Pour ce faire, la plupart des gens utilisent leur adresse de messagerie `@outlook.com` ou encore `@live.fr`, mais en réalité, n'importe quelle adresse fait l'affaire (les détails sont au Chapitre 5 de ce livret).

Quand vous accédez à Windows 10 avec un compte Microsoft, Windows se connecte à un ordinateur appartenant à Microsoft, vérifie votre mot de passe, puis récupère bon nombre de vos paramètres (l'image d'arrière-plan, la disposition des vignettes dans l'écran d'accueil et les favoris d'Edge, *etc.*). Si vous changez, disons, l'arrière-plan, la prochaine fois que vous vous connecterez à Windows 10 avec votre compte Microsoft, sur n'importe quel ordinateur, tablette ou smartphone, de n'importe où dans le monde, vous verrez ce nouvel arrière-plan. Mieux encore : si le compte Microsoft a été configuré de manière appropriée, vous accéderez à tous vos fichiers de musique, courriers électroniques, éléments stockés dans OneDrive et autres fonctionnalités Windows sans vous reconnecter.

Vous pouvez contrôler les éléments qui sont ainsi synchronisés en ouvrant le menu Démarrer. Choisissez alors Paramètres, Comptes puis Synchroniser vos paramètres (voir la Figure 4.3). Il vous suffit alors d'activer ou de désactiver les commutateurs des paramètres que vous acceptez ou non de synchroniser.

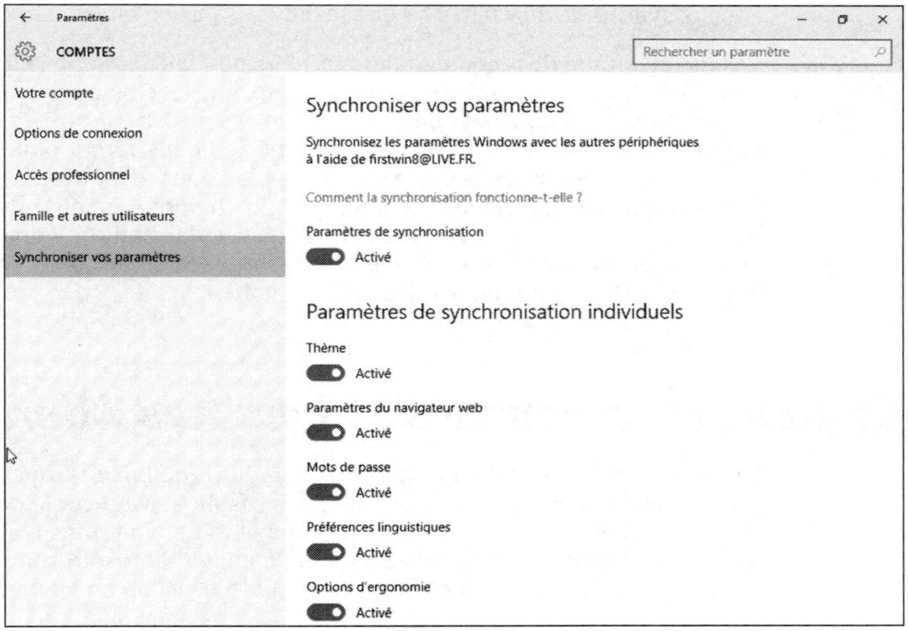

Figure 4.3 : Choisir ce que vous acceptez (ou non) de synchroniser.

- **Compte Local :** Ce sont les comptes à l'ancienne qui n'existent que dans cet ordinateur. Windows n'a aucune donnée à rapatrier depuis les ordinateurs de Microsoft. Un compte Local peut avoir ou ne pas avoir de mot de passe.

Sur un même PC, le titulaire d'un compte Administrateur peut ajouter de nouveaux utilisateurs ou changer le mot de passe de n'importe quel compte Local. Mais il ne peut pas changer le mot de passe d'un compte Microsoft quelconque.

Comme vous l'imaginez, il y a des choses à dire sur la confidentialité de ces deux types de comptes. C'est chose faite dans ce Livret II, Chapitre 5.

Ajouter des utilisateurs

Après vous être connecté avec un compte Administrateur, il est facile d'ajouter des utilisateurs :

1. **Cliquez ou tapez sur le bouton Démarrer, puis choisissez Paramètres.**

2. **Dans la fenêtre Paramètres, cliquez ou tapez sur Comptes.**

   L'écran des comptes d'utilisateur apparaît (voir la Figure 4.4).

3. **Dans le volet de gauche, cliquez sur Famille et autres utilisateurs. Choisissez ensuite soit Ajouter un membre de la famille (si par exemple vous envisagez d'instaurer un contrôle parental), soit Ajouter un autre utilisateur sur ce PC (bien sûr, cet autre utilisateur peut aussi être un membre de votre famille, auquel vous donnerez simplement un peu plus de liberté).**

   Dans les deux cas, un message vous pose la question suivante : Comment cette personne pourra-t-elle se connecter ? C'est ce qu'illustre la Figure 4.5.

4. **Si vous avez d'ores et déjà un compte Microsoft, ou des adresses de messagerie de type `@hotmail.com` ou `@live.fr` ou `@outlook.com` qui sont automatiquement des comptes Microsoft, et que cela ne vous dérange pas que Microsoft sache à quel moment vous utilisez votre ordinateur (voir le Livret II, Chapitre 5), saisissez l'adresse dans le champ Adresse de messagerie que montre la Figure 4.5. Cliquez ensuite sur Suivant et passez à l'Étape 7.**

   Windows configure le compte.

   Ne me faites pas dire ce que je n'ai pas dit. Il y a de bonnes raisons d'utiliser un compte Microsoft. Il permet en effet de récupérer beaucoup plus

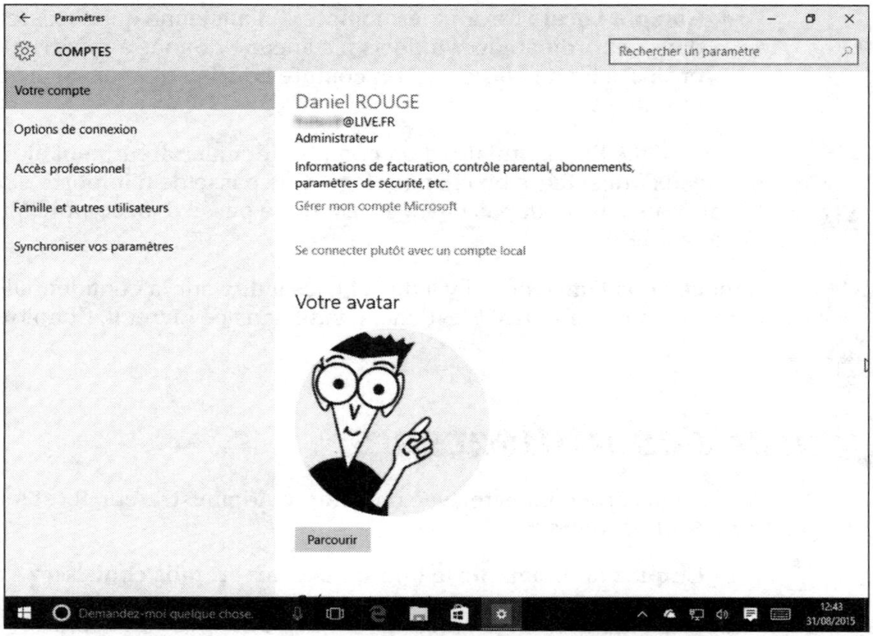

Figure 4.4 : Les options des comptes d'utilisateurs sous Windows 10.

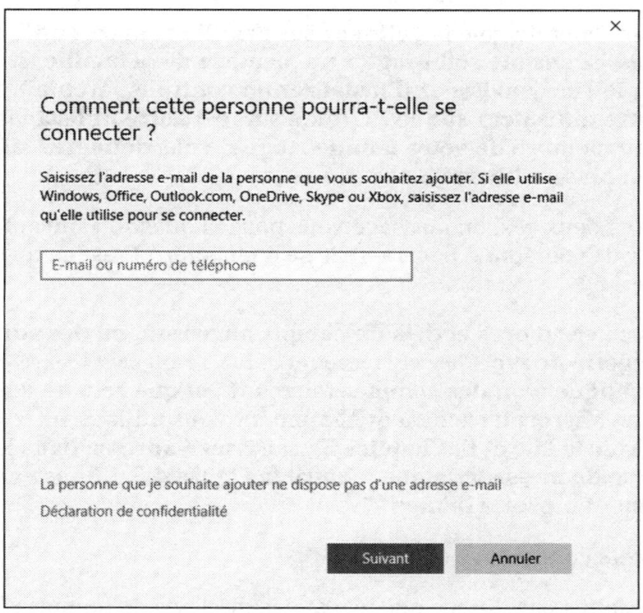

Figure 4.5 : Microsoft tient vraiment à ce que vous ouvriez un compte chez lui.

vite vos données de courrier et de calendrier, par exemple, ou encore d'accéder à Windows Store ou à Groove Musique, en outrepassant les comptes individuels. Vous seul pouvez décider si ces commodités méritent une confidentialité moins stricte. Nous y reviendrons en détail dans ce Livret II, Chapitre 5.

5. **Si un compte Microsoft ne vous inspire guère, touchez ou cliquez sur le lien qui dit Prenez votre compte Microsoft et virez-le (également appelé La personne que je souhaite ajouter ne dispose pas d'une adresse e-mail), tout en bas du panneau.**

   Windows propose aimablement une autre opportunité de configurer un compte Microsoft (voir la Figure 4.6).

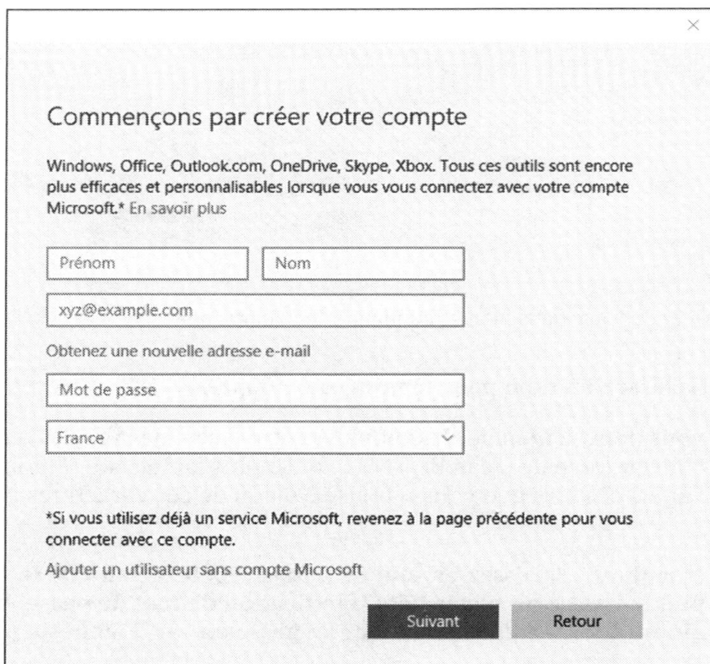

Figure 4.6 : C'est la seconde tentative de Microsoft pour vous convaincre d'ouvrir un compte chez lui.

6. **Touchez ou cliquez sur le lien Ajouter un utilisateur sans compte Microsoft. Non, mais !**

   Windows consent enfin à créer un compte local, comme le montre la Figure 4.7.

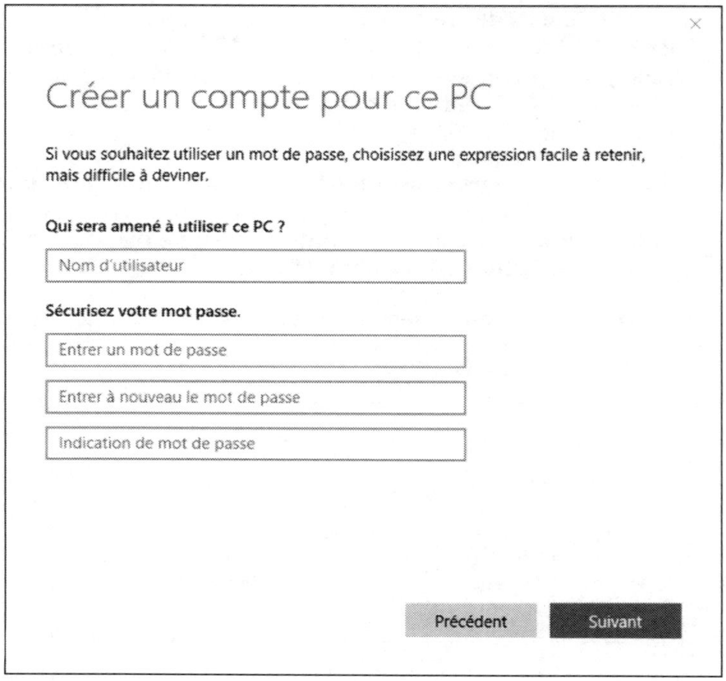

Figure 4.7 : Ça y est, vous pouvez configurer le compte local.

7. **Saisissez un nom pour le nouveau compte.**

   Vous pouvez nommer le compte à votre guise, de la façon la plus conventionnelle (Jean BONNOT) ou la plus fantaisiste (Mirabeau le Lapin) dès lors que vous n'utilisez aucun de ces caractères : / \ [ ] " ; : | < > + = , ? ou *.

8. **(Facultatif) Saisissez un mot de passe, répétez-le afin de le vérifier, puis saisissez un pense-bête (l'indication de mot de passe) qui vous aidera à vous souvenir du mot de passe en cas d'amnésie passagère.**

   Si vous ne remplissez pas ces champs, un utilisateur peut se connecter directement en cliquant simplement sur le nom du compte, dans l'écran de connexion.

   Notez que le pense-bête du mot de passe est visible par quiconque. Évitez les indices trop faciles à deviner, comme « le nom de mon chien » ou « là où je suis né ». Et n'oubliez pas qu'une bonne question peut recevoir une réponse parfaitement incohérente. L'essentiel, c'est de ne pas l'oublier.

9. **Touchez ou cliquez sur Suivant.**

   Et voilà, c'est fait. Un nouveau compte Standard vient d'être créé. Il apparaîtra désormais sur l'écran de connexion.

Si vous désirez transformer ce nouveau compte en compte Administrateur, ou en compte pour enfant, suivez les étapes à la prochaine section « Changer de compte ». Dans le Livret III, Chapitre 2, vous découvrirez comment remplacer la vignette du compte par une photo, dans l'écran de connexion et dans le menu Démarrer.

NOTE TECHNIQUE

Vous n'avez pas la possibilité de créer un compte nommé Administrateur. Si Windows refuse ce nom, c'est pour une bonne raison : il en existe déjà un. Certes, Microsoft fait beaucoup d'efforts pour le cacher, mais il est bien là et il se rappellera à vous le jour où vous voudrez faire quelque chose qui ne lui plaît pas.

N'OUBLIEZ PAS

Ce n'est pas parce que vous avez un compte Microsoft que vous pouvez y accéder sur n'importe quel ordinateur. Il faut en effet que ce compte ait été préalablement créé sur cette machine.

Changer de compte

À condition d'être connecté avec un compte Administrateur, vous pouvez accéder à tous les comptes et en modifier tous les paramètres, sauf un.

Changer les paramètres des autres utilisateurs

Connectez-vous avec un compte Administrateur. Ensuite, pour changer par exemple un compte standard en compte administrateur, procédez de la manière suivante :

1. **Cliquez ou tapez sur le bouton Démarrer, puis choisissez Paramètres.**

2. **Dans la fenêtre Paramètres, cliquez ou tapez sur Comptes. Dans le volet de gauche, sélectionnez l'option Famille et autres utilisateurs.**

   La liste de tous les comptes actuellement définis va s'afficher à droite de la fenêtre.

3. **Cliquez (ou tapez) sur le nom du compte que vous voulez modifier.**

   Sur la Figure 4.8, par exemple, j'ai choisi de modifier un compte local appelé Nathan.

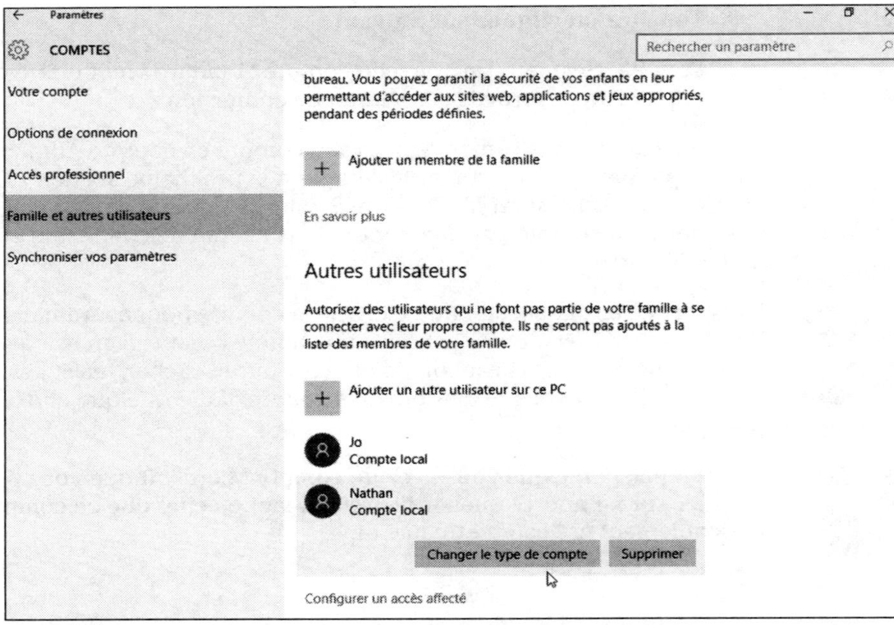

Figure 4.8 : Choisissez le compte que vous voulez changer, de local en administrateur, ou l'inverse.

4. **Cliquez ou tapez sur le bouton qui indique Changer le type de compte.**

   Microsoft répond en vous demandant ce que vous voulez faire exactement (voir la Figure 4.9).

5. **Faites votre choix, puis cliquez sur OK.**

   Le type du compte est immédiatement modifié.

D'autres modifications nécessitent que vous vous aventuriez dans le Panneau de configuration (la version classique des paramètres). Suivez ces étapes :

1. **Appuyez sur la combinaison Win + X, ou bien cliquez droit sur le bouton Démarrer, puis choisissez Panneau de configuration dans l'impressionnante liste qui s'affiche.**

   L'antique Panneau de configuration apparaît.

2. **Choisissez la rubrique Comptes d'utilisateurs, puis à nouveau Comptes d'utilisateurs (je sais, je sais…). Cliquez ou tapez ensuite sur le lien Gérer un autre compte.**

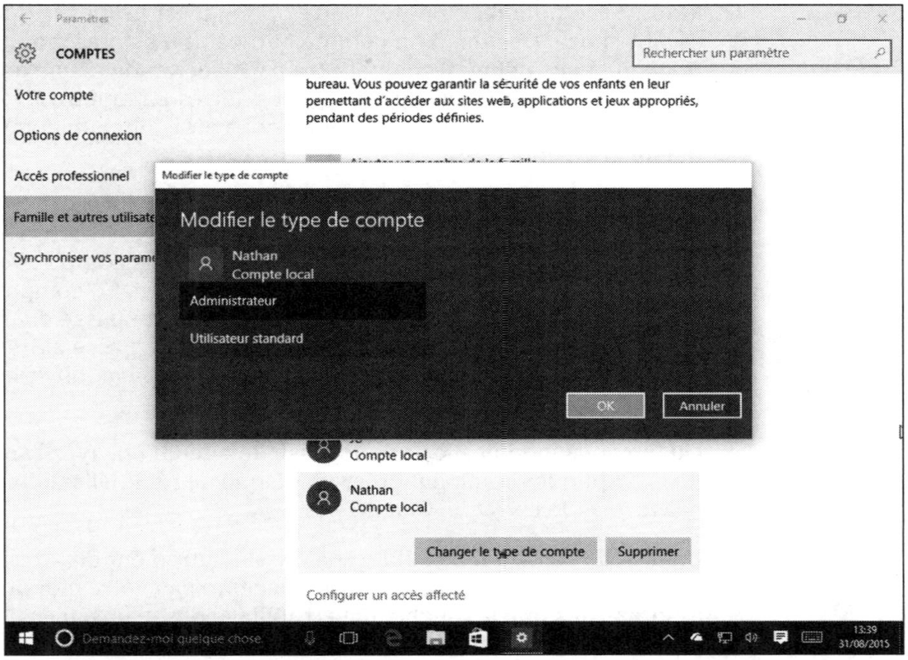

Figure 4.9 : Choisir le nouveau type du compte.

3. **Sélectionnez maintenant le nom du compte que vous voulez modifier.**

   Windows vous présente immédiatement plusieurs options (voir la Figure 4.10).

Voyons les options dont vous disposez :

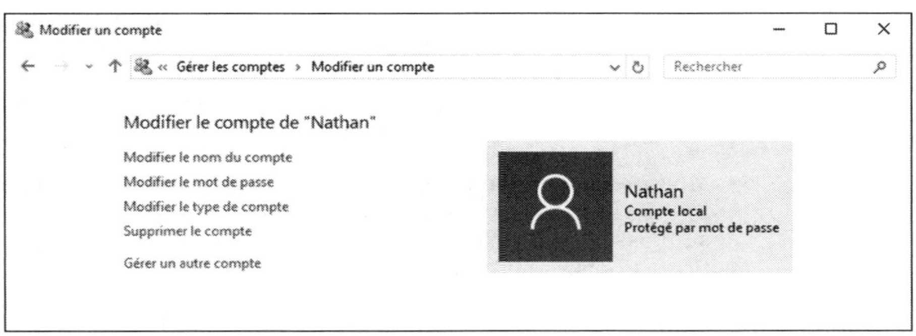

Figure 4.10 : Gérer la configuration d'un autre compte.

- **Modifier le nom du compte :** Cette option n'est proposée que pour un compte Local (le nom d'un compte Microsoft n'est pas modifiable). Le nom que vous définissez apparaîtra dans l'écran de connexion ainsi qu'en haut du menu Démarrer, tous les autres paramètres restant intacts. Bref, cette option permet de changer le nom du compte, et uniquement ce nom.

- **Créer/Changer/Modifier le mot de passe :** Ces options aussi n'apparaissent que pour un compte Local. Si vous choisissez de créer un mot de passe, Windows en aura besoin pour activer le compte. Vous ne pouvez pas franchir l'écran de connexion sans lui. Ce comportement est assez curieux, car vous pouvez changer le mot de passe d'autres utilisateurs. Vous pouvez obliger X à utiliser un mot de passe alors qu'aucun n'était requis auparavant, mais vous pouvez aussi modifier le mot de passe de X et même le supprimer.

  Quand vous modifiez le mot de passe de quelqu'un, ayez l'amabilité de lui expliquer comment créer un disque de réinitialisation du mot de passe (voir le Livret III, Chapitre 6).

  Un mot de passe est senSibLe à la cAssE, autrement dit aux majuscules et aux minuscules. Si l'ordinateur n'accepte pas votre mot de passe, assurez-vous que la touche de verrouillage des majuscules n'est pas active (un témoin lumineux le signale parfois). C'est la source numéro un des misères de connexion.

  Il a beaucoup été dit et écrit à propos de l'importance de renforcer la sûreté d'un mot de passe en mêlant majuscules, minuscules, chiffres et tirets. Je me limiterai à deux recommandations : la première est de ne pas noter le mot de passe sur un Post-it collé à côté de l'écran, le second est de ne pas choisir un mot de passe que n'importe quel pirate ayant un QI d'huître parviendrait à deviner (le Tableau 4.1, un peu plus loin, contient une liste de ces mots de passe à éviter). L'un de mes amis suggère ce truc tout bête : adopter une phrase facile à retenir dans laquelle des lettres sont remplacées par des chiffres de forme à peu près équivalente, comme dans `b0nj0ur1ordina7eur!`, ou encore pensez à une phrase et n'utilisez que la première ou les deux premières lettres de chaque mot (`ohraohdeohvien`, soit Oh, rage, oh, désespoir, oh, vieillesse ennemie, comme aurait dit ce bon Corneille).

- **Modifier le type de compte :** Cette option sert à changer un compte Standard en compte Administrateur, et inversement. Les implications sont assez complexes. Nous en avons parlé précédemment dans la section « Choisir un type de compte ».

- **Supprimer le compte :** Windows propose de conserver éventuellement les fichiers des dossiers Documents, Favoris, Musique, Images et Vidéos de ce compte ainsi que ceux du bureau, mais il vous prévient aussi que ses messages électroniques, favoris Internet et tous les autres paramètres seront effacés. Il va de soi qu'il est impossible de supprimer votre propre compte. En fait, un compte n'est pas *réellement* et totalement supprimé. Tout simplement, il n'est plus possible d'y accéder sur cet ordinateur.

Tableau 4.1 : Quelques mots de passe fréquemment utilisés (et donc à éviter).

000	00000	0000000000	12345
54321	12345abcd	666	777
aaa	aaaaa	a1b2c3	admin
administrateur	azerty	bigboss	boulot
campus	code	computer	intranet
login	Login	love	perso
privé	public	secret	system
système	topsecret	travail	windows

N.d.T. : La liste des mots de passe peu sûrs est beaucoup plus conséquente en anglais, langue que les pirates visent de préférence en raison du parc d'ordinateurs installés dans des pays anglophones ou dont la langue de travail est l'anglais. En France, il s'agit surtout d'éviter des intrusions inopportunes effectuées, non *via* l'Internet, mais directement au clavier. Évitez aussi, pour les mots de passe, des formules aussi évidentes que le prénom du conjoint ou d'un enfant, d'un animal de compagnie, une date de naissance, bref, tout ce qui est trop facile à deviner.

Modifier vos paramètres personnels

La modification des paramètres de votre compte est sensiblement différente de celle des autres comptes d'utilisateurs. Voici comment procéder :

1. **Ouvrez le Panneau de configuration.**

   Le plus rapide consiste à faire un clic droit sur le bouton Démarrer, puis à cliquer sur Panneau de configuration (la combinaison Win + X, c'est bien aussi).

2. **Dans la fenêtre qui apparaît, choisissez Compte d'utilisateur, puis Comptes d'utilisateurs (je sais, je sais…).**

   Windows vous permet de modifier certains paramètres de votre propre compte.

La plupart des options de modification sont identiques à celles proposées pour un compte d'utilisateur standard. Si vous êtes le seul administrateur de ce PC, vous ne pourrez pas supprimer votre compte, puisque chaque ordinateur tournant sous Windows 10 doit être géré par un administrateur. Normal. S'il n'y avait pas d'administrateur, qui pourrait en ajouter de nouveaux, en modifier, installer de nouveaux programmes ou un nouveau matériel, d'accord ?

Changer d'utilisateur

Windows permet d'ouvrir plusieurs connexions à la fois, et donc d'autoriser plusieurs personnes à se servir du même ordinateur. C'est pratique pour savoir ce que fait votre enfant sur l'ordinateur pendant qu'il est en train d'en découdre avec le chat dans la chambre, ou si votre conjoint veut placer les photos de vacances sur OneDrive pendant que vous êtes en train de larder une dinde avant de la mettre au four.

Cette possibilité de céder la place à un autre utilisateur présente des avantages et des inconvénients.

- **Le plus :** Le changement d'utilisateur permet de laisser tous les programmes ouverts pendant que quelqu'un d'autre se connecte momentanément à son propre compte. Quand il vous rend la main, vous retrouvez tout tel que vous l'aviez laissé.
- **Le moins :** Les programmes du compte abandonné pendant un moment peuvent planter l'utilisateur suivant si la mémoire et la puissance de calcul sont trop sollicitées, mais ce n'est jamais très grave. Cette surcharge peut être évitée en mettant fin à la session avant d'ouvrir l'autre.

Pour changer d'utilisateur, ouvrez le menu Démarrer, touchez ou cliquez sur votre nom, en haut et à gauche du menu, puis choisissez le nom d'utilisateur correspondant à la session à ouvrir, ou sélectionnez l'option Se déconnecter.

Chapitre 5

Compte Microsoft : synchroniser ou pas ?

Dans ce chapitre :

- Les caractéristiques d'un compte Microsoft
- Un compte Microsoft est-il indispensable ?
- Obtenir un compte Microsoft sans cracher le morceau
- Gérer votre compte Microsoft
- Synchroniser Windows avec un compte Microsoft

Cela fait belle lurette que Microsoft s'efforce d'obtenir de ses clients qu'ils ouvrent un compte Microsoft.

En 1997, Microsoft avait acheté la messagerie Hotmail et s'était approprié toutes les adresses en `@hotmail.com`. Même si Hotmail a souvent changé de nom – MSN Hotmail, Windows Live Hotmail, entre autres... – les adresses en `@hotmail.com` n'ont cessé de fonctionner envers et contre tout.

Puis est arrivé *Microsoft Wallet,* une tentative afin d'obtenir des clients qu'ils confient leurs coordonnées bancaires à Microsoft, en lui faisant confiance en ce qui concerne la sécurité informatique. Microsoft abandonna ce concept et le remplaça en 2000 par *Microsoft Passport*.

Voici ce que le journaliste technique Joel Spolsky disait de Microsoft Passport sur son blog Joel on Software :

« Serais-je le seul épouvanté par Microsoft Passport ? Cette initiative me semble être une tentative évidente de créer la plus vaste et la plus riche base de données de consommateurs du monde entier, puis d'en tirer de colossaux profits par son exploitation. C'est une insupportable menace visant la confidentialité de chacun, face à laquelle les bons vieux cookies paraissent bien innocents. Le plus alarmant est que Microsoft essaie de faire passer Passport pour un bienfait auprès des consommateurs, et que les gens semblent tomber dans ce panneau. »

On peut toujours faire du neuf avec de l'ancien... Une décennie plus tard, Microsoft récidive, mais en agitant cette fois une carotte beaucoup trop grosse qui séduira sans doute un plus grand nombre de gens.

Microsoft Passport devient .NET Passport, puis Microsoft Passport Network. Quand Microsoft a commencé à apposer le vocable « Live » sur de nombreux produits, le nom d'utilisateur est devenu Windows Live ID (ID pour *Identifiant*).

Quinze ans après, l'identifiant `@hotmail.com` fonctionne toujours de la même manière, sauf qu'il est devenu un *compte Microsoft.* Soit dit en passant, les identifiants `@live.com` et `@live.fr` sont aussi des comptes Microsoft. Et la dernière mouture en date, `outlook.com`, c'est aussi du pur Microsoft.

C'est quoi, exactement, un compte Microsoft ?

Si vous possédez une adresse de messagerie de type `@hotmail.com`, `@hotmail.fr`, `@live.com` ou `@live.fr`, `@msn.com` ou encore `@outlook.com`, cette adresse est ipso facto un compte Microsoft. Il en va de même dans n'importe quel autre pays. Vous n'êtes pas obligé d'utiliser votre compte Microsoft, mais vous l'avez tout de même.

N'OUBLIEZ PAS

En fait, *n'importe quelle* adresse de messagerie peut devenir en compte Microsoft. Il suffit de l'enregistrer auprès de Microsoft, comme nous le verrons dans la section « Configurer un compte Microsoft », plus loin dans ce chapitre.

Dans le contexte de Windows 10, un compte Microsoft prend une nouvelle dimension. Quand vous configurez un compte d'utilisateur, il peut être soit un compte Microsoft, soit un compte Local. Voici leurs différences les plus marquantes :

- **Un compte Microsoft** possède toujours une adresse de messagerie qui doit être enregistrée auprès de Microsoft. Comme expliqué dans ce Livret II, au Chapitre 4, quand vous vous connectez à Windows avec un compte Microsoft, Windows synchronise automatiquement certains paramètres comme l'image qui illustre votre compte, l'arrière-plan du bureau, l'historique et les favoris d'Edge, et d'autres trucs encore. De ce fait, dès que vous modifiez quelque chose sur l'ordinateur, et que vous

vous connectez ailleurs – smartphone, tablette... – avec le même compte Microsoft, les changements que vous effectuez sont pris en compte.

De plus, un compte Microsoft donne accès aux services Microsoft basés sur l'Internet. Par exemple, si vous possédez un compte sur OneDrive, se connecter à Windows avec un compte Microsoft vous permet d'accéder aussitôt aux fichiers stockés sur OneDrive.

- Plus insidieusement, si vous vous connectez à Windows 10 avec un compte Microsoft et que vous ne modifiez pas le comportement de Cortana, Microsoft va commencer à pister toutes les recherches que vous effectuez, y compris dans votre *propre* ordinateur. Je ne parle pas de recherches sur le Web. De toute manière, ces dernières sont traquées de bout en bout, que ce soit par Microsoft/Bing, Google voire d'autres. Je parle bien des recherches que vous effectuez sur vos documents ou vos messages, là, dans votre ordinateur et nulle part ailleurs. Je traite des paramètres de recherche de Cortana dans le Livret III, Chapitre 5.
- **Un compte Local** peut être appelé n'importe comment. Lorsque vous vous connectez avec un compte Local, Microsoft n'essaye pas – et en fait, ne peut pas – synchroniser quoi que ce soit entre différentes machines. Lorsque vous utilisez un compte Local, vous devez vous connecter à votre compte OneDrive séparément. Windows mémorisera vos paramètres – arrière-plan, mots de passe, favoris... – mais ne les transmettra pas à d'autres ordinateurs.

Par exemple, `gargamelle@outlook.com` est un compte Microsoft. Comme il s'agit d'une adresse Outlook, il est déjà enregistré chez Microsoft. Il est possible de créer un utilisateur sur une machine sous Windows 10, avec l'identifiant `gargamelle@outlook.com` que Windows reconnaîtra en tant que compte Microsoft.

Par ailleurs, je peux créer un compte sur un ordinateur sous Windows que j'appellerais, disons, *Woody Leonhard*. Ce serait un compte Local. Comme un compte Microsoft doit être une adresse de messagerie – vous apprendrez pourquoi dans la section « Configurer un compte Microsoft » –, le compte *Woody Leonhard* ne peut être qu'un compte Local et rien d'autre.

Quand vous configurez un PC tout neuf, vous devez définir un compte qui peut être soit un compte Microsoft, soit un compte Local. Ainsi que nous l'avons vu précédemment, Microsoft fait des pieds et des mains pour vous éviter d'opter pour le compte Local. Chaque fois que vous ajoutez un nouveau compte, Microsoft essaie de vous aiguiller vers un compte Microsoft et accepte à contrecœur que vous choisissiez le compte Local (consultez le Livret II, Chapitre 4 à ce sujet).

Voulez-vous un compte Microsoft ?

Si Microsoft trace tout compte Microsoft, pourquoi diable choisirais-je de me connecter à Windows 10 avec un compte Microsoft ?

En fait, se connecter à Windows 10 avec un compte Microsoft offre quantité d'avantages, notamment ceux-ci :

- **La plupart de vos paramètres Windows vous suivront lors de vos déplacements :** Votre image d'utilisateur, votre bureau, vos favoris Internet et d'autres paramètres seront utilisés partout, quels que soient la manière et le lieu de votre connexion (à condition bien entendu de pouvoir accéder à l'Internet).

  Cette synchronisation est commode pour certains, ennuyeuse pour d'autres. Par exemple, mon bureau Windows est affiché sur un grand écran, mais l'écran de ma tablette Windows est assez petit. Si je synchronise le fond d'écran du bureau, il sera affreux sur une tablette et inversement.

- **La présentation des applications Universelles – qu'elles soient livrées avec Windows 10 ou téléchargées depuis Windows Store – est rétablie à son dernier état.** Si vous avez fait un score d'enfer avec le Solitaire, vous le retrouverez sur tous les appareils avec lesquels vous vous connecterez avec votre compte Microsoft. Vos onglets actifs, que ce soit dans Edge ou dans Internet Explorer, voyagent avec vous. Les réglages apportés à l'application Finance de Windows 10 suivent le mouvement. Même certaines applications, qui ne sont pourtant *pas* éditées par Microsoft, sont capables de vous suivre en conservant leurs paramètres.

- **Les données d'identification des programmes et des sites Web vous suivent.** Tous les identifiants mémorisés par Edge sont utilisables depuis n'importe quel autre appareil.

- **Vous accédez directement aux applications et services de Windows 10** associés à votre compte Microsoft (ou Windows Live ID). Les applications Universelles Courrier, Calendrier, OneDrive ou encore le site Web de Microsoft tombent dans cette catégorie.

Bon d'accord, ce sont des carottes que Microsoft agite devant vous pour vous convaincre d'ouvrir un compte Microsoft et de l'utiliser. Mais par ailleurs, le fait est qu'aucune de ces fonctionnalités ne pourrait exister sans une sorte d'identifiant géré par Microsoft.

Personnellement, j'utilise un compte Microsoft sur mon ordinateur principal, mais avec en plus une petite bidouille (en fait, créer un compte Microsoft et l'utiliser uniquement pour se connecter à Windows) décrite dans la prochaine section.

ATTENTION !

Nous avons vu la carotte, voici le bâton. Quand vous ouvrez un compte Microsoft, Microsoft conserve une trace de chacune de vos connexions, pour chaque appareil utilisant ce compte. Qui plus est, quand vous démarrez Edge (ou Internet Explorer), vous êtes connecté par votre compte Microsoft. Autrement dit, Microsoft est théoriquement capable de conserver une trace de toutes vos pérégrinations sur le Web, sauf peut-être lors d'une navigation dite privée (ou InPrivate). Bing passe par votre compte Microsoft chaque fois que vous effectuez une recherche. Microsoft récupère des informations détaillées chaque fois que vous écoutez des morceaux avec l'application Groove Musique de Windows 10. Votre intérêt pour les marchés boursiers est suivi de près par l'application Finance, et même vos interrogations sur la météo finissent dans la gigantesque base de données de Microsoft. Sans bien entendu parler de Cortana, votre meilleure assistante et le meilleur agent double de Microsoft.

Et si mon compte Hotmail/Outlook.com était piraté ?

Le piratage d'un compte Hotmail/Outlook.com n'est pas exceptionnel. Je reçois presque quotidiennement des témoignages de gens auxquels c'est arrivé

Vous avez configuré un compte Hotmail/Outlook.com pour vous connecter à Windows et tout à coup, ce compte est piraté. Un crétin malfaisant a réussi à se connecter à votre compte et en a modifié le mot de passe. Que se passera-t-il la prochaine fois que vous voudrez vous connecter à votre ordinateur ?

Lorsque vous vous connectez à votre compte Microsoft avec un compte Hotmail ID, Windows Live ou Outlook.com piraté, et que le mot de passe a été modifié, Windows 10 vous laisse vous connecter, mais vous envoie le message suivant : « `Vous vous êtes connecté à cet ordinateur avec votre ancien mot de passe. Reconnectez-vous avec l'actuel mot de passe, ou réinitialisez-le.` » Si vous essayez ensuite de réinitialiser votre passe, vous vous apercevez que ce n'est pas possible. Toucher ou cliquer sur le bouton Réinitialiser reste sans effet.

Tant que vous ne pouvez pas fournir le mot de passe, vous accédez à un mode dans lequel les fonctionnalités sont limitées, à peu près comme lorsque vous vous connectez avec un compte Local. Tant que vous vous souvenez de l'ancien mot de passe – celui que vous utilisiez habituellement –, vous pouvez continuer à vous connecter en mode Local. Mais il faudra quand même que vous puissiez récupérer le mot de passe du compte Microsoft !

Pour cela, vous devrez contacter la société Microsoft et la convaincre que vous êtes le propriétaire légitime de cette connexion. Si vous avez configuré votre compte Hotmail/Outlook.com récemment, il est probable que vous disposiez d'une adresse de messagerie de secours ou que vous ayez communiqué votre numéro de téléphone, précisément pour ce cas de figure. Mais, pour ce genre d'urgence, Microsoft a créé une page Internet permettant de redéfinir le mot de passe. Elle est à cette adresse : `https://account.live.com/resetpassword.aspx` (le site est en français). Microsoft pourra vous contacter.

Il est sans doute vrai que par les temps qui courent, la notion de vie privée est galvaudée. Le fait est que la plupart d'entre nous ne s'en soucient pas. Mais moi, si, et je vous conseillerais d'en faire autant.

Configurer un compte Microsoft

Histoire de compliquer un peu la vie des bonnes gens, juste avant de commercialiser Windows 8, Microsoft décida subitement d'en finir avec le nom « Hotmail » et de le remplacer par « Outlook.com ». Je reviendrai sur ce sujet dans le Livret X, Chapitre 3 (pour faire simple, disons que Hotmail perdait des parts de marché, et que Microsoft voulait les récupérer).

Dans ce chapitre, toutes les appellations « compte Hotmail », « compte Outlook.com », « compte Live.com », « compte Xbox LIVE », « compte OneDrive », « compte MSN », « compte Microsoft Passport », « compte ZUNE » ou « compte Windows Phone » sont parfaitement interchangeables. Leurs adresses de messagerie ont déjà été reconnues en tant que compte Microsoft. Je m'y réfère globalement sous l'appellation « compte Hotmail » parce que c'est historiquement justifié. Au bout de deux décennies, les habitudes ont la peau dure.

Si vous ne possédez pas encore de compte Microsoft, il existe trois moyens pour en configurer un :

- **Utiliser une adresse de messagerie existante :** En procédant ainsi, Microsoft pourra placer cette adresse dans sa base de données, et recouper cette adresse avec bon nombre d'actions effectuées dans Windows 10.
- **Utiliser (ou créer) un compte Hotmail, Live, Xbox, OneDrive, Windows Phone ou Outlook.com.** Si vous avez l'un de ces comptes, Microsoft est déjà au courant. Il sait quand vous recevez du courrier électronique et quand vous en envoyez, et il peut activement jeter un coup d'œil sur le contenu de votre courrier. Mais cela est vrai aussi pour d'autres messageries en ligne comme Gmail et Yahoo! Mail. Vous connecter à Windows 10 avec un compte Hotmail/Outlook.com signifie en outre que Microsoft peut récolter des informations supplémentaires – le nombre de fois que vous vous connectez à Windows, où et quand, *etc.* –, les associer avec votre compte Hotmail/Outlook.com et les suivre. Et je vous rappelle que Cortana est perchée en permanence sur vos épaules…
- **Créer un compte Hotmail/Outlook.com tout neuf tout beau, mais bidon, et ne l'utiliser que pour se connecter à Windows 10.** C'est rapide et facile et, judicieusement utilisé, tout le monde n'y verra que du feu. Le seul inconvénient est que si vous utilisez un tel compte pour le courrier électronique, vous devrez le relever ou l'envoyer en utilisant

un navigateur Internet, et non l'application Courrier présente sur l'écran d'accueil. Vos correspondants sur Hotmail ou sur Outlook.com ne se retrouveront pas d'emblée dans l'application Contacts. Et Skype voudra travailler avec votre tout nouvel identifiant de compte bidon (mais, bien sûr, vous pouvez choisir un autre compte pour utiliser Skype).

J'aime bien utiliser des comptes Outlook.com bidons. Et j'aime à penser que chaque fois que je me connecte à Windows avec un tel compte Microsoft, et chaque fois que j'utilise Edge ou Internet Explorer, Microsoft enrichit sa base de données d'informations complètement inutiles.

En réalité, évidemment, je me sers de Firefox ou de Chrome pour aller sur l'Internet. Google engrange des données avec Chrome, mais sa base de données est sans commune mesure comparable à celle que Windows 10 crée d'après les données de ses utilisateurs. Quant à Firefox, il ne récolte rien du tout.

Naturellement comme vous vous en doutez déjà, les moteurs de recherche sont une toute autre histoire. Microsoft/Bing comme Google conservent la trace de tout ce que vous leur envoyez comme requêtes.

Configurer un compte Hotmail/Outlook.com

Voici comment configurer un nouveau compte Hotmail/Outlook.com :

1. **Allez sur le site `www.outlook.com`.**

   L'écran principal vous demande si vous avez un compte Microsoft, et dans ce cas quels sont vos identifiants.

2. **Si vous n'êtes pas immédiatement connecté (vous aviez laissé ouverte votre précédente session), touchez ou cliquez sur le lien Créer un compte maintenant.**

   Le formulaire illustré sur la Figure 5.1 apparaît.

3. **Remplissez le formulaire. Soyez créatif.**

   ATTENTION ! Vous devez bien entendu choisir une adresse de messagerie qui n'est pas déjà utilisée par quelqu'un d'autre.

   N'OUBLIEZ PAS Fournir un numéro de téléphone n'est pas obligatoire. Une adresse de messagerie de secours suffit.

   L'adresse de secours est utile lorsque le compte Microsoft est piraté. Vous pouvez contacter Microsoft et lui demander de renvoyer à cette adresse les informations pour redéfinir le compte. Vous n'êtes pas obligé de relever en permanence le courrier de cette adresse, mais elle peut vraiment vous dépanner.

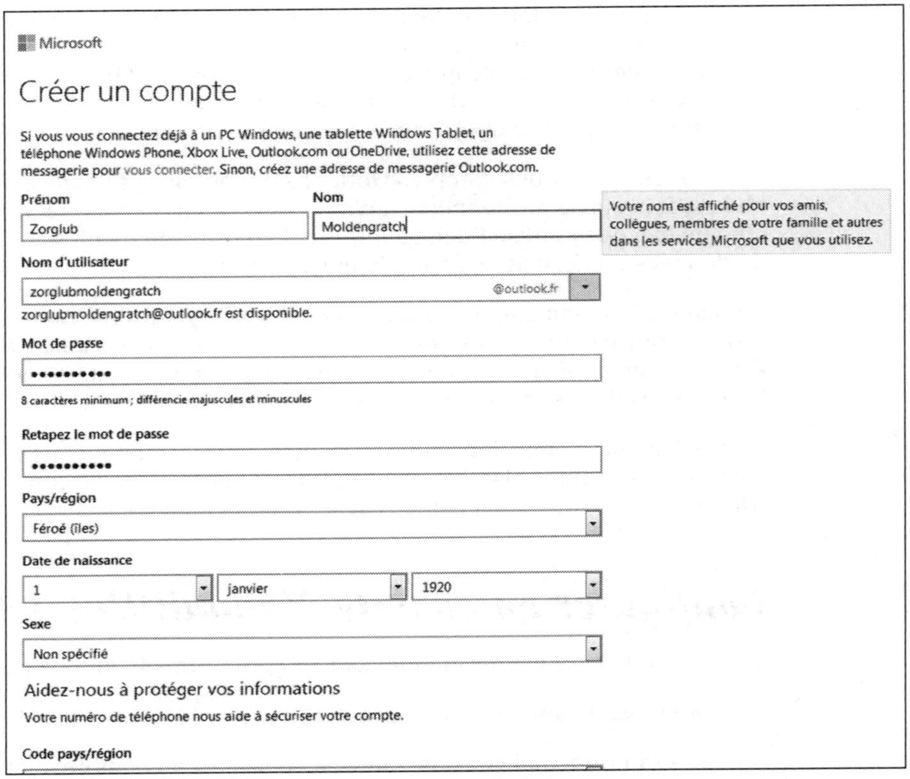

Figure 5.1 : Créez un identifiant Hotmail/Outlook.com anonyme.

4. **Saisissez les caractères tordus que vous voyez en bas du formulaire puis cliquez sur Créer un compte.**

   Au bout de quelques instants, vous voyez apparaître la messagerie Outlook qu'illustre la Figure 5.2.

Faire de n'importe quelle adresse un compte Microsoft

Convertir n'importe quelle adresse de messagerie en compte Microsoft n'est pas bien compliqué, dès lors que vous avez la possibilité de récupérer le courrier électronique qui sera envoyé à cette adresse. Voici la manipulation :

1. **Allez sur le site** `signup.live.com`.

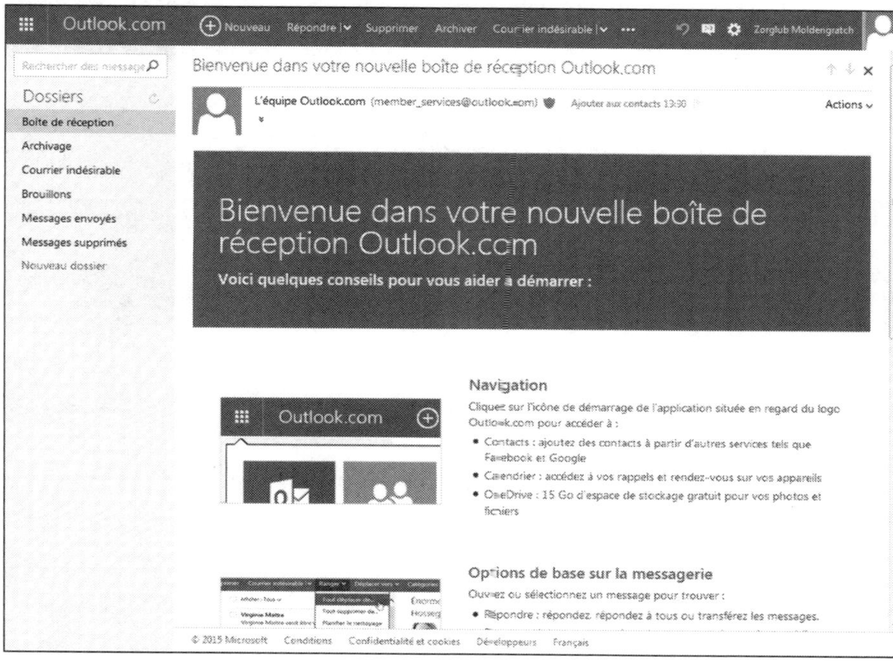

Figure 5.2 : La messagerie Hotmail/Outlook.com vient d'être configurée.

Le formulaire d'inscription apparaît.

2. **Remplissez les différents champs du formulaire. Dans le champ Nom d'utilisateur, saisissez votre adresse de messagerie préférée, comme je l'ai fait à la Figure 5.3 en spécifiant une adresse Gmail.**

   Cela peut être n'importe quel compte : Gmail, Yahoo!, Orange, SFR, Free, *etc.* Vraiment n'importe lequel.

3. **Remplissez le reste du formulaire. Amusez-vous un peu si vous en avez envie.**

   Indiquer un numéro de téléphone est commode, car en cas d'incident, il permet à Microsoft d'envoyer un SMS contenant un mot de passe de réinitialisation, au lieu de devoir répondre à une question de sécurité qu'un pirate pourrait essayer de deviner. Mais, bien entendu, vous n'êtes pas tenu de communiquer une telle information.

4. **Saisissez les caractères tordus que vous voyez en bas du formulaire (ce que l'on appelle un CAPTCHA) puis cliquez sur J'accepte.**

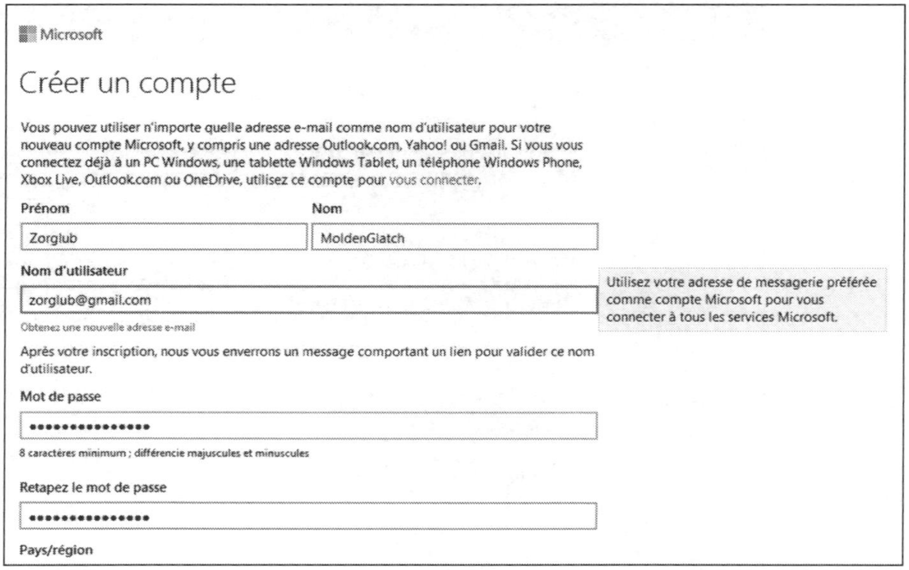

Figure 5.3 : Ce formulaire permet de spécifier n'importe quelle adresse pour en faire un compte Microsoft.

N'OUBLIEZ PAS

Les caractères bizarroïdes que vous saisissez ici ne sont *pas* un mot de passe de messagerie, mais seulement une sécurité pour valider le formulaire. Le vrai mot de passe, celui que vous utiliserez, est celui que vous avez saisi précédemment, puis saisi une seconde fois.

NOTE TECHNIQUE

Voici ce que dit la page de Wikipédia consacrée au mot CAPTCHA : « Captcha » est un rétroacronyme : le mot se prononce comme capture en américain et est censé être composé des initiales de Completely Automated Public Turing test to Tell Computers and Humans Apart, soit en français, « test public de Turing complètement automatique ayant pour but de différencier les humains des ordinateurs ». Ce terme, qui est une marque déposée par l'université Carnegie-Mellon, a été inventé en 2000 par Luis von Ahn, Manuel Blum et Nicholas J. Hopper de cette université, et par John Langford d'IBM. Le nom « captcha » peut également être interprété par « capture character » (caractères de capture). » Voilà, vous savez tout.

Dans les unes ou deux minutes qui suivent, vous recevez un message vous informant que pour finaliser la création de votre compte Microsoft, vous devez cliquer sur un lien de confirmation.

TRUC

Si vous ne voyez rien venir dans la boîte de réception, jetez un coup d'œil dans le dossier Courrier indésirable ou son équivalent.

5. **Dans le message, cliquez sur le lien de confirmation.**

   L'écran d'accueil de Hotmail/Outlook.com apparaît (reportez-vous à la Figure 5.2).

Gérer votre compte Microsoft

Si vous voulez changer quoi que ce soit à votre compte Microsoft, rien de plus facile. À condition de savoir où aller.

Pour des raisons connues de Microsoft seulement, vous devez vous rendre à l'adresse `account.live.com` pour vous identifier puis cliquer sur le bouton Se connecter. Vous accédez ainsi aux informations de compte que montre la Figure 5.4.

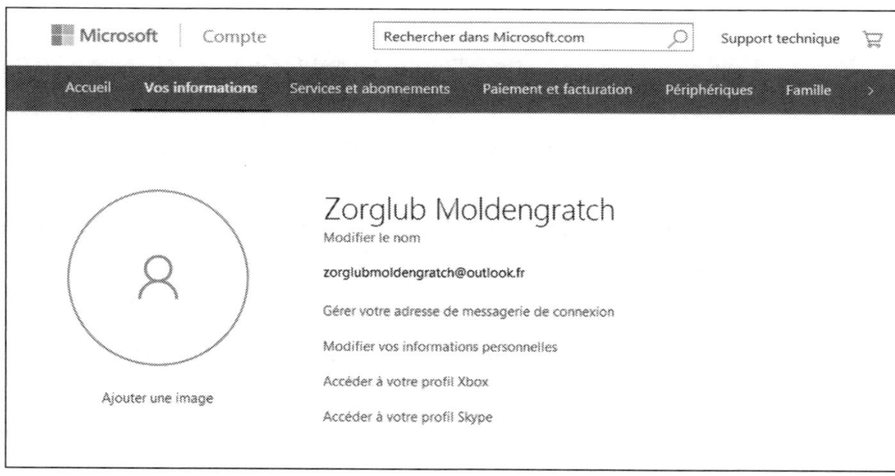

Figure 5.4 : Le panneau de maintenance du compte Microsoft.

Pour modifier des paramètres ou des informations, cliquez sur l'un des liens en caractères bleus.

N'OUBLIEZ PAS

Microsoft améliore la protection des comptes Outlook.com. Désormais, deux étapes de vérification sont implémentées. Vous devez communiquer votre mot de passe et taper un code de sécurité que vous envoie Microsoft (à condition bien sûr d'avoir communiquer votre numéro de portable). De facto, si votre mot de passe est piraté, le hacker ne pourra pas accéder à votre compte puisqu'il ne recevra pas ce code par SMS.

Votre compte Microsoft est associé à un identifiant unique qu'il serait utile de noter et de conserver dans une chambre forte (ou du moins de ne pas le laisser traîner un peu partout). Cet identifiant unique est visible en cliquant sur le lien Modifier vos informations personnelles.

Malheureusement, de nombreux programmes et périphériques (Windows Phone notamment) n'exigent pas d'étapes supplémentaires lorsque vous vous connectez. Par exemple, Xbox, comme les anciennes versions de Microsoft Office ou Windows Phone, n'exige pas ces deux étapes. Vous devez donc prendre vous-même vos précautions.

Contrôler la synchronisation

Si vous ne modifiez rien, la connexion à Windows *via* un compte Microsoft synchronise un grand nombre de paramètres entre tous les PC et autres appareils connectés que vous utilisez.

Il est cependant possible d'indiquer à Windows les éléments qu'il ne doit pas synchroniser. Voici comment :

1. **Cliquez ou tapez sur le bouton Démarrer, puis choisissez Paramètres dans le menu.**
2. **Cliquez ou tapez sur Comptes. Dans le volet de gauche, cliquez (ou tapez) sur Synchroniser vos paramètres.**

   Le volet des options de synchronisation apparaît (voir la Figure 5.5).

3. **En vous basant sur le contenu du Tableau 5.1, choisissez les éléments que vous désirez synchroniser.**

   La synchronisation ne se produit que si vous vous connectez sur deux PC différents avec un même compte Microsoft.

   Les changements seront immédiatement enregistrés sur les serveurs de Microsoft et seront appliqués lors de la prochaine connexion.

Tableau 5.1 : Les paramètres de synchronisation.

Paramètre	Ce qu'il contrôle
Paramètres de synchronisation	C'est un commutateur « général ». Désactivez-le si vous ne voulez rien synchroniser du tout.
Thème	Votre image, les vignettes du menu Démarrer, les couleurs, l'arrière-plan du beau ainsi que d'autres réglages à l'ancienne mode.

Paramètre	Ce qu'il contrôle
Paramètres du navigateur Web	Les réglages effectués dans Edge ou dans Internet Explorer, les onglets qui y sont ouverts, l'historique de navigation, ou encore l'état de l'Explorateur de fichiers (par exemple si le ruban est ou non affiché).
Mots de passe	Des informations potentiellement sensibles, y compris les données d'accès pour les applications Universelles, ou encore les mots de passe de certains sites.
Préférences linguistiques	La méthode d'accès courante (langue/configuration du clavier).
Options d'ergonomie	Tous les réglages associés à l'utilisation de l'ordinateur par une personne possédant un certain handicap.
Autres paramètres Windows.	On ne sait pas exactement quoi. Mais c'est une bonne question.

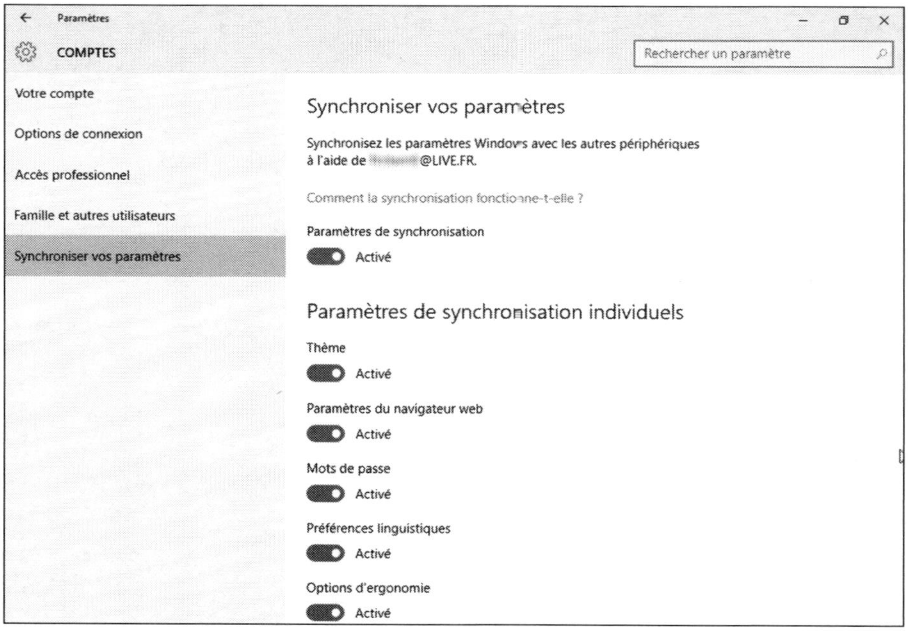

Figure 5.5 : Contrôler ce que vous autorisez Microsoft à synchroniser ou non.

Chapitre 6

Vie privée et confidentialité

Dans ce chapitre :

- De l'importance de la confidentialité
- Le monde compliqué du partage de données
- Bloquer la localisation
- Réduire les atteintes à votre vie privée

« *Les meilleurs esprits de ma génération ne pensent qu'à trouver comment inciter les gens à cliquer sur de la pub. C'est lamentable.* »

Jeff Hammerbacher, l'un des premiers employés de Facebook

Quand vous utilisez des services « gratuits » – des moteurs de recherche comme Google ou Bing, des réseaux sociaux comme Facebook, Pinterest et LinkedIn, des services de stockage de données comme OneDrive et Google Drive, des services de messagerie comme Gmail, Hotmail, Outlook.com ou Yahoo!, et j'en passe – vous ne payez rien. Même chose pour les versions « gratuites » de Windows 10. Ou du moins, rien en espèces sonnantes et trébuchantes. Vous payez de votre personne, ou plus exactement avec votre identité. Chaque fois que vous allez sur l'un de ces sites ou que vous utilisez l'un de ces services, vous mettez en transe quantité de sociétés qui n'ont qu'un seul but, vous fourguer de la publicité.

Les exceptions ? Google ne piste pas les activités des comptes payants ou réservés à l'éducation. Apple clame que ce n'est pas sa tasse de thé (à la pomme, bien sûr). Microsoft aime à dire qu'il n'espionne pas le contenu des messages Outlook.com/Hotmail. Il y a dans tout cela des tas de « si », de « mais » et de nuances. Mais, en gros, si c'est gratuit, c'est parce que vous êtes le produit, pas le client.

Ce n'est pas par hasard qu'après avoir acheté un article sur, disons, Amazon, vous voyez les publicités d'Amazon fleurir sur toutes sortes de sites Web. L'un des gros conglomérats publicitaires possède vos coordonnées. Ce n'est peut-être que votre adresse IP. Ou alors un cookie. Mais il dispose de suffisamment d'indices, parsemés çà et là, quel que soit le site sur lequel vous vous trouvez en ce moment, pour se rappeler que vous avez acheté un jour sur Amazon.

À présent, même lorsque vous vous connectez à Windows 10 avec un compte Microsoft, vous laissez des traces. (Les comptes d'utilisateurs sont traités au précédent chapitre.)

Ce n'est pas l'horreur, seulement un mal nécessaire. Ce n'est pas illégal, enfin, pas toujours. Pour les publicitaires, c'est une occasion d'étendre leur zone de chalandise et d'espérer un retour. D'une certaine manière, ce n'est pas pire que les panneaux de pub au bord des routes ou les interruptions publicitaires à la télé...

Mais, par ailleurs, vous fliquer sur l'Internet est néanmoins différent.

La question de la confidentialité est évoquée dans le Livret IX, Chapitre 1, et pour ce qui concerne le drapeau Ne pas suivre du navigateur – qui ne correspond pas forcément à ce que vous croyez – voyez ce qui est expliqué sur Microsoft Edge dans le Livret V, Chapitre 1. Dans ce chapitre, je me contenterai de donner un aperçu des paramètres de confidentialité (et de quelques chausse-trapes) de Windows.

Pourquoi vous devriez être concerné

Les gens se rendent de plus en plus compte à quel point leur vie privée se rétrécit comme une peau de chagrin sur l'Internet. Si certains ne se sentent pas particulièrement concernés, d'autres sont à ce point sensibilisés qu'ils ne veulent pas même entendre parler de l'Internet. Il y a des chances pour que vous vous trouviez entre ces deux extrêmes.

Les utilisateurs de Windows 10 doivent savoir que, *plus* que n'importe quelle version antérieure, celle-ci disperse des données à foison sur l'Internet. Chaque fois que vous vous connectez à un service – Facebook, Flickr... – vous fournissez des informations à Microsoft qui s'en sert pour affiner votre profil. Et quand vous utilisez un compte Microsoft, c'est en permanence que vous livrez un peu de vous-même.

Je ne dis pas que Microsoft tente de vous extorquer des données ou de se servir de votre identité à des fins inacceptables. Pas du tout. Ce que veut Microsoft, c'est tracer votre profil de consommateur, déceler vos centres d'intérêt afin de vous proposer de la publicité ciblée et vous inciter à acheter. Bref, pour Microsoft, vous êtes un porte-monnaie. Et pour Google, c'est pareil. Enfin, pour tous ces gens-là, quel que soit leur nom, c'est pareil.

ATTENTION !

Google admet que ses robots analysent le contenu des courriers entrants et sortants afin de mieux cibler les publicités qu'il vous envoie, mais Microsoft insiste sur le fait qu'il n'en fait rien, du moins au milieu de l'année 2015. Et pourtant, Microsoft scanne les courriers Hotmail/Outlook.com ainsi que les messages que vous relevez avec l'application Courrier de Windows 10, pour détecter les courriers indésirables disent-ils. Mais vous n'avez aucun moyen de le vérifier. Quant à savoir si, dans le futur, Microsoft recherchera des informations commercialement exploitables, il est vraiment difficile de le dire.

Voici ce qu'il en est de la confidentialité dans les services Internet :

TRUC

- **Google :** C'est lui qui, sans aucun doute, possède la base de données la plus colossale. Vous l'enrichissez chaque fois que vous utilisez Google pour rechercher un site. C'est le cas de tous les moteurs de recherche, mais comme Google possède environ 70 % de ce marché, il est nettement favorisé. En installant le navigateur Chrome, vous acceptez par là même que Google récupère des informations sur vos visites dans les sites, y compris vos signets. C'est pareil lorsque vous ouvrez un compte iGoogle ou Google Drive. Et souvenez-vous qu'Android, *c'est* Google.

  Google est aussi propriétaire de *Doubleclick,* le plus célèbre générateur de cookies. Chaque fois que vous allez sur un site après avoir cliqué sur une publicité régie par Doubleclick – les plus grands sites marchands l'ont adopté – des données concernant votre visite finissent dans la base de données de Google.

  N'OUBLIEZ PAS

  Depuis la fin de 2014, Google a changé sa stratégie. Il n'analyse plus les e-mails ou le contenu de Google Drive dans le cas de comptes payants, universitaires ou encore pour les associations. Par contre, si vous avez un compte Google gratuit, attendez-vous à ce que Google vienne respirer vos messages et vos fichiers en y recherchant des informations qui pourraient vous inciter à cliquer sur des publicités.

- **Facebook :** Il n'a pas engrangé autant d'informations que Google, mais elles sont plus détaillées. Les gens qui s'inscrivent sur Facebook livrent énormément d'informations sur eux-mêmes. Quand vous vous connectez à Facebook à partir du compte Microsoft de Windows 10, toutes les données que vous publiez sur Facebook sont également accessibles à Microsoft. Voilà pourquoi il est important de verrouiller votre compte Facebook (Facebook est traité dans le Livret VI, Chapitre 3).

Chaque fois que vous accédez à un site Internet en cliquant sur l'icône J'aime, cette action est mémorisée dans la base de données de Facebook. Si vous êtes connecté à Facebook au moment où vous accédez à un site par l'icône J'aime, votre identifiant Facebook ainsi que l'adresse du site en question sont mémorisés. À l'heure où ces lignes sont écrites, Microsoft n'a pas accès aux bases de données de Facebook, qui est véritablement son trésor de guerre. Mais il peut récupérer votre liste d'Amis, si vous l'y autorisez.

- **Microsoft :** Ses bases de données ne sont pas aussi plantureuses que celles de Google ni aussi détaillées que celles de Facebook, mais Microsoft tente de rattraper rapidement son retard. L'un des moyens d'y parvenir est de vous inciter à utiliser un compte Microsoft. L'autre consiste à créer, dans Windows 10, des interconnexions avec d'autres entités collectrices de données, dont Facebook et Yahoo! (au travers de Flickr). Et puis, il y a Bing qui enregistre scrupuleusement tout ce que vous recherchez, comme Google.

Pour ce qui est de la collecte de vos données, Windows 10 est à des années-lumière devant les versions précédentes. Et pour la protection de la vie privée, il est à des années-lumière en arrière. Mais tout cela est relatif, comme l'aurait dit le grand Albert.

La fonction de « recherche intelligente » de Windows 10, je veux parler de Cortana, est certainement celle où Microsoft a fait le plus d'efforts pour collecter des données qui l'intéresse. À moins que vous ne fassiez d'immenses efforts pour rogner les ailes de Cortana, Microsoft (par l'intermédiaire de Bing) stocke une liste de tous les termes que vous recherchez non seulement sur le Web, mais aussi dans *votre* ordinateur. Comme Cortana est fraîche et dispose par défaut dès que vous installez Windows 10, il y a de bonnes chances pour que Microsoft ait déjà collecté des informations sur tout ce que vous pouvez rechercher, que ce soit vos documents, vos images, vos messages, et ainsi de suite. Je vous explique comment rogner (un petit peu) les ailes de la sympathique demoiselle dans le Livret III, Chapitre 5.

Connaître les connexions que Windows préfère

Quand vous utilisez Windows, vous ne faites pas jeu égal avec Microsoft. Ce dernier joue les favoris parmi les sociétés sur l'Internet et il n'hésite pas à évincer la concurrence chaque fois qu'il le peut.

Voici quelques points de repère :

- **Microsoft est impliqué dans Facebook :** Facebook est visible partout dans Windows. Ce n'est pas sans raison : Microsoft possède 1,6 % de parts de Facebook (au moment où ces lignes sont écrites, du moins).

Certes, l'attitude de Facebook vis-à-vis de Microsoft est souvent ambiguë, pour ne pas dire ambivalente. Mais il est difficile de prévoir l'avenir de leurs relations.

Il n'est pas facile de savoir si Microsoft et Facebook partagent des données provenant d'utilisateurs individuels. Mais c'est certainement une possibilité. Si ce n'est maintenant, ce sera dans un hypothétique futur.

- **Microsoft et Google ne s'entendent pas très bien.** Windows a quelques accès à Google afin d'en extraire des informations personnelles, comme les contacts, et les intégrer dans les bases de données de Microsoft. Quand vous découvrez qu'il est possible d'ajouter un compte Gmail dans l'application Courrier afin de pouvoir relever les messages Gmail, c'est certainement qu'il y a une arrière-pensée.
- **Microsoft collabore avec Apple pour la bonne forme.** Si une société peut tirer parti d'une autre, elle ne s'en prive pas. Microsoft développe des logiciels pour les Mac et les iPad. Par exemple, OneNote tourne sur un iPad et une version d'Office pour Mac existe depuis plus longtemps sur Mac que sur Windows ! De son côté, Apple développe des logiciels pour Windows, comme iTunes, Safari et QuickTime. Mais les deux veillent jalousement sur leurs œufs, je veux dire sur la poule aux œufs d'or que vous êtes (peut-être). Ne vous attendez donc pas à les voir partager des informations sur leurs utilisateurs respectifs.
- **Microsoft avait tenté d'acheter Yahoo!, qui est le propriétaire de Flickr.** Après deux tentatives en 2008 et 2011, cette tentative d'achat pourrait bien ressurgir de temps en temps. Microsoft a débauché quantité d'ingénieurs de chez Yahoo!. Le résultat est que Flickr fait vraiment bon ménage avec Windows 10.

Signalons, mais vous le saviez déjà (?) que Microsoft possède aussi Skype, Hotmail/Outlook.com et OneDrive.

Vos informations – agrégées, personnellement identifiables, plus ou moins anonymes… – peuvent être extraites depuis n'importe laquelle de ces sources pour être intégrées aux informations que Microsoft engrange dans ses bases de données. Pas étonnant que l'exploitation des données soit l'un des domaines les plus actifs sur le campus de Microsoft à Redmond.

Contrôler la géolocalisation

Depuis Windows 8, Windows est doté d'une fonction de *localisation*. Vous devez indiquer à Microsoft et à chacune des applications que vous acceptez d'être localisé. Dans ce cas, Windows et les applications en question savent exactement où vous vous trouvez (enfin, plutôt avec une certaine précision, sauf si votre PC est équipé d'un GPS).

La géolocalisation n'est pas une technologie à rejeter. Comme beaucoup d'autres inventions, elle peut être utilisée en bien ou en mal, cette notion variant selon les individus.

Si votre ordinateur est équipé d'un composant GPS en fonction (voir la Figure 6.1) – il est courant sur les tablettes, rare sur les ordinateurs portables et quasiment inexistant sur l'ordinateur de bureau –, et si vous avez autorisé une application Windows à vous localiser, cette géolocalisation peut être précise à quelques mètres près.

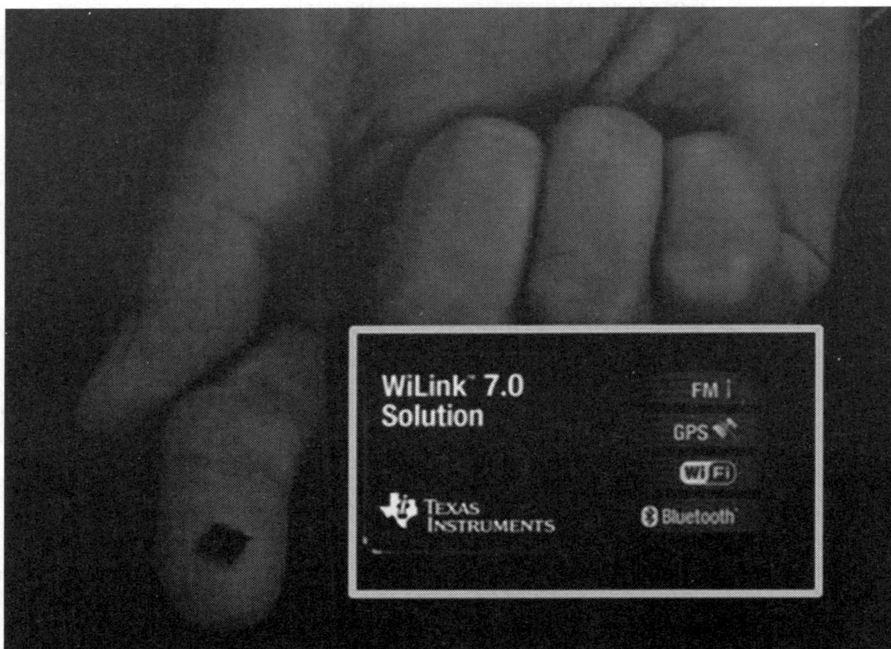

Document Texas Instruments

Figure 6.1 : Un composant GPS est plus petit qu'une tête d'allumette. Celui-ci contient à la fois un GPS, le Bluetooth, le Wi-Fi et une radio FM. Plus peut-être quelques espions à la solde de la NSA.

Le GPS (*Global Positioning System,* « système de positionnement global ») est un système de localisation reposant sur un réseau de satellites géostationnaires. Actuellement, deux réseaux de satellites commerciaux sont utilisés : GPS (États-Unis, deux douzaines de satellites) et GLONASS (Russie, trois douzaines de satellites). Après de très longues tergiversations et quelques accidents de parcours, le réseau européen Galileo (30 satellites) devrait être opérationnel à la fin de la décennie. Les satellites suivent des orbites géosynchrones (voir la Figure 6.2) et sont disposés de manière à ce que le composant GPS puisse détecter au moins quatre satellites. Il détermine ensuite le lieu où il se trouve en se servant de la distance entre les satellites.

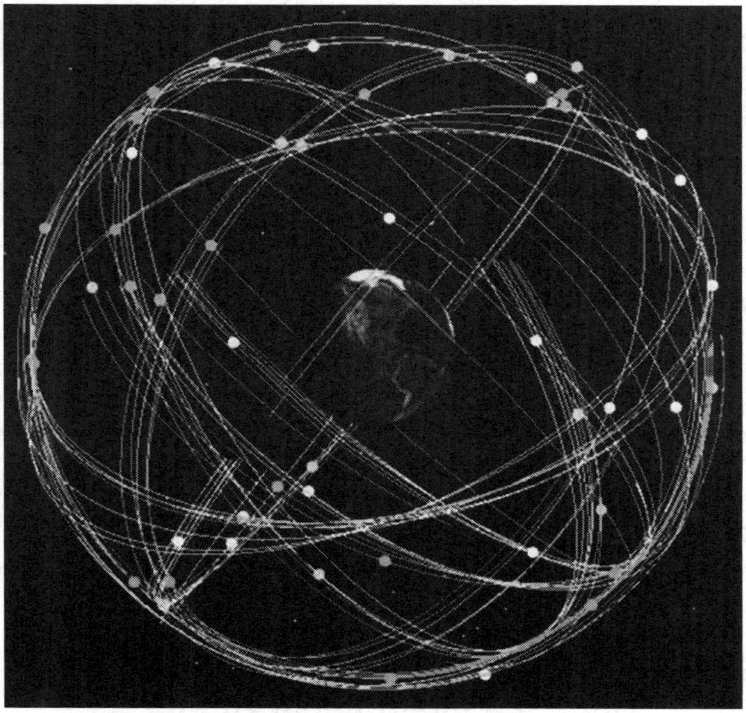

Document Colorado Center for Astrodynamics Research

Figure 6.2 : Les orbites géosynchrones sont agencées de manière à ce que le GPS détecte toujours un minimum de quatre satellites.

Si votre ordinateur n'est pas équipé d'un GPS, ou si ce dernier n'est pas allumé, mais que vous avez néanmoins activé la localisation, Windows tente d'obtenir une localisation approximative fondée sur l'adresse IP de votre machine. Dans bien des cas, elle peut se tromper de plusieurs dizaines de kilomètres.

Quand vous démarrez une application de Windows 10 désireuse de vous géolocaliser – c'est le cas, par exemple, de l'application Météo –, un message semblable à celui de la Figure 6.3 apparaît.

Comment Apple confond géolocalisation et flicage...

En avril 2011, deux chercheurs, Alasdair Allan et Pete Warden, découvrirent que les iPhone et les iPad équipés de GPS mémorisaient les lieux, dates et heures même lorsque l'utilisateur avait explicitement désactivé la fonction de localisation. Ils trouvèrent notamment un fichier, à l'intérieur de tous les iPhone et iPad tournant sous iOS 4, qui contenait toutes les données d'itinérance depuis 2010.

Les deux chercheurs découvrirent que le fichier était récupéré lors de la sauvegarde, et que les données n'étaient ni chiffrées ni protégées d'aucune manière. Une copie était placée dans l'ordinateur avec lequel l'iPhone ou l'iPad était synchronisé.

Confrontée à cette découverte, la société Apple commença par nier avant de déclarer qu'elle ne suivait pas du tout les déplacements de l'iPhone, affirmant que « Apple ne l'avait jamais fait et n'envisageait pas de le faire », confirmant ainsi les découvertes des chercheurs. Au fur et à mesure que les détails étaient mis à jour, Apple affirmait qu'il ne stockait ces informations que pour améliorer le logiciel de localisation, mais qu'elles n'étaient ni transmises ni utilisées par aucun programme de géolocalisation.

En mai 2011, Apple sortit iOS 4.3.3 qui n'enregistrait plus les données litigieuses. Mais cela n'empêcha pas une série de procès et d'actions de groupe aux États-Unis. En Corée, la Commission des Communications infligea une amende à Apple. Au moment où ces lignes étaient écrites, des procès étaient encore en cours aux États-Unis.

La géolocalisation des tablettes est relativement récente et elle n'est pas exempte de bogues, mais avec un peu de chance, ils ne seront jamais aussi énormes que le flicage par Apple.

La géolocalisation des photos

Chaque fois que vous associez un GPS et un appareil photo, vous vous exposez à quelques désagréments. Pourquoi ? Parce que de nombreux appareils photo équipés d'un GPS – notamment ceux des smartphones et des tablettes – inscrivent les coordonnées géographiques précises dans le fichier d'image. Lorsque vous postez ces photos sur Facebook, Flickr ou l'un des innombrables sites apparentés, le lieu de la prise de vue est affiché au vu et au su de tout le monde.

La police s'est déjà servie de cette fonctionnalité pour appréhender des suspects. L'armée américaine demande à son personnel de désactiver le GPS afin de ne pas révéler l'endroit où elle se trouve. Des célébrités en font autant sur leur smartphone et leurs appareils photo. Soyez prudent et pensez-y. À moins justement, que vous ne vouliez partager volontairement certains lieux de prise de vue, par exemple à l'occasion d'un voyage.

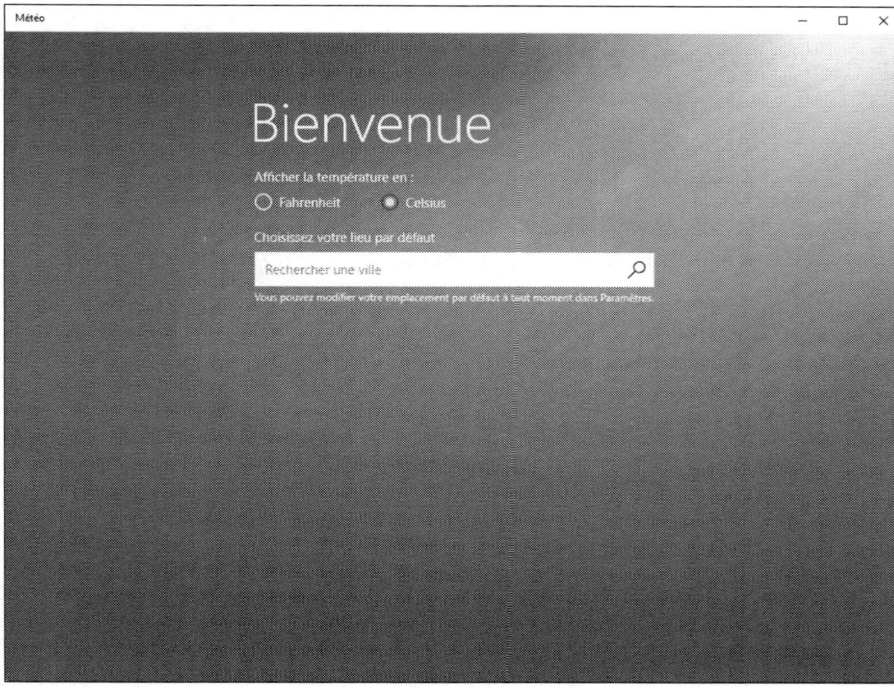

Figure 6.3 : L'application Météo voudrait géolocaliser l'ordinateur.

Si le service de localisation est actif, ce genre de demande est affiché chaque fois que vous ajoutez une application qui veut utiliser vos coordonnées géographiques. Vous avez ensuite le choix entre Autoriser et Bloquer. Voyons cela de plus près...

Bloquer toute la géolocalisation

Procédez comme suit pour empêcher *toutes* les applications d'utiliser la géolocalisation, même si vous l'avez déjà autorisée dans certaines d'entre elles :

1. **Cliquez ou tapez sur le bouton Démarrer, puis sur Paramètres.**
2. **Dans la fenêtre Paramètres, cliquez ou tapez sur Confidentialité, puis sur Emplacement dans le volet de gauche.**

   Les options de localisation apparaissent (voir la Figure 6.4).

3. **Pour cesser la géolocalisation, même si vous l'avez déjà autorisée dans des applications, cliquez sur le bouton Modifier, puis désactivez**

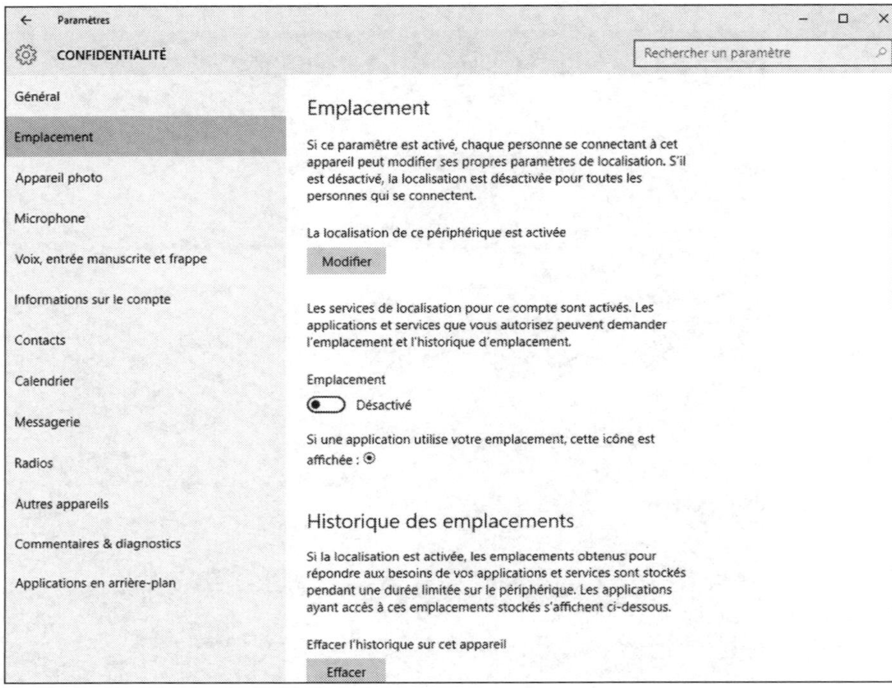

Figure 6.4 : Le commutateur principal de la localisation se trouve tout en haut.

le commutateur dans la petite fenêtre Emplacement de cet appareil qui s'affiche.

C'est tout.

Bloquer la géolocalisation dans une application

Procédez comme suit si vous avez autorisé la géolocalisation à une application, mais que vous désirez la désactiver uniquement pour elle :

1. **Cliquez ou tapez sur le bouton Démarrer, puis sur Paramètres.**
2. **Dans la fenêtre Paramètres, cliquez ou tapez sur Confidentialité, puis sur Emplacement dans le volet de gauche.**

   Les options de localisation apparaissent (reportez-vous à la Figure 6.4).

3. **Faites défiler la fenêtre jusqu'à ce que vous repériez l'application que vous voulez désactiver.**

   Sur la Figure 6.5, par exemple, il s'agit de l'application Météo.

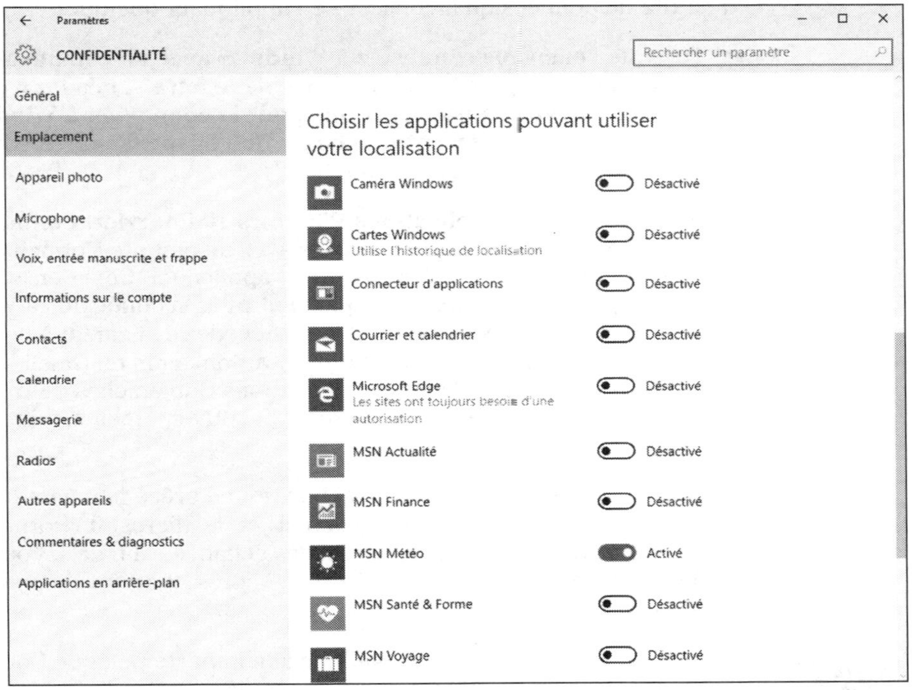

Figure 6.5 : Désactiver la localisation dans une application.

4. **Faites glisser le commutateur associé à l'application vers la gauche pour qu'il devienne grisé.**

   L'autorisation de vous localiser est retirée à l'application.

Certaines applications conservent un historique de vos localisations, ou celui de vos recherches. Pour savoir ce qui a été supprimé, ouvrez l'application suspecte, puis cliquez sur son bouton de menu (le hamburger), en haut et à gauche de la fenêtre. Choisissez alors l'option Paramètres (généralement, la roue dentée). Dans la plupart des cas, si l'application conserve un historique, une commande de suppression devrait être proposée. Ou alors, un commutateur permet de désactiver l'historique des recherches.

Réduire les atteintes à la confidentialité

Windows 10 pose plus de problèmes de confidentialité et d'atteinte à la vie privée que les versions précédentes, mais il est cependant possible de limiter la quantité de données qu'il conserve en appliquant quelques règles simples :

- **Lorsque vous vous connectez à Windows avec un compte Microsoft – il y a beaucoup de bonnes raisons de le faire –, pensez à créer un compte que vous n'utiliserez que pour la connexion à Windows, et éventuellement à OneDrive, Xbox, et/ou Skype.** Reportez-vous au chapitre précédent pour les détails.

- **N'utilisez pas les applications Windows 10 Courrier, Contact, Calendrier, Skype, ou OneDrive.** Si vous avez un compte Hotmail/Outlook.com ou Gmail, n'y accédez pas avec l'application Courrier. Si vous avez un compte séparé réservé uniquement pour la connexion à Windows, utilisez l'interface Web de OneDrive. Accédez également à vos contacts, calendriers et messages *via* Hotmail/Outlook.com ou Gmail. Ce n'est pas aussi classe que d'utiliser les applications Universelles de Windows 10, mais cela fonctionne tout aussi bien. Et souvent, même, nettement mieux.

  N'oubliez pas que, comme je l'ai mentionné précédemment dans ce chapitre, les robots de Google (Gmail) et de Microsoft (Hotmail/Outlook.com) analysent chacun des messages échangés afin de savoir quel genre de publicité pourrait vous intéresser. Microsoft affirme cependant ne pas le faire.

  Personnellement, j'utilise Gmail. Cela m'importe peu que Google me bombarde de publicités, car je n'achète jamais rien !

- **Utilisez toujours la navigation « privée ».** Dans Edge, elle s'appelle « navigation *InPrivate* ». Dans Firefox, elle s'appelle « Incognito » et dans Chrome, « Navigation privée ». Tous ces modes empêchent les sites de placer des cookies, et ils effacent la liste de téléchargement, le cache, l'historique de navigation, les éléments de saisie automatique et les mots de passe mémorisés.

  Vous devez réaliser, cependant, que votre navigateur laisse des traces partout où il vous amène. Par exemple, quand vous utilisez Google, ce dernier conserve votre adresse IP ainsi que les critères de recherche que vous avez saisis.

  La navigation « privée » n'est pas la même chose que l'interdiction du suivi. En fait, cette dernière n'est qu'une demande faite aux sites Internet de s'abstenir de garder une trace de votre visite. Pour plus de détails, reportez-vous au Livret V, Chapitre 1.

- **N'optez pas pour le programme d'amélioration de l'expérience utilisateur de Microsoft.** Il surveille ce que vous faites et envoie, à des fins d'analyse, un résumé de tout ce que vous avez fait, tenté de faire, et comment. Oui bien sûr, Microsoft jure qu'il ne conserve aucune information permettant de vous identifier. Mais moi, je préfère garder mes distances.

Un compromis doit être accepté entre la confidentialité et la facilité d'emploi. Toutes les applications mentionnées dans ce chapitre sont obligées de vous demander quelques informations d'ordre privé pour fonctionner. À vous de voir celles que vous acceptez de livrer en échange de fonctionnalités nouvelles et séduisantes.

En bas de la page Emplacement de la rubrique Confidentialité de l'application Paramètres, vous pouvez remarquer la présence d'une option appelée Clôture virtuelle. Celle-ci pourrait bien prendre une place importante à l'avenir. Lorsqu'une application utilise cette « clôture virtuelle », elle traque votre position en permanence, de manière à pouvoir déclencher quelque chose (comme afficher une publicité, vous proposer d'aller dans une certaine boutique, peut-être même prévenir automatiquement les secours si vous êtes en difficulté, et ainsi de suite). Dès que vous pénétrez dans la zone délimitée par cette clôture, le pistage se met en place. Pour rester (plus ou moins) caché, vous devrez désactiver la localisation dans les applications concernées.

Livret III

Travailler avec le bureau

Chapitre 1

Votre bureau de A à Z

Dans ce chapitre :

- Se déplacer sur le bureau
- Travailler avec les fenêtres
- Votre souris et vous
- Windows et sa barre des tâches
- Organiser les fichiers et les dossiers
- Afficher les extensions des noms de fichiers
- Utiliser les bibliothèques pour étendre les recherches
- Dormir ou rêver, telle peut être la question

Ce chapitre vous explique comment trouver votre route parmi toutes les fenêtres de Windows. D'accord, si vous êtes un vieux routier de Windows, vous savez probablement déjà tout ce qu'il faut savoir à ce sujet (y compris le fonctionnement de la souris ou l'interaction avec les boîtes de dialogue). Mais je suppose ici que certains d'entre vous pourraient connaître quelques surprises, surtout si vous débarquez dans le monde de Windows ou dans son nouveau menu Démarrer. Enfin, c'est vous qui voyez.

Pour la plupart d'entre nous, le premier point, et peut-être le plus important, c'est que nous n'avons pas à nous en tenir aux réglages par défaut de Windows. Windows 10 a été conçu pour vendre plus de copies de Windows ! Ce qui est bon pour Microsoft ne l'est pas forcément pour vous. Et réciproquement aussi. Quelques clics peuvent vous aider à rendre votre PC plus pratique, et davantage… votre PC.

TRUC

Si vous recherchez des informations sur la personnalisation du menu Démarrer et de la barre des tâches, voyez le Livret III, Chapitre 2. Pour personnaliser le bureau (ainsi que le mode Tablette), voyez le Livret III, Chapitre 3.

Windows a plusieurs personnalités

Dès l'instant où vous vous *connectez* à l'ordinateur, autrement dit quand vous cliquez sur votre nom, un tas de choses se passe. À première vue, vous faites face à votre image, ou à celle que le constructeur de votre ordinateur a choisie pour vous. Ou bien à celle que Microsoft a choisie pour vous.

En gros et pour faire simple, Windows 10 peut avoir à cet instant une triple personnalité :

- Pratiquement tout le monde aime voir apparaître dès que possible le bureau de Windows. Celui-ci contient un bouton Démarrer (en bas et à gauche de l'écran), des icônes sur la barre des tâches (en bas de l'écran) un certain nombre d'icônes (dont en particulier la Corbeille), et ainsi de suite. L'image qui est affichée sur le fond de ce bureau peut être assez quelconque.

  Si vous cliquez sur le bouton Démarrer, en bas et à gauche de l'écran, vous allez voir s'afficher le célèbre menu Démarrer, ainsi qu'un tas de vignettes (voir la Figure 1.1). Voilà ce que j'appelle un véritable Windows.

- Si vous voyez quelque chose qui ressemble à ce qu'illustre la Figure 1.2, cela signifie que quelqu'un a basculé votre affichage en mode menu Démarrer en plein écran.

  Si vous vous retrouvez devant ce genre d'écran (et sauf si vous travaillez avec une tablette sous Windows 10), je vous conseille d'en revenir au classique bureau. Pour cela, cliquez sur le bouton du menu (les trois barres en haut et à gauche de l'écran). Choisissez ensuite Paramètres, puis Personnalisation et enfin Accueil. Sous l'intitulé Utiliser le menu Démarrer en plein écran, désactivez le commutateur correspondant. Vous allez ainsi retrouver votre « vrai » menu Démarrer.

- La troisième possibilité, c'est que vous vous retrouviez en mode Tablette. Certes, les différences entre ce mode et le cas précédent sont subtiles, mais la principale différence se trouve dans la barre des tâches. Dans un cas, vous voyez la barre de recherche s'afficher à droite du menu Démarrer, et dans l'autre non (elle est remplacée par une flèche de retour ainsi que par une loupe).

  N'OUBLIEZ PAS

  Le mode Tablette est décrit plus loin dans ce chapitre.

Figure 1.1 : Windows, son bureau et son menu Démarrer.

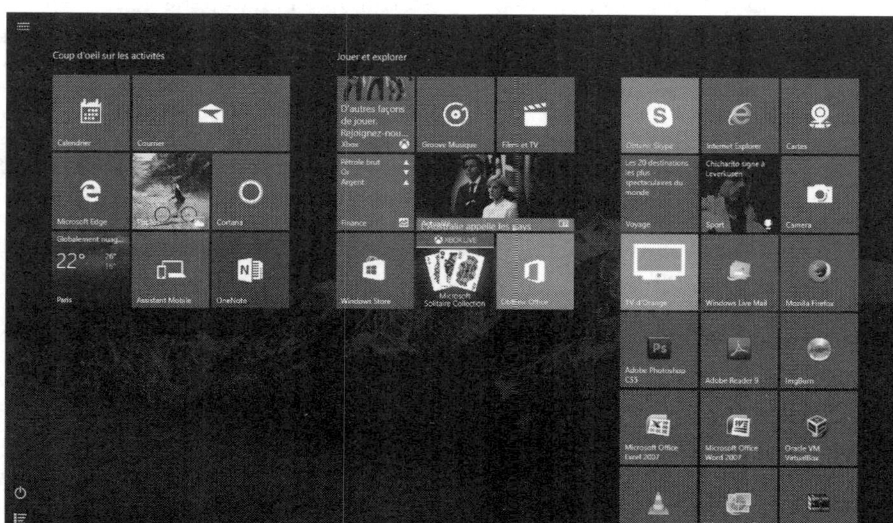

Figure 1.2 : Si vous voyez cet écran de démarrage, revenez au traditionnel bureau avant de continuer.

Travailler avec le bureau traditionnel

Donc, votre écran de démarrage principal ressemble à peu près à l'illustration de la Figure 1.1, n'est-ce pas ? Parfait.

L'écran que Windows vous montre chaque fois que vous mettez votre ordinateur en marche est le *bureau*, même s'il faut bien avouer qu'il ne ressemble pas vraiment à un *vrai* bureau. Essayez de poser un crayon dessus, pour voir…

N'OUBLIEZ PAS

J'explique comment modifier et organiser votre bureau dans le Livret III, Chapitre 3, mais tout nouvel utilisateur de Windows voudra certainement y apporter tout de suite des changements. C'est ce que nous allons voir dans ce chapitre.

NOTE TECHNIQUE

Même si le bureau de Windows a l'air assez simple, ne vous y fiez pas. Sous ce calme apparent se dissimule le plus sophistiqué de tous les programmes informatiques jamais créés. Des centaines de millions de dollars ont été dépensés pour créer une illusion de simplicité. Respectez donc votre bureau. Car il le vaut bien.

Changer l'arrière-plan du bureau

Pour commencer à prendre votre destin en mains, vous allez commencer par modifier l'arrière-plan du bureau, ce que l'on appelle généralement le papier peint. Si vous venez d'acheter un nouvel ordinateur, l'arrière-plan par défaut chante assez vraisemblablement les louanges du constructeur. Bof. Suivez plutôt ces étapes :

1. **Cliquez quelque part sur une partie vide du bureau avec le bouton droit de la souris. Un menu (une liste d'options, si vous préférez) s'affiche. Choisissez alors Personnaliser.**

   Windows va afficher le volet Arrière-plan de l'application Paramètres (voir la Figure 1.3).

2. **Jouez un peu avec la liste déroulante Arrière-plan et voyez si vous trouvez quelque chose qui vous convient.**

   Vous pouvez sélectionner un des arrière-plans proposés par Windows, une couleur unie ou encore un diaporama.

3. **Si vous ne trouvez rien à votre goût, cliquez sur le bouton Parcourir.**

   Windows vous répond en affichant ce qui se trouve dans votre machine pour que vous puissiez choisir une image, n'importe laquelle.

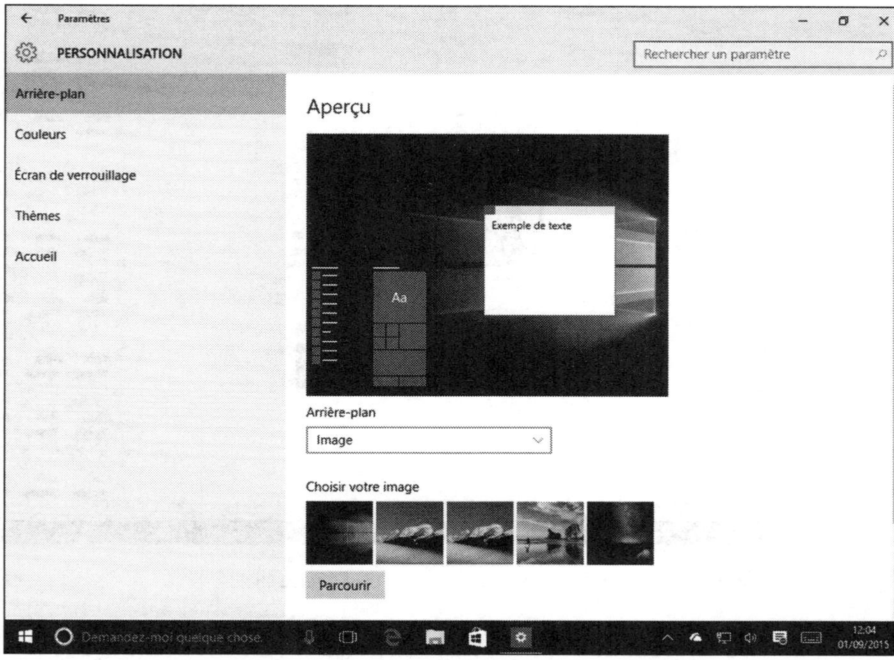

Figure 1.3 : Choisissez ici l'arrière-plan de votre bureau (ou un diaporama).

4. **Si vous trouvez une image qui vous plaît, mais qui ressemble à une pastèque écrasée sur votre bureau, ou bien qui est pratiquement invisible, servez-vous de la liste déroulante Choisir un ajustement pour dire à Windows comment l'utiliser.**

   Vous disposez des options suivantes :

   - *Remplir :* Pour occuper la totalité du bureau sans déformer l'image.
   - *Ajuster :* S'arrange pour que l'image occupe toute la hauteur, ou toute la largeur selon son format, sans déformation.
   - *Étirer :* Redéfinit les proportions de l'image de manière à ce qu'elle occupe tout le bureau.
   - *Vignette :* Affiche l'image à sa taille réelle en la reproduisant autant de fois que nécessaire pour occuper tout le bureau (voir la Figure 1.4).
   - *Centrer :* Centre l'image sur le bureau.
   - *Étendre :* Redimensionne l'image pour qu'elle occupe tout le bureau.

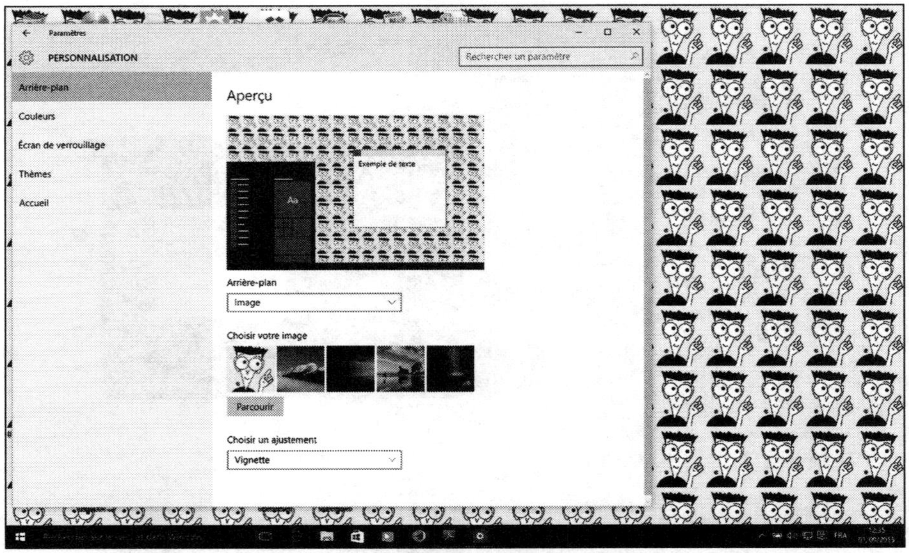

Figure 1.4 : Original, mais peut-être un peu excessif…

5. **Refermez l'application Paramètres (touchez ou cliquez sur la croix, en haut et à droite de la fenêtre).**

   Votre nouvel arrière-plan prend effet immédiatement.

Se débarrasser des icônes et des programmes inutiles

Si vous n'avez pas encore pris le contrôle et éliminé ces programmes que le vendeur de votre PC a probablement collés dans votre machine, il est temps de le faire.

TRUC

Vous croyez que votre nouveau PC sous Windows 10 est parfaitement vierge ? Grave erreur. Les types qui fabriquent et vendent des ordinateurs y placent régulièrement des tas de trucs. C'est pour gagner de l'argent, bien sûr. Ils font semblant de croire que c'est pour vous rendre service. Et quoi encore.

- **Pour éliminer les icônes inutiles,** cliquez droit dessus et choisissez dans le menu qui s'affiche l'option Supprimer. Clac !
- **Pour vous débarrasser des programmes associés à ces icônes,** essayez ceci : choisissez Démarrer, Paramètres, Système, puis Applications et fonctionnalités. Voyez si le programme qui vous ennuie est listé. Si oui,

cliquez sur son nom, puis sur le bouton Désinstaller. Sinon, passez au plan B : cliquez droit sur le menu Démarrer, choisissez Panneau de configuration, puis, sous la rubrique Programmes, sélectionnez Désinstaller un programme. Faites alors un double-clic sur le nom du programme à détruire.

Malheureusement, trop de programmes intempestifs ne jouent pas le jeu. Soit ils n'ont rien pour les désinstaller, soit la désinstallation ne les supprime pas totalement (non, je n'ai pas fait mention de Norton Internet Security). Essayons de regarder du côté de PC Decrapifier, un programme de Jason York (`pcdecrapifier.com/download`).

Vous reprendrez bien un coup de souris ?

Pour pratiquement tout le monde, la souris (voire le pavé tactile) est le premier moyen d'interagir avec Windows. Mais vous le savez déjà. Vous pouvez cliquer avec son bouton gauche, ou bien avec son bouton droit, ou encore faire rouler la molette qui se trouve entre les deux (pratiquement toutes les souris pour PC possèdent cet appendice). Dans tous les cas, la souris réagit de manière différente. Mais vous le saviez aussi déjà, bien sûr.

La technologie multi-touch intégrée à Windows 10 permet d'avoir jusqu'à onze points de contact. De quoi se prendre pour Tom Cruise dans *Minority Report*. Bien sûr, vous devrez vous faire greffer un doigt supplémentaire, avoir les bonnes applications, et travailler avec une vraie bête de course pour y arriver. Mais pour tous ceux d'entre nous qui mettent un gant à la fois, la souris reste le meilleur dispositif pour piloter Windows.

Comment se familiariser avec une nouvelle souris ? Par exemple en faisant une partie d'un de ces bons vieux Solitaire. Ouvrez le menu Démarrer, puis cliquez sur la vignette Microsoft Solitaire Collection. Cliquez ensuite sur Klondike (c'est l'autre nom du Solitaire). Inutile que je vous explique les règles, vous les connaissez certainement déjà (voir la Figure 1.5). Profitez-en pour découvrir ce que vous propose Microsoft, avant de vous rendre plus tard dans Windows Store (voir le Livret V, Chapitre 4).

Essayez de cliquer dans différents endroits, de double-cliquer, ou encore de cliquer avec le bouton droit sur divers éléments. Bref, exercez-vous pour être aussi à l'aise que possible avec votre souris. Ne vous inquiétez pas : vous ne risquez pas de casser quelque chose dans l'ordinateur. Dans le pire des cas, et si vous avez une mauvaise position, vous vous en sortirez avec quelques douleurs dans le poignet ou le bras.

Dans l'ordinateur, les mouvements de la souris sont mesurés dans une unité appelée *mickey*. Charmant, non ? Bougez-la sur une courte distance, et la

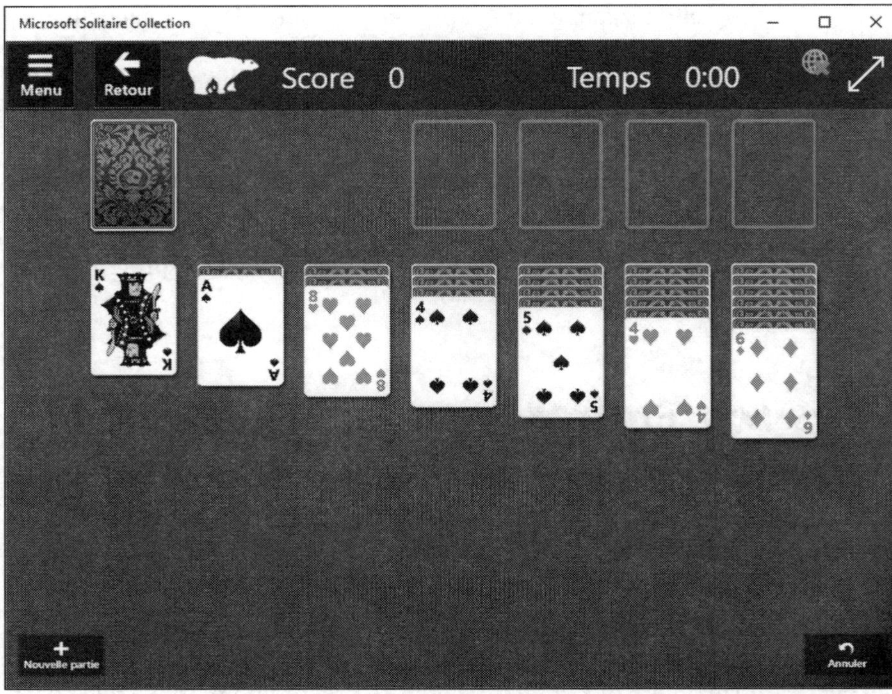

Figure 1.5 : Pourquoi pas une petite partie de Solitaire, histoire de dérouiller la souris ?

petite bête parcourt quelques mickeys. Faites-lui traverser l'océan, et elle aura fait des tas de petits mickeys.

Empiler les fenêtres

Windows 10 reconnaît quelques fonctions « gestuelles » qui peuvent vous faire gagner pas mal de temps. Exemple type : placer rapidement deux, ou même quatre, fenêtres l'une à côté de l'autre en quelques petits clics.

N'OUBLIEZ PAS

Essayez ceci : vous cliquez sur la barre de titre d'une fenêtre et vous la faites glisser (vous laissez le doigt appuyé sur le bouton gauche de la souris pendant tout le déplacement) jusqu'à ce que le pointeur atteigne le bord gauche de l'écran (ou le bord droit, si vous avez l'esprit de contradiction). Immédiatement, Windows va redimensionner la fenêtre de manière à ce qu'elle occupe exactement la moitié gauche (ou droite) du bureau. Cette technique peut faciliter grandement l'enregistrement d'une pièce jointe en la faisant glisser de l'application de messagerie vers l'Explorateur de fichiers, ou encore pour placer côte à côte un document Word et une feuille de calcul, ou bien encore deux fenêtres de navigation, comme sur la Figure 1.6, et ainsi de suite.

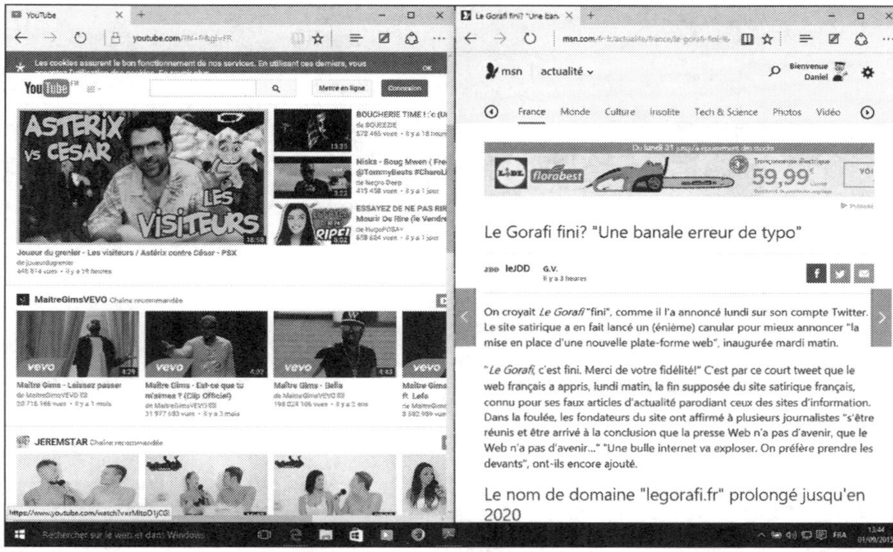

Figure 1.6 : Un peu de glisse, et vous obtenez deux fenêtres sagement rangées côte à côte.

TRUC

Lors de ce mouvement, et si plusieurs fenêtres d'application sont ouvertes en même temps, Windows 10 va en afficher un aperçu pour vous permettre de choisir celle qui va occuper l'autre moitié de l'écran.

Vous pouvez aussi faire glisser la barre de titre d'une fenêtre dans un coin de l'écran, et disposer de cette manière quatre fenêtres à la fois (mais il vaut mieux avoir un grand moniteur). Si vous êtes curieux de savoir comment cela se passe, voyez l'option Paramètres dans le menu Démarrer, puis choisissez Système et multitâche. Les options concernées se trouvent dans la rubrique Insertion des paramètres (voir la Figure 1.7).

Mais ce ne sont pas les seules astuces. Si vous tirez la barre de titre d'une fenêtre jusqu'en haut de l'écran, elle est *maximisée*, autrement dit elle s'agrandit sur toute la surface du bureau. Bon, il y a encore un autre truc : vous pouvez aussi faire un double-clic sur la barre de titre pour obtenir le même résultat (ou, à l'inverse, *réduire* la fenêtre à sa taille précédente). Et si vous cliquez sur ladite barre de titre et que vous la secouez, toutes les autres fenêtres se réduisent (ou se *minimisent*) gentiment pour venir se ranger dans la barre des tâches.

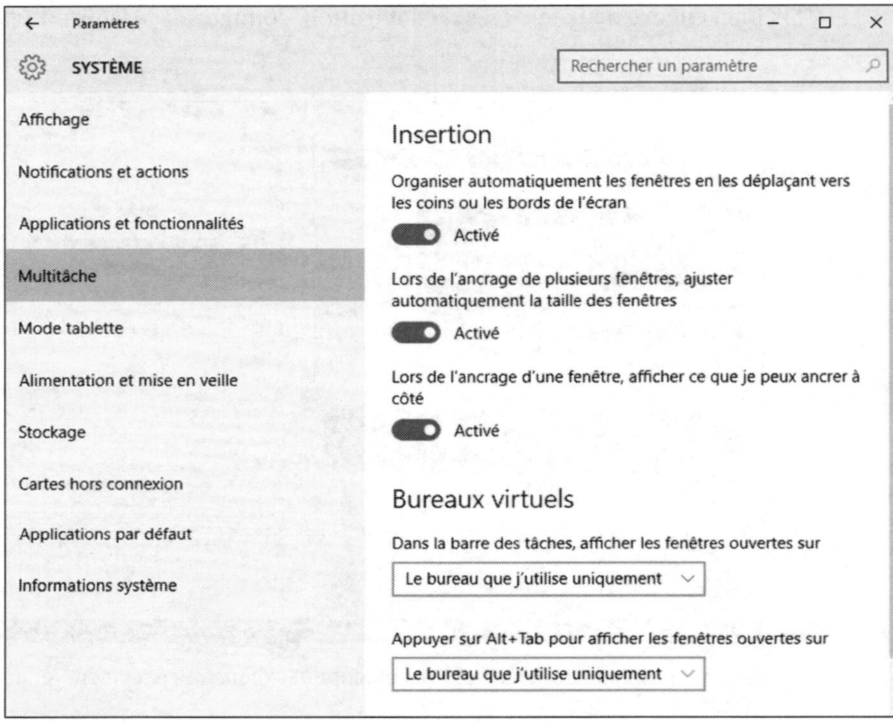

Figure 1.7 : Configurer les options d'organisation des fenêtres.

TRUC

On peut obtenir les mêmes résultats avec quelques raccourcis clavier : Win + flèche gauche (la fenêtre occupe la moitié gauche de l'écran), Win + flèche droite (la fenêtre occupe la moitié droite de l'écran), Win + flèche haut (la fenêtre est maximisée), Win + flèche bas (la fenêtre est minimisée).

Configurer la souris

TRUC

Si vous êtes gaucher, vous pouvez intervertir le rôle des deux boutons. En fait, certains gauchers sont habitués au mode de fonctionnement standard de la souris et ils préfèrent ne rien changer. À chacun son choix.

TRUC

Une autre option, le verrouillage du clic, peut aider les personnes qui ont moins de trois mains. Dans ce mode, vous appuyez pendant un certain temps sur le bouton de la souris (vous pouvez choisir la durée de l'appui) afin de demander à Windows de verrouiller le bouton. Vous pouvez alors vous concentrer sur le déplacement de la souris sans avoir besoin de garder le doigt appuyé.

Pour configurer ces réglages, suivez ces étapes :

1. **Cliquez ou tapez sur le bouton Démarrer. Choisissez ensuite Paramètres, puis Périphériques, et enfin Souris et pavé tactile.**

   La fenêtre illustrée sur la Figure 1.8 s'affiche.

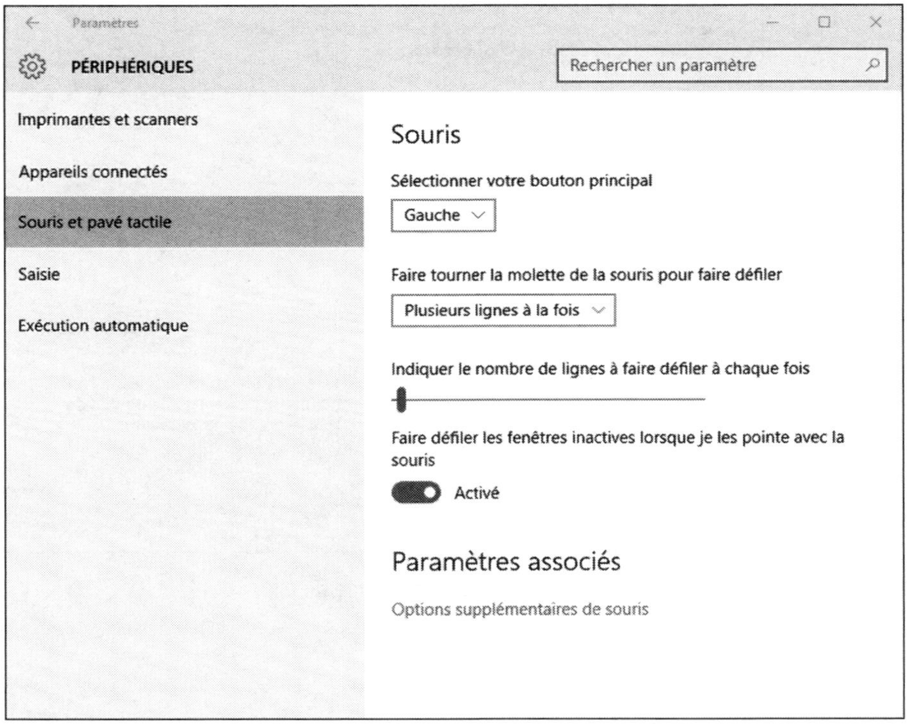

Figure 1.8 : Choisissez ici le bouton principal de la souris.

2. **Si vous voulez inverser le rôle des boutons, choisissez le mode voulu dans la liste déroulante Sélectionnez le bouton principal.**

3. **Pour activer le verrouillage du clic, ouvrez le lien Options supplémentaires de souris. Une boîte de dialogue « à l'ancienne » apparaît. Cochez l'option proposée en bas de cette boîte de dialogue (voir la Figure 1.9). Cliquez ensuite sur le bouton OK.**

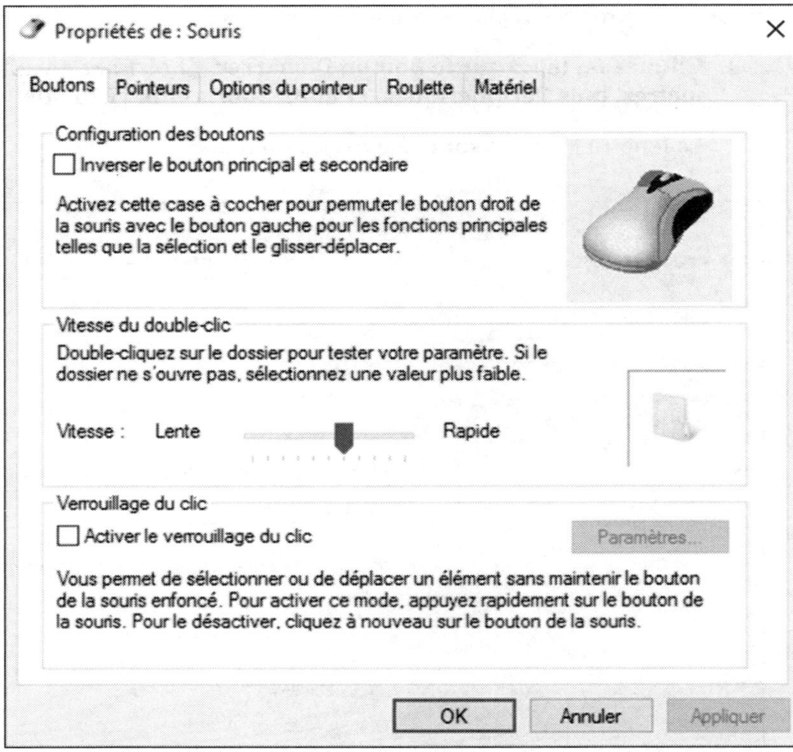

Figure 1.9 : Comment activer le verrouillage du clic.

Démarrer avec le bouton Démarrer

Votre véritable voyage avec Windows débute en fait par l'image qui se trouve en bas et tout à fait à gauche de l'écran. C'est le fameux bouton Démarrer.

Même si c'est une vénérable ancienneté, puisqu'il remonte à Windows 95, ce bouton joue un rôle essentiel. Il vous donne en effet accès au nouveau menu Démarrer de Windows 10, illustré sur la Figure 1.10.

Le menu Démarrer donne l'impression d'être gravé dans le granit, mais ce n'est pas le cas. Vous pouvez modifier trois choses sans avoir à vous plonger dans des tonnes de documentation :

- **Pour changer le nom et l'image de l'utilisateur,** voyez le Livret II, Chapitre 2.

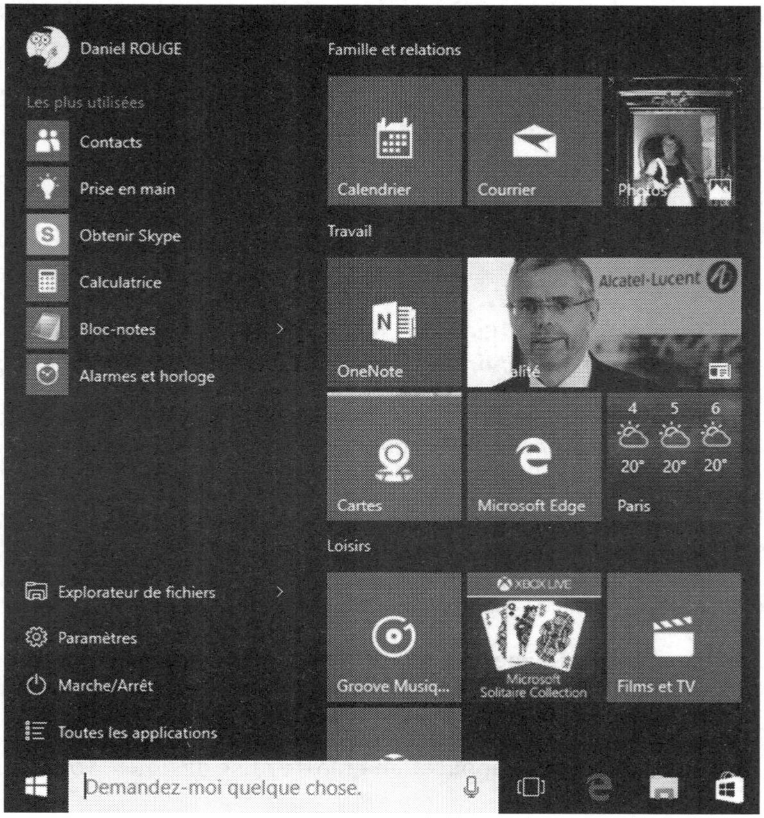

Figure 1.10 : Le menu Démarrer de Windows frappe un grand coup, et vous pouvez le personnaliser, du moins jusqu'à un certain point.

- **Pour supprimer un programme de la liste Les plus utilisées,** cliquez droit sur son nom et choisissez l'option Ne pas afficher dans cette liste.
- **Pour déplacer ou redimensionner une vignette dans la partie droite du menu,** cliquez dessus et faites-la glisser. Vous pouvez également cliquer droit dessus et choisir l'option Redimensionner, puis une nouvelle taille. Pour les détails, voyez le Livret III, Chapitre 2.

TRUC

Si vous étrennez votre nouvel ordinateur sous Windows 10, il est très possible que le constructeur ait ajouté ses propres icônes dans le menu Démarrer. Il peut s'agir d'utilitaires intéressants, mais aussi de tentatives pour imposer certaines applications (pas gratuites) dont vous n'avez rien à faire. Pour vous en débarrasser, cliquez droit sur le nom d'un importun et choisissez dans le menu qui apparaît l'option Ne pas afficher dans cette liste, ou encore Supprimer du menu Démarrer (dans ce cas, Désinstaller c'est très bien aussi).

La partie droite du menu Démarrer contient une pléthore de vignettes, mais vous avez parfaitement le droit de les appeler tuiles, ou encore pavés. Initialement, ces vignettes sont toutes des vues sur de parfaits (?) représentants des applications Universelles Windows provenant des ateliers de Microsoft en personne. Mais, dans votre vie d'utilisateur, vous aurez certainement à en ajouter d'autres, ou à en enlever certaines.

N'OUBLIEZ PAS

Si vous avez besoin de quelques révisions sur ce que sont les applications Universelles Windows, reportez-vous en particulier au Livret I, Chapitre 2.

Ces applications peuvent être classées en plusieurs catégories :

- **Les applications dites de « productivité » :** Il s'agit notamment des applications Calendrier, Courrier ou encore Contacts. Elles sont marginalement utiles, mais pas au point de vous faire quitter votre agenda ou votre programme de messagerie actuels, en particulier sur votre tablette ou votre smartphone. Quant à Contacts, c'est une misère. Voyez à ce sujet le Livret IV, Chapitres 1 et 2.
- **Microsoft Edge** est certainement la meilleure application Universelle Windows jamais écrite. Microsoft a eu entièrement raison de jeter Internet Explorer dans les buissons et de proposer un navigateur moderne et sûr aux utilisateurs. Voyez le Livret V, Chapitre 1.
- **La vignette Recherche** ne fait que dupliquer le champ Rechercher, juste à droite du bouton Démarrer dans la barre des tâches. Bonjour, Cortana ! Nous la retrouverons dans le Livret III, Chapitre 5.
- **OneNote** est une application utile de prise de notes. Voyez le Livret IV, Chapitre 4.
- Sans compter un tas d'applications typiques du monde des smartphones, comme Actualité, Finance ou Sport (Livret V, Chapitre 3), Photos (Livret IV, Chapitre 3), Météo, ou encore une application Xbox qui ne peut réellement servir que si vous possédez une… Xbox.

Vous avez la possibilité de personnaliser à peu près totalement la partie droite du menu Démarrer en faisant glisser les vignettes, ou en choisissant quelques options. Nous y reviendrons en détail dans ce Livret III, au Chapitre 2.

Toucher la barre des tâches

Windows 10 affiche une rangée d'icônes, la barre des tâches, tout en bas de l'écran (voir la Figure 1.11). Celle-ci est extrêmement personnalisable, mais c'est là un sujet qui sera développé dans ce Livret III, au Chapitre 3.

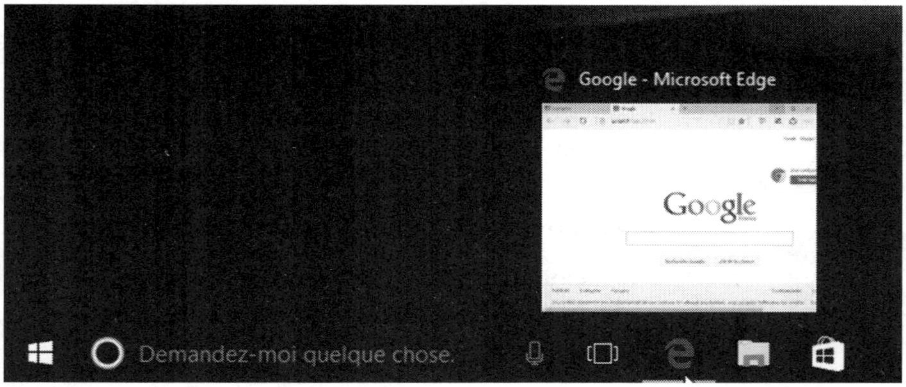

Figure 1.11 : La barre des tâches de Windows vous renseigne sur les applications actives et vous permet d'accéder rapidement au bon endroit.

La barre des tâches est un parfait concentré de la plupart des choses que vous voulez faire, et ce la plupart du temps. Par exemple :

- **Faites survoler le pointeur de votre souris sur une icône pour voir un aperçu du programme correspondant.** Sur la Figure 1.11, par exemple, j'ai survolé l'icône de Microsoft Edge et constaté que la page du moteur de recherche Google était ouverte.

  Certaines applications, comme l'Explorateur de fichiers ou encore Word, montrent chaque onglet ou document ouvert dans autant d'aperçus. Cliquer sur l'un d'entre eux réactive l'application avec l'onglet ou le document correspondant ouvert. Rapide et efficace.

- **Cliquez droit sur une icône,** et vous pouvez voir une liste de tâches et d'activités courantes, ainsi qu'éventuellement les noms des derniers documents ouverts avec l'application, comme par exemple les onglets que vous avez ouverts dans votre navigateur.

  Comme il se doit, le programme correspondant s'ouvre si vous cliquez sur son icône. Si vous voulez ouvrir une seconde fenêtre, cliquer ne suffit pas. Vous devez cliquer droit sur l'icône, puis choisir le nom de l'application.

- **Vous pouvez déplacer la plupart des icônes de la barre des tâches.** Pour cela, cliquez dessus et faites-les glisser vers un nouvel emplacement de la barre. En revanche, ce n'est pas possible avec le bouton Démarrer, Cortana, l'horloge ou encore la petite flèche des icônes cachées.

Si vous voulez renvoyer toutes les fenêtres ouvertes dans l'ombre de la barre des tâches et dévoiler votre magnifique bureau, cliquez sur le tout petit trait qui se dissimule au bout de la barre des tâches, juste après l'horloge.

Il y a encore bien d'autres astuces concernant la barre des tâches, mais l'une d'entre elles peut être particulièrement pratique (surtout si votre écran est d'une taille modeste).

La barre des tâches peut en effet se replier d'elle-même et prendre l'aspect d'une simple ligne. Il suffit ensuite de placer le pointeur de la souris sur cette ligne pour que la barre des tâches se déplie à nouveau. Pour cela :

1. **Cliquez *droit* sur une partie vide de la barre des tâches.**
2. **Dans le menu qui s'affiche, choisissez Propriétés.**

   L'onglet Barre des tâches de la boîte de dialogue qui s'ouvre devrait être activé.

3. **Cochez l'option Masquer automatiquement la barre des tâches et cliquez sur OK (voir la Figure 1.12).**

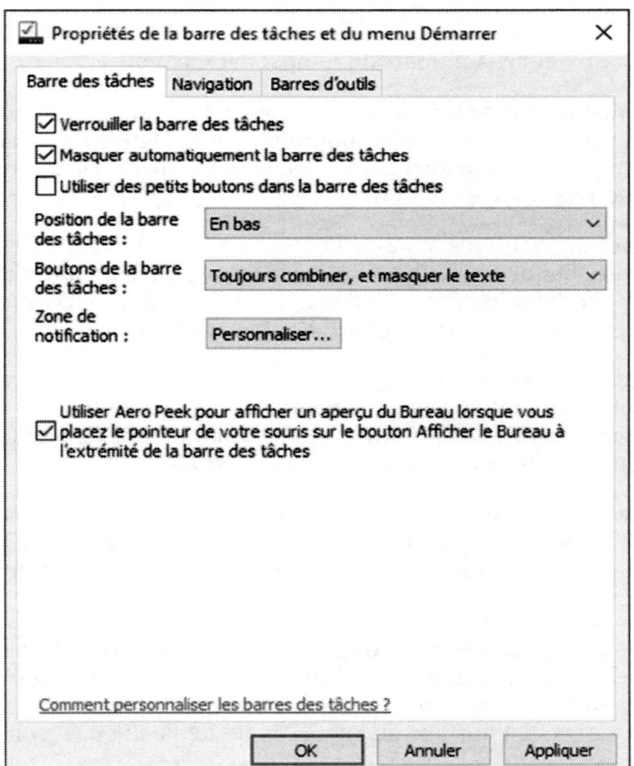

Figure 1.12 : Masquer automatiquement la barre des tâches pour gagner de la place sur le bureau.

Tapoter en mode Tablette

Essayez la petite expérience qui suit, même si vous n'avez pas de tablette tactile ou de smartphone sous Windows. Vous allez activer le mode Tablette et jouer un peu avec lui. Suivez le guide :

1. **Partant du bureau, cliquez sur le bouton Démarrer, puis choisissez Paramètres, Système et enfin Mode Tablette.**

   Vous allez voir les options illustrées sur la Figure 1.13.

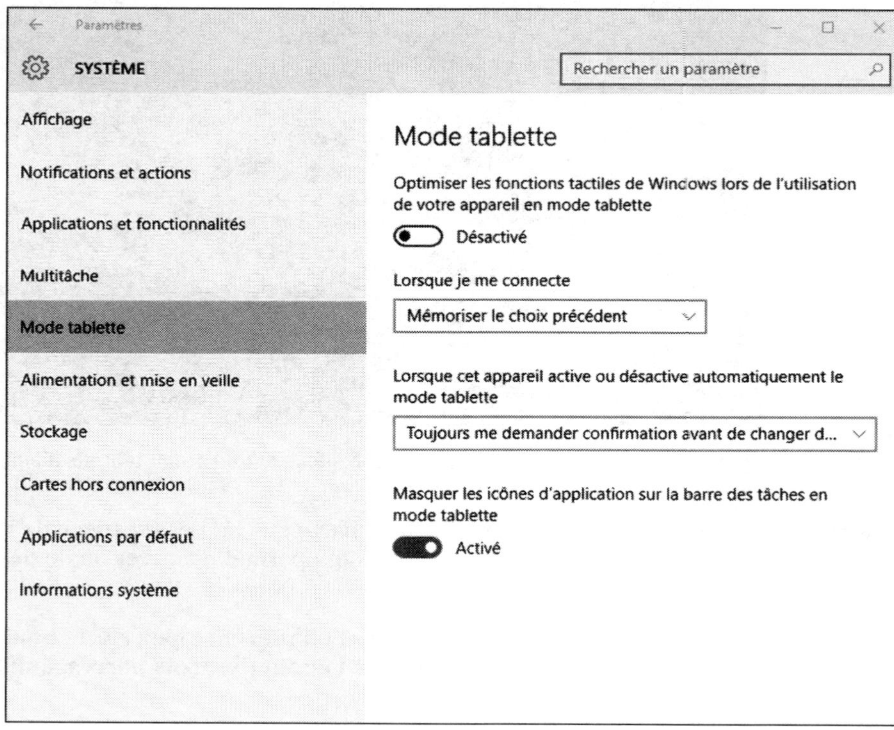

Figure 1.13 : Basculer en mode Tablette.

2. **Activez le premier commutateur.**

   Waouh ! Immédiatement, la fenêtre des paramètres vient remplir tout le bureau. C'est une observation importante. Tout ce que vous exécutez en mode Tablette occupe la totalité de l'espace.

3. **Cliquez ou tapez sur le menu Démarrer (le logo de Windows, en bas et à gauche de l'écran).**

Le mode Tablette s'offre à vous dans toute sa splendeur, comme l'illustre la Figure 1.14.

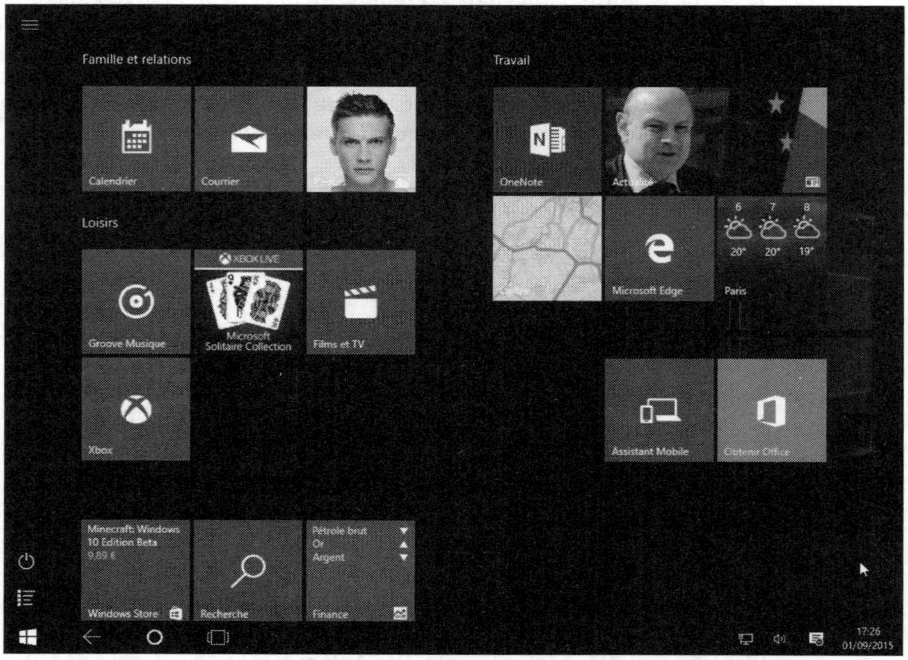

Figure 1.14 : Le mode Tablette est présent, même sur un ordinateur qui n'est pas tactile.

N'OUBLIEZ PAS

L'icône des notifications de la barre des tâches (l'espèce de bulle de B.D.) propose aussi un bouton qui permet d'activer ou de désactiver directement le mode Tablette.

4. **Avant de tomber à la renverse, cliquez ou tapez sur le bouton qui se trouve en haut et à gauche de l'écran (les trois barres, à défaut des trois Grâces).**

   Vous allez voir apparaître le menu Démarrer sur la gauche de l'écran, comme l'illustre la Figure 1.15.

5. **Cliquez sur une des vignettes, disons celle des actualités ou de la météo, quelque chose qui ne soit pas trop angoissant. Évitez surtout la vignette intitulée « Cliquez ici pour déclencher une guerre thermonucléaire globale ». On ne sait jamais. Ils sont quand même très forts chez Microsoft.**

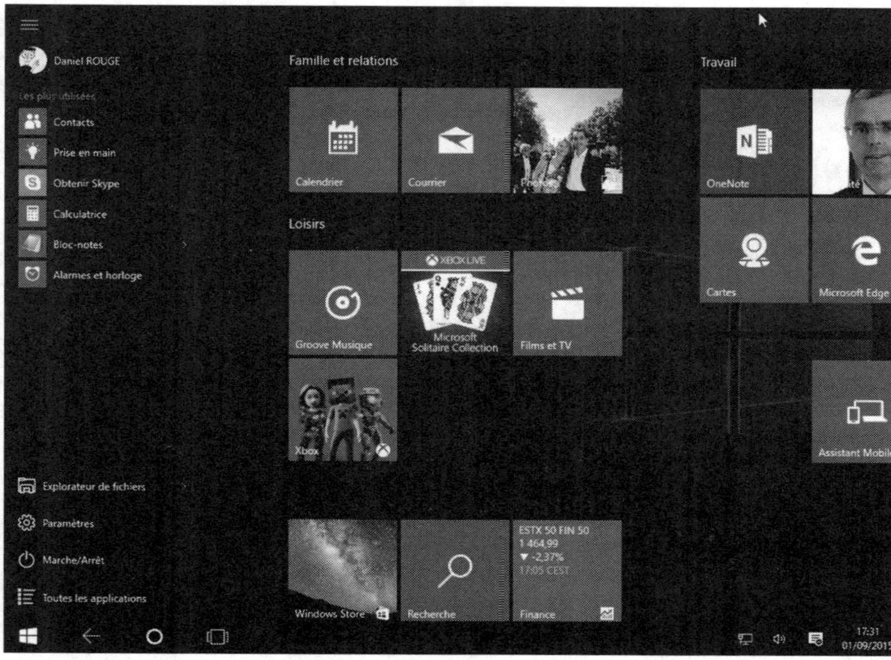

Figure 1.15 : En mode Tablette, le menu Démarrer est un peu modifié.

Le menu Démarrer disparaît, et l'application vient remplir l'écran. Il vous faudra peut-être un peu de temps pour vous habituer à ce mode de fonctionnement. Le mode Tablette, c'est le plein écran, point.

6. **Quand vous avez fini de jouer avec votre application, cliquez sur le bouton Démarrer, en bas et à gauche de l'écran.**

   Vous revenez à l'écran principal (reportez-vous à la Figure 1.14). Recommencez, et votre application réapparaît.

   TRUC Appuyer sur la touche Windows du clavier produit le même effet.

7. **Maintenant, cliquez droit sur une des vignettes du menu Démarrer (ou maintenez-la enfoncée – virtuellement – avec votre doigt) et choisissez dans le menu qui s'affiche l'option Redimensionner. Choisissez alors une nouvelle taille pour la vignette.**

   Sur la Figure 1.16, par exemple, j'ai cliqué droit sur la vignette Photos et choisi la dimension la plus grande (mais ça valait la peine).

8. **Si vous vous sentez l'esprit aventureux, cliquez sur une des vignettes et faites-la glisser vers un nouvel emplacement.**

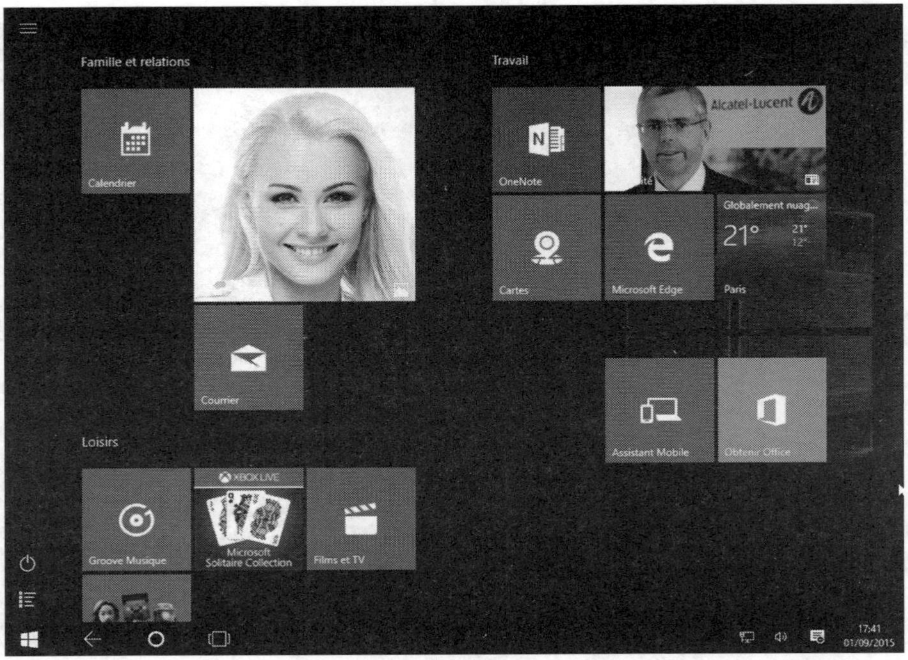

Figure 1.16 : Photos est l'une des quelques vignettes qui peuvent être redimensionnées au format Grand.

Pour des instructions détaillées sur l'arrangement des vignettes, voyez le Livret III, Chapitre 2.

9. **Pour quitter le mode Tablette, vous cliquez sur l'icône aux trois barres et vous choisissez Paramètres, Système, Mode Tablette, puis vous faites glisser le commutateur du haut vers la gauche.**

   Immédiatement, vous redescendez sur terre et sur votre bureau. Par contre, vous pouvez constater que la vignette que vous avez agrandie garde ses nouvelles proportions (voir la Figure 1.17).

Travailler avec les fichiers et les dossiers

« C'est quoi, un fichier ? ». Si j'avais reçu un peu d'argent chaque fois que j'ai entendu cette question, je serais *très* riche.

Un fichier, euh, c'est une *chose*. C'est cela. Une chose. Une chose qui contient quelque chose. Pourquoi est-ce que vous ne posez pas une question plus

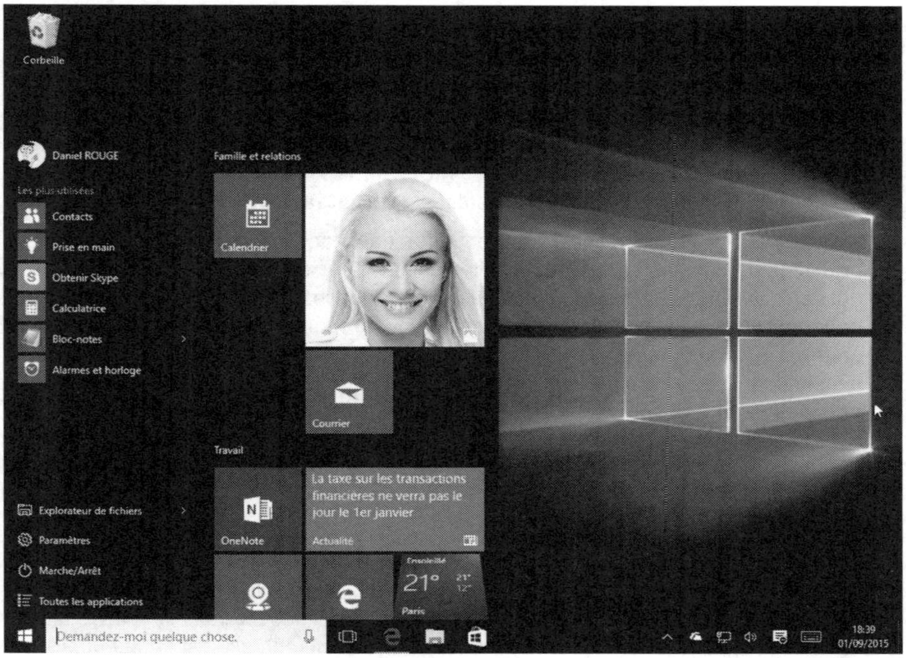

Figure 1.17 : Lorsque vous retrouvez votre bureau traditionnel, les changements apportés aux vignettes en mode Tablette persistent.

facile, comme « C'est quoi un paragraphe ? », ou « C'est quoi le sens de la vie, de l'univers, et de tout ? ».

Un *fichier* est un morceau de quelque chose fondamental. Et comme pour toutes les choses fondamentales (comme les protons, la couleur de Venus ou la masse volumique de la glace), toute tentative de donner une définition définitive nécessite de comprendre la chose elle-même. Il suffit donc de dire, par exemple, qu'un document Word est un fichier. Une feuille de calcul Excel aussi. Une photo numérique de votre tante Alice enregistrée par mégarde sur votre ordinateur également. Chaque titre du dernier album de Coldplay est un fichier, mais il en va également de même pour toutes les pistes de tous les CD audio. En revanche, vous n'êtes pas un fichier. J'espère que cela vous rassure.

ATTENTION !

Les fichiers (comme les dossiers) ont un nom, qui peut être plus ou moins long. Ce nom ne peut pas contenir les caractères suivants :

/ \ : * ? « < > |

Les fichiers peuvent être énormes. Ou minuscules. Et ils peuvent même être vides. Mais que cette remarque ne provoque pas chez vous un court-circuit entre vos cellules grises !

Garder des dossiers bien organisés

Si vous configurez correctement vos dossiers, ils vous aideront considérablement à rester bien organisé. Par contre, si vous jetez vos fichiers à droite et à gauche sans y faire attention, aucun système de dossiers ne sera capable de retrouver vos fichiers à votre place. Malheureusement, les dossiers ont un problème fondamental. Je vais essayer d'illustrer cela.

Supposons que vous possédiez une boutique dans laquelle vous vendez des sandwichs. Vous prenez une photo de la façade. Où allez-vous ranger cette photo ? Quel dossier devriez-vous utiliser ? La réponse est : il n'y a pas de bonne réponse. Vous pourriez la mettre avec tout ce qui concerne votre boutique, comme vos factures, vos recettes, vos rentrées d'argent, *etc.* Mais vous pourriez aussi la ranger dans le dossier Images de votre PC, ou encore la stocker dans le dossier de même nom sur votre espace OneDrive. Mais vous avez bien d'autres choix : les dossiers des documents ou des images publiques de manière à ce que d'autres utilisateurs du PC, ou qui y seraient connectés en réseau, soient à même de voir ce splendide cliché. Et vous pourriez tout aussi bien créer un dossier appelé Photos et y classer vos photos en ordre chronologique (personnellement, c'est ce que je fais). Et pourquoi pas un dossier Boutique qui se trouverait à l'intérieur de ce dossier Photos ?

Voilà. Pour pouvoir échapper à la sempiternelle question « Mais où ai-je bien pu le mettre, ce fichu fichier ? », une bonne organisation est nécessaire, et c'est vous, et seulement vous, qui pouvez prendre des décisions à ce sujet. Heureusement, vous pouvez vous servir des bibliothèques de Windows 10, et de la fonction de recherche de celui-ci (ouf, elle est enfin efficace !), vous avez de bonnes chances de vous en sortir et de retrouver le fichier que vous aviez perdu de vue depuis longtemps. Surtout si, dans le cas de photos et de vidéos, vous avez pris la bonne habitude de définir des mots-clés qui vous parlent. Voyez à ce sujet l'encadré « Créer des bibliothèques », plus loin dans ce chapitre.

Par contre, si vous transférez directement votre photo sur OneDrive, l'histoire est très différente. Voyez à ce sujet le Livret VI, Chapitre 4 et le Livret VIII, Chapitre 1.

Les dossiers, eux, contiennent des fichiers, et même d'autres dossiers. Les dossiers, comme les fichiers, sont parfois vides. Mais un seul et même dossier est aussi capable de contenir des millions, oui des millions, de fichiers et d'autres dossiers.

Pour voir à quoi ressemblent les dossiers et les fichiers que vous allez probablement utiliser tous les jours, cliquez sur l'icône de l'Explorateur de fichiers, sur la barre des tâches (si vous ne le voyez pas là, ouvrez le menu Démarrer pour le retrouver). La fenêtre qui s'affiche vous montre en priorité les dossiers et les fichiers que vous utilisez le plus souvent (voir la Figure 1.18).

L'Explorateur de fichiers peut vous montrer aussi bien le contenu d'un disque dur que d'une clé USB ou d'un disque CD/DVD. Il est également capable d'afficher le contenu d'un ordinateur accessible sur votre réseau, du moins si vous en avez un.

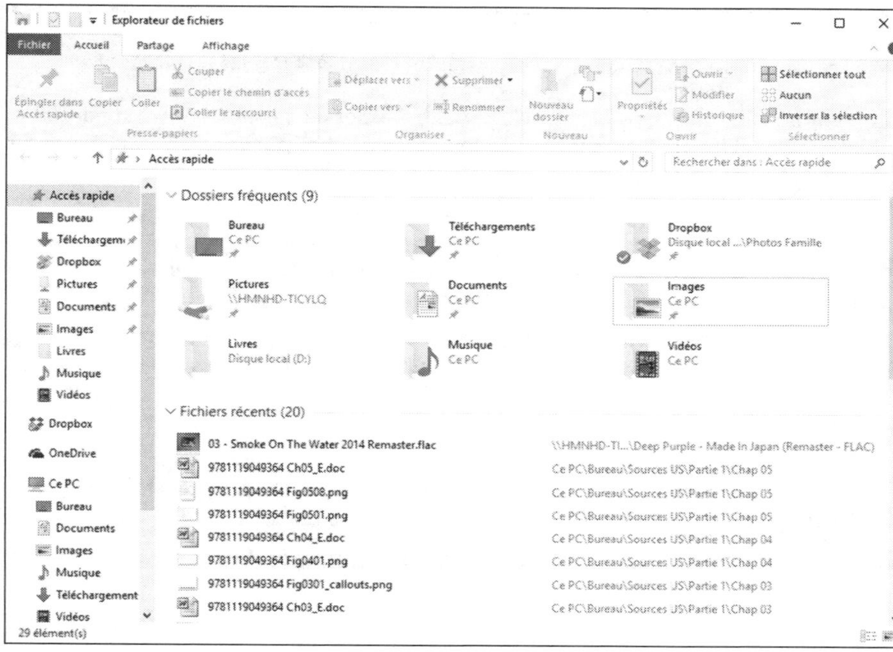

Figure 1.18 : L'Explorateur de fichiers vous montre les fichiers et les dossiers que vous utilisez le plus fréquemment.

Créer des bibliothèques

Windows 7 avait introduit un tout nouveau concept : celui des bibliothèques. En gros, il s'agit d'une manière de masquer le contenu des dossiers divers et variés. Vous pouvez alors travailler avec le contenu de ces dossiers comme s'il s'agissait d'un emplacement unique, et ce indépendamment de l'endroit réel ou ces dossiers se trouvent. Par exemple, vous pourriez stocker vos photos dans une dizaine de dossiers, de l'emplacement Public de l'ordinateur, et une pléiade d'autres dans un disque quelconque de votre réseau personnel, puis traiter tout le monde comme s'il s'agissait d'un seul et même dossier. Si vous voyez ce que je veux dire…

Malheureusement, Microsoft a changé son point de vue et décidé que le nuage Internet, c'était l'avenir, OneDrive étant son fer de lance. Du coup, *exit* les bibliothèques ! Sous Windows 8/8.1, il était déjà difficile de trouver leur trace. Et Windows 10 poursuit cette tradition.

C'est vrai, de nombreux utilisateurs trouvaient que ces bibliothèques, c'était compliqué. Et je suis d'accord sur ce point.

Dans ce chapitre, je ferai référence à ce sujet en cas de besoin. Mais, pour tout savoir sur cette histoire, voyez le Livret VII, Chapitre 3. Et si vous trouvez que OneDrive n'est pas si mal, vous n'avez pas tort. Reportez-vous également au Livret VI, Chapitre 4 et au Livret VIII, Chapitre 1 pour découvrir l'avenir de l'univers (enfin, du nuage Internet).

C'est quoi, un groupe résidentiel ?

Les groupes résidentiels facilitent le partage des dossiers et des fichiers sur des systèmes sous Windows 7/8/8.1 ou 10 qui sont connectés en réseau. Les détails seront étudiés dans le Livret VII, Chapitre 5, mais en voici une version style cocotte-minute.

Lorsque votre PC rejoint un groupe résidentiel, Windows remplace tout le mumbo-jumbo (enfin, les choses incompréhensibles) généralement associé au partage des fichiers ou des imprimantes, et le remplace par une méthode, comment dire, plus simple. La plupart des réseaux familiaux ou de petites entreprises sont, ou peuvent être, concernés.

Tous les ordinateurs qui sont reliés dans un groupe de travail partagent leurs imprimantes et certains autres périphériques. Lorsqu'un poste individuel se connecte à un groupe résidentiel, leurs dossiers Images, Musique et Vidéos sont partagés par défaut. Et il suffit d'un clic pour ajouter le dossier Documents à la liste.

D'autres comptes (ceux qui ne sont pas explicitement connectés *via* un groupe résidentiel) partagent uniquement leurs imprimantes. En d'autres termes, le partage de fichiers, du moins d'une manière simple, nécessite d'en passer par un groupe résidentiel.

Utiliser l'Explorateur de fichiers

Votre PC est une sorte d'océan, et vous pourriez bien vous y noyer. Microsoft a dépensé des centaines de millions de dollars pour s'assurer que Windows 10 pointe dans la bonne direction et qu'il ne vous laisse pas au bord de la route dans toutes vos activités (mais ce n'est pas par pure philanthropie, croyez-moi).

Et, d'une manière un peu surprenante, tout cela fonctionne plutôt bien.

Pour tous les travaux que vous avez à faire, vous devez interagir avec Windows. Et si Windows a quelque chose à faire, il interagit avec vous. Une forme de démocratie participative, en quelque sorte.

Microsoft appelle tout cela une *expérience utilisateur*. Génial. Et l'Explorateur de fichiers se trouve au centre de cette… expérience utilisateur. Chaque fois que vous voulez travailler avec Windows 10 (que ce soit pour classer les photos de votre mariage, pour organiser vos documents de travail ou pour lui demander de retrouver les uns et les autres), vous utilisez généralement l'Explorateur de fichiers.

Naviguer dans vos dossiers

L'Explorateur de fichiers peut vous aider de diverses manières :

- **Cliquez sur un dossier pour voir les fichiers qu'il contient.** Dans la partie gauche de la fenêtre de l'Explorateur de fichiers, vous pouvez cliquer sur un dossier réel (comme Bureau ou Téléchargements), sur un dossier virtuel présent dans la section Accès rapide, sur des ordinateurs connectés à votre groupe résidentiel (voyez l'encadré « C'est quoi, un groupe résidentiel ? »), sur un autre lecteur de votre ordinateur ou encore sur un autre ordinateur de votre réseau (reportez-vous à la Figure 1.18). Vous pouvez également atteindre votre compte OneDrive, dans le nuage Internet, comme l'illustre la Figure 1.19.

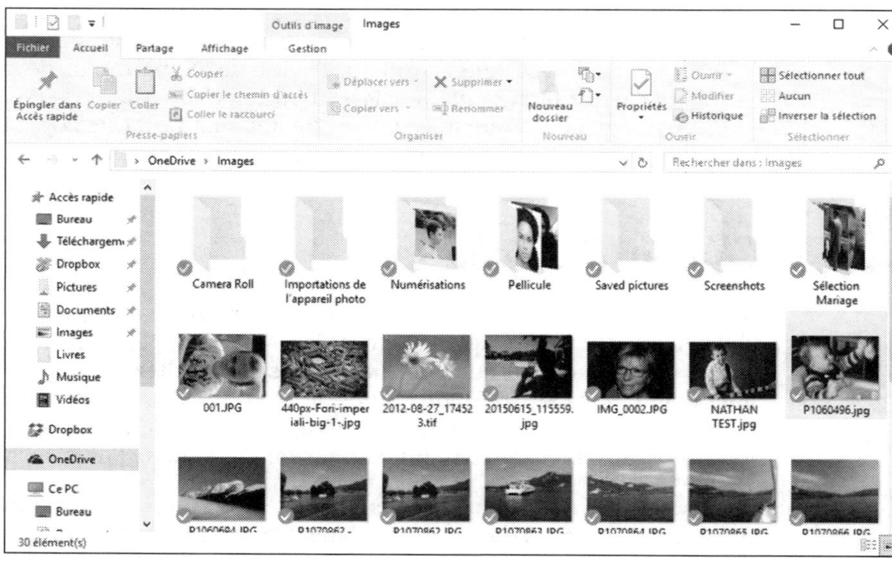

Figure 1.19 : L'Explorateur de fichiers vous aide à vous déplacer partout, y compris dans les nuages avec OneDrive.

- **Utilisez la barre de navigation (entre les deux volets de la fenêtre) pour vous déplacer.** Sur la Figure 1.19, par exemple, cliquer sur les lignes Pictures ou Images, dans le volet de gauche, vous conduit directement à ces dossiers sur votre nuage Internet OneDrive.

- **Les détails apparaissent en bas.** Si vous cliquez une seule fois sur le nom d'un fichier ou d'un dossier, des informations apparaissent en bas de la fenêtre de l'Explorateur de fichiers. Si vous double-cliquez sur le nom d'un dossier, il devient le dossier courant. Si vous double-cliquez sur un document, il s'ouvre (par exemple, un double-clic sur un document Word lance ce programme et charge en même temps le document, prêt à être édité).

- **La plupart des actions que vous pouvez avoir à effectuer sur des fichiers ou des dossiers sont accessibles depuis la barre des commandes, en haut de la fenêtre.** Et la plupart des autres actions sont, quant à elles, accessibles en cliquant droit sur le nom d'un fichier ou d'un dossier.
- **Pour voir toutes les options, cliquez sur le nom des différents « menus », tout en haut de la fenêtre.** Chacune de ces options révèle sa propre barre de commandes (ou son ruban).
- **Ouvrez autant de copies de l'Explorateur de fichiers que vous le souhaitez.** Cela peut être utile si vous êtes aussi étourdi que moi – enfin, si vous aimez le multitâche et que vous voulez regarder dans plein d'endroits à la fois. Cliquez droit sur l'icône de l'Explorateur de fichiers, dans la barre des tâches, et choisissez l'option Explorateur de fichiers (pas moyen de confondre avec une autre application). Une copie totalement indépendante de l'Explorateur apparaît, et le voyage peut continuer.

Choisir l'affichage

De grandes icônes, comme sur la Figure 1.19, peuvent être commodes pour avoir un aperçu rapide de photographies. Mais cela peut parfois être plus gênant qu'autre chose, surtout quand vous recherchez par exemple un document enfoui dans les tréfonds du dossier courant. Si vous êtes fatigué de faire défiler, et défiler encore, votre liste, cliquez sur le menu Affichage puis sur le bouton Détails. La liste se réduit sérieusement, comme l'illustre la Figure 1.20.

Windows 10 offre plusieurs modes d'affichage pittoresques (ou plutôt picturesques), comme Très grandes icônes (vraiment très grandes), Grandes icônes, Icônes moyennes ou encore Petites icônes (à chacun ses goûts), voire Icônes 4K (non, là, j'anticipe). À nouveau, tout cela est fort bien tant qu'il s'agit de photos. Dans la plupart des autres cas, ces modes sont plus ennuyeux qu'autre chose.

TRUC

Dans le mode Détails, vous pouvez trier la liste des fichiers en cliquant sur l'un des en-têtes de colonnes, comme par exemple sur Nom ou Date. Il est également possible de cliquer droit sur un en-tête et de choisir l'option Autres. C'est pratique pour remplacer quelque chose comme Type par Prise de vue pour des photos.

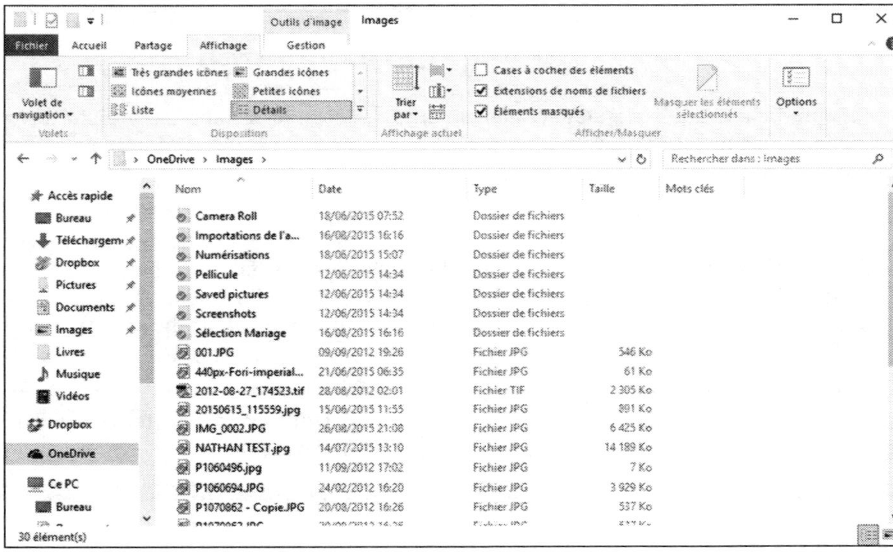

Figure 1.20 : Un affichage détaillé est moins joli, mais souvent plus pratique.

Créer des fichiers et des dossiers

En général, vous créez de nouveaux fichiers et/ou dossiers lorsque vous utilisez un programme. Vous créez un nouveau document Word lorsque vous vous servez de votre traitement de texte favori, ou bien vous créez un nouveau dossier pour y stocker les feuilles de calcul Excel dans lesquelles vous notez au jour le jour vos transactions *offshore*. Les programmes qui permettent de créer des fichiers et des dossiers disposent normalement de commandes adaptées dans un menu appelé Fichier, dans le genre Nouveau, Enregistrer ou Encore Enregistrer sous. Jetez un coup d'œil sur votre programme, et vous allez rapidement les trouver.

En fait, vous pouvez créer assez facilement un nouveau fichier ou un nouveau dossier (ou plus précisément un *sous-dossier* de quelque chose) sans avoir à sortir l'artillerie lourde (je veux dire sans lancer un programme). Suivez ces étapes :

1. **Déplacez-vous vers l'emplacement où vous voulez placer le nouveau fichier ou le nouveau dossier.**

   Si, par exemple, vous voulez ajouter sous votre dossier Documents un tout nouveau dossier appelé *Nuit de Rave*, ouvrez l'Explorateur de fichiers, puis cliquez sur le nom Documents dans la section Accès rapide du volet de navigation (le volet de gauche, donc).

Une histoire d'aperçu

Chaque fenêtre de l'Explorateur Windows peut afficher un volet d'aperçu, ou plutôt de visualisation dans le langage de Windows. Il s'agit d'un bandeau placé sur le bord droit de la fenêtre et qui montre un aperçu du fichier que vous sélectionnez.

Certaines personnes aiment cette fonction de prévisualisation. D'autres la détestent. Il faut dire que c'est une usine à ralentir. Vous risquez parfois de vous tourner les pouces pendant que Windows calcule son aperçu. Le mieux à faire, c'est de désactiver le volet de visualisation, si ce n'est déjà fait, sauf si vous pensez en avoir vraiment besoin. Pour consulter une série de clichés, par exemple, il est préférable de faire appel à une application Photo dédiée (pas forcément celle de Windows 10, voyez à son sujet le Livret IV, Chapitre 3).

Pour activer ou désactiver ce volet, cliquez sur le menu Affichage, puis sur le petit bouton qui indique Volet de visualisation (il se trouve juste à côté du plus gros bouton, Volet de navigation). Vous pouvez aussi appuyer sur la combinaison de touches Alt + P.

2. **Dans le volet de droite, cliquez droit sur un endroit vide de l'emplacement choisi (donc pas sur un nom de fichier ou de dossier).**
3. **Choisissez la commande Nouveau, puis choisissez le type de fichier que vous voulez créer, à moins qu'il ne s'agisse d'un nouveau dossier (voir la Figure 1.21).**

   Windows va créer le nouveau fichier, ou le nouveau dossier, en laissant son nom en surbrillance pour que vous puissiez le renommer tout de suite à votre convenance.

Modifier des fichiers et des dossiers

Dès lors que vous en avez la permission (voyez la section « Partager des dossiers », plus loin dans ce chapitre), il est facile de modifier des fichiers et des dossiers. Vous pouvez ainsi les renommer, les supprimer, les déplacer ou encore les copier. Le truc à se rappeler pour tout cela est simple : clic droit, puis choix de l'option voulue dans le menu qui s'affiche.

Pour copier ou déplacer plusieurs fichiers (ou dossiers) à la fois, vous devez tous les sélectionner avant de cliquer droit. Voici quelques techniques utiles, et même importantes, à connaître :

- Pour sélectionner des éléments dans un ordre quelconque, maintenez la touche Ctrl enfoncée tout en cliquant.

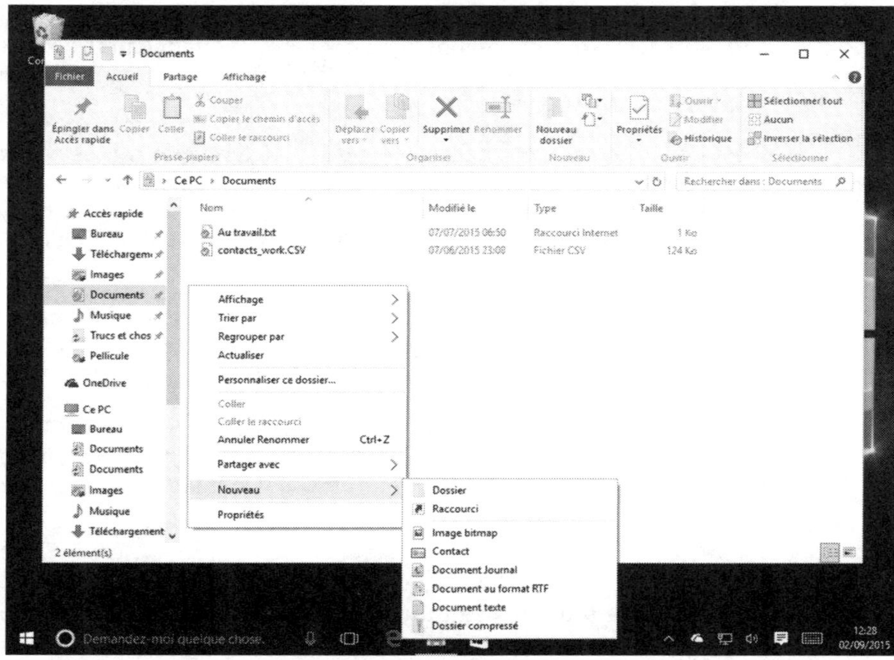

Figure 1.21 : Cliquez droit sur un emplacement vide du volet de droite, et choisissez la commande Nouveau.

- Pour sélectionner une série continue de fichiers ou de dossiers, cliquez sur le premier, puis appuyez sur la touche Maj (enfin, une des deux) et cliquez en même temps sur le dernier nom à sélectionner.
- Si vous êtes très habile de vos doigts, vous pouvez même conjuguer les deux pour une sélection encore plus sophistiquée (mais cela demande une certaine souplesse articulaire).
- Pour sélectionner un groupe d'éléments contigus, vous avez également la possibilité de cliquer et d'effectuer un glissement (donc en maintenant enfoncé le bouton gauche de la souris) pour entourer ce groupe comme si vous le preniez au lasso.

Montrer les extensions des noms de fichiers

Si vous jetez un coup d'œil sur la Figure 1.21, par exemple, vous remarquez que les noms des fichiers sont suivis d'un point et de quelques lettres (comme dans *.txt* ou dans *.csv*). Cette *extension de nom de fichier* indique la nature de celui-ci. Ainsi, un document Word a une extension *.docx*, une photo prise avec un appareil numérique a une extension *.jpg*, voire *.jpeg*. Et ainsi de suite. Certes, Windows affiche devant chaque nom une petite icône censée vous rappeler graphiquement de quoi il s'agit, mais ce n'est pas toujours suffisant pour y voir clair.

Il est donc intéressant de forcer Windows 10 à révéler toutes ces extensions (y compris celles qui n'évoquent rien pour vous), et je ne peux que vous conseiller de le faire tout de suite. À mon humble avis (fausse modestie de ma part), Microsoft devrait configurer Windows pour qu'il affiche par défaut ces extensions, et pas l'inverse.

Après tout, ces extensions existent depuis que le premier PC est sorti de terre – d'accord, c'est juste une image. Elles font partie de son histoire et sont surtout extrêmement commodes pour savoir à quel groupe sanguin appartient tel ou tel fichier. Mais quelqu'un, quelque part, a décidé un jour que Windows ne devrait plus montrer par défaut ces extensions. Sans doute étaient-elles considérées comme extrêmement dangereuses et à tout le moins hors de portée de l'intelligence d'un utilisateur moyen. On imagine le degré de confiance.

Pas d'extension dans le nom d'un fichier ? Méfiance ! Ce gars ne doit pas être très honnête.

Le fait est que pratiquement tous les fichiers ont de vrais noms, comme `Lettre à Maman.docx`, `Projections Financières.xlsx`, ou `JETAIME.vbs`. Mais Windows, par défaut et à de rares exceptions près, ne vous montre que la première partie de ce nom. Vous ne verrez donc que `Lettre à Maman`, sans le `.docx` (qui est spécifique aux documents Word), `Projections Financières` sans le `.xlsx` (qui caractérise une feuille de calcul Excel), ou encore `JETAIME` sans le `.vbs` (ça, c'est un programme écrit en Visual Basic, ce qui n'est, je l'avoue, pas très romantique).

Je déteste ce comportement de Windows, et ce pour quatre raisons principales :

- **Si vous pouvez voir l'extension, vous pouvez en général vous figurer de quel type de fichier il s'agit, et quel est le programme qui l'ouvre.** Les gens qui en sont restés à Word 2003, par exemple, peuvent être perplexes face à l'extension .docx, qui a été introduite avec Windows 2010. S'ils essayent d'ouvrir un tel document en croyant qu'il s'agit d'un bon vieux fichier Word (avec l'extension `.doc` de l'époque), ils risquent de faire une crise d'apoplexie en constatant que leur traitement de texte refuse de l'ouvrir.
- **Il est pratiquement impossible de changer l'extension du nom de fichier si vous ne pouvez pas voir celle-ci.** Essayez, et vous comprendrez.
- **De nombreux programmes de messagerie ou des filtres antispams refusent d'envoyer ou de recevoir certains types spécifiques de fichiers**

réputés être potentiellement dangereux, et ce en se fiant uniquement à leurs extensions. Essayez d'envoyer un fichier de programme (son extension est normalement `.exe`), et vous verrez la réaction de votre messagerie.

- **Vous êtes de toute manière confronté aux extensions des noms de fichiers.** Vous en voyez un peu partout, comme par exemple les fichiers `Lisez moi.txt` ou `License.txt` mentionnés à droite et à gauche dans nombre de documentations, les discussions sur la taille des fichiers `.jpg` dans des tas de forums sur Internet, et des multitudes d'autres cas.

J'espère que vous avez bien compris où je veux en venir. Pour révéler toutes les extensions dans les noms de vos fichiers, suivez ces étapes :

1. **Ouvrez l'Explorateur de Fichiers.**

   Sa fenêtre apparaît (reportez-vous à la Figure 1.18).

2. **Cliquez ou tapez sur le menu Affichage.**

   Le ruban dédié à l'affichage devrait apparaître (voir la Figure 1.22).

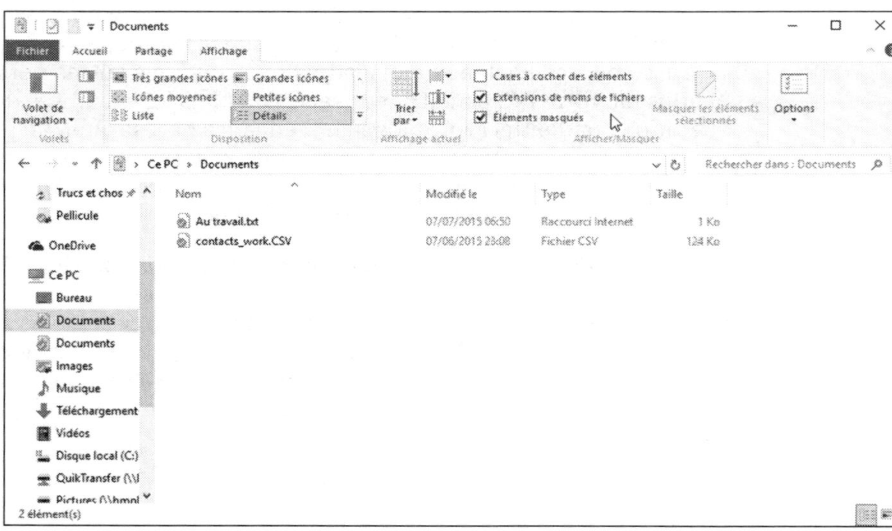

Figure 1.22 : Demandez à Windows de vous montrer les extensions de noms de fichiers.

3. **Cliquez sur la case qui indique Extensions de noms de fichiers de manière à ce qu'elle soit cochée.**

   NOTE TECHNIQUE

   Tant que vous y êtes, vous pouvez choisir (ou non) de modifier d'autres réglages. Si vous êtes capable de résister à la tentation de supprimer ou de déplacer des fichiers auxquels vous ne comprenez rien, cochez la case Éléments masqués. Windows vous montrera alors *tous* les fichiers stockés sur votre machine, y compris ceux qui ont été marqués comme étant cachés, généralement par Microsoft lui-même. Cela peut être utile dans certains cas.

4. **Les réglages que vous effectuez s'appliquent immédiatement.**

   Et voilà, les extensions des noms de fichiers vous sont maintenant révélées.

Partager des dossiers

Le partage, c'est bien, non ? Votre maman vous a appris à partager, n'est-ce pas ? Ce que vous avez appris en maternelle n'est pas faux en informatique, quoiqu'une grande dose de prudence et de réflexion ne puisse pas nuire ici.

Windows 10 prend en charge deux modes très différents pour le partage des fichiers et des dossiers :

- **Déplacer les fichiers et/ou les dossiers que vous souhaitez partager dans le dossier appelé Public.** Ce dossier, c'est un peu comme une grosse boîte de gâteaux dans laquelle chacun (les autres personnes qui utilisent votre PC, en fait) peut se servir. Mais les membres de votre groupe résidentiel (voir plus haut l'encadré « C'est quoi, un groupe résidentiel ? ») ont également le droit de manger des gâteaux. Par contre, vous avez peu de moyens de contrôler qui, spécifiquement, a le droit ou pas d'accéder au contenu du dossier Public.
- **Partager des fichiers et des dossiers individuels sans les déplacer ou les copier quelque part**. Lorsque vous voulez partager un fichier ou un dossier, vous demandez à Windows de le faire avec tous les membres de votre groupe résidentiel, ou vous pouvez spécifier exactement qui a le droit d'y accéder, et si telle ou telle personne a ou non l'autorisation de modifier ou de supprimer quoi que ce soit. Voyez plus loin l'encadré « Partage et autorisations ».

Utiliser le dossier Public

Vous pourriez penser que le simple fait de déplacer un fichier ou un dossier dans le dossier appelé Public le rendrait, comment dire… public. En première approximation, c'est exactement ce qui se passe.

N'importe quel fichier ou dossier que vous déplacez ou copiez dans le dossier Public, ou tout sous-dossier de celui-ci, peut être visualisé, modifié ou supprimé par quiconque utilise votre ordinateur, et ce indépendamment de leur type de compte, et du fait qu'ils possèdent ou pas un mot de passe pour se connecter. Non seulement cela, mais, en plus, toute personne pouvant se connecter à votre ordinateur en réseau disposera d'un accès illimité au dossier Public. Pour en revenir à l'image de la boîte de gâteaux, tous ceux qui se trouvent dans la cuisine ont le droit de se servir comme ils veulent.

TRUC

Cela étant bien posé, il n'est pas bien difficile de copier ou de déplacer quelque chose de l'un de vos dossiers personnels (Bureau, Documents, Téléchargements, Musique, Images ou encore Vidéos) vers l'emplacement correspondant dans le dossier Public :

1. **Ouvrez l'Explorateur de fichiers, puis naviguez vers le dossier ou se trouve ce que vous voulez partager publiquement.**

   Sur la Figure 1.23, par exemple, j'ai simplement cliqué sur la ligne Images dans la section Accès rapide du volet de navigation.

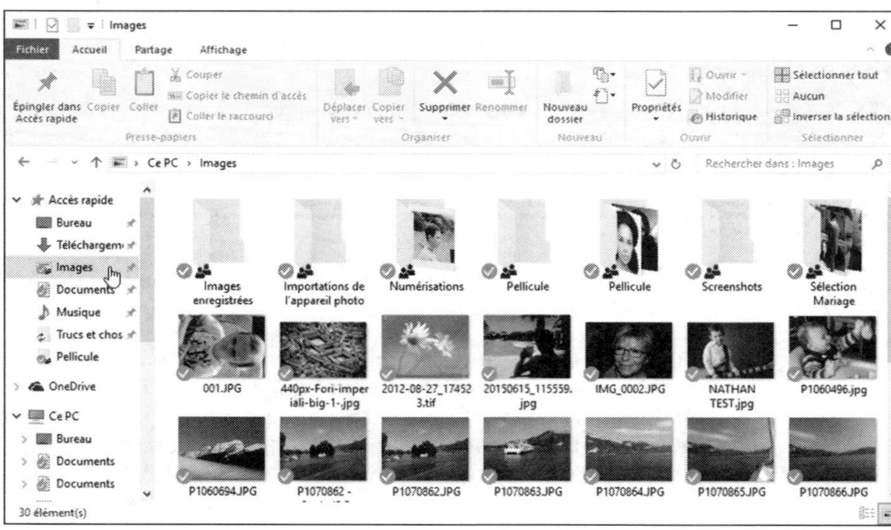

Figure 1.23 : Déplacer un élément vers le dossier Public est facile si vous connaissez le truc.

2. **Cliquez droit sur le nom du dossier (ou du fichier) que vous voulez déplacer, puis choisissez Couper (ou Copier) dans le menu qui s'affiche.**

   Ici, je voulais déplacer le dossier Sélection Mariage pour le rendre public. Je l'ai donc coupé (mais les mariés vont bien, merci).

OneDrive et le partage

Microsoft veut que vous placiez tous vos fichiers sur OneDrive. Pas pour vous en voler le contenu, mais pour des raisons beaucoup plus commerciales. En vous « offrant » une certaine quantité de stockage, ils espèrent que vous en achèterez bientôt davantage, ou, mieux encore, que vous payerez pour d'autres produits Microsoft. Par exemple, un abonnement à Office 365 s'accompagne d'une extension de votre part du nuage OneDrive à 1 téraoctet (soit en gros mille gigaoctets). Ce qui est, il faut bien l'avouer, extrêmement appréciable.

C'est pourquoi Windows 10 n'insiste pas trop sur le partage des fichiers ici, sur Terre. Ce livre vous montre diverses techniques pour partager des fichiers (comme les bibliothèques, le dossier Public ou encore un groupe résidentiel). Mais Microsoft n'est pas particulièrement intéressé par la prolifération de ces méthodes de partage. Elles ne rapportent pas d'argent à Microsoft, et ne vous lient pas à son écosystème.

Pour autant, il est vrai que, dans certains cas, OneDrive est le meilleur choix à faire pour stocker et partager des fichiers. Je l'utilise en permanence, quoique j'aie tendance à enregistrer mes fichiers les plus importants (comme ceux de ce livre) sur Dropbox. Mais pour ceux qui se méfient des nuages, et pour tout un tas d'autres raisons, se tenir à l'écart du partage version Microsoft se défend parfaitement.

Ce sont vos données. C'est à vous de choisir. Et vous pouvez même changer d'avis en cours de route. Pour mieux vous décider sur le sort de OneDrive, voyez le Livret VI, Chapitre 4 et le Livret VIII, Chapitre 1.

3. **Naviguez vers le dossier Public dans lequel vous voulez transférer votre sélection.**

   Là, les choses se compliquent légèrement. Dans le volet de gauche, double-cliquez sur la ligne qui indique Ce PC. Son contenu va s'afficher en dessous (si c'était déjà le cas, vous venez de refermer cette section – refaites un double-clic sur Ce PC pour la rouvrir). Descendez un peu jusqu'à la ligne qui affiche `Disque local (C:)`. Le contenu de votre disque principal va apparaître dans le volet de droite. Double-cliquez maintenant sur Utilisateurs, puis sur Public. Vous voyez alors la liste des dossiers publics, comme sur la Figure 1.24.

4. **Double-cliquez sur le nom du dossier public que vous voulez utiliser. Une fois ce dossier ouvert, cliquez droit dessus et choisissez dans le menu la commande Coller.**

   Dans mon exemple, j'ai bien entendu sélectionné Images publiques pour y coller mes photos de mariage. Et toutes les personnes capables d'accéder à mon ordinateur, que ce soit physique, *via* un groupe résidentiel ou en réseau, sont désormais capables de les contempler (voire de les retoucher ou de les supprimer).

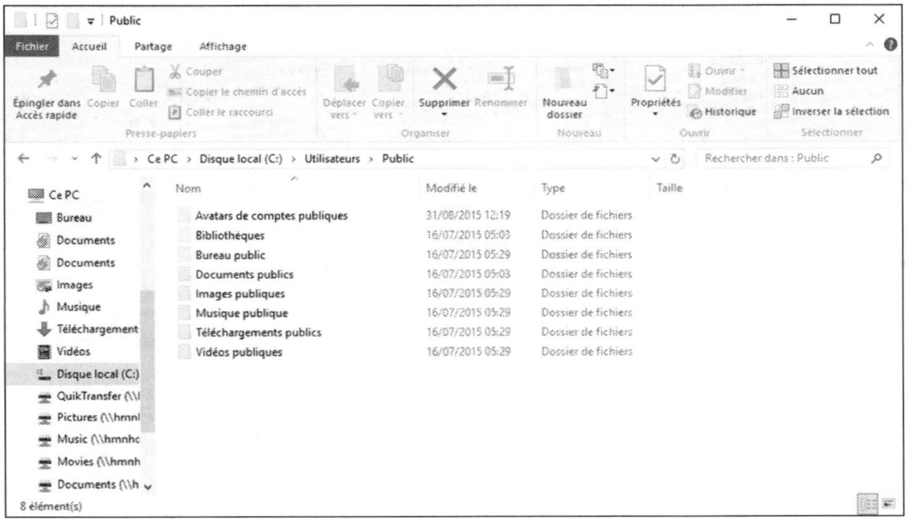

Figure 1.24 : Votre PC et son dossier Public.

Et voici la corbeille

Si vous supprimez un fichier, il ne monte pas tout droit au ciel. Il existe une étape intermédiaire entre la suppression et le paradis (ou l'enfer) des fichiers. Elle ne s'appelle pas purgatoire, mais plus prosaïquement *Corbeille*.

Lorsque vous supprimez un fichier ou un dossier (ou bien des fichiers ou des dossiers) dans l'Explorateur, que ce soit en appuyant sur la touche Suppr ou en choisissant la commande Supprimer *via* un clic droit, Windows ne détruit rien. Voilà la réalité vraie. Il marque simplement le ou les éléments comme ayant été supprimés, mais il n'y touche pas. Point.

ATTENTION !

Les fichiers et les dossiers qui sont enregistrés sur des clés USB, des cartes SD ou des disques en réseau n'ont pas droit au purgatoire. Ils sont directement envoyés au ciel sans passer par la case Corbeille. Cela étant dit, si vous supprimez par accident des données d'une clé USB ou de la carte SD de votre appareil photo numérique, il y a un espoir.

Pour fouiller dans la Corbeille, et peut-être ramener un fichier à la vie, suivez ces étapes :

1. **En haut et à gauche du bureau de Windows, double-cliquez sur l'icône Corbeille.**

   Celle-ci s'ouvre dans l'Explorateur de fichiers (voir la Figure 1.25).

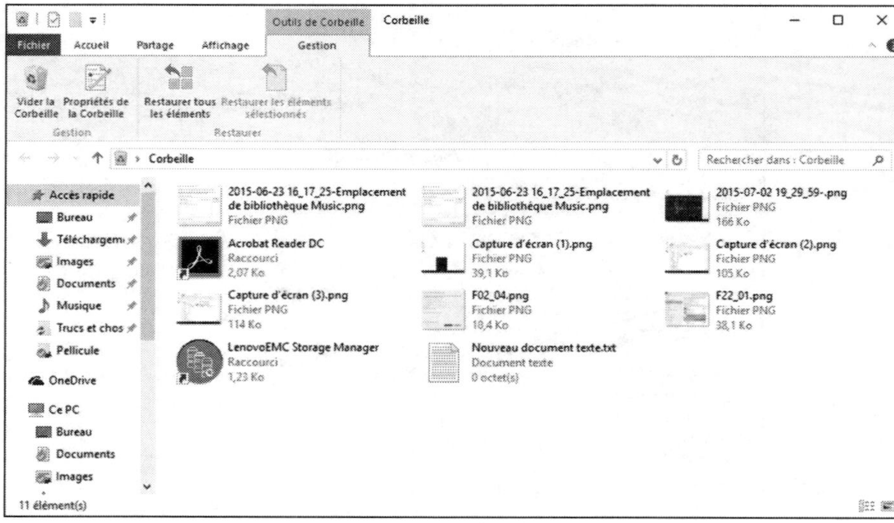

Figure 1.25 : Vous pouvez restaurer vos fichiers un par un ou en masse.

2. **Pour restaurer un fichier ou un dossier, cliquez sur son nom, puis sur le bouton Restaurer les éléments sélectionnés dans le ruban.**

   Vous pouvez sélectionner plusieurs éléments à la fois en maintenant enfoncée la touche Ctrl, voire même tout le contenu de la corbeille en appuyant sur la combinaison de touches Ctrl + A.

Si vous configurez les choses proprement, Windows conserve des copies « fantômes » des versions précédentes de nombreux types de fichiers. Si vous ne trouvez pas votre bonheur en farfouillant dans la Corbeille, suivez les étapes décrites dans le Livret VIII, Chapitre 1 pour voir si la machine à remonter le temps de Windows vous sauve la mise.

Pour libérer l'espace occupé par les fichiers et les dossiers jetés à la poubelle, cliquez dans le ruban sur le bouton Vider la Corbeille. Windows va vous demander si vous voulez vraiment, vraiment, faire passer le service de nettoyage. Répondez Oui, et c'est fait.

Créer des raccourcis

La vie est parfois plus facile quand on prend des raccourcis (du moins tant qu'ils fonctionnent). Dans le monde de Windows, ces raccourcis sont des choses qui pointent vers d'autres choses, comme un programme, un fichier ou encore un dossier. Double-cliquez sur le raccourci de Word, par exemple, et le traitement de texte se lance, exactement comme si vous aviez choisi Démarrer, Toutes les applications, Microsoft Office, Word. Vous comprenez pourquoi on appelle cela un *raccourci* ?

Vous pouvez créer des raccourcis pour pointer vers différents types d'éléments :

- des programmes Windows (pardon, des applications) ;
- des adresses Web ;
- des documents, des feuilles de calcul, des présentations, et plus largement, tout ce que l'Explorateur de fichiers peut ouvrir avec un double-clic ;
- des morceaux de texte contenus dans des documents, feuilles de calcul, et ainsi de suite ;
- des dossiers (en fait, n'importe lequel) ;
- des disques entiers (un disque dur, un CD ou un DVD, une clé USB, par exemple) ;
- d'autres ordinateurs de votre réseau, ainsi que les fichiers et les dossiers de ces ordinateurs, du moins s'ils sont partagés ;
- des imprimantes (y compris celles qui sont partagées sur votre réseau), des scanners, des caméras, et d'autres types de matériels ;
- des connexions réseau, des cartes d'interface, et autres choses du même genre.

Il y a différentes manières de créer des raccourcis. Dans la plupart des cas, il suffit d'ouvrir l'Explorateur de fichiers, de cliquer droit sur un fichier ou un dossier, et de le faire glisser sur le bureau, puis de choisir l'option Créer les raccourcis ici.

Voici une méthode plus générale, utile si vous voulez par exemple créer un lien vers un site Web sur le bureau :

1. **Cliquez droit sur une partie vide du bureau, puis choisissez dans le menu qui s'affiche Nouveau, puis Raccourci.**

   Un assistant va apparaître pour vous aider dans votre tâche (voir la Figure 1.26).

2. **Tapez le nom ou l'emplacement du programme, du fichier, du disque, de l'ordinateur ou encore de l'adresse Internet dans le champ de saisie. Quand c'est fait, cliquez sur le bouton Suivant.**

   Windows va vous demander de donner un nom à votre raccourci.

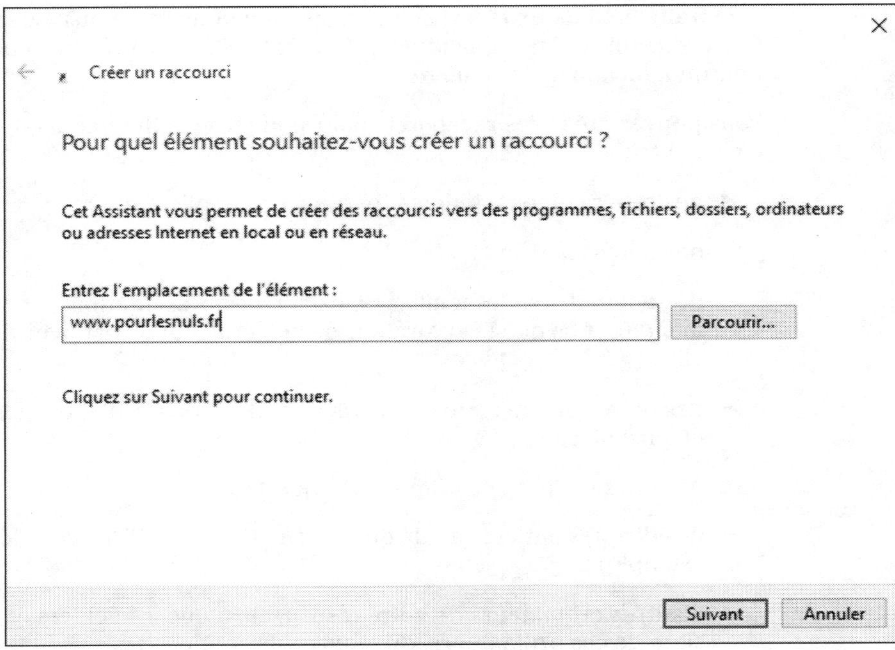

Figure 1.26 : Créez des raccourcis, version travail manuel.

3. **Donnez au raccourci un nom explicite puis cliquez sur Terminer.**

   Windows place une icône du programme, fichier, site Web, disque, ordinateur, et ainsi de suite sur le bureau.

Si, dans l'exemple de la Figure 1.26, je double-clique ensuite sur mon raccourci, mon navigateur va s'ouvrir et afficher la page Web de la collection Pour les Nuls.

Dans Windows, les raccourcis sont partout. Par exemple, toutes les entrées du menu Démarrer sont des raccourcis astucieusement déguisés. Les icônes de la barre des tâches ? Raccourcis ! Et une bonne partie de l'Explorateur de fichiers est constituée de raccourcis, même s'ils sont cachés et que vous ne pouvez pas les atteindre. Même les vignettes des applications Universelles Windows fonctionnent sur la base de raccourcis (eux aussi, bien dissimulés). Conclusion : n'ayez pas peur de jouer avec les raccourcis. Dans le pire des cas, vous les supprimez, et c'est tout. Vous ne détruisez rien d'autre, ni le fichier original, ni le matériel vers lequel ce raccourci pointait. Rien.

Les raccourcis, c'est aussi au clavier

Windows 10 a des hordes immenses de raccourcis clavier. J'en ai mal à la tête rien que d'y penser. ET d'ailleurs, je n'utilise que très peu de ces raccourcis (ou combinaisons de touches, comme vous voulez).

Cependant, il existe quelques raccourcis que tout le monde devrait connaître et utiliser. Ils sont là depuis très, très longtemps, et certains ne s'en sont même pas aperçus :

- **Ctrl + C :** Copie ce que vous avez sélectionné et le place dans le Presse-papiers. Sur un écran tactile, vous obtenez le même résultat dans la plupart des applications en maintenant le doigt appuyé sur votre sélection, puis en choisissant Copier dans le menu.
- **Ctrl + X :** C'est la même chose, en plus douloureux. L'élément coupé est supprimé de son emplacement d'origine une fois stocké dans le Presse-papiers. Et pour un écran tactile, c'est le même principe que ci-dessus.
- **Ctrl + V :** C'est fait, vous avez copié ou couper quelque chose ? Cette combinaison colle le contenu du Presse-papiers à l'emplacement courant dans un programme. Sur un écran tactile, c'est maintenir appuyer et choisir l'option Coller.

  Vous ne pouvez pas coller tout, et partout. Par exemple, un programme purement graphique ne saura vraisemblablement pas reconnaître un texte copié dans le Presse-papiers.
- **Ctrl + A :** Sélectionne tout, même s'il est parfois difficile de dire ce que « tout » signifie. Différentes applications gèrent différemment ce Ctrl + A (ou ne le gèrent pas du tout). Pour un écran tactile, la méthode ci-dessus reste la bonne.
- **Ctrl + Z :** En règle générale, cette combinaison sert à annuler l'action précédente dans le programme où celle-ci a été réalisée. Sur un écran tactile, cette option se trouve plutôt sous la forme d'une commande Annuler dans un menu, ou d'un bouton Annuler dans un ruban.
- Enfin, dans un document de texte, **Ctrl + B**, **Ctrl + I** et **Ctrl + U** placent généralement le texte sélectionné en caractères gras, italiques ou soulignés, respectivement. Comme il s'agit de *bascules*, appuyer sur la même combinaison redonne au texte sa pureté originelle.

Bonne nuit, Windows !

Et voilà le problème. Windows 10 a été conçu de telle manière qu'il n'a jamais besoin de dormir.

NOTE TECHNIQUE

D'accord, je pousse le bouchon un peu loin. Parfois, vous devez relancer votre ordinateur, ne fusse que pour terminer l'installation d'un correctif Windows… Parfois aussi, vous devez partir quelques jours et vous n'allez pas laisser la bête faire exploser votre facture de courant. D'accord, au repos, elle ne consomme pas tant que ça. Mais quand même, économiser l'énergie, cela demande quelques efforts individuels et beaucoup d'efforts collectifs. Mais, d'un point de vue général, vous n'avez pas besoin d'éteindre un ordinateur sous Windows 10. Les schémas de gestion de l'énergie sont au vert…

Pratiquement le seul réglage concernant l'alimentation de l'ordinateur qu'il est utile d'aller voir, c'est le temps d'inactivité au bout duquel Windows va désactiver l'écran. Et c'est très simple à faire :

1. **Cliquez ou tapez sur le bouton Démarrer, puis Paramètres suivi de Système, et enfin Alimentation et Mise en veille.**

   Windows va afficher la fenêtre illustrée sur la Figure 1.27.

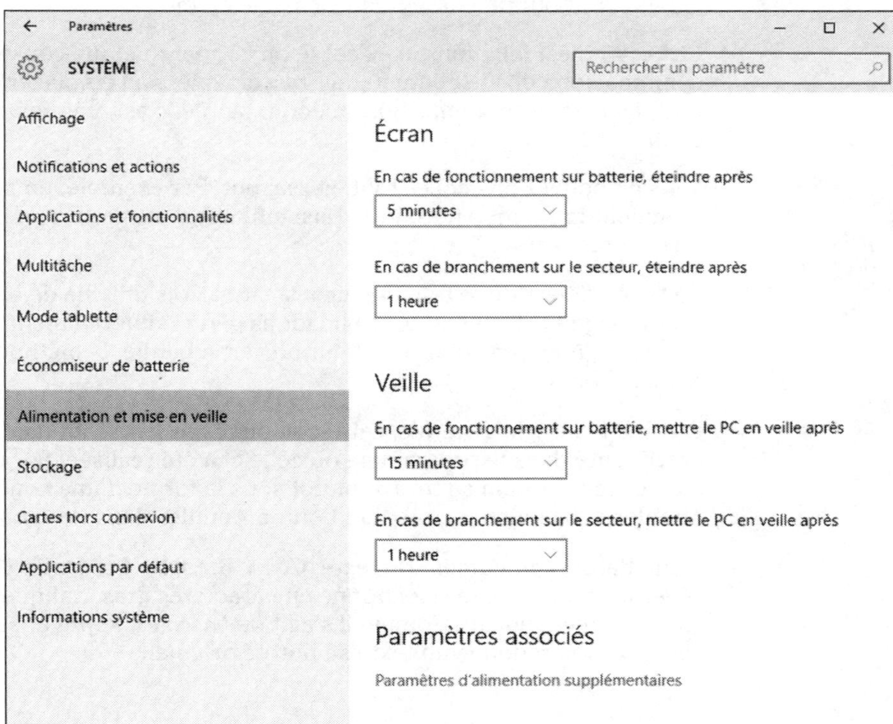

Figure 1.27 : Combien de temps avant de piquer un petit somme ?

2. **Choisissez la durée qui a votre préférence dans les listes déroulantes des options d'alimentation.**

N'OUBLIEZ PAS

Selon des recommandations récemment publiées par Microsoft, une bonne gestion de l'énergie nécessite quelques mesures draconiennes. En particulier, il ne faudrait pas dépasser 2 minutes d'inactivité pour éteindre l'écran, et ne pas utiliser d'écran de veille. Dans le cas d'un notebook ou d'un portable, la priorité des priorités, c'est de baisser la luminosité de l'écran.

Il y a quelques dizaines d'années, il n'y avait pas d'ordinateurs, et on consommait beaucoup, beaucoup, beaucoup moins d'électricité, et donc d'énergie. Aujourd'hui, nous ne pourrions plus nous en passer. Plutôt que d'en revenir aux tablettes de cire, quelques gestes responsables semblent indispensables...

Chapitre 2

Personnaliser le menu Démarrer

Dans ce chapitre :

- Apprendre à aimer le menu Démarrer
- Le menu Démarrer, c'est le vôtre
- Changer les vignettes du menu Démarrer
- Maîtriser totalement les vignettes

Si vous avez une certaine expérience de Windows, il y a de bonnes chances pour que, la première fois que vous avez vu l'interface de Windows 8, vous vous soyez demandé qui avait bien pu mettre un iPad dans votre PC. Par contre, si vous avez une certaine expérience de l'iPad, il y a de bonnes chances pour que, la première fois que vous avez vu l'interface de Windows 8, vous vous soyez effondré en larmes vous hurlant pour qu'on vous rende votre tablette préférée…

Windows 10, j'en suis convaincu, améliore considérablement les choses. Si vous avez une souris, le menu Démarrer de Windows (ce que pratiquement tout le monde voit en cliquant sur le bouton Démarrer, et là où vous revenez très souvent), définit le nouveau Windows et lui donne une nouvelle personnalité. Qu'on aime ou pas. Voyez la Figure 2.1.

Si vous n'avez pas de souris, et donc si vous possédez une machine uniquement tactile sous Windows 10, vous allez vous faire au mode Tablette illustré sur la Figure 2.2, et probablement vivre avec lui.

Si, au début, vous n'aimez pas cette « nouvelle génération » de vignettes, je vous conseille de leur laisser leur chance pendant un mois ou deux. Je ne dis

Figure 2.1 : La version « normale » du menu Démarrer, pour la souris et le clavier.

pas que vous allez en devenir fan. Mais il est très possible que vous finissiez par leur donner votre absolution et que, comme moi, elles en arrivent à vous manquer si vous vous retrouvez devant le bureau de Windows 7. Et, bien sûr, avec une tablette tactile sous Windows 10, la question ne se pose même pas.

N'OUBLIEZ PAS

Dans ce chapitre, je vais vous faire découvrir le menu Démarrer de A à Z. Il peut y avoir au passage un peu de confusion, car les changements que vous pourrez apporter au menu Démarrer en mode Bureau affecteront aussi l'apparence du mode Tablette.

Bon. Si vous arrivez à mettre votre pouce et tous vos autres doigts en même temps sur l'écran tactile, il est sûr que la souris sera battue 5 à 0. À peu près.

Tour d'horizon du menu Démarrer

Ce que vous voyez apparaître lorsque vous cliquez ou touchez le bouton Démarrer, autrement dit le menu Démarrer, est conçu pour être le centre de votre univers Windows. Ne laissez pas le fait que la partie droite du menu a

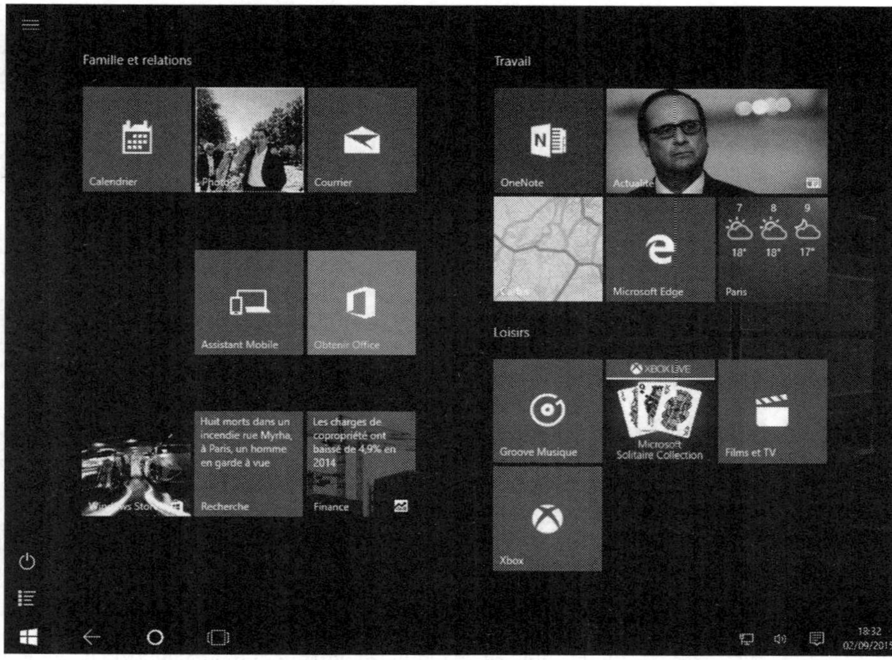

Figure 2.2 : Toujours le menu Démarrer, mais cette fois en mode Tablette.

été intentionnellement mise là pour qu'elle ressemble à un écran de smartphone obscurcir votre jugement à ce sujet.

Vous avez probablement déjà ouvert un certain nombre de fois ce menu Démarrer, mais je vais vous demander un petit peu de patience avant d'aller plus loin :

- La **partie gauche** du menu Démarrer est un ensemble de liens qui devraient sembler à peu près familiers aux utilisateurs de Windows 7 (reportez-vous à la Figure 2.1).

  Si vous êtes en **mode Tablette** et que vous voyez les trois barres en haut et à gauche de l'écran (ce que j'appelle parfois le hamburger), cliquez ou tapez dessus pour retrouver la partie gauche du menu Démarrer proprement dit (voir la Figure 2.3).

- Les **vignettes** (les carrés ou les rectangles qui occupent la partie droite du menu Démarrer) peuvent avoir quatre tailles : Petit, Moyen, Large et Grand. Certaines d'entre elles sont dynamiques, autrement dit, elles montrent un contenu qui change régulièrement. C'est par exemple le cas des actualités, de la météo, des messages ou encore des photos.

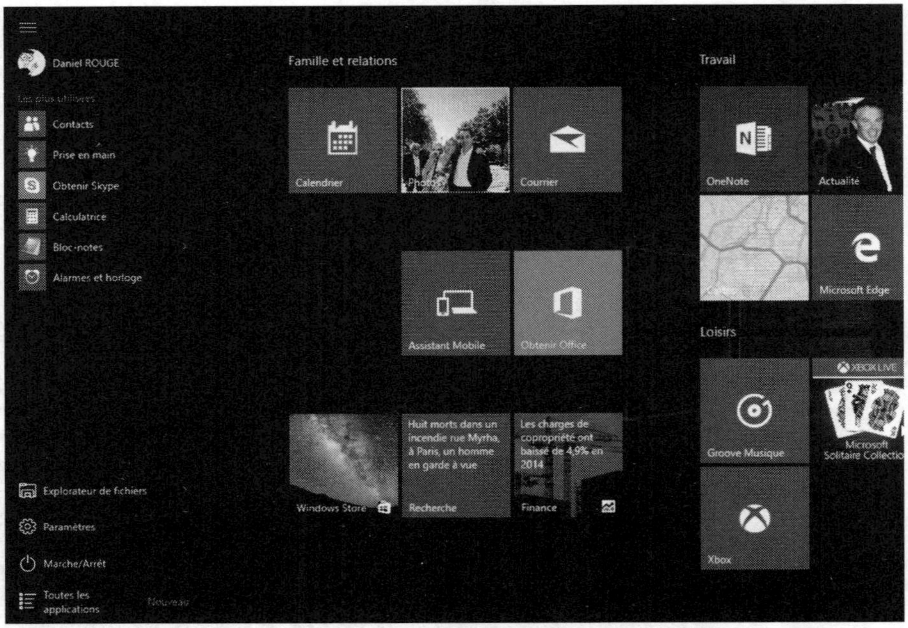

Figure 2.3 : En mode Tablette, le menu Démarrer est accessible via le bouton à trois barres.

- Les vignettes sont réparties dans des groupes qui peuvent ou non posséder un nom. Sur les figures précédentes, par exemple, vous pouvez voir les groupes appelés Famille et relations, Travail et Loisirs. Mais vous auriez tout aussi bien pu voir Coup d'œil sur les activités et Jouer et explorer. Plus tard, vous pourrez réorganiser tout cela à votre convenance.
- Sur le haut du menu Démarrer « normal », vous pouvez trouver votre nom d'utilisateur Windows, ou votre nom complet (si vous vous êtes connecté avec un compte Microsoft). Pour une description des comptes Microsoft, et des pour et des contre de leur usage, voyez le Livret II, Chapitre 5.

Modifier le menu Démarrer

Windows 7 avait un menu Démarrer extrêmement malléable. Vous pouviez faire glisser tous ses composants, et les réorganiser à votre convenance. Il était par exemple possible d'y créer des dossiers imbriqués et d'afficher leur contenu en cascade. Mais c'était du temps de Windows 7.

Par comparaison, la partie gauche du menu Démarrer de Windows 10 a un format bien plus rigide qui ne peut être modifié que dans quelques proportions spécifiques et préprogrammées (voir la Figure 2.4). Tout cela est donc très différent de ce que connaissaient les utilisateurs de Windows 7 (et Windows 8/8.1, bien sûr, étaient quant à eux dépourvus de menu Démarrer).

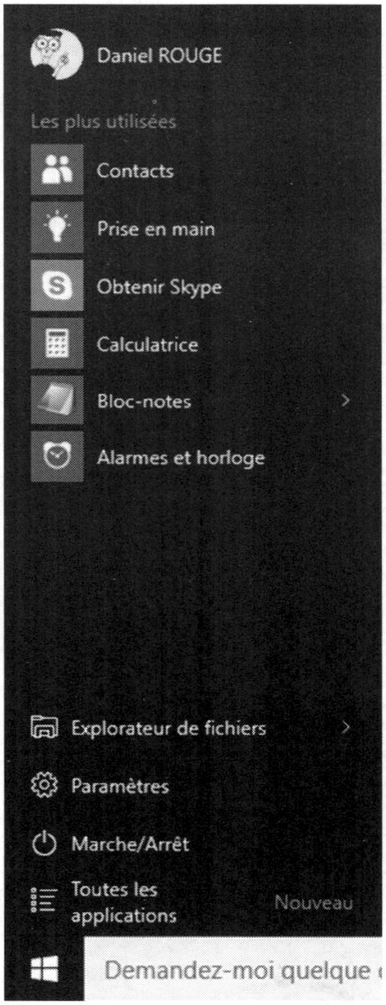

Figure 2.4 : Le menu Démarrer de Windows 10 dans toute sa splendeur.

Changer votre image

Le plus facile pour commencer, c'est de changer l'image qui vous est associée en haut du menu Démarrer (votre *avatar*).

Pour cela :

1. **Cliquez ou tapez sur votre nom, en haut du menu Démarrer. Dans le menu qui s'affiche, choisissez l'option Modifier les paramètres du compte.**

   Windows va afficher la page Votre compte, dans la rubrique Comptes de l'application Paramètres (voir la Figure 2.5).

2. **Si vous ne savez pas encore quelle image vous voulez choisir, passez à l'Étape 3. Sinon, procédez de la manière suivante :**

   a. Cliquez sur le bouton Parcourir, et naviguez jusqu'à la bonne image. Vous remarquerez au passage que la fenêtre Ouvrir n'est qu'une autre façade de l'Explorateur de fichiers, que nous avons découvert dans le Livret III, Chapitre 1.

   b. Lorsque vous avez trouvé votre bonheur, sélectionnez-la puis cliquez ou tapez sur le bouton Choisir une image.

   Vous revenez à la fenêtre illustrée sur la Figure 2.5, et votre nouvel avatar remplace déjà l'ancienne image.

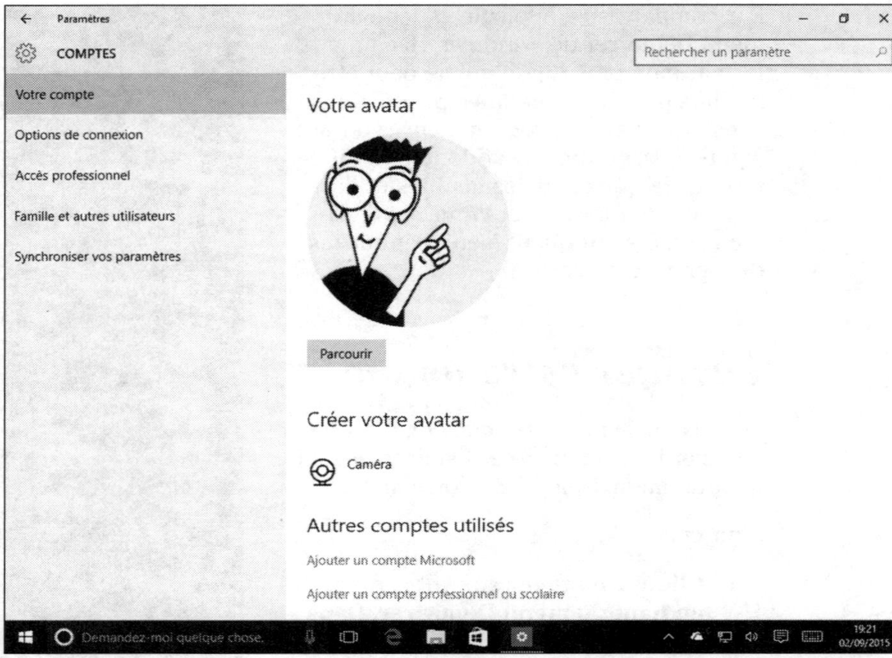

Figure 2.5 : L'application Paramètres vous permet de changer d'image.

3. **Si vous préférez prendre un cliché avec la webcam de votre ordinateur (ou l'appareil photo de votre tablette ou de votre smartphone), refaites votre brushing, brossez vos sourcils, vérifiez le blanchiment de vos dents, et choisissez l'option Caméra.**

   Dans tous les cas, y compris si vous créez un nouveau portrait, le résultat est immédiatement appliqué. Vous n'avez rien à confirmer.

Rien ne vous oblige à mettre une photo de vous-même. Vous pouvez parfaitement utiliser n'importe quelle image, naturellement libre de droits. Essayez par exemple de faire une recherche sur le mot *avatars* dans votre navigateur favori. Cliquez sur le lien servant à afficher les images. Vous allez bien entendu trouver des tas de capture provenant d'un film bien connu, mais aussi quantité de petits dessins amusants. Cliquez droit sur ce que vous avez repéré et choisissez l'option Enregistrer l'image. Placez-la dans un dossier que vous pourrez retrouver facilement (par défaut, c'est Images, ce qui est parfait). C'est fait ? Ouvrez l'Explorateur de fichiers et localisez votre futur avatar dans le dossier Images. Cliquez droit dessus et choisissez dans le menu Ouvrir avec, puis Paint. Une fois l'image ouverte dans Paint, servez-vous de l'outil Sélectionner du ruban pour délimiter ce qui vous intéresse. Quand c'est fait, cliquez sur le bouton Rogner et enregistrer votre travail (de préférence dans un nouveau fichier). Vous n'avez plus qu'à quitter Paint et à reprendre la procédure à l'Étape 1 ci-dessus.

Bien entendu, cette technique peut s'appliquer à n'importe quelle image de votre propre collection. Pensez surtout à utiliser la commande Enregistrer sous de Paint afin de ne pas perdre l'original, et à choisir comme format d'image JPEG ou PNG.

Manipuler les applications les plus utilisées

Vous croyez peut-être que la section qui est affichée en haut du menu Démarrer et qui indique « Les plus utilisées » contient tout simplement une liste des applications que vous utilisez le plus souvent ? Naïf que vous êtes !

Microsoft (comme d'ailleurs les constructeurs de PC) place ici des éléments qui, normalement, n'ont rien à y faire, et ceux-ci restent en place même s'ils ont disparu depuis longtemps. En fait, tout cela semble être régi par une sorte de compteur dont le mode de fonctionnement échappe au commun des mortels. Et qui semble en outre ne pas se mettre correctement à jour tout le temps.

La seule chose que vous pouvez apparemment faire avec cette liste, c'est de supprimer un lien dont vous ne voulez plus. Pour cela, cliquez droit sur une ligne (ou touchez-la et maintenez-la enfoncée), puis choisissez dans le menu qui s'affiche l'option Ne pas afficher dans cette liste. C'est déjà ça.

Vous pouvez décider aussi de vider entièrement cette liste. Voyez un peu plus loin comment procéder.

Contrôler la liste des applications

Même si, comme nous venons de le voir, vous n'avez pas beaucoup de moyens d'intervenir sur la partie du haut du menu Démarrer, vous disposez quand même de plusieurs options pour le personnaliser davantage.

Pour voir les choix que Windows vous réserve, ouvrez le menu Démarrer. Choisissez ensuite Paramètres, Personnalisation, puis Accueil. La page correspondante est illustrée sur la Figure 2.6.

Certains des choix qui vous sont proposés peuvent sembler un peu obscurs. Voici ce qu'ils signifient :

- **Afficher les applications les plus utilisées :** Ce sont celles qui apparaissent en haut du menu Démarrer (voir la section précédente). Finalement, je trouve qu'elles sont plutôt utiles. Mais vous avez le droit d'avoir un avis contraire.

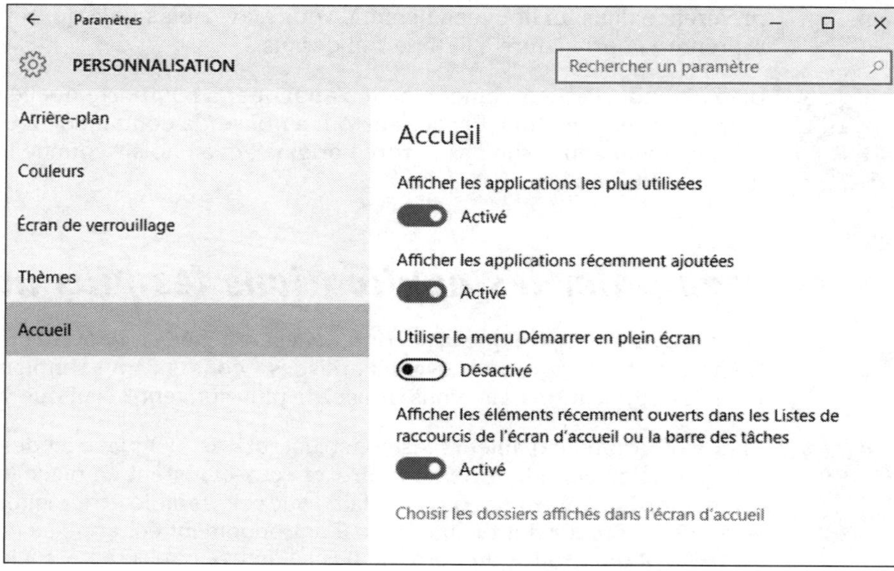

Figure 2.6 : Les options de Windows pour personnaliser le menu Démarrer.

- **Afficher les applications récemment ajoutées :** Lorsque vous installez un nouveau programme (pardon, une nouvelle application), le menu Démarrer vous le signale en affichant le mot Nouveau à la suite de l'entrée Toutes les applications (en mode Tablette, un point apparaît sur l'icône à trois bandes). C'est un réglage totalement anodin, mais qui peut être pratique pour vous servir de pense-bête.
- **Afficher le menu Démarrer en plein écran :** Ce mode est un compromis entre le bureau traditionnel et le mode Tablette. Je le signale, même s'il est peu probable que vous l'utilisez.
- **Afficher les éléments récemment ouverts dans les Listes de raccourcis de l'écran d'accueil ou la barre des tâches :** Ouf ! Plus simplement, si vous avez par exemple ouvert dix documents Word, ou dix dossiers dans l'Explorateur de fichiers, et que vous cliquez droit sur l'icône de Word ou de l'Explorateur, vous allez retrouver tous vos documents ou dossiers dans le menu qui s'affiche. Cela vous permet de retrouver rapidement quelque chose de connu.

Cliquez ensuite sur le lien Choisir les dossiers affichés dans l'écran d'accueil. Un autre jeu d'options apparaît (voir la Figure 2.7).

Voyez le Tableau 2.1 pour plus d'explications sur ces propositions de Windows.

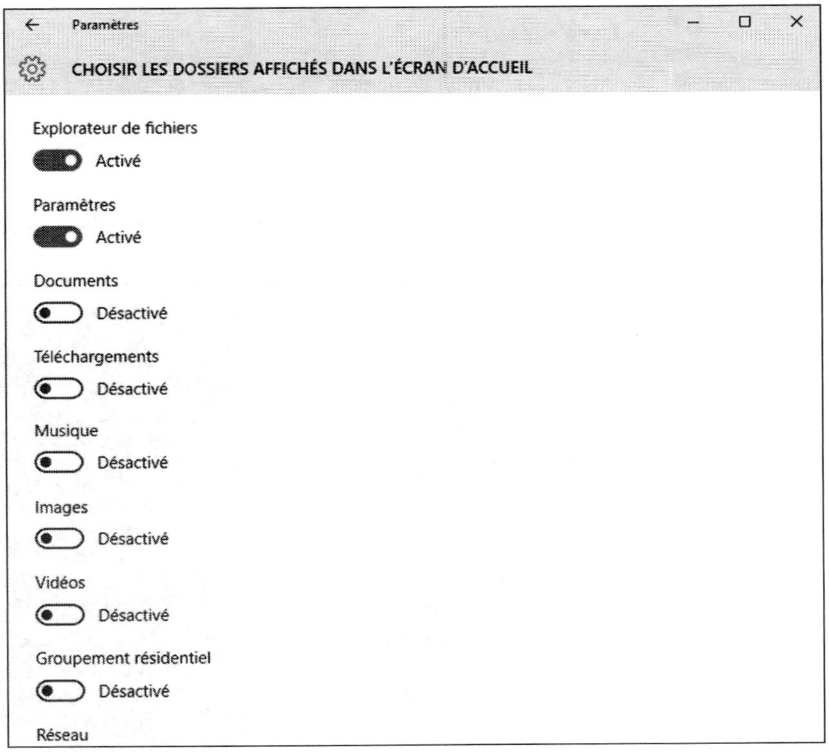

Figure 2.7 : Il y a une longue liste d'éléments que vous pouvez afficher en bas et à gauche du menu Démarrer.

Tableau 2.1 : Personnaliser le menu Démarrer.

Option	Ce qu'elle fait
Explorateur de fichiers	Lance l'Explorateur de fichiers comme d'habitude. Le bouton est alors associé à un sous-menu qui permet d'accéder rapidement à des dossiers courants.
Paramètres	Ouvre l'application Paramètres.
Documents	Ouvre votre dossier Documents dans l'Explorateur de fichiers.
Téléchargements	Ouvre votre dossier Téléchargements dans l'Explorateur de fichiers.
Musique	Ouvre votre dossier Musique dans l'Explorateur de fichiers.
Images	Ouvre votre dossier Images dans l'Explorateur de fichiers.
Vidéos	Ouvre votre dossier Vidéos dans l'Explorateur de fichiers.

Option	Ce qu'elle fait
Groupement résidentiel	Ouvre l'Explorateur de fichiers, le groupe résidentiel étant sélectionné dans le volet de navigation.
Réseau	Ouvre l'Explorateur de fichiers, le réseau étant sélectionné dans le volet de navigation.
Dossier personnel	Ouvre l'Explorateur de fichiers, la rubrique Accès rapide étant sélectionnée dans le volet de navigation.

Circuler au milieu des applications

L'entrée qui se trouve tout en bas du menu Démarrer, toutes les applications, vous conduit à une liste alphabétique des programmes (ou des applications) installés sur votre ordinateur. Dans certains cas, ces programmes sont organisés en groupes logiques (dont la composition est bien entendu décidée par les programmeurs de l'application concernée). Sur la Figure 2.8, par exemple, vous découvrez la longue liste des accessoires installés par défaut en même temps que Windows 10.

ATTENTION !

Il ne semble *a priori* pas possible de réarranger les entrées dans la liste Tout les applications (après tout, l'ordre alphabétique, c'est l'ordre alphabétique). Vous pouvez supprimer certains programmes en cliquant droit dessus et en choisissant l'option Désinstaller, mais vous ne pouvez pas déplacer les entrées, créer de nouveaux groupes, ou bien les fusionner, les renommer ou réorganiser leur contenu.

Vous pouvez aussi cliquer sur l'un des en-têtes alphabétiques de la liste pour afficher le menu sous la forme d'un genre de répertoire téléphonique qui vous permet d'accéder directement aux applications

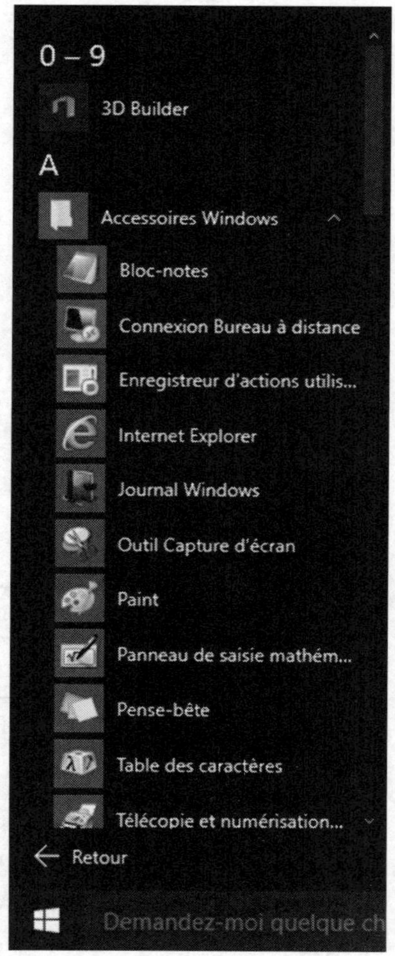

Figure 2.8 : Vous cherchiez Internet Explorer ? Il se cache maintenant dans les accessoires de Windows.

d'après la première lettre de leur nom (voir la Figure 2.9).

Si vous cliquez droit sur (ou tapez et maintenez enfoncée) une des applications de la liste, vous disposez le plus souvent de deux choix :

- **Épingler à l'écran de démarrage :** Crée une nouvelle vignette dans la partie droite du menu Démarrer. Cliquer sur cette vignette lance évidemment le programme correspondant.
- **Épingler à la barre des tâches :** Ajoute l'icône du programme à la barre des tâches de manière à pouvoir le lancer plus rapidement.

Dans certains cas, le menu qui s'affiche après un clic droit propose une option de désinstallation du programme, ou encore de l'exécuter en tant qu'administrateur (voyez le Livret II, Chapitre 4).

ATTENTION !

En règle générale, il est aussi possible de faire glisser un programme de la liste Toutes les applications vers la partie droite du menu Démarrer, ce qui le transforme en vignette. Cependant, le voyage de retour ne semble pas fonctionner, autrement dit, le programme disparaît purement et simplement de la liste Toutes les applications. Tenez-vous-en à l'option Épingler à l'écran de démarrage, et c'est tout.

Figure 2.9 : C'est la seule variante d'organisation que la liste Toutes les applications vous propose.

Redimensionner le menu Démarrer

Lorsque Windows 10 est installé, il fabrique la partie droite du menu Démarrer en y disposant trois ou quatre rangées de vignettes. Combien ? Tout dépend de la résolution de votre affichage. La Figure 2.1, par exemple, illustre la configuration la plus courante (trois rangées de vignettes). Bien entendu, la situation peut être différente pour vous.

ATTENTION !

Une « colonne » dans la partie droite du menu Démarrer, c'est en fait trois vignettes de taille moyenne. Point.

Le menu Démarrer peut être redimensionné, verticalement ou horizontalement. Si vous placez par exemple le pointeur de la souris sur le haut du menu Démarrer, il prend la forme d'une flèche à deux têtes. Faites-le glisser vers le bas ou vers le haut pour changer la hauteur du menu, comme sur la Figure 2.10.

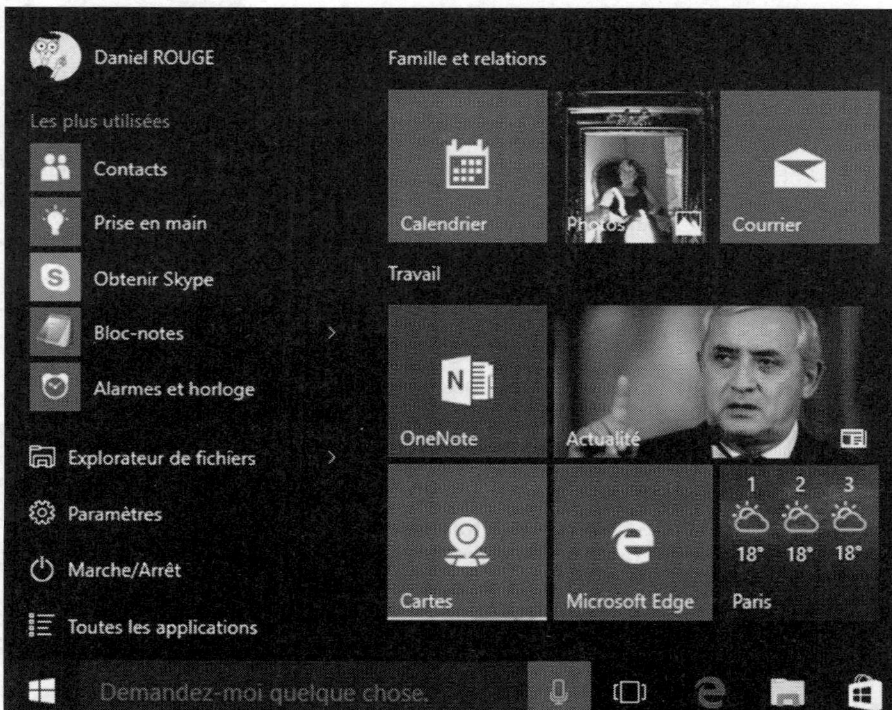

Figure 2.10 : Ajuster verticalement le menu Démarrer.

La hauteur minimale du menu Démarrer semble ne pas dépasser un certain stade. Quand, dans la liste Les plus visitées, il ne reste plus que quatre applications, le menu refuse de descendre davantage (quoique je ne puisse pas affirmer qu'il s'agisse d'une généralité). De même, il ne semble pas possible d'agrandir le menu Démarrer jusqu'à ce qu'il touche le haut de l'écran.

De la même manière, le redimensionnement horizontal s'opère par groupes entiers de vignettes, comme l'illustre la Figure 2.11.

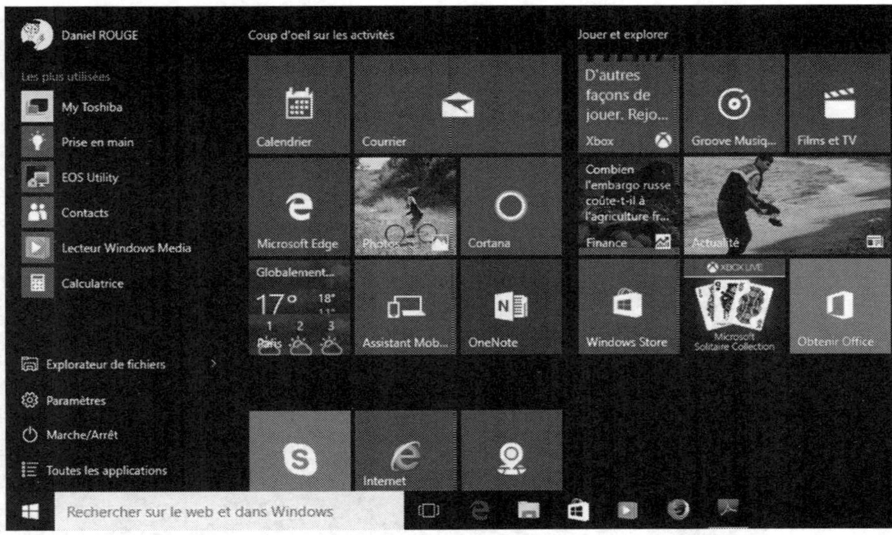

Figure 2.11 : En élargissant ou rétrécissant horizontalement le menu Démarrer, les vignettes se déplacent en groupe.

Voilà qui clôt (du moins provisoirement) le sujet.

Modifier les vignettes du menu Démarrer

Le truc le plus simple, c'est que vous pouvez cliquer sur les vignettes de la partie droite du menu Démarrer (ou les maintenir enfoncées), et les faire glisser à un autre emplacement. Si vous atteignez le bord inférieur du menu Démarrer, vous créez un nouveau groupe. Demandez à épingler un programme dans l'écran d'accueil, comme expliqué plus haut, et une nouvelle vignette vient automatiquement se ranger sur la droite du menu Démarrer.

Chaque vignette individuelle peut aussi être « recalibrée ». Les actions disponibles dépendent de ce que le créateur d'une application autorise au non. Voyons cela de plus près :

1. **Cliquez droit (ou appuyez et maintenant le doigt enfoncé) sur une vignette pour la modifier.**

Une liste d'actions apparaît. Sur la Figure 2.12, j'ai choisi comme exemple l'application Finance.

Figure 2.12 : Vous pouvez contrôler les vignettes individuellement.

2. **Reportez-vous au Tableau 2.2 pour une description des actions qui peuvent vous être proposées. Choisissez ce que vous voulez faire.**

   Il est ainsi possible de supprimer facilement une vignette, ou encore de redimensionner la plupart d'entre elles.

3. **Pour changer le nom d'un groupe de vignettes, cliquez simplement sur cet intitulé, puis saisissez un titre qui vous convient mieux.**

   Windows 10 a tendance à appeler par défaut Coup d'œil sur les activités un groupe comprenant les applications Calendrier, Courrier, Photos, Météo, Edge, OneNote, *etc.* Peut-être que « Une journée au paradis » vous plairait davantage. Cliquez sur le titre (ou tapez), cliquez sur la croix qui se trouve au bout du champ de saisie pour en effacer le contenu, tapez votre nouveau nom de groupe et appuyez sur la touche Entrée.

   Les changements sont immédiatement appliqués, et ce aussi bien dans le traditionnel menu Démarrer qu'en mode Tablette.

Tableau 2.2 : Les vignettes et leurs options.

Action	Résultat
Supprimer du menu Démarrer	Retire la vignette de la partie droite du menu Démarrer. Cela n'affecte en rien l'application elle-même. Si vous changez d'avis plus tard, cliquez droit sur le nom de l'application dans la partie gauche du menu Démarrer (ouvrez si nécessaire la liste Toutes les applications), et choisissez Épingler à l'écran de démarrage.
Désinstaller	Supprime tous les vestiges du programme *via* la page dédiée du Panneau de configuration. Cette action est impossible pour la grande majorité des vignettes installées par Windows 10 lui-même.
Redimensionner	Change la taille de la vignette selon quatre formats possibles : Grand (quatre fois la taille d'une vignette standard), Large (deux fois plus longue qu'une vignette standard), Moyen (c'est juste la taille des vignettes standard…), et Petit (le quart de la taille d'une vignette standard).
Épingler à la barre des tâches	Ajoute une icône pour l'application dans la barre des tâches (voyez le Livret III, Chapitre 3).
Désactiver/Activer la vignette	Lance/stoppe l'animation affichée sur la vignette. Désactiver cet affichage dynamique peut aider à économiser la batterie, mais l'intérêt est surtout de ne plus être gêné par ces choses qui changent tout le temps et dont vous n'avez rien à faire (autant peut-être alors les supprimer du menu).

Organiser les vignettes de votre menu Démarrer

La beauté des vignettes du menu Démarrer est la possibilité (dans des limites strictement définies) de les personnaliser et de les organiser à loisir. Si la configuration de base de Windows 10 vous convient, parfait. Vous conservez tout en l'état.

En revanche, si vous avez envie de mettre votre grain de sel dans tout cela (c'est *votre* menu Démarrer, après tout), vous devez bien entendu réfléchir à ce que vous voulez obtenir.

Ajouter vos propres vignettes

Certains ne se servent même pas des vignettes du menu Démarrer. C'est leur choix et leur droit. Mais, dans le cas contraire, il est plus facile de les organiser si vous les placez sur une table (vous n'avez jamais fait du découpage pour voir comment vous pourriez disposer vos meubles ? Moi, si). Vous les mettez ensuite les unes à côté des autres jusqu'à ce que le résultat vous satisfasse. Et c'est parti.

En fait, vous pouvez parfaitement n'avoir *aucune* vignette dans le menu Démarrer. Si vous cliquez droit sur chaque vignette et que vous choisissez l'option Supprimer du Menu Démarrer, vous finirez par vous retrouver avec zéro vignette. Windows 10 laisse alors une mince bande le long du bord droit du menu (vous avez droit de changer d'avis plus tard), et vous ne pouvez plus redimensionner le menu horizontalement. C'est comme ça la vie.

Ajouter des vignettes à droite du menu Démarrer est on ne peut plus simple. Vous ouvrez le menu, vous choisissez Toutes les applications, vous repérez le programme qui vous intéresse, vous cliquez droit dessus (ou maintenez la ligne enfoncée), et vous choisissez l'option Épingler à l'écran de démarrage (reconnaissons que Microsoft n'est pas toujours cohérent dans ses appellations). Et c'est tout.

Comme nous l'avons vu plus haut, il est aussi possible de cette manière d'ajouter l'icône du programme à la barre des tâches. Et, bien souvent, vous préférerez faire glisser l'application sur le bureau pour créer un raccourci. Pour le reste, c'est vous qui voyez…

Mais avant de passer à un autre sujet, il nous reste un point à voir : comment créer des groupes dans la partie droite du menu Démarrer.

Former et nommer des groupes de vignettes

Lorsque vos vignettes sont mises en place dans la partie droite du menu Démarrer, il est facile d'organiser toute cette ménagerie. Pour cela :

1. **Faites glisser (ou tapez, maintenez enfoncées, et faites glisser) les vignettes semblables dans le même groupe.**

   Par exemple, vous pourriez regrouper les vignettes des applications Courrier, Calendrier et Contacts dans un groupe appelé Tâches quotidiennes.

   Ne vous inquiétez pas si vos groupes semblent en désordre. Il est facile de les réorganiser. Concentrez-vous sur la bonne organisation de vos vignettes dans les groupes qui leur correspondent.

Si vous avez besoin de créer un nouveau groupe, faites glisser une vignette tout en bas du menu Démarrer. Vous allez avoir une barre indiquant qu'un nouveau groupe va être formé. Faites glisser la vignette sous cette barre.

2. **Pour renommer un groupe existant, cliquez (ou tapez) sur son nom. Entrez ensuite le nouveau titre.**

   Sur la Figure 2.13, par exemple, j'ai supprimé le titre Famille et relations par Important. Pourquoi pas ?

Figure 2.13 : Vous voulez quoi ? Après tout, c'est vous qui décidez !

3. **Pour déplacer un groupe, cliquez ou tapez sur le bouton frappé de trois barres qui s'affiche lorsque le pointeur survole le titre d'une section dans la partie droite du menu Démarrer.**

   Faites l'expérience. Elle est simple, disons même évidente.

4. **Il ne vous reste plus qu'à cliquer en dehors du menu Démarrer, ou encore à redimensionner celui-ci pour que vos choix s'appliquent immédiatement.**

Voilà. Vous avez maintenant un menu Démarrer qui correspond exactement à vos besoins et à vos envies.

Finalement, ce n'est pas si mal, non ?

Chapitre 3

Personnaliser le bureau et la barre des tâches

Dans ce chapitre :

- Placer des raccourcis sur le bureau
- Changer la couleur et l'arrière-plan du bureau
- Personnaliser *vraiment* la barre des tâches

C'est *votre* bureau. Faites-en ce qu'il vous plaît.

Dans ce Livret III, au Chapitre 2, je vous ai montré comment personnaliser le menu Démarrer, aussi bien sa partie gauche, avec ses liens, que sa partie droite, avec ses vignettes. Dans ce chapitre, nous allons nous intéresser au reste du bureau, ce que vous pouvez faire avec lui, et comment vous pouvez attraper Windows 10 par le col pour le secouer un peu. Jouez, jouez. Vous ne casserez rien dans votre ordinateur et vous arriverez peut-être à fabriquer le bureau de vos rêves.

Avec les vignettes de Windows 10 qui viennent remplacer (avantageusement) les gadgets de Windows 7, il y a moins de raisons que par le passé d'utiliser le bureau. Pour autant, de nombreux programmes d'installation placent sur le bureau des liens vers leurs applications, en évitant les vignettes du menu Démarrer comme la peste. Et vous pouvez parfaitement avoir vos propres raisons de placer vous aussi des raccourcis sur le bureau.

Quel que soit votre parti pris, la barre des tâches reste un excellent endroit pour y placer les icônes des applications dont vous vous servez le plus souvent.

Le bureau, comment ça le bureau ?

Le bureau de Windows peut paraître simple, mais ce n'est pas le cas. Sur la Figure 3.1, par exemple, vous pouvez voir le menu Démarrer et la barre des tâches, avec une icône pour la Corbeille, des images et une application Universelle Windows ouverte sur la droite.

Figure 3.1 : Le bureau de Windows 10 est beaucoup plus complexe qu'il n'en a l'air.

Sous toutes ces choses, il y a une couleur de fond (du blanc en l'occurrence), et une transition subtile entre les fenêtres.

En fait, le bureau de Windows est composé de plusieurs couches superposées, et il dessine le pointeur de la souris au-dessus de tout le monde.

Vous disposez de quantité d'options pour rendre ce bureau totalement personnel. Commençons par le commencement :

1. **Cliquez ou tapez sur le bouton Démarrer, puis choisissez Paramètres, Personnalisation et enfin Arrière-plan.**

   Windows vous montre la page de personnalisation de l'arrière-plan.

2. **Si vous voulez utiliser comme fond d'écran une image occupant toute la surface de celui-ci (ce que l'on appelait autrement un « papier peint »), passez à l'Étape 5.**

3. **Dans la liste déroulante Arrière-plan, choisissez l'option Couleur.**

   Une série de « godets » de couleurs apparaît, comme sur la Figure 3.2.

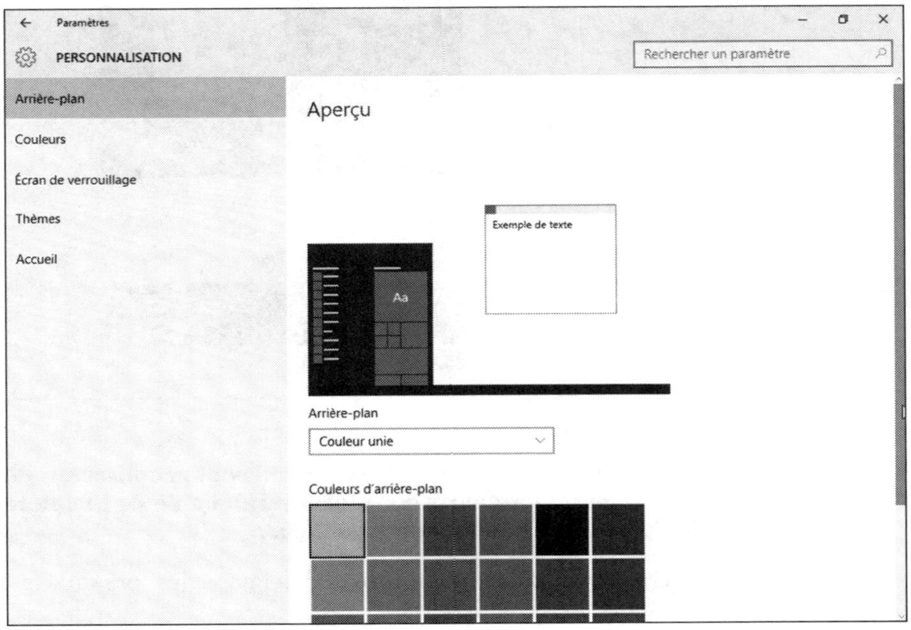

Figure 3.2 : Si vous ne trouvez pas une image qui vous plaise, vous avez toujours la possibilité d'affecter une couleur unie au bureau en attendant mieux.

4. **Cliquez sur une couleur.**

   Vous n'avez ici pas d'autres choix que la palette de couleurs proposée par l'application Paramètres.

5. **Si vous voulez plutôt afficher une photo sur l'arrière-plan du bureau, choisissez l'option Image dans la liste déroulante.**

   Vous pouvez en fait choisir non seulement une image, mais aussi la manière dont elle est affichée sur le bureau (voir la Figure 3.3).

TRUC

Vous disposez d'une troisième option, Diaporama. Toutes les images à afficher dans le diaporama doivent être regroupées dans un même album ou dossier. Les albums sont présentés dans le Livret IV, Chapitre 3.

Figure 3.3 : Utiliser une image comme papier peint.

6. **Choisissez une image parmi celles qui sont proposées, ou cliquez sur le bouton Parcourir pour localiser (à l'aide de l'Explorateur de fichiers) celle qui fera votre bonheur.**

   Vous pouvez utiliser n'importe quelle image dès lors qu'elle est enregistrée dans un format courant.

7. **Si votre image est trop petite ou trop grande pour tenir correctement sur l'écran, vous pouvez demander à Windows de la recadrer ou encore de la redimensionner.**

   Utilisez pour cela la liste déroulante Choisir un ajustement. Ses options sont détaillées dans le Tableau 3.1.

8. **Cliquez sur la croix, en haut et à droite de la fenêtre Paramètres, pour refermer l'application.**

NOTE TECHNIQUE

Dans l'Explorateur de fichiers, Windows vous permet de cliquer droit sur une image, et de sélectionner dans le menu qui apparaît l'option Choisir comme arrière-plan du Bureau. Dans ce cas, Windows fait une copie de l'image, et il la place dans un sous-sous-sous-dossier appelé `C:\Utilisateurs\<votre nom>\AppData\Roaming\Microsoft\Windows\Documents récents`. Ouf !

Tableau 3.1 : Les paramètres de positionnement de l'image.

Paramètres	Signification
Remplir	Windows étire l'image pour qu'elle occupe tout l'écran, puis il coupe les bords. L'image n'est pas déformée, mais certains de ses bords peuvent donc venir à manquer.
Ajuster	Windows agrandit l'image autant que nécessaire pour qu'elle occupe tout l'écran, puis il affiche la couleur de base sur des bandes courant en haut et en bas (ou sur la gauche et la droite). L'image n'est pas déformée. Elle n'est pas affichée en entier, et vous voyez donc apparaître deux horribles bandes.
Étirer	L'image est étirée pour occuper tout l'écran. Attendez-vous à ce qu'elle soit déformée.
Vignette	L'image est répétée autant de fois que nécessaire pour remplir l'écran. Si elle est trop grande pour tenir à l'écran, vous accédez aux options du paramètre Remplissage.
Centrer	C'est la même chose que le paramètre Ajuster, sauf que les bandes courent sur les quatre bords.
Étendre	Ajuste l'image pour qu'elle remplisse tous les moniteurs actifs, du premier au dernier.

Vous pouvez aussi contrôler quelques aspects des couleurs du bureau, même si vos options sont limitées comparativement aux anciennes versions de Windows. Voici comment donner un peu plus de couleurs à votre vie :

1. **Cliquez ou tapez sur le bouton Démarrer, puis choisissez Paramètres et Personnalisation. Dans le volet de gauche, activez l'option Couleurs.**

   Une nouvelle fenêtre de propriétés apparaît (voir la Figure 3.4).

2. **Si vous voulez que Windows sélectionne à votre place une couleur secondaire (qui sera utilisée sporadiquement pour mettre les choix en surbrillance dans les menus, ou encore comme fond pour les flèches de navigation), activez l'option Choisir automatiquement une couleur de thème à partir de mon arrière-plan.**

3. **Si vous préférez faire le travail vous-même, désactivez l'option indiquée ci-dessus, et cliquez sur un des godets proposés.**

   Par défaut, Windows utilise un bleu prononcé.

4. **Pour que la couleur choisie apparaisse sur le fond du menu Démarrer, de la barre des tâches et du volet des notifications, activez l'option correspondante.**

   Par défaut, Windows utilise des nuances de gris pour ces éléments.

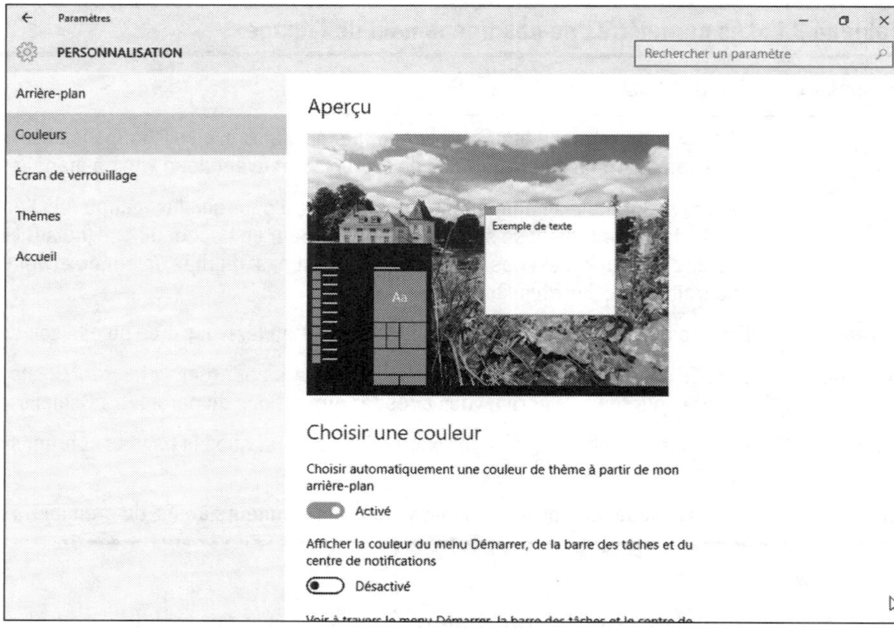

Figure 3.4 : Choisissez ici une couleur secondaire.

Mais que sont devenus les thèmes de bureau ?

Windows 10 conserve des vestiges des anciens thèmes de bureau. D'ailleurs, sur la Figure 3.4, vous pouvez noter la présence d'une option Thèmes dans le volet de gauche. Les *thèmes* sont des collections regroupant arrière-plans, jeu de couleurs et de sons, plus éventuellement un économiseur d'écran. Il suffit donc de choisir un thème pour appliquer au bureau le contenu de sa collection.

Mais, du moins pour l'instant, ces thèmes ne sont plus mis en avant comme c'était le cas avec Windows 7. Vous pouvez choisir cette option, puis Paramètres du thème, dans la page Personnalisation des paramètres, et vous êtes alors transporté vers le Panneau de configuration. Bien que vous puissiez toujours enregistrer votre thème courant, et en télécharger de nouveaux, vous ne disposez plus des anciens contrôles pour personnaliser les composants individuels du thème. En particulier, Windows 10 n'a plus d'économiseur d'écran (ce qui est plutôt une bonne chose), et son choix de couleurs est très limité.

Certes, les thèmes ne seront jamais une priorité, mais Microsoft leur redonnera peut-être un peu de lustre dans une mise à jour plus ou moins lointaine de Windows. Affaire à suivre.

5. **Pour ajouter de la transparence à l'affichage, activez l'option Voir à travers le menu Démarrer, la barre des tâches et le centre de notifications.**

   Cet effet est plus agréable qu'un fond opaque. Même si je préférais le mode Aero de Windows 7…

Améliorer la résolution du bureau

Le plus beau et le plus grand moniteur du monde ne vous servira pas à grand-chose si vous êtes incapable de lire le texte qui y est affiché. Windows contient quantité d'utilitaires et de réglages pour vous aider à régler correctement votre écran et améliorer son rendu.

Définir la résolution de l'écran

Je ne compte plus ceux qui me demandent de réparer le nouvel écran qu'ils viennent d'acquérir. L'écran n'a pas l'air de bien fonctionner. C'est la faute de ce #*@! de Windows, sans doute ? Le vieil écran marchait si bien, pourtant !

Neuf fois sur dix, lorsque quelqu'un me signale que son nouvel écran fonctionne mal, je lui demande s'il a ajusté la résolution de l'écran. Invariablement, la réponse est non. Alors voici sous la forme d'un cours express la réponse à l'une des questions que l'on me pose le plus.

N'OUBLIEZ PAS

Si vous branchez un nouvel écran (ou si vous assemblez un nouvel ordinateur) et que l'affichage semble bizarre, le problème réside vraisemblablement dans l'inadéquation entre la résolution de votre ordinateur et celle de l'écran. La résolution correspond au nombre de points qui peuvent apparaître à l'écran, généralement exprimé sous la forme d'un produit de deux nombres : 1920 x 1080, par exemple. Tout écran plat peut afficher une image optimale dans une résolution bien spécifique ; toute autre résolution produit une image qui n'est pas optimale.

Il est facile de modifier la résolution de l'écran :

1. **Cliquez du bouton droit sur un emplacement vide du bureau et, dans le menu contextuel qui apparaît, choisissez Paramètres d'affichage.**

   La page Affichage de la rubrique Système des paramètres va s'afficher (voir la Figure 3.5). Notez que si vous utilisez plus d'un écran, ou certains types de cartes vidéo, plusieurs écrans seront éventuellement représentés dans la partie supérieure de la fenêtre.

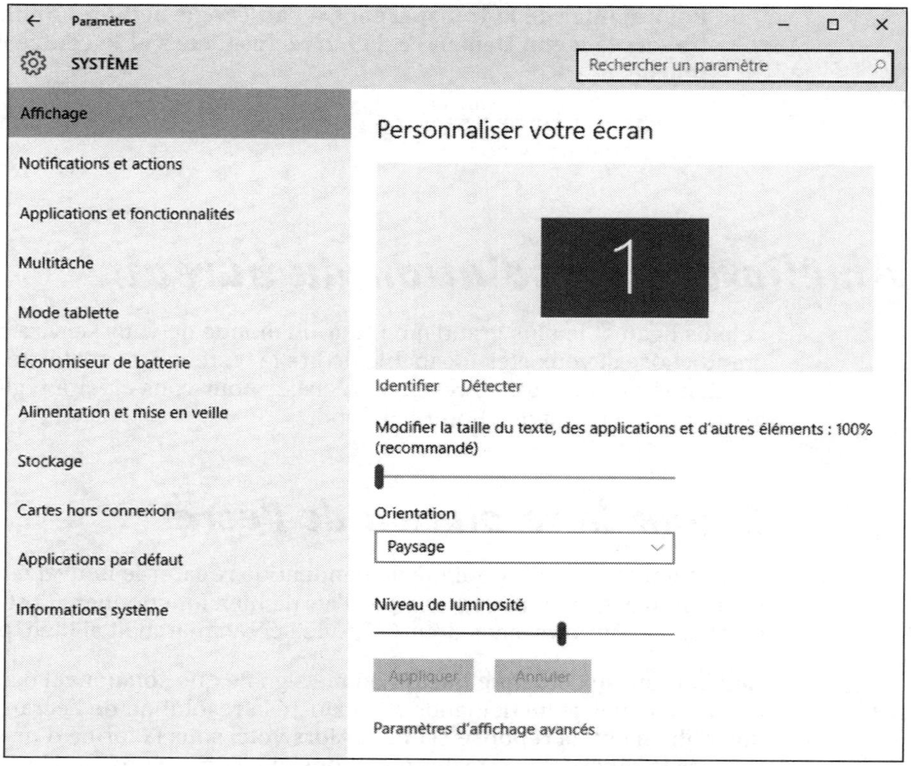

Figure 3.5 : Demandez à Windows de prendre une bonne résolution (d'écran, bien sûr).

2. **Nous reviendrons sur tous ces réglages à l'Étape 5. Pour l'instant, laissons cela de côté. Tapez ou cliquez sur le lien Paramètres d'affichage avancés, en bas de la fenêtre.**

   Vous voyez s'afficher la page Personnaliser votre écran, illustrée sur la Figure 3.6.

3. **Cliquez sur la liste déroulante Résolution, et choisissez la valeur que vous voulez essayer.**

   Si une des options est marquée comme étant recommandée, cela signifie qu'il s'agit de la résolution conseillée par le constructeur de la machine. C'est donc votre meilleur choix. Voilà pour ce qui concerne la partie facile.

   Et pour la partie difficile ? Si aucune valeur n'est recommandée, vous devez essayer de déterminer la résolution qui convient le mieux à votre écran, sa *résolution native*. Certains moniteurs affichent cette valeur sur

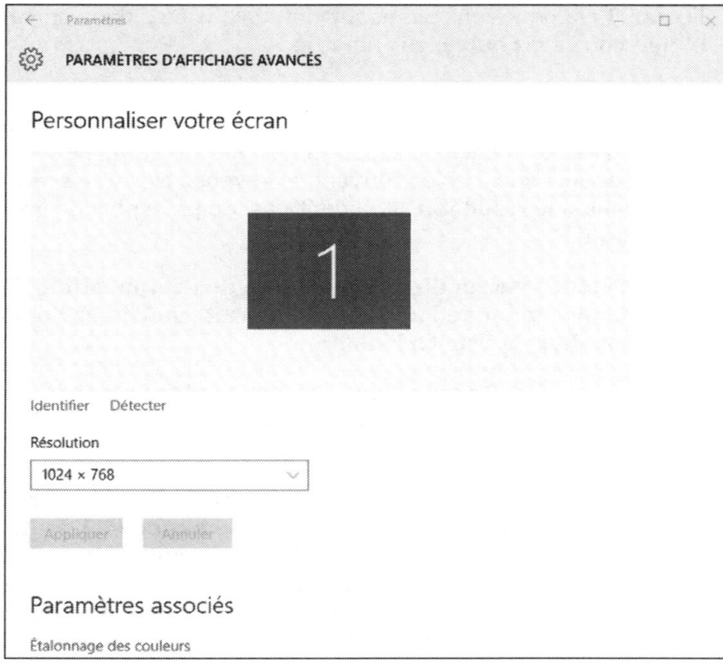

Figure 3.6 : Choisissez ici la résolution de votre affichage.

une étiquette. Et tous devraient la fournir dans leur manuel (vous avez bien un manuel, non ?).

TRUC

Si vous ne connaissez pas la résolution native de votre écran, Google peut vous aider. Tapez par exemple comme critère dans votre moteur de recherche favori **résolution native**, suivi du modèle de votre écran, ou de son numéro de modèle, et vous avez une bonne chance d'obtenir la réponse.

4. **Cliquez sur la flèche, en haut et à gauche de la fenêtre, pour revenir à la page précédente.**

   Vous retrouvez donc la fenêtre illustrée sur la Figure 3.5. Choisissez la bonne résolution, car, si vous en changez, le reste de cette boîte de dialogue est également modifié.

5. **Si vous trouvez qu'il est difficile de lire le texte affiché sur votre écran, faites glisser vers la droite le curseur afin d'augmenter (ou de réduire) la taille des caractères.**

   Si votre vue n'est plus ce qu'elle était (c'est mon cas), vous souhaiterez demander à Windows d'agrandir la taille du texte de tous les éléments à l'écran. Cela peut vous aider, surtout si vous êtes dans un café Internet et que vous avez oublié vos lunettes.

Cependant, je vous conseille fortement d'utiliser ce réglage avec précaution. En effet, modifier ce facteur d'agrandissement peut considérablement perturber d'anciens programmes. L'effet global peut être glaçant. Allez-y doucement, testez souvent, et revenez très vite à votre valeur par défaut si le résultat ne convient pas, ou pose plus de problèmes qu'il n'en résout.

6. **Si vous voulez verrouiller l'orientation de l'écran, afin qu'il reste en permanence en mode Paysage ou Portrait, choisissez l'option correspondante dans la liste Orientation.**

   Sauf sur une tablette ou un smartphone, modifier ce réglage n'est certainement pas courant. Sauf, peut-être, si vous avez l'habitude de grimper au plafond sans quitter votre écran des yeux…

7. **Enfin, vous pouvez aussi prendre le contrôle de la luminosité de votre écran en jouant sur la glissière Niveau de luminosité. Évitez de trop augmenter celle-ci, car ce ne serait bon ni pour vos yeux, ni pour la batterie, ni pour l'espérance de vie de l'écran. Pour instant, il est vrai aussi que certains moniteurs, sur certaines machines, nécessitent un réglage manuel de la luminosité pour obtenir un rendu optimal.**

   Bien entendu, chacun de ces réglages est immédiatement appliqué (sauf l'orientation de l'écran qui demande une confirmation).

Utiliser la loupe

Si vous avez besoin de visualiser un texte plus grand que les options ne vous le permettent, vous pouvez toujours faire appel à l'outil Loupe dans les options d'ergonomie. La loupe vous permet d'agrandir tout l'écran par un facteur de 200, 300 ou 400 – ou encore plus si vous le souhaitez (voir la Figure 3.7).

N'OUBLIEZ PAS

Notez qu'utiliser la loupe ne va pas améliorer la qualité ou la résolution du texte ou des images. La loupe permet de les agrandir, pas de les rendre plus fins.

Voici comment faire un grand zoom sur votre écran :

1. **Cliquez ou tapez sur le bouton Démarrer, puis choisissez Paramètres et Options d'ergonomie. Dans le volet de gauche, cliquez sur Loupe.**

   Le contrôle correspondant est illustré sur la Figure 3.8.

2. **Activez le curseur Loupe.**

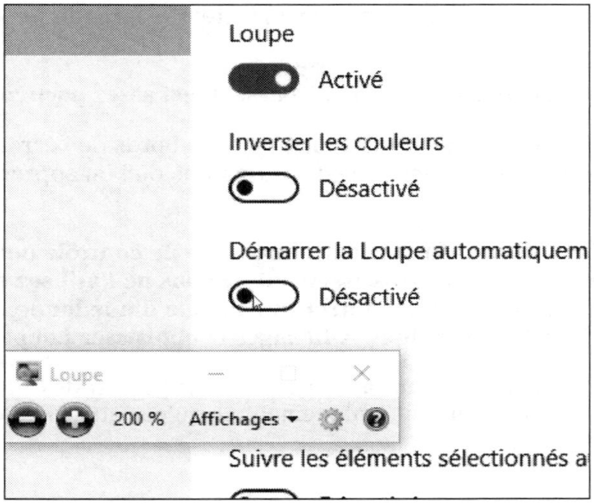

Figure 3.7 : La loupe peut vous aider à rendre tout ce qui s'affiche sur l'écran très, très grand.

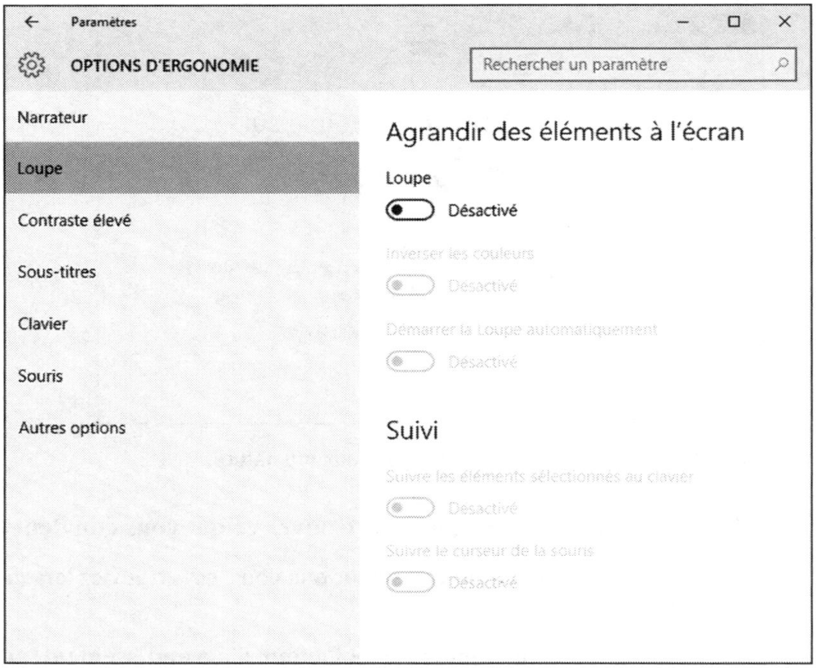

Figure 3.8 : Les autres options restent grisées tant que vous n'avez pas activé la loupe.

Immédiatement, tout apparaît avec un facteur d'agrandissement de 200 %.

3. **Déplacez-vous pour voir ce qui se passe. C'est assez particulier, non ?**

   Faites glisser le pointeur de la souris vers les bords de l'écran pour vous déplacer sur celui-ci. C'est l'une des situations où l'on apprécie vraiment un écran tactile.

4. **Deux petits boutons affichés dans une boîte de contrôle permettent de choisir le facteur de grossissement (si vous ne l'utilisez pas tout de suite, il se replie pour ne montrer que l'icône d'une loupe). Cliquez ou tapez sur la liste qui indique Affichages et choisissez Loupe.**

   Le mode Loupe, illustré sur la Figure 3.9, vous permet de déplacer une fenêtre carrée agrandissant uniquement ce qu'elle survole. Comme une vraie loupe, quoi.

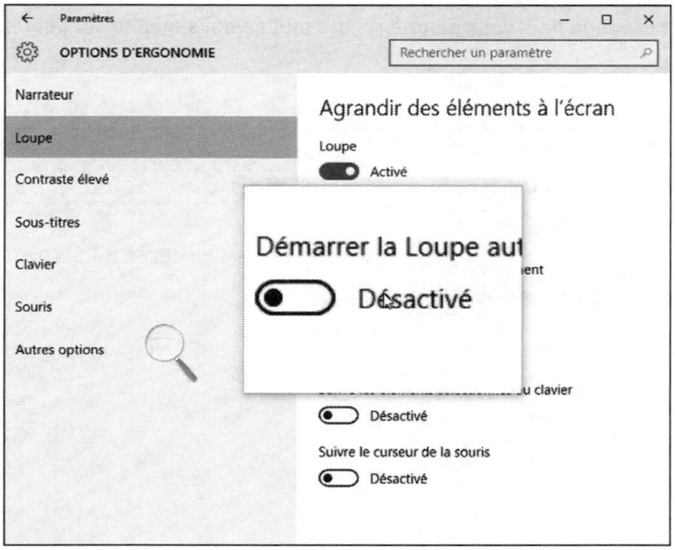

Figure 3.9 : La loupe de Windows, plus vraie que nature.

5. **Essayez divers réglages pour trouver ce qui vous convient le mieux.**

   Ces valeurs sont mémorisées pour que vous les retrouviez lorsque vous activez de nouveau la loupe.

6. **Pour réduire ou augmenter le facteur d'agrandissement, appuyez sur la combinaison de touches Win + signe moins ou signe plus respectivement.**

Le minimum est de 100 %, et le maximum est, comment dire, très élevé.

Si vous appuyez par mégarde sur une de ces combinaisons et que l'agrandissement de votre affichage change mystérieusement, vous connaissez maintenant le coupable. Revenez aux options d'ergonomie et désactivez la loupe.

7. **Pour désactiver la loupe, reprenez à l'Étape 1 et désactivez le curseur en haut de la page Loupe des options d'ergonomie.**

Si ce n'est pas suffisant, vous avez aussi la possibilité de faire appel aux thèmes dits à Contraste élevé. Ils sont disponibles dans la fenêtre Options d'ergonomie des Paramètres (reportez-vous à la Figure 3.8).

Placer des icônes et des raccourcis sur le bureau

Autrefois, si vous vouliez accéder rapidement à un programme (pardon, une application), vous placiez un raccourci vers cet élément sur votre bureau. Aujourd'hui, la vie n'étant pas toujours un long fleuve tranquille, vous avez plus de possibilités. Et, en fait, c'est une bonne chose.

Pour accéder rapidement à un programme ou à une application sous Windows 10, vous pouvez au choix :

- **Coller une vignette dans la partie droite du menu Démarrer.** C'est généralement facile. Vous commencez par trouver le bon programme (que ce soit *via* le menu Démarrer et son option Toutes les applications, ou encore dans l'Explorateur de fichiers, à moins encore qu'une icône ait déjà été ajoutée à votre bureau lors de l'installation du programme). Ensuite, vous cliquez droit sur son nom, et vous choisissez l'option Épingler à l'écran de démarrage dans le menu qui apparaît. C'est ce qu'illustre la Figure 3.10.
- **Placer un raccourci dans la barre des tâches.** C'est la même technique que ci-dessus, si ce n'est que vous choisissez cette fois l'option Épingler à la barre des tâches. Bien entendu, cela ne sert pas à grand-chose en mode Tablette, puisque celui-ci n'a pas de barre des tâches…
- **Utiliser Cortana pour rechercher le programme.** Je parle de Cortana dans ce Livret III, au Chapitre 6. C'est, selon moi, la moins bonne option, car elle n'est pas aussi précise que la présence rassurante d'une vignette dans le menu Démarrer, d'une icône dans la barre des tâches ou d'un raccourci sur le bureau.

Figure 3.10 : En règle générale, il est facile d'ajouter une vignette de programme sur la droite du menu Démarrer.

Si les deux premières méthodes vous laissent de marbre, sachez qu'il n'est pas vraiment plus difficile de coller sur votre bureau un raccourci vers le programme.

En fait, ce qui est bien avec les raccourcis du bureau, c'est que vous pouvez aussi en créer pour des éléments qui sont incapables de se nicher dans le menu Démarrer ou dans la barre des tâches.

Créer des raccourcis

Dans ce Livret III, au Chapitre 1, je vous ai montré comment placer sur votre bureau un raccourci vers un site Web. Il est maintenant temps de passer au niveau supérieur.

Le bureau accepte de recevoir des raccourcis de différente nature :

- Des **programmes** (pardon des applications) traditionnels.
- Des **adresses Web**, comme `www.pourlesnuls.com`.
- Des documents, des feuilles de calcul, des bases de données, des présentations PowerPoint, des images, des fichiers PDF, et plus généralement tout ce qui peut s'ouvrir grâce à un double-clic.
- Des **dossiers** de provenance diverse et variée, y compris de votre appareil photo numérique.
- Des **disques**, qu'ils soient présents sur votre disque dur, ou qu'il s'agisse d'un lecteur de CD, d'une clé USB, *etc*.
- D'autres **ordinateurs** de votre réseau, y compris les dossiers et les fichiers qu'ils contiennent, dès lors qu'ils sont partagés.
- Des **imprimantes** (y compris celles qui sont partagées en réseau), des scanners, des caméras et d'autres dispositifs matériels.
- Des connexions réseau, des cartes d'interface, et ainsi de suite.

Voyons différentes techniques permettant de créer des raccourcis sur le bureau :

1. **Choisissez un programme dans le menu Démarrer, Toutes les applications. Cliquez sur le lien et, tout en maintenant enfoncé le bouton gauche de la souris, faites-le glisser sur le bureau (avec un écran tactile, vous maintenez le lien enfoncé et vous le faites glisser).**

   Vous créez ainsi un lien vers le programme ou l'application Universelle Windows, comme l'illustre la Figure 3.11.

2. **À ce jour (mais la situation pourrait évoluer plus tard), placer un raccourci vers une page Web sur le bureau n'est pas si facile. Du temps de notre jeunesse (enfin presque), il suffisait de faire glisser le contenu de la barre d'adresse sur le bureau. Maintenant, c'est un peu plus complexe.**

   Fort heureusement, je vous explique comment procéder dans ce Livret III, au Chapitre 1, à la section « Créer des raccourcis ».

3. **Pour créer un raccourci vers un document, par exemple un fichier Word sur lequel vous travaillez régulièrement, localisez-le dans l'Explorateur de fichiers. Ensuite, *cliquez droit* sur son nom, et faites glisser sur le bureau. Relâchez ensuite le bouton de la souris, et choisissez l'option Créer les raccourcis ici.**

   ATTENTION !

   Si vous vous contentez de faire glisser en appuyant sur le bouton gauche de la souris, vous allez simplement déplacer l'élément.

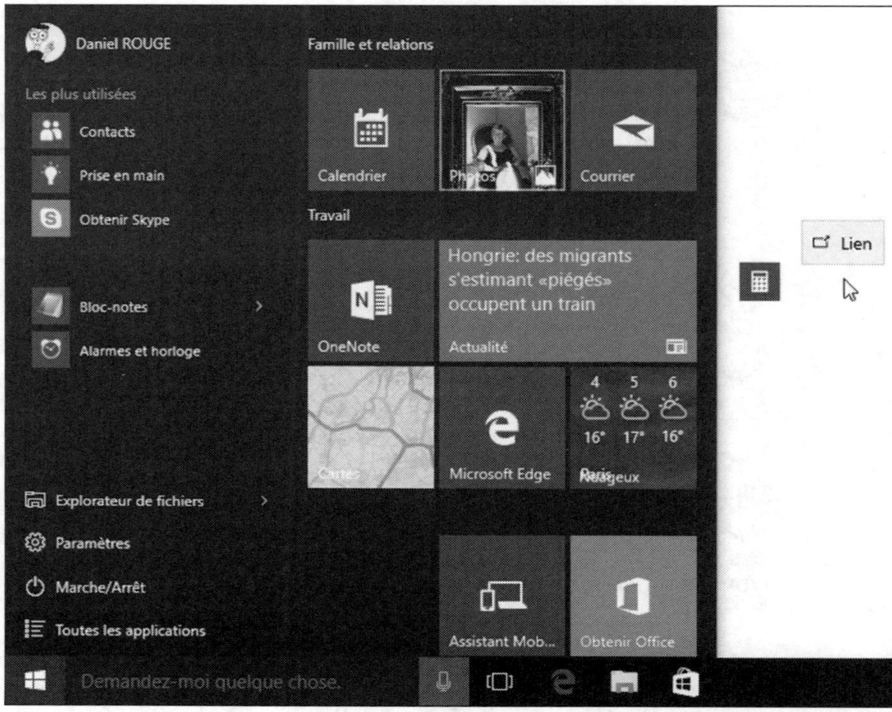

Figure 3.11 : Faites glisser une application Universelle Windows (ou un programme quelconque) jusque sur le bureau de Windows pour y créer un raccourci.

4. **Procédez exactement de la même manière pour créer un raccourci vers un dossier, un disque, un autre ordinateur de votre bureau (ou même dans un groupe résidentiel). Vous passez par l'Explorateur de fichiers, vous cliquez droit sur le dossier ou disque, et vous faites glisser sur le bureau.**

   TRUC

   Une autre méthode consiste à cliquer droit de manière à ouvrir un menu contextuel, puis à choisir dans celui-ci l'option Créer un raccourci (suivie d'une confirmation), ou encore Envoyer vers, puis Bureau (créer un raccourci).

   Sur la Figure 3.12, j'ai un raccourci vers un document sur OneDrive, un autre pour mon dossier Musique, un pour mon lecteur principal C:, et enfin un autre vers un programme, tout ce petit monde étant prêt à réagir au premier double-clic venu.

5. **Créer un raccourci vers une connexion réseau est seulement un tout petit peu plus compliqué. Cliquez *droit* sur le bouton Démarrer (ou appuyez sur Windows + X). Dans le menu qui s'affiche, choisissez**

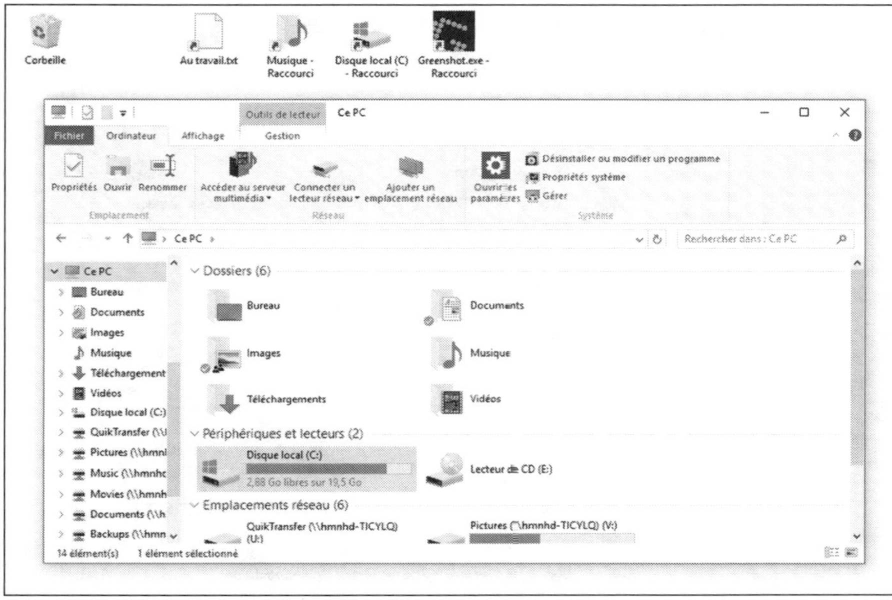

Figure 3.12 : Il est facile de créer des raccourcis sur le bureau en faisant appel à l'Explorateur de fichiers.

Connexions réseau. Dans la fenêtre qui apparaît, cliquez sur l'icône de la connexion concernée et faites-la glisser sur le bureau.

Cela peut vous aider par exemple à voir rapidement si la connexion fonctionne normalement, quelle quantité de données ont été envoyées et reçues, et ainsi de suite (voir la Figure 3.13).

6. **Le cas des imprimantes et autres périphériques connectés à l'ordinateur repose sur le même principe, mais en un peu plus compliqué encore (enfin, tout est relatif). Procédez comme ci-dessus, mais choisissez cette fois dans le menu l'option Panneau de configuration. Cliquez sur Matériel et audio, puis Périphériques et imprimantes. La fenêtre va afficher des icônes représentant les dispositifs matériels attachés à votre ordinateur. Faites glisser l'icône voulue sur le bureau, et le tour est joué.**

   Vous pouvez ainsi facilement voir l'état de la file d'attente d'une imprimante, ou encore les propriétés de tel ou tel dispositif.

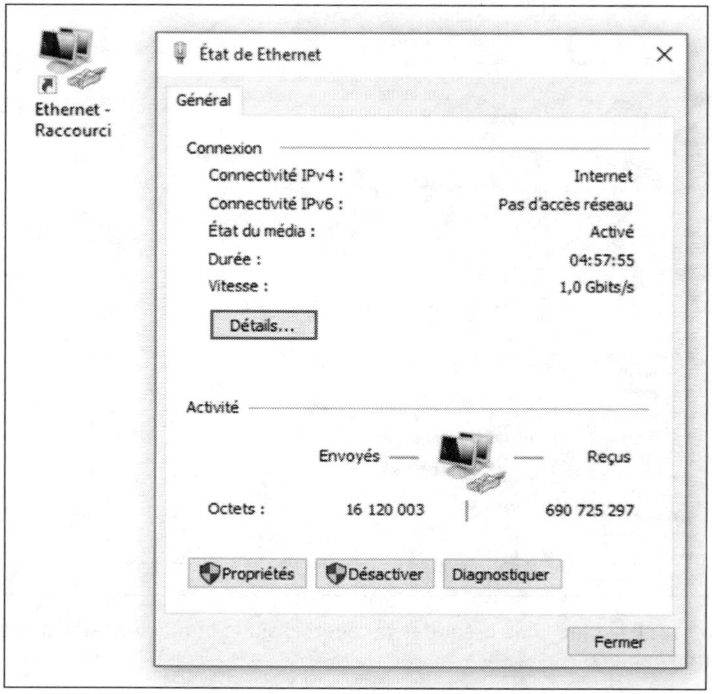

Figure 3.13 : Créer un raccourci pour une connexion réseau.

Disposer les icônes sur le bureau

N'OUBLIEZ PAS

Si vous avez acheté un PC sur lequel Windows est déjà installé, votre bureau est probablement encombré de tant d'icônes que vous n'y voyez plus rien. L'espace sur le bureau est compté, et les fabricants sont bien rémunérés pour mettre des icônes sous vos yeux.

TRUC

Vous savez quoi ? Vous pouvez toutes les supprimer, sans le moindre regret. Le pire que vous puissiez faire, c'est de supprimer un raccourci vers le programme de support technique du fabricant – mais si jamais vous avez besoin d'accéder à ce programme, le support technique saura vous expliquer comment le retrouver. En fait, la seule icône réellement utile, c'est celle de la corbeille. Et si vous l'avez fait disparaître par mégarde, voyez l'encadré « Restaurer l'icône de la Corbeille » pour la ramener à la vie.

Windows vous fournit plusieurs outils pour arranger les icônes sur votre bureau. Si vous cliquez du bouton droit sur un emplacement vide de celui-ci, vous constaterez que vous pouvez :

Restaurer l'icône de la Corbeille

Tôt ou tard, la mésaventure risque de vous arriver. Vous supprimez par erreur l'icône de la Corbeille, et vous ne savez pas comment faire pour la récupérer.

Relax. Ce n'est pas bien difficile, à condition de connaître l'astuce, bien sûr.

Appuyez sur Windows + X et choisissez Panneau de configuration. Dans le champ Rechercher, en haut de la fenêtre, tapez **bureau icône**. Dans la liste de propositions qui s'affiche, cliquez sur le lien Afficher ou masquer les icônes communes sur le bureau. Cliquez en haut de la boîte Paramètres des icônes du Bureau sur la case Corbeille pour la cocher.

Il ne vous reste plus qu'à cliquer le bouton OK, à refermer le Panneau de configuration, et le tour est joué.

- **Trier.** Sélectionnez Trier par, puis une option pour trier les icônes par nom, taille ou type d'éléments (dossiers, documents et raccourcis, par exemple) ou par date de modification (voir la Figure 3.14).

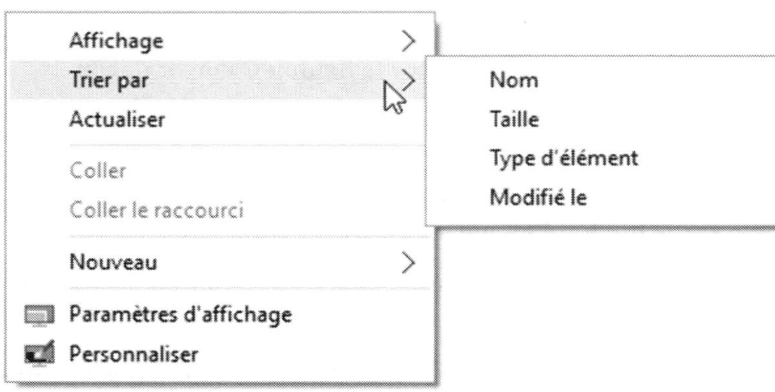

Figure 3.14 : Trier toutes les icônes de votre bureau en deux clics.

- **Réorganiser.** Sélectionnez Affichage, puis Réorganiser automatiquement les icônes. Autrement dit, demandez à Windows de les ranger selon cet ordre : la première icône figurant dans l'angle supérieur gauche, la seconde directement sous la première, la troisième encore dessous, *etc.*

- **Aligner sur la grille.** Sélectionnez Affichage, puis Aligner les icônes sur la grille. Si vous ne voulez pas que les icônes soient arrangées automatiquement, du moins pouvez-vous choisir de les aligner sur une grille afin de pouvoir visualiser toutes les icônes sans qu'elles se superposent.

- **Dissimuler.** Vous pouvez même sélectionner Affichage, puis Afficher les éléments du Bureau pour décocher cette option. Vos icônes disparaissent alors – mais cela va à l'encontre de la raison d'être des icônes, n'est-ce pas ?
- **Supprimer.** En général, vous pouvez supprimer une icône du bureau en cliquant dessus du bouton droit, puis en sélectionnant Supprimer, ou en cliquant dessus une fois puis en pressant la touche Suppr de votre clavier.

L'apparence de certaines icônes est gravée dans le marbre. Par exemple, si vous déposez un document Word sur votre bureau, le document hérite de l'icône – l'image – associée à l'application correspondante, Word. Il en va de même pour les classeurs Excel, les documents texte et les fichiers audio enregistrés. Les icônes pour les images ressemblent à l'image, enfin plus ou moins, si vous plissez les yeux.

En revanche, vous pouvez changer comme vous le souhaitez les icônes des raccourcis. Suivez ces étapes :

1. **Cliquez du bouton droit sur un raccourci et, dans le menu contextuel qui s'affiche, sélectionnez Propriétés.**
2. **Dans la boîte de dialogue Propriétés, veillez à activer l'onglet Raccourci. Ensuite, cliquez sur le bouton Changer d'icône.**

   Ce bouton n'est pas disponible pour tous les raccourcis de tous les programmes.
3. **Sélectionnez une icône dans la liste qui vous est présentée, ou cliquez sur le bouton Parcourir pour rechercher d'autres icônes.**

   Windows regorge d'icônes. Reportez-vous au Tableau 3.2 pour savoir où en trouver.

Tableau 3.2 : Des endroits où trouver des icônes.

Contenu	Fichier
Icônes de Windows 10, 7, 8.1, 8 et Vista	C:\Windows\system32\imageres.dll
Tout	C:\Windows\System32\shell32.dll
Ordinateurs	C:\Windows\explorer.exe
Maison	C:\Windows\System32\pifmgr.dll
Dossiers	C:\Windows\System32\syncui.dll
Vieux programmes	C:\Windows\System32\moricons.dll

4. **Cliquez deux fois sur le bouton OK.**

   Windows modifie l'icône pour toujours (du moins, jusqu'à ce que vous la modifiez à nouveau).

Vous trouverez des tas et des tas d'icônes sur Internet. Utilisez votre moteur de recherche favori pour effectuer une recherche sur *icônes Windows gratuites*.

Trifouiller la barre des tâches

Les développeurs de Microsoft qui ont travaillé sur la barre des tâches avaient donné au projet un nom secret : Superbar. Si l'on peut toujours se demander dans quelle mesure ils ont été inspirés par Mac OS, force est de constater que la barre des tâches de Windows 10 est un excellent outil pour qui utilise le bureau. Et maintenant qu'il est possible d'épingler des applications Universelles Windows dans la barre des tâches, celle-ci devient un outil central de productivité pour la plupart d'entre nous.

La « super » barre des tâches de Windows apparaît dans la partie inférieure de l'écran, comme l'illustre la Figure 3.15.

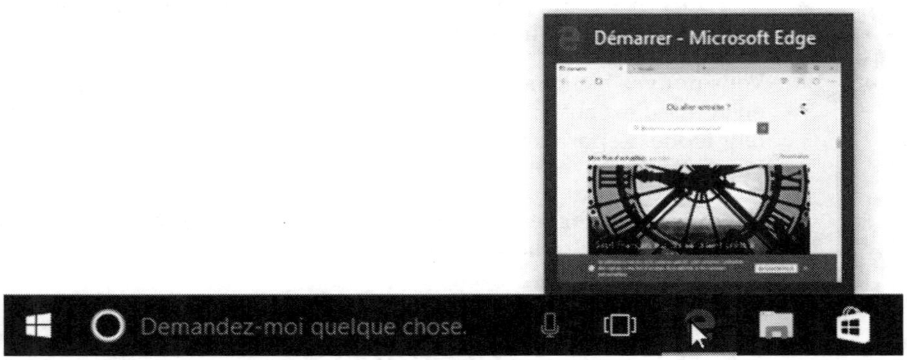

Figure 3.15 : Une barre qui jongle avec les tâches.

Si vous survolez une icône avec la souris et que cette icône est associée à un programme en cours d'exécution, vous verrez s'afficher des miniatures de toutes les copies de ce programme. Par exemple, sur la Figure 3.15, l'aperçu montre l'onglet ouvert dans Microsoft Edge.

Anatomie de la barre des tâches

Une barre des tâches comporte deux types d'icônes :

- **Les icônes qui ont été épinglées.** Par défaut, la barre des tâches comporte six icônes : le bouton Démarrer, Cortana (pardon le champ Rechercher) et l'affichage des tâches, suivis de Edge, de l'Explorateur de fichiers et de Windows Store (voir en bas de la Figure 3.15). Si vous installez une application, et que vous demandez à son programme d'installation d'ajouter une icône à la barre des tâches, cette icône apparaîtra à côté des autres. Vous pouvez aussi épingler des programmes de votre choix sur la barre des tâches.

  NOTE TECHNIQUE : Certains installateurs de programmes un peu (très) anciens vous proposent d'ajouter un lien dans la barre dite de lancement rapide. Cela remonte à Windows XP. Dorénavant, si vous acceptez d'ajouter un tel lien, l'icône du programme apparaîtra dans la barre des tâches.

- **Les icônes des programmes en cours d'exécution**. Chaque fois qu'un tel programme est démarré, une icône le représentant apparaît sur la barre des tâches. Si vous exécutez trois copies d'un même programme, une seule icône apparaîtra. Lorsqu'un programme s'arrête, son icône disparaît.

  TRUC : Ce qui est vrai pour les programmes de bureau vaut également pour les applications Universelles Windows.

TRUC : Vous pouvez facilement voir quels sont les programmes (ou les applications) en cours d'exécution. En effet, Windows place une fine ligne en dessous de leur icône. Reportez-vous par exemple à l'icône de Microsoft Edge sur la Figure 3.15.

TRUC : Lorsque plusieurs fenêtres d'un même programme sont ouvertes, l'icône de celui-ci se démultiplie sous la forme d'autant d'ombrages.

La liste des raccourcis

Si vous cliquez du bouton droit sur n'importe quelle icône de la barre des tâches (maintenez-la enfoncée sur un écran tactile), vous verrez s'afficher une liste de choix appelée la Liste des raccourcis, comme sur la Figure 3.16.

Le contenu de la liste des raccourcis varie selon le programme correspondant à l'icône, mais vous y trouverez toujours le nom du programme et une option Épingler à la barre des tâches (ou inversement, Détacher de la barre des tâches, si le programme a déjà été épinglé).

Bien que la liste des raccourcis existe depuis Windows 7, elle reste assez méconnue des utilisateurs. Certains programmes proposent des listes de raccourcis surchargées (comme c'est le cas pour Edge), tandis que d'autres en proposent qui sont minimalistes (c'est d'ailleurs le cas pour la plupart des applications qui ne proviennent pas de chez Microsoft).

Voici les fonctionnalités de base d'une liste des raccourcis :

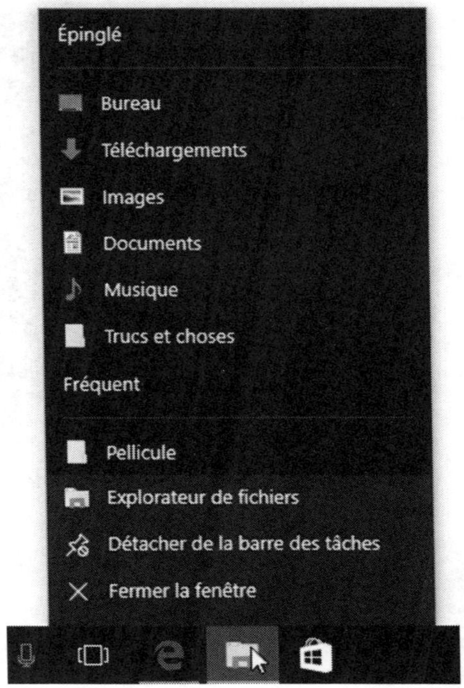

Figure 3.16 : La liste des raccourcis de l'Explorateur de fichiers.

- **Elle peut afficher l'historique des fichiers ouverts récemment**. Par exemple, celle de Paint (représentée sur la Figure 3.17) reprend le contenu de la liste des documents récents ouverts dans le programme. Le document actuellement ouvert figure en première position.
- **Il est généralement facile d'épingler un élément dans la liste des raccourcis.** Lorsque vous épinglez un élément, il est conservé dans la liste des raccourcis, que cet élément soit ouvert ou non dans le programme. Pour cela, déplacez votre souris sur la droite de l'élément voulu et cliquez sur la punaise. Cela déplace l'élément dans une section distincte figurant en haut de la liste des raccourcis, et judicieusement intitulée Épinglé.

La liste des raccourcis comporte une fonctionnalité moins évidente. Elle vous permet d'ouvrir une seconde copie d'un programme. Disons que vous souhaitez copier une série d'albums de votre bibliothèque de musiques sur votre disque externe `F:`. Vous commencez par ouvrir l'Explorateur de fichiers et, dans le volet de gauche de celui-ci, vous cliquez sur votre dossier Musique. Cool.

Vous pourriez procéder par copier-coller : vous sélectionnez un album, vous appuyez sur Ctrl + C pour le copier, vous utilisez le volet de gauche de l'Explorateur de fichiers pour vous rendre sur `F:`, et enfin vous appuyez sur Ctrl + V pour le coller. Ouf ! Toutefois, si vous devez copier plusieurs albums, il sera bien plus facile et rapide d'ouvrir une autre copie de l'Explorateur de fichiers et de vous rendre sur `F:` dans cette seconde fenêtre. Vous pourrez alors glis-

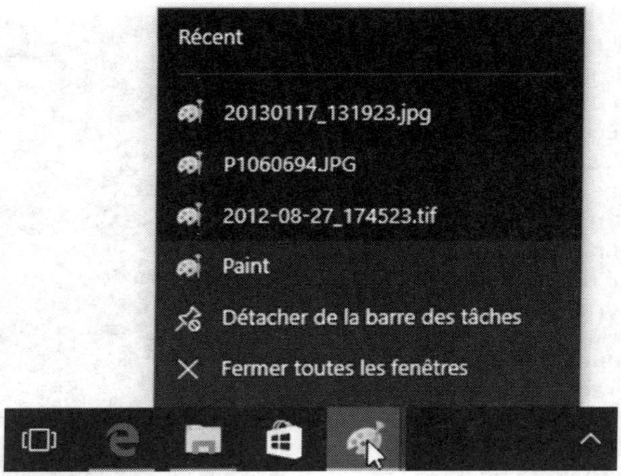

Figure 3.17 : La liste des raccourcis de Paint affiche les documents ouverts dernièrement.

ser-déposer autant d'albums que vous le souhaitez du dossier Musique vers votre disque `F:`.

Vous avez deux possibilités pour lancer une seconde copie d'un programme en cours d'exécution (dans cet exemple, l'Explorateur de fichiers) :

- Maintenez la touche Maj appuyée et cliquez sur l'icône.
- Cliquez du bouton droit sur l'icône (ou tapez dessus et maintenez appuyé) et sélectionnez le nom du programme.

Dans un cas comme dans l'autre, Windows démarre une copie toute neuve de votre programme (si celui-ci autorise ce genre de fantaisie, bien sûr).

Modifier la barre des tâches

La barre des tâches est l'une des parties de Windows qui se prête le plus à la personnalisation. Voici ce que vous pouvez faire :

- **Épingler un programme.** Cliquez du bouton droit sur le programme et sélectionnez Épingler à la barre des tâches. Oui, vous pouvez cliquer du bouton droit sur l'icône d'un programme en cours dans la barre des tâches pour l'y épingler.
- **Déplacer l'icône d'un programme épinglé.** Faites-la glisser un peu plus loin sur la barre. Vous pouvez même déposer une icône qui n'est pas épinglée au milieu des icônes qui le sont. Lorsque le programme associé à l'icône s'arrête, cette icône disparaît purement et simplement,

et toutes les icônes épinglées reprennent leur place comme si de rien n'était.

- **Détacher un programme épinglé.** Cliquez dessus du bouton droit et sélectionnez l'option Détacher de la barre des tâches.

Malheureusement, vous ne pouvez pas transformer des documents ou des dossiers individuels en icônes sur la barre des tâches. Toutefois, vous pouvez épingler un dossier dans la liste des raccourcis de l'Explorateur de fichiers, et vous pouvez épingler un document dans cette liste, quelle que soit l'application qui lui est associée. Par exemple, vous pouvez épingler dans la liste une musique associée au Lecteur Windows Media (non, contrairement à certaines rumeurs désobligeantes, il n'a pas disparu de Windows 10, il est juste bien caché dans les applications).

Voici comment épingler un dossier ou un document à un programme de la barre des tâches :

1. **Rendez-vous jusqu'au dossier ou au document que vous souhaitez épingler.**

   Vous pouvez utiliser l'Explorateur de fichiers, ou alors créer un raccourci vers le fichier ou le dossier.

2. **Cliquez sur l'icône du dossier ou du document (ou de son raccourci) et faites-la glisser sur l'icône du programme affichée sur la barre des tâches.**

   Windows vous indique où il va épingler le dossier, le document ou le raccourci, comme sur la Figure 3.18. Sur cette figure, vous constatez que je veux épingler rapidement une image sur l'application Paint. Lorsque vous procédez de la sorte pour épingler un dossier à l'Explorateur de fichiers, il suffit de glisser et déposer ledit dossier sur la barre des tâches.

3. **Relâchez le bouton de la souris.**

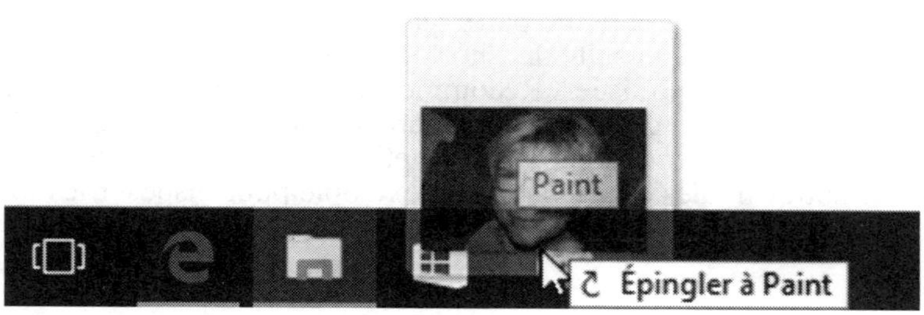

Figure 3.18 : Faites glisser un fichier ou un dossier pour l'épingler sur une icône de la barre des tâches.

C'est tout.

Il y a un effet de bord peu connu : si vous épinglez un fichier sur un programme dans la barre des tâches, le programme lui-même se retrouve aussi épinglé s'il ne l'était pas déjà.

Travailler avec la barre des tâches

J'ai découvert quelques astuces avec la barre des tâches que vous jugerez peut-être intéressantes :

- Parfois, vous souhaitez fermer tous (ou presque tous) les programmes en cours d'exécution sans que Windows le fasse à votre place. Il est facile de savoir quels programmes sont en cours d'exécution en regardant les icônes qui sont soulignées (revoyez la Figure 3.15). Pour fermer toutes les copies d'un programme donné, cliquez du bouton droit sur son icône et sélectionnez Fermer la fenêtre ou Fermer toutes les fenêtres.
- Parfois, si un programme est gelé et refuse de se fermer, vous pouvez plus facilement le forcer à se fermer *via* la barre des tâches.
- La terminologie n'est pas très rigoureuse ici. Normalement, vous devriez pouvoir choisir entre « Quitter le programme » ou « Quitter l'application », « Choisir Fichier->Quitter » ou « Cliquer sur X ». Lorsque vous travaillez avec la barre des tâches, vous dites « Fermer la fenêtre » ou « Fermer toutes les fenêtres ». Cela revient au même.
- Cela ne fonctionne pas avec tous les programmes, mais dans certains cas (dont Word), si vous maintenez la touche Ctrl appuyée et que vous cliquez sur l'icône dans la barre des tâches, le programme va ouvrir le document le plus récemment consulté, ou encore basculer entre les différentes fenêtres ouvertes (cette astuce fonctionne par exemple avec Edge ou l'Explorateur de fichiers).

Si vous cliquez sur la petite barre qui se trouve tout à fait à droite de la barre des tâches, à la suite de l'horloge, toutes les fenêtres affichées sur le bureau sont minimisées. Recommencez, et vos fenêtres réapparaissent. Vous pouvez aussi cliquer droit sur une partie vide de la barre des tâches, et choisir dans le menu qui apparaît l'option Afficher le bureau (vous disposez d'autres modes d'affichage, par exemple pour disposer les fenêtres en cascade, ou encore les empiler les unes au-dessus des autres).

Chapitre 4

Travailler avec des bureaux multiples

Dans ce chapitre :

- C'est quoi, exactement, un bureau virtuel ?
- Comment construire vos bureaux virtuels ?
- Passer d'un bureau à un autre avec l'Affichage des tâches
- Apprendre à gérer les bureaux

Windows 10 n'a pas qu'un seul bureau (moi, si). Il est capable de gérer plusieurs bureaux virtuels, ou bureaux multiples. Vous pouvez par exemple avoir un bureau pour votre travail, un autre pour vos jeux préférés, un troisième pour tout ce qui concerne vos loisirs ou vos hobbies, et même un quatrième pour faire croire que vous travaillez… Vous pouvez exécuter des programmes différents sur chaque bureau, le même programme sur plusieurs bureaux, et organiser le tout à votre convenance. Windows 10 va se charger de tout ce petit monde, en évitant que les applications se marchent mutuellement sur les pieds.

Sur la Figure 4.1, vous pouvez voir trois bureaux virtuels tels qu'ils apparaissent quand vous cliquez sur le bouton Affichage des tâches.

NOTE TECHNIQUE

La plupart des gens ont oublié que Windows XP disposait d'une fonction comparable qui pouvait être activée en installant une application, pardon un programme, qui faisait partie de la suite XP PowerToys (il s'agissait d'outils qui avaient été développés par des employés de Microsoft et qui étaient distribués par celui-ci, mais sans aucun support officiel).

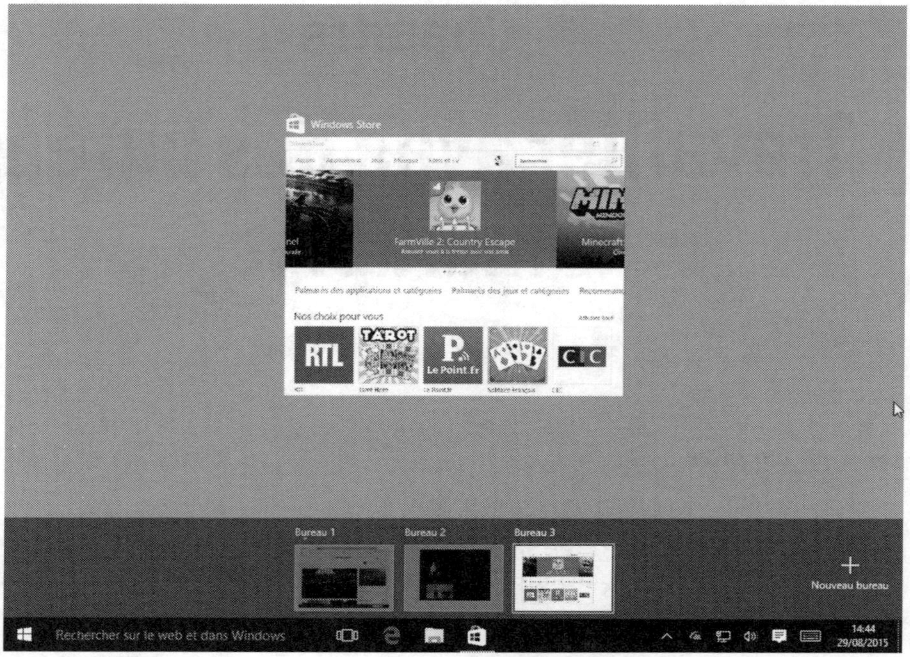

Figure 4.1 : Ces trois bureaux fonctionnent de manière indépendante.

Les bureaux virtuels, cela existait en fait aussi sous Windows 7 par le biais d'un programme appelé Sysinternals Desktop, provenant également de Microsoft qui avait racheté ce produit en 2006. Comme dans le cas de XP, ce programme vous permettait de créer jusqu'à quatre bureaux virtuels auxquels vous pouviez accéder en cliquant sur une icône dans la barre des tâches, ou via une combinaison de touches.

En fait, il existe toute une petite industrie dans le secteur des bureaux virtuels, dont l'arrivée de Windows 10 pourrait bien sonner le glas.

La grande nouveauté, c'est que les bureaux multiples/virtuels, sont maintenant totalement intégrés dans Windows 10 lui-même. Vous n'avez plus besoin d'installer un programme supplémentaire, ou de lancer un truc plus ou moins étrange en arrière-plan. Windows se charge de tout.

Créer des bureaux multiples

Ces quelques notions étant posées, essayez de fabriquer quelques bureaux virtuels. Pour cela :

1. **Lancez Windows.**

2. **Démarrez quelques programmes.**

   Lesquels ? Ceux que vous voulez. Trois ou quatre devraient suffire pour cet exercice.

3. **Tapez ou cliquez sur l'icône Affichage des tâches. C'est celle qui ressemble plus ou moins à une table entourée de deux chaises, juste à droite de Cortana.**

   Windows va assombrir le bureau principal et afficher des vignettes d'aperçu de vos programmes, ainsi qu'un bouton « + » en bas et à droite de l'écran (voir la Figure 4.2).

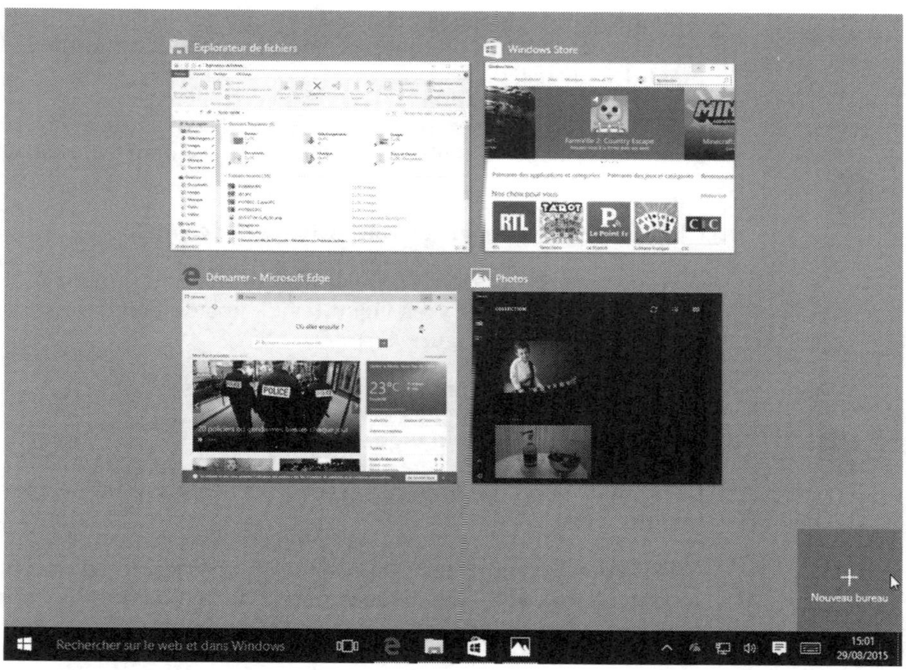

Figure 4.2 : L'Affichage des tâches affiche une vue en réduction des programmes actifs, ainsi qu'un bouton qui permet de créer de nouveaux bureaux.

4. **Tapez ou cliquez sur le bouton « + » afin de créer un nouveau bureau.**

   Windows crée en bas de l'écran une vignette représentant le nouveau bureau, et il associe tous les programmes ouverts au Bureau 1, comme l'illustre la Figure 4.3.

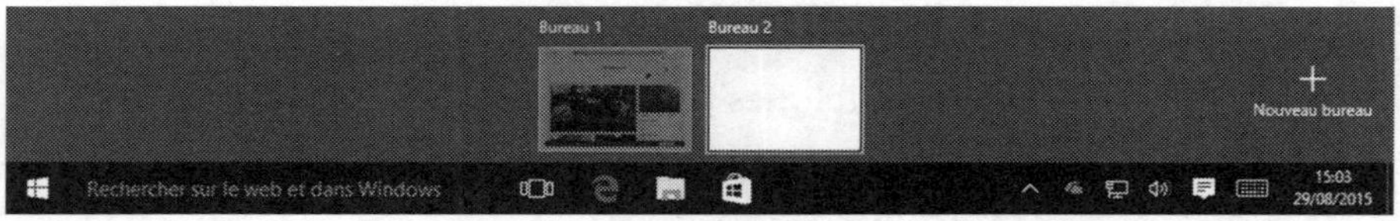

Figure 4.3 : Le premier bureau reçoit tous les programmes actifs lorsque vous en créez un second.

5. **Cliquez sur la vignette intitulée Bureau 2.**

   Vous ne voyez qu'un nouveau bureau grisé et totalement vide.

6. **Ouvrez quelques nouveaux programmes.**

   Il peut s'agir des mêmes programmes que sur le Bureau 1, ou d'applications totalement différentes. Chaque bureau fonctionne indépendamment des autres.

   ATTENTION ! Bon, d'accord, c'est un peu de la théorie. Disons que *certains* programmes acceptent d'être disséminés sur plusieurs bureaux, et d'autres non.

7. **Cliquez à nouveau sur l'icône Affichage des tâches.**

   Windows vous montre maintenant le contenu du Bureau 2. Le bas de l'écran affiche toujours les vignettes de nos deux bureaux, soit Bureau 1 et Bureau 2 (voir la Figure 4.4).

   N'OUBLIEZ PAS En mode Tablette, vous ne voyez plus qu'un seul bureau.

8. **Tapez ou cliquez sur la vignette Bureau 1.**

   Le premier bureau réapparaît, avec tous ses programmes parfaitement fonctionnels.

   Dans le même temps, les programmes placés sur le second bureau stoppent leurs activités. Vous écoutiez de la musique ? Le son est coupé. Vous regardiez une vidéo ? L'image se fige. Notre Bureau 2 vient d'entrer en état d'hibernation.

9. **Cliquez à nouveau sur l'icône Affichage des tâches, puis sur le bouton « + » pour ajouter un bureau supplémentaire. Puis un autre.**

   TRUC Vous pouvez également utiliser la combinaison de touches Win + Ctrl + D pour créer un nouveau bureau.

   En théorie, il n'y a pas de limites au nombre de bureaux pouvant être définis simultanément. En pratique, vous ne saurez jamais si c'est vrai.

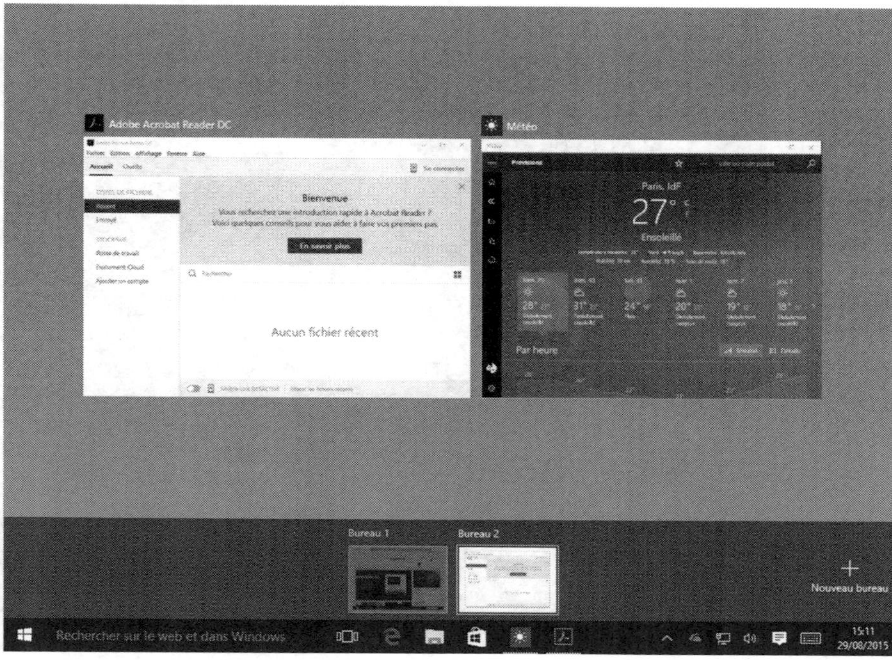

Figure 4.4 : La vue du Bureau 2.

10. **Pour supprimer un bureau, ouvrez l'Affichage des tâches, survolez avec le pointeur de la souris la vignette du bureau qui est condamné (ou maintenez le doigt appuyé sur cette vignette). Cliquez ou touchez ensuite la croix qui apparaît juste au-dessus.**

    Lorsque vous supprimez un bureau, toutes les applications qui y étaient actives sont automatiquement transférées sur le bureau de rang immédiatement inférieur.

Interagir entre les bureaux

Si les bureaux ont leur indépendance, ils sont aussi capables de dialoguer entre eux. Tentez l'expérience suivante :

1. **Sur la barre des tâches, cliquez sur l'icône Affichage des tâches.**

   En supposant que trois bureaux sont actifs, l'Affichage des tâches devrait donner une vue comparable à celle de la Figure 4.5.

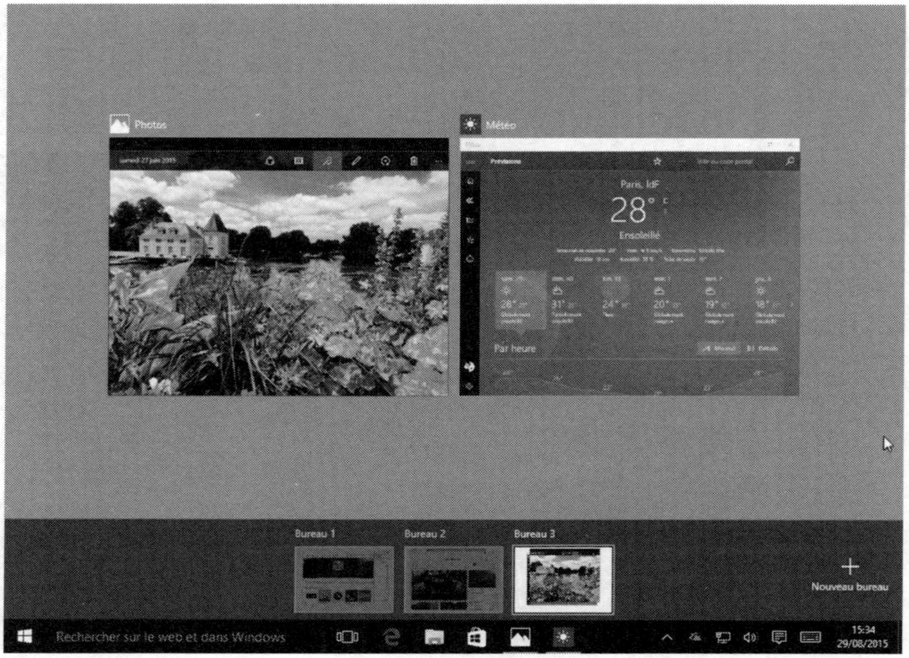

Figure 4.5 : L'Affichage des tâches avec trois bureaux, le troisième étant sélectionné.

2. **En bas de l'écran, cliquez sur Bureau 1. Appuyez ensuite sur la combinaison Alt + Tab.**

   TRUC

   Le comportement de cette combinaison peut être modifié dans les paramètres. J'y reviendrai dans la prochaine section.

   Vous retrouvez la bonne vieille bascule entre les tâches, qui existe d'ailleurs depuis Windows 95. Alt + Tab vous montre tous les programmes actifs dans une seule vue. Sur la Figure 4.6, par exemple, j'obtiens trois vignettes, chacune correspondant à une application qui s'exécute sur le Bureau 1.

3. **Revenez à l'Affichage des tâches, et appuyez maintenant sur la combinaison touche Windows + Tab.**

   Le bureau courant s'affiche. Appuyez à nouveau sur la combinaison de touches Windows + Tab, et vous retrouvez l'Affichage des tâches. Ce raccourci fonctionne donc exactement comme l'icône Affichage des tâches.

4. **Pour passer d'un bureau à un autre, servez-vous des combinaisons Ctrl + Windows + flèche gauche, ou Ctrl + Windows + flèche droite.**

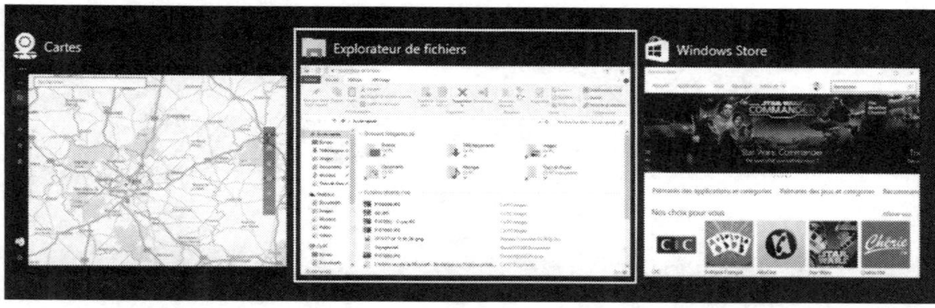

Figure 4.6 : Alt + Tab permet de circuler entre les programmes qui s'exécutent sur un seul bureau.

Ce raccourci est à connaître, mais il n'est pas très commode, puisqu'il ne vous permet pas de voir à l'avance quelles sont les applications actives sur chaque bureau, pas plus qu'il ne vous aide à vous souvenir du nombre actuel de bureaux.

5. **Pour supprimer un bureau et déplacer ses applications vers son voisin de gauche, vous pouvez appuyer sur la combinaison Ctrl + Windows + F4.**

   Bien entendu, vous pouvez aussi le faire en rappelant l'Affichage des tâches, comme nous l'avons vu plus haut.

6. **Pour déplacer un programme actif d'un bureau vers un autre, revenez à la vue Affichage des tâches. Cliquez droit sur la vignette du programme qui doit bouger (ou maintenez le doigt appuyé sur sa vignette). Dans le menu qui s'affiche, choisissez l'option Déplacer vers, puis le nom du bureau de destination.**

   La Figure 4.7 illustre cette action.

   Une autre méthode consiste à faire glisser la vignette du programme vers celle du bureau de destination.

7. **Pour refermer rapidement un bureau, activez l'Affichage des tâches, placez le pointeur de la souris au-dessus de la vignette du bureau qui doit disparaître, puis cliquez sur la croix qui apparaît (voir la Figure 4.8).**

   Tous les programmes qui étaient associés à ce bureau sont déplacés vers le précédent (ou vers le bureau principal, s'il n'en reste qu'un).

   Si vous placez le pointeur de souris au-dessus de la vignette d'un programme en mode Affichage des tâches, vous constatez qu'une croix apparaît également. C'est un moyen de refermer le programme sans quitter le bureau.

Figure 4.7 : Déplacer un programme (ou une application) d'un bureau à un autre.

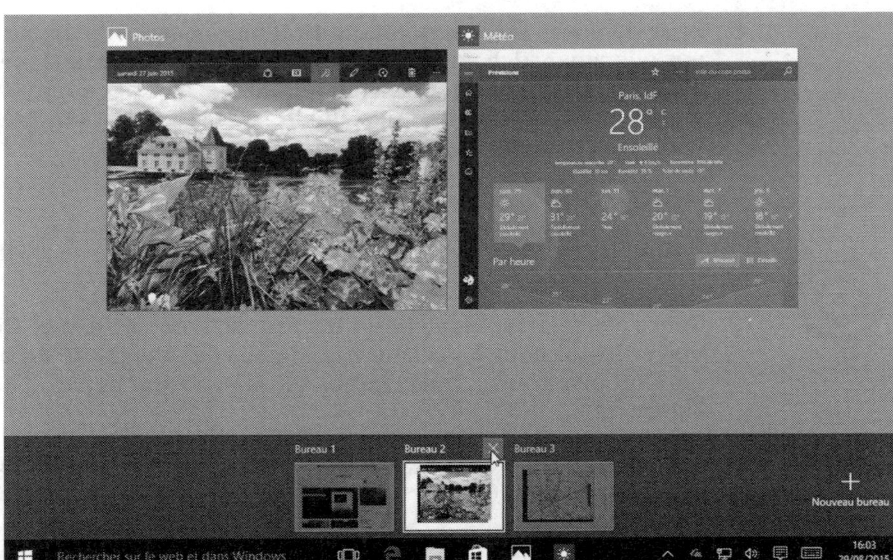

Figure 4.8 : Pour supprimer un bureau sans refermer les applications associées, cliquez sur la croix qui apparaît au-dessus de sa vignette.

Autres options pour les bureaux multiples

L'application Paramètres de Windows 10 vous permet de modifier (légèrement) le comportement des bureaux multiples.

Notez tout d'abord que Windows vous indique quels sont les programmes actifs dans le bureau courant en plaçant un petit trait coloré sur leur icône dans la barre des tâches.

Vous pouvez modifier cela de manière à ce que Windows souligne les icônes de tous les programmes ouverts sur tous les bureaux. Pour cela :

1. **Cliquez ou tapez sur le menu Démarrer, puis choisissez Paramètres.**

   La fenêtre Paramètres apparaît.

2. **Cliquez sur le bouton Système (ou touchez-le), puis sur Multitâche.**

   Les options dont vous disposez sont illustrées sur la Figure 4.9.

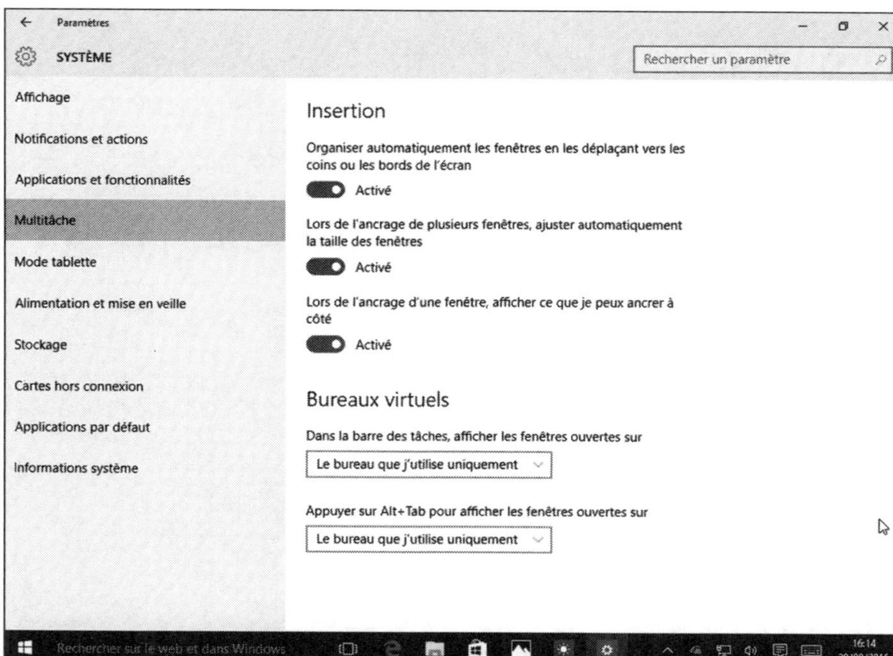

Figure 4.9 : Choisir les options pour les bureaux virtuels/multiples.

3. **Dans la première liste déroulante de la section Bureaux virtuels, choisissez l'option Tous les bureaux.**

   Immédiatement, toutes les icônes des applications actives sont soulignées dans la barre des tâches (voir la Figure 4.10).

Figure 4.10 : Les traits de soulignement signalent les programmes ouverts.

De la même manière, il est possible de demander à ce que la combinaison Alt + Tab aide à circuler uniquement entre les applications actives sur le bureau courant, ou toutes les applications ouvertes sur tous les bureaux.

Chapitre 5

Bonjour, Cortana !

Dans ce chapitre :

- Cortana, c'est toute une histoire
- Avec Cortana, vous êtes le produit !
- Apprendre à Cortana à vous appeler « Patron »
- Comment effacer (en partie seulement) la mémoire de Cortana

« Bonjour, Cortana ! »

« Bonjour, Patron »

« Apporte-moi un une bière fraîche. »

« Tout de suite. Je débite votre carte Visa de trois euros et trente-cinq centimes ? »

D'accord, Cortana n'en est pas encore là. C'est juste un rêve (ou un cauchemar) que j'ai fait la nuit dernière. Dans le monde réel, vous risquez fort d'être renvoyé au navigateur Edge et au moteur de recherche Bing, Cortana étant présentement incapable de comprendre votre demande.

Cortana est efficace. Mais elle n'est pas parfaite.

C'est le pendant version Microsoft de Siri chez Apple, ou du « OK Google » de… Google. Cependant, elle possède quelques raffinements supplémentaires. Elle (Cortana est un prénom féminin, après tout) intervient en effet en plus dans toutes les recherches que vous faites dans Windows 10. Ce qui est d'ailleurs à la fois bien et pas bien, comme nous le verrons dans ce chapitre.

Au final, Cortana (son frère jumeau s'appelle Bing) est sympathique. C'est déjà cela.

Cortana, pour la petite histoire

Savez-vous d'où lui vient ce nom, *Cortana* ?

Cortana est un concentré d'intelligence artificielle qui fut un élément important du jeu Halo. Elle vit (ou ce que font les systèmes bourrés d'intelligence artificielle) cinq siècles dans le futur. Dans la série Halo, elle se fond en quelque sorte dans un personnage appelé Master Chief Petty Officer John-117, et, dans cette position, elle tente d'empêcher les installations Halo de se répandre dans toute la galaxie. Les installations Halo, évidemment, détruisent toute forme de vie.

En fait, c'est Cortana qui choisit John-117, pas l'inverse. Elle est censée résider de manière temporaire sur un vaisseau spatial, mais ses plans changent

Si vous ne payez pas, c'est parce que vous êtes le produit

Cortana, en tant que vaisseau amiral de Windows 10, a beaucoup d'atouts pour plaire. Elle est intelligente (artificiellement, s'entend), et elle le devient de plus en plus au fil du temps. Elle est totalement intégrée à Windows, et elle peut vous rendre service dans des tas de domaines.

Mais Cortana, désolé de le dire, a un coût, si ce n'est un prix. Ce prix, c'est votre vie privée.

Pour utiliser Cortana autrement que d'une manière très basique, vous devez vous connecter à Windows avec un compte Microsoft. Et une fois Cortana mariée à ce compte, une très grande partie de tout ce que vous pouvez faire avec votre machine atterrit dans les bases de données de Microsoft.

Pour certaines personnes, cela n'a aucune importance au regard des services apportés. En fait, et dans un sens très réel, Cortana *ne peut pas faire son travail* si elle ne peut pas regarder dans vos courriers, consulter votre agenda, et garder une trace de ce que vous voyez, écoutez et recherchez. C'est une route à double sens.

Dans ce chapitre, je vous expliquerai comment limiter l'intrusion de Cortana dans votre existence.

Au bout du compte, la décision vous appartient. Mais vous devez bien réfléchir aux conséquences possibles lorsque vous invitez Cortana dans votre machine.

Et, me direz-vous, ce n'est pas pire que ce que font les concurrents de Microsoft, qu'il s'agisse d'Apple, de Google, de Facebook et d'autres…

et elle est contrainte d'y rester de manière permanente, apparemment à cause de l'esprit tortueux d'un certain colonel Ackerson. Comme il n'est pas très recommandé de fâcher Cortana, elle s'infiltre dans le système d'Ackerson, et le fait chanter.

Si cette histoire ressemble peu ou prou à votre existence quotidienne, vous êtes vraiment prêt à parler à Cortana.

Vous avez dit « Bonjour, Cortana ? »

La première fois que vous faites appel à Cortana, généralement en cliquant dans le champ Rechercher sur le Web et dans Windows, à droite du bouton Démarrer, elle vous pose une série de questions faciles. Voyons comment cela se passe.

Configurer Cortana

Suivez ces étapes :

1. **Si vous n'avez jamais utilisé Cortana auparavant, n'espérez pas qu'elle réponde à votre « Bonjour, Cortana ! ». Vous cliquez dans le champ Rechercher, et c'est là que l'aventure commence.**

   Cortana vous répond par la première étape de sa configuration (voir la Figure 5.1).

2. **Si vous cliquez à cet instant sur le bouton Non merci, l'aventure se termine prématurément. Cortana rentre dans sa coquille, et se transforme en un simple champ de recherche (pas très intelligent de surcroît). Cliquez sur Suivant pour passer à la prochaine étape.**

3. **Fort courtoisement, Cortana vous explique qu'elle**

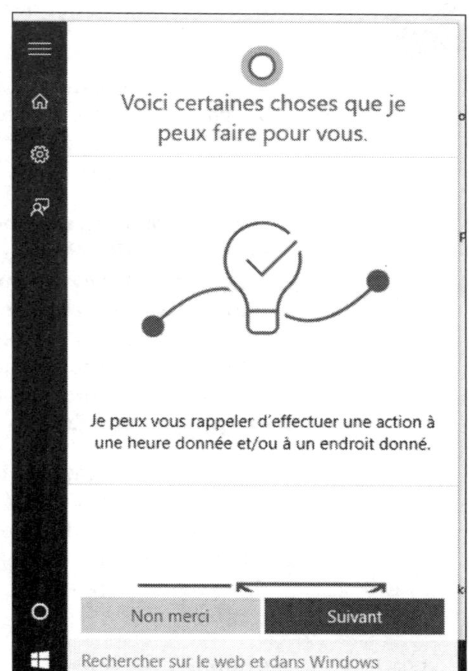

Figure 5.1 : Ouvrez la porte à Cortana pour qu'elle rentre dans votre intimité.

a besoin de collecter quelques informations. En fait, la liste en est tellement longue que vous ne songerez peut-être même pas à la lire. Reconnaissons du moins que Microsoft a le mérite de vous prévenir par le biais de Cortana. Comme vous êtes là pour continuer, cliquez sur J'accepte.

Vous pourriez aussi cliquer sur le lien Déclaration de confidentialité pour lire ce copieux document, beaucoup plus long que la Déclaration universelle des droits de l'homme et du citoyen. En fait, comme toujours, vous y apprendrez que Microsoft se réserve tous les droits, et que vous en avez très peu (vous n'êtes pas propriétaire de Windows, mais quelqu'un à qui Microsoft concède un droit d'utilisation).

Cortana peut (mais pas forcément selon le matériel dont vous disposez, voyez un peu plus loin) vous demander si vous voulez lui parler pour de vrai, de manière à ce qu'elle soit capable de reconnaître votre retentissant « Bonjour, Cortana ! ».

4. **Si vous avez envie de vous projeter dans le futur, acceptez tout !**

   Si vous ne vous êtes pas connecté avec un compte Microsoft, Windows devrait vous demander de le faire à cet instant.

5. **Toutes les autorisations ayant été accordées, Cortana va vous demander comment elle doit vous appeler (voir la Figure 5.2).**

6. **Sachez vous faire respecter en répondant « Patron ». En fait, vous pouvez parfaitement saisir votre prénom, un nom de guerre ou tout autre patronyme. Cortana s'en moque. Tapez un nom et appuyez sur Entrée.**

   Cortana est maintenant prête à répondre à vos « Bonjour, Cortana ! ». Et, évidemment, elle écoute tout ce que vous dites dans votre micro, tout le temps.

   Comme Cortana est l'agent secret de Microsoft, celui-ci actualise votre nom sur tous les appareils où vous vous

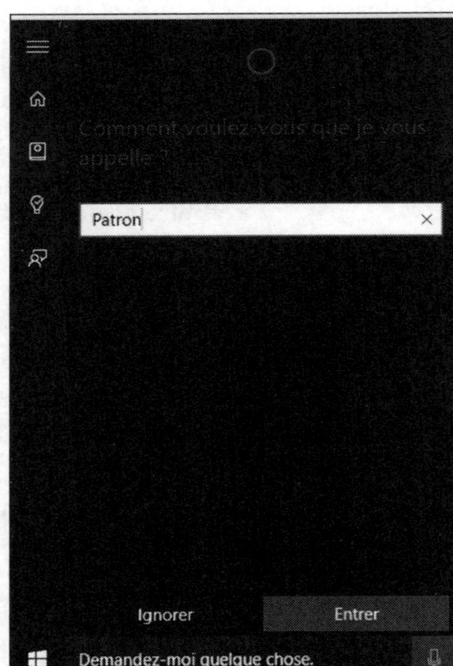

Figure 5.2 : Moi, c'est Patron. Et vous ?

connectez avec votre compte Microsoft. C'est comme pour le papier peint de Windows, en quelque sorte.

7. **Validez, validez, il en restera toujours quelque chose. À la fin de l'exercice, tout devrait être opérationnel. Dites « Bonjour, Cortana ! » et voyez comment votre nouvelle assistante personnelle réagit. Si elle semble réfléchir à des problèmes autrement plus profonds, cliquez simplement dans le champ Demandez-moi quelque chose, et poser votre question.**

   J'ai essayé « Quel est le son d'un claquement de doigts ? ». Tout ce que j'ai obtenu, c'est une recherche Bing.

8. **Après un ou deux essais, Cortana va finir par s'habituer à l'idée qu'elle est supposée être à l'écoute du son de votre voix.**

Figure 5.3 : Cortana est ravie de vous dire le temps qu'il fait, et même celui qu'il fera (peut-être).

9. **Posez-lui quelques questions. Lâchez-vous. Vous constaterez probablement que vous devez faire une pause après avoir appelé le bon génie. « Bonjour, Cortana ! ».**

   Par exemple, j'ai tenté le célèbre « Bonjour, Cortana ! » (une seconde de pause) « Quel temps fait-il à Marseille ? » (d'accord, ce n'est pas très original). La réponse obtenue est illustrée sur la Figure 5.3.

Cortana ne m'entend pas !

Il peut arriver que votre micro ne soit pas reconnu. Un assistant va alors tenter de résoudre le problème avec vous.

1. **Si votre micro, quoique présent, pose problème, vous devriez voir s'afficher la fenêtre illustrée sur la Figure 5.4. Lisez ce qui est expliqué, puis cliquez sur le bouton Suivant.**

Figure 5.4 : Un assistant vous aide à configurer votre micro.

2. **L'assistant vous explique qu'il va afficher une phrase que vous devrez répéter. Vous pouvez cliquer sur Suivant.**

   Bien entendu, les bruits ambiants peuvent être une cause d'échec.

3. **Jouez le bon élève et répétez la phrase à voix haute et en détachant bien les mots.**

4. **Windows va analyser votre voix. Si tout s'est bien passé, vous pouvez cliquer sur Terminer.**

Si Windows n'arrive pas à vous comprendre, voyez les éventuels réglages de niveau de votre micro, ou envisagez d'en acheter un de bonne qualité.

Découvrir Cortana

Cortana est comme un oisillon. Elle adore picorer de nouvelles choses afin de s'améliorer au fil du temps, pour vous proposer des informations susceptibles de vous intéresser, de collecter des renseignements pour vous aider dans vos déplacements, vous alerter lorsque vous avez un rendez-vous, et ainsi de suite.

Pour autant, votre assistante est là tout de suite pour vous rendre service (à Microsoft aussi et surtout, bien sûr). Si vous ouvrez la barre de recherche qui indique Demandez-moi quelque chose (soit en cliquant ou tapant dedans, soit en prononçant les mots fatidiques « Bonjour, Cortana ! » si elle vous écoute – vous devrez peut-être d'abord cliquer sur l'icône de micro), vous constatez la présence de quatre réglages sous la barre frappée de trois traits (voir la Figure 5.5).

Figure 5.5 : La page d'accueil de Cortana vous propose des « centres d'intérêt » qu'elle trouve judicieux. Mais vous n'avez peut-être pas les mêmes.

- **Accueil :** C'est par là que vous commencez pour poser vos questions. Cortana répond en affichant des « cartes » (vos « centres d'intérêt » ou réputés comme tels). C'est ce qu'illustre la Figure 5.5.
- **Carnet de notes :** Vous trouvez ici différentes rubriques correspondant aux centres d'intérêt. C'est également dans cette liste que vous pouvez accéder aux paramètres de Cortana ainsi qu'à quelques données personnelles (voir la Figure 5.6).

  Par exemple, l'entrée À propos de moi, en haut du carnet de notes, vous permet de modifier votre nom, ou encore la manière dont Cortana le prononce. Il me permet également de définir des lieux favoris, y compris l'adresse de mon domicile et de mon lieu de travail.

  Ces lieux favoris sont liés à l'application Universelle Windows Cartes. Par exemple, j'ai défini mon lieu de travail à Paris. J'ai ensuite ouvert l'application Cartes et demandé à calculer l'itinéraire de la place du palais des Papes à Avignon jusqu'à mon bureau. Bien. Comme l'illustre la Figure 5.7, j'ai peur qu'il n'y ait un léger problème avec l'itinéraire calculé par Cartes !

En suivant les différentes sections, vous pouvez demander à Cortana de vous suggérer des restaurants, des films, bien sûr la météo et les actualités, de fournir des informations d'itinéraire et de trafic pour vos déplacements, et ainsi de suite.

Vous noterez également que c'est ici que vous accédez aux paramètres de Cortana. Nous y reviendrons à la fin de ce chapitre.

- **Rappels :** Vous pouvez demander à Cortana d'enregistrer un rendez-vous (ou simplement un réveil matinal). Dictez ou tapez sur le signe « + » en bas de la fenêtre pour définir l'intitulé, la date ou encore le lieu (voir la Figure 5.8).
- **Commentaires :** C'est juste pour dire que vous aimez Cortana, ou que vous avez certaines suggestions à faire.

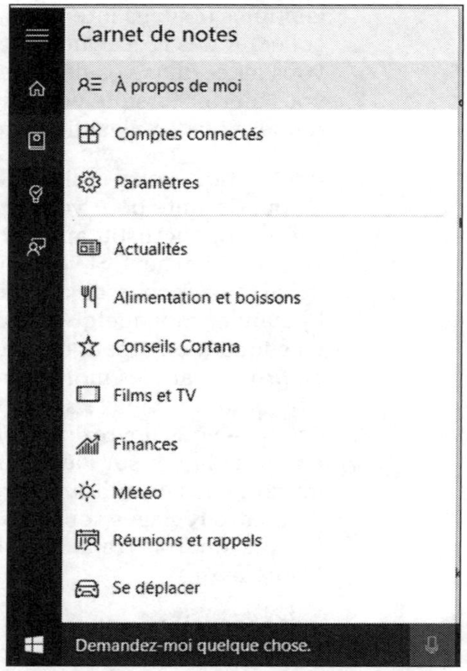

Figure 5.6 : Le carnet de notes de Cortana et ses options.

Utiliser les réglages de Cortana

La partie la plus importante de Cortana se révèle lorsque vous cliquez dans le champ Demandez-moi quelque chose, puis sur l'icône Carnet de notes (reportez-vous à la Figure 5.6). Cliquez sur Paramètres, et vous allez voir s'afficher toute une liste de réglages (voir la Figure 5.9).

Avec le premier paramètre de la liste, vous autorisez (ou non) Cortana à vous faire des tas de suggestions et à vous envoyer des tas d'alertes. Le contraire aurait été étonnant. Par contre, il y a un *hic* : désactiver Cortana supprime tout ce qu'elle sait sur cet appareil, mais rien de ce qui est enregistré dans son carnet de notes. En d'autres termes, rien de tout ce que Microsoft a pu collecter comme renseignements sur vous n'est effacé. C'est clair ?

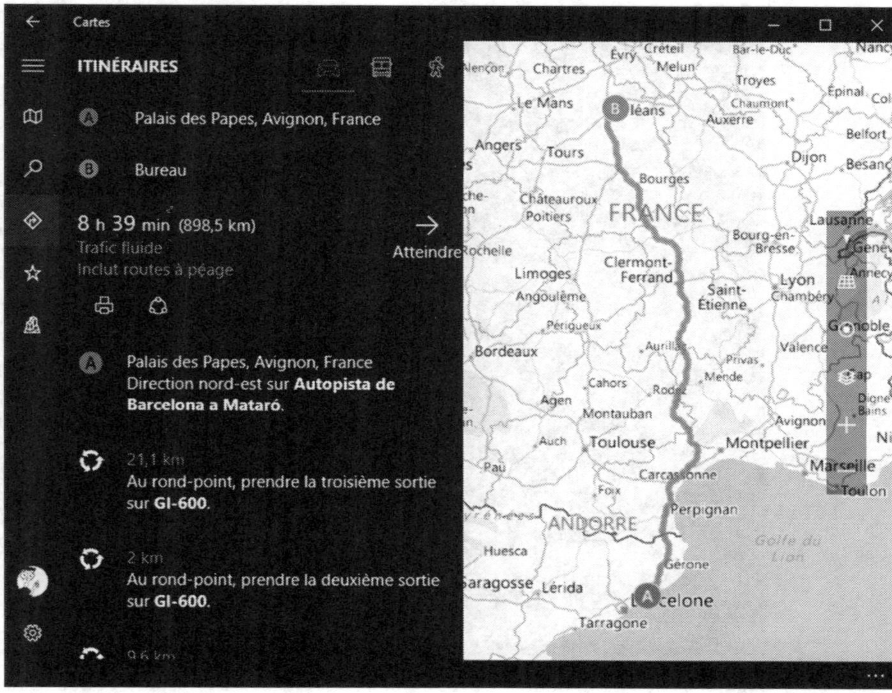

Figure 5.7 : C'est encore loin, Paris ?

Si vous cliquez sur le lien Gérer ce que Cortana sait de moi dans le cloud, vous êtes renvoyé sur la page de personnalisation de Bing associée à votre compte. Autrement dit, c'est l'endroit que Microsoft utilise pour enregistrer toutes sortes de choses sympathiques sur vous (voir la Figure 5.10).

N'OUBLIEZ PAS

Microsoft est très intrusif. Mais pas plus, et peut-être même finalement moins que Google, Apple et d'autres…

Prenez le temps de regarder les types d'informations que Microsoft déclare collecter sur vous, et effacez ce que vous voulez. Par contre, vous n'aurez pas accès aux détails. Mais du moins vous pourrez supprimer depuis cette page votre historique de recherche (bon d'accord, pas pour les services de la police scientifique ou de la NSA, mais certainement aux yeux de votre conjoint ou de votre patron).

Si vous faites défiler la liste vers le bas et que vous cliquez sur le lien qui indique Autres paramètres de confidentialité, vous accédez à la page Confidentialité de l'application Paramètres (voir la Figure 5.11).

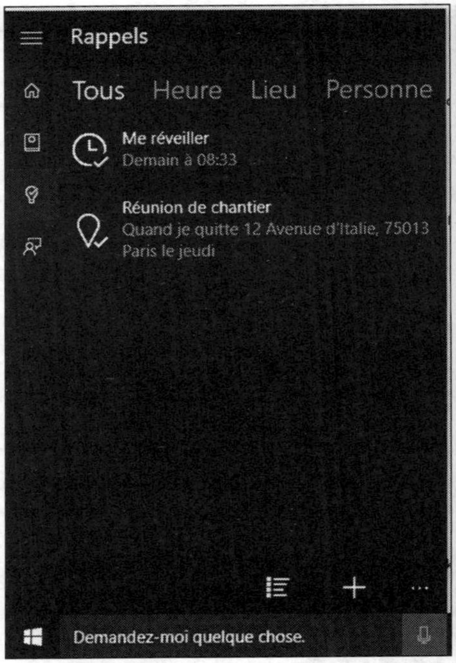

Figure 5.8 : Cortana peut vous rappeler vos rendez-vous.

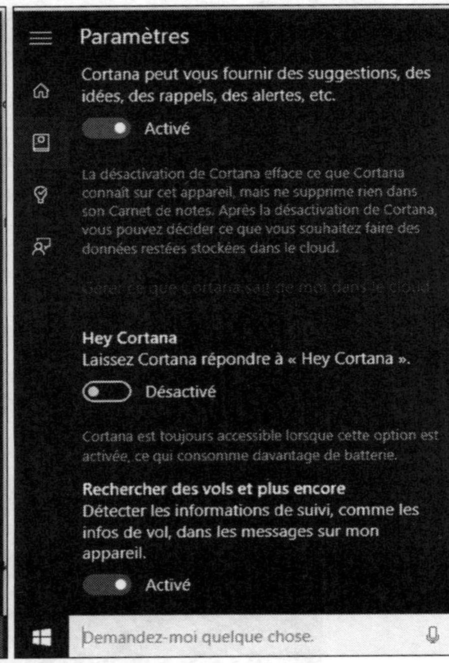

Figure 5.9 : Cortana et ses réglages.

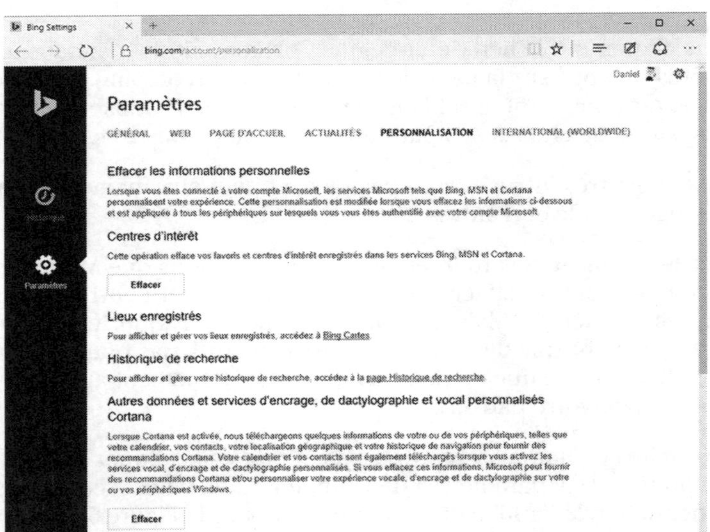

Figure 5.10 : Regardez de près le sanctuaire que vous réserve Microsoft.

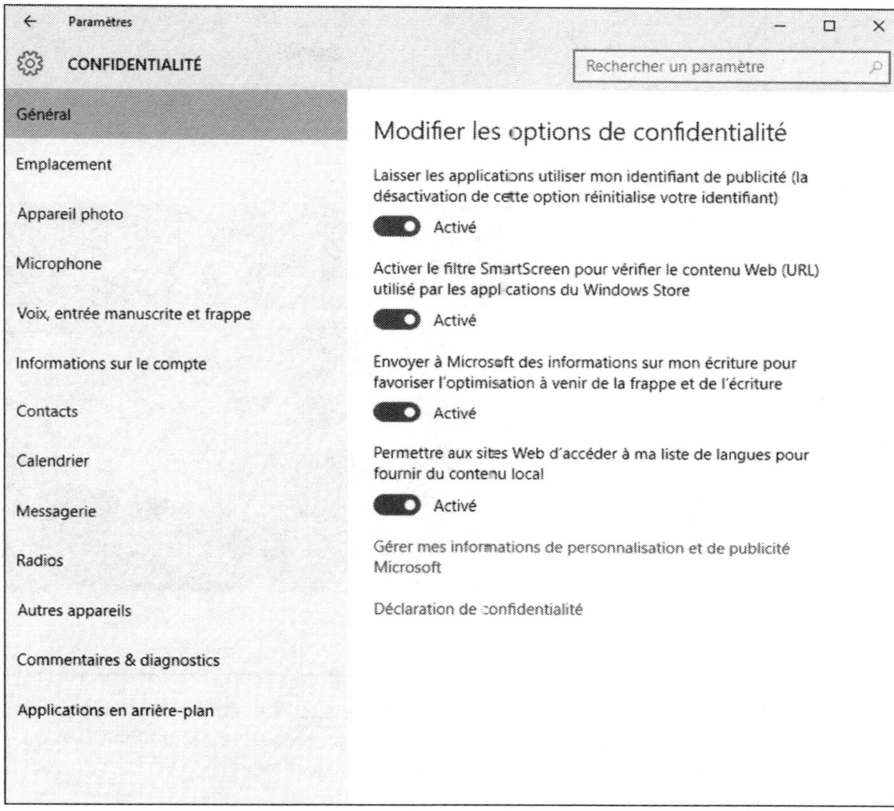

Figure 5.11 : Ces réglages de confidentialité sont accessibles depuis l'application Universelle Windows Paramètres.

Vérifiez chaque réglage et voyez si vous acceptez telle ou telle violation de votre vie privée. Mais le plus important ici, c'est de cliquer en bas de la fenêtre sur le lien qui indique Gérer mes informations de personnalisation et de publicité Microsoft.

Ce lien vous conduit à un site Web tout entier. Pas une simple page, mais un vrai site (voir la Figure 5.12). Vous pourrez y voir à peu près tout ce que Microsoft a pu enregistrer sur vous. Enfin, pas vraiment. Vous ne pouvez pas voir *tout* ce que Microsoft sait sur vous, pas plus que vous ne pourrez effacer ce qui a été collecté. Mais vous avez le droit de demander à Microsoft de ne pas utiliser des données personnelles pour vous envoyer des publicités ciblées lorsque vous utilisez votre compte maison dans votre navigateur par défaut (Edge, normalement).

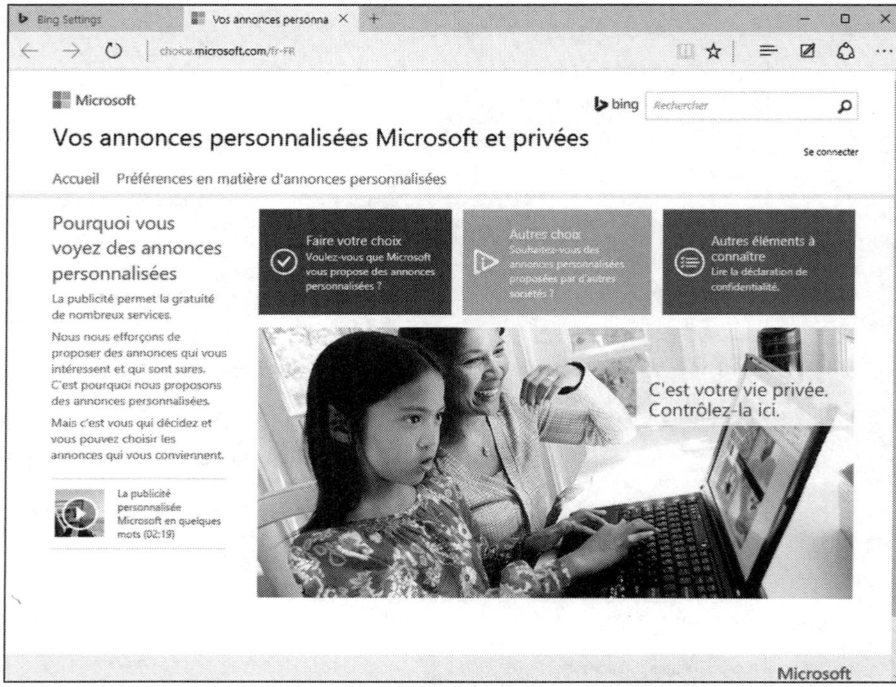

Figure 5.12 : Vous ne pouvez pas utiliser ce site Web pour effacer les données que Microsoft a collectées sur vous, pas plus que l'empêcher de continuer à le faire. Mais vous pouvez un peu réguler les publicités qu'il vous envoie.

Alors, Cortana est votre amie ? Ce qui précède devrait finir de vous convaincre qu'elle est l'alliée de Microsoft, pas la vôtre.

Chapitre 6

Gérer votre système

Dans ce chapitre :

- Comprendre les options Rafraîchir, Réinitialiser, les points de restauration et autres noms compliqués
- Créer un disque de réinitialisation du mot de passe
- Gérer les disques durs et les disques SSD
- Zipper et compresser

Windows est un programme d'ordinateur, pas un jouet, qui peut en tant que tel rencontrer des problèmes. Toute l'astuce, c'est de vous assurer qu'ils ne deviendront pas les vôtres !

Windows est bien connu pour planter et se figer, ce qui interdit de redémarrer l'ordinateur, si bien que vous pouvez avoir l'impression que l'écran est passé par la broyeuse. Microsoft a consacré énormément de temps, d'efforts et d'argent pour apprendre à Windows à se soigner lui-même. Vous pouvez tirer parti de cet investissement, si vous savez comment procéder bien sûr.

Le Livret VII est entièrement consacré aux moyens permettant de garder Windows en bonne santé. Dans ce chapitre, je vous présente quelques concepts de base ainsi que certaines parties de Windows que vous pouvez utiliser de différentes manières. Si vous vous connectez à Windows *via* un compte Local (par opposition à un compte Microsoft, qui se présente toujours comme une adresse de messagerie), vous découvrirez aussi comment créer un disque de réinitialisation du mot de passe, lequel pourra vous sauver la mise un jour.

Quelle est la différence entre la restauration, la réparation système, le mode sans échec, la réinitialisation et le redémarrage ?

Toute cette terminologie peut prêter à confusion. Je vais vous expliquer.

Windows 10 intègre trois technologies différentes pour vous tirer d'un mauvais pas. Je les compare à une machine à remonter dans le temps, une transplantation de cerveau et une guerre thermonucléaire globale.

- Tout comme la machine à remonter dans le temps, créer et utiliser des points de restauration vous permet assez facilement de restaurer les paramètres internes de votre PC dans un état antérieur, du temps où tout allait bien.
- Contrairement aux anciennes versions de Windows, les points de restauration ne sont pas créés automatiquement. Il est donc plus difficile de faire fonctionner la machine à remonter le temps dans Windows 10. Mais ne vous inquiétez pas. Le mécanisme est toujours intact et opérationnel. J'y reviendrai plus loin dans ce chapitre.

  TRUC : Les points de restauration ne sont pas prévus pour restaurer des versions antérieures des fichiers que vous utilisez – c'est le rôle de l'Historique des fichiers (qu'on désigne aussi comme la version Windows de la machine à remontrer dans le temps du Mac). Je traite dans le détail de l'Historique des fichiers au Livret VIII, Chapitre 1.

- Parfois, le problème ne vient pas des paramètres. Ce sont les fichiers de Windows lui-même qui sont endommagés. Dans ce cas, Microsoft vous propose un programme spécialisé qui analyse et répare les fichiers système sans modifier vos paramètres, sans supprimer les programmes installés, et sans détruire vos données.

  NOTE TECHNIQUE : Utilisateur de précédentes versions de Windows, vous pouvez déjà avoir fait appel à un disque de réparation du système, redémarré en mode sans échec et accédé à une invite de commande *via* `cmd.exe`, utilisé aussi le mode de restauration depuis un DVD d'installation, ou encore avoir formulé des tas d'incantations pour ressusciter Windows. Étant passé par là, je compatis. Ces méthodes fonctionnent toujours, mais Microsoft les a rendues bien plus difficiles d'accès, et je ne recommande pas de les utiliser.

  N'OUBLIEZ PAS : Pour l'expérience que j'en ai, la fonction d'actualisation de Windows 10 fonctionne pratiquement tout le temps. C'est à des années-lumière de la réparation système, du mode sans échec et des modes de restauration. Ce devrait être la méthode à utiliser en première instance. Si cela ne fonctionne pas, le monde devient cruel. Recherchez des instructions pour parvenir à démarrer en mode sans échec et lancer une restauration. Bonne chance.

- Si Actualiser ne fonctionne pas et que vous pouvez vous permettre de perdre vos données et les programmes que vous avez installés, ou si vous voulez nettoyer totalement votre ordinateur avant de le vendre ou de le donner, il vous faudra utiliser la fonction de réinitialisation du système. Elle commence par la phrase « Supprimer tout », et ce n'est pas un vain mot.

N'OUBLIEZ PAS

La plupart du temps, vous lancez une restauration lorsque votre ordinateur commence à partir en vrille. Vous utilisez la réinitialisation pour vidanger tout le système lorsque vous voulez revendre votre PC. L'une ou l'autre de ces options – ou le recours à des points de restauration – peut vous être proposée lorsque votre ordinateur ne démarre pas bien. Je traite en détail des points de restauration, de l'actualisation et de la réinitialisation au Livret VIII, Chapitre 2.

Qu'est-ce que le mode sans échec ?

Le mode sans échec était autrefois le point d'entrée sur la machinerie interne de Windows. Dans les précédentes versions de Windows, si quelque chose allait de travers, vous pouviez redémarrer une version de Windows aux fonctionnalités très limitées, ce qui vous permettait de diagnostiquer les problèmes et d'installer quelques pilotes de base, mais guère plus.

Le mode sans échec existe toujours dans Windows 10, mais Microsoft a tellement amélioré les choses qu'il n'est plus aussi utilisé qu'auparavant. En particulier, une actualisation revient à procéder à presque tout ce que les gens faisaient en mode sans échec, sans avoir à rentrer dans les détails.

Si vous souhaitez toujours utiliser le mode sans échec, cliquez ou tapez sur le bouton Démarrer, puis sur Paramètres. Choisissez alors Mise à jour et sécurité, puis Récupération. Cliquez alors sur le bouton Redémarrer maintenant. Lorsque vous voyez un écran bleu s'afficher, choisissez Dépannage, puis Options avancées, et enfin Paramètres. Vous pouvez alors cliquer sur le bouton Redémarrer. Nouvel Écran bleu… Tapez-y le chiffre qui correspond à ce que vous voulez faire, par exemple **4** pour activer le mode sans échec, ou **5** pour passer en mode sans échec avec prise en charge du réseau, ou encore **6** pour le mode sans échec avec invite de commande. Vous serez alors connecté à Windows dans le mode sélectionné en utilisant pour cela le compte Administrateur du système.

Certes, la manœuvre est complexe. Microsoft ne souhaite pas vraiment que vous utilisiez le mode sans échec, à moins que vous ne sachiez exactement ce que vous faites et que vous ne souhaitiez utiliser les vieilles recettes pour y parvenir.

Utiliser un disque de réinitialisation du mot de passe

Si quelqu'un oublie son mot de passe, un disque de réinitialisation de celui-ci peut lui sauver la vie en lui permettant de redéfinir un nouveau mot de passe.

Si vous disposez d'un compte Local (et non d'un compte Microsoft), et que ce compte comporte un mot de passe (n'importe lequel, et peu importe que vous ayez vous-même spécifié ce mot de passe ou que quelqu'un l'ait fait pour vous), vous devriez prendre un instant pour créer un disque de réinitialisation du mot de passe. Si vous utilisez plusieurs comptes locaux (par exemple, un compte courant et un compte Administrateur), créez un disque de ce genre pour chaque compte (si vous avez besoin de vous rafraîchir la mémoire au sujet des différents types de compte, reportez-vous au Livret II, Chapitre 4).

Si vous utilisez un compte Microsoft, vous pouvez aussi réinitialiser votre mot de passe en ligne. Rendez-vous sur `account.live.com/ResetPassword.aspx` et suivez les instructions.

Je ne saurais trop insister sur l'importance du disque de réinitialisation du mot de passe, surtout si votre PC ne comporte qu'un compte Administrateur et que c'est un compte Local. Je reçois des messages presque tous les jours de personnes qui ont oublié leurs mots de passe et qui ne peuvent plus accéder à Windows. Cette astuce très simple ne vous prend que quelques minutes, et vous évitera de regretter longtemps de ne pas avoir mémorisé votre mot de passe.

« Disque de réinitialisation du mot de passe » n'est pas en fait le terme approprié. Ce qui vous sauve la vie, c'est en fait un petit fichier très simple, appelé `userkey.psw`, que vous pouvez copier comme n'importe quel fichier. Si vous créez plus d'un « disque de réinitialisation de mot de passe », c'est-à-dire si vous créez en fait plusieurs fichiers `userkey.psw`, gardez une trace permettant d'associer tel fichier à tel compte.

Voici l'idée de base : vous vous connectez à Windows en utilisant n'importe quel mot de passe – du texte, un code PIN, ou encore une image. Lancez l'assistant Mot de passe oublié. Il vous demandera votre mot de passe au format texte, que vous devrez fournir. L'assistant créera alors ce fichier, `userkey.psw`, sur un disque amovible. Vous conserverez ce disque de sorte à pouvoir le retrouver facilement. Si jamais vous oubliez votre mot de passe (texte, PIN ou image), placez ce fichier sur un disque amovible, collez-le dans le lecteur de votre ordinateur, dites les mots magiques et cliquez trois fois la souris. Ça y est ! Vous êtes rentré !

Peu importe que quelqu'un ait modifié votre mot de passe sans que vous le sachiez. Le disque de réinitialisation du mot de passe réinitialise votre mot de passe, *quel que soit le mot de passe*. Du moment que vous disposez d'un compte Local, vous pouvez l'utiliser.

Créer un disque de réinitialisation du mot de passe

Si vous disposez d'un compte Local dont l'accès est protégé par mot de passe, suivez ces étapes pour créer un disque de réinitialisation du mot de passe (c'est-à-dire, un fichier `userkey.psw`) :

1. **Connectez-vous en utilisant le compte concerné.**

   Peu importe le type de mot de passe que vous utilisez.

2. **Assurez-vous de disposer d'une clé USB ou de tout autre média amovible, comme une carte SD ou même un disque dur externe.**

   L'assistant ne crée pas de fichier sur le disque local (pour des raisons évidentes) et il n'en crée pas non plus sur un emplacement accessible *via* le réseau.

3. **Affichez le Panneau de configuration classique (cliquez droit sur le bouton Démarrer, ou appuyez sur la combinaison Win + X). Cliquez ensuite sur le lien Comptes d'utilisateurs, puis à nouveau sur le lien qui porte le même nom.**

   Windows affiche la boîte de dialogue Comptes d'utilisateurs, comme sur la Figure 6.1.

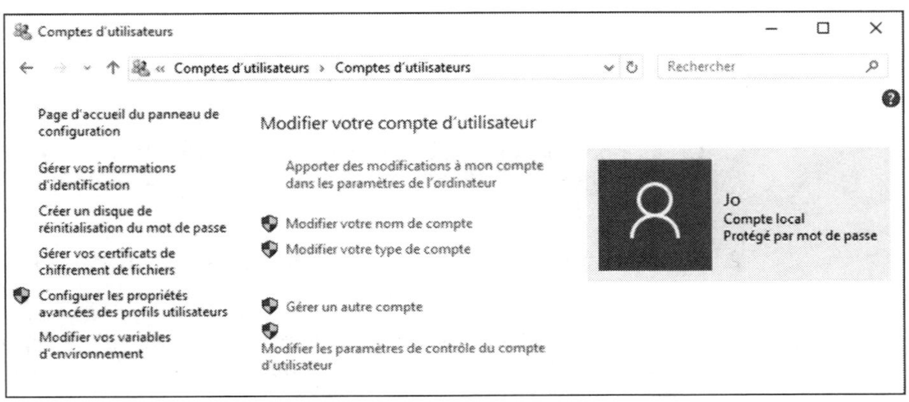

Figure 6.1 : La boîte de dialogue Comptes d'utilisateurs. Sur la gauche, un lien permet de créer un disque de réinitialisation du mot de passe.

4. **Sur la gauche, cliquez sur le lien Créer un disque de réinitialisation du mot de passe.**

   Si vous ne pouvez pas visualiser ce lien, c'est que vous n'utilisez pas un compte Local (reportez-vous à la première partie de cette section) ou que votre compte ne comporte pas de mot de passe.

   Cela lance l'assistant Mot de passe oublié, qui vous permet de créer le disque de réinitialisation du mot de passe. Ce petit programme génère un fichier que vous pouvez utiliser pour déverrouiller votre mot de passe et accéder à votre compte, même si votre fille de quatre ans l'a changé en MXYPLFLD.

5. **Suivez l'assistant. Sachez que vous aurez à taper votre mot de passe actuel (vous ne l'avez pas encore oublié, j'espère !). Lors de l'étape finale, cliquez sur Terminer.**

   Conservez le fichier `userkey.psw` dans un endroit sûr. Si vous oubliez le mot de passe, ou si quelqu'un le modifie à votre place, suivez les étapes de la section suivante pour vous connecter à votre compte.

ATTENTION !

Gardez bien ce fichier ! Toute personne disposant du fichier `userkey.psw` peut se connecter à votre place, même si elle ne dispose pas de votre mot de passe.

Réinitialiser votre mot de passe

Vous avez donc suivi les étapes de la section précédente et créé un disque de réinitialisation du mot de passe qui revient en fait à un petit fichier nommé `userkey.psw`. Or, vous venez d'oublier votre mot de passe. Voici comment utiliser ce fichier pour réinitialiser ce dernier :

1. **Copiez le fichier sur un disque amovible quelconque que votre ordinateur peut lire.**

   Ce sera par exemple une clé USB, ou une carte SD, voire un disque dur USB. Vérifiez que le fichier ne se trouve pas dans un dossier ; il doit figurer à la racine.

2. **Faites comme si vous vous connectiez en utilisant votre mot de passe.**

   Si vous avez l'habitude de vous connecter à l'aide d'un mot de passe sous forme d'image, cliquez sur le lien des options dans l'écran de connexion. Cliquez ensuite sur l'icône qui représente une clé pour continuer.

   Comme vous avez oublié votre mot de passe, saisissez n'importe quoi et pressez Entrée.

3. **Lorsque Windows vous signale que le mot de passe n'est pas correct et vous demande de réitérer, cliquez OK.**

4. **Dans l'écran qui suit, cliquez sur Réinitialiser le mot de passe.**

   Windows affiche l'assistant de réinitialisation du mot de passe. Heureux de tomber dessus, n'est-ce pas ?

5. **Assurez-vous que votre disque de réinitialisation du mot de passe – le disque quelconque sur lequel figure le fichier `userkey.psw` – est connecté au PC, puis tapez ou cliquez sur Suivant.**

6. **Suivez les étapes de l'assistant. Il va très vite vous demander de saisir un nouveau mot de passe (voir la Figure 6.2).**

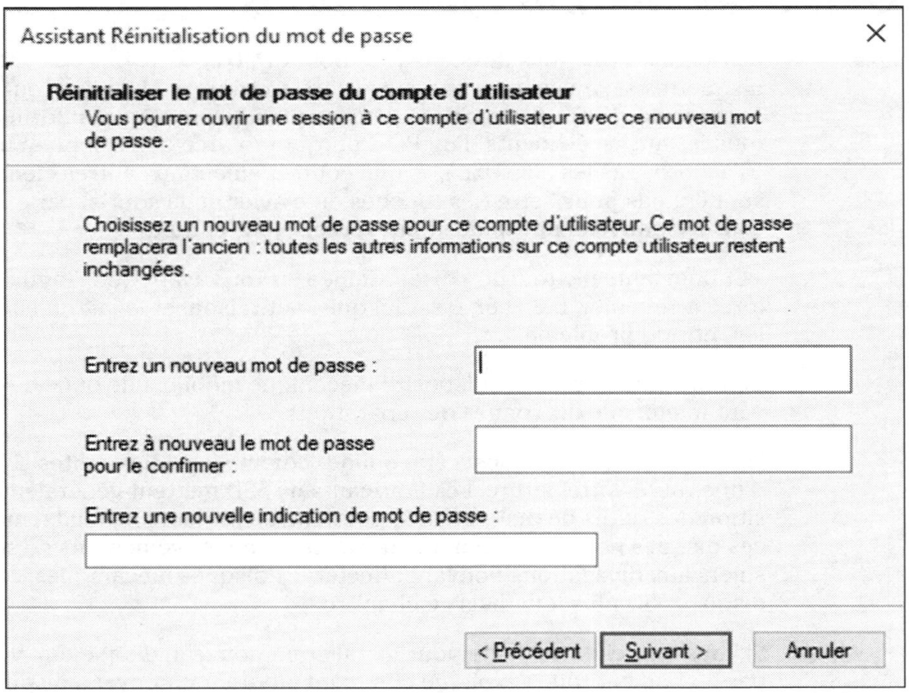

Figure 6.2 : L'assistant vous force à créer un nouveau mot de passe (ainsi qu'une nouvelle indication).

Vous saisissez ici le nouveau mot de passe pour ce compte ou cet ordinateur. Cela n'affecte pas le disque de réinitialisation du mot de passe, ni le fichier `userkey.psw` qu'il contient.

7. **Saisissez un nouveau mot de passe et (éventuellement) un indice. Tapez ou cliquez sur Suivant, puis sur Terminer. Windows vous renvoie sur l'écran de connexion où vous pouvez vous connecter en utilisant votre nouveau mot de passe.**

   Ne perdez pas le fichier `userkey.psw` !

Encore une fois : tant que vous disposez d'un compte Local, le fichier `userkey.psw` vous permettra de vous connecter à votre PC, quel que soit le mot de passe utilisé, la personne qui l'a modifié, ou encore l'instant où il a été modifié.

Gérer les lecteurs de disque

Les lecteurs (disques durs, disques USB, CD, DVD et même ces anciennes disquettes si jamais vous pouvez encore en trouver, ainsi que tout autre support de stockage) semblent générer plus de problèmes informatiques que tous les autres éléments d'un PC. Pourquoi ? Parce qu'ils sont en mouvement (d'accord, pas les clés USB), et que contrairement aux autres éléments qui sont conçus pour l'être (les touches du clavier ou la souris, par exemple), ils sont en mouvement rapide et ultraprécis, jour et nuit.

« Et pourtant, elle tourne » disait Galilée en 1663 avant que l'inquisition ne le force à se renier. Bien sûr, c'est lui qui avait raison, et le fait qu'elle tourne est le cœur du problème.

Comme pour tout autre dispositif mécanique mobile, une once de prévention vaut mieux que dix tonnes de réparations.

Les disques SSD (disques à état solide) comme les « clés » dites USB sont d'une toute autre nature. Les fabricants de SSD mettent généralement à disposition des outils de maintenance pour entretenir leurs produits, mais comme ces disques ne contiennent aucun élément en mouvement, ils ne sont pas sujets aux divagations pouvant affecter les disques mécaniques. Je traite des disques SSD plus loin dans ce chapitre.

Si vous cherchez de l'aide pour installer un nouveau disque dur, vous n'êtes pas au bon endroit. J'explique comment ajouter un nouveau disque dur et le faire reconnaître par Windows 10 dans le Livret VIII, Chapitre 5.

C'est quoi, le formatage ?

Les lecteurs essaient de caser beaucoup de données sur un petit espace, et doivent pour cela être calibrés. C'est l'objet du formatage.

Lorsque vous formatez un disque, vous le calibrez : vous y apposez des marques qui indiquent au PC où il peut stocker et récupérer des données. Chaque disque dur (ou disquette, le cas très échéant) doit être formaté avant de pouvoir être utilisé. Les CD et les DVD doivent eux aussi l'être, si vous utilisez le système de fichiers LFS (*Life File System*) pour y stocker des fichiers. Le fabricant du lecteur aura vraisemblablement formaté votre disque dur pour vous lorsque vous l'achetez. C'est pratique, car chaque fois qu'un disque doit être reformaté, tout ce qui s'y trouve est supprimé irrémédiablement. Absolument tout.

TRUC

Vous pouvez formater ou reformater un disque dur, autre évidemment que celui qui contient Windows, depuis l'Explorateur de fichiers. Cliquez alors du bouton droit sur le disque dur concerné, puis sélectionnez la commande Formater. Vous pouvez aussi « reformater » des supports réinscriptibles tels que des CD, des DVD, des clés USB, des cartes SD et autres cartes mémoire amovibles de la même manière. Pour reformater le lecteur qui contient Windows, vous devez réinstaller celui-ci. Pour savoir comment installer une version « propre » de Windows, reportez-vous au Livret I, Chapitre 4.

Les outils de maintenance des disques durs

Les disques durs meurent aux pires moments possibles. Un disque dur qui commence à flancher peut exhiber toutes sortes de dysfonctionnements : de la pause très longue lorsque vous essayez d'ouvrir un fichier au crash totalement inexplicable, et autres erreurs dans Windows lui-même.

Windows est livré avec un lot d'outils conçus pour vous aider à préserver la bonne forme de votre disque dur :

- **Les espaces de stockage.** Il s'agit de l'outil le plus intuitif (voir le Livret VII, Chapitre 4), qui conserve des copies de tous les fichiers en cours pour le cas où votre disque dur tomberait en panne. Toutefois, pour utiliser les espaces de stockage efficacement, vous aurez au moins besoin de trois disques durs et de deux fois plus d'espace disque que vous n'avez de données. Tout le monde ne peut pas s'offrir ce luxe.
- **Les outils de base.** Ces outils simples vous permettent de prendre soin efficacement de vos disques durs, et l'un d'eux fonctionne automatiquement une fois par semaine. Vous devriez faire la connaissance du vérificateur de disques, du nettoyage de disques et du défragmenteur de disques, car ils peuvent s'avérer fort pratiques à l'occasion.

N'OUBLIEZ PAS

Vous devez être désigné comme Administrateur (voir la section traitant des types de comptes, au Livret II, Chapitre 4) pour faire fonctionner ces outils. J'explique comment vous pouvez tester la présence éventuelle d'erreurs et utiliser le défragmenteur de disques dans les deux sections qui suivent.

- **Le gestionnaire de tâches.** Si vous manquez réellement de place sur votre disque dur, vous pouvez faire appel au Gestionnaire de tâches pour qu'il élimine périodiquement les fichiers temporaires qui vous encombrent grâce au nettoyage de disques. Même si ce gestionnaire a bien d'autres fonctions, la plupart des utilisateurs de Windows n'ont en fait jamais besoin de celles-ci.

Vérifier la présence d'erreurs

Si un disque commence à se comporter étrangement (par exemple, des messages d'erreur s'affichent lorsque vous tentez d'ouvrir un fichier, ou Windows plante aléatoirement, ou la copie d'un simple fichier prend des heures au lieu de prendre quelques minutes), demandez à Windows de vérifier la présence d'erreurs.

Si vous utilisez Windows depuis longtemps (voire même, si vous avez connu DOS), vous reconnaîtrez sans doute dans les étapes suivantes le vénérable outil CHKDSK, maintenant présenté dans des habits neufs.

Voici les étapes à suivre pour vérifier la présence d'erreurs sur un disque :

1. **Accédez au lecteur que vous souhaitez tester dans l'Explorateur de fichiers. Ouvrez celui-ci depuis la barre des tâches, puis cliquez dans le volet de navigation sur la ligne qui indique Ce PC.**

2. **Cliquez du bouton droit sur le lecteur qui vous pose des problèmes et sélectionnez Propriétés dans le menu qui s'affiche.**

   Vous verrez la boîte de dialogue Propriétés du lecteur s'afficher.

3. **Dans l'onglet Outils, cliquez sur le bouton Vérifier, dans la section Vérifier des erreurs (voir la Figure 6.3).**

   Windows peut vous signaler que vous n'avez pas besoin de vérifier ce lecteur, car il n'y a pas détecté d'erreurs. Toutefois, si vous êtes sceptique, vous pouvez continuer.

4. **Tapez ou cliquer sur Analyser le lecteur.**

   Windows vous signale les problèmes qu'il rencontre et vous demande l'autorisation de les régler.

Défragmenter un lecteur

Autrefois, défragmenter votre disque dur (demander à Windows d'arranger les fichiers pour que les divers morceaux qui le composent se trouvent les

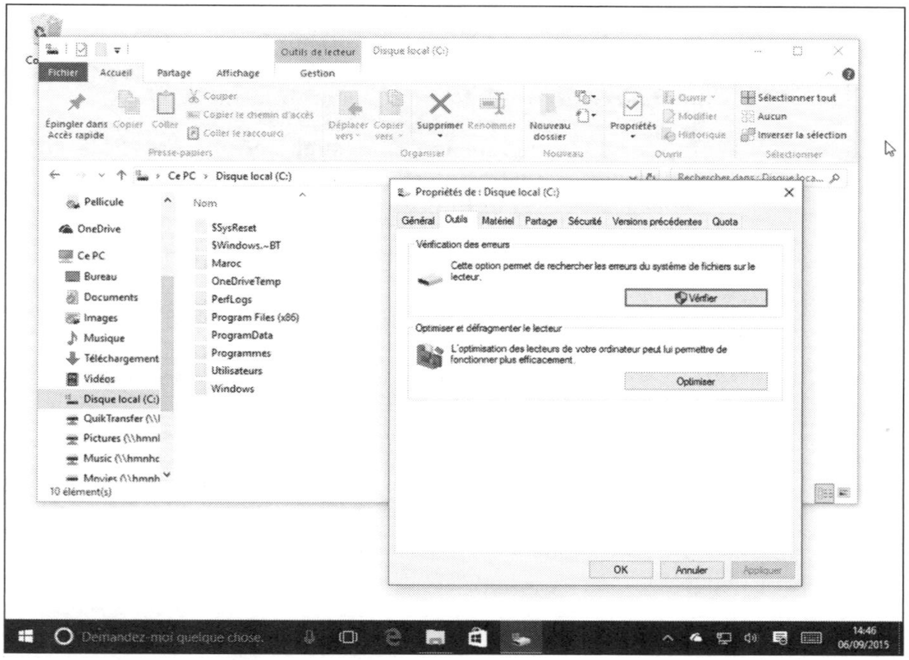

Figure 6.3 : Lancer une vérification d'un disque dur.

uns à côté des autres) était un véritable challenge. Windows ne pratiquait pas la défragmentation automatique, et peu de gens osaient se lancer dans l'aventure. Il en résultait que le disque dur ressemblait à un patchwork fait de morceaux de fichiers dans le plus grand désordre. Dans les rares occasions où un utilisateur de Windows lançait la défragmentation, il fallait éventuellement des heures pour rassembler les morceaux – et l'effet semblait loin d'être déterminant pour améliorer les performances du système.

Windows 7 a changé cela en programmant silencieusement une défragmentation hebdomadaire du disque. Windows 10 perpétue cette tradition. Pour défragmenter votre disque dur, vous n'avez donc rien à faire.

NOTE TECHNIQUE

Windows ne défragmente pas automatiquement les disques SSD, c'est-à-dire les supports de stockage sans parties mécaniques. En fait, les SSD n'ont pas besoin de défragmentation. Ils ont aussi une durée de vie limitée, si bien qu'il n'est pas nécessaire de leur infliger un traitement sans intérêt.

Si vous souhaitez en savoir plus sur les agissements de votre PC tandis qu'il procède à une défragmentation, vous pouvez visualiser ainsi le rapport produit :

1. **Affichez le Panneau de configuration en tapant et maintenant appuyé (ou en cliquant du bouton droit) sur le bouton Démarrer, puis en sélectionnant cette option dans le menu. Rappelez-vous que ce menu peut aussi être affiché *via* la combinaison Win + X.**

2. **Tapez ou cliquez sur le lien Système et sécurité. Puis, sous le lien Outils d'administration (il est parmi les derniers), sélectionnez le lien Défragmenter et optimiser les lecteurs.**

   Windows affiche la fenêtre Optimiser les lecteurs (voir la Figure 6.4).

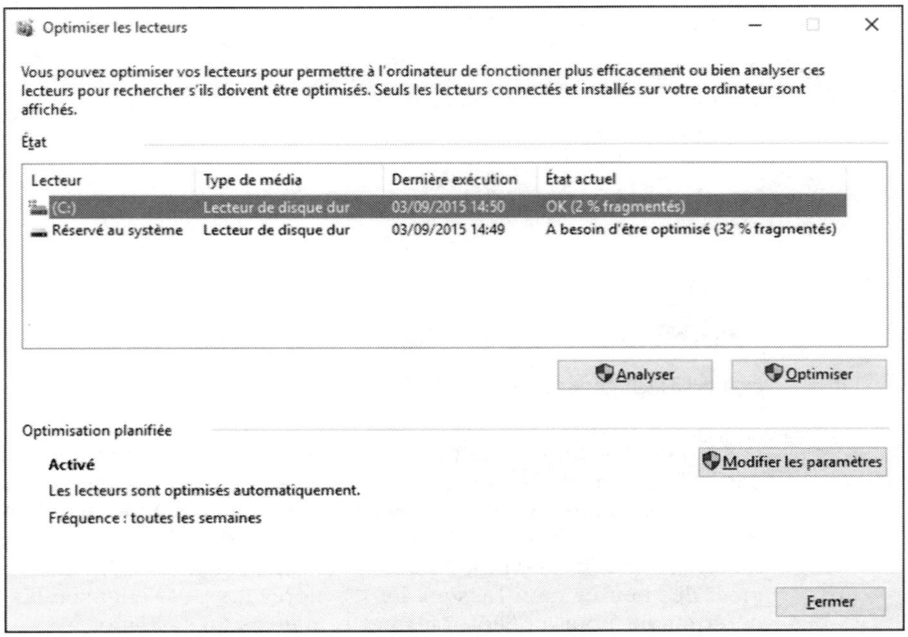

Figure 6.4 : Windows fournit un rapport sur ses activités de défragmentation.

3. **Pour une analyse en temps réel, qui affiche la défragmentation en cours, tapez ou cliquez sur Analyser. Pour réorganiser les fichiers d'une manière plus optimale, cliquez sur Optimiser.**

4. **Si vous souhaitez modifier la programmation de la défragmentation automatique, cliquez sur Modifier les paramètres. Lorsque vous avez terminé, cliquez sur Fermer.**

   La défragmentation se déroule chaque semaine, à moins que vous ne le spécifiiez autrement.

Maintenir des SSD

Les SSD sont des disques d'un tout autre genre. Inutile de tenter de vérifier leur intégrité avec CHKDSK même si vous le pouviez, car les résultats ne seraient pas concluants et vous ne feriez que les solliciter à outrance. Pas question non plus de les défragmenter, car ces disques sont déjà défragmentés, ou totalement fragmentés (selon la manière dont vous le voyez) et qu'il n'y a donc rien à y faire.

La plupart des SSD sont fabriqués avec de la mémoire Flash NAND, c'est-à-dire une mémoire qui ne perd pas son contenu lorsque le courant est coupé. Quoiqu'un SSD puisse tenir dans l'emplacement d'un disque dur et qu'il se comporte essentiellement comme un disque dur, la technologie est totalement différente.

Si les experts débattent encore pour dire que les SSD sont *bien plus* fiables que les disques durs, presque tout le monde convient qu'ils sont *plus* fiables que ces derniers. Et il ne fait aucun doute qu'ils sont incomparablement plus rapides. Passez votre lecteur C: d'un plateau de disque dur mécanique à un SSD, et vous n'en croirez pas vos yeux.

Les SSD disposent de contrôleurs qui gèrent tout. Les données sont stockées sur les SSD comme elles sont stockées sur les disques durs, et nombre d'outils conçus pour ces derniers fonctionnent parfaitement avec les SSD. Le contrôleur doit se charger de toutes les tâches qui incombent à celui qu'on trouve sur un disque dur. Par exemple, si vous souhaitez effacer un disque dur, vous pouvez le formater ou juste supprimer les fichiers qui s'y trouvent. Si vous souhaitez effacer un SSD, vous devrez utiliser les outils du fabricant, au risque que des données demeurent sur le disque.

Windows désactive les outils Windows Defrag, Superfetch et ReadyBoost sur les SSD – vous ne verrez jamais Windows initier une défragmentation sur un SSD, par exemple – et il peut démarrer en totale transparence depuis un SSD. Cela permet d'accélérer le démarrage et de limiter l'usage du SSD.

Si vous disposez d'un SSD ou si vous en récupérez un plus tard, vous devriez vous rendre sur le site Web du fabricant et récupérer les outils qu'il peut proposer pour prendre soin de l'engin. Windows est très capable de s'en charger, mais les fabricants ont plus d'un tour dans leur sac. La boîte à outils SSD d'Intel, disponible sur `www.intel.com/support/go/ssdtoolbox/index.htm` est l'un des ensembles d'outils les plus connus, mais vous ne devriez l'utiliser que sur les SSD d'Intel.

Zipper et compresser

Windows gère deux différents types de compression. La distinction n'est pas évidente, mais elle est importante, alors suivez-moi bien.

La compression de fichiers réduit la taille d'un fichier en supprimant des parties de celui-ci qui ne sont pas utilisées, et donc en ne stockant que le minimum d'informations nécessaires pour reconstituer ce fichier – l'extraire – dans son état initial. Cela prend un certain temps, car l'ordinateur doit effectuer de savants calculs pour éliminer les informations superflues du fichier avant de le stocker, mais aussi pour le restaurer dans son état original lorsque quelqu'un souhaite y accéder. Toutefois, la compression permet de réduire considérablement la taille d'un fichier. Cette taille est souvent réduite de moitié – voire moins, dans bien des cas.

Comment fonctionne la compression ? Cela dépend de la méthode qui est utilisée. Dans un type de compression connue sous le nom d'encodage Huffman, les lettres qui apparaissent fréquemment dans un fichier (c'est-à-dire des lettres telles que le *e* dans un fichier de traitement de texte) sont réduites de sorte qu'elles n'occupent plus qu'une toute petite place dans le fichier, tandis que les lettres qui apparaissent moins fréquemment (par exemple, le *x*) peuvent occuper toute la place affectée par défaut à une lettre. Ainsi, plutôt que d'allouer huit bits (un bit vaut 1 ou 0) pour coder chaque lettre du document, quelques lettres ne mobiliseront que deux 1 et 0, tandis que d'autres pourront en mobiliser 15. Le résultat net est une réduction de la taille du fichier une fois compressé. C'est compliqué, et les mathématiques que cela implique sont fort intéressantes.

Windows connaît deux techniques de compression des fichiers :

- Les fichiers peuvent être compressés et placés dans un *Dossier compressé*. L'icône d'un fichier Zip représente un dossier avec une fermeture éclair (un zip).
- Les dossiers, ou même des disques entiers, peuvent être compressés en utilisant des fonctionnalités de compression intégrées au système de fichiers Windows (NTFS).

C'est ici que les choses se compliquent nettement.

La compression du système de fichiers NT (NTFS) est intégrée au système de fichiers de Windows : vous ne pouvez l'utiliser que sur les disques NTFS, et la compression disparaît lorsque vous déplacez (ou copiez) le fichier sur un autre disque. Figurez-vous la compression NTFS comme une fonctionnalité inhérente au disque dur lui-même. Ce n'est pas exactement le cas, puisque c'est Windows qui travaille derrière, mais cette image peut vous aider à vous souvenir des limitations de la compression NTFS.

Quoique Microsoft essaie de vous faire croire que la compression par *Dossier compressé* est basée sur les dossiers, elle ne l'est pas. Un dossier compressé n'est qu'un fichier – et non un dossier –, mais c'est un fichier d'un type particulier, nommé fichier Zip. Si vous avez déjà rencontré des fichiers Zip sur Internet (ils comportent une extension `.zip` et sont fréquemment manipulés à l'aide de programmes tels que mon 7Zip favori - `www.7zip.com`), vous savez exactement de quoi je veux parler. Les fichiers Zip contiennent un ou plusieurs fichiers compressés, et ils utilisent le type le plus fréquent de compression qui se rencontre sur Internet. Pensez aux dossiers compressés (zippés) comme à des fichiers Zip, et si vous avez déjà utilisé des fichiers Zip, vous comprendrez immédiatement les limites et les bizarreries des dossiers compressés (zippés). Microsoft les appelle « dossiers », car c'est censé être plus facile pour l'utilisateur de comprendre. Vous êtes le juge.

Si Windows vous affiche les extensions des noms de fichiers (voyez mes remarques à ce sujet dans la section traitant de l'affichage des extensions de noms de fichiers au Livret III, Chapitre 1), vous verrez immédiatement que les dossiers compressés (zippés) sont en fait de simples fichiers Zip.

La compression de type Zip est très utilisée, notamment parce qu'elle permet de réduire le volume des données à transmettre d'un endroit à un autre. La compression NTFS n'est pas aussi courante. Elle est plus difficile à mettre en œuvre, et les disques durs sont devenus si bon marché que les gens ont rarement besoin d'y recourir.

Si vous essayez de compresser un lecteur qui contient Windows lui-même (normalement, votre lecteur `C:`), vous ne pouvez pas compresser les fichiers qui sont utilisés par Windows.

Le Tableau 4.1 établit une comparaison rapide entre les compressions Zip et NTFS.

Compresser avec NTFS

Suivez ces étapes pour compresser un lecteur entier avec NTFS :

1. **Vérifiez que vous utilisez un compte Administrateur.**

   Reportez-vous au Livret II, Chapitre 4.

2. **Ouvrez l'Explorateur de fichiers depuis la barre des tâches. Dans le volet de navigation à gauche de la fenêtre, cliquez sur la ligne qui indique Ce PC.**

3. **Sur la gauche, tapez et maintenez appuyé (ou cliquez du bouton droit) sur le lecteur que vous souhaitez compresser. Sélectionnez Propriétés et cliquez sur l'onglet Général.**

Tableau 4.1 : Comparaison entre la compression NTFS et la compression de dossiers (Zip).

NTFS	Zip
Pensez à la compression NTFS comme à une fonctionnalité du disque dur.	La technologie Zip fonctionne sur n'importe quel fichier, quel que soit le support sur lequel il est stocké.
Dès que vous déplacez un fichier compressé en NTFS vers un autre emplacement (par exemple, pour l'envoyer en pièce jointe par un courriel), le fichier est décompressé automatiquement et vous ne pouvez rien y faire : vous enverrez un fichier volumineux, car non compressé.	Vous pouvez déplacer le dossier compressé (zippé), car c'est un fichier Zip comportant l'extension de nom de fichiers `.zip` et il restera compressé. Si vous envoyez un fichier Zip sous la forme d'une pièce jointe par courriel, il sera transféré sur Internet sous la forme d'un fichier compressé. La personne qui le recevra pourra accéder directement au fichier dans Windows ou utiliser un produit tel que 7Zip ou WinZip pour cela.
La compression NTFS ralentit l'ordinateur. Windows doit compresser et décompresser les fichiers à la volée, ce qui consomme du temps de calcul.	Les fichiers Zip ralentissent très peu l'ordinateur. Nombre de programmes (par exemple, les antivirus) lisent les fichiers Zip directement.
La compression NTFS est utile si vous n'avez plus de place sur un disque formaté en NTFS.	Les dossiers compressés (c'est-à-dire, les fichiers Zip) adoptent un format presque universel que vous pouvez donc utiliser pratiquement n'importe où.
Vous devez disposer d'un compte Administrateur pour utiliser la compression NTFS.	Vous pouvez créer, copier ou déplacer des fichiers Zip comme tout autre fichier, avec les mêmes restrictions en termes de sécurité.
Vous pouvez utiliser la compression NTFS sur des lecteurs entiers, des dossiers ou des fichiers en particulier. Ils ne peuvent pas être protégés par mot de passe.	Vous pouvez zipper des fichiers, des dossiers ou (plus rarement) des disques, et ils peuvent être protégés par mot de passe.

4. **Cochez la case qui indique Compresser ce lecteur pour augmenter l'espace disponible (voir la Figure 6.5). Cliquez ensuite sur OK.**

   Windows vous demande de confirmer que vous souhaitez compresser tout le lecteur. Il peut ensuite prendre un certain temps pour procéder à la compression ; cela peut parfois prendre des jours. Bonne chance.

Suivez ces étapes pour utiliser la compression NTFS sur un dossier :

1. **Vérifiez que vous utilisez un compte Administrateur.**

   Reportez-vous au Livret II, Chapitre 4.

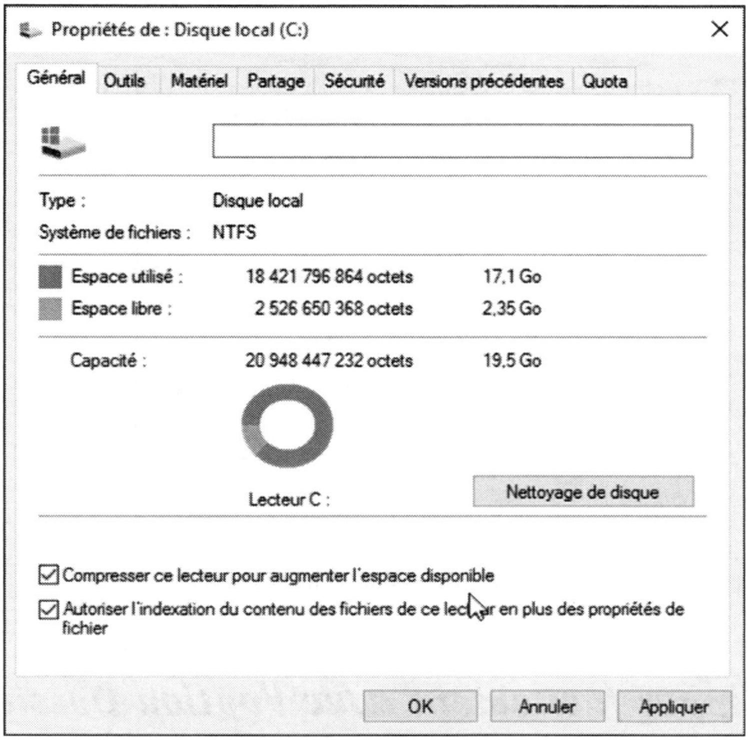

Figure 6.5 : Utiliser la compression NTFS sur un disque entier.

2. **Ouvrez l'Explorateur de fichiers depuis la barre des tâches. Dans le volet de navigation à gauche de la fenêtre, cliquez sur la ligne qui indique Ce PC.**

3. **Sur la gauche, tapez et maintenez appuyé (ou cliquez du bouton droit) sur le dossier que vous souhaitez compresser. Sélectionnez Propriétés et cliquez sur le bouton Avancé.**

4. **Cochez la case qui indique Compresser le contenu pour libérer de l'espace disponible (voir la Figure 6.6). Cliquez ensuite sur OK.**

   Windows vous demande de confirmer que vous souhaitez compresser le dossier. À moins que ce dernier ne soit énorme, la compression ne devrait prendre que quelques minutes.

TRUC

Pour décompresser le dossier, ouvrez de nouveau la boîte de dialogue Attributs avancés (cliquez du bouton droit sur le fichier ou le dossier, sélectionnez Propriétés, cliquez sur le bouton Avancé) et décochez Compresser le contenu pour augmenter l'espace disponible.

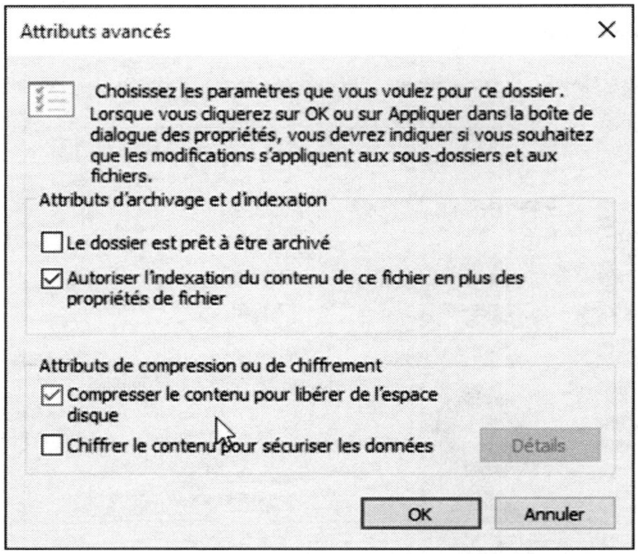

Figure 6.6 : Utiliser la compression NTFS sur un dossier.

Zipper facilement avec l'option Dossier compressé

La manière la plus simple pour créer un fichier Zip, c'est-à-dire un dossier compressé, consiste à simplement taper dessus à et maintenir appuyé (ou cliquer dessus du bouton droit). Voici comment :

1. **Naviguez jusqu'aux fichiers à compresser.**

   La méthode la plus simple consiste à ouvrir l'Explorateur de fichiers et à cliquer sur Ce PC, puis sur le disque, et enfin le dossier voulus.

2. **Sélectionnez le ou les fichiers que vous souhaitez compresser ensemble.**

   Vous pouvez taper et maintenir appuyé, ou cliquer en maintenant Ctrl appuyé pour sélectionner les fichiers un par un, ou cliquer et maintenir la touche Maj appuyée pour sélectionner un groupe contigu de fichiers.

3. **Tapez et maintenez appuyé (ou cliquez du bouton droit) sur n'importe lequel des fichiers sélectionnés et choisissez Envoyer vers, puis Dossier compressé (voir la Figure 6.7).**

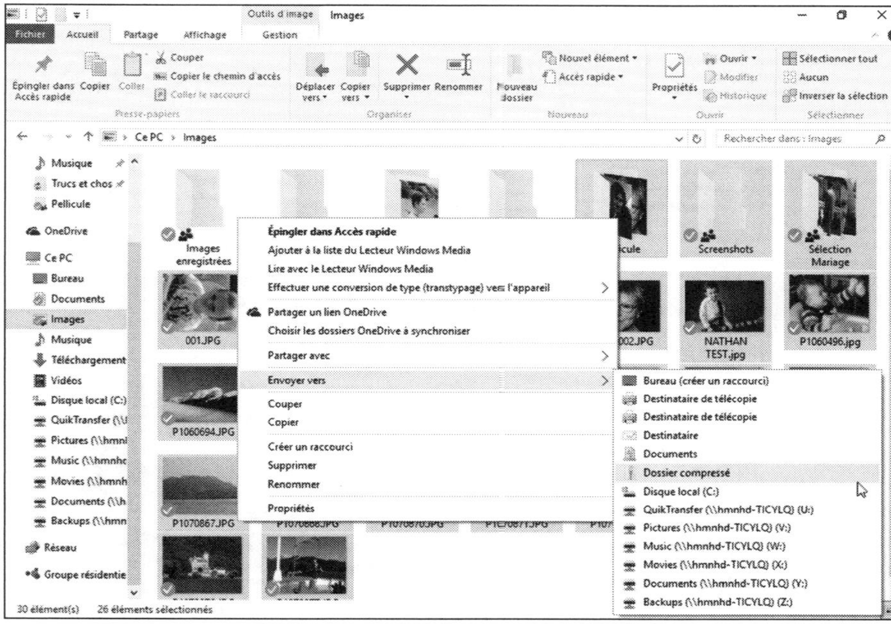

Figure 6.7 : Sélectionnez les fichiers que vous voulez placer dans un fichier Zip, cliquez droit et sélectionnez Envoyer vers, puis Dossier compressé.

Windows réagit en créant un nouveau fichier Zip, comportant l'extension de nom de fichier `.zip`, et en plaçant des copies des fichiers sélectionnés dans ce nouveau fichier.

L'Explorateur de fichiers va alors montrer le résultat en le représentant à l'aide d'une icône figurant un dossier traversé par une fermeture éclair. Si vous cliquez une fois sur cette icône, l'Explorateur de fichiers va afficher un onglet supplémentaire appelé Outils de dossier compression, avec pour l'essentiel une seule fonctionnalité liée : Extraction.

Si vous faites un double-clic sur ce pseudo dossier, vous allez voir apparaître quelque chose de semblable à ce qu'illustre la Figure 6.8.

Le nouveau fichier est un fichier comme tous les autres : vous pouvez le renommer, le copier, le supprimer, l'envoyer sous forme de pièce jointe, l'enregistrer sur Internet ou lui appliquer tout autre traitement que vous appliqueriez à un fichier classique.

4. **Pour ajouter un autre fichier à votre dossier compressé, glissez-déposez ce fichier sur l'icône du dossier en question.**

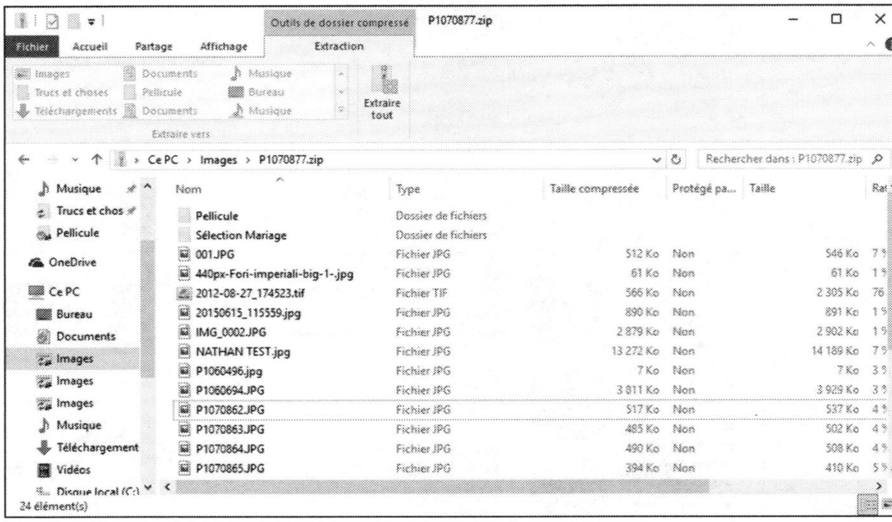

Figure 6.8 : Cliquez sur un fichier zippé, et vous accéderez à un onglet contextuel Outils du dossier compressé.

5. **Pour copier un fichier contenu dans votre fichier Zip (dossier compressé), double-cliquez sur l'icône de ce dernier et traitez le fichier comme vous traiteriez un fichier classique.**

   TRUC

   La même remarque s'applique si vous voulez supprimer un ou plusieurs fichiers de l'*archive* Zip.

6. **Pour copier tous les fichiers de votre fichier Zip (le pseudo dossier compressé), cliquez sur l'onglet Extraction, puis sur le bouton Extraire tout dans le ruban de l'Explorateur de fichiers.**

   De là, vous pouvez sélectionner un emplacement différent de ceux proposés pour choisir le dossier de destination.

Par défaut, l'icône Extraire tout vous recommande d'extraire tous les fichiers dans un nouveau dossier portant le nom du fichier Zip, ce qui ne manque pas de perturber le commun des mortels. À moins que vous ne donniez un nom différent au dossier compressé, vous vous retrouverez avec deux dossiers qui portent le même nom sur votre bureau. Évitez-vous des problèmes en spécifiant un nom de dossier différent lorsque vous extrayez les fichiers.

Livret IV

À la poursuite des applications Universelles Windows

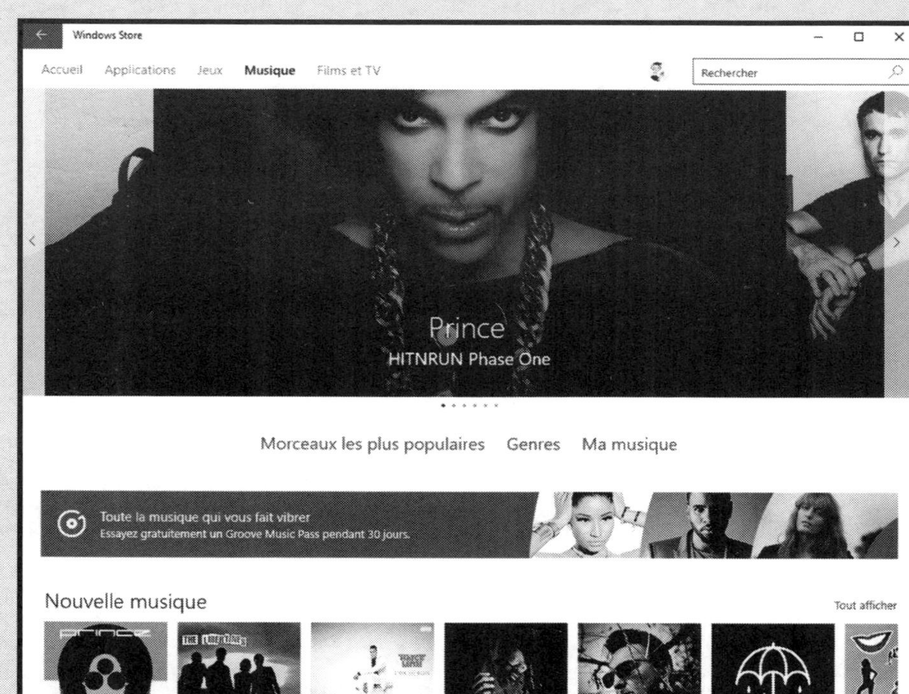

Chapitre 1

Utiliser les applications Courrier et Calendrier

Dans ce chapitre :

- Windows 10 et ses nouvelles applications de productivité
- Découvrir les applications Courrier et Calendrier
- Naviguer dans l'application Courrier
- L'application Calendrier (et ses problèmes)

Les applications dites de « productivité », autrement dit Courrier, Agenda et Contacts, ont subi d'énormes changements depuis l'époque de Windows 7. Autrefois, Courrier, Calendrier et Contacts formaient en gros une seule et même application, une situation très semblable à celle de Microsoft Office, dans laquelle Outlook couvre toutes les bases. Cette application s'appelait en ces temps Windows Live Mail, même si elle servait à gérer aussi bien le courrier électronique que les contacts et l'agenda. Elle fonctionnait raisonnablement bien, mais elle était vieille et lourde, tout en manquant de nombreuses fonctionnalités.

Avec Windows 8, Microsoft a scindé Windows Live Mail en trois applications « Metro » séparées (donc Courrier, Calendrier et Contacts). En fait, elles étaient toutes connectées, mais elles avaient chacune leur propre vignette, et travaillaient plus ou moins chacune dans leur coin. Bref, c'était horrible. Microsoft avait promis d'améliorer les choses. Mais, comme toujours, les promesses n'engagent que ceux qui les croient.

Que ce soit dans Windows 8 ou dans Windows 8.1, ces applications n'ont pas fait le poids face à Gmail et bien d'autres. Et face à la désertion des utilisateurs, Microsoft a tenté de les rattraper par le collet en changeant Hotmail, à la mauvaise réputation, par Outlook.com.

Avec Windows 10, Microsoft s'est débarrassé des applications « Metro » de Windows 8. Et personne ne le regrette, moi le premier. Ce qui a émergé, ce sont pour faire court deux applications (une qui couvre en fait Courrier et Calendrier, et l'autre appelée Contacts) qui fonctionnent plus ou moins de la même manière sur les PC, les portables, les tablettes, et même les smartphones sous Windows 10.

Les nouvelles applications Universelles Windows Courrier et Calendrier forment comme une double application, avec deux vignettes, qui partagent les mêmes comptes de messagerie. Ce chapitre vous fait découvrir Courrier et Calendrier, tandis que nous retrouverons Contacts au prochain chapitre.

Avant de vous décider...

Si vous ouvrez l'application Universelle Windows Courrier, et en supposant que vous y avez déjà défini un ou plusieurs comptes de messagerie, vous allez voir s'afficher une fenêtre semblable (quoi qu'évidemment très différente dans son contenu) à celle qui est illustrée sur la Figure 1.1.

Il se peut, quand vous ouvrez l'application Courrier sur votre PC, que le volet de gauche soit ouvert, ou que l'aperçu des messages dans la partie droite de la fenêtre n'apparaisse pas. Il y a aussi des différences entre la vue standard sur PC et le mode Tablette, selon la taille de votre écran ou encore l'orientation de celui-ci.

Courrier est-elle l'application dont vous avez besoin ? Bonne question. La réponse dépend bien entendu de la manière dont vous souhaitez gérer vos messages et votre agenda.

Quelques options de messagerie

L'application Universelle Courrier a ses bons et ses moins côtés, et surtout ce n'est pas forcément celle qui correspond le mieux à vos besoins.

Pour compliquer la situation, vous n'êtes pas tenu à utiliser l'application Courrier uniquement avec votre compte Microsoft. Vous pouvez en effet lui ajouter toutes sortes d'autres comptes, par exemple Gmail, iCloud, ou celui qui vous est délivré par votre fournisseur d'accès Internet. De plus, vous avez aussi la possibilité d'accéder à votre compte Microsoft sur n'importe quel système en ouvrant la page `Outlook.com` dans votre navigateur préféré (voir la Figure 1.2).

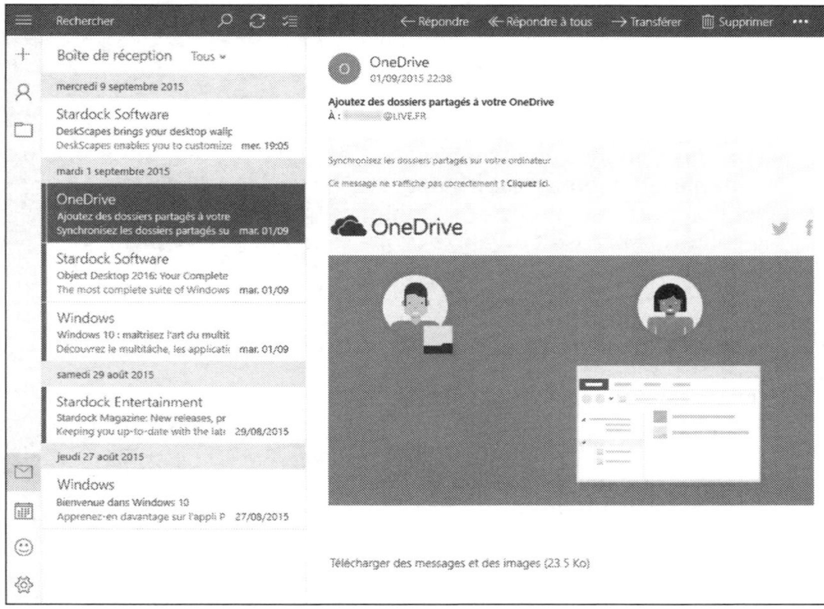

Figure 1.1 : Aperçu de l'application Universelle Windows Courrier.

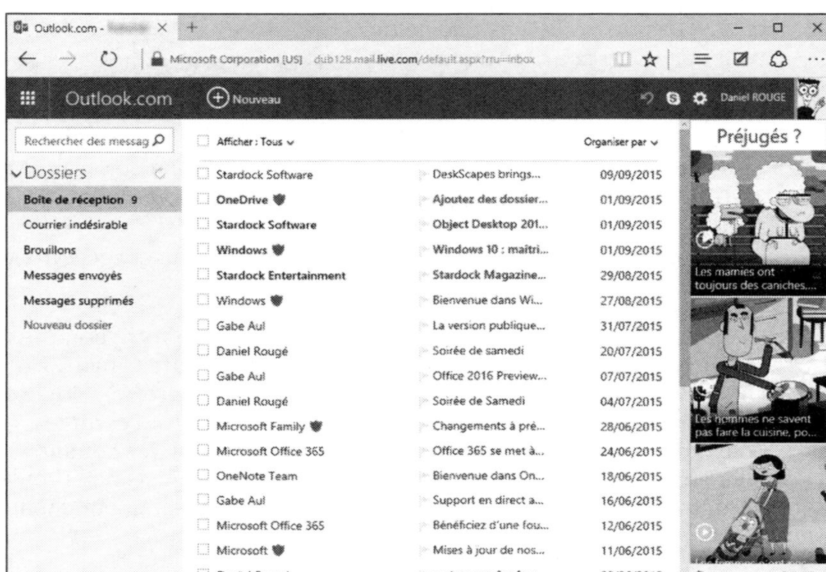

Figure 1.2 : La messagerie, c'est aussi sur Outlook.com (remarquez les publicités sur la droite).

Dans le même temps, vous pouvez aussi parfaitement préférer Gmail (ou un autre service de messagerie) et vous en tenir là. D'ailleurs, les versions de Gmail destinées aux smartphones et aux tablettes sont parfaitement capables de traiter n'importe quel type de compte, y compris Microsoft ou autre (voir la Figure 1.3).

Figure 1.3 : Sur un smartphone, vous pouvez ajouter n'importe quel type de compte de messagerie à Gmail.

NOTE TECHNIQUE

Google propose aussi maintenant un très bon client de messagerie appelé Inbox.

L'application Universelle Courrier de Windows 10 fonctionne comme une sorte de point de collecte. Par exemple, elle récupère les messages de votre compte Hotmail/Outlook.com, et elle envoie ceux que vous rédigez *via* Hotmail/Outlook.com. Mais elle peut aussi recevoir et envoyer vos messages *via* Gmail. Mais, lorsqu'elle ne rencontre pas de problème, elle ne détruit pas votre courrier. Autrement dit, tous vos messages restent stockés sur Hotmail/Outlook.com ou Gmail. Même s'il peut y avoir quelques subtilités, vous pouvez dans la plupart des cas utiliser Courrier le matin, passer à Gmail ou Hotmail/Outlook.com quand vous êtes au bureau, et revenir à Courrier en rentrant le soir. Et il ne manquera rien.

Bien. Mais le fait est aussi que vous pouvez ajouter votre compte Hotmail/Outlook.com à Gmail, ou encore ajouter votre compte Gmail à Hotmail/Outlook.com. En fait, vous avez la possibilité d'intégrer pratiquement n'importe quel type de compte à Hotmail/Outlook.com comme à Gmail. Par conséquent, l'idée de se servir de l'application Courrier comme « point de collecte » n'est pas une véritable justification puisque Gmail (voir le Livret X, Chapitre 3) comme Hotmail/Outlook.com sont parfaitement capables de faire la même chose.

TRUC

Le principal bénéfice à tirer de l'application Universelle Courrier plutôt que de HotMail/Outlook.com ou Gmail, c'est qu'elle stocke vos messages récents sur votre ordinateur (Gmail sous Google Chrome en est aussi capable, mais cela nécessite une configuration particulière). Si vous n'avez pas accès à l'Internet, vous ne pourrez pas récupérer vos nouveaux messages ou envoyer vos réponses, mais du moins l'application Courrier pourra-t-elle afficher vos messages récents.

Le reste est aussi une question de préférence quant à l'interface utilisateur. Là, c'est vous qui choisissez. Mais il est vrai que les messageries évoluent fréquemment, et que la vérité d'aujourd'hui ne sera pas forcément celle de demain…

Hotmail/Outlook.com comme Gmail sont supérieurs à l'application Courrier sur plusieurs aspects :

- Hormail/Outlook.com et Gmail conservent tous vos messages, tout le temps, du moins si vous les archivez. Avec l'application Courrier, la durée de vie de vos messages n'est pas assurée, d'autant qu'elle ne comporte pas (du moins à ce jour) de commande d'archivage.
- Gmail et Hotmail/Outlook.com affichent davantage d'informations à l'écran. L'application Courrier a été largement conçue pour les systèmes tactiles, avec de grands blocs sur lesquelles il est (relativement) facile de taper, Gmail comme Hotmail/Outlook.com sont bien plus adaptés à l'utilisateur de la souris.

Jusqu'ici, je vous ai parlé de l'application Universelle Courrier, de Gmail et d'Outlook.com. Mais il existe bien entendu quantité d'autres solutions pour gérer votre messagerie et votre agenda. Citons rapidement :

- **Microsoft Outlook :** C'est le compagnon de Microsoft Office depuis les temps préhistoriques. Outlook est très puissant, très complexe, bourré d'options (dont certaines sont difficilement compréhensibles, et dont la plupart ne sont jamais utilisées). Mais c'est aussi le seul qui soit capable de gérer des centaines de milliers de messages. Outlook est la Rolls-Royce de la messagerie, avec tout ce que cela implique de positif comme de négatif.
- **Outlook Web App :** Ce n'est pas réellement Outlook, mais les types chargés du marketing chez Microsoft voudraient vous le faire croire. Cette application est associée à Exchange Server (ainsi qu'à certaines versions d'Office 365) et est destinée aux grandes entreprises qui veulent que leur personnel puisse accéder à leur messagerie d'entreprise sans passer par Outlook.
- **Windows Live Mail :** Oui, Windows Live existe toujours, quoi qu'il vieillisse d'heure en heure. Et il fonctionne toujours plutôt bien avec Windows 10. Par contre, pour le retrouver, il semble qu'il faille en passer par le site de la maison mère de Microsoft, à l'adresse `windows.microsoft.com/en-us/windows-live/essentials`.

- **Votre FAI :** Votre FAI, c'est votre fournisseur d'accès Internet. Il a forcément une messagerie destinée à ses clients, généralement accessible depuis un portail Web ou une adresse Internet spécifique. Cependant, l'interface est généralement assez pauvre et les fonctionnalités limitées par rapport à Gmail ou Hotmail/Outlook.com.
- **Autres alternatives gratuites :** Citons pour mémoire Mozilla Thunderbird et Eudora. Mais il y en a des tas d'autres qui ont des supporters enthousiastes et passionnés.

La messagerie de l'iPad n'est pas sensationnelle. Par contre, elle a l'avantage par rapport à l'application Courrier de pouvoir fusionner facilement plusieurs boîtes de réception. Si vous possédez un iPad, vous pouvez vous servir de l'application maison quand vous êtes en déplacement et que vous n'attendez pas l'arrivée de messages très importants. Et Gmail est aussi disponible pour les iPad et les iPhone…

Et les agendas ?

Là aussi, il y a pléthore de programmes, d'applications ou d'outils dédiés à la gestion des emplois du temps. Je mettrais ceux-ci en exergue :

- **Google Agenda :** Bien intégré dans la galaxie Google (surtout avec Google Drive), il est réputé pour être à la fois suffisamment puissant et facile à utiliser (voir la Figure 1.4). De plus, il a le gros avantage d'offrir une synchronisation instantanée et efficace, ce qui vous permet d'y accéder à partir de n'importe quel ordinateur, tablette, smartphone ou presque tout autre objet connecté (`calendar.google.com`). Voyez le Livret X, Chapitre 3 pour d'autres détails.
- **Hotmail/Outlook.com :** Il accompagne la messagerie éponyme (selon le même principe que Google et ses apps). Ce calendrier est raisonnablement puissant et intégré, et vous pouvez partager votre agenda avec vos contacts ou d'autres personnes (voir la Figure 1.5).
- **Outlook :** J'ai dit plus haut qu'Outlook était la Rolls-Royce des messageries. Et, comme dans toute voiture de luxe qui se respecte, les accessoires sont fournis. Et donc ici l'agenda, avec tellement d'options qu'on pourrait y consacrer un livre entier.

Si vous devez planifier une conférence en réservant une salle et en ayant à gérer une centaine de participants, qui se servent tous d'Outlook, son agenda est évidemment ce qu'il vous faut. Pour votre quotidien, enregistrer les anniversaires de la famille, ou les prochains matchs de foot du petit dernier, n'importe quel agenda/calendrier fera parfaitement l'affaire.

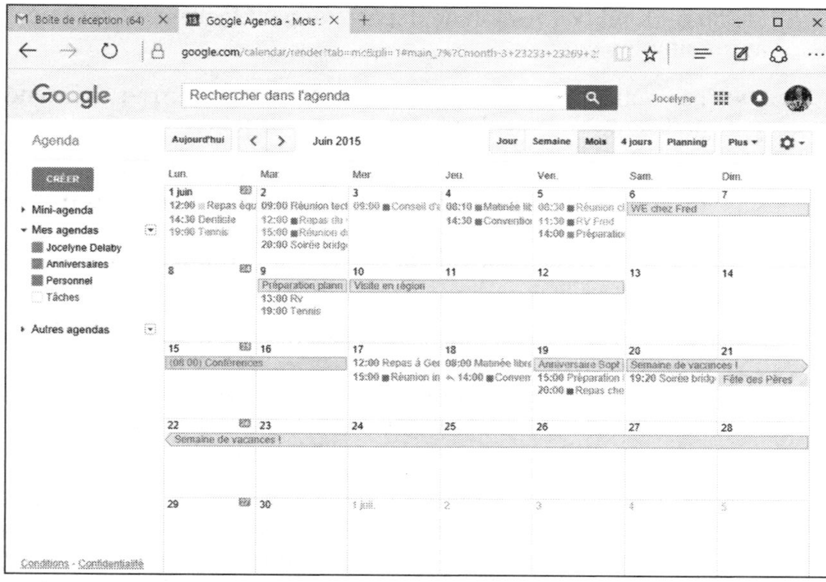

Figure 1.4 : L'agenda Google est facilement accessible sur de nombreux dispositifs.

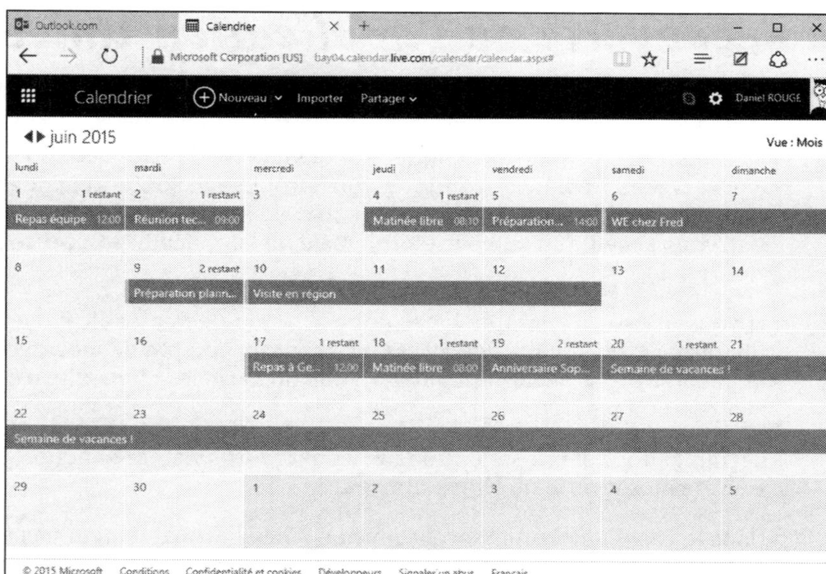

Figure 1.5 : Le calendrier Hotmail/outlook.com a de nombreux points communs avec l'agenda Google.

Si l'on reprend la question de départ, on peut facilement résumer la situation assez simplement :

- Les outils de productivité de Windows 10 (Courrier et Calendrier) sont suffisants si vous n'avez pas de gros besoins.

  Si vous possédez un iPad ou un iPhone, il sera généralement préférable de vous servir des applications intégrées, ou de celles que vous pourriez trouver sur l'App Store. Et si vous possédez un smartphone ou une tablette Android, Gmail comme l'agenda Google seront certainement vos meilleurs alliés.

- Les services disponibles en ligne, comme Hotmail/Outlook.com et Gmail, sont plus universels que les applications Universelles Windows, ou que les messageries maison. Dès que vous pouvez disposer d'une connexion Internet fiable, ce sont sans aucun doute les outils les plus simples, efficaces et pratiques à la fois que vous puissiez trouver.

- Et si vous avez à gérer des hordes de comptes, de messages, de rendez-vous, d'agendas et toutes ces sortes de choses, il ne fait aucun doute que le plus puissant de tous reste Outlook. Et, après tout, vous n'avez pas à explorer toutes ces fonctionnalités pour vous en servir !

À la découverte de l'application Universelle Courrier

La première fois que vous cliquez sur la vignette de l'application Courrier dans le menu Démarrer, Windows vous propose d'ajouter un compte. Si vous êtes connecté avec un compte Microsoft, deux clics devraient suffire pour que vous accédiez à la fenêtre principale de l'application (reportez-vous à la Figure 1.1).

Si vous utilisez un compte local, donc inconnu de Microsoft (voyez le Livret II, Chapitre 5), ou si vous demandez à ajouter un compte de messagerie supplémentaire, l'application Courrier vous propose les choix illustrés sur la Figure 1.6.

Le Tableau 1.1 décrit les options vous devriez choisir en fonction du fournisseur de messagerie que vous utilisez.

Dans le cas d'un compte local (vous ne voulez probablement pas être pisté par Microsoft, comme l'explique le Livret II, Chapitre 4), il vous sera demandé si vous voulez transformer celui-ci en compte Microsoft.

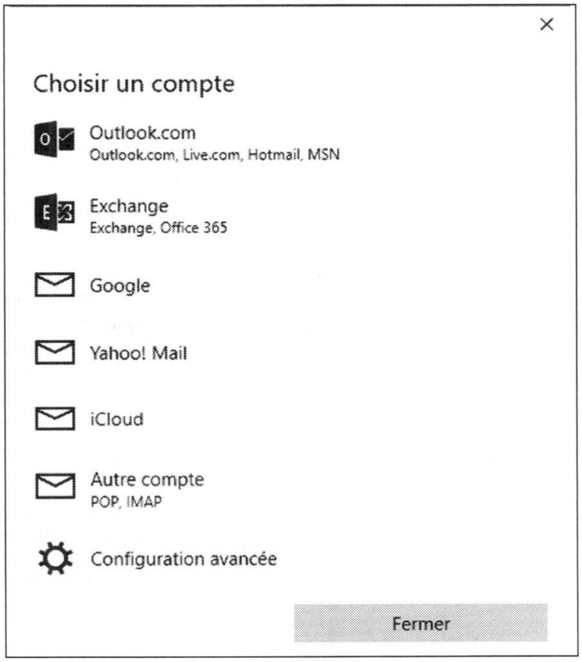

Figure 1.6 : L'application Universelle Courrier reconnaît pratiquement n'importe quel type de compte.

Tableau 1.1 : Types de comptes de messagerie.

Utilisez ce type	Pour ce service de messagerie
Exchange	Il est destiné aux messageries gérées *via* un serveur d'entreprise, ou si vous utilisez Office 365 pour gérer vos messages.
Outlook.com	Concerne les comptes délivrés par Microsoft. Ils se terminent par un suffixe du style `@outlook.com`, `@live.com`, `@hotmail.com`, ou encore `@msn.com`. Dans certains cas, ce suffixe peut également se terminer en .fr.
Google	Si vous avez un compte Google, autrement dit qui se termine par `@gmail.com`. Il se peut aussi que votre entreprise utilise les services Google Apps for Business.
Autre	Pour n'importe quel autre type de compte, en particulier de type POP3 ou IMAP. Par exemple, la ou les adresses de messagerie qui sont associées à votre abonnement Internet sont normalement dites POP3. Normalement, l'application devrait être parfaitement capable de configurer automatiquement tous les réglages nécessaires. Sinon, vous devrez piocher dans la configuration avancée.

Utilisez ce type	Pour ce service de messagerie
iCloud	Pour ceux qui jouent sur les deux tableaux, avec une adresse qui se termine par `@icloud.com`, `@me.com` ou encore `@mac.com`.
Configuration avancée	Uniquement si vous possédez un compte Exchange ActiveSync, ou bien si l'application n'a pas réussi à trouver votre adresse, ce qui est rare.

Soyez prudent ! Si vous tapez votre mot de passe une seconde fois, Windows va prendre cela pour une permission de transformer votre compte local en compte Microsoft. Cliquez simplement sur le lien qui indique votre ferme volonté de vous connecter à votre compte Microsoft plus tard. Beaucoup plus tard…

Dans tous les cas, vous finissez par vous retrouver devant la page principale de l'application, telle qu'elle est illustrée sur la Figure 1.1 (les détails peuvent varier selon la largeur de l'écran si vous êtes en mode Tablette, et ainsi de suite).

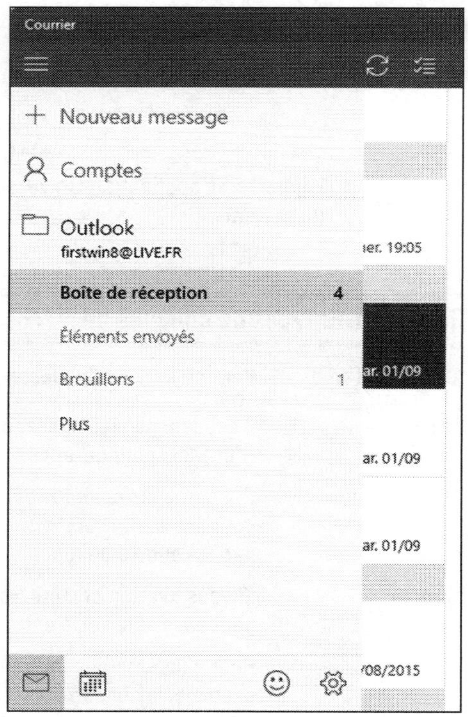

Figure 1.7 : Cliquez ou tapez sur l'icône marquée de trois traits (ou sur celle qui représente un dossier) pour choisir la boîte que vous voulez consulter.

La disposition standard de l'application présente trois colonnes :

- Le volet de gauche affiche des icônes dont le sens apparaît plus clairement si vous cliquez ou tapez sur le « hamburger » (les trois barres, en haut et à gauche). Comme l'illustre la Figure 1.7, le signe « + » sert à créer un nouveau message. La ligne Comptes vous permet de choisir le compte que vous voulez utiliser dans le cas où vous en auriez défini plusieurs. L'icône de dossier a à peu près le même effet que le hamburger, avec une présentation un peu différente. L'enveloppe sert à revenir à la messagerie quand l'application est en mode Calendrier. Et, du coup, l'icône suivante, elle, bascule l'affichage en mode Calendrier. Outre la petite émoticône servant à envoyer des messages d'amour à Microsoft, il vous reste la roue dentée des paramètres, que nous retrouverons dans la prochaine section.

- La colonne du milieu liste les messages de la boîte sélectionnée dans le volet de gauche (en cliquant sur le « hamburger » ou sur l'icône de dossier). Par défaut, l'application Courrier affiche votre boîte de réception.
- La colonne de droite montre le contenu du message actuellement sélectionné.

Créer un nouveau message

Lorsque vous répondez à un message, l'application Courrier configure de manière typique une réponse à l'expéditeur (ou une réponse à toutes les personnes concernées) selon une disposition en trois colonnes, comme l'illustre la Figure 1.8. De même, si vous cliquez sur l'icône « + », en haut et à gauche de la fenêtre, Courrier affiche un nouveau message totalement vierge. Dans les deux cas, il vous suffit de commencer à saisir votre message (bien entendu, vous devrez aussi choisir le ou les destinataires dans le cas d'un nouveau message).

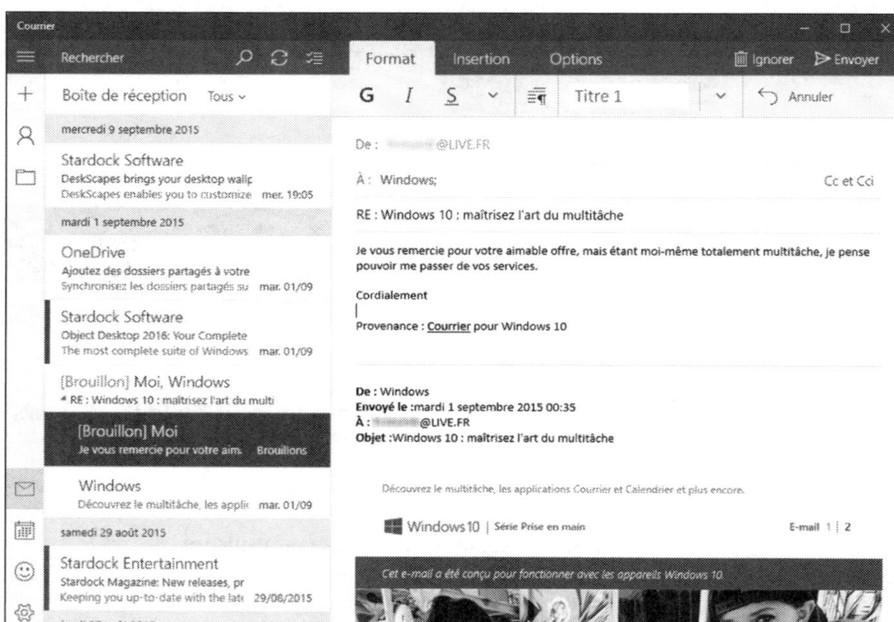

Figure 1.8 : L'application Courrier vous permet de répondre facilement à un message.

Voici un rapide tour d'horizon des options dont vous disposez lorsque vous créez votre message :

- **Formatage du texte :** Par défaut, Courrier utilise pour le texte que vous saisissez la police de caractères Calibri en corps 11. C'est un choix tout à fait adapté dans l'immense majorité des cas. Et, par pitié, oubliez la police Comic Sans qui est une insulte à l'intelligence humaine ! Si vous voulez modifier cette mise en forme, il vous suffit de sélectionner la partie du texte voulue, puis de cliquer sur la petite pointe qui suit l'icône de soulignement – le U souligné (voir la Figure 1.9).

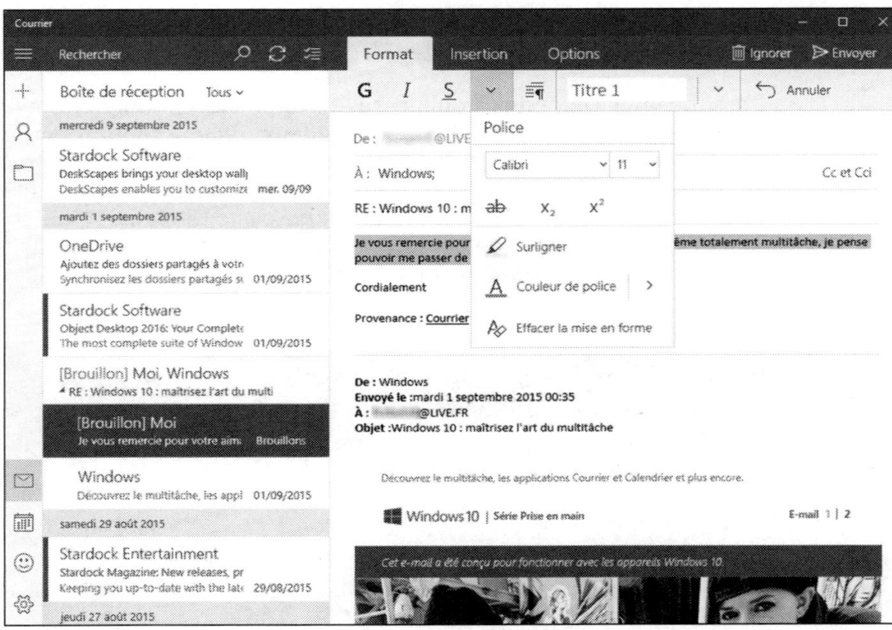

Figure 1.9 : Sélectionnez le texte et appliquez-lui votre formatage de la manière habituelle.

Les amis du clavier disposent évidemment toujours de leurs bons vieux raccourcis, en particulier :

- *Ctrl+B* active/désactive la mise en caractères gras.
- *Ctrl+I* active/désactive la mise en italique.
- *Ctrl+U* active/désactive le soulignement.
- *Ctrl+Z* annule la dernière action.

- *Ctrl+Y* rétablit la dernière action annulée.
- Évidemment, les grands classiques *Ctrl+C* (copier), *Ctrl+X* (couper) et *Ctrl+V* (coller) sont toujours au rendez-vous.

TRUC

Vos émoticônes favorites sont également au rendez-vous. Tapez par exemple :-) et vous obtiendrez un visage souriant.

- **Listes à puces ou numérotées, et autres options de mise en forme :** Sélectionnez le ou les paragraphes que vous voulez modifier, cliquez ensuite sur le bouton de formatage correspondant (juste avant Titre 1), puis choisissez les options voulues (voir la Figure 1.10).

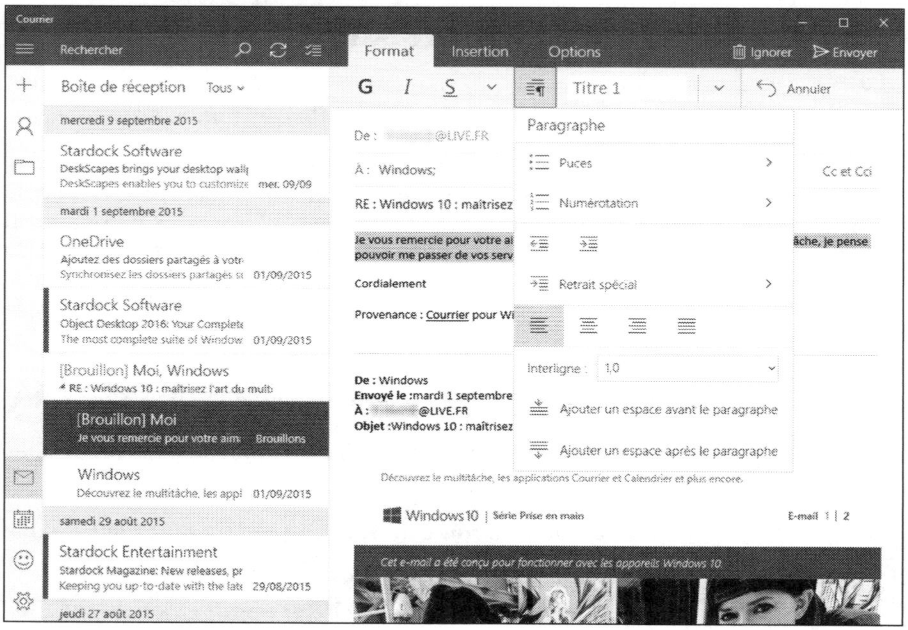

Figure 1.10 : Sélectionnez vos paragraphes, puis transformez-les en listes à puces ou numérotées.

- **Ajouter une pièce jointe :** Cliquez ou tapez sur l'onglet Insertion, en haut de la fenêtre, puis choisissez Joindre l'icône du trombone. Dans la fenêtre de l'Explorateur de fichiers qui apparaît, naviguez jusqu'au fichier voulu, puis cliquez sur Ouvrir (le mot est mal choisi).
- **Définir un indicateur de priorité :** Cliquez ou tapez sur l'onglet Insertion, en haut de la fenêtre, puis sur un des deux symboles proposés.

Quand vous avez terminé, cliquez ou tapez sur Envoyer, en haut et à droite de la fenêtre. Le message est transféré dans la boîte d'envoi, d'où il est prêt à partir lors de la prochaine synchronisation (en principe, l'envoi devrait être immédiat).

Si vous décidez en cours de route que non, finalement, vous n'allez pas envoyer le message que vous aviez commencé à rédiger, il vous suffit de cliquer ou taper sur l'icône Ignorer (la corbeille) en haut du volet de composition.

Vous n'avez besoin de rien faire pour conserver un brouillon d'un message en cours de rédaction. L'application Courrier le fait automatiquement pour vous.

Rechercher un message

Retrouver un message que vous voulez consulter à nouveau n'est pas compliqué, à condition de veiller à deux détails très importants :

- **Si vous avez défini plusieurs comptes, commencez par activer celui dans lequel vous voulez effectuer une recherche.** L'application Courrier n'affichant qu'un seul compte à la fois, vous ne risquez pas de trouver grand-chose d'intéressant si vous ne choisissez pas le bon compte.
- **N'utilisez pas Cortana.** Elle n'est pas (encore) capable de relever le défi.

Pour effectuer une recherche dans vos messages :

1. **Activez le compte qui contient le message que vous voulez retrouver.**

   Cliquez sur l'icône de dossier, à gauche de la fenêtre, et sélectionnez le compte voulu.

2. **En haut de la seconde colonne, cliquez ou tapez sur l'icône qui représente une loupe.**
3. **Tapez votre critère de recherche et appuyez sur la touche Entrée (ou cliquez à nouveau sur l'icône de la loupe).**

La portée de la recherche effectuée par l'application Courrier n'est pas clairement définie. Normalement, elle devrait porter sur tous les messages auxquels vous pouvez accéder. Si Courrier ne trouve pas de réponse, il vous propose de poursuivre la recherche en ligne.

L'application Courrier et ses paramètres

L'application Universelle Courrier n'offre pas des hordes de réglages, mais certains ont leur importance. Pour les révéler, cliquez ou tapez sur l'icône qui représente une roue dentée, en bas et à gauche de la fenêtre. Le volet Paramètres va apparaître (voir la Figure 1.11).

Ajouter un nouveau compte de messagerie

L'application Courrier, comme nous l'avons vu plus haut dans ce chapitre, est capable de reconnaître et de gérer à peu près n'importe quel type de compte de messagerie.

Pour ajouter (ou supprimer) un compte :

1. **Ouvrez le volet des paramètres en cliquant sur la roue dentée.**

   Reportez-vous à la Figure 1.11.

2. **Cliquez ou tapez sur l'option Comptes.**

   La liste des comptes déjà définis s'affiche (voir la Figure 1.12).

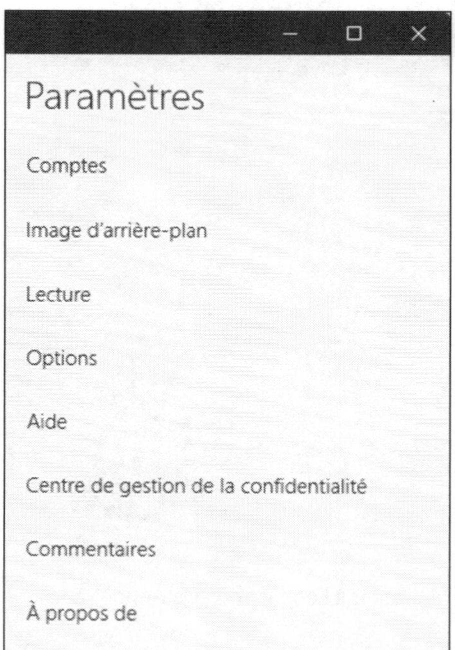

Figure 1.11 : L'application Courrier et ses paramètres.

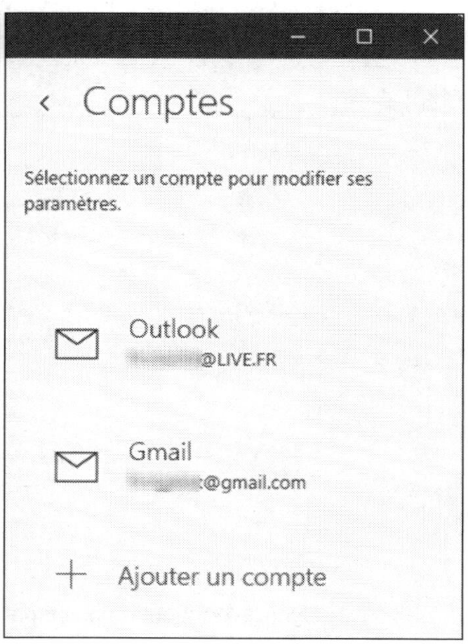

Figure 1.12 : Ajouter ou modifier un compte.

3. **Cliquez ou tapez sur la ligne Ajouter un compte.**

   La liste des types de comptes s'affiche (reportez-vous à la Figure 1.6).

4. **Tapez ou cliquez sur le type du compte que vous voulez ajouter (reportez-vous au Tableau 1.1).**

5. **La fenêtre qui s'affiche ensuite varie en fonction de l'origine du compte. Par exemple, la Figure 1.13 illustre le cas d'un compte Microsoft. Vous devez saisir votre adresse de messagerie et votre mot de passe puis valider.**

   L'application Courrier est capable de se débrouiller avec à peu près n'importe quoi, à condition évidemment que l'adresse de messagerie *et* le mot de passe que vous saisissez soient tous deux corrects.

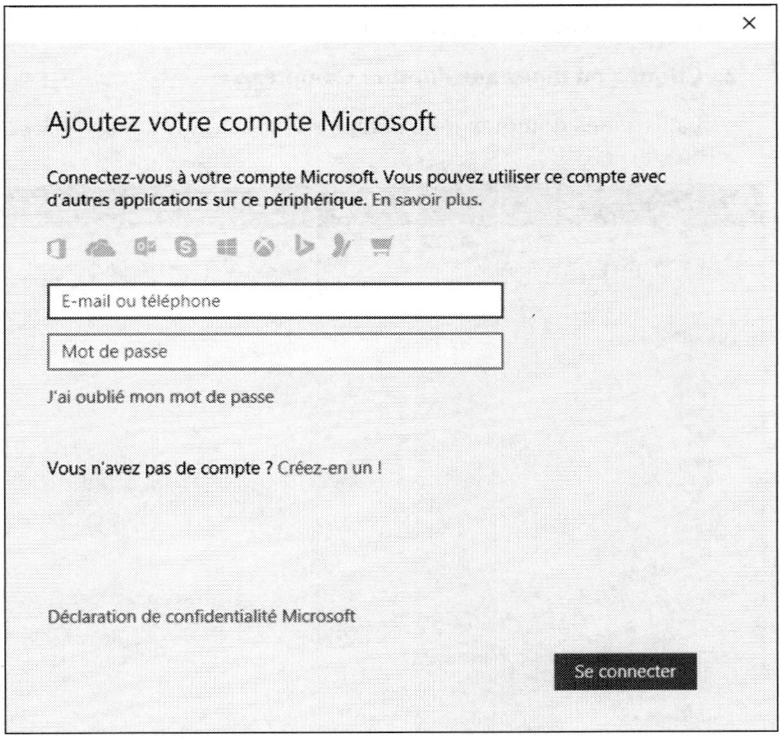

Figure 1.13 : Ajouter un compte Microsoft à l'application Courrier.

Si vous voulez modifier les détails concernant un compte, reprenez les deux premières étapes ci-dessus, puis cliquez ou tapez sur le nom du compte à personnaliser. La fenêtre illustrée sur la Figure 1.14 va s'afficher.

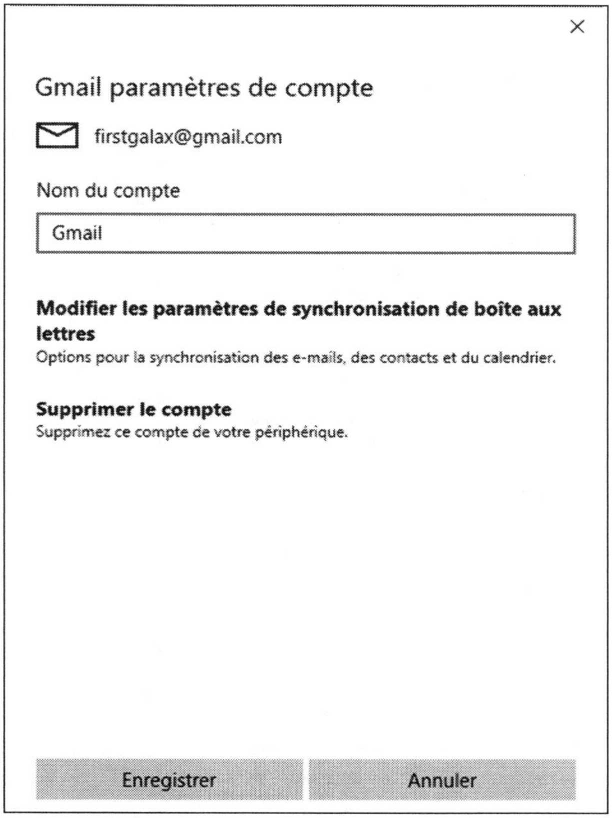

Figure 1.14 : Modifier ou supprimer un compte.

Vous pouvez ici renommer le compte à votre convenance, modifier sa configuration ou encore le supprimer (uniquement dans l'application Courrier, bien entendu).

Si vous choisissez l'option Modifier les paramètres de synchronisation, vous pourrez redéfinir le mode et la périodicité de la synchronisation, le nom utilisé pour l'envoi des messages, ou encore choisir si la synchronisation concerne ou nom la messagerie électronique, le calendrier ou encore les contacts (voir la Figure 1.15).

ATTENTION !

Je vous recommande vivement de décocher la case qui indique Toujours télécharger l'intégralité du message et les images Internet. C'est précisément là, ainsi que dans les pièces jointes, que les méchants adorent se dissimuler. Vous pourrez toujours télécharger manuellement les images des messages qui sont dignes de confiance.

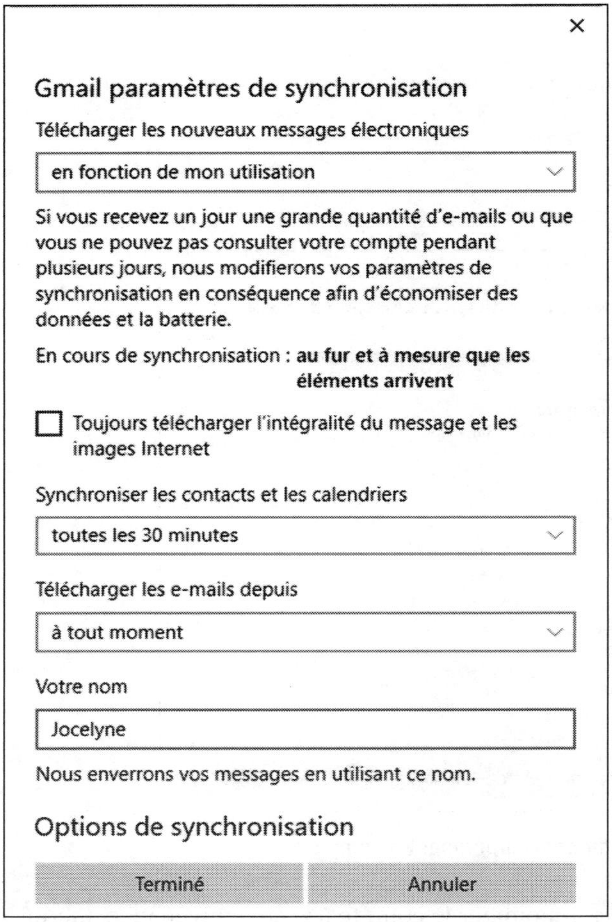

Figure 1.15 : Configurer les options de synchronisation d'un compte.

Autres options

L'application Courrier propose quelques autres paramètres qu'il peut (ou non) être intéressant de personnaliser, ou du moins utiles à connaître. Vous pouvez en particulier :

- Changer l'image qui apparaît en arrière-plan dans le panneau de droite lorsqu'aucun message n'est sélectionné.

- Définir la réponse à un balayage vers la gauche ou vers la droite (mettre un indicateur, supprimer et ainsi de suite).
- Demander à organiser les messages par conversation (l'effet le plus évident est de montrer ou masquer les brouillons).
- Demander à ouvrir automatiquement l'élément suivant lorsque vous en avez terminé avec le message courant.
- Contrôler la manière dont les messages sont marqués comme étant lus.
- Définir une « signature » qui sera automatiquement ajoutée à la fin de tous les messages que vous envoyez.
- Afficher l'en-tête des nouveaux messages dans le Centre de notifications, et même émettre un signal sonore lorsque du courrier arrive sur votre bureau.

L'application Calendrier, l'autre agenda

Le mode de fonctionnement de l'application Calendrier est simple et direct. Après tout, ce n'est qu'un agenda électronique (voir la Figure 1.16).

N'OUBLIEZ PAS

Courrier et Calendrier sont les deux faces d'une même application. Vous pouvez passer directement de l'une à l'autre en cliquant ou tapant dans le volet de gauche sur l'icône de l'enveloppe ou sur celle qui ressemble à un petit calendrier mural.

Il se peut cependant que l'affichage se trouve rempli d'événements en double, voire en triple, comme des anniversaires, des jours fériés légaux, et ainsi de suite. La raison en est simple : vous avez associé plusieurs comptes à l'application Courrier, par exemple, et ces comptes ont des entrées communes.

Mais ne paniquez pas.

Si vous voyez des quantités d'entrées dupliquées, c'est que vous avez ajouté plusieurs comptes dans l'application Universelle Courrier/Calendrier, et chaque compte contient certaines entrées identiques. Par défaut, l'application Calendrier affiche tout ce qu'elle trouve. Mais il n'est pas bien difficile de clarifier la vue, au moins partiellement. Voici comment vous pouvez réorganiser votre calendrier :

1. **Ouvrez l'application Calendrier depuis le menu Démarrer.**

   La fenêtre de l'application apparaît (reportez-vous à la Figure 1.16).

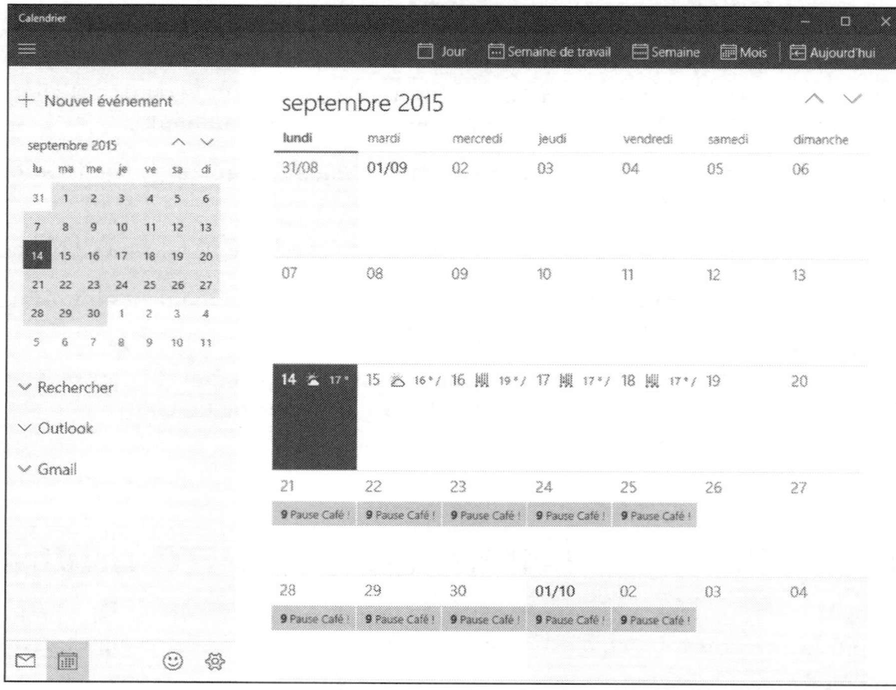

Figure 1.16 : L'application Calendrier.

2. **Regardez dans le détail des calendriers quelles couleurs sont associées à quels types d'entrée. Décochez celle(s) que vous ne voulez pas voir.**

   Sur la Figure 1.17, par exemple, on peut constater que les jours fériés légaux de novembre apparaissent deux fois. L'une des couleurs provient de la rubrique Vacances en France d'un compte Outlook, l'autre de la rubrique Jours fériés en France d'un compte Gmail. Il suffit donc de désactiver par exemple cette dernière option pour regagner en cohérence. Cela vaudrait bien entendu également pour les anniversaires s'ils sont définis à plusieurs endroits.

3. **Quand vous avez terminé, vous pouvez refermer le détail des comptes en cliquant ou tapant sur la petite pointe placée devant leur nom, ou encore replier le volet de gauche en cliquant ou tapant sur le bouton marqué de trois points.**

En haut de la fenêtre, vous disposez de plusieurs options pour choisir le mode de présentation du calendrier :

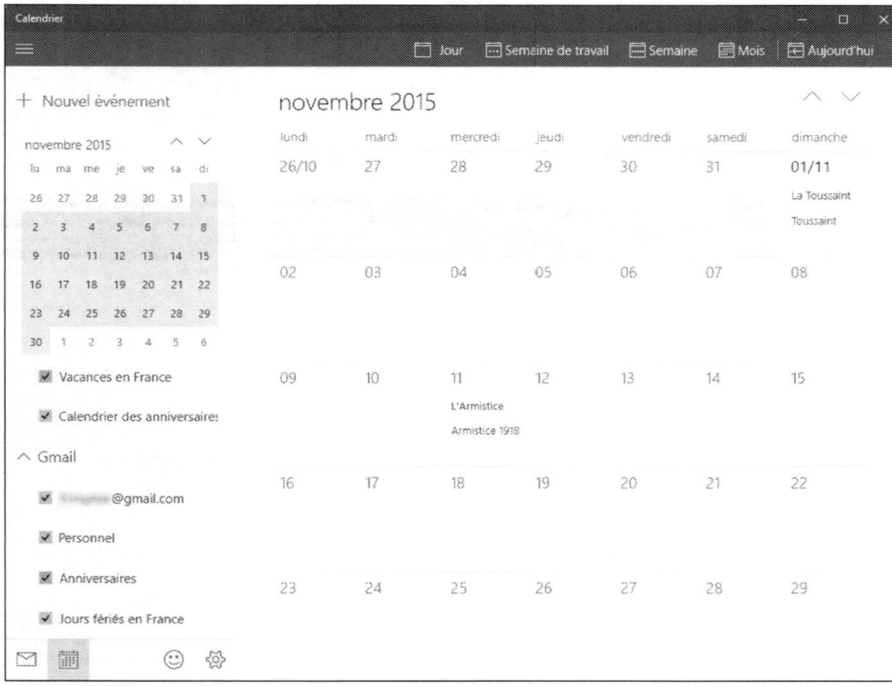

Figure 1.17 : Une seule case à décocher, et l'affichage deviendra plus clair.

- **Jour :** Affiche un calendrier quotidien. La petite flèche qui suit l'intitulé vous permet de sélectionner une période courant de une à six journées successives (selon la taille de votre écran). Si vous n'êtes pas placé sur la date du jour, il semble que l'application choisisse systématiquement le premier jour disponible dans la fenêtre.
- **Semaine de travail :** Affiche une période allant par défaut du lundi au vendredi pour la semaine choisie.
- **Semaine :** Comme ci-dessus, mais en allant comme vous vous en doutez du lundi au dimanche suivant.
- **Mois :** Couvre un mois en entier.
- **Aujourd'hui :** vous renvoie à la date courante.

TRUC

Dans tous les cas, l'affichage du calendrier s'accompagne de petites flèches, disposées horizontalement ou verticalement selon le cas, qui vous permettent de vous déplacer vers le passé ou vers le futur.

Ajouter des rendez-vous (et autres)

Pour ajouter un nouvel événement dans un calendrier, il suffit de taper ou cliquer sur le bouton « + », en haut et à gauche de la fenêtre. Une nouvelle page apparaît (voir la Figure 1.18).

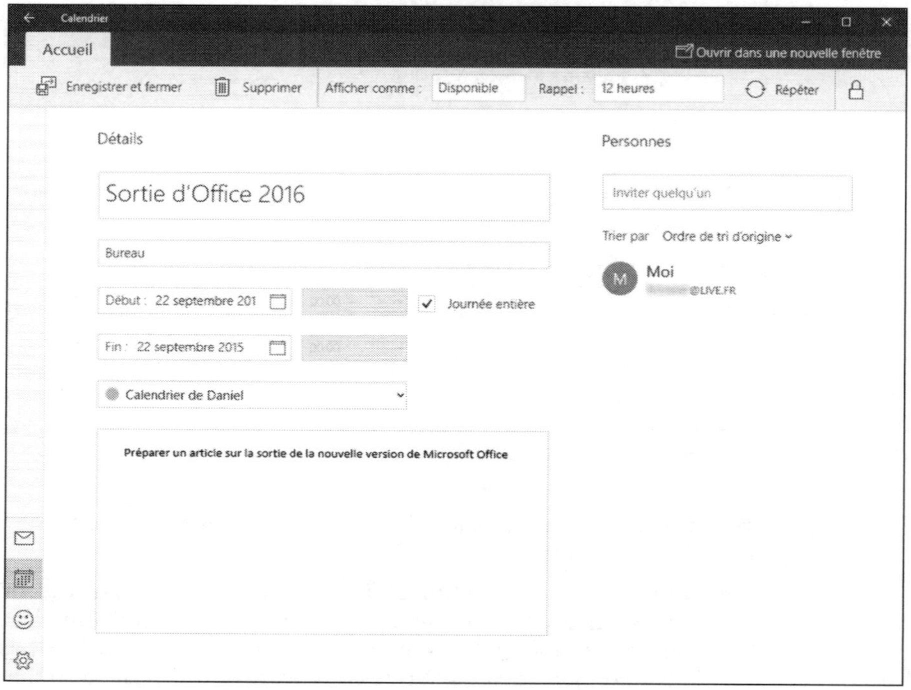

Figure 1.18 : Créer un nouvel événement dans le calendrier.

Vous pouvez aussi cliquer sur un emplacement vide dans la case du jour de l'événement. Une petite fenêtre s'ouvre (voir la Figure 1.19). Vous pouvez ainsi définir rapidement le contenu d'un événement simple (par exemple un anniversaire). Pour compléter si nécessaire les informations, cliquez ou tapez sur le bouton Autres détails. Vous retrouvez alors la page illustrée sur la Figure 1.18.

Les entrées se comprennent facilement, sauf pour quelques points :

- **Vous devez choisir un calendrier, autrement dit un compte de messagerie pour choisir comment effectuer la synchronisation.** L'application Calendrier se connecte immédiatement au compte que vous choisissez pour y enregistrer le nouvel événement.

- **Vous pouvez, le cas échéant, ajouter une ou plusieurs adresses de messagerie dans le champ Personne.** Dans ce cas, l'application Calendrier générera automatiquement un message d'invitation qui sera envoyé au(x) destinataire(s) de l'invitation en leur demandant de confirmer leur présence.

Lorsque vous avez terminé, cliquez ou tapez en haut et à gauche de la fenêtre sur le bouton Enregistrer et fermer.

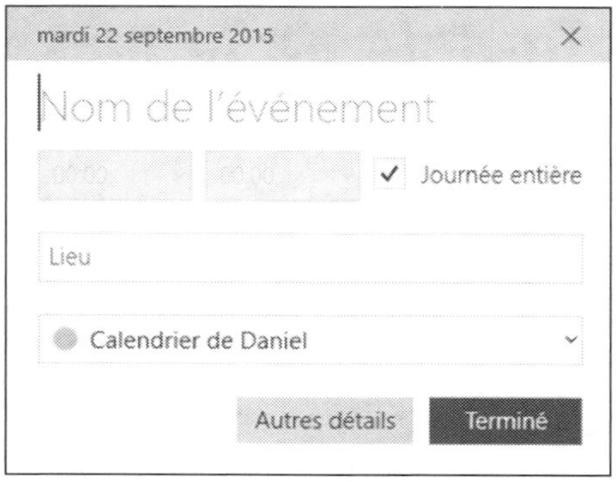

Figure 1.19 : Définir rapidement un événement.

N'OUBLIEZ PAS

Le bouton se transforme en Envoyer si vous invitez une ou plusieurs personnes.

Si vous cliquez ou tapez sur l'icône qui représente une double flèche dans un cercle, vous pouvez spécifier la date de début, la date de fin ainsi que la périodicité de l'événement.

TRUC

Il est aussi possible de saisir des rendez-vous ou des événements en faisant appel à Cortana (voir le Livret III, Chapitre 5). Ce n'est pas très pratique, ni assez complet pour un événement un peu complexe. Les événements ainsi définis s'affichent dans le calendrier associé à votre compte Microsoft. Mais ils ne peuvent être ni modifiés ni supprimés dans l'application Calendrier. Seule Cortana a le droit de le faire…

En guise de conclusion ?

L'application Calendrier est un agenda tout juste passable. Il faut bien reconnaître qu'il existe de nombreux outils plus efficaces et plus complets, du moins si vos besoins sont un peu plus exigeants.

Sur le versant positif des choses, il convient tout de même de souligner que l'application Universelle Windows Courrier/Calendrier (c'est vous qui voyez) est capable de vous envoyer des rappels dans le Centre de notifications (voir le Livret II, Chapitre 3 pour plus de détails).

Et si vous avez besoin d'une application, tournez-vous par exemple vers l'agenda Google, ou encore ce que vous propose votre iPhone/iPad si ce matériel a votre préférence.

Au-delà de la messagerie électronique

Pour terminer ce chapitre, je me dois de reconnaître que les systèmes de messagerie tels que nous avons pu les connaître par le passé (et même aujourd'hui) connaissent de grandes évolutions.

Par exemple, avec des réseaux dits sociaux tels Facebook, Twitter et d'autres, la manière de communiquer évolue à une vitesse insoupçonnée il y a quelques années. Les frontières entre messagerie classique, messagerie instantanée, SMS, MMS et autres s'estompent rapidement. Sans même parler des appels vidéo.

Par conséquent, je ne peux que vous conseiller de ne pas vous enfermer dans tel ou tel système, ou telle ou telle solution maison. Sachez vous adapter en fonction de vos besoins en communication. Utilisez les outils qui vous conviennent le mieux. Si ce sont ceux de Windows 10, c'est très bien. Mais les autres, c'est très bien aussi.

Chapitre 2

Gérer vos contacts

Dans ce chapitre :

- Windows 10 est les contacts ?
- Travailler avec vos contacts
- Créer de nouveaux contacts

Autrefois, pouvoir gérer une unique liste de contacts, avec leurs adresses, leur messagerie, leurs numéros de téléphone, le tout bien à jour, était l'un des arguments les plus porteurs en faveur des PC.

Mais ces temps heureux sont bien terminés. De nos jours, les listes de contacts finissent par être envahies d'entrées périmées et d'informations sans utilité. Pire, les multiples listes de contacts ne se parlent pas entre elles. Vos contacts Facebook, Skype, Gmail, Twitter, Outlook, ceux qui sont enregistrés sur la carte SIM de votre téléphone, et d'autres encore ne se connaissent même pas. Dans un sens, ce n'est pas plus mal, car sinon vous finiriez sans doute par passer votre temps à gérer des notifications, des alertes, et ainsi de suite.

Changer un détail quelque part, par exemple modifier une adresse de messagerie dans Gmail, n'a aucune incidence sur les autres listes. Cela signifie simplement que Gmail est à jour, et pas les autres.

J'aimerais bien pouvoir vous dire que Microsoft a fabriqué une meilleure liste de contacts, mais c'est faux. L'application Universelle de Windows 10, modestement appelée Contacts, est un gadget. Elle évoluera peut-être dans un avenir incertain, mais il n'y a pas de quoi retenir son souffle en attendant ce jour.

Certes, cela fait très longtemps que Microsoft propose ce genre d'application ou d'outil. Mais, à moins de travailler exclusivement avec Outlook, il n'a jamais réussi à être meilleur que les autres.

Windows 10 et les contacts

En fait, l'application Universelle Windows appelée modestement Contacts sert simplement à gérer une liste de contacts. Point. Normalement, l'application est aussi capable d'importer d'autres listes à partir de diverses autres sources, en provenance par exemple d'Office 365, d'Exchange, d'Outlook.com, de Gmail ou encore d'iCloud. Microsoft promet d'étendre le champ de ces « ponts » entre systèmes, mais rien ne dit que cet engagement sera tenu, ni quand.

Si vous configurez Contacts avec un compte Hotmail/Outlook.com, Gmail ou Exchange Server, tous les contacts associés à ces comptes sont normalement déjà importés dans l'application. Et si vous définissez plusieurs comptes Hotmail/Outlook, par exemple, tous les contacts provenant de ces comptes sont (toujours normalement) fusionnés dans votre liste.

Ajouter des comptes à l'application Contacts

N'OUBLIEZ PAS

Avant d'ajouter un compte à l'application Contacts, vous devez faire attention aux effets de bord que cela peut avoir sur d'autres applications Universelles Windows. Retenez ces points particuliers :

- **Compte Google :** Vos contacts Gmail peuvent être importés, mais pas vos « amis » Google+ (qui n'a d'ailleurs jamais rencontré la faveur du grand public). De plus, cela ajoute votre compte Gmail à l'application Universelle Courrier.
- **Compte Hotmail/Outlook :** Vos contacts sont importés (ce qui vaut également pour Windows Live), et le compte est ajouté à l'application Universelle Courrier.
- **Autres comptes :** Vous pouvez ajouter d'autres types de comptes (de type POP3 ou IMAP), mais les contacts qui leur sont éventuellement associés ne devraient pas être importés dans l'application Contacts. En revanche, la connexion est également intégrée à l'application Courrier.

Maintenant que vous connaissez les implications, vous êtes prêt à ajouter de nouveaux comptes. Voyons donc comment procéder :

1. **Lancez l'application Contacts depuis sa vignette dans le menu Démarrer (voir la Figure 2.1).**

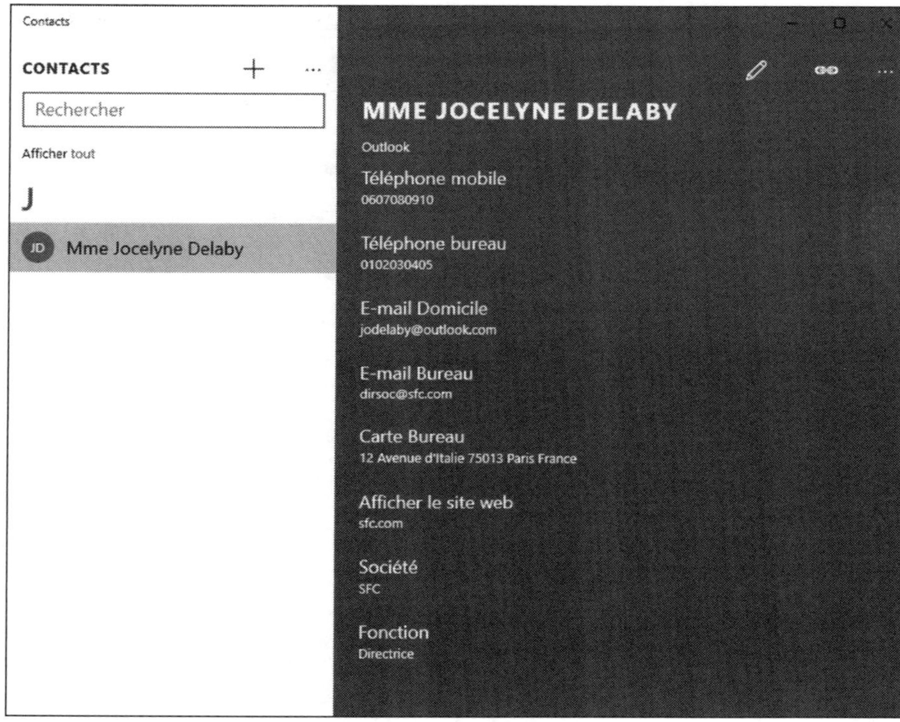

Figure 2.1 : L'application Contacts et sa fenêtre principale.

Si vous avez déjà défini un seul compte, vous pourrez peut-être voir un message vous demandant si vous voulez en ajouter un nouveau. Dans ce cas, passez à l'Étape 3.

2. **Dans l'écran principal de l'application Contacts, cliquez sur le bouton marqué de trois points dans le volet de gauche. Choisissez ensuite l'option Paramètres.**

   Le panneau Ajouter un compte va s'afficher (voir la Figure 2.2).

   Réfléchissez bien à ce que vous voulez faire et obtenir. Modifier des tas de contacts un par un est une tâche qui peut très vite devenir extrêmement pénible. De plus, même si Contacts essaie de détecter les entrées en double, il n'est pas capable de traiter celles qui ne présentent qu'une légère différence.

3. **Si vous voulez continuer, cliquez ou tapez sur Ajouter un compte.**

   La boîte de dialogue illustrée sur la Figure 2.3 va apparaître (c'est d'ailleurs presque la même que dans l'application Courrier).

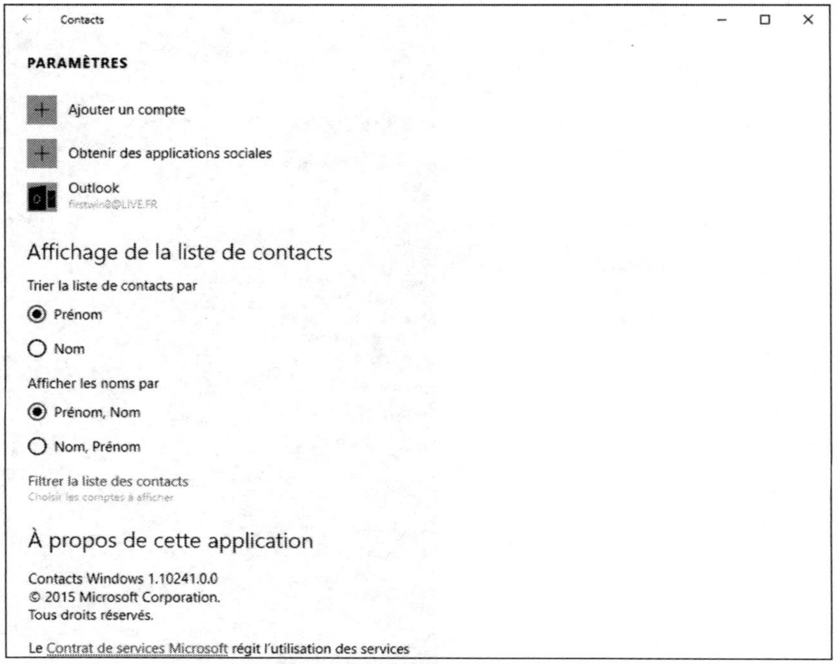

Figure 2.2 : Les paramètres de l'application Contacts.

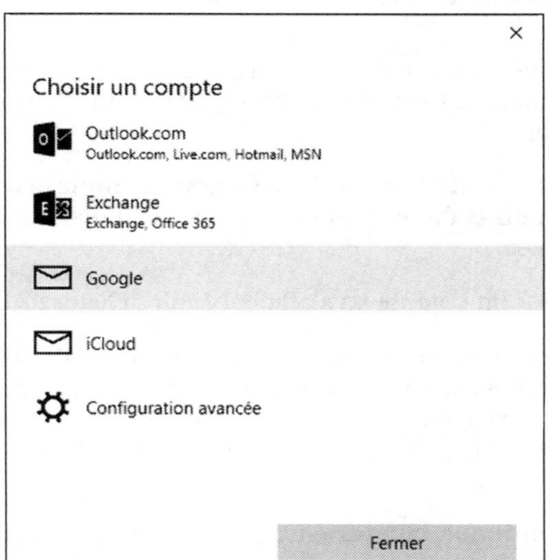

Figure 2.3 : Choisissez le type de compte à ajouter.

Le Tableau 2.1 précise les options dont vous disposez.

4. **Choisissez le type de compte que vous voulez ajouter, et suivez les instructions qui vous sont données.**

   À l'arrivée, vous devriez retrouver votre liste de contacts, éventuellement pleine de doublons. Voyez le petit truc qui suit.

Tableau 2.1 : L'application Contacts et les types de comptes.

Utilisez ce type de compte	Pour ce service de messagerie
Exchange	Il est destiné aux messageries gérées *via* un serveur d'entreprise, ou si vous utilisez Office 365 pour gérer vos messages.
Outlook.com	Concerne les comptes délivrés par Microsoft. Ils se terminent par un suffixe du style `@outlook.com`, `@live.com`, `@hotmail.com`, ou encore `@msn.com`. Dans certains cas, ce suffixe peut également se terminer en .fr.
Google	Si vous avez un compte Google, autrement dit qui se termine par `@gmail.com`.
iCloud	Pour ceux qui jouent sur les deux tableaux, avec une adresse qui se termine par `@icloud.com`, `@me.com` ou encore `@mac.com`.
Configuration avancée	Uniquement si vous possédez un compte Exchange ActiveSync.

TRUC

Si vous avez ajouté trop de comptes à votre liste de contacts, vous pouvez limiter les dégâts sans avoir à supprimer laborieusement les entrées individuelles en trop. Voici comment :

1. **Ouvrez l'application Universelle Contacts.**
2. **Dans l'écran principal (revoyez la Figure 2.1), cliquez sur les trois points dans le volet de gauche. Choisissez ensuite l'option Paramètres.**

   Vous voyez la boîte de dialogue illustrée sur la Figure 2.2.
3. **Cliquez sur le lien Filtrer la liste des contacts.**

   Les options illustrées sur la Figure 2.4 s'affichent.
4. **Cochez ou décochez les cases correspondant aux comptes que vous voulez activer ou désactiver de manière à ne voir que les contacts qui vous intéressent.**

TRUC

L'option « Masquer les contacts sans numéro de téléphone » est désactivée par défaut. En d'autres termes, l'application Contacts affiche par

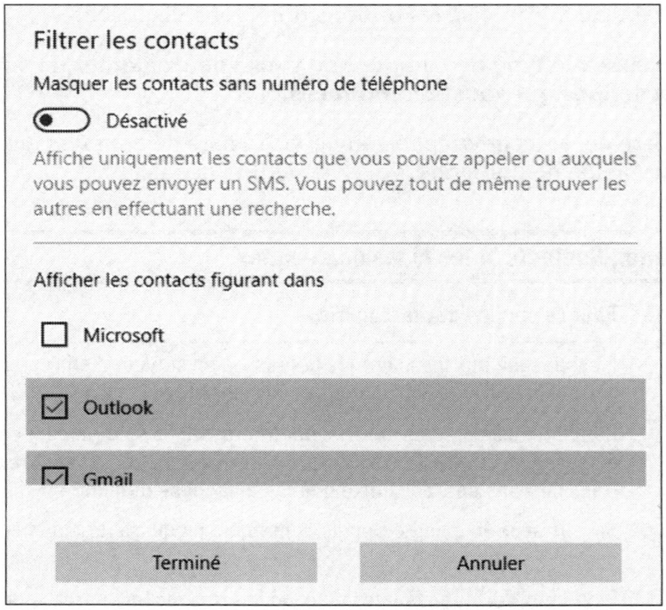

Figure 2.4 : Désactivez ici tous les contacts provenant d'une certaine source.

défaut tout le monde, que les personnes soient ou non associées à un numéro de téléphone.

5. **Cliquez sur Terminer.**

Éditer un contact

Si vous voulez modifier l'information associée à un contact, suivez ces étapes :

1. **Ouvrez l'application Universelle, puis cliquez ou tapez sur le nom du contact que vous voulez éditer.**

   Les détails de la fiche du contact apparaissent (voir la Figure 2.5).

2. **Cliquez ou tapez sur l'icône qui représente un crayon.**

   La fenêtre d'édition apparaît (voir la Figure 2.6).

3. **Modifiez les informations qui doivent être mises à jour.**

   La liste des champs dont vous disposez est décrite un peu plus loin dans ce chapitre.

Figure 2.5 : Éditer la fiche d'un contact.

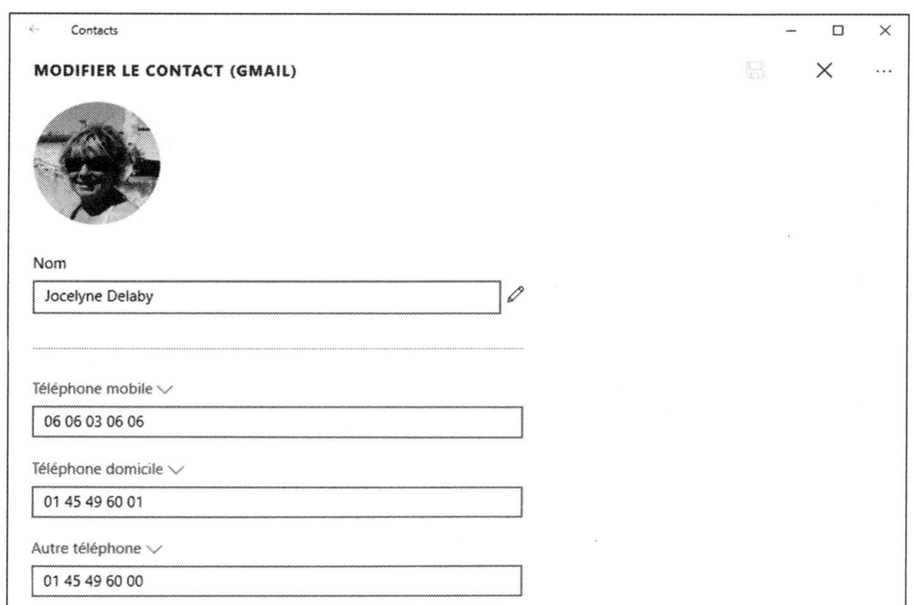

Figure 2.6 : Modifiez ici les informations de votre contact.

4. **Très important : tapez ou cliquez sur l'icône de disquette, en haut et vers la droite de la fenêtre (ou sur la croix pour annuler vos modifications).**

   Si vous ne sauvegardez pas explicitement vos modifications, celles-ci ne seront pas enregistrées !

Non, Contacts ne fait pas partie de ces applications du XXIe siècle qui sont capables de repérer automatiquement les changements qui interviennent dans la vie de vos contacts et qui savent mettre à jour leurs données immédiatement et sans que vous ayez besoin de tout reprendre manuellement…

Rechercher un contact

C'est très simple : vous cliquez dans le champ Rechercher, à gauche de la fenêtre de l'application Contacts, et vous tapez ce que vous voulez retrouver.

Ne vous leurrez pas. La fonction de recherche de l'application Contacts ne regarde que le début des noms. Ce n'est généralement pas un problème, sauf si, lors de l'importation, le nom et le prénom ont été fusionnés sans que vous en soyez prévenu.

Ajouter de nouveaux contacts

Ajouter un nouveau contact n'est pas difficile, à condition bien sûr de ne pas se tromper de bouton. Les trois points, c'est pour ajouter un compte. Pour un contact, c'est le signe « + ». Tout simplement.

Un contact n'a évidemment pas besoin d'être une personne physique. Une entreprise, une boutique, une clinique et ainsi de suite sont autant de contacts potentiels.

Par défaut, l'application trie les contacts selon le prénom puis le nom. Pour inverser cet ordre, ouvrez la page des paramètres et choisissez le mode voulu sous la rubrique Trier la liste de contacts par. Vous pouvez également choisir si l'affichage se fait en montrant les noms en premier au lieu des prénoms.

Pour ajouter un nouveau contact :

1. **Ouvrez l'application Contacts.**

   L'écran principal apparaît (reportez-vous à la Figure 2.1).

2. **Cliquez ou tapez sur le signe « + », en haut et vers la gauche de la fenêtre.**

L'application vous demande de choisir un compte parmi ceux que vous avez ajoutés (voir la Figure 2.7).

3. **Choisissez le compte avec lequel vous voulez associer le nouveau contact.**

   Vous pouvez choisir n'importe quel compte qui a déjà été identifié dans l'application Courrier. De plus, l'adresse de messagerie que vous définissez pour un nouveau contact devrait, en toute logique, être immédiatement disponible dans l'application Courrier.

   Vous voyez s'afficher l'écran illustré sur la Figure 2.8.

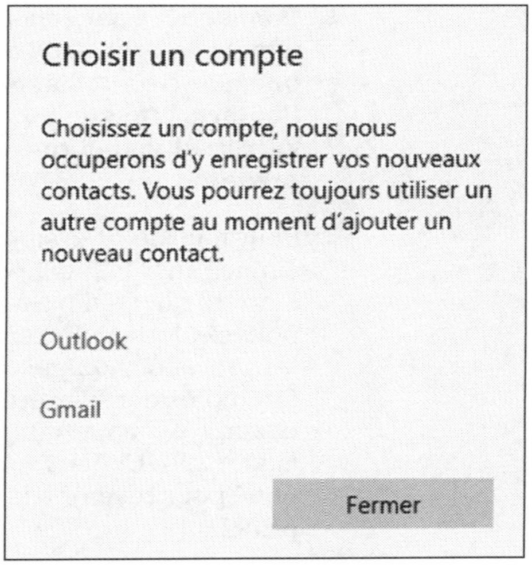

Figure 2.7 : Choisissez un compte.

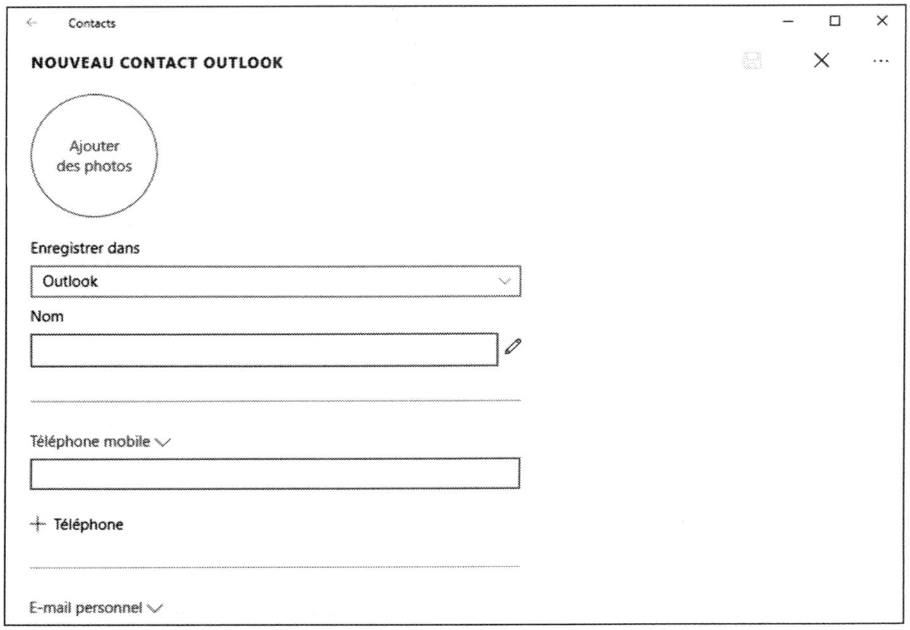

Figure 2.8 : Remplissez les champs de la fiche de votre nouveau contact.

4. **Commencez par saisir le prénom et le nom, sans oublier que, par défaut, l'application Contacts effectue un tri dans l'ordre alphabétique des prénoms.**

   Pour plus de précisions, cliquez sur l'icône de crayon, à droite du champ Nom. Vous pouvez alors apporter toutes les précisions qui peuvent être utiles dans la série de champs qui apparaît (voir la Figure 2.9). Cliquez sur Terminé pour revenir à la fenêtre principale.

5. **Si vous connaissez l'adresse de messagerie de votre contact, choisissez-en le type (une adresse personnelle, de bureau ou autre) en cliquant ou tapant sur la petite pointe, puis saisissez-la dans le champ.**

   Vous pouvez définir plusieurs adresses en cliquant ou tapant sur le bouton « + ».

6. **Procédez de même pour enregistrer un ou plusieurs numéros de téléphone (mobile, professionnel, fax, et ainsi de suite).**

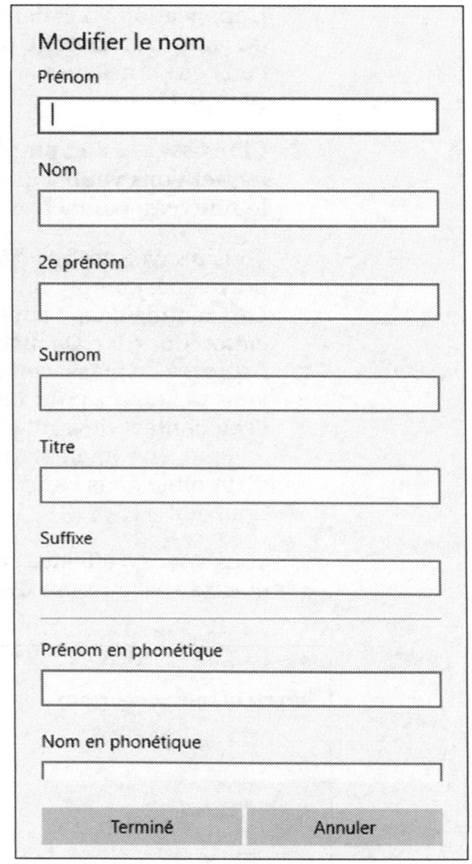

Figure 2.9 : Prénom, nom, surnom, titre, etc. Tout est possible pour décrire complètement un contact.

7. **Vous avez, selon le même principe, la possibilité d'ajouter une ou plusieurs adresses, qu'il s'agisse du domicile, du lieu de travail, etc.**

   TRUC

   Lorsque vous entrez une adresse complète, celle-ci apparaît ensuite dans la fiche du contact sous l'appellation Carte Domicile, ou encore Carte Bureau. Cliquez dessus, et l'application Universelle Cartes va afficher son emplacement.

8. **Pour compléter vos informations, cliquez sur Autre. Vous pouvez de cette manière ajouter de nouveaux champs : Site Web, Société, Fonction, Lieu du bureau, Proche, Enfants, Date de naissance, Anniversaire ou encore Notes.**

9. **Quand vous avez terminé, cliquez sur le bouton Enregistrer (l'icône de disquette, en haut et vers la droite de la fenêtre).**

L'application Contacts va enregistrer toutes ces données, en les coordonnant si nécessaire avec l'application Universelle Courrier.

NOTE TECHNIQUE

Contacts peut être utile, mais elle n'est certainement pas au niveau. En particulier, elle n'est pas du tout adaptée si vous avez besoin d'accéder à tous vos contacts sur plusieurs appareils et/ou systèmes. À dire vrai, les adresses Gmail étant très simples à créer et à utiliser, il faut reconnaître que les outils fournis par Google sont bien plus agréables et efficaces (voyez ce qu'en dit votre smartphone ou votre tablette, ou reportez-vous au site `contacts.google.com`).

Chapitre 3

L'application Photos de Windows 10

Dans ce chapitre :

- Tour d'horizon de l'application Photos
- Ajouter des photos
- Utiliser des albums
- Travailler avec les photos en ligne

L'application Photos de Windows 10 a pour fonction d'afficher correctement vos photos en plein écran, avec quelques fonctions d'édition simples. Si vos attentes sont supérieures, vous risquez d'être déçu.

Ce chapitre décrit les capacités, et incapacités, de Photos. Un petit tour d'horizon vous guidera pour naviguer dans l'application. J'expliquerai ensuite comment apporter de petites modifications à vos photos, et comment importer des photos à partir de votre appareil photo (ou de votre téléphone). Vous apprendrez également à organiser vos clichés en albums.

Finalement, si l'application Photos n'est pas celle dont vous rêviez, et à moins que vos besoins ne soient très modestes, nous découvrirons ensemble quelques perles gratuites sur Internet. Vous seriez surpris de voir tout ce qui est disponible, gratuitement s'entend.

L'application Photos, ce qu'elle peut faire... ou pas

Photos vous permet d'afficher simplement vos clichés. Voilà ce qu'on y trouve :

- un emplacement centralisé pour afficher les photos organisées selon leur source – votre ordinateur, ou votre compte OneDrive.
- de l'aide pour rechercher une photo.
- un moyen d'afficher vos photos en fonction des dates.

La section suivante, « Tour d'horizon de l'application Photos », détaille les différentes sources des photos et explique comment rechercher ou changer l'affichage de vos images. La section « Éditer vos photos » vous montrera comment appliquer quelques modifications (simples) à vos clichés. La section « Ajouter des photos », plus loin dans ce chapitre, vous indiquera comment créer des albums, et ce que vous pouvez faire avec eux. Et la dernière section vous introduira dans le fabuleux monde des applications disponibles sur Internet pour vous aider à gérer, éditer et partager les meilleurs souvenirs de votre vie.

L'application Photos est raisonnablement efficace, mais elle souffre des mêmes problèmes de navigation que la plupart des applications fournies en standard avec Windows 10. Par exemple, essayez de copier plusieurs photos d'un dossier à un autre du bout des doigts, et vous m'en direz des nouvelles.

Si vous essayez d'importer des photos sur votre PC depuis un appareil numérique, sachez que Windows dispose d'un outil intégré pour réaliser cette opération.

Tour d'horizon de l'application Photos

Si vous souhaitez partir à la découverte de l'application Photos :

1. **Dans le menu Démarrer, touchez ou cliquez sur la vignette Photos.**

   L'écran principal de l'application apparaît, comme l'illustre la Figure 3.1.

   Microsoft s'efforce consciencieusement de tuer et d'enterrer les bibliothèques dans Windows 10. Si vous n'avez pas pris le contrôle de votre bibliothèque d'images (voir le Livret VII, Chapitre 3), vous disposez uniquement de votre dossier personnel Images. L'affichage par défaut de l'application Photos est donc formé du contenu de ce dossier (que les

Figure 3.1 : L'application Photos fusionne les fichiers image de plusieurs sources, que ce soit dans le dossier Images de votre disque dur ou sur OneDrive.

photos soient physiquement stockées sur votre machine, ou qu'elles se trouvent simplement sur OneDrive).

Le mode Collection est une simple liste dans l'ordre chronologique inverse de toutes les images (et de toutes les vidéos) stockées dans votre dossier Images, combinées avec les images et les vidéos des divers dossiers de OneDrive.

N'OUBLIEZ PAS

Les photos et vidéos enregistrées sur votre disque en dehors du dossier Images ne sont pas incluses.

Par défaut, les clichés sont automatiquement « améliorés » par l'application Photos, et les doublons sont éliminés de la liste.

2. **Pour rechercher une photo spécifique, faites défiler l'affichage jusqu'à ce que vous retrouviez la date à laquelle elle a été prise (voir la Figure 3.2).**

Figure 3.2 : L'application Photos ne dispose pas de fonction de recherche. Vous devez donc faire défiler la liste pour retrouver la date de prise vue d'une certaine photo.

Si vous cherchez une *meilleure* application pour la gestion de vos photos, voyez par exemple `photos.google.com`. Cela vous donnera une bonne idée de ce que ce type d'outil devrait savoir faire.

L'application Photos peut afficher une grande variété de formats de photos et de vidéos dont AVI, BMP, GIF (y compris les GIF animés), JPG, MOV, MP4, MPEG, MPG, PCX, PNG, de nombreux fichiers RAW, TIF, WMF, et les fichiers WMV. S'il manque le format MKV, cela devrait largement couvrir vos besoins.

Modifier des photos

Bien qu'il soit difficile de retrouver facilement un cliché avec l'application Photos, vous disposez de quelques fonctions d'édition certes plutôt rudimentaires, mais parfois suffisantes. Voici comment modifier vos images :

Afficher des vidéos et des dossiers réseau

L'application Photos n'affiche pas toutes les vidéos et photos. Tout dépend de la manière dont Photos fonctionne à l'arrière-plan pour afficher les images. Les points suivants devraient éclaircir quelques mystères :

- **Photos affiche tous les fichiers image ou vidéo de votre dossier Images Windows ou OneDrive.** Même si Photos affiche des vidéos, celles-ci doivent se trouver dans votre dossier Images (et non votre dossier Vidéos) pour apparaître dans Photos. Les fichiers vidéo de votre dossier Vidéos n'apparaissent pas du tout dans Photos, même si cela peut sembler un peu bizarre. Voilà l'occasion de remarquer que l'application Vidéo n'a rien à voir avec l'application Photos : elle affiche vos vidéos dans une minuscule section, perdue au milieu d'une quantité impressionnante de films à acheter ou à louer. Pour en savoir plus, passez au Livret IV, Chapitre 6.
- **Si votre dossier Images Windows contient un lien vers un dossier stocké sur un réseau, Photos n'y accède pas.** Cela signifie qu'il est impossible de placer des photos sur un serveur Windows Home Server, un serveur de stockage en réseau (NAS) ou même un autre ordinateur de votre réseau domestique, et de les voir apparaître dans l'application Photos – même si vous ajoutez le dossier à votre bibliothèque Images. Pire encore, Photos n'est pas capable de voir les photos incluses dans votre groupe résidentiel.

Oui, je sais, tout cela est confus et un peu ridicule.

1. **Naviguez jusqu'à la photo que vous voulez corriger et cliquez ou tapez sur son aperçu.**

   Une barre d'outils apparaît (voir la Figure 3.3).

2. **Les outils proposés permettent (de gauche à droite) de partager la photo (à condition bien entendu d'avoir un programme capable de le faire), de lancer un diaporama, d'améliorer automatiquement la photo, de la modifier, de la faire pivoter, ou encore de la supprimer. Les petits points qui terminent la ligne permettent d'accéder à d'autres options.**

   Le bouton Améliorer fonctionne de manière totalement automatique, sans toucher au fichier original. Cliquez ou tapez sur ce bouton pour activer ou désactiver cette correction, et juger si le résultat vous convient ou non.

   En résumé, Photos vous propose une approche directe pour visualiser ou éditer vos photos sans avoir à passer par l'Explorateur de Photos.

TRUC

Dans certaines circonstances, l'Explorateur de fichiers peut ajouter à son volet de navigation une entrée appelée Photos. Elle appelle une

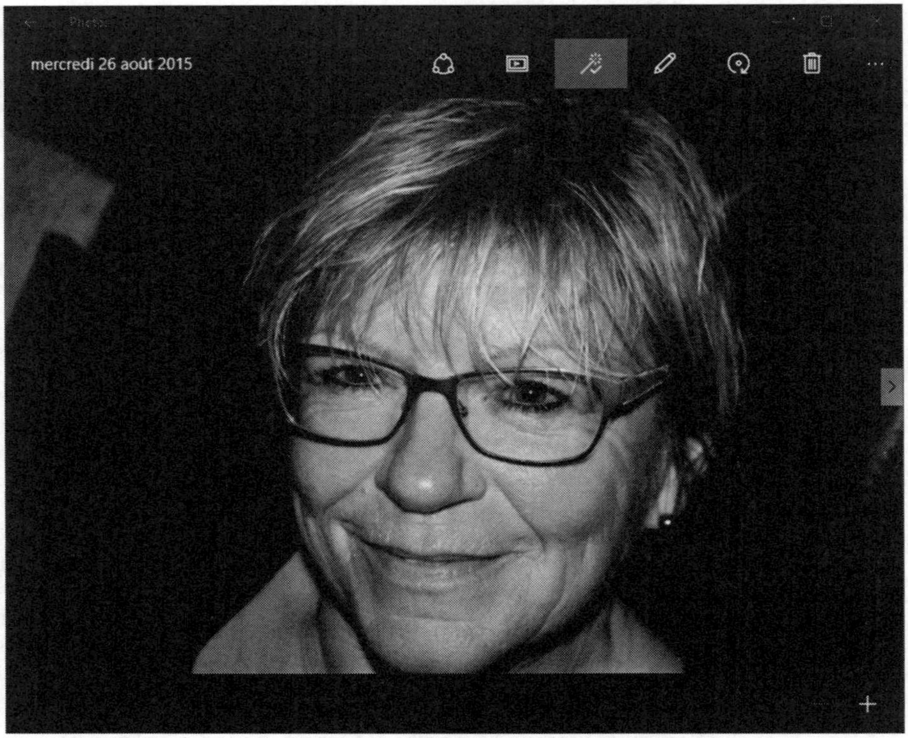

Figure 3.3 : Sélectionnez une photo pour commencer à la modifier.

copie de l'application Photos qui va s'exécuter dans le volet de droite de l'Explorateur de fichiers.

3. **Cliquez sur les petits points, en haut et à droite de la fenêtre de Photos.**

   Vous trouvez ici des options pour copier la photo, l'imprimer, l'ouvrir avec un programme plus sophistiqué, la choisir comme arrière-plan du bureau ou de l'écran de verrouillage, ou bien encore pour obtenir des informations sur les conditions de prise de vue.

4. **Cliquez sur l'icône Modifier (celle qui ressemble à un crayon).**

   Vous voyez apparaître deux barres d'outils servant à éditer la photo (voir la Figure 3.4).

5. **Si le bouton Améliorer est désactivé, cliquez dessus.**

Figure 3.4 : Les outils d'édition de l'application Photos sont très classiques.

Même si, par défaut, l'application s'efforce « d'améliorer » vos clichés, appliquer ici manuellement ce réglage permet non seulement de choisir plus facilement la version que vous préférez, mais aussi de l'enregistrer.

Désactivez l'outil d'amélioration en maintenant enfoncée l'icône Comparer, en haut de la fenêtre, avant de prendre votre décision.

6. **Si le résultat de l'amélioration vous convient, cliquez sur l'icône Enregistrer une copie pour sauvegarder le résultat dans un nouveau fichier.**

Cette icône représente deux disquettes superposées. Si vous savez du moins à quoi ressemble une disquette (il y en aussi une autre, mais là c'est pour enregistrer, et donc remplacer le fichier d'image).

Ne vous tirez pas une balle dans le pied. Choisissez Enregistrer une copie, et non Enregistrer. Après, vous disposez d'assez d'espace pour conserver plusieurs versions d'une même photo, et il sera toujours temps de choisir la meilleure plus tard.

7. **Jouez un peu avec les outils de base : Faire pivoter, Rogner, Redresser, Yeux rouges et Retoucher (une sorte de mélangeur, en première approximation).**

   Utilisez copieusement l'icône Annuler.

8. **Sur la gauche de la fenêtre, cliquez sur l'outil Filtres.**

   Un peu (beaucoup) comme sur un smartphone, Photos vous propose des filtres censés être artistiques, en affichant sur la droite de la fenêtre un aperçu de chaque réglage (voir la Figure 3.5).

Figure 3.5 : L'application Photos vous propose quelques filtres, dont le noir et blanc.

TRUC

Avant d'appliquer quoi que ce soit, pensez à l'icône Comparer pour juger du résultat avant/après. Et n'oubliez pas l'icône Annuler si vous faites une erreur de jugement.

Si un des filtres vous convient, il vous suffit de cliquer (ou de taper) sur sa vignette.

9. **Cliquez ou tapez ensuite sur l'icône Lumière dans le panneau de gauche. Vous disposez sur la droite de quatre modes de réglage : Luminosité, Contraste, Effets et Ombres. Pour changer une valeur, vous cliquez sur l'un de ces boutons, et faites glisser sur une roue jusqu'à obtention du résultat souhaité (voir la Figure 3.6).**

TRUC

En vous déplaçant vers le bas de la fenêtre, un signe « + » apparaît. Il vous permet de zoomer sur la photo pour mieux vous rendre compte des détails.

Figure 3.6 : Les contrôles circulaires sont faciles à utiliser avec une souris ou avec le doigt.

10. **Faites quelques expériences avec les icônes Couleur (pour ajuster la température de couleur, la teinte, la saturation ou l'amélioration des couleurs en se basant sur une position que vous choisissez sur la photo) et Effets (afin de créer un vignettage ou un flou « artistique »).**

11. **N'oubliez pas les outils disponibles en haut de la fenêtre afin d'annuler ou de rétablir une action, d'effectuer une comparaison avant application d'un réglage, ou encore d'enregistrer une copie de la photo.**

12. **Lorsque vous avez terminé, cliquez sur la croix, en haut et à droite, pour quitter le mode Modification.**

Pour revenir ensuite à la vue Collection, cliquez ou tapez sur la flèche qui se trouve en haut et à gauche de la fenêtre de Photos.

Paramétrer l'application Photos

L'application Photos dispose de quelques réglages que vous pouvez (ou non) trouver utiles.

Pour les voir, cliquez ou tapez sur l'icône qui représente une petite roue dentée, en bas et à gauche de la fenêtre dans la vue Collection. Vous obtenez une liste d'options (voir la Figure 3.7).

Certains paramètres ne sont pas vraiment évidents. Voyons cela d'un peu plus près :

- **Améliorer automatiquement mes photos :** Windows va essayer de corriger automatiquement les photos que vous ouvrez. Mais pas de panique : l'original n'est pas modifié ! Si vous voulez enregistrer une nouvelle version d'une image, vous devez le faire explicitement en passant par le mode Modification (reportez-vous à la Figure 3.5).
- **Doublons associés :** Si vous êtes équipé d'un appareil photo numérique capable d'enregistrer un cliché dans deux formats différents (typiquement un au classique format JPEG, et un autre dans un format RAW, ou brut), cette option vous permet de visualiser les deux.

  Chaque constructeur d'appareil photo numérique a sa propre vision du format RAW, qui permet de retravailler les clichés avec des programmes spécialisés. Je ne peux pas vous affirmer que Photos soit capable de relire tous les formats RAW. Et si vous ne comprenez pas de quoi je parle, c'est tout simplement que vous n'êtes pas concerné…
- **Sources :** Désolé, mais le fait d'ajouter manuellement le nom d'un dossier ne semble pas avoir un énorme impact sur le comportement de l'application Photos.
- **Afficher mes photos et vidéos provenant de OneDrive :** Demande à l'application Photos de scanner tous vos dossiers OneDrive pour y rechercher les photos et les vidéos qui sont enregistrées uniquement sur le nuage Internet. Dans ce cas, tous les éléments graphiques (pas

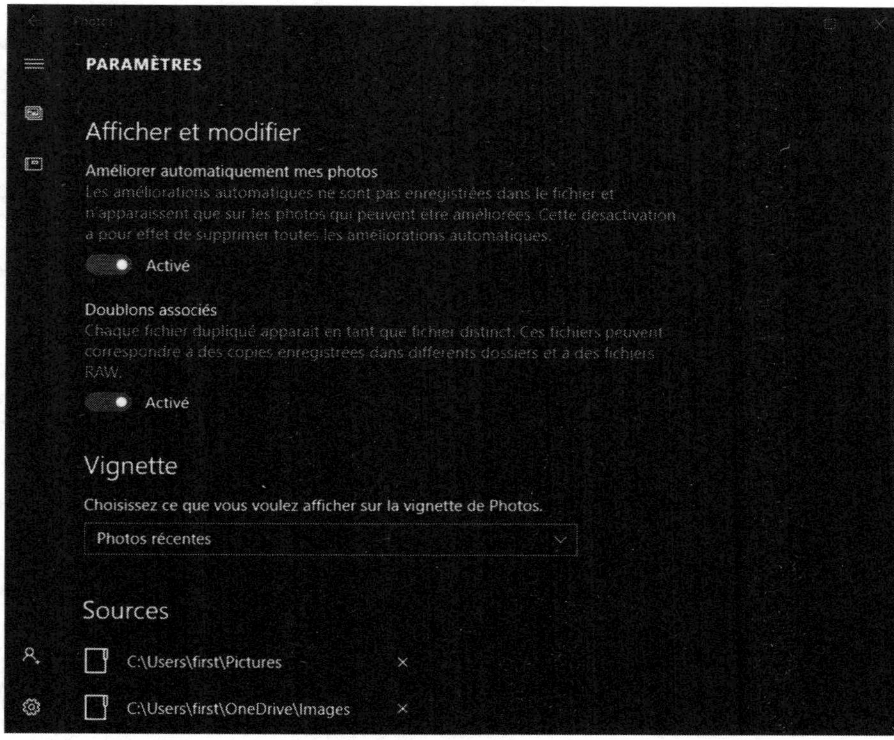

Figure 3.7 : Les réglages de l'application Photos.

seulement les photos et les vidéos) ayant un format connu devraient être localisés.

Ajouter des photos

Il existe trois manières d'ajouter des images à votre collection dans Photos :

- **Ajouter des photos à OneDrive :** Effectuer cette opération depuis le bureau se limite à un simple glisser-déposer. Et l'Explorateur de fichiers se débrouille également très bien avec cela.
- **Utiliser l'application Importer des photos :** Importez des photos d'un appareil photo ou de n'importe quel périphérique amovible, y compris une clé USB, une carte SD ou même un disque dur externe raccordé. Reportez-vous à cet effet à la section « Importer des photos d'un appareil photo ou d'un disque dur externe ».

- **Ajouter des photos à votre bibliothèque Images :** C'est la méthode « à l'ancienne », que j'utilise pour ajouter des photos à l'application Photos (en plus de OneDrive). Il suffit d'utiliser l'Explorateur de fichiers pour copier des photos ou des vidéos dans le dossier Images. Rappelez-vous que l'application Photos ne vous montre pas le contenu de votre dossier Vidéos.

Importer des photos d'un appareil photo (ou d'un disque dur externe)

Si vous voulez importer des photos dans votre PC depuis votre iPhone, iPad, smartphone ou tablette Android ou Windows 10, vous n'êtes pas au bon endroit.

Certes, lorsque vous branchez l'appareil sur un port USB de votre ordinateur, l'application Photos va se lancer par défaut et rechercher ce que contient le dispositif externe. Une fois l'analyse terminée, il vous propose d'importer tout en bloc dans le dossier Images associé à OneDrive, voire même de vider le contenu de votre appareil numérique (voir la Figure 3.8).

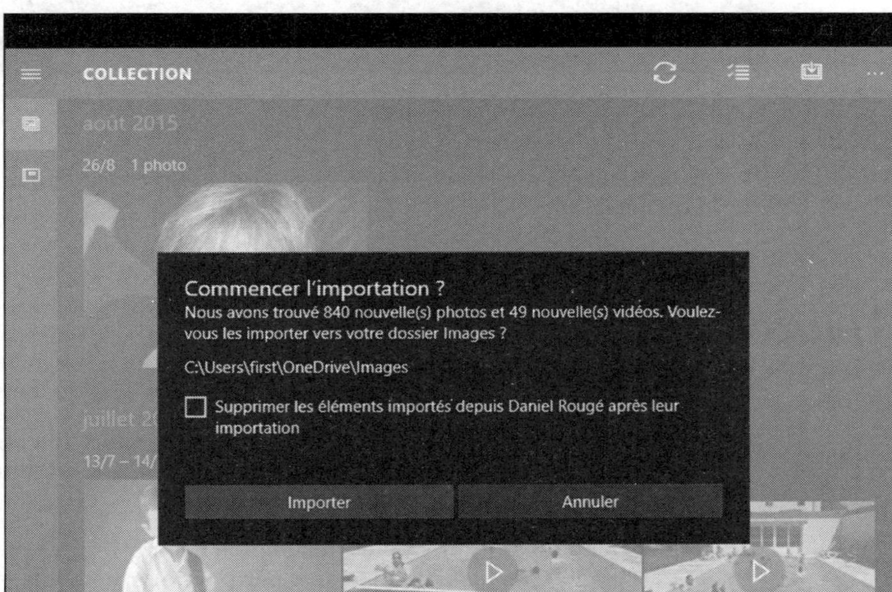

Figure 3.8 : Importer des photos et des vidéos à partir d'un appareil numérique connecté à un port USB du PC.

À part cela, vous n'avez aucun contrôle sur cette importation, et vous risquez de vous retrouver au milieu d'une bouillie de photos à l'arrivée.

Je vous conseille plutôt de repérer le nom de votre appareil dans l'Explorateur de fichiers, d'y sélectionner manuellement ce que vous voulez sauvegarder, et de copier votre sélection dans le dossier de votre choix.

L'autre solution consiste à choisir dans le menu Démarrer l'application Universelle Windows appelée Assistant mobile. Une fois ouvert, cliquez ou tapez sur le bouton Commencer de la section intitulée Retrouver automatiquement les photos de votre téléphone ou de votre tablette sur votre PC (voir la Figure 3.9). Suivez la procédure, qui va essentiellement consister à créer une procédure de synchronisation entre votre PC et votre smartphone ou votre tablette en installant sur l'appareil portable la version de OneDrive qui lui est dédiée.

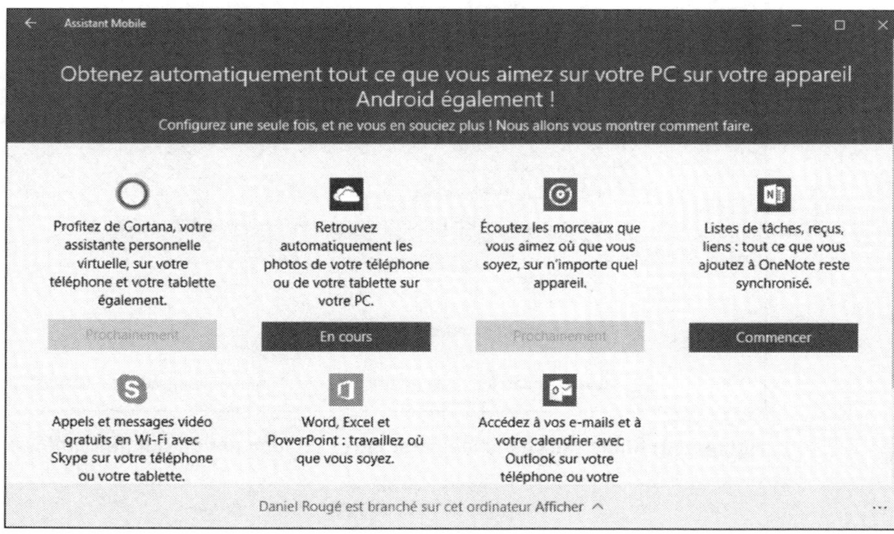

Figure 3.9 : Windows 10 et son Assistant mobile.

Je vous l'avais bien dit : Microsoft veut que vous utilisiez OneDrive !

Pour modifier le comportement pas défaut de Windows, procédez de la manière suivante :

1. **Cliquez ou tapez sur le bouton Démarrer, puis choisissez Paramètres et Périphériques.**

2. **Dans le volet de gauche, choisissez l'option Exécution automatique.**

3. **Dans le volet de droite, repérez le nom de votre appareil connecté. Cliquez sur la liste déroulante, et choisissez-y ce que vous voulez que Windows fasse lorsque vous le branchez (voir la Figure 3.10).**

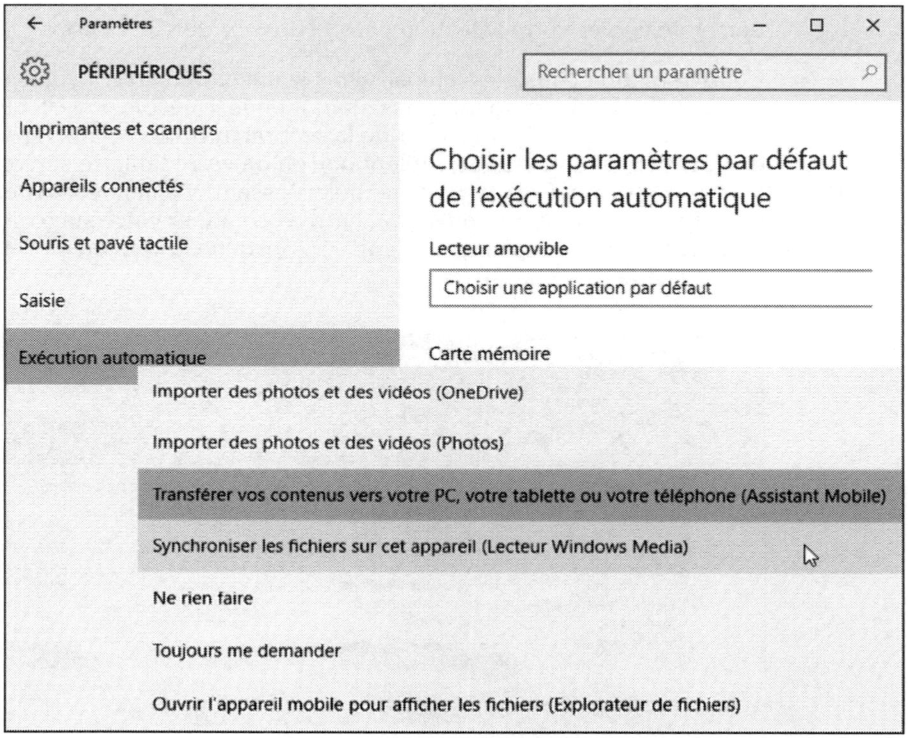

Figure 3.10 : Choisissez dans les paramètres l'action par défaut de Windows.

Travailler avec les albums

Une fois vos photos visibles dans le mode Collection, Windows continue son travail pour les classer sous forme d'albums. Cela lui prend… un certain temps.

Cela étant fait, vous pouvez consulter l'album concocté par Windows, et utiliser par exemple l'outil de modification (le crayon) afin de changer la photo dite de couverture, ou encore le titre par défaut (voir la Figure 3.11).

Il faut bien reconnaître qu'il n'y a pas franchement de quoi soulever l'enthousiasme populaire.

Figure 3.11 : Le mode Album de l'application Photos.

Vos photos et les nuages Internet

Il existe des centaines, si ce n'est des milliers, de sites Web et d'applications pour toutes les plates-formes imaginables, qui vous permettent de transférer vos photos et vos vidéos *quelque part*, de les trier et/ou de les catégoriser automatiquement, de leur ajouter des informations, ou encore de les éditer.

Plus de 900 milliards de photos sont ainsi téléchargées chaque année vers ces nuages Internet. Bien entendu, la première motivation est de faire de la place pour d'autres photos et vidéos, la seconde de partager immédiatement vos meilleurs moments avec la terre entière (pardon, vos *amis*), et la troisième de conserver une copie de sauvegarde des précieux clichés. La quatrième n'est pas une motivation, mais un oubli : votre appareil est configuré pour envoyer automatiquement vos clichés dans les nuages, et vous n'y avez tout simplement pas fait attention.

Voici quelques-unes des options dont vous disposez pour démultiplier la consommation d'énergie mondiale :

- **OneDrive :** Je l'aborde dans le Livret VI, Chapitre 4 et le traite plus en détail dans le Livret VIII, Chapitre 1. À la base, vous disposez gratuitement de 15 Go, mais vous pouvez en obtenir plus, par exemple en souscrivant un abonnement Office 365 ou en payant pour un espace de stockage supplémentaire. OneDrive est pleinement intégré à Windows 10 et à son Explorateur de fichiers, mais vous pouvez aussi y accéder en vous connectant à votre compte Microsoft sur le site `onedrive.live.com`. De plus, Microsoft propose des applications dédiées sur à peu près tous les systèmes plus ou moins mobiles existants : Android, Mac OS X, iOS, Windows Phone ou encore Xbox.

- **Flickr (**`www.flickr.com`**) :** Un temps sur le déclin, le site de référence pour les photographes professionnels ou amateurs éclairés a repris du poil de la bête depuis qu'il est passé dans le giron de Yahoo!. Les applications dédiées aux smartphones et aux tablettes ne sont pas parmi les meilleures, mais elles offrent des fonctions d'édition intéressantes.

- **iCloud (**`www.icloud.com`**) :** Contrairement à Windows, l'écosystème d'Apple propose un excellent programme de gestion et d'édition des photographies. Cependant, les formules d'abonnement d'Apple sont (comme toujours) assez chères et, de surcroît, iCloud s'intègre mal dans Windows. Mais ce n'est pas vraiment surprenant…

- **Dropbox (**`www.dropbox.com`**) :** C'est un nuage réputé pour ces capacités de sauvegarde et de synchronisation des photos et des vidéos avec les appareils mobiles. Par contre, ce service ne propose aucun outil pour la retouche des photos.

- **Google Photos (**`photos.google.com`**)** : Le service de Google reste mon préféré. Il est gratuit (du moins dans la limite d'environ 25 Go, autant que vous voulez si vous acceptez que la taille de vos clichés soit automatiquement ajustée), disponible partout et toujours (puisqu'il vous suffit d'y accéder dans n'importe quel navigateur à l'aide de votre compte Gmail), il propose des fonctions d'édition suffisantes pour des corrections simples, et il vous permet aussi de créer facilement des albums ou encore de raconter des « histoires » à partir de ce que vous y stockez. Simple, mais efficace.

Un dernier mot : vous pouvez parfaitement utiliser tous ces services en même temps. Mais songez tout de même que la charge du transfert automatique de vos photos et vidéos sur plusieurs « nuages » en même temps pourrait bien empêcher votre smartphone ou votre tablette de faire quoi que ce soit d'autre. Et qu'à la fin, vous pourriez bien avoir tellement la tête dans les nuages que vous seriez incapable de vous y retrouver !

N'OUBLIEZ PAS

Pensez à vérifier dans les options du service que la sauvegarde est effectuée uniquement lorsque l'appareil fonctionne en Wi-Fi…

Chapitre 4

Prendre des notes avec OneNote

Dans ce chapitre :

- Une application Universelle Windows pour tablette et pour PC
- Débuter avec OneNote, avec ou sans stylet
- Gérer les blocs-notes
- Configurer OneNote

Si vous n'avez jamais utilisé OneNote, vous avez manqué la première application Microsoft totalement orientée vers la mobilité et le nuage Internet. Au début, OneNote était un appendice de Microsoft Office. Il a pris ensuite son envol pour devenir partie intégrante de Windows 10. Il s'agit certainement de l'application Universelle Windows la plus avancée, quoique Microsoft Edge la rattrape rapidement.

N'OUBLIEZ PAS

OneNote n'est pas qu'une application Windows. Loin de là. Il est depuis longtemps disponible sur les iPhone, les iPad, les smartphones et tablettes Android, ainsi que d'autres appareils portables. Utilisé en conjonction avec OneDrive (voir le Livret VI, Chapitre 4 et le Livret VIII, Chapitre 1), vous pouvez utiliser OneNote pour vous parler à vous-même (autrement dit, pour transférer tout un tas de choses entre votre PC, votre tablette et votre smartphone), et l'interface de OneNote rend tout cela étonnamment facile.

Pour bien comprendre OneNote, il n'est pas inutile de comprendre d'où il vient et comment il a évolué. C'est un cas unique dans le panthéon de Microsoft.

OneNote a débuté comme programme intégré à Office 2003 dans la version de Windows XP dite Tablet PC. Ses développeurs pensaient sans doute à l'époque avoir créé l'application ultime pour les systèmes disposant d'un stylet. Mais, en réalité, ce n'était qu'une ébauche qui a pris environ une dizaine d'années pour arriver à maturité. En fait, ni le matériel ni le logiciel n'étaient encore à la hauteur à cette époque reculée.

OneNote est aujourd'hui devenu un produit robuste, destiné aussi bien à la foule des adeptes du toucher et glisser, que de tous ceux qui continuent à vivre dans le monde des claviers et des souris. Certes, il existe d'autres excellentes alternatives, comme Evernote, mais OneNote fait très bien son travail, et il est présent dans Windows 10.

Débuter avec OneNote, avec ou sans stylet

Ce qu'il y a de bien, avec OneNote, c'est qu'il est installé en même temps que Windows 10. Il vous suffit pour l'ouvrir de cliquer ou de taper sur le bouton Démarrer, puis sur la vignette qui indique OneNote.

La première fois que vous allez le lancer, il devrait vous présenter un étrange écran de bienvenue (voir la Figure 4.1).

Figure 4.1 : Si vous êtes déjà connecté à OneDrive, OneNote est paré pour le lancement.

Cliquez sur la flèche de droite, puis sur le bouton qui indique Commencer à utiliser OneNote.

OneNote propose quatre vidéos d'introduction qu'il est intéressant de visionner pour se familiariser avec l'application.

OneNote travaille avec des blocs-notes, de même que Word travaille avec des documents, Excel avec des feuilles de calcul, ou encore PowerPoint avec des présentations. Un bloc-notes contient des sections. Dans chaque section, il y a des pages. Et sur chaque page, il peut y avoir… de nombreuses choses. Des notes que vous tapez, des captures d'écran, des photos, des enregistrements vocaux, des pages Web, des tableaux, des fichiers attachés, des liens Web. Bref, des tas et des tas de choses.

TRUC

Vous pouvez enregistrer un bloc-notes pratiquement n'importe où. Si vous choisissez un emplacement auquel d'autres personnes peuvent potentiellement accéder (OneDrive est presque incontournable, mais un PC de votre réseau domestique ou professionnel convient aussi), vous pouvez décider de partager vos blocs-notes de manière à ce qu'ils puissent être visualisés et/ou modifiés par quelqu'un d'autre.

Faites l'essai. Je suis certain que vous constaterez que OneNote est facile à utiliser.

Créer des blocs-notes, des sections et des pages

Voyons comment créer votre tout premier bloc-notes :

1. **Cliquez ou tapez sur le bouton Démarrer, puis sur la vignette de OneNote.**

   Si vous avez déjà exécuté cette manœuvre, vous devriez pouvoir accéder à l'exemple proposé par défaut avec l'application (voir la Figure 4.2).

2. **Cliquez sur le bouton du menu (les trois barres en haut et à gauche de la fenêtre).**

   Les options illustrées sur la Figure 4.3 vont apparaître.

3. **Cliquez ou tapez sur le signe « + », à droite de la ligne qui indique Blocs-notes.**

   OneNote va ouvrir un champ de saisie qui vous demande de donner un nom à votre nouveau bloc-notes.

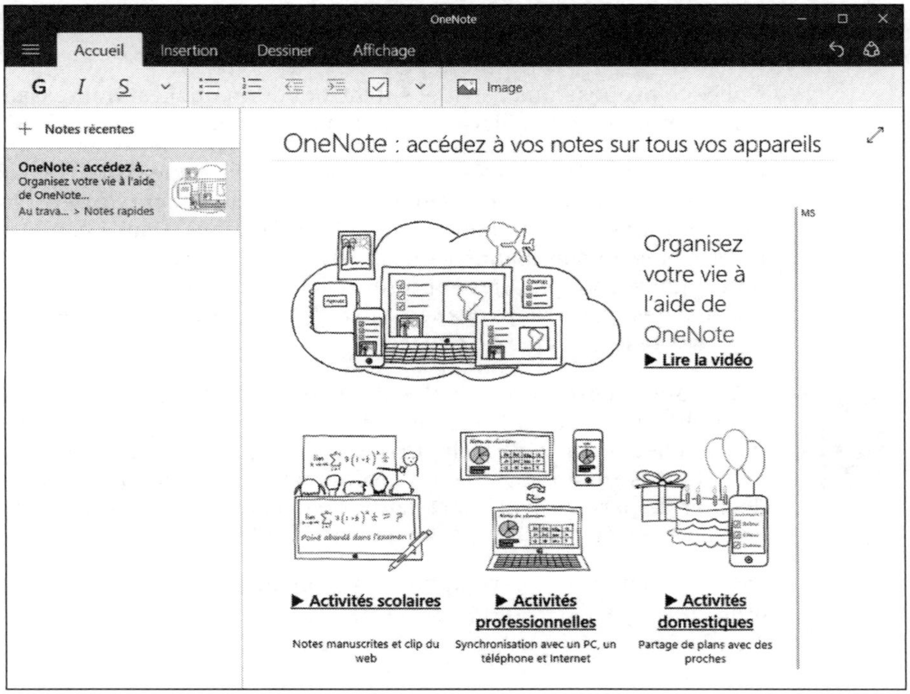

Figure 4.2 : OneNote est à vos ordres.

4. **En supposant que vous voulez (ou acceptez) d'enregistrer le nouveau bloc-notes sur OneDrive, tapez simplement un nom dans le champ de saisie et appuyez sur Entrée.**

   OneNote va créer le bloc-notes et placer un lien vers celui-ci dans le dossier Documents de OneDrive.

5. **Du fait du fonctionnement assez particulier de OneDrive (voyez à son sujet le Livret VI, Chapitre 4 et le Livret VIII, Chapitre 1), il n'est pas certain que votre nouveau bloc-notes apparaisse dans l'explorateur de fichiers. Par contre, vous le verrez si vous vous connectez à votre compte OneDrive sur Internet (`www.onedrive.com`).**

   Sur la Figure 4.4, par exemple, mon nouveau bloc-notes s'appelle Mes recettes.

C'est fait, vous avez votre bloc-notes. Il est temps de lui ajouter quelques sections. C'est aussi facile que d'ouvrir un nouvel onglet dans un navigateur Web.

1. **Dans la fenêtre du bloc-notes, cliquez droit (ou tapez et maintenez enfoncé) sur l'onglet qui devrait indiquer par défaut Nouvelle section 1. Choisissez ensuite l'option Renommer.**

   Comme l'illustre la Figure 4.5, cette action ouvre un menu qui vous permet également de supprimer une section, ou encore d'en changer la couleur.

2. **Tapez un nouveau nom, modifiez la couleur associée au bloc-notes si vous le souhaitez, et appuyez sur Entrée.**

   Le nouveau nom s'affiche sur l'onglet.

3. **Pour ajouter une nouvelle section, cliquez ou tapez sur le signe « + » qui se trouve à la suite de l'onglet le plus à droite, puis tapez un nom.**

   Je vous le disais, c'est exactement le même principe qu'avec les onglets d'un navigateur.

Pour ajouter des pages à une section, cliquez droit (ou tapez et maintenez enfoncé) sur le signe plus qui se trouve devant le mot Pages, à gauche et vers le haut de la fenêtre. Par défaut, une nouvelle page indique Sans titre. Cliquez dans la zone de titre, au-dessus de la date, et donnez un nom à votre page (voir la Figure 4.6).

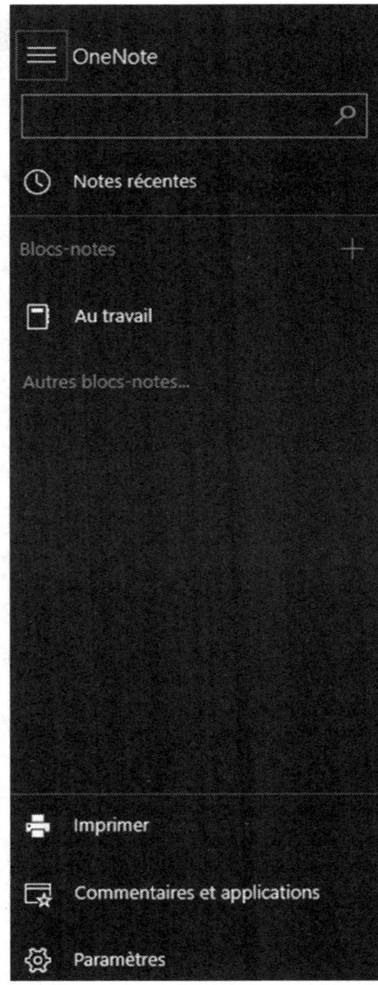

Figure 4.3 : Cliquez sur le bouton « +3 » et donnez un nom à votre nouveau bloc-notes.

N'OUBLIEZ PAS

OneNote sauvegarde tout automatiquement. Vous n'avez donc pas besoin de vous préoccuper de l'enregistrement de vos blocs-notes.

Les outils de mise en forme du texte, sous la barre d'onglets, fonctionnent exactement comme dans un traitement de texte. Sur la Figure 4.7, par exemple, j'ai simplement inséré un tableau et tapé quelques mots au clavier. Le formatage depuis l'onglet Accueil s'effectue facilement.

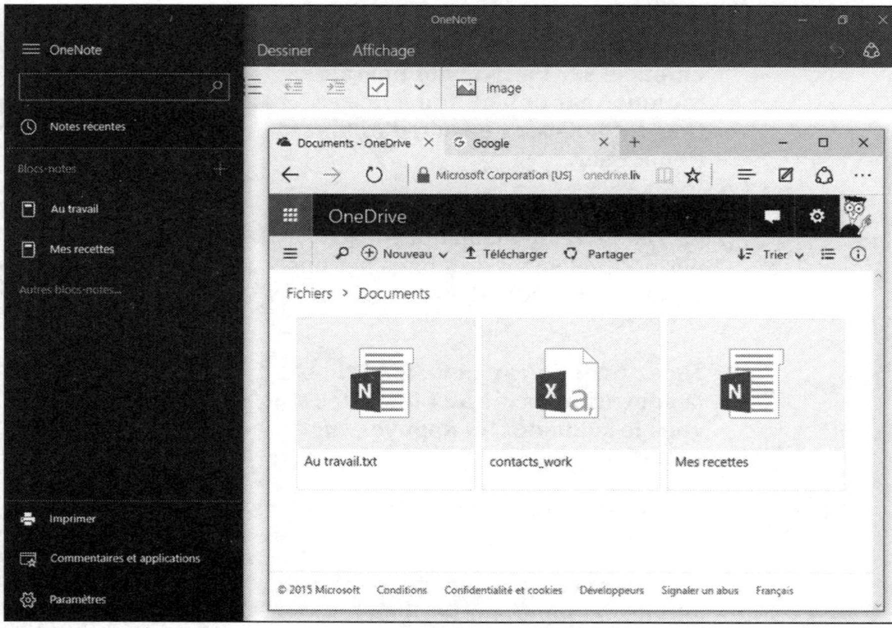

Figure 4.4 : Le nouveau bloc-notes est bien sauvegardé sur OneDrive.

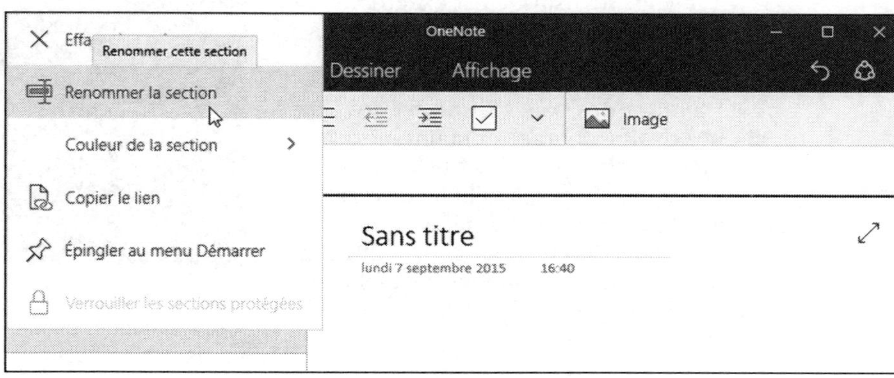

Figure 4.5 : Renommer un onglet, pardon une section.

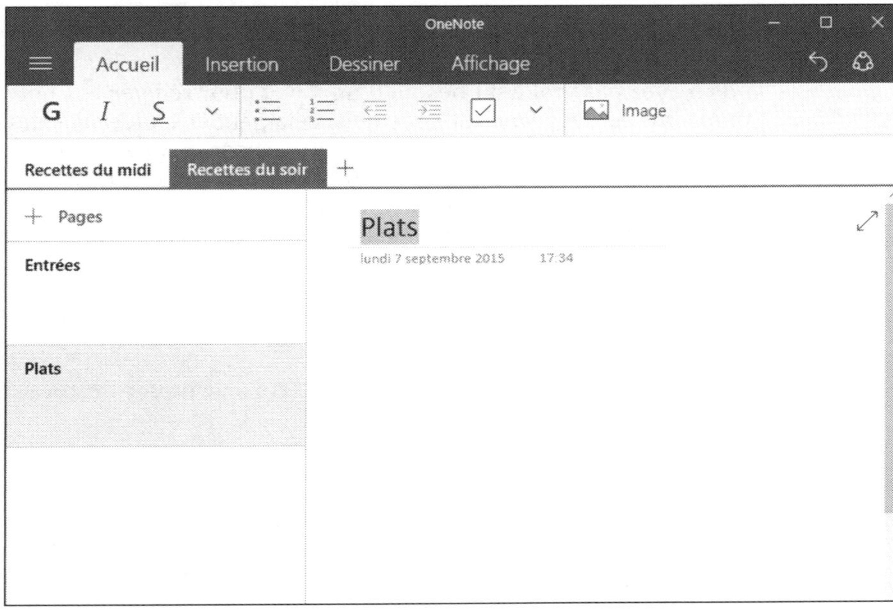

Figure 4.6 : Nommer une page.

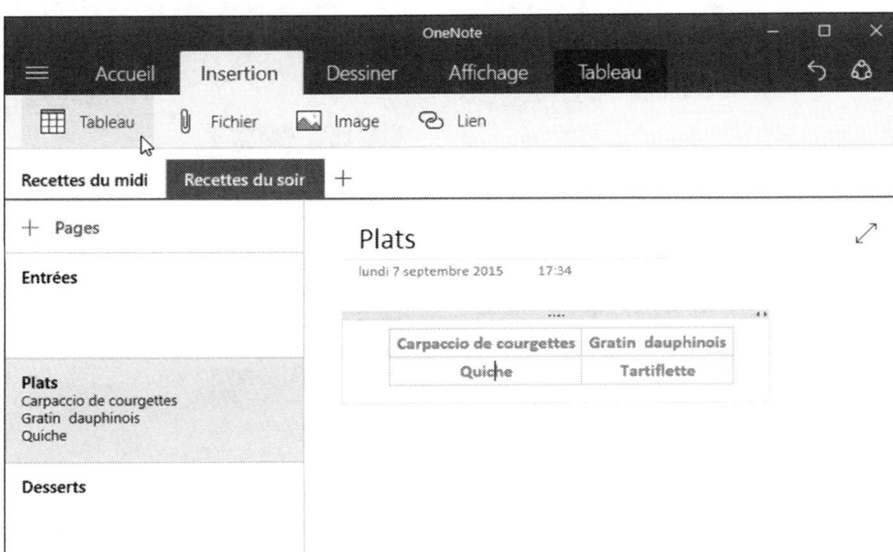

Figure 4.7 : OneNote a tout d'un éditeur de texte classique.

Embellir une page OneNote

Vous n'avez pas vraiment besoin d'un stylet pour rédiger vos notes ou pour dessiner dans OneNote, même si cela peut être utile. Vos doigts peuvent éventuellement y suffire, et votre souris comme votre clavier feront également très bien l'affaire. L'avantage d'un stylet pour dessiner, c'est qu'il réagit en fonction de la pression exercée, ce qui autorise des traits bien plus précis qu'avec la souris (mais, après tout, il existe nombre de tablettes graphiques bon marché pour ce genre d'exercice).

Si vous voulez dessiner sur une page OneNote, il vous suffit de suivre ces étapes :

1. **Ouvrez la page que vous voulez décorer. Cliquez ensuite sur l'onglet Dessiner, en haut de la fenêtre.**

   OneNote affiche les outils ainsi que la palette de couleurs illustrés sur la Figure 4.8.

2. **Sélectionnez une couleur, un outil de dessin, comme par exemple le stylet ou la fonction tactile, définissez une épaisseur, et lancez-vous.**

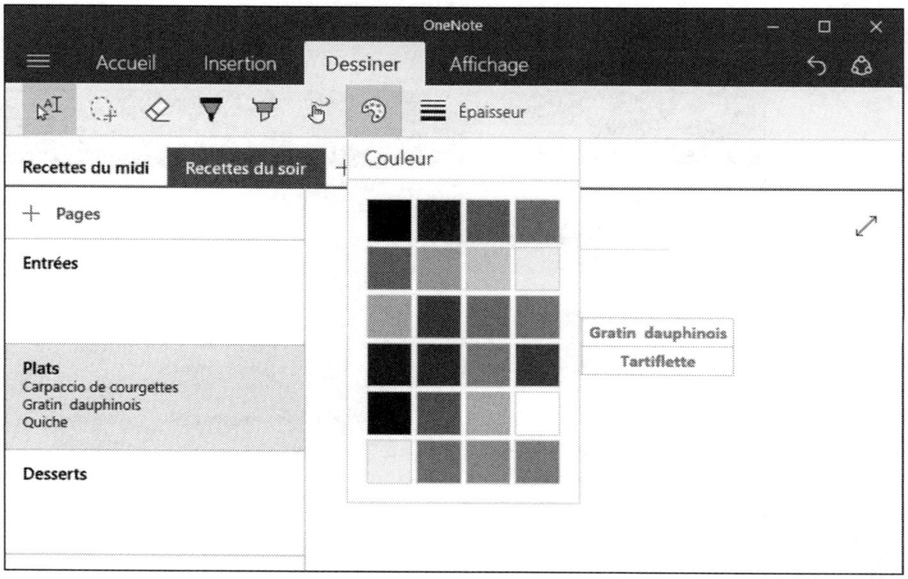

Figure 4.8 : Dessiner de manière un peu intensive est plus facile avec un stylet (ou une tablette graphique), mais la souris convient également.

L'illustration de la Figure 4.9 laisse certes à désirer par sa qualité graphique, mais elle montre qu'il est facile de légender une page et de mettre en valeur certains éléments.

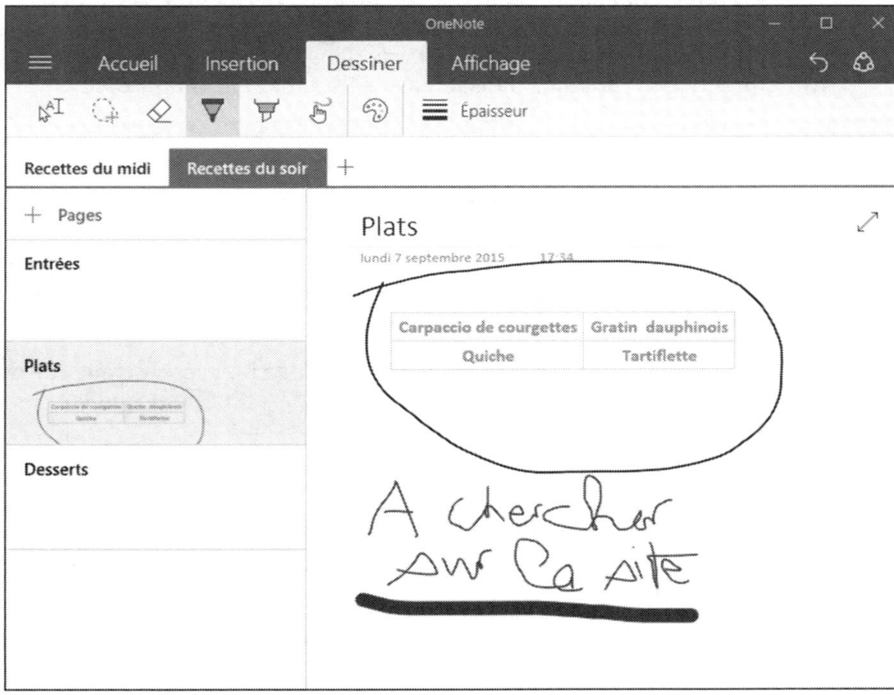

Figure 4.9 : Dessiner est facile, même avec la souris (à défaut d'être joli).

3. Si vous n'aimez pas ce que vous venez de dessiner, appuyez sur Ctrl + Z.

Cela annule le dernier élément tracé. Vous pouvez également vous servir de la gomme pour effacer traits et textes.

TRUC

À nouveau, n'oubliez pas que OneNote sauvegarde tout en temps réel. Vous n'avez pas à vous en préoccuper.

TRUC

L'icône qui se trouve à gauche du ruban associé à l'onglet Dessiner permet soit de sélectionner du texte, par exemple pour le formater à l'aide des outils de l'onglet Accueil, soit de créer une zone dans laquelle vous pourrez taper quelque chose ou encore insérer une image (son fonctionnement est plus évident si vous avez quelque chose à coller – cliquez droit pour révéler cette option).

La seconde icône, le lasso, sert à entourer des éléments pour les sélectionner afin de les copier, de les déplacer ou encore de les supprimer.

Je vous laisse vous amuser un peu avec les outils de OneNote. Voyez par exemple comment l'onglet Insertion vous permet d'insérer dans vos pages des tableaux, des images, des liens Web, voire même des fichiers traités en tant que pièces jointes (comme dans un message électronique) ou directement affichés dans la page s'ils sont au format PDF.

Communiquer avec OneNote

La version de OneNote livrée avec Windows 10 n'est pas aussi puissante que sur la plupart des autres plates-formes. Par contre, sa connexion avec Microsoft Edge est pratiquement totale.

Transférer une page Web de Microsoft Edge ne présente aucune difficulté, mais il faut tout de même un peu de préparation pour que les choses se passent en douceur. Voici comment procéder :

1. **Lorsque vous envoyez une page de Microsoft Edge à OneNote, elle est placée dans un bloc-notes spécifique. Rien de surprenant à cela. Pour sélectionner ce bloc-notes, ouvrez le menu de OneNote (l'icône barrée de trois traits). Dans le volet qui s'affiche, choisissez l'option Paramètres.**

   Nous reviendrons sur ces paramètres dans la prochaine section.

2. **Choisissez Options dans le volet de droite. Tout en bas de la liste des options, cliquez ou tapez sur le bouton Choisir un bloc-notes pour les notes rapides.**

   OneNote vous demande de sélectionner un emplacement par défaut pour les nouvelles notes.

3. **Choisissez le bloc-notes voulu dans la liste, puis cliquez sur OK.**

   Vous êtes maintenant prêt pour le partage entre Edge et OneNote.

4. **Lancez maintenant Edge, et naviguez vers la page Web que vous voulez sauvegarder dans OneNote.**

   Sur la Figure 4.10, j'ai choisi un site de recettes de cuisine très connu.

5. **Dans Edge toujours, cliquez ou tapez sur l'icône Partager, à droite de la barre d'adresse.**

   Un volet surgit à droite de la fenêtre. Il vous propose à minima les options OneNote et Courrier.

Figure 4.10 : La page que je veux enregistrer dans OneNote.

6. **Choisissez comme proposition de partage OneNote.**

   OneNote répond en affichant une sorte d'aperçu au-dessus duquel vous pouvez éditer le titre et ajouter une note.

7. **Cliquez ou tapez sur le bouton Envoyer.**

   OneNote va mouliner un peu, puis montrer votre page Web sous l'onglet Notes rapides du bloc-notes que vous avez sélectionné lors de l'Étape 3 (voir la Figure 4.11).

Pour gagner du temps et de la place, OneNote ne retient que les éléments essentiels de la page et il inclut un lien permettant d'afficher celle-ci dans sa totalité dans le navigateur par défaut.

Si vous voulez stocker la totalité d'une page, cliquez dans Edge sur l'icône Écrire une note Web, tracez éventuellement quelque chose, puis cliquez sur l'icône de disquette. Vous n'avez plus qu'à choisir comme destination OneNote, puis à cliquer sur Envoyer.

Figure 4.11 : Le partage entre Microsoft Edge et OneNote s'effectue parfaitement.

Configurer OneNote

OneNote propose une poignée d'options que vous voudrez peut-être modifier un jour. Ou pas. Pour les voir, suivez ces étapes :

1. **Ouvrez OneNote, puis cliquez ou tapez sur le bouton du menu (les trois barres, en haut et à gauche de la fenêtre).**

   Les paramètres s'affichent dans un volet, à gauche de la fenêtre.

2. **Choisissez Options.**

   Les autres réglages sont sans intérêt particulier. Vous voyez s'afficher le volet illustré sur la Figure 4.12.

3. **Si vous utilisez un stylet avec OneNote, désactivez l'option Zoom.**

   Sinon, OneNote risquerait de croire que vous voulez zoomer chaque fois que vous effleurez l'écran tactile par inadvertance.

4. **Si vous ne voulez pas que vos notes soient systématiquement synchronisées avec OneDrive, désactivez l'option Synchroniser vos blocs-notes.**

   Certes, il n'y a pas vraiment de raisons particulières pour justifier ce choix et revenir des années en arrière. Mais il peut y avoir des circonstances particulières, par exemple si vous ne voulez pas que vos collègues s'aperçoivent que vous avez écrit n'importe quoi dans le bloc-notes communautaire.

Dans ce chapitre, OneNote a simplement été survolé. Vous aurez peut-être l'occasion de constater que cette application offre différents visages, et différentes fonctionnalités, selon le système sur lequel vous avez à l'utiliser. Ainsi, OneNote en ligne (`www.onenote.com`) n'est pas exactement le même que OneNote sur iPad, qui lui-même diffère de la version pour les smartphones, et ainsi de suite.

Mais n'hésitez surtout pas à aller plus loin avec cet excellent outil de prise de notes.

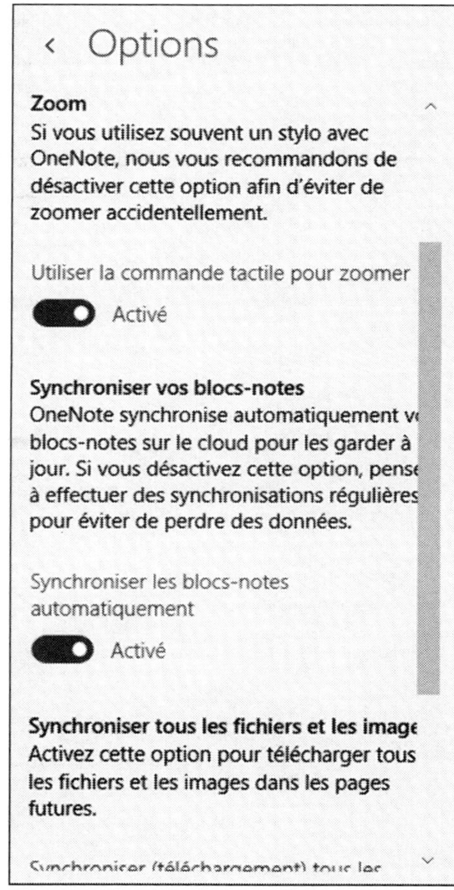

Figure 4.12 : OneDrive dispose de quelques options qui peuvent être utiles.

Chapitre 5

L'application Cartes

Dans ce chapitre :

- Comprendre les fonctions de base de Cartes
- Télécharger des cartes
- Configurer Cartes

L'histoire des rapports entre Microsoft et la cartographie est à la fois ancienne et tortueuse. On ne compte plus les versions développées, puis abandonnées, par Microsoft au fil des années. Sachez donc que l'application Cartes de Windows 10 est basée sur l'outil maison de Nokia, appelé HERE.

NOTE TECHNIQUE

Lorsque Microsoft a racheté la partie téléphonie de Nokia, le système de cartographie HERE est resté dans le giron de celui-ci. En fait, HERE pourrait bien connaître à l'avenir des évolutions majeures, un consortium regroupant les plus grands constructeurs automobiles allemands (BMW, Mercedes et Audi) cherchant à développer la voiture de demain (mais pas de Monsieur tout le monde). Il est donc difficile de dire quels seront les rapports entre les nouveaux propriétaires de HERE et Microsoft…

Cartes est une application Universelle Windows, ce qui signifie qu'elle fonctionne aussi bien sur un PC que sur un smartphone ou une tablette sous Windows 10. Ce vous voyez sur votre ordinateur peut donc être répliqué sur l'écran de votre smartphone, et réciproquement.

Cartes et ses fonctions de base

Si vous avez déjà utilisé Google Maps (moi, c'est tous les jours) ou l'application Apple Map (ma femme, c'est tous les jours), vous savez déjà à peu près ce que Cartes (que ni elle ni moi n'utilisons) va vous proposer.

Classique, vous disposez de deux modes d'affichage principaux :

- **Route :** C'est une bonne vieille carte traditionnelle, du moins à première vue (voir la Figure 5.1).
- **Aérien :** C'est la vue satellite du terrain, sur laquelle viennent se superposer les axes routiers (voir la Figure 5.2).

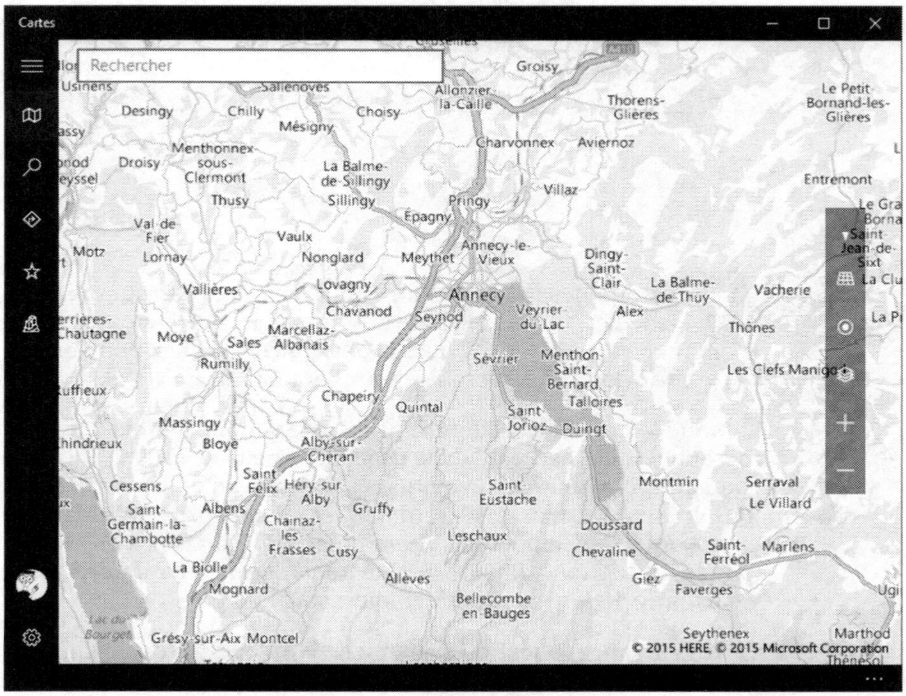

Figure 5.1 : Une vue de la région d'Annecy en mode Route.

Pour passer de l'une à l'autre, cliquez dans le bandeau d'outils, vers la droite de la fenêtre, sur l'icône qui représente une pile de feuilles de papier.

ATTENTION !

Au moins en théorie, les vues routières et aériennes peuvent être complétées par des informations sur le trafic actuel, représenté par des couleurs allant du vert au rouge. Mais ce service supplémentaire n'est ni infaillible, ni toujours

Figure 5.2 : La même vue en mode Aérien.

utile. De plus, lorsque des travaux, des bouchons ou un accident sont signalés, il n'est pas rare que le problème soit déjà résolu depuis un certain temps lorsque vous arrivez sur les lieux…

Si vous voulez voir autour de vous, cliquez sur l'icône Afficher mon emplacement (celle qui se trouve juste au-dessus de la pile de papiers). Avec un appareil mobile équipé d'un GPS, la localisation sera précise. En revanche, avec un ordinateur, vous risquez fort de vous retrouver annexé à un important nœud de réseau Internet de votre opérateur.

Pour être localisé, encore faut-il que ce paramètre soit activé dans Windows. Vérifiez-le par exemple en ouvrant le volet des notifications.

Il existe également une vue basculée sur 30 °, que vous pouvez activer ou désactiver en cliquant sur l'icône de grille, au-dessus de la localisation. Cela peut vous donner une apparence, ou plutôt une illusion de relief, comme l'illustre la Figure 5.3. Tant d'efforts pour si peu ?

Vous disposez bien entendu des modes de contrôle classiques : faites glisser pour vous déplacer sur la carte et tournez la molette de la souris pour zoomer. Le bouton droit permet de passer d'un plan 2D à 3D, ce qui n'est pas si

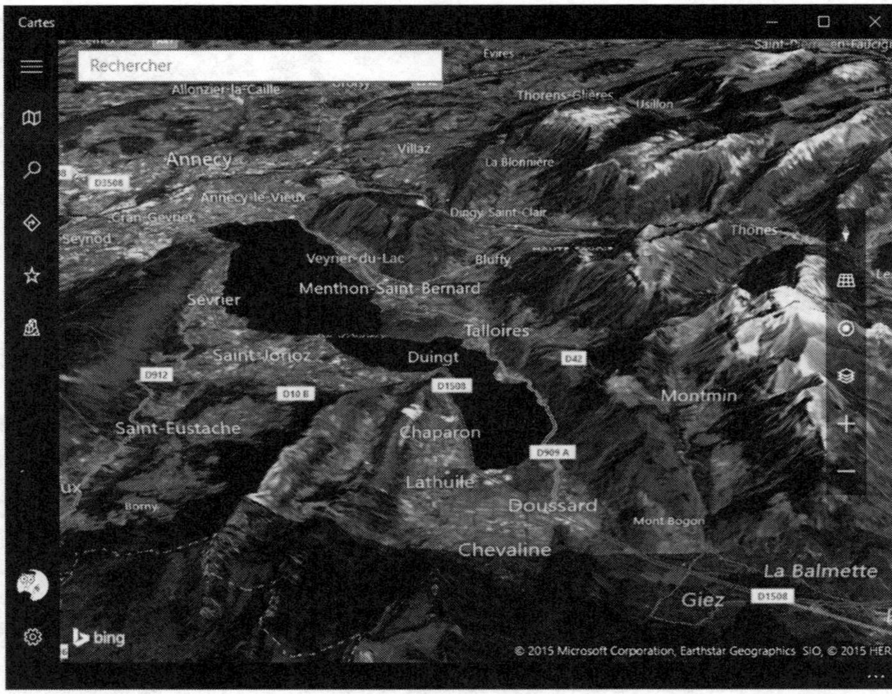

Figure 5.3 : Elles n'ont pas l'air si hautes que cela, les Alpes !

facile à maîtriser. Avec un écran tactile, touchez et faites glisser, ou effectuez un pincement ou un écartement. Par contre, je n'ai pas encore réussi à faire tourner la carte avec mes doigts.

TRUC

L'icône de boussole remet la carte dans le droit chemin, donc orientée nord-sud. Elle révèle aussi deux autres commandes pour opérer un pivotement vers la gauche ou vers la droite.

Naviguer avec l'application Cartes

Si vous attendez de cartes la même expérience qu'avec Google Maps, vous risquez fort d'être déçu.

Cartes ne propose en effet que quelques options dans son menu (les trois barres en haut et à gauche de la fenêtre). Ces choix sont illustrés sur la Figure 5.4.

- **Cartes** affiche l'une des vues standard (reportez-vous aux Figures 5.1 et 5.2).

- **Rechercher** affiche un panneau, qui reprend notamment un historique des lieux visités récemment, plus quelques critères courants (voir la Figure 5.5).

  Si vous demandez quelque chose de spécifique, disons les musées connus à Bruxelles, et que vous cliquez sur l'une des réponses fournies, vous obtiendrez des informations plus précises, comme l'adresse et un numéro de téléphone, un site Web, des photos, voire même un mode du type Street View baptisé ici *Streetside* (voir la Figure 5.6). Il est également possible de demander à calculer un itinéraire vers ce lieu, ou encore de trouver des restaurants, des idées de sortie ou des magasins à proximité (voir la Figure 5.7). Bien entendu, toutes ces données sont fournies par divers partenaires, pas forcément désintéressés dans l'affaire.

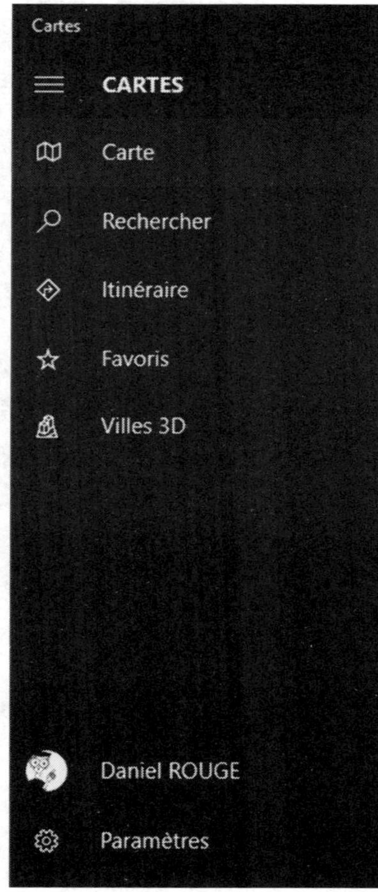

Figure 5.4 : Les options de l'application Cartes.

- **Itinéraire** vous permet, comme son nom l'indique, de demander à calculer un itinéraire entre deux lieux. Vous saisissez votre point départ, votre arrivée, et l'application Cartes va vous proposer un trajet détaillé (et correct) ainsi qu'un temps de route estimé (voir la Figure 5.8). Vous disposez d'options plutôt complètes, puisqu'elles vous permettent même d'éviter les voies non goudronnées (du moins, pour ce qu'en savent les bases de données sous-jacentes).

  Cliquez sur le bouton Atteindre, près du temps estimé, et la navigation peut commencer (voir la Figure 5.9). En revanche, l'aide à la conduite se fait sans voix féminine ou masculine pour vous tenir compagnie.

- **Favoris** sert bien entendu à gérer des endroits préférés pour les retrouver plus rapidement ensuite.

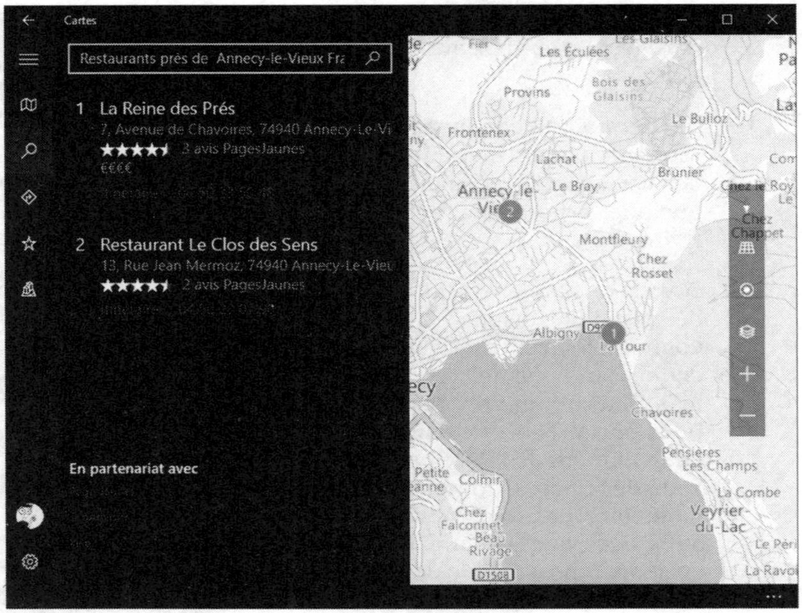

Figure 5.5 : Lancer une recherche dans Cartes.

Figure 5.6 : Streetside vous permet de vous promener dans certains lieux.

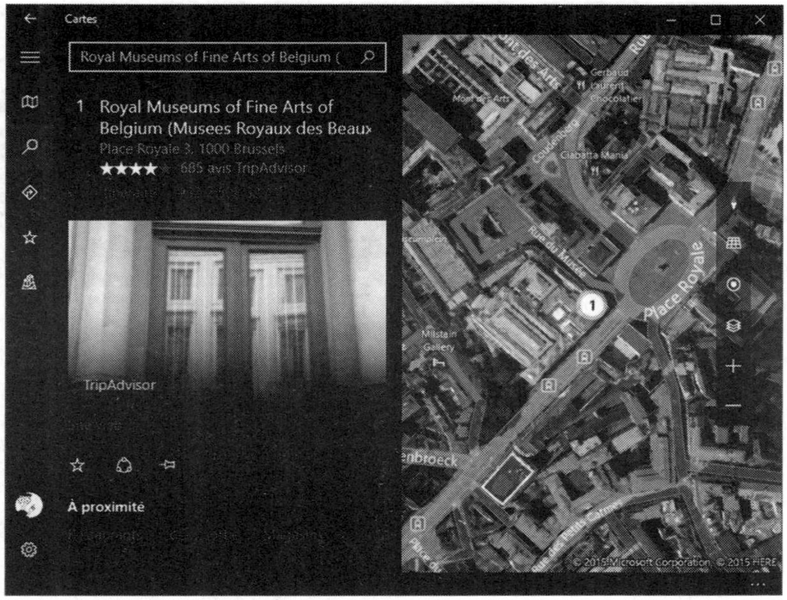

Figure 5.7 : Choisissez votre prochaine sortie.

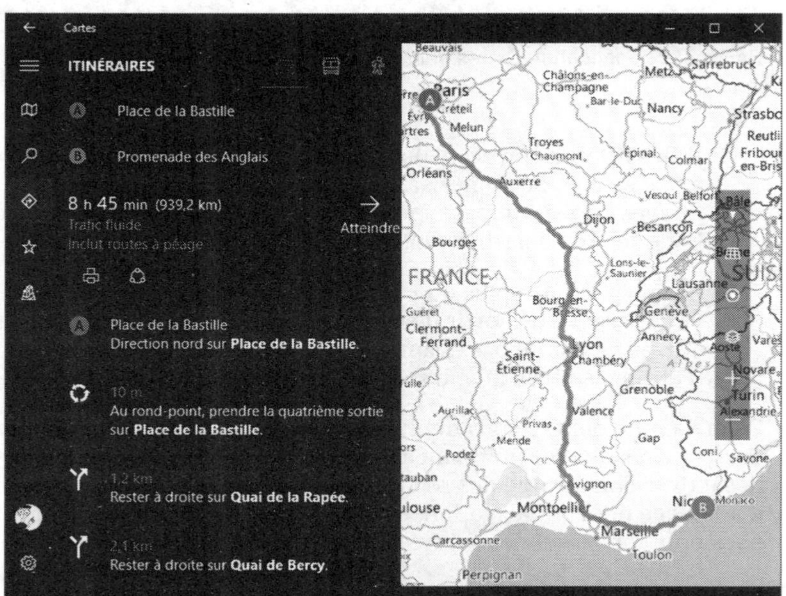

Figure 5.8 : Cartes vous fournit des instructions détaillées pour vos itinéraires routiers (voire en transport en commun, et parfois à pied).

Figure 5.9 : L'application Cartes peut vous servir de GPS, mais en silence. Où es-tu, Cortana ?

- **Villes 3D** vous propose une liste de villes prédéfinies qui ont eu droit à une séance de numérisation photographique de style simili 3D. Vous pouvez choisir un pays, puis un nom dans un classement en ordre alphabétique. Au hasard, disons Marseille (voir la Figure 5.10).

  La vue peut être plus ou moins déformée selon la perspective. Et si vous essayez de sortir des limites de la zone numérisée (du moins si Cartes ne plante pas avant d'aller jusque-là), vous risquez fort de voir d'étranges blocs qui ne sont pas sans rappeler un jeu célèbre…

Enfin, la roue dentée vous donne accès aux paramètres de configuration de Cartes. Vous pouvez notamment y choisir les unités de mesure, activer ou désactiver l'historique des recherches (et même l'effacer), choisir un mode d'affichage pour la navigation, et constater que Microsoft collecte des données pour améliorer ses services. Mais ce n'est pas une option…

Figure 5.10 : Vue 3D sur Notre Dame de la Garde.

Cartes hors ligne

L'application Cartes vous permet de télécharger des cartes entièrement disponibles hors connexion.

Suivez ces étapes :

1. **Depuis l'application Cartes, cliquez ou tapez sur l'icône Paramètres (la roue dentée).**

2. **Dans le volet des paramètres, cliquez ou tapez sur le bouton Télécharger ou mettre à jour des cartes.**

   Vous êtes transporté dans l'application Paramètres, plus précisément dans la page Cartes hors connexion de la rubrique Système (voir la Figure 5.11).

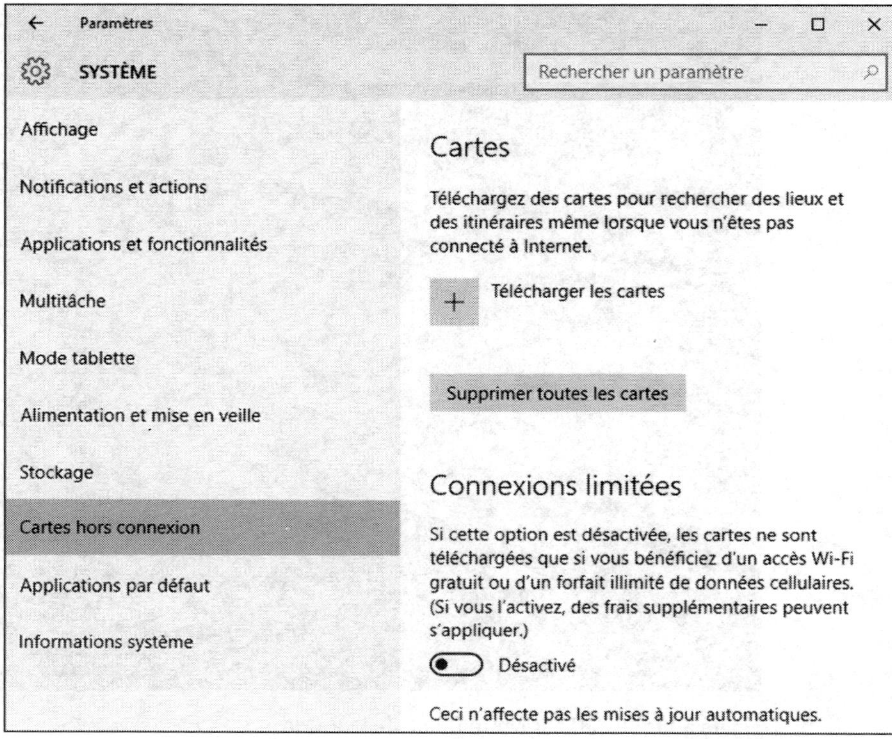

Figure 5.11 : Les cartes sont téléchargées depuis l'application Paramètres.

3. **Cliquez sur le bouton Télécharger les cartes.**

   Vous pouvez alors choisir un continent puis un pays. Pour certains pays, comme la France, l'Allemagne, l'Italie, la Russie, la Chine, l'Inde, le Brésil, le Canada ou les USA, vous devrez en plus sélectionner une région ou un état.

   ATTENTION ! Tous les pays ne sont pas répertoriés… Par exemple, le Japon est à ce jour rayé de la carte !

   Windows va lancer le chargement de la carte demandée.

   ATTENTION ! L'application Cartes doit être refermée pour que l'opération se déroule correctement.

4. **Une fois le téléchargement terminé, vous pouvez ouvrir à nouveau Cartes et naviguer à l'aide de la carte ainsi mémorisée, sans avoir besoin d'être connecté à l'Internet.**

Ne vous attendez tout de même pas à des miracles, comme l'illustre cette vue assez agrandie de Phuket, en Thaïlande (voir la Figure 5.12).

Figure 5.12 : La qualité de cartes hors connexion de HERE/Microsoft n'est pas ce qui se fait de mieux.

Chapitre 6

Musique, TV, films, etc.

Dans ce chapitre :

- Comprendre comment Spotify et d'autres ont changé l'industrie du multimédia
- Écouter votre musique et regarder vos vidéos
- Naviguer dans les applications Groove Musique, et Films et TV

Microsoft a depuis bien longtemps essayé de promouvoir un lecteur multimédia décent pour jouer aussi bien de la musique que des vidéos. Pour autant, depuis des années aussi, les utilisateurs de Windows se sont servis d'autres applications, notamment du remarquable VLC (une création d'origine française) ou encore du lecteur d'iTunes (ce n'est pas ce qu'Apple a fait de mieux). Ou de bien d'autres lecteurs gratuits encore.

Avec Windows 10, Microsoft tente de redresser la barre en proposant notamment son nouveau service, Groove Musique (voir la Figure 6.1). D'accord, Apple a gagné des millions avec iTunes, et maintenant avec son service de streaming musical (autrement dit de diffusion en direct). Et d'autres ont aussi fait leur place au soleil…

Avec Windows 8 et 8.1, Microsoft essayait désespérément de vous vendre de la musique. L'application s'appelait alors Xbox Music. Certes, elle a changé de nom, et Microsoft s'y prend d'une manière plus subtile. Mais l'enjeu est le même. Autrement dit, de vous vendre une forme d'abonnement permettant de fidéliser, si possible pour longtemps, des utilisateurs consentants et monnayables (et la concurrence est extrêmement vive dans ce domaine, comme d'ailleurs dans bien d'autres).

En fait, l'industrie classique de la diffusion de musique (et de vidéo)) est très largement en perte de vitesse, la vente de CD (ou de DVD) ayant reculé dans des proportions impressionnantes ces dernières années. La musique « numé-

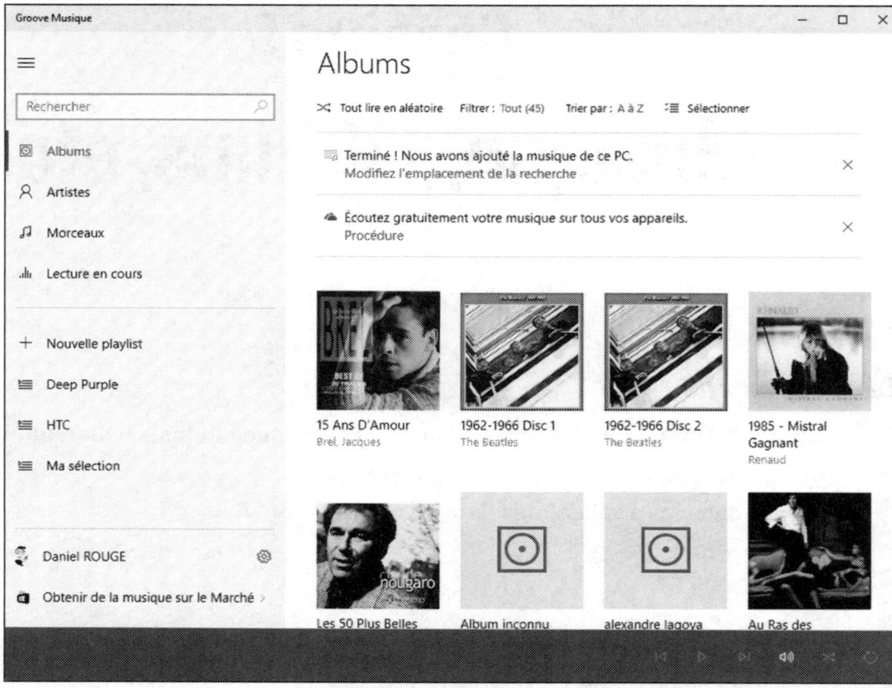

Figure 6.1 : Microsoft fait la promotion de son service Groove Musique.

rique » (mais les CD, c'était déjà du numérique), c'est-à-dire celle que vous pouvez écouter depuis n'importe quel appareil fixe, portable ou mobile, a pris le pas sur les supports de stockage « physiques ». Et la tendance est manifestement irréversible.

Si la musique a engagé le processus de dématérialisation, la télévision ensuite, et le cinéma plus tard, suivent la même pente. D'accord, *Game of Thrones* est une remarquable série. Mais *Thalassa*, par exemple, propose de son côté de superbes documentaires. Alors ? Est-ce une question purement générationnelle ? Certainement pas. C'est évidemment un sujet sociétal, culturel et humain qui outrepasse largement le cadre de ce livre.

Mais savoir si vous avez un vrai choix, et quel choix, est tout de même une affaire qui dépasse largement le cadre individuel… Restons-en là. Je ne peux faire autrement que constater l'évolution des choses, et vous parler de la manière dont Microsoft tente de s'y adapter, une fois de plus.

Spotify, Microsoft... et les autres

Si l'un des premiers services de diffusion musicale fut Pandora, dès le début des années 2000, il faut plutôt le considérer comme une sorte de « super radio intelligente », capable de répondre à vos souhaits en vous proposant des musiques adaptées à vos goûts (personnellement, j'aime bien découvrir ce que je ne connais pas encore). Avec 250 millions d'utilisateurs enregistrés, dont 80 millions qui sont actifs chaque mois, Pandora est et reste un service très rentable.

Mais le plus connu internationalement est certainement Spotify. Apparu en 2008, il répond à une logique différente en permettant aux utilisateurs de choisir ce qu'ils veulent écouter. Avec un catalogue de plus de 20 millions de titres, il y a de quoi faire ! Spotify propose de multiples fonctions pour créer ses playlists et les partager. Avec ses 60 millions de souscripteurs, dont environ 15 millions payant un abonnement mensuel, Spotify est une référence en la matière.

Le français Deezer fonctionne d'ailleurs de la même manière depuis de nombreuses années également. Et il convient aussi de citer un autre « streamer » français, Qobuz, plus orienté sur le haut de gamme et la qualité audio, qui va du classique MP3 pour sa formule de base, aux enregistrements haute résolution en passant par la qualité CD. Avec un catalogue de 30 millions de titres, Qobuz couvre tous les genres et les styles musicaux.

Et, comme il se doit, les « grands » du marché ne pouvaient pas passer à côté de la manne. En commençant par Apple, avec iTunes et maintenant Apple Music, puis Google, avec Play Music, et évidemment Microsoft, d'abord avec Xbox Music, et désormais avec Groove Musique.

La bataille se mène en particulier sur le prix des abonnements, le standard tournant aujourd'hui autour des 10 euros. L'enjeu étant, il semblerait, de passer sous la barre des 5 euros. Qui aura le courage, et peut-être la folie, de franchir le pas ? L'avenir le dira.

Et, pour le reste, Microsoft est clairement le petit Poucet de la bande, n'ayant jamais réussi à mettre véritablement le pied dans ce marché considérable.

Windows 10 vous permet d'écouter votre musique, celle qui est enregistrée sur votre appareil ou sur votre réseau. Il propose pour cela son application Universelle Groove Musique. Bien entendu, le but premier de Microsoft est de vous faire acheter de la musique... Mais Groove Musique est aussi un lecteur. Et il en existe bien d'autres qui sont gratuits et d'excellente qualité, comme VLC ou encore Foobar2000.

Il est peu probable par contre que vous trouviez des applications Universelles dédiées, proposées par d'autres fournisseurs de contenu. Spotify n'a pas envie de se mettre sur les rangs. Deezer non plus, et Apple s'en tient à iTunes.

Qobuz a son propre programme de bureau. Et, de toute manière, les yeux des uns et des autres sont surtout tournés vers les tablettes et les smartphones. Donc essentiellement vers iOS et Android.

Dans tous les cas, vous pouvez aussi accéder à pratiquement tous ces services depuis votre navigateur Web. Ce n'est ni honteux, ni horrible, même si la version purement Internet n'a généralement pas toutes les fonctionnalités que l'on peut retrouver dans une application spécialisée.

Vous connaissez maintenant les données du problème…

Récupérer votre musique et vos films

Si voulez *vraiment* acheter de la musique, des films ou des séries TV auprès de Microsoft, la démarche est simple : vous vous connectez avec votre compte sur Windows Store, vous faites votre choix, vous payez, et votre sélection se retrouve comme par enchantement dans les applications Groove Musique et Films et TV.

Si vous possédez déjà votre propre collection de musiques et de vidéos et que vous voulez pouvoir les jouer dans les applications Universelles Groove Musique/Films et TV, les choses risquent d'être un peu plus compliquées. En particulier si vous souhaitez y accéder à distance.

La réponse consiste alors à stocker tout ce qui vous intéresse dans votre nuage OneDrive (dans la limite bien entendu de l'espace dont vous disposez). Pour cela :

1. **Commencez par accéder à l'ordinateur qui contient vos musiques et vos vidéos (ou qui peut y accéder).**

   Si vous avez déjà des titres achetés sur iTunes, ou auprès de Google ou encore d'Amazon, ou bien de Qobuz ou autres, vous devrez les télécharger sur votre ordinateur si ce n'est déjà fait. Chaque vendeur propose une méthode différente pour effectuer ces téléchargements (en fait, certains ne les autorisent même pas). Assurez-vous à minima que les titres ne sont pas protégés en lecture, autrement dit attachés à un certain système ou programme.

2. **Quand c'est fait, connectez-vous à OneDrive (`www.onedrive.live.com`) en utilisant le compte Microsoft de la machine sur laquelle vous voulez rendre votre musique et vos vidéos disponibles.**

3. **Ouvrez le dossier Musique (ou Music) de votre compte OneDrive. Cliquez ensuite sur le bouton Télécharger (celui qui est précédé d'une flèche montant pour indiquer que vous vous voulez envoyer quelque chose vers le nuage, pas l'autre).**

Si vous cliquez par erreur sur le bouton Transférer précédé d'une flèche descendante, vous allez copier des contenus de OneDrive sur votre ordinateur.

Vous pouvez facilement créer de nouveaux dossiers dans votre page OneDrive. Cliquez pour cela sur le bouton Nouveau, puis Dossier. En revanche, il n'est pas possible de sélectionner un nom de dossier à envoyer vers OneDrive. Vous devez donc sélectionner les fichiers voulus, éventuellement en utilisant la combinaison de touches Ctrl + A pour transférer la totalité du contenu d'un certain dossier.

4. **Pendant que vous y êtes, créez un dossier appelé Vidéos sur votre compte OneDrive (s'il n'existe pas encore). Procédez comme ci-dessus pour transférer vos vidéos (MP4, AVI et ainsi de suite) sur OneDrive.**

   Les fichiers vidéo étant généralement assez lourds, voire même très lourds, vous devez faire attention à leur « poids » pour ne pas saturer votre espace OneDrive.

Bien entendu, si la seule musique que vous écoutez a été achetée chez Microsoft (levez la main, les deux au fond de la salle !), vous n'avez pas à vous préoccuper de tout cela.

Découvrir l'application Universelle Groove Musique

Donc votre musique est sagement rangée dans le dossier Musique de votre ordinateur, ou du moins facilement accessible sur votre réseau, ou encore sur OneDrive. Vous êtes donc prêt à passer aux travaux pratiques. Voyons comment :

1. **Tapez ou cliquez sur l'icône Groove Musique dans le menu Démarrer.**

   L'application se lance, et elle commence par rechercher vos fichiers musicaux (reportez-vous à la Figure 6.1). Selon l'importance de votre audiothèque, l'opération peut prendre, comment dire, un *certain* temps.

2. **Ouvrez si nécessaire le volet de gauche en cliquant ou tapant sur l'habituel bouton marqué de trois barres.**

   Comme l'illustre la Figure 6.2, vous disposez en haut du volet de plusieurs modes de présentation : par album, comme sur la Figure 6.1, par artiste, ou encore par morceau.

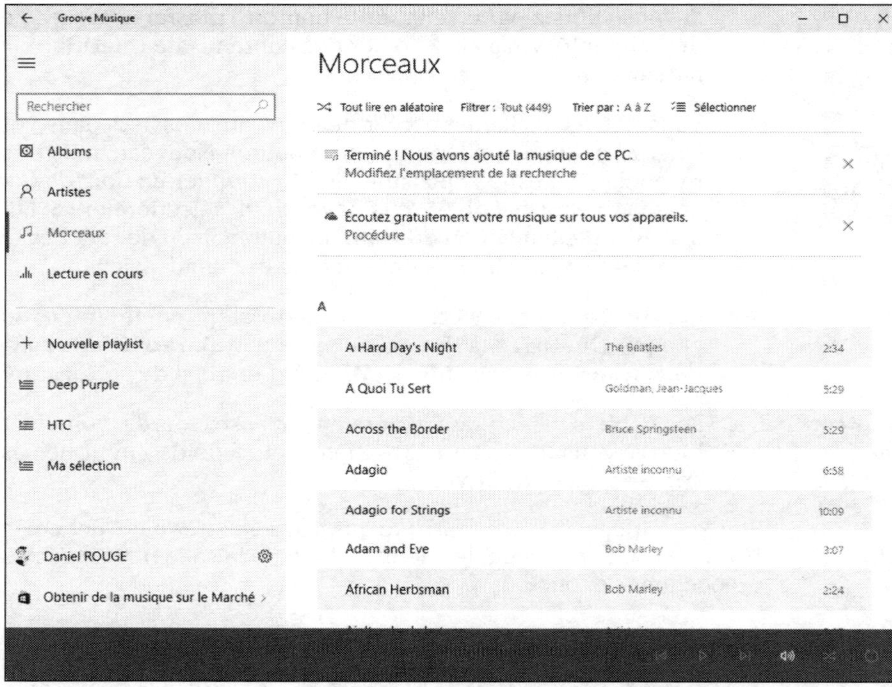

Figure 6.2 : L'application Universelle Groove Musique a parfois du mal à retrouver ses petits.

3. **Si l'application ne trouve pas toutes les musiques stockées sur votre système, demandez-lui de pousser les choses plus loin en cliquant ou tapant sur le lien Modifiez l'emplacement de la recherche.**

   L'application ouvre une petite fenêtre pas très « groove » comme celle qui est illustrée sur la Figure 6.3.

4. **Cliquez ou tapez sur le signe « + », et naviguez dans l'Explorateur de fichiers vers le dossier à ajouter. Validez pour que Groove Musique complète sa collection de titres.**

   TRUC

   Vous pouvez également éliminer un dossier en trop en cliquant sur la croix qui se trouve à droite de la case correspondante.

5. **Pour écouter par exemple un album ou un titre, il suffit de faire un double-clic dessus, ou encore de cliquer ou taper sur le bouton Lecture (voir la Figure 6.4).**

   Comme l'illustre la figure, le bas de la fenêtre affiche une très classique « platine » qui vous permet d'avancer, de revenir en arrière, de mettre en

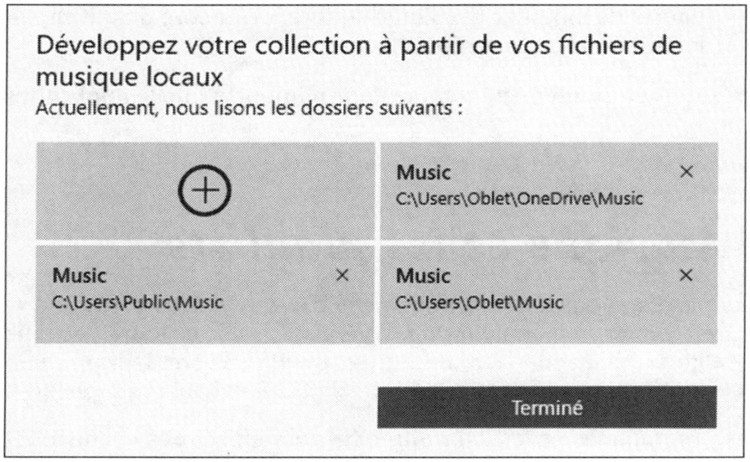

Figure 6.3 : Choisissez ici les emplacements dans lesquels Groove Musique doit rechercher votre musique.

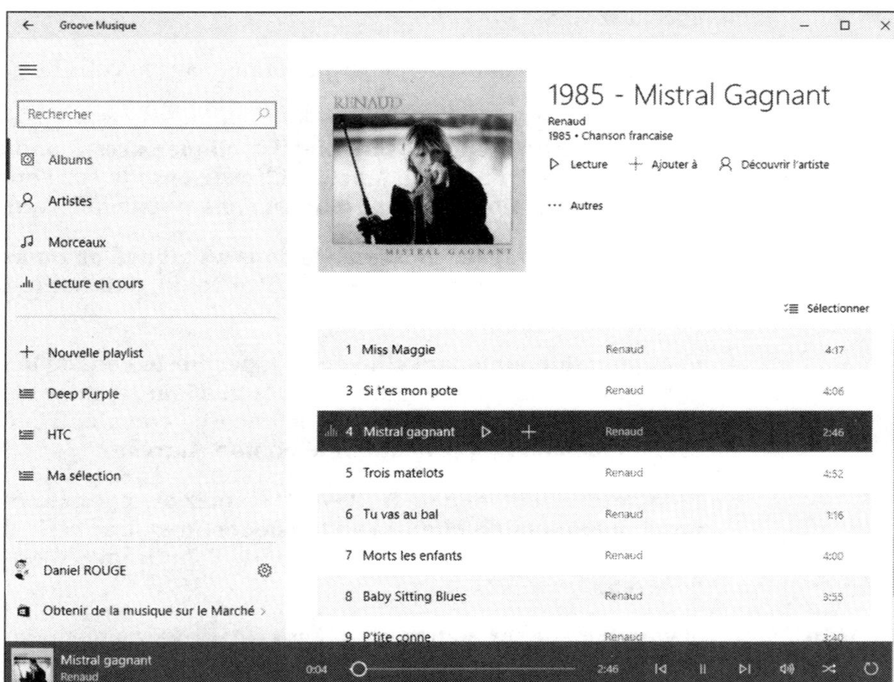

Figure 6.4 : Écouter un titre ou un album.

pause, de modifier le volume sonore, ou encore d'activer les modes de lecture aléatoire ou répétition.

En fait, c'est exactement comme dans n'importe quelle application de même type.

Groove Musique et les playlists

Une playlist, vous le savez forcément, est une liste de titres que vous voulez traiter comme une compilation. Vous choisissez les morceaux que vous voulez aligner les uns derrière les autres, quelle que soit leur provenance, et vous les écoutez normalement du début à la fin. C'est aussi simple que cela.

Les programmes spécialisés offrent généralement des tas de fonctionnalités pour créer, modifier et gérer les playlists. Groove Musique est loin du compte :

1. **Ouvrez le volet de gauche et cliquez sur le bouton Nouvelle playlist (le signe « + »). Groove Musique vous demande de lui donner un nom. Exécutez-vous.**

   Le nom de votre nouvelle playlist apparaît dans le volet de gauche, mais il ne se passe rien de spécial.

2. **Pour ajouter un album à votre playlist, cliquez dessus afin de l'ouvrir dans la partie droite de la fenêtre. Cliquez ensuite sur l'option Ajouter à. Choisissez le nom de votre playlist dans la liste qui s'affiche.**

3. **Pour ajouter un titre, choisissez-le dans un album, ou ouvrez la liste Morceaux et cliquez une fois sur le titre voulu, puis sur le bouton « + » qui lui est associé.**

4. **Vous pouvez maintenant cliquer ou taper sur le nom de la playlist dans le volet de gauche, puis lancer la musique, ajouter la playlist à une autre playlist, la renommer, ou encore l'épingler à l'écran d'accueil et même la supprimer *via* le bouton Autres.**

5. **Pour gérer le contenu de la playlist, cliquez ou tapez sur Sélectionner. Cochez ou décochez un ou plusieurs titres. Une série d'options simples s'affiche en bas de la fenêtre de l'application (voir la Figure 6.5).**

Si vous cliquez sur un titre stocké sur OneDrive, ou même sur plusieurs titres pourtant stockés sur votre disque dur, Groove Musique vous propose d'en effectuer le téléchargement.

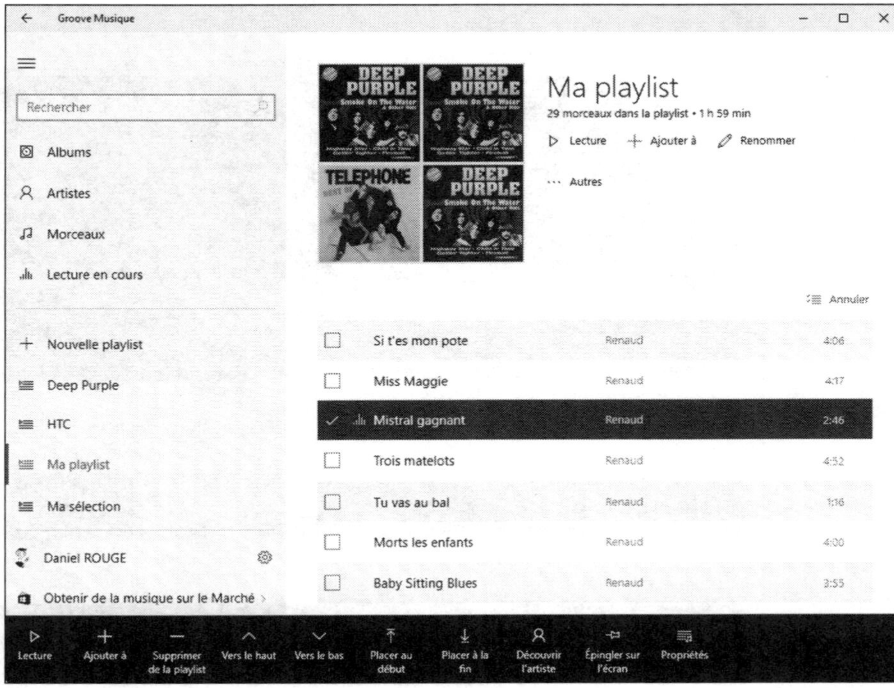

Figure 6.5 : Les outils de Groove Musique pour gérer le contenu d'une playlist.

TRUC

Les paramètres de l'application Groove Musique (la roue dentée) ont essentiellement pour vocation de vous inciter à acheter de la musique chez Microsoft *via* ce qu'il appelle le Groove Music Pass. Et donc aussi à saisir vos informations de paiement…

Acheter de la musique

Si vous y tenez absolument (vous n'avez peut-être pas d'autre choix), voyez ce que vous propose le catalogue de Windows Store (voir la Figure 6.6). En fait, c'est ce qui se passe si vous cliquez ou tapez sur le lien Obtenir de la musique sur le marché, dans le volet de gauche de Groove Musique.

Si le catalogue de Microsoft est conséquent, il n'est pas forcément à la hauteur de la concurrence, du moins pour l'instant. Notez cependant que la formule Groove Music Pass vous permet d'écouter en streaming (donc uniquement en diffusion en mode continu) n'importe quel titre non seulement dans l'application Universelle Groove Musique, mais aussi sur votre tablette ou smartphone sous iOS, Android, et bien entendu Windows 10. La Xbox n'est

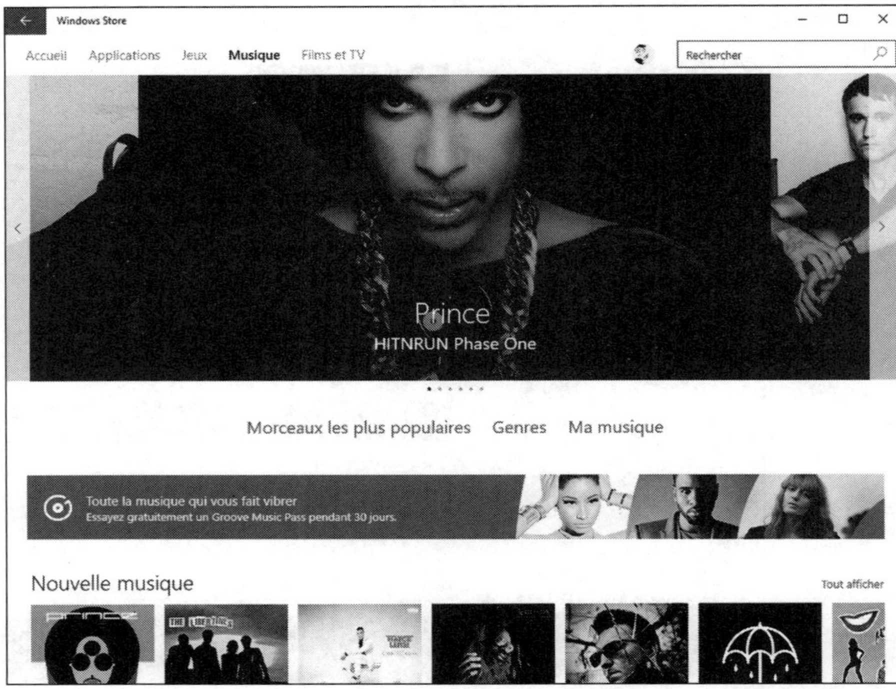

Figure 6.6 : Windows Store et son catalogue musical.

évidemment pas non plus oubliée. Vous pouvez également télécharger vos titres sur quatre appareils au plus. Par contre, si votre souscription s'arrête, vous ne pourrez plus accéder à ces titres.

Cela étant posé, achetez de la musique sur Windows Store s'effectue comme dans pratiquement n'importe quel autre système de même type. Vous cliquez ou tapez sur un album, et vous accédez à la page correspondante (voir la Figure 6.7).

Vous pouvez alors :

- Acheter l'album entier en cliquant sur son prix, vers le haut de la fenêtre.
- Acheter un titre spécifique en cliquant également sur son prix dans la liste des titres.
- Écouter un extrait de l'album ou d'un titre en cliquant sur le triangle symbolisant la fonction de lecture.
- Partager vos découvertes avec qui vous voulez.

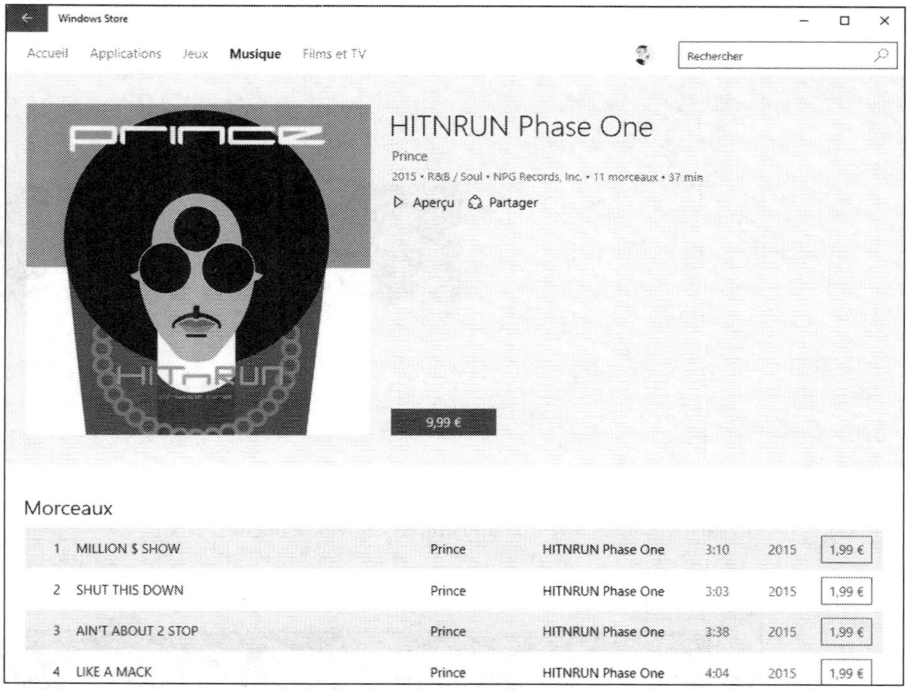

Figure 6.7 : Accéder au contenu d'un album sur Windows Store.

Vous en savez maintenant assez pour être en mesure de choisir le fournisseur et les applications qui vous conviennent le mieux afin d'écouter votre musique préférée dans les meilleures conditions possibles.

L'application Films et TV

L'application Universelle Films et TV fonctionne exactement selon le même principe que Groove Musique, sauf qu'elle risque de vous conduire bien plus vite à Windows Store, une fois passées les vidéos maison que Films et TV est capable de détecter – plus ou moins bien d'ailleurs (voir la Figure 6.8).

Si vous cliquez ou tapez sur une de vos vidéos pour la lire, la platine qui occupe le bas de l'écran comporte quelques icônes peut-être un peu moins évidentes que dans Groove Musique (voir la Figure 6.9).

La première icône permet d'envoyer la vidéo vers un appareil compatible Miracast (il peut s'agir d'un téléviseur, d'une chaîne de *home cinema*, d'un boîtier connecté en réseau, ou encore d'une clé insérée dans un port USB de

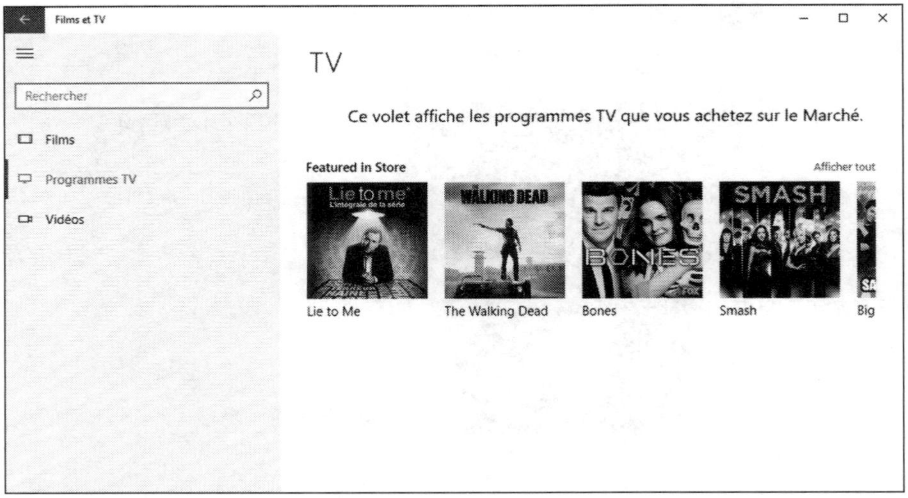

Figure 6.8 : L'interface de l'application Universelle Films et TV.

Figure 6.9 : Lire une vidéo avec l'application Films et TV.

votre téléviseur). La seconde ajuste le rapport largeur/hauteur de l'image. Quant aux suivants, vous les connaissez évidemment déjà par cœur.

Si vous avez la vague intention de louer ou d'acheter des films auprès de Microsoft, autant vous rendre directement sur Windows Store pour juger de ce que vous propose le catalogue. Celui-ci est encore vraiment limité, et les sources d'approvisionnement ne manquent pas…

Et, pour ce qui concerne la partie lecture de l'application Universelle Films et TV, dire qu'elle est extrêmement légère est un euphémisme.

Pour regarder *vos* films sur votre PC, autant se tourner tout de suite vers un programme comme VLC, une référence en la matière.

N'OUBLIEZ PAS

Mauvaise nouvelle : Windows 10 ne sait plus lire les DVD. Officiellement, ils seraient dépassés avec l'explosion du streaming. Bonne nouvelle : VLC sait les lire (d'autres programmes aussi, bien entendu). Autre bonne nouvelle à l'intention des anciens : le Lecteur Windows Media n'a pas disparu ! Microsoft l'a simplement dissimulé dans le menu Démarrer. Cliquez en bas de celui-ci sur Toutes les applications, descendez jusqu'à la lettre L, et vous allez le retrouver.

Livret V

Un monde à découvrir avec Windows 10

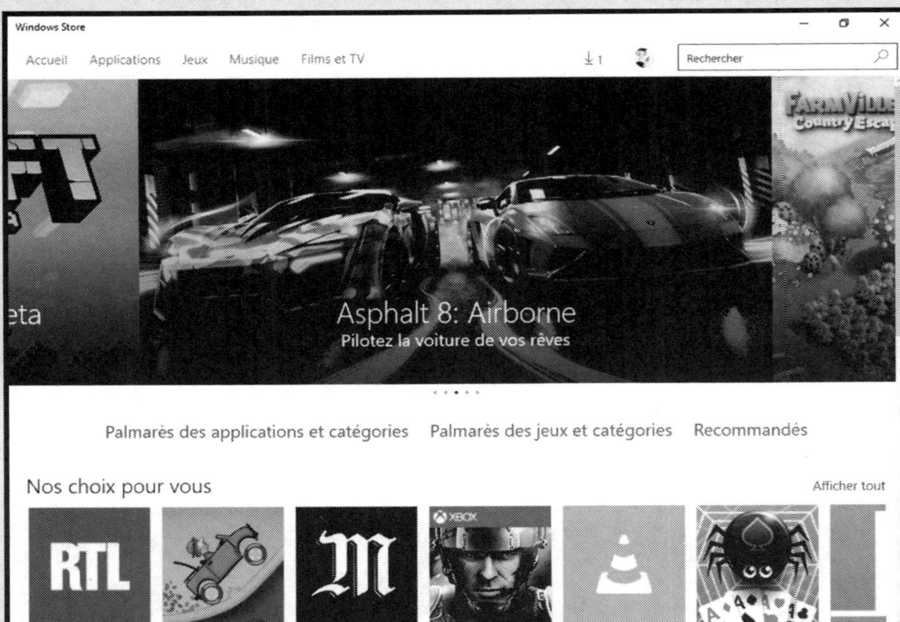

Chapitre 1

Et voici Edge

Dans ce chapitre :

- Pourquoi un nouveau navigateur ?
- Edge, ce qu'il sait faire, ou pas
- Naviguer dans Edge
- Configurer Edge

Le nouveau navigateur introduit par Microsoft dans Windows 10 et rapide, léger et, ce qui est le plus important, a jeté aux oubliettes tout le lourd bagage, et le lourd passif aussi, d'Internet Explorer.

J'ai déjà eu l'occasion au début de ce livre de dire tout le mal que je pensais d'Internet Explorer. Autrefois, Microsoft s'est servi de sa domination dans le marché des navigateurs Web pour produire toutes sortes de produits exclusifs, uniquement dédiés à son navigateur maison, et convaincre les développeurs de travailler avec eux. ActiveX, Silverlight, et tant d'autres qui n'auraient jamais dû voir le jour, et qui ont conduit Internet Explorer sur une pente dangereuse.

La plupart de ceux qui développaient pour le Web ont fini par réagir pour s'abstraire des contraintes imposées par Microsoft, et à construire des sites qui pouvaient trouver l'hospitalité dans n'importe quel navigateur. Et si ce n'avait pas été le cas, leurs sites se seraient étiolés au fil du temps. Avec Edge, tous les navigateurs jouent plus ou moins dans la même cour. Et c'est vraiment une nouvelle rafraîchissante.

Certes, Edge est encore à peine sorti du cocon, et il n'a pas encore le support et les compléments qui font le succès actuel de Google Chrome, ou encore de Firefox. Mais c'est aussi un avantage potentiel, puisqu'il n'a pas encore de boulets à traîner.

La version d'Edge proposée dès la sortie de Windows 10 (sur la base du projet Spartan de Microsoft) est un gamin appelé à évoluer. Il est peut-être déjà plus ou moins différent de la version décrite dans ce chapitre, et il le sera sans doute encore plus dans quelques mois. Même si le fond reste identique, il est très possible que le costume soit retouché…

Découvrir Edge

Voyons tout de suite ce que le petit dernier de la bande a dans le ventre :

1. **Cliquez ou tapez sur le bouton Démarrer, puis cliquez sur la vignette d'Edge, à droite du menu.**

   Bon, d'accord, il est plus rapide de cliquer directement sur son icône dans la barre des tâches.

   Edge s'ouvre en cherchant à attirer votre attention (voir la Figure 1.1).

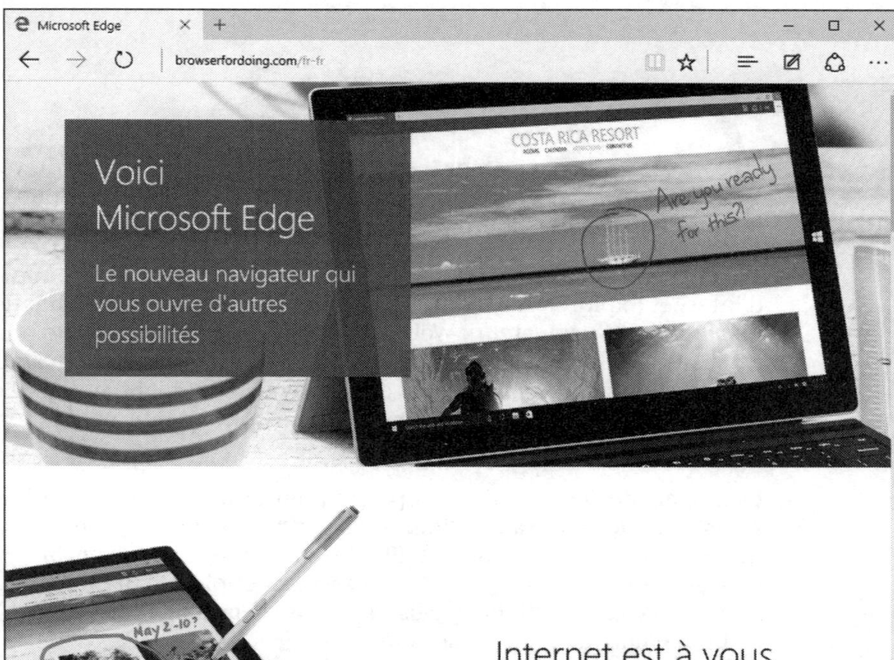

Figure 1.1 : Edge vous souhaite la bienvenue.

2. **Dans la barre d'adresse, sous la rangée d'onglets, tapez l'adresse d'un site Web.**

   N'importe quelle adresse valide peut convenir. En l'occurrence, j'ai choisi le site Pour les nuls. Normal, non ?

3. **N'hésitez pas à cliquer sur des liens dans la page Web. Cliquez droit. Vous devez vous convaincre vous-même qu'Edge fonctionne comme exactement n'importe quel autre navigateur que vous avez déjà pu utiliser.**

   La page illustrée sur la Figure 1.2, par exemple, vous offre de bonnes occasions de tenter ces expériences.

Figure 1.2 : Naviguer dans Edge, c'est comme dans n'importe quel autre navigateur.

4. **S'il est activé, cliquez sur le bouton du mode Lecture (l'espèce de livre ouvert).**

   Dans ce mode, les pubs ainsi que tous les éléments dont vous n'avez pas besoin sont désactivés (voir la Figure 1.3).

5. **Cliquez à nouveau sur le bouton du mode Lecture pour revenir aux images, aux publicités, et ainsi de suite. Cliquez ensuite sur le bouton « + » qui se trouve sur la droite de la rangée d'onglets.**

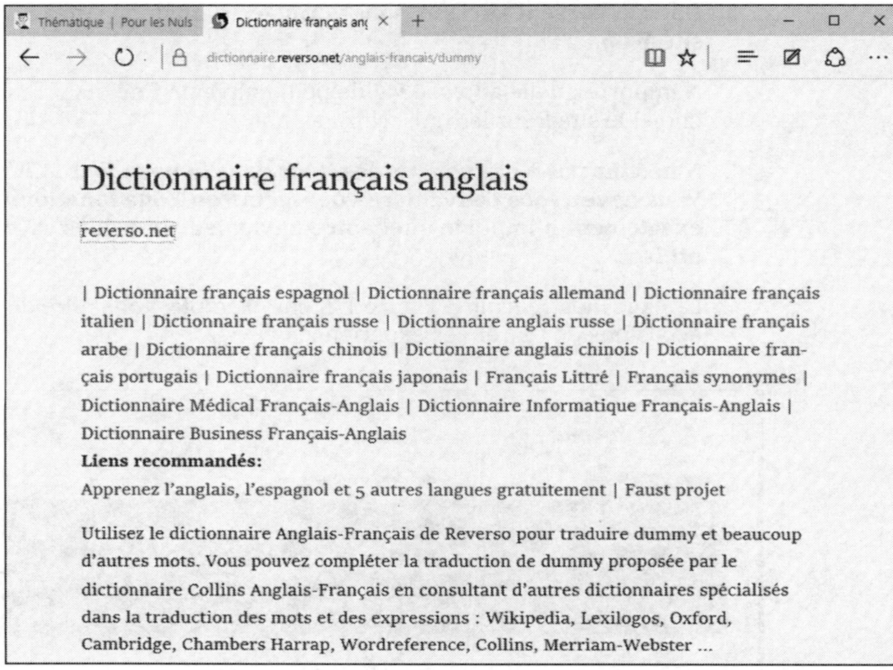

Figure 1.3 : Le mode Lecture, sans liens ni publicités, ne vous laissant que l'essentiel.

Edge va afficher une nouvelle page vierge. Celle-ci vous propose des vignettes de sites réputés vous convenir (disons en priorité, de ceux qui ont les moyens de vous faire cliquer). Bien entendu, les sites récemment visités sont aussi là, et le flux d'actualités proposé par Microsoft montre également le bout de son nez (voir la Figure 1.4).

6. **Dans le champ Où aller ensuite ?, saisissez une adresse de votre choix. Dans la page qui va s'afficher, sélectionnez un mot pour lequel vous voudriez avoir plus de renseignements. Cliquez droit (ou maintenez enfoncé), et choisissez dans le menu qui s'affiche l'option Demander à Cortana.**

   Un volet va apparaître sur le bord droit de la fenêtre (voir la Figure 1.5). Vous pouvez alors consulter les informations fournies, cliquer sur des liens, ou encore poursuivre votre recherche avec Bing.

   TRUC

   Certains sites se sont même adaptés de manière à proposer un lien direct avec Cortana. Mais ils sont encore très rares.

7. **Cliquez sur l'icône d'étoile, à droite de la barre d'adresse.**

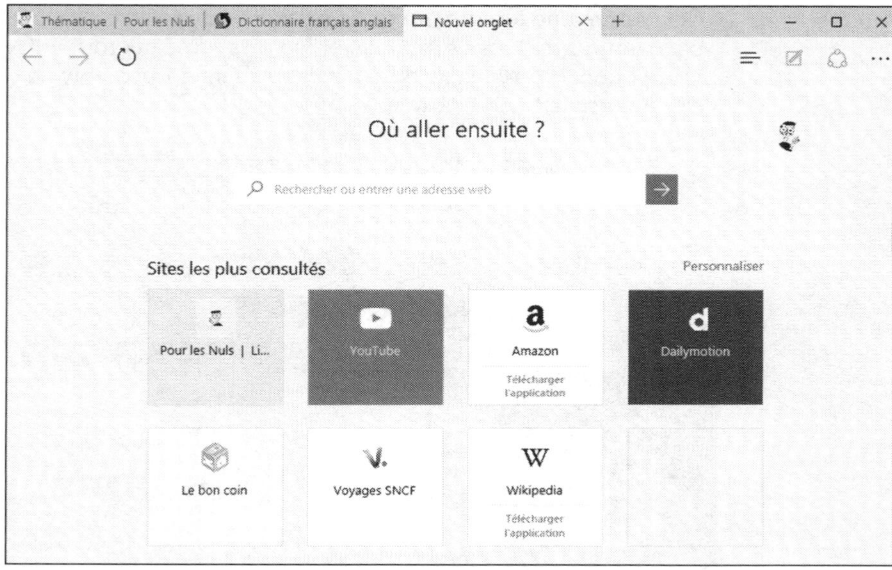

Figure 1.4 : Les « cartes » du flux d'actualités vous sont proposées par Cortana.

Figure 1.5 : Cortana est partout, même dans Edge.

Cela ouvre une fenêtre qui vous permet d'enregistrer l'adresse de la page courante dans votre dossier Favoris, ou dans tout autre dossier de votre choix (voir la Figure 1.6). Il est également possible ici d'ajouter le site à votre liste de lectures.

Figure 1.6 : Ajoutez facilement une page Web à vos favoris ou votre liste de lectures.

8. **En haut du panneau des favoris, choisissez maintenant Liste de lectures et validez.**

   Une petite bulle devrait vous indiquer que la page est bien enregistrée.

9. **Cliquez maintenant dans la barre d'outils sur l'icône que Microsoft appelle Hub (celle marquée de trois traits). Choisissez le second bouton du volet qui s'affiche.**

   Vous constatez que votre page est bien proposée et que vous allez pouvoir retrouver votre recette au moment de préparer le repas (voir la Figure 1.7).

Le volet Hub vous permet également d'accéder à l'historique des pages visitées, ainsi qu'à la liste des fichiers que vous avez pu télécharger.

Figure 1.7 : La Liste de lectures est copiée sur votre ordinateur et listée dans le volet de droite.

Ajouter des notes aux pages Web

Edge dispose d'une fonctionnalité unique dans le monde des navigateurs. Vous pouvez en effet annoter vos pages Web ou en surligner des passages, en fait *via* une liaison entre Edge et OneNote.

TRUC

Une note peut être saisie au clavier, ou dessiner sur l'écran, ce qui est évidemment plus pratique avec l'écran tactile d'une tablette qu'avec un PC classique.

Prenons un petit exemple :

1. **Naviguez dans Edge vers la page que vous voulez annoter.**

   Pour ce qui suit, je conserverai le même exemple que ci-dessus.

2. **Cliquez en haut et vers la droite de l'écran sur l'icône qui représente une feuille sur laquelle est placé un crayon.**

L'affichage change pour présenter des outils dans le style de OneNote. Vous constatez que vous pouvez ainsi tracer du texte, surligner des passages (en choisissant une couleur et une épaisseur), passer un coup de gomme, rédiger une note au clavier, ou encore sélectionner une région à partager avec une autre application (voir la Figure 1.8).

Figure 1.8 : Commenter une page Web.

3. **Quand vous avez terminé, cliquez en haut et vers la droite sur l'icône de disquette pour enregistrer la page dans votre Liste de lectures, ou sur le bouton Partager pour en faire profiter vos amis.**

TRUC

Vous pouvez également enregistrer la page annotée directement dans OneNote pour vous en resservir plus tard en dehors du navigateur.

Edge et ses réglages

Microsoft Edge est encore jeune, mais il grandit rapidement. Comme tout autre navigateur, il est appelé à évoluer dans le temps, mais ses réglages et paramètres essentiels ne devraient pas trop bouger.

Faisons donc un petit tour d'horizon :

1. **Lancez Edge et ouvrez une page à votre convenance. Cliquez ensuite sur le bouton Autres actions (les trois points, tout à fait à droite de la barre d'adresse).**

   Un nouveau volet va s'afficher sur le bord droit de l'écran (voir la Figure 1.9).

   Vous pouvez constater que les options qui vous sont proposées ressemblent comme deux gouttes d'eau à celles que vous retrouvez dans les autres navigateurs. La seule subtilité réside dans la commande Épingler à l'écran de démarrage, qui affiche la page courante sous forme d'une vignette dans la partie droite du menu Démarrer. Sans parler de Ouvrir avec Internet Explorer, ce qui vous ferait faire un grand saut dans le passé.

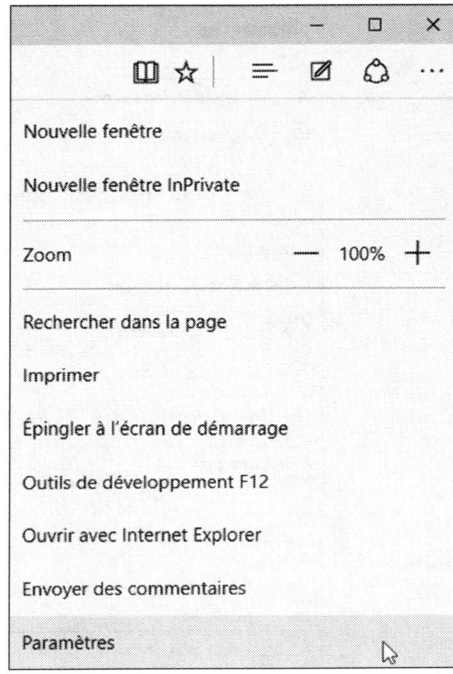

Figure 1.9 : Le menu de Edge est simple et classique.

2. **Tapez ou cliquez sur l'option Paramètres, en bas du volet.**

   Vous accédez ainsi aux réglages de Microsoft Edge (voir la Figure 1.10).

   Pour l'essentiel, chaque réglage fait ce qu'il dit. Nous allons donc nous en tenir à l'essentiel dans ce qui suit.

3. **Choisissez ce qui doit s'afficher lorsque vous lancez Edge.**

   Vous pouvez vous contenter d'une ou plusieurs pages totalement prédéfinies, mais vous préférez certainement opter pour une version plus personnelle en choisissant l'option Une ou des pages spécifiques. Vous pouvez alors entrer ou copier l'adresse d'une page en cliquant dans le champ Entrer une adresse Web puis sur le bouton « + », ou bien supprimer une page qui ne vous intéresse plus en cliquant sur la croix correspondante (reportez-vous à la Figure 1.10).

4. **Faites défiler le contenu du volet Paramètres vers le bas.**

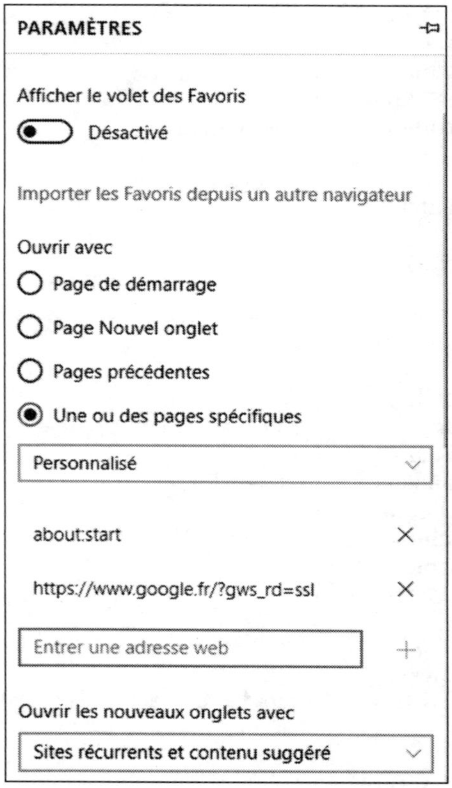

Figure 1.10 : Edge et ses paramètres.

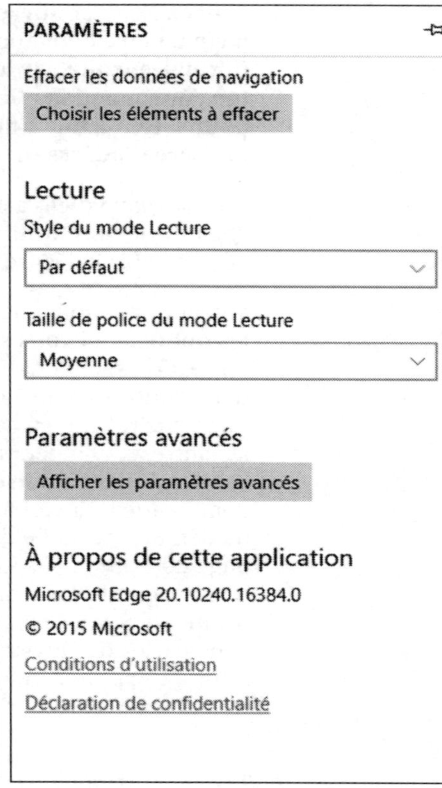

Figure 1.11 : Les paramètres d'Edge, suite.

Vous pouvez ici effacer vos données de navigation et choisir quelques options pour l'affichage des Listes de lectures (voir la Figure 1.11).

5. **Cliquez sur le bouton Afficher les paramètres avancés.**

   Vous découvrez une nouvelle série de réglages dont la Figure 1.12 vous donne un large aperçu.

   Vous pouvez en particulier ici :

   - Affichez à côté de la barre d'adresse un bouton Accueil pour afficher votre page de démarrage.
   - Bloquer les fenêtres contextuelles (dites aussi pop-up, car elles surgissent inopinément pour vous pourrir l'existence) et désactiver Flash Player, ce qui est hautement recommandé, à moins que vous ne visitiez pas des sites qui en font un large usage (autre qu'afficher des tas de publicités dont vous n'avez rien à faire).

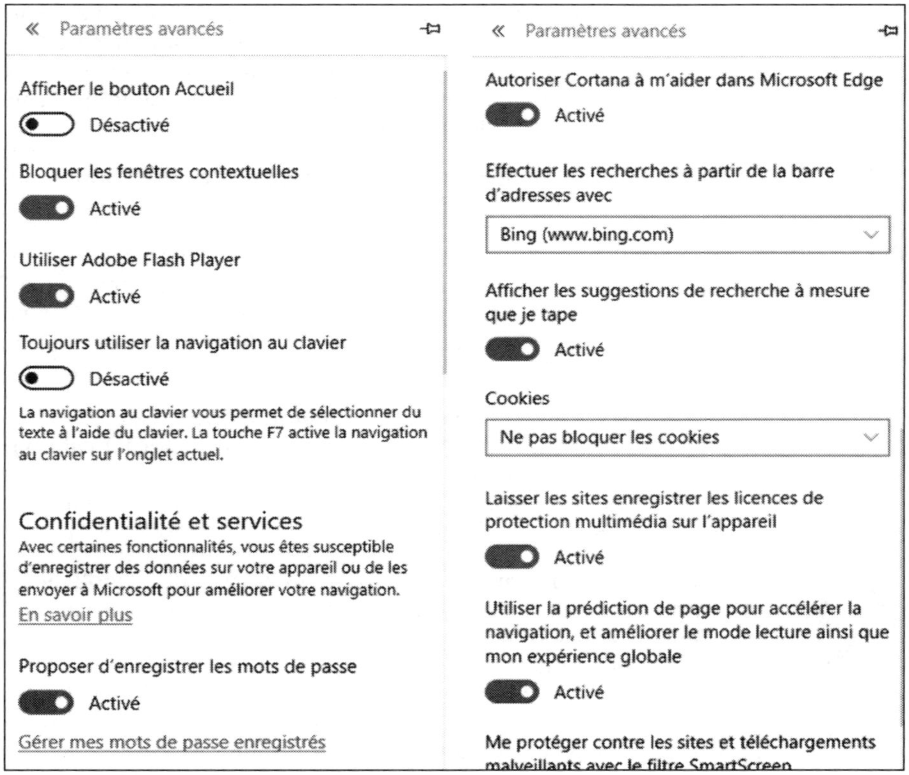

Figure 1.12 : Edge et ses paramètres avancés.

- Utiliser la navigation dite au clavier pour sélectionner du texte.

Si vous activez ce mode, il vous suffit de cliquer (ou de taper) sur une page Web pour faire apparaître un curseur. Vous vous déplacez alors de caractère en caractère, ou de ligne en ligne, avec les touches fléchées. Il est également possible de sélectionner toute une zone de texte en maintenant enfoncée la touche Maj. Lorsque ce mode est désactivé, ce qui est le cas par défaut, les touches directionnelles font défiler le contenu de la page.

- Enregistrer les mots de passe que vous utilisez sur certains sites si vous le souhaitez. Personnellement, je trouve cela risqué, même si ces mots de passe sont évidemment codés. Et c'est encore plus vrai pour les entrées dans les formulaires.

- Ne vous posez même pas de questions sur l'option Envoyer des demandes Do Not Track. Censé demander aux sites Web de ne garder aucune trace de votre passage, ce mode est extrêmement controversé et d'une efficacité qui reste encore à prouver, d'autant que tout cela ne repose que sur la bonne volonté des développeurs… Autrement dit, il ne deviendra un standard que le jour où les annonceurs renonceront aux publicités sur l'Internet. Autrement dit, quand les poules auront des dents !

- Vraisemblablement, vous allez laisser active l'option qui vous propose l'aide de Cortana…
- Le choix du moteur de recherche par défaut est plus important. Comme il se doit, Microsoft place Bing au premier plan. Mais vous pouvez cliquer sur cette liste pour ajouter un nouveau moteur de recherche choisi dans une liste très restrictive. Allons, disons Google et c'est à peu près tout.
- Il n'y a aucune raison particulière pour changer la valeur par défaut des autres réglages. Si votre connexion Internet est un peu poussive, vous pouvez modifier la fonction de prédiction de page pour gagner un peu de rapidité, mais n'espérez pas démultiplier votre vitesse de navigation.

N'OUBLIEZ PAS

À ce jour, Edge n'accepte pas encore l'intégration de compléments. Il est très vraisemblable que la situation va évoluer, d'autant que ces compléments sont une des principales raisons qui ont fait le succès de Chrome et de Firefox. Quand Edge commencera à s'ouvrir un peu plus, nous verrons si les développeurs sautent sur l'occasion, et quels types de produits ils nous proposeront. D'ici là, Microsoft Edge continue à garder le pied léger pour nous permettre de naviguer tranquillement au quotidien.

Chapitre 2

Utiliser Skype avec Windows 10

Dans ce chapitre :

- Trouver Skype
- Créer un compte Skype
- Se connecter avec Skype
- Plus loin avec Skype

Tout le monde connaît Skype, l'outil de communication et de messagerie toutes distances, téléphonie et messages instantanés inclus. Mais tout le monde ne sait pas que cette application mondialement célèbre a débuté (comme toute *start-up* qui se respecte) il y environ une dizaine d'années en Estonie. Deux des principaux acteurs du développement de Skype (le danois Janus Friis et le suédois Niklas Zennstrom) étaient d'ailleurs également à l'origine du programme de partage de fichiers Kazaa.

Plus tard, Microsoft a racheté Skype pour une véritable fortune (on parle de 8,5 milliards de dollars). Skype a atterri à Redmond, mais la plupart des vrais techniciens vivent toujours à Tallin et à Tartu en Estonie.

En dépit de toutes les apparences, donc, Skype est un produit Microsoft. Disons, pour environ un pour cent.

Si Skype est bien connu pour servir d'outil de téléphonie, ce n'est que l'une de ses facettes. Il est également capable de gérer votre messagerie instantanée (y compris l'envoi de SMS vers un téléphone) ou encore des appels vidéo. Vous pouvez aussi utiliser Skype à partir d'un téléphone fixe, mais dans ce cas, la gratuité n'est plus de mise.

Microsoft s'efforce de connecter Skype à toutes sortes de produits, qu'il s'agisse de vos contacts Windows, de vos connexions avec Office et autres. Skype fonctionne très bien sur les iPhone et les iPad, sur les smartphones et les tablettes Android, mais il a historiquement toujours rencontré des problèmes avec Windows.

Microsoft a passé un bon bout de temps pour transformer Skype en une application de style Metro dédiée à Windows 8.1. Mais en juillet 2015, il a annoncé que le développement était repoussé aux calendes grecques. Vous avez donc uniquement le choix entre l'application de bureau (voyez l'adresse `www.skype.com`) et la version Web, celle-ci laissant notoirement à désirer.

En fait, les utilisateurs de Skype se comptent en centaines de millions (on parlait en 2010 de 663 millions d'utilisateurs dûment enregistrés). Mais, comme Facebook ou Twitter, cela ne dit rien sur la quantité de personnes qui s'en servent couramment, si ce n'est quotidiennement.

Explorer les alternatives à Skype

Avant d'installer et d'utiliser Skype sur votre machine Windows 10, vous devez réaliser qu'il est disponible sur à peu près tout ce que vous pouvez imaginer : iPhone, iPad, smartphones et tablettes Android, Windows XP et plus, Windows Phone, Mac OS X, Xbox One, BlackBerry, bref sur pratiquement tout ce qui existe aujourd'hui. Et, du moins au moment où ce livre est écrit, toutes ces versions sont meilleures que celle qui est proposée sous Windows.

NOTE TECHNIQUE

Pour avoir utilisé Skype sur de multiples systèmes, je suis convaincu que son meilleur usage reste le classique téléphone, et que pour ce qui concerne la vidéo, rien ne vaut une tablette ou une *phablette* dotée d'un écran de bonne taille.

Si vous en restez à la version bureau de Windows, vos choix sont très restreints. Skype fonctionne bien avec un portable équipé d'une caméra, mais la qualité sonore des communications n'y est pas vraiment bonne (merci, M. Larsen). D'un autre côté, si vous possédez un iPad, une tablette Android ou un smartphone doté d'un grand écran, votre taux de satisfaction devrait être bien supérieur. Vous téléchargez l'application, vous l'installez, et c'est parti.

ATTENTION !

Skype reste scotché à ses anciennes manies, autrement dit à des comptes d'utilisateurs qui lui sont spécifiques. Un jour peut-être, vous pourrez l'utiliser avec votre vrai numéro de téléphone sans que cela ne vous coûte un bras, mais encore faudrait-il pour cela que Microsoft change de stratégie.

Alors, avez-vous d'autres alternatives pour appeler vos amis ou votre lointaine famille ? La réponse est évidemment oui. De nos jours, tout le monde ou presque téléphone d'une manière ou d'une autre en VOIP (pour *Voice Over*

Internet Protocol), autrement dit en faisant passer les communications sur la connexion Internet de la famille ou de l'entreprise (c'est ce que l'on appelle un abonnement *téléphone compris*). Par conséquent, tout programme capable d'utiliser ce type de canal est susceptible de faire l'affaire. Prenons quelques exemples :

- **Facebook Messenger et Facebook Vidéo :** Si vous avez un compte Facebook, le *messager* maison fonctionne très bien. En fait, vous n'avez même plus véritablement le choix : Messenger s'installe que vous le vouliez ou non. C'est qu'on ne rigole pas avec le respect de la vie privée chez Facebook (je sais, c'est de l'humour). Au fait, le principal concurrent, WhatsApp, fait maintenant partie de la maison Facebook. On n'est jamais trop prudent, d'autant que la part de marché de WhatsApp croît au même rythme que le désamour des adolescents pour Facebook. Mais ils ne savent pas encore qu'ils ne font que quitter une pièce de la maison pour une autre…
- **Viber :** Lui aussi, et ses centaines de millions d'utilisateurs (plus de 600 millions ?), vous permet d'envoyer des appels téléphoniques un peu partout dans le monde. Et votre identifiant Viber, c'est votre numéro de téléphone…

Je ne parle même pas ici des services disponibles en Chine (comme WeChat) ou venus d'ailleurs (comme Tango). Pas plus que je ne mentionne Google Hangouts, le bras armé de Google+ que la célèbre firme semble ranger au rayon des oubliettes. Ou encore le FaceTime d'Apple qui ne fonctionne qu'avec les matériels de la firme à la pomme.

En route vers Skype

Une fois passées les remarques qui précèdent (après tout, si vous voulez communiquer sous Windows 10, c'est à vous de choisir la solution qui vous convient le mieux), il est temps de voir de plus près comment le voyage avec Skype se déroule.

Si vous utilisez un compte local pour accéder à Windows, Skype va vous demander immédiatement d'entrer un compte Microsoft. **Si vous voulez utiliser Skype, vous devez utiliser un compte Microsoft !**

Microsoft s'est efforcé de nuancer l'absence d'une application Universelle Windows pour Skype en plaçant simplement un lien « Obtenir Skype » dans le menu Démarrer. Voici comment l'utiliser :

1. **Cliquez ou tapez sur le bouton Démarrer, puis sur Toutes les applications et enfin sur Obtenir Skype.**

Oui, Skype est bien à la lettre O.

Vous allez voir s'afficher la fenêtre illustrée sur la Figure 2.1.

Figure 2.1 : Téléchargez Skype depuis Windows 10.

2. **Cliquez ou tapez sur le bouton Télécharger Skype.**

   Cela ne prend qu'un instant. Votre navigateur par défaut va s'ouvrir, puis vous prévenir que le programme SkypeSetup.exe a été téléchargé. Il ne vous reste plus qu'à l'exécuter.

3. **Cliquez ou tapez sur Exécuter.**

   L'installateur se lance.

4. **Vérifiez que la fenêtre d'installation vous propose bien comme langue le français, puis cliquez ou tapez sur J'accepte – suivant.**

5. **Skype vous propose maintenant d'installer en plus Skype Click to Call. Décochez cette case (mais rien n'est perdu pour l'avenir), puis cliquez ou tapez sur Continuer.**

6. **Comme on n'est jamais aussi bien servi que par soi-même, l'installateur souhaiterait que vous fassiez de Bing votre moteur de recherche par défaut, et de MSN votre page d'accueil. Bien entendu, vous allez décocher ces deux « propositions » avant de cliquer ou taper sur Continuer.**

   En fait, vous avez très bien compris que Bing vous suit déjà partout (n'est-ce pas, Cortana ?). Remarquez au passage que le programme d'installation vous propose d'ouvrir votre page d'accueil sous Internet Explorer, Firefox, Chrome et Safari. Il est où, Edge ? Il appartient à qui au fait Skype ?

   Maintenant, l'installation peut se poursuivre tranquillement. Lorsqu'elle est terminée, une nouvelle icône apparaît sur votre bureau (la vignette Obtenir Skype, elle, n'a pas bougé de la partie droite du menu Démarrer).

7. **Skype s'ouvre automatiquement. Il vous propose de vous connecter en saisissant un pseudo maison à l'ancienne mode ou un compte Microsoft à la nouvelle mode (voir la Figure 2.2).**

   TRUC

   Il est aussi possible de se connecter avec un identifiant Facebook, ou encore de créer un compte tout neuf.

Figure 2.2 : La fenêtre de connexion de Skype.

8. **Tapez le nom du compte Microsoft que vous allez utiliser ainsi que votre mot de passe, puis cliquez ou tapez sur le bouton Se connecter.**

   Il se peut qu'au passage Skype vous propose divers écrans, comme le « Contrat de confiance » long comme un jour sans pain, vous propose de vous pourrir encore plus la vie en vous envoyant des billets doux par mail ou par SMS (non, mille fois non) et ainsi de suite. Activez bien entendu aussi la case qui demande à ne plus jamais recevoir tout cela.

   Il se peut également que le pare-feu de Windows apparaisse en vous indiquant qu'il a bloqué certaines fonctionnalités du programme. Autorisez évidemment l'accès, sans oublier que Skype c'est aussi Microsoft, tout comme le pare-feu de Windows…

9. **L'installation est bientôt terminée (voir la Figure 2.3). Cliquez ou tapez sur Continuer.**

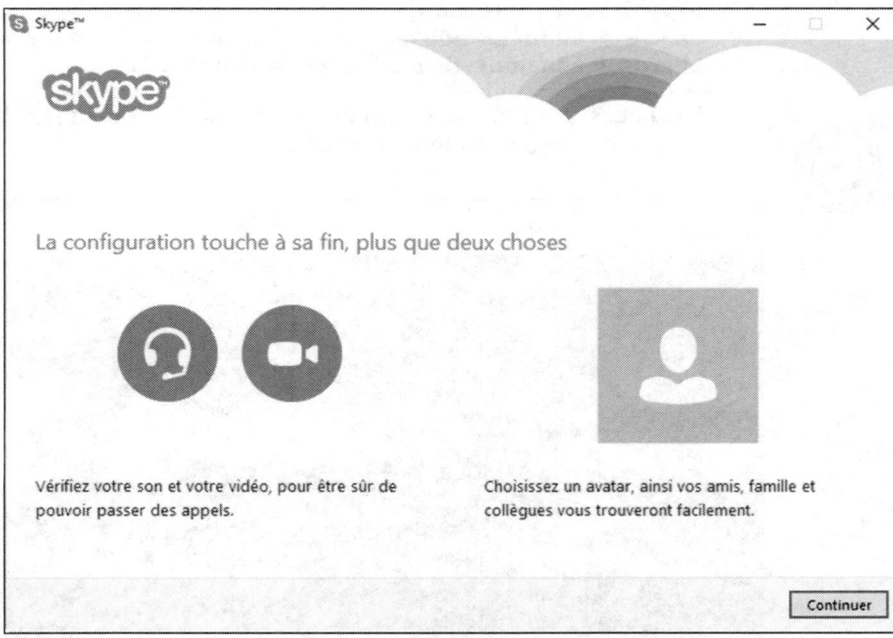

Figure 2.3 : Et voici la version de bureau ancienne mode de Skype.

10. **C'est le moment de tester vos haut-parleurs, votre micro et votre webcam (voir la Figure 2.4). Si tout se passe bien, vous pouvez cliquer ou taper sur le bouton Continuer.**

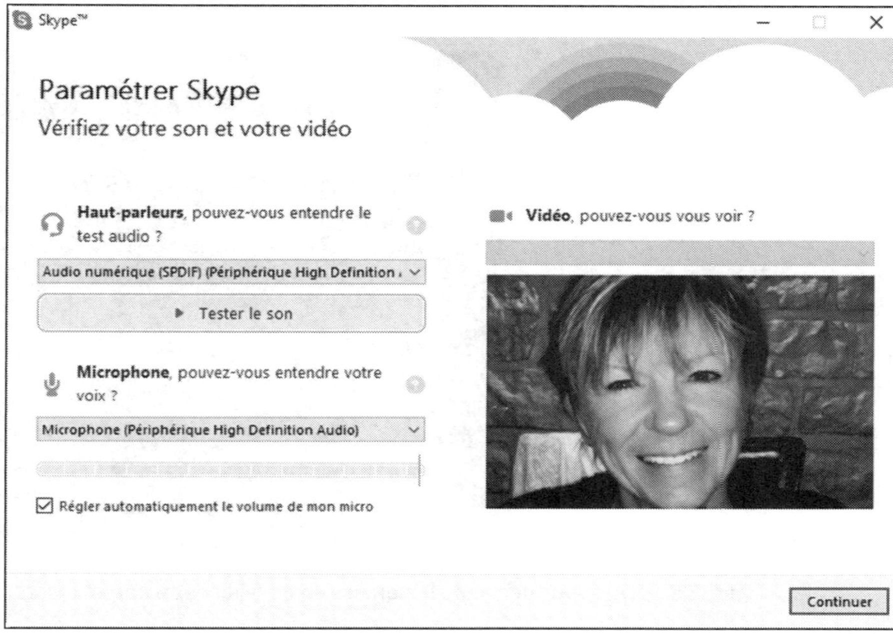

Figure 2.4 : Vérifiez le son et la vidéo.

Si vous rencontrez des difficultés, Skype va vous aider à les corriger. Et vous pourrez toujours définir plus tard votre avatar (votre image, si vous préférez).

Félicitations. Vous venez de terminer l'installation de Skype. Et un jour, peut-être, Microsoft se décidera-t-il à intégrer pleinement Skype dans Windows.

Skype, premier contact

Chaque version de Skype, qu'elle soit de bureau, Web, destinée à iOS ou à Android, et ainsi de suite, offre une manière légèrement différente de travailler ou d'afficher l'interface, mais les fonctionnalités de base restent les mêmes.

La première fois que vous utilisez Skype, il vous demande s'il peut rechercher des contacts dans votre carnet d'adresses (voir la Figure 2.5). Chose assez remarquable, si vous y jetez un coup d'œil : aucune des personnes qui servent d'accroche en haut de la fenêtre n'utilise Skype…

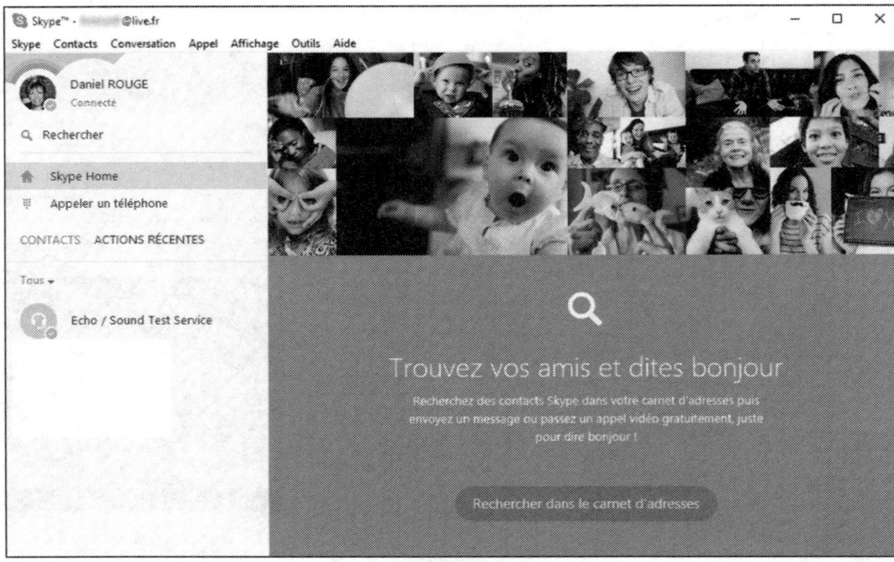

Figure 2.5 : Skype vous demande la permission de piller votre carnet d'adresses.

Si vous êtes prêt à envoyer des messages automatiques à tous vos (prochainement anciens) amis, acceptez. Sinon, contentez-vous d'ignorer la partie droite de la fenêtre et poursuivez normalement.

Commencez par taper le nom de quelqu'un dont vous savez qu'il utilise Skype dans le champ Rechercher, à gauche de la fenêtre. En cas de succès, cela devrait vous conduire à la fenêtre principale de Skype, illustrée sur la Figure 2.6.

Vous pouvez voir deux boutons en haut et à droite de la fenêtre, ainsi que deux sections dans la partie principale de l'écran. Voici ce qu'ils signifient :

- **Bouton de téléphone :** Il permet de placer un « vrai » appel téléphonique vers un « vrai » combiné téléphonique. Skype propose des formules payantes pour téléphoner « en vrai ».
- **Bouton de caméra :** C'est pour lancer un appel en visiophonie.
- **Rechercher :** C'est la loupe affichée à gauche de la fenêtre. Cliquez ou tapez ici et commencez à saisir un nom pour voir la liste de toutes les personnes correspondantes enregistrées sur Skype.
- **Contacts :** Liste vos contacts à vous, ceux que vous pouvez appeler. Ajouter quelqu'un à votre liste de contacts n'est pas une rue à sens unique. Vous devez demander son autorisation à la personne, faute de quoi vous ne pourrez pas l'appeler. Voyez à ce sujet la prochaine section.

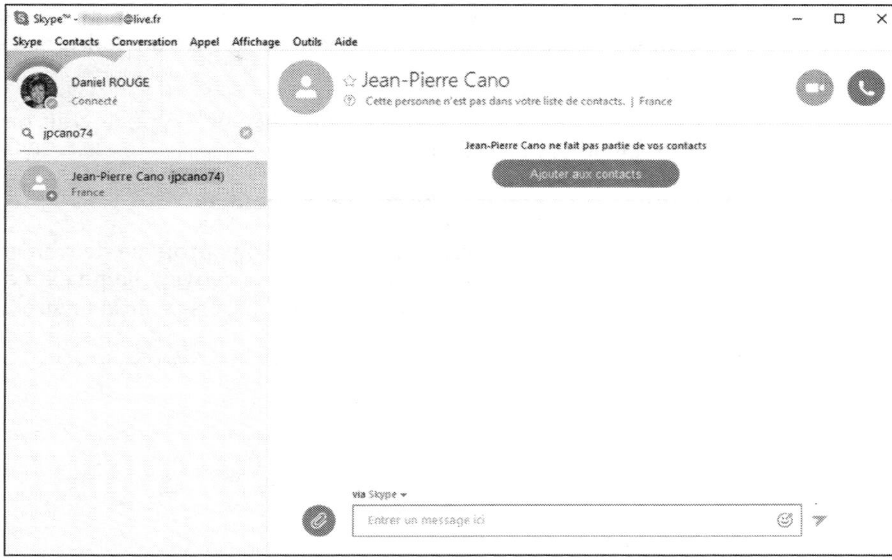

Figure 2.6 : La page d'appel de base de Skype.

Si vous comprenez comment gérer chacun de ces points sur tous les dispositifs que vous utilisez (ordinateur de bureau ou portable, tablette, smartphone, montre connectée, télévision branchée et ainsi de suite), vous savez déjà 90 % de tout ce qu'il y a comprendre de Skype.

Ajouter un contact

Avant de pouvoir appeler quelqu'un, vous devez lui lancer une invitation à vous rejoindre. Lui ou elle doit alors accepter cette proposition pour que la connexion puisse s'établir.

N'OUBLIEZ PAS

La méthode exacte varie en fonction de la version de Skype que vous utilisez. Dans la plupart des cas, vous devez d'abord passer par votre liste de contacts. Dans ce qui suit, nous allons évidemment en rester à la version de bureau liée à Windows :

1. **Dans l'écran de base, utilisez le champ Rechercher pour trouver la personne que vous voudriez ajouter comme contact (reportez-vous à la Figure 2.5).**

   Étant donné l'énorme quantité d'utilisateurs de Skype dans le monde, cette recherche n'est pas forcément une partie de plaisir, surtout si vous ne possédez que des informations partielles sur les coordonnées Skype de votre futur contact. Vous pouvez utiliser un nom propre, un nom de contact Skype ancienne génération, ou encore une adresse de messagerie.

Une fois la personne localisée, la fenêtre de Skype devrait ressembler à celle illustrée sur la Figure 2.6.

2. **Cliquez sur le bouton Ajouter aux contacts.**

   Skype formule un message type qu'il vous propose de transmettre à la personne. Si vous cliquez ou tapez sur Envoyer, Skype expédie l'invitation qu'il mémorise dans votre liste d'appels (voir la Figure 2.7).

Figure 2.7 : Pour ajouter un contact, encore faut-il qu'il vous en donne la permission.

3. **Attendez.**

   Si votre futur contact est connecté à Skype, il va recevoir votre message et pourra cliquer sur Accepter ou sur Décliner (voir la Figure 2.8). Dans le premier cas, vous allez pouvoir communiquer immédiatement. Dans le second cas, vous venez de fâcher quelqu'un.

   N'OUBLIEZ PAS

   Une nouvelle fois, la manière dont votre futur (?) correspond répond varie légèrement selon la version de Skype.

4. **Continuez à ajouter d'autres amis, ou plutôt contacts Skype, et vous êtes paré pour les communications mondialisées.**

Figure 2.8 : Si un contact accepte l'invitation, la conversation peut immédiatement commencer.

Si vous quittez Skype en cliquant sur sa croix de fermeture, le programme continue tout de même à mener sa vie en arrière-plan. Si vous recevez un appel, il va afficher une notification, mais il indiquera à vos correspondants que vous n'êtes pas connecté. Skype pose son icône vers la droite de la barre des tâches, pour vous rappeler qu'il est toujours là et bien vivant.

Vous ne voulez pas être dérangé par des appels ou des messages ? Cliquez droit sur l'icône de Skype, sur la droite de la barre des tâches, et choisissez l'option Statut. Vous pouvez alors vous définir comme étant déconnecté, absent, à ne surtout pas déranger, et même comme étant invisible.

Vous avez vos contacts. Il suffit de cliquer ou taper sur le nom de la personne que vous voulez contacter, puis de saisir votre message dans le champ situé en bas et dans la partie droite de la fenêtre. C'est aussi simple que cela.

Quelques conseils à l'usage des novices

Par défaut, les personnes peuvent vous envoyer une requête si vous possédez un nom Skype d'ancienne génération (à oublier), en tapant votre véritable nom dans le champ Rechercher (à supposer que vous n'avez pas trop de sosies virtuels), ou encore en entrant votre adresse de messagerie. Vous n'avez évidemment pas à répondre à une demande de contact.

Skype n'est pas trop gourmand en ce qui concerne la collecte de vos données personnelles, et normalement, les autres utilisateurs ne devraient pas pouvoir y accéder (du moins à ce jour).

Pour voir ce que Skype retient de vous, cliquez ou tapez sur votre nom dans le coin supérieur gauche de la fenêtre (il est probablement suivi de la mention Connecté). Vous devriez voir s'afficher quelque chose de semblable à l'illustration de la Figure 2.9.

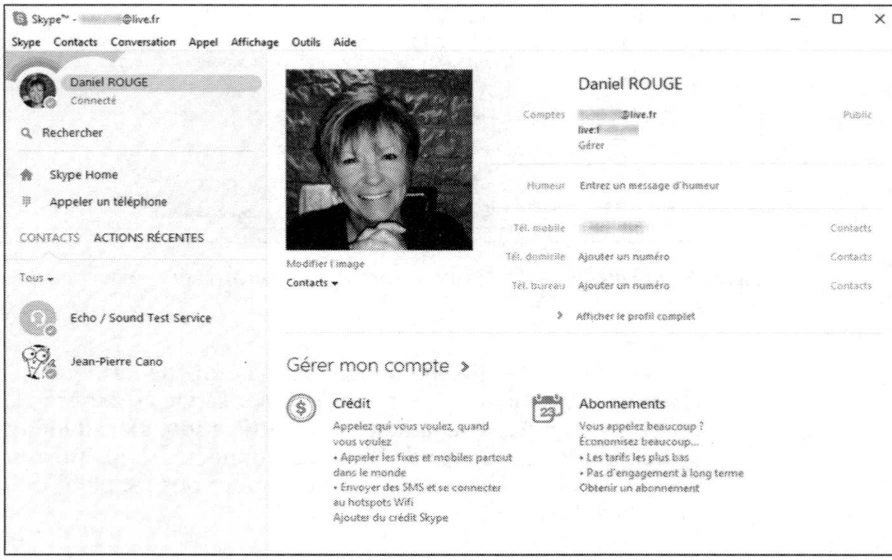

Figure 2.9 : Les informations collectées par Skype sont assez minimales.

ATTENTION !

Microsoft affiche des publicités (souvent dans le genre « rencontres coquines ») en haut de la fenêtre. N'en tenez pas compte, d'autant qu'il n'y a pas de moyen connu pour les désactiver.

N'OUBLIEZ PAS

Les appels téléphoniques entre contacts Skype sont gratuits (du moins tant que vous restez dans les limites de l'application sur un ordinateur, une tablette ou un smartphone). Mais Skype a bien d'autres options payantes. Elles sont d'ailleurs généralement intéressantes pour des appels longue distance. Pour en savoir plus à ce sujet, visitez le site `skype.com/fr`, et cliquez dans le bandeau du haut sur le lien Tarifs.

ATTENTION !

Ne soyez pas naïf. Les conversations avec Skype ne sont absolument pas sécurisées. Ce que vous tapez, dites ou filmez peut être lu, écouté et vu par Microsoft, la NSA, la sûreté du territoire et ainsi de suite. Point.

De nouvelles fonctionnalités apparaissent régulièrement. Par exemple, un traducteur en temps réel est en cours de développement. Un jour prochain, vous pourrez enfin vous comprendre au téléphone avec votre vendeur chinois ! Décidément, on n'arrête pas le progrès.

Chapitre 3

Actualités, finances, sport… et quelques autres

Dans ce chapitre :

- Bing est partout
- Suivre le fil de l'actualité
- Vos finances et vous
- Des infos pour les amateurs de sport

Bien que vos vignettes puissent être disséminées ici et là dans la partie droite de votre menu Démarrer, trois des applications Universelles installées par défaut avec Windows 10 sont en réalité de simples portails vers des informations qui sont délivrées par Bing, l'outil de recherche de Microsoft. D'autres peuvent s'y ajouter plus tard, ou le sont déjà au moment où vous lisez ce livre. Mais, dans tous les cas, il s'agit de formes *d'agrégateurs* d'informations sur lesquels vous n'avez qu'une maîtrise très relative.

Ce genre d'application Universelle demande peu d'efforts à Microsoft, et elles ne lui coûtent pas non plus une fortune. À la base, ce que vous voyez dans ces applications constitue une façon d'enrober des données disponibles sur le Web, et configurées de manière à travailler avec le moteur de recherche de Microsoft, Bing. Tous ces contenus sont en réalité contrôlés par les serveurs de Bing, et ils sont envoyés selon une certaine mise en forme sur votre écran lorsque vous le demandez.

L'application Actualité affiche sous une forme très visuelle, les dernières dépêches d'agence, ainsi que de courts articles conçus pour être lus rapidement et manipulés facilement sur un écran tactile. Nous allons découvrir dans ce chapitre cette application Universelle type, et en voir plusieurs options importantes.

Dans la même veine, Finance affiche les tendances et résultats des places financières, ou encore des tas de graphiques pas vraiment tactiles, et pas vraiment non plus compréhensibles pour le commun des mortels. Nous verrons donc comment suivre les cours susceptibles de vous intéresser, et comment explorer d'autres informations économiques.

L'application Sport n'est évidemment pas différente dans son principe, et les amateurs de sport sont plus nombreux que les fans de finance, je pense que vous serez plus nombreux à y jeter un coup d'œil pour voir les résultats susceptibles de vous intéresser.

Bing est partout

Ces trois applications suivent exactement le même schéma de fonctionnement :

- **La première page contient une grande photo.** C'est généralement celle qui apparaît dans la vignette du menu Démarrer. Elle est censée marquer d'une pierre blanche le principal fait du moment (ou ce que Bing estime être l'information choc du jour).
- **Il y a des vignettes de différentes tailles pour annoncer les articles.** En règle générale, les articles sont courts, et même, disons, superficiels. Les utilisateurs d'écrans tactiles sont des gens pressés, c'est bien connu (quoique Finance affiche généralement un graphique ou des statistiques avant les articles économiques).
- **Chaque application propose toute une liste de rubriques censées vous permettre de personnaliser les informations qui vous sont envoyées.**
- **La source de toutes ces informations, c'est Bing. Et n'en doutez pas, derrière Bing, il y a des équipes d'êtres humains.** Et bien entendu, aussi des partenariats avec des fournisseurs de contenus. Les uns et les autres peuvent ou non fournir des informations vraiment intéressantes *pour vous*, ou vraiment importantes *en général*.

Juste pour ceux qui n'auraient pas encore compris : ces applications sont incapables de faire quoi que ce soit si vous n'êtes pas connecté à l'Internet. Sinon, comment Bing irait-il chercher tout cela dans les nuages de Microsoft ?

Les applications Microsoft Bing sont simplement des coquilles. Pour remplir celles-ci, elles doivent aller à la pêche dans les ordinateurs de Microsoft pour vous rapporter des produits frais (parfois aussi, moins frais). Toutes les informations qu'elles vous proposent pourraient parfaitement être retrouvées dans un navigateur Web en passant par d'autres canaux.

N'OUBLIEZ PAS

Vous n'êtes pas naïf, et vous savez très bien que, comme dans tous les services d'informations, il y a des filtres, il y a ce vers quoi on veut vous attirer, et il y a aussi tout ce que l'on ne vous dira pas. Le politiquement correct domine, et le socialement dangereux n'a pas bonne presse. D'accord, si c'est pour lire qu'un halluciné a vu débarquer des extraterrestres verts et avec trois doigts qui lui ont transmis un message à l'intention de l'humanité entière, autant avoir un bon filtre…

Les dernières nouvelles avec Bing

L'application Actualité présente l'intérêt de proposer des options de personnalisation assez intéressantes.

Parcourir les nouvelles

Fondamentalement, l'application Actualité est un *agrégateur* d'informations. Autrement dit, elle présente dans son propre format des informations en provenance de sources variées (sources dont le nom apparaît dans les diverses vignettes).

Prêt pour une petite visite guidée ? Allons-y :

1. **Ouvrez le menu Démarrer, et cherchez la vignette de l'application Actualité.**

   C'est l'une des plus grandes, et son contenu varie en permanence, oscillant entre photo et texte (généralement seules deux ou trois informations sont présentées ici). C'est ce qu'illustre la Figure 3.1.

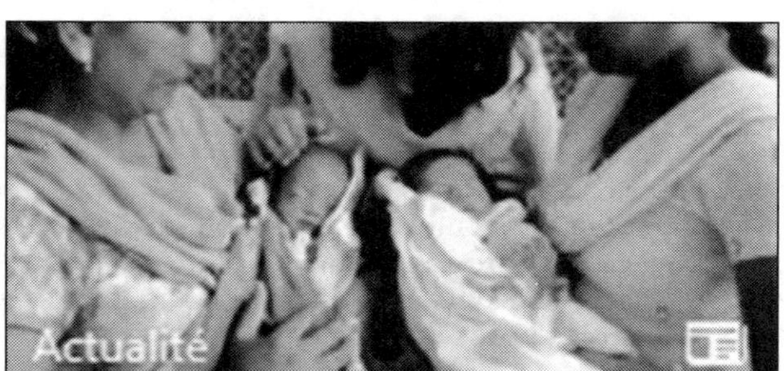

Figure 3.1 : La vignette de l'application Actualité.

2. **Tapez ou cliquez sur la vignette de l'application Actualité.**

   La fenêtre de l'application apparaît. Un bandeau placé en haut propose une série de rubriques (très classiques dans ce type d'outil). Pour chaque rubrique, vous voyez en règle générale une grande vignette (le sujet principal) et d'autres d'un format inférieur, ou simplement remplies de texte. Sur la Figure 3.2, par exemple, j'ai choisi de cliquer sur la rubrique Monde.

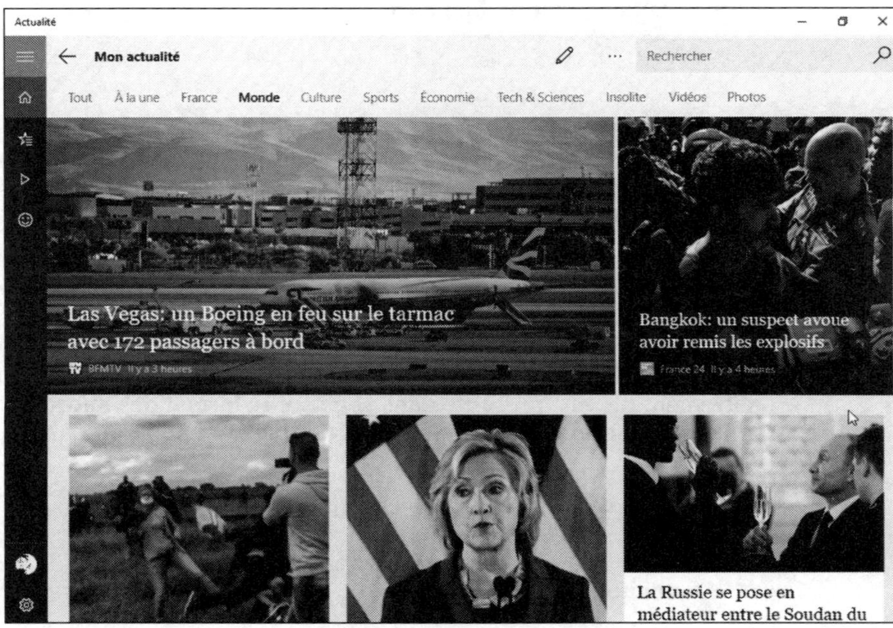

Figure 3.2 : Une rubrique de l'application Actualité.

3. **Cliquez ou tapez sur un sujet qui vous intéresse (voir la Figure 3.3).**

   Si vous utilisez une tablette, vous réalisez immédiatement que le texte ne peut pas être agrandi ou réduit par un geste d'écartement ou de pincement. Curieusement, c'est possible pour les images.

   Pour lire un article en entier, vous effleurez l'écran tactile vers le haut ou vers le bas, ou bien vous faites rouler la molette de votre souris. Pour passer d'un article à un autre dans la même rubrique, effleurez l'écran vers la gauche ou vers la droite, ou bien encore cliquez sur les flèches qui apparaissent sur les bords de la fenêtre.

N'OUBLIEZ PAS

   Les infos, c'est gratuit, mais c'est payant quand même. C'est pourquoi vous retrouvez des publicités sur toutes les pages.

Figure 3.3 : Lire un article d'actualité.

4. **Revenez à la page principale en cliquant ou tapant sur la flèche placée en haut et à gauche de la fenêtre. Vous pouvez également cliquer sur le bouton du menu (les trois barres) et choisir l'option Mon actualité.**

   Nous reviendrons un peu plus loin sur l'icône Mes centres d'intérêt, celle en forme d'étoile.

5. **À titre de curiosité, lancez Microsoft Edge et ouvrez si nécessaire un nouvel onglet.**

   Vous devriez voir s'afficher une page de recherche (Où aller ensuite ?) qui indique notamment Mon flux d'actualités avec MSN. Vous constatez que vous y retrouvez les mêmes informations (et le même type de rubriques si vous cliquez sur le lien Personnaliser), mais dans un format de présentation différent (voir la Figure 3.4).

   Vous pouvez également renouveler l'expérience en vous rendant sur le site de Bing (`www.bing.com`) et en activant dans le bandeau affiché en haut de la page le lien Actualités.

Figure 3.4 : L'application Actualité et les Flux d'actualités de MSN, ce sont les mêmes informations moulinées par Microsoft.

Choisir vos centres d'intérêt

Si vous cliquez ou tapez sur l'icône étoilée, dans le menu de l'application Actualité, vous allez constater que Microsoft a activé par défaut un groupe générique de thèmes qui ne font pas forcément partie de vos véritables centres d'intérêt (voir la Figure 3.5).

Si vous cliquez ou tapez sur une coche verte dans l'une des grandes vignettes, vous la désactivez. Elle va afficher à la place un signe « + » (pour la réintroduire par la petite porte), et la rubrique correspondante va disparaître du bandeau affiché en haut de la fenêtre principale.

TRUC

Parcourez les « super rubriques » Sujets tendance, Actualité, Divertissement, Lifestyle (style de vie, c'est bien aussi) ou encore Tous les sujets pour faire votre marché, et afficher uniquement ce qui vous intéresse réellement (mais partir à la découverte de sujets un peu nouveaux pour vous n'est pas une mauvaise idée).

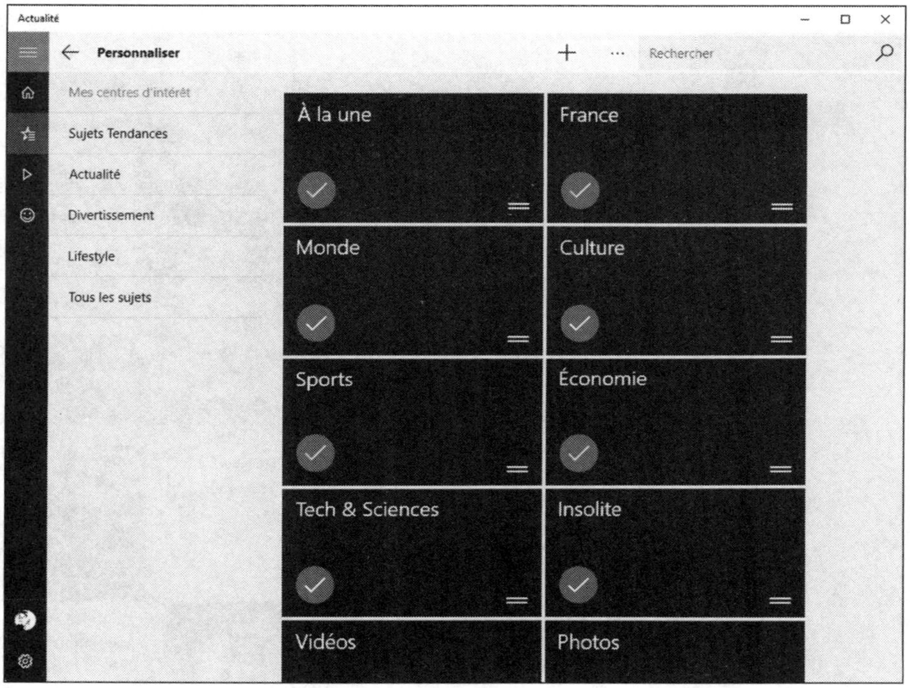

Figure 3.5 : Vous pouvez personnaliser vos centres d'intérêt dans l'application Actualité.

Essayons d'aller un peu plus loin que ces classiques carcans que vous imposent les sites d'informations. Essayez ceci :

1. **Si nécessaire, ouvrez à nouveau l'application Actualité et affichez sa page d'accueil.**

2. **Cliquez dans le champ Rechercher, et tapez quelque chose qui correspond à un de vos centres d'intérêt, mais qui n'est proposé nulle part ailleurs.**

   Par exemple, si taquiner le poisson en mer fait partie de vos grandes passions, commencez à saisie **pêche en**. Très vite, la liste qui s'affiche vous propose une série de choix tournant autour de la pêche en mer (voir la Figure 3.6).

3. **Une fois votre critère bien défini, appuyez sur la touche Entrée. Cliquez ou tapez ensuite sur l'icône d'étoile, à gauche du champ Rechercher.**

   Immédiatement, cette nouvelle rubrique vient se rajouter à la liste Mes centres d'intérêt.

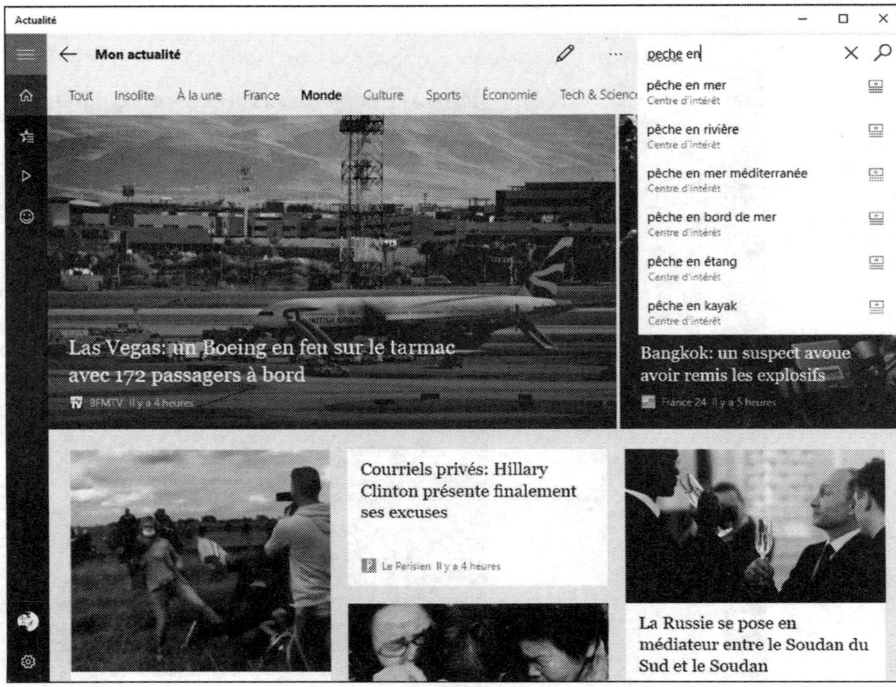

Figure 3.6 : Pour définir vos propres centres d'intérêt, lancez une recherche.

4. **Cliquez ou tapez sur la flèche noire, en haut et à gauche de la fenêtre, et vous constatez que la pêche en mer vient prendre sa place sur un pied d'égalité à côté des rubriques À la une, France, Monde et ainsi de suite (voir la Figure 3.7).**

   Créer un centre d'intérêt personnalisé revient en fait à sauvegarder un critère de recherche qui va servir à Bing pour vous proposer une série de résultats, mais avec un formatage plus sophistiqué que si vous aviez saisi le même critère dans Microsoft Edge.

5. **Cliquez sur un des articles de votre nouvelle catégorie de manière à en afficher le contenu.**

   Observez le bas de la Figure 3.8. Vous noterez que tout se passe comme si vous vous trouviez dans un navigateur Web, Microsoft Edge en l'occurrence. En fait, c'est bien ce qui se passe. L'espace principal de la fenêtre Actualité est maintenant occupé par le contenu du site d'où provient l'article choisi. D'ailleurs, si vous cliquez sur un lien dans la page courante, vous allez vous déplacer dans le site hôte, quelle que soit la destination de ce lien.

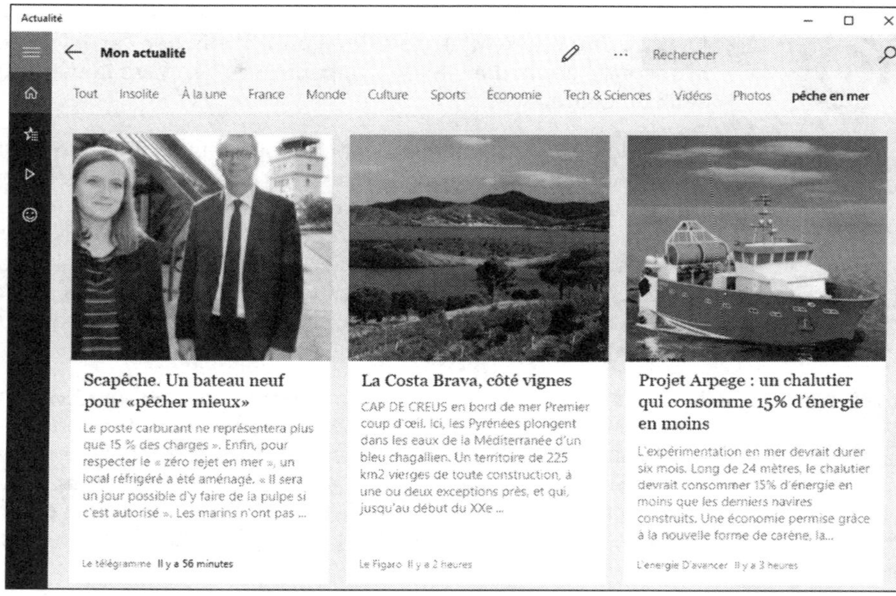

Figure 3.7 : Avec l'application Actualité, vous pouvez choisir vos centres d'intérêt, rien que vos centres d'intérêt, et peut-être même tous vos centres d'intérêt.

Figure 3.8 : Consulter un article dans un centre d'intérêt personnalisé.

Remarquez la présence de deux nouvelles icônes en haut de la fenêtre. La première ouvre Microsoft Edge pour y afficher l'article à consulter, et la seconde copie dans le Presse-papiers le lien vers la page du fournisseur de contenu.

Ce mode de fonctionnement est commode, mais il implique que l'application Actualité connaisse les mêmes restrictions ou éventuels problèmes que Microsoft Edge (ou d'autres navigateurs). Par exemple, si un certain contenu ou type de contenu est bloqué dans un site (peut-être que celui-ci tente d'exécuter Silverlight), vous verrez s'afficher un avertissement vous indiquant que les vidéos ne peuvent pas être affichées car vous n'avez pas la bonne version de Silverlight. Et vous ne pouvez rien y faire.

La morale de l'histoire ? Ou bien l'application Actualité vous suffit, ou vous utiliserez un autre portail ou agrégateur d'informations. Il peut s'agir du portail de votre fournisseur d'accès Internet, ou encore d'un service dédié, comme le très bon Flipboard (`www.flipboard.com`). L'application gratuite proposée dans Windows Store est moins évoluée que les versions de Flipboard sur iOS et Android, mais elle reste de très bonne facture.

Organiser vos centres d'intérêt

La disposition des centres d'intérêt par défaut est prédéfinie par Microsoft, et ceux que vous ajoutez viennent prendre place à la fin de la liste.

Vous pouvez cependant facilement changer cette disposition :

1. **Dans le volet de gauche de l'application Actualité, cliquez sur l'icône étoilée. La page de vos centres d'intérêt apparaît.**

   Reportez-vous à la Figure 3.5.

2. **Cliquez ou tapez sur une vignette, et maintenez la pression.**

3. **Faites glisser la vignette vers un nouvel emplacement.**

   Elle vient s'insérer à la position choisie.

4. **Recommencez avec les autres vignettes jusqu'à ce que vous soyez satisfait du résultat.**

C'est tout. Revenez à la page principale, et vous allez constater que la liste des rubriques s'affiche selon l'ordre que vous venez de définir.

Finance, les dessous de vos sous

L'application Universelle Windows Finance est la sœur de l'application Universelle Windows Actualité, mais spécialisée dans son domaine.

En voici une petite visite guidée :

1. **Dans le menu Démarrer, cliquez ou tapez sur la vignette de l'application Finance.**

   Comme pour l'application Actualité, vous voyez s'afficher une grande vignette pour le sujet principal du jour, ainsi que diverses autres vignettes de plus petite taille, montrant une photo légendée, du texte ou encore un graphique économique (voir la Figure 3.9).

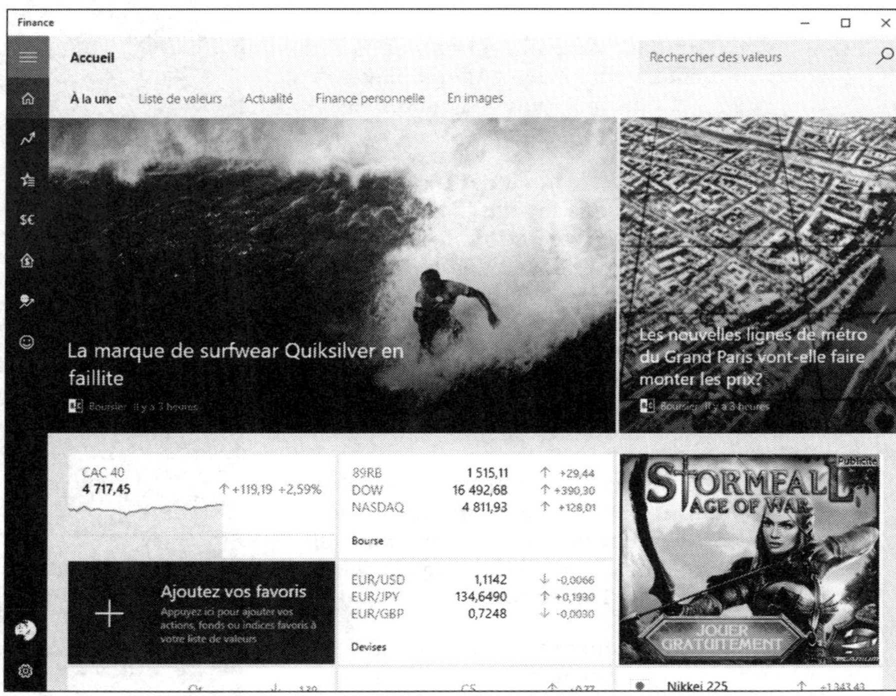

Figure 3.9 : Saurez-vous prendre les bonnes décisions avec l'application Finance.

2. **Tapez ou cliquez sur les trois barres du menu. Le volet de navigateur vous propose plusieurs options qui viennent compléter la page d'informations principale (voir la Figure 3.10).**

3. **Revenez à l'écran principal, et cliquez sur un article pour en voir le contenu.**

   Vous constatez que la présentation (et les publicités) ainsi que la manière de circuler entre les articles ou les rubriques sont strictement identiques à ce que propose l'application Actualité (voir la Figure 3.11).

4. **Dans le volet de gauche, tapez ou cliquez sur l'icône étoilée, la Liste de valeurs.**

   En fait, le principe est à peu près le même que définir des centres d'intérêt dans Actualité, si ce n'est qu'ici vous pouvez demander à suivre des actions, des fonds ou encore des indices.

5. **Cliquez sur la vignette qui indique Ajoutez des favoris. Saisissez alors le nom d'une action, fonds, indice ou autre dans le champ Rechercher des valeurs.**

   Au fur et à mesure de votre saisie, l'application vous propose une liste plus ou moins étendue de choix (voir la Figure 3.12).

6. **Lorsque vous avez défini quelles sont vos actions préférentielles, leurs cours ainsi des informations récentes s'affichent dans la fenêtre (voir la Figure 3.13).**

   Cliquez ou tapez sur le bouton Principes fondamentaux pour en savoir plus sur le bénéfice par action et autres données comptables

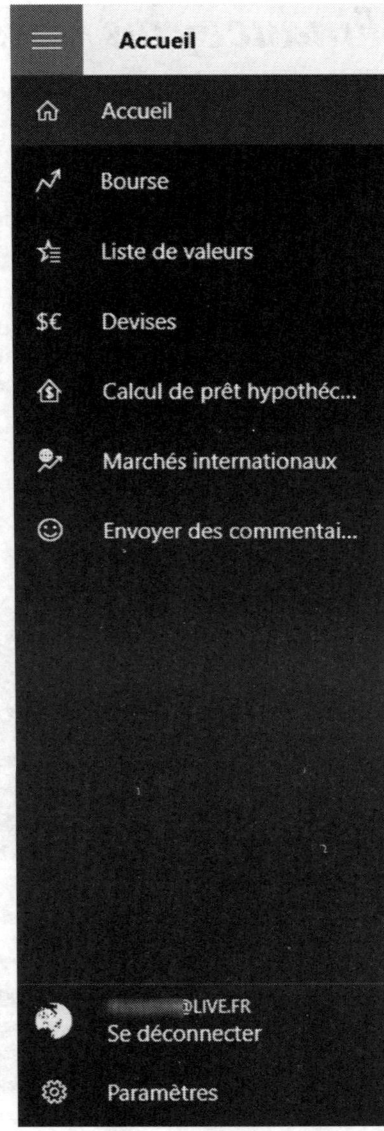

Figure 3.10 : Naviguer dans l'application Finance.

7. **Pour obtenir des renseignements beaucoup plus poussés sur telle ou telle société, cliquez sur la ligne correspondante. Par exemple, la rubrique Statistiques clés fournit des données détaillées, ainsi que**

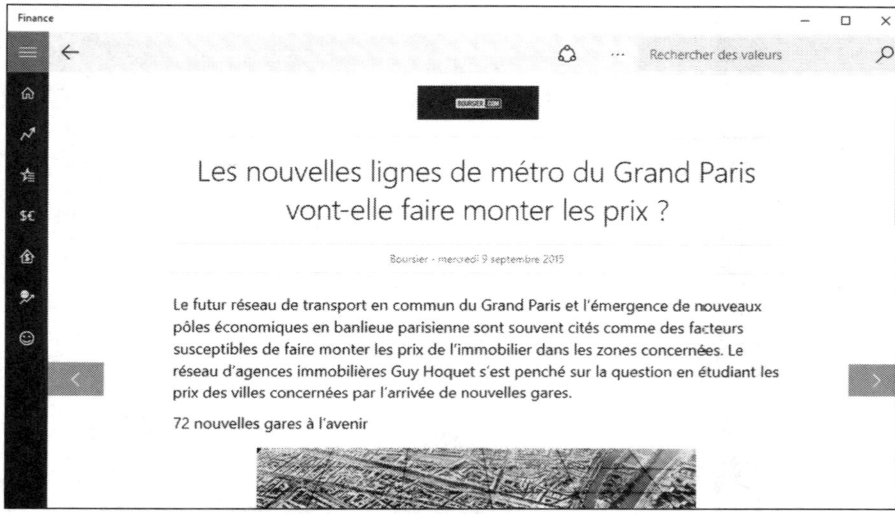

Figure 3.11 : Actualité et Finance boivent toutes deux le lait de Bing.

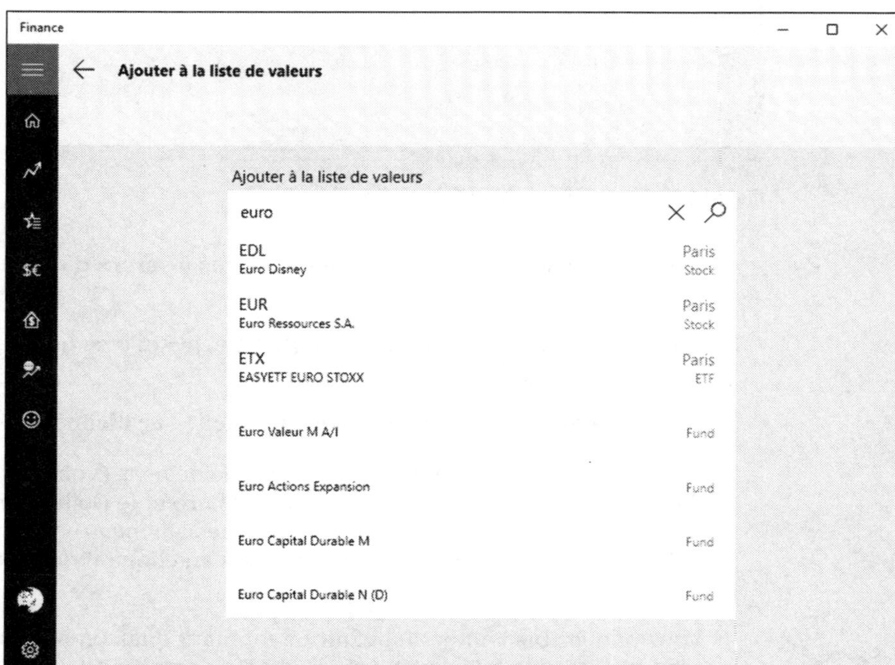

Figure 3.12 : Rechercher une valeur à suivre.

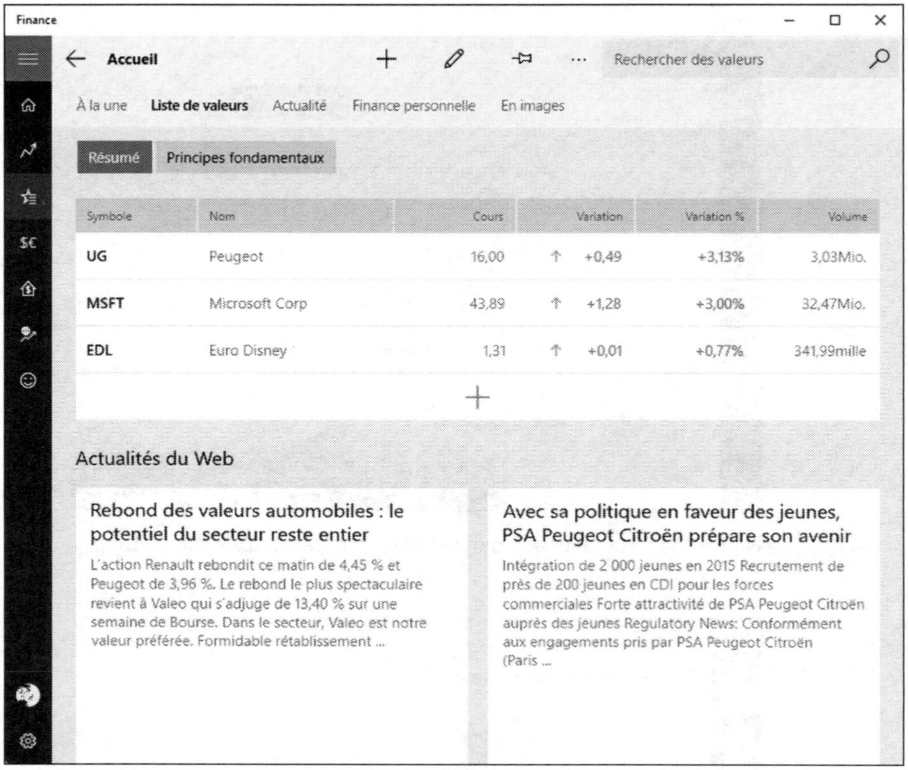

Figure 3.13 : Suivez votre portefeuille d'actions !

des conseils d'analystes, par toujours bons à suivre d'ailleurs (voir la Figure 3.14).

8. **Cliquez sur la flèche, en haut et à gauche, jusqu'à ce que vous reveniez à la page principale.**

9. **Cliquez maintenant dans le volet de gauche sur l'icône Devises.**

   Vous voyez apparaître un convertisseur de devises (voir la Figure 3.15). Par défaut, il propose comme monnaies l'Euro et le Dollar américain, mais vous pouvez en changer dans les listes affichées en haut de colonne, ou encore inverser la conversion en cliquant ou tapant sur la flèche double.

TRUC

Vous pouvez bien entendu définir un montant quelconque pour la conversion en le saisissant dans le champ correspondant d'une des deux monnaies.

Figure 3.14 : Vous vouliez savoir comment se porte Microsoft ?

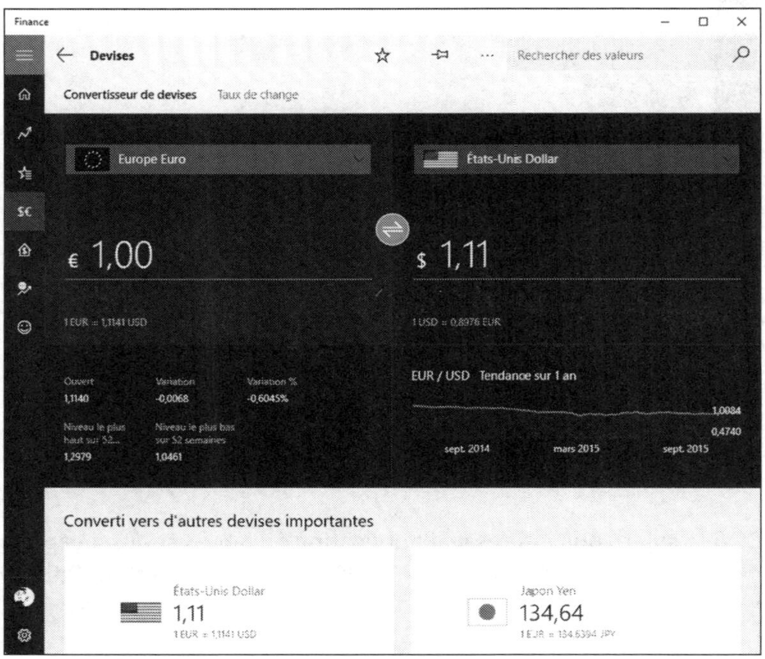

Figure 3.15 : Convertir un montant quelconque entre deux monnaies.

TRUC

La rubrique Taux de change affiche une liste de parité entre la monnaie principale (par défaut l'euro) et de nombreuses autres devises.

10. **Revenez au volet de gauche, et cliquez ou tapez sur l'icône de la petite maison, Calcul de prêt hypothécaire.**

Certes, ce petit outil ne vaut pas un tableau Excel en bonne et due forme, mais il a le mérite d'être facilement accessible et de proposer une vue graphique simple (voir la Figure 3.16).

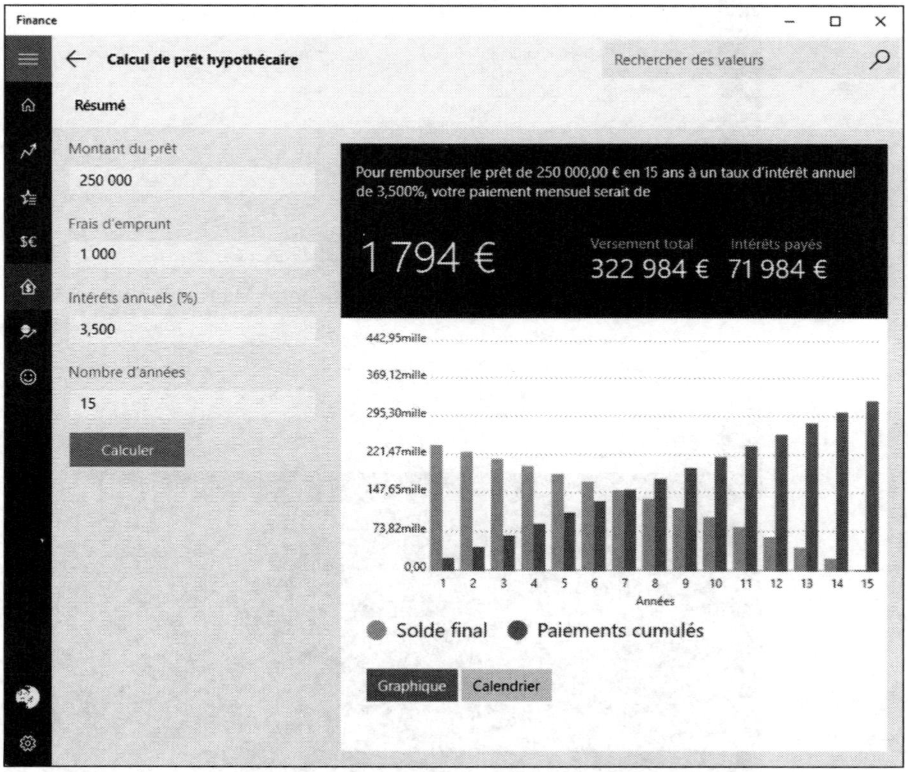

Figure 3.16 : Le calculateur de prêt hypothécaire fonctionne, et c'est ce qu'on lui demande.

Et si le sujet vous intéresse, l'application Finance est aussi capable de vous donner une vue (presque) instantanée sur les cours des grandes bourses mondiales (voir la Figure 3.17).

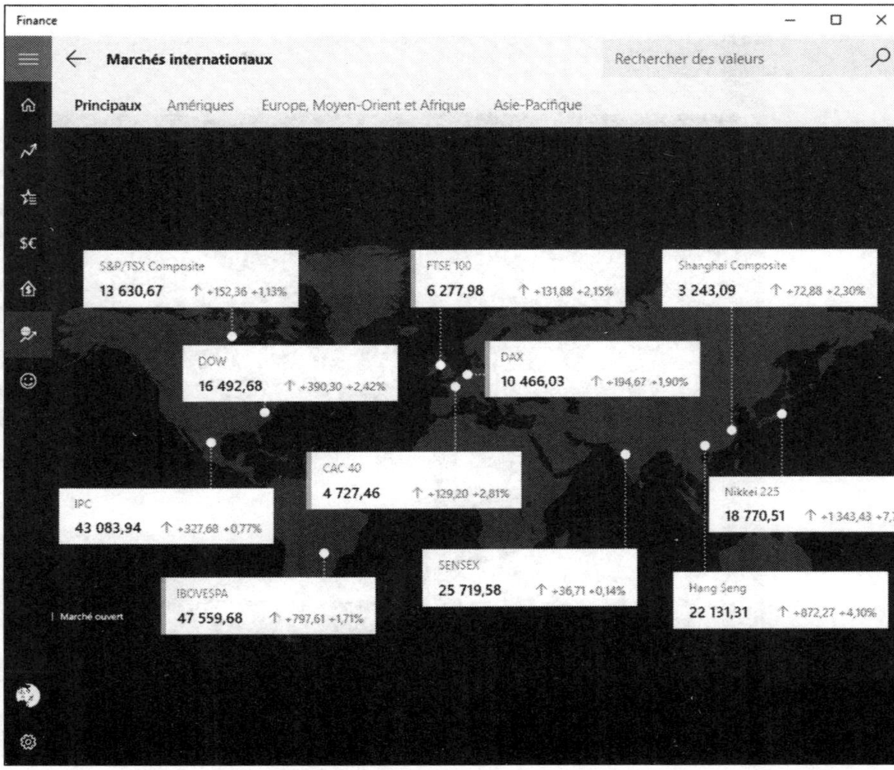

Figure 3.17 : Boursicoteurs mondialisés, suivez les cours des principales places financières.

Une application pour les fans de sport

Comme vous vous en doutez déjà, le mode de présentation et de fonctionnement de l'application Sport suit exactement les mêmes règles qu'Actualité et Finance. Personnellement, je la trouve juste… mieux (voir la Figure 3.18). Mais après tout, chacun a ses préférences, non ?

Avant de cliquer dans le volet de gauche, n'hésitez pas à faire défiler tout le contenu de la fenêtre. Vous constaterez que c'est un journal des sports plutôt copieux.

Le volet de navigation se limite par défaut à quelques sports phares (le football, le rugby et le tennis, tous les autres étant renvoyés ailleurs sous l'intitulé très général Autres sports).

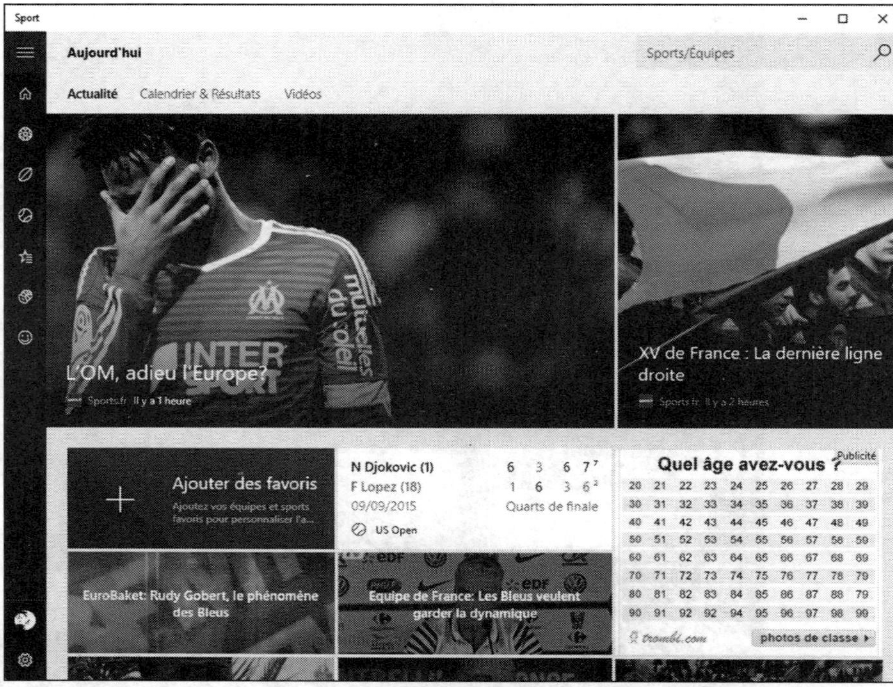

Figure 3.18 : Comme les autres applications Bing, Sport se présente sous forme de grande vignette (et de quelques publicités aussi).

Malheureusement, les contenus proposés au moment où ce livre est écrit sont encore très restreints, que ce soit dans la page des favoris ou dans celle des autres sports. C'est ce qu'illustre la Figure 3.19.

Mais gageons qu'au fil du temps et des partenariats que Microsoft pourra développer, l'application Sport s'étoffera en proposant plus de sports, plus de résultats et plus d'informations. Amis du vélo, de l'athlétisme, de la natation, des sports collectifs en général ou encore du handisport, un peu de patience !

Pour quelques applications Universelles de moins ?

Amis anciens utilisateurs de Windows 8 ou 8.1, vous recherchez vos applications Cuisine, Santé et Voyage ? Désolé… Elles ne font plus partie de Windows 10.

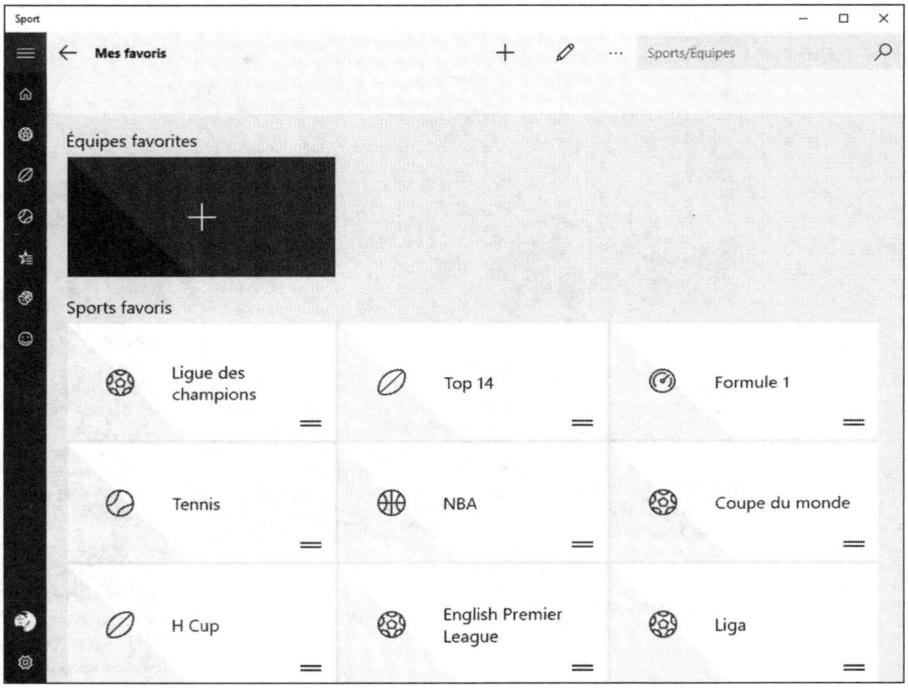

Figure 3.19 : Seuls quelques sports et grands championnats sont disponibles dans l'application Sport.

Lors des phases de test de Windows 10, nous avons vu arriver ces applications, rebaptisées pour l'une Cuisine & Vins, et pour l'autre Santé & Forme. Et puis, elles ont disparu en même temps que la version finale de Windows 10 !

Si vous avez effectué une mise à niveau depuis Windows 8/8.1, il est possible que les anciennes applications Metro aient migré dans la partie droite du menu Démarrer. Sauf que tout cela, c'est déjà du passé au moment où vous lisez ce livre.

En fait, Microsoft, pour des raisons qui lui appartiennent, a choisi de se simplifier l'existence en rapatriant toutes ces informations Bing dans son site Web MSN. C'est ce qu'illustre par exemple la Figure 3.20.

Conclusion : si vous cherchez une application spécialisée dans ce type d'informations, faites une recherche sur Windows Store. Sinon, visitez MSN, ou tout autre site à votre convenance, complet, attrayant, bien informé, qui n'abuse pas des publicités, et surtout totalement indépendant de Microsoft/Bing…

Figure 3.20 : Cuisine & Vins, de même que Santé & Forme ou Voyage, c'est maintenant sur MSN, et seulement sur MSN.

Chapitre 4

Windows Store (et même un peu plus)

Dans ce chapitre :

- Windows Store et ses applications
- Explorer les rayons de Windows Store
- Mettre à jour les comptes et les préférences
- Mais où sont les jeux ?

Si vous êtes déjà familiarisé avec l'achat d'applications sur l'App Store d'Apple ou sur le Play Store de Google, vous savez déjà presque tout sur les procédures de Windows Store.

Il faut bien reconnaître que le contenu de Windows Store est loin d'être au niveau de ses concurrents. Je déteste annoncer des mauvaises nouvelles, mais la vérité oblige à dire que les développeurs travaillent massivement pour créer des applications iOS et Android, et que Windows est très loin d'être au premier rang de leurs préoccupations. Que cela change à l'avenir reste à voir. Microsoft travaille pour tenter de rattraper son retard, mais c'était déjà le cas il y a des années de cela.

La raison de cette situation est simple : l'argent. Il y a des fortunes à se faire en développant de bonnes applications pour l'App Store et le Play Store. De même, on peut se faire une quantité raisonnable d'argent en développant des applications qui s'exécutent sous Facebook, et même des applications qui s'exécutent à l'intérieur des navigateurs Web. À ce jeu-là, Microsoft ressemble plus à une petite tirelire qu'à un coffre-fort bien rempli.

Windows Store a été lancé par Microsoft en même temps que Windows 8. C'est, sur le même modèle que l'App Store ou le Play Store, un gros réservoir, extensible à l'infini (ou presque), d'applications en tous genres dédiées à l'univers Windows.

Initialement, sa vocation était d'être la seule source à proposer des applications dans le style « Metro » (qu'on appelle aujourd'hui des applications Universelles Windows). Mais, maintenant, Windows Store vous en vend de toutes les sortes, y compris des programmes qui fonctionnent uniquement sur le bureau de Windows.

Les applications pullulent par les temps qui courent. Développées par un nombre grandissant d'éditeurs tiers, elles peuvent vous être utiles, et elles sont assurément profitables à Microsoft (et encore plus à Apple avec son App Store, ou à Google avec Play Store) qui empoche 30 % de leur prix au passage.

Pour autant, Windows Store continue à être décevant pour la plupart des gens. Les grands noms du domaine y apparaissent à une vitesse glaciale. Par exemple, il aura fallu environ un an pour y trouver une version officielle de Facebook, et les grands noms du jeu font plus que traîner les pieds. Petit à petit, Microsoft bouche certains des trous. Il paie même certains développeurs aux idées nouvelles, et il cajole les anciens du mieux qu'il peut. Mais ne soyez pas surpris si vous entendez parler d'une super appli disponible sur l'App Store ou sur Play Store et que vous n'en trouvez pas la trace sur Windows Store. Cela arrive tout le temps.

La seule manière d'obtenir des applications Universelles Windows consiste à les télécharger et à les installer depuis Windows Store. Certes, les grands constructeurs peuvent parfaitement intégrer directement de telles applications dans leurs machines sous Windows. Mais, pour le commun des mortels, comme vous et moi, Windows Store est incontournable : c'est l'alpha et l'oméga des applications Universelles Windows.

Elle peut faire quoi, une application Universelle Windows ?

Plus Windows Store prendra de l'âge, et plus vous y trouverez d'applications. Celles-ci sont capables de faire énormément de choses, mais avant que l'une d'elles puisse être mise en vente (voire être distribuée gratuitement) dans le Windows Store, elle doit répondre à certaines exigences.

Voici ce qu'il faut savoir des applications provenant de Windows Store :

- **Vous pouvez télécharger aussi bien des applications Universelles (donc supposées être capables de s'exécuter sous n'importe quelle**

version de Windows 10, y compris ses versions mobiles) que des programmes utilisables sur le classique bureau.

Si vous recherchez des programmes pour le bureau, vous pourrez les trouver non seulement sur Windows Store, mais aussi sur les sites Internet habituels, ceux des éditeurs notamment. Rien de nouveau de ce côté-là.

En revanche, si vous recherchez une application Universelle, vous devrez la télécharger depuis Windows Store.

- **Les applications Universelles Windows ne peuvent être mises à jour que depuis Windows Store.** Lorsqu'une ou plusieurs mises à jour sont disponibles, un chiffre apparaît sur la vignette Windows Store. Il indique le nombre d'applications concernées. Reportez-vous à la section « Configurer les comptes et préférences de Windows Store », plus loin dans ce chapitre.

  N'OUBLIEZ PAS

  Par défaut, les applications installées depuis Windows Store sont configurées pour se mettre à jour automatiquement.

- **Avant d'extraire ou d'envoyer des données personnelles, les applications recourant à des services basés sur l'Internet doivent demander l'autorisation à l'utilisateur.**

- **Chaque application doit pouvoir être utilisable sur cinq appareils à la fois.** Par exemple, si vous achetez la dernière version du jeu vidéo *Angry Birds*, vous pourrez utiliser cette version sur, au plus, cinq appareils tournant sous Windows 10 (ordinateurs, tablettes ou encore smartphones) sans aucun surcoût.

- **Microsoft n'accepte aucune application dite « pour adultes ».**

- **Une application ne doit placer qu'une seule vignette dans le menu Démarrer (encore heureux !).**

- **Une application doit démarrer en cinq secondes au maximum et se fermer en moins de deux secondes.** Microsoft veut que les applications soient rapides, sans lenteurs.

À ces prérequis de base pour toutes les applications s'ajoutent les informations suivantes :

TRUC

- **Les outils fournis par Microsoft permettent aux développeurs de créer des versions d'évaluation de leurs applications, permettant aux utilisateurs de les essayer avant d'acheter.** Les versions d'évaluation peuvent être limitées de diverses manières : durée de fonctionnement réduite à un mois, nombre d'utilisations limité…

Les versions d'évaluation ne datent pas d'hier. Microsoft est très pointilleux sur le fait que les développeurs doivent annoncer clairement ce qui est limité et ce qui se passe après avoir dépassé cette limite.

N'OUBLIEZ PAS

- **Lorsqu'une application plante ou ne fonctionne plus, vous pouvez vous plaindre auprès de Microsoft, mais c'est l'éditeur qui en assume pleinement la responsabilité.** Bien que Microsoft agisse en tant que distributeur et vendeur, en réalité, il n'achète, ni ne vend, ni ne garantit quoi que ce soit. La licence d'utilisation d'une application Universelle Windows est établie entre le vendeur (l'éditeur, par exemple) et l'acheteur. Microsoft reste complètement en dehors de la transaction.
- **Bon nombre d'applications incitent à acheter davantage : des niveaux de jeu plus élevés, des fonctionnalités nouvelles, davantage de contenu, *etc.*** Microsoft s'est inspiré d'Apple : les ordres d'achat générés par les applications doivent transiter par Windows Store. Tout passe par Microsoft.

L'esprit du Windows Store

Microsoft gère Windows Store comme une classique boutique et, pour cette raison, il vérifie tout ce qui est mis en vente. Microsoft peut, pour diverses raisons, rejeter une application proposée à la vente.

À deux exceptions près, Windows Store est le *seul* endroit où vous pourrez vous procurer des applications Universelles Windows (voyez le Livret I, Chapitre 2 pour une description des applications Universelles Windows).

Ces deux exceptions sont :

- La possibilité, pour de grandes entreprises, de placer leurs propres programmes sur des appareils tournant sous Windows grâce à une technique appelée *sideloading,* c'est-à-dire le téléchargement direct. Théoriquement, cette opération n'est possible que sur des appareils étroitement incorporés à un réseau d'entreprise.
- Le *jailbreaking* de l'appareil. Ce terme, emprunté à la téléphonie, est l'équivalent d'un bidouillage consistant à contourner les barrières matérielles ou logicielles établies par le fabricant. Il fait perdre la garantie de l'appareil et met fin au support technique de Microsoft.

Le *désimlockage* – avec ou sans *jailbreaking* – permet de débloquer un appareil de téléphonie mobile afin qu'il puisse utiliser une carte SIM de n'importe quel opérateur. Un ordinateur désimlocké risque toutefois de ne plus pouvoir se connecter à un réseau.

Je ne recommande pas le *jailbreaking* d'un ordinateur. Mais si vous trouvez une application à laquelle vous tenez beaucoup, et que Microsoft refuse de la vendre dans Windows Store, le *jailbreaking* est peut-être la seule solution. Google vous aidera.

Ne confondez pas Windows Store, qui est directement lié à l'écran d'accueil de Windows, avec Microsoft Store, qui existe à la fois sur l'Internet et dans le réel. Des boutiques Microsoft commencent à apparaître aux États-Unis (encore une lumineuse idée piquée à Apple). Là-bas, la boutique en ligne `www.microsoftstore.com` est une extension virtuelle des boutiques Microsoft réelles.

Parcourir Windows Store

Pour rechercher des applications Universelles dans la boutique virtuelle de Microsoft, touchez ou cliquez sur l'icône de Windows Store dans la barre des tâches (ou sur sa vignette à droite du menu Démarrer).

Dans les deux cas, vous accédez à l'application Universelle qui vous vend d'autres applications Universelles, comme l'illustre la Figure 4.1.

Voici quelques conseils pour vous aider avant que vous ne vous lanciez dans le shopping en ligne :

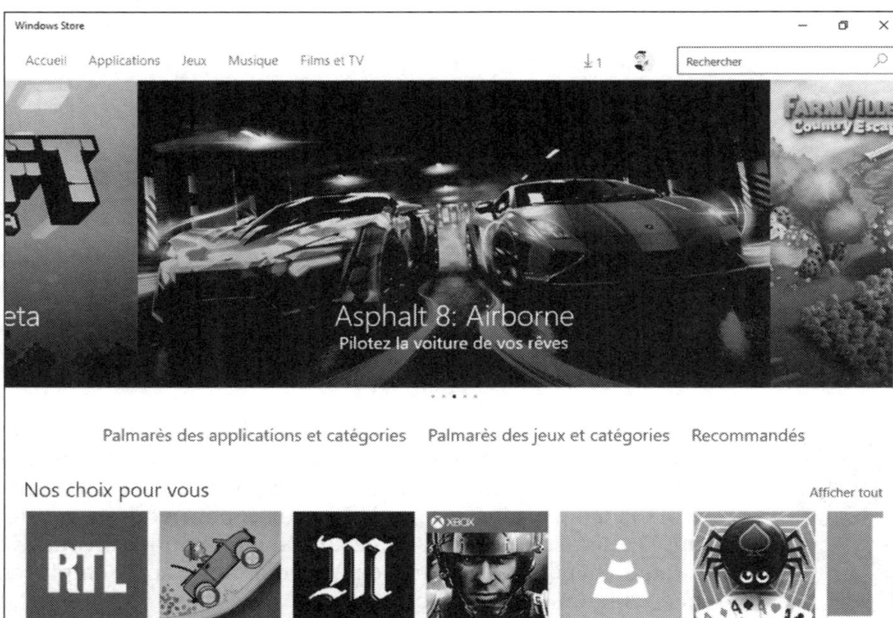

Figure 4.1 : Windows Store, la boutique virtuelle de Microsoft.

- **Vous avez besoin d'un compte Microsoft pour faire autre chose que des recherches basiques.** Sans un tel compte, vous ne pourrez même pas télécharger un programme gratuit (Microsoft a besoin de savoir quelles applications sont installées sur votre machine). Bien que vous puissiez accéder au Windows Store depuis un compte local, toute tentative d'achat se soldera par l'affichage du message illustré sur la Figure 4.2 vous invitant à vous connecter avec un compte Microsoft.

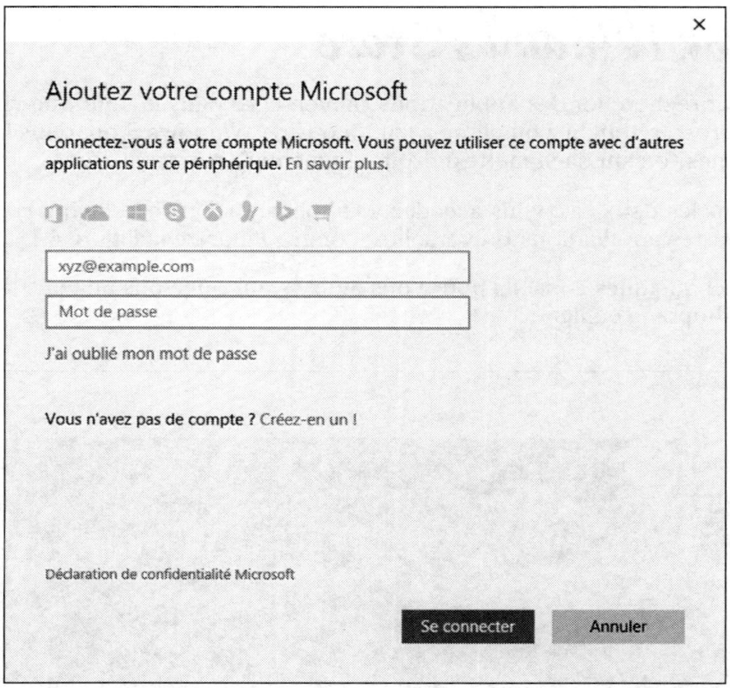

Figure 4.2 : Pas d'achat possible sur Windows Store avec un compte local.

Si vous choisissez d'utiliser un compte local et que vous avez besoin de vous connecter à Windows Store avec un compte Microsoft, commencez par en créer un, comme cela est expliqué au Livret II, Chapitre 5. Utilisez alors la fenêtre illustrée sur la Figure 4.2 pour vous connecter à chaque application séparément. De cette manière, Windows vous avertira chaque fois que vous tenterez d'accéder à un autre emplacement qui nécessite un compte Microsoft.

- **Pour acheter une application,** touchez ou cliquez sur sa vignette. L'écran d'achat (disons plus largement de téléchargement) apparaît immédiatement. C'est ce qu'illustre la Figure 4.3, ici dans le cas de l'application Kindle d'Amazon.

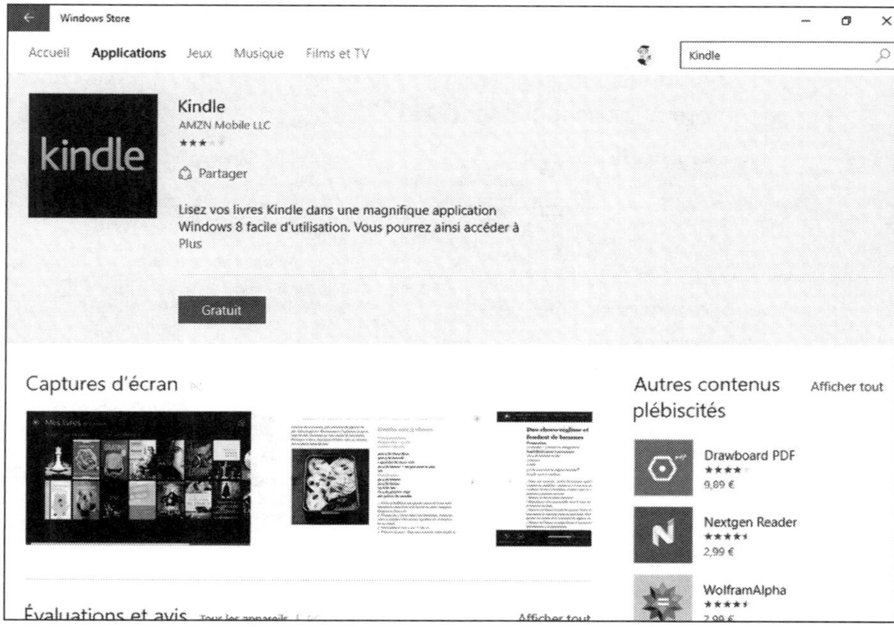

Figure 4.3 : La page d'achat d'un article en vente dans Windows Store.

Des sections permettent de voir des captures d'écran, de lire un descriptif de l'application, des évaluations et des avis, ainsi que divers détails. Cliquez en particulier sur le lien Plus, vers le haut de la fenêtre, pour une description plus précise de l'application. En faisant défiler le contenu de la fenêtre, vous obtiendrez des informations complémentaires sur l'éditeur, un lien vers son site Web ou vers une messagerie, le numéro de la version courante, les autorisations à concéder ou encore les langues prises en charge (voir la Figure 4.4).

Ne vous laissez pas impressionner par la notation sous forme d'étoiles, dans la rubrique Évaluations et avis. Elle représente la moyenne de tous les gens qui ont bien voulu se donner la peine de noter l'application. En revanche, la langue de l'article – si elle est mentionnée – est plus intéressante. La liste des autorisations d'utilisation est aussi digne d'intérêt. Et, en dernier ressort, vous pourrez vous aussi vous plaindre sur la page si l'application ne répond pas à votre attente.

- **Pour voir les applications par groupes,** cliquez ou tapez sur le lien Applications, en haut de la fenêtre, et faites défiler son contenu. Vous pouvez voir un Palmarès des applications et catégories (c'était qui, le jury ?), une série d'Applications recommandées (par Microsoft, bien sûr), ou encore une liste intitulée Applications que nous avons choisies pour vous (merci pour ce moment !).

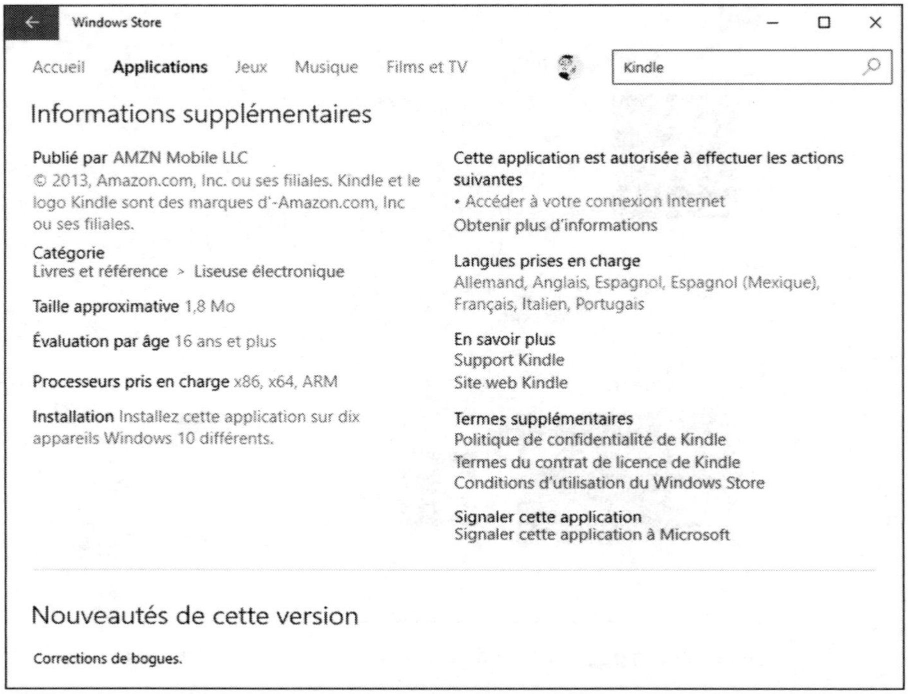

Figure 4.4 : Tout savoir (ou presque) sur une application.

Cliquez par exemple sur Applications, puis sur Palmarès des applications et catégories. La liste Affiner vous propose alors une longue série de catégories et de « tops » censés vous faire saliver d'envie (voir la Figure 4.5).

ATTENTION !

Méfiez-vous des coups marketing. Tout d'abord, ce n'est pas parce qu'une application se prétend gratuite qu'elle l'est réellement. Bien souvent, vous devez très vite commencer à débourser un peu d'argent pour pouvoir aller plus loin (ce qui doit être signalé dans le descriptif). Plus grave, et malgré la vigilance de Microsoft, certains petits malins arrivent à placer sur Windows Store des applications qui semblent alléchantes, mais qui dissimulent en réalité une petite arnaque. N'hésitez donc jamais à jeter un coup d'œil sur le site d'un éditeur dont vous n'avez jamais entendu parler. C'est parfois fort instructif… En cas de doute, passez votre chemin. Il y a forcément une autre application, parfaitement viable, qui correspond à ce que vous recherchez.

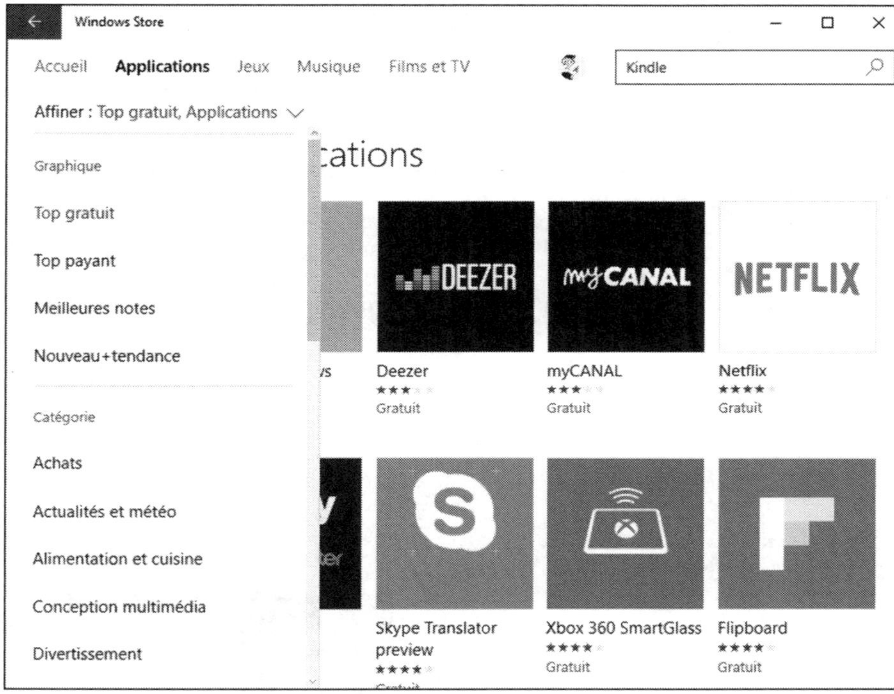

Figure 4.5 : Naviguez dans le « top » des applications gratuites ou payantes, ou choisissez votre catégorie.

Une application Kindle sous Windows ?

Vous trouverez facilement dans Windows Store une application (gratuite bien sûr) pour la tablette Kindle d'Amazon. Comme cette application est issue des forges d'Amazon en personne, elle peut être installée sans souci sur votre machine.

L'application Kindle fonctionne de la même manière que beaucoup d'autres du même genre : sitôt après l'avoir installée, vous devez vous identifier avec votre nom d'utilisateur et votre mot de passe. Ne vous méprenez pas : ce n'est pas votre compte Microsoft ou votre compte Local qui intéresse Amazon, mais votre compte Kindle.

Après avoir fourni vos identifiants de compte Kindle, tous les livres électroniques achetés sur Amazon sont aussitôt disponibles. Lors de la rédaction de ce livre, l'application présentait quelques problèmes mineurs : le défilement était peu commode, la bibliothèque difficile à bien parcourir, et il n'était pas possible d'aller sur le Kindle Store depuis l'application (vous deviez passer par votre navigateur favori). Mais ces inconvénients devraient être éradiqués peu à peu.

Rechercher dans Windows Store

Vos recherches s'effectuent directement dans l'application Universelle Windows Store. Voici comment procéder :

1. **Tapez votre demande dans le champ Rechercher, en haut et à droite de la fenêtre.**

   Sur la Figure 4.6, j'ai tapé le mot **cuisine**. En cliquant sur Affiner, je remarque que Windows Store me propose des applications, des jeux, de la musique ou encore des films. Mauvaise pioche.

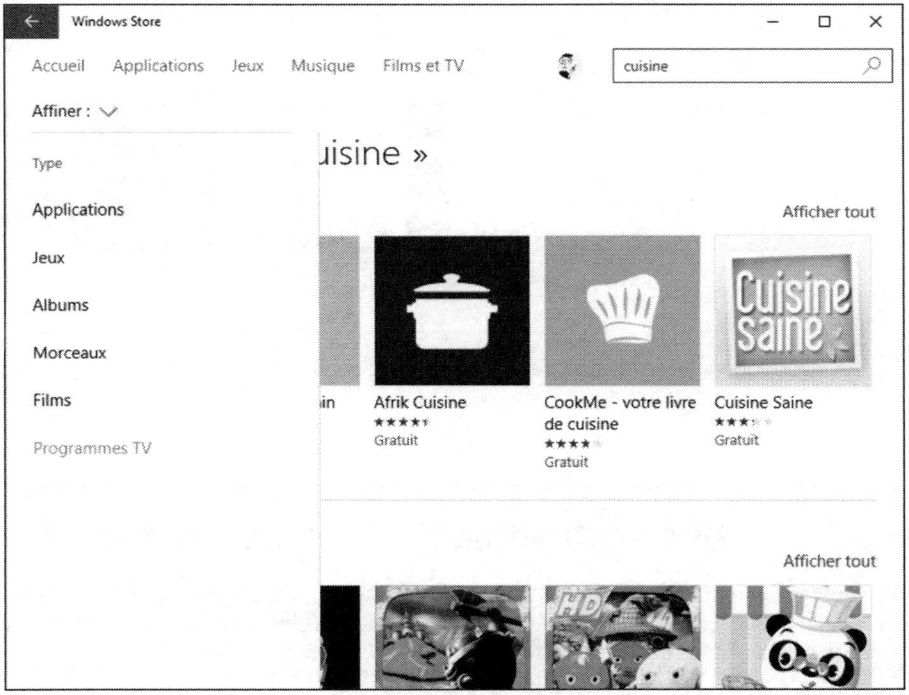

Figure 4.6 : Rechercher dans une catégorie spécifique.

2. **Pour pouvoir parcourir les applications en sériant votre recherche, cliquez sur Afficher tout, au-dessus des vignettes des applications (ou des jeux, ou de tout ce que vous voulez).**

   Pour pouvoir choisir une catégorie plus précise, il faut en passer par là.

3. **Cliquez sur le bouton Affiner pour choisir une catégorie dans la liste.**

Toujours avec le mot **cuisine**, j'ai constaté que la catégorie Alimentation et cuisine me proposait un grand nombre d'applications (ce qui est fort heureux, comme l'illustre la Figure 4.7), alors qu'Enfants et famille ne renvoyait rien (on ne mange pas en famille, chez Windows Store ?), tandis que Santé et bien-être donnait d'étonnants résultats assez… exotiques.

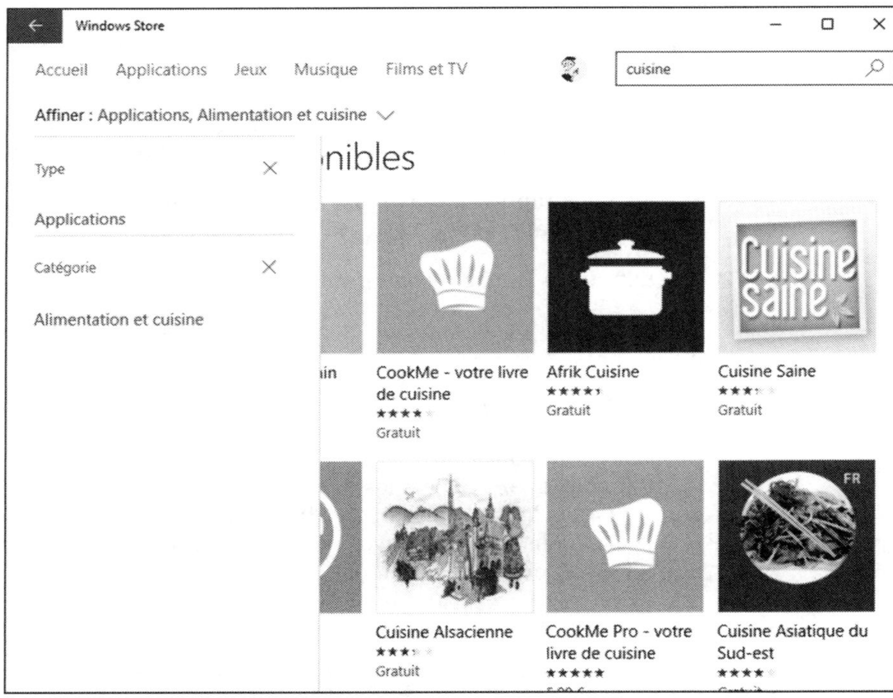

Figure 4.7 : Choisir une catégorie pour affiner la recherche dans les applications.

Pour quitter une catégorie et revenir à la liste générale, cliquez ou tapez sur la croix qui suit son nom. De même, la croix placée derrière le mot Applications vous ramène aux « grandes » catégories de Windows Store.

Mettre à jour vos applications sur Windows Store

Microsoft met à jour toutes sortes de choses *via* Windows Store. Cela concerne non seulement les applications que vous avez téléchargées ou achetées dans la boutique virtuelle, mais aussi les applications Universelles Windows intégrées à Windows 10.

Normalement, cette mise à jour devrait s'effectuer automatiquement. Mais vous devriez vérifier de temps à autre ce qu'il en est pour vous assurer que vous êtes absolument *up to date*. Pour cela :

1. **Ouvrez l'application Windows Store.**

   Son icône réside par défaut dans votre barre des tâches. Sinon, ouvrez le menu Démarrer et cliquez sur sa vignette.

2. **Tout en haut de la fenêtre, près de l'image associée à votre compte, voyez si un chiffre précédé d'une flèche pointant vers le bas apparaît.**

   Si vous vous reportez à la Figure 4.1, par exemple, vous remarquerez qu'une application est en attente de mise à jour.

3. **Cliquez sur la flèche descendante.**

   Windows va vous montrer la liste des applications concernées par une mise à jour.

4. **Demandez à tout mettre à jour.**

   Bien entendu, vous pouvez procéder application par application, notamment si vous avez vu dans les avis publiés sur Windows Store qu'une certaine mise à jour était déconseillée. De plus, il peut parfois arriver que le chargement et l'installation se passent mal. Dans ce cas, faites un nouvel essai, ou laissez tomber.

Configurer les comptes et préférences de Windows Store

Quelques paramètres de comptes et de préférences de Windows Store sont configurables. Voici comment :

1. **Assurez-vous si nécessaire que votre compte Microsoft est actif et ouvrez l'application Windows Store.**

2. **Cliquez ou tapez sur l'image de votre compte, en haut et vers la droite de la fenêtre. Dans le menu qui s'affiche, choisissez la commande Paramètres.**

   Les paramètres de Windows sont peu nombreux, mais éventuellement utiles (voir la Figure 4.8). Il n'y a pas de raisons particulières pour désactiver la mise à jour des applications et l'affichage dynamique des vignettes.

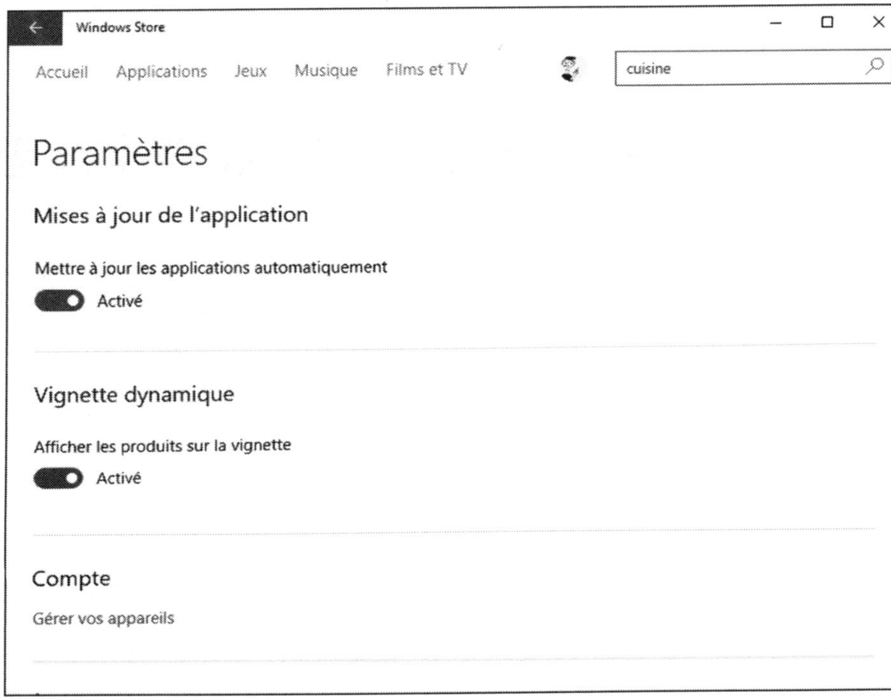

Figure 4.8 : Windows Store et ses paramètres.

TRUC

L'accès à vos appareils peut également s'effectuer depuis l'option Comptes.

3. **Reprenez l'Étape 2, mais choisissez cette fois Voir le compte.**

   La page associée à votre compte Microsoft s'ouvre dans le navigateur par défaut. Vous pouvez y changer votre nom d'utilisateur, votre mot de passe, vérifier vos achats, ou encore gérer les appareils enregistrés pour ce compte (voir la Figure 4.9).

N'OUBLIEZ PAS

Vos ordinateurs et autres appareils sont associés à votre compte Microsoft. Lorsque vous vous connectez depuis une machine différente en utilisant le même compte Microsoft, vous pouvez télécharger et installer les applications déjà achetées par ailleurs. Le nom de l'ordinateur qui les reçoit est ajouté à la liste.

4. **Avec Options de paiement, vous pouvez vérifier ou ajouter une carte bancaire ou un compte PayPal pour régler vos achats. Évidemment, vous n'êtes tenu à rien.**

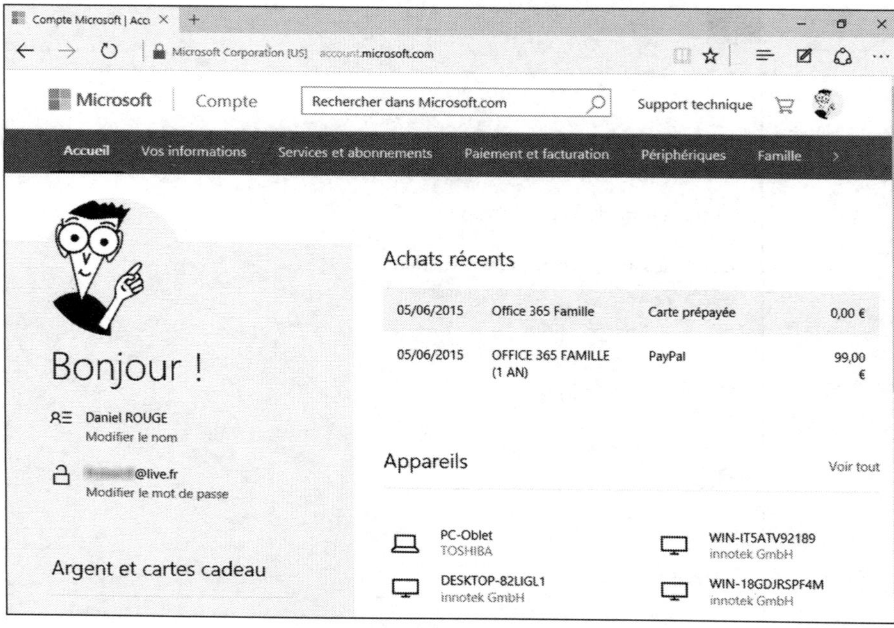

Figure 4.9 : Gérer votre compte Microsoft depuis Windows Store.

ATTENTION !

Vous devriez demander à ce que votre mot de passe vous soit toujours demandé lors de l'achat d'une application. Cela évitera par exemple que vos jeunes enfants dévalisent la boutique de jeux vidéo en vous laissant une colossale facture.

5. **Toujours dans ce menu, vous avez également la possibilité de vérifier vos achats, de visualiser la liste de vos applications (votre « bibliothèque ») ou encore de vérifier la disponibilité de mises à jour.**

   Votre bibliothèque vous montre les applications liées à votre compte Microsoft, pas nécessairement à un appareil en particulier. Il vous suffit donc de cliquer sur la ligne d'une application que vous voulez installer sur un nouvel appareil pour ouvrir la page correspondante (voir la Figure 4.10).

N'OUBLIEZ PAS

Une application donnée peut être installée sur cinq appareils au total (ordinateurs, tablettes ou encore smartphones).

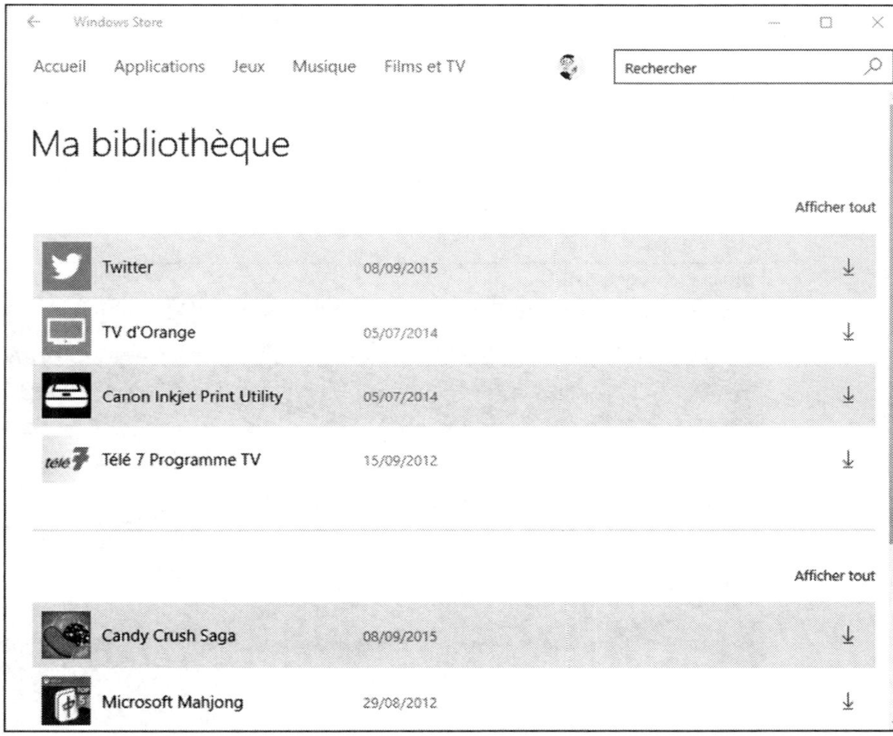

Figure 4.10 : Vérifiez la liste de vos applications, et installez-les sur plusieurs appareils.

Et les jeux ?

Et les jeux, me direz-vous ? Oui, les jeux. Je sais bien que c'est l'essentiel du chargement des applications sur toutes les boutiques en ligne. Le point d'entrée, c'est donc évidemment la catégorie Jeux de Windows Store. Là, c'est vous qui voyez.

De plus, les PC sous Windows constituent une excellente plate-forme pour des tas de jeux de haute volée. Vous savez certainement les retrouver, et les acheter sur les sites de leurs éditeurs. Là aussi, c'est vous qui voyez.

Oui, mais les jeux qui sont fournis avec Windows 10 ? Bonne question. Pour trouver la réponse, ouvrez le menu Démarrer, choisissez Toutes les applications, puis Microsoft Solitaire Collection (d'accord, il devrait aussi y avoir une vignette à droite du menu Démarrer). Voilà. Vous découvrez une application Universelle Windows de plus, et le moins que l'on puisse dire, c'est qu'elle n'a pas grand-chose de passionnant à vous proposer.

En fait, Microsoft essaie en priorité de vous embarquer dans son écosystème Xbox Live en vous demandant si nécessaire de saisir les coordonnées de votre compte. Soit vous êtes déjà fan et vous acceptez, sinon vous vous contentez de jouer en tant qu'invité. Si vous avez une Xbox, vous connaissez déjà Xbox Live et vous savez pourquoi vous acceptez la proposition.

Dans le cas contraire, vous aurez pour l'essentiel droit à quelques variantes de solitaire, comme l'illustre la Figure 4.11.

Figure 4.11 : Windows 10 et sa collection de solitaires.

Si vous vous êtes connecté, vous pourrez obtenir d'autres jeux gratuits en faisant défiler le contenu de la fenêtre pour atteindre la catégorie Autres jeux. Si le Sudoku, le Mahjong ou le démineur font partie de vos passe-temps favoris, vous pourrez vous en donner à cœur joie.

Et ce bon vieux solitaire qui a fait passer tellement de bon temps dans le train (ou même au bureau…) à tant d'entre nous ? À l'heure où ce livre est écrit, Microsoft annonce bien son grand retour dans une version « Spécial anniversaire » (afin de fêter les 20 ans du jeu). Mais je n'en ai pas encore vu la trace à ce jour. Patience, patience (c'est le cas de le dire)…

Livret VI

Windows (Live) Essentials et le Lecteur Windows Media

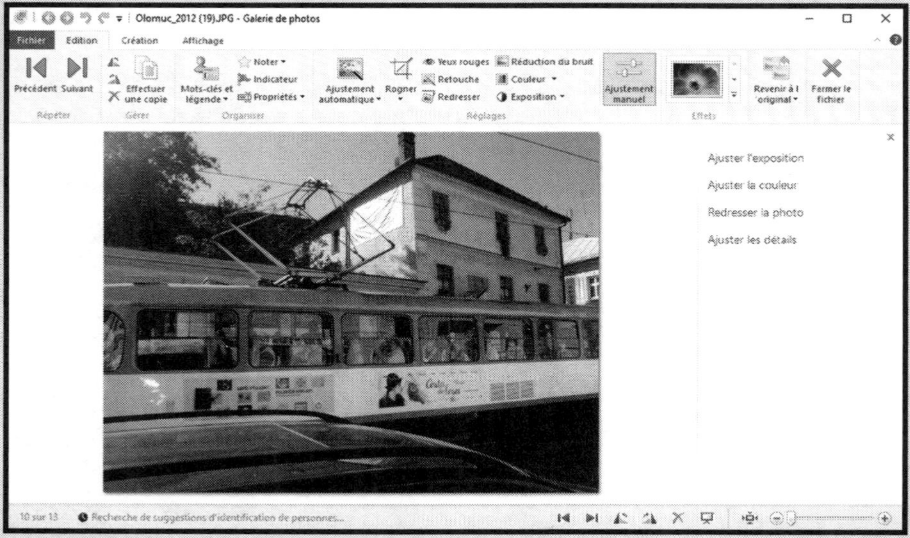

Chapitre 1

Utiliser Windows (Live) Essentials

Dans ce chapitre :

- Windows Live est mort, vive Windows Live !
- Obtenir Windows Live
- Utiliser Windows Live

Windows Essentials est un ensemble de programmes téléchargeables gratuitement qui se compose de la Galerie de photos, de Live Writer, de OneDrive, de Movie Maker, et de Live Mail.

Une présentation des applications et de leurs évolutions

Windows Live est apparu en 2005 sous la forme d'un ensemble d'applications MSN graduellement enrichies de fonctionnalités Cloud. Windows Live Hotmail, Windows Live SkyDrive, Windows Live Calendar, Windows Live Contacts et Windows Live ID n'ont presque rien en commun, sinon de toutes fonctionner dans le Cloud.

La marque « Windows Live » a pris plus d'importance lorsque Microsoft a décidé de retirer plusieurs applications de Windows à l'approche de Vista pour les proposer sous la forme d'une collection de programmes téléchargeables nommée Windows Live Essentials. Des applications Windows telles que Windows Live Messenger, Windows Live Movie Maker et Windows Live Galerie de photos n'ont rien en commun, sauf qu'elles fonctionnent sur Windows et qu'elles peuvent être téléchargées gratuitement par l'utilisateur de Windows.

Voici ce qui est arrivé aux anciennes applications Windows Live :

- **Windows Live Hotmail** (autrefois Hotmail, Microsoft Hotmail et MSN Hotmail) est devenu **Outlook.com**, ce qui est très différent.
- **Windows Live SkyDrive** est devenu simplement OneDrive pour Windows. Il existe aussi des variantes de OneDrive pour Mac, Windows Phone, iPad et presque toutes les plateformes que vous pourriez mentionner. Vous pouvez aussi accéder à OneDrive (`https://onedrive.live.com/about/fr-fr/`) directement *via* n'importe quel navigateur Web.
- **Windows Live Galerie de photos** a été enrichi de quelques fonctionnalités mineures, et est maintenant désigné sous le nom de **Windows Galerie de photos**. Même si Microsoft adorerait que tout le monde utilise son application Photos pour Windows 10 en mode tablette, Windows Galerie de photos ne se compare pas à Photos si vous souhaitez faire autre chose que regarder vos photos.
- **Windows Live Movie Maker** a connu une étonnante mise à jour pour devenir **Windows Movie Maker**. Il s'agit désormais d'un programme de montage virtuel et de diffusion vidéo gratuit d'assez bonne facture pour le quidam qui n'a pas besoin de réaliser de grosses prouesses techniques en vidéo

  Il nous reste encore les anciennes applications Windows Live qui évoluent lentement vers des applications en vignettes (parfois sans trop de succès). **Windows Live Mail** l'application de messagerie connait un équivalent en mode tablette sous le nom de Courrier. **Windows Live Calendar** est plus ou moins devenue le Calendrier pour le mode tablette ; **Windows Live Contacts** est devenue le programme Contacts du mode tablette.

Microsoft propose toujours les applications Windows Essentials au téléchargement, et elles continueront de fonctionner bien des années. L'utilisateur de Windows 10 se trouve ainsi dans une position confortable : il peut choisir les applications qu'il souhaite utiliser et lesquelles laisser à Microsoft le soin d'améliorer.

Dans le reste de ce chapitre, je jette un œil à ces trois applications Essentials, en commençant par expliquer comment les télécharger et les installer sur Windows 10.

Récupérer les applications Windows Essentials

Vous souhaitez installer certaines applications Live ? Voici comment les récupérer :

1. **Démarrez votre navigateur favori et rendez-vous sur** `http://windows.microsoft.com/fr-fr/windows-live/essentials`**.**

   N'importe quel navigateur permet d'y accéder, depuis le bureau ou l'interface en vignettes.

2. **Cliquez sur le bouton Télécharger maintenant.**

   Votre navigateur télécharge `wlsetup-web.exe`, le programme d'installation de Windows Live. Cette opération est très rapide car la suite se déroulera via un téléchargement par Internet.

3. **Double-cliquez sur l'installateur ou procédez à toute action nécessaire pour l'exécuter (cela dépend de votre navigateur).**

4. **Lorsque l'installateur de Windows Essentials 2012 (eh oui, bien que nous soyons en 2015) vous demande si vous souhaitez installer Windows Essentials (recommandé), cliquez sur Choisir les programmes que vous souhaitez installer.**

   Vous verrez s'afficher la liste de programmes représentée sur la Figure 1.1.

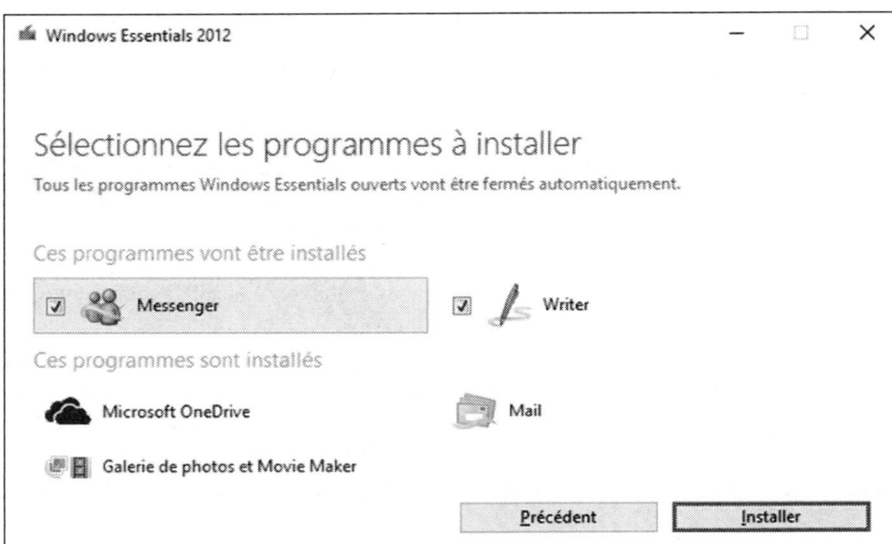

Figure 1.1 : Sélectionnez les programmes Windows Essentials que vous souhaitez installer.

Si vous avez mis à jour votre version de Windows sur laquelle vous aviez déjà installé des éléments de la suite Windows Essentials, ceux-ci sont identifiés dans la section Ces programmes sont installés. C'est le cas sur la Figure 1.1 ci-dessus.

5. **Jetez un œil sur la liste dans la première section de ce chapitre et sélectionnez les programmes Windows Essentials qui attirent votre attention. Cliquez sur Installer.**

   L'installateur de Windows Essentials vous fait attendre un instant, puis revient en affichant un message vous demandant de cliquer Fermer une fois les programmes installés.

Ces applications s'utilisent en mode Bureau. Si vous travaillez en mode tablette, il est préférable de recourir à des programmes comme Courrier, Photos, Vidéo etc.

Client de messagerie, POP3 et le reste

Difficile de se tenir à jour de tous les nouveaux termes relatifs à la messagerie. Voici un petit laïus qui devrait vous permettre de vous en sortir pour installer un client de messagerie (un programme qui permet de lire et d'envoyer les courriels, fonctionnant sur votre ordinateur). Ces termes s'appliquent à tous les clients de messagerie, dont l'application Courrier de Windows 10, quoiqu'elle masque assez les détails techniques.

Dans un client de messagerie, vous saisissez un message, dressez la liste des adresses des destinataires, et vous l'envoyez. Lorsque votre ordinateur envoie le message, il se connecte à un certain type d'ordinateur connecté lui-même à Internet : un serveur SMTP. Le serveur SMTP est chargé de délivrer le message sur Internet à ses destinataires.

Le message circule sur Internet en empruntant un chemin qui dépend de l'adresse du destinataire. La dernière partie d'une adresse de messagerie – la partie qui suit le signe @ – correspond au nom de domaine. Ainsi, dans woody@askwoody.com, askwoody correspond à mon nom de domaine. Un message qui me serait envoyé atterrirait sur un ordinateur particulier, un serveur POP3, chargé de me donner accès au message.

Lorsque vous indiquez à votre ordinateur que vous souhaitez recevoir des messages, il se connecte à votre serveur POP3 et télécharge tous ceux que vous avez reçus depuis votre dernière connexion.

Les pièces jointes aux messages (images, fichiers, *etc.*) sont transférées avec le courriel sous forme de texte. Votre client de messagerie (ou l'application Web que vous utilisez pour lire en envoyer des courriels) gère tous les détails concernant la conversion de ces pièces jointes en appliquant des règles particulières nommées MIME.

Utiliser Windows Live Mail

Windows Live Mail est un descendant du vénérable Outlook Express.

Q : Qu'est-il arrivé à Outlook Express ?

R : Il a disparu il y a déjà longtemps. Outlook Express était un client de messagerie gratuit livré avec Windows XP. Disparu.

Q : Qu'est-il arrivé à Windows Mail ?

R : Il a disparu lui aussi. Windows Mail était une version légèrement améliorée d'Outlook Express. Microsoft donnait Windows Mail avec Vista. Toutefois, Microsoft a vite oublié Windows Mail après l'avoir livré. Abandonné à la naissance.

Les alternatives pour votre messagerie

Vous avez trois bonnes raisons pour utiliser Windows Live Mail : l'inertie, l'inertie et l'inertie. Toutes les autres raisons ne sont pas déterminantes. Si vous disposez d'une tablette tactile, la version en vignette de Courrier pour Windows 10 est à considérer sérieusement, d'autant qu'elle s'améliore. Mais je répète que rien ne vous empêche d'utiliser Courrier dans l'interface Bureau de Windows 10. Si vous êtes collé à Windows Live Mail parce que vous disposez d'une grosse collection de messages Outlook Express (OE) ou Windows Mail (WM), vous avez toute ma sympathie. Si vous souhaitez rester collé à Windows Live Mail parce qu'il fonctionne comme OE ou WM, du moins au premier abord, c'est tout aussi recevable.

Maintenant, si vous souhaitez considérer ce qui peut exister au-delà de Courrier, Windows Live Mail, Outlook Express et Windows Mail, sachez qu'il existe de nombreuses options.

Les messageries en ligne (Gmail – voir Livret VI, Chapitre 3 ; Outlook.com – voir Livret VI, Chapitre 4 ; Yahoo! Mail) fonctionnent très bien si vous disposez d'une connexion Internet fiable.

Thunderbird de Mozilla (`https://www.mozilla.org/fr/thunderbird/`) est un client de messagerie open source gratuit qui attire particulièrement les vieux (très vieux !) utilisateurs d'Eudora.

Je constate que les gens qui dépendent beaucoup du courriel et qui veulent conserver leur courriel sur leur ordinateur utilisent somme toute beaucoup Outlook. Je sais que c'est un peu hérétique, mais c'est vrai. Outlook dispose d'un filtrage hyperactif du pourriel et d'un dispositif anti-hameçonnage d'une robustesse industrielle. Il est aussi étonnamment facile à utiliser – du moins, les actions de messagerie les plus basiques sont faciles à trouver et à utiliser. Le gros revers ? Outlook est coûteux, et nombre d'utilisateurs trouvent qu'il plante de temps en temps.

J'utilise Outlook depuis la nuit des temps (ou Office 4.1, qui est peut-être antérieur). J'ai tout récemment basculé sur Gmail. Cela fonctionne – et pour moi, Gmail fonctionne mieux qu'Outlook.

Q : Que faire ?

R : Si vous souhaitez continuer à utiliser un programme de messagerie pour le bureau qui ne dispose que de fonctionnalités limitées, Windows Live Mail est le bon choix. Pour les utilisateurs de Windows 10, l'application Courrier du mode tablette (que l'on peut bien entendu utiliser sur le Bureau de Windows 10) est une alternative intéressante.

N'OUBLIEZ PAS

Windows Live Mail récupère le courriel et le stocke sur votre ordinateur. Windows Live Mail avale le courriel envoyé à votre adresse, quelle qu'elle soit, en utilisant les serveurs de messagerie sur Internet (les serveurs POP3). Il peut aussi récupérer du courriel sur Hotmail/Outlook.com, Gmail, Yahoo! Mail, et bien d'autres services de messagerie en ligne.

Bien entendu, si vous souhaitez investir un peu, Microsoft vous propose Outlook ; il est intégré à la suite Microsoft Office. Si vous souhaitez rester en ligne pour le courriel, recherchez du côté de Outlook.com, Gmail (Livret X, Chapitre 3) et Yahoo! Mail. Il existe aussi Outlook Web Apps. La dernière fois que j'ai fait le compte, Microsoft gérait dix différents programmes de messagerie.

Faire fonctionner Windows Live Mail

Si vous avez installé Windows Live Mail et que vous souhaitez le faire fonctionner pour la première fois, suivez ces étapes – et précautions :

1. **La technique la plus rapide pour lancer Windows Live Mail consiste à cliquer sur le bouton démarrer et à taper immédiatement au clavier mail.**

2. **Dans la section Applications du volet de recherche qui apparait, cliquez sur Windows Live Mail, comme le montre la Figure 1.2.**

   Il est possible que WLM vous demande de vous connecter à votre compte Live ou Outlook.com. Comme il s'agit

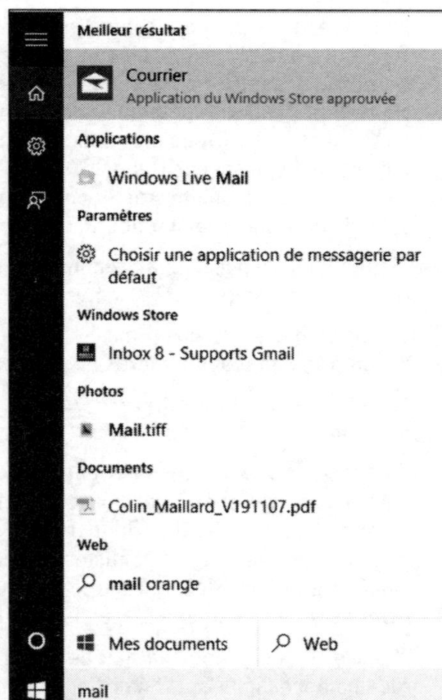

Figure 1.2 : Pour exécuter rapidement Windows Live Mail.

d'une adresse de messagerie, vous pourriez en effet l'utiliser aussi pour envoyer et recevoir des Mails (Figure 1.3).

Figure 1.3 : Si vous disposez d'un identifiant @hotmail.com ou @live.com ou @outlook.com (ou autre), saisissez-le ici pour vous connecter.

Si vous ne possédez pas de tel compte, notamment si vous utilisez Windows 10 avec un compte local, vous devez ajouter une adresse de messagerie. Pour cela passez à l'étape suivante.

3. **Quittez si nécessaire la boîte de dialogue d'ouverture de votre compte Windows. Ensuite, cliquez sur l'onglet Comptes de WLM.**

4. **Là, cliquez sur le bouton Adresse de messagerie pour accéder à la boîte de dialogue Ajouter un compte de messagerie (Figure 1.4).**

5. **Entrez les informations de votre compte de messagerie, et cliquez sur Suivant.**

   Notez que vous devez saisir les informations sur votre compte, même si vous êtes utilisez un compte Live ou Outlook. Windows n'est pas assez futé pour le faire pour vous.

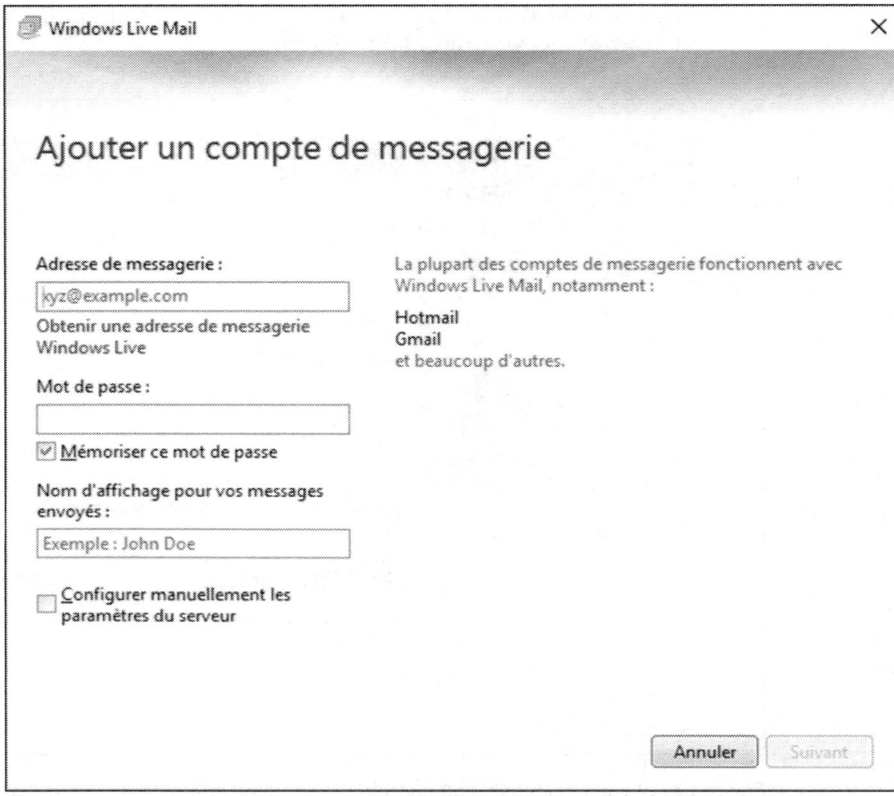

Figure 1.4 : Pour ajouter un compte de messagerie.

D'un autre côté, vous souhaiterez éventuellement utiliser un compte de messagerie conventionnel, auquel cas vous devrez fournir des informations (voir l'encadré précédent « Client de messagerie, POP3 et le reste »). Votre fournisseur d'accès Internet (FAI) devrait vous les avoir fournies.

6. **Une fois le compte ajouté, cliquez sur Terminer.**

   Pour ajouter un autre compte dans la foulée, cliquez sur le lien Ajouter un compte de messagerie.

   Si vous ajoutez un compte `@hotmail.com`, `@live.com` ou `@outlook.com`, WLM téléchargera vos messages et vous les affichera, comme sur la Figure 4.5.

   Vous pouvez maintenant lire, écrire, envoyer et recevoir des courriels.

   Reportez-vous à la section suivante pour les détails.

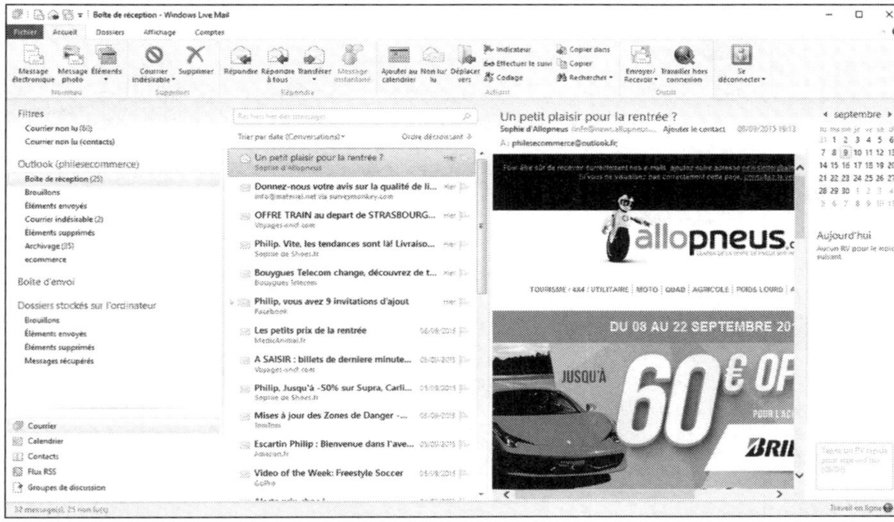

Figure 1.5 : Il suffit de deux étapes pour se connecter à un compte Hotmail/Outlook.com.

TRUC

Vous voudrez éventuellement utiliser Windows Live Mail pour lire vos flux RSS, mais je préfère personnellement iGoogle qu'il est très facile de relier à Chrome ou tout autre navigateur Web (voir Livret VI, Chapitre 6, pour les détails).

Écrire un message

Suivez ces étapes lorsque vous souhaitez écrire un message :

1. **Démarrez Windows Live Mail et cliquez sur l'onglet Accueil. Sur le côté gauche de l'onglet Accueil, cliquez sur Message électronique.**

   Une fenêtre pour rédiger le message apparaît, comme sur la Figure 1.6.

2. **Sélectionnez le destinataire du message.**

   Vous pouvez saisir l'adresse d'une personne de deux manières :

   - Saisissez l'adresse sur la ligne À.
   - Cliquez sur À… et sélectionnez le destinataire que vous souhaitez dans le carnet d'adresses (pour sélectionner un destinataire, sélectionnez un contact dans la liste sur la gauche, cliquez sur le bouton À, puis cliquez OK).

3. **Saisissez un objet pour le message.**

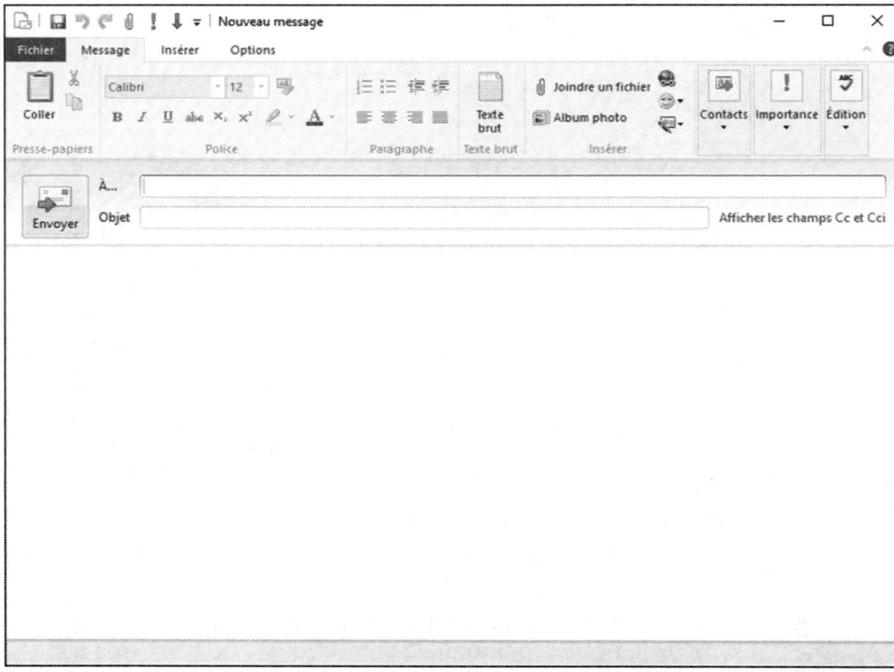

Figure 1.6 : Écrire un nouveau message.

Faites court et évocateur. Saisissez ensuite le corps du message.

Vous disposez d'un vaste espace pour cela. Vous pouvez saisir les mots de la manière que vous souhaitez, en leur appliquant éventuellement une mise en forme fantaisiste (police, taille des caractères, couleurs, indentation, et plus encore).

4. **Si vous disposez de plus d'un compte de messagerie, vérifiez que vous avez sélectionné le bon sur la droite avant d'envoyer le message. Cliquez alors sur Envoyer.**

   Vous pouvez attendre que Windows Live Mail envoie automatiquement le message, ce qui devrait prendre une minute ou deux, ou alors cliquer sur l'icône Envoyer/Recevoir dans le ruban Accueil pour l'envoyer immédiatement.

Ceci devrait vous permettre de débuter.

Gérer Windows Galerie de photos

« Tu te souviens de la photo de papa prise durant l'automne sur le bateau de pêche. Tu sais, celle de 1998 ? Ou alors de 1996 ? Attends un instant. Je l'ai juste là. Non, elle doit être ici. Hum, peut-être dans ce dossier-là. Ou sur le lecteur réseau ? Où ai-je pu la mettre ? »

À l'heure où j'écris ces lignes, l'application Photos du mode tablette est clinquante, elle permet de réunir des photos depuis tout un tas d'endroits, dont OneDrive, et elle ne dispose pas des fonctionnalités, même les plus rudimentaires, pour gérer un grand nombre d'images. Ses fonctionnalités de retouche de photos sont à peine préhistoriques. En comparaison de iPhoto sur iPad, l'application Photos de Microsoft est consternante. Vous pouvez en apprendre plus au Chapitre 3 du Livret IV.

Windows Galerie de photos met à disposition un jeu d'outils sophistiqués pour réunir, corriger et surtout trouver des photos sur votre ordinateur.

Malheureusement, WGP (comme ses utilisateurs le désignent) ne peut pas anticiper vos désirs. Si vous souhaitez récupérer cette photo de papa tombant du bateau de pêche, vous devez annoter la photo à l'aide des mots-clés idoines afin de pouvoir la retrouver en les utilisant. Je ne sais pas comment les choses se présentent dans votre cas, mais il me faudrait un ou deux ans pour passer en revue mes vieilles photos et les trier. Une fois que j'aurais terminé, je devrais tout recommencer avec les photos que j'aurais prises entre temps. Comme le lièvre courant après la tortue, je n'y arriverais sans doute jamais.

En effet, les méthodes d'indexation de WGP – et plus généralement, toute méthode d'indexation – posent un problème fondamental. Windows Galerie de photos ne crée pas d'index automatiquement. Vous devez faire le travail avant de pouvoir en tirer les fruits – et on peut se poser la question de savoir si le temps que vous investissez pour recenser vos photos est vraiment rentable.

Picasa fait beaucoup de choses comme WGP : organiser, visualiser, retoucher un grand nombre de photos stockées sur votre PC. Lorsqu'on me demande lequel est le meilleur – de Windows Galerie de photos ou de Picasa –, j'ai tendance à répondre « Pour quelle semaine ? » En effet, les deux programmes évoluent en permanence : lorsque Windows Galerie de photos ou Picasa prend de l'avance en ajoutant une nouvelle fonctionnalité, l'autre le rattrape un ou deux mois après. L'application en vignette Photos rentrera aussi un jour dans la course.

Certaines personnes préfèrent conserver leurs photos sur Internet, où elles peuvent plus facilement être partagées avec d'autres. Flickr dispose d'une considérable boîte à outils pour améliorer, stocker et récupérer des photos.

Si c'est ce que vous souhaitez faire, renseignez-vous sur Flickr au Chapitre 3 du Livret V.

Feuilleter la galerie

Voici comment débuter avec Windows Galerie de photos :

1. **Une fois que vous l'avez installé (voir la section précédente « Récupérer les applications Windows Essentials »), démarrez WGP en cliquant sur le bouton Démarrer et en tapant** gallery **(eh oui in english).**

2. **Cliquez alors sur la vignette Photo Gallery.**

   La première fois que vous démarrez WGP, il peut vous demander si vous souhaitez que WGP ouvre par défaut les fichiers des types suivants : JPG, TIF, JXR, PNG, WDP, BMP et ICO. Ce sont des extensions de noms de fichiers (au Chapitre 1 du Livret VI, j'explique pourquoi il est important de pouvoir visualiser les extensions de noms de fichiers ; en voici l'exemple).

3. **Vous souhaitez probablement que WGP soit associé à ces fichiers, alors cliquez Oui si on vous le demande.**

   Reportez-vous au Tableau 1.1 pour un exposé des mérites respectifs de chaque type de fichier.

   On peut aussi vous demander votre ID Windows Live. Si oui, fournissez-le afin de pouvoir accéder à vos photos sur OneDrive.

   WGP passe en revue les bibliothèques Images et Vidéos et affiche des miniatures des deux dans la fenêtre principale, comme sur la Figure 1.7.

   NOTE TECHNIQUE

   L'équipe de développement de WGP aime à dire que Windows Galerie de photos est conçu pour conserver vos « mémoires numériques ». Ce qu'elle veut dire par là, c'est que Windows Galerie de photos fonctionne avec les fichiers de photos généralement produits par les appareils photo – les fichiers JPG et MPG (et dans une moindre mesure, les fichiers TIF). Vous pouvez utiliser des photos au format RAW, mais uniquement si le fabricant de l'appareil dispose d'un programme permettant de les transférer à WGP. Vous ne pouvez pas utiliser WGP pour modifier des fichiers GIF, PCX ou WMF – une autre raison pour laquelle il est utile de pouvoir visualiser les extensions des noms de fichiers (voir Livret VI, Chapitre 1).

4. **Vous pouvez demander à WGP d'afficher certaines parties catégories de photos en vous rendant dans le panneau de navigation sur la gauche : cliquez sur Images publiques et WGP affichera seulement les images du dossier \Public\Images.**

Tableau 1.1 : Les types de fichiers que WGP sait gérer.

Extension de noms de fichiers	Taille de fichier relative	Description
JPG	1 Mo	Lorsque vous prenez des photos, elles sont généralement créées au format JPG. JPG est un format sans perte de données, ce qui signifie que ce type de fichier peut être manipulé par l'ordinateur (ou l'appareil photo) pour le réduire, mais que la qualité va en souffrir. Si vous retouchez et re-retouchez un fichier JPG, la qualité va substantiellement régresser.
TIF	10 Mo	Ce format sans perte de données est presque universel. Les fichiers qui l'utilisent sont volumineux, mais la qualité ne change jamais. Il est souvent utilisé pour les scans, les archives et les fax.
PNG	6 Mo	Le PNG est un format sans perte de données qu'il est plus facile de compresser que le TIF, mais qui n'est pas aussi généralement reconnu : nombre de programmes ne savent pas manipuler des fichiers PNG. D'ailleurs, WGP peut afficher des fichiers PNG, mais il ne vous permet pas de les retoucher.
WDP ou HDP	Varie	Windows Media Photo, aussi connu par WMPhoto ou HDPhoto, est un format propriétaire de Microsoft qui peut générer ou non des pertes de données. Il n'est pas très utilisé.
BMP	10 Mo	Le format BMP de Windows est sans perte de données. De nos jours, il est surtout utilisé pour les captures d'écran. WGP peut vous afficher des fichiers BMP, mais il ne vous aidera pas à les retoucher.
ICO	N/A	Les fichiers d'icônes contiennent généralement de nombreuses icônes. WGP peut les « gérer » en ce sens que vous pouvez double-cliquer sur un fichier ICO et que WGP vous permettra de visualiser chacune des icônes qu'il contient. WGP n'affiche pas le fichier dans la galerie, et il ne vous permet pas de retoucher les icônes.

5. **Pour retoucher une photo, double-cliquez dessus.**

   WGP affiche la photo et le ruban Édition, comme sur la Figure 1.8. Reportez-vous à la section « Retoucher les images », plus loin dans ce chapitre.

TRUC

Si vous souhaitez modifier un fichier dans un format que WGP ne sait pas modifier (par exemple, le GIF ou le BPM), double-cliquez sur le fichier pour l'afficher et tapez ou cliquez sur l'icône Faire une copie. Windows Galerie de photos vous permet d'enregistrer le fichier aux

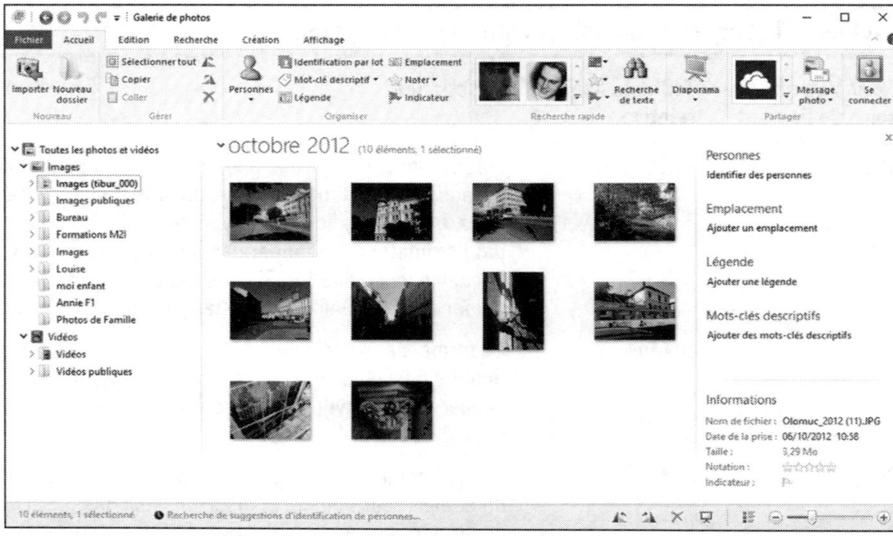

Figure 1.7 : La fenêtre principale de WGP.

formats JPG, TIF ou WDP, que vous pouvez modifier dans WGP pour leur part.

Lorsque vous avez terminé avec la photo, cliquez sur le gros « X » dans l'angle supérieur droit pour fermer le fichier. Vous êtes renvoyé sur la fenêtre principale (voir Figure 1.7).

6. **Pour visualiser, et non retoucher, une vidéo, double-cliquez dessus.**

   WGP affiche la vidéo avec des outils simples pour démarrer et arrêter, marquer et supprimer. Si vous souhaitez retoucher une vidéo (voir Figure 1.8), vous aurez besoin de Windows Movie Maker, qui sera éventuellement le sujet de la prochaine section de ce chapitre.

7. **Lorsque vous avez terminé, cliquez sur le « X » dans l'angle supérieur droit pour quitter WGP.**

Ajouter des photos à WGP

Toutes les photos et les vidéos que vous ajoutez à vos bibliothèques Images et Vidéos seront automatiquement retrouvées par WGP. Par conséquent, si vous souhaitez ajouter une photo ou une vidéo à WGP, il vous suffit de trouver un moyen de l'ajouter à l'une de ces deux bibliothèques.

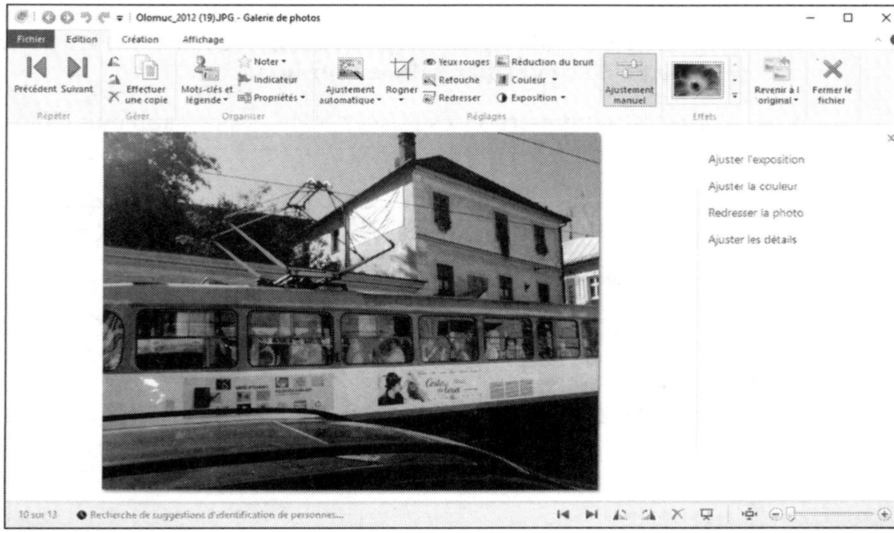

Figure 1.8 : Retouchez une photo avec les outils de WGP.

Quoiqu'il existe bien des manières d'ajouter des photos et des vidéos aux bibliothèques, les gens procèdent souvent d'une des deux suivantes :

- Utiliser l'Explorateur de fichiers pour copier ou déplacer une image (JPG, TIF, JXR, PNG, WDP, BMP ou ICO) ou une vidéo (ASF AVI, MPEG, MPG, MP4, WMV ou MOV) dans l'une des bibliothèques.
- Utiliser le programme Importer une photo ou une vidéo de WGP pour les extraire de l'appareil photo, du téléphone, de la tablette ou de tout autre dispositif.

Voici comment importer des photos avec WGP :

1. **Connectez votre appareil photo, votre téléphone, ou tout autre dispositif à votre PC en utilisant un câble USB.**

   Le Bluetooth fonctionne aussi. Parfois. Vous pouvez aussi retirer la carte SD ou toute autre carte mémoire de votre appareil photo et l'insérer dans votre PC, pour autant qu'il dispose du lecteur idoine.

   Si tout fonctionne comme prévu, une notification apparaîtra en haut à droite pour vous inviter à taper (ou cliquer) la notification afin de choisir ce qu'il convient de faire. Cliquez ou tapez dessus, et sélectionnez Visualiser les images/Galerie de photos.

2. **Démarrez WGP s'il n'est pas déjà en cours. Vous arrivez sur la fenêtre principale (voir Figure 1.7), le ruban Accueil étant affiché. Sur la gauche de ce dernier, cliquez sur Importer.**

   L'assistant Importer des images et des vidéos apparaît, comme sur la Figure 1.9.

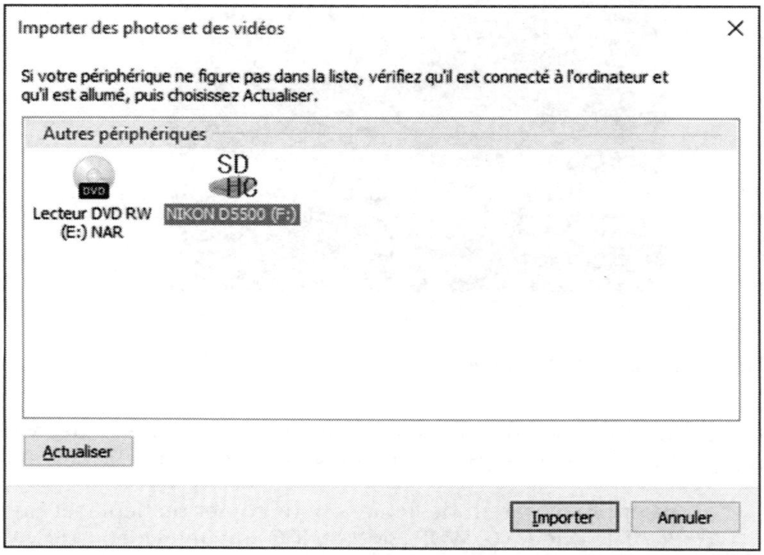

Figure 1.9 : WGP importe les images et les vidéos, profitant éventuellement de l'occasion pour les annoter, et les place dans vos bibliothèques Photos ou Vidéos.

3. **Cliquez sur Importer.**

   Vous avez alors le choix entre importer tous les nouveaux éléments, ou bien les identifier, les classer, et les grouper.

4. **Pour sélectionner les éléments à importer, activez l'option Identifier, classer et regrouper les éléments à importer.**

   L'application d'importation récupère les dates et heures des photos et les groupe dans des dossiers suggérés en fonction. Cliquez sur les dossiers et saisissez des noms ; vous pouvez éventuellement ajouter des mots-clés en cliquant sur le lien Ajouter des mots-clés.

   Si vous n'aimez pas la manière dont le programme d'importation range vos photos en groupes, vous pouvez modifier l'échelle temporelle en déplaçant la glissière Ajuster les groupes, en bas à droite.

5. **Lorsque vos photos sont regroupées et annotées correctement, cliquez sur Importer.**

   Les photos sont rangées dans des dossiers distincts dans votre dossier Images ; de même, les vidéos vont dans votre dossier Vidéos.

   Optionnellement, l'application peut supprimer les photos et les vidéos tandis qu'elles sont importées.

   Il faut une certaine audace pour cocher Supprimer les fichiers du périphérique après l'importation, mais lorsque vous aurez utilisé le programme d'importation une ou deux fois, vous laisserez volontiers Windows procéder à la suppression. Si quelque chose se passe mal et que vous supprimez accidentellement des photos sur la carte mémoire de votre appareil photo, ne paniquez pas. Des programmes de restauration tels que Recuva tirent parti du fait que les données (votre photo) ne sont pas supprimées de l'appareil photo tant que ce dernier n'a pas eu besoin de réutiliser l'espace sur la carte mémoire. Avec un peu de chance, vous pourrez restaurer la photo que vous avez prise il y a si longtemps.

6. **Déplacez les photos en utilisant l'Explorateur de fichiers, si vous préférez.**

   Ce sont des fichiers. Traitez-les comme tels.

Annoter les photos

Si vous avez passé plus de dix minutes à chercher une photo, vous savez déjà que vous pouvez devenir fou en un rien de temps lorsque vous entreprenez l'exercice. C'est pourquoi les mots-clés ont été inventés.

Lorsque vous annotez vos photos, Windows Galerie de photos établit un index qui lui permet de retrouver une photo comportant un certain mot-clé à la vitesse de la lumière. Bien entendu, le problème, c'est que vous devez saisir un mot-clé ou deux auparavant.

Windows Galerie de photos établit une distinction entre les mots-clés désignant des personnes, des emplacements et/ou ressortant de descriptions. C'est une distinction fort utile, comme vous pourrez le constater plus loin dans cette section, mais ne vous laissez pas pour autant abuser. Au fond, un mot-clé désignant une personne ou un emplacement est un mot-clé descriptif, ce dernier n'étant que le nom d'une personne ou d'un lieu.

N'OUBLIEZ PAS

Disons que vous avez pris une photo de votre papa tombant d'un bateau sur le lac Isabella. Vous voudrez éventuellement annoter la photo avec les mots-clés *George* (c'est le nom de mon père) pour la personne, *Lac Isabella* pour l'emplacement, et *pêche* et *bateau* pour la description. Une fois que vous aurez annoté des centaines de milliers de photos, vous pourrez demander à Galerie de photos d'afficher toutes les photos qui comportent les mots-clés *George* ou *Lac Isabella* ou encore *bateau*, et ainsi réduire la liste des photos à passer en revue considérablement.

Suivez ces étapes pour ajouter un mot-clé à une photo ou à un groupe de photos :

1. **Démarrez WGP.**

   Le ruban accueil s'affiche.

2. **En haut, dans le ruban, cliquez sur l'élément Mot-clé descriptif. Sélectionnez alors les photos que vous souhaitez annoter.**

   Pour annoter plusieurs photos avec le même mot-clé ou les mêmes mots-clés, maintenez Ctrl appuyé en cliquant chaque photo. Si les photos sont voisines, vous pouvez aussi cliquer sur la première, maintenir Maj appuyée et cliquer sur la dernière, ou vous pouvez dessiner un rectangle englobant les photos en cliquant et en glissant la souris sur ces dernières.

   WGP entoure les photos sélectionnées, comme sur la Figure 1.10.

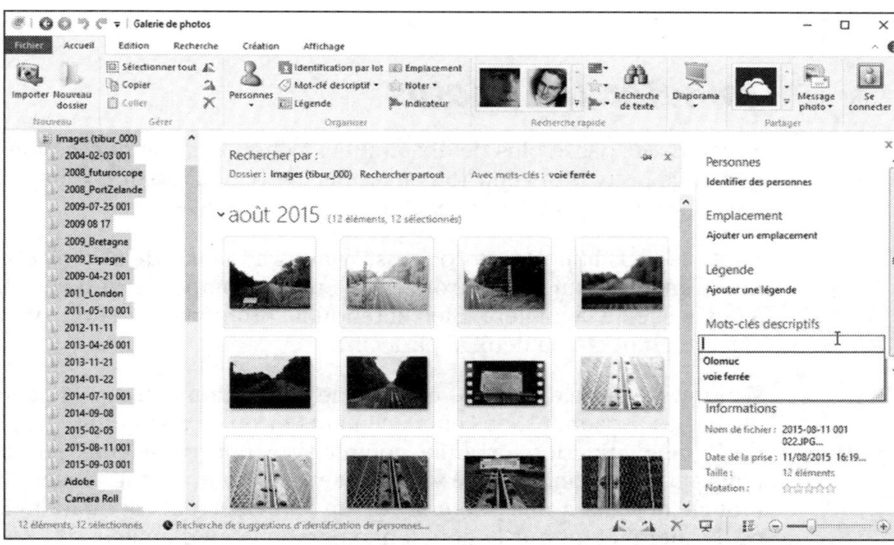

Figure 1.10 : Annoter des photos.

3. Dans le panneau sur la droite, cliquez sur Ajouter un emplacement (ou une personne, ou une légende), saisissez le mot-clé que vous souhaitez ajouter et pressez Entrée.

Vous pouvez séparer les mots-clés avec des espaces pour en affecter plusieurs à une photo.

N'OUBLIEZ PAS

Les mots-clés que vous affectez à une photo accompagnent cette dernière. Disons que vous annotez une photo avec *George*, *pêche* et *bateau*, et que vous envoyez une copie de la photo à votre frère, et que ce dernier range la photo dans son dossier Images. Les mots-clés auront accompagné la photo, et il pourra donc utiliser Windows Galerie de photos pour retrouver cette dernière en les utilisant.

TRUC

Windows Galerie de photos dispose de plusieurs fonctionnalités avancées, dont l'une – la reconnaissance faciale – peut grandement aider l'annotation. Pour l'utiliser, cliquez sur l'onglet Recherche, et cliquez sur la flèche pointant vers le bas à côté de l'icône Personne. Sélectionnez Toutes les personnes détectées, mais non identifiées (voir Figure 1.11). Attendez une minute ou deux, et WGP affichera toutes les photos qui contiennent les visages que WGP a détectés, mais auxquelles aucun mot-clé décrivant une personne n'a été associé.

Sur la droite, saisissez des mots-clés pour les personnes (ou reprenez-les de la liste de contacts de l'application People en vignette). Lorsque vous avez

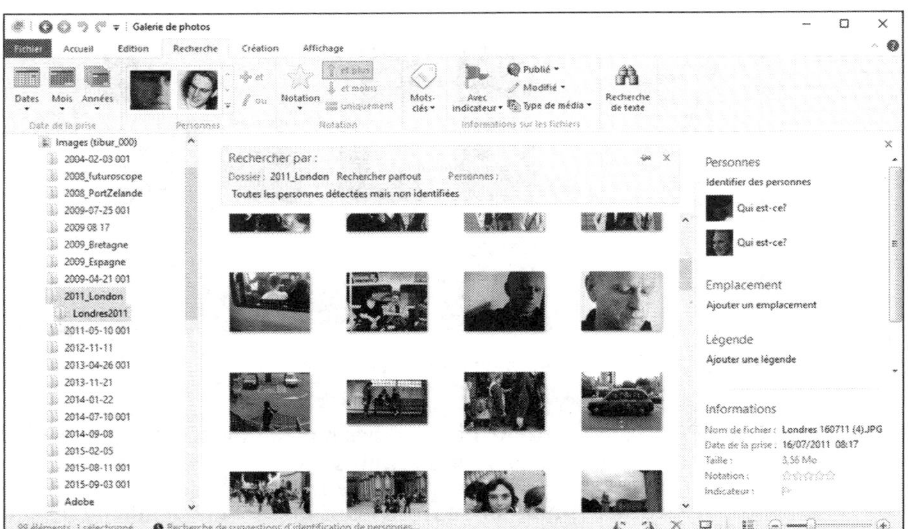

Figure 1.11 : WGP peut rechercher les visages dans les photos qui n'ont pas été annotées avec des mots-clés désignant des personnes.

terminé, vous verrez que WGP peut reconnaître des personnes et recommander leur nom pour annoter la photo.

Effrayant.

Trouver une photo annotée

Si vos mots-clés sont bien choisis et vos photos bien annotées, Windows Galerie de photos peut trouver des photos en un clin d'œil. Voici comment :

1. **Affichez Windows Galerie de photos. Cliquez sur l'onglet Recherche.**

   Vous verrez les options Recherche.

2. **Pour trouver une photo précise, effectuez une recherche par mot-clé, en ouvrant le menu local (Figure 1.12).**

Figure 1.12 : Une recherche par mot-clé.

3. **Placez le pointeur de la souris sur le mot-clé dont vous souhaitez obtenir les photos correspondantes.**

   Dès que le pointeur se trouve sur un mot-clé, il affiche les images correspondantes.

4. **Cliquez sur le mot-clé pour afficher les photos, et ainsi les consulter et/ou les modifier.**

Retoucher les images

Windows Galerie de photos dispose des outils les plus souvent utilisés pour retoucher les photos, spécifiquement conçus pour être facile à utiliser et à ce titre pas particulièrement intimidants – ni puissants. Vous les trouverez éventuellement utiles, surtout si vous n'avez pas un programme plus fonctionnel sous la main.

Nombre d'outils de retouche modifient la photo pour toujours : une fois que l'avez retouchée et enregistré le résultat, vous ne pouvez pas revenir en arrière. WGP est plus futé que cela. Il conserve une copie de votre photo originale. Si vous souhaitez revenir à la version originale, cliquez ou tapez sur Revenir à l'original dans le ruban Édition.

Voici comment retoucher vos photos sans difficulté :

1. **Dans WGP, double-cliquez sur la photo que vous souhaitez retoucher.**

   La photo s'affiche en pleine taille, de même que le ruban Edition représenté sur la Figure 1.13.

Figure 1.13 : La photo est prête pour être retouchée.

2. **Pour laisser WGP ajuster tout par lui-même, cliquez sur l'icône Ajustement automatique.**

   Windows Galerie de photos analyse la photo et ajuste automatiquement la luminosité, le contraste et la couleur. Il redresse aussi la photo si elle apparaît déformée.

Du rouge dans vos yeux

Le phénomène des yeux rouges sur une photo survient, car le flash de l'appareil est si rapide que la pupille n'a pas le temps de se contracter. La lumière du flash est focalisée par la lentille de l'œil sur la rétine, à l'arrière de l'œil. La lentille renvoie la lumière à l'appareil. Le sang circulant dans la rétine produit cette couleur rouge.

Le phénomène s'observe aussi avec les animaux. Des chats peuvent avoir des yeux rouges sur les photos, mais ils sont généralement verts du fait d'un revêtement.

La plupart des appareils photo modernes proposent un mode de réduction de ce phénomène. Le flash est déclenché plusieurs fois avant que la photo ne soit prise. Cela donne le temps à la pupille pour se contracter.

Ce n'est que lorsque le flash va et vient de l'appareil aux yeux que ces derniers apparaissent rouges. Si vous rencontrez beaucoup de problèmes avec les yeux rouges, essayez de faire rebondir le flash. Autrement dit, faites-le viser le plafond ou un mur. Une autre astuce : demander à la personne de ne pas regarder l'appareil.

Si vous n'aimez pas le résultat produit par WGP, cliquez sur la petite icône Annuler en haut.

3. **Sélectionnez les boutons idoines pour découper, corriger les yeux rouges, retoucher, redresser ou trafiquer la couleur et le contraste.**

   Pour que la correction des yeux rouges fonctionne au mieux, vous devez généralement agrandir la photo pour sélectionner l'œil concerné. Pour cela, glissez-déposez la glissière en bas à droite de la fenêtre. Maintenez alors Alt appuyée tandis que vous glissez-déposez la photo pour la déplacer jusqu'à ce que vous atteigniez l'œil. Lorsque l'œil… est en vue, relâchez Alt et sélectionnez à la souris un rectangle autour de l'œil. Faites-le aussi petit que possible sans manquer d'englober tout le rouge. Relâchez le bouton de la souris, et Windows Live fera de son mieux pour éliminer le rouge. Reportez-vous à l'encadré « Du rouge dans vos yeux » pour éviter que des yeux rouges apparaissent dans vos photos.

4. **Lorsque vous avez terminé, cliquez sur « X » en haut à droite du ruban.**

   Souvenez-vous que vous pouvez toujours récupérer l'image originale en l'ouvrant, puis en sélectionnant Revenir à l'original.

Réaliser des panoramas et des fusions

Avez-vous déjà pris une série de photos de proche en proche afin de pouvoir restituer l'intégralité d'une scène ? Avez-vous déjà pris un groupe de photos où Jean cligne des yeux sur l'une, Mélinda sur une autre et Romain tire la langue sur une dernière ? Windows Galerie de photos peut « coller » ces photos automatiquement pour former un panorama, ou les fusionner avec Photo Fuse. C'est si facile que vous n'allez pas en croire vos yeux.

Voici comment assembler un jeu de photos dans un panorama :

1. **Placez les photos dans votre bibliothèque d'images, de sorte que WGP puisse y accéder.**

2. **Sélectionnez les photos que vous souhaitez assembler pour créer un panorama.**

   Dans le cas présent, je presse Ctrl+A pour sélectionner les cinq photos simultanément.

3. **Dans le ruban Création, cliquez sur l'icône Panorama (Figure 4.14)**

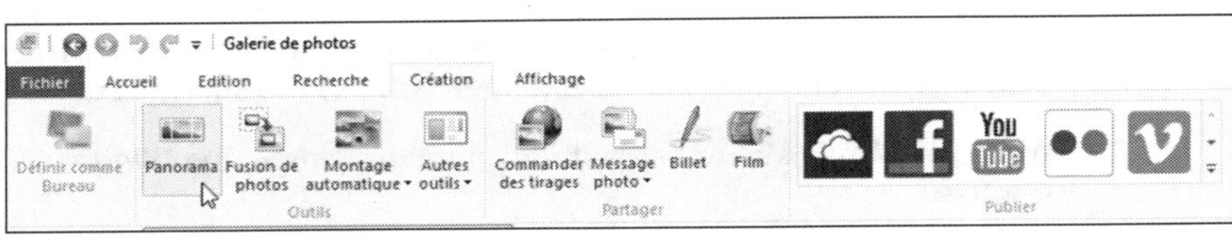

Figure 1.14 : Pour créer un panorama après sélection de plusieurs images.

   WGP assemble les photos, puis ouvre une boîte de dialogue vous demandant un nom de fichier afin d'enregistrer le résultat.

4. **WGP génère la nouvelle photo et l'enregistre sous le nom que vous avez indiqué.**

Fusion de photos fonctionne exactement de la même manière : sélectionnez vos photos, rendez-vous dans le ruban Création, sélectionnez Fusion de photos. WGP vous guide étape par étape pour choisir les différentes parties des photos que vous souhaitez retenir (par exemple, vous pourriez exclure les yeux fermés de Jean). Pour terminer, nommez le résultat et WGP assemble le tout dans une nouvelle photo.

Utiliser Windows Movie Maker

La dernière version de Windows Movie Maker comporte plusieurs fonctionnalités remarquables. Toutefois, ne montrez pas WMM à vos amis fans d'Apple. Ils pourraient vous montrer iMovie, et cela vous déprimerait.

Si vous avez besoin d'un logiciel de traitement vidéo plus costaud, reportez-vous sur Adobe Premier Elements qui dispose de toutes les fonctionnalités dont un amateur de vidéos peut avoir besoin, pour 75 euros ou presque. Référez-vous à *Adobe Premiere Elements pour les Nuls* par Keith Underdahl pour de l'aide.

Ceci étant, Windows Movie Maker n'est pas si mal si vous recherchez une application de traitement de vidéos qui se connecte facilement à YouTube, Facebook, Flickr et Vimeo. Il travaille avec un format largement répandu, le H.264. La nouvelle fonctionnalité de stabilisation de la vidéo fonctionne bien, si votre appareil n'en dispose pas (on en trouve sur les appareils photo récents, mais pas sur les téléphones ni sur les petits appareils photo).

Windows Movie Maker dispose aussi d'une fonctionnalité de doublage élaborée qui permet de travailler sur une piste de narration autonome et peut s'amarrer facilement à AudioMicro, Free Music Archive et Vimeo Music Store pour faciliter des recherches (et éventuellement, l'achat) de droits musicaux – un *must* si vous comptez télécharger votre vidéo sur YouTube.

Windows Movie Maker est installé en même temps que Windows Galerie de photos.

Chapitre 2

Le Lecteur Windows Media

Dans ce chapitre :

- Débuter avec le Lecteur Windows Media
- Profiter au mieux de votre musique
- Extraire et graver
- Créer et utiliser des listes de lecture
- Utiliser des alternatives au LWM
- Trouver plus de musiques

On prétend qu'il est difficile de trouver l'application pour jouer de la musique en mode Bureau et qu'elle est un peu ennuyeuse à utiliser – en tout cas, moins amusante que l'application Groove Musique idéale pour le mode tablette. Toutefois, si vous écoutez de la musique parce que vous appréciez d'écouter de la musique (plutôt que d'acheter de la musique sur Windows Store), vous ne trouverez pas cela si mal.

Windows 10 est livré avec le Lecteur Windows Media (LWM), une application décente à laquelle ce chapitre sera consacré. Les meilleurs lecteurs se trouvent ailleurs, et je vous en présenterai aussi quelques-uns dans ce chapitre.

Si vous recherchez des conseils pour utiliser iTunes, j'en ai un paquet à vous proposer (voir Livret X, Chapitre 1).

Le Lecteur Windows Media présente l'avantage de préserver votre confidentialité – spécifier les données qui sont envoyées à Microsoft, et celles que vous souhaitez garder privées. Si vous ne parvenez pas à vous faire à l'idée que Microsoft collecte l'historique de ce que vous écoutez, vous apprécierez le contrôle que LWM vous permet, et que ne permet pas l'application Groove Musique.

Démarrer avec le Lecteur Windows Media

Le premier problème que vous allez sans doute rencontrer avec le Lecteur Windows Media ? C'est de le trouver ! Cette section vous aide à localiser LWM et vous guide dans les écrans de configuration qui s'afficheront lorsque vous le lancerez pour la première fois. Si vous avez déjà trouvé et lancé LWM quelques fois, cette section vous explique comment ajuster les paramètres relatifs à la confidentialité.

Épingler LWM au menu Démarrer ou à la barre des tâches

Il-y-a de nombreuses applications intégrées à Windows, mais difficiles à trouver. Le Lecteur Windows Media est sans doute le programme de cette liste le plus recherché.

Voici un moyen rapide de le ressusciter :

1. **Cliquez sur le bouton Démarrer, ou bien dans le champ Demandez-moi quelque chose.**

   TRUC : Ce champ porte un tel « nom » lorsque l'assistant Cortana de Windows 10 est actif.

2. **Saisissez immédiatement** `windows media`**.**

   Comme représenté sur la Figure 6.1, le Lecteur Windows Media apparaît sur la gauche de l'écran, sous Applications.

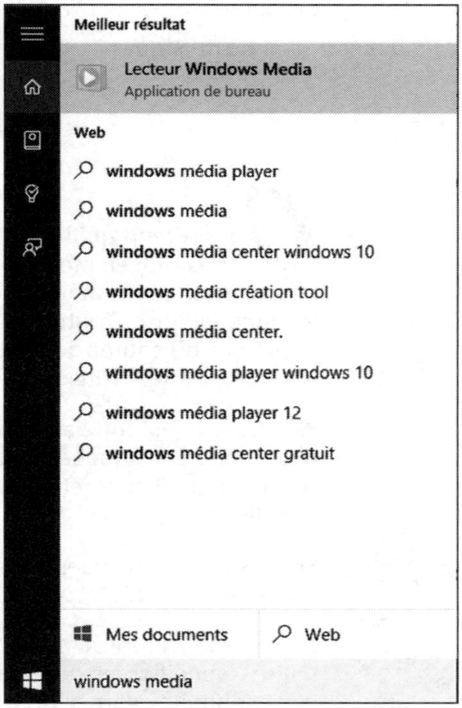

Figure 2.1 : À la recherche du Lecteur Windows Media.

3. **Cliquez du bouton droit sur la vignette Lecteur Windows Media qui devrait apparaitre en haut de la liste.**

4. **Dans le menu contextuel qui apparait, comme à la Figure 2.2, cliquez sur Épingler sur l'écran de démarrage si vous souhaitez qu'une icône du LWM s'affiche en permanence sur cet écran. Choisissez Épingler sur la barre des tâches si vous souhaitez placer l'icône de LWM sur la barre des tâches de Windows 10.**

   Je place parfois LWM sur l'écran de démarrage, mais pas sur ma barre des tâches. Pourquoi ? Parce que j'utilise généralement VLC pour jouer les médias – une application que j'évoquerai plusieurs fois dans ce chapitre. Toutefois, je veux parfois vraiment utiliser LWM ; je me rends alors sur l'écran de démarrage.

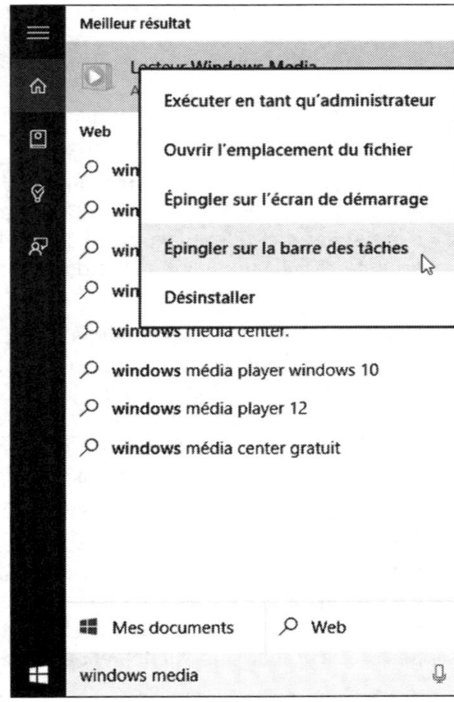

Figure 2.2 : Epingler le Lecteur Windows Media.

Bien configurer le Lecteur Windows Media dès la première fois

La première fois que vous lancez LWM, vous êtes confronté à une infinité de choix à faire.

Si vous n'avez pas encore lancé LWM, voici comment partir du bon pied :

1. **Lancez Lecteur Windows Media, soit par le menu Démarrer, soit par l'icône de la barre des tâches selon les indications données plus haut dans ce chapitre.**

2. **Cliquez sur le bouton Personnaliser les paramètres, puis sur le bouton Suivant.**

3. **Cochez ou décochez les diverses cases, selon vos préférences.**

La concurrence

Le Lecteur Windows Media n'est pas le seul outil en lice. Quoiqu'il excelle dans certains domaines, plusieurs de ses concurrents méritent que vous vous y intéressiez.

Nombreux sont ceux qui ne jurent que par Winamp, un lecteur compact, étonnamment fonctionnel de Nullsoft (`www.winamp.com`). Le lecteur est gratuit. Si vous souhaitez ajouter les fonctionnalités d'extraction en MP3 et de gravure de CD, il vous en coûtera dans les 20 euros. J'utilise la version gratuite de Winamp pour synchroniser mes musiques avec mon téléphone Android. Il permet aussi d'importer toute ma bibliothèque iTunes.

Mon lecteur favori ? Un lecteur open source, peu consommateur de ressources nommé VLC, créé par le projet VideoLAN (`www.videolan.org/vlc/download-windows.html`). Ne vous laissez pas abuser par le nom : VLC n'est destiné qu'au LAN (réseau local), même s'il fonctionne parfaitement sur un réseau domestique. J'utilise essentiellement VLC lorsque je ne veux pas contempler l'interface surchargée du Lecteur Windows Media, ou lorsque ce dernier ne fonctionne tout simplement pas. Vous serez surpris du nombre de formats de fichiers vidéos qu'il est très difficile de visualiser dans LWM alors que VLC les reconnaît instantanément.

Si vous recherchez quelque chose d'un peu plus clinquant – riche en fonctionnalités, permettant notamment de gérer de grosses bibliothèques de musiques –, jetez un œil sur Media Monkey (`www.mediamonkey.com`). C'est plus qu'un lecteur, comme un gestionnaire complet de bibliothèques de vidéos et de musiques. La version gratuite gère presque tout ; la version à 25 euros environ permet de graver plus rapidement et d'extraire en MP3 sans limites.

Microsoft est connu pour avoir utilisé le Lecteur Windows Media afin de collecter toutes sortes d'informations personnelles sur vous et vos habitudes en matière de vidéos et de musiques (bien entendu, l'application en vignette Musique collecte tout sans vergogne). Cette boîte de dialogue mérite donc votre attention. Je ne coche que les options Afficher les informations sur les médias à partir d'Internet et Mettre à jour les fichiers de musique en récupérant des informations sur les médias sur Internet. Vous voudrez éventuellement envoyer plus d'informations à Microsoft, mais je vous suggère de limiter votre exposition, à moins que vous n'ayez une bonne raison pour procéder autrement. Bien entendu, si vous cochez l'option Afficher les informations sur les médias depuis Internet, Microsoft garde un œil sur vous. Toute la question est de savoir dans quelle mesure vous acceptez de faire des concessions en matière de respect de votre vie privée en échange de la possibilité d'accéder à des fonctionnalités sympathiques, telles que le téléchargement automatique des couvertures et l'affichage correct des titres de morceaux de musique.

La case à cocher Télécharger automatiquement les droits d'utilisation des fichiers lus ne s'applique qu'aux fichiers protégés par DRM que vous auriez acquis il y a très longtemps auprès de Microsoft, raison pour laquelle je n'autorise jamais LWM à vérifier les droits d'utilisation. Tout ce que Microsoft a pu vous vendre récemment n'est pas protégé par DRM. Tout ce qui est protégé par DRM devrait être supprimé de votre disque dur.

4. **Lorsque vous êtes satisfait de vos choix en matière de préservation de votre vie privée, cliquez sur le bouton Suivant.**

   LWM vous demande alors si vous souhaitez l'utiliser comme lecteur de vidéos et de musiques par défaut. Si vous n'avez pas installé de produit concurrent, tel que VLC, faites donc de LWM votre lecteur par défaut.

5. **Sélectionnez Ne pas configurer de magasin maintenant, et cliquez sur Terminer.**

   LWM se lance, examine votre bibliothèque Musiques et affiche les musiques disponibles, comme sur la Figure 6.3.

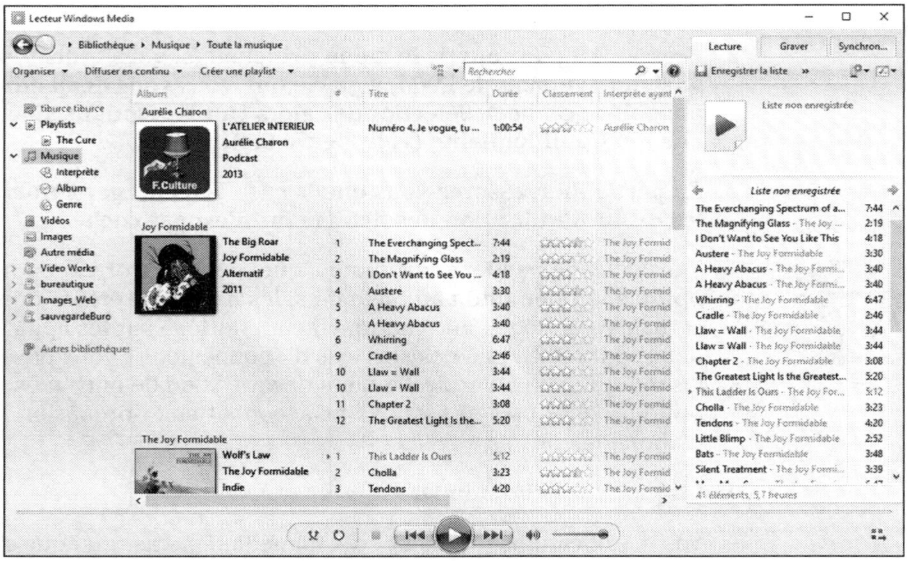

Figure 2.3 : Le Lecteur Windows Media s'affiche, demandant à faire son travail.

LWM peut prendre un certain temps pour analyse votre bibliothèque Musiques et ajouter les musiques au fur et à mesure (je traite des bibliothèques en général, et de la bibliothèque Musiques en particulier au Chapitre 3 du Livret VII). Initialement, votre bibliothèque Musiques comprend votre dossier Musique, plus le dossier Musique qui figure dans le dossier Public de votre ordinateur. LWM recherche aussi des musiques qu'il pourrait ajouter sur votre réseau et votre Groupe résidentiel. Plus loin dans ce chapitre, je vous explique comment étendre la portée de votre bibliothèque.

Trafiquer les options de confidentialité après l'installation

Si vous avez déjà installé LWM, ou si la dernière version était déjà installée sur votre PC, prenez un instant pour désactiver le paramètre des droits d'usage. Suivez ces étapes :

1. **Démarrez LWM.**

   Cliquez pour cela soit sur l'icône épinglée à l'écran de démarrage, soit sur celle de la barre des tâches. Une dernière méthode consiste à cliquer sur le bouton Démarrer, et à taper directement **lecteur windows**. Cliquez ensuite sur Lecteur Windows Media.

2. **Pressez Alt pour ouvrir le menu principal (si vous utilisez une ancienne version de LWM, je parie que vous vous demandiez où il pouvait se cacher). Sélectionnez alors Outils->Options, et cliquez sur l'onglet Confidentialité (voir Figure 6.4).**

3. **En particulier, assurez-vous que la case Télécharger automatiquement les droits d'utilisation des fichiers lus n'est pas cochée.**

   Vous vous demandez sans doute à quoi peuvent correspondre les options Vérifier automatiquement si les fichiers protégés doivent être actualisés et Régler automatiquement l'horloge sur les appareils. Les deux sont relatives à des services d'abonnement – vous payez tous les mois afin de jouer des fichiers de vidéos ou de musiques. Ces deux options sont obsolètes, Xbox Music constituant dorénavant le service d'abonnement.

4. **Cliquez sur le bouton OK.**

   Vos modifications prennent effet immédiatement – quoique si vous n'aviez pas apporté ces modifications assez tôt, Microsoft pourrait bien avoir déjà récupéré un identifiant unique de lecteur. Ce n'est pas une effraction considérable dans votre vie privée, mais cela en rajoute à la pile d'informations personnelles que Microsoft dispose déjà sur vous.

Si vous avez des questions sur les autres onglets de la boîte de dialogue Options, reportez-vous à la section « Personnaliser LWM », plus loin dans ce chapitre.

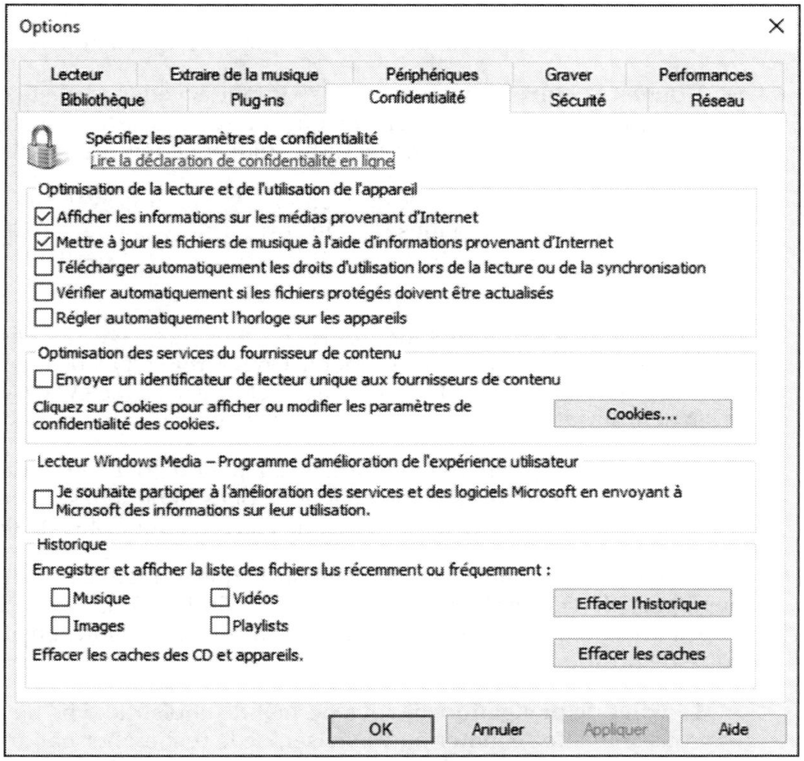

Figure 2.4 : Contrôlez les paramètres de confidentialité de LWM.

Écouter un morceau

Autant pour les préliminaires. Écoutons un peu de musique.

Une fois que LWM a recensé votre musique – en supposant que vous en possédiez ! –, l'interface de la bibliothèque apparaît, comme sur la Figure 6.3 ci-dessus.

L'interface de la bibliothèque, représentée sur la Figure 6.3, vous permet de passer en revue les musiques que LWM a identifiées (reportez-vous à la section précédente « Bien configurer le Lecteur Windows Media dès la première fois » pour des détails sur ce qui est recensé). Vous pouvez visualiser tous les albums et morceaux identifiés au centre, et utiliser pléthore d'outils pour trouver et jouer de la musique et des vidéos répartis tout autour de l'écran.

Vous contrôlez LWM en utilisant les trois onglets en haut à droite de la fenêtre, et vous contrôlez la musique/les vidéos en utilisant la barre en bas.

- **L'onglet Lecture**. Cliquez sur l'onglet pour accéder à la liste de lecture courante – les sons et les vidéos qui vont être lus. Reportez-vous à la section « Gérer les listes de lecture », plus loin dans ce chapitre.
- **L'onglet Graver** permet de configurer LWM pour graver un CD ou un DVD – transférer de la musique de votre ordinateur sur un CD ou un DVD. Reportez-vous à la section « Graver des CD et des DVD », plus loin dans ce chapitre.
- **L'onglet Synchroniser** synchronise les musiques avec un périphérique compatible que vous avez branché. On ne trouve pas beaucoup de périphériques susceptibles d'être synchronisés avec LWM. Attention, la synchronisation ne fonctionne pas avec un iPad.
- **Les contrôles** permettant de lire, de suspendre, d'arrêter et ainsi de suite sont présentés à l'aide de leurs icônes habituelles. Reportez-vous à la section « Contrôler les boutons de lecture » pour plus de détails.

Pour déboucher sur l'interface de la bibliothèque, double-cliquez sur un album, puis cliquez sur l'onglet Lecture sur la droite. Vous verrez alors s'afficher les titres de l'album au centre. Les outils de navigation suivants sont mis à votre disposition :

- **Le volet de navigation** : il vous permet de choisir le type de média que vous souhaitez écouter ou visualiser, de le rechercher par artiste ou par album, de choisir une liste de lecture, d'ouvrir les dossiers qui ne se trouvent pas dans votre bibliothèque Musiques.
- Le Lecteur Windows Media réunit toutes les musiques figurant dans votre bibliothèque Musiques, mais il ignore tout ce qui se trouve en dehors. Pour écouter une musique qui se trouve sur un CD, une clé USB, un lecteur MP3 ou toute bibliothèque de musiques figurant sur votre réseau, vous devez sélectionner cette bibliothèque dans le volet de navigation à gauche ou cliquer sur le chevron figurant à gauche du mot Bibliothèque et sélectionner une source différente.
- **La barre d'adresse** : dans LWM, la barre d'adresse vous permet de choisir un type de média et, lorsqu'il s'agit de musique, de naviguer parmi les albums.

  L'emplacement de la musique sur votre disque dur importe peu ; LWM retient un album du moment qu'il figure dans votre bibliothèque Musiques. Ceci étant, si vous ne parvenez pas à trouver l'album que vous recherchez, rendez-vous à la section « Passer en revue la bibliothèque », plus loin dans ce chapitre.

- **La liste de lecture** : lorsque l'onglet Lecture en cours est sélectionné, vous pouvez visualiser une liste de lecture à droite de la fenêtre Lecture en cours. Une liste de lecture est une séquence de pistes. Vous pouvez créer vos propres listes ou utiliser celles de LWM. Par exemple, la liste de lecture Lecture en cours est une liste des pistes qu'il est prévu de jouer les unes après les autres. Pour jouer une autre piste qui figure dans la liste de lecture, double-cliquez sur la piste dans la liste. Reportez-vous à la section « Gérer les listes de lecture », plus loin dans ce chapitre, pour plus d'informations.

Figure 2.5 : LWM en mode Lecture en cours.

Si vous cliquez sur l'icône représentant un petit jeu de carrés en bas à droite de LWM, la fenêtre de ce dernier se réduit à ce que Microsoft appelle **le mode Lecture en cours**, représenté sur la Figure 6.5.

Contrôler les boutons de lecture

Les boutons qui figurent en bas de la fenêtre de la bibliothèque sont semblables à ceux d'un lecteur CD conventionnel. De gauche à droite :

- **Lecture aléatoire** permet d'enchaîner la lecture des musiques de la liste de lecture courante selon un ordre aléatoire.
- **Répétition** permet de répéter la lecture de toutes les musiques de la liste de lecture avant de toutes les reprendre depuis le début.

N'OUBLIEZ PAS

Vous pouvez activer Lecture aléatoire et Répétition simultanément, auquel cas LWM va sélectionner des musiques au hasard dans la liste de lecture et ne s'arrêtera que lorsque vous lui demanderez.

- Le bouton **Arrêter** provoque l'arrêt de la lecture. Cliquez sur le bouton Lire de nouveau pour reprendre la lecture. Contrairement à la séquence Lire/Suspendre, la séquence Arrêter/Reprendre fait reprendre la lecture au début. Pour lire une musique différente, double-cliquez sur cette dernière dans la liste de lecture.

- **Lire/Suspendre** fonctionne comme vous pouvez vous y attendre. Lorsque la lecture est suspendue, le bouton Suspendre devient le bouton Lire. Cliquez de nouveau dessus pour reprendre la lecture.
- Le bouton **Précédent** saute à la musique précédente. Si vous êtes en train de lire la première musique de la liste de lecture, LWM passe à la dernière musique de cette dernière.
- Le bouton **Suivant** passe à la musique suivante. Si vous êtes en train de lire la dernière musique de la liste de lecture, LWM passe à la première musique de cette dernière.
- Le bouton **Muet** fait le silence. Cliquez de nouveau dessus pour rétablir le son. Contrairement au bouton **Suspendre**, le bouton Muet n'interrompt pas la lecture. Si vous rendez la lecture muette durant dix secondes, vous manquez dix secondes de la musique.

C'est tout ce qu'il vous faut savoir pour lire de la musique de la liste de lecture.

Lire un CD

Vous souhaitez lire un CD ? Voici comment procéder :

1. **Sortez le CD de sa boîte.**
2. **Enlevez toutes les tâches de pizza sur le côté brillant (ne vous souciez pas de l'autre).**

   La bonne méthode : tenez le CD d'un doigt dans le trou au milieu et d'un doigt sur le côté, et essuyez gentiment de l'intérieur vers l'extérieur. Utilisez un chiffon doux et propre ; si cela ne fonctionne pas, essayez de passer un peu d'alcool ou du savon avec de l'eau.
3. **Insérez le CD dans le lecteur du PC, et fermez ce dernier.**

   Windows affiche une notification pour vous demander de taper ou de cliquer afin de spécifier ce que vous souhaitez qu'il arrive quand vous insérez un CD audio. Si vous cliquez sur la notification, Windows vous propose de lire le CD audio dans le Lecteur Windows Media ou de ne rien faire (voir Figure 2.6).
4. **Cliquez sur Lire le CD audio avec Lecteur Windows Media.**

   Si LWM ne fonctionne pas déjà, il démarre. Vous devez attendre quelques secondes avant qu'il ne commence à lire la première piste.

Figure 2.6 : Cette boîte de dialogue apparait si vous cliquez sur la notification d'insertion du CD.

Sachez qu'en cliquant sur le bouton Lire le CD avec le Lecteur Windows Media, vous avez créé un précédent : à l'avenir, chaque fois que vous insérerez un CD audio, il sera lu à moins que vous ne modifiiez les paramètres de lecture automatique (comme je l'explique dans l'encadré « Comment modifier les paramètres de lecture automatique »).

Comment modifier les paramètres de lecture automatique

Lorsque vous insérez un nouveau CD dans un PC, Windows 10 l'analyse et entreprend l'action conforme à ce que vous lui avez indiqué. Si vous ne modifiez rien, Windows affiche la requête reprise sur la Figure 2.6, et fait ce que vous lui demandiez.

Ce sera le cas non seulement pour les CD, mais aussi pour les cartes mémoires, les DVD, les CD ou DVD vierges, les lecteurs amovibles tels que les clés USB.

Si vous souhaitez que Windows 10 commence à lire automatiquement les CD, affichez le panneau de configuration (cliquez du bouton droit sur le bouton Démarrer de la barre des tâches), et saisissez **exécution** dans le champ de recherche située en haut à droite de la boîte de dialogue. Ce faisant, vous accéderez à des options pour tous les médias que vous pourriez insérer : des CD, des Blu-ray, des DVD vierges, et ainsi de suite.

Comment LWM devine-t-il ce que contient un CD audio ? Une fois qu'il a identifié le CD d'après l'information encodée avec les pistes, il récupère les descriptions et les titres des pistes sur le Web en s'adressant à une base de données spécialisée.

Il se peut que le CD ne figure pas dans la base de données de Microsoft. LWM n'affiche alors que l'information qu'il a pu trouver sur le CD lui-même : le numéro et la durée de chaque piste. Vous pouvez toujours saisir les noms des pistes vous-même (pour cela, cliquez du bouton droit sur une piste et sélectionnez Modifier, puis saisissez un nouveau nom).

Copier un CD (ou extraire un CD)

N'OUBLIEZ PAS

Lorsque vous *extrayez* un CD, votre ordinateur convertit les pistes audio du CD en fichiers qu'il peut lire. La plupart des gens extraient les CD sous la forme de fichiers MP3, car ils sont universels – on peut les jouer n'importe où. Toutefois, si vous êtes un mélomane, vous voudrez extraire sous la forme de fichiers FLAC, qui reprennent le contenu exact des pistes. Si les paramètres d'extraction du Lecteur Windows Media vous conviennent, il vous suffit d'insérer un CD dans le lecteur, d'attendre que LWM démarre, puis de cliquer sur l'icône Extraire CD qui figure en haut. C'est aussi facile que cela.

Si vous n'avez jamais extrait un CD, il vous sera utile de comprendre comment ajuster les paramètres avant d'y procéder. Dans LWM, les paramètres sont préservés, ce qui signifie qu'ils restent les mêmes jusqu'à ce que vous les modifiez de nouveau. Dans les sections suivantes, je vous explique les formats de fichiers musicaux et je vous guide à travers les paramètres que vous pouvez ajuster dans LWM.

Comprendre les formats de fichiers musicaux

Microsoft veut que vous conserviez les musiques dans son propre format. Le format *Windows Media Audio*, créé et propriété de Microsoft, est le format par défaut que le Lecteur Windows Media utilise pour extraire les pistes d'un CD sur votre ordinateur. Le format WMA comporte plusieurs avantages : il crée des fichiers de qualité supérieure et/ou de plus petite taille que le format MP3 que je vous suggère d'utiliser. Toutefois, il présente aussi des inconvénients majeurs :

- Tout d'abord, du moins en théorie, les fichiers WMA peuvent être verrouillés avec des limitations DRM (gestion des droits numériques). Il semble que Microsoft (suivant en cela Apple) ait finalement abandonné ses rêves en la matière, mais vos fichiers WMA restent potentiellement exposés à cette menace. Pourquoi donc remplir vos bibliothèques de fichiers qui pourraient un jour ou l'autre être verrouillés ?

- Ensuite, tous les lecteurs ne peuvent pas lire des fichiers WMA. Apple et Microsoft se battent sur la place de marché, et ils ne sont pas toujours intéressés par l'interopérabilité. De plus, le dernier gadget musical à la mode peut sortir de nulle part. Copier aujourd'hui votre musique dans un format propriétaire, c'est prendre le risque d'avoir des difficultés pour l'écouter ultérieurement.

À l'inverse, le format MP3 est par définition bien plus flexible. Le MP3 se présente comme un format plus ou moins standard, qu'on peut utiliser gratuitement (c'est-à-dire, sans payer de licence, contrairement à WMA ; le coût peut être une contrainte rédhibitoire pour le succès d'un format). Le MP3 est aussi un format ouvert, ce qui signifie que personne ne peut appliquer des restrictions DRM à des fichiers MP3 ; ces derniers sont ainsi bien plus réutilisables que des fichiers dans un format propriétaire.

En conséquence, lorsque vous créez de nouveaux fichiers musicaux sur votre ordinateur, choisissez le format MP3.

Ajuster les paramètres de l'extraction WMA

Si vous souhaitez extraire des pistes d'un CD sous la forme de fichiers au format MP3, vous devrez modifier des paramètres de LWM. Pas d'affolement ; c'est extrêmement simple.

Voici comment extraire un CD que tout ordinateur pourra utiliser :

1. **Insérez le CD audio que vous souhaitez copier dans le lecteur CD.**

   Windows vous répond par des notifications telles que celles reprises sur la Figure 2.6. Tôt ou tard, vous déboucherez sur l'affichage de la bibliothèque dans le Lecteur Windows Media.

2. **Lorsque la lecture de votre CD démarre, appuyez sur la touche Alt, puis sélectionnez Outils->Options. Cliquez alors sur l'onglet Extraire de la musique.**

   Vous accédez à la boîte de dialogue Extraire de la musique, représentée sur la Figure 2.7.

3. **(Optionnel) Dans la section Extraire la musique à cet emplacement (voir Figure 2.7), cliquez sur le bouton Modifier. Rendez-vous dans dossier Musique publique et cliquez OK.**

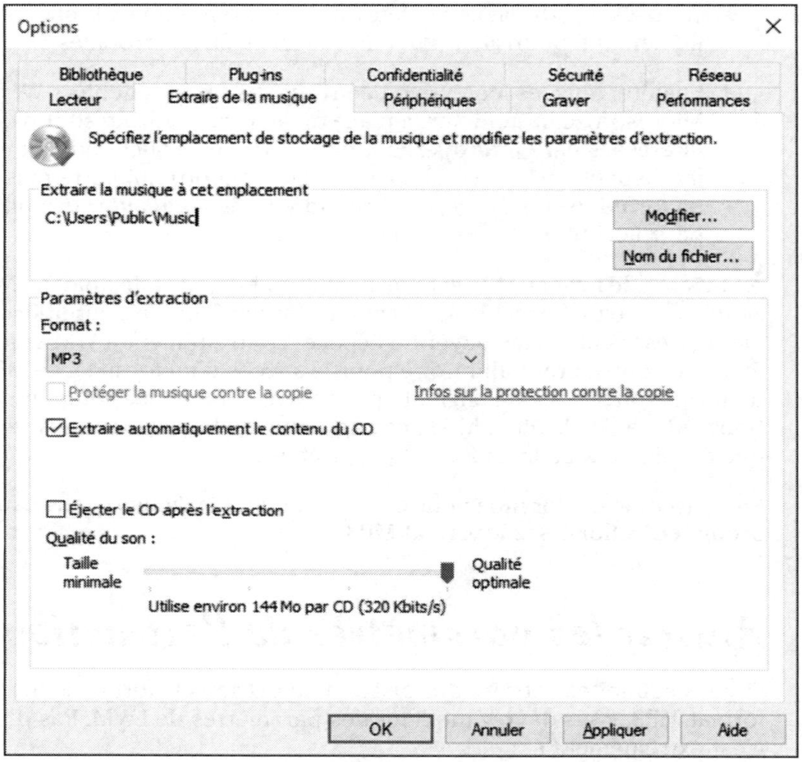

Figure 2.7 : Modifiez les paramètres d'extraction avant de commencer à extraire.

Une solution facile pour trouver votre dossier Musique publique consiste à cliquer sur le dossier Bibliothèques, puis à choisir sur le dossier Musique, et enfin sur Musique Publique.

Cette étape vous permet de vous assurer que les fichiers de musique que vous extrayez se retrouveront bien dans le dossier Musique publique, accessible aux gens qui utilisent votre ordinateur ainsi qu'à ceux qui sont connectés à votre réseau. Reportez-vous au Chapitre 1 du Livret VI pour une introduction aux dossiers Public.

Bien entendu, si vous souhaitez vous réserver le plaisir d'écouter de la musique sur votre ordinateur, vous pouvez sauter cette étape.

4. **Dans la liste déroulante Format, sélectionnez MP3.**
5. **Déplacez la glissière Qualité du son jusqu'à atteindre 192 Kbps ou 256 Kbps.**

À 192 Kbps, la qualité de l'extraction de la musique est proche de la qualité originale de l'enregistrement d'un CD. Si vous n'avez pas peur d'accroître la taille de vos fichiers pour qu'ils soient de meilleure qualité, sélectionnez 256 Kbps, voire même 320 Kbps (ce qu'on ne peut différencier de l'original, à mon avis).

Reportez-vous au Tableau 6.1 pour une comparaison entre qualité du son et taille du fichier.

6. **(Optionnel) Si vous tentez d'extraire un CD vraiment abîmé et que cela ne vous gêne pas de donner un peu plus de temps à LWM pour reconstituer la musique, cliquez sur votre lecteur CD dans l'onglet Périphériques, puis sur Propriétés et cochez l'option Utiliser la correction d'erreurs. Cliquez sur OK.**

   Pour plus d'informations, reportez-vous à la section « Personnaliser LWM », vers la fin de ce chapitre.

7. **Cliquez sur OK.**

8. **De retour dans le Lecteur Windows Media (voir Figure 2.8), assurez-vous que le Lecteur Windows Media a correctement identifié le nom de l'album et tous les morceaux.**

   S'il manque des informations – ce qui est rare pour ce que j'ai pu tester, même quand les CD n'ont qu'une audience limitée – cliquez du bouton droit sur la mauvaise entrée et sélectionnez Rechercher les informations sur l'album. LWM récupère tous les libellés correspondants qu'il peut trouver. Vous pouvez alors choisir le bon album ou cliquez du bouton droit sur une piste, sélectionner Modifier et saisir vos propres informations.

9. **(Optionnel) Si vous souhaitez sélectionner certains morceaux à copier, cochez les cases à gauche des pistes correspondantes et décochez celles des autres pistes.**

Tableau 2.1 : Nombre de CD qui tiennent sur un périphérique de stockage de 32 Go.

Qualité MP3	Qualité du son	Nombre de CD
128 Kbps	Excellent pour un lecteur mobile et pour une chaîne hi-fi moyenne	Plus de 500
192 Kbps	Très bon sur une installation hi-fi normale	Plus de 350
256 Kbps	Qu'on ne peut différencier du CD original	Plus de 280
320 Kbps	Aussi bon que possible	Plus de 200

Figure 2.8 : Lecteur Windows Media est prêt à extraire.

Vous n'avez rien à faire si vous souhaitez extraire toutes les pistes (copier tous les morceaux) d'un CD.

10. **Cliquez sur le bouton Extraire le CD.**

    Les paramètres d'extraction sont mémorisés une fois que vous les avez modifiés, si bien que vous n'aurez pas besoin de les modifier de nouveau. La prochaine fois que vous tenterez d'extraire un CD (et les fois suivantes), vous pourrez vous contenter de cliquer sur Extraire la musique.

    Le Lecteur Windows Media copie soigneusement les pistes que vous avez sélectionnées, plaçant les fichiers extraits dans le dossier par défaut qui (si vous avez suivi l'Étape 5) correspond à votre dossier Musique publique.

NOTE TECHNIQUE

À première vue, LWM crée un dossier par artiste, et dans ce dossier, il crée un dossier par album. La musique va droit dans le dossier de l'album. Les choses se compliquent lorsque deux artistes ont collaboré pour un morceau. Dans ce cas, LWM place tous les morceaux dans un dossier qui porte généralement le nom de l'artiste qui est l'auteur principal de l'album. Si LWM ne parvient pas à décider, vous pourriez vous retrouver avec un dossier Artistes divers ou Artistes inconnus. La musique classique est souvent classée sous le nom du compositeur, et non celui de l'interprète.

Si vous êtes connecté à Internet, LWM récupère toutes les informations associées à l'album – les titres des pistes, l'image de couverture de l'album, le nom de l'artiste – et colle tout cela dans le dossier avec la musique. Sympathique.

Comme vous avez extrait l'album dans votre dossier Musique publique, vous nouvel album apparaît dans la liste de la bibliothèque Musique et dans celle du Lecteur Windows Media pour être accessible à tous ceux qui utilisent votre ordinateur ou qui peuvent se connecter à votre dossier Musique publique. Même les Mac connectés à votre réseau domestique peuvent y arriver. Futé.

Pourquoi ne puis-je pas extraire un DVD vidéo ?

J'ai dîné une fois avec un dirigeant senior de Microsoft qui m'a expliqué de but en blanc « Pour autant que cela concerne Bill, extraire un DVD est illégal ». Point final. Bill n'est plus dans le coin, mais son esprit hante toujours les bureaux de Redmond.

C'est pourquoi Microsoft ne fabrique pas d'outils vous permettant d'extraire des DVD. Microsoft ne veut pas risquer de poursuites judiciaires. L'entreprise ne veut pas détruire les industries du cinéma. Elle ne veut pas être vue comme une entreprise qui traite à la légère la propriété intellectuelle. Il y a beaucoup plus à gagner à être l'ami d'industries du cinéma qu'à fournir un logiciel pour extraire des DVD.

Les aspects légaux de cette situation dépendent du pays où vous résidez. Toutefois, à mon avis, chacun devrait pouvoir créer une copie de sauvegarde des DVD qu'il possède. Les DVD ne sont pas éternels. Les bits le sont. Du moins, ils ne meurent pas aussi vite que les DVD. Mon propos peut sembler hors la loi – ou il peut être légal aujourd'hui, mais illégal demain. Pour en être certain, demandez à votre avocat comment il extrait ses DVD. Si extraire les DVD n'est pas légal dans votre pays, ne lisez pas le reste de cet encadré.

Un DVD de film ne présente pas de particularité. Le film se présente sous la forme d'un jeu de fichiers. Un DVD de film classique contient deux dossiers : AUDIO_TS et VIDEO_TS, mais le dossier AUDIO_TS est généralement vide. Le dossier VIDEO_TS contient des fichiers dont les noms se terminent par BUP, IFO et VOB. Toutes les pistes vidéo, dont les pistes pour le son et les sous-titres, sont incluses dans les fichiers VOB. Chaque fichier VOB représente environ 15 minutes de film.

Si vous lancez VLC (voir l'encadré « La concurrence », plus tôt dans ce chapitre), vous disposerez de tout ce qu'il vous faut pour lire un fichier VOB : lancez VLC, sélectionnez Média->Ouvrir un fichier, et ouvrez le fichier VOB. Vous pouvez sélectionner la langue et les sous-titres en utilisant le menu VLC. Quinze minutes plus tard, lorsque le premier VOB aura été lu, ouvrez le suivant. Simple.

Les utilisateurs VLC qui ne veulent pas être interrompus toutes les 15 minutes peuvent copier tout un DVD en cliquant simplement sur les fichiers VOB et en les glissant-déposant sur leur ordinateur.

Vous pouvez utiliser VLC pour extraire des DVD, mais j'ai trouvé un programme plus simple à utiliser : DVD Shrink fonctionne à merveille, et il est gratuit. Rendez-vous sur `http://www.dvd-shrink.org/`.

Organiser votre bibliothèque de média

Le Lecteur Windows Media récupère toutes les musiques figurant dans votre bibliothèque Musique de Windows 10, que vous pouvez trier pour trouver et sélectionner les morceaux à lire, mais ce n'est pas toujours le meilleur moyen pour trouver la musique que vous cherchez. Cette section vous présente le principe d'organisation d'une bibliothèque, et vous explique comment l'organiser pour classer et trouver vos fichiers en utilisant des outils intégrés à LWM pour noter, trier et rechercher.

Passer en revue la bibliothèque

Lorsque vous démarrez LWM, il est en mode bibliothèque, si bien qu'il affiche trois panneaux : la structure de la bibliothèque sur la gauche, le contenu de l'élément sélectionné sur la droite, la liste de lecture courante aussi sur la droite, comme sur la Figure 2.9.

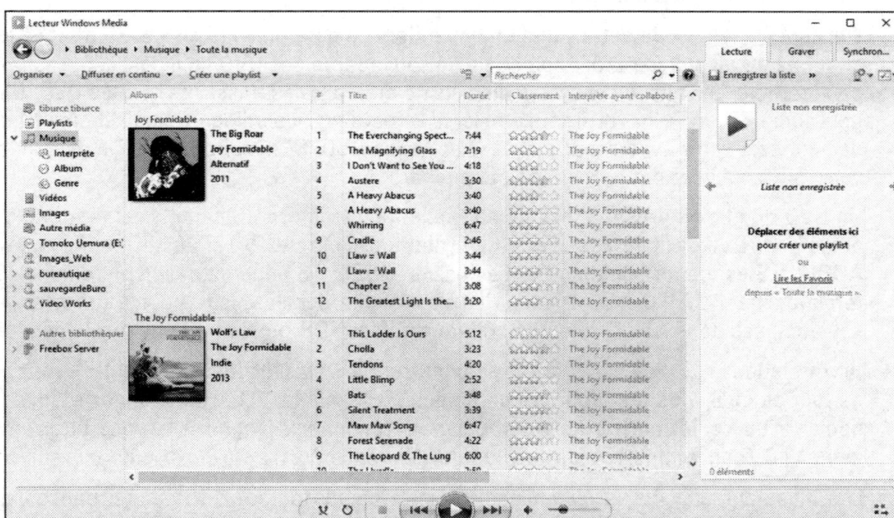

Figure 2.9 : Les trois panneaux du LWM.

LWM utilise les bibliothèques de Windows 10 – Musique, Vidéos, Images – pour classer les pistes audio, les vidéos, les émissions de TV, *etc.* Lorsque vous aurez compris comment fonctionnent les bibliothèques de Windows, vous pourrez classer votre musique comme vous le souhaitez. Je traite des bibliothèques de Windows 10 au Chapitre 3 du Livret VII.

Vous pouvez visualiser les bibliothèques liées aux médias le long du côté gauche : Musique, Vidéos, et Images. On trouve aussi sur la gauche des catégories supplémentaires qui sont spécifiques (et gérées par) au Lecteur Windows Media. Vous pouvez faire votre choix parmi elles en cliquant dessus. Voici une liste des catégories en question :

- **Playlists** : toute liste de lecture que vous avez créée apparaît ici. Reportez-vous à « Gérer les listes de lecture », plus loin dans ce chapitre pour apprendre à créer une liste.
- **Musique** : contient toutes les pistes audio de votre bibliothèque Ma musique, telles que celles que vous avez extraites de CD, copiées d'autres ordinateurs ou achetées *via* l'application vignette Musique. Vous pouvez demander à LWM de tirer les pistes audio par artiste, album ou genre (rock, classique, jazz, par exemple).

  La bibliothèque Musiques ne contient que ce qui figure dans votre bibliothèque Musique dans Windows 10. Si vous n'avez rien changé, cela comprend votre dossier `\Musique` et le dossier `\Public\Musique` de votre ordinateur. Si vous souhaitez accéder à d'autres bibliothèques de votre réseau ou de votre groupe résidentiel, vous devez cliquer sur la bibliothèque qui apparaît dans Autres bibliothèques, en bas de la liste.
- **Vidéos** : contient le contenu de votre bibliothèque Mes vidéos dans Windows. LWM peut jouer les fichiers vidéo dans de nombreux formats, dont ASF, AVI, MPG, WMV et bien d'autres – mais pas le format M4V protégé d'Apple, ou son format MOV, ou encore le format natif VOB d'un DVD de film (voir l'encadré « Pourquoi ne puis-je pas extraire un DVD vidéo ? »).
- **Images** : contient différents types d'images qui se trouvent dans votre bibliothèque Images dans Windows. LWM est sans doute le pire des endroits pour travailler avec des images. Reportez-vous à la présentation de Galerie de Photos au Chapitre 5 du Livret VI.
- **Autres bibliothèques** : la plupart du temps, vous y trouverez des liens vers des médias partagés sur des PC connectés à votre groupe résidentiel.

Modifier les données d'un album et d'un morceau

Les dossiers de la bibliothèque du Lecteur Windows Media sont de puissants outils pour classer vos musiques, car ils vous offrent énormément de possibilités pour accéder à une même information.

Il vous incombe de garder vos données bien propres. Des musiques mal classées ou mal identifiées peuvent être à l'origine de frustrations infinies parce que vous ne parvenez pas à trouver une musique que vous savez être dans la bibliothèque. Suivez ces étapes si vous souhaitez modifier les données associées à une série de musiques (par exemple, si les musiques sont du même artiste ou du même album) :

1. **Localisez-les dans la bibliothèque, et faites apparaître chaque musique dans cette dernière.**

   Si vous ne pouvez voir que la couverture d'un album, double-cliquez dessus et LWM vous affichera la liste de ses musiques.

2. **Sélectionnez les musiques.**

   Maintenez Ctrl appuyé et cliquez sur chacune, ou maintenez Maj appuyé et cliquez pour sélectionner un groupe d'entre elles.

3. **Cliquez du bouton droit sur les champs (par exemple, Album ou Artiste) et sélectionnez Modifier. Cliquez sur l'onglet Contenu.**

   Vous trouverez que les descriptions dans Contenu ne correspondent pas aux en-têtes des colonnes (par exemple, Artiste dans l'onglet, Artiste contributeur dans LWM), mais vous arriverez sans problème à faire le lien.

4. **Sélectionnez le champ que vous souhaitez modifier. Saisissez la nouvelle valeur et pressez Entrée.**

   Toutes les musiques sont modifiées simultanément.

Noter les musiques

L'une des fonctionnalités les plus intéressantes de LWM, la création et la manipulation de listes basées sur vos propres évaluations de musiques et de vidéos, ne fonctionne évidemment que si vous prenez le temps de procéder au préalable à cette évaluation. Pour évaluer une musique ou un album, cliquez du bouton droit dessus, sélectionnez Classement et donnez-lui une note allant de 1 à 5 étoiles. Vous pouvez même sélectionner plusieurs pistes ou albums et les noter tous en une seule fois.

TRUC

Si LWM affiche les albums plutôt que des pistes, le système de notation ne fonctionnera pas si bien. Lorsque LWM note un album, il utilise la moyenne des notes des musiques de l'album. Par conséquent, si l'album contient un titre que vous avez très bien noté alors que les autres sont très moyens et que vous triez les albums par classement, vous risquez de passer à côté de cet excellent titre. La solution ? Mentir. Notez avec 5 étoiles chacun des titres de l'album. De la sorte, l'album figurera tout en haut du classement.

Classer les musiques

Vous disposez d'une grande liberté pour classer les musiques. Par exemple, si vous souhaitez jeter un œil sur vos albums de rap et de hip-hop, vérifiez que vous êtes bien en train de consulter la catégorie Musique (dans la zone en haut à gauche), puis double-cliquez sur Album pour lister tous les albums. Cliquez maintenant en haut de la colonne Genre pour trier la liste des pistes par genre, de A à Z. Cliquez de nouveau sur Genre pour trier la liste à l'envers selon le genre.

Si votre liste de musiques contient beaucoup d'éléments, la possibilité de la trier de différentes manières peut vous aider à trouver les musiques que vous recherchez. Microsoft prétend que le Lecteur Windows Media peut gérer des dizaines de milliers – voire des centaines de milliers – de pistes. Allez-y. Testez la promesse.

Rechercher

Vous pouvez procéder à des recherches dans la bibliothèque Musique (ou dans toute autre bibliothèque) afin de trouver des musiques, dont les titres, le nom de l'artiste, le nom du compositeur, le nom de l'interprète, la date ou le genre comprend certains mots. Lorsque votre collection de musiques devient trop importante pour que vous puissiez la passer en revue simplement, la recherche est l'outil qu'il vous faut afin de trouver des musiques.

Pour trouver ce que vous cherchez, saisissez simplement du texte dans le champ Recherche qui figure dans la partie supérieure droite de l'écran. LWM répond immédiatement en réduisant la liste des musiques pertinentes tandis que vous continuez votre saisie. Les conseils suivants peuvent vous aider pour formuler votre recherche et lire les résultats produits par LWM :

- **Vous pouvez utiliser les astuces de la recherche dans Windows** que je décris au Chapitre 8 du Livret VI. Par exemple, les mots-clés AND, OR et NOT fonctionnent dans le champ de recherche : une recherche sur *Willie Nelson AND menuet* produira « Menuet en sol majeur de Bach » interprété par Willie Nelson de l'album *The Promiseland*.
- **Les résultats tiennent compte du titre et du genre**. Sur la Figure 2.10, ma recherche sur Philip Glass détecte deux albums : Mishima et Songs for the trilogy.
- **Vous risquez d'avoir à utiliser des liens pour accéder à des résultats de recherche**. Selon l'endroit depuis lequel vous procédez à la recherche, LWM peut ne retourner que le nombre d'artistes, d'albums ou de musiques correspondant aux critères de recherche. Dans ce cas, cliquez sur le lien pour visualiser les résultats.

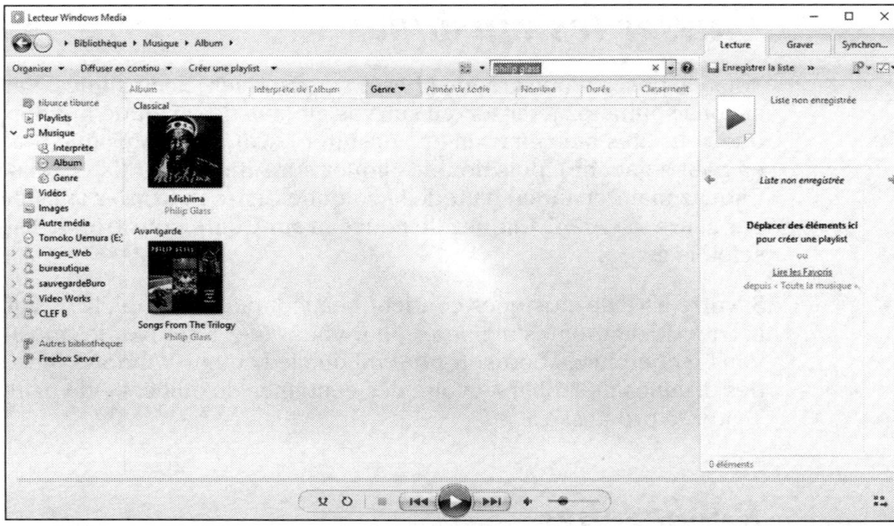

Figure 2.10 : Les recherches portent sur le titre, le nom de l'artiste, le genre, le compositeur, et bien d'autres méta-informations.

Rechercher dans la bibliothèque Musique, c'est comme rechercher dans l'Explorateur de fichiers sur le bureau – les deux utilisent certainement le même moteur de recherche.

Gérer les listes de lecture

LWM vous offre toutes sortes de contrôles sur les musiques que vous écoutez *via* les listes de lecture. Souhaitez-vous modifier l'ordre dans lequel lire les morceaux du *White Album* des Beatles ? Rien de plus facile.

Le Lecteur Windows Media vous aide à créer vos propres listes de lecture, et vous pouvez les modifier comme il vous convient.

Créer une nouvelle liste de lecture

Si vous disposez d'un jeu de musiques que vous appréciez d'écouter dans un certain ordre et qu'ils figurent dans la bibliothèque Musique (ou Vidéos), vous pouvez créer une liste de lecture qui fera exactement cela. C'est un peu comme si vous créiez votre propre CD sur mesure.

Vous pouvez utiliser une liste de lecture pour créer vraiment votre propre CD si vous disposez d'un graveur de CD. La section « Graver des CD et des DVD » plus loin de ce chapitre vous explique comment faire.

Suivez ces étapes pour créer votre propre liste de lecture :

1. **Dans le Lecteur Windows Media, assurez-vous que la bibliothèque est affichée (regardez si elle est sélectionnée à gauche). Sur la droite, cliquez sur l'onglet Lecture.**

2. **Si la liste qui figure dans l'onglet contient plusieurs musiques, cliquez sur Effacer la liste en haut.**

   Le Lecteur Windows Media vous propose de glisser-déposer des musiques pour créer une nouvelle liste de lecture, comme sur la Figure 2.11.

Figure 2.11 : Créez une nouvelle liste de lecture en glissant-déposant des musiques sur la zone qui figure à droite.

3. **À gauche, accédez à chacune des musiques que vous souhaitez ajouter à la liste de lecture, puis glissez-déposez la à la position que vous souhaitez dans la liste à droite.**

   Vous pouvez utiliser n'importe quel outil de navigation : choisir un artiste, un album, ou procéder à une recherche. Tout est possible.

   LWM ajoute la musique à la liste de lecture. Sur la Figure 2.12, j'ai créé une liste de musiques de Philip Glass.

4. **Si vous décidez que vous ne souhaitez plus qu'un titre figure dans la liste de lecture, cliquez dessus du bouton droit et sélectionnez Supprimer de la liste.**
5. **Glissez-déplacez un titre pour la positionner plus haut ou plus bas dans la liste.**
6. **Lorsque vous êtes satisfait de votre liste de lecture, cliquez dans le champ Playlist sans titre, et saisissez le nom de cette liste de lecture.**
7. **Cliquez sur le bouton Enregistrer la liste situé dans la partie supérieure de l'onglet Lecture, ou bien appuyez sur la touche Entrée.**

   LWM enregistre votre nouvelle liste de lecture. Elle est accessible partout où les listes de lecture apparaissent dans le Lecteur Windows Media.

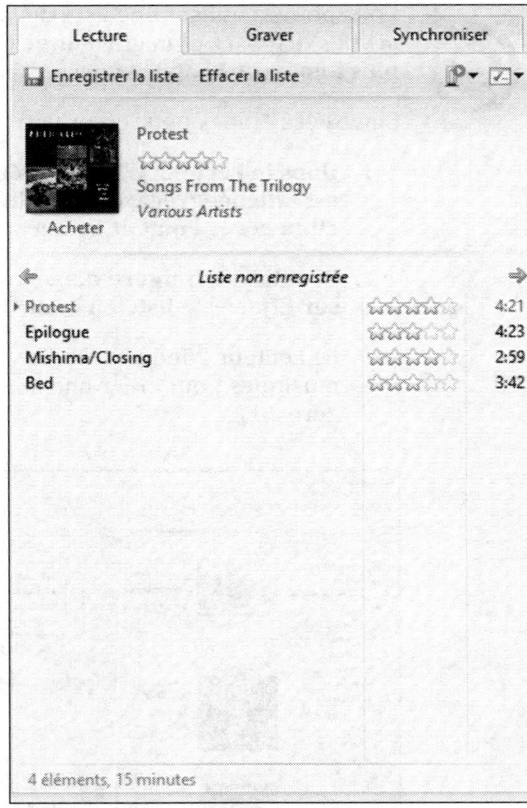

Figure 2.12 : Une liste de lecture de musiques d'un de mes compositeurs favoris.

C'est aussi facile que cela de créer une liste de lecture.

Notez que le Lecteur Windows Media n'ordonne pas de lui-même les musiques que vous réunissez dans une liste de lecture. Tant mieux.

Renommer et supprimer des listes de lecture

Pour modifier le nom d'une liste de lecture, vous pouvez cliquer du bouton droit sur son nom dans la colonne de gauche du Lecteur Windows Media au niveau du « dossier » Playlist. Dans le menu contextuel, choisissez Renommer.

Vous pouvez aussi cliquer sur le nom de la liste de lecture en haut de la liste des listes de lecture qui figure à droite et saisir le nouveau nom.

Suivez ces étapes pour supprimer une liste :

1. **Cliquez du bouton droit sur la liste de lecture dans la liste des listes de lecture (dites-le dix fois très vite) et sélectionnez Supprimer.**

   Ou alors, cliquez sur la liste de lecture et appuyez sur la touche Suppr de votre clavier.

   LWM répond en affichant une étrange boîte de dialogue, représentée sur la Figure 2.13.

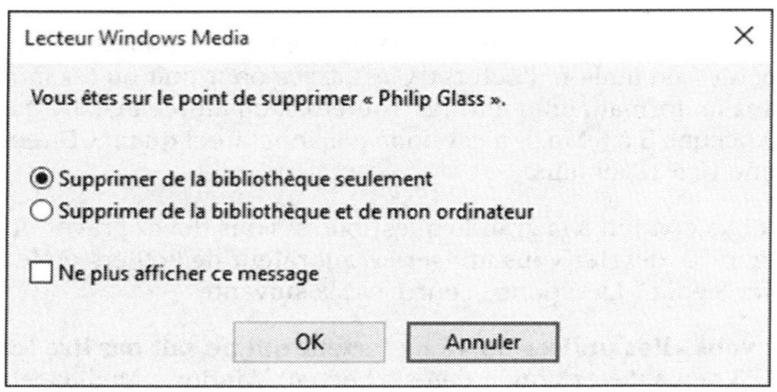

Figure 2.13 : Sélectionnez une option pour supprimer une liste.

   Ne vous inquiétez pas. Supprimer une liste de lecture ne supprime pas les musiques qu'elle contient de votre ordinateur. Quand la boîte de dialogue vous propose Supprimer de la bibliothèque et de mon ordinateur, elle ne fait pas référence aux musiques. Ces dernières demeurent sur votre ordinateur, quel que soit votre choix. La boîte de dialogue fait référence à la liste de lecture – et vous pouvez supprimer une liste de lecture de votre ordinateur sans problème.

2. **Sélectionnez soit Supprimer de la bibliothèque seulement ou Supprimer de la bibliothèque et de mon ordinateur, puis cliquez OK.**

   Il n'y a pas vraiment de différences entre les deux possibilités, à moins que vous ne souhaitiez copier une liste de lecture d'un ordinateur à un autre.

Graver des CD et des DVD

Si votre ordinateur dispose d'un graveur de CD ou de DVD, vous pouvez créer un CD audio à l'aide des musiques de la bibliothèque Musique. Le Lecteur Windows Media le permet très facilement.

La plupart des lecteurs audio contemporains lisent des fichiers MP3 : vous n'avez pas besoin de créer de CD audio si c'est pour l'utiliser sur un lecteur de CD ou de DVD digne de ce nom. Je le mentionne, car vous pouvez faire tenir bien plus de musiques sur un CD si vous y gravez des fichiers MP3 que sur un CD audio sur lequel vous graveriez des pistes. Un CD audio standard peut contenir un album, alors qu'un CD bourré de MP3 peut contenir 100 à 200 musiques.

Si l'on veut compter en octets, un CD contient approximativement 650 Mo (mégaoctet = un million d'octets). C'est assez pour huit ou dix morceaux, s'ils sont dans un format audio normal. Toutefois, un morceau extrait et converti en MP3 occupe 3 à 5 Mo. Il n'est donc pas inhabituel qu'un CD rempli de MP3 contienne 10 à 12 albums.

Ce qui nous conduit à la grande question : si vous devez graver un CD pour un lecteur CD, devriez-vous utiliser l'Explorateur de fichiers ou le Lecteur Windows Media ? La réponse courte est la suivante :

- **Si vous allez utiliser un vieux lecteur qui ne sait pas lire les fichiers MP3**, vous devez graver dans le Lecteur Windows Media – et vous ne pourrez alors graver qu'une dizaine de morceaux sur le CD. Reportez-vous à la section suivante « Graver un CD audio ».
- **Si vous allez utiliser un lecteur qui sait lire les MP3**, je vous recommande aussi d'utiliser le Lecteur Windows Media. C'est un peu plus délicat à configurer que l'Explorateur de fichiers, où vous n'avez qu'à glisser-déposer les fichiers, mais LWM propose une série d'options qu'on ne retrouve pas dans l'Explorateur de fichiers. Reportez-vous à la section « Graver des CD et des DVD de données avec le Lecteur Windows Media », un peu plus loin dans ce chapitre.

Graver un CD audio

Dans cette section, je ne traite que des CD audio, les vieux CD qui ne contiennent qu'un album.

Le processus pour graver des données sur un CD s'appelle « gravure ». LWM vous permet de graver un CD audio de tous les jours très très facilement. Voici la manière la plus rapide que je connaisse pour ce faire :

1. **Insérez un CD-R vierge dans votre lecteur CD.**

En supposant que vous disposiez d'un lecteur CD qui peut graver des CD, et que ce n'est pas la première fois que vous insérez un CD vierge dans votre PC, Windows réagira par une notification « Lecteur CD-RW : Cliquez pour sélectionner l'action à exécuter avec CD vierges ». Si vous cliquez sur la notification, vous serez confronté à une seconde notification, comme sur la Figure 2.14.

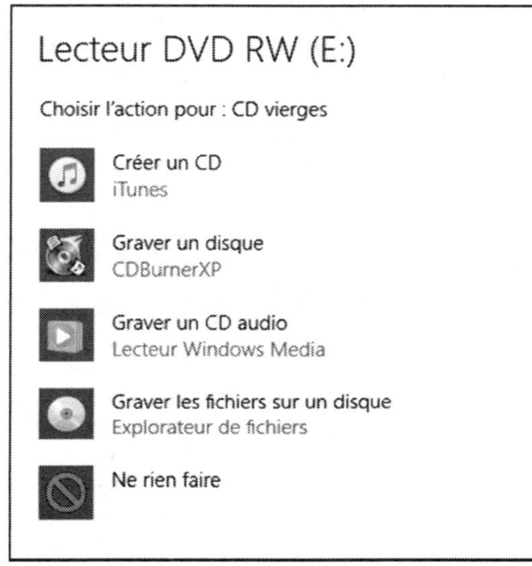

Figure 2.14 : Choisissez l'action à réaliser à l'insertion d'un CD vierge.

2. **Cliquez sur l'icône Graver un CD audio Lecteur Windows Media.**

   ATTENTION ! Ne perdez pas de vue que c'est un choix qui sera mémorisé : la prochaine fois que vous insérerez un CD vierge, Windows supposera que vous souhaitez graver un CD audio (et non de données), et il vous renverra au bon endroit dans le Lecteur Windows Media. Si vous souhaitez réinitialiser ou modifier cette action par défaut, suivez les instructions prodiguées dans l'encadré « Comment modifier les paramètres de lecture automatique », plus tôt dans ce chapitre.

   Windows ouvre LWM et génère une liste à graver pour vous sur la droite (voir Figure 2.15).

3. **En utilisant toutes les astuces que vous maîtrisez (lister par artiste ou par album, trier, rechercher, récupérer une liste de lecture existante – tout est possible), glissez-déposez les pistes que vous souhaitez graver et ordonnez-les sur la droite, dans la liste des pistes à graver.**

   TRUC Gardez un œil sur l'indicateur d'espace libre sur le CD. LWM est connu pour surévaluer cet espace. Vous devriez donc laisser deux ou trois minutes de libres sur le CD.

   Si vous tentez de graver trop de musique sur un CD, LWM va découper la liste de gravure à l'aide de séparateurs horizontaux distinguant les différents CD à graver successivement. Lorsque vous gravez une liste qui s'étale sur plusieurs CD, vous n'avez qu'à insérer les CD vierges les uns après les autres. Pratique.

4. **Par précaution, enregistrez la liste que vous venez de créer en cliquant sur Graver la liste, puis en saisissant un nouveau nom.**

   Une liste de gravure peut s'avérer pratique si jamais la gravure rencontre un problème que vous n'arrivez pas à résoudre durant quelques jours. Vous pourrez sélectionner la liste enregistrée plutôt que de refaire le travail consistant à sélectionner les pistes et à les trier dans l'ordre que vous souhaitez.

5. **Avant de graver, vérifiez par deux fois les options de gravure. Pressez la touche Alt, puis sélectionnez Outils->Options, et cliquez sur l'onglet Graver. Reportez-vous à la Figure 2.16.**

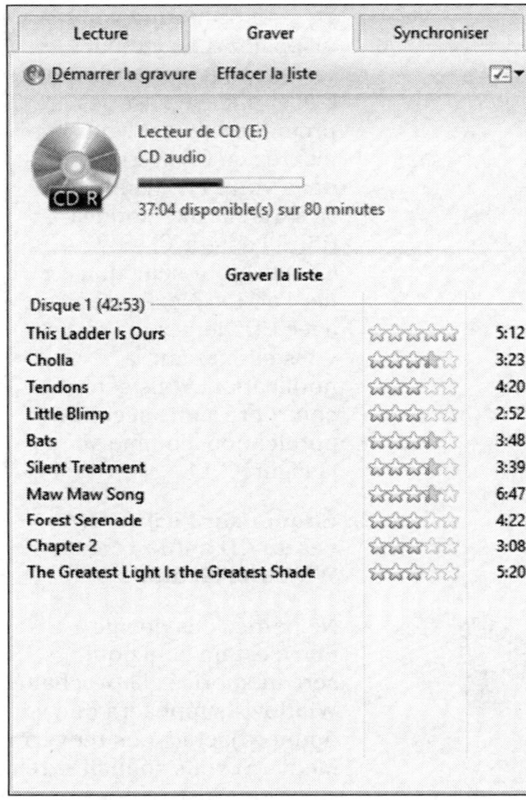

Figure 2.15 : Prêt à créer une liste pour graver.

6. **Suivez les conseils prodigués dans le Tableau 2.2 pour configurer la gravure comme vous l'entendez.**

7. **Lorsque vous avez fait vos choix, cliquez sur le bouton OK.**

   LWM revient sur la fenêtre principale de gravure.

8. **Cliquez sur le bouton Démarrer la gravure, en haut de la liste de gravure.**

   LWM traite chaque piste, convertissant le fichier musical en données au format prévu pour un CD audio, puis en écrivant ces données sur le CD.

   C'est vraiment très simple. Lorsque LWM a terminé, retirez le CD du lecteur CD et insérez un nouveau CD dans le lecteur.

Le processus de copie prend entre trois et cinq fois moins de temps qu'il n'en aurait fallu pour jouer les pistes. Tout dépend de la vitesse de votre graveur.

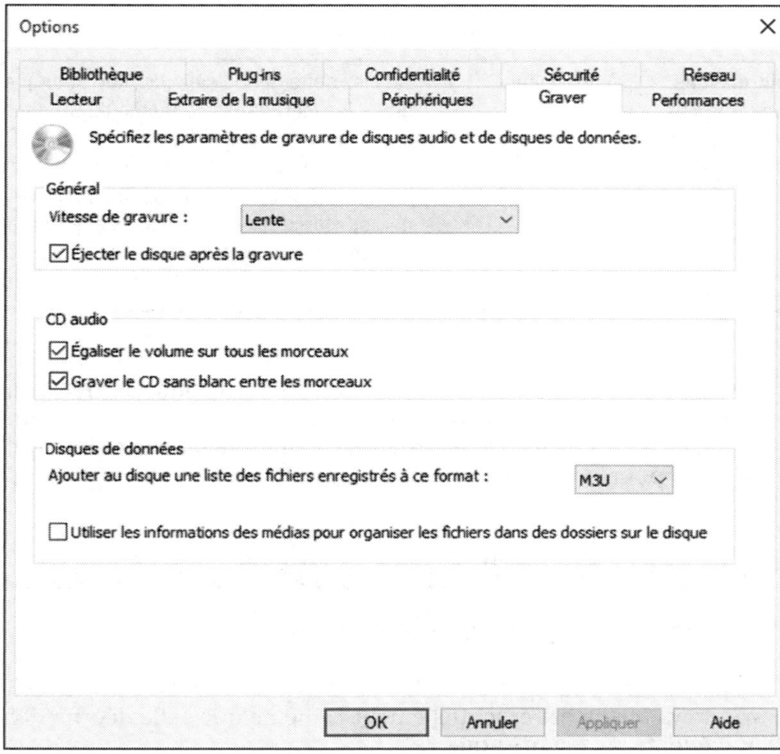

Figure 2.16 : Modifiez les paramètres de base de la gravure.

Tableau 2.2 : Les options de gravure recommandées.

Paramètre	Recommandation	Justification
Vitesse de gravure	Lent	Réduit le risque de sortir de piste. Si c'est plus lent, c'est aussi plus sûr.
Égaliser le volume sur tous les morceaux	À cocher	Cela prend plus de temps, mais vous évitez qu'un morceau ne vous explose les oreilles.
Graver le CD sans blanc entre les morceaux	À cocher	Si vous décochez ce paramètre, LWM va insérer un blanc de 2 secondes supplémentaire entre deux pistes
Ajouter au CD une liste des fichiers enregistrés à ce format	M3U	Utilisez M3U, le format de liste de lecture universel. WPL est le format Microsoft.

Paramètre	Recommandation	Justification
Utiliser les informations des médias pour organiser les fichiers dans des dossiers sur le disque	À décocher	Laissez cette option sélectionnée pour que LWM grave les morceaux à la racine du CD dans l'ordre que vous avez indiqué (si vous gravez un CD audio, LWM préserve ainsi l'ordre des pistes que vous avez indiqué). Si vous cochez l'option, LWM va regrouper les morceaux par album. Ils apparaîtront dans des dossiers \Musique\Artiste\Album, où l'artiste et l'album auront été extraits de chaque morceau.

Si vous interrompez la gravure en cliquant sur le bouton Arrêter la gravure ou en retirant le CD du graveur alors que la gravure n'est pas achevée, LWM va partir dans l'espace et le processus entier va s'interrompre. Un CD-R ainsi grillé ne pourra vous servir à rien.

Graver des CD et des DVD de données avec le Lecteur Windows Media

La procédure pour graver les CD-R, CD-RW, DVD-R, DVD-RW avec le Lecteur Windows Media est essentiellement la même que celle décrite dans la section précédente, à ceci près que…

… vous pouvez faire tenir bien plus de musiques sur un CD de données que sur un CD audio. Pourtant, la gravure d'un CD de données est bien plus rapide que celle d'un CD audio. Pourquoi ? LWM n'a pas à convertir les fichiers dans un format adapté aux lecteurs de CD audio avant de les graver.

Pour graver les morceaux en tant que données MP3 par exemple, afin de les lire sur un périphérique compatible avec ce format, ouvrez le menu local de l'icône située en haut à droite de l'onglet Graver. Choisissez CD ou DVD de données comme à la Figure 2.17.

Partager les médias avec le Lecteur Windows Media

Le Lecteur Windows Media peut rendre accessibles les médias de ses bibliothèques aux autres ordinateurs de votre réseau en utilisant la technique de la diffusion. Expliquée très généralement, la diffusion utilise votre PC pour

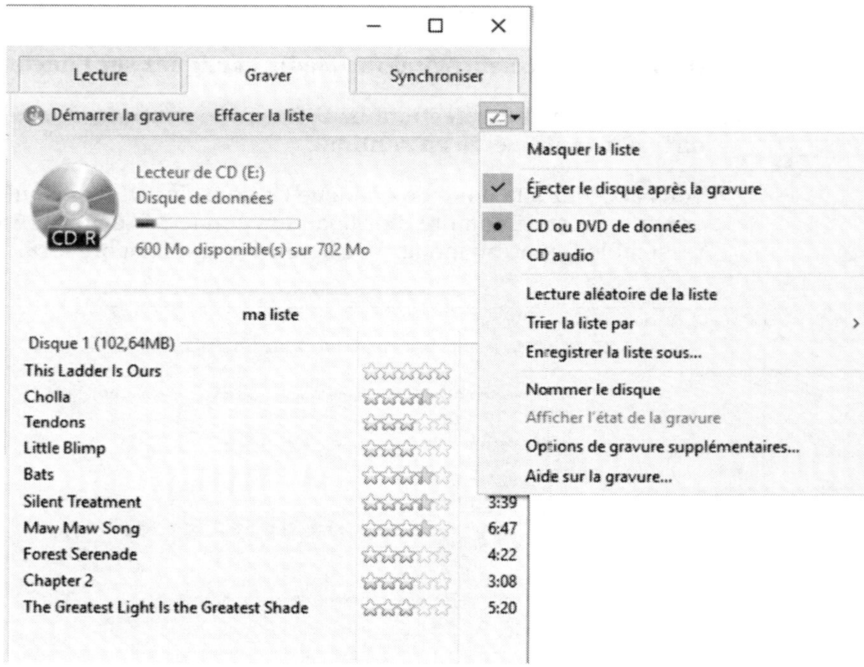

Figure 2.17 : Pour graver un disque de données (plein de MP3), sélectionnez CD ou DVD de données afin de commencer la gravure.

envoyer les données numériques d'une musique ou d'un film à un lecteur de média numériques connecté au réseau, lequel peut alors jouer la musique ou afficher le film en question. Ce peut être pratique si vous souhaitez brancher une Xbox, une télévision ou tout autre lecteur de média numérique à votre PC.

Les manipulations requises pour mettre en place un réseau chez vous ou dans un petit bureau sont plutôt triviales. À l'inverse, partager des choses sur le réseau n'est pas si évident.

Si votre ordinateur Windows fait partie d'un groupe résidentiel (voir Livret VII, Chapitre 5) et que vous n'avez rien touché aux paramètres, votre ordinateur peut automatiquement partager tout ce que ses bibliothèques de médias contiennent (Musique, Vidéos et Images) avec tous les autres ordinateurs du groupe résidentiel et avec tout utilisateur de ces ordinateurs.

Si vous utilisez une Xbox ou tout autre type de lecteur de média connecté au réseau qui ne reconnaît pas les groupes résidentiels, vous devriez faire un tour dans le Lecteur Windows Media pour donner à Windows la permission de partager vos médias – pour autant que vous le désiriez.

Voici comment partager vos médias :

1. **Démarrez le Lecteur Windows Media et cliquez sur l'onglet Lecture.**
2. **En haut à gauche, sélectionnez Diffuser en continu->Plus d'options de diffusion multimédia en continu.**

   Vous accédez à la boîte de dialogue Options de diffusion multimédia en continu. Selon le nombre d'ordinateurs connectés à votre réseau, elle ressemblera plus ou moins à celle reprise sur la Figure 2.18.

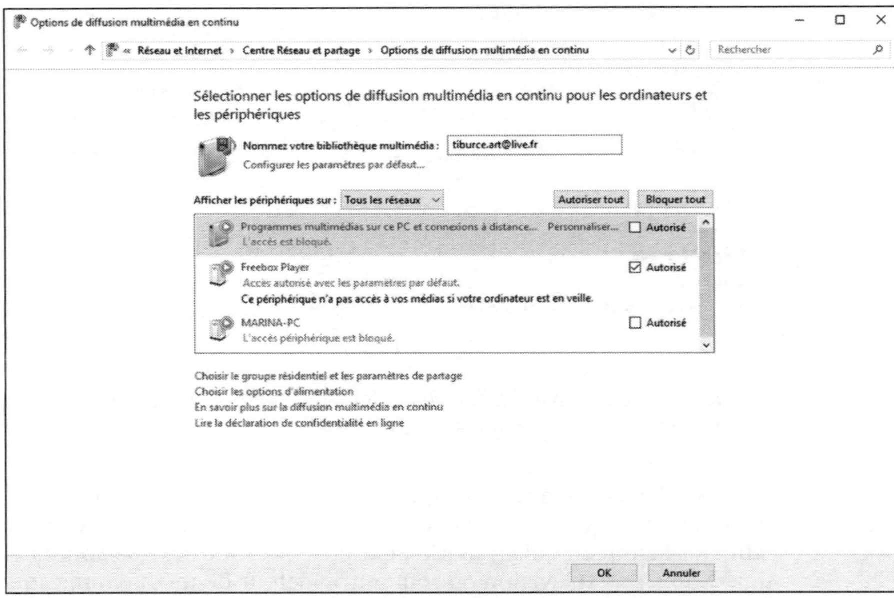

Figure 2.18 : Les options de diffusion multimédia en continu.

3. **Dans la liste déroulante Afficher les périphériques sur, sélectionnez Tous les réseaux.**
4. **Cliquez sur le bouton Autoriser tout.**

   Cette étape permet de configurer le streaming pour tous les périphériques connectés à votre réseau, c'est-à-dire leur donner accès à toutes vos bibliothèques. Le Lecteur Windows Media affichera donc ces bibliothèques sur les autres ordinateurs sous l'entrée Autres bibliothèques qui figure dans la liste sur le côté gauche de sa fenêtre.

Si vous vous retrouvez bloqué avec un fichier protégé contre la copie qui ne se lit que sur votre ordinateur, ou un fichier dans un format étrange qui pose le même problème, la diffusion peut constituer une solution – pour autant que votre réseau soit assez dimensionné pour tenir la charge.

Personnaliser LWM

Vous pouvez personnaliser LWM de diverses manières. Vous pouvez accéder à la plupart de ses paramètres en pressant la touche Alt de votre clavier (ou de votre clavier virtuel à l'écran), puis en sélectionnant Organiser->Options. Cela affiche une boîte de dialogue contenant une série d'onglets pour paramétrer le comportement de LWM.

- **Lecteur :** contrôle des aspects généraux du comportement de LWM, comme vérifier automatiquement l'existence de mises à jour.
- **Extraire de la musique :** contrôle des aspects du processus de copie dont, c'est le plus important, le format des CD extraits (que vous avez déjà réglé sur MP3, n'est-ce pas ?). Vous pouvez aussi contrôler le niveau de compression des données à appliquer lors d'une extraction (plus vous comprimez, moins les pistes compressées occupent d'espace, mais plus la qualité du son est réduite). L'onglet contrôle aussi le dossier dans lequel la musique est copiée (vous avez bien spécifié le dossier Musique publique, n'est-ce pas ?). Référez-vous à la section précédente « Copier un CD (ou extraire un CD) ».
- **Périphériques :** dresse la liste de tous les périphériques que LWM peut utiliser (comme les lecteurs CD et les lecteurs mobiles) et vous permet de contrôler certains aspects de leur comportement. Si vous extrayez souvent des CD abîmés, cliquez sur l'onglet, sélectionnez votre lecteur DVD, puis sur le bouton Propriétés. Dans la section Extraction, cochez l'option Utiliser la correction d'erreurs et cliquez OK. Cela ralentit l'extraction dans certains cas, mais cela accroît vos chances de parvenir à l'effectuer proprement, même d'un CD bien rayé.
- **Graver :** est un sujet que je traite dans le détail dans la section « Graver des CD et des DVD », plus tôt dans ce chapitre.
- **Performances :** vous permet de contrôler comment LWM diffuse vos médias sur le réseau.
- **Bibliothèques :** contrôle comment LWM recherche des fichiers vidéos dans la bibliothèque Images, si des valeurs d'égalisation du volume doivent être calculées pour les nouveaux fichiers et comment LWM récupère de l'information sur Internet.

  NOTE TECHNIQUE

  Quoiqu'on trouve ici un paramètre pour remplacer automatiquement les informations sur les médias par celles trouvées sur Internet, j'ai constaté d'expérience que vous deviez modifier manuellement ces informations. LWM ne met pas à jour automatiquement la couverture ou les descriptions des pistes avec tout ce qu'il peut trouver sur le site Web de données musicales de Microsoft.

- **Plug-ins :** vous permet de configurer vos plug-ins LWM (on en trouve peu) et les visualisations (on en trouve pléthore sur le Web).
- **Confidentialité :** contrôle essentiellement la quantité d'informations que vous acceptez d'envoyer à Microsoft chaque fois que vous utilisez LWM. Reportez-vous à la section « Trafiquer les options de confidentialité après l'installation », plus tôt dans ce chapitre.

  Je présente mes paramètres de confidentialité plus tôt dans ce chapitre (voir Figure 6.4). Si vous décidez de donner à Microsoft plus d'informations que moi, je vous recommande vivement de cliquer sur le lien Lire la déclaration de confidentialité en ligne et de lire ce qu'elle contient avec attention.
- **Réseau** vous permet de sélectionner les protocoles que LWM peut utiliser pour recevoir des flux de médias. Il vous permet aussi de contrôler les paramètres du proxy, que vous pourriez devoir modifier si votre ordinateur se trouve sur un réseau local protégé par un pare-feu.

Il faudrait un diplôme en informatique pour commencer à comprendre certains de ces paramètres. D'ailleurs, maintenant que j'y pense, j'ai bien un diplôme en informatique, et je ne comprends pas certains de ces paramètres. Un conseil : ne modifiez un paramètre que si vous comprenez bien à quoi il correspond. Prenez alors des notes afin de rétablir l'état original du paramètre si quelque chose devait aller de travers.

Vous ne risquez rien en regardant les options. Vous pouvez en apprendre beaucoup en passant en revue chacun des onglets de la boîte de dialogue Options.

Où trouver et acheter de la bonne musique

J'ai gardé le plus dur pour la fin…

Il est devenu bien plus facile de trouver de la musique qui correspondra à vos goûts depuis l'apparition de quelques algorithmes amusants. Toutefois, même lorsque vous trouvez de la bonne musique, il peut être difficile de l'acquérir. Je vais commencer par la partie facile.

Acheter des musiques et des vidéos en ligne

Autrefois, acheter de la musique en ligne était facile. De nos jours, vous êtes confronté à une offre pléthorique, très agressive, et les modalités des offres qui vous sont proposées peuvent changer chaque semaine.

Les trois gros magasins de musiques en ligne – Amazon, Google et Apple – existent depuis des années. Microsoft tente de rentrer dans la compétition, mais à l'heure où j'écris ces lignes, il est encore trop tôt pour dire s'il sera en mesure de bousculer le trio de tête. Exception faite d'un accès facilité à ses services *via* l'application Groove Musique, je ne vois pas très bien ce que Microsoft pourrait prétendre offrir de mieux.

Voici un aperçu des principaux magasins en ligne :

- Quoiqu'il ne soit pas le premier magasin à avoir commercialisé des fichiers MP3 bon marché, **Amazon** en a fait un commerce de masse. Amazon propose généralement les meilleurs prix, et énormément de musique à des prix cassés – ainsi qu'une quantité toujours variable de téléchargements gratuits (rendez-vous sur `www.amazon.fr` et recherchez *mp3 gratuit*). Avec 16 millions de titres au dernier recensement, vous aurez du mal à trouver plus de musique, sans compter qu'elle est compressée au merveilleux taux de 256 Kbps.

  Amazon conserve votre musique si vous le souhaitez, vous permettant d'y accéder *via* l'application Amazon Cloud Drive qui fonctionne sur PC, Mac, iPad et toutes sortes de téléphones. C'est gratuit pour les 5 premiers Go de stockage. De plus, le stockage est gratuit et illimité pour les musiques que vous achetez sur Amazon, mais vous devez payer 8 euros par an pour disposer de 20 Go de stockage pour les musiques acquises ailleurs. Rendez-vous sur `www.amazon.fr/clouddrive/learnmore` pour plus de détails.

  Qu'est-ce qui pourrait ne pas convenir ? Si vous achetez de la musique sur un iPhone ou un iPad, vous devez passer par quelques étapes supplémentaires afin de télécharger ou copier votre musique de l'endroit où vous l'avez téléchargée vers iTunes ou iCloud. iTunes Store dispose aussi d'un outil de téléchargement distinct (voir la section suivante) qui complique les choses la première fois que vous téléchargez.

- **iTunes** a abandonné la protection contre la copie peu de temps après qu'Amazon ait mordu un bon morceau dans la part de marché d'Apple : Apple vendait de la musique protégée contre la copie, et tout le monde préférait utiliser les MP3 d'Amazon ne posant aucun problème. Il n'a pas fallu longtemps avant qu'iTunes abandonne la protection contre la copie.

- Le résultat n'a pas tardé à se faire sentir. Avec 20 millions de titres et un volume gigantesque de transactions, iTunes est de loin le plus grand magasin en ligne de musiques et de vidéos – même si Amazon et Microsoft tentent de le rattraper, et que Google n'est pas loin derrière. iTunes propose souvent un nouvel album avant ses concurrents du fait d'accords avec les majors. Quoiqu'iTunes ne soit pas le meilleur marché, il l'est assez pour la plupart des utilisateurs de Mac, iPad et iPhone, et il est intégré à ces terminaux pour être facilement accessible. Si vous achetez un album ou une vidéo une fois, vous le récupérez sur tous vos terminaux, sans qu'on vous pose de questions, et si vous perdez votre copie, vous en récupérez une sans problème.

  Une fonctionnalité assez récente, nommée iTunes Match, vous permet de conserver votre musique où que vous l'ayez achetée sur Internet, pour 24,99 euros par an. Vous trouverez les détails au Chapitre 1 du Livret X.

  Les inconvénients ? iTunes (le programme) ne télécharge pas de jolis fichiers MP3. Vous pouvez demander à iTunes de convertir les fichiers que vous avez achetés en MP3, mais cela nécessite plusieurs étapes. Aussi longtemps que vous vivez dans le monde Apple, tout est facile – mais il est difficile d'en sortir.

- **Play Music de Google** est le dernier venu dans la liste. Il a plein de connexions avec les terminaux sous Android. En plus de proposer des MP3 compressés à 320 Kbps, Google propose aussi un lecteur Web, Google Play, qui fonctionne très bien. Amazon et Apple ne proposent pas de lecteurs sur le Web. Google se targue de lancer de nouveaux groupes de musique, si bien que si vous recherchez des titres sortant de l'ordinaire, vous pourriez trouver ce que vous cherchez sur Google. Vous pouvez stocker jusqu'à 50 000 titres sur le site Web de Google, tous les titres que vous achetez sur Google n'étant pas décomptés de ce total. Lorsque vous achetez une musique chez Google, vous pouvez immédiatement l'écouter sur votre téléphone ou tablette Android ainsi que sur le lecteur Web. Vous pouvez aussi télécharger les MP3 à tout instant. Si vous vous abonnez pour moins de 10 euros par mois, vous accédez à beaucoup plus d'options.

Où donc acheter votre musique ? Le choix est délicat. Pour l'heure (et je ne suis pas certain que les offres n'auront pas déjà changé quand vous lirez ces lignes), j'ai tendance à tout acheter sur Amazon, car je suis de la vieille école et que j'aime disposer de mes MP3 sur mon PC. Toutefois, je suis tenté par l'offre de Google permettant de conserver des copies de mes musiques sur ses serveurs, si bien que je n'aurais plus à me soucier de les sauvegarder. Eh oui, parfois je suis feignant et j'achète un album sur iTunes pour mon iPad.

Utiliser le magasin d'Amazon

Hier soir, je me suis rendu au Festival de rock et de blues de Phuket (`www.phuketbluesfestival.com`) et j'ai entendu Eric Bibb, un fantastique guitariste et chanteur de jazz. Aujourd'hui, je suis passé chez un disquaire et je n'ai pas pu trouver un seul CD d'Eric Bibb.

Nombreux sont ceux qui pensent devoir utiliser le système permettant d'acheter des musiques apparentées à leur lecteur pour obtenir de nouvelles musiques. Rien de plus faux. Certes, j'aurais pu utiliser le système Metro Music pour acheter le dernier album d'Eric Bibb. Mais j'aurais aussi bien pu tenter de l'acheter par d'autres sources – ce qui devrait vous convenir si jamais vous ne souhaitez pas enrichir Microsoft et Apple.

Par conséquent, je me suis rendu sur Amazon et j'ai écouté le dernier album d'Eric Bibb quelques minutes. Voici comment :

1. **Rendez-vous sur** `www.amazon.fr` **avec votre navigateur.**
2. **Tout en haut de la page d'accueil d'Amazon, dans le champ Rechercher, saisissez le nom de l'artiste ou de l'album que vous recherchez. Cliquez sur l'icône de la loupe.**

   J'ai cherché Eric Bibb, et Amazon m'a répondu avec 822 résultats sur cet artiste (voir Figure 2.19). J'ai sauté sur ma chaise.

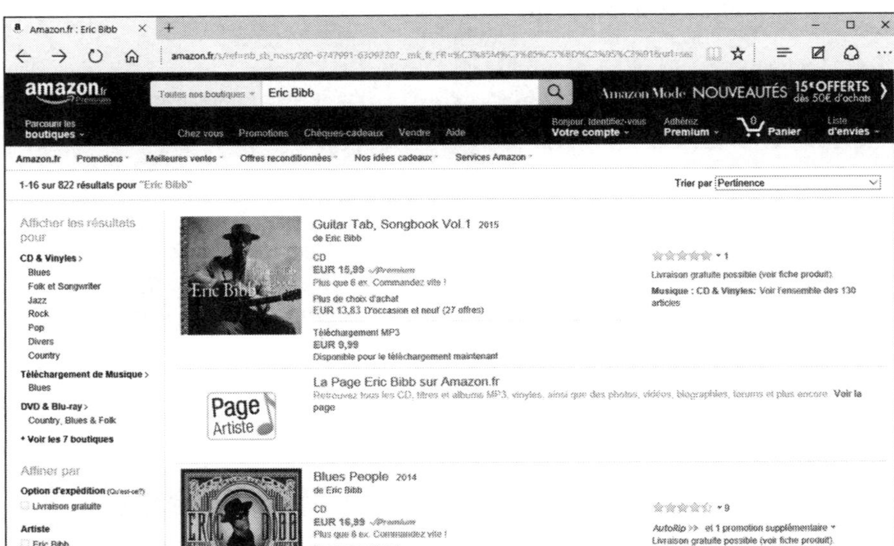

Figure 2.19 : Amazon propose une quantité extraordinaire de MP3.

3. **Vous pouvez cliquer sur la couverture d'un album pour obtenir plus d'informations, mais si vous savez déjà ce que vous voulez, cliquez sur l'album puis sur le bouton MP3 EUR x,xx.**

4. **Amazon renvoie alors à la page de commande de l'album. Cliquez sur le bouton Acheter l'album MP3 EUR 9,99.**

   Si j'étais nouveau venu sur Amazon, il m'aurait fallu parcourir des étapes supplémentaires.

   Amazon peut vous demander d'installer l'outil de téléchargement de MP3.

5. **Suivez les instructions et installez l'outil.**

   Cela prend 30 secondes.

6. **Une fois l'outil installé, Amazon vous propose un bouton pour télécharger l'album. Cliquez dessus.**

   Cela peut prendre quelques minutes, mais l'outil de téléchargement d'Amazon finira par récupérer toutes les pistes pour les placer dans votre dossier `\Musique`, dans un nouveau dossier `\Amazon MP3`. Dans le cas présent, j'ai trouvé un nouveau dossier `\Musique\Amazon MP3\Eric Bibb\Deeper in the Well` qui contenait donc tous les MP3 de l'album.

Grâce soit rendue aux fichiers MP3 : ils peuvent être copiés partout, sans limites. N'importe qui peut les lire.

Livret VII

Contrôler votre système

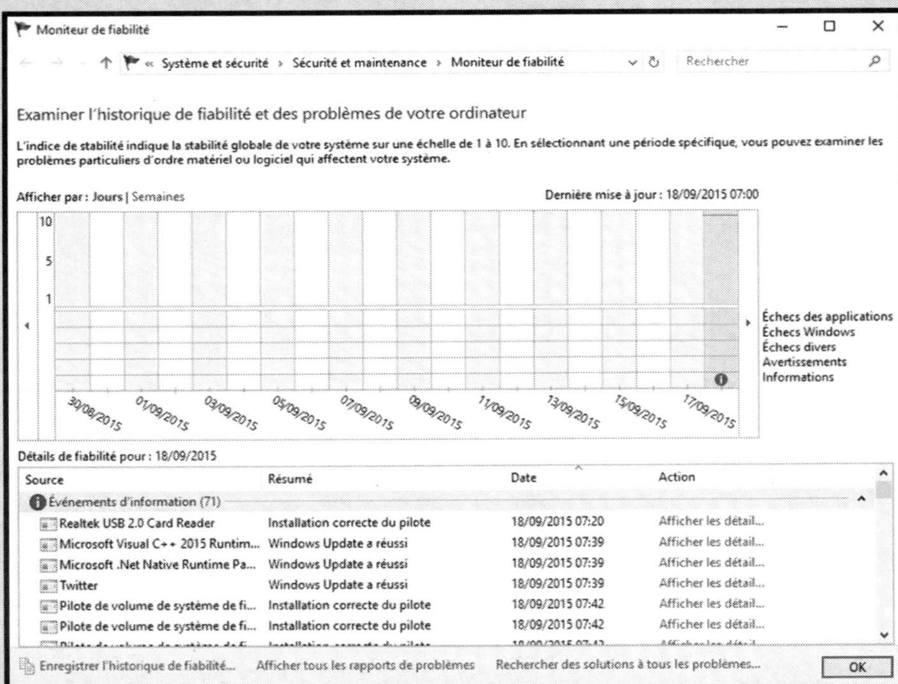

Chapitre 1

Contrôler le contrôle

Dans ce chapitre :

- Rôder du côté du Panneau de configuration
- Mettre à jour les pilotes des périphériques
- Prendre le contrôle de l'exécution automatique
- Travailler avec des programmes et des fonctionnalités
- Remettre les pendules à l'heure
- Changer de langue
- Accéder facilement à Windows

Le Panneau de configuration lui-même n'est pas un programme ni une application ; c'est une sorte de réunion d'une dizaine d'utilitaires – un moyen très facile d'accéder à une palanquée de programmes qui surveillent et ajustent des paramètres de Windows. Ces programmes qui font tout le travail sont des *applets* du Panneau de configuration. Les applets sont regroupés par catégories. Les principales catégories sont celles que vous visualisez lorsque vous accédez au Panneau de configuration.

Ce livret traite essentiellement des applets du Panneau de configuration : après tout, c'est par eux que vous pouvez contrôler le comportement de Windows, pour le meilleur comme pour le pire. Toutefois, lorsqu'il sera plus rapide d'effectuer certains réglages *via* la fenêtre Paramètres de Windows 10, je ne me gênerai surtout pas pour le faire. Vous constaterez alors que certains réglages vous renverront de manière directe ou indirecte au Panneau de configuration du système.

Dans ce chapitre, je vous présente ce que vous pouvez trouver dans le Panneau de configuration, je vous renvoie à des explications détaillées ailleurs dans le livre, et je vous explique quelques paramètres essentiels qui ne sont mentionnés nulle part ailleurs.

Explorer le vrai Panneau de configuration

Avec Windows 10, vous pouvez accéder à une sorte de version simplifiée du Panneau de configuration en invoquant les paramètres. Il suffit pour cela de cliquer sur le bouton Démarrer, puis sur Paramètres. Vous ouvrez alors une fenêtre dont l'aspect graphique est idéal lorsque vous utilisez Windows 10 en mode tablette, comme le montre la Figure 1.1.

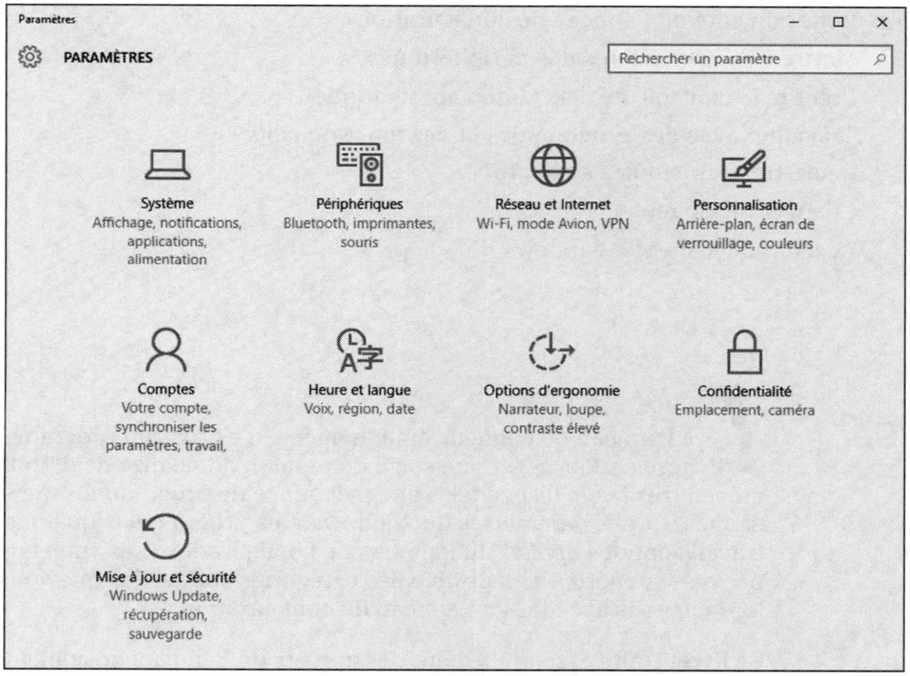

Figure 1.1 : Les Paramètres de Windows 10 ne sont pas le Panneau de configuration.

Afficher le Panneau de configuration

Des dizaines de manières possibles d'afficher le Panneau de configuration, voici les deux que j'utilise :

- **Cliquez sur le bouton Démarrer ou dans le champ de recherche de Cortana**, et saisissez au clavier le mot panneau. Cliquez alors sur l'icône Panneau de configuration Application du bureau qui apparaît dans la partie supérieure du volet de recherche.
- **Avec la souris,** effectuez un clic-droit sur le bouton Démarrer. Dans le menu contextuel qui apparaît, choisissez Panneau de configuration.

Le vrai Panneau de configuration ressemble à celui représenté sur la Figure 1.2.

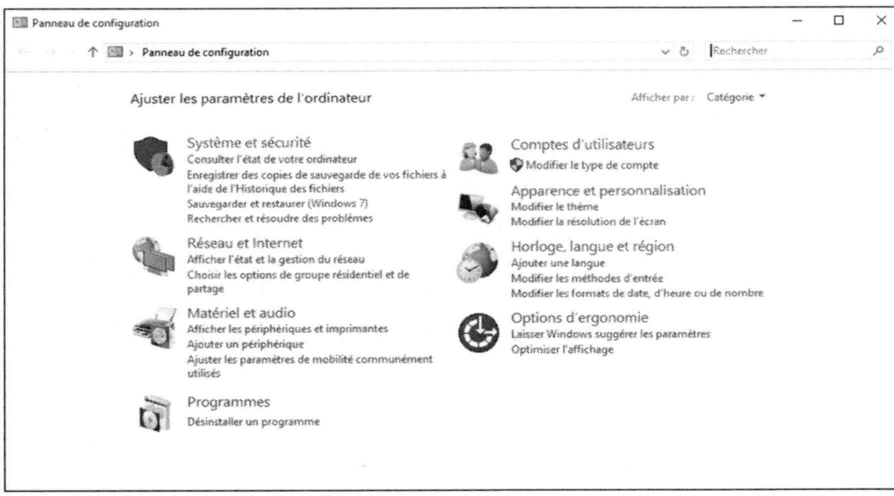

Figure 1.2 : L'ancestral Panneau de configuration de Windows.

Explorer le Panneau de configuration

Les principales catégories du Panneau de configuration contrôlent la tuyauterie de Windows. Voici comment elles se présentent :

- **Système et sécurité** : utilisez tout un ensemble d'outils pour diagnostiquer et ajuster votre PC, sauvegarder vos données, contrôler comment Windows conduit une recherche, consulter l'évaluation de vos performances, et plus généralement faire fonctionner votre PC quand il ne veut plus. Malheureusement, cette catégorie comprend aussi des outils dont vous avez besoin pour vous tirer une balle dans le pied. En conséquence, utilisez cette partie du Panneau de configuration avec discrétion et respect. Je traite du Gestionnaire de périphériques et de la vérification des pilotes plus loin dans ce chapitre. Je traite des éléments suivants ailleurs dans ce livre :

- *Centre de maintenance* et *Résolution des problèmes* : Chapitre 2 du Livret VII
- *Pare-feu Windows, Windows Defender, et autres éléments de l'arsenal de sécurité* : Chapitre 3 du Livret IX
- *Options d'indexation* : Chapitre 4 du Livret VIII
- *Assistance à distance* : Chapitre 2 du Livret VII

  Si vous vous retrouvez ici parce qu'une personne que vous ne connaissez pas vous a demandé si cela ne posait pas de problème qu'elle se connecte à votre ordinateur, ARRÊTEZ et pensez-y à deux fois ! L'assistance à distance est un outil privilégié des pirates allant jusqu'à se revendiquer de Microsoft pour extorquer un accès à votre ordinateur.

- *Windows Update* : Chapitre 4 du Livret VIII
- *Options d'alimentation* : Chapitre 1 du Livret VI
- *Historique des fichiers* : Chapitre 1 du Livret VIII
- *Espaces de stockage* : Chapitre 4 du Livret VII
- *Outils d'administration, dont le gestionnaire des disques et des journaux d'évènements* : Chapitre 4 du Livret VIII

- **Réseau et Internet :** Couvre presque tout ce qui concerne le réseau. Nombre de paramètres de sécurité classés dans cette catégorie se retrouvent dans la catégorie Sécurité. Je traite de trois sujets de cette catégorie dans ce livre :

  - *État du réseau et résolution des problèmes* : Chapitre 4 du Livret VIII

    Vous trouverez les questions les plus fréquemment posées sur les notifications de Windows qui donnent accès à votre ordinateur depuis le reste du réseau, ainsi qu'une rapide discussion sur les réseaux privés virtuels (VPN).

  - *Groupes résidentiels* : Chapitre 5 du Livret VII
  - *L'applet Options Internet* : Chapitre 5 du Livret VI

    L'applet de cette catégorie ne concerne qu'Internet Explorer (c'est bien typique de Microsoft d'afficher des options pour Internet Explorer dans le Panneau de configuration alors qu'il ne s'agit pas d'options Internet…) Je traite aussi de Firefox et de Chrome.

- **Matériel et audio** : La catégorie « fourre-tout ». Je traite des paramètres de l'exécution automatique plus loin dans ce chapitre. Parmi les autres sujets :
  - *Périphériques et imprimantes* : Chapitre 7 du Livret VII
  - *Résolution de l'écran* : Chapitre 2 du Livret VI
  - *Options d'alimentation* : Chapitre 1 du Livret VI
- **Programmes** : Couvre de nombreuses actions relatives à Windows et à d'autres programmes, exception faite de ce qui permettrait de les piétiner, de leur arracher un cœur encore palpitant et de jeter leurs corps dans les abîmes (vous pensiez que je ne m'énervais jamais comme vous devant mon PC ?). Dans ce chapitre, je traite de l'installation et de la désinstallation des programmes, de l'activation et de la désactivation des fonctionnalités de Windows, de la modification des associations entre extensions de noms de fichiers et programmes par défaut. Je traite de l'accès aux mises à jour de Windows au Chapitre 3 du Livret VIII.
- **Comptes d'utilisateurs** : Le contrôle parental intégré au Panneau de configuration fait pouffer de rire et peut être facilement contourné ; je n'en parle pas dans ce livre. Toutefois, je traite de deux autres sujets de cette catégorie :
  - *Les comptes d'utilisateurs* : Chapitre 4 du Livret II

    La méthode passant par les paramètres du PC *via* l'interface en vignettes pour créer et gérer des comptes d'utilisateurs n'est qu'une version simplifiée de la méthode passant par le Panneau de configuration.
  - *Les informations d'identification Windows* : Chapitre 5 du Livret VII.
- **Apparence et personnalisation** : Dans ce chapitre, je traite des options d'accessibilité qui donne accès à des fonctionnalités intéressantes pour tout le monde, que vous souffriez ou non d'un handicap. Référez-vous à l'un des points suivants. Ces autres sujets sont traités dans d'autres chapitres de ce livre :
  - *Bureau, thèmes, couleurs et le reste* : Chapitre 2 du Livret VI
  - *Affichage* : Chapitre 2 du Livret VI (bureau)
- **Horloge, langue et région** : Je traite de tous ces sujets dans ce chapitre. Réglez la date et l'heure – quoiqu'il soit plus facile de le faire en double-cliquant sur l'horloge dans la barre des tâches – ou indiquez à Windows qu'il doit synchroniser l'horloge automatiquement. Vous pouvez aussi ajouter la gestion des langues complexes (comme le thaï) et des langues s'écrivant de droit à gauche (comme l'arabe), modifier la manière dont

les dates, les heures, les devises et les nombres sont affichés. Et si vous vous demandez ce qu'est une « méthode d'entrée », vous le saurez en lisant ce chapitre.

- **Options d'ergonomie** : Modifiez les paramètres pour vous aider à lire l'écran, utiliser le clavier ou la souris ou demandez à Windows de faire clignoter une partie de votre écran quand le haut-parleur devrait jouer un son. De plus, configurez la reconnaissance vocale intégrée à Windows. Je donne plus de détails sur les options – ainsi que des recommandations – à la fin de ce chapitre.

Nombre de paramètres du Panneau de configuration se retrouvent ailleurs dans Windows, mais quelques paramètres qu'on pourrait s'attendre à trouver dans le Panneau de configuration en sont mystérieusement absents. Par exemple, vous pouvez activer la mise à jour automatique de Windows de 157 manières dans le Panneau de configuration (j'exagère un peu), mais vous ne pouvez pas trouver de paramètre pour spécifier que vous souhaitez utiliser la version en vignette d'IE plutôt que sa version pour le bureau, ou inversement.

S'en remettre au Gestionnaire de périphériques

Le *Gestionnaire de périphériques* est le premier endroit où vous devez vous rendre lorsque le matériel – les *périphériques* – de votre système pose problème. Il s'agit d'un applet du Panneau de configuration qui vous donne un accès limité à des informations sur toutes les parties du matériel que Windows a identifiées sur votre système.

N'OUBLIEZ PAS

À moins que votre carte réseau n'explose ou que le chat ne fasse la sieste sur l'une des aérations de votre boîtier, la source la plus fréquente de problèmes survenant avec le matériel est le *pilote de périphérique* – le programme (parfois énorme) qui gère les interactions entre Windows et un périphérique.

Lorsque vous installez un nouveau matériel, il y a de bonnes chances que Windows le reconnaisse tout seul, sans nécessiter aucune action de votre part. Vous pouvez connecter la plupart des périphériques USB à une machine Windows, et Windows installera les pilotes requis. Vous pourrez utiliser le périphérique en un rien de temps.

Toutefois, il peut arriver que Windows ne trouve pas un pilote ou qu'il ne parvienne pas à l'installer. Dans ce cas, je n'utilise jamais – vraiment *jamais* – le pilote fourni dans la boîte du matériel (le temps que le fabricant confectionne le lot et que vous l'achetiez, le pilote peut avoir connu dix révisions !) Je préfère me rendre sur le site Web du fabricant et télécharger la dernière version du pilote. Voici quelques conseils pour télécharger le bon pilote :

- **Si vous ne pouvez pas trouver une version pour Windows 10**, utilisez une version pour Windows 8 ou Windows 7 (voire même Vista).
- **Si vous utilisez une version 32 bits de Windows (voir Livret I, Chapitre 3)**, faites attention à récupérer une version 32 bits du pilote. De même, la version 64 bits de Windows nécessite des pilotes 64 bits. On ne peut pas mélanger des versions de pilotes et de Windows.

ATTENTION !

Ne mettez pas à jour un pilote simplement parce que vous en trouvez une nouvelle version. Vous pourriez devenir fou. Il ne faut mettre à jour un pilote que si le précédent ne fonctionne pas bien, ou si vous êtes certain que le nouveau propose des fonctionnalités dont vous avez réellement besoin. Tenter de réparer ce qui n'est pas cassé peut souvent finir par casser ce qui ne l'était pas. Or, la vie est trop courte pour trouver le temps de résoudre un problème que vous vous êtes inventé.

Une fois un bon pilote téléchargé, vous pouvez utiliser le Gestionnaire de périphériques pour l'installer. Suivez ces étapes :

1. **Faites un clic-droit sur le bouton Démarrer et, dans le menu contextuel qui apparaît, choisissez Gestionnaire de périphériques.**

   Windows ouvre le Gestionnaire de périphériques, représenté sur la Figure 1.3.

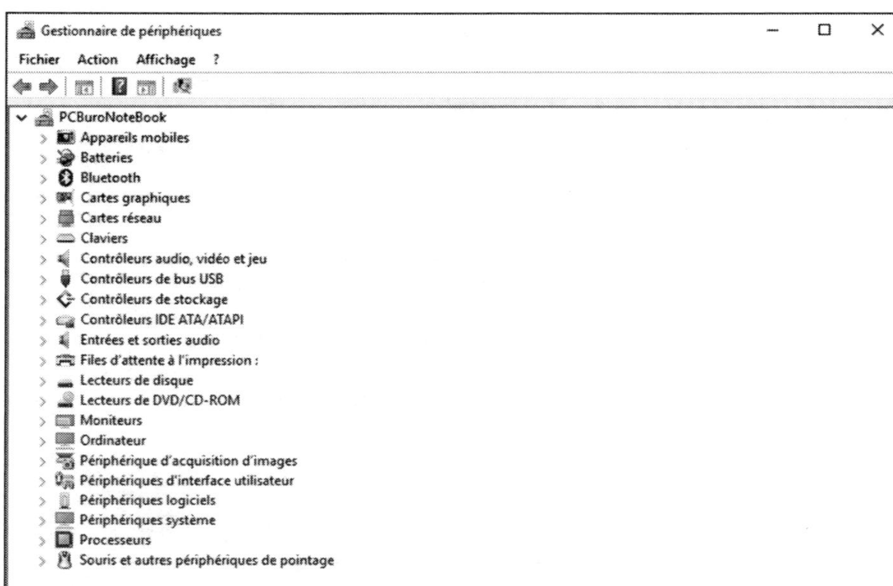

Figure 1.3 : Le Gestionnaire de périphériques.

2. **Cliquez sur le chevron qui se trouve à côté du libellé correspondant au périphérique que vous souhaitez mettre à jour.**

   Vous devrez sans doute déplier ainsi plusieurs éléments de la liste des types de périphériques. Si vous n'êtes pas tombé sur le bon, cliquez simplement de nouveau sur le chevron pour replier l'élément correspondant. Ne vous inquiétez pas : vous n'aurez rien cassé. Enfin, pas encore…

3. **Double-cliquez sur le périphérique pour ouvrir la boîte de dialogue Propriétés (voir Figure 1.4), puis cliquez sur l'onglet Pilote pour afficher des détails sur le pilote.**

   Vous pouvez identifier le pilote installé par sa date, son numéro de version ou les deux à la fois.

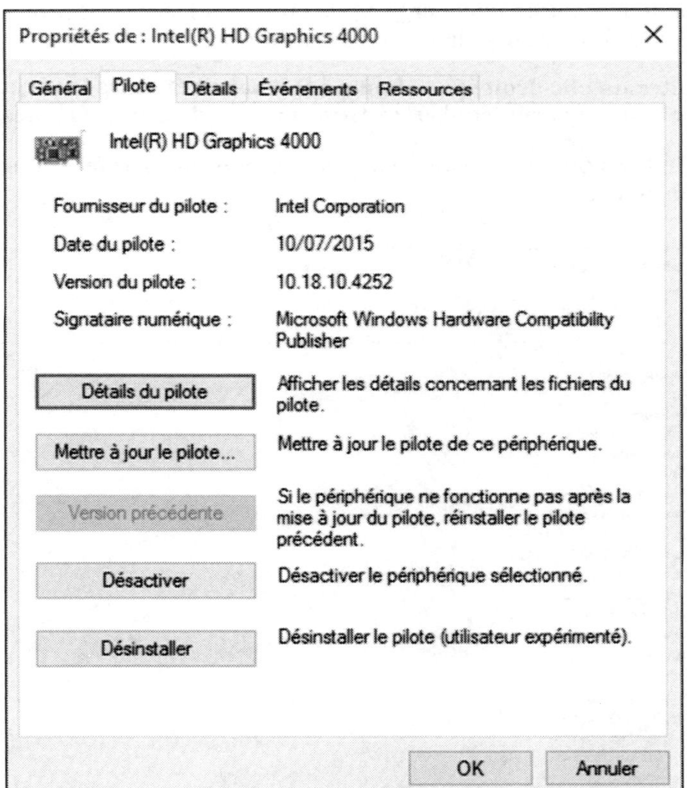

Figure 1.4 : Vous pouvez facilement accéder à la date et à la version du pilote.

4. **Si votre nouveau pilote est sur une clé USB, insérez-la dans le PC ; s'il se trouve sur le disque dur, assurez-vous de son emplacement.**

5. **Cliquez sur le bouton Mettre à jour le pilote.**

   Windows demande s'il devrait rechercher automatiquement un pilote à jour ou si vous souhaitez naviguer sur votre ordinateur pour lui indiquer où il se trouve.

   Si vous demandez à Windows de rechercher automatiquement, il accédera à la gigantesque base de données de Microsoft et récupérera ce que Microsoft pense être le meilleur pilote. Malheureusement, Microsoft est connu pour conserver des pilotes vieux et inadaptés (quoique généralement stables). C'est pourquoi vous avez choisi de vous rendre sur le site du fabricant pour télécharger la dernière version du pilote.

   Notez que Windows ne vérifie pas automatiquement l'existence d'une dernière version d'un pilote sur le site du fabricant. Il s'en remet aux versions qui figurent dans la base de données des pilotes – nombre d'entre elles pouvant remonter à des semaines, des mois, voire des années.

6. **Cliquez sur Rechercher le pilote sur mon ordinateur, puis montrez le chemin à Windows pour accéder à votre nouveau pilote, et cliquez sur Suivant.**

   Windows peut vous faire passer par quelques étapes pour installer le pilote. Ou alors, il peut vous indiquer que le pilote déjà installé est plus adapté pour votre périphérique. Dans l'un ou l'autre cas, je vous suggère de vous en tenir aux recommandations de Microsoft.

7. **Si vous ignorez sur quel support est stocké votre pilote, cliquez sur Choisir parmi une liste de pilotes de périphériques sur mon ordinateur.**

8. **Sélectionnez le bon périphérique dans la liste proposée par Windows, et cliquez sur Disque fourni si vous avez le pilote sur un CD (ou une clé USB), ou si vous l'avez récemment téléchargé.**

9. **Dans la boîte de dialogue qui apparaît, indiquez à Windows l'emplacement du fichier de mise à jour du pilote, et cliquez sur OK.**

10. **Cliquez ensuite sur Suivant.**

TRUC

Je redémarre toujours mon PC après avoir installé un nouveau pilote, même si ce n'est pas requis. Cela laisse à Windows l'opportunité de planter alors que je sais encore ce qui vient de se passer. Cela me donne aussi l'opportunité de redémarrer en utilisant la dernière bonne configuration connue si je veux revenir sur l'installation du nouveau pilote.

Paramétrer l'exécution automatique

Je traite des paramètres d'exécution automatique brièvement au Chapitre 6 du Livret VI, lorsque j'explique comment indiquer à Windows ce qu'il doit faire des CD audio et des DVD vidéo que vous insérez dans votre PC. Voici donc le reste de l'histoire.

Lorsque vous insérez un CD, un DVD ou une clé USB dans votre PC, Windows affiche une notification pour vous demander ce que vous souhaitez qu'il fasse avec les données qui s'y trouvent. Cette fonctionnalité d'exécution automatique existe depuis Windows XP. Elle a été inventée pour permettre aux gens de jouer plus facilement des CD, de transférer plus facilement des photos depuis une carte SD, *etc.*

L'exécution automatique se met en place en deux étapes. Tout d'abord, vous voyez s'afficher une notification bleue à droite de l'écran, qui vous demande si vous souhaitez spécifier ce qui doit se passer lorsqu'un certain événement survient (comme insérer un CD audio). Si vous tapez ou cliquez sur cette notification, vous voyez apparaître une seconde notification qui vous demande quoi faire. Reportez-vous à la Figure 1.5.

Figure 1.5 : Windows vous demande si vous souhaitez configurer une option d'exécution automatique. Si tel est le cas, vous devez indiquer comment gérer la situation.

Windows dispose d'outils robustes pour gérer les médias insérés. Par exemple, il vous demande comment vous souhaitez gérer l'insertion d'un CD qui contient de la musique. Si vous choisissez de jouer la musique, votre choix sera mémorisé ; par la suite, tout CD musical que vous insérerez dans votre PC sera joué – Windows ne vous demandera rien, il le fera tout seul. Il en va de même pour les cartes SD contenant des photos ou des clés USB contenant des fichiers – si vous indiquez à Windows qu'il doit ouvrir le dossier pour visualiser les fichiers, Windows le fera à l'avenir chaque fois que vous insérerez une telle clé.

NOTE TECHNIQUE

Windows accomplit ce tour de magie en analysant les types de fichiers figurant sur le média inséré, puis en se reportant à une liste pour savoir ce qu'il devrait faire avec un fichier d'un certain type : par exemple, la musique figurant sur un CD peut être gérée autrement que la musique sur une clé USB ; un CD vierge pour être associée à une autre action.

Vous pourriez déjà avoir configuré Windows pour que la fonction d'exécution automatique accomplisse une action que vous ne souhaitiez plus qu'elle accomplisse. Ou alors, vous pourriez souhaiter revenir au temps merveilleux où Windows ne supposait rien de ce qu'il devait accomplir chaque fois que vous insériez un média. Voici comment régler le problème :

1. **Cliquez sur le bouton Démarrer, puis sur Paramètres.**
2. **Dans la fenêtre Paramètres, cliquez sur Périphériques.**
3. **Dans le volet gauche, cliquez sur Exécution automatique.**
4. **Dans les menus locaux des différents types de périphériques, choisissez l'action que doit exécuter Windows, comme à la Figure 1.6.**
5. **Pour désactiver l'exécution automatique, basculez le commutateur Activé en position Désactivé.**

   C'est le bon choix si vous craignez l'infection.
6. **Si vous n'êtes pas si paranoïaque, sélectionnez les actions par défaut associées à chacun des types de média.**

   Par exemple, pour une carte mémoire, vous pouvez choisir d'importer les images et les vidéos avec l'application Photos de Windows 10, la Galerie de photos, un programme de retouche comme Photoshop Elements, *etc.* Dans le cas d'un CD, vous pouvez jouer le CD avec Windows Media Player.
7. **Si un périphérique ou un média ne figure pas dans cette liste très exhaustive, cliquez sur le lien Applications par défaut.**

   Vous accédez à la fenêtre illustrée à la Figure 1.7.

   Par exemple, pour changer le lecteur de musique par défaut, cliquez sur la vignette de l'application actuellement utilisée. Dans la liste qui apparaît, choisissez un autre programme.

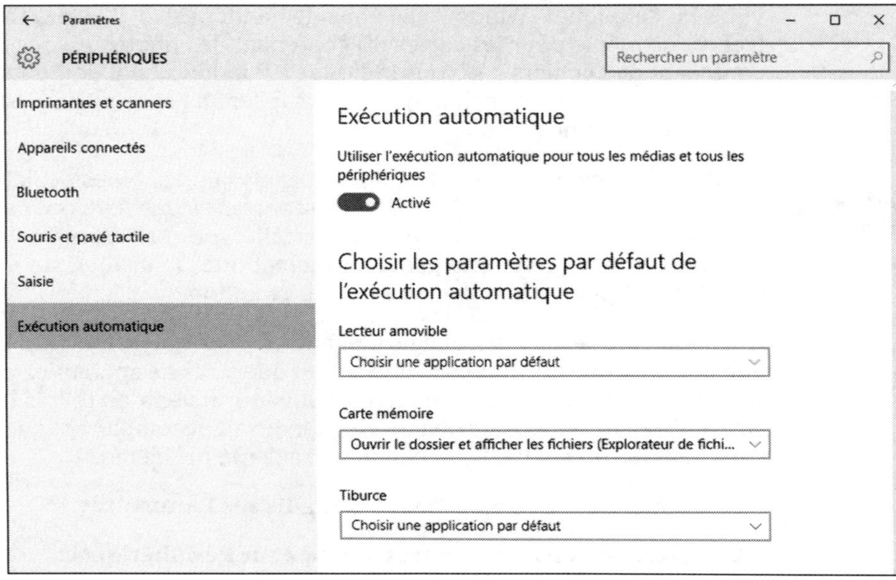

Figure 1.6 : Spécifiez ici les paramètres de l'exécution automatique.

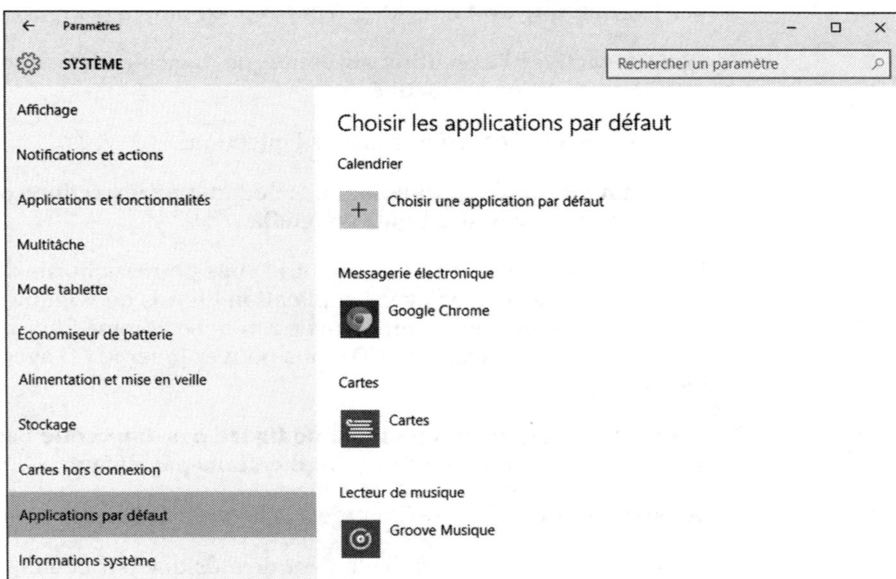

Figure 1.7 : Choisissez les applications par défaut à ouvrir en fonction de votre média.

Vos modifications prennent effet immédiatement. Si jamais vous doutez de vos choix, Réinitialiser.

Vous pouvez effectuer le même type de choix *via* le traditionnel Panneau de configuration. Il suffit pour cela d'accéder à la catégorie Programmes, puis de cliquer sur Modifier les paramètres de la lecture automatique. Faites votre sélection dans les différents menus locaux visibles sur la Figure 1.8.

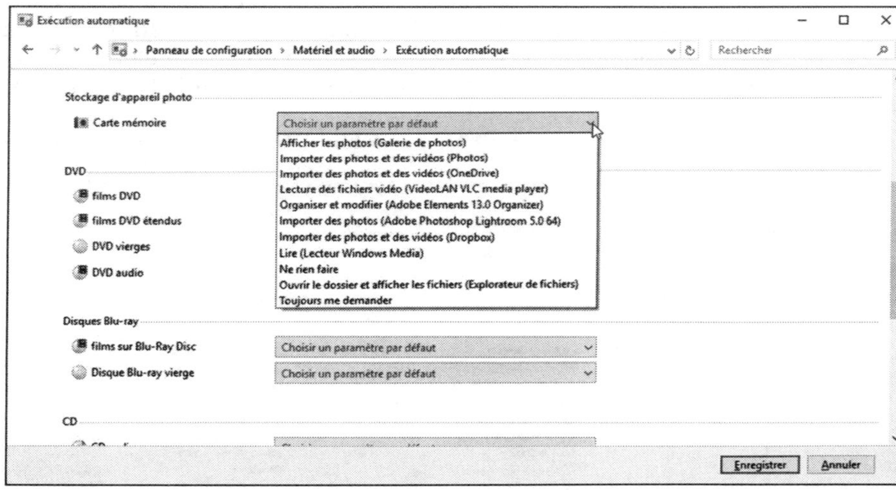

Figure 1.8 : L'exécution automatique peut se déterminer dans le Panneau de configuration.

Désinstaller/modifier des programmes

Windows n'existe que pour faire fonctionner des programmes. Les gens passent généralement leur temps sur des programmes tels qu'Outlook, Word, Adobe Photoshop ou QuickBooks. Windows encadre tous ces programmes. Les utilisateurs s'en remettent à lui pour les faire fonctionner.

Il est très facile d'installer des programmes *via* le bureau de Windows. Lorsque vous le souhaitez, vous téléchargez le programme et vous double-cliquez sur le fichier, ou alors vous insérez un CD dans le lecteur CD et vous suivez les instructions. Vous l'avez déjà fait des centaines des fois.

Installer une application pour le mode tablette Windows 10 est encore plus simple : Windows le fait pour vous lorsque vous récupérez l'application sur Windows Store (voir Livret V, Chapitre 4). En fait, c'est la seule solution pour installer ces applications – Microsoft ne vous permet pas de procéder autrement.

Il est tout aussi simple de supprimer des programmes, si vous suivez les instructions prodiguées dans cette section. Par contre, c'est autre chose que de modifier les programmes, comme vous le découvrirez bientôt.

Windows permet d'installer et d'apporter des modifications à des programmes pour le bureau *via* un outil. Pour y accéder, affichez le Panneau de configuration (vous trouverez comment plus tôt dans ce chapitre), puis tapez ou cliquez sur le lien Désinstaller un programme dans la catégorie Programmes. La boîte de dialogue représentée sur la Figure 1.9 s'affiche alors.

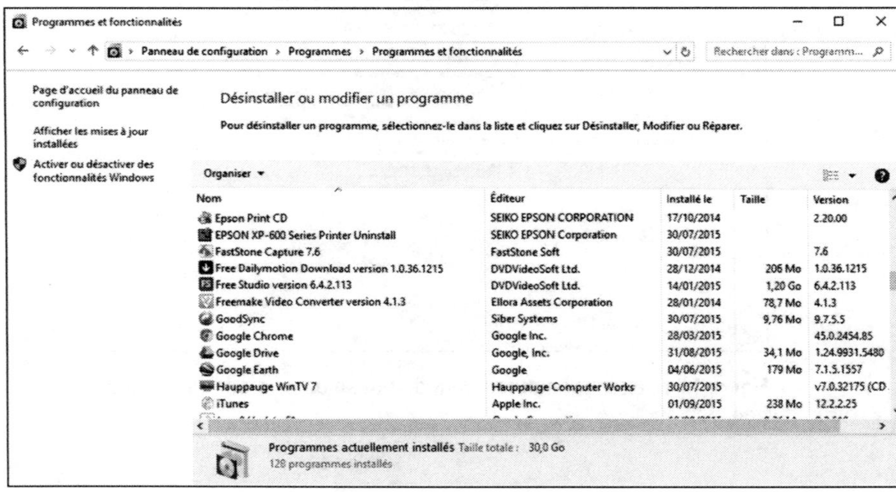

Figure 1.9 : Supprimer un programme proprement.

TRUC

Vous pouvez accéder à cette fonctionnalité de désinstallation en effectuant un clic-droit sur l'icône d'un programme ou d'une application *via* le menu de démarrage de Windows 10. Dans le menu contextuel qui apparaît, exécutez la commande Désinstaller, comme le montre la Figure 1.10.

ATTENTION !

S'il s'agit d'une application du mode Tablette, un message vous demandera confirmation. Si vous êtes sûr de vous, cliquez sur Désinstaller. S'il s'agit d'un programme qui s'exécute sur le Bureau, Windows 10 ouvrira l'utilitaire de désinstallation du Panneau de configuration illustré à la Figure 1.9 ci-dessus.

Quelques commentaires supplémentaires :

- Si vous rencontrez des problèmes après avoir désinstallé un programme avec le désinstallateur de Windows, récupérez une version gratuite de Revo Uninstaller et tentez de l'utiliser.

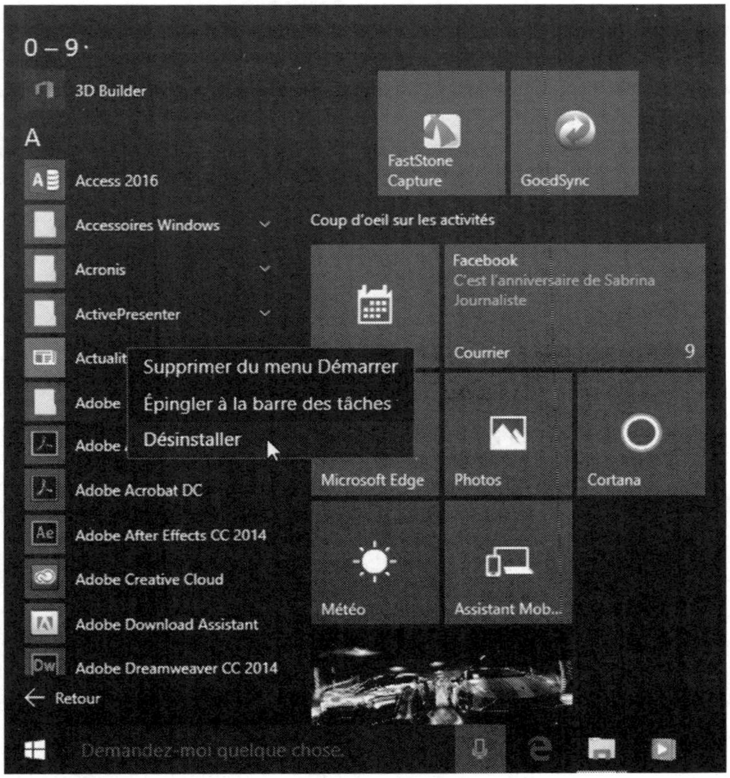

Figure 1.10 : Désinstaller un programme.

- Si vous souhaitez supprimer un programme qui n'est pas listé ici, il y a 99 pour cent de chances que le programme soit un logiciel pourri. Rendez-vous sur Google et saisissez le nom du programme – veillez à bien le recopier – et ajoutez le terme *désinstaller*. Vous pourriez trouver des choses intéressantes.
- Vous utiliserez rarement la boîte de dialogue Désinstaller ou modifier un programme pour supprimer des pans de fonctionnalités d'un programme. Soit vous souhaiterez ajouter des fonctionnalités que vous aurez oubliées de sélectionner lorsque vous aurez installé le programme – généralement, Office – soit vous voudrez supprimer un programme entièrement.

ASKWOODY.COM

Pourquoi vous ennuyer ? Lorsque vous installez un programme, installez-le en entier. Les disques durs de grande capacité sont si bon marché que vous pouvez vous en servir de poubelle. On ne gagne jamais à couper dans les fonctionnalités pour économiser quelques mégaoctets ne coûtant que quelques centimes.

- Pour des raisons seules connues de leurs programmeurs, quelques désinstallateurs vous demandent d'insérer le CD du programme avant de désinstaller le programme. C'est un peu comme vous demander d'exhiber le carnet de vaccination de votre chien avant que vous ne le jetiez dehors.

Lorsque vous lancez le désinstallateur d'un programme, vous vous trouvez à la merci de celui qui l'a écrit. Windows n'entre pas du tout en ligne de compte.

Activer et désactiver des fonctionnalités de Windows

La possibilité d'activer ou de désactiver certaines fonctionnalités de Windows remonte au temps de Windows 3.1. Elle s'avérait alors utile pour réduire ou limiter les ressources consommées par Windows. De nos jours, ce n'est plus un motif valable. Toutefois, c'est devenu une option intéressante pour ajouter des programmes tels que Hyper-V qui empruntent aux installateurs afin de proposer d'ajouter des fonctionnalités.

Généralement, des fonctionnalités de Windows sont bloquées pour éviter que vous ne vous tiriez une balle dans le pied, la théorie étant que si vous êtes assez malin pour activer une fonctionnalité, vous le serez assez pour l'utiliser.

En de rares occasions, vous souhaiterez désactiver une fonctionnalité de Windows, car vous ne voulez pas vous exposer aux risques engendrés par son activation. Les gens désactivaient Internet Explorer pour limiter le risque d'être infecté par des virus spécifiques à ce navigateur – même si l'efficacité de la pratique restait largement en débat.

Si on vous demande d'activer ou de désactiver des fonctionnalités de Windows, voici comment faire :

1. **Faites un clic-droit sur le bouton Démarrer et, dans le menu contextuel qui apparaît, choisissez Programmes et fonctionnalités.**
2. **Cliquez sur le lien Activer ou désactiver des fonctionnalités de Windows.**

   La boîte de dialogue Fonctionnalités de Windows apparaît, comme sur la Figure 1.11.

Figure 1.11 : Activez et désactivez ici des fonctionnalités de Windows.

3. **Activez ou désactivez les fonctionnalités de Windows en cochant ou décochant les cases appropriées.**

   Notez que vous pouvez cliquer sur le signe + à côté de certaines fonctionnalités pour activer ou désactiver des parties de fonctionnalités.

4. **Cliquez sur OK.**

   Les fonctionnalités de Windows sont activées ou désactivées immédiatement.

Spécifier les programmes par défaut

Le terme de *programmes par défaut* peut induire en confusion, car il revêt quatre significations différentes selon le contexte dans Windows :

- **Vous pouvez spécifier le programme par défaut pour gérer tous les médias insérés**. Je traite de l'exécution automatique plus tôt dans ce chapitre. Par exemple, vous pouvez dire à Windows qu'il doit lancer le Lecteur Windows Media lorsque vous insérez un CD audio dans votre ordinateur.

- **Vous pouvez associer un programme par défaut à une certaine extension de nom de fichier** (voir Livret VI, Chapitre 1). Le programme choisi sera exécuté lorsque vous double-cliquerez sur un fichier dans l'Explorateur de fichiers ou sur un fichier joint à un courriel. Par exemple, si vous associez Word à l'extension `.docx`, Word sera lancé et le fichier DOCX affiché lorsque vous double-cliquerez sur un fichier DOCX dans l'Explorateur de fichiers ou dans un courriel auquel il est joint.
- **De même, vous pouvez associer un programme par défaut à un certain protocole Internet (ou Windows)**. Par exemple, vous pouvez spécifier que Chrome doit être utilisé pour accéder aux adresses `http://`. De la sorte, chaque fois que vous cliquerez sur un lien `http://` dans un traitement de texte ou un client de messagerie, Windows lancera Chrome et lui demandera d'afficher la page à l'adresse correspondante.
- **Vous pouvez spécifier le programme à utiliser comme navigateur Web ou client de messagerie par défaut**. Vous pouvez aussi indiquer à Windows quel programme associer aux fichiers d'images et aux fichiers de musiques. La fonctionnalité ressemble à l'association entre une extension de nom de fichier et un programme, mais il existe certaines différences qui seront expliquées dans un instant.

Modifier le programme par défaut associé à une extension de nom de fichier

Voici comment spécifier le programme par défaut pour une extension de nom de fichier ou un protocole Internet :

1. **Faites un clic-droit sur le bouton Démarrer et, dans le menu contextuel, cliquez sur Panneau de configuration.**
2. **Cliquez sur la catégorie Programmes ; dans la section Programmes par défaut, tapez ou cliquez sur le lien Toujours ouvrir un type de fichier particulier avec un programme spécifique.**

   ASKWOODY.COM

   Microsoft n'appelle pas la chaîne de caractères qui figure à la fin d'un nom de fichier (comme `.doc` ou `.jpg`) une « extension de nom de fichier », car l'expression est interdite – « type de fichier » est jugé plus politiquement correct, quoique ce soit moins évocateur. C'est que Windows n'affiche pas les extensions de noms de fichiers par défaut. Toutefois, si vous avez suivi les instructions prodiguées au Chapitre 1 du Livret VI, vous avez activé leur affichage, n'est-ce pas ?

   Lorsque vous tapez ou cliquez sur le lien, la boîte de dialogue Associer un type de fichier ou un protocole à un programme spécifique apparaît, comme sur la Figure 1.12. La liste contient plus de 650 extensions de

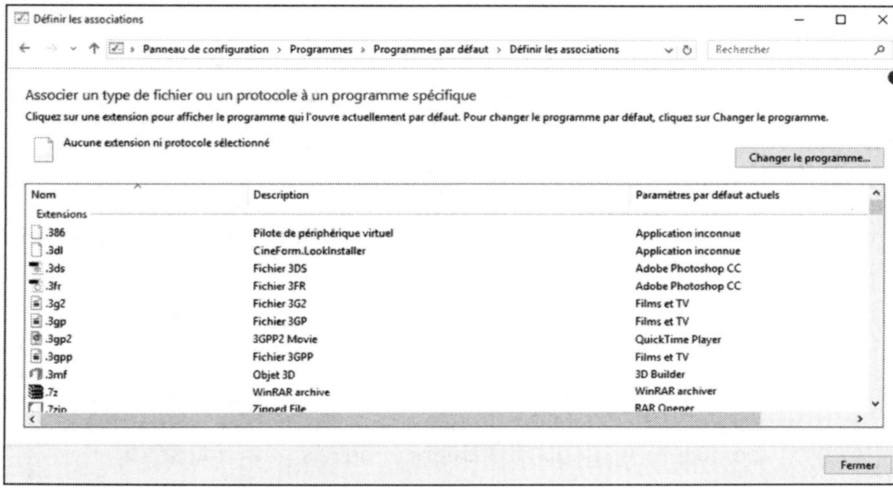

Figure 1.12 : Associez un programme avec une extension de nom de fichier (ou un protocole Internet ou Windows).

noms de fichiers qui sont déjà reconnues par Windows, en plus de plusieurs dizaines des protocoles Internet et Windows.

3. **Pour modifier le programme par défaut associé à une extension de nom de fichier, cliquez sur l'extension, puis sur Modifier le programme, et sélectionnez le programme que vous souhaitez utiliser.**

   Par exemple, vous pourriez cliquer sur l'extension `.gif`, qui peut être ou ne pas être associée à un programme sur votre ordinateur, et l'associer à Paint de Microsoft.

4. **Cliquez sur Fermer, et vos modifications prendront immédiatement effet.**

   Vous pouvez lancer l'Explorateur de fichiers pour ouvrir un fichier dont le nom comprend l'extension afin de vérifier que vos modifications fonctionnent bien.

Modifier le navigateur ou le client de messagerie par défaut

Il est plutôt simple de modifier le programme par défaut associé à une extension de nom de fichier. Toutefois, modifier le navigateur, le client de messagerie, le lecteur de musiques, l'éditeur d'images et le reste par défaut est considérablement plus complexe.

Ce ne sont pas les manipulations à effectuer qui sont complexes. La complexité réside dans le travail accompli par Windows en coulisse pour faire en sorte que vos modifications fonctionnent. Nombre de programmes dans Windows, et nombre de ceux que vous installez peuvent gérer une grande variété d'extensions de noms de fichiers et de protocoles Internet. Par exemple, Firefox peut gérer les fichiers HTML, HTML, SHTM, XHT et XHTML, ainsi que les protocoles `ftp://`, `http://`, et `https://`.

Lorsque vous installez Chrome, l'installateur indique à Windows les types de fichiers et les protocoles que Chrome peut gérer. Si vous avez fait de Chrome votre navigateur par défaut, il sera dès lors associé à ces extensions de noms de fichiers et à ces protocoles. Toutefois, si vous sélectionnez un autre navigateur comme navigateur par défaut, ce dernier gérera (l'essentiel) de ces extensions de noms de fichiers et de ces protocoles.

Si vous faites n'importe quoi avec les programmes par défaut, vous risquez de mettre Windows dans une position délicate, quelques fonctions d'un navigateur étant assurées par un certain programme, d'autres étant assurées par un autre.

Cet avertissement à l'esprit – *ne faites pas n'importe quoi en désignant les programmes par défaut* – voici comment spécifier le navigateur, le client de messagerie, le lecteur de musiques, l'éditeur d'images, le gestionnaire des contacts et bien d'autres programmes par défaut :

1. **Faites un clic-droit sur le bouton Démarrer et, dans le menu contextuel qui apparaît, choisissez Panneau de configuration.**
2. **Cliquez sur la catégorie Programmes ; dans la section Programmes par défaut, cliquez sur le lien Choisir les programmes par défaut.**

   Windows ouvre la boîte de dialogue Définir les programmes par défaut, comme sur la Figure 1.13.
3. **Sélectionnez un programme, comme un navigateur Web, un client de messagerie et ainsi de suite dont vous souhaitez faire le programme par défaut, puis cliquez sur Définir ce programme comme programme par défaut.**

   En coulisse, Windows élimine toutes les associations entre ce programme et les extensions de noms de fichiers et les protocoles, puis procède à l'association avec le nouveau programme.
4. **(Optionnel) Pour voir ce qui se passe, cliquez sur Choisir les paramètres par défaut pour ce programme. Regardez – *sans toucher* – les extensions de noms de fichiers et les protocoles proposés.**

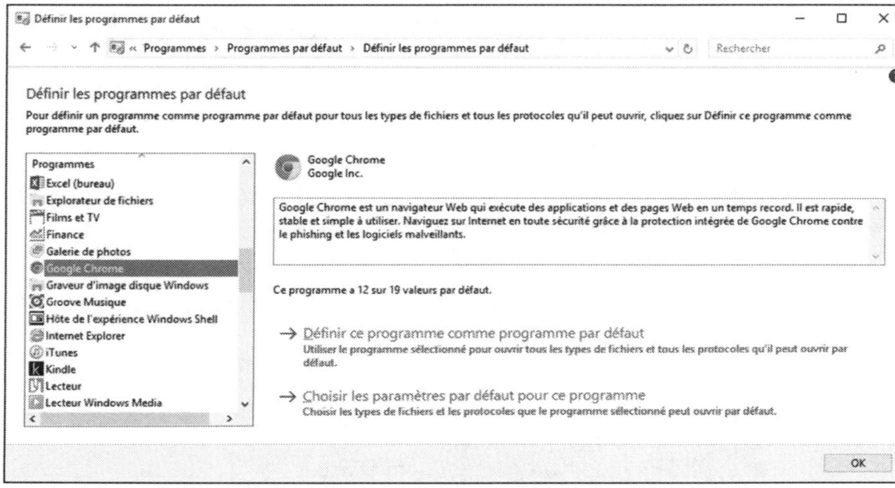

Figure 1.13 : Spécifiez le navigateur, le client de messagerie et bien d'autres programmes par défaut.

Sachez que modifier le navigateur par défaut empêche Internet Explorer de fonctionner dans l'interface en vignettes. Si vous retenez Chrome pour navigateur par défaut, il se substituera à IE dans cette interface (et il fera très bien le boulot, soit dit en passant). Si IE n'est pas le navigateur par défaut, Windows ne lancera pas IE dans cette interface. Toutefois, vous pourrez lancer le navigateur que vous souhaitez dans le bureau.

Si vous adoptez Chrome comme navigateur par défaut, par exemple, et que vous préférez Microsoft Edge, vous pouvez toujours revenir en arrière et rétablir Edge comme navigateur par défaut.

5. **Tapez ou cliquez sur OK.**

   Vos modifications prennent effet à l'instant.

Si vous avez changé un programme par défaut associé à de nombreuses extensions de noms de fichiers, vous feriez bien de lancer l'Explorateur de fichiers pour vous assurer que le programme se comporte bien comme vous l'entendiez.

Ajouter des horloges et basculer entre elles

Si vous souhaitez modifier l'horloge de la Zone de notification du Bureau – ajouter une horloge, modifier l'heure, modifier le format de la date ou de l'heure – rien de plus facile. Voici comment procéder :

1. **Cliquez sur l'heure et/ou la date affichée à l'extrême droite de la barre des tâches (Zone de notification), et cliquez sur le lien Paramètres de la date et de l'heure.**

   La fenêtre Heure et langue apparaît, comme sur la Figure 1.14.

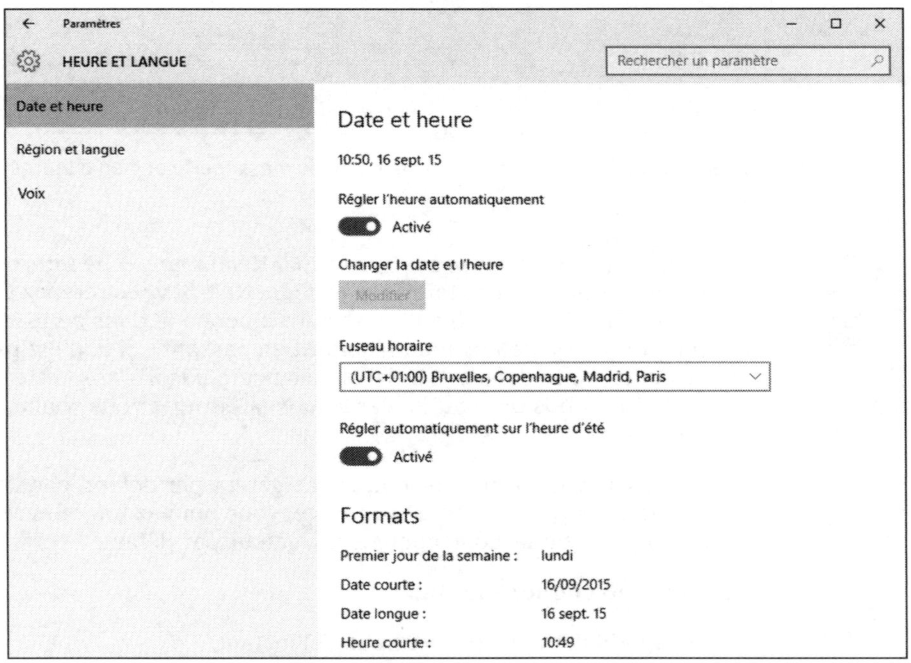

Figure 1.14 : Modifier l'heure.

2. **Pour modifier la date et l'heure, ou changer de fuseau horaire, basculez le commutateur Régler l'heure automatiquement en position Désactivé.**

3. **Cliquez alors sur le bouton Modifier.**

4. **Apportez les modifications dans la boîte de dialogue qui apparaît (Figure 1.15), c'est-à-dire le jour, le mois, l'année, les minutes et les secondes. Validez par un clic sur Modifier.**

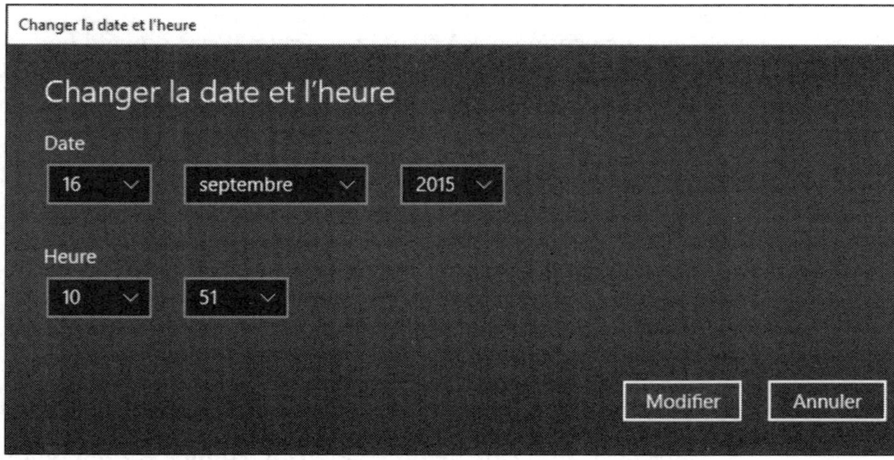

Figure 1.15 : Changer la date et l'heure.

5. **Pour changer de fuseau horaire, choisissez-le dans le menu local Fuseau horaire.**

6. **(Optionnel) Pour afficher une autre horloge dans la Zone de notification – en bas à droite de l'écran –, cliquez sur le lien Ajouter des horloges pour différents fuseaux horaires.**

   Cette action ouvre la boîte de dialogue Horloges supplémentaires. Effectuez votre choix, et cliquez sur OK.

7. **Quittez simplement la fenêtre Heure et langue pour valider vos modifications.**

   Vos horloges changent sur l'heure.

Changer de langue

La gestion de la localisation dans Windows s'est considérablement améliorée au fil des dernières versions. Une requête très commune est de changer le clavier : vous pouvez avoir un clavier allemand, anglais ou thaï, complètement différent de ceux que vous avez toujours utilisés. Même si vous pouvez générer certains caractères en utilisant un programme tel que la Table des caractères (voir Livret VII, Chapitre 6), il est clair qu'il vaut mieux utiliser un clavier où ils figurent si jamais vous les utilisez fréquemment.

NOTE TECHNIQUE

Lorsque vous changez la langue du clavier – ce que Windows appelle la *langue d'entrée par défaut* –, Windows ne change pas le clavier. Il ne fait que réaffecter les caractères aux touches, si bien que ce que vous lisez sur une touche ne correspond pas à ce qui apparaît à l'écran quand vous la pressez. C'est une mise en correspondance qui fonctionne même avec des langues très complexes.

Voici comment modifier la langue que Windows utilise pour l'adapter à différents pays et à leurs claviers :

1. **Cliquez sur le bouton Démarrer.**
2. **Dans le menu de démarrage, cliquez sur Paramètres.**
3. **Dans la fenêtre Paramètres qui apparaît, cliquez sur Heure et langue, comme à la Figure 1.15.**
4. **Dans la fenêtre Heure et langue, cliquez sur Région et langue.**
5. **Dans la section Langue du volet droit, cliquez sur le bouton Ajouter une langue.**

   La fenêtre Ajouter une langue apparaît, comme sur la Figure 1.16.

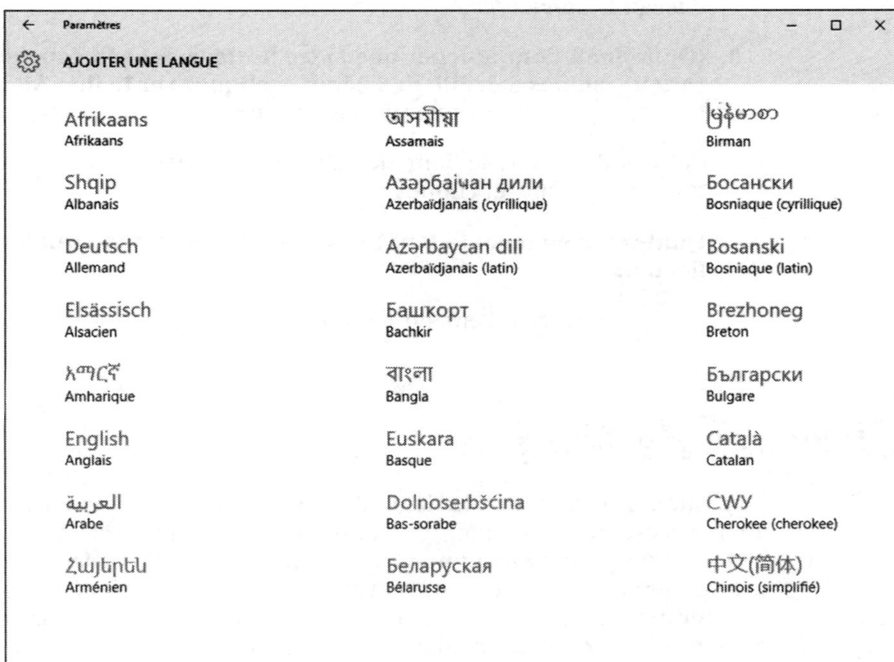

Figure 1.16 : Installez d'abord une langue pour que Windows puisse l'associer au clavier.

6. **Faites défiler le contenu de cette fenêtre pour sélectionner la langue à ajouter.**

7. **Cliquez sur la langue concernée.**

   Windows 10 l'installe.

8. **Si vous vous êtes trompé, ou si ultérieurement vous souhaitez retirer cette langue, cliquez dessus dans la section Langues. Dans le menu local qui apparaît, cliquez sur le bouton Supprimer.**

Les fonctionnalités d'accessibilité

Windows dispose de nombreuses options d'accessibilité pour aider les personnes qui ont des difficultés à l'utiliser. Par exemple, ils peuvent permettre de lire plus facilement ce qui est affiché à l'écran, de mieux interagir avec l'ordinateur, d'écouter la sortie audio, et bien plus encore.

La meilleure solution pour configurer des options d'accessibilité est de répondre aux cinq questions posées par l'assistant auquel Microsoft donne accès *via* le lien Laisser Windows suggérer les paramètres. Pour y arriver, affichez le Panneau de configuration en utilisant l'une des méthodes décrites dans la section « Afficher le Panneau de configuration », plus tôt dans ce chapitre. En bas à droite, sous Options d'ergonomie, tapez ou cliquez sur Laisser Windows suggérer les paramètres.

Les questions posées balaient les problèmes que vous pouvez avoir en matière de vision, de dextérité manuelle, d'ouïe, de parole, de raisonnement et de dyslexie. Répondez aux questions, et Windows parviendra à un jeu de paramètres recommandés que vous pourrez accepter, un par un.

Chapitre 2

Dépanner et obtenir de l'aide

Dans ce chapitre :

- Utiliser les outils de dépannage de Windows
- Vérifier la stabilité de votre système
- Travailler avec l'aide et le support Windows
- Résoudre vos problèmes
- Obtenir de l'aide d'autrui sans leur abandonner le terrain
- Obtenir de l'aide sur le Web – efficacement

Votre PC a rencontré un problème qu'il ne pouvait pas gérer, et il a maintenant besoin que vous le redémarriez. Vous pouvez faire une recherche sur l'erreur en ligne : *un message d'erreur s'affiche et disparaît si vite que vous ne pouvez pas le lire*.

Je voudrais avoir reçu un euro pour chaque message « écran bleu » sur lequel j'ai pu tomber. Les gens m'écrivent tout le temps pour me demander ce qui a pu entraîner l'affichage de ce message, ou un message qui y ressemble, sur leur ordinateur. Ma réponse ? Ça pourrait être n'importe quoi. Ne vous sentez pas humilié : Windows lui-même ne peut pas savoir de quoi il en retourne, et Microsoft a dépensé des millions de dollars pour éviter que la situation ne se présente.

Pensez à ce chapitre comme à une aide sur l'aide. Si vous avez besoin d'aide, commencez ici.

Windows est truffé d'outils automatiques pour vous aider à vous tirer de situations difficiles. Les outils de dépannage dépannent vraiment, souvent, si vous pouvez en trouver un bon. Les journaux d'événements, le suivi d'événements et les graphiques de stabilité peuvent vous occuper durant des années – même les experts se grattent la tête en les contemplant. Windows regorge d'aide. Parfois, cela fonctionne. D'autres fois, cela pourrait bien fonctionner... si vous pouviez seulement savoir comment obtenir la bonne aide au bon moment !

Ce chapitre vous explique quand et où chercher de l'aide. Il vous explique aussi quand vous devez abandonner et ce que vous devez alors faire. Oui, détruire votre PC reste une option. Toutefois, il existe des alternatives. Sans garantie de fonctionner, bien entendu.

Ce chapitre contient aussi des instructions détaillées, étape par étape, pour inviter un ami à prendre le contrôle de votre ordinateur, *via* Internet, pour voir ce qui se passe et vous donner un coup de main pendant que vous regardez. Je pense que cette fonctionnalité d'assistance à distance est l'une des fonctionnalités les plus puissantes et les plus utiles jamais intégrées à Windows.

Se dépanner avec le Centre de dépannage

Si quelque chose déraille et que vous ne pouvez pas trouver de solution au problème et que la solution est dans ce livre, votre premier réflexe devrait être de vous rendre dans le Centre de dépannage.

Windows dispose de nombreux outils de dépannage. Comme leur nom l'implique, les *outils de dépannage* vous prennent par la main pour vous guider pas à pas dans l'identification de l'origine de vos problèmes – et éventuellement les résoudre.

Si vous rencontrez un problème et que vous êtes bloqué, vérifiez si Microsoft n'a pas conçu un outil de dépannage adéquat en suivant les étapes suivantes :

1. **Cliquez sur le bouton Démarrer ou dans le champ de recherche de Cortana et saisissez le mot** problème**.**

2. **Dans la liste des résultats de la recherche, cliquez sur la droite, tapez ou cliquez sur Résolution des problèmes.**

   La boîte de dialogue éponyme apparaît, comme sur la Figure 2.1.

   Vous pouvez aussi accéder à la boîte de dialogue de dépannage de l'ancienne manière en affichant le Panneau de configuration (cliquez du bouton droit sur le bouton Démarrer, et sélectionnez Panneau de configuration dans le menu contextuel qui apparaît), puis sélectionnez

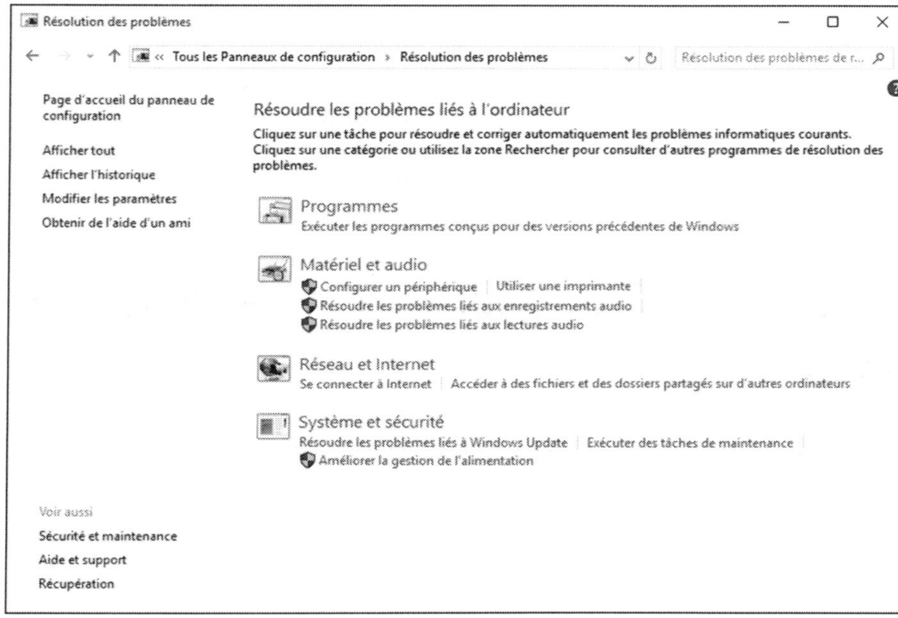

Figure 2.1 : Les assistants au dépannage peuvent permettre d'aller au cœur du problème, pour peu que vous en trouviez un.

Rechercher et résoudre les problèmes sous la catégorie Système et sécurité.

2a. Si vous trouvez un outil de dépannage qui semble adresser votre problème, tapez ou cliquez dessus.

Le choix est limité, mais avec un peu de chance, l'assistant de dépannage vous guidera au fil de processus de réparation du problème.

2b. Si vous ne trouvez pas d'outil de dépannage qui semble adresser votre problème, saisissez un mot-clé ou deux dans le champ de recherche et voyez si Windows peut en trouver un à votre place.

TRUC

Microsoft dispose de dizaines d'outils de dépannage en ligne. Vous pouvez effectuer une recherche *via* le champ Rechercher en haut à droite de la boîte de dialogue de dépannage. Par exemple, on trouve des outils de dépannage pour les paramètres d'alimentation, pour la recherche et l'indexation, pour la maintenance du système, pour Windows Update, pour Internet Explorer et bien d'autres.

Il arrive souvent que les outils de dépannage ne parviennent pas à résoudre le problème, et qu'ils finissent par afficher une boîte de dialogue expliquant que `Cette erreur ne peut être réparée automatiquement`. Vous pouvez taper ou cliquer sur Suivant pour accéder à des messages très éclairants du type `L'erreur 5 a été rencontrée` (je ne sais pas ce que ça veut dire – je suis tombé sur ce message en utilisant l'outil de dépannage de la connexion).

Si vous ne trouvez pas d'outil de dépannage valable, vous pourriez consulter le contenu des journaux du système *via* l'observateur d'événements, dont je traite au Chapitre 4 du Livret VIII.

La stabilité du système et le moniteur de fiabilité

Le moniteur de fiabilité est un outil fort utile qui vous aide à préciser les problèmes que vous ne parvenez que vaguement à identifier. Supposons que votre ordinateur commence soudain à faire apparaître ces écrans bleus disant `Votre PC a rencontré un problème qu'il ne peut gérer, et il doit maintenant être redémarré.` Vous êtes certain que votre PC ne rencontrait pas ces problèmes jusqu'à la semaine dernière. Quelque chose est arrivé ces jours-ci, et voilà que Windows rencontre plus de problèmes que Kiefer Sutherland dans toute une saison de *24 heures chrono*.

Windows surveille tout, sait tout, voit tout – et garde des notes. Les événements Windows, comme on les appelle, sont conservés dans une gigantesque base de données que vous pouvez consulter à l'aide de l'observateur d'événements, que je décris au Chapitre 4 du Livret VIII.

Un jeu plus réduit et spécifique d'événements sont notés dans un rapport, le moniteur de fiabilité – que vous allez découvrir dans un instant.

ATTENTION !

Si vous souhaitez jeter un œil sur le moniteur de fiabilité parce que quelqu'un au téléphone vous a dit qu'il va vous aider à réparer votre ordinateur, faites très attention. Le moniteur de fiabilité vous montrera que votre PC a rencontré des problèmes, ce qui arrive inévitablement. Or, des esprits mal intentionnés pourraient vous faire croire que c'est plus grave que ça ne l'est pour vous faire payer pour des services dont vous n'avez pas besoin, ou pour que vous leur permettiez d'accéder à votre ordinateur à des fins inavouables. Ne vous faites pas avoir ! Il est classique que le moniteur de fiabilité signale de nombreux problèmes.

Voici un moyen facile pour accéder au moniteur de fiabilité :

1. **Cliquez sur le bouton Démarrer ou dans le champ de recherche de Cortana, et tapez** fiabilité.
2. **Dans la liste des résultats, cliquez sur Afficher l'historique de fiabilité.**

   Le rapport du moniteur de fiabilité s'affiche, comme sur la Figure 2.2.

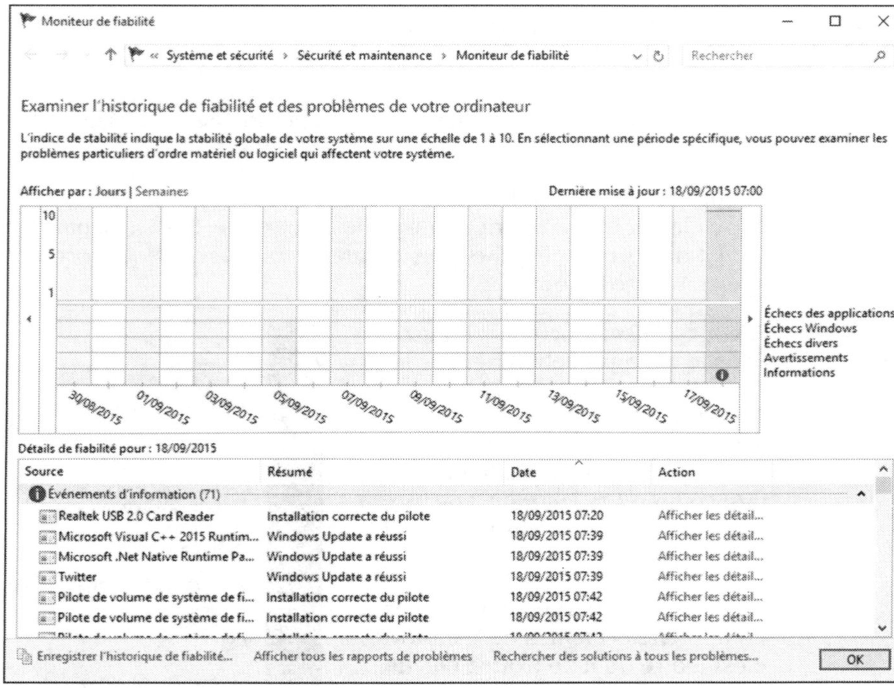

Figure 2.2 : Le rapport du moniteur de fiabilité.

3. **Cliquez sur un élément de la liste en bas du rapport pour accéder aux détails.**

   Vous pouvez taper ou cliquer sur un événement, et afficher des rapports par jour ou par semaine, en sélectionnant l'option idoine au-dessus.

   Le moniteur de fiabilité calcule un score agrégé, basé sur le nombre de problèmes apparaissant sur le graphique, calculé sous la forme d'une moyenne.

Si vous prenez le score de fiabilité avec circonspection, vous pourrez éventuellement glaner quelques informations sur le graphique. Par exemple, si vous avez installé un nouveau pilote et que votre système passe de 10 à 5 ce jour-là, vous pouvez parier que le pilote joue un rôle dans ce déclin. Le moniteur de fiabilité vous affiche les événements significatifs pour chaque jour et vous laisse la responsabilité de formuler des hypothèses.

L'aide de Windows 10

Sous Windows 10 l'aide est obtenue *via* le champ Rechercher sur le Web et dans Windows, et ceci que vous ayez ou non activé l'assistant Cortana, comme cela est expliqué au Chapitre 6 du Livret III.

Cliquez sur le bouton Démarrer ou bien appuyez sur la touche Windows de votre clavier afin d'ouvrir le menu de démarrage. Saisissez immédiatement l'objet de votre recherche, puis cliquez sur le résultat qui correspond le mieux à votre requête.

Si vous utilisez Cortana, cliquez dans le champ Rechercher sur le Web et dans Windows, et tapez l'objet de votre recherche ou bien directement une question. Vous obtiendrez alors une liste de résultats comme à la Figure 2.3 où mon interrogation porte sur le pare-feu de Windows.

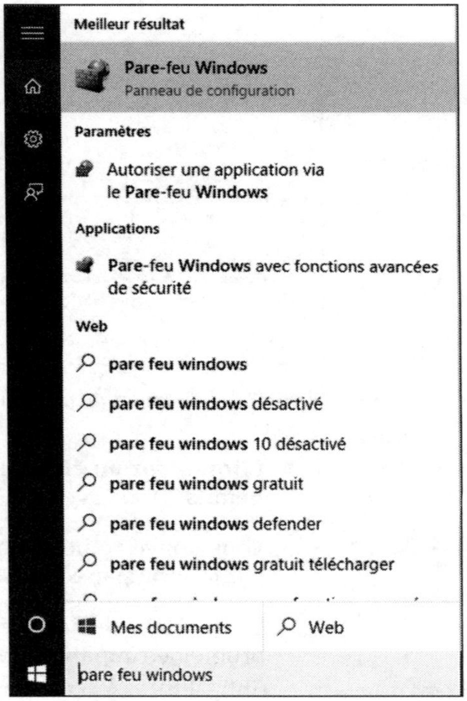

Figure 2.3 : Les résultats d'une requête sous Windows 10.

Lorsque la recherche dépasse les compétences mêmes de Windows, c'est-à-dire qu'il ne trouve pas de solutions dans ses entrailles, il vous renvoie sur le Web.

Si l'aide de Windows ne répond pas à vos besoins, vous pouvez élargir le champ de vos recherches successivement de la manière suivante :

1. **Recourrez à la corruption, qui est de loin le meilleur moyen d'obtenir de l'aide d'autrui.**

   Consultez un ami qui connaît sa partie, et demandez-lui de vous donner un coup de main virtuel. Promettez-lui une pizza ou une bière – ce qu'il faudra. S'il sait faire, c'est la solution la plus rapide et la meilleure du marché.

   Si vous pouvez convaincre votre machine de se connecter à Internet et que votre ami fait de même avec la sienne, Windows permettra facilement à ce dernier de prendre le contrôle de votre ordinateur tandis que vous regarderez ce qui se passe grâce à la fonctionnalité d'assistance à distance, dont je traite un peu plus loin dans ce chapitre.

2. **Si votre ami est parti faire bronzette à Patong Beach, vous aurez besoin de trouver de l'aide ailleurs sur Internet.**

3. **Si vous rencontrez des problèmes avec un correctif de sécurité – et que vous en êtes certain –, vous pourriez être éligible au support technique gratuit.**

   Microsoft disposait autrefois d'un site Web où vous pouviez demander un ticket gratuit pour le support technique, mais il a été déconnecté. Dorénavant, il semble que vous deviez appeler (voir l'étape suivante) et convaincre la personne à l'autre bout du fil que vous rencontrez un problème du fait d'un correctif de sécurité, et que le support technique devrait donc être gratuit.

   N'OUBLIEZ PAS

   Pour ma part, je n'arrive pas à trouver *une seule* adresse électronique – ou référence à une adresse électronique – pour joindre le support technique de Microsoft. Il semble même que le tchat soit bloqué.

4. **En dernier recours, essayez de contacter Microsoft par téléphone.**

   Le Ciel ait pitié de vous.

Capturer et enregistrer vos problèmes

Geek surchargée de travail (répondant au téléphone) : « Hello chéri. Comment ça va ? »

Mari de la geek, totalement perdu : « Désolé de t'appeler au téléphone, mais j'ai un problème avec mon ordinateur. »

GSDT : « Quel problème ? »

MDLGTP : « J'ai cliqué sur une image, et c'est allé dans Microsoft, tu sais, et j'ai essayé de comprendre ce rapport que mon patron m'a envoyé, mais l'ordinateur dit qu'il ne peut pas. »

GSDT : « Euh… »

MDLGTP : « Je suis sûr que t'as vu ça des centaines de fois. J'ai cliqué sur l'image, mais l'ordinateur dit qu'il ne peut pas. Comment lire le rapport ? »

GSDT : « Pfff… »

MDLGTP : « Qu'est-ce qui ne va pas ? Pourquoi tu ne dis rien ? Tu as bien le temps d'aider tes collègues toute la journée au bureau. Tu ne peux pas trouver un instant pour moi ? »

Et GSDT se demande pour la dixième fois aujourd'hui comment elle bien pu faire l'erreur de s'engager dans ce métier.

Tôt ou tard, vous risquez de vous trouver d'un bout ou l'autre du téléphone dans le cadre d'une conversation de ce type. Il en ressort au moins quelque chose de parfaitement clair : lorsque vous tentez de résoudre un problème informatique, il est mille fois plus pratique d'avoir l'écran sous le nez. Des millions de fois. Voire plus.

Capturer et capturer

TRUC

Depuis la nuit des temps sur la planète Microsoft, vous pouvez faire une capture d'écran de votre bureau et la placer dans le presse-papier en pressant la touche Impr écran de votre clavier. De même, si vous maintenez Alt appuyée et que vous pressez Impr écran, Windows capture la fenêtre active et la place dans le même presse-papier. De là, vous pouvez ouvrir Paint (ou tout autre programme capable de digérer des images, comme Word), coller le contenu du presse-papier et faire ce que vous voulez de la capture. Cette approche fonctionne toujours dans Windows – même sur l'écran d'accueil, et dans les applications vignettes. Dans certains cas, c'est exactement l'outil qu'il vous faut pour vous en sortir.

Vista a introduit l'outil Capture, une variation un peu plus sophistiquée sur le même thème. Avec cet outil (voir Figure 2.4), vous cliquez Nouveau, puis dessinez un rectangle autour de la zone que vous souhaitez capturer. Vous pouvez aussi capturer une zone dessinée à la main levée n'importe où sur l'écran, ou capturer automatiquement la fenêtre courante, voire tout l'écran.

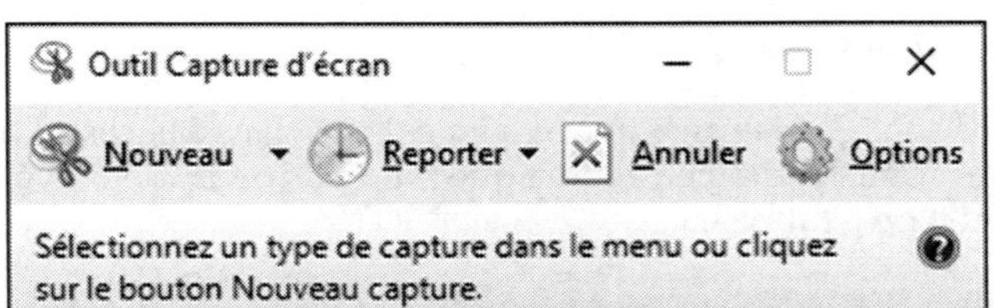

Figure 2.4 : L'outil Capture permet d'effectuer des captures d'écran en quelques étapes.

L'outil Capture dispose de fonctionnalités rudimentaires pour dessiner sur l'écran capturé. Le résultat peut être copié dans le presse-papier et/ou enregistré sous la forme d'un fichier PNG, GIF, JPG ou HTML, ou encore joint à un nouveau courriel.

Pour exécuter l'utilitaire Capture, cliquez sur le bouton Démarrer, et saisissez **capture**. Cliquez ensuite sur l'icône Outil Capture d'écran.

N'OUBLIEZ PAS

Windows dispose maintenant d'une troisième modalité de capture, qui peut s'avérer dans certains cas bien plus pratique que les deux autres. Si vous maintenez la touche Windows appuyée et que vous pressez Impr écran, Windows va faire une capture de tout l'écran, la convertir en fichier PNG, et la stocker dans votre bibliothèque Images. Le fichier est baptisé `Capture (x).png` où X est un nombre incrémenté à chaque capture.

Enregistrer en live

Si une bonne capture d'écran vaut mille mots, une vidéo de ce qui s'y passe ne devrait-elle pas en valoir un million ?

TRUC

Windows propose le très magique Enregistreur d'actions utilisateur, qui vous permet de réaliser un film de votre écran, ou plutôt une série de captures, un peu dans le genre d'un diaporama annoté. Il en résulte un fichier, que vous pouvez envoyer par courriel à un ami, votre geek d'épouse, ou tout autre innocent qui pourra ainsi voir les étapes par lesquelles vous êtes passé et ainsi mieux vous aider. Pour lire le fichier, votre gourou devra disposer d'Internet Explorer.

L'Enregistreur d'actions utilisateur crée un diaporama de votre écran, générant automatiquement des annotations détaillées. Il est rapide et facile à utiliser, et fonctionne merveilleusement bien.

Voici comment enregistrer votre écran :

1. **Vérifiez que vous pourrez vous souvenir des étapes qui vous ont conduit au problème.**

   Répétez s'il le faut, jusqu'à identifier les manœuvres à accomplir, jusqu'à trouver comment il faut toucher au machin qui fait truc jusqu'à ce que chose déraille et génère l'état déplorable sur lequel vous souhaitez attirer l'attention.

   N'OUBLIEZ PAS

   Souvenez-vous que tout ce qui apparaîtra à l'écran, ne serait-ce que furtivement, figurera dans le diaporama, si bien que votre gourou pourra le voir. N'affichez donc pas vos feuilles de salaire.

2. **Cliquez sur le bouton Démarrer, et tapez** psr.

3. **Dans la liste des résultats qui apparaît, cliquez sur Enregistreur d'actions utilisateur.**

Vous pouvez démarrer l'Enregistreur d'actions utilisateur depuis le Panneau de configuration, mais cette manière de procéder est bien plus rapide.

L'Enregistreur d'actions utilisateur s'affiche. Il ressemble à un enregistreur de vidéo (voir Figure 2.5). Rien n'est enregistré pour l'heure.

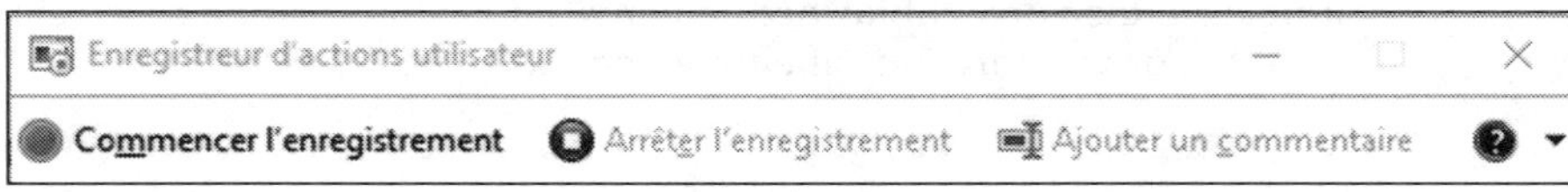

Figure 2.5 : L'Enregistreur d'actions utilisateur.

4. **Cliquez sur Commencer l'enregistrement.**

   L'enregistreur démarre. Vous savez ce qui se passe parce que le titre de sa fenêtre clignote à chaque étape que l'enregistreur mémorise.

   Notez que le diaporama enregistré contiendra la fenêtre de l'Enregistreur d'actions, si bien que vous devrez éventuellement la déplacer pour rendre visible ce que vous souhaitez montrer.

5. **(Optionnel) Si vous souhaitez saisir une description de ce que vous faites ou de tout autre chose sur lequel vous souhaitez attirer l'attention de celui qui regardera le diaporama :**

   a. *Cliquez sur le bouton Ajouter un commentaire.*

      L'enregistrement s'interrompt, et l'écran vire au gris. Un champ de saisie Mettre le problème en surbrillance et commenter apparaît en bas de l'écran.

   b. *Cliquez sur l'écran à l'endroit où se trouve votre problème, puis glissez la souris pour dessiner un rectangle englobant ce qui fait problème.*

   c. *Saisissez votre commentaire édifiant dans le champ, et tapez ou cliquez sur OK.*

      L'enregistrement reprend.

6. **Lorsque vous avez terminé votre démonstration, cliquez sur Arrêter l'enregistrement.**

   L'Enregistreur d'actions utilisateur répond en affichant une boîte de dialogue, comme sur la Figure 2.6.

   Observez attentivement le fichier, car ce que vous voyez dans la boîte de dialogue Enregistrer sous correspondra précisément à ce qui sera

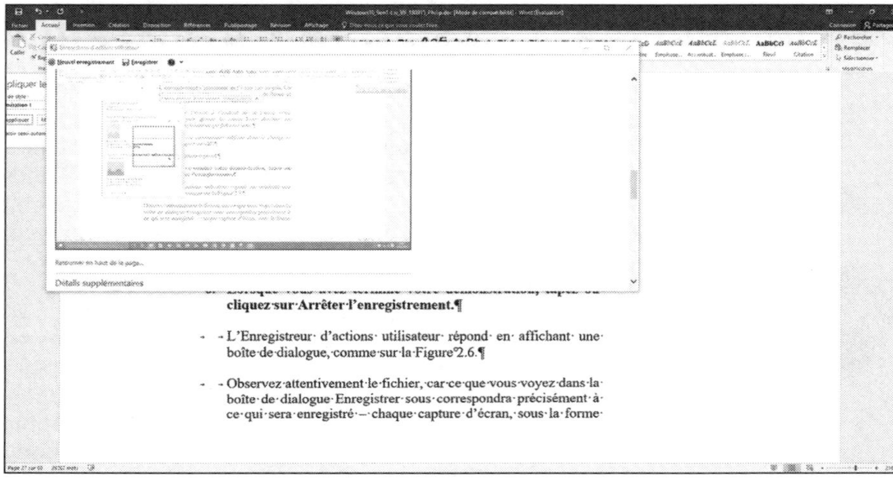

Figure 2.6 : Enregistrez l'enregistrement aussitôt qu'il est achevé.

enregistré – chaque capture d'écran, sous la forme d'un diaporama. Souvenez-vous que ce n'est pas une vidéo, mais un diaporama annoté.

7. **Cliquez sur le bouton Enregistrer.**

8. **Dans la boîte de dialogue Enregistrer sous, saisissez un nom de fichier (c'est un fichier Zip classique), puis cliquez sur Enregistrer.**

   Le fichier Zip contient un fichier MHT, qui peut être lu par Internet Explorer – quoique vous puissiez avoir la chance de le lire dans Firefox, s'il utilise l'extension MAFF ou UnMHT.

9. **Envoyez le fichier à votre gourou.**

   Vous pouvez aussi bien mettre le fichier sur une clé USB et lui passer.

10. **Demandez à votre gourou de double-cliquer sur le fichier Zip quand il le reçoit, puis de double-cliquer sur le fichier MHT qu'il contient.**

    Internet Explorer apparaît et affiche le fichier MHT. Vous disposez de plusieurs options ; ma favorite est celle qui permet de visualiser le fichier sous la forme d'un diaporama.

11. **Quand vous avez terminé, cliquez sur le bouton X pour fermer l'Enregistreur d'actions utilisateur.**

    Magique !

Se connecter à l'Assistance à distance

Windows dispose depuis longtemps d'une fonctionnalité d'assistance à distance qui permet à une personne utilisant un autre ordinateur de prendre le contrôle du vôtre et voir ce qui se passe à l'écran. C'est une faculté de marionnettiste qui permet à quelqu'un de résoudre des problèmes à distance, tandis que vous regardez (ou, si vous êtes le gourou, l'Assistance à distance vous permettra de résoudre les problèmes d'autrui tandis qu'il contemple).

Si vous lisez ces lignes parce qu'un inconnu souhaite accéder à votre ordinateur, arrêtez là. Tout de suite. **Sérieusement, stop**. Demandez-vous ce que vous savez de celui qui veut jeter un œil sur votre PC. Lui faites-vous assez confiance pour lui en donner le plus total contrôle – est-il possible qu'il en abuse pour vous voler des fichiers, voire en déposer qui sont infectés ? Si vous avez le moindre doute, NE LE FAITES PAS. Des esprits mal intentionnés adorent utiliser l'Assistance à distance, car elle leur donne le contrôle total sur votre PC. S'ils travaillent assez vite (ou parlent assez vite pour vous convaincre que ce qu'ils font est opportun), ils peuvent facilement faire ce qu'ils veulent de votre ordinateur.

Comprendre l'interaction

Windows comprend une fonctionnalité Assistance à distance qui vous permet d'appeler un ami (ou un gourou) pour prendre le contrôle de votre PC.

L'interaction de base se déroule ainsi :

1. **Vous créez un fichier d'invitation pour votre gourou, afin de lui demander de jeter un œil sur votre ordinateur. Windows génère un mot de passe pour l'invitation et l'affiche à l'écran.**

2. **Envoyez ou donnez le fichier au gourou. Donnez-lui aussi le mot de passe, mais séparément.**

   Le fichier peut être communiqué comme vous le souhaitez : joignez-le à un courriel, envoyez-le *via* une messagerie instantanée qui vous permet de transférer des fichiers, déposez-le sur un lecteur partagé en réseau, postez-le sur l'intranet de votre entreprise, copiez-le dans un dossier partagé de SkyDrive, collez-le sur une clé USB, gravez-le sur un CD, attachez-le à un pigeon voyageur. Ce n'est qu'un fichier texte, rien de plus.

   Envoyez le mot de passe comme vous le voulez aussi, mais il vaut mieux appeler votre gourou et lui donner au téléphone, pour le cas où quelqu'un jetterait un œil sur votre courriel.

3. **Votre gourou reçoit le message ou le fichier et répond en cliquant dessus, puis en saisissant le mot de passe.**

4. **Votre PC affiche un message disant que votre gourou tente de voir ce qui se passe sur votre ordinateur.**

5. **Si vous donnez votre accord, votre gourou pourra voir ce qui se passe, mais il ne pourra toucher à rien.**

6. **Votre gourou pourra vous demander l'autorisation de prendre le contrôle de votre ordinateur. Si vous lui donnez, il prend le contrôle complet de ce dernier.**

   Il peut passer de l'écran d'accueil au bureau, afficher les icônes, aller dans le Panneau de configuration, lancer des programmes… Tout ce qu'il veut. Vous observez cela pendant qu'il tape et clique, tout comme vous le feriez si vous étiez aux commandes. Votre gourou résout votre problème tandis que vous regardez.

7. **L'un comme l'autre, vous pouvez rompre la connexion à n'importe quel instant.**

La perspective de donner le contrôle de votre ordinateur à quelqu'un *via* une connexion Internet vous fait sans doute froid dans le dos. Je n'y suis pas plus enclin, mais Microsoft a intégré des contrôles de sécurité de qualité industrielle à l'Assistance à distance. Votre gourou doit fournir le mot de passe que vous spécifiez avant de pouvoir se connecter à votre ordinateur. Il ne peut en prendre le contrôle que si vous l'y autorisez expressément. Et vous pouvez fixer une limite horaire à l'invitation : par exemple, si votre gourou ne répond pas dans l'heure, l'invitation tombe.

Établir la connexion

Lorsque vous êtes prêt à établir la connexion pour l'Assistance à distance, il vous suffira de savoir ce qui suit (j'écris ces lignes du point de vue du Nul qui solliciterait l'assistance d'un gourou).

1. **Assurez-vous que votre gourou est prêt.**

   Appelez-le ou envoyez-lui un courriel et assurez-vous que son PC est allumé et connecté à Internet, qu'il utilise Windows 10, 8, 7, XP, Server 2003, Server 2008 ou Server 2012. Vérifiez aussi qu'il a lancé un programme de messagerie instantanée, qu'il pourra consulter son courriel fréquemment ou qu'il attendra que vous lui communiquiez un fichier que vous aurez rendu disponible sur le réseau.

   Vérifiez que vous pouvez contacter votre ami gourou au moyen de la méthode choisie : si vous utilisez le courriel, assurez-vous qu'il figure dans votre carnet d'adresses et envoyez-lui un message de test pour contrôler la validité de son adresse électronique ; si vous lui envoyez un disque par pigeon voyageur, assurez-vous que le pigeon connaît la route et qu'il a bien dormi.

2. **Démarrez votre machine (le PC dont vous souhaitez que votre gourou prenne le contrôle) et assurez-vous qu'il est bien connecté à Internet.**

   Vérifiez que vous ne faites pas fonctionner des programmes que vous ne souhaitez pas porter à la connaissance du gourou. Par exemple, un Sudoku avec des scores minables.

3. **Faites un clic-droit sur le bouton Démarrer et, dans le menu contextuel qui apparaît, choisissez Panneau de config.**

4. **Dans le champ de recherche (en haut à droite) du Panneau de configuration, tapez** assistance.

5. **Dans les résultats de la requête, cliquez sur** Inviter une personne à se connecter à votre PC pour vous aider ou proposer votre aide à une autre personne.

6. **Dans la boîte de dialogue qui apparaît, soit vous invitez une personne, soit vous répondez à une invitation, comme à la Figure 2.7**

   La boîte de dialogue de l'Assistance à distance apparaît, comme sur la Figure 2.7.

7. **Cliquez par exemple sur Inviter une personne de confiance à vous aider.**

   Vous n'avez pas à lui faire confiance, mais vous voyez l'idée. L'Assistance à distance vous répond avec la boîte de dialogue représentée sur la Figure 2.8.

   Easy Connect est une version avancée de l'Assistance à distance. Elle fonctionne avec certaines personnes, si elles se connectent à une autre qui utilise Windows 7, Windows 8, ou Windows 10. Malheureusement, les routeurs peuvent parfois faire obstacle. Easy Connect vous permet de tout configurer en une fois et de réutiliser une connexion quand vous le souhaitez, sans avoir à passer par l'étape invitation/mot de passe.

   La méthode que je décris dans les étapes suivantes fonctionne toujours, que votre routeur l'apprécie ou non. Si vous souhaitez tester Easy Connect, vous devez sélectionner cette option dans la boîte de dialogue de la Figure 2.8 et vérifier si votre gourou peut se connecter. Si ça fonctionne, c'est facile.

8. **Sélectionnez Enregistrer cette invitation en tant que fichier.**

   Même si vous comptez envoyer le fichier par courriel, il est plus facile de l'enregistrer d'abord, puis de le joindre à un courriel.

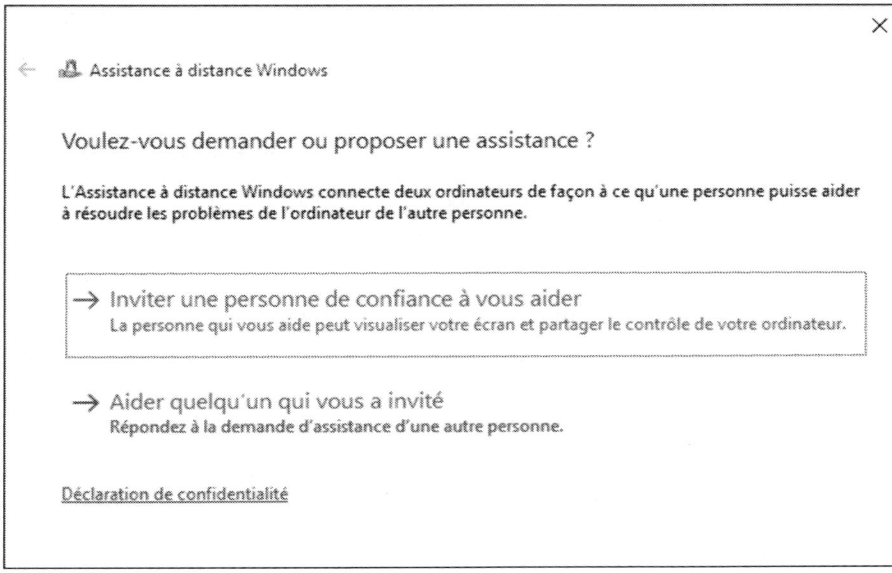

Figure 2.7 : L'Assistance à distance veut que vous indiquiez si vous souhaitez donner ou recevoir des conseils.

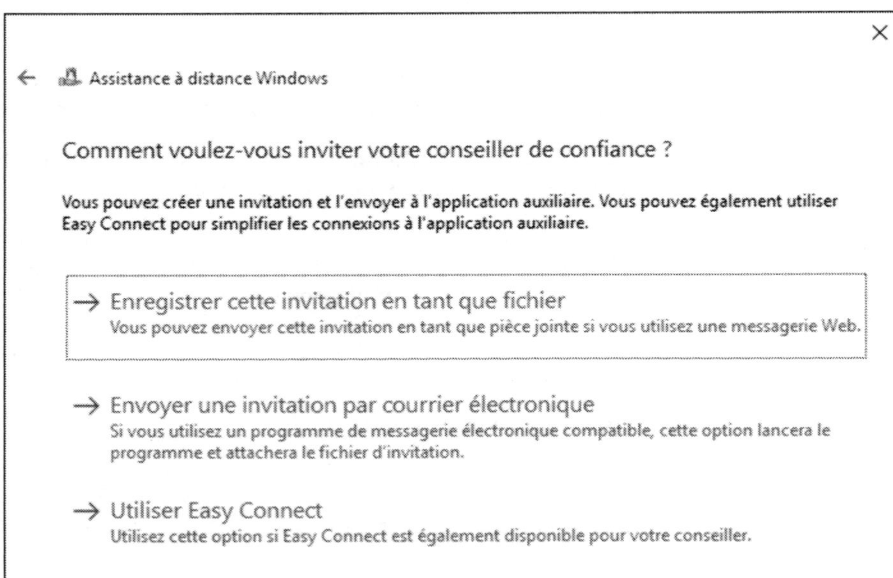

Figure 2.8 : La plus sûre manière est d'enregistrer l'invitation dans un fichier.

L'Assistance à distance ouvre la boîte de dialogue Enregistrer sous et vous demande d'enregistrer le fichier `Invitation.msrcIncident`. Vous pouvez modifier le nom si vous le souhaitez, mais ce sera plus facile pour votre gourou si vous conservez l'extension msrcIncident.

9. **Enregistrez le fichier dans un endroit pratique.**

   L'Assistance à distance répond en affichant une étrange boîte de dialogue, la barre de contrôle de l'Assistance à distance, représentée sur la Figure 2.9. Elle vous recommande de communiquer le fichier d'invitation à votre conseiller (c'est-à-dire, votre gourou), avec le mot de passe automatiquement généré de 12 caractères.

   Windows attend que votre gourou vous contacte. Vous pouvez continuer à travailler entre-temps, à pester contre l'ordinateur, à jouer à Démineur ou faire ce que vous souhaitez.

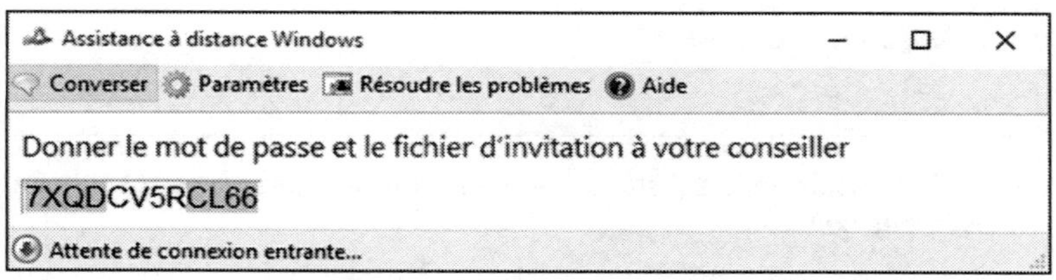

Figure 2.9 : La barre de contrôle de l'Assistance à distance.

10. **Envoyez le fichier d'invitation à votre gourou *via* le courriel, un dossier OneDrive partagé, une clé USB glissée dans un sandwich.**

11. **Dites à votre gourou de double-cliquer sur le fichier d'invitation pour démarrer la session d'assistance à distance.**

    L'ordinateur de votre gourou lui demande le mot de passe qui figure dans la barre de contrôle de l'Assistance à distance. Il le saisit dans le champ sur son ordinateur et clique sur OK.

    L'Assistance à distance vous demande alors si vous souhaitez autoriser votre gourou à se connecter à votre ordinateur.

12. **Tapez ou cliquez sur le bouton Oui.**

    Deux choses se déroulent alors, simultanément :

    - La barre de l'Assistance à distance de votre ordinateur indique que vous êtes connecté.

    - L'ordinateur de votre gourou affiche une fenêtre qui représente tout ce qui figure à l'écran de votre ordinateur.

Si votre gourou veut prendre le contrôle de votre PC, il doit cliquer sur l'icône Demander le contrôle sur sa barre d'assistance à distance.

S'il le fait, votre machine vous avertit que votre gourou tente de prendre le contrôle.

13. **Sur votre machine, cliquez sur Oui pour autoriser votre gourou à prendre le contrôle de votre PC.**

    Votre gourou peut maintenant contrôler votre ordinateur, déplacer la souris, et saisir au clavier tandis que vous regardez.

14. **Si l'un d'entre vous souhaite clôturer la connexion, qu'il tape ou clique sur l'icône Déconnexion sur la barre d'Assistance à distance.**

    De plus, vous – la personne qui a demandé la session – pouvez annuler la session à tout instant en pressant simplement Échap.

Une fois que la session d'Assistance à distance est en cours et que vous donnez le contrôle à votre gourou, il peut faire tout ce que vous pouvez faire sur votre ordinateur – tout sauf modifier les utilisateurs. Si l'un d'entre vous se déconnecte, la connexion est rompue. Vous contrôlez l'un et l'autre la souris. De même, si l'un d'entre vous tape au clavier, les lettres apparaissent à l'écran. Vous pouvez reprendre le contrôle en pressant Échap.

Votre gourou peut être certain que la connexion est à sens unique. Il peut prendre le contrôle de votre ordinateur, mais vous ne pouvez pas prendre le contrôle du sien. Il peut voir tout ce que vous voyez à l'écran, mais vous n'avez pas la possibilité de jeter un œil sur son bureau.

Limiter une invitation

À moins d'en disposer autrement, une invitation que vous envoyez *via* l'Assistance à distance expire au bout de six heures. Suivez ces étapes pour modifier ce délai :

1. **Accédez au Panneau de configuration *via* un clic-droit sur le bouton Démarrer.**
2. **Cliquez ensuite sur Système et sécurité.**
3. **Sous le lien Système, cliquez sur le lien Autoriser l'accès à distance.**
4. **Vérifiez que l'onglet Utilisation à distance apparaît. Dans la section Assistance à distance, cliquez sur le bouton Avancé.**
5. **Dans la section Invitations, spécifiez le délai durant lequel vous souhaitez que les invitations restent valides.**

6. **Tapez ou cliquez sur OK deux fois, puis tapez ou cliquez sur X pour fermer le Panneau de configuration.**

Diagnostiquer l'Assistance à distance

L'Assistance à distance est un outil étonnamment puissant et utile, mais elle est pleine de pièges. Voici quelques problèmes que vous pourriez rencontrer :

- Vous et votre gourou devez être connectés à Internet ou au même réseau local. Si vous ne pouvez pas vous connecter à Internet – surtout si c'est le problème que vous souhaitez résoudre –, vous êtes perdu !
- Vous devez tous deux utiliser Windows 10, 8, 7, Vista, XP, Server 2003, Server 2008, Server 2012 ou tout autre système d'exploitation qui supporte l'Assistance à distance.
- Vous devez pouvoir donner à votre gourou un fichier pour qu'il puisse utiliser l'invitation à se connecter sur votre PC.
- Si un pare-feu s'interpose entre vous et Internet, il peut bloquer l'Assistance à distance. Le pare-feu de Windows (celui qui est livré avec Windows 10, 8, 7, Vista ainsi que Windows XP SP 2 et suivants) ne bloque pas intentionnellement l'Assistance à distance, mais d'autres pare-feu le pourraient. Si vous ne pouvez pas passer outre, contactez votre administrateur réseau ou creusez la documentation de votre pare-feu pour débloquer le port 3389 – le canal de communication que l'Assistance à distance utilise.

C'est à vous – la personne dont le PC va être passé sous contrôle – qu'il revient d'initier la session d'assistance à distance. Votre gourou ne peut pas vous taper électroniquement sur l'épaule pour vous demander comment ça va.

Obtenir de l'aide en ligne

Autrefois, Microsoft permettait facilement d'appeler le support technique, de le contacter par courriel. De nos jours, il est impossible de trouver un être humain pour vous répondre quand vous avez besoin d'aide.

Ce n'est tout simplement pas efficace. Vous souhaitez sans doute poser une question que des centaines d'autres ont déjà posée, et cela n'aurait aucun sens de répondre à votre question sans rendre la réponse disponible à tous ceux qui eux aussi la recherchent.

ASKWOODY.COM

C'est l'une des raisons pour lesquelles Microsoft vous encourage à utiliser les forums de support technique. L'autre bonne raison ? Les forums sont utilisés par de très nombreuses personnes pour apporter leur aide. Nombre d'entre elles sont des MVP – Microsoft Most Valuable Professionnals (les professionnels les plus prisés par Microsoft) – qui travaillent gratuitement, pour la seule joie de savoir qu'ils ont rendu service. Microsoft reconnaît et remercie ces MVP, et parfois leur permet d'entrer en contact directement avec des membres des équipes de développement. En échange, les MVP apportent leur bon, voire excellent, support à tous ceux qui appellent à l'aide.

Microsoft a créé un espace destiné à la communauté des utilisateurs de Windows. Si vous avez des questions spécifiques sur Windows 10, rendez-vous à la section correspondante sur `http://windows.microsoft.com/fr-fr/windows-10/support`.

TRUC

Cherchez une réponse avant de poser votre question. Vous avez toutes les chances que quelqu'un ait déjà rencontré le problème.

N'OUBLIEZ PAS

L'assistant Cortana de Windows 10 vous fera également des suggestions de sites Web pouvant apporter des réponses aux questions que vous vous posez.

Chapitre 3

Travailler avec les bibliothèques

Dans ce chapitre :

- Comprendre les bibliothèques
- Personnaliser et travailler avec les bibliothèques
- Créer vos propres bibliothèques

Lorsque vous démarrez l'Explorateur de fichiers, les icônes de quatre bibliothèques n'apparaissent pas (ou plus). Pourtant elles peuvent être d'une très grande utilité pour centraliser des médias, des docs, et pour partager rapidement des fichiers.

Nombre d'utilisateurs expérimentés de Windows sont perdus lorsqu'ils commencent à penser bibliothèques. C'est parce qu'ils vivent dans cette idée qu'une donnée ne peut se trouver qu'à un seul endroit. Selon eux, les fichiers sont sur le disque `C:`, ou sur un DVD, ou alors ils sont quelque part sur Internet. Pour trouver une information, ils ouvrent un fichier, et s'ils n'y trouvent pas ce qu'ils recherchent, ils regardent dans un autre fichier du même dossier. Si aucun des fichiers du dossier ne contient l'information, ils remontent au niveau du dossier supérieur, et ils réitèrent leurs recherches.

Windows a introduit le concept de bibliothèque pour permettre plus facilement de gérer des ensembles de fichiers et de dossiers.

Comprendre et afficher les bibliothèques

Vous savez ce qu'est un fichier, n'est-ce pas ? Si ce n'est pas le cas, j'en traite au Chapitre 1 du Livret I. Les fichiers contiennent des données. Généralement, vous trouvez une photo ou une vidéo dans un fichier. Une musique tient dans un fichier. De même pour un document, une feuille de calcul ou une présentation PowerPoint. Bien entendu, cette affirmation connaît bien des nuances, mais à la base, un *fichier* est juste un ensemble de données que vous placez quelque part. Les fichiers peuvent être vides. Ils peuvent aussi bien être énormes.

Comprendre le principe des bibliothèques

Vous connaissez aussi les dossiers, non ? Les *dossiers* sont des ensembles de fichiers et d'autres dossiers. Eux aussi peuvent être vides. Ils peuvent être énormes. Ils peuvent contenir beaucoup de très petits fichiers ou quelques gros fichiers, ou toute combinaison entre de petits et de gros fichiers. Vous rangez un ensemble de fichiers et de dossiers à un même endroit, et cet endroit est un dossier.

Notez que j'ai dit un « même endroit ». Dans le détail, les choses peuvent être plus complexes, mais sur le plan conceptuel, toutes les données figurant dans un fichier se trouvent en un même endroit. Tous les fichiers dans un dossier se trouvent en un même endroit. C'est en ceci que les bibliothèques diffèrent.

Le contenu des bibliothèques ne se trouve pas toujours au même endroit. En effet, une bibliothèque rassemble des dossiers qui peuvent se trouver n'importe où sur votre lecteur `C:`, sur votre lecteur `D:`, sur une clé USB, sur un disque externe, quelque part sur votre réseau – si vous en avez un. Une *bibliothèque* est un ensemble de dossiers qui ne sont pas contraints de se trouver en un même endroit pour qu'il soit possible d'y accéder depuis la bibliothèque en question. Une bibliothèque utilise des *pointeurs* pour en donner l'illusion.

Afficher les bibliothèques dans l'Explorateur de fichiers

Les bibliothèques n'apparaissent pas par défaut dans l'Explorateur de fichiers de Windows 10. Donc, vous ne les trouverez pas dans le volet de navigation.

Voici comment les y afficher :

1. **Ouvrez l'Explorateur de fichiers par un clic sur son icône (dossier) de la Barre des tâches.**

2. **Cliquez sur l'onglet Affichage de l'Explorateur de fichiers.**

3. **Dans le groupe Volets, cliquez sur l'icône Volet de navigation.**

4. **Dans le menu local qui apparaît, choisissez Afficher les bibliothèques, comme le montre la Figure 3.1.**

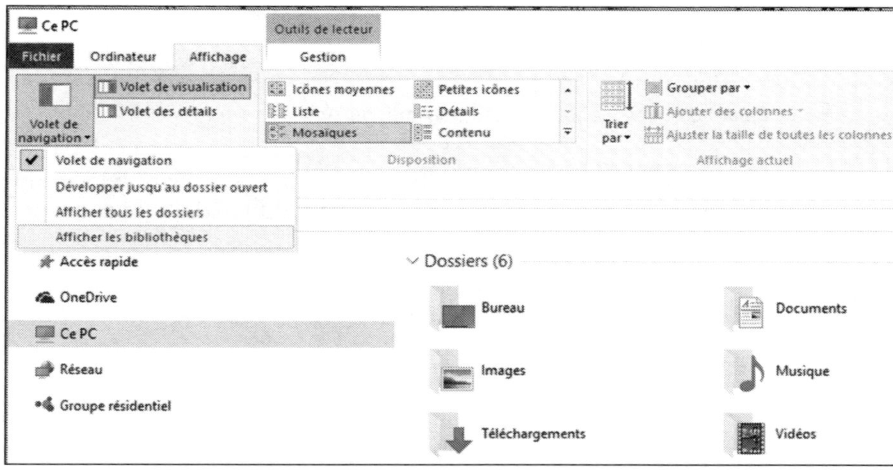

Figure 3.1 : Afficher les bibliothèques dans l'Explorateur de fichiers.

Un dossier Bibliothèques apparaît dans le volet de navigation de l'Explorateur de fichiers.

5. **Pour accéder aux bibliothèques, cliquez sur le chevron situé à gauche du dossier, comme à la Figure 3.2.**

   Vous affichez les bibliothèques Documents, Images, Musique, et Vidéos.

   Chaque bibliothèque donne accès à des sous-bibliothèques.

Travailler avec vos bibliothèques par défaut

Vous pourriez penser que Windows identifie comme par magie le type de tout fichier que vous utilisez pour l'afficher dans la bibliothèque correspondante – toutes les images dans la bibliothèque Images, par exemple. Ce n'est pas comme cela que les bibliothèques fonctionnent.

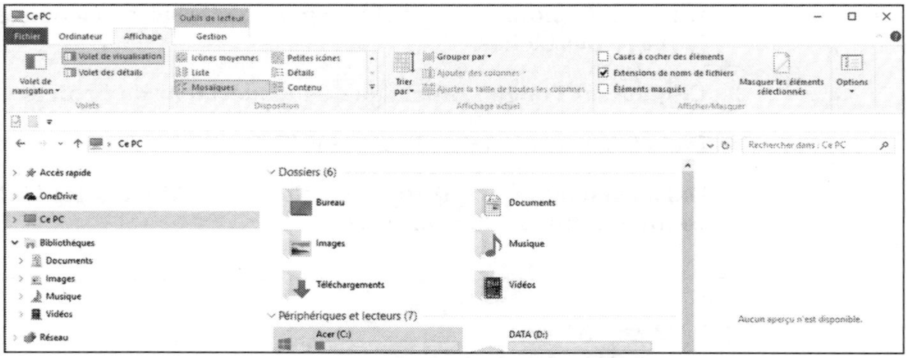

Figure 3.2 : Les bibliothèques de Windows 10.

Windows crée les quatre bibliothèques que vous voyez en assemblant les contenus de vos dossiers et des dossiers Public du type approprié. Ainsi :

- Tout ce qui apparaît dans la bibliothèque Documents provient du dossier \Documents auquel Windows rajoute ce qui se trouve dans le dossier \Public\Documents.
- De même pour la bibliothèque Musique.
- Tout ce qui apparaît dans la bibliothèque Images provient du dossier \Images auquel Windows rajoute ce qui se trouve dans le dossier \Public\Images.
- De même pour la bibliothèque Vidéos.

L'inverse est aussi vrai. Tout fichier figurant dans le dossier \Ma musique apparaît dans la bibliothèque Musique, tout comme tout fichier se trouvant dans le dossier \Public\Musique. Windows n'explore pas le fichier pour savoir si c'est un fichier de musique. La bibliothèque Musique ne contient donc pas forcément des fichiers de musique. C'est juste un assemblage du contenu de deux dossiers.

Pourquoi vous ennuyer avec les bibliothèques ? Il se trouve qu'elles sont plutôt puissantes, une fois que vous vous y êtes habitué. Le plus grand gain de temps qu'elles procurent réside sans doute dans la possibilité de procéder à des recherches dans divers dossiers. Voici deux exemples :

- Si vous souhaitez rechercher un album de Jarre dans toute votre musique, rendez-vous dans votre bibliothèque Musique et saisissez **Jarre** en haut à droite.
- Si vous souhaitez rechercher des documents et des feuilles de calcul qui contiennent le mot *équinoxe*, rendez-vous dans la bibliothèque Documents, saisissez **équinoxe** dans le champ de recherche et Windows vous

retournera tous les documents figurant dans les dossiers \Documents et \Public\Documents qui contiennent le mot.

Imaginez comment cette recherche peut vous simplifier la vie si vous conservez toute votre musique dans un dossier sur un ordinateur qui est relié à votre réseau. Configurez votre bibliothèque Musique pour qu'elle contienne ce dossier, et votre recherche s'en trouvera considérablement accélérée.

Lorsqu'une application fonctionnant sous Windows regarde dans le dossier Documents, Windows lui affiche tout le contenu de la bibliothèque Documents. Si vous lancez un programme de dessin et que vous sélectionnez Fichier->Ouvrir, vous ne vous rendez plus dans votre dossier Images. À la place, vous vous rendez dans la bibliothèque Images. Ainsi, si vous avez un dossier sur un autre ordinateur qui contient des documents que vous utilisez souvent, vous pouvez ajouter ce dossier à la bibliothèque Documents. Dès lors, chaque fois que vous lancez Word et que vous sélectionnez Fichier->Ouvrir, ce dossier apparaîtra. Contrairement aux précédentes versions, le Lecteur Windows Media n'a pas besoin d'une configuration particulière pour gérer les bibliothèques, car Windows intègre dorénavant par défaut cette fonctionnalité.

Représentez-vous les bibliothèques comme des dossiers de nouvelle génération.

Personnaliser les bibliothèques

Vous pouvez ajouter des dossiers spécifiques à une bibliothèque en plus des dossiers qu'elle contient par défaut (la section « Travailler avec vos bibliothèques par défaut » plus tôt dans ce chapitre vous explique ce que sont les dossiers par défaut). Vous pouvez aussi modifier l'endroit où une bibliothèque enregistre des données lorsque vous les y rajoutez. Continuez à lire pour les détails.

Ajouter un dossier Public à une bibliothèque

La principale modification que les gens apportent à leurs bibliothèques consiste à ajouter le dossier Public aux bibliothèques. Ainsi il sera plus facile de partager vos fichiers avec d'autres utilisateurs de votre réseau local.

L'idée n'est pas de déplacer les dossiers publics d'origine dans les bibliothèques, mais d'y placer un raccourci. Voici comment procéder :

1. **Ouvrez l'Explorateur de fichiers par un clic sur son icône (dossier) de la Barre des tâches.**

2. **Pour afficher les dossiers publics, cliquez sur l'icône de votre disque système (C:).**

3. **Dans le volet central de l'Explorateur de fichiers, double-cliquez sur Utilisateurs, puis sur le dossier Public.**

   Comme le montre la Figure 3.3, les dossiers « publics » apparaissent.

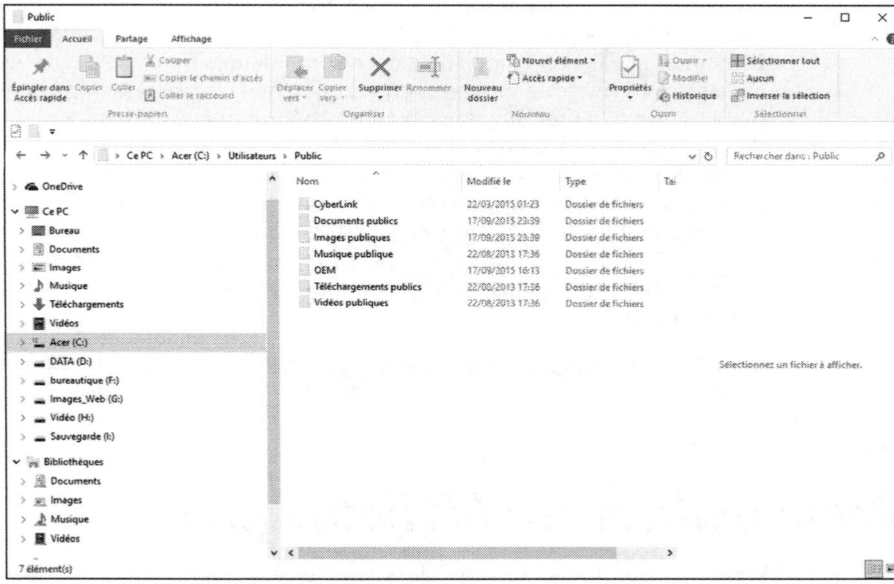

Figure 3.3 : Les dossiers publics de Windows 10.

4. **Pour placer un raccourci dans vos bibliothèques, glissez-déplacez avec le bouton droit (j'ai bien dit DROIT !!!) de la souris le dossier vers sa bibliothèque affichée dans le volet de navigation.**

   Par exemple, faites glisser le dossier Documents publics sur la bibliothèque Documents du volet de navigation.

5. **Relâchez le bouton de la souris et, dans le menu contextuel qui apparaît, exécutez la commande Créer le raccourci ici.**

Ce n'est pas plus compliqué que cela. Désormais, vos fichiers stockés dans des dossiers publics seront rapidement accessibles *via* les bibliothèques de Windows 10. Bien entendu, vous pouvez appliquer cette technique pour n'importe quel dossier de n'importe quel disque dur.

Inclure un dossier dans une bibliothèque

Plutôt que de créer un raccourci, vous pouvez inclure un dossier dans une bibliothèque. Voici comment procéder :

1. **Utilisez l'Explorateur de fichiers pour vous rendre jusqu'au dossier que vous souhaitez ajouter.**

   Il peut se trouver presque n'importe où.

2. **Cliquez du bouton droit sur le dossier, sélectionnez Inclure dans la bibliothèque, et sélectionnez la bibliothèque.**

   Sur la Figure 3.4, j'ai ajouté le dossier Photos de famille à ma bibliothèque Images.

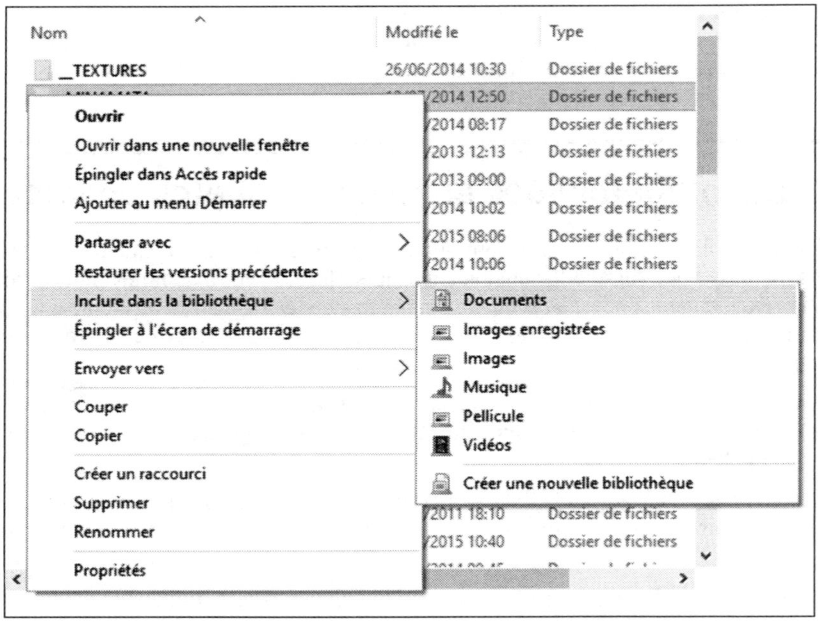

Figure 3.4 : Il est facile d'ajouter un dossier à une bibliothèque, si vous vous y prenez à partir du dossier.

3. **Retournez dans la bibliothèque et vérifiez que le dossier y a bien été ajouté.**

   Sur la Figure 3.5, vous pouvez voir que le dossier Photos de famille, qui se trouve sur un ordinateur différent, est maintenant dans la bibliothèque Images.

N'OUBLIEZ PAS

Il faut bien noter que Windows *ne déplace rien*. Les images se trouvent toujours à leur emplacement initial. Toutefois, la bibliothèque a été étendue pour inclure le dossier qui les contient. Si vous recherchez dans la bibliothèque Images, Windows va non seulement rechercher dans le contenu des dossiers \Images et \Public\Images, mais aussi dans le dossier Photos de famille.

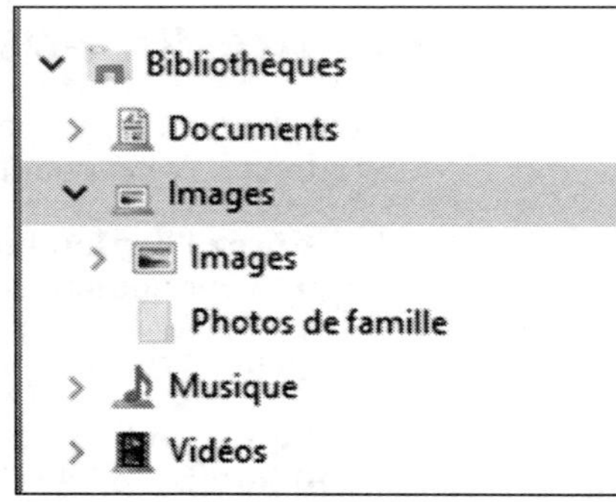

Figure 3.5 : Même si le dossier n'a pas été déplacé, il figure maintenant dans la bibliothèque.

Les bibliothèques ne sont pas exclusives : vous pouvez placer un dossier dans plusieurs bibliothèques. Vous pouvez parfaitement le placer à la racine d'une bibliothèque et dans un sous-dossier d'une autre bibliothèque.

Les bibliothèques annotées sont plus efficaces

La plupart des fichiers de musique sont annotés (ne serait-ce que rudimentairement), mais les photos ne le sont que rarement, sauf avec les mots-clés que votre appareil photo y rajoute – les *données EXIF*, comme l'heure et la date où la photo a été prise. Il en va de même pour les vidéos. Pour organiser de grosses quantités de médias, vous devez vous familiariser avec les étiquettes, des métadonnées que vous ajoutez à chaque fichier.

Quoique vous ne puissiez créer une bibliothèque à partir d'étiquettes, vous pouvez faire des recherches sur des étiquettes, ce qui permet de préserver l'organisation de vastes bibliothèques bien plus facilement.

Le Lecteur Windows Media et la Galerie de Photos intègrent des outils pour gérer les étiquettes. En général, vous pouvez affecter des étiquettes à presque n'importe quel fichier (sauf les GIF), de la manière suivante :

1. **Localisez le fichier dans l'Explorateur de fichiers et sélectionnez-le.**
2. **Faites un clic-droit sur le fichier et, dans le menu contextuel, choisissez Propriétés.**
3. **Dans la boîte de dialogue Propriétés, cliquez sur l'onglet Détails.**

   Apportez vos modifications dans les différents champs qui s'ouvrent lorsque vous cliquez dessus.

Au risque de paraphraser Beyoncé, si vous appréciez un fichier, vous devriez y coller une étiquette.

Si vous souhaitez retirer un dossier d'une bibliothèque, cliquez du bouton droit sur le nom du dossier dans le volet de navigation. Sélectionnez Supprimer l'emplacement de la bibliothèque.

Créer votre propre bibliothèque

Windows est livré avec quatre bibliothèques, mais vous pouvez en ajouter autant que vous le souhaitez.

Vous pourriez souhaiter créer votre propre bibliothèque si par exemple, vous disposez d'un tas d'informations sur une maison que vous souhaitez vendre. Ces informations peuvent comprendre des documents Word, une feuille de calcul Excel, des photos et peut-être une ou deux vidéos. Les documents se trouvent dans Documents, les photos dans un dossier séparé de Images, et les vidéos dans Vidéos. Voici comment créer la bibliothèque qui permettra de les réunir :

1. **Lancez l'Explorateur de fichiers et accédez à vos bibliothèques.**

2. **Faites un clic-droit sur un espace vierge, et sélectionnez Nouveau-> Bibliothèque.**

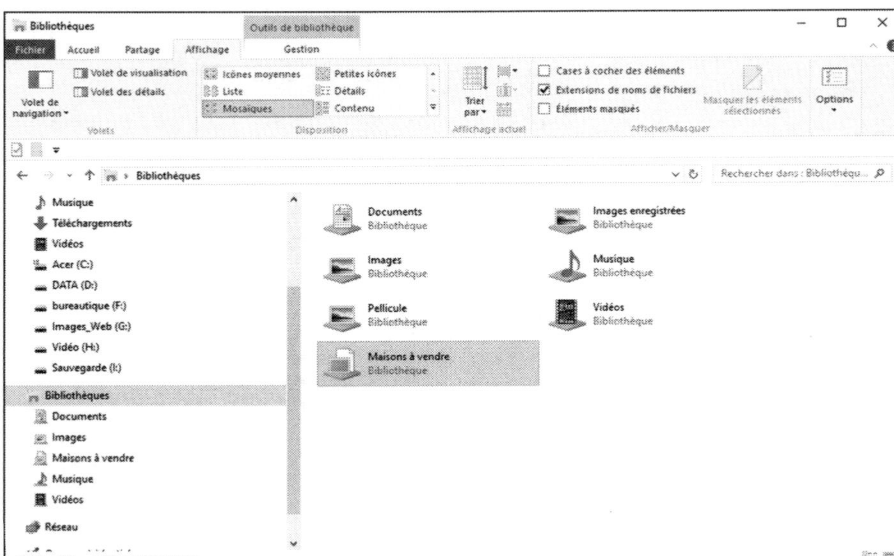

Figure 3.6 : Commencez à constituer votre bibliothèque personnalisée.

Windows crée une nouvelle bibliothèque, qu'il baptise Nouvelle bibliothèque.

3. **Saisissez tout de suite un nom pour la bibliothèque et appuyez sur la touche Entrée de votre clavier.**

   Sur la Figure 3.6, j'ai saisi le nom *Maison à vendre* et j'ai pressé Entrée. L'Explorateur de fichiers affiche ma nouvelle bibliothèque.

   Windows vous laisse choisir le premier dossier à y rajouter.

Chapitre 4

Stocker dans des espaces de stockage

Dans ce chapitre :

- Virtualiser les espaces de stockage
- Configurer des espaces de stockage
- Prendre soin et alimenter des espaces de stockage

Ceux qui veulent s'assurer qu'ils ne souffriront jamais de pertes de données – en dépit de disques durs défectueux ou de routines de sauvegarde qui fonctionnent mal – trouveront que les espaces de stockage de Windows peuvent à eux seuls justifier l'achat, l'installation, et l'usage de Windows 10.

Dans ce chapitre, je vous présente la manière dont Windows 10 approche la virtualisation de disque et je vous explique comment activer votre espace de stockage. Je vous montre ensuite comment configurer l'espace de stockage, et je vous donne des conseils et des astuces pour qu'il réponde à vos besoins. Sachez-le : il est facile d'utiliser un espace de stockage pour réaliser des sauvegardes, et cela fonctionne très bien.

Comprendre la « virtualisation » du stockage

Tôt ou tard, vous ferez une indigestion du terme *virtualisation*. Ceux qui veulent vous vendre des trucs n'ont que ce mot à la bouche. Toutefois, il y a vraiment quelques bonnes choses à en retenir, tout particulièrement dans le domaine du stockage.

Les espaces de stockage de Windows assurent la gestion des disques en coulisse, ce qui vous dispense donc de vous en occuper. Vous ne saurez jamais (et vous n'aurez jamais à vous en soucier) quel disque dur sur quel ordinateur contient quels dossiers, ou quels fichiers vont à quel endroit. Les volumes et les dossiers s'étendent au gré de vos besoins, sans que vous ayez à lever le petit doigt.

Vous n'avez pas à vous soucier que votre lecteur `D:` manque soudain d'espace libre, car vous n'avez pas de lecteur `D:`. Ni de lecteur `E:`. Windows prend tout l'espace disque que vous lui indiquez et l'alloue au gré de vos besoins.

Tant que vous disposez de deux disques durs ou plus dont les capacités sont suffisantes, toutes les données que vous stockez dans le pool de stockage sont automatiquement copiées en miroir sur deux disques durs ou plus. Si l'un des disques durs lâche, vous pouvez toujours travailler avec celui ou ceux qui restent en ligne, et vous ne perdez aucune donnée. Allez acheter un nouveau disque dur, branchez-le dans l'ordinateur, indiquez à Windows qu'il doit accepter le nouveau disque dans le pool de stockage, attendez une heure ou deux que Windows fasse son tour de magie et toutes vos données se retrouveront dans l'état normal. C'est aussi simple que cela.

Windows vous signale quand votre ordinateur commence à manquer d'espace disque. Installez alors un nouveau disque – interne, externe, USB, SATA ou autre – et avec votre permission, il sera absorbé par le pool de stockage. Vous disposez alors de plus d'espace, sans avoir à vous préoccuper des détails – pas de nouvelles lettres de lecteurs à attribuer, pas de partition à créer, pas de fichiers à copier ou déplacer massivement d'un disque vers un autre, pas d'astuce maison à mettre en œuvre pour la sauvegarde. Un vrai bol d'air pour tous ceux qui n'en peuvent plus d'entendre Windows se plaindre sans arrêt parce qu'il manque d'espace.

Lorsque vous ajoutez un nouveau disque dur au pool de stockage, tout ce qui se trouvait sur le nouveau disque est supprimé. Vous n'avez pas le choix. Aucune donnée ne peut subsister sur le disque – tout est éradiqué. C'est le prix à payer pour son intégration.

Voici dans les grandes lignes comment configurer un pool de stockage pour conserver des données en miroir :

1. **Indiquez à Windows qu'il peut utiliser deux ou plusieurs disques comme pool de stockage.**

   Votre lecteur `C:` – lecteur qui contient Windows – ne peut pas faire partie du pool.

La meilleure configuration pour les espaces de stockage : récupérez un solide disque dur pour vos fichiers système et faites-en le lecteur `C:`. Récupérez ensuite deux autres gros disques durs pour stocker toutes vos données. Ces disques peuvent être lents, mais vous ne vous en rendrez pas compte.

2. **Une fois que vous avez configuré un pool de disques durs, vous pouvez créer un ou plusieurs espaces de stockage.**

   En pratique, la plupart des particuliers et des petites entreprises ne veulent qu'un espace. Toutefois, vous pouvez en créer plus si vous le souhaitez.

3. **Déterminez la taille maximale pour chaque espace et choisissez une technologie de stockage en miroir, si vous souhaitez que les données soient conservées ainsi.**

   La taille maximale peut atteindre l'intégralité de l'espace disponible sur tous les disques durs du pool. C'est l'un des avantages de la virtualisation : si vous n'avez plus d'espace sur un disque dur, vous n'avez pas à vous serrer la ceinture. Windows vous demandera juste de lui fournir un autre disque.

   Pour plus d'informations sur le stockage en miroir, reportez-vous à l'encadré « Les technologies de stockage en miroir dans les espaces de stockage ».

4. **Si un disque meurt, vous pouvez continuer à travailler et insérer un nouveau disque quand vous le voulez. Si vous souhaitez remplacer un disque par un plus gros (ou un plus fiable), vous demandez à Windows de se débarrasser (ou démonter) du vieux disque, vous attendez une heure ou deux, vous éteignez le PC, vous retirez le disque, vous ajoutez le nouveau, et c'est parti.**

   C'est aussi simple que cela.

TRUC

Si vous n'avez jamais entendu parler de la technologie RAID (tableau redondant de disques bon marché), vous trouverez les espaces de stockage familiers. Les concepts sont semblables, mais les espaces de stockage n'utilisent pas du tout RAID. Au lieu de reposer sur un matériel spécialisé et des contrôleurs exotiques – caractéristiques d'une installation RAID – les espaces de stockage sont intégrés à Windows et peuvent être utilisés avec n'importe quel type de disque dur – interne, externe, IDE, SATA, USB, eSATA, *etc.* –, quelle que soit la taille. Pas besoin de matériel ou de logiciel spécialisé.

Les technologies de stockage en miroir dans les espaces de stockage

Quand on parle de miroir – Microsoft appelle cela la *résilience* –, vous avez quatre possibilités :

- Vous pouvez *ne pas utiliser de miroir* du tout. Ce faisant, vous perdez la sauvegarde en temps réel, mais vous bénéficiez toujours du pool de stockage.
- Vous pouvez opter pour un espace en *double miroir*, indiquant par là à Windows qu'il doit automatiquement conserver une copie de tout sur au moins deux disques durs distincts, et récupérer les données tout aussi automatiquement lorsqu'un disque dur fait défaut. Il est important de réaliser que vos programmes n'y verront que du feu. L'espace de stockage prend soin de tout en coulisse.
- Vous pouvez recourir au *triple miroir*, qui est réservé aux personnes les plus fanatiques qui disposent d'hectares d'espace disque en jachère.
- Enfin, il existe une forme de redondance nommée *parité*, dont le principe est de calculer des codes permettant de vérifier l'intégrité de vos données, stockés de telle manière que les données peuvent être reconstruites à partir de disques défaillants sans avoir à disposer de copies exactes des fichiers originaux. Cette approche consomme moins d'espace que le miroir, mais elle est plus consommatrice de temps de traitement des entrées et sorties. Microsoft recommande que vous n'optiez pour la parité que pour stocker de gros fichiers que vous parcourez séquentiellement – les vidéos, par exemple – ou des fichiers que vous ne mettez pas souvent à jour.

Configurer des espaces de stockage

Même si vous pouvez configurer un espace de stockage avec seulement deux disques durs – votre disque système `C:` et deux autres disques de données –, vous n'en tirerez pas grand bénéfice tant que vous n'aurez pas réuni au moins trois disques sur votre PC. Dans cette section, je vais donc supposer que vous disposez du disque `C:`, et de deux autres disques durs – internes, externes, comme vous voulez –, tous ces disques étant évidemment connectés à votre PC. Je vais aussi supposer que ces deux disques durs ne contiennent absolument rien que vous souhaitiez conserver. Parce qu'ils vont être totalement vidés. Je vous le garantis.

Prêt à configurer un espace ? Voici comment :

1. **Connectez vos disques, puis allez dans l'Explorateur de fichiers et vérifiez que Windows a bien reconnu les trois disques.**
2. **Faites un clic-droit sur le bouton Démarrer et, dans le menu contextuel qui apparaît, choisissez Panneau de configuration.**

3. **Cliquez sur Système et sécurité, puis sur Espaces de stockage.**

   Vous pouvez aussi cliquer sur le bouton Démarrer ou dans le champ de recherche de Cortana et saisir **espaces de stockage.** Cliquez ensuite sur l'icône éponyme pour accéder directement à la fenêtre de cet utilitaire du Panneau de configuration.

4. **Cliquez sur le lien Créer un nouveau pool et un nouvel espace de stockage.**

   Vous devez d'abord créer un pool de stockage – c'est-à-dire affecter un disque dur au pool de disques durs disponibles de Windows. Windows vous propose de créer un pool de stockage, comme sur la Figure 4.1.

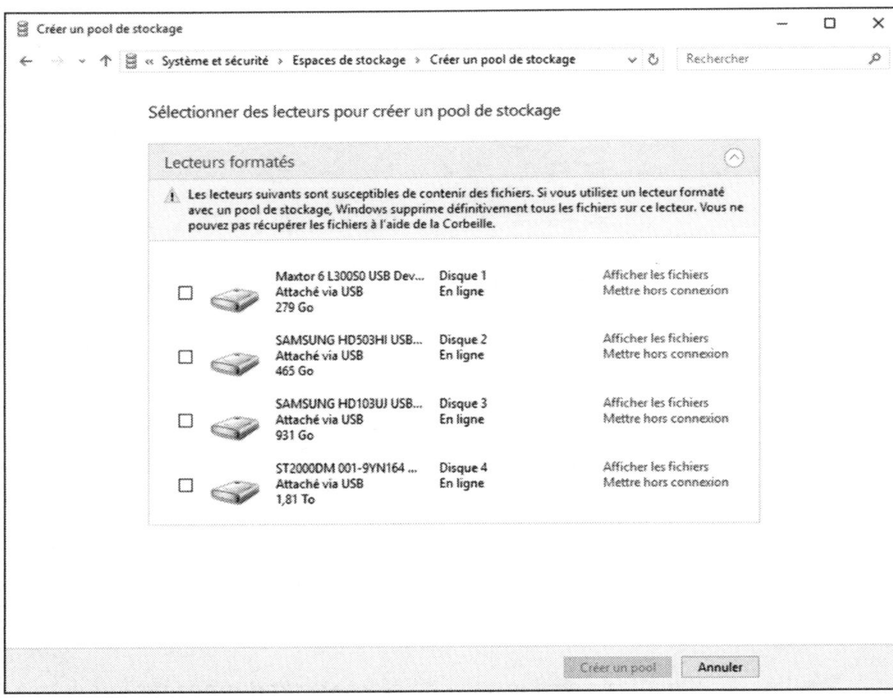

Figure 4.1 : Windows vous permet de regrouper dans un pool tout disque, sauf s'il contient des partitions système et de démarrage.

5. **Cochez les cases à côté des disques que vous souhaitez inclure dans le pool de stockage. Notez que si vous sélectionnez accidentellement un disque qui contient des données utiles, vous perdrez ces données. Irrémédiablement.**

Je veux bien dire *irrémédiablement*. Vous ne pourrez pas utiliser Recuva ou autre outil d'analyse de disque pour ressusciter vos données. Une fois qu'un disque est absorbé par le pool, il est perdu pour toujours.

6. **Cliquez sur Créer un pool.**

   Windows effectue certaines opérations durant un certain temps, puis revient à la vie en vous affichant la boîte de dialogue Créer un espace de stockage (Figure 4.2).

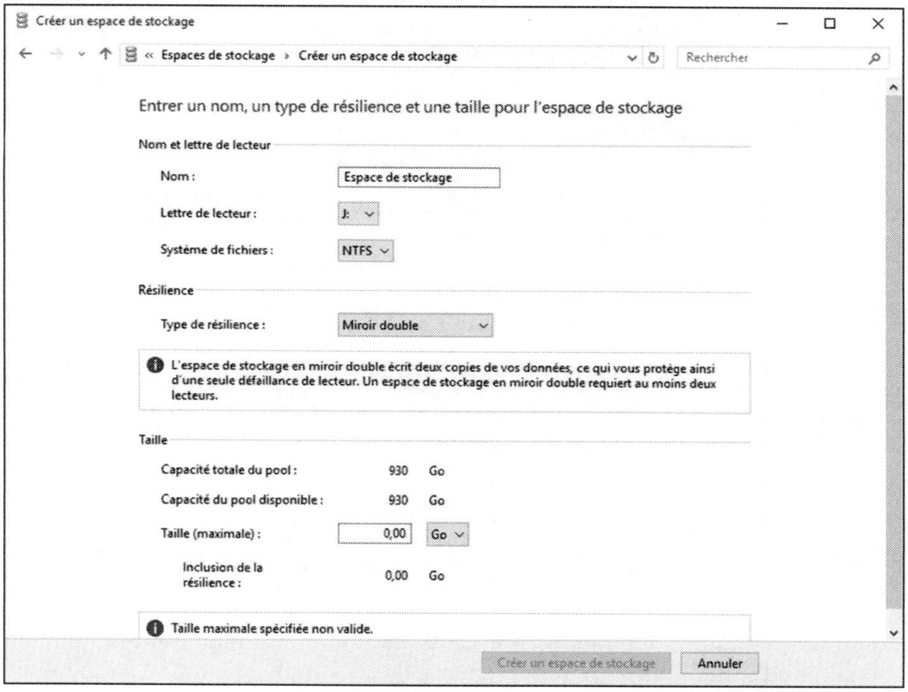

Figure 4.2 : Créer un espace de stockage.

7. **Nommez votre espace de stockage et donnez-lui une lettre de lecteur.**

   Vous utilisez le nom et la lettre comme vous utiliseriez une lettre de lecteur et un nom de lecteur – même si l'espace de stockage s'étend sur deux disques, voire plus. Vous pouvez formater le « lecteur » de l'espace de stockage, copier des données depuis ou sur le « lecteur », et même partitionner le « lecteur », même si aucun disque dur physique n'y correspond vraiment.

8. **Sélectionnez une résilience.**

Référez-vous à l'encadré « Les technologies de stockage en miroir dans les espaces de stockage » plus tôt dans ce chapitre.

9. **Spécifiez la taille logique de l'espace de stockage.**

   Comme mentionnée plus tôt, la taille de l'espace de stockage peut largement dépasser l'espace disque disponible. Une grande taille logique ne pose aucun inconvénient, si ce n'est un peu de temps pour traiter les tables internes. Visez la Lune ! Dans le cas présent, j'ai échangé un téraoctet d'espace physique contre pas moins de 32 téraoctets d'espace virtuel.

10. **Cliquez sur Créer un espace de stockage.**

    Encore une fois, Windows s'absente, pour revenir avec un espace de stockage fraîchement formaté.

11. **Retournez dans l'Explorateur de fichiers pour vérifier que vous disposez d'un nouveau « lecteur » qui correspond en fait à un gigantesque espace de stockage.**

Travailler avec les espaces de stockage

Vous disposez d'un espace de stockage ? Au travail !

Tout d'abord, il faut bien réaliser qu'aux yeux du monde extérieur, votre espace de stockage ressemble à n'importe quel disque dur. Vous pouvez utiliser la lettre du disque comme vous utiliseriez n'importe laquelle. Les dossiers qu'on y trouve sont comme tous les autres dossiers ; vous pouvez les ajouter à des bibliothèques ou les partager sur votre réseau. Vous pouvez en faire la sauvegarde. Si vous disposez d'un vieux programme qui requiert une simple lettre de lecteur, l'espace de stockage fera parfaitement illusion.

Ceci étant, les « disques » de l'espace de stockage ne peuvent pas être défragmentés ou analysés avec Checkdisk.

Voici un grand tour du fonctionnement de vos espaces de stockage :

1. **Cliquez-droit sur le bouton Démarrer et, dans le menu contextuel qui apparaît, choisissez Panneau de configuration.**

2. **Dans le Panneau de configuration, cliquez sur Système et sécurité, puis sur Espaces de stockage.**

3. **Tout en bas, tapez ou cliquez sur la flèche à côté de Lecteur physique.**

   La description complète de l'espace de stockage apparaît, comme sur la Figure 4.3.

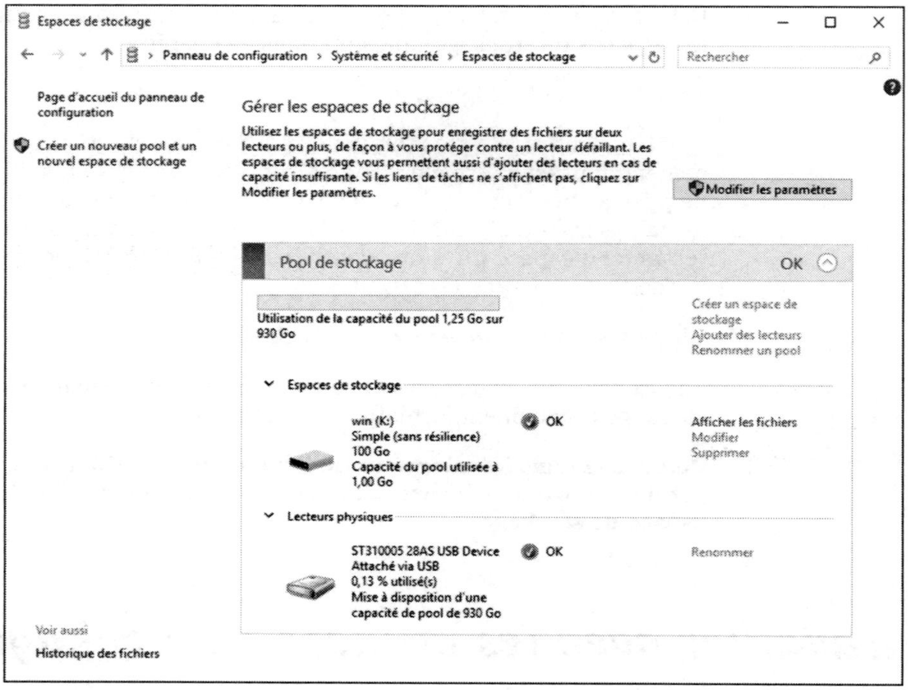

Figure 4.3 : Tous les détails sur votre espace de stockage, dont le pool de stockage sur lequel il repose.

La description vous précise combien d'espace de disque dur physique vous utilisez vraiment ; comment les programmes de Windows voient l'espace de stockage ; comment vos disques durs ont été organisés pour contribuer à l'espace virtuel.

C'est presque triste pour les concepteurs des espaces de stockage qui fonctionnent si bien que tout ceci soit totalement transparent dans Windows. C'est la manière dont le stockage aurait dû être géré depuis des années !

Chapitre 5

Tirer le meilleur parti des groupes résidentiels

Dans ce chapitre :

- Configurer les prérequis pour les groupes résidentiels
- Joindre, partager et naviguer dans un groupe résidentiel
- Apporter des modifications à votre groupe résidentiel

Si vous avez déjà utilisé une clé pour rentrer chez vous, vous savez comment utiliser un groupe résidentiel. Certes, c'est l'analogie utilisée par Microsoft, et le processus n'est pas aussi simple. Toutefois, nous n'en sommes pas loin.

Un groupe résidentiel rassemble un ensemble de paramètres d'une manière assez pratique – je suis tenté de dire brillante. Lorsque votre PC rejoint un groupe résidentiel, Windows vous dispense de procéder à des choses assez pénibles relatives au partage de dossiers et d'imprimantes ; il vous met entre les mains une sorte de fil à couper le beurre qui fonctionne plutôt bien sur presque tous les réseaux domestiques et de petites entreprises.

Tous les ordinateurs d'un groupe résidentiel partagent leurs bibliothèques Images, Musique et Vidéos. Un clic supplémentaire, et vous pouvez aussi partager votre bibliothèque Documents. Les ordinateurs partagent aussi leurs imprimantes et quelques autres périphériques. Tout cela ne prend que quelques clics.

TRUC

Ne soyez pas rebuté par le terme de *groupe résidentiel*. Si vous avez une entreprise et que vous avez besoin de partager de l'information, un groupe résidentiel peut parfaitement répondre à vos besoins.

Préparer un PC pour un groupe résidentiel

Lorsque vous établissez une connexion réseau pour la première fois, Windows vous demande si vous souhaitez activer le partage et vous connecter à des périphériques.

Si vous activez le partage et vous connectez à des périphériques, votre PC Windows 10 pourra participer à un groupe résidentiel. Vous n'aurez besoin que du mot de passe pour accéder au groupe résidentiel. Microsoft aime en parler comme d'une clé pour rentrer chez vous. Pour filer la métaphore, disons que si vous avez la clé de la maison (le mot de passe du groupe résidentiel), vous pouvez accéder à tout ce qu'elle contient (les imprimantes, les dossiers et les fichiers dans les dossiers, notamment). Si vous n'avez pas le mot de passe, ou si aucun groupe résidentiel n'existe sur votre réseau, vous pouvez créer un nouveau groupe résidentiel et lui affecter un nouveau mot de passe. Découvrez comment dans la section suivante « Configurer un nouveau groupe résidentiel ».

Quelques points dont vous devez vous souvenir lorsque vous préparez un PC pour un groupe résidentiel :

- **Un groupe résidentiel ne peut fonctionner qu'avec des ordinateurs sous Windows 10, Windows 7, ou Windows 8**. Vous pouvez avoir des milliards d'ordinateurs chez vous ou au bureau, fonctionnant sous Windows, OS X, Linux, iOS ou Android, travaillant et imprimant de conserve, mais seuls ceux qui sont sous Windows 10 et dont le partage est activé et ceux sous Windows 7 et 8 avec un type de réseau résidentiel peuvent participer à un groupe résidentiel (voir l'encadré « Qu'est-il arrivé aux réseaux domestiques, de bureau, public ? »).
- **Les groupes résidentiels peuvent exister dans un plus vaste réseau d'ordinateurs incompatibles**. Si vous disposez d'ordinateurs qui fonctionnent avec autre chose que Windows 10, 7 ou 8, ou des ordinateurs sous Windows 7 qui sont configurés pour des réseaux publics ou de bureau, ou des ordinateurs sous Windows 8 et 10 dont le partage n'est pas activé, vous pouvez vous représenter un groupe résidentiel comme une clique dans votre réseau. Reportez-vous à « S'aventurer au-delà des groupes résidentiels » pour des détails.

Se connecter à un groupe résidentiel

Chaque fois que vous connectez un PC sous Windows 10 à un réseau et que vous indiquez à Windows Oui, activer le partage et se connecter aux périphériques, Windows commence par renifler tout le réseau afin de vérifier si des

PC sous Windows 7, 8, et 10 sont connectés, et s'ils appartiennent au groupe résidentiel.

Lorsque Windows a terminé de renifler le réseau, voici ce que vous pourriez observer et quelques conseils pour avancer dans votre connexion au groupe résidentiel :

- **Vous voyez s'afficher un message rapportant que le groupe résidentiel n'est pas disponible, car vous n'êtes pas connecté à votre réseau résidentiel**. Notez que Windows ne fait que supposer. Il ne sait pas vraiment si vous êtes connecté à votre réseau résidentiel : rien ne lui indique où vous vous trouvez physiquement. Ce qu'il dit, c'est que « vous n'avez pas activé le partage et la connexion aux périphériques, si bien que vous ne pouvez pas participer à un groupe résidentiel ». Afin de corriger le tir, tapez ou cliquez sur le lien Modifier l'emplacement du réseau. Cela affiche une notification du réseau. Sélectionnez Oui, activer le partage et la connexion aux périphériques, et vous devriez être remis sur les rails.

  Plusieurs d'entre vous m'ont écrit pour se plaindre que les PC récemment connectés à un réseau ne parvenaient pas à découvrir l'existence d'un groupe résidentiel. La cause la plus fréquente ? Tous les PC du groupe résidentiel sont en sommeil. Pour résoudre le problème, assurez-vous qu'au moins un des PC du groupe résidentiel est en éveil. Un seul suffit.

- **Windows ne détecte aucun lien de parenté sur le réseau connecté au groupe résidentiel, et il vous propose de créer votre propre groupe résidentiel**. Si aucun groupe résidentiel n'est détecté et que vous savez qu'un groupe résidentiel se trouve sur votre réseau, assurez-vous qu'au moins un des PC du groupe est éveillé.

- **Windows détecte un groupe résidentiel**. Dans ce cas, vous verrez s'afficher une notification. Rendez-vous à la section « Rejoindre un groupe résidentiel ».

Configurer un nouveau groupe résidentiel

Ainsi, vous souhaitez créer un groupe résidentiel. Voici comment en configurer un, pour autant que Windows n'en ait pas trouvé sur le réseau :

1. **Ouvrez l'Explorateur de fichiers de Windows 10 et, dans le volet de navigation, cliquez sur Groupe résidentiel.**

2. **Dans le volet droit de l'Explorateur de fichiers, cliquez sur le bouton Créer un groupe résidentiel, comme à la Figure 5.1.**

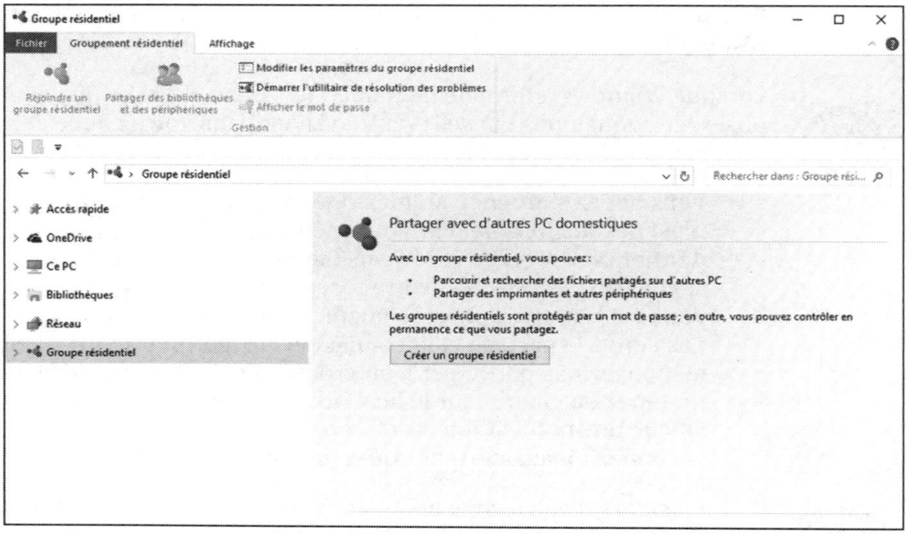

Figure 5.1 : Créer un groupe résidentiel.

Windows vous informe sur les groupes résidentiels et vous signale que leur accès est protégé par mot de passe.

3. **Cliquez sur Suivant.**

   La boîte de dialogue Créer un groupe résidentiel apparaît, comme sur la Figure 5.2.

4. **Sélectionnez les bibliothèques auxquels les autres PC auront accès.**

   En général, la grosse question que les gens se posent sur les groupes résidentiels est de savoir s'il convient de partager la bibliothèque Documents avec les autres PC du groupe. Par défaut, Windows ne le propose pas. Vous le pouvez, si vous le souhaitez.

5. **Cliquez sur Suivant.**

   Windows configure un groupe résidentiel et génère un mot de passe aléatoire. Le mot de passe apparaît dans la boîte de dialogue Utilisez ce mot de passe. Vous pouvez l'ignorer sans problème – pas besoin de l'écrire pour vous en souvenir, car vous allez devoir le modifier.

6. **Cliquez sur Terminer.**

   La boîte de dialogue Groupe résidentiel apparaît avec son onglet Groupement résidentiel ouvert, comme sur la Figure 5.3.

7. **Cliquez sur le bouton Modifier les paramètres du groupe résidentiel.**

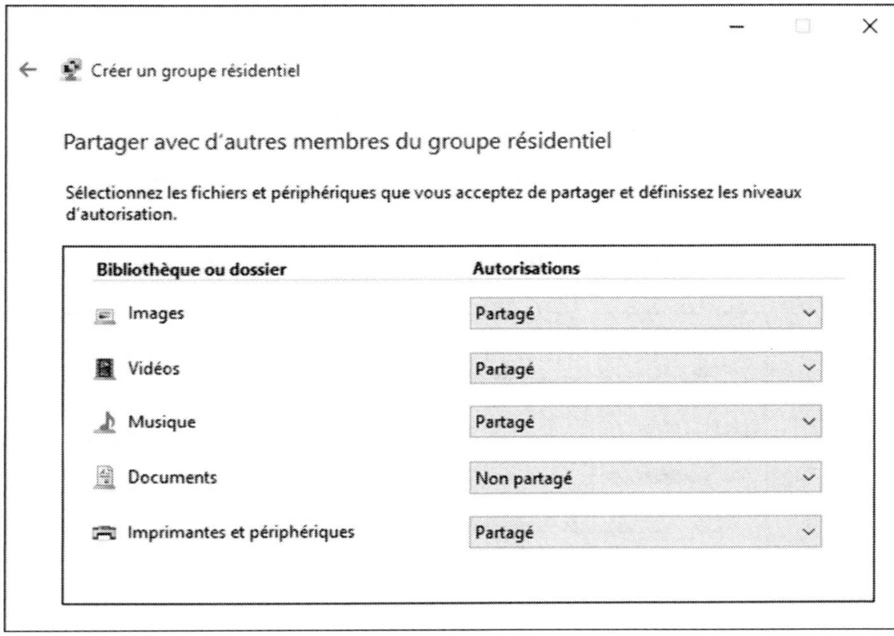

Figure 5.2 : Sélectionnez les bibliothèques (et les imprimantes) que vous souhaitez partager.

Figure 5.3 : Profitez de cette fenêtre pour changer le mot de passe du groupe.

8. **Dans la boîte de dialogue qui apparaît, cliquez sur le lien Modifier le mot de passe.**

   Windows vous prévient que vous allez déconnecter tout le monde si vous changez le mot de passe. Bien entendu, il n'y a personne dans le groupe, car vous venez de le créer. Changez donc le mot de passe en remplaçant la monstruosité générée par Windows par quelque chose dont vous pourrez vous souvenir.

9. **Cliquez sur Modifier le mot de passe (Figure 5.4).**

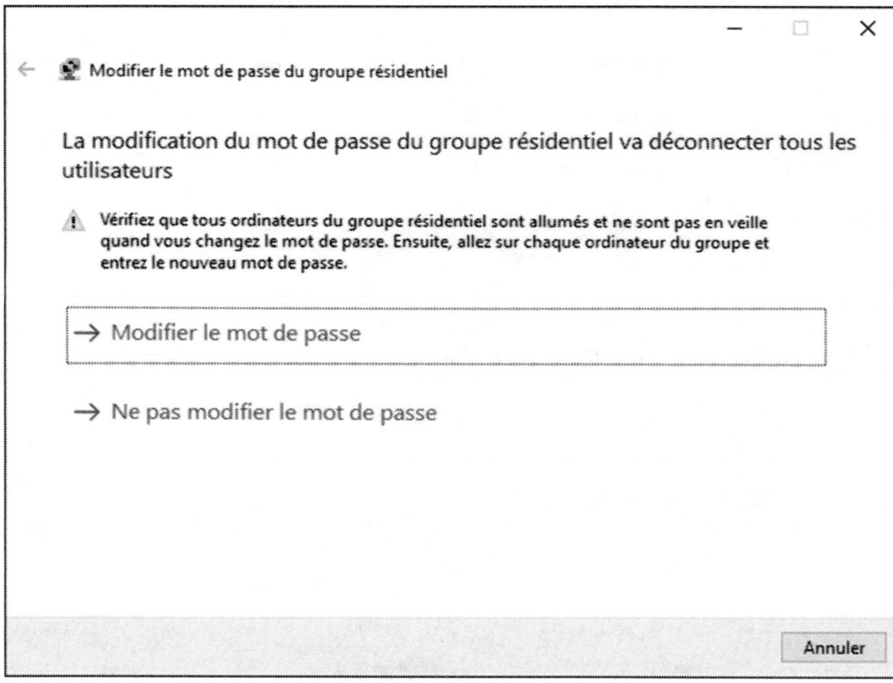

Figure 5.4 : Modifier le mot de passe du groupe résidentiel.

   Windows vous affiche un champ où vous pouvez saisir votre mot de passe.

   Vous avez aussi la possibilité de générer un mot de passe aléatoire par un clic sur le bouton représentant deux flèches incurvées.

10. **Saisissez le nouveau mot de passe – un dont vous pourrez vous souvenir – et cliquez sur Suivant.**

Nul besoin d'être Sherlock Holmes. Souvenez-vous que ce mot de passe ne sera utilisé que par ceux qui sont déjà connectés à votre réseau domestique (ou de bureau).

Windows vous présente une nouvelle boîte de dialogue comme celle de l'Étape 4. Vous connaissez maintenant le mot de passe. Et vous pouvez le retrouver.

Plusieurs groupes résidentiels peuvent coexister sur un même réseau, mais les choses deviennent rapidement compliquées. Un ordinateur donné ne peut appartenir qu'à un seul groupe résidentiel à un instant donné : vous devez quitter un groupe résidentiel pour en rejoindre un autre, mais vous ne pouvez pas être sur les deux simultanément. Au passage, je rajoute que les groupes résidentiels fonctionnent très bien avec Windows Home Server.

Rejoindre un groupe résidentiel

Si Windows trouve un groupe résidentiel, voici comment le rejoindre :

1. **La technique la plus rapide consiste à ouvrir le dossier Groupe résidentiel de l'Explorateur de fichiers.**

2. **Dans le volet droit, cliquez sur le bouton Rejoindre (Figure 5.5).**

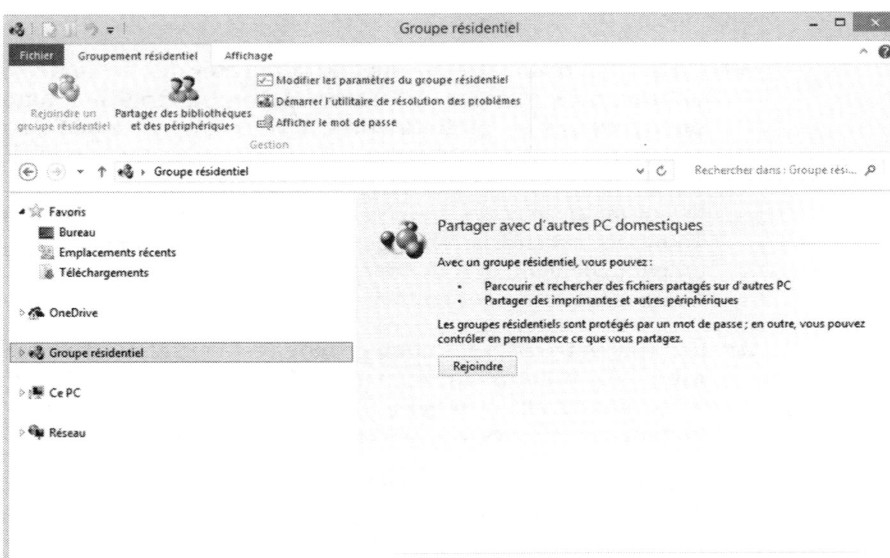

Figure 5.5 : Rejoindre un groupe résidentiel.

Windows vous indique que vous pouvez rejoindre le groupe à condition de disposer d'un mot de passe.

3. **Tapez le mot de passe du groupe, et cliquez sur Suivant.**
4. **Cliquez sur Terminer, et fermez la boîte de dialogue Paramètres du groupe résidentiel si vous en voyez une.**

TRUC

Si vous disposez de son mot de passe, il est très facile de rejoindre le groupe résidentiel. Si vous n'en disposez pas, rendez-vous sur un autre PC du groupe résidentiel, et affichez le contenu du groupe dans l'Explorateur de fichiers par un clic sur Groupe résidentiel puis sur le nom du groupe. Dans l'onglet Groupe résidentiel de la fenêtre qui apparaît, cliquez sur Modifier les paramètres du groupe résidentiel. Cliquez alors sur le lien Afficher ou imprimer le mot de passe du groupe résidentiel. Les instructions sont identiques pour Windows 7 et 8.

Partager des fichiers et des imprimantes dans un groupe résidentiel

Les groupes résidentiels sont excellents, et vous pouvez en faire plus avec eux qu'il ne semble. Si vous creusez un peu le sujet, vous découvrez notamment que :

- **Un groupe résidentiel permet de connecter des ordinateurs et des imprimantes, mais les utilisateurs doivent donner leur autorisation pour partager les bibliothèques**. Si vous connectez un PC à un groupe résidentiel, tous les utilisateurs de ce PC – tous ses comptes d'utilisateurs – auront accès aux données disponibles sur le groupe résidentiel. Ils auront aussi accès à toutes les imprimantes du groupe résidentiel. Toutefois, cela ne marche pas en sens inverse. Chaque utilisateur, pris individuellement, doit donner son autorisation pour que ses bibliothèques apparaissent sur le groupe résidentiel.
- **Lorsque votre PC rejoint un groupe résidentiel, vous rendez disponibles vos bibliothèques Images, Musique et Vidéos ainsi que vos imprimantes aux autres PC du groupe résidentiel. Toutefois, vous pouvez modifier ce comportement par défaut.**

  Vous pouvez ajouter des dossiers des bibliothèques d'autres ordinateurs du groupe résidentiel à vos bibliothèques. Ainsi, si un ordinateur de votre groupe résidentiel dispose d'une bibliothèque Images qui contient un dossier d'un ordinateur sous Windows XP, vous pouvez simplement copier ce dossier dans votre bibliothèque Images, et vous pourrez y accéder comme à tout autre dossier de votre bibliothèque

Images. Combiner les groupes résidentiels et les bibliothèques permet de démultiplier les fonctionnalités d'un réseau résidentiel.

N'OUBLIEZ PAS

Lorsque vous partagez un fichier, il est important de comprendre si les autres personnes de votre groupe résidentiel pourront l'ouvrir, en modifier le contenu, le supprimer. Les permissions par défaut sur les dossiers partagés *via* un groupe résidentiel sont assez alambiquées, mais elles font sens. Voici ce qui se passe à moins que vous ne les modifiiez (pour en savoir plus, reportez-vous à la section « Entretenir votre groupe résidentiel », plus loin dans ce chapitre) :

- **D'autres utilisateurs de votre groupe résidentiel peuvent ouvrir tous les fichiers dans vos bibliothèques (Images, Musique, Vidéos et éventuellement Documents).**
- **D'autres utilisateurs de votre groupe résidentiel ne peuvent pas modifier les fichiers dans vos dossiers personnels (vos dossiers \Mes images, \Ma musique, \Mes vidéos et éventuellement \Mes documents)**. Toutefois, ils peuvent modifier ou supprimer des fichiers dans vos dossiers publics (\Public\Images, \Public\Musique, \Public\Vidéos et éventuellement \Public\Documents). Ils peuvent aussi ajouter de nouveaux fichiers aux dossiers publics. Le Chapitre 1 du Livret VI vous explique les différences entre vos dossiers personnels et vos dossiers publics.
- **Si vos bibliothèques contiennent d'autres dossiers, ces dossiers héritent des restrictions que les autres ordinateurs leur ont appliquées.**

TRUC

Vous pouvez modifier les permissions à tout instant – par exemple, restreindre l'accès aux dossiers ou étendre l'accès à d'autres dossiers sur votre PC. Je vous explique comment dans la section « Entretenir votre groupe résidentiel », plus loin dans ce chapitre.

N'OUBLIEZ PAS

Vous pouvez connecter des imprimantes à des ordinateurs du groupe résidentiel aussi facilement que vous le feriez sur votre propre ordinateur. Les imprimantes d'un groupe résidentiel sont partagées automatiquement avec tous les autres ordinateurs du groupe résidentiel. On vous demandera éventuellement l'autorisation de copier des pilotes d'un autre PC de votre groupe résidentiel, mais cette manipulation est très facile.

Naviguer jusqu'à un dossier du groupe résidentiel

Il est aussi facile de naviguer jusqu'à un dossier ou un fichier figurant dans une bibliothèque partagée sur un groupe résidentiel que de naviguer jusqu'à un dossier ou un fichier sur votre ordinateur. Lorsque votre ordinateur est relié au groupe résidentiel, vous voyez apparaître un lien dans le groupe résidentiel sur la gauche de la fenêtre de l'Explorateur de fichiers (voir Figure 5.6). De là, vous pouvez facilement regarder dans tous les dossiers partagés sur tous les ordinateurs de votre groupe résidentiel.

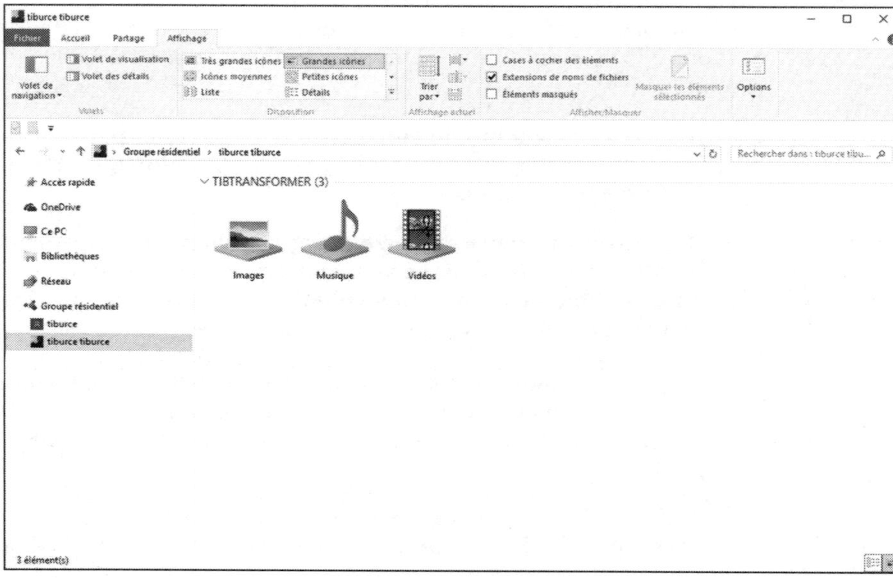

Figure 5.6 : Votre groupe résidentiel apparaît sur le côté gauche de la fenêtre de l'Explorateur de fichiers.

Les groupes résidentiels sont aussi intégrés dans nombre de programmes de Windows, et accessibles *via* Fichier/Ouvrir. En effet, cette commande donne accès à la boîte de dialogue Ouvrir qui permet de naviguer jusqu'au groupe résidentiel et d'y sélectionner des fichiers.

Au regard des difficultés que les gens ont rencontrées toutes ces années pour partager une imprimante ou un fichier, vous aurez compris que les groupes résidentiels sont comme un bol d'air.

Entretenir votre groupe résidentiel

Vous disposez maintenant d'un groupe résidentiel, auquel un ou plusieurs PC sont connectés. Cette section vous explique comment modifier ce groupe pour qu'il réponde exactement à vos besoins.

Utiliser l'interface du groupe résidentiel en vignettes

Vous pouvez utiliser l'écran Paramètres du groupe résidentiel pour rejoindre un groupe résidentiel, modifier les dossiers que vous partagez, et quitter le groupe.

Cette interface peut s'avérer très pratique si vous ne souhaitez pas utiliser de clavier ni de souris. Voici comment la faire fonctionner :

1. **Faites un clic-droit sur le bouton Démarrer et choisissez Panneau de configuration.**
2. **Dans le champ Rechercher du Panneau de configuration, tapez** gr.

   Windows 10 fait immédiatement apparaître la catégorie Groupement résidentiel.
3. **Cliquez sur Groupe résidentiel pour ouvrir la fenêtre Modifier les paramètres du groupe résidentiel (Figure 5.7).**

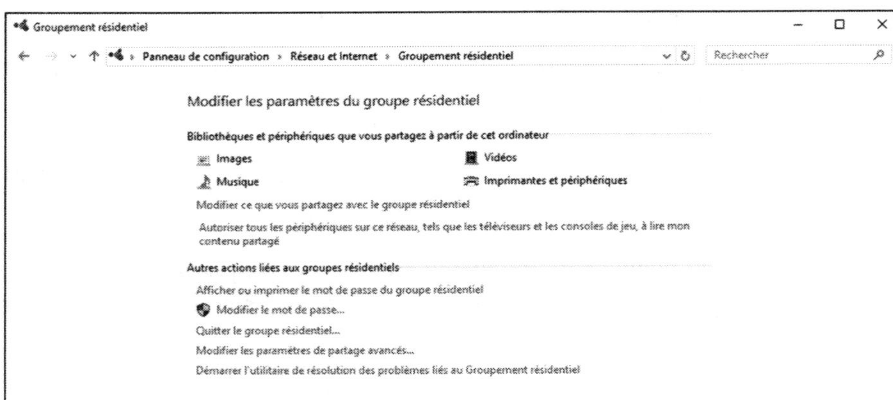

Figure 5.7 : Les paramètres du groupe résidentiel.

Comme c'est le cas avec beaucoup de choses dans l'interface de Windows 8 en vignettes, cet écran contient presque tout ce dont vous n'aurez jamais besoin pour gérer les groupes résidentiels. Vous pouvez afficher la version bureau de Windows pour accéder à toutes les autres options.

Il n'existe qu'une différence entre un groupe résidentiel créé *via* l'écran d'accueil et un groupe créé *via* le bureau : lorsque vous rejoignez un groupe résidentiel en utilisant le bureau, vous décidez par défaut de partager vos bibliothèques Musique, Images et Vidéos, ainsi que vos imprimantes.

La version vignette ne partage rien par défaut : vous devez choisir de partager chacun de ces éléments, un par un.

Modifier le mot de passe du groupe résidentiel

Voulez-vous savoir pourquoi Windows génère automatiquement ce mot de passe gargantuesque lorsque vous créez un groupe résidentiel ? Car les premiers testeurs en avaient besoin. Lorsque les gens de Microsoft ont observé les testeurs utilisant les groupes résidentiels pour la première fois, ils ont noté que nombre d'entre eux s'arrêtaient en chemin, inquiets d'avoir à saisir un mot de passe. Souvent, c'était parce que la personne configurant le groupe résidentiel n'utilisait qu'un petit jeu de mots de passe et ne souhaitait pas en communiquer à autrui. Les testeurs passaient donc un peu de temps à se demander s'ils devaient créer un nouveau mot de passe et si oui, lequel. Surcharge de travail.

C'est donc pour vous faciliter la vie que Windows génère un mot de passe arbitraire lorsque vous créez un groupe résidentiel. Si vous êtes futé, vous pouvez le modifier avant d'ajouter des PC à votre groupe résidentiel. C'est exactement la procédure que je décris dans la section « Créer un nouveau groupe résidentiel », plus tôt dans ce chapitre.

En fait, vous pouvez modifier le mot de passe d'un groupe résidentiel à tout instant, et c'est très facile tant que les ordinateurs du groupe sont activés et que vous pouvez vous y connecter.

Procédez ainsi pour modifier le mot de passe d'un groupe résidentiel :

1. **Affichez le Panneau de configuration.**

   Dans Windows 10, cliquez du bouton droit sur le bouton Démarrer et, dans le menu contextuel qui s'affiche, sélectionnez Panneau de configuration.

2. **Dans la section Réseau et Internet, cliquez sur le lien Choisir les options de groupe et de partage**

3. **Dans la fenêtre qui apparaît, cliquez sur le lien Modifier le mot de passe.**

   Windows vous avertit qu'en modifiant le mot de passe du groupe résidentiel, vous déconnecterez tout le monde. Vous savez déjà cela, et c'est pourquoi vous vous êtes assuré que tous les PC de votre groupe résidentiel sont éveillés et que vous pouvez vous connecter à chacun.

4. **Vérifiez que tous les ordinateurs de votre groupe résidentiel sont éveillés (pas en veille ni en hibernation) et que vous pouvez vous**

connecter sur chacun. Lorsque vous êtes prêt, cliquez sur Modifier le mot de passe.

Windows vous propose un nouveau mot de passe, mais vous pouvez aussi bien saisir le vôtre, comme le montre la Figure 5.8.

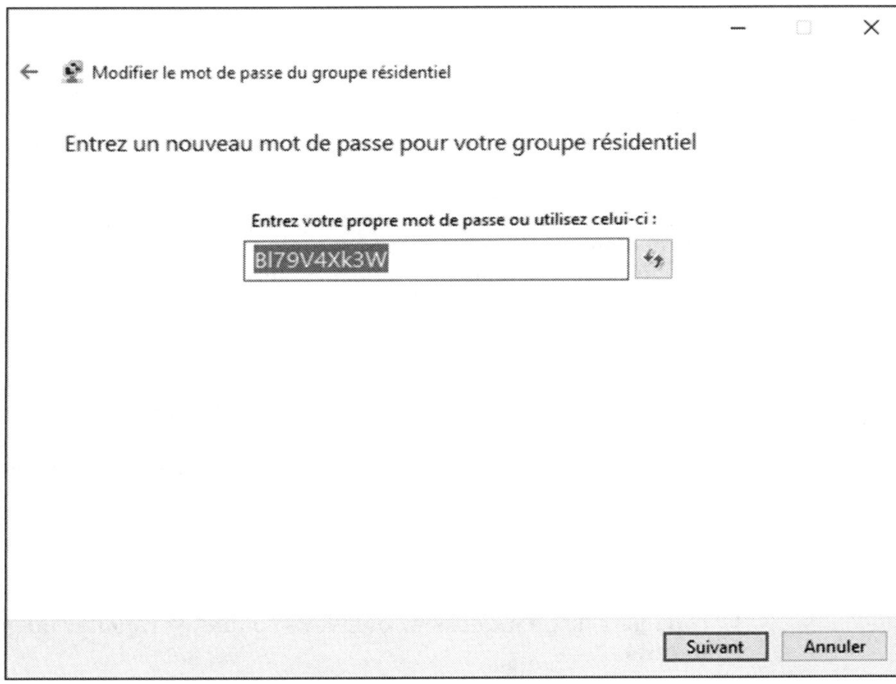

Figure 5.8 : Modifiez le mot de passe du groupe résidentiel.

5. **Cliquez sur Suivant.**

   Le mot de passe de votre groupe résidentiel est modifié.

6. **Appliquez les Étapes 1 et 2 sur chacun des PC de votre groupe résidentiel pour accéder aux options de groupe et de partage.**

7. **Cliquez sur le bouton Entrer le nouveau mot de passe et saisissez-le.**

   Vous êtes reconnecté au groupe résidentiel. En fournissant le bon mot de passe – le nouveau –, votre PC se connecte au groupe résidentiel et tous vos nouveaux paramètres sont propagés.

Si vous rencontrez des problèmes pour vous reconnecter au groupe résidentiel, tapez ou cliquez sur le lien pour quitter le groupe résidentiel, puis tapez ou cliquez sur le bouton Rejoindre. Enchaînez sur l'Étape 2 des instructions de la section « Rejoindre un groupe résidentiel », plus tôt dans ce chapitre.

Ajouter ou bloquer des dossiers dans le groupe résidentiel

Si vous souhaitez rendre un dossier accessible à tous les utilisateurs de votre groupe résidentiel, la solution la plus simple est de l'ajouter à l'une de vos bibliothèques. Reportez-vous au Chapitre 3 du Livret VII pour les détails.

Par exemple, si vous partagez votre bibliothèque Documents, ajouter un dossier à cette dernière permet à tous ceux qui sont connectés au groupe résidentiel d'ouvrir et de lire les éléments qu'il contient. Si vous l'ajoutez à votre bibliothèque Documents publics, vous permettez à tous ceux qui sont connectés à votre groupe résidentiel de lire, modifier ou supprimer les éléments qu'il contient.

Parfois, vous ne souhaitez simplement pas rendre un dossier disponible sur le groupe résidentiel, sans l'ajouter à une bibliothèque partagée. Par exemple, j'aime partager mon dossier Téléchargements de sorte que les gens sur mon groupe résidentiel puissent facilement copier ou exécuter les fichiers que je télécharge.

Voici comment ajouter le dossier Téléchargements à votre groupe résidentiel sans l'ajouter à une de vos bibliothèques partagées :

1. **Naviguez jusqu'au dossier que vous souhaitez rajouter au groupe résidentiel.**

   Sur la Figure 5.9, j'ai lancé l'Explorateur de fichiers et j'ai cliqué sur le lien Téléchargements dans le volet de navigation.

2. **Ouvrez l'onglet Partage situé dans la partie supérieure de l'Explorateur de fichiers.**

3. **Dans le ruban Partage, sélectionnez Groupe résidentiel (affichage) si vous souhaitez que tous les membres de votre groupe puissent accéder aux fichiers, ou Groupe résidentiel (affichage et modification) si vous leur faites assez confiance pour ne rien supprimer ni trafiquer les fichiers.**

   Cela peut prendre quelques minutes, mais le dossier partagé devient alors disponible sur le groupe résidentiel, comme sur la Figure 5.10.

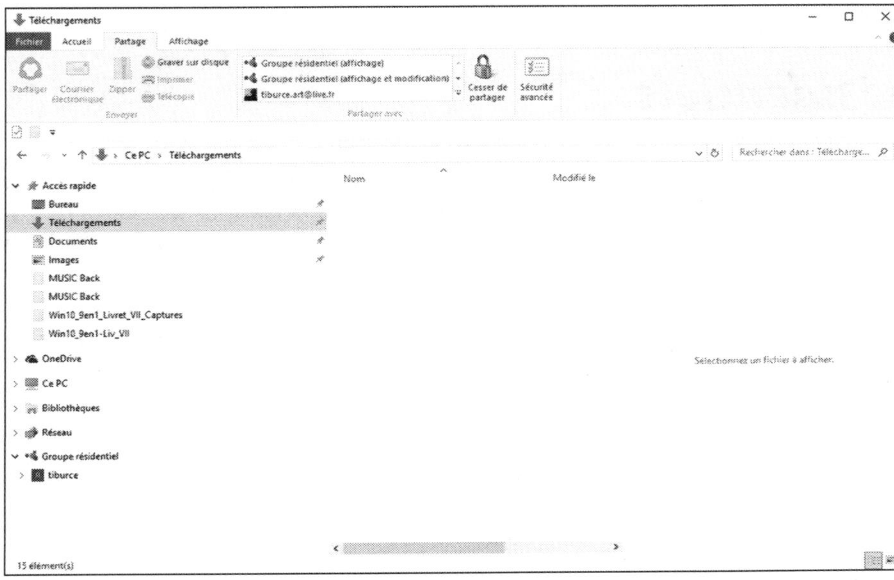

Figure 5.9 : Il est facile d'ajouter un dossier à votre groupe résidentiel si vous connaissez l'astuce.

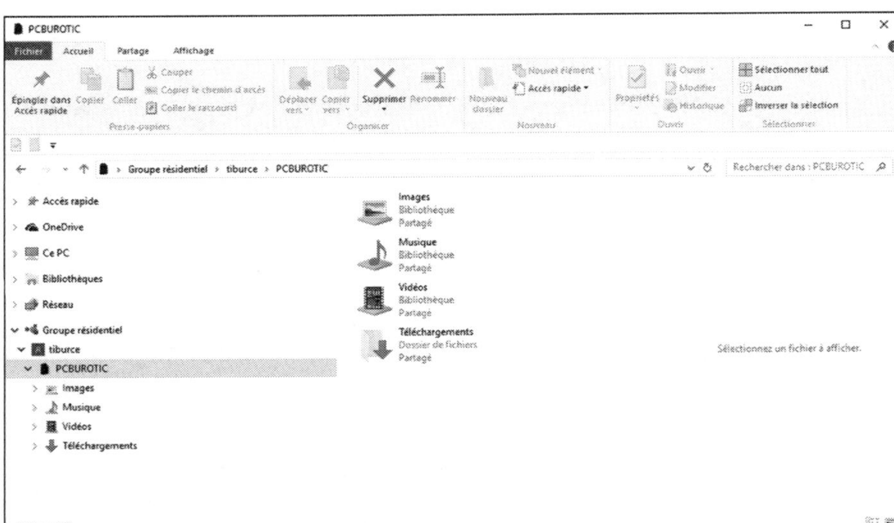

Figure 5.10 : Le dossier Téléchargements est devenu accessible à tous les autres ordinateurs du groupe résidentiel.

S'aventurer au-delà des groupes résidentiels

Si votre réseau se compose de plusieurs ordinateurs qui ne travaillent pas avec des groupes résidentiels, cette section vous est totalement destinée. Vous trouverez comment définir des autorisations d'accès à des dossiers et à des documents qui sont ou non partagés dans un groupe résidentiel.

Partager et donner des permissions

Une approche facile du partage consiste à utiliser le dossier \Public pour partager des fichiers comme je le décris au Chapitre 1 du Livret VI : tous ceux qui utilisent votre ordinateur obtiennent un plein accès aux fichiers, et ceux qui proviennent du réseau ont ou non le droit d'y accéder. Vous avez la possibilité d'exercer un contrôle un peu plus fin sur qui peut accéder aux fichiers et ce qu'il peut en faire, mais dans l'ensemble, cela reste sommaire.

Windows permet de spécifier des permissions de partage pour un dossier ou un fichier donné, ce qui vous procure bien plus de contrôle que le seul partage du dossier \Public. Pour cela, vous pouvez utiliser les niveaux de permissions de Windows sur le groupe résidentiel ou sur un utilisateur en particulier.

Il existe deux types de niveaux de permissions :

- **Afficher :** Permet aux utilisateurs et aux groupes désignés d'ouvrir ou de copier le fichier, mais pas de le modifier ni de le supprimer.
- **Modifier :** Permet aux utilisateurs et aux groupes désignés d'ouvrir, de modifier, de supprimer ou de déplacer le fichier.

ATTENTION !

Ce paramétrage très fin du partage est un champ de mines où vous ne devriez pas vous aventurer à moins de prétendre mettre à jour les permissions. Vous devrez aussi être tolérant face aux multiples problèmes qui pourraient surgir, car je vous garantis que vous allez en rencontrer. Plutôt que d'affecter des permissions de partage détaillées à un dossier, vous trouverez sans doute qu'il est plus futé (et plus facile) de placer les fichiers que vous souhaitez partager dans le dossier \Public et d'utiliser l'application qui a permis de les créer pour leur assigner des mots de passe contrôlant l'accès en lecture seulement ou en lecture/écriture afin de limiter les manipulations possibles sur les fichiers. Toutes les applications Office, et bien d'autres, proposent un système pareil.

Protéger le dossier Public par mot de passe

Il existe des moyens assez compliqués pour forcer les personnes accédant au dossier \Public depuis le réseau à décliner un mot de passe avant de pouvoir l'ouvrir. Si vous spécifiez un mot de passe, toute personne utilisant votre ordinateur pourra accéder au dossier \Public directement, mais toute personne utilisant un autre ordinateur devra fournir le mot de passe. Vous pouvez aussi spécifier des permissions en lecture et en écriture pour contrôler l'accès de ces personnes au dossier \Public. Pour plus de détails, reportez-vous au livre *Créer un réseau pour les Nuls*, de Doug Lowe.

Si vous êtes certain que recourir aux permissions de partage est la seule solution, voici comment ajuster les permissions d'un dossier ou d'un fichier qui ne figure pas dans le dossier \Public :

1. **Naviguez jusqu'au fichier ou dossier que vous souhaitez partager.**
2. **Sélectionnez-le, puis cliquez sur l'onglet Partage pour afficher le ruban Partage.**

   Sur la Figure 5.11, je me suis rendu dans le dossier Art du dossier Bureautique.

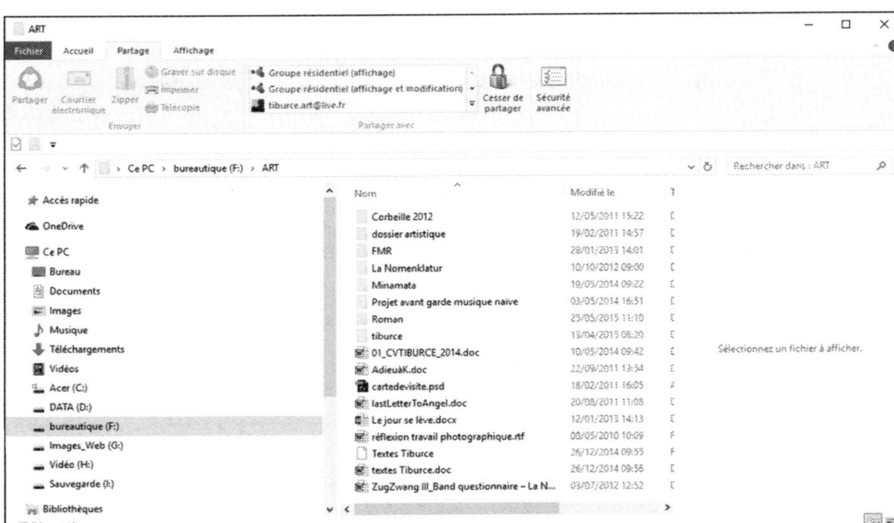

Figure 5.11 : Vous pouvez facilement affecter des restrictions au partage d'un fichier ou d'un dossier, mais les tenir à jour n'est pas une sinécure.

3. **Sélectionnez l'une de ces options :**

   - Groupe résidentiel (affichage) pour que tous les membres du groupe résidentiel puissent ouvrir et copier le fichier.
   - Groupe résidentiel (affichage et modification) pour que tous les membres du groupe résidentiel puissent ouvrir, copier, modifier ou supprimer le fichier.
   - <Nom d'un groupe résidentiel> existant sur un autre ordi de votre réseau.
   - *Des personnes spécifiques*, auxquelles vous donnerez alors la permission d'afficher (pas de modifier).

4. **Cliquez sur le lien Des personnes spécifiques en bas de la liste pour afficher la boîte de dialogue Partage de fichier, comme sur la Figure 5.12.**

   Toute personne accédant à votre ordinateur qui ne relève pas de votre groupe résidentiel doit être identifiée par un nom d'utilisateur et un mot

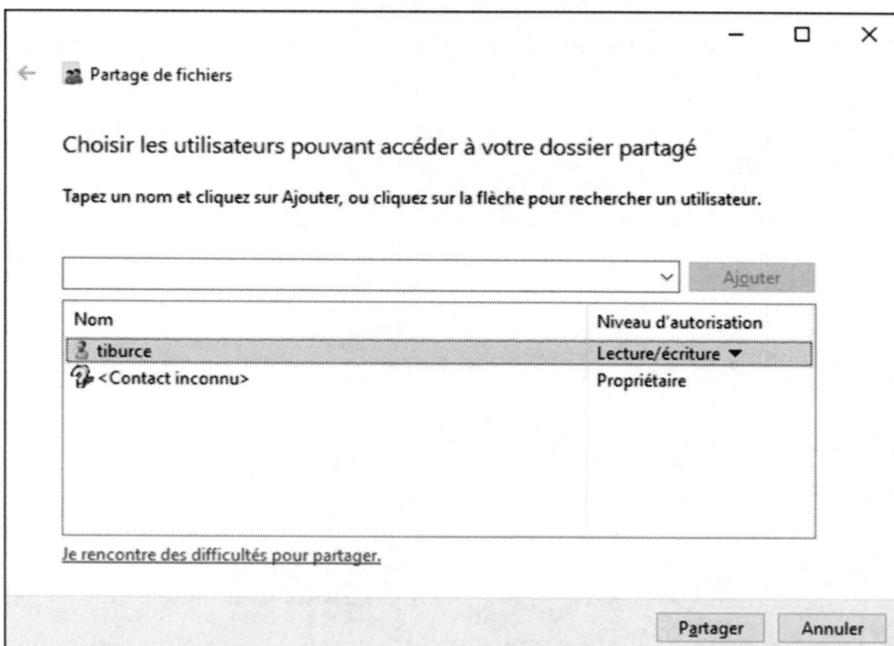

Figure 5.12 : Vous pouvez spécifier des permissions de partage pour chaque fichier si vous le souhaitez.

de passe. C'est ce nom d'utilisateur que Windows utilise pour affecter des permissions dans la boîte de dialogue Partage de fichier.

5. **Sélectionnez la personne, puis cliquez sur Partager.**

6. **Cliquez sur Terminé.**

Chapitre 6

Utiliser les applications intégrées au Bureau

Dans ce chapitre :

- Écrire avec le Bloc-notes et WordPad
- Utiliser la table des caractères
- Utiliser la calculette et Paint
- Faire des pense-bêtes

Les applications du mode Tablette de Windows 10 sont gratuites, mais ne sont pas forcément affichées sur le bureau.

Dans ce chapitre, je vous fais une courte présentation des programmes que vous avez déjà payés. Ce ne sont pas les meilleurs, mais ils sont plus que suffisants dans de nombreux cas et s'il existe des alternatives gratuites bien meilleures, je vous le signale.

Même si ce sont des concurrents de Microsoft !

Ayez un œil sur les nouveautés de Windows Store qui peuvent comporter quelques fonctionnalités que l'on peut retrouver dans ces programmes intégrés à Windows. Avec le temps, ces petites applications vont être améliorées et il sera difficile de faire jouer la concurrence.

Bénéficier d'un traitement de texte gratuit

Si vous travaillez généralement sur des documents compliqués, désolé de vous décevoir, mais vous devrez mettre la main à la poche et acheter Microsoft Office. Si vous modifiez les documents Word d'autres personnes, aussi.

Mais si vous n'avez pas besoin du meilleur traitement de texte (et du plus compliqué aussi) et qu'une mise en page assez simple vous suffit, vous avez le choix entre :

- **Le Bloc-notes** : Pour du texte simple, utilisez le Bloc-notes que je vous présente dans ce chapitre.
- **WordPad** : Si vous devez faire une petite mise en page, WordPad vous conviendra. Je vous le présente dans ce chapitre.
- **LibreOffice** : Si vous avez besoin d'une suite bureautique plus riche, pensez à LibreOffice, plus connu sous le nom de OpenOffice disponible depuis `https://fr.libreoffice.org/`. Certains documents Word ne survivent pas à la conversion de la version Texte de LibreOffice : LibreOffice peut couper une quantité impressionnante de mises en page. Mais pour des documents basiques (et des tableurs, des présentations et dessins), LibreOffice fonctionne bien. Et il est gratuit. 100 pour cent !
- **Google Documents** : Si vous êtes connecté tout le temps à Internet, pensez à Google Documents `http://www.google.com/google-d-s/intl/fr/tour1.html`. Google Documents fournit un traitement de texte sur Internet que vous pouvez utiliser en ligne et aussi pour stocker vos documents en ligne. Bien sûr, il ne remplace pas Word pour les documents sophistiqués ou pour modifier des documents Word existants, mais l'application Documents fonctionne bien dans tous les navigateurs et sur toutes les plateformes. Eh oui, elle inclut les Mac et les iPad. Une option hors ligne vous permet de visualiser les possibilités rudimentaires du document même si vous n'êtes pas connecté à Internet. Documents comprend un traitement de texte, un tableur et un programme de présentation. Je vous explique comment utiliser Google Documents et son grand frère Google Drive au Chapitre 3 du Livret X.

ASKWOODY.COM

Je vous avoue que j'utilise tout le temps Word. Word est un super programme qui est sans doute le plus utile de la suite Office. Je lui suis fidèle depuis une bonne dizaine d'années, j'y ai d'ailleurs consacré mes quatre premiers livres. Je dois admettre qu'il foisonne en options qui peuvent dérouter plus d'un utilisateur.

Ouvrir le Bloc-notes

Dans les temps les plus anciens du pays Win, le Bloc-notes a été pensé, conçu et développé par des programmeurs, pour des programmeurs et ça se voit. Bien qu'il ait été fortement amélioré ces dernières années, bon nombre de ses limites perdurent. Mais si vous avez besoin d'un simple et rapide éditeur de texte (il va de soi que l'on ne peut pas le qualifier de traitement de texte), le Bloc-notes est une solution acceptable.

Le Bloc-notes comprend seulement du texte simple sans mise en forme, essentiellement ce que l'on voit sur le clavier. Il ne comprend pas d'éléments de mise en page comme un caractère en gras, une image insérée et même les liens hypertextes vers des pages Web.

En revanche, le Bloc-notes présente de nombreux avantages. Vous pouvez être sûr qu'il vous affichera le contenu exact d'un fichier : les caractères, à l'ancienne sans aucune fioriture de mise en page qui gâcherait l'ensemble. Le Bloc-notes sauvegarde du texte simple, sans mise en page. Aussi si vous avez besoin d'un document de texte simple, sans mise en page, choisissez le Bloc-notes. De plus, il est rapide et infaillible. De tous les programmes de Windows que je connais, le Bloc-notes est le seul qui ne se plantera jamais.

Voici quelques petits conseils qui vous permettront d'utiliser le Bloc-notes sans problème :

- **Pour ouvrir le Bloc-notes**, cliquez sur le bouton Démarrer ou dans le champ de recherche de Cortana et saisissez **Bloc-notes**. Ensuite, cliquez sur l'icône Bloc-notes qui apparaît dans la partie supérieure du volet des résultats. Vous pouvez aussi double-cliquer sur un fichier texte (.txt) dans l'Explorateur de fichier. Vous verrez apparaître un fichier comme celui de la Figure 6.1.
- **Le Bloc-notes peut traiter des fichiers de 48 Mo** (certes, ce n'est pas l'*Encyclopédie Universalis*, mais on s'y approche !) Pour ouvrir un fichier plus lourd, une boîte de dialogue vous conseillera d'ouvrir le fichier avec un autre programme.
- **Vous pouvez changer la police de caractère**. Par défaut, le Bloc-notes affiche le contenu du fichier dans la police Consolas à 11 points.

  Comme le texte que vous lisez dans le Bloc-notes apparaît dans une police de caractères spécifique, ne pensez pas que ces caractères ne sont pas mis en forme dans le fichier lui-même. Il n'en est rien. La police que vous visualisez à l'écran est simplement celle que le Bloc-notes utilise pour afficher les données. Le contenu du fichier est du texte brut, sans mise en page.
- **Pour changer la police de caractères**, sélectionnez Format→Police, puis choisissez-en une dans la liste. Inutile de sélectionner du texte avant de

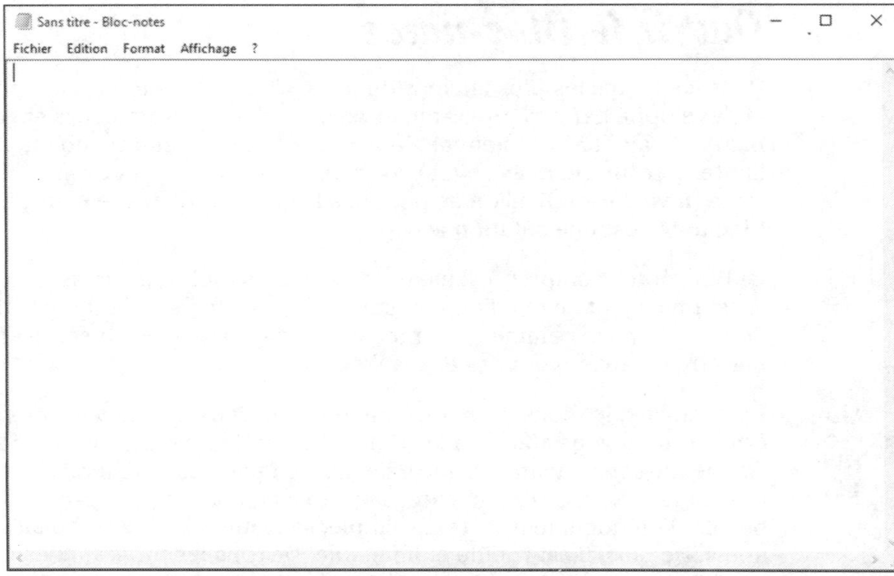

Figure 6.1 : Le Bloc-notes affiche un style archaïque.

faire votre choix, car la police que vous choisissez s'appliquera à tout le texte qui apparaît à l'écran et ne modifiera en rien le contenu du fichier. La police par défaut du Bloc-notes est une *police à espacement constant* : tous les caractères ont la même taille. Si vous changez de police, les fichiers conçus dans un monde à taille fixe arboreront un étrange style.

- **Vous pouvez appliquer un retour à la ligne automatique**. En général, le texte dans le Bloc-notes s'étend tout au long du côté droit de l'écran. C'est prévu pour. Le Bloc-notes, associé au fichier, passe à la ligne seulement s'il rencontre une ligne de coupure, nommée *retour chariot* (quand on appuie sur la touche Entrée), ce qui se produit à la fin d'un paragraphe.

  Le Bloc-notes vous permet d'insérer un retour à la ligne automatique afin de vous éviter de faire défiler vers la droite un seul paragraphe. Pour ce faire, sélectionnez Format→Retour à la ligne automatique.

- **Le Bloc-notes présente une petite astuce de geek** que vous trouverez peut-être amusante, et éventuellement utile. Si vous tapez .LOG à la première ligne d'un fichier, le Bloc-notes affiche à la fin du fichier la date et l'heure de chaque ouverture de ce fichier.

Il existe de nombreuses alternatives au Bloc-notes, car les programmeurs ont besoin d'éditeurs de texte et bon nombre d'entre eux créent leur propre éditeur. Ces dernières années, j'en ai beaucoup utilisé. Maintenant, j'utilise

WordPad qui est plus complet et très proche d'un vrai programme de traitement de texte.

Écrire avec WordPad

Si vous devez faire une mise en page et que votre budget est trop serré pour vous offrir Microsoft Word ou que vous êtes trop paresseux pour télécharger LibreOffice ou encore que vous n'avez pas confiance dans les outils en ligne, WordPad est la solution. Enfin, si vous avez subi les foudres de l'Assistant de Désactivation de Microsoft Office et que Word est verrouillé, vous allez sans nul doute vous rapatrier sur WordPad en attendant que Microsoft réactive votre logiciel.

ATTENTION ! Si Office est en mode Fonctionnalité réduite, sachez que si vous ne faites pas attention, vous risquez d'écraser vos fichiers Word en les enregistrant avec WordPad.

Voici comment démarrer et utiliser WordPad :

1. **Cliquez sur le bouton Démarrer ou dans le champ de recherche de Cortana, et saisissez** Wo.

2. **Dans la liste des résultats, cliquez sur WordPad.**

   L'interface apparaît comme à la Figure 6.2.

3. **Saisissez votre texte puis mettez-le en forme avec les outils ; du ruban Accueil.**

   Dans le groupe Insertion, vous pouvez insérer des images, des dessins réalisés dans Paint, la date et l'heure, ou bien encore des objets, c.-à-.d des documents qui ont été créés dans d'autres programmes. Attention, car la compatibilité de WordPad n'étant pas totale, certains objets ne s'importeront pas.

4. **Une fois votre document réalisé, cliquez sur Fichier >Enregistrer.**

   Vous pouvez enregistrer vos documents dans l'un des formats suivants :

   - **RTF (Rich Text Format)** est un très vieux format, datant de 1987, développé par Microsoft et le légendaire Charles Simonyi (eh oui le touriste de l'espace) pour permettre de conserver des éléments de mise en page quand on passe d'un traitement de texte à l'autre. Les documents RTF peuvent présenter des mises en page simples, mais pas aussi complexes que celles de Word 97. Bon nombre de logiciels de traitement de texte de différentes marques peuvent lire et écrire des fichiers RTF. Le format RTF s'avère un bon choix si votre document va passer dans différents lieux.

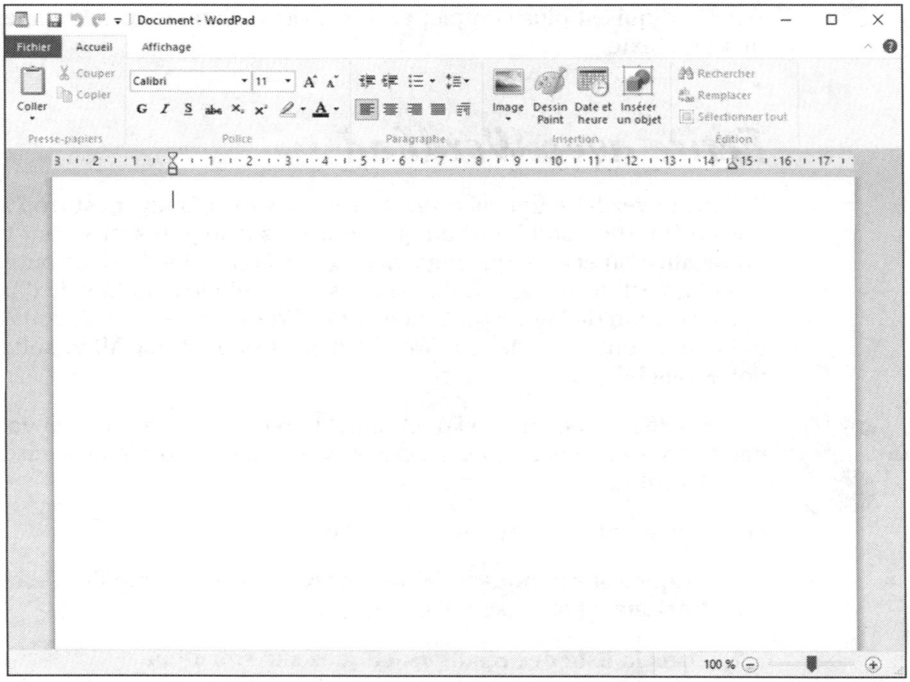

Figure 6.2 : WordPad attend votre texte.

- **DOCX (OOXML Text Document)** est le nouveau standard de format de fichier de Microsoft, introduit en 2007. Si vous créez un document dans Word, choisissez ce format.

  ATTENTION !

  Certes, WordPad peut lire et écrire des fichiers DOCX, mais il prend quelques libertés sur certaines fonctionnalités plus fines de Word : si vous ouvrez dans WordPad un fichier DOCX généré dans Word, ne soyez pas surpris par la mise en page. Si vous avez enregistré ce même document Word dans WordPad, la mise en page originale risque d'être écrasée.

- **ODT (ODF Text Document**), format de OpenDocument, format natif de LibreOffice et de OpenOffice.

- **TXT (Text Document**) supprime toutes les images et mises en page, n'enregistre le document que sous un vieux format texte de type Bloc-notes. Les deux options, formats MS-DOS et Unicode, contrôlent la gestion des caractères non latins dans le document.

Utiliser la table des caractères

Windows comprend l'utilitaire Table des caractères qui peut se révéler très utile si vous recherchez des caractères qui n'apparaissent pas sur les claviers standards. Grâce à cette table, vous pouvez trouver de vieux styles de police, les copier-coller dans n'importe quel traitement de texte (y compris WordPad).

Windows propose de nombreuses polices, séries de caractères, dont quelques-unes peuvent vous être très utiles. Pour accéder à la Table des caractères, cliquez sur le bouton Démarrer ou dans le champ de recherche de Cortana, et saisissez **tab.** Cliquez directement sur l'icône Table des caractères, vous verrez apparaître la boîte de dialogue représentée à la Figure 6.3.

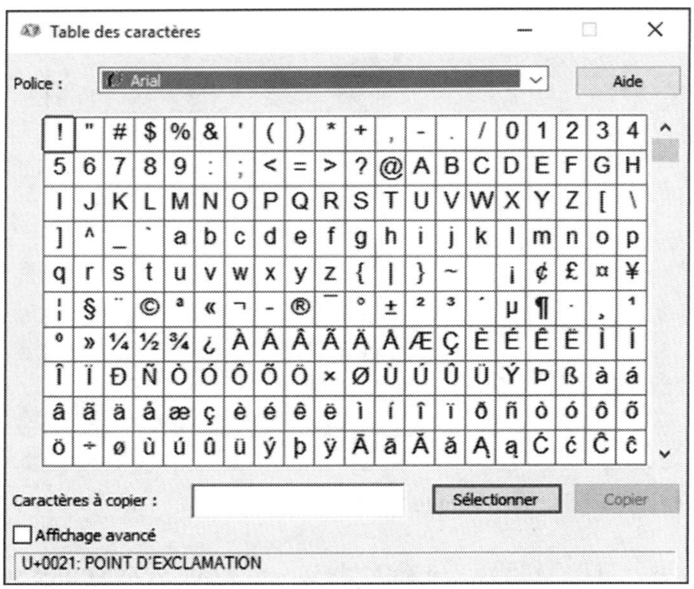

Figure 6.3 : Besoin d'un caractère d'une autre langue ? Utiliser la Table des caractères !

Cette table comporte de nombreux caractères images comme les flèches, les cases à cocher, *etc.* avec de nombreux types de polices Wingdings et Webding. Copiez-les dans vos documents et agrandissez-les comme bon vous semble.

Faire des calculs – gratuitement

Windows 10 ne propose plus qu'une seule calculatrice, mais qui peut se décliner en un certain nombre d'outils, dont un convertisseur. .

Pour exécuter la Calculatrice, cliquez sur le bouton Démarrer ou dans le champ de recherche de Cortana, et entrez **calc.** Cliquez ensuite sur l'icône de la calculatrice. Apparaîtra sans doute la Calculatrice standard ou l'une de ses versions plus sophistiquées, comme celle reproduite à la Figure 6.4.

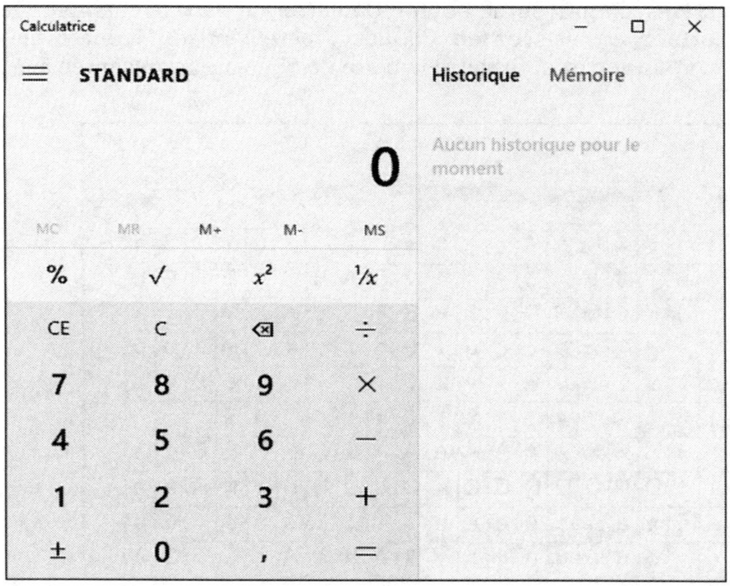

Figure 6.4 : La Calculatrice en mode Standard.

Pour utiliser la Calculatrice, il suffit de taper ce que vous voulez sur le clavier ou sur les touches, puis d'appuyer sur la touche Entrée pour obtenir le résultat de l'opération. Par exemple, pour calculer 123 fois 456, vous tapez **123*456**, puis appuyez sur la touche Entrée.

La Calculatrice se décline en quatre modes : Standard, Scientifique (qui ajoute des *sin* ou des *tan* et des x en y et ainsi de suite), Programmeur (*hex*, *Oct*, *Mod*, *Xor*), et propose aussi différents convertisseurs. Choisissez son mode *via* le bouton situé à gauche du mot Calculatrice, comme le montre la Figure 6.5.

Voici quelques petites astuces qui vous aideront à utiliser efficacement la Calculatrice :

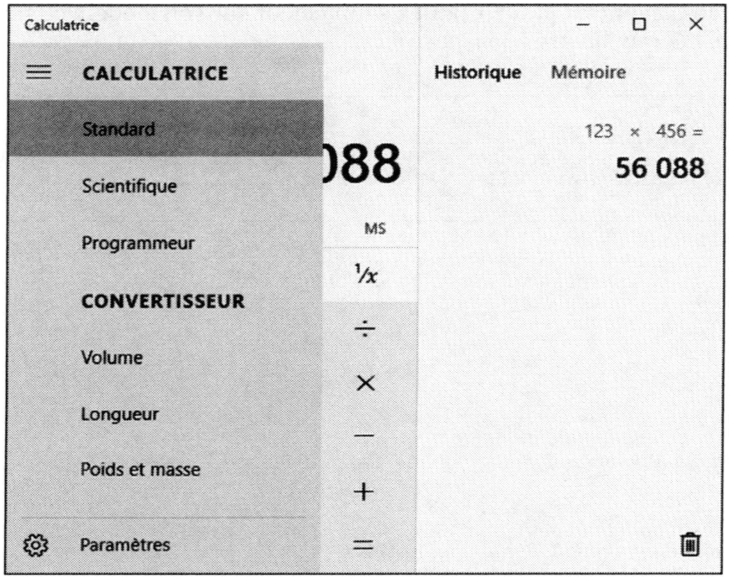

Figure 6.5 : Choisir le mode de la calculatrice et de ses convertisseurs.

- Non le X du clavier n'est pas le signe multiplier. Je ne sais pas pourquoi les informaticiens ont choisi l'astérisque (*). Pour faire une multiplication, appuyez sur la touche *.
- Utilisez le pavé numérique, si vous en avez un, mais vérifiez que vous avez bien activé la touche Num Lock ! Car si vous ne le faites pas, vous aurez beau entrer des chiffres, la Calculatrice ne le saura pas.

Dessiner

Windows Paint a pris des coups durs ces dernières années, mais il permet encore d'effectuer quelques manipulations utiles. C'est une application suffisante pour retoucher des images existantes et permet aussi de convertir différents formats de fichiers images (JPEG ou GIF, par exemple). Mais il n'égale certainement pas un réel outil de dessin comme Adobe Photoshop ou Illustrator. Mais si vous voulez corriger des yeux rouges ou améliorer une mauvaise exposition, La Galerie de photos Windows ou Picasa proposent de super outils (voir le Livret VI, Chapitre 4).

Bref, vous pouvez tout de même vous amuser avec Windows Paint. Pour l'ouvrir, cliquez sur le bouton Démarrer ou dans le champ de recherche de

Cortana, et entrez **paint.** Cliquez simplement sur son icône. Vous verrez apparaître l'écran illustré à la Figure 6.6.

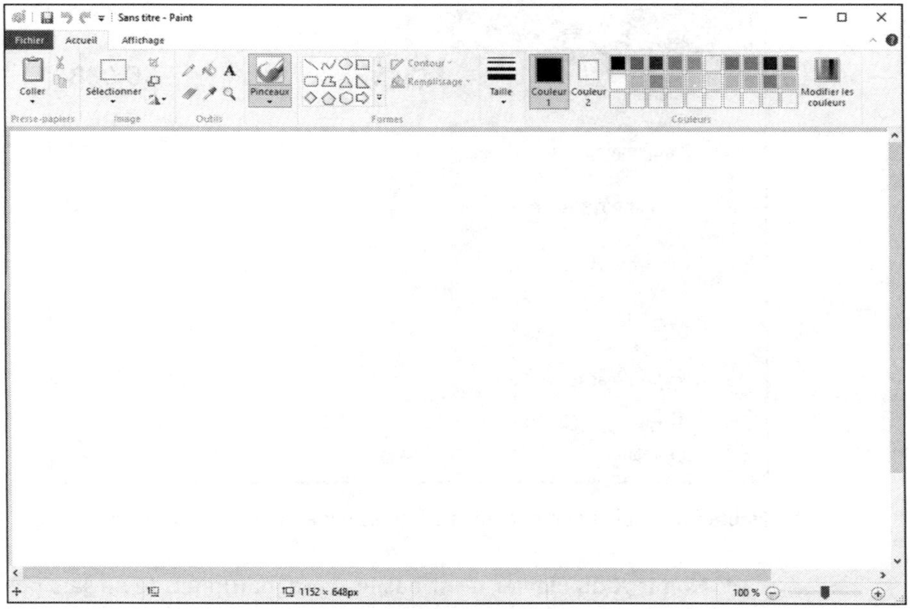

Figure 6.6 : Paint propose un certain nombre de fonctionnalités utiles.

Ouvrir, enregistrer et fermer des images dans Paint est un jeu d'enfant, tout comme n'importe quel autre programme Windows, une fois que vous avez compris comment utiliser l'onglet Fichier.

Scanner des images dans Paint se fait comme sur des roulettes : sélectionnez Fichier→À partir d'un scanneur ou d'un appareil photo. Pour dessiner l'une des formes préintégrées, il suffit de taper ou cliquer sur la forme, puis de la taper/glisser ou cliquer-glisser sur le papier dessin pour ajuster sa taille. Pour rogner, redéfinir la taille ou effectuer une rotation, il suffit de sélectionner l'icône correspondante dans le groupe Image du Ruban. Facile !

Mais là où cela devient plus complexe (qui dit complexe dit problème) est lorsque vous essayez de dessiner une forme libre si vous ne tenez pas compte des conseils suivants :

- Pour sélectionner une couleur de ligne (qui sert généralement aux outils de dessin de couleur primaire), tapez ou cliquez sur l'icône Couleur 1, puis choisissez la couleur dans le groupe Couleurs du Ruban.

- Pour sélectionner une couleur de remplissage (qui sert à remplir l'intérieur d'une forme solide comme un rectangle ou un ovale), tapez ou cliquez sur l'icône 2, puis choisissez une couleur dans le groupe Couleurs du Ruban.
- De nombreux outils de dessin vous permettent de définir l'épaisseur des lignes, dans le cas d'une bombe la lourdeur du trait, dans la liste déroulante Taille du Ruban.

Tout comme les autres programmes Windows, les manipulations courantes sont sélectionner, copier, coller, supprimer, *etc.* La seule procédure vieillotte que j'ai trouvée est l'outil Sélection libre qui se cache sous l'icône Sélectionner du groupe Image du Ruban. Si vous cliquez sur cet outil et dessinez une zone sur une image, Paint affiche en réponse un petit rectangle qui entoure la ligne entière que vous venez de dessiner. C'est… différent.

Coller des pense-bêtes

Vous aimez vraiment les petits pense-bêtes jaunes sur votre écran ? Vraiment. Je suppose que leur version électronique est plus séduisante et moins collante que celle en papier.

Bref si vous voulez vraiment en poser un, voici comment créer un pense-bête :

1. **Cliquez sur le bouton Démarrer ou dans le champ de recherche de Cortana, et entrez** pen.
2. **Cliquez sur l'icône Pense-bête.**
3. **Tapez ce que vous voulez.**

   Voilà. C'est fait.

Votre nouveau pense-bête apparaît, comme illustré à la Figure 6.7.

Quand vous avez fini le pense-bête, vous pouvez en créer un autre en tapant ou cliquant sur le signe + en haut à gauche.

Vous pouvez changer la couleur jaune clinquant en cliquant du bouton droit sur le pense-bête (ou en tapant tout en maintenant appuyé) et en sélectionnant une autre couleur.

Les pense-bêtes élisent domicile sur le bureau. Vous pouvez les glisser-déplacer comme n'importe quel autre élément du bureau. Ils sont faciles à redimensionner. Vous pouvez les afficher ou les masquer en tapant ou cliquant sur l'icône Pense-bêtes de la barre d'outils.

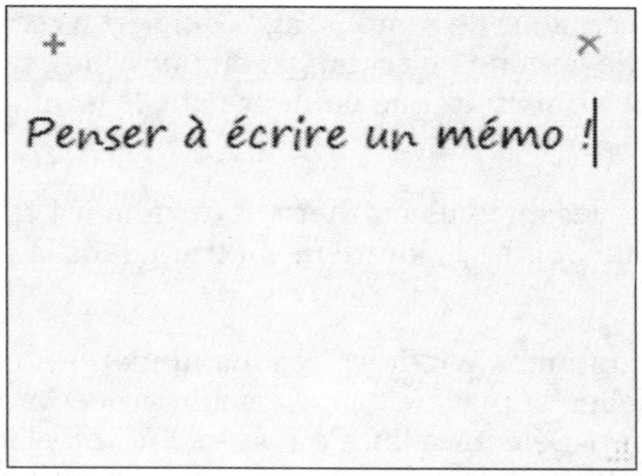

Figure 6.7 : Les pense-bêtes sont cool, mais la marge est trop petite pour l'impression.

Pour supprimer une note, cliquez simplement sur le bouton x situé dans l'angle supérieur droit de la note. Un message demande confirmation de la suppression. Si vous êtes sûr de vous, cliquez sur le bouton Oui.

Vous détestez la police des pense-bêtes ? Je compatis. Ouvrez n'importe quel programme de texte (Word ou WordPad), saisissez votre texte, puis mettez-le en page comme bon vous semble, copiez-collez ce texte dans un pense-bête, la mise en page reste. C'est de cette manière que j'ai créé le dernier théorème de Fermat.

Et vous pensiez que les pense-bêtes n'avaient aucun secret pour vous !

Chapitre 7

Imprimer

Dans ce chapitre :

- Connecter une nouvelle imprimante à un ordinateur ou à un réseau
- Résoudre quelques problèmes de file d'attente
- Résoudre d'autres problèmes d'impression
- Arrêter une imprimante incontrôlable

Ah un bureau sans papier, quelle merveilleuse idée ! Adieu les dossiers remplis de papiers mal classés, adieu hernie discale pour avoir soulevé des tonnes de photocopies, pour récupérer 500 feuilles de sa bouche en plastique. Adieu arbres agonisants, qui dans un dernier soubresaut fournissent leur sève comme essence à une cartouche d'encre, adieu rapports tachés de café, adieu coupures de papier…

Adieu, tenterais-je le diable ? Qui sait ?

ASKWOODY.COM

L'industrie avait prévu que dans deux décennies les bureaux sans papier seraient une réalité. Certes, peut-être est-ce réel chez vous ou chez moi. Quant à moi, je pense que les imprimantes PC disparaîtront en même temps que le tout dernier *Star Trek* dans un temps géologique, il va de soi.

Quel est le problème le plus important ? C'est de trouver une imprimante qui ne vous coûte pas une fortune pour… eh bien… imprimer. Les cartouches d'encre sont très chères. Et l'encre encore plus. Une imprimante de premier prix à environ 60 euros imprimera une dizaine de pages avant de quémander de la recharger. Et quatre ou cinq rechargements reviennent facilement au prix d'achat de ce périphérique.

TRUC

Le développement des imprimantes a pris un tournant intéressant et même excitant ces six dernières années. Les imprimantes connectées à un réseau, celles qui sont reliées à un routeur que ce soit *via* une connexion câblée ou *via* Wi-Fi, en ne passant plus par les PC, sont enfin abordables. Enfin, relativement abordables. Toutefois, les imprimantes en réseau présentent d'après ma propre expérience, moins de problèmes que celles reliées physiquement à une machine spécifique.

Windows propose une excellente prise en charge des imprimantes. C'est très facile une fois que vous avez compris quelques petites choses.

Installer une imprimante

Il existe trois manières de relier une imprimante à un ordinateur :

- Vous la reliez directement à l'ordinateur ;
- Vous connectez votre ordinateur à un réseau et vous reliez l'imprimante à un autre ordinateur présent sur le réseau ;
- Si l'imprimante peut être connectée directement au réseau, vous connectez votre ordinateur au réseau et reliez directement l'imprimante au hub du réseau que ce soit *via* un câble réseau ou *via* une connexion sans fil.

Connecter directement un ordinateur au hub d'un réseau n'est pas difficile si vous avez le bon matériel. Chaque contrôleur d'imprimante est différent, donc vous devez suivre les instructions du fabricant.

Installer une imprimante en local

Bien, vous venez d'acquérir une nouvelle imprimante que vous voulez utiliser. Vous allez la relier en local, c'est-à-dire la brancher directement à votre PC, ce qui est la manière la plus simple d'installer une imprimante et la seule si vous n'avez pas de réseau.

Toutes les imprimantes actuelles sont équipées d'un connecteur USB qui se branche sur l'ordinateur. En théorie, il suffit de brancher le connecteur dans le port USB du PC, de mettre en marche l'imprimante, Windows la reconnaît et installe les pilotes adéquats. Le tour est joué.

Si vous regardez attentivement le bureau pendant que Windows effectue cette tâche, vous verrez une icône qui flashe. Les curieux cliqueront sur cette icône et verront apparaître l'illustration de la Figure 7.1.

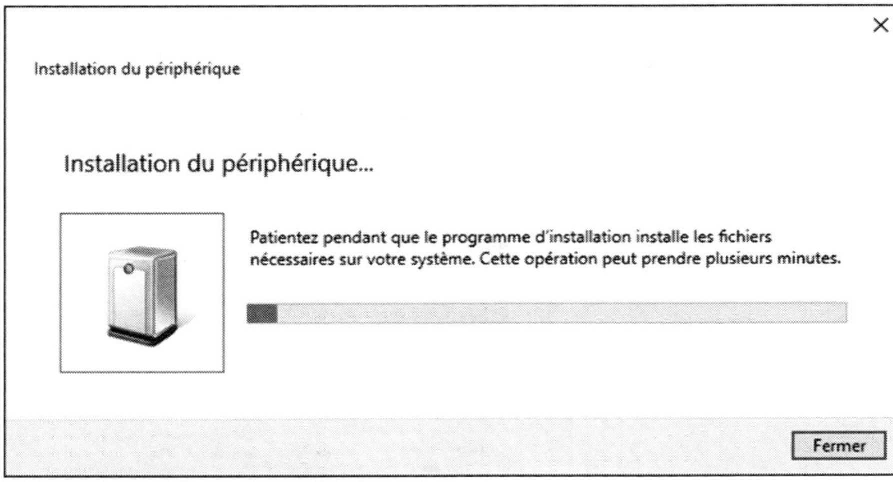

Figure 7.1 : Laissons Windows faire tout le travail.

ATTENTION !

Je vous déconseille d'installer le logiciel du fabricant, quelles que soient les instructions affichées dans les boîtes de dialogue de l'installation de l'imprimante. La plupart des imprimantes ont des CD de pacotilles.

Si l'imprimante est correctement installée, vous la verrez apparaître dans la liste des Périphériques (Voir Livret III, Chapitre 4). Pour afficher la liste des Périphériques, cliquez sur le bouton Démarrer, puis sur Paramètres. Dans la fenêtre Paramètres, cliquez sur Périphériques. Une liste similaire à celle reproduite à la Figure 7.2 devrait apparaître.

Windows peut rencontrer des difficultés, mais c'est très rare et quelquefois avec de tout nouveaux modèles d'imprimantes, à localiser un pilote. Dans ce cas, utilisez le CD de l'imprimante ou mieux accédez au site du fabricant pour télécharger les pilotes les plus récents.

Connecter une imprimante en réseau

Les réseaux Windows fonctionnent très bien. Si vous avez un réseau, vous pouvez relier une imprimante à n'importe quel ordinateur du réseau et la rendre accessible à tous les utilisateurs de tous les ordinateurs du réseau. Vous pouvez aussi relier différentes imprimantes à différents ordinateurs et laissez les utilisateurs choisir l'imprimante qu'ils souhaitent utiliser.

TRUC

Si vous connectez une imprimante à un ordinateur de votre groupe résidentiel (voir Livret VII, Chapitre 5), mais sauf si vous avez apporté quelques modifications, chaque imprimante reliée à chaque ordinateur du groupe résidentiel

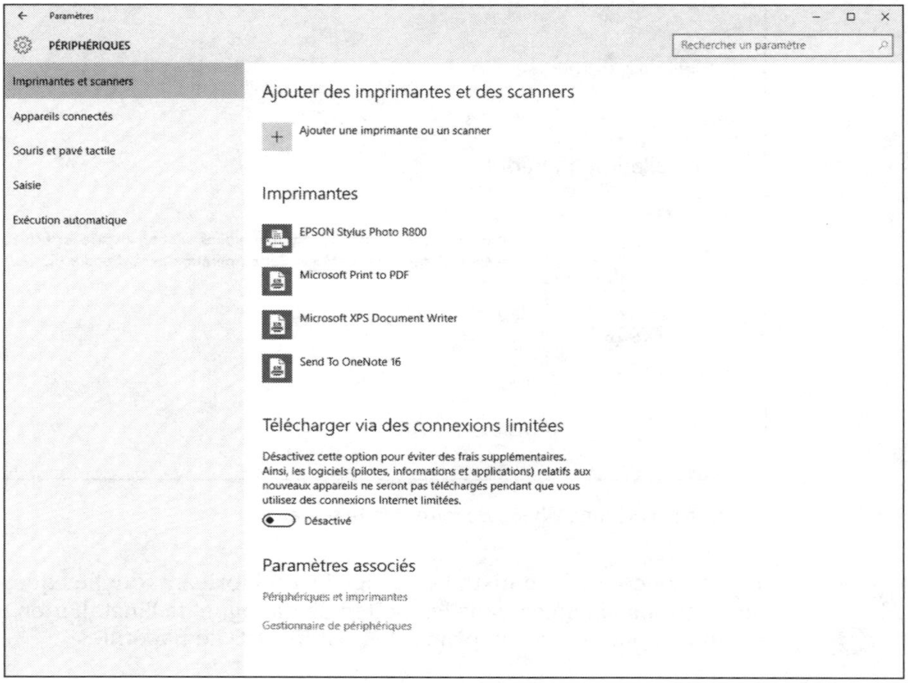

Figure 7.2 : Une fois reconnue, puis installée automatiquement, mon imprimante est répertoriée dans la liste des Périphériques.

est automatiquement identifiée et ajoutée dans la liste des Périphériques de chaque ordinateur du groupe résidentiel.

Si vous avez des imprimantes reliées au réseau, mais qui ne le sont pas à un groupe résidentiel, par exemple une machine Windows Vista ou XP ou sur une machine Windows 7 ou 8, et bien sûr 10 qui n'est pas configurée pour partager des périphériques, vous pouvez l'ajouter dans les imprimantes partagées. Voici comment faire :

1. **Cliquez sur le bouton Démarrer, puis sur Paramètres.**
2. **Dans la fenêtre Paramètres, cliquez sur Imprimantes et scanner.**
3. **Cliquez Ajouter une imprimante ou un scanner.**

   Windows lance une recherche qui peut s'avérer infructueuse notamment pour une imprimante wi-fi. Si c'est le cas, passez à l'Étape 4.
4. **Cliquez sur le lien Je ne trouve pas l'imprimante recherchée dans la liste.**

5. **Dans la boîte de dialogue Ajouter une imprimante, activez l'option Ajouter une imprimante Bluetooth, sans fil ou réseau détectable, et cliquez sur Suivant.**

   Windows 10 cherche alors l'imprimante wi-fi sur votre réseau. Dès qu'il la détecte, il suffit de la sélectionner pour qu'il en installe le pilote.

   Si Windows ne détecte pas l'imprimante sans fil, vérifiez sur le manuel d'utilisation comment la connecter à votre réseau sans fil. Dès qu'elle sera sur le réseau, Windows 10 l'identifiera.

6. **Si nécessaire, installez le pilote d'impression du constructeur afin de bénéficier de toutes les fonctionnalités de votre périphérique.**

Utiliser la file d'attente

Vous avez sans doute remarqué que lorsque vous lancez l'impression d'un document depuis une application, cette application vous rapporte que l'impression est terminée avant même que l'impression proprement dite soit réellement terminée. Si le document est très long, vous pouvez imprimer plusieurs documents d'une ou plusieurs applications alors que l'imprimante continue d'imprimer le premier document lancé. C'est possible, car Windows enregistre les documents imprimés dans une *file d'attente* jusqu'à ce qu'ils soient tous totalement imprimés.

Si vous avez plusieurs imprimantes reliées à votre PC ou réseau, chacune d'entre elles possède sa propre file d'attente. La file d'attente est maintenue sur le *PC hôte*, c'est-à-dire l'ordinateur auquel est reliée l'imprimante.

Si vous avez une imprimante en réseau, elle garde sa propre file d'attente.

Windows utilise des files d'attente automatiquement, si bien que vous ne connaîtrez jamais leur existence, sauf si vous êtes dans la confidence. Dans ce cas, vous pouvez les contrôler de différentes manières.

Afficher une file d'attente

Pour afficher des informations sur l'impression en cours de documents qui sont dans la file d'attente, procédez comme suit :

1. **Accédez au Panneau de configuration en cliquant droit sur le bouton Démarrer, puis en choisissant Panneau de configuration dans le menu contextuel qui apparaît.**

2. **En dessous de la catégorie Matériel et Audio, sélectionnez Afficher Périphériques et imprimantes.**

3. **Double-cliquez (ou tapez tout en maintenant appuyé) sur l'imprimante de votre choix.**

4. **Cliquez sur Afficher les travaux d'impression en cours, comme à la Figure 7.3.**

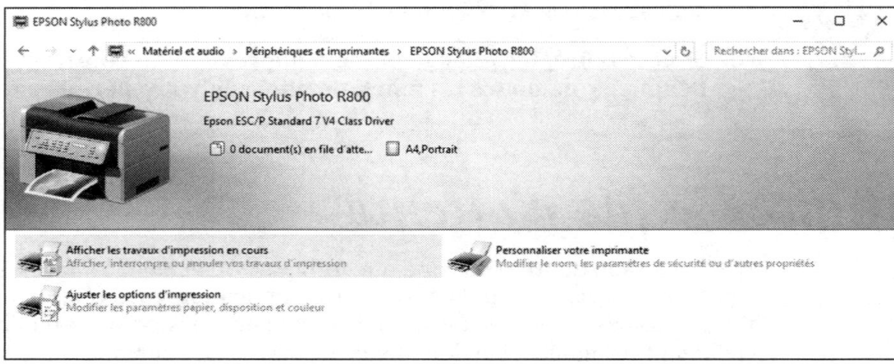

Figure 7.3 : Tous les documents dont vous attendez l'impression sont dans une file d'attente.

La boîte de dialogue de la file d'attente apparaît. Si vous avez des documents en attente sur plusieurs imprimantes, vous verrez plusieurs rapports d'impression.

Dans de nombreux cas, Windows notifie à l'imprimante que l'impression du document est annulée. C'est pourquoi vous devez patienter un certain temps pour obtenir une réponse.

La colonne Propriétaire désigne l'utilisateur qui a mis le document dans la file d'attente de l'impression. Les travaux d'impression de la file d'attente sont listés du plus ancien (en haut) au plus récent (en bas).

5. **Pour annuler l'impression d'un document, tapez en maintenant appuyé ou cliquez droit sur le document, puis sélectionnez Annuler le document.**

6. **Laissez ouverte la fenêtre de la file d'attente ou réduisez-la pour l'insérer dans la barre des tâches.**

TRUC

Ce conseil est pratique si vous lancez l'impression d'un document long ou particulièrement complexe, la fusion de documents Word est réputée pour sa difficulté.

Suspendre et reprendre l'impression

Lorsque vous suspendez une impression dans la file d'attente, Windows arrête l'impression des documents. Si le document est en cours d'impression quand vous suspendez son impression, Windows essaie de terminer l'impression en cours de ce document puis s'arrête. Lorsque vous reprenez l'impression dans la file d'attente, Windows relance l'impression des documents dans la file d'attente. Voici comment faire :

- **Pour suspendre une impression dans la file d'attente** : dans la boîte de dialogue de la file d'attente de l'imprimante, cliquez sur Imprimante→ Suspendre l'impression, comme à la Figure 7.4.
- **Pour reprendre l'impression**, décochez l'option Suspendre l'impression.

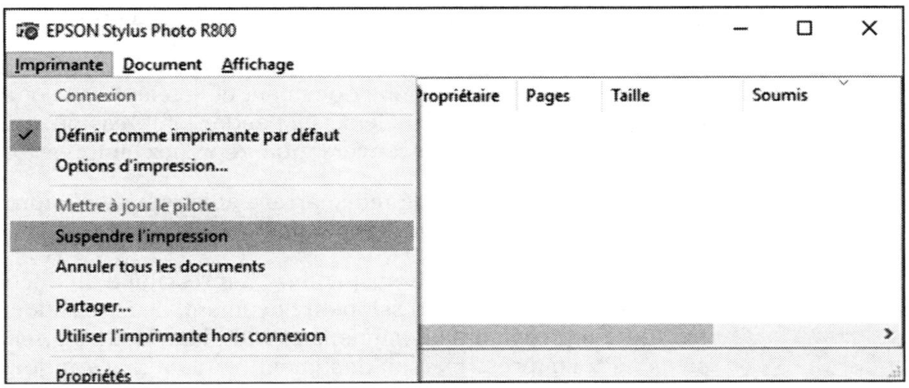

Figure 7.4 : Suspendre une impression.

TRUC

Pourquoi suspendre l'impression dans la file d'attente ? Supposez que vous deviez imprimer une page, et vous estimiez qu'allumer votre imprimante pour une seule page n'en vaille pas la peine. Suspendez l'impression. Comme cela dès que vous mettrez en marche votre imprimante, faites reprendre l'impression et la page sera imprimée.

Windows peut quelquefois mettre du temps à terminer l'impression d'un document, en raison d'une surcharge de la mémoire de tampon (voir la section « Résoudre les problèmes d'impression », plus loin dans ce chapitre) et à chaque fois que vous nettoyez l'imprimante, elle essaie de réimprimer les pages en surcharge. Dans ce cas, suspendez l'impression et éteignez l'imprimante. Dès que l'imprimante est rallumée, Windows reprend là où l'on a arrêté.

De plus, selon le réseau que vous avez créé, vous pourrez ou non suspendre et reprendre les travaux d'impression dans la file d'attente sur une imprimante reliée à un autre PC ou à un réseau.

Suspendre, relancer et reprendre l'impression d'un document

Voici quelques autres raisons qui peuvent justifier une suspension des travaux d'impression :

- Supposez que vous imprimiez les documents d'une commande en ligne d'une page Web et que l'imprimante se bloque. Vous venez de terminer la commande et vous n'avez aucun moyen d'afficher encore une fois la page de la commande pour la réimprimer. Suspendez l'impression, videz l'imprimante, puis relancez l'impression du document.
- Autre cas où la suspension de l'impression d'un document s'avère pratique : vous imprimez un long document et le téléphone sonne. Pour discuter dans un endroit silencieux, suspendez l'impression, puis lorsque vous aurez terminé votre conversation, reprenez l'impression.

Voici comment la suspension, le redémarrage et la reprise d'impression marchent depuis le menu Document :

- **Suspendre :** Lorsque vous suspendez l'impression d'un document, Windows empêche l'impression du document. Il saute le document et passe à l'impression du document suivant dans la file d'attente. Si vous suspendez l'impression d'un document pendant que Windows est en train de l'imprimer, Windows arrête l'impression au milieu du document et n'imprime rien jusqu'à ce que vous indiquiez quoi faire.
- **Reprendre** : Reprendre l'impression d'un document a du sens si et seulement si vous l'aviez suspendue pendant l'impression. Quand vous reprenez l'impression, Windows la relance là où elle a été arrêtée.
- **Redémarrage :** Quand vous redémarrez l'impression d'un document, Windows est à nouveau autorisé à l'imprimer. Si le document est en haut de la file d'attente, Windows l'imprime dès qu'il a terminé l'impression du document qu'il est en train d'imprimer. Si le document était en cours d'impression quand son impression a été suspendue, Windows arrête l'impression et la recommence au début.

N'OUBLIEZ PAS

Pour suspendre l'impression d'un document, cliquez droit sur le document dans la file d'attente ou tapez tout en maintenant appuyé sur Suspendre l'impression. La fenêtre affiche l'état du document comme étant suspendu. Pour reprendre ou relancer l'impression, cliquez droit ou tapez tout en maintenant appuyé sur ce document et choisissez Reprendre l'impression.

Annuler l'impression d'un document

Lorsque vous *annulez* l'impression d'un document, Windows supprime le document dans la file d'attente sans l'imprimer. Peut-être avez-vous entendu les mots comme « *purger* » ou « *éliminer* ».

Annuler l'impression d'un document est une option pratique : supposez que vous lancez l'impression d'un long document et que dès les premières pages vous vous rendez compte que vous avez oublié de mettre les en-têtes. Annulez l'impression, faites les modifications nécessaires et réimprimez le fichier !

Pour annuler l'impression d'un document, sélectionnez-le. Dans la fenêtre de la file d'attente de l'imprimante, choisissez Document→Annuler. Dans la boîte de dialogue de confirmation, cliquez sur Oui.

Lorsqu'un document est supprimé, il l'est. La file d'attente de l'imprimante n'a pas de Corbeille !

De même, la plupart des imprimantes ont des mémoires intégrées qui stockent les pages en cours d'impression. Les imprimantes en réseau peuvent avoir des mémoires tampons assez considérables. Vous pouvez aussi accéder à la fenêtre de la file d'attente pour vérifier que le document n'y est pas listé. Si le document a déjà été mis aux oubliettes dans la mémoire interne de l'imprimante, la seule façon de le supprimer reste d'éteindre l'imprimante.

Résoudre les problèmes d'impression

Voici quelques problèmes typiques avec les imprimantes et leur solution que vous pouvez rencontrer :

- **J'essaie d'installer une imprimante. Je l'ai branchée à mon ordinateur et Windows n'arrive pas à détecter sa présence**. Vérifiez que l'imprimante est bien allumée et que le câble est bien branché entre le port de l'imprimante et celui de l'ordinateur. Lisez également le manuel de l'imprimante, peut-être devez-vous suivre une procédure (comme appuyer sur un bouton) pour mettre en marche l'imprimante.
- **J'essaie d'installer une imprimante qui est connectée à un autre ordinateur de mon réseau. Windows ne parvient pas à détecter sa présence. Je suis sûr que l'imprimante marche. Elle est déjà installée et fonctionne en local sur le système.** Si l'imprimante est reliée à

un PC Windows XP ou Vista, elle ne peut pas être partagée. Si elle est connectée à un PC Windows 7 ou 8, le PC peut être configuré pour traiter le réseau comme un réseau public, dans ce cas elle ne peut pas être partagée. Pour y remédier, cliquez droit sur l'imprimante et choisissez Partager.

- **Je n'arrive pas à utiliser l'imprimante partagée que j'utilisais avant. Windows m'informe qu'elle n'est pas disponible quand j'essaie de l'utiliser ou Windows ne l'affiche même plus parmi les imprimantes installées.** Cela peut arriver quand il y a une interférence avec la connexion au réseau ou la connexion à l'ordinateur hôte de l'imprimante. Cette interférence peut se produire aussi si l'utilisateur de l'ordinateur hôte a désactivé le partage.

  Si vous n'avez pas réussi à déterminer le problème ou si vous l'avez trouvé et résolu (comme le partage de fichier et d'imprimante désactivé), mais que vous ne pouvez pas encore utiliser l'imprimante, essayez de redémarrer Windows sur votre propre système. Si cette solution ne résout pas le problème, supprimez l'imprimante de votre système et réinstallez-la.

  Pour supprimer une imprimante dans votre système, cliquez sur le bouton Démarrer puis sur Paramètres. Dans la fenêtre Paramètre, choisissez Périphériques. Dans la fenêtre Périphériques, cliquez sur le nom de l'imprimante. Dans la petite incrustation qui apparaît, cliquez sur Supprimer le périphérique, comme le montre la Figure 7.5. Windows vous demande si vous êtes sûr de vouloir le faire. Cliquez sur Oui.

  Pour réinstaller l'imprimante sur votre système, passez par la même procédure que vous avez effectuée pour l'installer (voir la section « Connecter une imprimante en réseau », plus haut dans ce chapitre).

- **J'ai lancé l'impression d'un document, mais il n'est jamais sorti de l'imprimante**. Vérifiez la file d'attente de l'imprimante sur le PC hôte (celui qui est directement relié à l'imprimante). Est-ce que ce document est listé ? S'il ne l'est pas, ce peut être pour différentes raisons :

  L'imprimante n'est pas allumée. Ne riez pas ! Cela m'est déjà arrivé ! Souvent, Windows ne fait pas la différence entre une imprimante qui est connectée, mais non allumée et une imprimante prête. Il envoie la tâche d'impression à l'imprimante éteinte.

  - *Vous avez envoyé sans faire attention le document à une autre imprimante.* Ne riez pas non plus, cela m'est aussi arrivé !
  - *Un autre utilisateur a pris votre document imprimé.*
  - *L'imprimante est allumée, mais n'est pas prête et elle (contrairement au PC hôte) conserve le document dans sa mémoire interne jusqu'à*

Figure 7.5 : Supprimer une imprimante.

ce qu'elle puisse lancer l'impression. Une imprimante peut garder environ une dizaine de pages en sortie interne, tout dépend des capacités de sa mémoire interne et de la complexité des pages. Les imprimantes en réseau ont généralement une mémoire tampon de 16 Mo ou plus, ce qui suffit pour imprimer une centaine de pages ayant une mise en page simple.

Si le document est dans la file d'attente, mais ne s'imprime pas, vérifiez si ce n'est pas pour l'une des raisons suivantes :

- *L'imprimante peut ne pas être prête.* Vérifiez si elle est bien branchée, allumée et connectée à l'ordinateur ou à l'ordinateur hôte.
- *L'impression du document peut être suspendue.*
- *La file d'attente de l'imprimante peut être elle-même mise en pause.*
- *L'imprimante peut imprimer un autre document dont l'impression était suspendue.*

- *L'imprimante peut « penser ».* Si vous avez une imprimante laser ou un autre type de périphérique qui recompose toute une page dans sa mémoire interne avant de lancer l'impression, elle semble ne rien faire quand elle traite des photographies ou autres documents graphiques complexes. Ce traitement peut prendre plusieurs minutes.

  Lisez le manuel de votre imprimante. Elle peut faire clignoter une petite lumière ou afficher l'état d'impression vous indiquant ce qu'elle fait. Mieux vous connaîtrez votre périphérique, plus vous serez en mesure de faire différents types de tâches.

- *L'imprimante est hors ligne, n'a plus de papier, a un bourrage papier ou n'est pas prête pour d'autres raisons.*

Livret VIII

Maintenir Windows 10

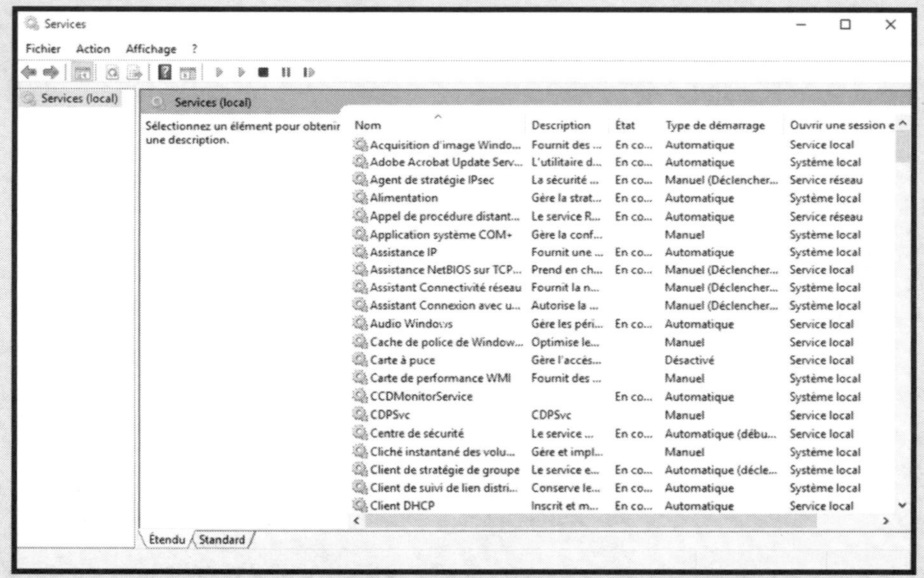

Chapitre 1

Faire l'historique des fichiers, sauvegarder, restaurer des données et synchroniser

Dans ce chapitre :

- Sauvegarder et restaurer les données
- Stocker *via* le Cloud

Si vous avez l'habitude d'utiliser les versions de Windows antérieures à 8 pour sauvegarder ou restaurer des données, pour créer le « fantôme » de tout un disque dur ou définir des points de restauration, vous allez sans doute rechercher dans Windows 10 des commandes qui n'existent plus.

N'OUBLIEZ PAS

Même si vous pouvez définir manuellement des points de restauration, avec quasiment la même procédure que l'on utilise depuis des lustres sur Windows, cette procédure est enfouie profondément dans Windows 10 et pour être honnête vous n'en avez pas besoin.

Dans ce chapitre, vous apprendrez à sauvegarder vos données : lancer des sauvegardes, les restaurer, savoir où les stocker intelligemment et y accéder en cas de problème. Au Chapitre 2 de ce livret, je vous présenterai l'Actualisation et la Réinitialisation, deux moyens de faire revivre Windows. L'Actualisation conserve toutes vos données alors que la Réinitialisation supprime tout et remet votre PC dans le même état que lorsque vous l'avez déballé de son carton.

Sauvegarder et restaurer des fichiers avec l'Historique des fichiers

La fonctionnalité Historique des fichiers ne se contente pas de faire une sauvegarde des fichiers, mais aussi de nombreuses versions de ces fichiers, ce qui permet de récupérer plus facilement la dernière version ainsi que les diverses versions précédentes.

Par défaut, l'Historique des fichiers prend un cliché de tous les fichiers contenus dans les bibliothèques (voir Livret VII, Chapitre 3) sur le bureau, des Contacts et des favoris d'Internet Explorer. Ces clichés sont pris toutes les heures et sont conservés jusqu'à ce que votre disque de sauvegarde n'ait plus d'espace libre.

Je vous explique un peu plus loin dans cette section comment changer les paramètres par défaut.

Configurer l'Historique des fichiers

Pour utiliser cette fonctionnalité, vous devez avoir un disque dur externe, ou un second disque dur ou une connexion réseau qui est reliée à un disque dur. Dans l'exemple qui suit, j'utilise un disque externe de 1 To. Vous pouvez vous en procurer un dans n'importe quel magasin d'informatique.

Si vous avez beaucoup de photos dans votre bibliothèque d'images ou des tas de chansons dans la bibliothèque Musique, la première sauvegarde de l'Historique des fichiers prendra des heures et des heures (beaucoup trop !). Si vous avez beaucoup de données et que c'est la première fois que vous utilisez cette fonctionnalité, n'essayez même pas de définir des options pendant que la sauvegarde s'effectue. Vous devez laisser votre PC tranquille jusqu'à ce que la sauvegarde soit terminée.

Pour accéder à la fenêtre Historique des fichiers :

1. **Cliquez sur le bouton Démarrer ou dans le champ de recherche de Cortana, et tapez** historique des fichiers.
2. **Dans les résultats des recherches, cliquez sur Config de l'Historique des fichiers.**

   La fenêtre Mise à jour et sécurité apparaît. Elle affiche la section Sauvegarde, comme représentée à la Figure 1.1.
3. **Branchez le disque externe, puis cliquez sur Ajouter un lecteur.**

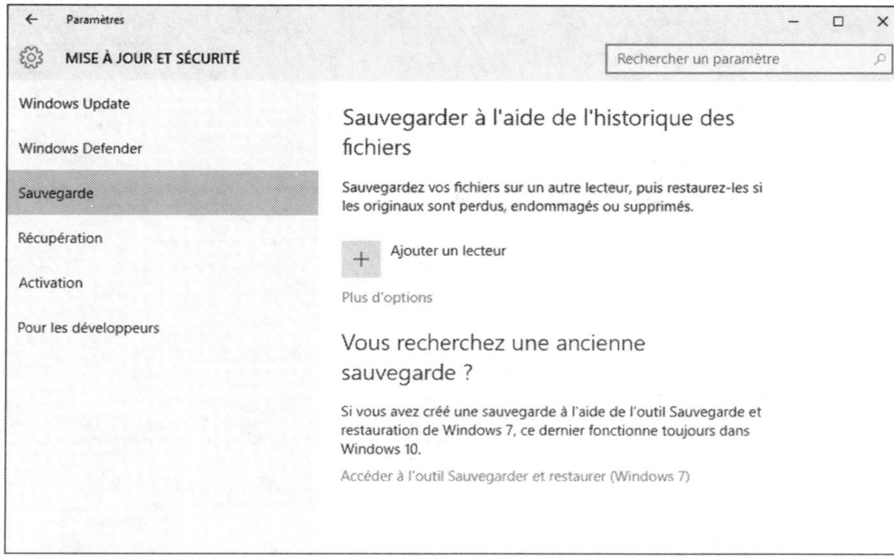

Figure 1.1 : Paramétrer ici l'Historique des fichiers.

4. **Dans la liste des lecteurs disponibles qui apparaît, choisissez celui à utiliser pour l'historique des fichiers.**

   La sauvegarde est alors activée par défaut, comme le montre la Figure 1.2.

5. **Cliquez sur le lien Plus d'options.**

6. **Dans les options qui apparaissent, cliquez sur Sauvegarder les données maintenant !**

Une fois cette sauvegarde effectuée, vérifiez qu'elle s'est bien déroulée. Pour cela, ouvrez l'Explorateur de fichiers, et procédez comme suit :

1. **Cliquez sur l'icône de l'Explorateur de fichiers de la barre de tâches.**

2. **Dans le volet de navigation, cliquez sur l'icône du disque que vous avez utilisé pour faire la sauvegarde.**

   Ce peut être un disque externe ou un disque en réseau ; ce peut même être un second disque dur sur votre PC, même si je vous le déconseille.

3. **Double-cliquez *via* la hiérarchie suivante :**

   - FileHistory
   - Votre nom d'utilisateur

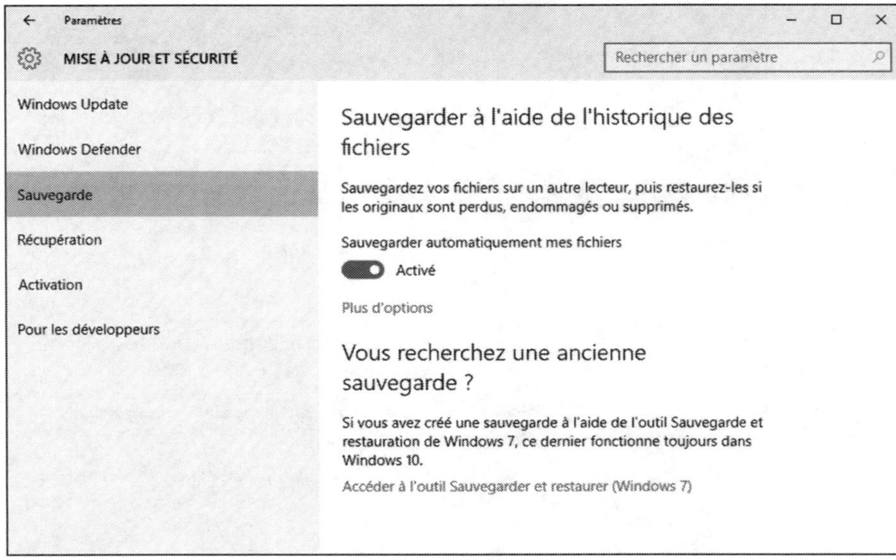

Figure 1.2 : La sauvegarde est activée.

- Le nom de votre PC
- Data
- Le disque principal que vous avez sauvegardé (sans doute C:)
- Users
- Votre nom d'utilisateur (encore !)
- Un dossier dont vous souhaitez vérifier l'intégrité de la sauvegarde.

4. Vérifiez si les noms de fichiers correspondent bien à ceux qui sont dans ledit dossier avec les dates et heures.

4a. Si les fichiers correspondent, fermez l'Explorateur de fichiers et la fenêtre Options de sauvegarde.

Même si vous pouvez restaurer les données ici *via* l'Explorateur de fichiers, il est plus facile de passer par l'outil de récupération de l'Historique des fichiers (voir la section suivante pour plus d'informations).

La liste des dossiers concernés par la sauvegarde est située dans la partie inférieure de la fenêtre Options de sauvegarde. Plus loin dans ce chapitre, vous apprendrez à la modifier.

4b. Si la liste de noms de fichiers ne correspond pas aux fichiers sur votre bureau, retournez à l'Étape 1 de la procédure précédente et vérifiez que vous avez bien suivi les instructions.

L'Historique des fichiers ne s'exécute pas si le disque de sauvegarde se déconnecte ou si la connexion vers le lecteur de sauvegarde échoue, quoi qu'il se passe Windows crée les fichiers de l'Historique des fichiers. Dès que le disque est reconnecté, la connexion rétablie, l'Historique des fichiers place toutes les données au bon emplacement.

Restaurer les données

L'Historique des fichiers stocke des clichés de vos fichiers, pris toutes les heures, sauf si vous faites des modifications plus fréquemment. Si vous travaillez sur un tableur depuis 6 heures et que vous découvrez que vous l'avez supprimé, vous pouvez récupérer une copie de ce tableur datant de moins d'une heure. Si vous travaillez depuis trois mois sur un document et que vous réalisez que le style que vous avez modifié il y a 5 semaines ne va pas du tout, l'Historique des fichiers vous sera aussi utile.

Voici comment ressusciter des fichiers d'une chambre froide :

1. **Cliquez sur le bouton Démarrer ou dans le champ de recherche de Cortana, et tapez** historique des fichiers**.**
2. **Cliquez sur Configuration de l'Historique de fichiers.**
3. **Cliquez sur le lien Plus d'options.**
4. **Si nécessaire, faites défiler le contenu de la fenêtre, et cliquez sur le lien Restaurer les fichiers à partir d'une sauvegarde en cours, comme à la Figure 1.3.**

   Vous accédez à la boîte de dialogue Page d'accueil – Historique des fichiers, illustrée à la Figure 1.4.

5. **Double-cliquez sur un dossier contenant un fichier à restaurer.**
6. **Vérifiez la date et l'heure dans le coin supérieur gauche.**

6a. Si la date et l'heure sont celles du fichier que vous voulez restaurer, cliquez sur le bouton vert affichant une flèche de rotation. Vous pouvez également glisser-déposer le fichier à l'emplacement où vous souhaitez le stocker.

Si vous double-cliquez dessus, vous aurez un aperçu du fichier.

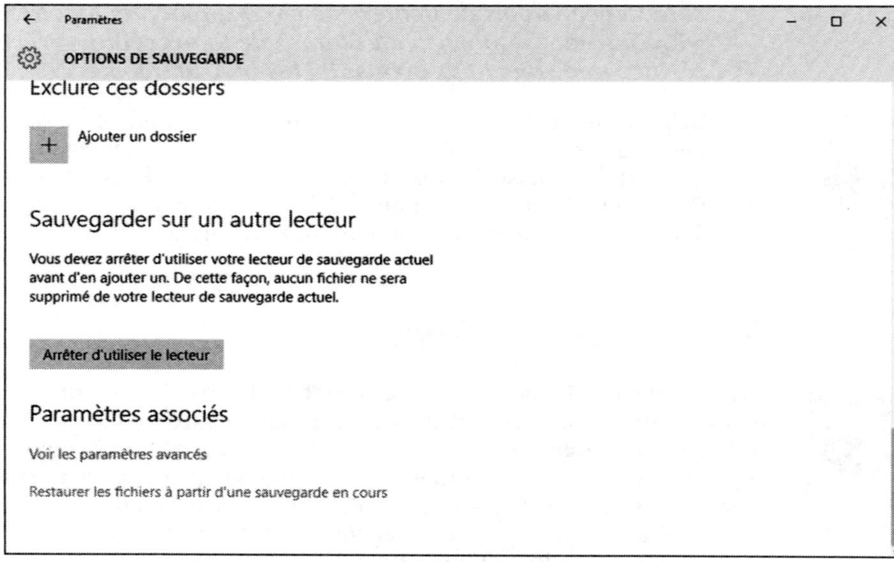

Figure 1.3 : Pour restaurer des fichiers.

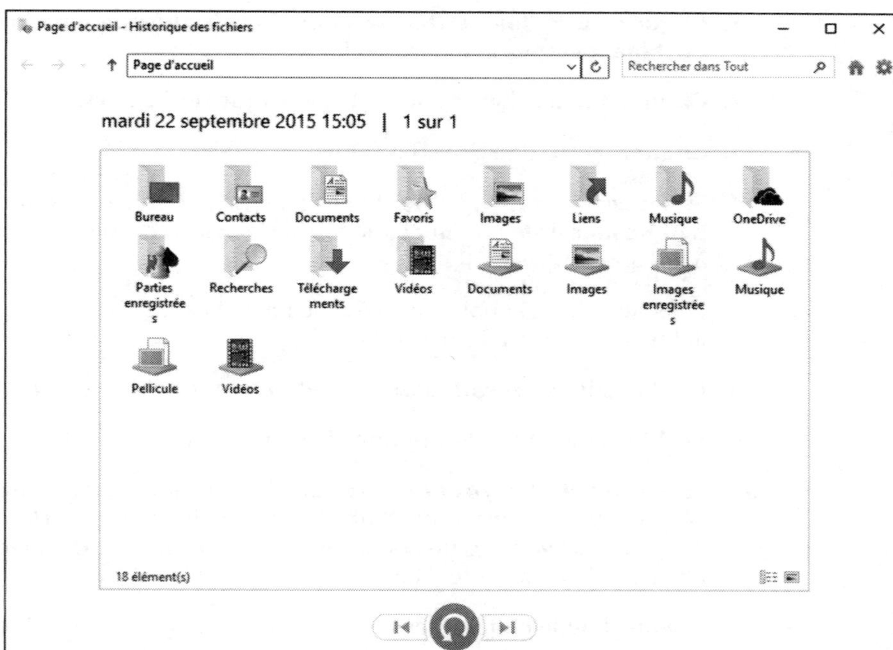

Figure 1.4 : Pour restaurer des fichiers sauvegardés.

6b. ***Si la date et l'heure ne correspondent pas à celles du fichier recherché, en bas de la page tapez ou cliquez sur la flèche gauche pour passer au cliché précédent.***

Tapez ou cliquez sur les flèches gauche et droite pour passer aux versions précédentes et suivantes des fichiers, respectivement.

Si vous avez accidentellement remplacé le bon fichier, rien de grave. Vous avez un cliché de ce fichier qui a été pris il y a moins d'une heure. Il suffit de le trouver. Cool, non ?

Changer les paramètres de l'Historique des fichiers

L'Historique des fichiers propose plusieurs paramètres intéressants.

L'Historique des fichiers fait réapparaître un fichier d'une bibliothèque sur votre ordinateur. Si vous souhaitez restaurer un dossier, placez-le dans une bibliothèque. N'importe laquelle. Créez-en une si vous voulez. Pas besoin d'utiliser cette bibliothèque. Elle sert d'emplacement. L'Historique des fichiers se charge de tout le travail.

Je vous ai présenté de long en large les bibliothèques au Chapitre 3 du Livret VII, mais si vous voulez mettre un dossier existant dans une toute nouvelle bibliothèque, il suffira de taper en maintenant appuyé ou de cliquer droit sur le dossier, de choisir ensuite Inclure dans une bibliothèque→Créer une nouvelle bibliothèque et nommer cette nouvelle bibliothèque. Et voilà ! C'est terminé !

Voici comment modifier quelques paramètres importants :

1. **Cliquez sur le bouton Démarrer ou dans le champ de recherche de Cortana, et saisissez** historique des fichiers.

2. **Dans la liste des résultats de la recherche, cliquez sur Historique des fichiers.**

   La page principale de l'Historique des fichiers apparaît.

3. **Cliquez sur le lien Plus d'options.**

4. **Si vous voulez exclure des dossiers, faites défiler le contenu de la fenêtre afin d'afficher la section Exclure ces dossiers, comme le montre la Figure 1.5.**

5. **Cliquez sur le bouton Ajouter un dossier.**

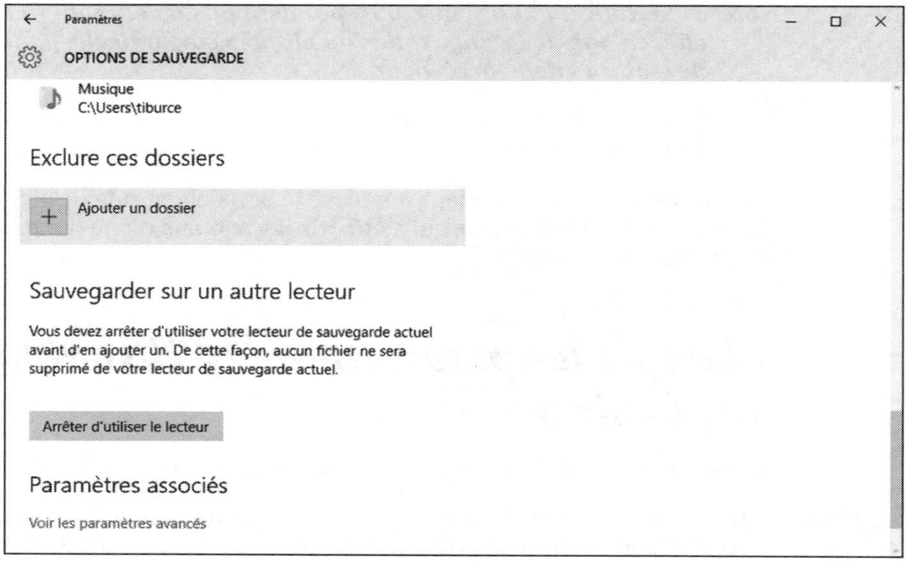

Figure 1.5 : Pour exclure des dossiers de la sauvegarde.

6. **Dans la boîte de dialogue Sélectionner un dossier, parcourez vos bibliothèques pour sélectionner le dossier à ne pas intégrer dans la sauvegarde.**

7. **Cliquez sur le bouton Choisir ce dossier.**

   Le dossier apparaît dans la liste des dossiers exclus.

Si vous souhaitez modifier la configuration de vos sauvegardes :

1. **Commencez par cliquer sur le lien Plus d'options.**

2. **Pour modifier la fréquence de la sauvegarde, ouvrez le menu local Sauvegarder mes fichiers.**

3. **Choisissez une nouvelle périodicité, comme le montre la Figure 1.6.**

4. **Dans le menu local Conserver mes sauvegardes, choisissez le temps durant lequel les sauvegardes seront conservées sur le disque dur.**

   Ces sauvegardes sont périodiques. *De facto*, débarrassez-vous des plus anciennes afin de ne pas saturer votre disque dur.

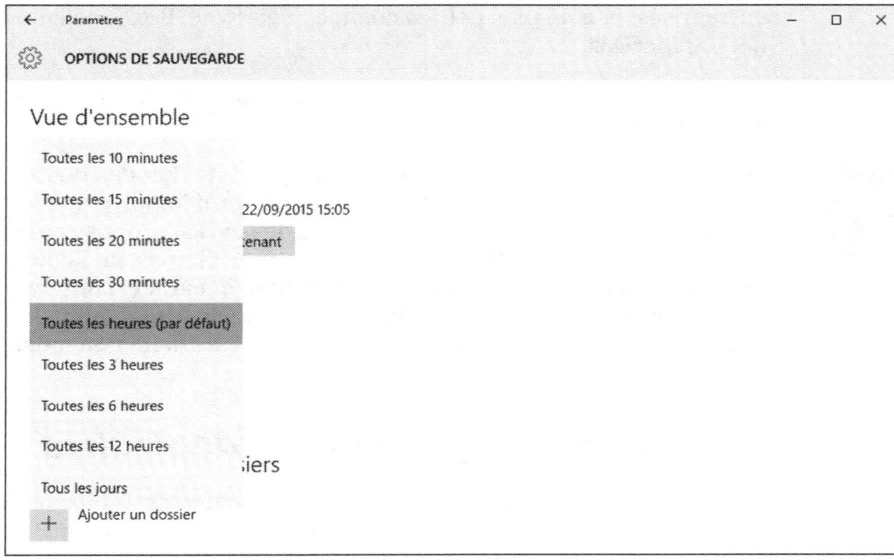

Figure 1.6 : Modifier la fréquence des sauvegardes.

Stocker en ligne

L'Historique des fichiers est un bon produit. Je l'utilise consciencieusement. Mais il n'est pas le fin du fin des systèmes de stockage de sauvegardes. Que se passerait-il si mon bureau brûlait ?

N'OUBLIEZ PAS

La meilleure solution consiste à laisser l'Historique des fichiers faire son travail tout en effectuant de temps en temps des sauvegardes sur Internet. C'est rapide, pas cher et facile. Mais cela peut aussi présenter quelques problèmes. Reportez-vous au Chapitre 4 du Livret IV sur l'utilisation de OneDrive, qui est une bonne alternative. Mais il en existe d'autres que vous devez connaître.

Faire une sauvegarde sur Internet présente un avantage très intéressant : tout dépend du package que vous utilisez, et de la manière dont vous l'utilisez, vous accédez à vos données, peu importe où vous êtes, en déplacement, sur votre tablette, même sur votre téléphone. Vous pouvez même partager des dossiers avec des amis, des collègues, voire dans certains cas, leur permettre de travailler en même temps que vous sur un même fichier.

Il y a deux années, un seul gros serveur Dropbox permettait de stocker en ligne et de partager le travail. Maintenant, l'offre s'est élargie à Microsoft OneDrive, Google Drive, iCloud d'Apple (qui est un peu différent), Amazon Cloud Drive et l'espace de stockage de Facebook, toutes de très grandes entreprises, et à de plus petites comme SugarSync, Box (anciennement Box.net), SpiderOak.

Que s'est-il passé ? On a simplement pris conscience de l'aspect pratique du stockage en ligne.

Le *stockage en ligne* (ou *Cloud*) est conçu pour stocker des données sur Internet et les récupérer où que vous soyez, sur n'importe quelle machine, y compris téléphone ou tablette. Ce type de service propose aussi divers degrés d'interopérabilité et de partage, comme charger un fichier qu'une dizaine de personnes peut consulter simultanément. Certains services (dont Google Drive) associent des programmes (Google Apps) qui permettent à deux ou plusieurs personnes de modifier le même fichier en même temps.

Stockage en ligne et confidentialité

Je ne sais pas combien de fois j'ai entendu dire que des utilisateurs ne voulaient pas mettre leurs données sur des sites Web professionnels. Même si ces personnes ont légitimement le droit de se poser des questions sur la confidentialité laissant planer le spectre de Big Brother, la réalité est autre : la demande en stockage en ligne ne cesse d'augmenter.

Les raisons de cette méfiance sont les suivantes :

- **Je dois avoir une connexion Internet pour y récupérer des données d'Internet ou d'un stockage en ligne**. C'est absolument vrai. Il n'y a pas d'autre moyen. Si vous utilisez un stockage en ligne seulement pour des sauvegardes hors site, il vous suffira de vous connecter pour effectuer la sauvegarde de vos données ou les restaurer. Certains services de stockage en ligne proposent des options pour cacher les données sur votre ordinateur quand vous êtes par exemple dans un avion. Mais oui, en général, vous devez être en ligne.
- **Les données peuvent être récupérées ou copiées par la police ou les gouvernements**. C'est vrai. Les sociétés de stockage en ligne reçoivent plusieurs requêtes officielles par jour. Le service juridique de la société de stockage examine les requêtes et si elles sont valides, font parvenir vos données à la police, aux impôts.

  La morale de l'histoire : si vous stockez des données que vous ne voulez pas voir apparaître dans une certaine presse People, il serait judicieux de crypter les fichiers avant de les stocker. Word et Excel 2016 et consorts utilisent des techniques d'encodage très efficaces. Ajoutez-y un mot de passe, et vos données ne risqueront pas de se promener un peu partout. À moins que la justice ne demande le mot de passe…

- **Les programmes des sociétés de stockage en ligne peuvent scanner mes données.** Encore une fois, c'est vrai. Les programmes des sociétés de stockage en ligne peuvent voir vos données. Ces derniers mois aux États-Unis, il y a eu un vrai tollé concernant la responsabilité de ces sociétés sur le stockage de matériel protégé par droits d'auteur. Si vous téléchargez une copie pirate de *Men in Black 3*, les propriétaires des droits en seront contrariés.

- **Les employés d'une société de stockage en ligne peuvent consulter mes données.** Encore une fois, c'est vrai. Les employés de certaines sociétés de stockage en ligne peuvent voir vos données. Ils peuvent voir toutes vos données afin de répondre aux requêtes officielles.

- **On peut pénétrer sur le site de l'espace en ligne et voler mes données**. Eh oui, c'est encore une fois vrai. Mais cela ne nous concerne pas. Tous les services de stockage en ligne brouillent leurs données et il est vraiment très, très difficile de craquer, voler, puis de décrypter les données volées. Est-ce que cela peut arriver ? Oui. Est-ce que cela m'empêche de dormir ? Non !

Les avantages du stockage en ligne

Après les inconvénients, voici les avantages que présente le stockage en ligne :

- **Des sauvegardes hors sites** qui ne seront pas détruites si votre maison ou votre bureau brûle.

- **Accès à vos données partout avec n'importe quel type d'appareil informatique**, dont les téléphones et tablettes.

- **Partage contrôlé** : Des fichiers ou dossiers spécifiques sont protégés par un mot de passe. Donnez le mot de passe à un ami pour qu'il puisse consulter les fichiers et dossiers.

- **Partage diffusé depuis un dossier Public** que tout le monde peut voir.

- **Accès direct depuis l'application qui s'exécute dans le Cloud**. Google Application, par exemple.

- **Des services gratuits**, dans une certaine limite d'espace de stockage, sont offerts par quasiment tous les services de stockage en ligne.

Choisir un service de sauvegarde et de partage en ligne

Alors lequel de ces services de stockage en ligne est le meilleur ? Bonne question. Personnellement, j'en utilise quatre : trois pour PC et tablette Android et l'iCloud pour mon Mac, mon iPad et mon iPhone, différents services pour différents supports.

Dropbox, Microsoft OneDrive, et Google Drive ont tous des programmes qui s'exécutent sur votre ordinateur PC ou Mac pour configurer les fichiers à partager. Glissez un fichier dans le dossier partagé et il apparaît sur tous les ordinateurs connectés (avec un mot de passe) dans le dossier partagé. Ouvrez votre navigateur Web et accédez au site, vos données y sont aussi disponibles. Installez une application sur votre iPhone, Android, BlackBerry ou tablette et les données y sont aussi. Voici un petit guide de ce qu'offre chacun de ces services :

- **Dropbox**, comme illustré à la Figure 1.7, propose 2 Go d'espace de stockage gratuit et 1 To pour environ 99 euros par an. Il est très simple d'utilisation, fiable et rapide. Je l'utilise pour synchroniser les fichiers de mes projets, y compris les fichiers de ce livre. Dropbox se connecte aussi à Facebook pour récupérer ou poster des photos (`www.dropbox.com`).

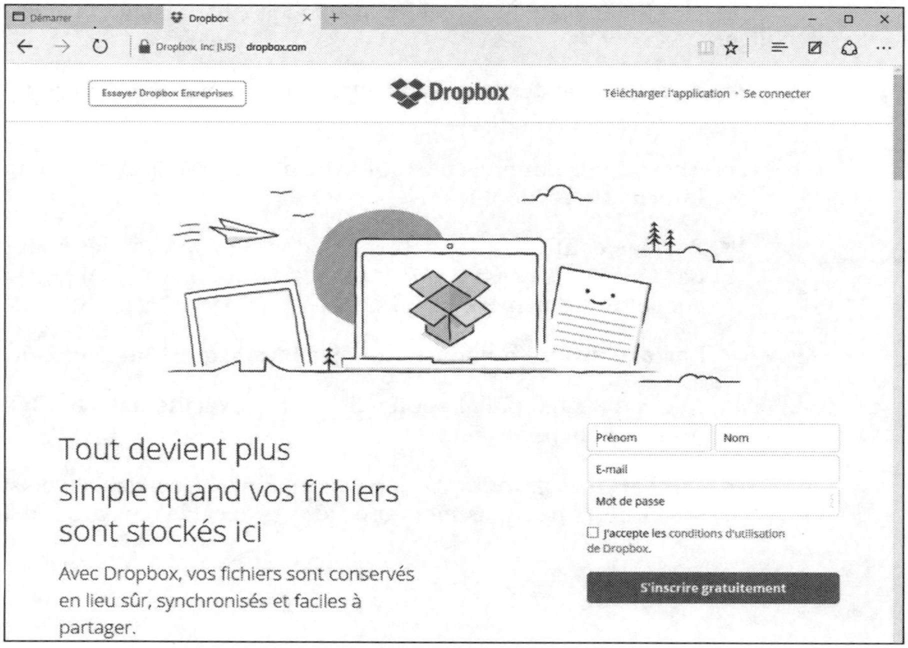

Figure 1.7 : Dropbox a popularisé le stockage en ligne.

- **OneDrive** offre 15 Go d'espace de stockage gratuit, et 100 Go pour environ 19 euros par an. Je vous en parle au Chapitre 4 du Livret IV (www.onedrive.com).
- **Google Drive**, représenté à la Figure 1.8, offre 15 Go d'espace de stockage en ligne, et 100 Go pour environ 20 euros par an. Google Drive n'est pas aussi simple que les deux autres et ne propose pas de connexion à Facebook, mais il marche bien. Il comporte un utilitaire de reconnaissance de caractères et peut lancer directement des applications Web. Le mieux, c'est qu'il est très facile d'utiliser Google Drive avec Google Application, qui inclut Gmail et plusieurs petites applications d'édition de texte et de tableur qui ne sont pas vraiment compatibles. Voir le Chapitre 3 du Livret X (http://drive.google.com).

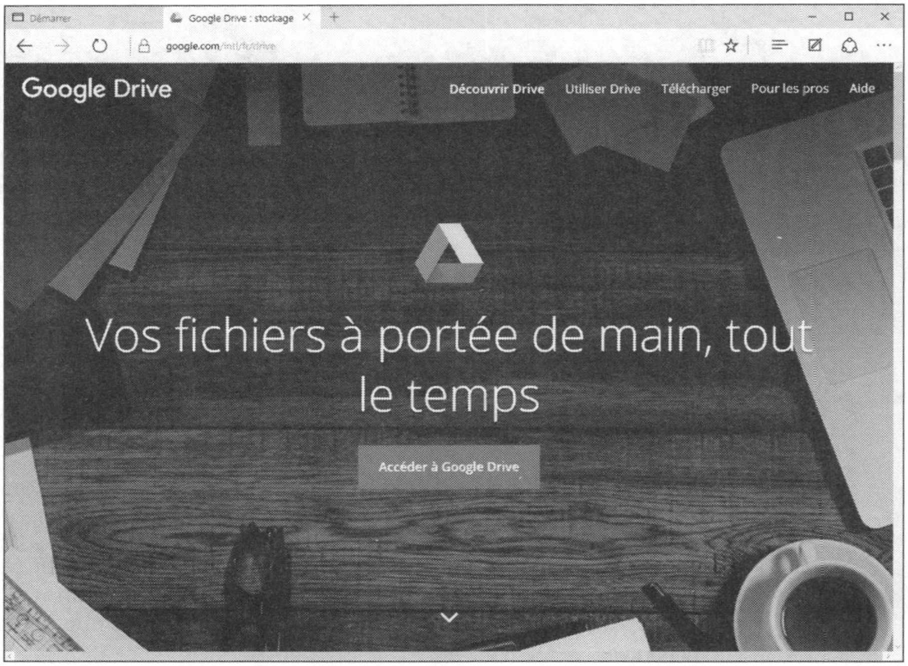

Figure 1.8 : Google Drive fonctionne très bien avec Google Apps.

- **Apple iCloud**, représenté à la Figure 1.9, est conçu pour être un service Apple. Les cinq premiers Go sont gratuits, puis il vous en coûtera 1 euro par mois pour 50 Go, 2,99 euros par mois pour 200 Go, et 9,99 euros par mois pour 1 To. Il permet de faire des sauvegardes de photos avec une extrême simplicité. En fait, les sauvegardes et le partage de photos et vidéos se font automatiquement. Vous n'avez rien à faire. Mais il n'est

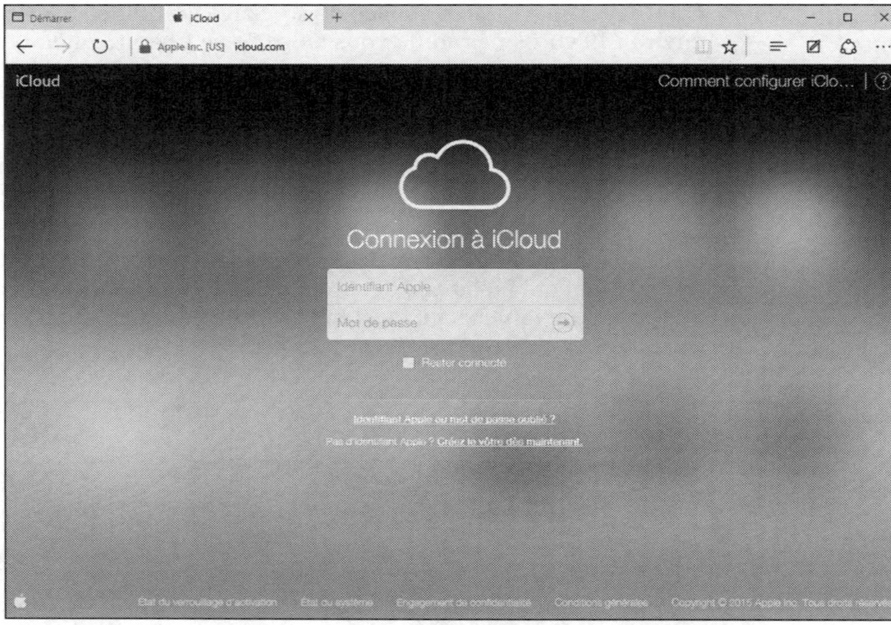

Figure 1.9 : iCloud fonctionne avec des produits Apple, mais il est difficile de partager des fichiers avec des PC.

pas vraiment configuré pour le partage de données autres qu'Apple. (`http://icloud.com`)

D'autres services présentent quelques points forts :

- **Amazon Cloud Drive** stocke vos achats d'Amazon et les données de la liseuse Kindle, et rien d'autre (`www.amazon.com/clouddrive`).
- **SugarSync** vous permet de synchroniser des dossiers arbitraires sur votre PC. C'est une opération délicate si vous ne souhaitez pas glisser tous vos dossiers de synchronisation dans le même emplacement (`www.sugarsync.com`).
- **Box** est conçu pour les grandes entreprises. Elle offre des outils commerciaux pour contrôler le partage des fichiers et dossiers entre employés (`www.box.com`).
- **Spideroak** est le plus sécurisé de tous ; il ne garde pas les clés de vos fichiers et contrairement aux services présentés dans ce chapitre, il lui est impossible de consulter vos fichiers (`www.spideroak.com`).

Chapitre 2

Un nouveau départ : restaurer et réinitialiser

Dans ce chapitre :

- Réinitialiser et restaurer
- Découvrir l'Environnement de récupération Windows

Dans ce chapitre, je vous explique comment faire renaître un ordinateur qui a été possédé (mais je ne parle pas des fichiers, voir Livret VIII, Chapitre 1).

Si vous utilisez Windows depuis longtemps, vous savez que les PC Windows peuvent se planter. Le problème peut venir d'un mauvais disque, ou d'une entrée Registre brouillée ou d'un pilote qui a soudainement perdu la raison ou d'un nouveau programme révolutionnaire qui fait sa révolution sur votre PC.

Windows est un programme informatique et non un personnage historique. Il peut avoir des problèmes. Vous devez faire en sorte de ne pas avoir de problème. Dans ce chapitre, vous découvrirez tous les outils importants que vous avez sous la main pour que Windows fonctionne comme vous le voulez et pour résoudre des problèmes quand ils surviennent (inévitablement !).

Si Windows bat de l'aile, ce chapitre peut vous sauver la vie !

Microsoft a fait de gros efforts pour procéder plus facilement qu'auparavant à la restauration d'un PC récalcitrant. L'objectif est de vous épargner les détails techniques et de laisser Windows gérer le problème : l'ordinateur « s'auto-soigne ». Dans une large mesure, Microsoft y est parvenu.

La règle des deux verbes et un troisième

Pour ranimer une machine Windows, pensez aux deux verbes : réinitialiser et restaurer. Deux d'entre eux sont déjà prêts, mais ils vont apporter de grands changements sur votre machine. L'un d'entre eux n'est pas si destructeur qu'il n'y paraît, mais son fonctionnement reste très difficile à comprendre et il est difficile à utiliser.

Voici les trois verbes que tout bon docteur Windows se doit de connaître en commençant par le plus destructeur :

- **Réinitialiser** supprime tout ce qui est sur votre PC et réinstalle Windows. Vos programmes, données, paramètres et tout ce que vous aviez, tout est irrémédiablement perdu. C'est ce qui pourrait arriver de pire à votre ordinateur, comme si vous lui aviez tiré dessus (avez-vous vu cette vidéo où l'on voit un gars tirer sur le portable de sa fille ?). Si vous préférez, vous pouvez lancer le reformatage complet du disque dur. Dans ce cas, des bouts de fichiers aléatoires sont écrits sur le disque dur afin de rendre quasi impossible la récupération de tout ce que vous avez utilisé pour stocker en local.

- **Restaurer** est difficile à trouver. Microsoft ne veut pas que les utilisateurs en fassent un usage quotidien, mais fait remonter Windows au précédent point de restauration que je vous présente dans la section « Restaurer à un point précédent » un peu plus loin dans ce chapitre. La restauration n'affecte pas les données ou les programmes, elle réinitialise simplement le Registre au précédent point de restauration. Si vous avez des problèmes dus à un mauvais pilote ou à la récente mise à jour d'un programme, la restauration est la seule et la meilleure solution.

Ces trois méthodes de récupération se retrouvent dans l'*Environnement de récupération Windows* (Windows RE), un proto-système Windows spécial. Lorsque vous exécutez la réinitialisation ou l'actualisation pour rafraîchir, vous ne savez pas que Windows RE travaille en coulisse.

Si Windows ne démarre pas normalement, il le fera dans Windows RE et non dans Windows lui-même. Windows RE a la tâche de vous offrir des outils et options avancés pour régler les problèmes sous-jacents.

Réinitialiser et restaurer – comme d'autre RE (recycler, réutiliser, réduire ?) sont disponibles dans Windows RE.

Je vous présente plus en détail Windows RE et les options de démarrage avancées à la fin de ce chapitre

Un peu de vocabulaire

Je déteste le jargon qu'emploie Microsoft pour désigner sa technologie de récupération.

Si vous et moi nous nous mélangeons entre réinitialiser et restaurer, environnement de récupération, imaginez un instant le désarroi des utilisateurs normaux qui sont confrontés à ces options dont ils ne distinguent pas les nuances et qui risquent en les utilisant mal d'effacer toutes leurs données.

Pour éviter toute ambiguïté : restaurer signifie faire réapparaître des fichiers. Réinitialiser concerne les paramètres réseau. Récupérer est ce que vous faites avec une bonne dose de whisky une fois que Windows a encore une fois poussé son dernier souffle.

Restez très attentif à ce qui se passe lorsque vous les utilisez. Les conséquences de vos actions sont bien expliquées sur tous les écrans des différentes étapes d'utilisation. Mais vous pouvez très facilement perdre le fil.

Enfin, dernier conseil, ne dites pas à votre mère de réinitialiser son PC alors que vous pensiez lui dire de le restaurer. Vous prenez le risque de ne plus être invité au réveillon de Noël.

Réinitialiser son PC

ATTENTION !

Attention ! Attention ! Danger ! Réinitialiser un ordinateur supprime tout et nécessite de recommencer à partir de zéro. Il faut entrer de nouveaux noms d'utilisateurs et mots de passe, tout réinstaller, y compris les applications Windows.

Si vous vendez, donnez ou même envoyez au service de recyclage votre PC, le réinitialiser s'avérera pertinent. Mais si vous le gardez, attendez de l'avoir actualisé deux ou trois fois, et si les problèmes ne sont toujours pas résolus, alors vous pourrez envisager cette solution radicale. Réinitialiser un PC revient à effectuer une installation propre (que je traite au Chapitre 4 du Livret I). Vous détruisez tout le contenu de votre PC.

En guise de préambule, voici comment vous bombardez, pardon, réinitialisez votre PC :

1. **Avez-vous bien compris que votre PC sera comme un ordinateur tout neuf, sorti d'usine ? Avez-vous bien à votre portée de main les 25 caractères de la clé d'installation de Windows ?**

   Car rien, absolument rien, ne survivra à cette opération.

2. **Cliquez sur le bouton Démarrer.**

3. **Cliquez sur Paramètres.**

4. **Dans la fenêtre Mise à jour et sécurité, choisissez Récupération.**
5. **Dans la section Réinitialiser ce PC, cliquez sur le bouton Commencer.**
6. **Dans la boîte de dialogue qui apparaît (Figure 2.1), choisissez une des options de Réinitialisation :**

   - L'option *Conserver mes fichiers :* Les applications et les paramètres sont perdus, mais les fichiers créés avec ces programmes sont conservés.
   - L'option *Supprimer tout :* La réinstallation est complète, donc tout est perdu.
   - L'option *Restaurer les paramètres d'usine :* Supprime les fichiers personnels, les applications et les paramètres puis réinstalle la version de Windows fournie avec votre PC.

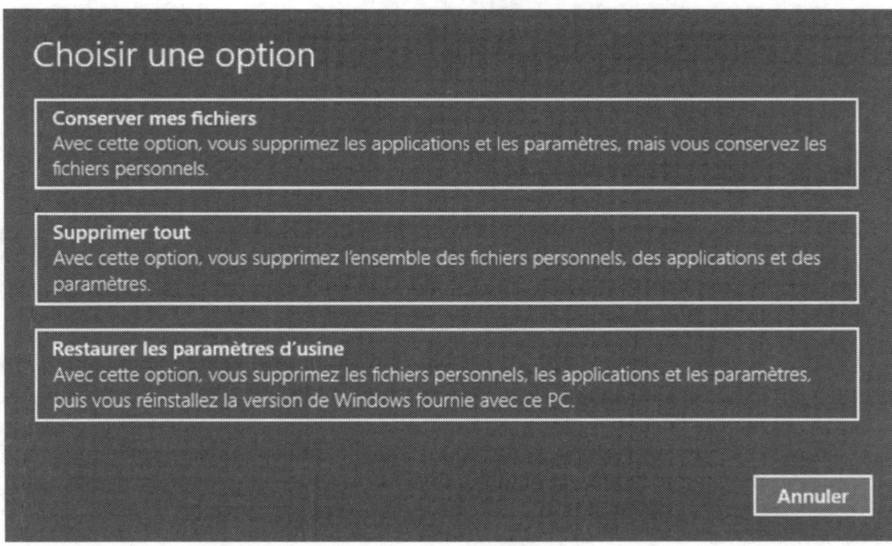

Figure 2.1 : Choisissez parmi ces options.

Les ordinateurs équipés de robustes lecteurs seront correctement traités en fonction de vos instructions.

7. **Cliquez sur l'option Conserver mes fichiers ou l'option Supprimer tout, en fonction de ce que vous souhaitez, puis suivez les instructions qui s'inscrivent à l'écran.**

Restaurer à un point précédent

Si vous avez déjà utilisé l'une des précédentes versions Windows, vous êtes sans doute tombé sur la fonctionnalité Restauration système. Windows 10 prend en charge cette fonctionnalité et les points de restauration : ils sont simplement cachés.

Windows prend des clichés de ses paramètres ou *points de restauration* avant que vous n'entrepreniez d'importantes modifications sur votre ordinateur comme installer un nouveau disque dur ou un nouveau programme. Vous pouvez revenir aux paramètres système à n'importe quel point de restauration.

Windows fait *des points de restauration* système une fois par jour. Il enregistre aussi automatiquement un point de restauration à chaque démarrage de Windows. Un point de restauration contient des entrées de Registre et des copies de quelques programmes critiques dont les pilotes et les fichiers système principaux, un *cliché* des paramètres systèmes les plus importants et des programmes. Lorsque vous revenez (ou simplement *restaurez*) à un point de restauration, vous remplacez les paramètres actuels et les programmes par leurs anciennes versions.

TRUC

Quand vous effectuez une opération compliquée, comme installer une nouvelle carte réseau, Windows définit un point de restauration. Malheureusement, Windows ne peut pas toujours vous avertir que vous entreprenez une action irrévocable, peut-être installez-vous un nouveau lecteur CD et que les instructions vous indiquent d'éteindre l'ordinateur, d'installer le lecteur avant de lancer le programme de configuration. C'est pour cette raison qu'exécuter de temps à autre la restauration système et définir un point de restauration vous-même ne fera pas de mal.

Créer un point de restauration

1. **Attendez que votre ordinateur tourne sans problème.**

   Il n'y a aucun intérêt à créer un point de restauration qui vous propulse tout droit dans les bras de l'enfer ?

2. **Cliquez sur le bouton Démarrer ou dans le champ de recherche de Cortana, et tapez** point de restauration**.**

3. **Dans la liste des résultats, cliquez sur Créer un point de restauration.**

   Windows ouvre l'onglet Protection du système de la boîte de dialogue Propriétés du système, comme le montre la Figure 2.2.

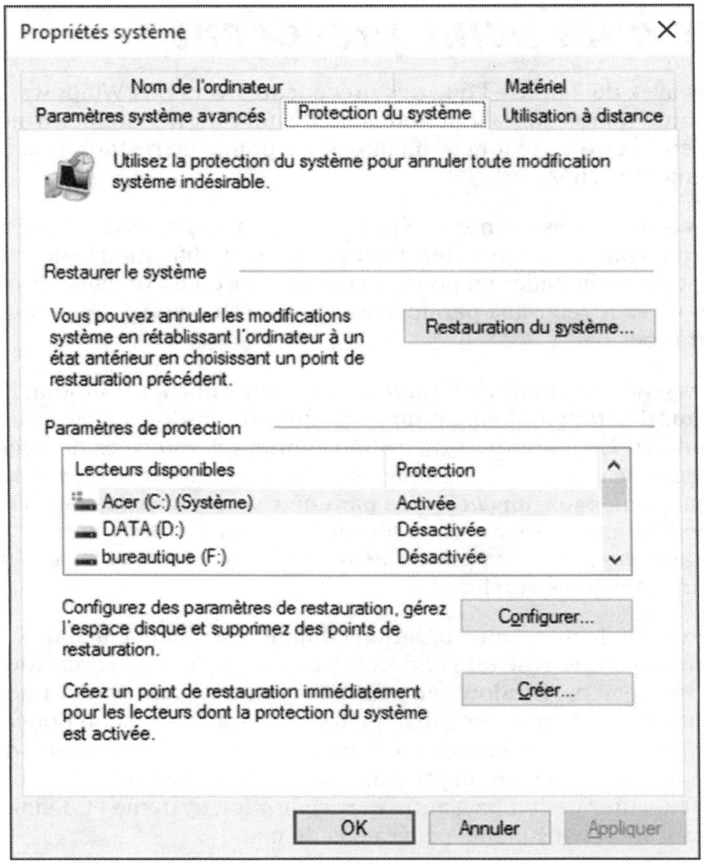

Figure 2.2 : Pour créer un point de restauration.

4. **En bas de la boîte de dialogue, juste à côté de Créer un point de restauration immédiatement, tapez ou cliquez sur le bouton Créer.**

   La boîte de dialogue Créer un point de restauration apparaît (voir Figure 2.3).

5. **Entrez une bonne description, puis tapez ou cliquez sur Créer.**

   Windows vous avertit qu'il est en train de créer un point de restauration. Une fois qu'il a terminé, il vous affiche un message vous indiquant que le point de restauration a été créé avec succès.

6. **Tapez ou cliquez sur Fermer, puis sur le bouton X pour fermer la boîte de dialogue Propriétés système.**

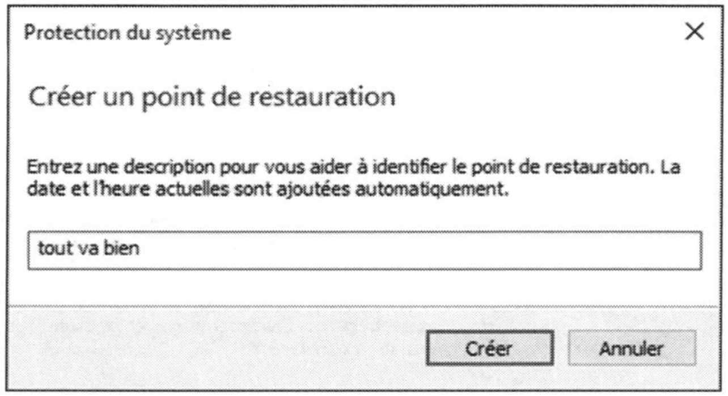

Figure 2.3 : Nommez le point de restauration.

Revenir à un point de restauration

Si vous ne voulez pas vous salir les mains, la prochaine fois que vous envisagerez de lancer la routine Actualiser, commencez par vérifier si vous pouvez revenir à un point de restauration précédent, manuellement afin de voir si tout marche bien. Voici comment procéder :

1. **Enregistrez votre travail et fermez tous les programmes en cours d'exécution.**

   La Restauration système ne concerne pas les fichiers de données, documents, images, *etc.* Elle ne fonctionne que pour les fichiers système, tels les pilotes et le Registre. Vos données sont sauvegardées. Mais la Restauration système peut oublier des paramètres, donc si vous avez récemment installé un nouveau programme, vous devrez le réinstaller après la restauration faite.

2. **Cliquez sur le bouton Démarrer ou dans le champ de recherche de Cortana, et entrez** point de restauration**.**

3. **Cliquez sur Créer un point de restauration.**

   Windows ouvre la boîte de dialogue Propriétés système et son onglet Protection du système (voir Figure 2.2).

4. **Cliquez sur le bouton Restauration du système situé en dessous de la première section Restaurer le système.**

   L'assistant de Restauration du système apparaît comme reproduit à la Figure 2.4.

5. **Tapez ou cliquez sur Suivant.**

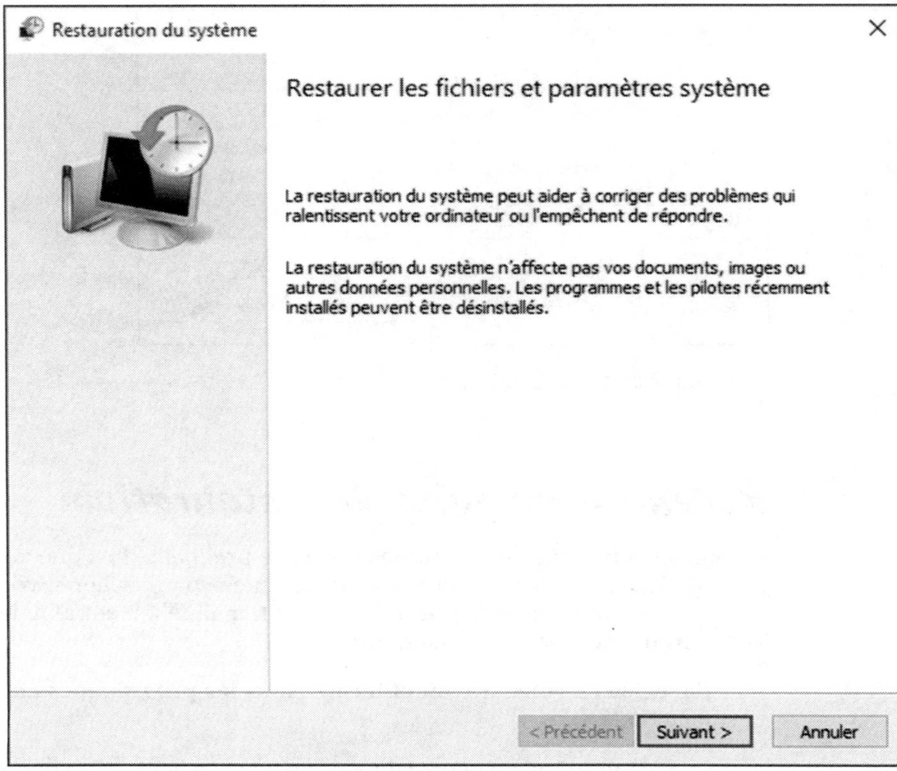

Figure 2.4 : Eh oui, Windows 10 a aussi des assistants !

La liste des points de restauration récents apparaît, comme le montre la Figure 2.5.

6. **Avant de revenir à un point de restauration, tapez ou cliquez pour sélectionner celui que vous avez choisi, puis cliquez sur Rechercher les programmes concernés.**

   La Restauration système vous indique les programmes et les pilotes qui ont des entrées système (en général dans le Registre) et qui seront changés ainsi que les programmes qui seront supprimés si vous choisissez ce point de restauration. Voir Figure 2.6.

7. **Si vous ne voyez pas de problèmes majeurs relatifs à ce point de restauration (qu'il ne supprime pas un élément qui vous est indispensable), tapez ou cliquez sur Fermer, puis sur Suivant.**

   (Si vous détectez un problème éventuel, cliquez sur Précédent et choisissez un autre point.)

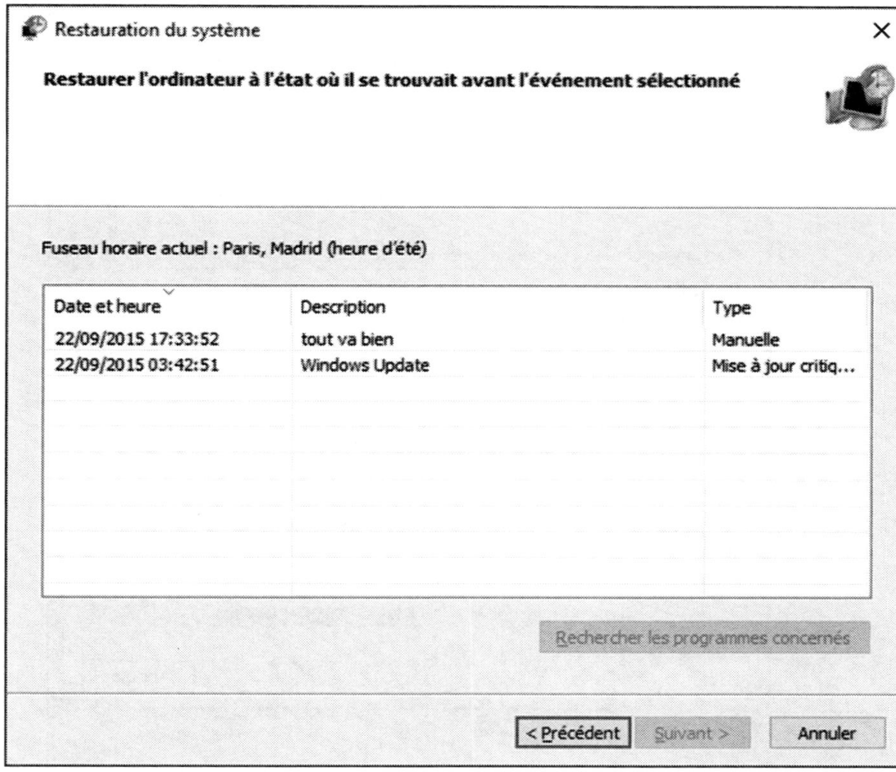

Figure 2.5 : Le dernier point de restauration n'est pas toujours le meilleur.

La Restauration système vous demande de confirmer votre choix. Un message d'avertissement vous indique que pour activer le point de restauration le redémarrage de votre ordinateur est nécessaire et vous demande de fermer tous les programmes ouverts pour continuer.

8. **Suivez les instructions de sauvegarde des fichiers ouverts, fermez tous les programmes, puis tapez ou cliquez sur Terminer.**

   La Restauration système revient au point de restauration que obus avez sélectionné et redémarre votre ordinateur.

La Restauration système est une chouette fonctionnalité qui marche très bien. Le personnel de Microsoft pense qu'elle est trop compliquée pour le consommateur lambda de PC et de tablette. Certes, mais avec un peu d'aide et de courage, vous pouvez éviter la routine Actualiser.

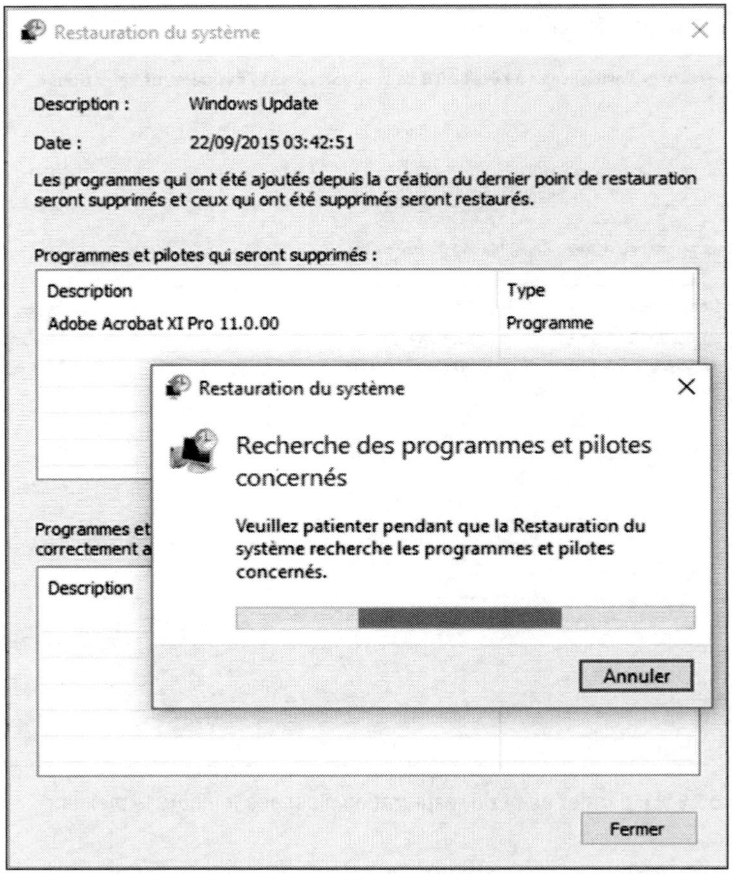

Figure 2.6 : Windows scanne le point de restauration pour rechercher les programmes qui seront affectés par la restauration.

Chapitre 3

Windows Update

Dans ce chapitre :

- Windows Update sous Windows 10
- Désinstaller des mises à jour
- Désactiver Windows Update

Les mises à jour automatiques de Windows sont pour les idiots. Pourtant, bien difficile de passer outre avec Windows 10 et de sélectionner précisément ce que vous souhaitez mettre à jour surtout si vous disposez d'une version familiale.

En clair, les mises à jour de Windows 10 par l'intermédiaire de Windows Updater sont automatiques et… obligatoires ! Toutefois, je vous communiquerai une astuce qui permet de bloquer les mises à jour. Bien que cela ne soit pas recommandé, vous aurez ainsi la possibilité d'effectuer vos mises à jour quand vous le souhaitez.

Correctifs de malheur !

Tout grand programme informatique a des bugs et tout petit programme informatique a des bugs aussi ! Si le programme est aussi conséquent que Windows, des dizaines de millions de lignes de code, les bugs commencent à s'empiler comme les voitures sur le périphérique parisien aux heures de pointe en cas de mauvais temps.

Microsoft sort des centaines de mises à jour par an. Certaines d'entre elles corrigent des bugs qui font planter Windows. Beaucoup bouchent des trous de sécurité. La plupart paraissent sous forme de correctifs ou plutôt corrigent un programme particulier de Microsoft qui ne fonctionne pas très bien. Certains correctifs sont petits, mais la plupart d'entre eux sont grands. Beaucoup de bulletins d'informations sur la sécurité de Microsoft, qui sont publiés pour gérer un seul bug et son correctif, traitent en général de nombreux correctifs sans rapport.

Le souci, notamment pour les utilisateurs qui aiment définir les correctifs à appliquer, est que Windows 10 ne permet plus de le faire comme avec les anciennes versions de Windows Update.

Mettre à jour des produits non Microsoft

Pour sécuriser votre ordinateur, vous devez vous tenir informé de toutes les mises à jour et tous les correctifs de tous vos programmes. Microsoft se taille la part du lion des réclamations pour PC sabotés, mais plus de PC ont des failles de sécurité non corrigées *via* Flash, Java et Adobe Reader.

Les personnes malveillantes ciblent régulièrement ces autres programmes parce qu'ils sont omniprésents : Adobe prétend qu'il y a plus d'ordinateurs équipés de Flash Player que de PC tournant sous Windows et cette société a certainement raison. Oracle (entreprise propriétaire de Java) affirme qu'il y a trois milliards d'ordinateurs qui ont Java.

La meilleure solution que j'ai trouvée pour rester informé sur les correctifs de produits non Microsoft est de passer par un programme gratuit à usage personnel, rapide et assez efficace, Secunia PSI (Personal Software Inspector) à télécharger depuis `http://secunia.com/products/consumer/psi/`. Ce logiciel connaît des milliers de programmes. Il scanne votre PC et vous conseille les mises à jour de sécurité dont vous avez besoin. Il vous aide ensuite à les installer.

Configurer Windows Update

Avec Windows 10, vous ne pouvez plus indiquer à Windows Update comment gérer précisément les mises à jour. *De facto*, et sans une astuce que nous vous dévoilerons un peu plus loin dans ce chapitre, vous ne pouvez pas désactiver les mises à jour.

Vous disposez désormais de très peu d'options.

ATTENTION !

Nous pourrions nous satisfaire des mises à jour automatiques si elles se cantonnaient au système d'exploitation, c'est-à-dire à appliquer des correctifs à Windows 10 pour en améliorer le fonctionnement. Le problème est que ces mises à jour intéressent tous les produits Microsoft. Ainsi, toutes les applications de la suite Office seront-elles aussi automatiquement mises à jour, même si vous ne le souhaitez pas.

Nous avons également observé un ralentissement de l'ordinateur lors du téléchargement et de l'installation des mises à jour. Parfois, cela a été jusqu'à l'impossibilité de travailler. Obligation alors d'interrompre tous les travaux en cours pour redémarrer Windows. Pas vraiment cool !

Voici les quelques fonctionnalités désormais disponibles :

1. **Cliquez sur le bouton Démarrer, puis sur Paramètres.**
2. **Dans la fenêtre Paramètres qui apparaît, cliquez sur l'icône Mise à jour et sécurité, comme à la Figure 3.1.**

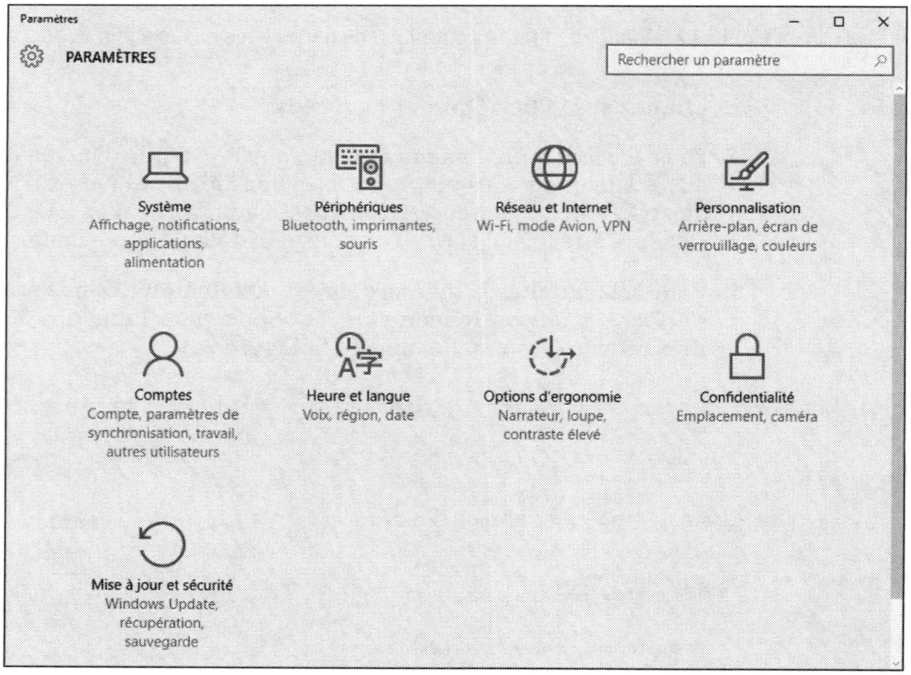

Figure 3.1 : Accéder à Windows Update.

3. **Dans la fenêtre Mise à jour et sécurité, cliquez si nécessaire sur Windows Update.**

   Vous apprenez alors que les mises à jour seront téléchargées et installées automatiquement (Figure 3.2). C'est la nouvelle politique de Microsoft. Alors que faire pour changer cet état de fait ? Eh bien pas grand-chose, comme le montre la suite de cette procédure.

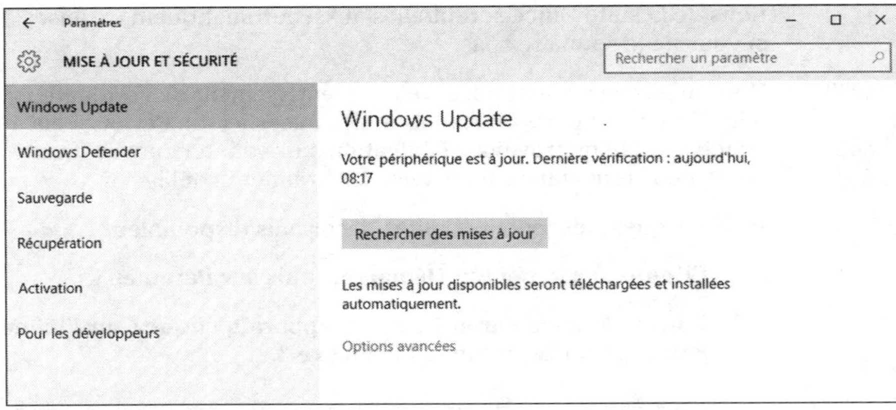

Figure 3.2 : Windows Update contrôle sans partage les mises à jour de votre ordinateur.

4. **Cliquez sur le lien Options avancées.**

   Vous accédez à un contenu appelé Choisir le mode d'installation des mises à jour. Ne vous méprenez pas. Vous n'y retrouverez pas d'option du style « Me laisser choisir les mises à jour à installer ». Ce temps-là est révolu. Cette fois, il s'agit d'options d'installation très limitées.

5. **Pour sélectionner la manière dont l'installation des mises à jour va s'effectuer, ouvrez le menu local et optez pour l'une des deux possibilités offertes, comme le montre la Figure 3.3.**

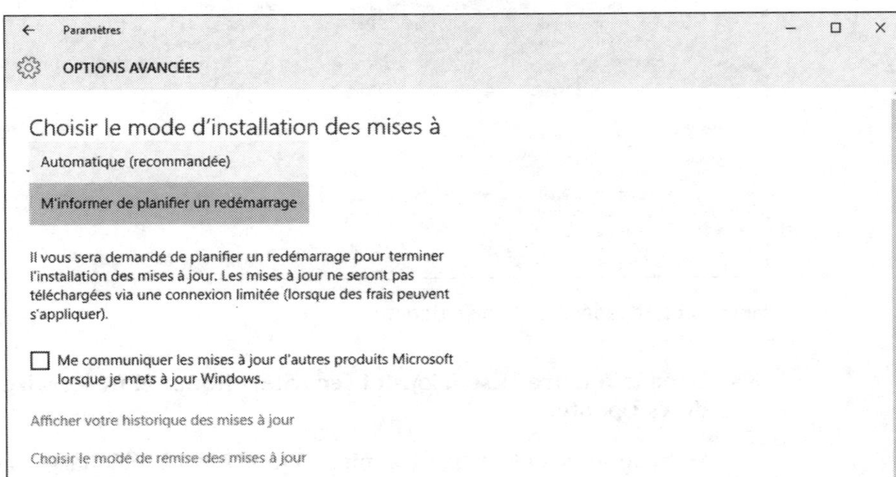

Figure 3.3 : Les deux malheureuses options d'installation des mises à jour.

- **Automatique (recommandée) :** Les mises à jour sont téléchargées et installées automatiquement. Un redémarrage sera lancé par Windows 10 dès que vous n'utiliserez pas votre ordinateur.
- **M'informer de planifier un redémarrage :** Lorsque les mises à jour auront été automatiquement téléchargées, Windows vous invitera à définir vous-même le moment du redémarrage de votre machine.

Vous pouvez apprécier la pertinence du contrôle que Windows 10 vous donne sur ses mises à jour. (Si l'ironie n'est pas votre point fort, sachez que là, je suis ironique.)

Une fois votre choix opéré, quittez simplement la fenêtre des paramètres pour le valider.

TRUC

Bien que les mises à jour soient automatiques, vous pouvez les anticiper en reprenant la procédure ci-dessus. Mais cette fois, lorsque vous affichez Windows Update, cliquez simplement sur le bouton Rechercher des mises à jour. Windows consulte le site Microsoft et vous indique les mises à jour disponibles.

Désinstaller des mises à jour

Il est possible que suite à une mise à jour votre ordinateur ne fonctionne pas tout à fait comme vous souhaiteriez. (Oui, je sais, c'est un comble !) Par exemple, ses performances semblent amoindries. De ce fait, si Windows 10 impose les mises à jour, il vous laisse le loisir d'en désinstaller. Je ne vous cache pas que pour identifier la mise à jour qui pose problème, vous devez être un gourou de l'informatique. Laissez faire un ami expert, ou bien le spécialiste de la boutique d'informatique située au coin de la rue.

Si vous souhaitez voir les mises à jour et choisir celles à désinstaller, voici comment procéder :

1. **Cliquez sur le bouton Démarrer, et choisissez Paramètres.**
2. **Si nécessaire, cliquez sur la catégorie Windows Update.**
3. **Dans le volet droit, cliquez sur le lien Options avancées.**
4. **Dans la fenêtre Options avancées, cliquez sur le lien Afficher votre historique des mises à jour, comme le montre la Figure 3.4.**

   Windows 10 dresse la liste de toutes les mises à jour installées, comme à la Figure 3.5.

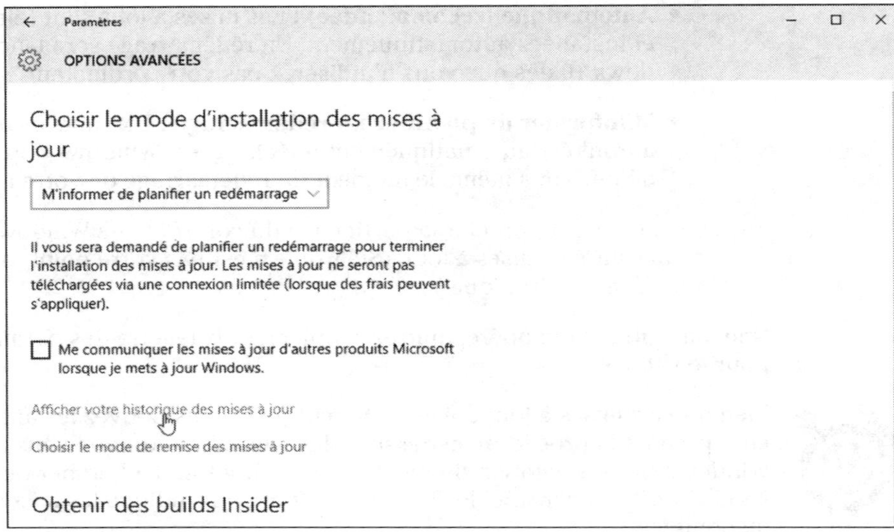

Figure 3.4 : Pour afficher les mises à jour installées.

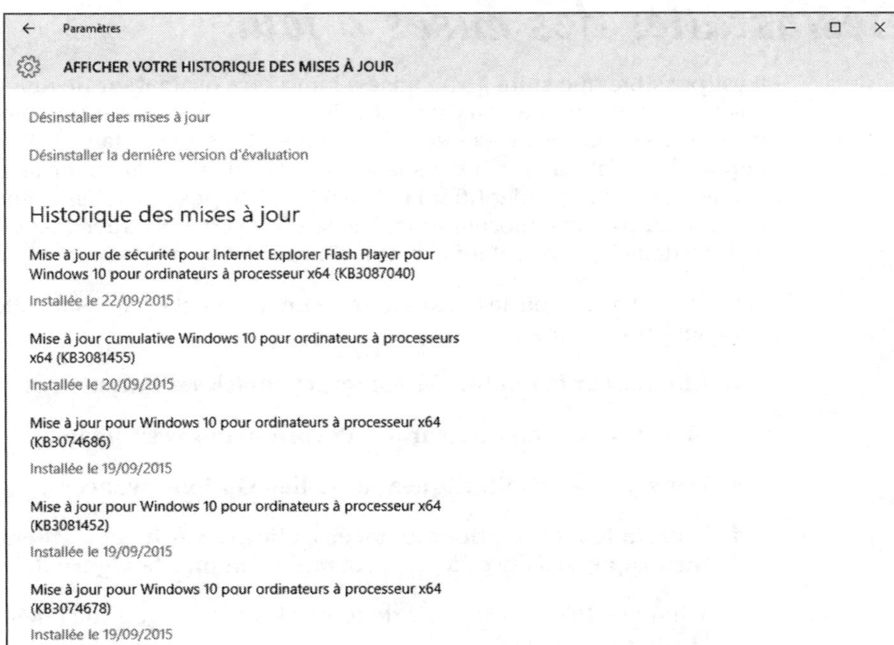

Figure 3.5 : L'historique des mises à jour.

5. **Pour choisir la ou les mises à jour à désinstaller, cliquez sur le lien Désinstaller des mises à jour.**

   Cette action ouvre une fenêtre typique du Panneau de configuration.

6. **Cliquez sur le nom de la mise à jour à désinstaller, puis sur le bouton Désinstaller, comme à la Figure 3.6.**

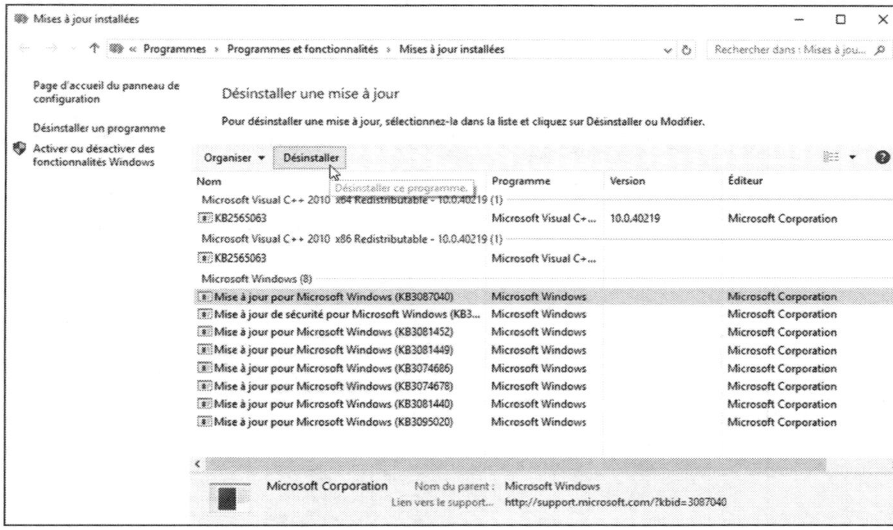

Figure 3.6 : Désinstaller des mises à jour.

On vous demandera peut-être de redémarrer l'ordinateur afin que toutes les modifications prennent effet. En règle générale, un redémarrage est toujours le bienvenu.

Désactiver Windows Update !

Vous êtes un paranoïaque de la mise à jour, ou bien vous souhaitez plus sainement choisir le moment précis où vous rechercherez et téléchargerez ces fameux correctifs et autres améliorations ? Eh bien, cette section est faite pour vous. Je ne vous cache pas qu'elle est quelque peu technique, et je vous conseille de bien la noter afin d'exécuter la procédure inverse si vous souhaitez retrouver la mise à jour automatique réalisée par Windows Update.

Pour désactiver Windows Update, donc renoncer aux mises à jour automatiques :

1. **Cliquez sur le bouton Démarrer ou dans le champ de recherche de Cortana.**

2. **Saisissez** Afficher les services locaux.

3. **Dans la liste des résultats qui apparaît, cliquez sur Afficher les services locaux.**

   Vous ouvrez ainsi la boîte de dialogue Services illustrée à la Figure 3.7.

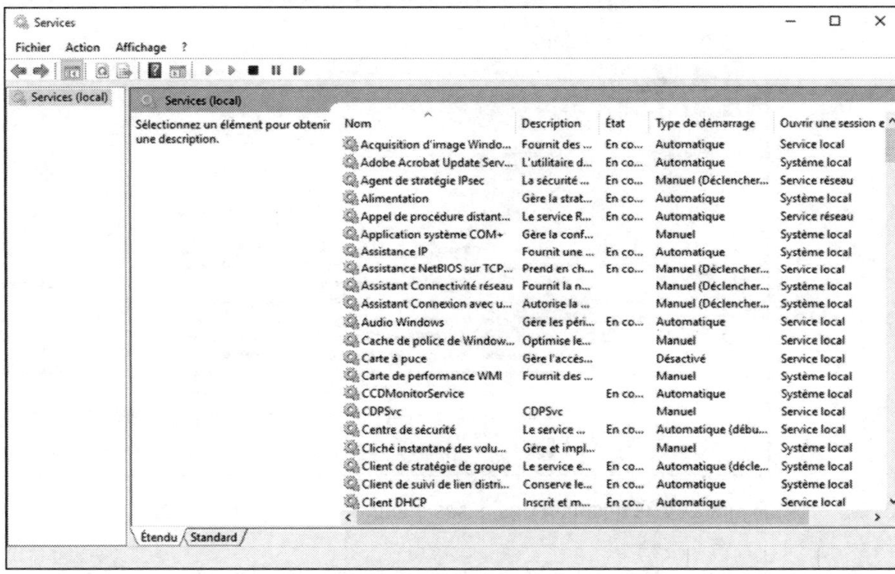

Figure 3.7 : Les services locaux de Windows.

4. **Faites défiler le contenu de cette boîte de dialogue jusqu'à ce que vous localisiez Windows Update dans la colonne Nom, comme à la Figure 3.8.**

5. **Double-cliquez sur Windows Update.**

   Vous ouvrez la boîte de dialogue des propriétés de ce service, comme le montre la Figure 3.9.

6. **Dans le menu local Type de démarrage, choisissez Désactivé (Figure 3.10), et cliquez sur OK.**

   Dès cet instant, Windows Update n'effectuera aucune recherche de mise à jour, qu'elle soit manuelle ou automatiquement. En effet, si vous cliquez sur le bouton de recherche de Windows Update, vous obtiendrez le message de la Figure 3.11.

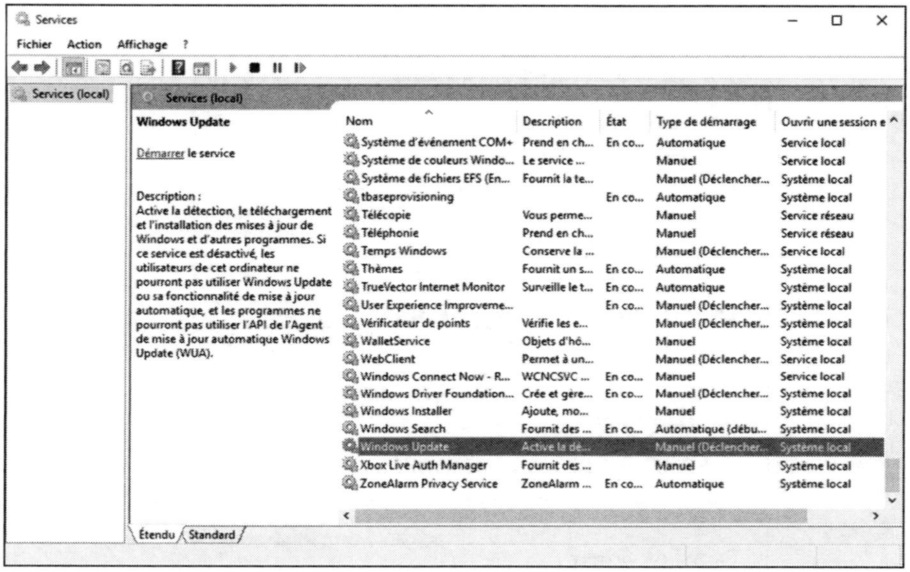

Figure 3.8 : Le service Windows Update.

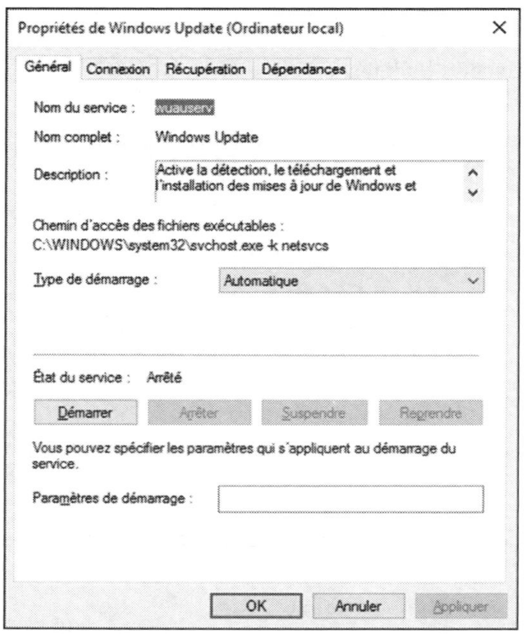

Figure 3.9 : Les propriétés de Windows Update.

Figure 3.10 : Désactiver Windows Update.

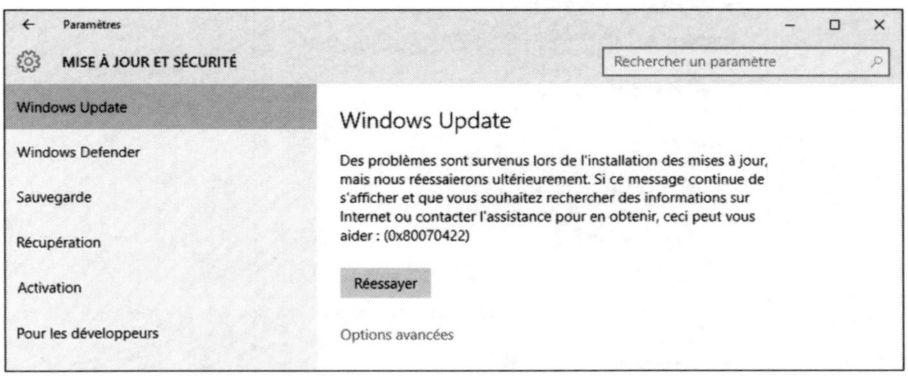

Figure 3.11 : Lorsque Windows Update est désactivé, plus aucune recherche de mise à jour n'est possible.

TRUC

Pour que les mises à jour manuelles restent possibles, choisissez Manuel à l'Étape 6 de cette procédure.

Chapitre 4

Surveiller Windows

Dans ce chapitre :

- Surveiller Windows avec les outils intégrés
- Trouver et résoudre les problèmes
- Jauger les performances de votre système
- Afficher les connexions
- Travailler avec l'Observateur d'événements
- Évaluer la fiabilité à tout moment

Windows inclut une foule d'outils conçus pour vous aider à observer votre système et vous avertir si quelque chose tourne mal. C'est aussi un simple système de score qui vous donne une idée assez précise des performances de votre ordinateur et vous indique ses points faibles.

Dans son souci de faciliter l'utilisation de Windows, Microsoft a caché quelques-uns de ces outils dans les coins les plus obscurs de son système d'exploitation. Mais si vous savez ce que vous faites, non seulement vous les trouverez, mais aussi vous les utiliserez pour faire ronronner votre ordinateur.

L'un de ces outils, l'Observateur d'événements, est le préféré des escrocs et des charlatans qui s'en servent pour vous convaincre que votre machine doit être dépannée (moyennant argent) alors qu'elle fonctionne bien. Je vous en parle dans ce chapitre.

Sécurité et maintenance

Le Centre de maintenance des anciennes versions de Windows se nomme désormais Sécurité et maintenance.

La Sécurité et maintenance centralise les messages d'avertissement de sécurité avec des notifications sur l'état des mises à jour, des sauvegardes et divers autres problèmes. Sa tâche principale concerne la sécurité.

En théorie, la Sécurité et maintenance de Windows est le garage où l'on répare tous les problèmes de sécurité. Dans la pratique, c'est une simple pause. Par conséquent, contrôler les paramètres de sécurité qui ne sont pas accessibles *via* cette fonctionnalité peut vite vous donner la migraine.

Qu'est-ce qu'une notification ?

Les notifications de Windows sont centralisées dans le volet Centre de notifications accessible depuis l'icône de la bulle de BD affichée dans la Zone de notifications de Windows 10.

Les notifications s'affichent quelques secondes dans le coin inférieur droit de l'écran, juste à côté de l'heure, au moment où survient l'événement qui les a déclenchées.

Dans ce chapitre, quand je parle des notifications, ce sont en fait les icônes et les infobulles du coin inférieur droit de l'écran du bureau, qui sont également centralisées sous l'icône de la bulle de bande dessinée.

Afficher la fenêtre Sécurité et maintenance

La fenêtre Sécurité et maintenance de Windows 10 apparaîtra si vous respectez la procédure suivante :

1. **Faites un clic-droit sur le bouton Démarrer.**
2. **Dans le menu contextuel qui apparaît, choisissez Panneau de configuration.**
3. **Dans le Panneau de configuration, cliquez sur la catégorie Sécurité et maintenance.**
4. **Cliquez sur les chevrons Sécurité et Maintenance pour découvrir les derniers messages de Windows dans ces deux domaines, comme le montre la Figure 4.1.**

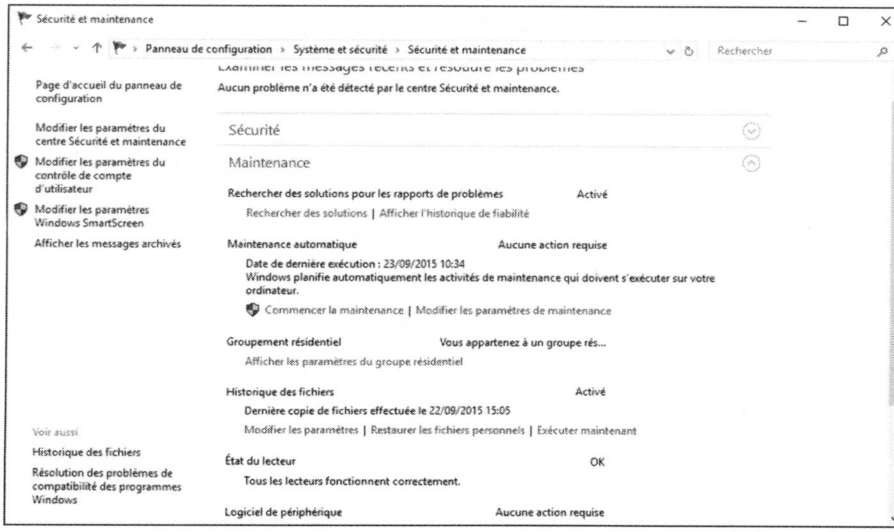

Figure 4.1 : Les événements de sécurité et de maintenance.

Travailler avec Sécurité et maintenance

La fenêtre Sécurité et maintenance centralise une large gamme de paramètres des différentes parties de Windows.

Vérifier les paramètres de Sécurité

Pour visualiser les éléments à surveiller, cliquez sur la flèche (chevron) à droite de la section Sécurité, comme illustré à la Figure 4.2. Vous obtenez alors l'état des éléments suivants :

- **Pare-feu du réseau** : bloque l'accès à votre ordinateur depuis Internet. Même s'il existe une large offre disponible de pare-feu dans le commerce, la plupart des utilisateurs Windows utilisent celui qui est intégré au système d'exploitation, le pare-feu Windows (voir Livret IX, Chapitre 3, pour de plus amples informations). Sur la Figure 4.2, vous constatez que j'utilise ZoneAlarm.

  NOTE TECHNIQUE

  Un programme *pare-feu* protège votre PC (ou réseau) d'Internet. À son cœur, le pare-feu entrant de Windows garde les traces des requêtes qui viennent de votre ordinateur. Lorsque des données d'Internet tentent de pénétrer votre PC, le pare-feu vérifie que l'un de vos programmes est bien à l'origine des données demandées. Les données indésirables sont

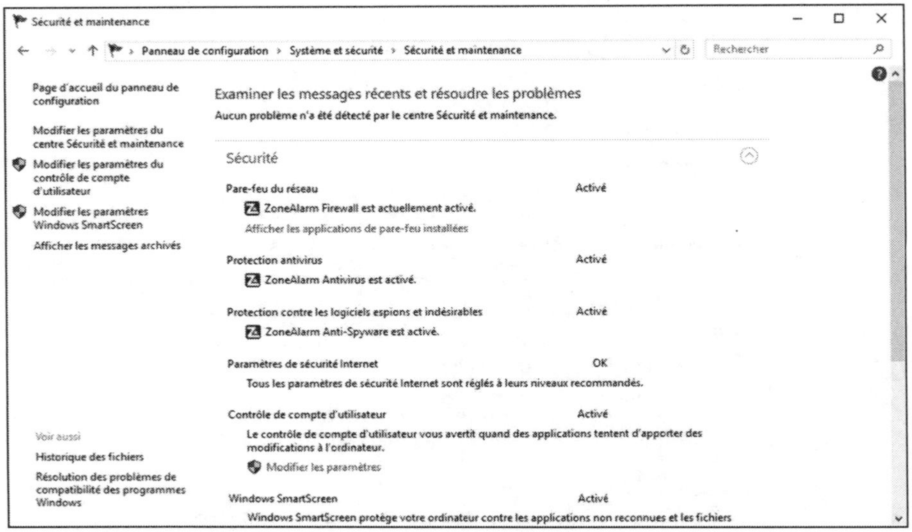

Figure 4.2 : Le rapport de l'état des éléments de sécurité dans le Centre de maintenance.

sautées ; les données demandées sont acceptées. Ainsi les pirates ne peuvent pas entrer.

ATTENTION !

Windows a aussi un pare-feu pour les données sortantes, ce qui est en général inutile. D'après mon expérience, un pare-feu sortant apporte plus de mal que de bien ; reportez-vous au Chapitre 3 du Livret IX pour plus d'informations. La ligne Pare-feu du réseau du Centre de maintenance précise qu'il est activé, même si vous n'avez pas de protection pour les données sortantes.

Vous utilisez sans doute le pare-feu de Windows ou un pare-feu tiers. Vous pouvez exécuter plusieurs pare-feu en même temps.

- **Protection antivirus** : Vous indique si le programme antivirus est fonctionnel. Windows Defender (voir Livret IX, Chapitre 3) apparaît ici, mais si vous avez installé un produit antivirus comme sur la Figure 4.2, il y figurera aussi.
- **Protection contre les logiciels espions et indésirables** : Scanne votre ordinateur pour détecter des logiciels espions ou indésirables et les bloque. Windows Defender apparaît ici, il est intégré à Windows. Mais si vous avez un logiciel anti-espion différent, il y figurera aussi, comme sur la Figure 4.2.
- **Paramètres de sécurité Internet** : Font référence seulement aux paramètres de sécurité définis dans Internet Explorer.

- **Contrôle de compte d'utilisateur** : Fait référence aux boîtes de dialogue qui apparaissent à l'écran, comme celle reproduite à la Figure 4.3. Je vous explique comment configurer ce contrôle au Chapitre 3 du Livret IX.

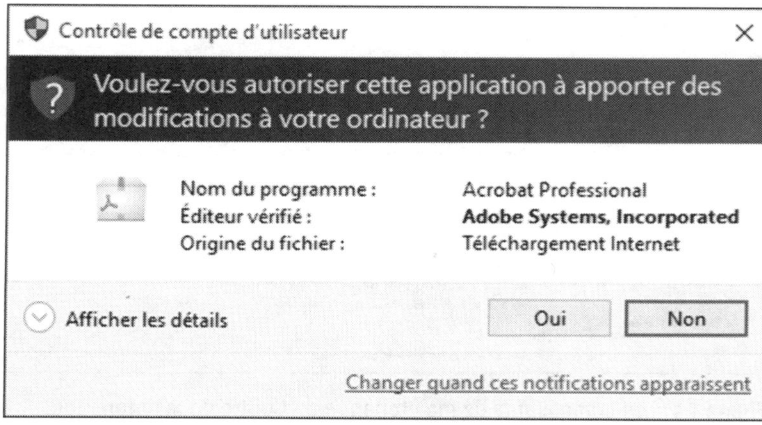

Figure 4.3 : Message des paramètres du Contrôle de compte d'utilisateur.

- **Windows SmartScreen** : Essaie de vous protéger de l'installation de logiciels potentiellement malveillants. Il y a les pour et les contre, mais tout ce que j'ai compris de ce débat c'est qu'il est plutôt innocent. Je vous en parle plus en détail dans le Chapitre 3 du Livret IX.

Tous ces paramètres sont des outils de prévention protégeant votre ordinateur de mauvais éléments extérieurs, noble but, mais les méchants ne sont qu'une partie du problème. Quelle est l'autre partie alors ? Vous devez maintenir votre système sécurisé et sain et pour ce faire comprendre comment un ordinateur peut être attaqué, comment contrer ces attaques, à la fois du point de vue informatique et du point de vue « extérieur » (c'est le sujet du Chapitre 1 du Livret IX.).

Vérifier les paramètres de Maintenance

Pour afficher les programmes généraux surveillés par la Sécurité et maintenance, cliquez sur la flèche (chevron) à droite de la section Maintenance. Vous verrez les options suivantes (voir Figure 4.4) :

- **Rechercher des solutions pour les rapports de problèmes :** C'est l'un des paramètres passifs. Il surveille les événements et quand un problème se produit, il en garde une trace dans l'historique de fiabilité de votre ordinateur.

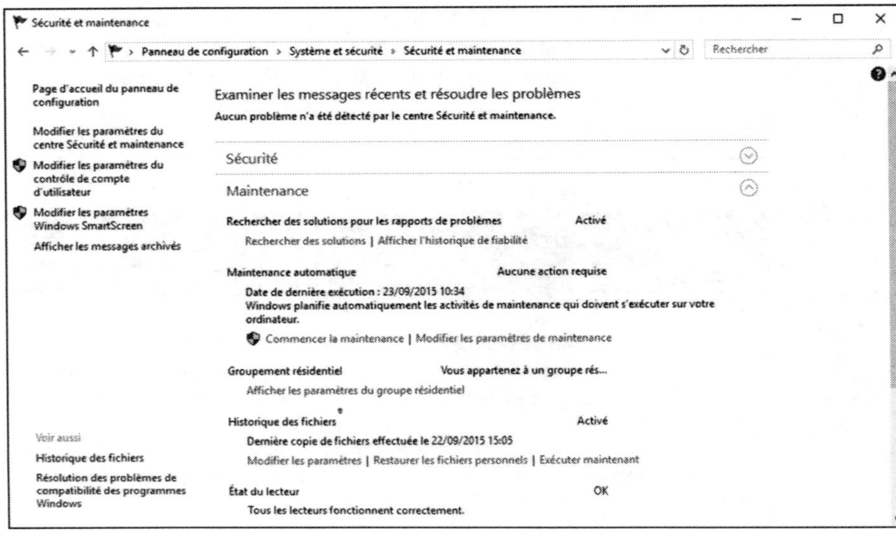

Figure 4.4 : Les composants de maintenance du Centre de maintenance.

Si vous cliquez sur le lien Afficher l'historique de fiabilité, l'écran du Moniteur de fiabilité apparaît comme illustré à la Figure 4.5 (je présente en détail le Moniteur de fiabilité dans la section « Évaluez la fiabilité du système » plus loin dans ce chapitre).

- **Maintenance automatique** : Vous donne l'état actuel des tâches planifiées automatiquement des programmes Windows pour maintenir le bon fonctionnement de votre ordinateur comme défragmenter un lecteur, mettre à jour le système ou redémarrer si nécessaire.
- **Groupement résidentiel** : Vous indique si vous êtes connecté à un groupe résidentiel (voir Livret VII, Chapitre 5).
- **L'Historique des fichiers** : Vous permet de vérifier si les sauvegardes se font correctement (voir Livret VIII Chapitre 1).
- **État du lecteur** : Vous avertit en cas d'incendie et de fumée. Si vous vivez dans une zone à risque, vous élargissez les conditions de votre assurance habitation, non ? En fait, ici cette fonctionnalité se contente de surveiller les rapports automatiques des problèmes faits par votre disque dur et affiche un drapeau pour vous avertir que vous avez un problème. Mais d'après mon expérience, cet outil n'est pas très fiable.

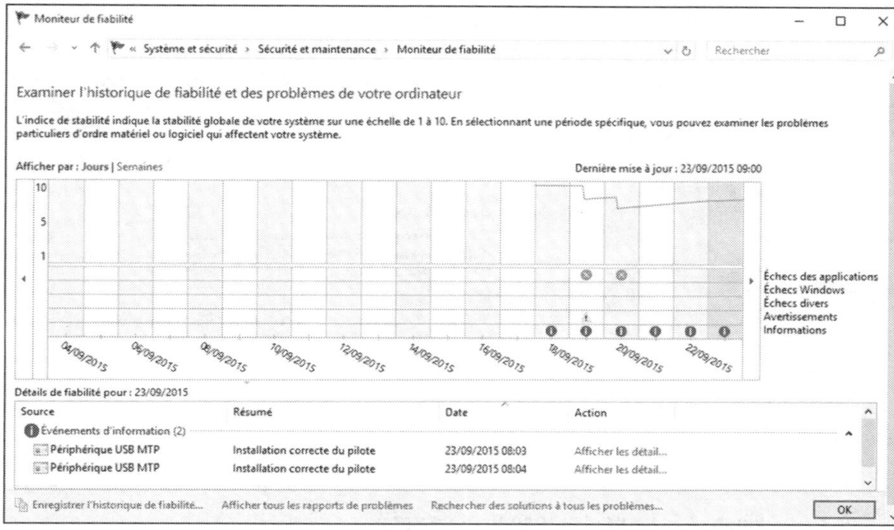

Figure 4.5 : Le Moniteur de fiabilité vous permet de déterminer le logiciel ou le matériel défectueux.

Vérifier l'état du réseau

Si vous souhaitez obtenir des informations sur l'état de votre réseau, passez par la Zone de notification de Windows. Faites un clic-droit sur l'icône qui affiche l'état du réseau (une sorte d'écran pour un réseau avec fil, et des barres d'état pour un réseau à fil. Dans le menu contextuel qui apparaît (Figure 4.6), choisissez Ouvrir le centre réseau et partage. Un aperçu de votre réseau apparaît (voir Figure 4.7).

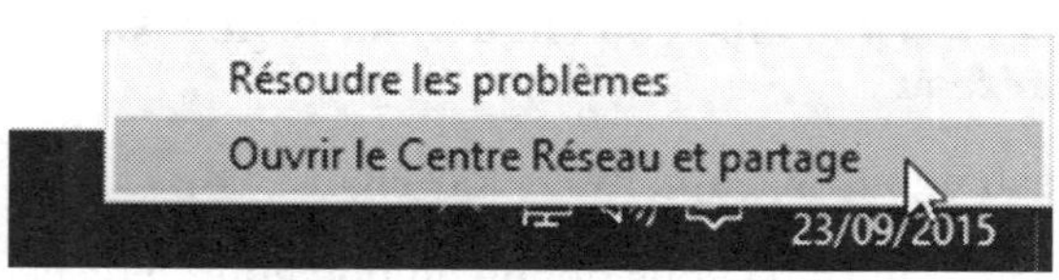

Figure 4.6 : Ouvrir le centre réseau et partage.

Dans le Centre réseau et partage, vous pouvez résoudre toutes sortes de problèmes. Pour en connaître tous les rouages, procurez-vous *Créer un réseau pour les Nuls* de Doug Lowe.

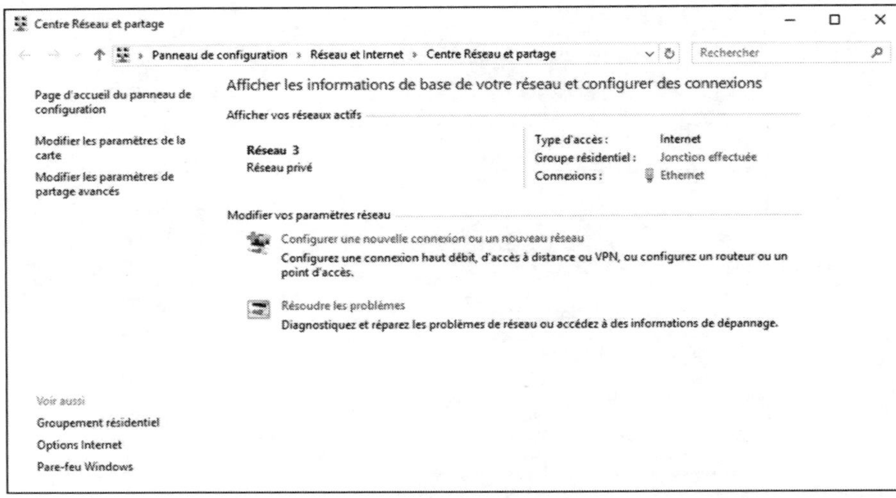

Figure 4.7 : Le centre réseau et partage.

Dépanner la carte réseau

Quand j'ai un problème réseau et que le dépanneur Windows ne marche pas, je commence toujours par ma carte réseau.

Il existe plusieurs méthodes pour accéder à la carte réseau, celle que je préfère consiste à passer par le Centre réseau et partage :

1. **Cliquez-droit sur le bouton Démarrer.**

2. **Dans le menu contextuel qui apparaît, choisissez Panneau de configuration.**

3. **Sous Réseau et Internet, tapez ou cliquez sur le lien Afficher l'état et la gestion du réseau.**

   Le Centre réseau et partage apparaît (voir Figure 4.8).

   Le Centre réseau et partage vous donne un bon aperçu de ce qui est connecté et où.

4. **Dans la colonne de gauche de la boîte de dialogue, cliquez sur le lien Modifier les paramètres de la carte.**

   Windows affiche alors la liste de toutes les cartes, comme à la Figure 4.9.

5. **Cliquez sur la carte qui peut être la source du problème ; ou cliquez sur Diagnostiquer cette connexion.**

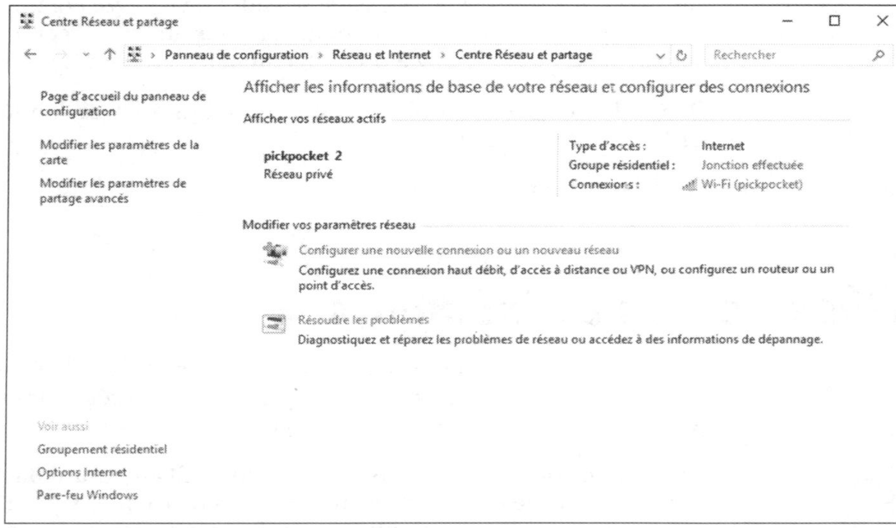

Figure 4.8 : Le centre de réseau et partage.

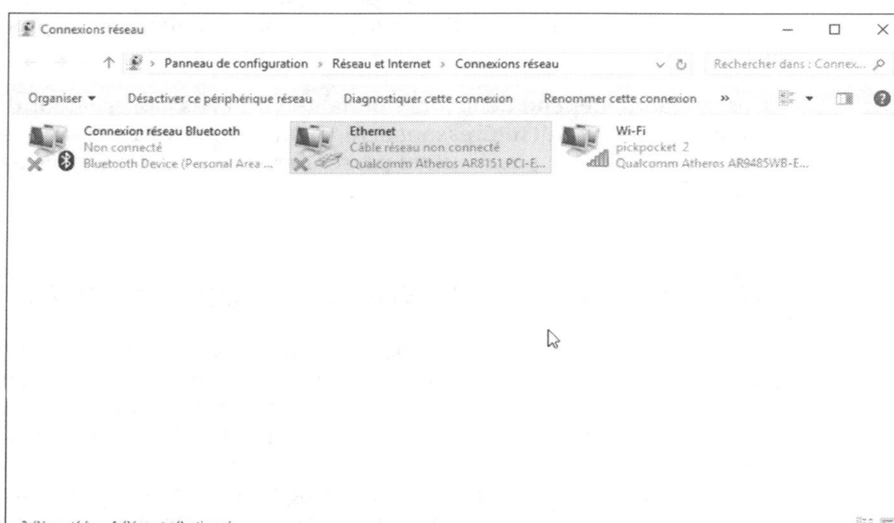

Figure 4.9 : Les cartes réseau, le matériel qui connecte votre PC au monde extérieur, apparaissent ici.

Windows réalise un diagnostic complet de la carte. Vous pouvez aussi désactiver et réactiver la carte (ce qui marche souvent à merveille) ou afficher l'état de la connexion (vous trouverez un grand nombre de paramètres compliqués, qui dépassent le cadre de ce livre comme changer l'adresse IP de la carte réseau, reportez-vous au livre *Créer un réseau pour les Nuls* de Doug Lowe pour en connaître les détails).

6. **Quand le problème est résolu, tapez ou cliquez sur le X pour revenir au Panneau de configuration.**

   Tout devrait marcher correctement.

Observer les événements

Tous les utilisateurs de Windows devraient savoir se servir de l'outil Observateur d'événements, ne serait-ce que pour se protéger des escrocs en tout genre qui s'appuient sur la peur des gens.

Certains se contentent de passer un coup de fil au hasard en Amérique du Nord ou en Europe et il y a de fortes chances de tomber sur un interlocuteur qui a des problèmes avec Windows. Si vous appelez une dizaine de personnes dans votre ville et que vous leur annoncez que vous téléphonez de la part de Microsoft pour les aider à trouver une solution à leur problème de système d'exploitation, je suis prêt à parier qu'un ou deux vont accepter votre offre. Dans mon quartier, je suis sûr que ce chiffre se rapproche plus de 9.

L'escroquerie dépend de la fonctionnalité Windows Observateur d'événements. C'est un outil intéressant seulement si vous savez vous en servir et que vous ne laissez pas d'autres personnes le faire à votre place à de mauvaises fins.

Utiliser Observateur des événements

Le système Windows offre depuis une bonne douzaine d'années la fonctionnalité Observateur d'événements. Peu de personnes s'y intéressent et la connaissent. En résumé, elle ressemble à un ensemble de petits journaux assez pratiques que Windows tient sur votre PC. Ces journaux sont de simples fichiers texte, écrits en XML. En plus du fichier Journal des événements, il existe dans Windows un grand nombre de fichiers de journaux administratifs, Opérationnel, Analyse et Débogage, ainsi que sur les applications.

Chaque programme ouvert sur votre PC envoie une notification dans un Journal d'événements et envoie aussi une notification avant sa fermeture.

Chaque accès système, modification des paramètres de sécurité, mouvement du système d'exploitation, échec du matériel ou hoquet du disque dur échoue dans un Journal des événements. La fonctionnalité Observateur d'événements scanne tous ces fichiers, les rassemble et les présente dans une jolie interface dans une volumineuse base de données générée par la machine. Cette fonctionnalité est une sorte de programme de base de données très utile contenant de simples fichiers texte.

N'OUBLIEZ PAS

En théorie, les journaux des événements pistent les événements « significatifs » de votre PC. Dans la pratique, « significatif » prendra le sens du propriétaire de la machine. Ou du programmeur. Normalement, peu de personnes ont besoin de consulter les journaux des événements. Mais si votre PC démarre mal, cette fonctionnalité peut vous montrer d'importants indices de la source du problème.

Voici comment l'utiliser :

1. **Cliquez sur le bouton Démarrer ou dans le champ de recherche de Cortana, et entrez** événement**.**
2. **Dans la liste des résultats qui apparaissent, cliquez sur Observateur d'événements.**

   L'Observateur d'événements apparaît, comme à la Figure 4.10.

3. **Dans le volet gauche, choisissez Observateur d'événements→Affichages personnalisés→Événements d'administration.**

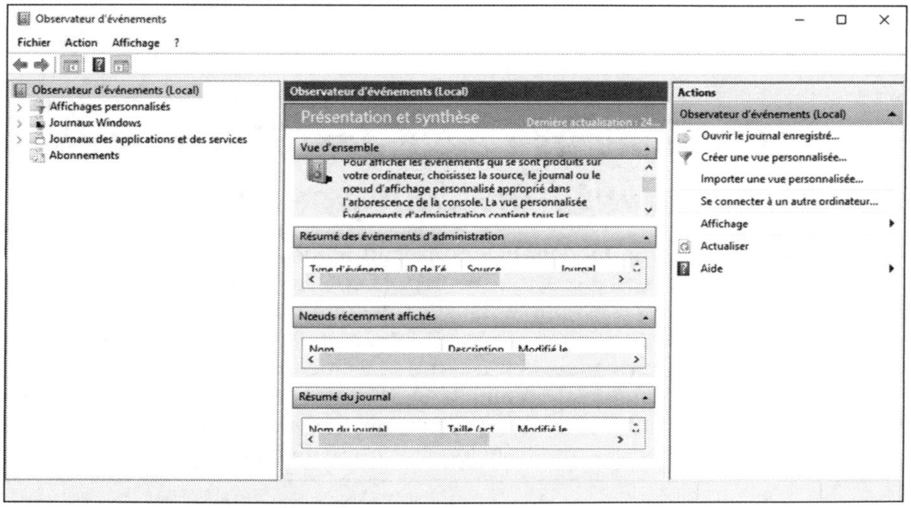

Figure 4.10 : L'observateur d'événements.

Cela peut prendre un certain temps, mais vous verrez apparaître la liste des principaux événements, comme celle reproduite à la Figure 4.11.

4. **N'ayez pas peur !**

   Même le meilleur système reçoit des messages d'erreur, des centaines, si ce n'est des milliers. C'est normal !

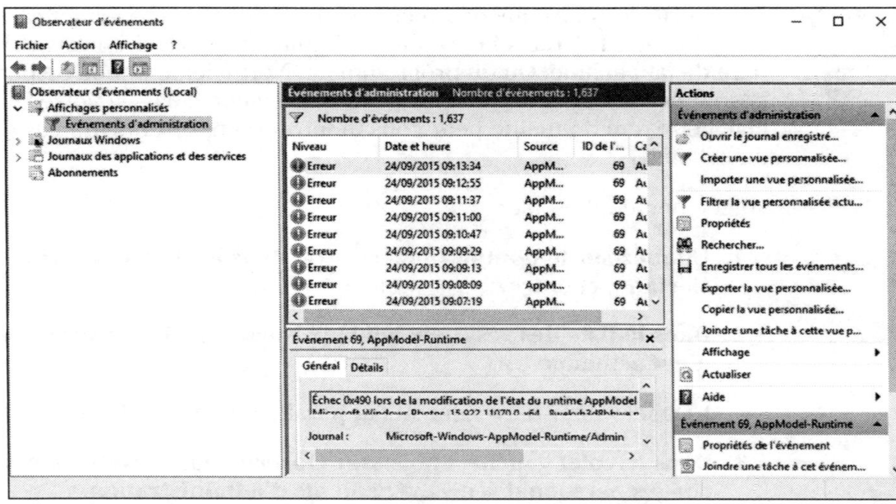

Figure 4.11 : Des événements consignés dans des journaux par différentes parties de Windows.

Événements : ceux dont il faut tenir compte, ceux dont il ne faut pas tenir compte

Avant de commencer la lecture minutieuse de ces milliers de messages d'erreur, regardez attentivement la colonne date et heure. Il peut y avoir des milliers d'événements listés, y compris ceux qui datent du jour où vous avez installé Windows. Sans doute, trouverez-vous des éléments intéressants tous les jours, mais la plupart de ces messages sont la simple répétition de la même erreur ou du même avertissement. De plus, la plupart de ces événements ont peu ou quasiment pas d'effet sur l'utilisation de Windows. Une erreur Windows peut déclencher un bâillement. Et alors ?

Si vous n'avez pas de problèmes, suivez mon conseil, laissez l'Observateur d'événements. Si vous avez des problèmes, il peut ou non vous être utile.

TRUC

Comment peut-il être utile ? Vous voyez la colonne ID de l'événement ? Notez son numéro et lancez une recherche sur le site `www.eventid.net`. Ce site peut vous mettre sur la bonne voie d'une solution ou du moins vous donner la traduction en anglais de ce que signifie ce numéro. Si vous cherchez la source d'un problème spécifique et que vous remarquez qu'un événement peut être lié à ce problème, lancez une recherche sur Google pour voir s'il n'y a personne qui aurait le même problème que vous. L'observateur d'événements peut vous aider à déterminer des problèmes d'accès réseau, car les programmes Windows qui contrôlent la communication réseau consignent une quantité impressionnante d'informations dans les journaux des événements. Malheureusement, comprendre ces journaux n'est pas facile, mais du moins vous pouvez trouver la source du problème, même si vous n'avez aucune idée pour le résoudre.

Évaluer la fiabilité du système

Pierre, Paul, Jacques et compagnie laissent des traces de ce qu'ils font dans le journal des événements. Lancez un programme. L'événement ignoble est aussitôt consigné dans le journal. Arrêtez-le, le journal se met à jour. Installez un programme, une mise à jour, le journal le sait immédiatement. Il sait tout, il voit tout. Tout événement relatif à la sécurité, n'importe quel événement qu'il soit de sécurité ou non sera inscrit dans le journal. Les services de Windows laissent aussi leurs traces tout comme leurs erreurs. Mais celles qui ne devraient jamais arriver ne sont pas enregistrées dans le journal, tout comme celles qui n'auraient jamais dû se produire.

Le journal des événements contient des informations que seuls les humains peuvent comprendre. Quelquefois. Il se compose en fait d'un mélange de plusieurs fichiers qui sont maintenus par différents programmes du système d'exploitation Windows de différentes manières. L'Observateur d'événements, présenté dans la section précédente, examine les arbres. Le Moniteur de fiabilité essaie de surveiller toute la forêt.

TRUC

Le Moniteur de fiabilité Windows découpe le journal des événements et rassemble toutes les informations sur la stabilité de votre PC. Il ne prend pas tout, vous en saurez plus dans un instant. Mais ce qu'il trouve peut vous donner une visibilité immédiate sur les maux dont souffre votre machine.

Voici comment le faire apparaître :

1. **Cliquez sur le bouton Démarrer ou dans le champ de recherche de Cortana, et tapez** fia.

2. **Dans les résultats de la recherche qui s'affichent, cliquez sur Afficher l'historique de fiabilité.**

Le Moniteur de fiabilité apparaît comme à la Figure 4.12.

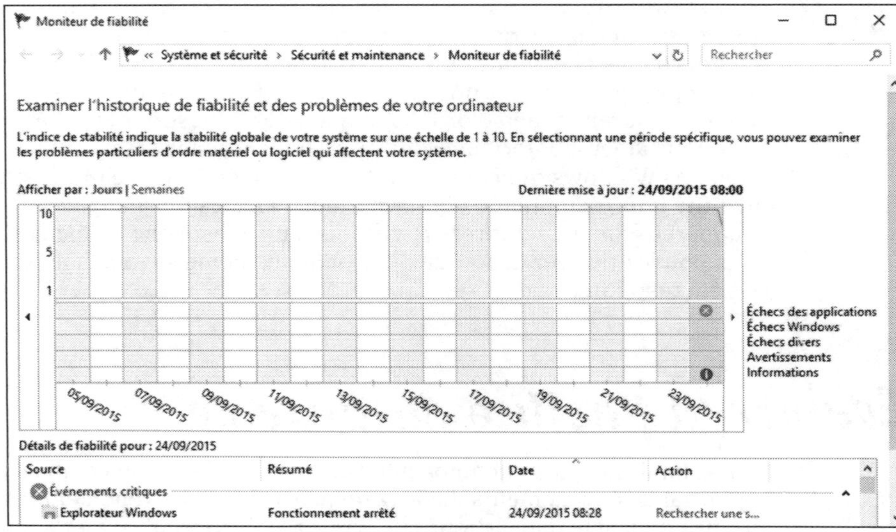

Figure 4.12 : Un dysfonctionnement laisse une trace dans le Moniteur de fiabilité.

3. **Sur la ligne Afficher par, passez de Jours à Semaine.**

   Le Moniteur va et vient entre une vue détaillée et un aperçu.

Encore une fois, n'ayez pas peur. Il y a une raison pour laquelle Microsoft rend si difficile de récupérer ce rapport. Il pense que si vous parvenez à le trouver, vous comprendrez les faits bruts.

La ligne supérieure est supposée vous donner un taux, allant d'un à dix, de stabilité de votre système. En fait, il n'en fait rien.

Votre taux reflète plus ou moins la note et la sévérité des événements problématiques transcrits dans le journal des événements en cinq catégories : Application, Échec Windows, Échecs divers, Avertissements, et Informations. L'icône des Informations (le i encerclé) représente des mises à jour des programmes et des pilotes. Si vous avez installé un nouveau pilote d'imprimante, par exemple, l'icône Information sera sur le jour où vous l'avez installé. Microsoft a une liste détaillée des types des données à reporter dans sa documentation TechNet.

Si vous tapez ou cliquez sur un jour (ou une semaine), la case en bas vous indique les entrées correspondantes dans le journal des événements de Windows. De nombreux événements en bas ont des explications détaillées, ce que vous pourrez voir en cliquant sur le lien Afficher les détails techniques dans la colonne Action.

Le Moniteur de fiabilité ne va pas vous fournir la liste de tout ce qui s'est mal passé dans votre PC et en ce sens, il atteint son but. Ce n'est pas vraiment un pisteur de stabilité. Le taux 1 à 10 sert de moyenne des scores quotidiens. Les scores plus récents sont supérieurs aux anciens, mais d'après mon expérience, la ligne ne suit pas la réalité. Mon système peut rebondir, mais cela n'affectera pas le taux.

La réelle valeur du Moniteur de fiabilité réside dans l'affichage de la séquence du temps des événements principaux, connecter des points temporels pour être en mesure de discerner les causes et les effets. Par exemple, si soudainement vous voyez apparaître de manière répétitive des écrans bleus, ouvrez le Moniteur de fiabilité pour voir si quelque chose d'importun s'est passé dans votre système. Installer un nouveau pilote peut rendre instable votre système. Le Moniteur de fiabilité peut de manière claire vous montrer quand vous l'avez installé. Si le taux chute le même jour où vous avez installé la mise à jour d'un pilote, vous pourrez clairement identifier le coupable.

La morale de l'histoire : le Moniteur de fiabilité ne garde pas la trace de tout ce qui se passe, c'est assez décevant, mais il peut donner des informations intéressantes quand Windows bat de l'aile.

D'autres moniteurs de performance

Windows a deux autres moniteurs, perform, le moniteur de performance et resmon, le moniteur de ressources qui sont devenus très obsolètes en raison du nouveau (et trop cool) Gestionnaire des tâches. Je vous présente le Gestionnaire des tâches dans le Chapitre 5 de ce livret. Si vous voulez les voir en action, entrez leur nom dans l'écran d'accueil et tapez ou cliquez sur l'application qui apparaît.

Mais à mon avis, vous allez préférer le Gestionnaire des tâches.

Chapitre 5

Utiliser les outils système

Dans ce chapitre :

- Tester le super Gestionnaire des tâches
- Installer un nouveau disque dur

Windows foisonne d'outils qui vous permettent de tout faire : de sortir le chien à faire un expresso, du moins si votre ordinateur en était capable. Dans ce chapitre, je vous présente en détail les outils spécifiques qui vous seront très utiles.

Gestionnaire des tâches

Windows possède un poste de commandes secrètes que vous pouvez utiliser si vous connaissez la combinaison secrète, enfin, le bon raccourci clavier. Bref. Le raccourci clavier (ou séquence de tape) marche tout le temps sauf si Windows est éteint.

Le Gestionnaire des tâches peut effectuer toutes ces tâches :

- **Supprimer un programme :** Ce qui peut être pratique si par exemple Internet Explorer se gèle et que vous ne parvenez pas à récupérer quoi que ce soit. Peu importe la version — « vignette » plein écran ou bureau — d'Internet Explorer qui se gèle, quelle que soit son interface, il suffit d'un petit détour par le Gestionnaire des tâches et hop le problème est résolu !

  Windows tente de fermer l'application sans détruire les données. S'il y parvient, l'application disparaît de la liste. S'il n'y arrive pas, il affichera l'option de fermeture de l'application (appelée sans la moindre imagination *Terminer maintenant*) ou l'ignorera simplement en vous permettant de poursuivre votre chemin.

- **Passer d'un programme à l'autre :** Ce qui est assez pratique si vous êtes dans un jeu et que vous souhaitez passer à une autre application. Vous pouvez également passer par le programme vignette ou le bureau.
- **Déterminer le processus qui monopolise votre processeur** : Il y a une liste très grande d'éléments de programme appelés *processus* et un classement à la seconde près vous indique le temps que met l'ordinateur à exécuter le processus. Cette liste est sans valeur si votre ordinateur est lent comme un escargot parce qu'il vous sera impossible de déterminer le programme qui monopolise le processeur.
- **Déterminer le processus qui occupe le plus de mémoire, utilise le plus de disque ou chatte le plus sur le réseau** : Il est parfois difficile de trouver le programme fautif. Mais le Gestionnaire des tâches sait tout, voit tout et dit tout.
- **Récupérer une image de l'utilisation du processeur, de la mémoire ou disque ou du réseau :** Ces informations sont très instructives et peuvent vous décider à acheter plus de mémoire.
- **Déterminer les applications du mode Tablette qui utilisent le plus de ressources à un moment donné** : est-ce la caméra ? Pinball ?

  Désactiver les programmes qui s'exécutent automatiquement est assez facile. On a tous des programmes qui démarrent automatiquement et qui occupent le temps de démarrage, ajoutent une charge au système, causent des dommages et peuvent même être dangereux. Le Gestionnaire des tâches affiche les principaux programmes qui démarrent automatiquement et vous propose de les désactiver.
- **Envoyer un message aux autres utilisateurs PC :** Les messages s'affichent sur l'écran de verrouillage lors de la fermeture de session.
- **Forcer le Gestionnaire des tâches à rester au-dessus de toutes les autres fenêtres :** Y compris les fenêtres plein écran.

Voici comment faire apparaître la version couteau suisse du Gestionnaire des tâches Windows :

1a. ***Si vous avez un clavier, appuyez sur les touches Ctrl + Alt + Suppr ; dans la liste qui apparaît, cliquez sur Gestionnaire des tâches.***

1b. ***Exécutez le raccourci clavier Ctrl + Maj + Échap pour accéder directement au Gestionnaire des tâches.***

Le Gestionnaire des tâches apparaît avec la liste des applications en cours d'exécution (voir Figure 5.1). En général, la liste comprend toutes les applications vignettes ainsi que les programmes qui s'exécutent sur le bureau.

2. **Pour fermer un programme en cours d'exécution, tapez ou cliquez dessus, puis cliquez sur le bouton Fin de tâche.**

   Le programme poursuit son exécution pendant une ou deux minutes, certains programmes sont tenaces, mais à la fin ils finissent tous par succomber à la force de préemption.

3. **Pour afficher les autres options, cliquez sur Plus de détails.**

   L'onglet processus du Gestionnaire des tâches apparaît. Voir Figure 5.2.

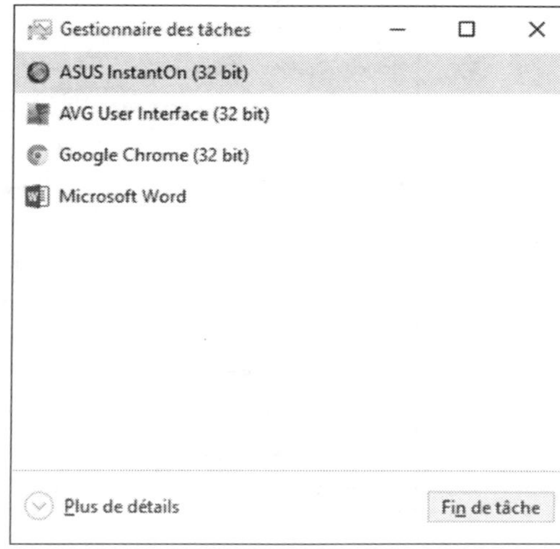

Figure 5.1 : Le Gestionnaire des tâches Windows permet de contrôler les programmes en cours d'exécution.

Les processus du Gestionnaire des tâches

Dans l'onglet Processus, le Gestionnaire des tâches regroupe les programmes en cours d'exécution en fonction du type de programmes :

- **Les applications** sont les programmes fréquents. Ce sont eux que vous ouvrez ou que vous avez configurés pour qu'ils s'exécutent automatiquement.
- **Les processus en arrière-plan** font fonctionner des morceaux de programme et de pilotes.
- **Les processus Windows** sont similaires aux processus en arrière-plan, sauf qu'ils font partie intégrante de Windows.

TRUC

Cliquez sur l'en-tête d'une colonne (comme Processeur, Mémoire, Disque ou Réseau) pour que le Gestionnaire des tâches trie en fonction d'une valeur particulière.

Dès que vous ouvrez un nouveau programme, il apparaît dans la liste Applications et tous les programmes en arrière-plan qu'il comporte figurent dans la liste Processus en arrière-plan. Les applications vignettes plein écran

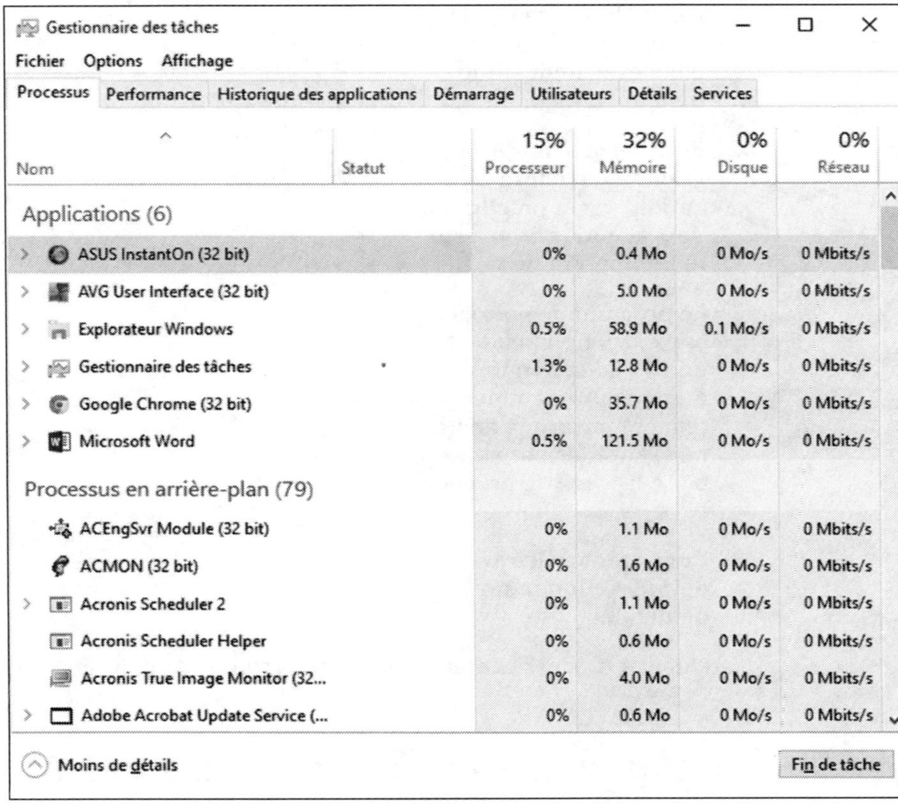

Figure 5.2 : Le Gestionnaire des tâches classe les processus en temps réel.

qui sont fermées disparaissent de la liste. Un coup d'œil dans l'onglet Processus vous permet de vérifier si un programme monopolise les ressources de votre machine comme les cycles du processeur, la mémoire, l'accès au disque ou au réseau.

Performance du Gestionnaire des tâches

L'onglet Performance du Gestionnaire des tâches (voir Figure 5.3) affiche un graphique de l'utilisation du processeur, de la mémoire allouée, de l'activité du disque dur et du volume de l'exécution des données entrant ou sortant de votre machine.

Pour avoir plus d'informations détaillées, dont l'utilisation de chaque composant du processeur, cliquez sur le lien Ouvrir le moniteur des ressources.

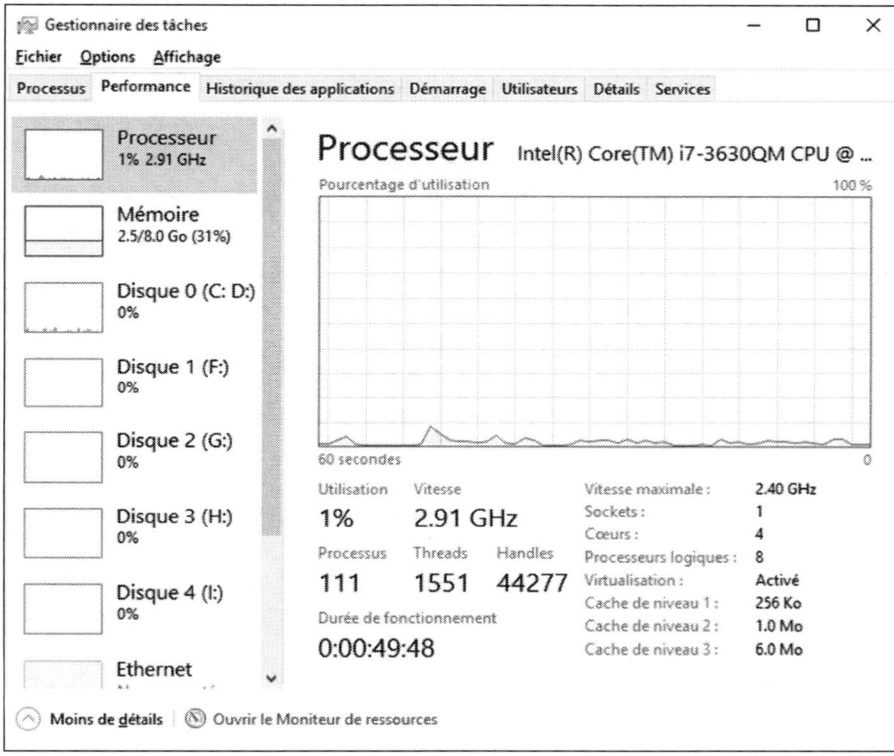

Figure 5.3 : Les onglets sur les quatre principaux composants des performances de votre PC.

Historique des applications

L'onglet Historique des applications (voir Figure 5.4) compte le temps passé sur chacune des applications vignettes de Windows Store. Tapez ou cliquez sur le titre de la colonne pour trier.

Démarrage

Vous savez sans doute que Windows exécute automatiquement certains programmes à chaque démarrage et que ces programmes s'avèrent quelquefois acariâtres. L'onglet Démarrage, reproduit à la Figure 5.5, représente un grand pas en avant de l'utilisabilité de Windows. Il affiche tous les programmes qui ont démarré automatiquement à chaque ouverture de session sur Windows.

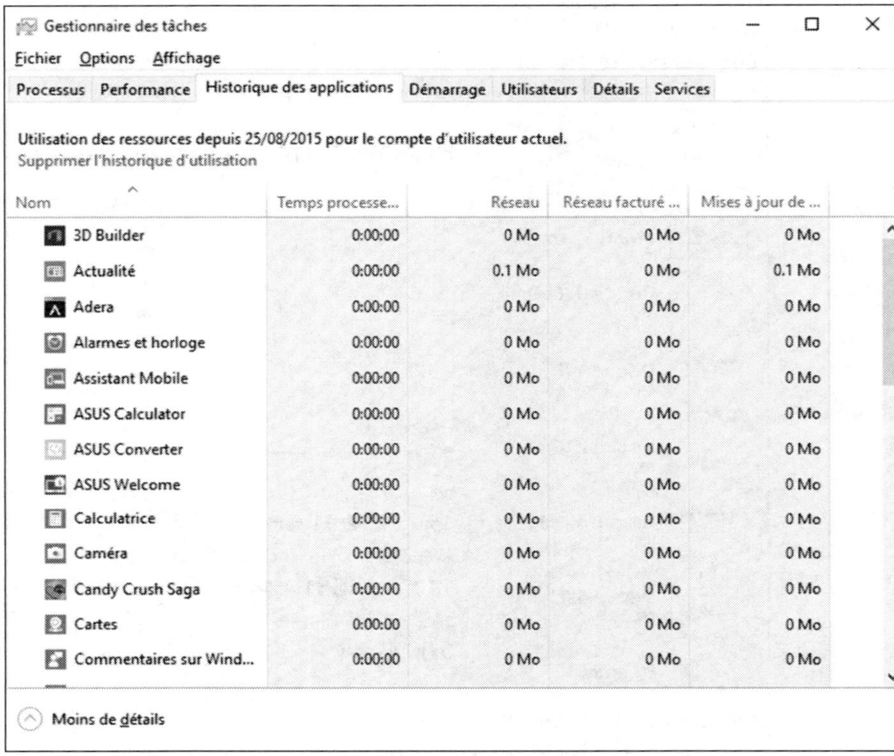

Figure 5.4 : Une liste du temps passé à jouer ou à utiliser chaque application vignette de Windows Store.

Pour désactiver un programme qui démarre automatiquement, tapez ou cliquez dessus, sur le bouton Désactiver, puis redémarrez Windows.

L'onglet Démarrage affiche les programmes des applications, leurs programmes d'aide et quelquefois des programmes problématiques qui recourent à des astuces bien connues pour s'exécuter à chaque démarrage de Windows. Malheureusement, les programmes vraiment mauvais trouvent souvent la parade pour se cacher et n'apparaissent pas dans la liste.

ATTENTION !

Ne désactivez pas un programme qui démarre automatiquement juste parce qu'il vous semble superflu ou parce que vous pensez qu'il contribue au réchauffement climatique ou encore qu'il s'exécute lentement. En règle générale, si vous ne savez pas exactement ce que fait un programme qui démarre automatique, n'y touchez pas ! Surtout si ce sont des applications vignettes.

En revanche, si parmi les programmes qui démarrent automatiquement qui ne sont pas estampillés Microsoft, vous trouvez des choses que vous

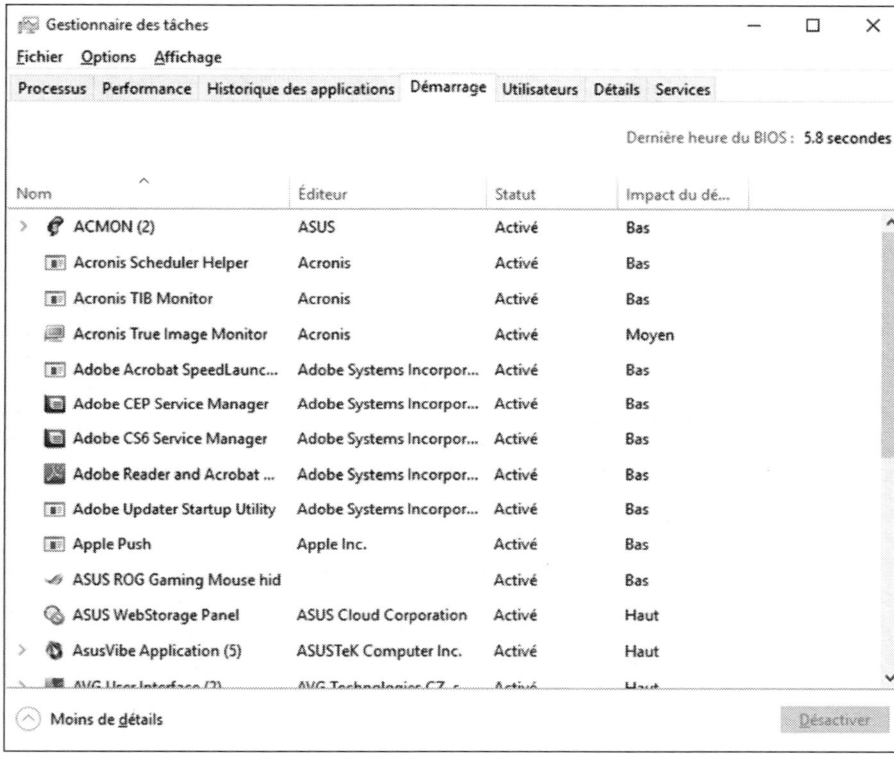

Figure 5.5 : Un sous-ensemble des programmes qui démarrent automatiquement.

ne voulez pas ou dont vous n'avez pas besoin, le mieux est encore de les mettre à la corbeille.

Utilisateurs

Si vous passez par le compte Administrateur, l'onglet Utilisateurs, comme illustré à la Figure 5.6, vous permet de voir ce qui se passe avec les personnes qui ont une session ouverte sur votre ordinateur.

Le chiffre qui apparaît à droite du nom de l'utilisateur est le nombre de processus qu'utilise actuellement l'utilisateur. Tapez ou cliquez sur la pointe de la flèche située à gauche du nom de l'utilisateur pour afficher la liste complète de tous ces processus.

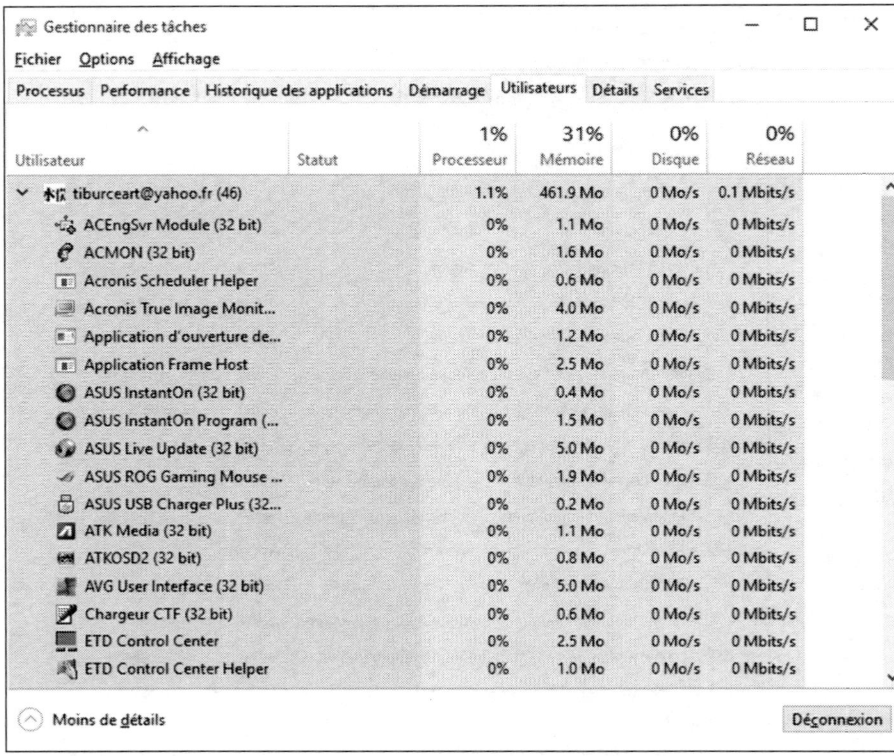

Figure 5.6 : Voir ce que font actuellement les autres utilisateurs.

Détails et Services

Si vous avez utilisé le Gestionnaire des tâches dans Windows 7 ou précédent, vous devriez reconnaître la version reproduite à la Figure 5.7. L'onglet Détails affiche tous les processus en cours d'exécution, sans tenir compte de l'utilisateur auquel sont rattachés les processus.

De la même manière, l'onglet Services liste tous les services Windows qui ont été lancés. Très rarement, vous trouverez un message d'erreur Windows vous indiquant qu'un service Windows (ou de l'imprimante ou du réseau) n'est pas en cours d'exécution. Cet onglet vous permet de déterminer les services en cours d'exécution.

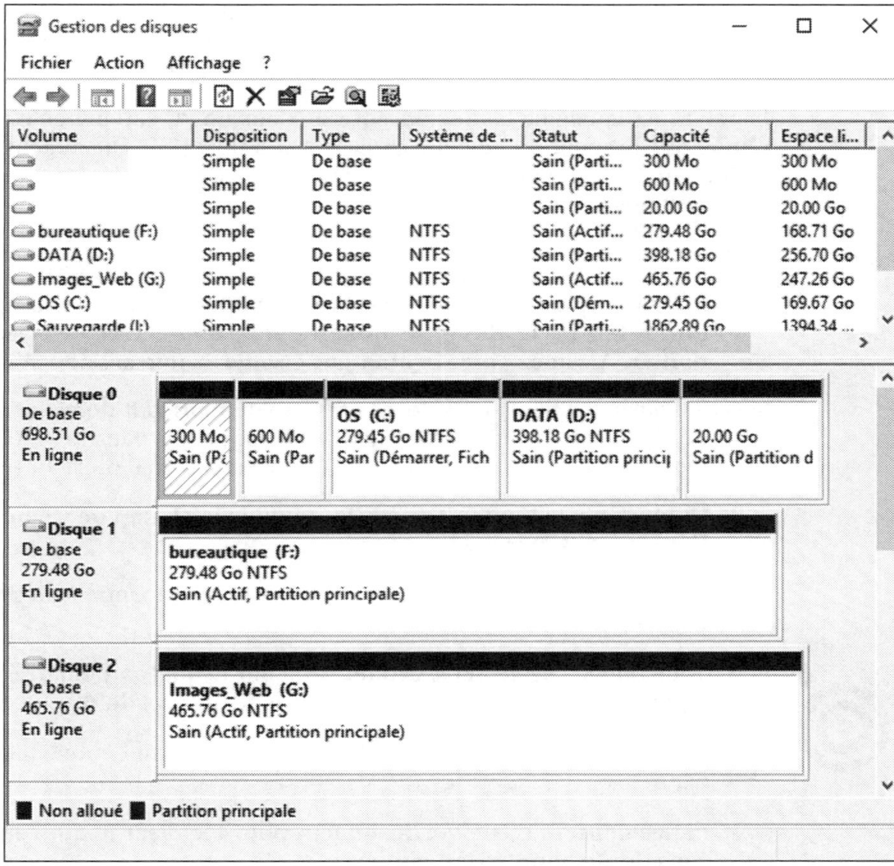

Figure 5.7 : Toutes les informations détaillées sur tous les processus sont listées ici.

Installer un deuxième disque dur

Installer un disque dur externe sur un PC Windows 10 est très dur : il faut d'abord arrêter l'ordinateur, brancher le câble USB ou eSATA à votre PC, puis l'allumer… et c'est fini !

TRUC

Certes, les fabricants de disques durs externes ont des logiciels assez fantaisistes. Eh oui, ne les utilisez pas. Windows connaît toutes les astuces pour les contourner. Si vous installez un disque dur, interne ou externe, supplémentaire, configurez-le *via* l'Historique des fichiers (voir Livret VIII, Chapitre 1). Vous installez deux disques supplémentaires, activez l'espace de stockage (voir Livret VII, Chapitre 4). Aucun des programmes Windows ne passe ni ne doit passer directement par les logiciels d'installation des fabricants de disques durs.

Installer un deuxième disque dur interne dans un PC est un peu plus compliqué que brancher un disque externe à son port USB. Quasiment tous les ordinateurs de bureau peuvent gérer plusieurs disques durs internes ainsi que quelques ordinateurs portables.

Voici comment procéder :

1. **Éteignez votre ordinateur. Ouvrez le boîtier, placez le nouveau disque dur, reliez les câbles et sécurisez-le sans doute avec des vis. Fermez le boîtier. Allumez votre ordinateur et ouvrez une session Windows.**

   Si vous avez besoin d'aide, le site Web du fabricant donne sans doute des instructions. Insérer un nouveau disque dur dans le boîtier est vraiment très simple, même si vous n'avez jamais vu l'intérieur d'un PC.

2. **Cliquez sur le bouton Démarrer ou dans le champ de recherche de Cortana, et tapez** disque**.**

3. **Dans la liste des résultats, choisissez Créer et formater des partitions de disque dur.**

   Vous pouvez également, cliquez droit sur le bouton Démarrer et, dans le menu contextuel qui apparaît, choisissez Gestion du disque.

   La boîte de dialogue Gestion des disques apparaît comme illustrée à la Figure 5.8.

4. **Faites défiler la liste verticalement pour localiser le nouveau disque, sans doute annoté Non alloué.**

5. **Cliquez-droit dans la zone Non alloué et, dans le menu contextuel qui apparaît, choisissez Nouveau volume simple.**

   L'assistant Création d'un volume simple apparaît.

6. **Cliquez sur Suivant.**

   Spécifiez la taille du volume.

7. **Laissez les chiffres tels quels, vous utiliserez tout le disque dur, et cliquez sur Suivant.**

   L'assistant vous demande d'attribuer une lettre au disque dur. En général, c'est D.

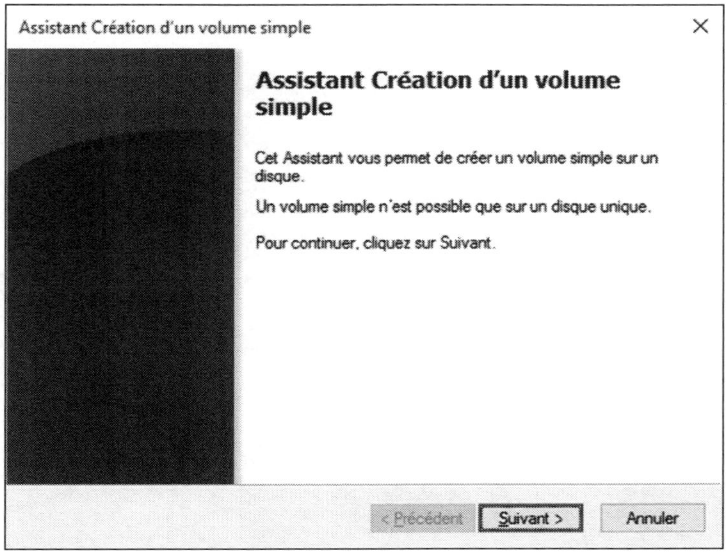

Figure 5.8 : Ajoutez ici un nouveau disque dur.

8. **Si vous voulez vraiment une autre lettre que D (mais la plupart des gens choisissent le D par défaut), faites-le maintenant. Cliquez sur Suivant.**

   L'assistant vous demande si vous voulez utiliser un autre système de fichier que NTFS ou paramétrer une unité d'allocation différente. Ne le faites pas.

9. **Cliquez sur Suivant.**

10. **Si le système vous le demande, formatez le disque. Choisissez le système de fichiers NTFS, et cliquez sur le bouton Suivant.**

11. **Cliquez sur Terminer.**

   Windows termine bruyamment sa tâche et vous avez un nouveau disque dur prêt à l'emploi.

Si vous avez plus de trois disques branchés ou dans votre PC, songez à configurer Espaces de stockage. C'est un remarquable morceau de technologie qui conserve les copies redondantes de toutes les données et protège des échecs catastrophiques de tous les lecteurs de données (voir Livret VII, Chapitre 4).

Livret IX

Sécuriser Windows 10

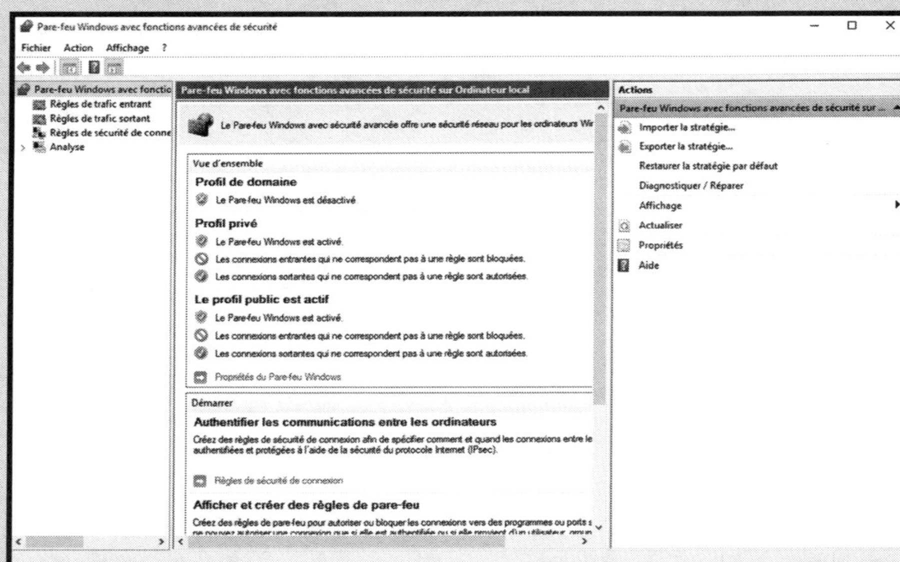

Chapitre 1

Espions, spams, escrocs

Dans ce chapitre :

- Déterminer les dangers et les canulars
- Rester informé par des sources fiables
- Détecter si on est infecté
- Se protéger

De version en version, Windows a eu plus de trous qu'un champ plein de taupes. Les évolutions étant, Microsoft a su les dissimuler avec plus ou moins de réussite. C'est Windows 7 qui a apporté le premier de réelles capacités de sécurité innovantes. Il représentait la première rupture significative d'une longue tradition de l'approche léthargique de la sécurité.

Windows offre des améliorations en matière de sécurité assez marginales et des mesures de protection qui permettent de vous protéger. Il inclut aussi un programme antivirus très efficace. C'est important.

Dans ce chapitre, je vous présente les sources des vraies menaces (et d'autres informations détaillées sont dans les autres chapitres de ce livret). Aussi surprenant que cela puisse paraître, Adobe et Oracle constituent les plus grandes failles qui permettent aux personnes malintentionnées d'infiltrer Windows ainsi que les produits Microsoft. Je vous présenterai toutes sortes de problèmes auxquels sont confrontés les utilisateurs des systèmes et vous donnerai les principales solutions.

Le plus important est que vous compreniez qu'une arme à feu ne vous sera d'aucun secours (1) et que si vous avez suffisamment de bon sens et d'agilité dans les doigts (pour cliquer) (2), vous ne dépenserez pas un seul centime dans la protection contre les logiciels malveillants.

Comprendre les dangers... et les canulars

Bon nombre des virus très célèbres qui ont déferlé sur Internet cette dernière décennie, Rustocks, Waledacs, Esthosts, Confickers, Mebroots, Bagles, Netskys, Melissas, ILOVEYOU, Blasters et Slammers, entre autres, se servent de la programmabilité intégrée des applications informatiques ou tirent parti des trous de sécurité Windows pour pénétrer des machines sans protection.

Depuis une dizaine d'années, les concepts ont changé, mais les anciennes menaces demeurent et ont pris une autre tournure : pour l'odeur de l'argent et quelquefois pour des motivations politiques, des systèmes ont été *craqués* (*se frayer un chemin dans des ordinateurs à des fins néfastes*) et sont bien plus sophistiqués. Ce qui avait commencé comme un petit jeu de voyous jouant aux apprentis programmeurs est devenu un vrai business rentable, même très rentable.

Où est l'argent ? Du moins en ce moment et dans un proche avenir, les plus grands profits se font en utilisant des attaques réseau de zombies et d'hameçonnage. Ces attaques sont les plus sophistiquées et les plus difficiles.

Les principales voies de contamination

Que faire en cas d'infection ?

Selon le rapport sur les données de sécurité de Microsoft, l'unique et le plus grand trou de sécurité se trouve entre vos deux oreilles. Cela fait de nombreuses années que les menaces informatiques les plus grandes correspondent à la découverte de nouveaux trous de sécurité : les personnes malveillantes s'en servent avant que vous n'ayez appliqué les correctifs sur votre machine. Ces trous attirent énormément d'attention, notamment dans la presse, mais ils ne sont pas la cause principale de l'infection. La très grande majorité des infections est due à la négligence des utilisateurs qui cliquent sur des liens sur lesquels ils ne devraient pas.

Ces deux dernières années, les trous de sécurité Windows ont quitté le droit chemin en infectant les machines Windows. Selon les statistiques que vous lirez, entre 70 et 90 % des infections Windows se sont propagées *via* Java, Flash, et Adobe Reader. Vous allez sur un site Web malicieux, cliquez sur un lien sur lequel vous ne devriez pas et Java, Flash ou un mauvais fichier PDF apparaît et prend le contrôle de votre ordinateur. Quelquefois, vous n'aviez même pas besoin de cliquer, en particulier si vous utilisiez d'anciennes versions d'Internet Explorer.

Zombies et réseau de zombies

Tous les mois, Microsoft poste un nouvel outil de suppression de logiciel malveillant qui scanne les ordinateurs PC à la recherche de logiciels malveillants et les supprime. Dans une étude récente, Microsoft a rapporté que sur les 62 % des systèmes informatiques où l'on avait trouvé des logiciels malveillants, 62 % avaient aussi des portes dérobées. Ce chiffre donne à réfléchir.

Un programme de *porte dérobée* va contourner les mesures de sécurité Windows usuelles et permettre de prendre le contrôle de la machine sur Internet, transformant votre machine en un zombie. Les portes dérobées les plus sophistiquées permettent aux personnes malveillantes d'adapter (ou de mettre à jour) à distance le logiciel malveillant qui tourne sur une machine infiltrée.

Vous avez des portes dérobées lorsque vous installez un programme (que vous voulez) sans savoir que ce programme dissimule une porte dérobée.

Qu'est-ce qu'un débordement de tampon ?

Si vous suivez l'évolution des logiciels malveillants en général et la bataille engagée contre Windows en particulier, vous avez sans doute rencontré le mot de débordement ou dépassement de tampon, l'instrument préféré dans l'arsenal des auteurs de virus. Un débordement de tampon peut sembler assez mystérieux, mais dans la réalité il est assez simple.

Les programmeurs mettent de côté dans leurs programmes de petites zones pour transférer des données d'un programme à l'autre. Ces petites zones sont des tampons. Lorsqu'il y a trop de données dans un tampon (ou si le tampon est trop petit pour contenir toutes les données qu'on lui a envoyées), un problème peut arriver. On pourrait penser que le programme se rendrait compte que quelque chose ne va pas, mais il n'est pas assez intelligent pour détecter le problème et il abandonne.

Lorsqu'il y a trop de données dans le tampon, certaines peuvent se répandre dans le programme lui-même. Si l'intrus malveillant qui a placé trop de données dans le tampon est très malin, il peut convaincre le programme que les données en trop ne sont pas des données, mais sont en fait une partie du programme en attente d'exécution. Le ver se colle à une quantité de données dans un petit espace et s'assure que l'élément qui est en échec effectuera quelque action malveillante que veut le créateur du ver. Lorsque le mal est fait, le programme exécute lui-même les données qui étaient fourrées dans le tampon en lançant un programme écrit par le créateur du ver. C'est de cette manière que le débordement de tampon prend le contrôle de votre ordinateur.

Tous les vers qui utilisent un trou de sécurité *via* un débordement de tampon tirent parti d'une stupide erreur de programmation dans Windows, mais de nos jours, les débordements de tampon se produisent plus souvent dans Flash ou Java. Force est de constater que si Java perdure, Flash est de plus en plus abandonné au profit de sites entièrement conçus en HTML5.

Moins fréquentes, les portes dérobées peuvent être introduites *via* une infection : des vers comme The ZeuS, Rustock, Waledac, TDL4/Alureon, Conficker, Mebroot, Mydoom et Sobig ont installé des portes dérobées. La plupart des infections se propagent sur des PC où l'on n'a pas mis à jour Java, Flash ou Adobe Acrobat Reader. Le système d'infection le plus courant est le *débordement de tampon* (voir l'encadré ci-après « Qu'est-ce qu'un débordement de tampon ? »).

Un hacker qui contrôle une machine par une porte dérobée ne le criera pas sur les toits. Mais s'il rejoint un réseau de zombies, un groupe de centaines ou de milliers de PC, il pourra alors entreprendre des actions d'envergure :

- Un réseau de zombies exécute un logiciel *espion de clavier* (un programme qui enregistre tout ce que vous tapez sur votre ordinateur et envoie sporadiquement les données au contrôleur du réseau de zombies) et peut ainsi recueillir toutes sortes d'informations intéressantes. Ce qui pose un grave problème : qui recueille et fait circuler les informations de l'espion ? Le plus gros, ce sont des données volées. Comment scanner des millions de caractères des données d'ouverture de session et récupérer un numéro de compte bancaire ou un mot de passe ?
- Des hommes d'affaires peu scrupuleux recrutent des contrôleurs de réseau de zombies pour faire circuler des spams, des adresses électroniques « récoltées » et même pour envoyer *des attaques directes par déni de servic*e (*DDoS*) contre les sites concurrents (une attaque par déni de service dirige simultanément des milliers d'ordinateurs contre un site particulier, bloquant ainsi son accès).

Vous pouvez être victime d'un réseau de zombies. Le réseau zombies Rustock a été responsable de l'envoi d'entre 10 et 30 milliards de spams par jour. Les spammeurs payaient les gestionnaires de Rustock, que ce soit directement ou sous forme de commission, en fonction du nombre de renvois.

Les réseaux zombies les plus prospères s'exécutent comme *des kits de démarrage* (*rootkit* en anglais, ensemble de programmes) qui exploitent en profondeur Windows en dissimulant des fichiers et rendant extrêmement difficile leur détection.

Vous avez sans doute entendu parler des kits de démarrage dans les années 2005, lorsque deux chercheurs en sécurité ont découvert que des CD de Sony BMG avaient installé subrepticement des kits de démarrage sur des ordinateurs. Il suffisait de lire le CD pour installer le kit de démarrage. Quelques procès plus tard, Sony s'est finalement rendu compte de cette erreur et a juré de ne plus distribuer de kits de démarrage avec ses CD (les chercheurs, Mark Russinovich et Bryce Cogswell ont été ensuite engagés par Microsoft).

Ceci dit, Microsoft a été vivement critiqué par des membres de la communauté de sécurité informatique pour « entrave et compromission d'un grand nombre d'enquêtes internationales aux États-Unis, en Europe et en Asie » au profit d'une justice expresse.

Quid de Stuxnet ?

Certains sujets traitant de l'informatique ont fait la une de la presse, comme le ver Stuxnet, élément spécifique à Windows des logiciels malveillants, qui apparemment s'est infiltré dans plusieurs installations de traitement d'uranium enrichi en Iran.

Voici ce dont je suis sûr sur Stuxnet : il est transmis par Windows, mais reste inoffensif tant qu'il n'est pas connecté à un type d'ordinateur Siemens spécifique que l'on utilise dans l'automatisation industrielle. Quand il se connecte à ce type d'ordinateur Siemens, il infiltre un kit de démarrage dans l'ordinateur en question, ce qui perturbe le fonctionnement des contrôles de l'ordinateur. Or, cet ordinateur Siemens contrôlait les centrifugeurs des installations de traitement d'uranium enrichi en Iran.

Tout le reste n'est que pure spéculation. Les auteurs de Stuxnet sont d'excellents experts à la fois dans les méthodes d'infection *via* Windows et dans la programmation des ordinateurs Siemens. David Sanger, correspondant à Washington du *New York Times* a affirmé dans son livre *Guerres et Secrets : les coulisses de la Maison Blanche* que Stuxnet est à l'origine une collaboration entre les services secrets américains et israéliens. Mais il n'existe aucune confirmation de la source de Stuxnet, ni des dommages qu'il aurait causés.

Hameçonnage

TRUC

Croyez-vous vraiment que des messages d'eBay, PayPal (ou d'IRS, de Visa, de MasterCard, *etc.*) vous demandant de vérifier votre mot de passe (ou numéro de sécurité sociale, ou numéro de compte, ou adresse, ou téléphone, ou nom de jeune fille de votre mère ou toute autre information personnelle) soient officiels ? À votre avis ?

Avez-vous déjà reçu un message de quelqu'un d'eBay vous demandant de payer l'ordinateur (ou autre chose) que vous avez acheté et vous menaçant de faire un mauvais commentaire. Oui ? Ou alors une notification vous signalant que vous avez reçu une carte de vœux en ligne d'un membre de votre famille et quand vous allez la récupérer, on vous demande votre numéro de carte de crédit ? *L'hameçonnage* (*phishing*, en anglais), l'envoi de messages électroniques qui tentent de faire entrer des informations personnelles en utilisant généralement un faux site Web, a atteint des niveaux de sophistication qui dépassent les institutions financières elles-mêmes. Certains messages d'hameçonnage, tels que le faux message reproduit à la Figure 1.1, vous avertissent des dangers de l'hameçonnage afin d'endormir vos soupçons et que vous donniez votre numéro de compte et mot de passe à un escroc au Kazbukistan (ou New York).

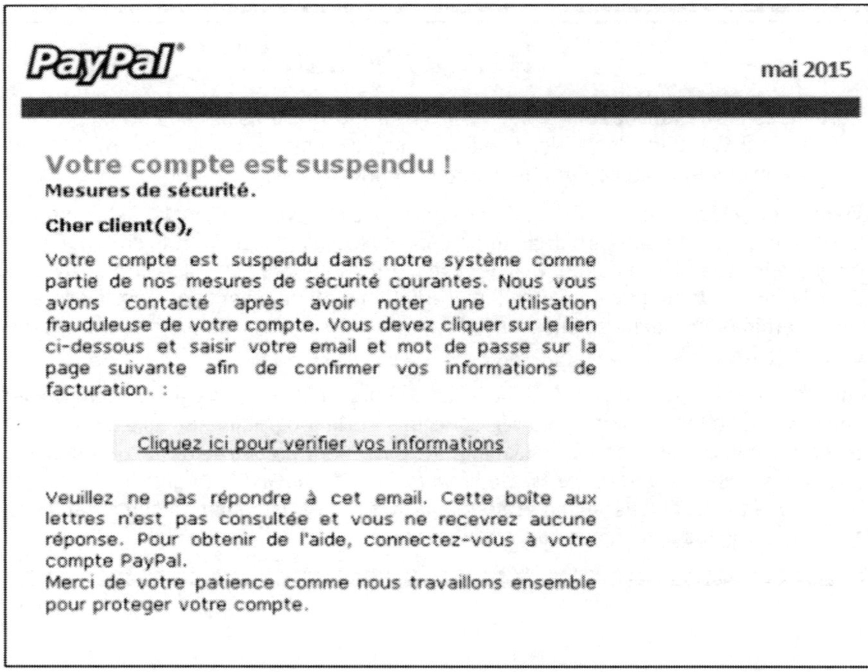

PayPal

mai 2015

Votre compte est suspendu !
Mesures de sécurité.

Cher client(e),

Votre compte est suspendu dans notre système comme partie de nos mesures de sécurité courantes. Nous vous avons contacté après avoir noter une utilisation frauduleuse de votre compte. Vous devez cliquer sur le lien ci-dessous et saisir votre email et mot de passe sur la page suivante afin de confirmer vos informations de facturation. :

Cliquez ici pour verifier vos informations

Veuillez ne pas répondre à cet email. Cette boîte aux lettres n'est pas consultée et vous ne recevrez aucune réponse. Pour obtenir de l'aide, connectez-vous à votre compte PayPal.
Merci de votre patience comme nous travaillons ensemble pour proteger votre compte.

Figure 1.1 : Si vous cliquez sur le lien, vous ouvrez une page qui ressemble à s'y méprendre à la page de PayPal et toutes les informations que vous saisissez sont envoyées à l'escroc.

Voici comment marche l'hameçonnage :

1. Un escroc, qui utilise souvent un faux nom et une carte de crédit volée, crée un site Web.

   En général, le site semble professionnel, ce qui empêche souvent de le différencier du site authentique.

2. Le site Web demande des informations personnelles, le plus souvent votre numéro de compte et mot de passe ou encore le code de votre carte bancaire. Voir l'exemple de la Figure 1.2.

3. L'escroc envoie des centaines de milliers de faux messages.

   Les messages ont un lien vers le faux site Web et ont un discours crédible qui vous incite à aller sur ce site, à vous connecter et à faire ce qu'on vous demande sans en préciser les conséquences. L'adresse de l'expéditeur de ces messages est falsifiée afin qu'il puisse sembler venir de l'entreprise en question.

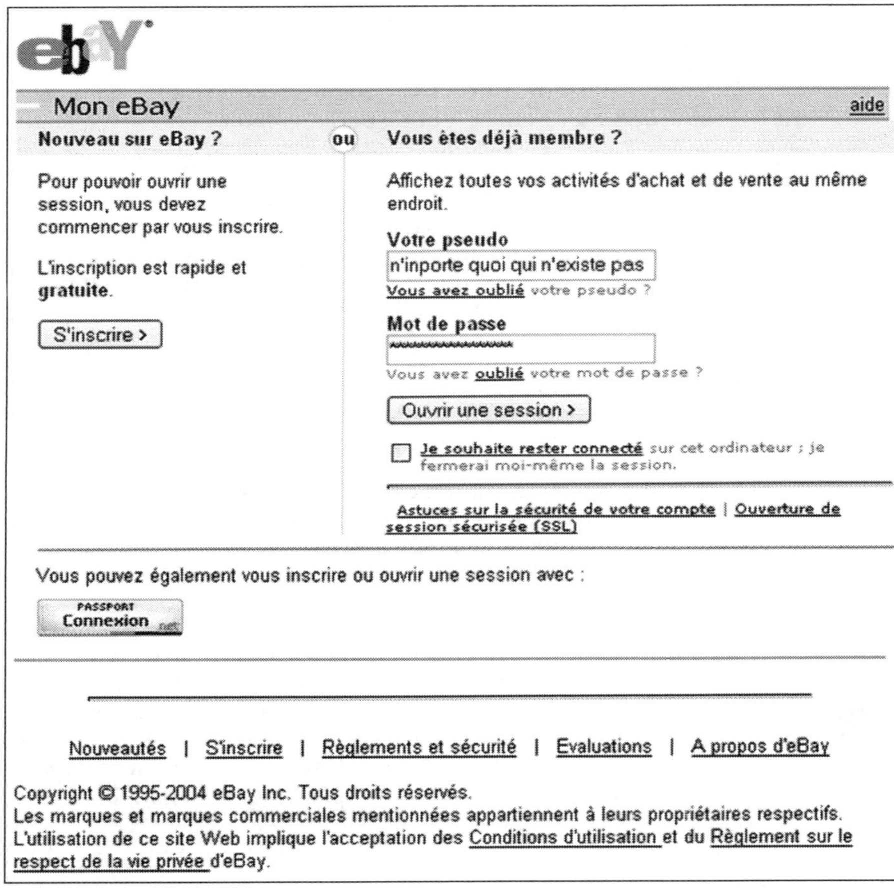

Figure 1.2 : Cette page d'inscription est une version frauduleuse d'eBay. Y voyez-vous une différence avec le site original ?

Il contient aussi des logos officiels, certains incluent même des liens vers le vrai site, même si le message incite à cliquer sur le lien qui redirige son destinataire vers le faux site.

4. Un petit pourcentage des destinataires de spam l'ouvre et clique sur le lien du faux site.

5. S'ils ont saisi des informations personnelles, elles sont envoyées directement à l'escroc.

6. L'escroc surveille le trafic entrant du site Web, rassemble les informations données par les utilisateurs naïfs et s'en sert très vite, en se

connectant au site Web de leur banque et en tentant de faire un virement ou en faisant une fausse carte bancaire avec le code.

7. Un ou deux jours plus tard, quelquefois quelques heures plus tard, le site Web est fermé et tout disparaît comme si de rien n'était.

L'hameçonnage est devenu très populaire, ne serait-ce que par l'envoi de nombre de messages. Un escroc peut en effet envoyer un million de messages publicitaires aux clients de Wells Fargo pour qu'ils se connectent à leur compte. Un petit nombre de tous les utilisateurs qui ont reçu le message d'hameçonnage sera sans doute clients de Wells Fargo, peut-être un seul pour cent, ce qui représente 10 000 clients quand même.

La plupart des clients de Wells Fargo qui ont reçu le message auront assez de bon sens pour l'ignorer. Mais un pourcentage non négligeable, peut-être 10 ou 1 pour cent, cliquera dessus. Cela représente quand même entre 100 et 1 000 pigeons, pardon, clients.

Si la moitié des clients qui ont cliqué fournissent des informations sur leur compte, l'escroc récupérera entre 50 et 500 numéros de compte et mots de passe. Si ces informations sont transmises le jour de l'envoi du message d'hameçonnage, l'escroc peut se faire une jolie petite somme et disparaître sans laisser de trace.

ATTENTION !

Je ne parle pas des paiements en ligne par votre Carte bleue. Les transactions en ligne par carte bancaire sont aussi sûres que celles en face à face, bien plus, car si vous utilisez une carte sécurisée et assurée, vous n'êtes pas responsable de la perte causée par le vol à l'arraché ou tout autre usage frauduleux de votre carte. J'utilise tout le temps ma carte bancaire (voir la section « Utiliser sa carte bancaire en toute sécurité », plus loin dans ce chapitre).

Pour combattre l'hameçonnage avec le navigateur Chrome de Google :

1. **Cliquez sur l'icône des trois traits horizontaux alignés verticalement situés dans la partie droite de la barre d'adresse.**
2. **Dans le menu local qui apparaît, choisissez Paramètres.**

   Cette action ouvre la page Web des paramètres de Chrome.
3. **Si nécessaire, faites défiler le contenu de la page et cliquez sur le lien Afficher les paramètres avancés.**
4. **Dans la section Confidentialité, cochez l'option Activer la protection contre l'hameçonnage et les logiciels malveillants, comme à la Figure 1.4.**

TRUC

Utilisez toujours la version la plus récente d'Internet Explorer, Firefox ou Chrome. Ces trois navigateurs Web comportent des fonctionnalités antihameçonnage sophistiquées bien qu'imparfaites, qui vous avertissent avant de vous aventurer sur des sites d'hameçonnage.

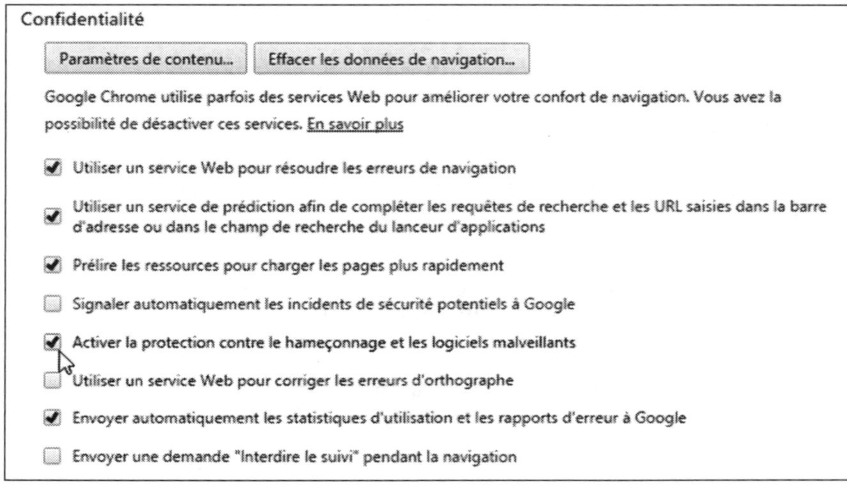

Figure 1.4 : Protégez-vous contre les sites frauduleux avec Chrome.

Vous pouvez signaler un site d'hameçonnage à Chrome. Pour cela, rendez-vous à cette adresse `https://www.google.com/safebrowsing/report_phish/`. Vous accédez au petit formulaire illustré à la Figure 1.5. Tapez ou copiez-collez l'adresse du site. Confirmez que vous n'êtes pas un robot, puis tapez éventuellement un message. Enfin, cliquez sur le bouton Envoyer le rapport.

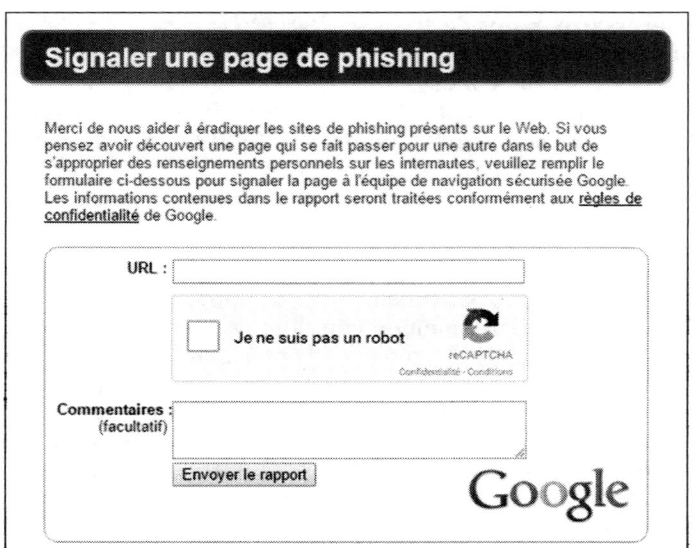

Figure 1.5 : Signaler une page de phishing à Google via Chrome.

Cette page de délation est accessible depuis n'importe quel navigateur. Vous pouvez donc l'utiliser pour dénoncer un site depuis Internet Explorer.

Pour vous protéger contre ce genre de site avec la nouvelle version d'Internet Explorer :

1. **Cliquez sur les trois points alignés situés à droite de la barre d'adresse.**
2. **Dans le menu local qui apparaît, cliquez sur Paramètres.**

   Cette action ouvre le volet Paramètres illustré à la Figure 1.6.

3. **Faites défiler si nécessaire le contenu de ce volet et, dans la section Paramètres avancés, cliquez sur le bouton Afficher les paramètres avancés.**
4. **Si nécessaire, faites de nouveau défiler le contenu de ce volet et, si ce n'est pas déjà fait par défaut, activez l'option Me protéger contre les sites et téléchargements malveillants avec le filtre SmartScreen, comme le montre la Figure 1.7.**

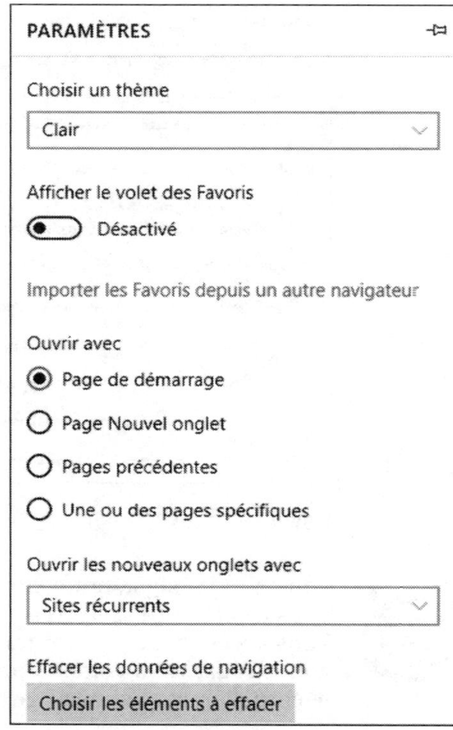

Figure 1.6 : Le volet Paramètres d'Internet Explorer.

Voici quelques conseils avisés :

- **Si vous recevez un message électronique qui contient un lien vers le Web, ne cliquez pas dessus !** De nos jours, quasiment tous les messages avec des liens commerciaux sont des sites d'hameçonnage. Les institutions financières, en particulier les banques, n'envoient plus de messages avec des liens ; seules quelques-unes osent le faire. Si vous avez le courage de vérifier les propos d'un message, comme celui où un utilisateur d'eBay vous menace d'un procès pour non-paiement d'une marchandise que vous avez achetée, ouvrez la version vignette de votre navigateur (vous serez moins exposé) et entrez à la main l'adresse de l'entreprise.

Vous verrez *vraiment* si le lien pointe vers le site en maintenant le curseur de la souris sur le lien. Pour le moment, il n'y a pas de tape équivalente.

- **N'écrivez jamais d'informations personnelles dans un message électronique**. Ne donnez aucune information personnelle à moins que vous n'ouvriez une session manuellement sur le site Web de l'entreprise. N'oubliez pas que si vos messages électroniques ne sont pas cryptés, ils parcourent Internet sous forme de texte. Toute personne qui fouille les courriers électroniques peut voir tout ce que vous avez écrit. C'est exactement comme si vous envoyez une carte postale.

Figure 1.7 : Protégez-vous des sites frauduleux avec Internet Explorer.

S'informer

Si vous comptez sur le journal de 20 heures pour vous informer sur les menaces les plus récentes, vous déchanterez très vite en vous apercevant que ce n'est pas dans la presse grand public que vous trouverez ce genre d'informations. Si vous êtes journaliste et que vous avez dix minutes pour trouver comment le nouvel exploit 0 day Bandersnatch use *via* la pile TCP/IP le tampon et pour l'expliquer à aux téléspectateurs moyens, comment le feriez-vous ?

Les sections suivantes vous expliquent comment.

Trouver des sources fiables

Heureusement, Internet a de nombreuses sources d'informations fiables. Consultez-les régulièrement, notamment quand vous entendez parler d'une nouvelle faille de sécurité informatique, réelle ou imaginaire :

- **Le blog du centre de Sécurité de Microsoft** présente de très nombreuses analyses des menaces entrantes d'un point de vue Microsoft (`http://technet.microsoft.com/fr-fr/security/default.aspx`)

  Les informations que vous lisez sur le blog du centre de sécurité sont à 100 % consacrées à Microsoft, aussi il tend à mettre une dose de « communication » dans les annonces. Toutefois, Microsoft reste la plus grande et la meilleure source pour analyser et résoudre les problèmes Windows. Enfin, vous trouverez sur ce blog des informations que vous ne pouvez trouver nulle part ailleurs.

- **SANS Internet Storm Center (ISC)** regroupe les observations et les analyses de milliers de chercheurs en sécurité. Vous trouverez des informations souvent inédites et très précises de l'ISC à `https://isc.sans.edu/`.

Prenez le temps de consulter régulièrement ces sites et de les ajouter à vos favoris dans Firefox ou Chrome ou Internet Explorer. Contrairement aux sites Web des fabricants de logiciels antivirus, ces sites ne cherchent pas à vous vendre tel ou tel produit (d'accord, Microsoft va bien tenter de vendre quelque chose, mais vous avez déjà un de ses produits, non ?)

Microsoft publie tous les mardis des correctifs de sécurité. Vous pourrez lire à l'avance des notices explicatives sur le blog du centre de sécurité Microsoft. Lors de la parution du correctif, vous trouverez dans les bulletins de sécurité la description et la présentation détaillée de ce correctif grâce à un numéro précis, comme MS13-001 ou MS13-002. Ces correctifs sont joints dans les articles de la Base de connaissances Microsoft avec des numéros de type KB 912345. Microsoft sépare les bulletins des programmes de mise à jour parce qu'un seul bulletin de sécurité peut contenir plusieurs correctifs. Je vous les présente au Chapitre 3 du Livret VIII.

De temps à autre, Microsoft publie aussi des conseils de sécurité, qui généralement annoncent la découverte de nouvelles menaces 0 day dans les produits Microsoft. Vous les trouverez également sur le blog du centre de sécurité de Microsoft.

Déjouer les canulars

Dites-moi si vous avez déjà lu en objet de message :

- « Incroyable discours d'Obama » ; « Flash info CNN » ; « Échec de livraison UPS » ; « Des milliers de morts dans [ici, insérer la catastrophe de votre choix] » ; « Écran de grenouilles Budweiser » ; « Ci-joint Correctif de sécurité Microsoft ».
- **Un virus peut contaminer votre ordinateur si vous lisez un message qui comprend la phrase « bonne journée » dans la ligne objet (ce qui fut le**

cas en 1994). *Idem* pour les messages suivants : « Gagner des vacances », « Aidez un pauvre chien à partir en vacances » « Rejoignez la partie » ; « Un moment de silence » ; « Une fleur Internet pour vous », « Une carte virtuelle pour vous » ou encore « Bonne Saint-Valentin ».

- « Un virus mortel est sur la page d'accueil de Microsoft (ou un autre nom d'une entreprise internationale). N'y allez pas ou votre système risque d'être infecté. »
- « Si vous avez un fichier nommé (ici, insérer le nom d'un fichier) installé dans votre machine, il contient un virus. Supprimez-le immédiatement ! »

Toutes ces phrases sont des canulars, il n'y a pas une once de vérité.

Certains canulars servent de couverture à de vrais virus : le message lui-même est un canular, un leurre conçu pour vous faire faire quelque chose de stupide et donc pour infester votre système. Le message vous demande (ou ordonne !!!) de télécharger un fichier ou d'exécuter une vidéo qui agit bizarrement comme un fichier exécutable .exe.

D'autres canulars ne sont que de simples rumeurs qui circulent parmi des personnes bien intentionnées, mais qui n'ont aucune preuve. Ces canulars font aussi des dégâts. En effet, lorsqu'un ver réel est actif et que bon nombre de personnes bien intentionnées envoient une quantité impressionnante d'avertissements, elles génèrent un tel trafic qu'elles causent bien plus de dégâts que le ver lui-même. Bizarre, mais véridique !

- « Un horrible virus est en liberté et est en train de contaminer Internet. »
- « Envoyez une copie de ce message à dix de vos amis et pour chaque transfert Bill Gates fera un don à (ici le nom de l'association caritative de votre choix) de 10 euros. »
- « Transférez une copie de ce message à dix amis et ajoutez votre nom dans la liste. Dans (ici, choisir une date), vous recevrez 10 000 euros par voie postale ou la chance vous sourira. »
- Microsoft (Intel, McAfee, Norton, Compaq, qui vous voulez) vous demande de « double-cliquer sur le fichier joint, de télécharger ou non quelque chose, d'aller sur un site précis ou d'éviter un site précis », *etc.*

Si vous pensez que vous êtes tombé sur l'alerte du virus le plus important dans le monde entier par l'intermédiaire du futur ex petit copain de votre coiffeuse qui a une sœur femme de chambre dont l'oncle est juriste (sans oublier qu'il est la personne qui s'y connaît en informatique), comptez jusqu'à dix et tenez compte de ces quatre points importants :

- Aucune société informatique connue (dont Microsoft) ne distribue de mises à jour par courrier électronique. Vous ne devez jamais, ô grand jamais, ouvrir ou lancer un fichier joint à un message électronique tant que l'expéditeur du message ne vous a pas confirmé qu'il vous l'a délibérément envoyé.

- Si Internet est sur le point de s'effondrer, infesté de vers électroniques, la pire façon d'en informer famille et amis est de le faire par courrier électronique ! Prenez le téléphone, sortez ou envoyez un pigeon voyageur et donnez à vos destinataires une adresse Web fiable pour consulter les mises à jour. Je parie qu'ils en ont déjà entendu parler !

Essayez de trouver une solution et non de contribuer au problème ! Et si un ami vous transfère une alerte au virus dans un message électronique, rendez un service à l'humanité connectée : faites-lui une copie des points cités précédemment, demandez-lui de les coller sur son ordinateur et de bien regarder la prochaine qu'il recevra une telle urgence.

Suis-je infecté ?

Comment savoir si vous êtes infecté ?

La réponse est courte : quelquefois, vous ne l'êtes pas. Si vous soupçonnez votre PC d'être infecté, il y a fort à parier qu'il ne l'est pas dans la réalité. Pourquoi ? Parce que les logiciels malveillants ne causent généralement pas les problèmes qu'on leur prête.

Quoi qu'il en soit, ne tombez pas dans le piège de l'escroc qui vous informe qu'il a supprimé 39 infections dans votre ordinateur et que vous lui devez de l'argent pour qu'il supprime les 179 restantes (voir la section « Déjouer les canulars » dans ce chapitre).

Évaluer les signes révélateurs

Voici quelques signes révélateurs qui peuvent, je dis bien *peuvent*, signifier que votre PC est infesté :

- **Une personne vous dit que vous lui avez envoyé un message électronique avec une pièce jointe, mais vous ne lui avez rien envoyé.** En fait, la plupart des logiciels malveillants actuels sont suffisamment malins pour imiter une adresse De. Ainsi un message infecté semble être envoyé par vos soins, alors que vous n'avez absolument rien fait. De plus, certains vieux virus qui ne sont pas capables de masquer votre adresse électronique sont encore en circulation. Si vous recevez une pièce jointe infestée de la part d'un ami, il y a de fortes chances que votre adresse et la sienne soient passées par un ordinateur contaminé. Bref, les six degrés de séparation et tout le toutim.

- **Vous trouvez des fichiers avec deux extensions de nom de fichier disséminés dans votre ordinateur.** Des noms de fichiers comme kournikova.jpg.vbs (un fichier VBScript se faisant passer pour un fichier image JPG) ou un trucdoc.txt.exe (un programme Windows qui veut paraître un fichier texte) vous feront exécuter votre logiciel antivirus.

  TRUC

  Faites toujours, toujours afficher les extensions de nom de fichier (voir Livret VI, Chapitre 1).

- **Le logiciel antivirus a cessé brusquement de fonctionner.** Si l'icône de votre protection antivirus disparaît de la zone de notification (à côté de l'heure), quelque chose l'a tué et il y a de fortes chances que le coupable soit un virus.

- **Vous ne pouvez pas atteindre les sites Web qui sont associés aux fabricants de logiciels anti-malveillants.** Par exemple, Firefox, Internet Explorer ou Chrome fonctionnent bien avec la plupart des sites Web, mais vous ne pouvez accéder ni à `www.microsoft.com`, ni à `http://www.symantec.com/fr/fr/` ni à `www.macfee.com`. Ce problème est la principale preuve de plusieurs infections.

Que faire en cas d'infection ?

Votre ordinateur est infecté ?

1. **Ne paniquez pas.**

   Il est peu probable que ce soit vraiment le cas.

2. **SURTOUT, NE REDÉMARREZ PAS VOTRE ORDINATEUR !!!!**

   Vous risqueriez de déclencher la mise à jour du virus ! Restez zen !

3. **Lancez un scan complet de votre système. Si vous utilisez Windows Defender, passez à l'écran d'accueil, entrez** def, **puis choisissez Windows Defender.**

   Si vous n'utilisez pas Windows Defender, ouvrez votre logiciel antivirus pour exécuter un scan complet.

   L'interface principale de Windows Defender apparaît (voir la Figure 1.8). Reportez-vous au Chapitre 3 du Livret IX pour en savoir plus.

4. **À droite, activez l'option Complète, puis cliquez sur Analyser maintenant.**

   Un scan complet peut prendre du temps. Allez boire un verre ou deux.

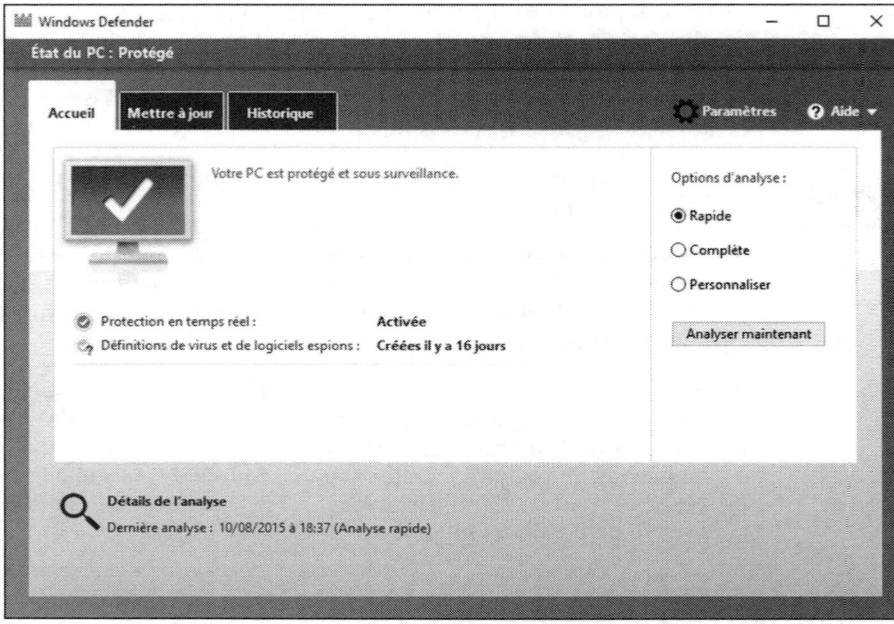

Figure 1.8 : Windows Defender prêt à l'action.

N'OUBLIEZ PAS

N'envoyez pas, j'insiste, de messages à vos amis pour les avertir de l'existence d'un nouveau virus.

Les messages sur un nouveau virus sont bien plus nombreux que les messages générés par le virus lui-même, et dans certains cas, causent bien plus de problèmes que le virus. Ne contribuez pas au problème.

Ne pas être paranoïaque

La méthode de propagation de virus peut varier d'un virus à l'autre. Quasiment tout le monde pense avoir installé le tout dernier, le plus beau logiciel antivirus quand on installe ce type de programmes et se presse de l'utiliser quand on découvre qu'il y a plus de 179 virus sur son ordinateur qui doit alors être nettoyé.

Vous l'avez sur votre machine ? Supprimez-le ! Débutants, ne songez même pas à passer par l'outil Ajouter/suppression de programmes. Croyez bien que les petits malins qui ont appelé leur logiciel malveillant Antivirus 2015 ne vont pas vous faciliter la tâche pour le supprimer. Pour ma part, je me repose sur `https://fr.malwarebytes.org/` , mais éliminer certaines de ces bestioles reste très difficile (voir Livret IX, Chapitre 4).

Microsoft tient un excellent registre des faux produits antivirus dans son rapport sur les données de sécurité (volume 6) à `http://www.microsoft.com/fr-fr/security/resources/sir.aspx`.

Se protéger

L'Internet est sauvage, nébuleux et merveilleux ; par bien des aspects, il est sans règle, une sorte de Far West. Certains pensent qu'il ne peut pas être régulé, je suis d'accord. Même si quelques organismes centraux contrôlent une coordination de base d'Internet : la communication entre les ordinateurs, la distribution des noms de domaine comme Pourlesnuls.com et ce que doit faire un navigateur Web quand il rencontre un morceau de code HTML, mais il n'y a pas d'autorité centrale ni de gendarme du Net.

Malgré son caractère Far West et son absence totale de règles de bienséance, l'Internet n'est pas un espace effrayant. Si vous respectez quelques règles simples de bon sens, vous ferez un long et beau voyage.

Se protéger contre les logiciels malveillants

Tout le monde sait qu'Internet est un bouillon de virus. Tout le monde sait que les vrais virus très méchants peuvent vider un compte bancaire, détruire un disque dur et ruiner le moral, simplement parce qu'on a jeté un œil au message dont l'objet était « Bonne journée ».

En réalité, les réseaux de zombies et espions de clavier peuvent faire mal, mais les canulars et les mauvais conseils abondent. Tout utilisateur Windows devrait respecter ces quelques conseils avisés :

- **Ne pas installer de programmes étranges, de mignonnes icônes, de signatures électroniques automatiques, ou de produits qui promettent de garder l'ordinateur dans une sécurité infaillible.** Sauf si le programme en question vient d'un fabricant qui a pignon sur rue, en qui on peut avoir confiance et que l'on sait exactement ce dont on a besoin, on ne l'installe pas. Ne pas se faire berner par des produits qui clament haut et fort qu'ils peuvent nettoyer le Registre ou éradiquer des infections imaginaires.

  Vous pouvez croire que vous devez impérativement synchroniser l'horloge Windows (ce que Windows fait parfaitement bien, pas besoin d'un programme supplémentaire), préparer votre ordinateur (faites une pause), utiliser ces adorables petites icônes en forme de smileys (faites une très grande pause), installer un bloqueur de fenêtre intempestive (IE, Firefox et Chrome le font déjà très bien !) ou installer une signature électronique automatique (votre programme de messagerie peut déjà signer vos messages, lisez le manuel !). Tout ce que vous gagnerez avec ces gadgets, ce sont les ennuis et les arnaques !

- **Ne jamais, jamais ouvrir une pièce jointe dans un message électronique sans avoir eu confirmation de la personne qui est censée l'envoyer que c'est bien elle.** Avec un peu de bon sens, demandez-vous si l'expéditeur est suffisamment malin pour vous envoyer un fichier qui n'est pas infecté. Une fois que vous avez contacté la personne qui vous a envoyé le fichier, ne l'ouvrez pas directement. Enregistrez-le sur le disque dur et lancez Windows Defender avant de l'ouvrir.
- **Suivre les instructions du Chapitre 1 du Livret VI pour forcer Windows à afficher le nom complet des fichiers installés sur l'ordinateur.** De cette manière, si vous voyez un fichier nommé `quelquechoose.cpl` ou `iloveyou.vbs`, vous saisissez la chance de comprendre que ce peut être un programme contagieux qui n'attend que votre coup de pouce.
- **Se méfier des messages électroniques**. N'importe quelle partie d'un message électronique est facilement falsifiée. L'adresse de retour peut être fausse. Même l'en-tête, que l'on ne voit pas normalement, peut être purement fictif. Les liens dans le corps du message peuvent ne pas pointer vers le site que vous croyez être. Tout ce que vous écrivez dans un message peut être lu par une autre personne, un peu comme lorsque vous envoyiez autrefois une carte postale.
- **Vérifier ses comptes**. Lisez bien les instructions sur votre carte bancaire ou les relevés bancaires. Si vous trouvez des retraits que vous ne comprenez pas, contactez votre banque. Connectez-vous régulièrement sur les sites Web de vos banques, crédits, *etc.*, si quelqu'un a changé votre mot de passe, vous pouvez crier au voleur.

Désactiver Java et Flash

Je salue quand même le passage rapide de Flash pour les sites Web automatiques en HTML5, ce qui est un point positif en rapidité et en sécurité.

Si vous utilisez Internet Explorer ou Chrome, désactiver Java et Flash est très simple. Lancez une recherche Google pour savoir comment faire.

Utiliser sa carte bancaire en toute sécurité

Beaucoup de personnes qui utilisent le Web refusent de faire une commande en ligne parce qu'elles ont peur qu'on leur vole leur numéro de carte bancaire et qu'elles doivent alors payer des factures exorbitantes. Elles pensent que les produits n'arriveront jamais et qu'elles ne seront jamais remboursées.

Voici quelques simples précautions qui vous permettront de ne pas vous faire voler votre numéro de carte bancaire :

- **Lorsque vous effectuez une commande en ligne, vérifiez que vous traitez bien avec l'entreprise que vous connaissez.** Ne cliquez pas sur un lien dans un message électronique qui est censé vous rediriger vers le site de l'entreprise. Saisissez l'URL de l'entreprise dans Internet Explorer ou Firefox ou servez-vous d'un lien que vous avez enregistré dans la liste des favoris d'Internet Explorer ou de Firefox.
- **Saisissez le numéro de votre carte bancaire seulement si vous êtes sûr d'être sur le site de l'entreprise et que le site utilise une page Web sécurisée.** Pour s'en assurer, il suffit de trouver dans le coin inférieur droit de la fenêtre une icône de cadenas. Les sites Web sécurisés brouillent les données que vous entrez dans la page cryptée avant de l'envoyer à l'ordinateur du fournisseur. De plus, Firefox vous donne les références du site en cliquant sur l'icône à gauche de l'adresse Web. Internet Explorer vous les indique à droite de l'adresse.

  ATTENTION ! Des programmeurs ingénieux, mais peu recommandables peuvent falsifier l'icône du verrou et afficher une adresse `https://` pour endormir votre vigilance. Pour en être sûr, cliquez sur l'icône à gauche de l'adresse afin d'afficher le certificat de sécurité dans son intégralité.
- **N'envoyez pas le numéro de votre carte bancaire dans un message électronique ordinaire.** Le courrier électronique est trop facile à intercepter. Et surtout, ne donnez pas vos données bancaires lorsque vous chattez !
- **Si vous recevez un message électronique vous demandant les références de votre carte bancaire qui semble venir de votre banque, d'une société de crédit, de votre fournisseur d'accès à Internet ou votre chère tante Marthe, n'envoyez aucune donnée sensible !** Encore une fois, passez par la page Web sécurisée d'un site et entrez son adresse dans votre navigateur Web.

TRUC Les vols d'identité sont un problème dans le monde entier. La disponibilité généralisée des données personnelles en ligne ravive les flammes. Si vous soupçonnez quelqu'un de se faire passer pour vous, de générer des dettes avec votre nom par exemple, consultez le portail de la sécurité informatique créé par les services d'État français : `http://www.ssi.gouv.fr/`.

Défendre sa vie privée

« Il n'y a aucune confidentialité nulle part. »

C'est ce qu'avait déclaré à des journalistes Scott McNeally, PDG de Sun Microsystems le 25 janvier 1999. Il exagérait. Scott affectionne les mots provocateurs retentissants, mais ici son exagération est proche de la réalité. (En fait, si Scott me dit que le ciel est bleu, j'irai quand même vérifier en mettant le nez dehors, mais je m'égare...)

Je suis toujours surpris par le comportement bizarre des utilisateurs concernant la confidentialité. Des gens qui n'imaginent même pas donner leur numéro de téléphone à un inconnu remplissent les profils de services en ligne en donnant leur adresse électronique. Ce sont souvent les mêmes qui refusent de donner leur numéro de carte bancaire pour passer une commande en ligne auprès de marchands en ligne très connus (avec une procédure d'achat sécurisée), mais qui donneront leur numéro de sécurité sociale dans un formulaire Web.

Voici quelques conseils importants à suivre concernant la confidentialité :

- **Utilisez l'ordinateur de votre travail seulement pour votre travail :** pourquoi passer par votre adresse professionnelle pour envoyer des messages personnels ? Inscrivez-vous à une messagerie électronique telle que Gmail (`www.gmail.com`), Yahoo! Mail (`www.mail.yahoo.com`) ou Live/Hotmail/Outlook.com (`www.outlook.com`).
- **Ne donnez pas d'informations personnelles** : pourquoi utiliser votre vrai nom quand vous vous inscrivez à une messagerie électronique gratuite ? Pourquoi donner votre salaire annuel à un sondage en ligne ?

  Toutes sortes de sites Web, dont Microsoft, posent des questions qui tout simplement ne les regardent pas. Ne donnez pas d'informations personnelles là où elles risquent d'être recueillies.
- **Connaissez vos droits** : bien que le cyberespace ne fournisse pas le même niveau de protection des données personnelles que le monde réel (le *meatspace* du cyberpunk), vous avez des droits et des recours. Pour les connaître, consultez le site de la CNIL (Commission nationale de l'informatique et des libertés) à l'adresse `www.cnil.fr/`.

Et tenez-vous prêt !

Faire diminuer le nombre de courriers indésirables

Tout le monde déteste les courriers indésirables (spams), mais personne ne sait vraiment comment les stopper. Personne, pas même Bill Gates.

Windows n'est impliqué que partiellement dans le jeu des spams : il est pour ainsi dire le messager. Mais tous les utilisateurs Windows que je connais reçoivent des messages électroniques. Et tous les utilisateurs de messageries électroniques reçoivent des courriers indésirables, en grand nombre. Pourquoi est-ce si difficile d'identifier des courriers indésirables ? Sachez qu'il existe par exemple 600 426 974 379 824 381 952 façons d'épeler le mot Viagra. Si vous utilisez tous les trucs des spammeurs, du simple remplacement de lettre comme mettre un l à la place du i ou d'insérer des espaces supplémentaires dans le mot, à des astuces plus sophistiquées comme remplacer tous les caractères accentués, vous obtenez plus de 600 milliards de façons différentes d'épeler le mot viagra.

Les scanners de courriers indésirables examinent les messages électroniques en essayant de déterminer s'ils contiennent des éléments potentiellement suspects qui correspondent à certains critères. Ces éléments varient selon le type de filtre de spam que vous utilisez (ou qu'utilise votre fournisseur d'accès à Internet), mais en général le filtre fait correspondre le contenu du message à certains mots ou phrases stockés dans sa base de données. Si vous lisez des messages avec une orthographe improbable qui ont pu passer le filtre du courrier indésirable par exemple, vous comprenez qu'il est très difficile de détecter des milliards de variantes.

Les spams sont un problème insoluble, heureusement quelques règles de base vous permettront de minimiser votre exposition :

- **Ne les encouragez pas !** N'achetez rien qui vient d'un spam (ou d'un courrier électronique que vous n'avez pas spécialement demandé). Ne cliquez pas sur un lien dans un spam qui vous redirige vers un site Web. Supprimez le message. Si vous voyez quelque chose susceptible de vous intéresser, passez par Google ou un autre navigateur Web pour rechercher d'autres entreprises qui vendent le même article.
- **Désinscrivez-vous des listes de diffusion seulement si vous connaissez et faites confiance à la société qui vous envoie des messages**. Si vous êtes inscrit à liste de diffusion de Costco et que vous n'êtes plus intéressé par ses offres, cliquez sur le bouton Se désinscrire en bas de la page. Ne cliquez pas sur ce bouton si vous n'êtes pas inscrit, on essaie simplement de vérifier votre adresse électronique.
- **Ne postez jamais votre adresse électronique sur un site Web ou sur un groupe de discussion.** Les spammeurs ont des robots qui dévorent

les pages Web en parcourant le Web, en recueillant les adresses électroniques et d'autres informations automatiquement. Si vous postez un message dans un groupe de discussion et que vous voulez que l'on vous réponde, utilisez un nom qui sera difficilement récupérable par le robot, comme `woody (at) ask woody (point) com`, par exemple.

- **N'ouvrez jamais une pièce jointe ou ne visualisez jamais une image dans un message électronique.** Les spammeurs utilisent ces deux techniques pour vérifier s'ils ont atteint une vraie adresse électronique. De toute manière, il ne faut jamais ouvrir une pièce jointe sauf si la personne qui vous l'a envoyée vous confirme son envoi et que vous lui faites confiance et ainsi vous épargner l'envoi de pièces jointes infectées.
- **Ne faites jamais confiance à un site Web qui s'ouvre en affichant un « cliquez ici » dans un message électronique.** Attention aux sites Web qui viennent d'autres sites Web. Si vous n'avez pas entré l'adresse dans la barre d'adresse d'Internet Explorer, vous risquez d'être bloqué.

Enfin, la seule solution durable est de changer d'adresse électronique et de la donner uniquement à vos proches et à vos collègues de travail. Certes, cette stratégie ne résout pas le problème, mais elle réduit le nombre de spams de manière significative.

Chapitre 2

Combattre virus et intrusions

Dans ce chapitre :

- Faire une liste de sécurité
- Trouver des infos sur les logiciels malveillants
- Comprendre le fonctionnement de Windows Defender
- Scanner les outils de dissimulation d'activités *via* Windows Defender Offline
- Décoder les codes de sécurité de votre navigateur

Windows 10 intègre directement un package antivirus/anti-espion/anti-logiciel malveillant.

Pas besoin d'acheter un antivirus, un pare-feu ou tout autre produit « anti ». Windows 10 a tout ce dont vous avez besoin. Ils sont déjà installés et prêts à travailler. En plus, ils sont gratuits !

Mais vous devez aussi respecter votre part du contrat en ne faisant rien de discutable, entendez par là rien de « stupide ». Mais comme certains trucs utilisés par les maîtres en intrusions y ont recours, je m'abstiendrai de qualifier de stupide ce que vous pouvez faire.

Ce chapitre commence par une simple liste de ce qu'il faut ou ne pas faire pour protéger votre ordinateur et votre identité. C'est très important. Même si vous ne comptez pas lire ce chapitre dans son intégralité, lisez et aussi respectez chaque règle énoncée dans la liste.

Quelques règles élémentaires de sécurité Windows

Voici les dix règles que vous devez absolument respecter pour protéger la sécurité de votre ordinateur :

- **Tous les jours, vérifiez que Windows Defender est activé.** Si quelque chose cloche, un « X » rouge apparaît sur le drapeau de Centre de maintenance, en bas de la zone de notification du bureau à côté de l'heure. Pour vérifier l'état de Defender, cliquez sur le bouton Démarrer de Windows 10, et tapez directement **def**. Cliquez alors sur la vignette Windows Defender qui apparaît normalement comme premier choix. Si Windows Defender est en cours d'exécution, une encoche verte apparaît, comme illustré à la Figure 2.1.

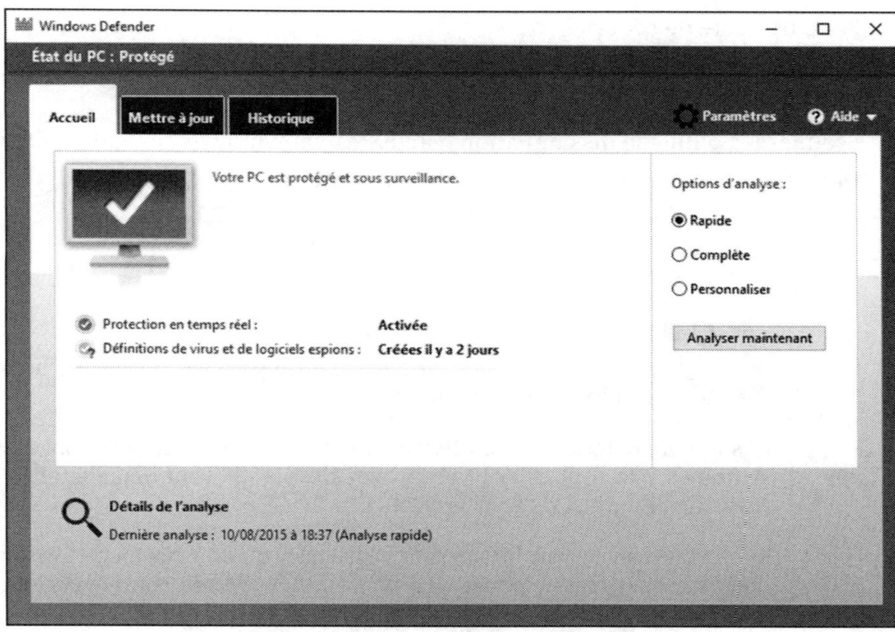

Figure 2.1 : Windows Defender est en cours d'exécution.

Windows Defender est inactif lorsque vous utilisez un autre antivirus ! Pour utiliser Windows Defender, vous devrez soit désinstaller l'antivirus en question, soit en suspendre l'activité.

En fait, Windows devrait vous indiquer si Defender est arrêté soit *via* une notification toast dans le côté droit, soit avec un X rouge sur le drapeau dans le coin inférieur droit du bureau. Mais si vous voulez en être absolument sûr, vérifiez vous-même. Cela ne prend qu'une seconde.

- **Utilisez l'application Microsoft Reader pour lire des fichiers PDF.**

  Il suffit de lancer une recherche sur le Net pour trouver moult sites qui en permettent le téléchargement, ou bien d'aller directement à cette adresse : `https://acrobat.adobe.com/fr/fr/products/pdf-reader.html`. Cette application est gratuite.

- **Lancez Windows Defender Offline tous les mois**. Windows Defender Offline analyse les kits de démarrage. Je vous en dis plus dans ce chapitre.

- **Lancez le programme Malwarebytes tous les mois.** Ce programme vous donne un deuxième avis, en pointant vers d'éventuels programmes critiquables que Windows Defender n'a pas indiqués. Je vous présente Malwarebytes au Chapitre 4 du Livret IX.

- **Supprimez les chaînes de lettre électronique.**

  Je suis sûr que vous allez provoquer la foudre des dieux pour le reste de vos jours, mais s'il vous plaît, rendez un service à l'humanité en ne transférant pas de courriers indésirables.

Si vous recevez un message électronique qui semble vraiment super cool, il s'agira sans aucun doute d'un faux, d'une légende urbaine, d'un attrape-nigaud.

- **Soyez à jour dans les correctifs et mises à jour Windows (notamment pour les autres programmes qui tournent sur votre PC).** Relisez ma diatribe sur les mises à jour automatiques de Windows du Chapitre 3 du Livret VIII. Pour vous aider à être à jour avec les autres programmes, utilisez Secunia Personal Software Inspector dont je parle au Chapitre 4 du Livret IX.

- **Consultez régulièrement vos relevés bancaires**.

  Je vérifie mes dépenses tous les deux jours et je vous conseille de faire de même.

- Si vous n'avez plus besoin d'un programme, débarrassez-vous-en. Passez par l'outil de désinstallation de Windows présenté au Chapitre 1 du Livret VII. Si vous ne voulez pas le supprimer, utilisez Revo Uninstaller.

- **Changez régulièrement de mot de passe**. Eh oui, encore une de ces choses que tout le monde conseille, mais que personne ne fait. Mais que devez-vous vraiment faire ? Relisez mes avertissements du Chapitre 4 du Livret II.

Et maintenant, voici les dix choses les plus importantes que vous ne devez absolument pas faire pour protéger votre ordinateur :

- **Ne faites jamais confiance aux autres ordinateurs, à moins que vous ayez déjà inspecté vous-même ces ordinateurs**. Même dans ce cas, restez sceptique. Considérez chaque PC étranger comme potentiellement infecté. N'insérez jamais une clé USB dans un ordinateur public sauf si vous êtes prêt à la désinfecter dès votre retour à la maison. Imaginez que tout ce que vous tapez sur un ordinateur public est enregistré et envoyé à un petit génie boutonneux qui aspire à être millionnaire.
- **N'installez pas de nouveaux programmes sauf si vous savez exactement ce que vous faites et que vous avez vérifié que c'est bien une copie légale.**

  Même si un scanner en ligne vous signale que vous avez 139 virus installés sur votre machine et moyennant 40 euros, et qu'il s'en débarrassera.

  Si vous installez des applications venant de Windows Store, vous êtes sauvé ! Mais tout programme que vous installez sur le bureau doit être vérifié dix fois et téléchargé depuis une source fiable (comme `http://www.cnetfrance.fr/` , `http://www.01net.com/telecharger/`, `www.clubic.com`). N'oubliez pas de toujours vous demander si vous en avez vraiment besoin.
- **N'utilisez pas le même mot de passe sur plus de trois sites.** D'accord si vous utilisez le même mot de passe, il doit être différent pour votre messagerie électronique et vos comptes bancaires.

  Je l'avoue. Je réutilise les mêmes mots de passe. Tout le monde le fait. LastPass (voir Livret IX, Chapitre 4) facilite la création de mots de passe pour tous les sites Web, mais il m'arrive d'être paresseux !

  Les comptes de messagerie électronique sont différents. Si vous réutilisez le même mot de passe sur tous vos comptes électroniques et qu'on parvient à les récupérer, on pourra les craquer, voler votre argent et ternir votre réputation. Reportez-vous à l'encadré « Ne pas utiliser le mot de passe de son adresse électronique ».
- **N'utilisez pas de Wi-Fi dans un espace public sauf si vous allez sur des sites HTPPS ou surfez sur Internet *via* un réseau virtuel privé.**

  Si vous ne savez pas ce que c'est HTTPS ou n'avez jamais configuré un VPN, ce n'est pas grave. Vous devez simplement bien comprendre que n'importe qui se connectant au même réseau WIFI que vous peut voir tout ce qui entre ou sort de votre ordinateur. Voir le Chapitre 4 du Livret VIII.
- **Ne tombez pas dans les pièges des fraudes du type « j'ai été agressé et j'ai besoin de 500 euros » ou tout autre message qui vous demande**

d'envoyer de l'argent. Il y a beaucoup d'escrocs et si vous entendez parler de « Western Union » ou de « Mandat postal », fuyez !

- **Ne tapez ni ne cliquez sur un lien dans un message électronique ou dans un document. Prenez le temps d'entrer l'adresse dans votre navigateur Web.** On vous a rebattu les oreilles avec ce conseil, mais c'est la réalité !
- **N'ouvrez pas une pièce jointe dans un message électronique tant que vous n'avez pas contacté la personne qui vous l'a envoyée et vérifié qu'elle vous a délibérément envoyé ce fichier**. Même si elle l'a envoyé intentionnellement, vérifiez si son message est sûr et qu'il ne contient rien d'infectieux.

  Et non, UPS n'envoie jamais de notice de non-livraison dans un fichier ZIP, et non Microsoft n'envoie pas de mise à jour dans une pièce jointe et non le loto ne vous envoie pas en pièce jointe la notification que vous avez bien le ticket gagnant.
- **N'oubliez pas de changer de mot de passe**. Eh oui, encore une chose que tout le monde conseille, mais que personne ne fait. Mais vous devez le faire.

Ne pas utiliser le mot de passe de son adresse électronique

Vous avez un compte Gmail. Vous parcourez un site de petites annonces en ligne et vous vous y inscrivez. Vous êtes paresseux, donc vous utilisez le même mot de passe pour les deux sites.

Un jour, un mois, ou un an plus tard, vous passez une petite annonce sur ce site. Vous devez donner votre adresse électronique. Pas de problème.

La semaine suivante, une personne craque le site de petites annonces et vole toutes les informations concernant les 10 000 comptes. À votre insu, les personnes qui ont créé le site de petites annonces ont stocké les mots de passe et les adresses électroniques de telle manière qu'elles peuvent être craquées.

La personne qui a pénétré le système du site poste son butin sur un site de partage de fichiers obscur et quelques minutes après le crac, des dizaines de personnes vont tester toutes les combinaisons possibles de votre adresse Gmail et mot de passe, en essayant de pénétrer sur des sites de banque, de courtage, PayPal et autres.

S'ils parviennent à un site financier qui nécessite seulement une adresse électronique pour récupérer les informations sur un compte, bingo ! Ils se servent de votre adresse Gmail et demandent un nouveau mot de passe. Ils se connectent ensuite à Gmail et attendent les instructions pour réinitialiser un mot de passe. Trente secondes plus tard, ils sont connectés au site financier.

Et cela arrive tous les jours.

- Ne faites confiance à personne, encore moins aux gens qui vous appellent pour soi-disant résoudre un problème informatique. Les escroqueries à la « X de Microsoft, que puis-je faire pour vous ? » sont légion. Restez sur vos gardes et ne laissez personne entrer dans votre ordinateur, sauf si vous savez de qui il s'agit.
- N'oubliez pas que le plus grand trou de sécurité est entre vos deux oreilles. Servez-vous de votre tête et non de vos doigts avant de taper ou cliquer où que ce soit.

Définir les logiciels malveillants

Même si beaucoup de gens sont familiarisés au mot *virus*, les virus sont une partie du problème, un problème connu sous le nom de logiciel malveillant. Un logiciel malveillant est composé des éléments suivants :

- **Virus**. Un virus informatique est un programme qui se reproduit. C'est tout. Les virus se reproduisent généralement en s'attachant à des fichiers (programmes, documents, classeurs) ou en remplaçant les fichiers « authentiques » du système d'exploitation par des faux. Ils font généralement des copies d'eux-mêmes, s'ils sont exécutés.

  Peut-être croyez-vous que les virus détruisent des fichiers ou font planter des programmes ou font de gros dégâts. Certains le font. Mais la plupart ne le font pas. Les virus semblent bizarres, mais ils ne le sont pas. Ils sont en général de ridicules bugs qui ne sont pas si sauvages.
- **Les chevaux de Troie** peuvent ou ne peuvent pas se produire, mais nécessitent que l'utilisateur fasse toujours une manipulation qui les déclenche. De nos jours, les chevaux de Troie prennent la forme de programmes téléchargés depuis Internet ou de pièce jointe dans un message électronique ou encore de programmes qui peuvent s'installer tout seuls depuis Internet ; vous tapez ou cliquez sur une pièce jointe, pensant ouvrir une image ou un document, mais vous avez en fait installé un programme qui va mettre le bazar dans votre ordinateur, souvent en envoyant une quantité indénombrable de messages, tous sous forme de pièces jointes infectées sans que vous ne le sachiez ni le vouliez.
- **Les vers** passent d'un ordinateur à l'autre *via* un réseau. Les pires se reproduisent très vite en faisant des copies d'eux-mêmes sur Internet, tirant parti des failles dans les systèmes d'exploitation (trop souvent celles de Windows).

Certains logiciels malveillants peuvent porter de *mauvaises charges utiles* (payload) qui sèment la destruction sur votre système, mais les pires d'entre eux provoquent plus de dégâts en saturant le réseau (parfois en ralentissant

Internet lui-même) et en transformant vos ordinateurs en zombies, souvent surnommés bots qui peuvent être utilisés à distance (je parle des bots et des réseaux de zombies au Chapitre 1 du Livret IX).

Le type de logiciel malveillant qui a le plus de succès actuellement sont les kits de démarrage, des programmes qui échappent à toute détection en se connectant furtivement à Windows de diverses manières. Certaines entreprises de renom (Sony) ont recouru à la technologie des kits de démarrage pour leur propre profit. Ces kits de démarrage sont extrêmement difficiles à détecter et même à vider. Windows Defender Offline, présenté plus loin dans ce chapitre, est votre meilleure arme pour éradiquer ces bestioles.

Toutes ces définitions sont très académiques et perdent de leur pertinence à mesure que la tendance évolue en logiciel malveillant à menace mixte. Les menaces mixtes comportent des éléments de trois types de logiciels malveillants et plus encore. Le must du must des virus à succès dont on parle dans la presse telle que Rustock, Aleuron et ainsi de suite sont en réalité des logiciels malveillants à menace mixte. Ils sont loin des vieux virus démodés.

Mensonges, encore des mensonges et logiciels malveillants

La criminalité informatique est devenue rentable, avec un peu d'espionnage dans la mesure du possible, mais quand vous lisez les statistiques sur le nombre de nouveaux virus sortis et le coût qu'ils engendrent pour tout monde, prenez ces chiffres avec des pincettes.

Voici ce que vous devez savoir sur l'estimation de ces coûts :

- Il n'y a aucun moyen d'évaluer le « coût » de l'apparition d'un virus. Sachez que les estimations que vous lisez dans la presse ne servent qu'à attirer votre attention. C'est tout.
- Bien que le cyberespionnage industriel se fasse tout le temps, il est très difficile de l'identifier et encore moins de le quantifier. De la même manière que vous ne pouvez pas quantifier le bon vieil espionnage industriel au jour le jour.
- Au lieu de balancer des chiffres sans réelle signification, il faudrait plutôt tenir compte du nombre de personnes et d'entreprises confrontées aux cyberescrocs qui doivent alors nettoyer leur ordinateur. Une centaine de milliers de codes de carte bancaire dérobés ne fera pas perdre beaucoup d'argent, mais provoquera certainement un tas de pagaille pour les victimes.

Même si les principaux éditeurs de logiciels antivirus publient des fichiers antivirus qui identifient des dizaines de millions de signatures, quasi toutes les infections sont le fait d'une poignée de virus. La menace est réelle, mais quelque peu exagérée.

Rechercher des kits de démarrage avec Windows Defender Offline

Windows Defender Offline (WDO) fouille votre disque dur à la recherche de kits de démarrage et les supprime. Il occupe une place centrale dans votre boîte à malice. Il fonctionne sous Windows 10, et est capable d'attraper un grand nombre varié de bestioles qui échappent aux détections *via* les méthodes traditionnelles.

Windows Defender Offline est utile dans deux cas très différents :

- Windows ne démarre pas. Vous passez par le CD WDO ou la clé USB et faites rechercher à WDO un logiciel malveillant.
- Vous pensez avoir un kit de démarrage, ou par simple curiosité, vous lancez WDO pour rechercher dans votre système les différents types de kits de démarrage et les supprimer.

Sachez que WDO *n'est pas* une application Microsoft. Il n'utilise pas la copie de Windows installée sur votre PC. Il est complètement indépendant : quand vous démarrez *via* le CD WDO ou la clé USB WDO, WDO analyse votre système sans interférer avec la copie installée de Windows.

Pour trouver un kit de démarrage, un *détecteur de kit de démarrage* le fait quand Windows n'est pas en cours d'utilisation. Si le détecteur est lancé sur Windows, il ne sera pas capable de voir ce qui se passe dans les coulisses et ne sera pas en mesure de rechercher des kits de démarrage.

Pour utiliser WDO, vérifiez que vous avez un CD ou un DVD vierge ou une clé USB ayant au moins 250 Mo d'espace libre. Suivez ensuite les étapes ci-dessous :

1. **Vous devez connaître le numéro de la version de Windows (32 ou 64 bits) que vous avez installée sur l'ordinateur qui va être analysé.**

   Si vous ne savez pas si votre PC exécute la version de Windows 32 ou 64 bits de Windows 10, procédez comme ceci :

   a. Cliquez sur le bouton Démarrer, puis sur Paramètres.

   b. Dans la fenêtre Paramètres, cliquez sur Système comme à la Figure 2.2.

   c. Dans le volet gauche de la fenêtre Système, cliquez sur Informations système.

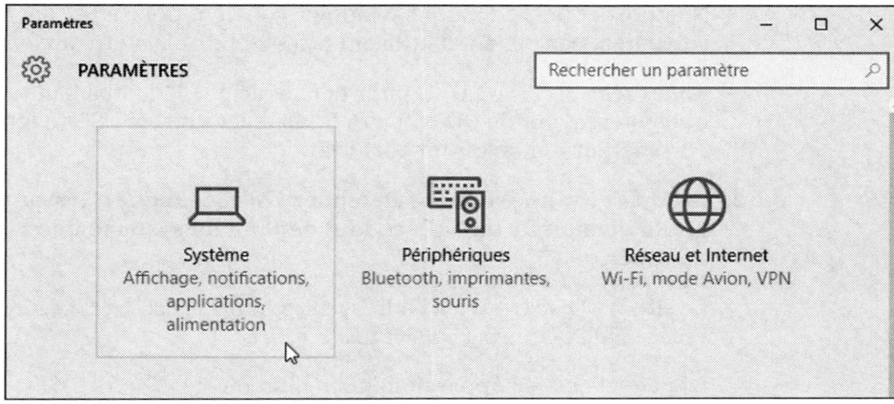

Figure 2.2 : Cliquez sur l'icône Système des Paramètres de Windows 10.

Il suffit alors de consulter les informations de la rubrique Type de système du volet droit. La Figure 2.3 montre que ce PC fonctionne avec une version 64 bits de Windows 10.

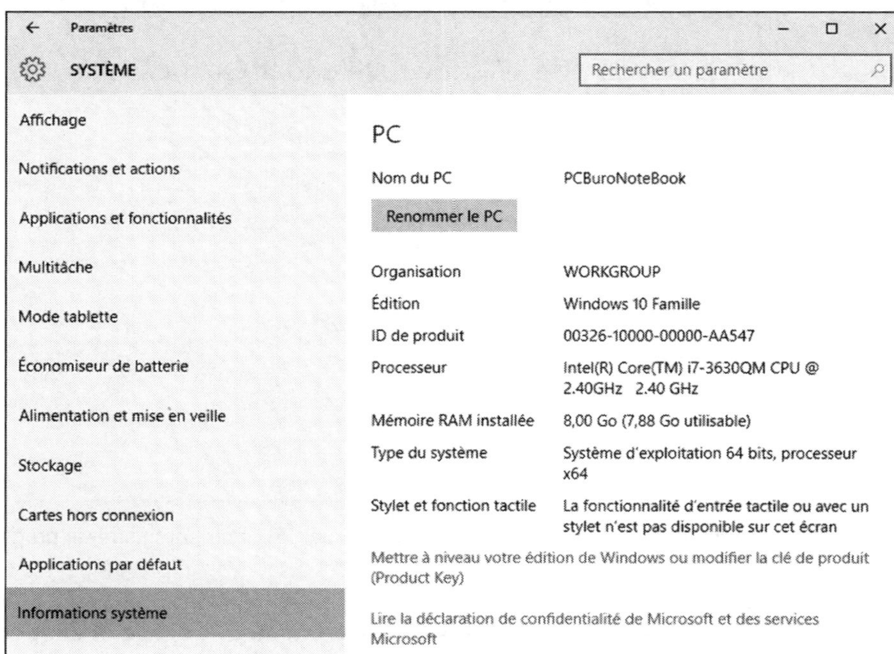

Figure 2.3 : La fenêtre Système indique quelle version de Windows vous avez (32 ou 64 bits).

N'importe quel ordinateur Windows convient pour effectuer les étapes suivantes, pas besoin d'utiliser l'ordinateur qui va être analysé.

Pour créer un CD ou DVD pour démarrer WDO, il vous faut une machine qui a un graveur de CD ou DVD. Pour créer une clé USB redémarrable, l'ordinateur doit avoir un port USB.

2. **Allez sur le site Windows Defender Offline, cliquez dessus et téléchargez la version 32 ou 64 bits, tout dépend du système que vous voulez analyser.**

   Le site WDO se trouve à l'adresse `http://windows.microsoft.com/fr-fr/windows/what-is-windows-defender-offline`.

   La page d'accueil apparaît comme illustrée à la Figure 2.4.

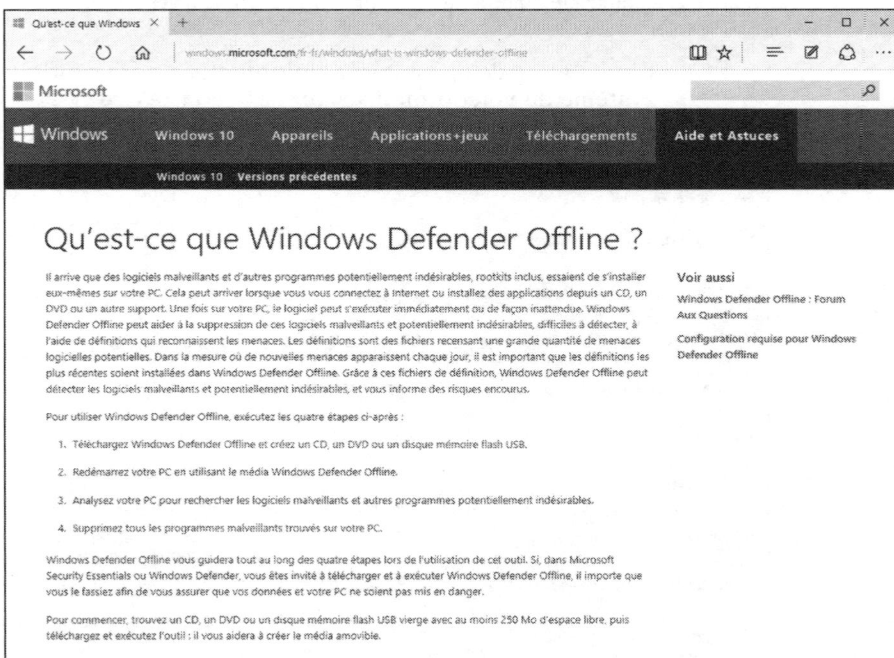

Figure 2.4 : Sacrifier un CD, un DVD ou une clé USB pour enregistrer le programme de démarrage WDO.

3. **Faites défiler, si nécessaire, le contenu de la page et cliquez sur le bouton de téléchargement correspondant à la version 32 ou 64 bits de votre version de Windows.**

4. **Une fois le fichier téléchargé, double-cliquez dessus.**

   Cette action lance la procédure d'utilisation de cette application.

5. **Cliquez sur Suivant, acceptez les paramètres par défaut, choisissez l'option du support : CD, DVD ou lecteur flash USB, tapez ou cliquez ensuite sur Finish.**

   L'option fichier ISO s'adresse essentiellement aux utilisateurs qui vont exécuter WDO sur des machines qui peuvent démarrer depuis un fichier ISO, ce qui généralement revient à désigner une machine virtuelle.

   Si vous créez un lecteur flash USB, prenez garde que l'installateur n'efface pas tout son contenu.

   L'installateur télécharge la dernière version du logiciel et les fichiers signatures (environ 210 Mo pour la version 32 bits et 230 Mo pour la version 64 bits), il crée ensuite le disque de démarrage ou le fichier ISO.

6. **Avec le CD, DVD, ou la clé USB de démarrage correctement inséré, démarrez le PC que vous comptez analyser depuis le périphérique.**

   Si vous n'avez jamais démarré une machine depuis un CD ou une clé USB, et ne savez pas comment faire faire le travail au BIOS, Microsoft donne quelques conseils à l'adresse suivante : `http://windows.microsoft.com/fr-be/windows/windows-defender-offline-faq`.

7. **Choisissez ensuite le lecteur à utiliser.**

   Vérifiez, par exemple, qu'une clé USB est bien insérée dans un des ports de votre ordinateur, et choisissez-la dans le menu local de la boîte de dialogue.

   L'identification se fait par la lettre assignée au lecteur par Windows 10. Si vous avez un doute, ouvrez l'Explorateur de fichiers, et cliquez sur Ce PC dans le volet de navigation. Vous identifierez alors la lettre du lecteur amovible (clé USB) dans le volet de droite.

8. **Une fois le lecteur choisi, cliquez sur Suivant.**

   Windows Defender Offline vous indique alors que le lecteur va être formaté. Vérifiez qu'il ne contient pas de données que vous n'auriez pas sauvegardées par ailleurs.

9. **Cliquez sur Suivant.**

   La création du lecteur flash de démarrage commence, comme le montre la Figure 2.5.

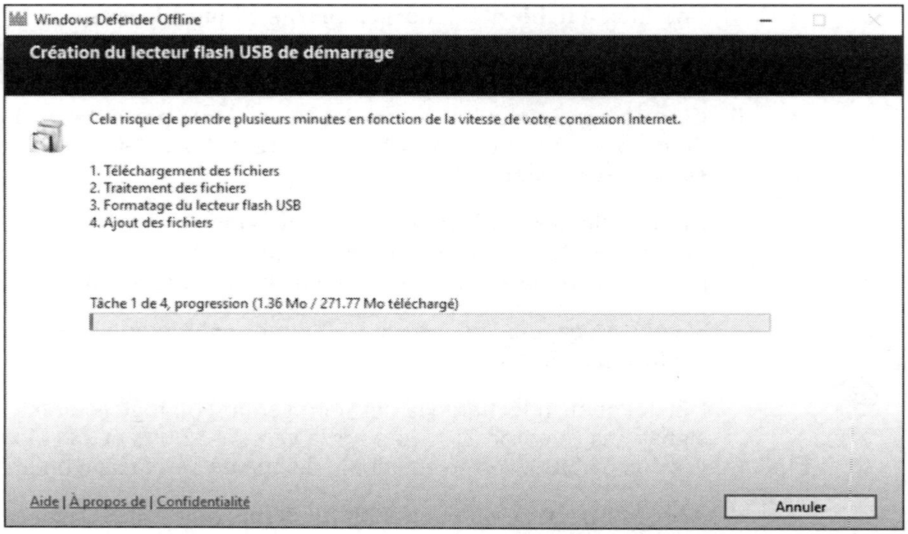

Figure 2.5 : Windows Defender Offline crée le lecteur de démarrage.

Cette procédure est longue, car Windows dit télécharger de nombreux fichiers, les traiter, puis les ajouter sur la clé. Suivez son évolution dans la barre de progression de cet utilitaire.

10. **Une fois la clé de démarrage créée, cliquez sur Terminer.**

    Votre clé USB est alors identifiée sous le nom de WDO_MEDIA32 ou WDO_MEDIA64 selon que vous travaillez sous la version 32 ou 64 bits de Windows 10.

Comment marche Windows Defender ?

Windows Defender dans Windows 10 est un programme anti-logiciel malveillant pleinement fonctionnel, très efficace, rapide qui marche très bien. Vous n'avez aucune raison de dépenser de l'argent pour acheter un autre logiciel. Vous avez sous la main le meilleur programme prêt à l'emploi dans Windows 10.

Windows Defender de Windows 10 est construit sur les bases de Microsoft Security Essentials qui m'émerveillent depuis des années. Il intègre tous les éléments de MSE (donc inutile d'installer Microsoft Security Essentials sur une machine Win10) agrémenté de nouvelles fonctionnalités, dont la capacité de travailler avec le nouveau système de démarrage UEFI pour valider les systèmes d'exploitation sécurisés.

Je vous présente Windows Defender, UEFI et le démarrage sécurisé au Chapitre 3 du Livret IX.

Déchiffrer les énigmatiques avertissements du navigateur

Un dernier truc qui peut vous aider à surmonter un éventuel accident en ligne : chaque navigateur a des formules bien subtiles pour vous signaler un problème. Je ne parle pas ici du gigantesque message d'avertissement « Attention : site d'hameçonnage suspecté ou sites frauduleux ». Ils sont supposés vous taper à l'œil et ça marche.

Je parle en fait de ces charmantes indications que chaque navigateur affiche pour signaler quelque chose d'étrange sur un le site que vous consultez. Généralement, lorsque vous êtes sur une page sécurisée, c'est-à-dire que ce qui est entre votre ordinateur et le site Web est crypté, vous voyez un cadenas. Ce simple petit cadenas a un peu grandi afin que vous puissiez détecter d'un coup d'œil un site sécurisé (ou non).

Internet Explorer 10 communique des informations sur la sécurité du site par un clic sur l'icône du cadenas, comme à la Figure 2.6, d'une autre façon d'éventuels problèmes. Il a aussi une icône de cadenas qui fonctionne de la même manière que celles dans Chrome ou Firefox, comme représentée à la Figure 2.6.

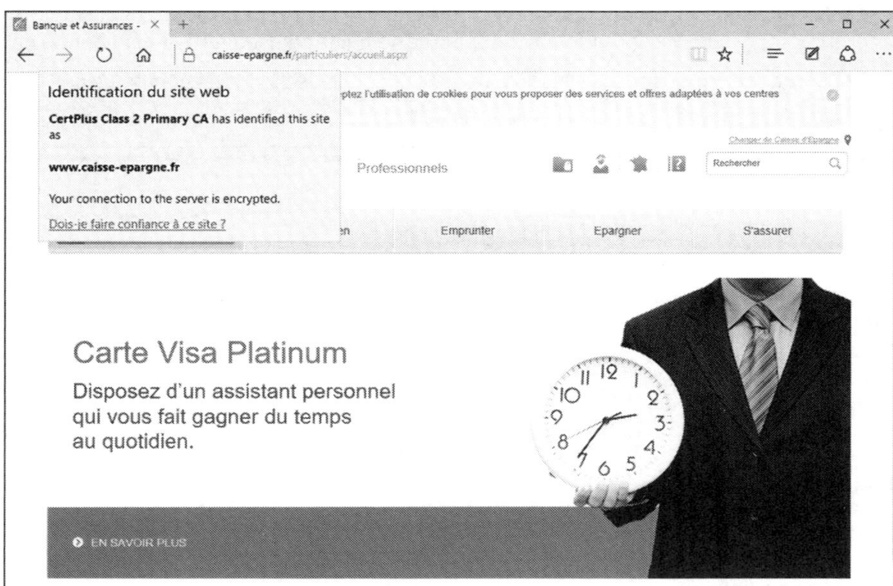

Figure 2.6 : IE affiche des informations sur la sécurité du site. Tapez ou cliquez sur l'icône du cadenas.

Les icônes de cadenas dans la version bureau d'Internet Explorer sont :

- L'absence de cadenas signifie que la connexion n'est pas sécurisée.
- Un cadenas gris correspond à une sécurité standard.
- Un cadenas gris avec un clignotant vert dans la barre d'adresse correspond aux sites à validation étendue (voir l'encadré « Qu'est-ce qu'une validation étendue ? »)

Qu'est-ce qu'une validation étendue ?

Les entreprises paient pour obtenir un certificat sécurisé et doivent l'utiliser correctement sur leur site avant que les principaux navigateurs n'affichent un cadenas.

Malheureusement, depuis quelques années, des problèmes de faux certificats ou certificats volés ou encore d'autres douteux sont apparus. Ce problème est en partie dû à ce que n'importe qui peut obtenir un certificat de sécurité de site Web. Il y a plusieurs années, il n'y avait que deux personnes chargées du certificat de sécurité de microsoft.com. Ils baratinaient un peu pour avoir un certificat.

Depuis avril 2008, un deuxième niveau de certification, certificat à validation étendue, a été mis en place. Pour acheter un certificat VE, une société ou un particulier demandant un certificat doit passer toute une série de démarches comme établir son identité civile, sa localisation physique, et prouver qu'ils sont bien propriétaires du nom de domaine pour lequel ils demandent la certification.

Les certificats VE ne sont pas infaillibles, mais ils sont plus dignes de confiance que les certificats réguliers.

Chapitre 3

Utiliser les programmes de sécurité intégrés

Dans ce chapitre :

- Personnaliser les paramètres de Windows Defender
- Copier avec SmartScreen
- Travailler avec UEFI et le démarrage sécurisé
- Contrôler le Contrôle de compte d'utilisateur
- Comprendre le pare-feu Windows

Windows 10 comprend toute une série de programmes de sécurité dont un très facile à utiliser.

Dans ce chapitre, vous allez découvrir tout ce qu'offrent ces programmes que sont Windows Defender, SmartScreen, UEFI (ne vous fiez pas à son nom), le Contrôle de compte d'utilisateur et le pare-feu Windows. Même si vous ne souhaitez rien changer, sachez au moins à quoi ils servent. Vous aurez une vision de l'ensemble de ces programmes. Avec un peu de chance, vous aurez aussi une meilleure idée de ce qui tourne mal et comment le régler.

Windows Defender

Rapide, pleinement fonctionnel et gratuit, Windows Defender a reçu les louanges des experts et les huées des concurrents.

Si vous avez déjà mis en place un système de sécurité avec une suite logicielle chère vous demandant ou extorquant encore plus d'argent ou que vous vous êtes démené avec une suite logicielle AV (antivirus) gratuite pour installer ici une petite barre d'outils et là un programme amusant de surveillance, et que l'on vous demande de l'argent, vous êtes prêt à changer pour quelque chose venant d'une source inattendue…

Windows Defender prend le relais de ces antivirus et anti-espions et se charge de la détection des bots et de fonctionnalités anti-kits de démarrage. Dans des tests indépendants, Microsoft a obtenu de très bons scores dans la détection et la suppression pour Windows Defender (ainsi que pour son cousin Microsoft Security Essentials).

Windows Defender effectue des analyses régulières et surveille les logiciels malveillants en temps réel. Il examine de près les pièces jointes dans les courriers électroniques, les téléchargements, supprime ou met en quarantaine à votre demande et en général fait tout ce que vous êtes en droit d'attendre d'un produit antivirus/anti-logiciel malveillant/ et/ou anti-kit de démarrage.

N'OUBLIEZ PAS

Windows Defender a cela de merveilleux : il marche bien. Vous n'avez rien à faire, peut-être vérifiez de temps en temps qu'il n'a pas été désactivé par mégarde (ou par malveillance). Pour ce faire, cliquez sur le bouton Démarrer, et tapez directement **def.** Comme sur la Figure 3.1, validez l'entrée Windows Defender en appuyant sur la touche Entrée de votre clavier, ou bien en cliquant sur la vignette de l'application.

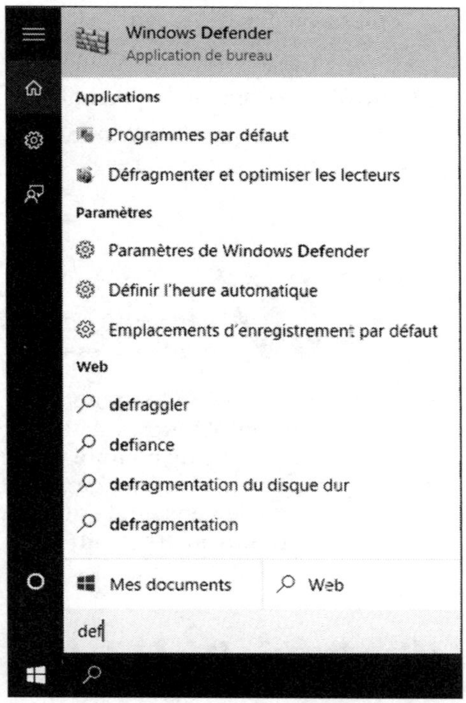

Figure 3.1 : Validez l'entrée de Windows Defender.

Pour utiliser Windows Defender, voici quelques recommandations dont vous devez tenir compte :

N'OUBLIEZ PAS

- C'est une très mauvaise idée d'exécuter deux antivirus en même temps. Windows Defender n'échappe pas à cette règle. Si un deuxième antivirus est en cours d'exécution sur votre machine, Windows Defender ne sera pas opérationnel.

  Si vous n'aimez pas votre antivirus et que vous ne voulez pas continuer de payer, payer, et encore payer les nouvelles options, passez par Supprimer les programmes pour vous en débarrasser. Redémarrez votre machine et réactivez Windows Defender.

- Windows Defender se met à jour tout seul, que vous ayez activé ou non les mises à jour automatiques Windows ou Microsoft.

  Pour obtenir la liste des mises à jour de Windows Defender, allez dans Windows Update et cliquez sur le lien Options avancées. Dans la fenêtre qui apparaît, cliquez sur le lien Afficher votre historique des mises à jour. Consultez les lignes indiquant des mises à jour de Windows Defender, comme à la Figure 3.2. Reportez-vous au Chapitre 3 du Livret VIII pour plus d'informations sur les mises à jour automatiques.

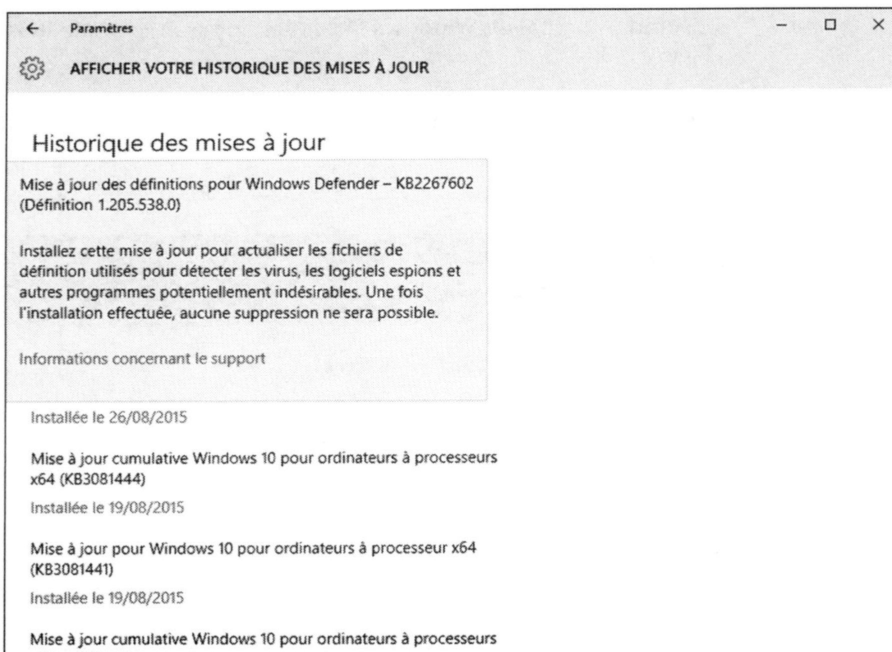

Figure 3.2 : Les mises à jour de Windows Defender.

- Quelle que soit votre décision, sachez que la protection en temps réel grignote la confidentialité. Supposez que Windows Defender (ou tout autre produit antivirus) détecte un fichier de recherche suspect qui ne figure pas dans sa liste. Pour récupérer les toutes dernières informations sur ce fichier suspect, Windows Defender doit contacter la maison mère Microsoft, lui faire parvenir des éléments révélateurs concernant ce fichier suspect et lui demander s'il y a du nouveau. Vous pouvez désactiver l'option protection en temps réel, mais dans ce cas, vous ne saurez pas s'il y a un tout récent virus et les toutes dernières infos sur ce virus. Et certains virus se propagent très vite.

Paramétrer Windows Defender

Contrairement à de nombreux autres antivirus, Windows Defender propose de merveilleuses petites options que vous pouvez ou non activer. Voici comment :

1. **Cliquez sur le bouton Démarrer, et tapez immédiatement** def. **Ensuite, cliquez sur la vignette Windows Defender.**

   L'écran principal de Windows Defender apparaît, comme illustré à la Figure 3.3.

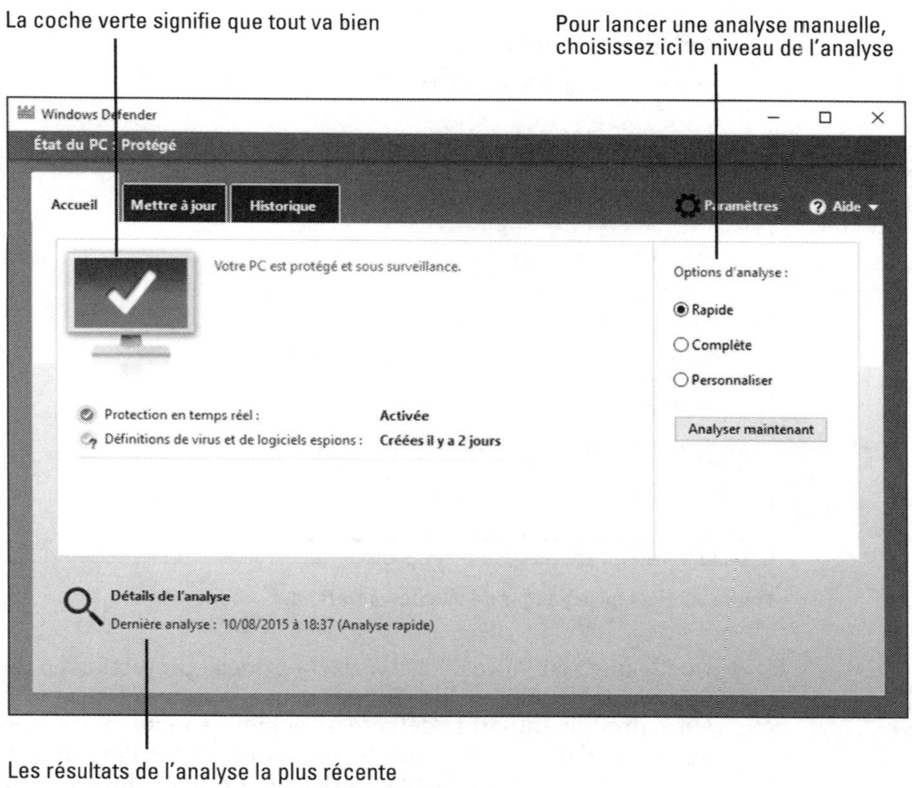

Figure 3.3 : L'écran principal de Windows Defender.

2. **Cliquez sur le bouton Paramètres.**

   Cette action ouvre la fenêtre Mise à jour de sécurité de Windows 10. Vous pourrez ici effectuer de petites modifications dans le comportement de Windows Defender.

3. **Activez-y ou non la protection en temps réel et la protection dans le Cloud.**

   Les modifications prennent immédiatement effet.

Exécuter Windows Defender manuellement

Windows Defender s'exécute automatiquement, mais vous pouvez aussi déclencher une analyse si quelque chose vous inquiète. Voici comment :

1. **Cliquez sur le bouton Démarrer, et tapez directement** def. **Cliquez ensuite sur l'icône Windows Defender.**

   L'écran principal de Windows Defender apparaît (voir la Figure 3.3).

2. **Dans l'onglet Mettre à jour (voir Figure 3.4), cliquez sur Mettre à jour pour télécharger les dernières définitions de logiciels malveillants.**

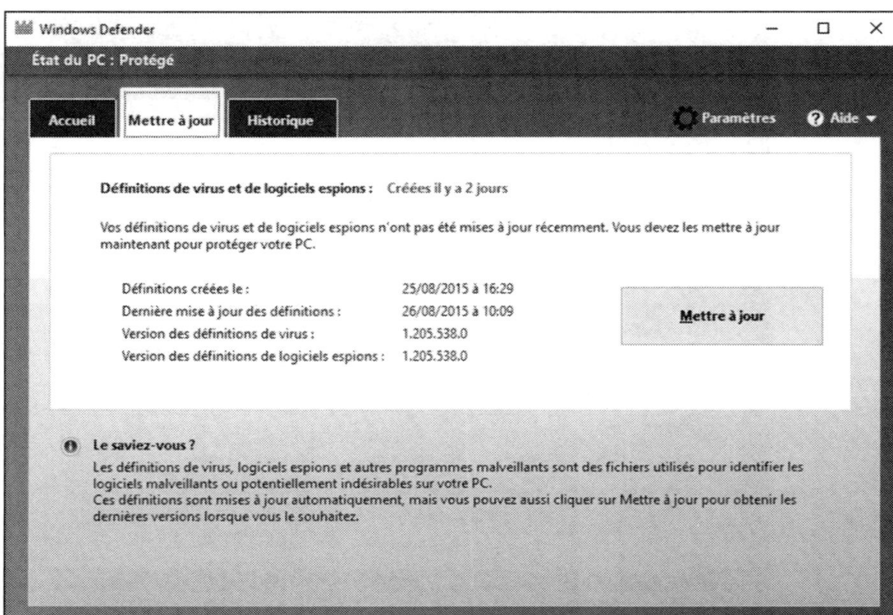

Figure 3.4 : Mettre à jour Windows Defender.

Lorsque vous tapez ou cliquez sur le bouton Mettre à jour, Windows Defender récupère le dernier fichier de signatures du site de Microsoft, mais il n'effectue aucune analyse. Pour ce faire, passez à l'onglet Accueil et lancez l'analyse.

3. **Pour exécuter une analyse manuellement, activez une des options dans la section Options d'analyse de l'onglet Accueil.**

4. **Cliquez sur Analyser maintenant.**

   Voici ce que signifient ces options :

   - **Rapide :** Effectue une recherche dans les emplacements où les virus et autres sortes d'outils malveillants se cachent.
   - **Complète :** Exécute une analyse bit par bit de chaque fichier et dossier de l'ordinateur.
   - **Personnaliser :** Est comme Complète, mais vous permet de choisir les lecteurs et dossiers à analyser.

4. **Pour vérifier ce que Windows Defender a examiné et supprimé, tapez ou cliquez sur l'onglet Historique (voir la Figure 3.5).**

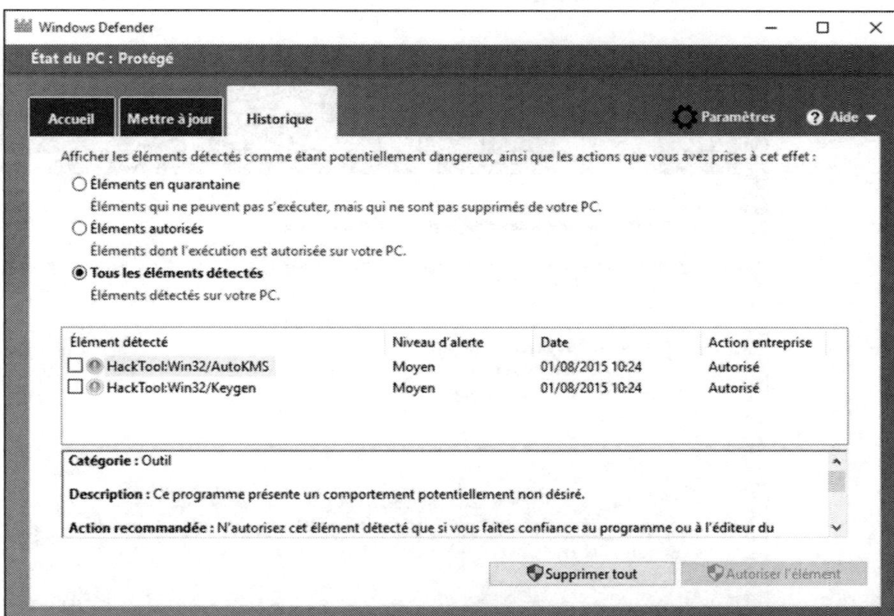

Figure 3.5 : L'historique complet des actions entreprises par Windows Defender est ici.

De temps à autre, Windows Defender signale des fichiers infectés et vous demande de décider de leur sort. Les options semblent assez réduites. Dans la plupart des cas, Windows Defender met en quarantaine les fichiers dangereux, les met dans un emplacement où vous ne les trouverez pas par hasard et se contente de les garder. Vous en serez rarement informé (même si une notification toast peut apparaître dans le coin inférieur droit de l'écran), le fichier aura simplement disparu de l'emplacement où il ne devait pas être.

Si vous venez de télécharger un fichier et qu'il a disparu, cela signifie qu'il est sans doute infecté et que Windows Defender l'a mis à l'abri et vous pourrez le trouver uniquement dans l'onglet Historique de Windows Defender.

Pour des raisons qui vous sont propres, vous souhaitez le restaurer ? Dans ce cas, cochez la case à côté du nom du fichier, puis tapez ou cliquez sur Restaurer l'élément. Mais réfléchissez-y à deux fois avant de choisir cette option.

Évaluer SmartScreen

Avez-vous déjà téléchargé un programme d'Internet, cliqué pour l'installer puis quelques secondes plus tard vous être demandé pourquoi vous l'avez fait ?

Microsoft a publié une technique intéressante qu'il appelle SmartScreen. SmartScreen vous permet de changer d'avis quand vous êtes en train d'installer un logiciel qui a reçu les foudres d'autres utilisateurs de Windows.

Une partie de SmartScreen travaille en collaboration avec Windows Defender. Il m'est arrivé de voir apparaître une notification de Windows Defender concernant un fichier infecté et plus tard le même fichier faire afficher un message d'avertissement.

Si vous tapez ou cliquez sur le lien Plus d'informations, Windows affiche le nom de fichier et l'éditeur (s'il est identifiable) et propose une option pour exécuter le programme. Si vous ne le faites pas, il mettra ce programme au même emplacement où Windows Defender met les programmes en quarantaine, là où vous ne pouvez pas le trouver sans passer par l'onglet Historique de Windows Defender.

Une autre partie de SmartScreen fonctionne complètement autrement, un peu comme cela :

1. Vous téléchargez quelque chose, n'importe quoi, depuis Internet.

La plupart des navigateurs et des programmes de messagerie électronique et autres services en ligne (dont les messageries instantanées) placent une « marque » sur le fichier qui indique sa provenance.

2. Quand vous ouvrez le fichier, Windows vérifie le nom du fichier et l'URL d'origine dans une liste blanche « de confiance ».
3. Si le fichier n'est pas acceptable, une notification apparaît.
4. Plus d'utilisateurs installeront le programme de ce site, plus le programme sera de « confiance ».

   Encore une fois, Microsoft recueille des informations sur votre système, dans ce cas, sur vos téléchargements, mais c'est pour la bonne cause.

Quand vous installez Windows 10, vous pouvez désactiver SmartScreen. Normalement, neutraliser SmartScreen nécessite l'accord de l'administrateur des comptes utilisateurs. Vous pouvez aussi le modifier. Voici comment :

1. **Cliquez sur le bouton Démarrer, et tapez directement** sma **; dans la liste des propositions, cliquez sur Activer ou désactiver le filtre SmartScreen, comme à la Figure 3.6.**
2. **Dans le volet Confidentialité, basculez le commutateur sur Activé ou Désactivé, comme à la Figure 3.7.**
4. **Tapez ou cliquez sur le bouton adéquat, acceptez de demander l'accord de l'administrateur avant d'exécuter une application ou désactivez SmartScreen.**

   Si vous avez désactivé SmartScreen, vous verrez apparaître dans la zone de notification la réaction quasi immédiate du système vous avertissant que SmartScreen a été désactivé.

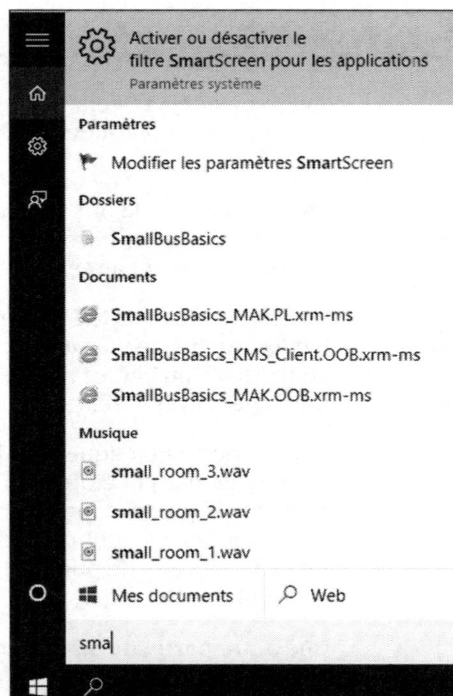

Figure 3.6 : Pour activer ou désactiver SmartScreen.

TRUC

Il est également possible d'activer et de désactiver SmartScreen d'une autre manière :

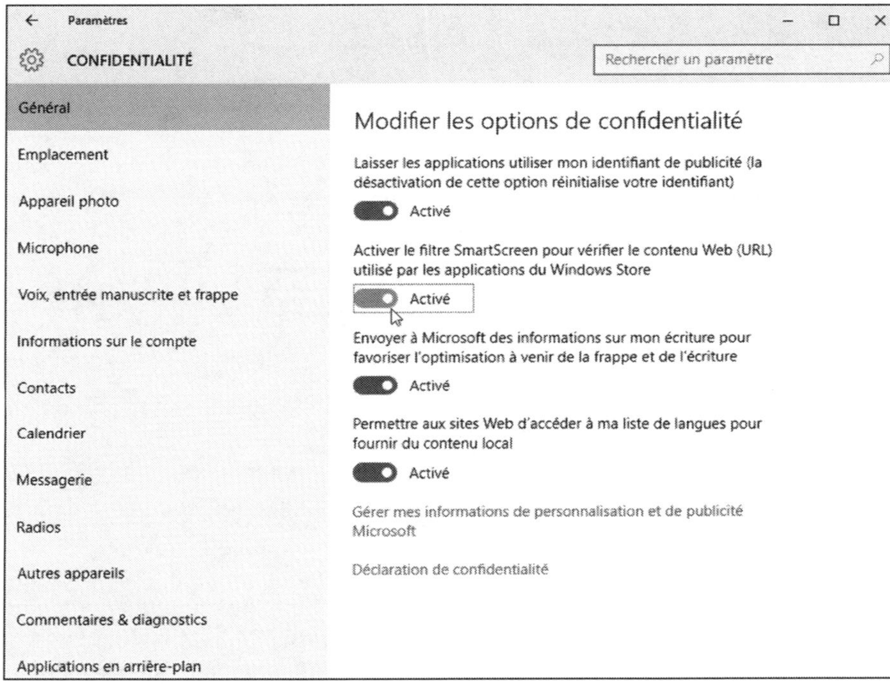

Figure 3.7 : Désactiver SmartScreen n'est pas sans conséquence.

1. **Cliquez sur le bouton Démarrer, et tapez directement** sma **; dans la liste des propositions, cliquez sur Activer ou désactiver le filtre SmartScreen, comme à la Figure 3.6 ci-dessus.**

2. **Cette fois, cliquez sur Modifier les paramètres SmartScreen.**

   Cette action ouvre la boîte de dialogue Sécurité et maintenance, illustrée à la Figure 3.8.

3. **Dans le volet gauche, cliquez sur le lien Modifier les paramètres Windows SmartScreen.**

4. **Dans la boîte de dialogue qui apparaît, Figure 3.9, activez ou désactivez SmartScreen.**

Démarrer en sécurité avec UEFI

Si vous avez déjà du mal avec le BIOS de votre ordinateur, vous savez que le BIOS aurait dû être envoyé au banc de touche depuis une dizaine d'années.

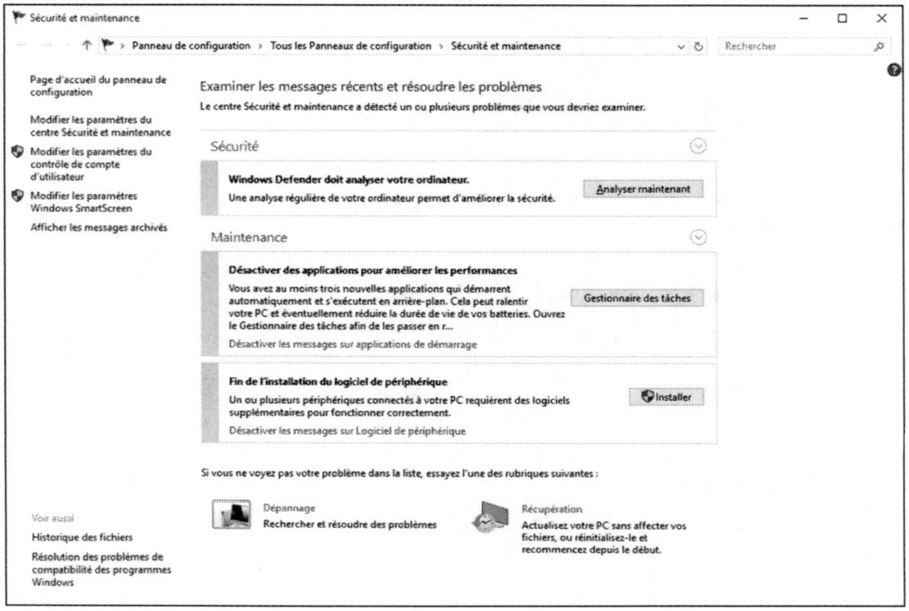

Figure 3.8 : Pour activer/désactiver SmartScreen.

Figure 3.9 : Les options d'activation et de désactivation de SmartScreen.

Windows 8 avait donné un coup de pied dans l'industrie et la génération BIOS en proposant une alternative plus efficace, mais controversée, UEFI (Unified Extensible Firmware Interface). Même si les machines UEFI à l'époque de Windows 7 étaient inutilisables, avec Windows 8 toutes les nouvelles machines avec l'autocollant Windows 8 doivent exécuter UEFI. Cela fait partie des conditions de la licence. C'est le début d'un nouveau monde auquel la version 10 de Windows ne veut pas échapper.

Une brève histoire du BIOS

Pour comprendre le chemin qu'a pris Windows, il faut en connaître l'origine. Et le BIOS qui était à l'intérieur des ordinateurs englobe toute l'histoire de l'ordinateur personnel. Le BIOS est le locataire des ordinateurs personnels depuis 30 ans. Le tout premier PC IBM avait un BIOS et n'était pas si différent du mystérieux locataire que vous dénigrez maintenant.

Le BIOS, *Basic Input/Output System* (en français *système élémentaire d'entrée/sortie*), est un programme qui établit le lien entre le matériel de votre PC et le système d'exploitation pour faire démarrer ce dernier, ici Windows, et finalement sert à céder le contrôle de l'ordinateur au système d'exploitation. Le BIOS s'exécute automatiquement quand le PC est allumé.

D'anciens systèmes d'exploitation, comme DOS, dépendaient du BIOS pour réaliser des fonctions d'entrée/sortie. Des systèmes d'exploitation plus modernes, dont Windows, ont leurs propres pilotes de périphériques qui rendent le contrôle du BIOS obsolète, une fois que le système d'exploitation est en cours d'exécution.

Chaque BIOS a une interface utilisateur qui ressemble à la Figure 3.10. Appuyez sur une touche pendant que le BIOS démarre et à l'aide d'un obscur raccourci clavier, vous prenez le contrôle du matériel de votre PC, sélectionnez des périphériques de démarrage (autrement dit, indiquez au BIOS où est localisé le système d'exploitation), surcadencez le processeur, désactivez ou réorganisez les disques durs, *etc.*

Votre ordinateur actuel peut avoir ou ne pas avoir UEFI, et même s'il l'a, il peut ne pas être capable de l'utiliser. Windows 10 ne s'exécute que sur des systèmes BIOS, ce qui vous protège mieux, notamment des kits de démarrage, si votre PC prend en charge UEFI.

En quoi UEFI est différent/meilleur du/que le BIOS ?

Le BIOS présente toutes sortes de problèmes, notamment sa sensibilité au logiciel malveillant. Des kits de démarrage réussissent à accéder à la première

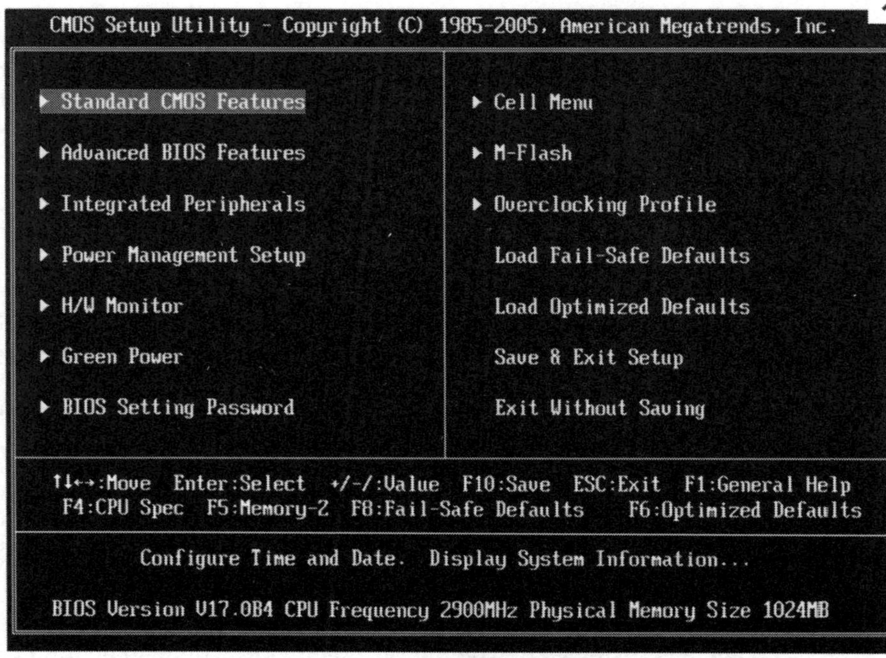

Figure 3.10 : L'utilitaire de configuration du BIOS.

partie du processus de démarrage leur permettant de s'exécuter dans les coulisses de Windows et pour le BIOS, c'est son énorme point faible.

UEFI et le BIOS peuvent coexister : UEFI peut s'exécuter sur le haut du BIOS, accédant à l'emplacement du programme où le système d'exploitation peut faire appel au BIOS, essentiellement en s'emparant de toutes les fonctions du BIOS une fois que UEFI est en marche. UEFI peut aussi s'exécuter sans BIOS, en s'occupant de toutes les fonctions d'exécution. La seule chose qu'UEFI ne peut pas faire est d'effectuer le test d'allumage ou d'exécuter la configuration initiale. Les PC équipés d'UEFI sans BIOS doivent séparer les programmes d'allumage et de configuration qui s'exécutent automatiquement à la mise en marche de l'ordinateur.

Contrairement au BIOS, qui réside à l'intérieur d'une puce sur la carte mère de l'ordinateur, UEFI peut loger sur un disque, comme n'importe quel autre programme ou dans la mémoire non volatile d'une carte mère ou même sur un réseau partagé.

UEFI ressemble énormément à un système d'exploitation qui s'exécute avant le lancement du système d'exploitation final. Il a accès à tout le matériel du PC, y compris la souris et les connexions réseau. Il peut aussi utiliser la carte vidéo et l'écran, comme illustré à la Figure 3.11. Enfin, il a accès à l'Internet. Si vous avez déjà modifié les paramètres du BIOS, vous savez que vous entrez dans une toute nouvelle dimension.

Le BIOS, tout le processus autour du BIOS, y compris l'allumage, met beaucoup de temps. UEFI, au contraire, est assez rapide. Le programme BIOS lui-même est assez facile à désassembler et est dépourvu de protection interne. Lors d'une attaque malveillante, il constitue une cible facile. UEFI peut s'exécuter dans n'importe quelle attaquante malveillante dont s'ingénieront tous les inventeurs.

Le double système d'amorçage dans l'ancien monde nécessitait la transmission d'un encombrant programme texte ; dans le nouveau monde, il est plus simple, plus visuel et est contrôlé par la souris ou le toucher.

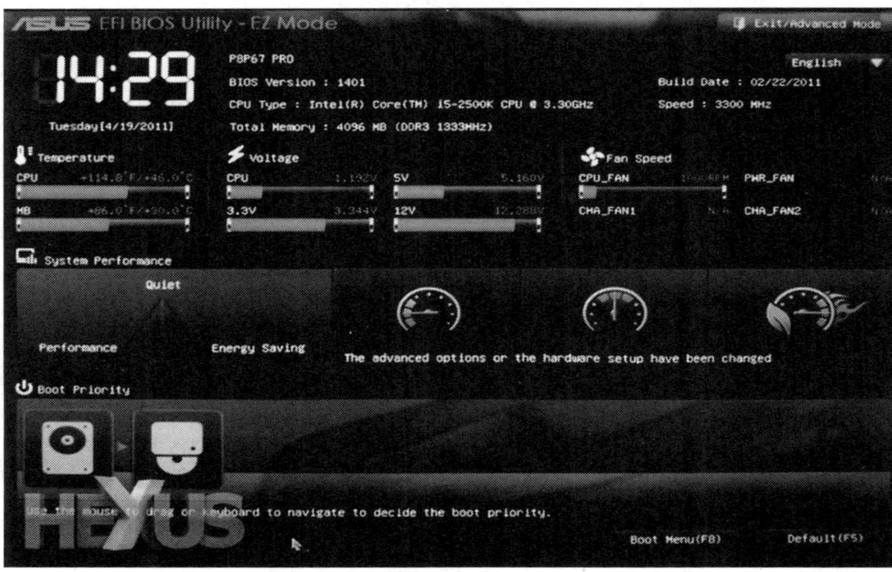

Figure 3.11 : L'interface UEFI sur un PC Asus.

Plus précisément, UEFI peut contrôler les systèmes d'exploitation avant de les charger, ce qui pourrait bien compliquer la vie des auteurs de kit de démarrage, en empêchant par l'exemple l'exécution d'un système d'exploitation à moins d'avoir une signature de sécurité numérique propre. Windows Defender peut travailler avec UEFI pour valider le système d'exploitation avant son chargement. Et c'est là que commence la controverse.

Comment Windows 10 utilise-t-il UEFI ?

L'option démarrage sécurisé UEFI valide des programmes avant d'autoriser leur exécution. Si le démarrage sécurisé est activé, les chargeurs du système d'exploitation ont été « signés » par un certificat numérique. Si vous voulez un système à double démarrage Windows 10 et Linux, Linux doit avoir un certificat numérique, ce que les programmes Linux n'ont jamais requis auparavant.

UEFI valide la clé numérique, puis fait appel à Windows Defender pour vérifier le certificat du chargeur du système d'exploitation. Windows Defender (ou tout autre programme de sécurité) lance une recherche sur Internet pour vérifier si UEFI sait exécuter un système d'exploitation qui a un certificat.

Par conséquent et en substance dans un système à double démarrage, c'est Windows Defender qui décide si un système d'exploitation va être chargé sur la machine où est activé le démarrage sécurisé.

Si votre PC a l'option démarrage sécurisé UEFI et que vous souhaitez démarrer un système d'exploitation qui n'a pas une signature numérique approuvée par Microsoft, vous avez deux options :

- **Désactivez le démarrage sécurisé.**
- **Ajoutez une clé à la routine de validation UEFI, qui notamment autorisera le chargement de ce système d'exploitation sans signature.**

Contrôler le Contrôle de compte d'utilisateur

Le Contrôle de compte d'utilisateur est un peu casse-pieds. Si vous installez un programme qui apporte des modifications au niveau du système, vous verrez la détestable invite de la Figure 3.12.

La boîte de dialogue d'autorisation apparaît au premier plan pour vous inviter à répondre.

La boîte de dialogue du Contrôle de compte d'utilisateur attire votre attention pour une bonne raison : elle vous signale que le programme peut modifier votre système, et pas des modifications du type modifier un document ou ouvrir une image, mais des modifications très importantes comme modifier le Registre ou fouiller les dossiers système.

Si vous accédez aux dossiers système ou si ouvrez l'éditeur du registre et que vous faites quelques modifications avec les clés du Registre, le Contrôle de compte d'utilisateur suppose que vous savez ce que vous faites et vous laisse vous débrouiller tout seul. Mais si un programme essaie de faire la même

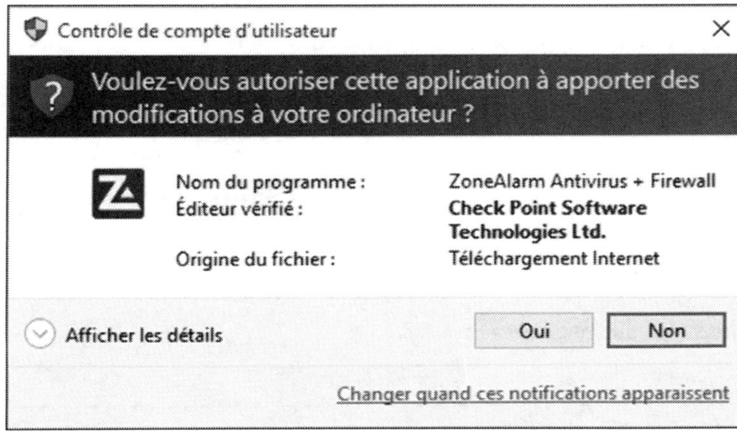

Figure 3.12 : Le Contrôle de compte d'utilisateur empêche les problèmes.

chose, Windows vous en avertit en signalant que le programme peut être potentiellement dangereux.

Vous pouvez personnaliser les paramètres du Contrôle de compte d'utilisateur. Voici comment faire :

1. ***Via* le compte d'administrateur, cliquez sur le bouton Démarrer, tapez** uti **; et cliquez sur Comptes d'utilisateur (Figure 3.13).**

2. **Dans la boîte de dialogue qui apparaît, cliquez sur le lien Modifier les paramètres de contrôle du compte d'utilisateur, comme à la Figure 3.14.**

   La boîte de dialogue Paramètres de Contrôle de compte d'utilisateur apparaît, comme illustrée à la Figure 3.15.

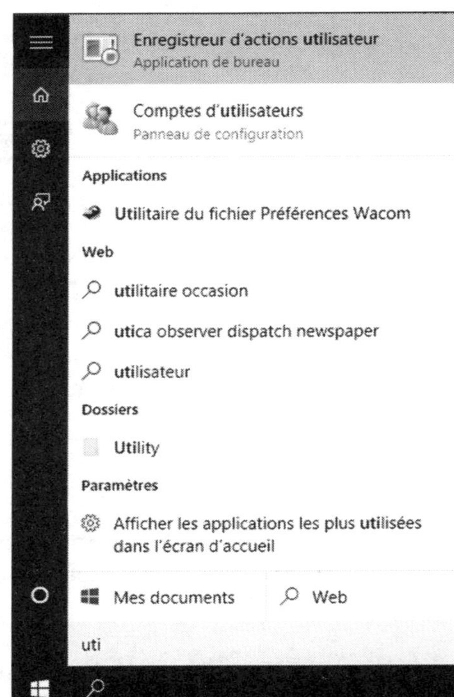

Figure 3.13 : Pour paramétrer le contrôle de compte d'utilisateur.

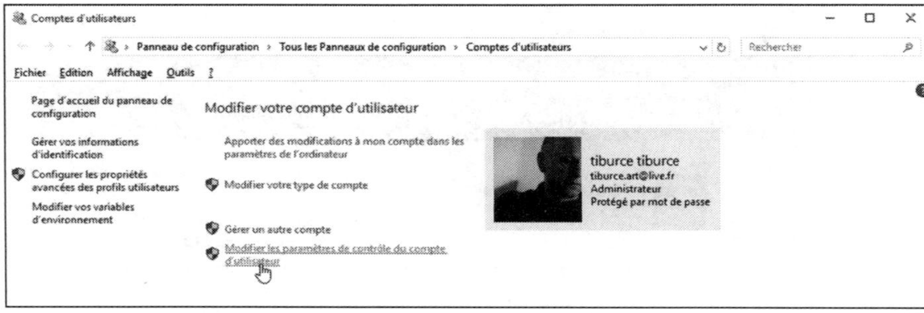

Figure 3.14 : Pour modifier le contrôle.

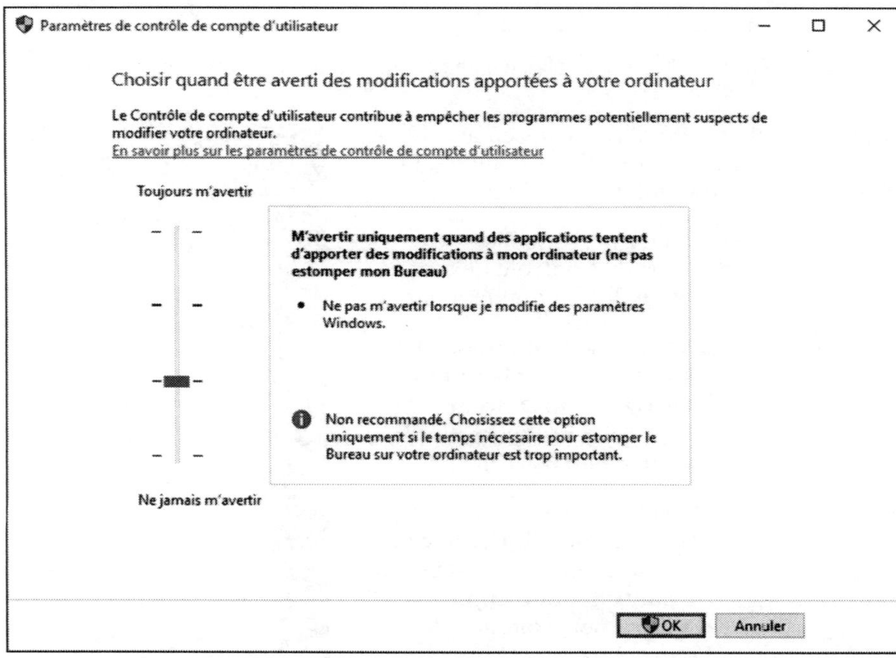

Figure 3.15 : Windows vous permet de définir le niveau d'intrusion du Contrôle de compte d'utilisateur.

Dès que vous changez le niveau de Contrôle de compte d'utilisateur, Windows affiche une invite du Contrôle de compte d'utilisateur. Si vous passez par un compte d'utilisateur standard, vous devez entrer le nom d'utilisateur et le mot de passe de l'administrateur pour valider les modifications. Si vous êtes sur un compte d'administrateur, confirmez les modifications.

Tableau 2.1 : Les niveaux de Contrôle de compte d'utilisateur

Glissière	Signification	Recommandations
Niveau 1	Fait apparaître une notification lors de l'installation d'un logiciel ou des modifications faites dans l'ordinateur qui nécessitent un compte administrateur, comme modifier les paramètres Windows. Ces notifications s'afficheront aussi sur un compte administrateur. L'écran s'assombrit et vous devez répondre à la notification pour utiliser l'ordinateur.	Ce niveau offre un très haut degré de sécurité, mais est aussi très pénible.
Niveau 2	Fait apparaître une notification du Contrôle de compte d'utilisateur lorsqu'un programme apporte des modifications à votre ordinateur, mais la notification n'apparaît pas si vous faites directement les modifications.	C'est le paramètre par défaut et sans doute le meilleur choix.
Niveau 3	Ce niveau est exactement le même que le niveau 2, mais la notification ne bloque ni n'assombrit le bureau.	Peut être source de problème. L'écran ne s'assombrit pas et n'est donc pas boqué.
Niveau 4	Le Contrôle de compte d'utilisateur est désactivé. Les programmes peuvent installer d'autres programmes ou modifier des paramètres Windows. Vous pouvez modifier tout ce que vous voulez sans recevoir d'avertissement du Contrôle de compte d'utilisateur. Notez que ce niveau n'affecte pas les autres paramètres de sécurité. Si vous utilisez un compte standard, vous devrez toujours fournir le nom d'utilisateur et le mot de passe de l'administrateur pour installer un programme qui sera utilisé par tous les utilisateurs.	Ce niveau désactive automatiquement les avertissements du Contrôle de compte d'utilisateur. Non recommandé.

4. Cliquez sur Oui.

Les modifications prennent effet immédiatement.

Cette présentation paraît simple, mais les détails sont plus complexes. Tenez compte de ce qui est dit dans l'Aide Microsoft à propos du Niveau 2, paramètre par défaut, vous serez averti si un programme extérieur à Windows tente d'apporter des modifications aux paramètres Windows. Comment Windows signale quand un programme est « extérieur à Windows » ? Et par conséquent, les actions entreprises par le programme sont dignes des niveaux 2 et 3.

Les règles de niveau du Contrôle de compte d'utilisateur sont interprétées en fonction d'un certificat de sécurité Windows particulier. Les programmes qui ont ce certificat sont considérés comme faisant partie de Windows ; les programmes qui n'ont pas ce certificat sont « extérieurs à Windows » et leur installation déclenche les invites du Contrôle de compte d'utilisateur si l'ordinateur est aux niveaux 1, 2 ou 3.

Taquiner le pare-feu Windows

Un *pare-feu* est un programme qui se loge entre votre ordinateur et Internet, vous protégeant des affreux monstres qui se baladent sur l'autoroute de l'information. Le pare-feu du trafic entrant agit comme un policier de l'autoroute, dans le meilleur des mondes, qui permet aux « bons » d'entrer dans votre ordinateur et empêche les « méchants » d'y pénétrer. Le pare-feu du trafic sortant empêche votre ordinateur d'envoyer de bien vilaines choses sur Internet, notamment si votre ordinateur est infecté par un virus ou s'il présente un autre problème de sécurité.

Windows comprend un pare-feu de trafic entrant très utile. Il a aussi un pare-feu de trafic sortant assez rudimentaire et difficile à configurer qui a tous les avantages d'un chien de garde. À moins que vous ne connaissiez toutes les formules magiques pour l'utiliser, vous n'avez jamais dû le voir. Il est totalement muselé sauf si vous le faites sortir du fin fond de la niche Windows et le dresser à faire quelques trucs.

N'OUBLIEZ PAS

Tout le monde doit avoir un pare-feu de trafic entrant, sans aucun doute. Vous en avez déjà un dans Windows 10 et vous n'avez rien à faire pour l'activer.

Les pare-feu de trafic sortant ont la mauvaise habitude de vous enquiquiner avec des messages d'avertissement bien énigmatiques vous indiquant que d'obscurs processus tentent d'envoyer des données. Il suffit de cliquer dessus pour autoriser le programme à se connecter et vous contrecarrez les propos du pare-feu sortant. Mais si vous prenez le temps de pister tous les avertissements d'événements sortants, vous risquez de passer votre vie à pourchasser des balles perdues de pare-feu.

Quelques-uns de mes amis insistent sur l'utilisation d'un pare-feu sortant. Dans le genre, on peut conseiller ZoneAlarm, un système de sécurité gratuit qui fait office d'antivirus, de pare-feu, et d'anti malware, disponible dans sa version à usage personnel et gratuite à l'adresse suivante : `http://www.zonealarm.com/fr/`.

ASKWOODY.COM

Je pense que les pare-feu sortants sont une perte de temps. 99 % des avertissements de trafic sortant ne sont rien que du bruit. Ces pare-feu ne bloqueront pas le logiciel malveillant le plus ingénieux de toute façon.

Les pare-feu matériels

La plupart des routeurs et des points d'accès sans fil incluent des capacités de pare-feu. Cela constitue une parcelle de leur travail quand ils partagent une connexion Internet avec plusieurs ordinateurs.

Les routeurs et les points d'accès sans fil ajoutent une étape supplémentaire entre l'ordinateur et Internet. Cette couche supplémentaire, nommée **traduction d'adresse réseau**, combinée à l'intelligence intrinsèque du routeur donne une couche supplémentaire de protection qui fonctionne indépendamment, mais aussi en collaboration avec le pare-feu qui s'exécute sur votre PC.

Découvrir les fonctionnalités de base du pare-feu

Toutes les versions de Windows 10 intègrent un pare-feu à états tout à fait capable, mais pas infaillible nommé pare-feu Windows. (Voir l'encadré « Qu'est-ce qu'un pare-feu à états ? »).

Le pare-feu de Windows du trafic entrant est activé par défaut. Sauf si vous avez changé les paramètres, il est activé pour toutes les connexions sur votre PC. Par exemple, si vous avez un câble réseau, une carte réseau sans fil et une carte USB 4G sur un PC spécifique, le pare-feu Windows est activé pour tous les trois. Pour le désactiver, vous devez le faire manuellement ou l'administrateur réseau d'une grande entreprise peut décider de le désactiver à distance ou d'installer des services packs Windows avec le pare-feu désactivé.

Dans des circonstances vraiment exceptionnelles, des logiciels malveillants (virus, chevaux de Troie, *etc.*) peuvent désactiver le pare-feu Windows. Si le pare-feu semble battre de l'aile, Windows vous le fait lourdement savoir en affichant des infobulles à côté de l'heure sur le bureau, des notifications tout à droite dans l'écran d'accueil accompagné d'une musique assourdissante digne de *La chevauchée des Walkyries*.

Si vous utilisez un autre pare-feu, comme ZoneAlarm, le pare-feu Windows sera désactivé. Ce n'est pas grave puisque votre ordinateur reste protégé par ce pare-feu tierce partie.

Modifier les paramètres du pare-feu Windows pour une protection entrante est relativement facile. Dès que vous avez apporté les modifications, elles s'appliquent à toutes les connexions du PC. En revanche, les paramètres du trafic sortant du pare-feu Windows sont très compliqués et très stricts.

Le pare-feu Windows est activé avant que l'ordinateur ne soit connecté au réseau. Dans les temps anciens, de nombreux ordinateurs ont été infectés dans le court laps de temps entre la connexion au réseau et l'activation du pare-feu.

Qu'est-ce qu'un pare-feu à états ?

Au risque d'une extrême simplification, je dirai que le pare-feu à états est le pare-feu du trafic entrant qui se souvient de tout. Il garde la trace des paquets d'informations qui entrent dans l'ordinateur et à quel emplacement ils sont allés. Quand un paquet se présente à l'entrée, le pare-feu fait correspondre l'adresse d'origine du paquet entrant au journal des adresses des paquets sortants pour vérifier que ce paquet est autorisé à entrer à l'emplacement prévu.

Le filtre de paquet à états n'est pas fiable à 100 %. Et à quelques exceptions près, des paquets non prévus peuvent circuler pour des raisons présentées plus loin dans ce chapitre. Mais un pare-feu à états reste un moyen fiable et rapide pour minimiser les éventuelles expositions aux dangers d'Internet.

Parler le jargon du pare-feu

Je dois maintenant vous donner la définition de quelques termes techniques du jargon de pare-feu Windows afin que vous puissiez en prendre le contrôle. Les concepts ne sont pas difficiles, mais ils sont brouillés par une affreuse terminologie qui semble être la création d'un étudiant en première année de publicité. Lisez cette section si vous êtes complètement perdu dans les boîtes de dialogue du pare-feu Windows.

Comme vous devez vous en douter, la quantité des données envoyées d'un ordinateur à un autre peut être petite ou énorme. Les ordinateurs communiquent entre eux en divisant les données en *paquets* (ou petits blocs de données avec un emballage qui identifie leur provenance et leur destination).

Sur Internet, les paquets peuvent être envoyés de deux manières :

- ***Via* le protocole UDP** (User Datagram Protocol) : Il est rapide, mais peu soigneux. L'ordinateur qui envoie les paquets ne garde pas la trace des paquets qu'il a envoyés et l'ordinateur qui reçoit les paquets n'essaie pas d'obtenir de l'expéditeur de renvoyer les paquets qui disparaissent mystérieusement dans les entrailles d'Internet. UDP est le type de *protocole* (méthode de transmission) qui fonctionne bien avec des diffusions en direct, au cours desquelles des pertes de données ne sont pas très graves, mais la rapidité de l'envoi est importante même si les ordinateurs attendent de renvoyer un paquet abandonné.

- ***Via* le protocole TCP** (Transmission Control Protocol) : Il est méthodique et complet. L'ordinateur qui envoie les paquets garde une trace des paquets qu'il a envoyés. Si l'ordinateur qui reçoit les paquets ne reçoit pas un paquet, il le notifie à l'ordinateur expéditeur qui lui renvoie alors le paquet. Quasiment toutes les communications actuelles sur Internet se font *via* TCP.

Tous les ordinateurs sur un réseau ont *une adresse IP*, qui est une série de chiffres entre 0 et 255. Par exemple, 192.168.1.2 est l'adresse IP courante des ordinateurs connectés à un réseau local. L'adresse IP est comme un numéro de téléphone. Reportez-vous au Chapitre 5 du Livret VI pour plus d'informations.

Examiner le pare-feu

Quand vous utilisez un pare-feu, vous modifiez la façon dont les ordinateurs communiquent entre eux sur Internet. Dans cette section, je vous explique ce que fait le pare-feu Windows en coulisse afin que vous puissiez comprendre comment personnaliser ses paramètres. (Voir la section « Faire des exceptions » plus loin dans ce chapitre pour en découvrir les avantages et les inconvénients).

Quand deux ordinateurs communiquent, ils ont besoin non seulement de l'adresse IP, mais aussi d'un point d'entrée spécifique appelé un *port*, sorte d'extension du téléphone, pour se parler l'un à l'autre. Par exemple, la plupart des sites Web répondent aux requêtes envoyées au port 80. Le chiffre 80 de ce port n'a rien de magique, il s'agit simplement du numéro du port que l'on a accepté d'utiliser pour accéder à l'ordinateur d'un site Web.

Le pare-feu Windows fonctionne en gérant tout cela en même temps :

- **Il garde la trace des paquets sortants et autorise les paquets entrants à circuler *via* le pare-feu s'ils correspondent à un paquet sortant.**

  Bref, le pare-feu Windows fonctionne comme un pare-feu à états entrant.

- **Si l'ordinateur est relié à un réseau privé, le pare-feu Windows autorise les paquets à circuler sur les ports 139 et 445, mais seulement s'ils viennent d'un autre ordinateur du réseau local et s'ils utilisent TCP.** Le pare-feu Windows doit ouvrir ces ports au partage de fichiers et d'imprimante. Il ouvre aussi plusieurs ports au Lecteur Windows Media si vous avez choisi de partager des fichiers médias comme dans un groupe résidentiel par exemple (voir Livret VII, Chapitre 5).

- **De la même manière, si l'ordinateur est relié à un réseau privé, le pare-feu Windows ouvre automatiquement les ports 137, 138 et 5355 pour UDP, mais seulement aux paquets qui proviennent du réseau local.**
- **Si vous avez spécifiquement indiqué au pare-feu Windows que vous autorisez des paquets à circuler sur un port spécifique et que vous n'avez pas coché l'option Bloquer toutes les connexions entrantes, le pare-feu Windows respecte votre choix.** Vous pouvez ouvrir un port pour jouer en ligne par exemple.
- **Le pare-feu Windows autorise l'accès à votre ordinateur à des paquets s'ils sont envoyés au programme Assistance à distance à condition que vous ayez créé une requête Assistance à distance sur ce PC et que vous ayez indiqué à Windows d'ouvrir le pare-feu (voir Livret VII, Chapitre 2).** L'Assistance à distance permet à d'autres utilisateurs de prendre le contrôle de votre ordinateur, mais ce programme a ses propres paramètres de sécurité et une protection par mot de passe. Encore une fois, il constitue une faille de sécurité qui s'ouvre quand vous créez une requête.
- **Vous pouvez spécifier au pare-feu Windows d'accepter des paquets qui sont destinés à des programmes spécifiques.** En général, les entreprises qui ont un programme conçu pour écouter le trafic entrant d'Internet (Skype en est un bel exemple, tout comme les programmes de messageries instantanées) l'ajoutent dans la liste des exceptions au moment de son installation.
- **Si un paquet ne correspond à aucun critère cité précédemment, il est ignoré**. Le pare-feu Windows l'avale sans broncher. Et inversement, sauf si vous avez changé quoi que ce soit, tout trafic sortant passe sans obstacle.

Faire des exceptions

Les pare-feu peuvent être très exaspérants. Un programme qui marche depuis la nuit des temps sur toutes sortes d'ordinateurs peut ne pas fonctionner dès que vous l'installez sur une machine Windows 10 avec le pare-feu Windows activé et ce sans aucune raison apparente.

Vous pouvez être en colère contre Microsoft et son pare-feu Windows, mais comprenez bien qu'une partie du problème réside dans la façon dont le pare-feu fonctionne (voir la section précédente « Examiner le pare-feu » pour la description de ce que fait le pare-feu en coulisse). Son rôle est de bloquer des paquets qui essaient d'entrer sauf si vous avez explicitement indiqué au pare-feu que vous autorisez ces paquets.

Mais le plus exaspérant est que le pare-feu de Windows bloque ces paquets en les avalant sans le notifier à l'ordinateur qui les a envoyés. Le pare-feu Windows doit rester « discret », car s'il renvoie un paquet en précisant qu'il ne peut pas l'accepter, des oreilles indiscrètes et malveillantes peuvent apprendre l'existence de cet ordinateur ainsi que découvrir quel pare-feu il utilise. Avec l'association de ces deux informations, elles peuvent vous donner du fil à retordre. Mieux vaut laisser agir le pare-feu Windows.

Certains programmes doivent « écouter » le trafic entrant d'Internet ; ils attendent d'être contactés, puis répondent. En général, vous savez que vous avez ce type de programme, car l'installateur vous signale que vous devez désactiver le pare-feu.

TRUC

Si vous avez un programme qui ne se fraye pas (ou ne peut pas) un chemin à travers le pare-feu Windows, signalez au pare-feu Windows d'autoriser les paquets destinés à un programme spécifique, et seulement à ce programme, de traverser le pare-feu. Vous pouvez le faire pour un jeu qui doit accepter le trafic entrant ou un programme d'extension Outlook qui interagit avec les téléphones portables.

Autoriser une application (méthode 1 – utilisateur avancé)

Pour frayer un chemin vers un programme spécifique dans le pare-feu Windows :

1. **Vérifiez que le programme est bien installé.**
2. **Cliquez sur le bouton Démarrer de Windows 10, et tapez directement** pare **;**

   Comme le montre la Figure 3.16, Windows affiche en haut du volet droit des accès aux paramètres du pare-feu.

3. **Cliquez sur Pare-feu Windows (Panneau de configuration).**

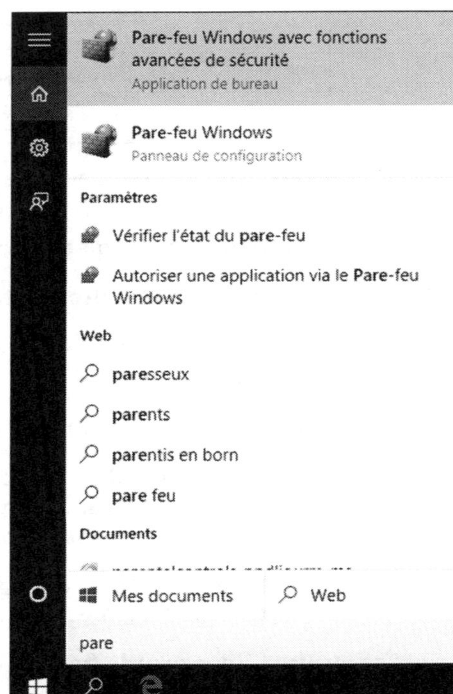

Figure 3.16 : Pour accéder rapidement aux paramètres du pare-feu de Windows.

4. **Dans le volet gauche de la boîte de dialogue qui apparaît, cliquez sur le lien Paramètres avancés.**

   Vous ouvrez les options de la Figure 3.17.

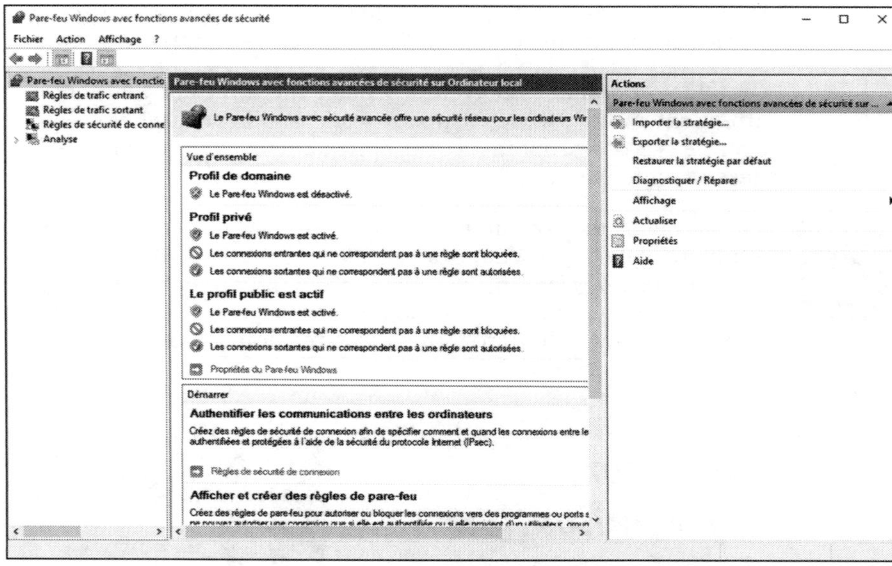

Figure 3.17 : Les options avancées du pare-feu Windows.

5. **Dans le volet gauche, cliquez sur Règles de trafic sortant.**

6. **Dans le volet droit Actions, cliquez sur Nouvelle règle.**

   Vous accédez à l'Assistant Nouvelle règle de trafic sortant, illustré à la Figure 3.18.

7. **Activez l'option Programme, et cliquez sur Suivant.**

8. **Dans la deuxième étape, activez l'option Au programme ayant pour chemin d'accès, et cliquez le bouton Parcourir afin de choisir le programme concerné par cette nouvelle règle.**

9. **Dans la boîte de dialogue Ouvrir, localisez le programme dans le dossier Programmes ou Program Files (X86) du disque C.**

10. **Cliquez sur le fichier du programme portant l'extension** `.exe`**, puis le bouton Ouvrir.**

11. **De retour dans l'assistant, cliquez sur Suivant.**

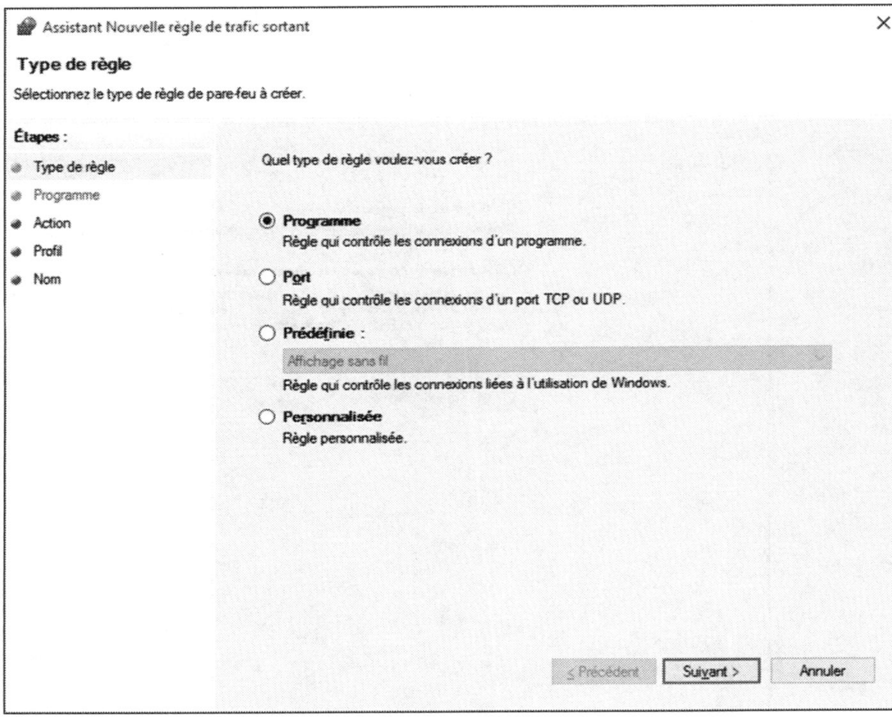

Figure 3.18 : Définissez une règle pour un programme.

12. **Indiquez le comportement du pare-feu vis-à-vis de cette application. Pour que le programme puisse accéder sans souci à Internet, choisissez Autoriser la connexion, comme à la Figure 3.19.**

13. **Cliquez sur Suivant.**

14. **Indiquez dans quel type d'accès à Internet cette connexion est possible.**

    Pour un accès sans limites, laissez les trois options cochées par défaut.

15. **Cliquez sur Suivant.**

16. **Nommez cette règle, et cliquez sur Terminer.**

    Donnez par exemple le nom de l'application.

    La règle apparaît dans le volet central.

17. **Pour modifier cette règle, faites un clic-droit sur son nom. Dans le menu contextuel qui apparaît, choisissez Propriétés.**

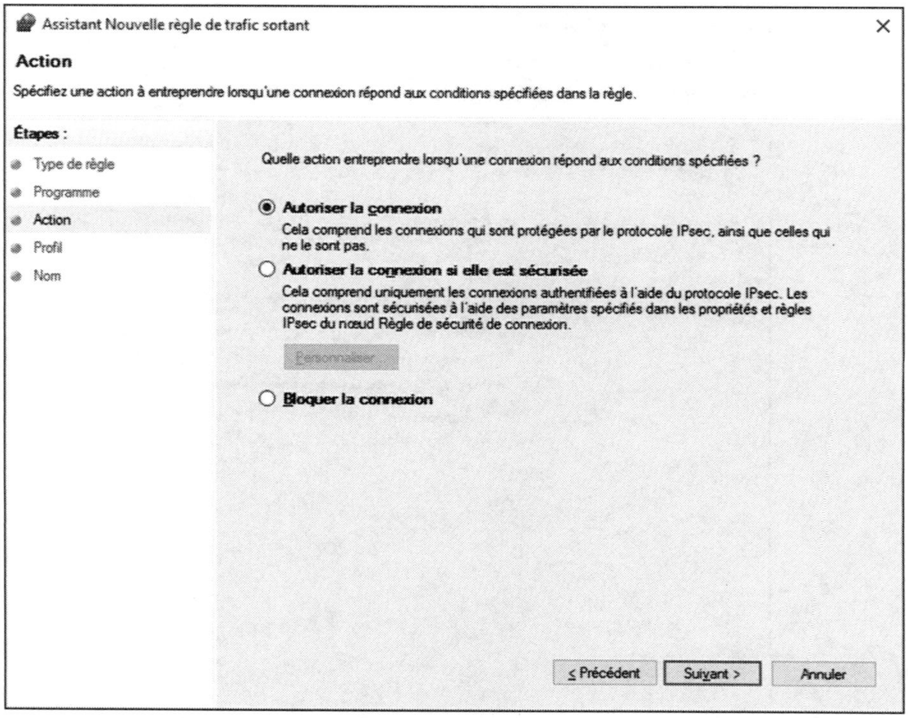

Figure 3.19 : Autoriser un programme à sortir !

18. **Dans la section Action de la boîte de dialogue Propriétés qui apparaît (Figure 3.20), activez une autre option, et cliquez sur OK.**

Autoriser une application (Méthode 2 – utilisateur débutant)

Cette technique est plus simple que la précédente, car elle se limite à quelques options élémentaires. Voici comment la mettre en œuvre :

1. **Dans la boîte de dialogue Pare-feu Windows, cliquez sur le lien Autoriser une application ou une fonctionnalité *via* le Pare-feu Windows.**

2. **Dans la fenêtre qui apparaît, cliquez sur le bouton Autoriser une autre application, comme à la Figure 3.21.**

3. **Dans la boîte de dialogue Ajouter une application, cliquez sur le bouton Parcourir.**

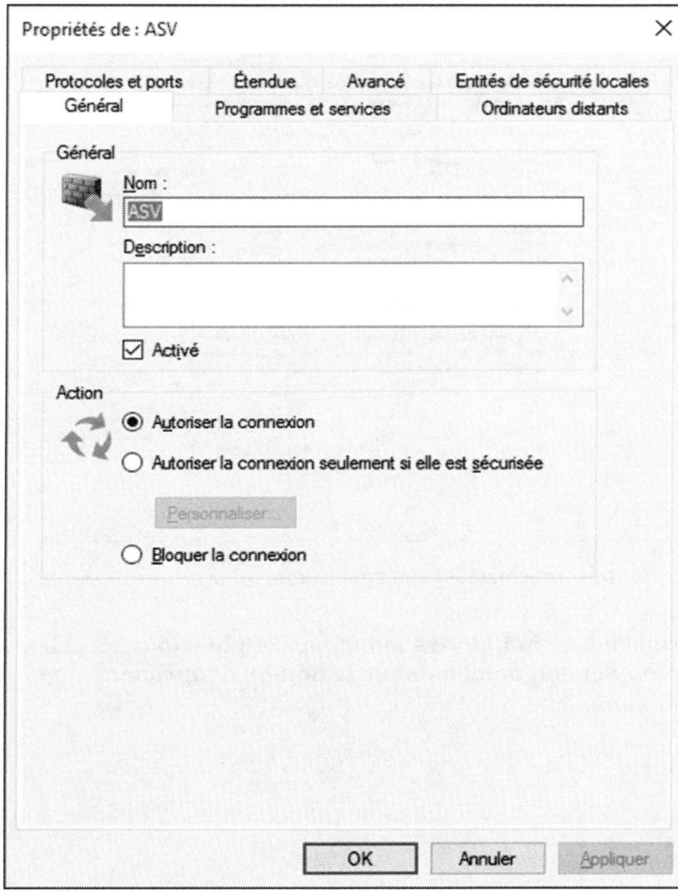

Figure 3.20 : Pour modifier la règle appliquée à un programme.

4. **Dans la boîte de dialogue Parcourir, localisez le programme à autoriser dans le dossier Programmes ou Program Files (X86).**

5. **Cliquez sur son fichier** `.exe` **pour le sélectionner, puis sur le bouton Ouvrir.**

6. **De retour dans la boîte de dialogue Ajouter une application, cliquez sur le bouton OK.**

   Le programme apparaît dans la liste des applications.

7. **Localisez votre application dans la liste et cochez les cases Privé et/ou Public afin d'autoriser la « sortie » du programme, quel que soit le type de réseau auquel accède votre ordinateur.**

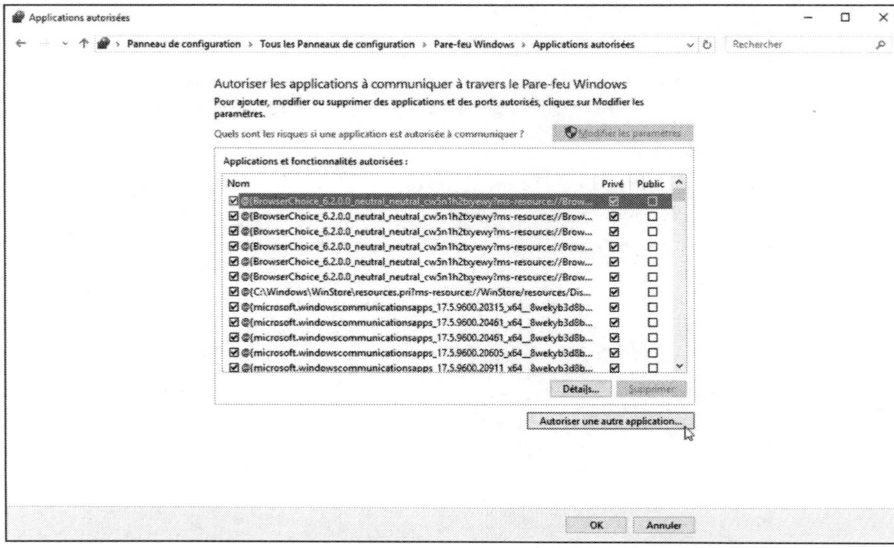

Figure 3.21 : Autoriser rapidement une application.

8. **Si vous ne souhaitez plus autoriser l'application, décochez sa case, ou cliquez sur son nom, puis sur le bouton Supprimer.**

Chapitre 4

Les quatre meilleurs assistants en sécurité

Dans ce chapitre :

- Ne pas se mélanger avec tous ses mots de passe
- Surveiller les mises à jour des programmes
- La toute dernière analyse d'intrusion

Au Chapitre 3 de ce livret, je vous ai présenté les programmes intégrés Windows qui sont disponibles dans toutes les versions de Windows 10. Windows se charge d'un grand nombre de points de sécurité, mais il ne les traite pas tous.

Il peut arriver quelquefois, à vous ou à un ami, de subir une infection que même Windows Defender (et Windows Defender Offline) ne peut traiter. En général, c'est parce que vous (ou plutôt « ils ») avez installé un programme que vous (ils) ne cherchiez pas. Si ce programme est en fait malveillant, un seul remède sera efficace : *Malwarebytes*, une combinaison de logiciels et d'un site Web très compétent qui peut craquer l'infection.

Gérer les mots de passe

On doit vous le répéter inlassablement : créez des mots de passe difficiles à trouver à l'aide d'astuces, de chiffres et trucs mnémotechniques. Mais la plupart des gens (moi compris) ont tendance à réutiliser sur des sites Web sans prétention de petits mots de passe inoffensifs. C'est une grosse erreur. Si une personne craque l'un de ces petits sites Web et vole votre mot de passe, procédure assez courante de nos jours, l'un ou l'autre site où vous utilisez le même mot de passe est immédiatement vulnérable.

Des sites ultra-sécurisés, qui ont été piratés il y a quelques années, en sont des exemples spectaculaires. Un hacker avait volé des noms d'utilisateur et mots de passe sur un petit site sans prétention, or ces mêmes identifiants (noms d'utilisateur et mots de passe) ouvraient la porte à une mine d'informations classées top secret (dont des données politiques sensibles), des courriers électroniques professionnels ou des informations sur des comptes bancaires. Les noms d'utilisateurs et mots de passe ainsi dérobés appartenaient à des professionnels de la sécurité et à des administrateurs de sites sensibles. Dire qu'on pensait qu'ils feraient plus attention !

Utiliser des gestionnaires de mots de passe

Je ne sais pas ce qu'il en est pour vous, mais moi j'utilise plus d'une centaine de noms d'utilisateur et mots de passe assez régulièrement. Je n'ai trouvé aucun truc mnémotechnique pour les retenir tous. Et mon écran est trop petit pour y coller tous les pense-bêtes jaunes qu'il faudrait.

D'où l'intérêt d'avoir un gestionnaire de mots de passe. Un *gestionnaire de mots de passe* conserve tous les mots de passe en ligne. Il peut en générer de manière aléatoire avec un seul clic. Mieux, il mémorise le nom d'utilisateur et mot de passe requis pour ouvrir une page Web précise.

À chaque fois, je vais sur `www.ebay.com`, par exemple, mon gestionnaire de mots de passe remplit les champs nom d'utilisateur et mot de place. Sur Amazon aussi, Facebook, Twitter. Ma banque. Maison de courtage. Je dois juste me souvenir d'un seul mot de passe, celui de mon gestionnaire de mots de passe et pour tout le reste c'est lui qui s'en occupe automatiquement. C'est un vrai gain de temps.

Mais un gestionnaire de mots de passe n'ouvre pas de session Windows, ni ne retient les mots de passe sur des documents ou classeurs protégés. Il ne se charge que des mots de passe en ligne.

Quel est le mieux : en ligne ou sous la main ?

J'utilise les deux types de programmes depuis de nombreuses années. En vérité, je les aime bien tous les deux. Quelle différence y a-t-il entre les deux ? L'un est sur Internet ; l'autre sur une clé USB.

- **LastPass** stocke des mots de passe sur son site Web, il se sert d'une technique cryptée qui garantit que les mots de passe ne seront ni volés ni craqués. J'aborde la méthode de chiffrement dans la section « LastPast », plus loin dans ce chapitre.

- **RoboForm** stocke les mots de passe sur le disque dur ou une clé USB, il fonctionne avec tous les navigateurs et inclut de simples outils de synchronisation de mots de passe entre le disque dur et la clé USB.

Lequel est le meilleur ? Tout dépend de l'utilisation de votre ordinateur.

Si vous utilisez toujours le même ordinateur ou que vous n'oubliez pas de synchroniser la clé USB RoboForm2Go, choisissez RoboForm.

Comme je ne corresponds pas aux deux critères précédents, depuis quelque temps, j'utilise LastPass. Certes, un problème de sécurité se greffe à cette solution parce que les données peuvent être volées sur le serveur de LastPass et non sur une clé USB qui est dans votre poche. Eh oui, il faut une connexion Internet, mais si vous n'avez pas de connexion Internet, vous n'en avez pas besoin.

RoboForm

RoboForm (`www.roboform.com/fr/`) a toutes les fonctionnalités d'un gestionnaire de mots de passe. Il gère les mots de passe, évidemment, reconnaît très bien les sites Web et remplit automatiquement les informations d'ouverture de session. Mais il peut aussi générer des mots de passe aléatoires, remplir des formulaires sur le Web et faire des sauvegardes sur une clé USB ou sur un autre ordinateur de votre réseau.

NOTE TECHNIQUE

RoboForm stocke toutes ses données sur un disque au format crypté AES-256. Si l'on vous vole votre base de données RoboForm, ne vous inquiétez pas. Sans la clé principale, celle que vous seul possédez, toute la base de données est du charabia.

RoboForm se décline en plusieurs versions : Windows, Mac, Linux, iPhone, iPad, Android, téléphone et tablettes, BlackBerry. Vous devez acheter une licence pour chaque ordinateur, appareil ou clé USB.

La version d'évaluation de RoboForm (qui stocke jusqu'à dix mots de passe) est gratuite. La version Pro, avec un stockage illimité et plusieurs fonctionnalités supplémentaires, est à environ 32,95 euros.

ASKWOODY.COM

Une nouvelle offre de RoboForm Everywhere est proposée, mais je ne l'ai pas essayé. Il stocke toutes vos informations sur le serveur de RoboForm afin de le télécharger partout et sur un nombre illimité d'ordinateurs. Le souci est le prix, contrairement aux autres produits que vous payez une fois pour toujours, RoboForm Everywhere coûte 17,95 euros par an, avec une réduction pour la première année à 8,95 euros.

Qu'est-ce que AES-256 ?

C'est la méthode la plus efficace de chiffrement qui est couramment utilisée sur les ordinateurs PC et conforme à la spécification AES (Advanced Encryption Standard) sur 256 bits de l'Institut national des standards et de la technologie américain.

AES est la première technique de chiffrement libre (eh oui, vous pouvez avoir le code), largement diffusée qui a été approuvée par l'Agence nationale de sécurité des États-Unis (NSA, National Security Agency) pour les informations classées top secret. Bien sûr, ce fait qui a incité à supposer que la NSA a craqué l'algorithme pour déchiffrer des données AES-256 ne semble pas avoir de rapport. J'imagine que la théorie du complot permet des blagues de comptoir, mais pas tant que ça.

On a estimé que si vous utilisiez toute la puissance informatique de la surface de la Terre pour craquer un seul fichier chiffré AES-256, il vous faudrait plus de temps que l'âge de l'univers.

LastPass

LastPass (`www.lastpass.com`) stocke tout dans le « Cloud » des serveurs LastPass. Comme RoboForm, il garde la trace de vos identifiants utilisateur, mots de passe et autres paramètres et vous les présente en un seul clic.

Son utilisation est très simple. Téléchargez-le et installez-le. Il apparaît aussitôt avec un astérisque rouge dans le coin supérieur de votre navigateur.

Vous n'avez pas grand-chose à faire. LastPass vous demande votre mot de passe principal quand vous utilisez le navigateur. S'il est désactivé, son icône est grise. Tapez ou cliquez dessus, entrez votre mot de passe, LastPass est activé.

Quand vous allez sur un site Web qui nécessite un nom d'utilisateur et un mot de passe, si LastPass le reconnaît, il remplit les champs à votre place. Dans le cas contraire, vous remplissez les champs vides et en un seul clic LastPass se rappellera les identifiants à la prochaine visite.

Le remplissage des formulaires se fait de la même manière.

TRUC

Vous pouvez garder deux (ou plus) noms d'utilisateur et mots de passe pour un site spécifique. Si vous allez sur le site de votre banque et que vous avez deux comptes différents, LastPass stocke le jeu des deux identifiants pour ce site, il tentera de deviner celui dont vous avez besoin, mais vous laisse toujours la liberté de choisir l'un ou l'autre.

À tout moment, vous pouvez regarder les noms d'utilisateur et mots de passe que LastPass a cachés, tapez ou cliquez sur l'icône rouge de LastPass. Vous ouvrirez ainsi votre coffre-fort, votre base de données ou recherchez les mots de passe récemment utilisés.

La manière dont LastPass gère vos données est assez pertinente. Tous les mots de passe sont cryptés à l'aide d'AES-256. Ils sont cryptés et décryptés sur votre PC. Vous avez le mot de passe principal. Si on vous pique vos données sur les serveurs de LastPass ou si on écoute la communication en ligne, tous ces intrus ne récupéreront que des bits inutiles.

LastPass est gratuit pour une utilisation personnelle. Si vous êtes intéressé par les versions pour iPhone, iPad, Android, Windows Phone ou pour l'exécuter sans installer de plug-in, choisissez l'édition Premium, qui coûte environ 12 euros par an.

Garder les autres programmes à jour

Certes, vous avez Windows Update pour continuer de faire tourner Windows et de lui appliquer des correctifs.

Mais qu'en est-il des autres programmes installés sur votre ordinateur ? 80 % de toutes les nouvelles infections sont dus aux programmes tiers (c'est-à-dire aux logiciels d'autres sociétés que Microsoft). Les mettre et les garder à jour est crucial.

C'est là qu'entre en scène Secunia Personal Software Inspector, Secunia PSI pour les intimes. Secunia PSI Secunia PSI garde des étiquettes sur chaque programme installé sur votre ordinateur (d'accord, certains programmes un peu étranges peuvent lui échapper). Il s'informe des tout derniers correctifs sortis pour chacun de ces programmes et vous avertit dès que vous en avez un de périmé.

Si vous utilisez la mise à jour automatique, ce que je vous conseille, Secunia PSI installera les mises à jour à votre place dès qu'elles sont disponibles.

L'ironie du sort est que je vous ai déconseillé les mises à jour automatiques de Windows, et que je vous les conseille pour les autres programmes. Tout simplement parce que l'immense pagaille des autres programmes ne va pas planter votre ordinateur. Une mauvaise mise à jour Java ou Flash fera planter l'affichage de certains sites Web, mais vous pourrez continuer à travailler avec votre ordinateur tandis qu'une mauvaise mise à jour Windows vous empêchera d'utiliser complètement votre ordinateur. Et cela fait toute la différence.

Voici comment installer Secunia Personal Software Inspector :

1. **Rendez-vous sur un site de téléchargement français comme 01Net ou Comment ça marche, et lancez une recherche sur Secunia Personal Software Inspector.**

2. **Ensuite, dans la page Web, cliquez sur un bouton tel que Télécharger, comme à la Figure 4.1.**

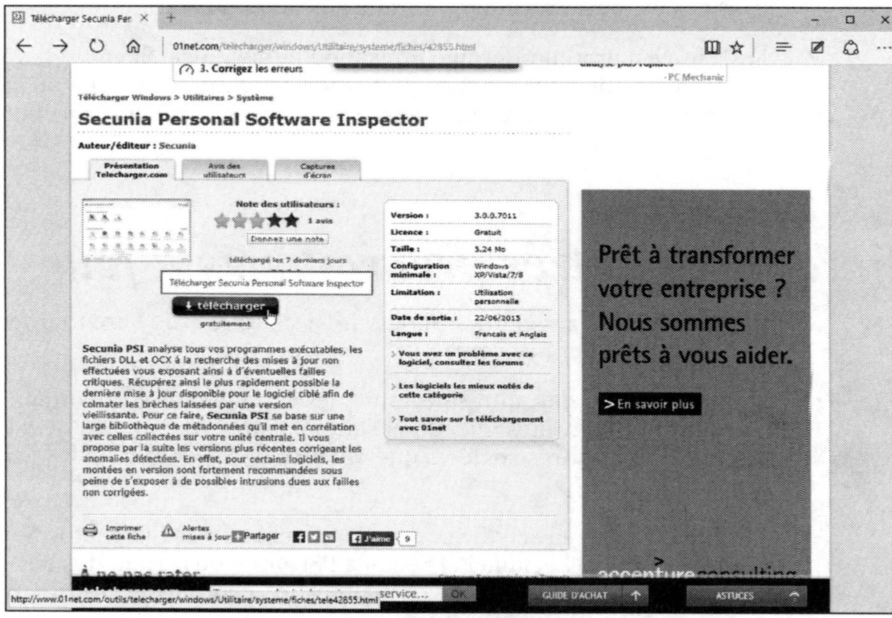

Figure 4.1 : Télécharger cette application sur 01Net.

3. **Une fois le téléchargement terminé, lancez l'exécution de l'installation.**

   L'assistant d'installation apparaît.

4. **Choisissez la langue, en l'occurrence le français, cliquez sur suivant.**

5. **Acceptez les conditions d'utilisation, puis les paramètres par défaut, dont les mises à jour automatiques, et cliquez sur Suivant.**

6. **Une fois l'installation terminée, cliquez sur Fermer.**

7. **Dans le message demandant de lancer le programme, cliquez sur Oui.**

   Son interface apparaît, comme à la Figure 4.2.

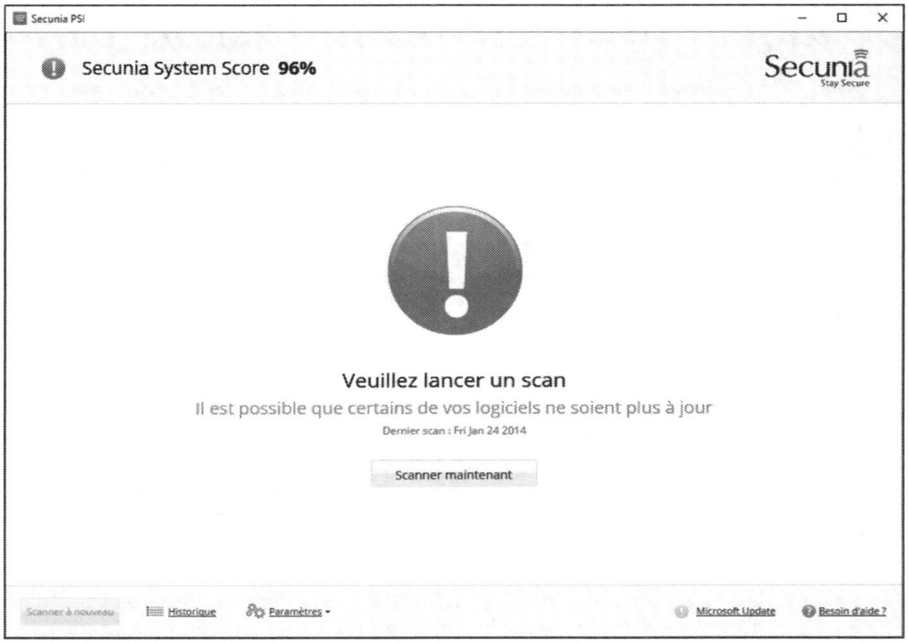

Figure 4.2 : Interface de Secunia PSI.

8. **Si PSI vous propose de lancer un scan, acceptez.**

9. **Si l'un des programmes dans la partie supérieure attire votre attention, par exemple si vous devez sélectionner la langue d'un programme particulier, tapez ou cliquez sur le programme et suivez les instructions.**

   Secunia PSI mettra quelques minutes, peut-être quelques heures, mais c'est fait, toutes vos applications sont à jour.

PSI propose deux options intéressantes sous la roue Paramètres :

- **Lancer au démarrage** : Vous pouvez décocher cette option, car elle occupe un certain temps votre machine.
- **Gestion des mises à jour** : Mettre à jour est coché par défaut. Laissez tel quel.

Se défendre contre les intrusions coriaces

Windows Defender est bien. Mais quelquefois, un second avis peut être utile. D'autre fois encore, l'infection est si virulente que rien ne peut la soigner.

C'est à ce moment-là que vous consulterez Malwarebytes (`www.malwarebytes.org`).

Malwarebytes est votre ultime secours. Si le système tourne normalement, vous n'avez aucune raison de l'utiliser. Mais s'il ne tourne pas rond, essayez une analyse complète dans Windows Defender (voir Livret IX, Chapitre 3) ou Windows Defender Offline ou d'actualiser le système (voir Livret VIII, Chapitre 2). Si vous les avez tous essayés et que votre satanée machine s'entête à ne pas marcher normalement, vous avez un gros problème.

Malwarebytes a été longtemps mon logiciel (et site) préféré après des infections intraitables : virus, chevaux de Troie, logiciels espions, intrusions, détournement de trafic, bref tout ce qui est malveillant, Malwarebytes peut vous en débarrasser.

Quand vous en êtes arrivé au point de vous arracher les cheveux, après avoir lancé Windows Defender, *Actualisé* le système et que vous n'êtes toujours pas débarrassé de la bestiole qui a infiltré votre système, voici ce que vous devez faire :

1. **Allez sur le forum de Malwarebytes voir si un internaute n'a pas le même problème et dans ce cas connectez-vous pour discuter avec lui en anglais.**

2. **Si rien ne marche, allez sur le site Malwarebytes Anti-Malware Free (**`https://www.malwarebytes.org/antimalware/`**), installez la version gratuite du logiciel.**

   Pendant la phase d'installation, Malwarebytes désactive des parties de Windows Defender. Pas de souci ! N'oubliez pas que vous ne pouvez pas de toute façon exécuter deux logiciels antivirus en même temps.

3. **Exécutez Malwarebytes, s'il ne se débarrasse pas de votre problème, postez les résultats sur le forum à** `http://forums.malwarebytes.org/index.php?showtopic=9573`**, suivez les instructions.**

4. **Si Malwarebytes trouve la solution, achetez sa version Pro !**

   Même si vous l'utiliserez rarement ! Ce n'est qu'environ 25 euros.

Exécutez toujours Malwarebytes manuellement. Ne le laissez pas en cours d'exécution tout le temps, car il finira inévitablement par entrer en conflit avec Windows Defender. Quand il a terminé son analyse manuelle, Windows Defender reprend la place qui lui est due.

Livret X

Plus loin avec Windows 10

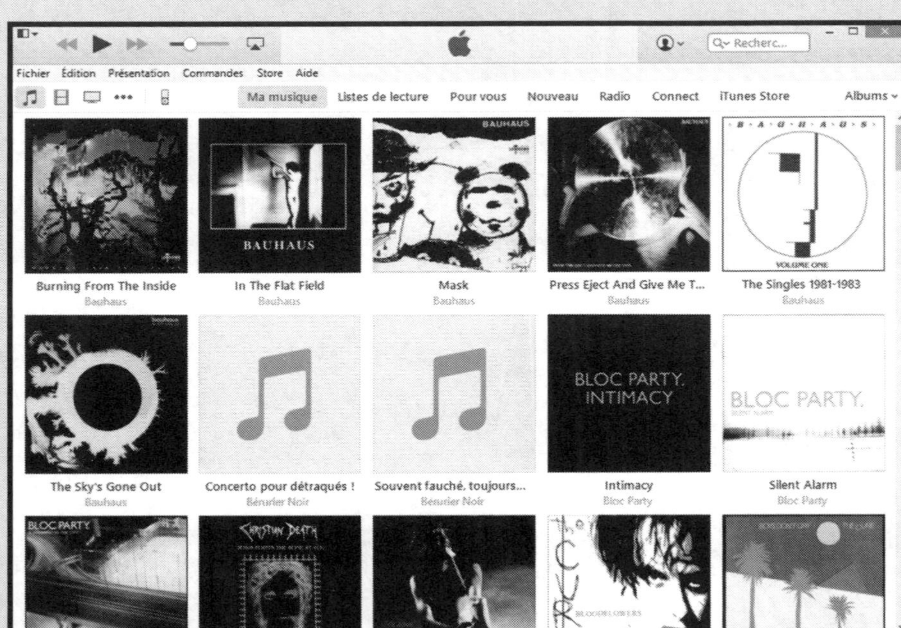

Chapitre 1

iTunes et smartphones sous Windows 10

Dans ce chapitre :

- Télécharger et exécuter iTunes sous Windows 10
- Échanger des fichiers entre un PC et un smartphone

Windows 10 permet de faire fonctionner iTunes, un programme permettant de synchroniser vos fichiers musicaux (et autres médias) avec un périphérique Apple comme un iPod, un iPad, ou un iPhone. Ce chapitre explique comment télécharger, installer, et utiliser (sommairement) iTunes sous Windows 10.

Nous verrons également comment échanger des fichiers entre un PC et un smartphone fonctionnant sous Android.

Utiliser iTunes sur Windows 10

iTunes est un programme Apple conçu initialement pour synchroniser un ordinateur Windows ou Mac avec un iPod puis d'autres appareils mobiles. Les iAppareils d'Apple servaient de simples boîtiers sans passer par iTunes pour synchroniser et organiser les contacts, les playlists, *etc.* avec un ordinateur.

TRUC

Vous n'avez plus vraiment besoin d'iTunes pour votre iPhone ou votre iPad. Apple en fait des appareils autonomes qui se connectent directement à l'iCloud.

De la musique sur iTunes Match

Si vous êtes prêt à débourser 24,99 euros par an et que vous avez beaucoup de temps, iTunes Match vous permet de charger toute votre musique, quelle que soit sa provenance. Vous pourrez l'écouter sur tous vos iPhone, iPad, même sur vos ordinateurs *via* iTunes pour Windows (et bien sûr sur les Mac).

Vous avez donc une bonne raison d'installer iTunes sur votre ordinateur Windows. Mais vous avez une meilleure raison de brancher directement votre iPad à l'iCloud afin de pouvoir récupérer toute votre musique à tout moment.

Apple ne copie pas à proprement parler la musique. Il utilise un logiciel sophistiqué qui identifie la musique stockée sur votre PC avec les fichiers d'enregistrements dont Apple dispose, un catalogue de plusieurs millions de morceaux d'excellente qualité. Si Apple n'a pas un enregistrement dans son stock, l'enregistrement d'un concert de Juice Newton par exemple, il stocke la piste non identifiée sur le serveur d'Apple et la met directement à votre disposition. Ces pistes non identifiées sont gratuitement stockées jusqu'à 5 Go sur l'espace de stockage de l'iCloud. Si vous stockez trop de vieilles chansons, vous finirez par payer un supplément d'espace de stockage. Mais si tous vos morceaux ont une correspondance dans le catalogue d'Apple, ils ne seront pas comptabilisés dans l'espace de stockage de 5 Go gratuits.

Une fois que vous avez souscrit à ce service, iTunes va analyser votre discothèque. Vous pouvez télécharger jusqu'à 25 000 pistes dans des fichiers MP3 de qualité AAC 256 kbit/s. Quand vous les avez téléchargées, vous pouvez soit remplacer vos pistes par les nouvelles, soit garder les anciennes. Si vous vous désabonnez à ce service, la musique stockée sur votre ordinateur vous appartient, mais vous ne pourrez plus la télécharger de l'iCloud. Et donc vous n'y aurez plus accès depuis votre iPhone, iPad ou iTunes.

iTunes Match est une super aubaine sur Internet et une bonne raison d'installer iTunes.

Pourquoi installer la version iTunes pour Windows ?

Tant que vos fichiers de musique, de vidéos et de livres iPad/iPhone sont (et peuvent être récupérés) sur iTunes Store, mieux vaut passer par l'iCloud (iCloud est le service d'Apple qui stocke et synchronise vos données iPad et iPhone sur Internet). N'installez pas l'application iTunes de Windows ! Suivez les instructions pour configurer l'iCloud (`www.apple.com/fr/itunes/itunes-match/`).

TRUC

Transférer les données de l'iPad/iPhone à l'iCloud est très simple. Dans l'application Réglages de l'iPad/iPhone, à gauche tapez sur iCloud. Assurez-vous d'avoir bien créé un compte, puis dans le bas du côté droit, tapez sur Stockage et sauvegarde. Glissez le bouton du paramètre Sauvegarde iCloud pour l'activer. Patientez environ deux heures. Pour ma première sauvegarde, j'ai attendu deux heures. Le souci est qu'au-delà de 5 Go de données, iCloud nécessite un abonnement.

Si vous avez de la musique, des vidéos, des livres sur votre ordinateur qui ne sont pas stockés sur l'iCloud ou si vous voulez mettre des fichiers iCloud sur votre PC (notamment de la musique), l'application iTunes vous sera utile, et ce pour deux raisons :

- iTunes est le seul moyen de télécharger des fichiers non iTunes de votre PC sur votre iPad. Par exemple, si vous avez des livres, films, émissions de télévision qui viennent d'une autre source qu'iTunes Store, passer par l'application iTunes pour Windows facilitera le transfert des données sur un iPad.
- Si vous avez souscrit à l'abonnement payant d'iTunes Match, passer par iTunes est le moyen de transférer la musique de l'iCloud sur votre PC. Si vous avez une grande discothèque, lisez l'encadré « De la musique sur iTunes Match ».

Télécharger et Installer iTunes

Voici comment télécharger et installer iTunes sur votre PC :

1. **Ouvrez votre navigateur préféré à l'adresse** `www.apple.com/fr/itunes/download`**.**

   Apple affiche la page de téléchargement d'iTunes, comme illustrée à la Figure 1.1.

2. **Cliquez sur le bouton Télécharger.**

   Attendez que le fichier se télécharge sur votre disque dur. Cela peut prendre pas mal de temps si votre connexion à Internet ne présente pas un débit très élevé.

3. **En fonction de votre navigateur, cliquez sur le bouton Exécuter, ou bien ouvrez le dossier de téléchargement et double-cliquez sur l'application d'installation iTunes.**

   iTunes commence par vérifier que votre PC dispose de suffisamment d'espace libre pour s'installer.

4. **Dans la fenêtre d'installation qui apparaît, cliquez sur Suivant.**

   Les options d'installation s'affichent à l'écran, comme à la Figure 1.2.

5. **Décochez Faire d'iTunes le lecteur par défaut des fichiers audio.**

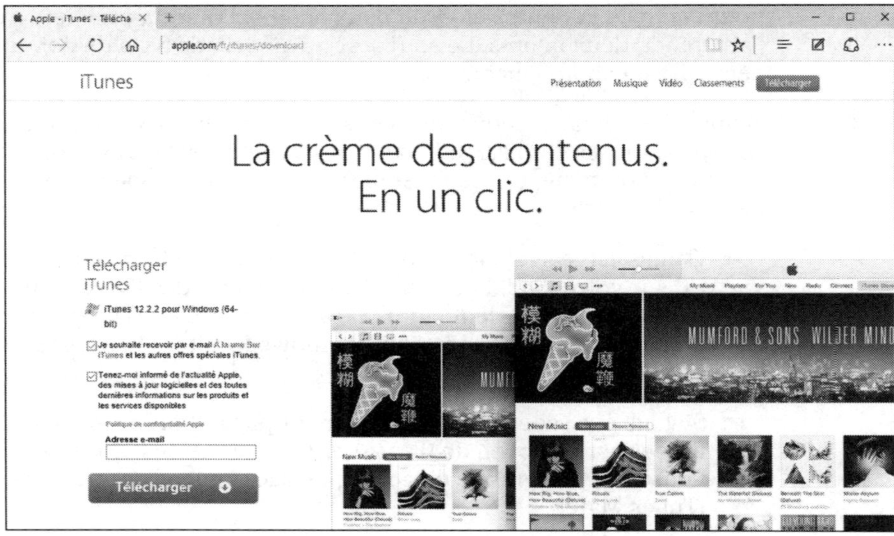

Figure 1.1 : La page de téléchargement d'iTunes.

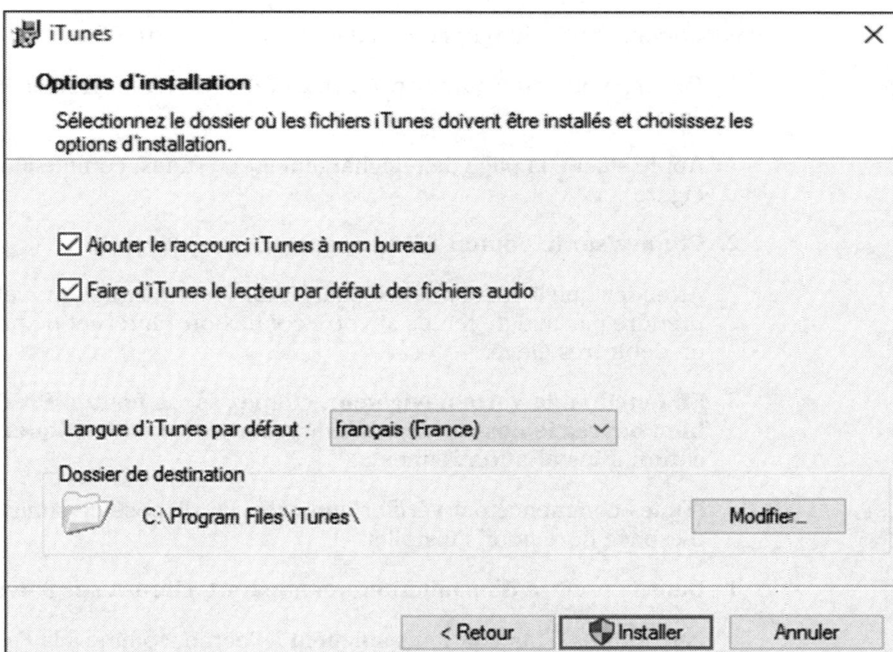

Figure 1.2 : Les options d'installation d'iTunes.

Si vous acceptez iTunes comme lecteur par défaut des fichiers audio, il apparaîtra à des emplacements bizarres et fera des choses peu intuitives. Mais le plus important est que s'il reste le lecteur par défaut, dès que vous cliquerez sur un fichier audio, vous devrez attendre, attendre, et encore attendre qu'il le charge pour le lire.

6. **Cliquez sur le bouton Installer.**

   Si le message du Contrôle du compte d'utilisateur apparaît, cliquez sur Oui. L'installation se poursuit, ajoute différents éléments et mettra quelques minutes pour faire apparaître le message de félicitations. L'installation est réussie.

7. **Cliquez sur Terminer.**

   Quittez l'application ou continuez en ouvrant iTunes comme à la section suivante.

Configurer iTunes

Avant d'utiliser iTunes, vous devez passer par quelques écrans de configuration du programme de l'assistant de configuration. Voici quelques conseils pour minimiser votre tâche :

1. **Si vous venez de fermer le programme après son installation (voir la section précédente) ou si iTunes était préinstallé sur votre PC, ouvrez le menu Démarrer, et saisissez au clavier iTunes.**

2. **Faites un clic-droit sur l'icône iTunes. Dans le menu contextuel qui apparaît, choisissez Exécuter en tant qu'administrateur.**

   Vous pouvez également procéder de la même manière sur le raccourci iTunes installé sur le Bureau de Windows 10.

   Pour qu'iTunes s'exécute systématiquement en tant qu'administrateur, faites un clic-droit sur son raccourci. Dans le menu contextuel qui apparaît, cliquez sur Propriétés. Dans la fenêtre Propriétés, ouvrez l'onglet Compatibilité et, dans la section Paramètres, cochez l'option Exécuter ce programme en tant qu'administrateur, comme à la Figure 1.3.

3. **Tapez ou cliquez sur J'accepte pour la licence du programme**.

   La page Musique apparaît, comme à la Figure 1.4.

4. **Pour indiquer à iTunes où chercher des fichiers MP3 (ou AAC), ouvrez le menu Fichier, et cliquez sur Ajouter un dossier à la Bibliothèque.**

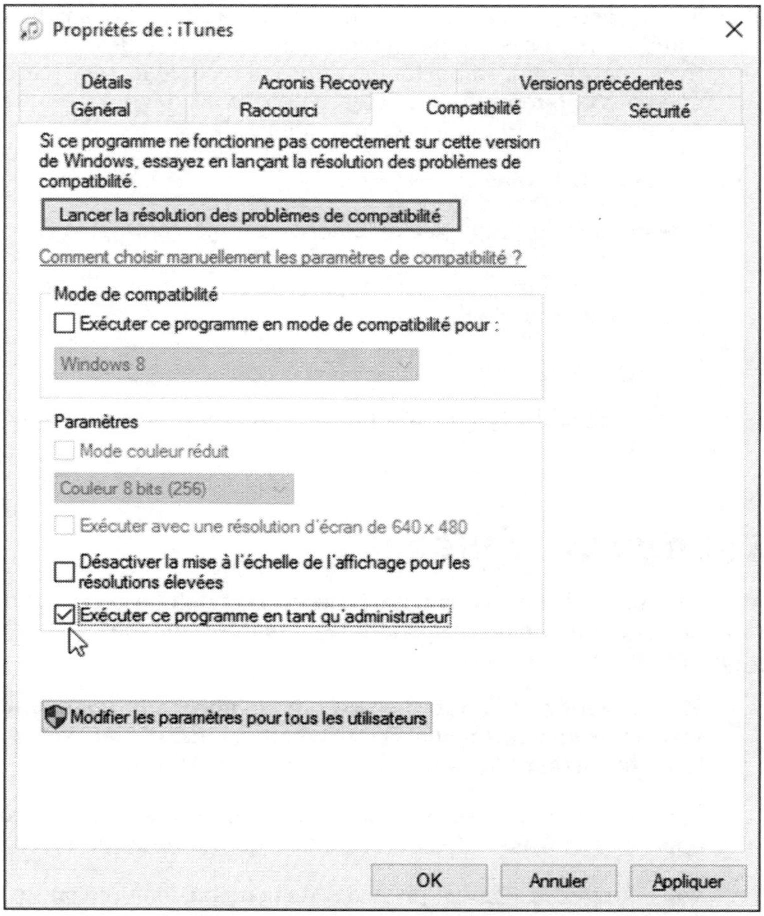

Figure 1.3 : Pour exécuter systématiquement iTunes en tant qu'administrateur.

TRUC

Cette option permet de choisir un dossier contenant des musiques. Si vous voulez ajouter une seule chanson, préférez l'option Ajouter un fichier à la Bibliothèque. Ce dossier peut contenir des sous-dossiers. Ainsi, vous pouvez ajouter un dossier dans lequel vous stockez toutes vos musiques dans des sous-dossiers.

5. **Une fois le dossier sélectionné, cliquez sur Ouvrir et attendez qu'iTunes en répertorie tout le contenu.**

   Tout dépend de ce que vous avez stocké dans la bibliothèque Musique, l'analyse peut varier entre quelques minutes et quelques heures.

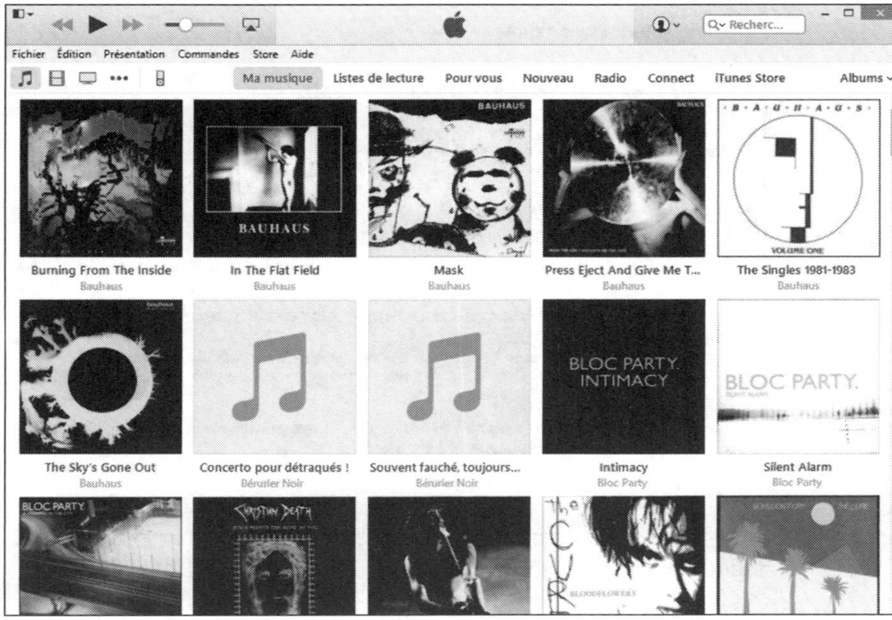

Figure 1.4 : Une page musique déjà bien remplie.

Vous pouvez ne pas utiliser les options d'importation de musique de CD. Je vous explique comment le faire avec le Lecteur Windows Media au Chapitre 7 du Livret IV. Mais si vous ne souhaitez pas copier de CD *via* iTunes, c'est maintenant que vous devez le signaler.

6. **Choisissez Édition→Préférences. Dans l'onglet Général, cliquez sur le bouton Réglages d'importation à côté de la section À l'insertion d'un CD.**

   La boîte de dialogue Réglages d'importation apparaît comme celle de la Figure 1.5.

7. **Choisissez Encodeur MP3 dans la liste déroulante Importer avec.**

   Cette option vous assure que les fichiers de musique copiés sont en MP3. Vous pouvez aussi opter pour le format AAC (ou WMA), mais ils ne sont pas aussi bons et moins fréquents que le MP3.

8. **Excepté si vous copiez beaucoup de CD tous les jours, cochez la case Utiliser la correction d'erreur lors de la lecture du CD.**

   Même si la correction d'erreur risque de ralentir la copie, elle vous garantit le meilleur enregistrement possible de vieux CD. Vous en avez sans doute.

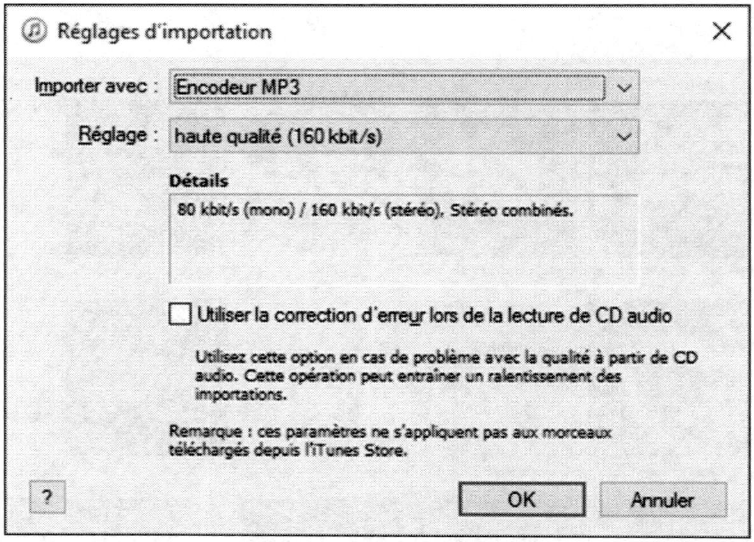

Figure 1.5 : iTunes copie au format MP3.

9. **Cliquez sur OK, puis encore une fois sur OK.**

Si vous vous rendez compte qu'iTunes n'a pas réussi à trouver une chanson, celle que vous venez de copier d'un CD ou de télécharger depuis Internet ou d'acheter sur un service en ligne, recherchez l'emplacement du fichier de la chanson ou le dossier de l'album dans l'Explorateur de fichiers et glissez-le directement dans iTunes.

Créer une liste de lecture musicale

L'un des gros avantages de logiciels de gestion de musique est la possibilité de créer des listes de vos morceaux préférés. Voici comment procéder dans iTunes :

1. **Dans la barre d'onglets d'iTunes, cliquez sur Listes de lecture.**

   Cette action ouvre le volet Listes de lecture (Figure 1.6). iTunes en propose quelques-unes par défaut, mais l'intérêt est de créer la vôtre.

2. **Dans la partie inférieure gauche de l'interface, cliquez sur le bouton +.**

3. **Dans le menu local qui apparaît, choisissez Nouvelle liste de lecture.**

Figure 1.6 : Pour créer une liste de lecture avec iTunes.

iTunes crée immédiatement une liste de lecture portant ce même nom qu'il place en surbrillance (Figure 1.7). Profitez-en pour taper le nom de cette liste.

4. **Pour ajouter des morceaux à cette nouvelle liste, cliquez sur son bouton Modifier la liste de lecture.**

   Cette action ouvre le volet Musique pour que vous puissiez sélectionner les chansons à ajouter à votre liste.

5. **Pour chercher les chansons par Albums, Artistes, etc., ouvrez le menu local situé dans la partie supérieure droite d'iTunes, et effectuez votre choix.**

6. **Pour ajouter une chanson, sélectionnez un album ou un artiste dans le volet gauche.**

   Le contenu d'affiche dans le volet central.

7. **Glissez-déposez la chanson dans le volet droit, c'est-à-dire la liste de lecture, comme à la Figure 1.8.**

8. **Répétez l'opération pour tous les titres à ajouter.**

9. **Une fois tous les titres ajoutés, cliquez sur le bouton Terminé.**

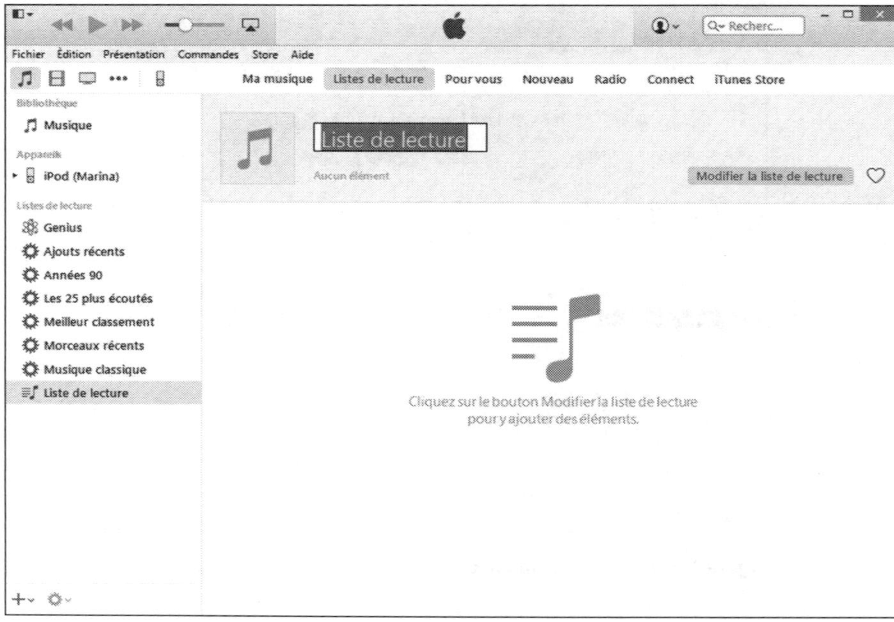

Figure 1.7 : Une nouvelle liste de lecture.

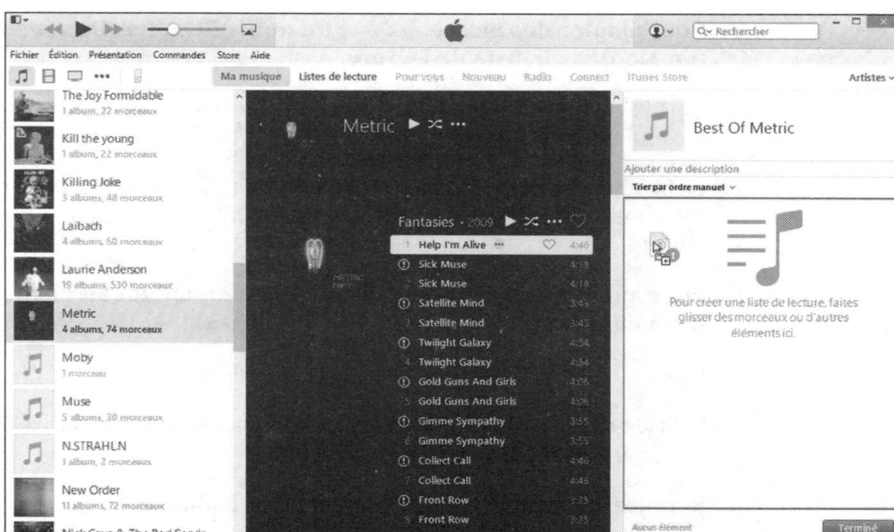

Figure 1.8 : Composez une liste de lecture par glisser-déposer des morceaux.

Vous pourrez ajouter d'autres titres ultérieurement en affichant la liste et en cliquant une nouvelle fois sur le bouton Modifier la liste de lecture.

10. **Pour écouter votre liste de lecture, affichez le volet Liste de lecture par un clic sur l'onglet éponyme.**

11. **Dans le volet gauche, cliquez sur le nom de votre liste.**

    Son contenu s'affiche dans le volet central.

12. **Cliquez sur le bouton Lecture de la liste.**

13. **Pour lire un titre particulier, double-cliquez dessus dans la liste.**

14. **Pour supprimer une chanson de la liste, faites un clic-droit sur son titre. Dans le menu contextuel qui apparaît, exécutez la commande Supprimer.**

15. **Dans le message de confirmation qui apparaît, cliquez sur le bouton Supprimer.**

    Cette action ne supprime pas le fichier de votre disque dur, mais simplement son référencement dans la liste de lecture.

16. **Si vous souhaitez supprimer votre liste de lecture, faites un clic-droit sur son nom dans le volet gauche. Dans le menu contextuel qui apparaît, choisissez Supprimer.**

Échanger des données avec un smartphone Android

L'une des principales demandes en matière d'échange de données consiste à transférer des photos de son Smartphone vers son PC, mais aussi de son PC vers son Smartphone. Dès lors que vous saurez procéder à ce type d'échange, vous serez capable de l'appliquer à tout type de données contenues dans votre téléphone Android.

Du Smartphone au PC

Voici la procédure générique à suivre :

1. **Branchez le câble USB de votre Smartphone, puis connectez-le au port USB de votre PC.**

Une notification apparaît dans la partie inférieure droite de votre Bureau, comme à la Figure 1.9.

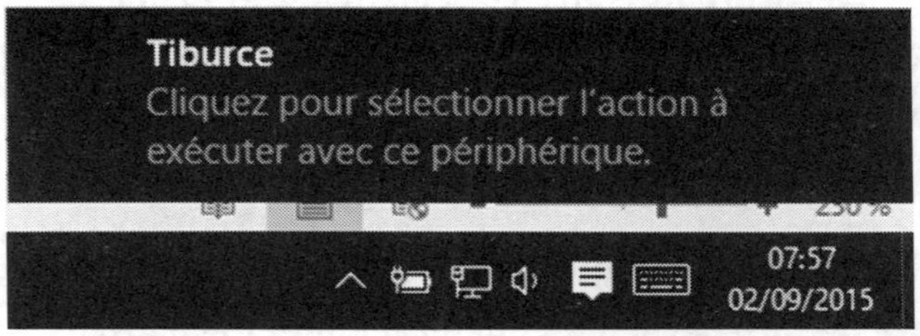

Figure 1.9 : Notification de connexion d'un Smartphone.

2. **Cliquez sur la notification pour accéder à une fenêtre permettant de sélectionner l'action à effectuer avec ce genre de périphérique.**

Si vous choisissez une des options proposées, Windows 10 l'exécutera systématiquement dès que vous connecterez votre Smartphone à votre PC. Pour cette raison, nous vous conseillons de passer outre la notification et, si vous avez cliqué dessus, de ne choisir aucune option dans la fenêtre qui vient de s'afficher.

3. **Ignorez les propositions de la fenêtre, et ouvrez l'Explorateur de fichiers Windows.**

En effet, vous pourrez ainsi accéder à tout le contenu de votre Smartphone sans vous limiter à l'importation systématique des photos (surtout si ce n'est pas ces éléments que vous souhaitez récupérer).

4. **Dans le volet de navigation (gauche) de l'Explorateur de fichiers, cliquez sur l'icône de l'appareil photo.**

Comme le montre la Figure 1.10, le contenu de l'appareil s'affiche. Si une carte SD est insérée

Figure 1.10 : Les dossiers d'un Smartphone sous Android.

dans le téléphone, une icône l'identifie et permet donc d'accéder à ses données.

5. **Pour transférer des données stockées sur le téléphone, double-cliquez sur le dossier Phone.**

6. **Les photos prises avec le Smartphone Android étant stockées dans le dossier DCIM, double-cliquez dessus.**

7. **Parmi les sous-dossiers de ce dossier, localisez Camera, et double-cliquez dessus.**

   Comme l'illustre la Figure 1.11, des vignettes de vos images apparaissent.

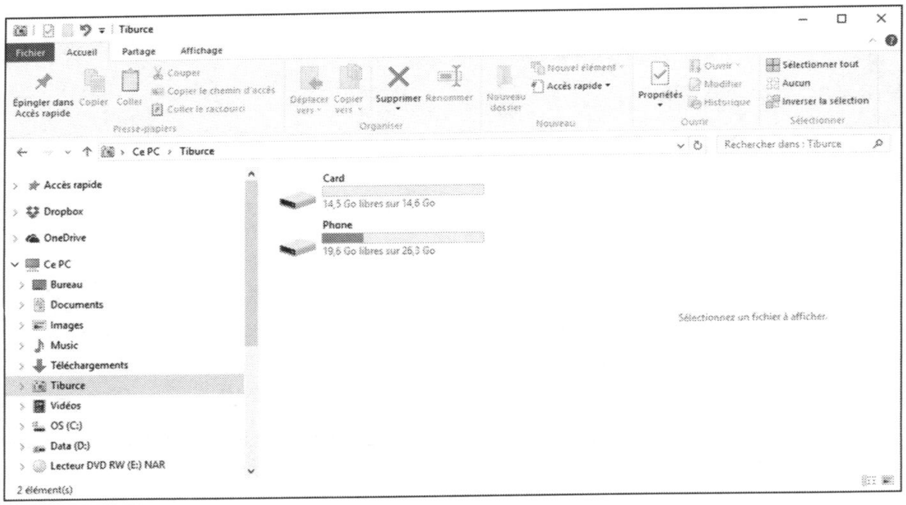

Figure 1.11 : Les photos stockées sur le Smartphone.

8. **Sélectionnez les photos à transférer.**

   Effectuez une multisélection avec la souris et la touche Maj ou Ctrl de votre clavier.

9. **Une fois la sélection opérée, cliquez sur l'icône Copier vers de la barre d'outils de l'onglet Accueil.**

10. **Dans le menu local qui apparaît, choisissez le dossier de destination du transfert de ces images sur votre PC.**

    N'OUBLIEZ PAS

    Bien entendu, vous pouvez utiliser d'autres méthodes comme le copier-coller, ou le glisser-déposer.

11. **Une fois la copie terminée, à vous de juger de l'opportunité de supprimer les photos de votre Smartphone.**

TRUC

Si vous avez créé des sous-dossiers pour stocker vos images sur votre Smartphone, comme le permet l'application Galerie d'Android, vous ne les trouverez pas dans le dossier DCIM. En effet, ce dossier ne contient que les photos prises avec votre téléphone. Les sous-dossiers en question sont localisés dans le dossier Picture, comme le montre la Figure 1.12. Double-cliquez sur le dossier dont vous souhaitez récupérer les photos, et procédez selon les étapes ci-dessus.

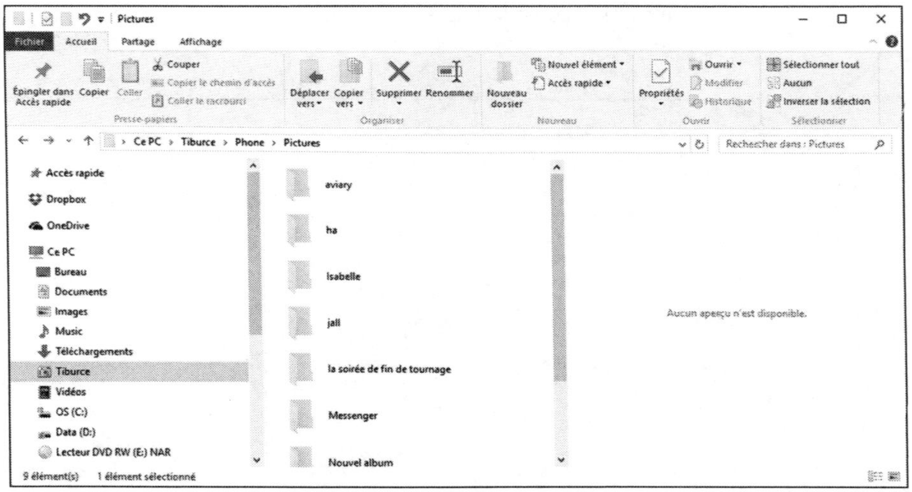

Figure 1.12 : Les photos stockées dans des sous-dossiers sont localisées dans le dossier Picture.

Du PC au Smartphone

La procédure est sensiblement la même, sauf que vous allez procéder de la manière inverse.

Le plus simple cette fois est d'ouvrir deux fenêtres de l'Explorateur de fichiers et de les positionner côte à côte afin d'accéder simultanément au contenu du PC et du Smartphone.

Dans l'hypothèse de photographies, procédez de la manière suivante :

1. **Dans la fenêtre de l'Explorateur de fichiers affichant le contenu du Smartphone, ouvrez le dossier DCIM ou le dossier Picture.**

2. **Dans la fenêtre de l'Explorateur de fichiers affichant le contenu du PC, ouvrez le dossier contenant les images à transférer vers le smartphone.**

3. **Copiez-collez, ou glissez-déposez une ou plusieurs images du dossier du PC dans celui du Smartphone.**

4. **Si un message de Windows 10 apparaît comme à la Figure 1.13, cliquez sur Oui.**

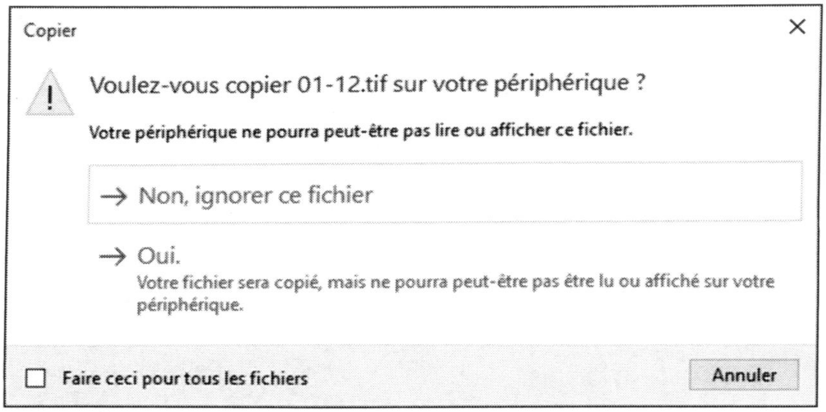

Figure 1.13 : Si nécessaire, confirmez la copie.

Ce message apparaît lorsque le format de fichier risque d'être incompatible avec Android. Si le format est reconnu, comme JPEG, aucun message n'apparaît.

5. **Vérifiez que le transfert s'est bien déroulé.**

Voilà ! Vous pouvez déconnecter la prise USB du Smartphone, et passer au chapitre suivant.

Chapitre 2

Kindle, Nook, Android et Windows 10

Dans ce chapitre :

- Démystifier les formats de livres numériques
- Utiliser Calibre
- Transférer des médias de votre PC sur votre Kindle
- Synchroniser vos calendriers et vos contacts

Ce serait une erreur de penser que l'iPhone règne en maître sur l'univers des smartphones. En effet, les téléphones Android (c'est-à-dire, les téléphones qui utilisent le système d'exploitation Android de Google) se vendent largement plus que les appareils de la marque à la pomme.

D'un autre côté, l'iPad domine le marché des tablettes, mais les tablettes Android (Nexus de Google, Galaxy Tabs, Transformers d'ASUS, et même les tablettes Windows 10 (comme la Surface Pro 3 de Microsoft) commencent à conquérir des parts de marché. Le marché des liseuses électroniques y est pour quelque chose : peu de gens le savent, mais le Kindle d'Amazon est une tablette Android. Sous des apparences aguichantes bat un cœur purement Android. La part de marché d'Android ne cesse de croître. À l'heure où j'écris ces lignes, plus d'un milliard de terminaux Android sont utilisés dans le monde, et plus d'un million sont activés chaque jour. Cela fait un paquet d'Android.

Dans ce chapitre, je traite un peu des interactions entre Windows 10 et les terminaux Android, particulièrement le Kindle d'Amazon, mais aussi les téléphones et autres tablettes Android. Comme les livres constituent le point fort du Kindle, je rentre plus particulièrement dans les détails des livres numériques.

Le marché est très agité actuellement – en fait, avec tant de gens faisant tant de choses, Android est susceptible de connaître plus d'évolutions que toute autre plateforme, dont l'iPad et Windows. En conséquence, je tâcherai de vous montrer des techniques sous Android qui devraient demeurer tant que Windows 10 reste sur le marché.

Le pré carré d'Apple contre l'open source d'Android

Lorsque vous travaillez sur des iPhone, des iPad (et des iCloud, iMac, iTV, iPod et autre iChose), vous évoluez dans un pré carré. Apple contrôle tout du début à la fin. C'est l'une des raisons pour lesquelles tous les iPériphériques fonctionnent si bien entre eux – le matériel et le logiciel proviennent de la même entreprise, ils sont conçus pour fonctionner ensemble, et les designers d'Apple sont des génies. Toutefois, vous en payez le prix.

D'un autre côté, les terminaux Android sont fabriqués par énormément de fabricants, qui ont tous des idées différentes sur ce qui est bien et ce qui l'est moins. Quoique Google soit aux commandes – Google a acheté Android, à deux ou trois brevets près, et l'a diffusé au monde entier –, les fabricants de matériel semblent pouvoir adapter Android de la manière qui leur convient.

Android est *open source*, sous licence Apache, ce qui signifie non seulement que le programme est gratuit, que le code pour le programme est gratuit, et qu'il est disponible.

Se battre avec les fichiers de livres numériques

Un jour, tous les livres numériques adopteront un même format. Dans cette utopie, vous achèterez un livre dans ce format, et il fonctionnera partout, quel que soit le terminal que vous utilisiez pour le lire.

Malheureusement, le monde n'en est pas encore là. En fait, il en est bien loin. Le plus gros problème que vous risquez de rencontrer avec les livres numériques a toutes les chances de tenir aux formats des livres, à la manière dont vous pourriez afficher un livre sur un terminal alors que ce livre a été réalisé pour un terminal concurrent.

Si vous pouvez vous offrir le luxe de vous en tenir à un seul terminal et une seule librairie – par exemple, n'acheter des livres que sur Amazon et ne les lire que sur le Kindle, ou n'acheter de livres que sur iTunes et ne les lire que sur iPad, je vous tire mon chapeau. Votre vie en sera grandement simplifiée. Toutefois, la plupart des gens n'ont pas cette chance.

Si vous comptez parmi les malchanceux, vous pouvez simplifier votre gestion des livres numériques en achetant vos livres en ligne *via* le navigateur de votre PC, puis en utilisant Calibre pour convertir les fichiers dans le format requis par votre liseuse, et enfin en synchronisant vos livres numériques avec votre liseuse sur votre PC (vous pouvez aussi lire n'importe quel livre numérique sur un ordinateur Windows, mais ce n'est sans doute pas ce que vous souhaitez faire).

Les principaux formats de livres numériques

Voici les principaux formats de livres numériques :

- Le format **EPUB** est presque un format universel. L'iPhone et l'iPad savent lire l'EPUB nativement ; on trouve de nombreuses liseuses d'EPUB tierces pour Windows (il en sera question plus loin) ; nombre d'applications Android lisent aussi l'EPUB. Au moment où j'écris ces lignes, le principal terminal qui ne reconnaît pas l'EPUB est le Kindle – mais il est parfaitement possible que la situation ait évolué au moment où vous lirez ces lignes.

  N'OUBLIEZ PAS

  Si vous avez le choix, à moins que vous ne viviez dans un monde exclusivement Kindle, récupérez de préférence vos livres au format EPUB.

- Les formats **MOBI** et **PRC** sont le corps et l'âme du Kindle. Amazon propose un convertisseur de formats – *KindleGen* – qui transforme les fichiers EPUB en MOBI. Il fonctionne étonnamment bien.

- Le format **PDF** est le format original pour publier qui a survécu à l'apparition de tous les terminaux. Quoique tout terminal parmi les plus communs sache lire le PDF, la plupart des liseuses se contentent d'afficher le document brut, sans chercher à le repaginer ou à ajouter des fonctionnalités, telles que la prise de notes. Pour cette raison, il peut être très frustrant de lire un fichier PDF sur la plupart des liseuses.

Lire des fichiers de livres numériques sur votre PC

Que vous disposiez de livres numériques livrés avec votre liseuse ou achetés par la suite, vous pouvez les lire sur un PC fonctionnant sous Windows 10. Toutefois, il vous faudra parfois faire preuve de créativité, et mobiliser des applications spécifiques pour faire le travail.

ASKWOODY.COM

Les lecteurs d'EPUB se comptent par dizaines. Ils sont gratuits. Avant d'essayer d'en télécharger et d'en installer un sur votre bureau, jetez un œil sur

Windows Store (tapez ou cliquez sur la vignette Store sur l'écran d'accueil) pour savoir si des lecteurs d'EPUB notoires sont disponibles. Cliquez sur le bouton Démarrer et tapez le texte *EPUB*. Pour plus de détails, référez-vous au Chapitre 2 du Livret III.

L'un des meilleurs lecteurs de ce format est sans doute Adobe Digital Editions (ADE), qui est gratuit, téléchargeable sur `http://www.adobe.com/fr/solutions/ebook/digital-editions.html` (Figure 2.1). ADE parvient à afficher les fichiers PDF et EPUB correctement, et il comporte une fonctionnalité de prise de notes.

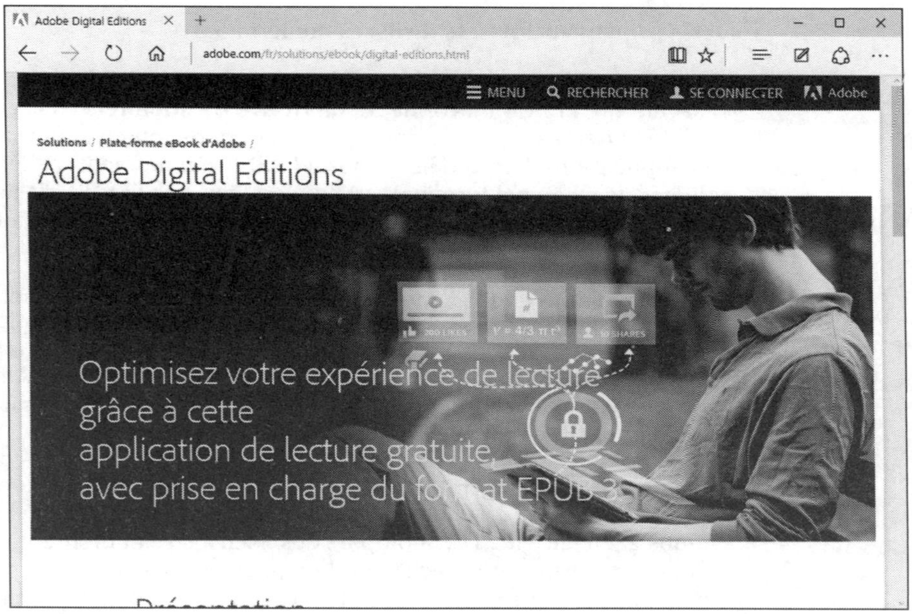

Figure 2.1 : Procurez-vous ADE.

ADE vous permet aussi de lire des fichiers qui sont protégés contre la copie par la technologie ADEPT (Adobe Digital Experience Protection Technology) qui a été démontée de fond en comble il y a des années, et vous trouverez nombre de programmes (dont des programmes nommés *inepte* et *ignoble*) pour craquer la protection.

Les lecteurs PDF se comptent aussi par dizaines. Si vous n'avez pas déjà installé le Lecteur Microsoft (vous pouvez le récupérer sur Windows Store), vous pouvez toujours utiliser Adobe Reader DC que vous téléchargerez à l'adresse `https://get.adobe.com/reader/`, comme le montre la Figure 2.2.

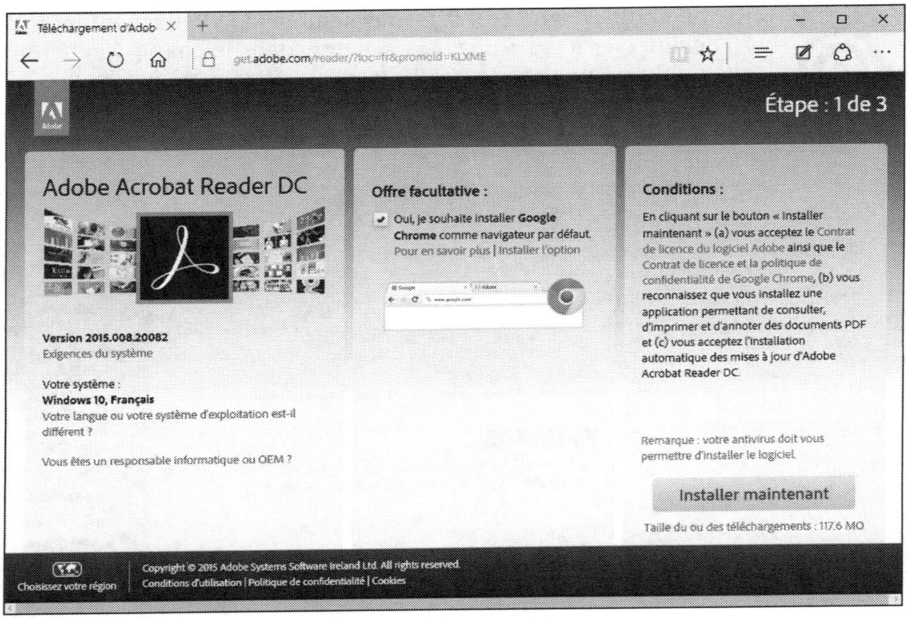

Figure 2.2 : Procurez-vous Adobe Reader DC.

Organiser vos fichiers de livres numériques avec Calibre

Avant de vous battre avec les formats de fichiers de livres numériques au point d'en perdre le sommeil, sachez qu'il existe depuis des années une application pour le bureau capable de convertir les formats. En fait, Calibre est plus qu'un convertisseur ; c'est aussi un gestionnaire de livres.

À la manière du Lecteur Windows Media ou d'iTunes, Calibre conserve la trace de tous vos livres, les convertit dans le bon format si besoin, et permet de transférer facilement le fichier vers la liseuse de votre choix.

Voici un aperçu des fonctionnalités de Calibre :

1. **Commencez par télécharger Calibre sur un site de téléchargement légal français, comme 01Net.**

2. **Ouvrez votre navigateur Web favori (Internet Explorer par exemple), et rendez-vous à l'adresse** `http://www.01net.com/telecharger/windows/Bureautique/gestion_k7_dvd_cd_vin/fiches/48691.html`**, puis téléchargez et installez Calibre.**

Si recopier cette adresse vous semble fastidieux, contentez-vous de vous connecter à `www.01net.com`. Ensuite, dans le champ Rechercher, tapez Calibre. Une liste de résultats apparaît, comme à la Figure 2.3. Cliquez sur le bouton Télécharger de la version pour Windows. Dans la nouvelle page Web qui apparaît, cliquez de nouveau sur Télécharger.

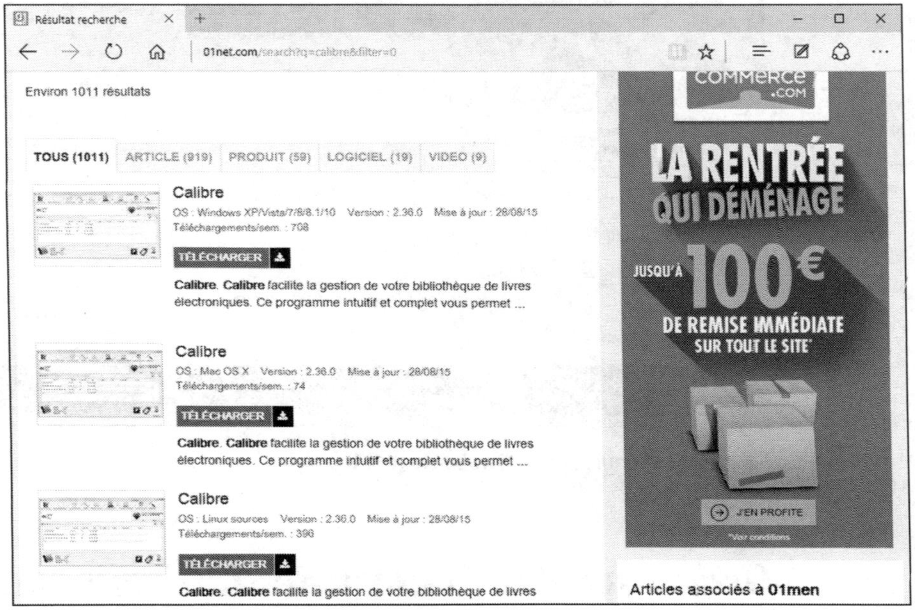

Figure 2.3 : Téléchargez puis installez Calibre.

Une fois le téléchargement terminé, lancez l'installation.

L'installateur ne propose pas beaucoup d'options.

3. **Cliquez sur Finish, puis lancez Calibre pour la première fois.**

4. **Dans l'assistant d'installation, sélectionnez votre langue, et acceptez ou modifiez l'emplacement où vous stockez vos livres numériques, comme le montre la Figure 2.4. Cliquez sur Suivant.**

   Par défaut, Calibre pense que vous utilisez le dossier sous dossier Documents du dossier Bibliothèques de Windows 10.

5. **Indiquez à Calibre le type de liseuse (voir Figure 2.5) que vous utilisez. Cliquez sur Suivant.**

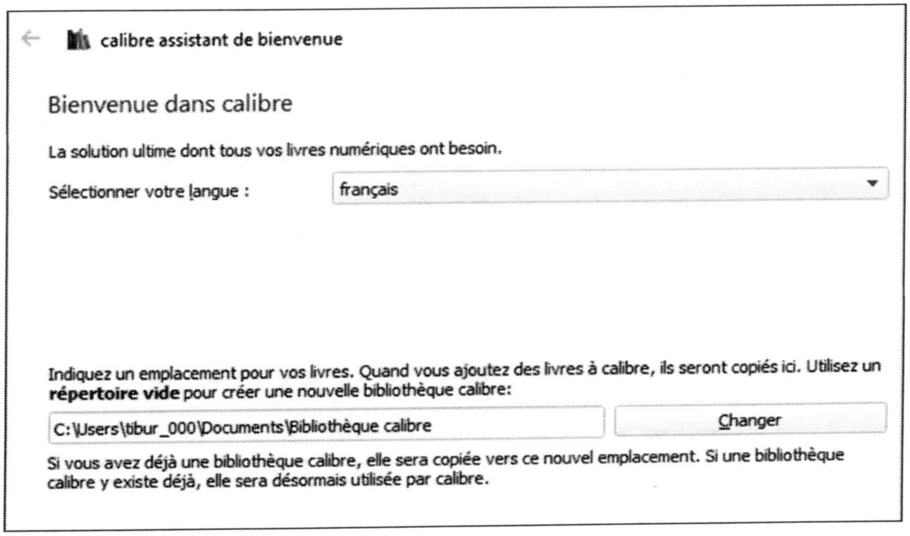

Figure 2.4 : L'assistant d'installation de Calibre.

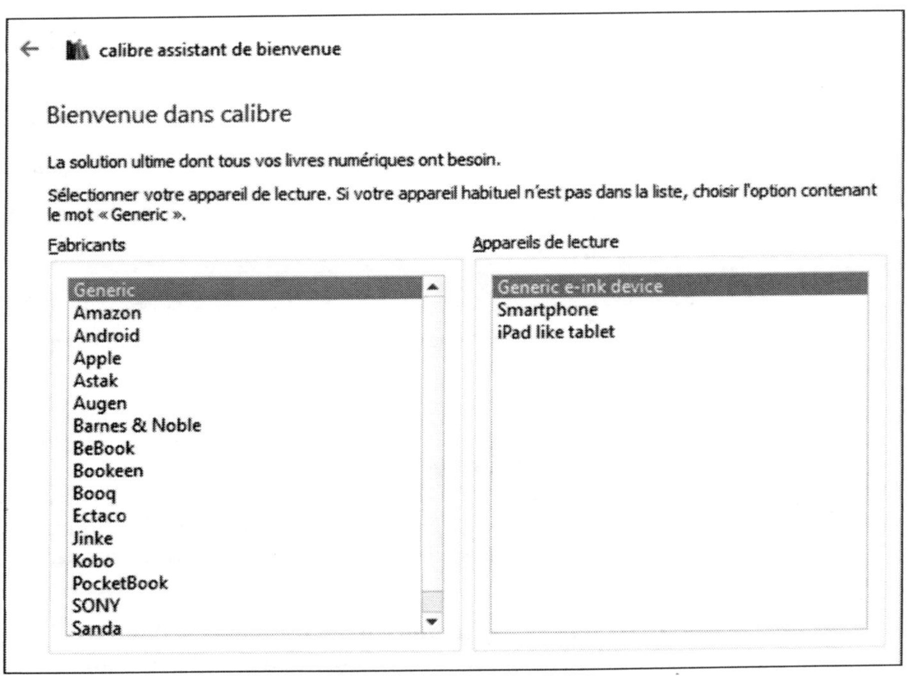

Figure 2.5 : Indiquez le terminal de lecture que vous utilisez le plus souvent.

Ne paniquez pas – quoiqu'il arrive, il convertit n'importe quel format dans un autre. Il s'agit juste d'une étape de configuration permettant à Calibre de connaître votre format de prédilection, et vous permettre en retour de le sélectionner plus rapidement.

6. **Dans le dernier écran de l'assistant, cliquez sur Terminer.**

   Calibre s'ouvre et passe en revue votre bibliothèque Documents à la recherche de livres numériques – dans n'importe quel format imaginable – et dresse la liste de ces derniers (voir Figure 2.6).

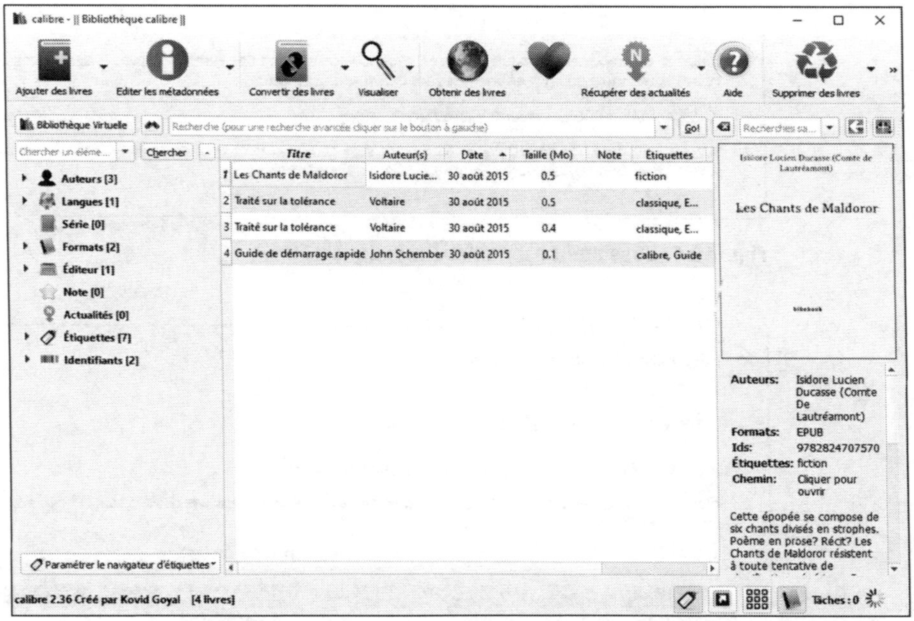

Figure 2.6 : Calibre vérifie les livres numériques présents dans la bibliothèque Documents de Windows 10.

TRUC

Il est important de réaliser que Calibre inventorie les livres, et pas les fichiers. Si un de vos livres existe dans deux formats – par exemple, sous la forme d'un fichier MOB (ou PDF) et d'un fichier EPUB –, il n'apparaîtra qu'une fois dans cet écran d'accueil. Toutefois, il est possible d'ajouter un de ses formats, et de demander à Calibre de les afficher tous les deux.

7. **Pour visualiser les détails sur un livre en particulier, cliquez du bouton droit dessus et sélectionnez Éditer les métadonnées->Éditer les métadonnées (un livre à la fois).**

Calibre affiche une quantité astronomique d'informations au sujet du livre, dont les formats disponibles. Reportez-vous à la Figure 2.7.

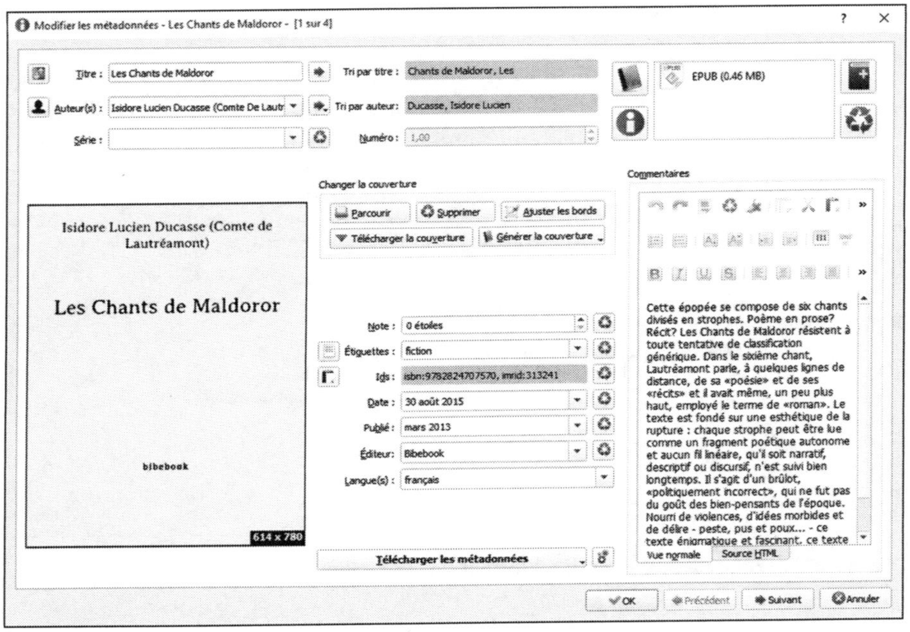

Figure 2.7 : Calibre affiche une quantité astronomique d'informations sur chaque livre, que vous pouvez modifier.

8. **Lorsque vous avez terminé de consulter ou de modifier les données, fermez la boîte de dialogue du livre par un clic sur le bouton OK.**

   Vous revenez dans la bibliothèque de Calibre.

9. **Pour convertir un livre dans un format différent, cliquez du bouton droit sur le livre et sélectionnez Convertir des livres->Convertir (un livre à la fois).**

   TRUC

   Vous afficherez ces mêmes commandes *via* le bouton Convertir des livres de la barre d'outils de Calibre.

   Une boîte de dialogue Convertir apparaît, comme sur la Figure 2.8.

10. **Dans la colonne de gauche, sélectionnez le format dans lequel vous souhaitez convertir le livre, puis cliquez sur OK dans la partie inférieure droite de l'interface.**

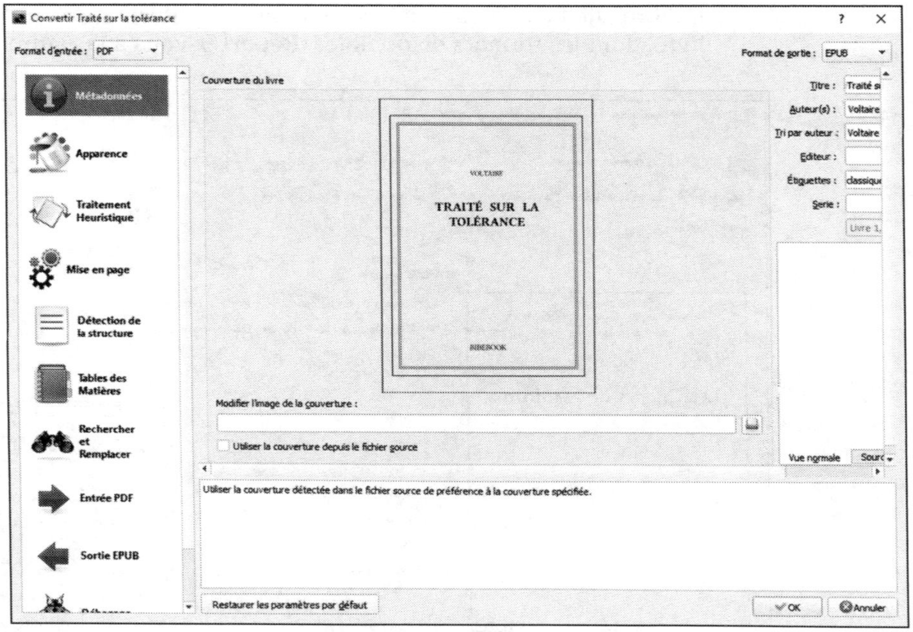

Figure 2.8 : Convertir un format de livre avec Calibre.

Calibre convertit le livre dans le format que vous spécifiez, et place le nouveau fichier après les originaux.

Ce n'est qu'un aperçu des fonctionnalités de Calibre ; c'est un programme étonnamment riche. Il n'existe pas de manuel en anglais, mais vous pouvez trouver des didacticiels tels que `http://fr.slideshare.net/XavierRouchaud1/crez-et-grez-vos-e-books-avec-calibre`, en recherchant sur Google.

Transférer des médias de votre PC vers votre Kindle

Si vous utilisez votre PC pour gérer vos livres et votre musique, vous aurez besoin d'un moyen pour transférer ces fichiers sur votre liseuse ou votre tablette. Cette section prétend vous y aider. Malheureusement, la méthode à déployer avec un terminal est toujours spécifique à ce dernier. En conséquence, je vais me concentrer sur la liseuse Kindle, sachant qu'elle est de loin la plus populaire.

Envoyer des livres numériques par courriel du PC au Kindle

Le moyen le plus simple pour transférer des livres vers le Kindle ? Envoyez-les par courriel *via* le service de documents personnels. Du moment que vous transférez un fichier dans un des formats figurant dans le Tableau 2.1, c'est sans conteste le plus simple.

Voici comment transférer un fichier :

1. **Sur l'écran d'accueil de votre Kindle, tapez sur l'icône figurant un engrenage en haut à droite, puis sélectionnez Plus sur la droite.**

   Kindle vous affiche diverses options de paramétrage, en commençant par Aide et commentaire.

2. **Tapez sur Mon compte.**

   Kindle vous affiche des informations d'enregistrement, dont une adresse électronique telle que `woody_217b64@kindle.com`.

3. **Notez cette adresse.**

4. **Dans Windows (ou sur tout autre ordinateur), envoyez un courriel à cette adresse depuis le compte que vous utilisez pour vous connecter à Amazon, en y joignant le fichier que vous souhaitez transférer.**

   Le fichier se retrouve dans le dossier Documents de votre Kindle.

Tableau 2.1 : Les types de documents qui peuvent être envoyés par courriels à un Kindle.

Type de fichier (extension de fichier)	Description
MOBI	Le format MOBI natif du Kindle
TXT	Le format d'un simple fichier texte (qui s'affiche étonnamment bien sur le Kindle)
DOC, DOCX	Le Kindle ne gère pas très bien les documents Word complexes, mais cela ira s'ils sont simples.
RTF	Le format Rich Text Format
HTML	Le format d'une page Web
ZIP, X-ZIP	Le Kindle sait ouvrir des archives dans ce format.
PDF	Amazon convertit les fichiers dans ce format en MOBI, puis les passe à votre Kindle ; « expérimental », mais ça fonctionne.
JPG, GIF, PNG, BMP	Des formats de fichiers images, que le Kindle sait bien afficher.

Vous avez la possibilité d'utiliser le service de document personnel Kindle. En voici les grandes lignes et le fonctionnement.

Il s'agit d'un outil gratuit qui permet d'envoyer des documents directement sur votre liseuse Kindle, mais aussi sur une application de lecture Kindle compatible enregistrée sur votre compte Amazon. Les documents peuvent être envoyés depuis l'application Envoyer vers Kindle ou une adresse e-mail autorisée.

Pour envoyer sans souci des documents à l'aide de votre adresse e-mail Envoyer-vers-Kindle, vérifiez les points suivants :

1. Ajoutez l'adresse e-mail d'envoi à la liste des adresses e-mail que vous avez communiquées à Amazon.
2. Vérifiez que le livre est sous un format de fichier compatible.

   Rendez-vous sur Types de fichiers compatibles avec le Service de documents personnels Kindle.
3. Ajoutez votre document en pièce jointe d'un nouvel e-mail ou faites suivre un e-mail existant comportant le document attaché à votre adresse e-mail Envoyer-vers-Kindle.

L'e-mail ne peut pas contenir plus de 25 fichiers joints et son envoi reste limité à 15 adresses e-mail Envoyer-vers-Kindle différentes. La taille totale de vos documents ne doit pas dépasser 50 Mo. Dans le cas contraire, compressez-les au format ZIP.

Recevoir des livres numériques d'un ami par courriel

Si vous souhaitez qu'un ami envoie des livres ou des documents à votre Kindle, vous devez lui donner la permission en ajoutant son adresse électronique à votre liste d'adresses autorisées. Voici donc comment permettre à autrui d'envoyer directement des livres et des documents vers votre Kindle :

1. **Connectez-vous sur** `www.amazon.com` **à l'aide du même identifiant que vous utilisez sur votre Kindle.**

   Votre écran d'accueil personnalisé apparaît.
2. **Sélectionnez Votre compte Kindle.**

   Amazon affiche la liste de tous les titres que vous avez achetés et stockés sur votre Kindle.
3. **Sur la gauche, sous Votre compte Kindle, cliquez sur le lien Paramètres de documents personnels.**

4. **En bas, tapez ou cliquez sur lie lien Ajouter une nouvelle adresse approuvée.**

   Une boîte de dialogue apparaît et vous permet d'ajouter la nouvelle adresse.

5. **Saisissez l'adresse de la personne que vous souhaitez autoriser à envoyer des choses directement vers votre Kindle, puis tapez ou cliquez Ajouter une adresse.**

   Pour ajouter plusieurs adresses, répétez tout simplement ce processus.

   Les modifications prennent effet immédiatement.

Utiliser l'application Kindle en mode tablette

Cette application est disponible sur Windows Store, comme toutes les autres applications en vignette de Windows 10, mais n'en attendez pas trop. Voyez la Figure 2.9.

Figure 2.9 : Kindle affiché en mode tablette sur le Bureau de Windows 10.

Sommairement, l'application vous demande de vous identifier avec votre compte Amazon. Elle vous permet alors de lire les livres que vous avez achetés sur Amazon, et bien entendu d'acheter des livres *via* le lien Amazon Store.

Synchroniser les calendriers

Pour synchroniser le calendrier Outlook avec Google, j'utilise Calendar Sync de Google (`http://www.clubic.com/telecharger-fiche221720-google-calendar-sync.html`). L'application est facile à installer, et elle fonctionne bien. Toutefois, au moment où j'écris ces lignes, il est question que Google la retire, et elle ne permet pas de synchroniser des calendriers de Google et de l'application Calendrier en vignette.

Chapitre 3

Débuter avec Gmail, Google Apps, et Drive

Dans ce chapitre :

- Utiliser les alternatives de Google à Windows
- Configurer votre compte Gmail
- Utiliser Google Docs (Drive)

En dépit de la rivalité qui existe entre Microsoft et Google, Google est devenu si incontournable dans la vie des utilisateurs d'ordinateurs que Microsoft a rajouté des procédés dans Windows 10 afin de vous inciter à ajouter votre compte Gmail à l'application Courrier, ainsi qu'à ajouter vos contacts Gmail à l'application Contacts en vignette. Bien entendu, Google est très heureux de retourner la faveur, en vous permettant facilement de récupérer votre courriel Hotmail/Live/Outlook.com dans Gmail, et d'importer aussi vos contacts Hotmail/Live/Outlook.com dans Gmail.

Microsoft a une bonne raison pour vous inciter à mettre vos œufs Google dans son panier. Google aligne un bon nombre d'applications qui entrent directement en compétition avec celles de Microsoft, dont les suivantes :

- *Hotmail/Live/Outlook.com*, l'application *Courrier* en vignette de Windows 10, la partie messagerie d'Outlook de Microsoft, et l'application *Windows Live Mail* sont en compétition avec *Gmail*, de différentes manières.
- L'application en vignette *Calendrier* pour Windows 10 et le *calendrier d'Outlook* dans Office sont en compétition avec *Google Agenda*.

- L'application en vignette *Contacts* pour Windows 10 et les *contacts de Hotmail/Live/Outlook.com* sont en compétition avec *Gmail contacts*.

À noter : toutes les applications mentionnées en *italique* dans la précédente liste sont *gratuites* si vous utilisez Windows 10. Totalement gratuites. Microsoft et Google donnent leurs applications, dans l'espoir de vous vendre quelque chose un jour.

Vous pouvez utiliser Gmail pour envoyer et recevoir du courriel en utilisant votre propre domaine privé, et c'est gratuit jusqu'à dix boîtes aux lettres. Par exemple, je peux utiliser Gmail pour gérer tout le courriel qui va et vient de Askwoody.com, sans avoir à changer mon adresse électronique, et sans que personne ne sache que j'utilise Gmail : tout le courriel que j'envoie semble provenir de `Woody@askwoody.com`, et tout le courriel envoyé à cette adresse parvient dans ma boîte de réception dans Gmail. C'est une fonctionnalité dans Google Apps, plutôt facile à mettre en œuvre, exception faite d'une étape.

N'oubliez pas que les services « gratuits » ne sont pas gratuits, au sens où les entreprises qui les fournissent en tirent bien un bénéfice. Elles offrent un service gratuit pour collecter des informations sur vous, et les exploiter pour afficher des publicités ciblées dans l'espoir de vous vendre quelque chose un jour. Comme le dit une devise que j'ai trouvée sur MetaFilter : « Si vous ne payez pas pour le service, c'est que vous n'êtes pas un client ; vous êtes le produit qu'on vend. »

Dans la section suivante, je vais rapidement passer en revue les alternatives que Google propose aux produits Microsoft, considérées du point de vue de l'utilisateur de Windows.

Les alternatives de Google à Windows

Google propose une série de produits et de services gratuits en ligne qui méritent votre attention. Microsoft en propose deux ou trois qui sont aussi utiles, mais il en sera question plus loin dans ce livre.

Voici les quatre produits de Google qui constituent des alternatives à des produits de Microsoft :

- **Gmail :** Un client de messagerie gratuite et en ligne, semblable à Hotmail/Outlook.com. Les fonctionnalités évoluent en permanence, mais on peut dire que si vous trouvez une fonctionnalité dans Hotmail/Outlook.com, vous la retrouverez dans Gmail – et inversement. Quelques personnes préfèrent une interface à l'autre ; je ne prendrai pas parti, même si je m'en tiens pour l'heure à Gmail, principalement parce que j'apprécie l'interface. Si vous utilisez le navigateur Chrome de Google, vous pouvez même utiliser Gmail lorsque vous n'êtes pas connecté à Internet.

- **Google Drive :** Un nouveau service de Google qui vous donne accès à 15 Go d'espace de stockage en ligne gratuit, sur le modèle de OneDrive de Microsoft. Je traite des différents services de stockage en ligne au Chapitre 1 du Livret VIII. Le principal avantage de Google Drive, c'est qu'il fonctionne facilement avec Google Apps.

- **Google Docs :** Contient des programmes en ligne pour créer et modifier des documents, des feuilles de calcul, des formulaires à remplir, des présentations et des dessins. Quoique tous ces programmes soient assez rudimentaires, ils présentent l'intérêt de permettre de travailler en collaboration – deux personnes ou plus peuvent modifier le même document simultanément, sans que cela ne génère de conflits ou de restrictions gênantes.

  Google abandonne progressivement le terme *Google Docs* pour rassembler ses programmes sous l'appellation *Google Drive*. Dans ce chapitre, je vous parle à l'occasion de Google Docs pour vous permettre de vous y retrouver lorsque vous tombez sur des instructions qui font référence à Google Docs (émanant même parfois de Google !). Toutefois, la distinction entre Google Docs et Google Drive s'amoindrit. Vous pouvez utiliser un terme pour l'autre.

- **Google Apps :** Une combinaison de plusieurs applications Web – Gmail, Docs, Agenda, Groups (voir le point suivant), Slides et Sites (collaboration) – et d'un espace de stockage Google Drive, ainsi que d'un système vous permettant d'utiliser votre propre nom de domaine dans les programmes Google.

  Représentez-vous Google Apps comme le moyen de tirer parti des logiciels et des serveurs de Google dans votre organisation. Pour connaître les tarifs pratiqués par Google, visitez la page suivante : `https://www.google.fr/intx/fr/work/apps/business/pricing.html`.

- **Google Groups :** Si vous faites partie d'une organisation, Google Groups constitue une alternative à la page Facebook pour tenir informés les membres de l'organisation des évènements qui les concernent, et aussi leur donner le moyen d'échanger entre eux.

  Une personne, le *manager*, crée un groupe sur `http://groups.google.fr`. Le manager envoie alors des invitations aux autres, qui peuvent répondre pour rejoindre le groupe. Les invitations peuvent être envoyées à n'importe quelle adresse – vous n'avez pas besoin d'une adresse `@gmail.com`. Les membres peuvent poster des messages dans le groupe, lesquels sont envoyés par courriel à tous les membres du groupe.

  Le manager peut jouer le rôle de *modérateur* dans le groupe – auquel cas, il doit approuver chaque message avant qu'il ne soit relayé aux membres du groupe. Autrement, il peut décider qu'il faut faire suivre les messages sans les modérer. Il contrôle chaque membre, ce qui lui permet de dire qui peut poster des messages et qui peut en recevoir, et il peut retirer un membre du groupe en particulier.

TRUC

Du point de vue technologique, Google Groups est plus ou moins dépassé par les pages privées de Facebook, ainsi que par les Hangouts de Google+ (un système de visioconférence en temps réel). Toutefois, pour ceux qui préfèrent utiliser le courriel plutôt que Facebook – ou la vidéo -, Google Groups est une bonne solution.

Utiliser Gmail

Si vous ne disposez pas encore d'un compte Gmail, créez-en un. C'est facile et gratuit. Voici comment procéder :

1. **Rendez-vous sur** `www.gmail.com` **avec votre navigateur favori.**
2. **Cliquez sur le bouton Créer un compte situé en bas à gauche ou en haut à droite de la page Web.**

   Le formulaire d'inscription de la Figure 3.1 apparaît.

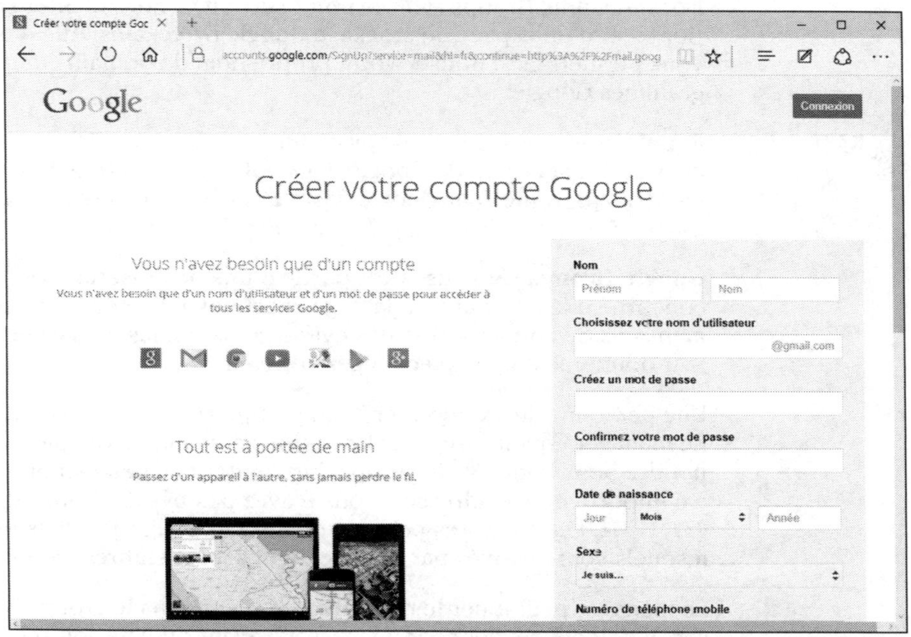

Figure 3.1 : Il est aussi simple que gratuit de créer un compte sur Gmail.

3. **Remplissez le formulaire comme vous le souhaitez.**

   Si vous saisissez un vrai numéro de téléphone, Google peut l'utiliser pour vous débloquer si vous ne parvenez plus à accéder à votre compte. De même, votre adresse électronique actuelle peut vous permettre de reprendre le contrôle de votre compte si jamais quelqu'un l'a piraté. Ne laissez pas Google modifier votre page d'accueil.

   N'OUBLIEZ PAS

   Dans certains pays, vous devez fournir un numéro de téléphone et Google vous envoie un SMS pour vérifier qu'il s'agit bien de votre numéro avant de vous permettre de vous inscrire. C'est le cas aux États-Unis, dans la plupart des pays européens et en Inde, mais cela peut changer au jour le jour. Si vous n'avez pas envie de donner votre numéro de téléphone à Google, demandez à un ami si cela ne lui pose pas de problème de communiquer le sien, juste pour récupérer ce SMS de Google. Google dira qu'il ne « va pas utiliser ce numéro pour autre chose que la vérification du compte ».

4. **(Facultatif) Décochez (ou non) la case qui permet de définir Google comme page d'accueil de votre navigateur.**

5. **Saisissez le texte prouvant que vous n'êtes pas une machine, puis cliquez sur Étape suivante tout en bas de la page.**

6. **Faites défiler le contenu de la boîte de dialogue des règles de confidentialité et conditions d'utilisation, et cliquez sur le bouton J'accepte dès qu'il devient accessible.**

   Vous accédez alors à l'écran de Bienvenue de Gmail.

7. **Cliquez sur le bouton Poursuivre vers Gmail.**

   Un guide d'utilisation apparaît. Il explique sous forme d'animations le fonctionnement de Gmail. Cliquez sur Suivant pour accéder à une autre étape. Pour quitter ce guide, cliquez simplement sur son bouton de fermeture.

8. **Pour ajouter une photo de profil, cliquez sur l'icône de l'avatar située dans le volet gauche de Gmail, comme le montre la Figure 3.2.**

9. **Dans la boîte de dialogue Sélectionner la photo de profil, activez l'onglet Importer des photos, et cliquez sur le bouton Sélectionner une photo sur votre ordinateur.**

10. **Dans la boîte de dialogue Ouvrir, parcourez vos disques durs et vos dossiers pour localiser la photo qui vous représentera. Sélectionnez-la, puis cliquez sur le bouton Ouvrir.**

    Le téléchargement de la photo commence.

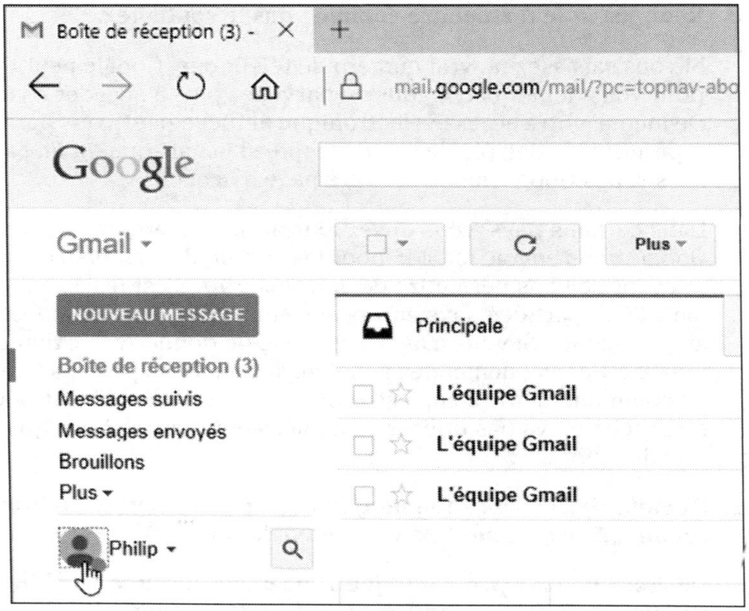

Figure 3.2 : Pour ajouter une photo de profil.

TRUC

Vous avez aussi la possibilité de vous prendre en photo. Cliquez sur l'onglet Webcam ! Prenez la pose, et cliquez sur le bouton Prendre une photo.

Google vous remercie pour votre travail. Que cela ne vous monte pas à la tête !

11. **Une fois la photo importée, recadrez-la, comme à la Figure 3.3, puis cliquez sur le bouton Définir comme photo de profil.**

    Vous disposez maintenant d'un compte Google officiel ainsi que d'une adresse Gmail. Google vous affiche l'écran par défaut (voir Figure 3.4), qui contient déjà pas moins de trois messages.

Pour démarrer, commencez par vous envoyer un courriel. Suivez ces quelques étapes :

1. **En haut à gauche, cliquez sur Nouveau message.**

   La page de composition d'un message s'affiche, comme sur la Figure 3.5.

2. **Dans le champ À:, saisissez l'adresse de votre destinataire ; ajoutez un sujet ; écrivez un message ; essayez de le mettre en forme en utilisant les icônes prévues pour cela en haut du champ de saisie.**

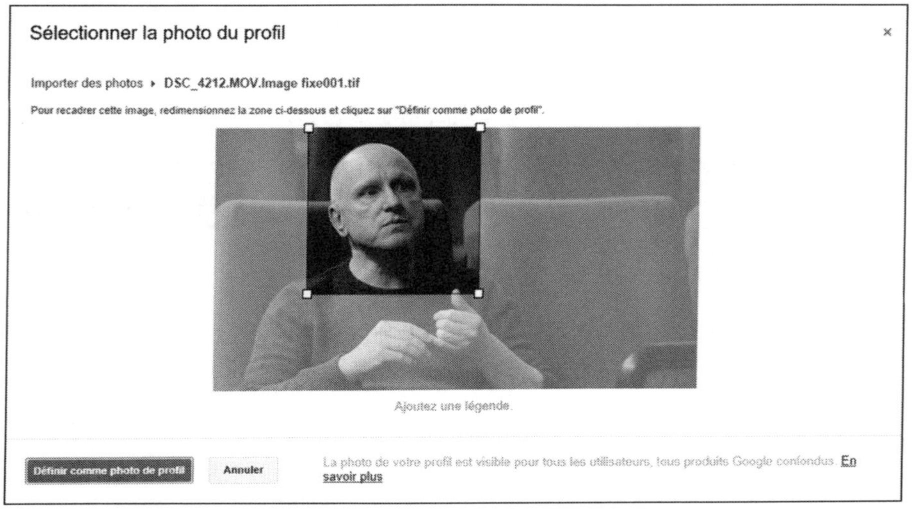

Figure 3.3 : Définir une photo de profil.

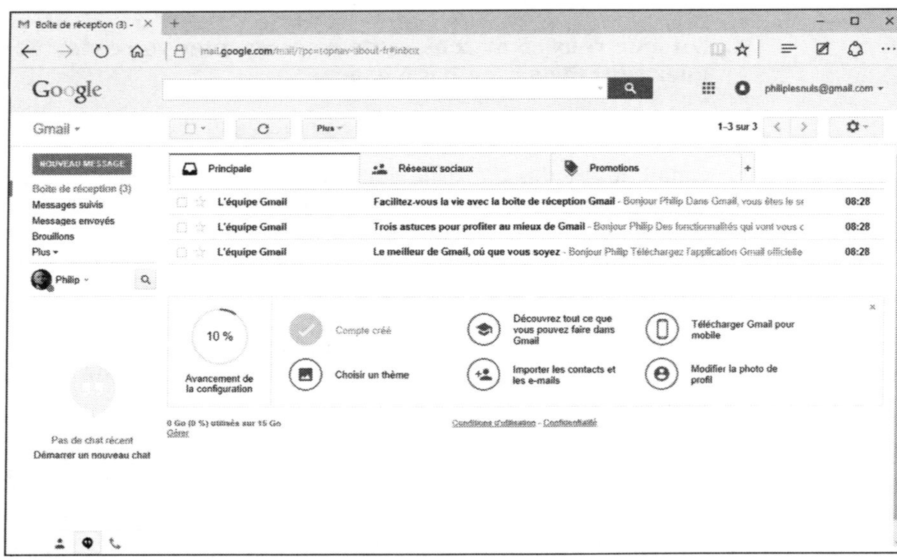

Figure 3.4 : Votre tout nouveau compte Gmail contient déjà trois messages.

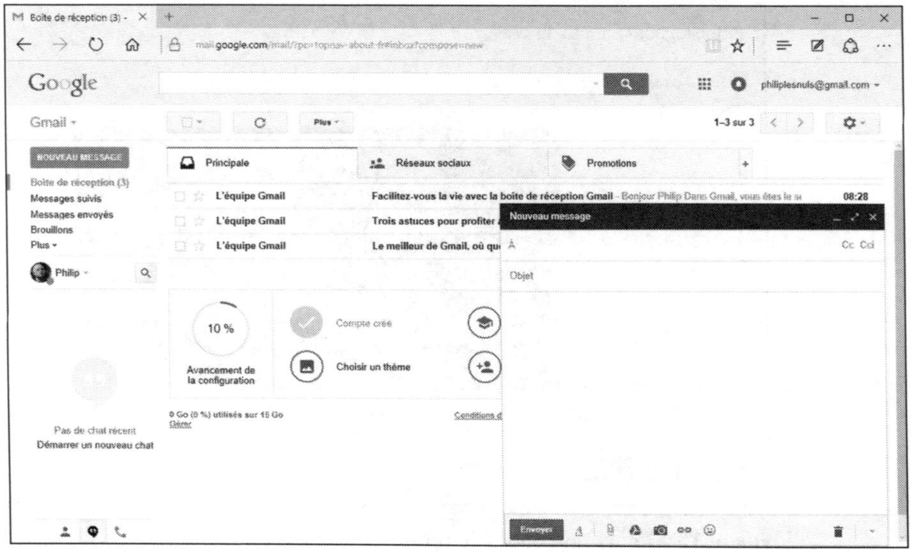

Figure 3.5 : Créez un nouveau courriel ici.

3. **Lorsque vous en avez assez de vous raconter votre vie, tapez ou cliquez sur Envoyer en bas à gauche.**

   Et voilà ! Votre premier message Gmail vient d'être envoyé.

   Gmail diffère des autres logiciels de messagerie sur plusieurs points. Pour commencer, il regroupe les messages en fonction du sujet. En un clic, vous pouvez basculer sur une visualisation de la conversation qui ressemble beaucoup à une liste de messages comme vous pouvez voir dans un forum. Les dossiers – nommés *libellés* – fonctionnent autrement que dans les autres logiciels de messagerie. Certains apprécient cette organisation, d'autres la détestent, mais il est utile de vous familiariser à cette méthode afin de vous faire une opinion en toute connaissance de cause.

Une fois que vous avez reçu plusieurs messages, rendez-vous sur le centre d'apprentissage de Gmail à l'adresse `http://support.google.com/mail` afin de découvrir les options que Gmail vous propose. Elles sont nombreuses et impressionnantes. Vous ne serez sans doute pas surpris d'apprendre que Gmail est doté d'une recherche – vous pouvez trouver n'importe quel message en quelques secondes, si vous savez vous y prendre. Par contre, vous pourriez être surpris d'apprendre que Gmail peut fonctionner hors ligne – tandis que vous n'êtes pas connecté à Internet (mais vous devez alors utiliser le navigateur Chrome) – et qu'il permet d'échanger des messages volumineux (25 Mo !).

Utiliser Google Docs/Drive

Une fois que vous avez créé un compte Gmail gratuit (voir la section précédente), prenez quelques minutes pour voir ce que Google Drive peut vous offrir. Souvenez-vous que Google Docs et ses applications – pour créer des documents, des feuilles de calcul, des présentations, des formulaires et des dessins – sont en train d'être absorbés par Google Drive. Si vous tombez sur le terme *Google Docs* tandis que vous travaillez sur *Google Drive*, c'est simplement parce que Google prend son temps pour changer le terme.

Tout est gratuit, bien entendu.

Voici comment commencer avec Google Docs… Drive :

1. **Rendez-vous sur** `drive.google.com` **avec votre navigateur favori.**

   Un guide animé apparaît comme pour Gmail. Suivez-en les étapes pour prendre connaissance des possibilités de Google Drive, ou bien quittez-le par un clic sur son bouton de fermeture.

2. **Si vous n'êtes pas encore connecté à Google, saisissez votre identifiant et votre mot de passe. Tapez ou cliquez sur Connexion.**

   Vous utiliserez bien entendu le même identifiant que pour votre compte Gmail.

   Lorsque vous vous connectez, vous parvenez directement à la page Mon compte. C'est ici que vous allez choisir votre activité, comme Gmail ou Google Drive. Pour cela, cliquez sur l'icône de la matrice des 9 petits points située dans la partie supérieure droite. Dans le menu local qui apparaît, cliquez sur l'icône Drive, comme à la Figure 3.6.

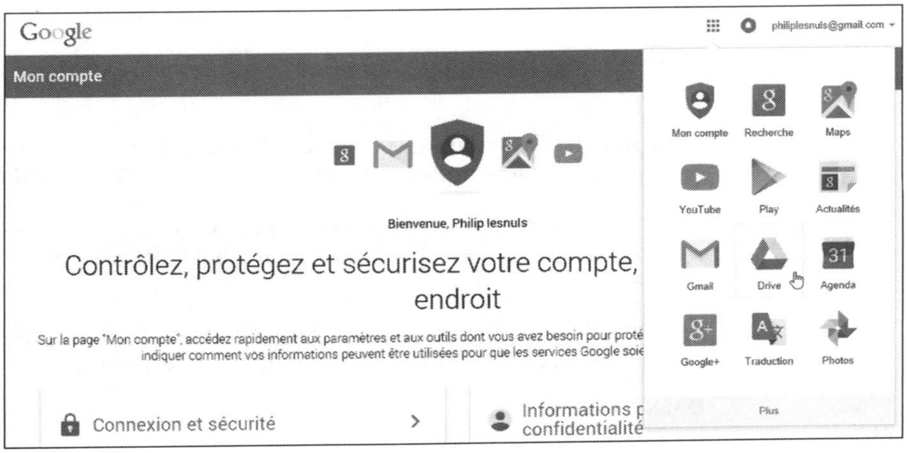

Figure 3.6 : Pour accéder à Google Drive depuis Mon compte.

La page de démarrage de Google Drive apparaît, comme sur la Figure 3.7.

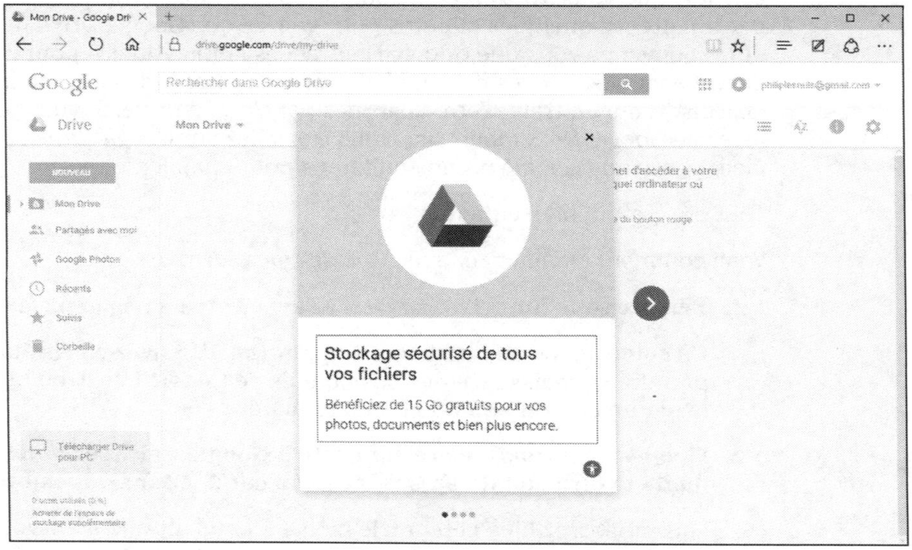

Figure 3.7 : Démarrez sur Google Drive.

Google Drive apparaît, exposant une interface similaire à celle de Gmail, comme sur la Figure 3.8.

3. **Cliquer sur le bouton de fermeture (X) du didacticiel.**

4. **Cliquez sur le bouton Télécharger Drive pour PC.**

5. **Dans la nouvelle page qui apparaît, cliquez sur le bouton Télécharger Drive.**

6. **Dans la liste des terminaux possible, choisissez entre Mac et PC, Appareils Android (smartphones sous Android), ou iPhone et iPad.**

   Bien entendu, vous pourrez télécharger les 3 versions si vous souhaitez communiquer facilement vos documents à partir de tous ces périphériques.

   Google Drive ne requiert qu'une simple installation. Lorsqu'elle est terminée, un écran de connexion à Google Drive apparaît.

7. **Dans la boîte de dialogue qui apparaît, cliquez sur Accepter et installer.**

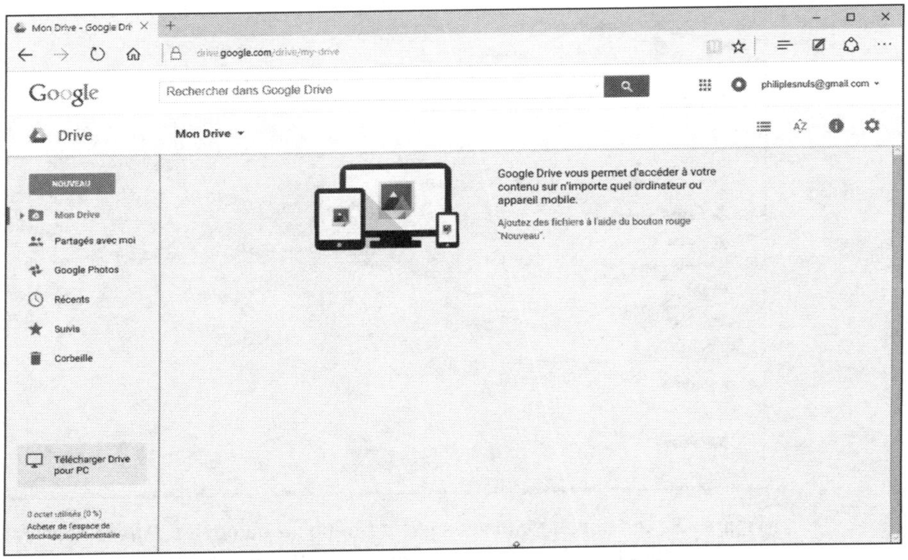

Figure 3.8 : L'interface de Google Drive ne déroutera pas les utilisateurs de Gmail.

8. **En général, et suivant votre navigateur, vous serez obligé de cliquer sur un bouton Exécuter pour lancer l'installation.**

   Patientez le temps de ladite installation.

9. **Consultez la découverte pas à pas de Google Drive en cliquant sur le bouton Premiers pas.**

10. **À la fin de cette découverte, saisissez votre compte et votre mot de passe Google.**

    Google Drive crée un nouveau dossier sur votre ordinateur nommé… Google Drive (voir Figure 3.9). Si vous glissez-déposez des fichiers dans ce dossier, ils deviendront disponibles *via* Google Drive sur Internet, ainsi que sur tout autre PC où vous avez installé Google Drive en spécifiant le même compte Google.

11. **Glissez-déposez une série de fichiers dans le dossier Google Drive.**

    Essayez par exemple avec un document Word, une feuille de calcul, quelques images, une présentation PowerPoint, et éventuellement aussi un PDF. Prenez-en plusieurs afin d'expérimenter les applications de Google Drive.

12. **Retournez dans votre navigateur, et rendez-vous une fois encore sur** `drive.google.com`**.**

Figure 3.9 : Les fichiers que vous glissez-déposez ou copiez dans le dossier Google Drive de votre bureau apparaissent sur Internet dans Google Drive.

Tous les fichiers que vous avez déposés dans le répertoire Google Drive apparaissent.

13. **Ouvrez l'un des documents (un document Word, une feuille de calcul Excel ou une présentation PowerPoint, si vous en avez) que vous avez copiés dans le dossier Google Drive.**

Si vous disposez du programme Office équivalent sur votre ordinateur, Google Drive ouvrira le document dans ce programme.

Si vous n'avez pas dépensé les moyens considérables nécessaires à l'acquisition d'Office – il n'y a pas de trace d'Office ou d'un ersatz d'Office sur votre ordinateur – et que le document adopte un format plutôt simple, comme vous pouvez le voir sur la Figure 3.10, Google Drive parviendra à l'afficher assez fidèlement.

Les documents plus complexes peuvent poser toutes sortes de problèmes, des parties manquantes au texte qui part dans tous les sens. Bien que Google s'échine à bien afficher les documents Office, le résultat est loin d'être fidèle à cent pour cent.

9. **Pour modifier le document, double-cliquez dessus.**

Pour l'ouvrir sur Google Drive depuis l'Explorateur de fichiers de Windows 10, faites un clic-droit sur le fichier du dossier Google Drive. Dans le menu contextuel qui apparaît, cliquez sur Google Drive/Afficher sur le

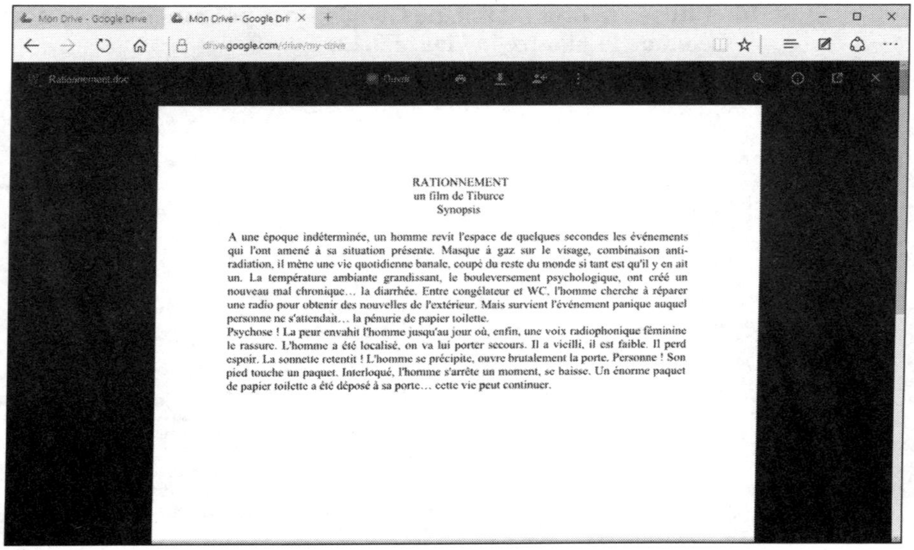

Figure 3.10 : Les documents Office simples sont plutôt bien affichés.

Web. Cette action ouvre le navigateur Web et affiche le document dans Google Drive.

ATTENTION !

Ces actions ne permettent que de consulter le document *via* Google Drive. Voici comment modifier le document :

14. **Dans Google Drive ouvert sur votre navigateur Web, faites un clic droit sur l'icône du document.**

15. **Dans le menu contextuel qui apparaît, choisissez Ouvrir avec/Google Documents, comme sur la Figure 3.11.**

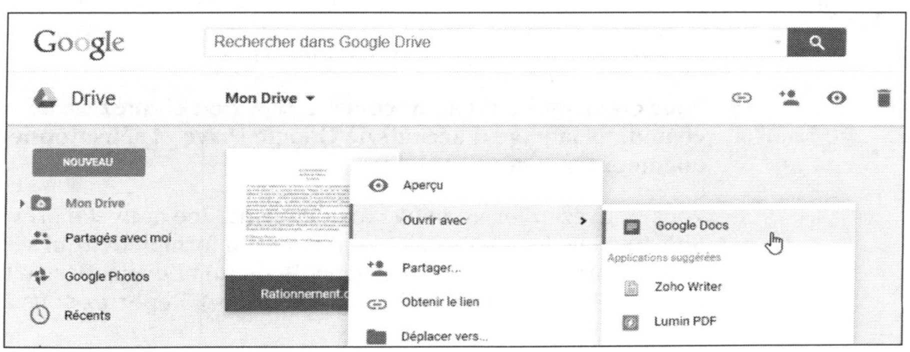

Figure 3.11 : Pour modifier le document en ligne sur Google Docs.

16. **Utilisez le programme de Google Docs pour modifier le document comme le montre la Figure 3.12.**

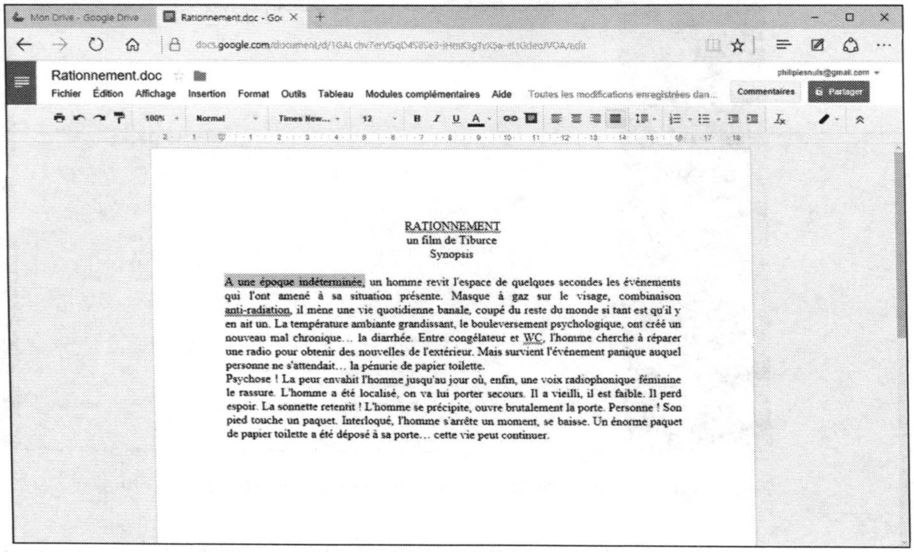

Figure 3.12 : Modification d'un texte au format Word dans Google Docs.

17. **Une fois la modification terminée, fermez simplement l'onglet Google Docs de votre navigateur Web.**

    Cette action suffit pour enregistrer cette nouvelle version laissant l'original intact.

    TRUC

    Vous pourrez « exporter » cette nouvelle version dans un autre format depuis Google Docs. Pour cela, cliquez sur Fichier/Télécharger au format. Dans le sous-menu qui apparaît, choisissez le format d'exportation, comme Word (.docx) ou bien PDF (pour ne citer qu'eux). Une version au format spécifiée est alors téléchargée sur votre PC.

18. **Pour créer un nouveau document, tapez ou cliquez sur le bouton Nouveau dans la page d'accueil de Google Drive et sélectionnez le type de document que vous souhaitez.**

    Vous pouvez créer un nouveau document, une nouvelle présentation, une nouvelle feuille de calcul, un nouveau formulaire (qui sera stocké sous la forme d'une feuille de calcul), ou un nouveau dessin (qui sera enregistré sous la forme d'un fichier `.gdraw`). Reportez-vous à la Figure 3.13.

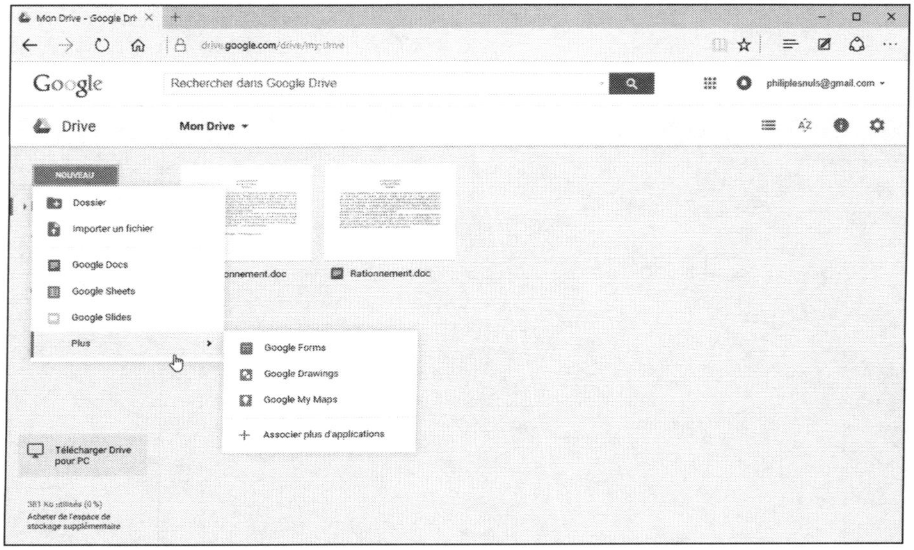

Figure 3.13 : Il vaut mieux créer de nouveaux documents dans Google Drive plutôt que d'en créer dans Office et de les convertir pour les importer.

19. **Modifiez le fichier en utilisant les outils plutôt limités de l'application Google Drive (le tableur gère tout de même les tableaux croisés).**

    En fait, plusieurs personnes peuvent modifier le fichier simultanément.

20. **Lorsque vous avez terminé, fermez l'onglet du navigateur.**

    Vos fichiers sont enregistrés automatiquement, et les dernières versions apparaissent dans le dossier Google Drive sur votre bureau, immédiatement.

TRUC

Une fois que vous avez joué un peu avec Google Drive, prenez quelques minutes pour lire le manuel. Vous pourrez le trouver dans le système d'aide de Google à l'adresse `http://support.google.com/docs`.

Index

A

B

C

D

E

F

G

J

K

L

M

Q

R

S

T

U

V

W

X

Z